国家社科基金项目“敦煌佛教哲学世俗化转换机制及发展模式研究（21XZX015）”阶段性成果

河西学院博士科研启动基金项目“敦煌藏文佛典文献分类研究（KYQD2020053）”最终成果

༄། །ཏུན་ཧོང་བོད་ཡིག་ནང་བསྟན་གཙུག་ལག་སྐོར་གྱི་དཔྱད་རྩོམ་ཕྱོགས་བསྒྲིགས།

རྡོ་རྗེ་དབང་འགྱུར་དང་འབྲུག་ཐར་ཚེ་རིང་གིས་བསྒྲིགས།

མི་རིགས་དཔེ་སྐྲུན་ཁང་།

图书在版编目（CIP）数据

敦煌古藏文佛典文献研究论文集:藏文/多杰项智，周太才让主编. --北京：民族出版社，2023.2(2025.6重印)

ISBN 978-7-105-16916-0

Ⅰ. ①敦… Ⅱ.①多… ②周…Ⅲ.①敦煌学—藏语—文献—研究—文集 Ⅳ.①K870.64-53

中国版本图书馆CIP数据核字(2023)第028051号

༄༅། །ཏུན་ཧོང་བོད་ཡིག་ནང་བསྟན་གཙུག་ལག་སྐོར་གྱི་དཔྱད་རྩོམ་ཕྱོགས་བསྒྲིགས།

རྩོམ་སྒྲིག་འགན་འཁུར་པ། བསོད་ནམས་དབང་རྒྱལ། བསམ་གཏན་དོན་གྲུབ།
དེབ་གཞིའི་མཛེས་འཆོས། ཅིན་ཡེ།

责任编辑：索南黄加 桑旦东知
封面设计：金晔

མི་རིགས་དཔེ་སྐྲུན་ཁང་གིས་དཔེ་སྐྲུན་འགྲེམས་སྤེལ་བྱས།
པེ་ཅིན་གྲོང་ཁྱེར་ཧོ་ཕིང་ལི་བྱང་ལམ་ཨང་14པ། （100013）
http://www.mzpub.com
（010）64227665 （010）58130509
སན་ཧོ་གྲོང་ཁྱེར་ཧྭ་ཏུང་པར་འདེབས་ཚད་ཡོད་ཀུང་སིས་པར་བཏབ།
ཞིན་ཧྭ་དཔེ་ཚོང་ཁང་གིས་བརྒྱུད་འཚོང་བྱས།

民族出版社出版发行
北京市和平里北街14号（100013）
http://www.mzpub.com
（010）64227665（010）58130509
三河市华东印刷有限公司印刷
各地新华书店经销

དེབ་ཚད། 787mm×1092mm 1/16
དཔར་ཤོག 35
2023ལོའི་ཟླ་4པར་པར་གཞི་དང་པོ་བསྒྲིགས།
2025ལོའི་ཟླ་6པར་པེ་ཅིན་དུ་དཔར་ཐེངས་གཉིས་པ་བཏབ།

开本：787mm×1092mm 1/16
印张：35
2023年4月第1版
2025年6月北京第2次印刷

ISBN 978-7-105-16916-0/K・2915（བོད།256）
རིན་གོང་། སྒོར་88.00

ISBN 978-7-105-16916-0/K・2915（藏256）
定价：88.00元

གཙོ་སྒྲིག་ཚོགས་པ།

编委会

དཀར་ཆག

目　录

༄། །ཏུན་ཧོང་བོད་ཡིག་ནང་བསྟན་གཙུག་ལག་སྐོར་གྱི་ཞིབ་འཇུག་གནས་བབ་དང་དེའི་འཕེལ་ཕྱོགས།

(སྔོན་འགྲོའི་ཚབ་ཏུ།)

རྡོ་རྗེ་དབང་འགྱུར།

[ནང་དོན་གནད་བསྡུས།] དཔྱད་རྩོམ་འདིར་བཅོས་སྒྱུར་སྒོ་འབྱེད་བྱས་ཚུན་གྱི་ལོ་ངོ་བཞི་བཅུའི་(1978–2018)རིང་གི་བོད་ཡིག་དུས་དེབ་ཏུ་བཀོད་པའི་ཏུན་ཧོང་བོད་ཡིག་ནང་བསྟན་གཙུག་ལག་སྐོར་གྱི་དཔྱད་རྩོམ་བཞི་བཅུ་ལྷག་དཔྱད་གཞིར་བཟུང་སྟེ། གཙུག་ལག་དེ་དག་ལས་མདོ་ཕྱོགས་བཀའ་བོད་ལྔ་དང་གསང་སྔགས་རྒྱུད་སྡེ་བཞི་སོགས་ནང་པའི་བསྟན་བཅོས་སྐོར་གྱི་དཔྱད་འབྲས་ཁག་གི་ནང་དོན་གཙོ་བོ་དང་ཞིབ་འཇུག་བྱེད་ཐབས་བརྗོད་པ་བརྒྱུད། མ་འོངས་ཞིབ་འཇུག་གི་འཕེལ་ཕྱོགས་ཐད་ལ་རང་གི་བསམ་ཚུལ་བཀོད་ཡོད།

[གནད་ཚིག] ཏུན་ཧོང་། བོད་ཡིག་ནང་བསྟན་གཙུག་ལག   ཞིབ་འཇུག་གནས་བབ།

དང་པོ། དཔྱད་འབྲས་སྤྱིར་བསྟན་པ།

ཏུན་ཧོང་ཡིག་རྙིང་ཁྲོད་དུ་བོད་བཙན་པོའི་རྒྱལ་རབས་དུས་མཇུག་ནས་སིལ་བུར་ཐོར་བའི་སྐབས་ཀྱི་(དུས་རབས་9–10)ནང་བསྟན་བོད་ཡིག་གཙུག་ལག་མང་པོ་བཞུགས། དེ་དག་ལས་མདོ་སྔགས་གསུང་རབ་སྐོར་གྱི་གཙུག་ལག་ནི་ཤོག་དྲིལ་གཞན་དང་བསྡུར་ན་གྲངས་འབོར་མང་བར་མ་ཟད། ཤོག་བུའི་རྒྱུ་སྤུས་བཟང་ཞིང་དཔེབས་གཟུགས་ཚད་ལྡན་དང་གཅིག་གྱུར་ཡིན་པ། ཡིས་གཟུགས་ལེགས་ཤིང་ཡིག་ནོར་ཉུང་བ། ཕབ་བཤུས་ལ་ཞུ་དག་ཡོད་པ་དང་འབྲི་མཁན་གཟབ་ནན་ཡིན་པ་སོགས་ཀྱི་ཁྱད་ཆོས་མངོན་གསལ་ལྡན་པར་མ་ཟད། ཤོག་དྲིལ་འདི་དག་ནི་བོད་བཙན་པོའི་རྒྱལ་རབས་ཀྱི་སྲིད་འཛིན་རིག་གསུམ་གྱི་དང་། ཕྱི་བྲག་ཏུ་བོད་བརྒྱུད་ནང་བསྟན་གྱི་བྱུང་འཕེལ་ལོ་རྒྱུས། ནང་བསྟན་བསམ་བློ། རྒྱ་བོད་ནང་བསྟན་རིག་གནས་བརྗེ་རེས་སོགས་ལ་ཞིབ་འཇུག་བྱེད་པའི་དཔྱད་གཞིའི་རྒྱུ་ཆ་གལ་ཆེན་ཞིག་ཏུ་གྱུར་ཡོད།

ཕྱི་རྒྱལ་དུ་དབྱིན་ཇིའི་ཐའོ་མ་སི་(F.W.Thomas)དང་ཧྥ་རན་སིའི་ལ་ལའུ།(M.Lalou) ཉི་ཧོང་གི་ཀླ་ཡེ་ཡ་མ་ཛ་ཡེ་ཞོན་(上山大峻)ལ་སོགས་གཙོ་བྱས་པའི་བོད་རིག་པའི་སྐོར་གྱི་ཞིབ་འཇུག་པ་ཁག་ཅིག་གིས་དུས་རབས་ཉི་ཤུའི་ལོ་རབས་ཉི་ཤུ་པ་ནས་བཟུང་གཙུག་ལག་འདི་དག་གི་སྐོར་ལ་ཞིབ་འཇུག་བྱེད་འགོ་བཙུགས་ཏེ། སྔ་ཕྱིར་《རྒྱའི་ནང་བསྟན་གཙུག་ལག་རྡོ་རྗེ་གཅོད་པའི་བོད་ཡིག་སྒྲ་འགྱུར་མའི་དཔྱད་པ་》①དང་། 《བསམ་གཏན་གྱི་བྱུང་འཕེལ་དང་འབྲེལ་བའི་བོད་ཡིག་གཙུག་ལག་གི་དཔྱད་པ་》②དང་། 《ཏུན་ཧོང་ཕྱག་བྲིས་མ་ལས་བོད་འགྱུར་ཚེ་དཔག་མེད་ཀྱི་མདོ་ལ་དཔྱད་པ་》③སོགས་དཔྱད་རྩོམ་སུམ་ཅུ་ལྷག་སྤེལ། རྒྱལ་ནང་དུ་དུས་རབས་ཉི་ཤུའི་ལོ་རབས་བདུན་ཅུ་བར་《ཐའེ་པེ་ཀྲུང་དབྱང་དཔེ་མཛོད་ཁང་དུ་ཉར་བའི་ཏུན་ཧོང་བོད་ཡིག་ཕྱག་བྲིས་མའི་དཔྱད་ཞིབ་》④ཅེས་པའི་དཔྱད་རྩོམ་སྤེལ་བ་ནས་བཟུང་། བཅོས་བསྒྱུར་སྒོ་འབྱེད་བྱས་ཚུན་གྱི་ལོ་ངོ་བཞི་བཅུའི་རིང་དུ་རྒྱལ་ནང་གི་དུས་དེབ་ཁག་ཏུ་ཏུན་ཧོང་བོད་ཡིག་ནང་བསྟན་གཙུག་ལག་སྐོར་གྱི་དཔྱད་རྩོམ་བསྡོམས་པའི་ལྔ་བཅུ་ལྷག་སྤེལ་ཞིང་ཞིབ་འཇུག་གི་གྲུབ་འབྲས་མི་དམན་པ་བླངས།

བོད་ཡིག་གི་ལམ་ནས་དཔྱད་གཞི་འདིའི་སྐོར་གྱི་འབྲེལ་ཡོད་དཔྱད་རྩོམ་སྤེལ་བའི་དུས་ཅུང་འཕྱི་ནའང་། སྤྱི་ལོ་1983ལོར་ནམ་མཁའི་ནོར་བུས་དཔྱད་གཞི་འདིའི་སྐོར་གྱི་དཔྱད་འབྲས་ཐོག་མ་སྤེལ་བ་ནས་བཟུང་། ཉི་བའི་ལོ་བཞི་བཅུའི་རིང་དུ་《ཀྲུང་གོའི་བོད་རིག་པ་》དང་《བོད་ལྗོངས་ཞིབ་འཇུག་》གཙོ་བྱས་པའི་བོད་ཡིག་དུས་དེབ་སྟེང་སྤེལ་བའི་འབྲེལ་ཡོད་དཔྱད་རྩོམ་བཞི་བཅུ⑤ལྷག་ཡོད་པས། ཞིབ་འཇུག་གི་འཕེལ་ཚད་ཅུང་མྱུར་བར་མངོན། དཔྱད་འབྲས་དེ་རྣམས་ཀྱི་སྤྱིའི་ཁྱད་ཆོས་ནི་གཙུག་ལག་རིག་པ་གཙོར་བྱས་ཐོག ཆོས་ལུགས་རིག་པ་དང་ལོ་རྒྱུས་རིག་པ་སོགས་ཀྱི་ཞིབ་འཇུག་ཐབས་ལམ་གང་འཚམས་སྤྱད་ཡོད་ཅིང་། དཔྱད་གཞི་བདམས་དུས་ཤོག་དྲིལ་གཅིག་གམ་ཆོས་ཚན་གཅིག་གི་འབྲེལ་ཡོད་ཤོག་དྲིལ་དཀྱུས་སུ་བཟུང་ནས་དཔྱད་ཞིབ་བྱས་ཡོད། ཞིབ་འཇུག་མཁན་པལ་ཆེ་བ་ནི་སློབ་གྲྭ་ཆེ་ཁག་

① 托玛斯、柯乐逊：《第一种汉文佛教文献〈金刚经〉的藏文音译本》[J]，《英国皇家亚洲学会会刊》，1926年。

② 拉露：《有关禅宗发展的藏文文书》[J]，《亚细亚学报》，1939年。

③ [日]藤枝晃、上山大峻：《藏译〈无量寿宗要经〉之敦煌写本》[J]，《经典》，1962年第23期。

④ 吴其：《“台北中央图书馆”藏敦煌藏文写卷考察》[J]，《拉露纪念文集》，1971年。

⑤ བོད་ཡིག་གི་ལམ་ནས་བྲིས་པའི་ཤེས་རམས་པ་དང་འབུམ་རམས་པའི་བསླབ་གནས་དཔྱད་རྩོམ་བཅོ་ལྔ་ལྷག་ཡོད་པ་གནས་སྐབས་སུ་དཔྱད་གཞིར་བཟུང་མེད།

གི་དགེ་རྒན་དང་སློབ་མ། དེ་བཞིན་ཞིབ་འཇུག་ཚན་པ་ཁག་གི་ཆེད་ལས་ཞིབ་འཇུག་པ་སོགས་ཡིན་ཞིང་། བརྗོད་བྱ་དོན་གྱི་ཐད་ནས་མདོ་ཕྱོགས་བཀའ་པོད་ལྔ་དང་གསང་སྔགས་རྒྱུད་སྡེ་བཞི། གཞན་ཡང་འབྲེལ་ཡོད་བསྟན་བཅོས་གཞན་དག་སོགས་ཆོས་ཚན་སོ་སོར་དབྱེ་ནས་དཔྱད་གླེང་བྱས་ཡོད། ལྷག་པར་དུ་2006ལོར་《ཆྭ་རན་སིའི་རྒྱལ་གཉེར་དཔེ་མཛོད་ཁང་དུ་ཉར་བའི་ཧུན་ཧྲང་བོད་ཡིག་ཡིག་ཚགས་》[1] ཞེས་པའི་དཔེ་དེབ་དཔར་དུ་བསྐྲུན་པ་ནས་བཟུང་། རྒྱལ་ནང་དུ་བོད་ཡིག་ནང་བསྟན་གཙུག་ལག་སྐོར་གྱི་ཞིབ་འཇུག་གི་སྒོ་འཕར་ཡངས་པོར་ཕྱེས་ཤིང་། ཞིབ་འཇུག་གི་གནས་བབ་ཀྱང་ཇེ་རྒྱས་ཇེ་ལེགས་སུ་སོང་བའི་སྣང་ཚུལ་མངོན། ཡིན་ནའང་། མིག་སྔར་དཔྱད་འབྲས་དེ་དག་ལ་རིགས་དབྱེ་དཔྱད་ཞིབ་དང་ནང་དོན་ངོ་སྤྲོད་བྱས་པ་ཞིག་མེད་པས། འདིར་ལོ་ངོ་བཞི་བཅུའི་རིང་གི་ཧུན་ཧྲང་བོད་ཡིག་ནང་བསྟན་གཙུག་ལག་ཞིབ་འཇུག་སྐོར་གྱི་བོད་ཡིག་དཔྱད་རྩོམ་ཁག་དཀྱུས་སུ་བཟུང་ནས་དཔྱད་འབྲས་དེ་དག་གི་ནང་དོན་ཕྱོགས་སྡོམ་དང་བཅས་དཔྱད་ཞིབ་བྱ་བ་ལ།

གཉིས་པ། བོད་ཡིག་དཔྱད་འབྲས་ཁག་གི་ནང་དོན་དང་ཁྱད་ཆོས་ཞིབ་པར་བརྗོད་པ།

མིག་སྔར་མཐོང་ཆོས་སུ་གྱུར་པའི་ཧུན་ཧྲང་ནང་བསྟན་གཙུག་ལག་སྐོར་གྱི་བོད་ཡིག་གི་དཔྱད་རྩོམ་བཞི་བཅུ་ལྷག་ཡོད་པ་དེ་དག་གིས་དཔྱད་གཞིའི་ཆོས་ཚན་སོ་སོའི་གནད་མང་པོའམ་ཉུང་མི་འདྲ་བའི་སྒོ་ནས་དཔྱད་གླེང་བྱས་ཡོད། འདིར་དཔྱད་རྩོམ་ཁག་གི་བརྗོད་བྱ་ཆོས་ཚན་གང་དུ་གཏོགས་མིན་གཞིར་བཟུང་ནས་དོན་ཚན་བརྒྱད་དུ་བཀར་ཏེ། དེ་དག་གི་ནང་དོན་དང་ལྟ་ཚུལ། ཁྱད་ཆོས་གཙོ་བོ་རྣམས་ཉིང་བསྡུས་སུ་འགོད་པར་འདོད་དེ།

གཅིག གསང་སྔགས་རྒྱུད་སྡེའི་སྐོར། རྒྱལ་ནང་དུ་ཧུན་ཧྲང་ཡིག་རྙིང་སྐོར་གྱི་ཞིབ་འཇུག་གི་ལས་ཀ་གཉེར་བའི་དུས་ཡུན་གཙོ་བོ་ནི། 2006ལོར་《ཆྭ་རན་སིའི་རྒྱལ་གཉེར་དཔེ་མཛོད་ཁང་དུ་ཉར་བའི་ཧུན་ཧྲང་བོད་ཡིག་ཡིག་ཚགས་》བཏོན་པ་ནས་ད་ལྟའི་བར་ཡིན་ཞིང་། ཆྭ་རན་སི་དང་དབྱིན་ཇིར་

[1] ནུབ་བྱང་མི་རིགས་སློབ་གྲྭ་ཆེན་མོ་དང་ཧྲང་ཧེ་དཔེ་སྐྲུན་དཔེ་སྐྲུན་ཁང་མཉམ་འབྲེལ་སྒྲིག་ཆྭ་རན་སིའི་རྒྱལ་གཉེར་དཔེ་མཛོད་ཁང་དང་དབྱིན་ཇིར་ཉར་བའི་ཧུན་ཧྲང་བོད་ཡིག་ཡིག་ཚགས་དཔར་སྐྲུན་བྱེད་འགོ་བཙུགས།

ཤར་བའི་བོད་ཡིག་གཙུག་ལག་དཀར་ཆག[1]གཞིར་བཟུང་སྟེ་ཏུན་ཧོང་བོད་ཡིག་ནང་བསྟན་གཙུག་ལག་སྐོར་གྱི་ཤོག་དྲིལ་ལ་རིགས་དབྱེ་དང་རགས་རྩིས་བྱས་ན། གཟུངས་སྔགས་དང་རྒྱུད་སྡེ། ཕྱག་རྒྱ་ཆེན་པོ་སོགས་སྔགས་རྒྱུད་སྡེའི་སྐོར་གྱི་ཤོག་དྲིལ་ཨང་རྟགས་252ལྷག་ཡོད་ཅིང་། མིག་སྔར་དུས་རབ་ཁག་ཏུ་འདིའི་སྐོར་གྱི་དཔྱད་རྩོམ་དྲུག་ཐོན་ཡོད། དེ་དག་ལས་དཔྱད་རྩོམ་ཐོག་མ་ནི་ནམ་མཁའི་ནོར་བུའི་《ཏུན་ཧོང་ནས་ཐོན་པའི་དཔེ་རྙིང་〈སྦས་པའི་རྒུམ་ཆུང〉གི་ཕྱི་མོའི་སྐོར་བཤད་པ་》(《ཀྲུང་གོའི་བོད་རིག་པ་》1989ལོའི་དེབ་གསུམ་པ་)ཡིན། དེར་རྩོམ་པ་པོས་དེང་དུས་དབྱིན་ཇིའི་ལོན་ཏོན་དཔེ་མཛོད་ཁང་དུ་བཞུགས་པའི་《སྦས་པའི་རྒུམ་ཆུང་》གི་ཕྱི་མོའི་དཔེ་རྙིང་དེའི་ཡིག་གཟུགས་དང་ཚིག་སྦྱོར་གྱི་ཁྱད་ཆོས་བརྗོད་དེ། གཞུང་འདིའི་མཛད་པ་པོ་ནི་སངས་རྒྱས་སྦས་པ་ཡིན་ཚུལ་དང་། ཁོང་གི་མཚན་ལ་“ཧྭ་ཧྭ་ཀུག་ཏ་”དང་“འབུ་ཏ་ཀུ་ཏ་” “ཧྭ་ཏ་ཀུ་ཏ་” “བུ་ཏ་ཀུག་ཏ་” “འབུ་ཏ་ཀུག་ཏ་”ཞེས་པའི་འབོད་ཚུལ་མང་ཡང་དོན་དུ་གང་ཟག་གཅིག་ཡིན་ཞིང་། བོད་དུ་འང་རྫོགས་པ་ཆེན་པོའི་རྒྱུད་ལུང་མན་ངག་གི་སྐོར་གནའ་དུས་ནས་བྱུང་ཡོད་ཚུལ། 《སྦས་པའི་རྒུམ་ཆུང་》དང་《རིག་པའི་ཁུ་བྱུག་》《བསམ་གཏན་མིག་སྒྲོན་》སོགས་རྫོགས་པ་ཆེན་པོའི་གཞུང་དཔེ་གཙོ་གྲས་ཀྱི་བསྡུར་དཔྱད། གནུབས་ཆེན་སངས་རྒྱས་ཡེ་ཤེས་ཀྱི་མཛད་འཕྲིན་དང་སྦྲགས་ཏེ། 《སྦས་པའི་རྒུམ་ཆུང་》གི་དཔེ་རྙིང་འདི་དང་འབྲེལ་ཡོད་ཀྱི་ཆ་ལག་མི་འདྲ་བ་གསུམ་སྟེ། གནུབས་ཆེན་སངས་རྒྱས་སྦས་པའི་《རྡོ་རྗེའི་གླུ་》དང་གནུབས་སངས་རྒྱས་ཡེ་ཤེས་ཀྱིས་མཛད་པའི་《སྒོམ་གྱི་གནད་གསལ་བར་ཕྱེ་བ་བསམ་གཏན་མིག་སྒྲོན་》ཀུན་གཞི་བྱང་ཆུབ་ཀྱི་སེམས་ལྷུན་གྱིས་རྫོགས་པ་ཆེན་པོ་གཏན་ལ་དབབ་པའི་མན་ངག་གི་རྒྱལ་པོ་《རྣལ་འབྱོར་པའི་མིག་ཅེས་བྱ་བའི་བསམ་གཏན་》བཅས་ཡིན་ཚུལ་སོགས་《སྦས་པའི་རྒུམ་ཆུང་》གི་ཕྱི་མོའི་དཔེ་རྙིང་འདིའི་ཚིག་དོན་གཉིས་ཀའི་སྐོར་ལ་དཔྱད་པ་བཏང་ཡོད། མཁར་རྩེའུ་བསམ་གཏན་གྱི་《ཏུན་ཧོང་ཡིག་རྙིང་ནང་དུ་འཁོད་པའི་གནའ་བོའི་རྫོགས་ཆེན་གྱི་དཔེ་ཆའི་སྐོར་གླེང་བ་》[2]ཞེས་པར། བོད་ཀྱི་རྫོགས་ཆེན་གྱི་གཞུང་ནི་རྒྱ་ནག་གི་“ཁྲན་”(禅)དང་ཉི་ཧོང་གི་ཡུལ་དུ་“ཛེན་”(Zen)ཞེས་པ་དང་ཆ་འདྲ་བའི་ཆོས་ཀྱི་ཉམས་

① 嘎藏陀美、扎西当知：《法国国家图书馆藏敦煌藏文文献》目录（1–15册）[J]，《中国藏学》，2014年第SI期。才让：《英国国家图书馆敦煌西域藏文文献》目录（1–5册）[J]，《中国藏学》，2014年第SI期。

② མཁར་རྩེའུ་བསམ་གཏན། མདའ་དང་འཕང་། སྟོད་ཆ། ཀྲུང་གོའི་བོད་རིག་པ་དཔེ་སྐྲུན་ཁང་། 2007ལོ། ཤོག་ངོས་212–228

ལེན་བྱེད་ཚུལ་ཞིག་དང་། "ཁྲན་"(禅)དང་"ཛེན་"(Zen)གཉིས་ནི་ལེགས་སྦྱར་སྐད་དུ་"ཛྷ་ན་"ཞེས་པ་ལས་མཆེད་ཅིང་བོད་སྐད་དུ་བསྒྱུར་ན་བསམ་གཏན་ཞེས་པ་ཡིན་ཚུལ་སོགས་ཇོགས་ཆེན་གྱི་བྱུང་ཁུངས་དང་། དུས་རབས་བཅུ་པའི་ཡར་སྔོན་ཏེ་བོད་དུ་སྤྱི་མོའི་དུས་ནས་གཞུང་འདི་ལ་བན་བོན་གཉིས་ཀས་གཙིགས་ཆེན་འཛིན་ཞིང་། ཉིང་མ་བའི་དཔེ་ཆ《རིག་པའི་ཁུ་བྱུག》སོགས་ལྔ་པོ་དུས་རབས་བརྒྱད་པའི་སྐབས་སུ་བཻ་རོ་ཙ་ན་ཡིས་བསྒྱུར་པར་བརྗོད་ནའང་། ཕལ་ཆེར་བོད་རང་གི་སྐྱེ་བོས་བརྩམས་པའི་ཇོགས་ཆེན་གྱི་ཀ་དག་ཅེས་པའི་ལྟ་བ་དང་གསང་སྔགས་ཉིང་མའི་སྐོར་གྱི་དཔེ་ཆ་ཞིག་ཡིན་ཚུལ་སོགས་ལ་དཔྱད་པ་བཏང་ཡོད།

ཨ་རིན་ལྷུགས་རྒྱལ་འབུམ་གྱི《ཏུན་ཧོང་〈གདུགས་དཀར་〉འགྱུར་གྱི་ཡི་གེ་དང་བརྡ་སྤྲོད་ཁྱད་ཆོས་གླེང་བ་》(《ནུབ་བྱང་མི་རིགས་སློབ་གྲྭ་ཆེན་མོའི་རིག་གཞུང་དུས་དེབ་》2008ལོའི་དེབ་གཉིས་པ་)ཞེས་པར། གཙོ་བོར་ཏུན་ཧོང་ནས་ཐོན་པའི་རྒྱུད་སྡེ་གདུགས་དཀར་མོའི་སྔགས་ཡིག་ལས་གི་གུ་གྱིར་ལོག་དང་མཐུག་པོའི་ཡི་གེ ལོག་པའི་ཡི་གེ་དང་། གསར་བསྒྲན་གྱི་ཡི་གེའི་འབྲི་ལུགས་དང་། རྣགས་འཇུག་ལས་སྔོན་རྗེས་མིང་གསུམ་གྱི་སྦྱོར་ཚུལ། བྱེད་འབྲེལ་སོགས་ཕྲད་རྣམ་དབྱེའི་སྦྱོར་ཚུལ་གྱི་ཁྱད་ཆོས་ཕྱོགས་བསྡོམས་བྱས་ཡོད། ད་དུང་ཁོས་བྲིས་པའི《ཏུན་ཧོང་གདུགས་དཀར་མོའི་འགྱུར་ཡིག་ཁག་གི་ངོ་སྤྲོད་དང་དེའི་ལོ་རྒྱུས་སོགས་ཀྱི་ཐོག་མའི་དཔྱད་པ་》(《བོད་ལྗོངས་ཞིབ་འཇུག་》2009ལོའི་དེབ་གསུམ་པ་)ཞེས་པར་ཏུན་ཧོང་བོད་ཡིག《གདུགས་དཀར་》གྱི་ཕྱག་བྲིས་མP.T.ཨང་རྟགས་སོ་གཅིག་གཞིར་བྱས་ཏེ། ཕྱག་བྲིས་མ་དེ་དག་གི་མཚན་བྱང་དང་མཇུག་བྱང་། ཤོག་ལྷེབ་དང་ཐིག་ཕྲེང་གི་གྲངས་ཚད། འབྲི་ཡུལ་ཤོག་བུའི་རིགས་དང་ཕྱིའི་རྣམ་པ་སོགས་ངོ་སྤྲོད་བྱས་རྗེས། སྒྱུར་མཁན་ནི་ཤྲཱི་ལེནྡྲ་བོ་དྷི་ཞེས་པ་བོད་སྐད་དུ་ཚུལ་ཁྲིམས་དབང་པོ་བྱང་ཆུབ་ཅེས་འབོད་པ་དང་། བོ་དྷི་མི་ཏྲ་སྟེ་བོད་སྐད་དུ་བྱང་ཆུབ་བཤེས་གཉེན་དུ་འབོད་པ་གཉིས་ཀྱིས་རྒྱལ་པོ་ཁྲི་ལྡེ་སྲོང་བཙན་གྱི་དུས་སུ་བསྒྱུར་ཅིང་། ཤོག་དྲིལ་དེ་དག་ལས་བོད་ཡིག《གདུགས་དཀར་》པར་གཞི་མི་འདྲ་བ་གསུམ་ཐོན་པའི་གནས་ཚུལ་ངོ་སྤྲོད་དང་སྒྲུགས་དེ་དག་གི་ཁྱད་པར་བརྗོད་ཡོད།

མདོ་དགེ་བསོད་ནམས་ལྷུན་གྲུབ་ཀྱི《དབྱིན་ཇིར་ཉར་བའི་ཏུན་ཧོང་བོད་ཡིག་ཤོག་དྲིལ་ཨང་བཅུ་བདུན་པའི་ཁྲོད་ཀྱི〈འཇམ་དཔལ་མཚན་བརྗོད་〉སྐོར་གླེང་བ་》(《བོད་ལྗོངས་ཞིབ་འཇུག་》2013ལོའི་དེབ་དང་པོ་)ཞེས་པར་གཙུག་ལག་ཨང་རྟགསI.T.J.17པའི་ཆོས་ཚན་གཉིས་པ《འཇམ་དཔལ་མཚན་བརྗོད་》ཐོག་མར་བོད་ལ་སྒྱུར་མཁན་ནི་གཉགས་ཛྙཱ་ན་ཀུ་མ་ར་ཡིན། ཕྱག་བྲིས་མ་འདི་དང་སྡེ་དགེ

བཀའ་འགྱུར་པར་མའི་ཁྲོད་ཀྱི་《འཇམ་དཔལ་མཚན་བརྗོད་》གཉིས་ཀྱི་འགྱུར་ཁྱད་བསྡུར་དཔྱད་བྱས་ཤིང་། འགྱུར་མི་མཐུན་པའི་སྐོར་ལ་སྔ་ཕྱིའི་གོ་རིམ་མི་གཅིག་པ་དང་འགྱུར་དོན་མི་འདྲ་བ་གཉིས་སུ་དབྱེ་བར་མ་ཟད་དཔེར་བརྗོད་དང་བཅས་པའི་སྒོ་ནས་དཔྱད་དེ། རྒྱུད་སྡེ་འདི་ནི་ལོ་ཙཱ་བ་རིན་ཆེན་བཟང་པོ་དང་ཤོང་ལོ་ཙཱ་བ་བློ་གྲོས་བརྟན་པས་རྒྱ་དཔེར་གཏུགས་ནས་ཡང་དག་པར་གཏན་འབེབས་བྱས་ཚུལ་གྱི་སྐོར་ལ་དཔྱད་པ་བཏང་ཡོད།

པདྨ་ཚེ་རིང་གི་《ཏུན་ཧོང་རྒྱུད་གཞུང་〈འཕགས་པ་ཐབས་ཀྱི་ཞགས་པ་ཞེས་བྱ་བ། པད་མ་འཕྲེང་གི་དོན་བསྡུས་པའི་འགྲེལ་པ་〉ཡི་དཔར་གཞིའི་བསྡུར་དཔྱོད་》(《བོད་ལྗོངས་ཞིབ་འཇུག་》2016ལོའི་དེབ་གསུམ་པ་)ཅེས་པར། དབྱིན་ཇིར་ཉར་བའི་གཙུག་ལག་ཨང་རྟགས་I.T.J.321གཞིར་བྱས་ཏེ་བཀའ་བསྟན་ཁྲོད་ཀྱི་རྒྱུད་འགྲེལ་དེ་གཏིང་སྐྱེས་རྙིང་མ་རྒྱུད་འབུམ། མཚམས་བྲག་རྙིང་མ་རྒྱུད་འབུམ་སོགས་ལ་བསྡུར་ཏེ་"འགྲེལ་པ་"མཛད་མཁན་སློབ་དཔོན་པདྨ་འབྱུང་གནས་ཡིན་པ་དང་། "འཕགས་པ་ཐབས་ཀྱི་ཞགས་པ་པད་མ་འཕྲེང་ལས་རྟོག་པའི་རྒྱལ་པོ་འི་དོན་བསྡུས་པ་"ཞེས་པ་ནི་"ཐབས་ཀྱི་ཞགས་པ་པདྨོ་འཕྲེང་"གི་མཚན་བྱང་སྔ་ཤོས་དང་ཆ་ཚང་ཤོས་དེ་ཡིན། དེའི་འགྲེལ་པའི་མིང་ཆ་ཚང་ལ་"འཕགས་པ་ཐབས་ཀྱིས་ཞགས་པ་པད་མ་འཕྲེང་ལས་རྟོག་པའི་རྒྱལ་པོ་འི་དོན་བསྡུས་པའི་འགྲེལ་པ་"ཞེས་ཟེར། ཤོག་དྲིལ་འདི་ནི་སློབ་དཔོན་པདྨ་འབྱུང་གནས་དང་པཎ་ཆེན་བི་མ་ལ་མི་ཏྲ། གཉགས་ཛྙཱ་ན་ཀུ་མ་ར། སློབ་དཔོན་ཤྲཱིགརྦྷ་སོགས་དང་འབྲེལ་ཆེ་བས་རིན་ཐང་ཆེ་བ་བརྗོད་དེ། ཡིག་རྙིང་དང་བསྟན་འགྱུར་ཁྲོད་ཀྱི་འབྲེལ་ཡོད་པར་མའི་མཚན་བྱང་། མཛད་མཁན། པར་མ་མི་འདྲ་བའི་འབྲེལ་བ་སོགས་ལ་དཔྱད་པ་བཏང་ཡོད།

གཉིས། མདོ་བཀའ་པོད་ལྔའི་སྐོར། ཏུན་ཧོང་བོད་ཡིག་ནང་བསྟན་ཆོས་གཞུང་ཁྲོད་དུ་ཆེས་མང་ཤོས་ནི་ཤེར་ཕྱིན་དང་མདོ་སྡེ་སྣ་ཚོགས་ཀྱི་སྐོར་ཡིན། དེར་ཕལ་ཆེར་ཤོག་དྲིལ་གྱི་ཨང་རྟགས་ཆིག་སྟོང་ལྷག་ཡོད་ཅིང་། མིག་སྔར་མདོ་ཕྱོགས་ཀྱི་སྐོར་ལ་དཔྱད་པ་བཏང་བའི་བོད་ཡིག་དཔྱད་རྩོམ་ལྔ་ཐོན་ཡོད། དེ་ཡང་ཐོག་མར་ཆ་རིས་སྐལ་བཟང་ཐོགས་མེད་ཀྱིས《ཏུན་ཧོང་བོད་ཡིག་ཆོས་གཞུང་ཡིག་ཚགས〈དཔང་སྐོང་ཕྱག་བརྒྱ་པ་〉དང་འབྲེལ་ནས་གཉན་པོ་གསང་བའི་སྐོར་རགས་ཙམ་གླེང་བ་》(《གྲུང་གོའི་བོད་རིག་པ་》2009ལོའི་དེབ་དང་པོ་)ཞེས་པ་སྤེལ་ཏེ། དེང་སྐབས་མི་ཕལ་ཆེ་བས་ལྷ་ཐོ་ཐོ་རི་གཉན་བཙན་གྱི་སྐབས་སུ་བོད་དུ་ཐོག་མར་ནང་བསྟན་དབུ་བཙུགས་པར་ཁས་འཆེས་ནའང་། 《སྟོན་གྱི་གཏམ་མེ་ཏོག་ཕྲེང་བ་》དང《རྒྱལ་རབས་གསལ་བའི་མེ་ལོང་》《ཆོས་འབྱུང་མཁས་པའི་དགའ་སྟོན་》《དེབ་ཐེར་སྔོན་པོ་》སོགས་ལས་བྱུང་བའི་བཞེད་རྒྱུན་གུང་བསྒྲིགས་ཏེ་དཔང་སྐོང་ཕྱག་བརྒྱ་པ་སྒྱུར་མཁན་སློབ་

དཔོན་ཐོན་མི་ཡིན་པའི་བཞེད་པ་ཚུགས་དཀའ་བ་དང་། མདོ་སྡེ་ཟ་མ་ཏོག་དང་དཔང་སྐོང་ཕྱག་བརྒྱ་པ། ཙིནྟ་མ་ཎིའི་བརྐོས་ཕོར་སོགས་གཉན་པོ་གསང་བ་ཛ་སྦྲོད་བྱས་ཏེ། དཔང་སྐོང་ཕྱག་བརྒྱ་པའི་ཆོས་ཁུངས་རྒྱ་གར་དང་བོད་དུ་ཐོག་མར་སྤྱན་འདྲེན་མཁན་ནི་རྒྱ་ནག་གི་མཁན་པོ་ལི་བྱིན་ཡིན། མདོ་སྡེ་འདིའི་མཚན་ལ་རྒྱ་ནག་སྐད་དུ“百拜忏悔经”ཞེས་པར་བསྒྱུར་ཅིང་། ནང་དོན་གྱི་ཆ་ནས་ད་ལྟའི་ལྟུང་བཤགས་ཉེ་བར་འཁོར་གྱི་མདོ་ལས་བྱུང་བ་དང་ཕལ་ཆེར་འདྲ་ཚུལ་བརྗོད་ཡོད། གཞན་རྫོག་རུ་གནམ་ལྷ་ཚེ་རིང་གིས་བྲིས་པའི་《ཧྥ་རན་སིར་ཉར་བའི་ཏུན་ཧོང་ཡིག་རྙིངP.T.0017ལས་〈དཔང་སྐོང་ཕྱག་བརྒྱ་པ་〉ལ་དཔྱད་པ་》(《ནུབ་བྱང་མི་རིགས་སློབ་གྲྭ་ཆེན་མོའི་རིག་གཞུང་དུས་དེབ་》2015ལོའི་དེབ་དང་པོ་)ཞེས་པའི་ནང་ཧྥ་རན་སིར་ཉར་བའི་ཏུན་ཧོང་ཡིག་ཆP.T.0017ལས་དཔང་སྐོང་ཕྱག་བརྒྱ་པ་ཞེས་པའི་ཆོས་ཚན་འདིའི་སྐད་བརྡའི་ཐུན་མོང་མ་ཡིན་པའི་ཁྱད་ཆོས་ཕྱོགས་བསྡོམས་བྱས་ཡོད། གཞན་ཡང་ཆ་རིས་སྐལ་བཟང་ཐོགས་མེད་ཀྱིས་《ཏུན་ཧོང་བོད་ཡིག་ཆོས་གཞུང་ཨང་རྟགསP.T.448ཤེས་རབ་ཀྱི་ཕ་རོལ་ཏུ་ཕྱིན་པའི་སྙིང་པོ་སྒྲ་འགྱུར་མའི་སྐོར་རགས་ཙམ་གླེང་བ་》(《བོད་ལྗོངས་ཞིབ་འཇུག་》2011ལོའི་དེབ་གསུམ་པ་)ཞེས་པ་སྤེལ་ཡོད་ལ། དེར་རྩོམ་པ་པོས་《ཤེར་སྙིང་》སྒྲ་འགྱུར་མའི་ཤོག་དྲིལP.T.448དང་མ་ཕྱིའི་རྒྱ་ཡིག་ཤན་སྦྱར་དུ་བཀོད་དེ་ཏུན་ཧོང་བོད་ཡིག་སྒྲ་འགྱུར་ལས“པུ་ཞ་པ་ལ་འབྲི་ཏ་སིམ་ཀྱི”ཞེས་པ་རྒྱ་ཡིག་གི“般若波罗蜜多心经。”ཞེས་པའི་སྒྲ་འགྱུར་ཏེ། དོན་ནི“ཤེས་རབ་ཀྱི་ཕ་རོལ་ཏུ་ཕྱིན་པའི་སྙིང་པོ”ཞེས་པའི་དོན་ཡིན་ཚུལ་སོགས་སྒྲ་འགྱུར་མའི་གཞུང་ཧྲིལ་པོའི་ཚིག་དོན་བཀྲལ་ཏེ་དཔྱད་ཡོད། མཐར“道”ལ“དེའུ”དང་། “到”ལ“དེའི”དང་། “得”ལ“ཏིག”སོགས《ཤེར་སྙིང་》སྒྲ་འགྱུར་མའི་ཡིག་དོན་སྦྱར་ཐབས་སྐོར་ལ་དཔྱད་མཐར། སྒྲ་འགྱུར་དེ་འདྲ་གནང་བའི་དགོས་དོན་ནི་རྒྱ་ཡིག་མི་ཤེས་ཀྱང་རྒྱ་སྐད་ཀྱི་ལམ་ནས་ཀློག་འདོན་ལ་མོས་པའི་དད་ལྡན་དག་གི་ཆེད་དུ་དམིགས་པའམ། ཡང་ན་དེ་འདྲའི་གང་ཟག་གི་འདོད་མོས་ལྟར་དགེ་བ་བསྒོ་ཆེད་དུ་བྲིས་པ་ཞིག་ཡིན་པར་མངོན་ཞིང་། འགྱུར་ཡིག་རང་ཐད་ནས་གནའ་བོའི་རྒྱ་བོད་ཀྱི་སྐད་གདངས་ལ་ཞིབ་འཇུག་བྱེད་པའི་དཔྱད་ཡིག་གལ་ཆེན་ཡིན་ཚུལ་བརྗོད་ཡོད།

སངས་རྒྱས་མཁར་གྱི་《ཏུན་ཧོང་བོད་ཡིག་ཡིག་ཚགསP.T.93〈་འཕགས་པ་འབྱུང་བ་མེད་པའི་〉གཞུང་དོན་ལ་ཐོག་མར་དཔྱད་པ་》(《བོད་ལྗོངས་ཞིབ་འཇུག་》2011ལོའི་དེབ་གཉིས་པ་)ཞེས་པར། 《སྡེ་དགེའི་བཀའ་འགྱུར་དཀར་ཆག་》ལྟར་ན་མདོ་གཞུང་འདི་ནི་མདོ་མང་ལས་ཐེག་པ་ཆེན་པོའི་མདོའི་ཁོངས་སུ་འདུ་ཞིང་གཞུང་ཁ་ཚང་ལ་བམ་པོ་གསུམ་མཆིས། མདོ་གསུངས་པའི་ཡུལ་འཁོར་ནི་སྟོན་པ་

བཅོམ་ལྡན་འདས་ཀྱིས་བྱ་རྒོད་ཕུང་པོའི་རིར་བྱང་ཆུབ་སེམས་དཔའ་སེམས་དཔའ་ཆེན་པོ་སེང་གེའི་རྩལ་གྱི་འགྲོ་བ་དང་། བྱང་ཆུབ་སེམས་དཔའ་སེམས་དཔའ་ཆེན་པོ་འཇམ་དཔལ་གཞོན་ནུར་གྱུར་པ། ལྷའི་བུ་པད་མོ་རྣམ་པར་རོལ་བར་ཤེས་པ་བཅས་ཀྱིས་ཞུས་པར་ལན་གསུངས་པའི་མདོ་ཡིན། འདི་ནི་སྤྱི་ལོ་812ལོའི་རྗེས་དང་སྤྱི་ལོ་814ལོའི་ཡར་སྔོན་དུ་ཛྙཱ་ནསྟྲ་རཏྣ་རཀྵི་ཏ་འབམ་བན་དེ་རིན་ཆེན་འཚོས་བོད་ཡིག་ཏུ་བསྒྱུར་པ་ཞིག་ཡིན་ཚུལ་དང་། བཀའ་འགྱུར་དང་ཏུན་ཧོང་པར་མ་གཉིས་ལས་བྱུང་བའི་མདོ་འདིའི་སྒྲིག་གཞི་དང་བརྗ་སྦྱོད་སོགས་ཕན་ཚུན་བསྡུར་དཔྱད་བྱས་ཡོད།

མཆོག་ལྡན་ཚེ་རིང་གི་《ཏུན་ཧོང་གཏེར་ཡིག〈འཕགས་པ་དགོངས་པ་ངེས་པར་འགྲེལ་པའི་མདོ་〉ཡི་གླེང་གཞིའི་ལེའུར་རགས་ཙམ་དཔྱད་པ་》(《བོད་ལྗོངས་ཞིབ་འཇུག་》2015ལོའི་དེབ་གཉིས་པ་)ཞེས་པར་མདོ་འདིའི་པར་གཞི་མི་འདྲ་བ་གསུམ་སྟེP.T.1257དང་། I.T.J.194དང་། P.T.615བཅས་ཕན་ཚུན་བསྡུར་དཔྱད་བྱས་ཏེ། པར་གཞི་སྔ་མ་གཉིས་ནི་རྒྱ་ནག་སྐད་ཀྱི་འགྲོས་ལ་བསྟུན་ཡོད་པ་དང་། ཕྱི་མ་གཅིག་ནི་ལེགས་སྦྱར་སྐད་ནས་ཐད་ཀར་བོད་ཡིག་ཏུ་བསྒྱུར་ཅིང་བསྟན་པ་སྔ་དར་སྐབས་སུ་འཕྲིན་ལས་ཤིན་ཏུ་རྒྱས། P.T.615དང་བཀའ་འགྱུར་ཁྲོད་བཞུགས་པའི་མདོ་གཉིས་ཀྱི་ཁྱད་པར་ནི་རྩ་བའི་འགྱུར་དཔེ་གཅིག་ལ་འགྱུར་བཅོས་རིམ་པ་གཉིས་བྱུང་ཚུལ་བརྗོད་དེ། ཏུན་ཧོང་བོད་ཡིག་ནང་བསྟན་གཙུག་ལག་ཁྲོད་ཀྱི་མདོ་འདིའི་པར་གཞི་ཁག་ལ་གསལ་ཁ་བཏོན་ཡོད།

ནོར་བུ་དབང་ལྡན་གྱི་《ཏུན་ཧོང་བོད་ཡིག་ཡིག་རྙིང་ཁྲོད་བཞུགས་པའི〈ཤེས་རབ་སྙིང་པོའི་〉ཤོག་དྲིལ་སྐོར་ལ་ཆེ་ལོང་དུ་དཔྱད་པ་》(《ཀྲུང་གོའི་བོད་རིག་པ་》2017ལོའི་དེབ་གཉིས་པ་)ཞེས་པར་ཏུན་ཧོང་བོད་ཡིག་གཙུག་ལག་ཁྲོད་ཀྱི《ཤེས་རབ་སྙིང་པོའི་མདོའི་》ཤོག་དྲིལ་ཕན་ཚུན་གྱི་འབྲེལ་བ་རྩད་ཞིབ་བགྱིས་ཤིང་། གཞུང་དོན་གྱི་ས་བཅད་གྲུབ་ཚུལ་དང་འགྱུར་ཕྱུག་གི་དགོངས་དོན་རྣམས་བཀའ་བསྟན་དུ་བཞུགས་པའི་རྒྱ་བོད་ཀྱི་《ཤེར་སྙིང་》གི་དགོངས་འགྲེལ་དང་བསྡུར་དཔྱད་བྱས་པར་མ་ཟད། ལེགས་སྦྱར་དང་རྒྱ་ནག་དང་བོད་ཡིག་བཀའ་འགྱུར་ཁྲོད་ཀྱི《ཤེར་སྙིང་》གི་ཁྱད་པར་དང་། ཡེ་བྲག་ཏུན་ཧོང་བོད་ཡིག《ཤེར་སྙིང་》དང་འགོས་ཆོས་གྲུབ་ཀྱི《ཤེར་སྙིང་》རྒྱ་འགྱུར། བོད་ཀྱི་བཀའ་འགྱུར་པར་མའི་ཁྲོད་ཀྱི《ཤེར་སྙིང་》ཁག་བདུན་གྱི་འགྱུར་ཁུངས་ཞིབ་ཏུ་བརྗོད་དེ། པར་མ་མི་འདྲ་བ་དེ་དག་གི་རིགས་དང་དབྱེ་བའི་ཁྱད་པར་ཐད་ལ་དཔྱད་པ་བཏང་འདུག

བདུད་འདུལ་རྡོ་རྗེ་ཡི་《ཏུན་ཧོང་ཡིག་རྙིང་ལས〈འཕགས་པ་དྲི་མ་མེད་པར་གྲགས་པས་བསྟན་པའི་མདོ་〉ལ་དཔྱད་པ་》(《ཀྲུང་གོའི་བོད་རིག་པ་》2017ལོའི་དེབ་བཞི་པ་)ཞེས་པར། མདོ་སྡེ་འདི་ནི

སངས་རྒྱས་ཀྱི་བཀའ་འཁོར་ལོ་ཐ་མར་གཏོགས་ཤིང་ཁྱིམ་པའི་རྟེན་ལ་ཉམས་སུ་བླངས་ནས་ཐར་པ་དང་ཐམས་ཅད་མཁྱེན་པའི་གོ་འཕང་བསྒྲུབ་ནུས་པར་སྟོན་པས་མདོའི་ནང་ནས་ཀྱང་རྒྱལ་པོ་ལྷ་བུ་གལ་ཆེ་ཤོས་སུ་བརྩིས་ཏེ། རྒྱ་ནག་དང་ཉི་ཧོང་། བོད། ཀོ་ཤི་ཀའི་གླིང་སོགས་ཐེག་ཆེན་གྱི་བསྟན་པ་དར་བའི་ཡུལ་དུ་འཕྲིན་ལས་ཤིན་ཏུ་རྒྱས་ནས་འགྱུར་ཡིག་མང་དུ་བྱུང་ཚུལ་དང་། བོད་དུ་ལོ་ཙྪ་བ་བན་དེ་ཆོས་ཉིད་ཚུལ་ཁྲིམས་ཀྱིས་བསྒྱུར་ཅིང་ཞུས་གཏན་མཛད་ཚུལ། ཏུན་ཧོང་ནས་ཐོན་པའི་བོད་ཡིག་གི་《དྲི་མ་མེད་པར་གྲགས་པས་བསྟན་པའི་མདོའི་》ཡིག་ཆའི་ཨང་རྟགས་མི་འདྲ་བ་རྣམས་ཕན་ཚུན་བསྡུར་དཔྱད་བགྱིས་ནས་པར་མ་དེ་དག་གི་འབྲེལ་བ་གསལ་འདོན་བྱས་ཡོད།

རྟ་མགྲིན་གྱི་《ཧྥ་རན་སིར་ཉར་བའི་ཏུན་ཧོང་ཡིག་རྙིང་ལས་བྱུང་བའི་གསེར་འོད་ཟ་སྤྲའི་ཤོག་ཧྲུལ་ལ་དཔྱད་པ་》(《ཀྲུང་གོའི་བོད་རིག་པ་》2017ལོའི་དེབ་གཉིས་པ་)རུ་ཐོག་མར་ཧྥ་རན་སིའི་རྒྱལ་གཉེར་དཔེ་མཛོད་ཁང་དུ་ཉར་བའི་《གསེར་འོད་ཟ་སྤྲའི་》ཤོག་དྲིལ་ཁག་ངོ་སྤྲོད་དང་རིགས་དབྱེ་བྱས་ཐོག ཕན་ཚུན་གཤིབ་བསྡུར་བྱས་ཏེ་ཤོག་དྲིལ་ལས་བྱུང་བའི་མདོ་འདིའི་མཚན་བྱང་མི་འདྲ་ཚུལ་དང་། ཁྲི་གཞིའི་ཤོག་བུ་མི་འདྲ་བ། ཡི་གེའི་འབྲི་ཚུལ་ལ་གཅིག་གྱུར་གྱི་གཏན་སྲོལ་ཆེར་མེད་པ། ཤོག་ལྡེབས་གཅིག་ཏུ་ཚིག་བསྐྱར་འབྲི་བྱས་པ་དང་ཆོས་སྐད་གཉིས་བྲིས་ཡོད་པ་སོགས་ཡི་གེའི་འབྲི་ཚུལ་དང་ནང་དོན་བཅས་ལས་མངོན་པའི་ཁྱད་ཆོས་བརྗོད་པར་མ་ཟད། གཟུངས་འདུས་དང་ཏུན་ཧོང་ཡིག་རྙིང་གཉིས་ལས་བྱུང་བའི་《གསེར་འོད་ཟ་སྤྲའི་》མདོ་བསྡུར་དཔྱད་བགྱིས་ཡོད།

བླ་ནག་པ་ཡེ་ཤེས་བཟང་པོའི་《ཧྥ་རན་སིར་ཉར་བའི་ཏུན་ཧོང་ཡིག་རྙིང་ལས་〈དགོངས་ལྡེམ་དགོངས་ཀྱི་རྣམ་གཞག་〉》(《བོད་ལྗོངས་ཞིབ་འཇུག་》2017ལོའི་དེབ་དང་པོ་)ཅེས་པར་ཧྥ་རན་སིའི་རྒྱལ་གཉེར་དཔེ་མཛོད་ཁང་དུ་ཉར་བའི་ཏུན་ཧོང་བོད་ཡིག་ཁྲིད་ཀྱི་《དགོངས་ལྡེམ་དགོངས་ཀྱི་རྣམ་གཞག་》ཅེས་པ་བཀའ་བསྟན་གཉིས་ལས་བསྟན་བཅོས་ཀྱི་ཁོངས་སུ་གཏོགས་ཤིང་མཛད་པ་པོ་ནི་ཞང་ཡེ་ཤེས་སྡེ་ཡིན་ཚུལ་དང་། བརྗོད་བྱའི་དོན་དང་རྗོད་བྱེད་ཚིག་གི་དཀའ་གནད་དང་ཁྱད་ཆོས་སོགས་ཡིག་ཆ་ཁུངས་བཙུན་ལ་གཞི་བཅོལ་ཏེ་དཔྱད་པ་བཏང་ཡོད།

བསེ་ཚང་སངས་རྒྱས་དོན་གྲུབ་ཀྱིས་《ཏུན་ཧོང་ཡིག་རྙིང་ལས་〈དེ་བཞིན་གཤེགས་པ་ཚེ་དཔག་མེད་ཀྱི་བཀོད་པ་བསྟན་པའི་མདོའི་〉P.T.ཡིག་ཆ་ཁ་འཐོར་རྣམས་ཀྱི་དག་བསྒྲིགས་དང་དཔྱད་པ་》(《མཚོ་སྔོན་མི་རིགས་སློབ་ཆེན་རིག་དེབ་》2017ལོའི་དེབ་དང་པོ་)ཞེས་པར། ཐོག་མར་མདོ་དེར་འབྲེལ་གྱི་ཏུན་ཧོང་བོད་ཡིག་ཤོག་དྲིལP.T.96 P.T.556 P.T.557 P.T.561 P.T.562 P.T.563 P.T.564བཅས་ཀྱི་ཕྱིའི་རྣམ་

པ་ངོ་སྤྲོད་དང་། དེ་དག་ནི་《དེ་བཞིན་གཤེགས་པ་ཚེ་དཔག་མེད་ཀྱི་བཀོད་པ་བསྟན་པའི་མདོའི་》གཞུང་དོན་གྱི་སྐད་ཀྱི་ཆ་ཡིན་པའི་ལྟ་ཚུལ་བརྗོད་ཞིང་། འབྲེལ་ཡོད་དཀར་ཆག་ཏུ་གཞུང་དོན་ངོས་འཛིན་དང་མཚན་བྱང་འདོགས་ཚུལ་ཐད་ནོར་འཁྲུལ་བྱུང་བ་རྣམས་དག་སེལ་བགྱིས་ཡོད། གཞན《ཉེ་བའི་ལོ་ངོ་བརྒྱའི་རིང་གི་ཏུན་ཧོང་ཡིག་རྙིང་〈ཚེ་དཔག་ཏུ་མེད་པ་ཞེས་བྱ་བ་ཐེག་པ་ཆེན་པོའི་མདོ་〉ཡི་ཞིབ་འཇུག་གི་གནས་ཚུལ་སྤྱི་བཤད་》(《མཚོ་སྔོན་མི་རིགས་སློབ་ཆེན་རིག་དེབ་》2018ལོའི་དེབ་དང་པོ་)ཅེས་པ་སྤེལ་ཏེ། སྤྱི་ལོ1916ནས་2016བར་ཏེ་ཉེ་བའི་ལོ་ངོ་བརྒྱའི་རིང་དུ་ཉི་ཧོང་དང་འཇར་མན། དབྱིན་ཇིའི་མཁས་པ་རྣམས་ཀྱིས《ཚེ་མདོའི་》ཡིག་ཆ་དག་བསྒྲིགས་དང་ཞིབ་འཇུག་བྱས་པའི་གནས་ཚུལ་ཕྱོགས་བསྡོམས་བྱས་ཏེ། མ་འོངས་པ་ན་བོར་སྟོར་བྱུང་བའི་ཡིག་ཆ་རྩད་གཅོད་དང་དག་བསྒྲིགས། མིང་འདོགས་བྱ་དགོས་པ་དང་། ཡིག་རིགས་མི་གཅིག་པའི་ཡིག་ཆ་མཉམ་དུ་དཔར་བསྐྲུན་བྱས་ནས་དཔེ་བསྡུར་བྱ་རྒྱུ་དང་། དེ་ནས་རིག་ཚན་སྣ་མང་གི་ཞིབ་འཇུག་བྱེད་ཐབས་བཀོལ་ནས་ཡིག་ཆ་དེ་དག་ལ་དཔྱད་པ་གཏོང་དགོས་ཚུལ་དཔེ་དང་བཅས་པའི་སྒོ་ནས་བསྟན་ཡོད། ད་དུང《ཉི་ཧོང་ཁེའོ་དཔེ་ཁང་དུ་ཉར་བའི་ཏུན་ཧོང་བོད་ཡིག་གི་〈ཚེ་མདོ་〉ཡིག་ཆར་དཔྱད་པ་》ཞེས་པའི་དཔྱད་རྩོམ་དུ་ཉི་ཧོང་གི་མཁས་པ་ཏྭ་ནེ་ཧྲ་ཐོ་རོ་ཡིས་བསྡུ་བསྒྲིགས་མཛད་ཅིང་ད་ལྟ་ཁེའོ་དཔེ་ཁང་དུ་ཉར་བའི་ཏུན་ཧོང་བོད་ཡིག《ཚེ་མདོའི་》ཡིག་ཆའི་ཨང་རྟགས་རྣམས་ཕན་ཚུན་བསྡུར་དཔྱད་ཀྱིས་བྲིས་མའི་རིགས་གསུམ་དུ་དགར་ཞིང་། དེ་དག་ཕྲ་རན་སིར་ཉར་བའི་ཏུན་ཧོང་བོད་ཡིག་ཡིག་ཆའི་ཨང་རྟགསP.T.98དང་བསྡུར་ན་གཞུང་ཚད་བསྡུས་ཡོད་པས་མིག་སྔར་ཏུན་ཧོང་བོད་ཡིག《ཚེ་མདོ་》རྣམས་བྲིས་མ་རིགས་བཞིར་དགར་རུང་བའི་ལྟ་ཚུལ་བརྗོད་ཡོད།

གསུམ། ཚད་མའི་སྐོར། གཙྪ་འབུམ་གྱི《ཏུན་ཧོང་ཚད་མ་རིག་པའི་ཡིག་ཚགས་ཨང P.T.0123ལས〈རིགས་ཐིགས〉རྩ་འགྲེལ་སྐོར་གྱི་ཐོག་མའི་དཔྱད་པ་》(《ཀྲུང་གོའི་བོད་རིག་པ་》2011ལོའི་དེབ་བཞི་པ་)ཞེས་པ་ནི་ཏུན་ཧོང་ནང་བསྟན་གཙུག་ལག་ལས་ཚད་མའི་སྐོར་གྱི་བོད་ཡིག་དཔྱད་རྩོམ་ཐོག་མ་ཡིན་ལ། ཁོས་སྔ་ཕྱིར་འདིའི་སྐོར་གྱི་དཔྱད་རྩོམ་གཉིས་བཀོད་ཡོད་པ་ལས་དང་པོའི་ནང་དུ། ཐོག་མར་ཏུན་ཧོང་རྒྱ་ཡིག་གི་གཏན་ཚིགས་རིག་པའི་ཞིབ་འཇུག་གནས་བབ་ངོ་སྤྲོད་བྱས་པ་དང་སྦྲགས། བོད་ཡིག་ཚད་མའི་བསྟན་བཅོས་ཨང P.T.0123པ་མཚམས་སྦྱོར་དང་དཔྱད་ཞིབ་བགྱིས་ཏེ། ཡིག་ཚགས་དེ་ནི་བསྟན་བཅོས་ཁ་མི་ཚང་བ་བཞི་ལས་བྱུང་ཞིང་། 《རིགས་ཐིགས་》རྩ་བ་འདི་འདང་པཎྜི་ཏ་གཞན་ཕན་བཟང་པོ་ལ་སོགས་པ་དང་། བོད་ཀྱི་ལོ་ཙྪ་བ་བློ་ལྡན་ཤེས་རབ་ཀྱིས་བསྒྱུར་ཅིང་ཞུས་ཏེ་གཏན་ལ་ཕབ་

པའི་འགྱུར་འདི་ཡིན་ལ། ཏུན་ཧོང་གི་《རིགས་ཐིགས་》ནི་སྤྱི་ལོ་1312ལོའི་རྗེས་སུ་བྱུང་བའི་ལྟ་ཚུལ་བཏོན་ཡོད། 2015ལོར་ཁོས་ཡང་བསྐྱར་《ཏུན་ཧོང་དང་བསྟན་འགྱུར་ཁྲོད་ཀྱི་རྒྱུད་གཞན་གྲུབ་པའི་པར་གཞི་ཞིབ་བསྡུར་དང་མཆན་བུ་》(《བོད་ལྗོངས་སློབ་གྲྭ་ཆེན་མོའི་རིག་དེབ་》2015ལོའི་དེབ་གསུམ་པ་)ཞེས་པ་སྤེལ་ཏེ། ཏུན་ཧོང་ནས་ཐོན་པའི་ཚད་མའི་བསྟན་བཅོས་རྒྱུད་གཞན་གྲུབ་པའི་ནང་དོན་བསྟན་འགྱུར་དཔེ་བསྡུར་མ་དང་བསྡུར་དཔྱད་བགྱིས་ཏེ། པར་གཞི་དེ་གཉིས་ཀྱི་འདྲ་བའི་ཆ་དང་མི་འདྲ་བའི་ཆ་གླེང་བར་མ་ཟད། སློབ་དཔོན་དུལ་བ་ལྷ་དང་བསྟན་དར་ལྷ་རམས་པའི་འགྲེལ་གཉིས་གསོར་བྱས་ཏེ་ཚད་མའི་བསྟན་བཅོས་འདིའི་བརྗོད་དོན་གྱི་གནད་འགག་དཔྱད་གླེང་དང་། ཚིག་རིས་སམ་ཡི་གེ་མི་འདྲ་བ། ཞིག་རལ་དུ་གྱུར་ནས་ཡི་གེ་མི་གསལ་བ། ཕྲད་དང་རྣམ་དབྱེའི་ཐོབ་ཐང་སྦྱོར་ཚུལ་ད་ལྟའི་སྦྱོར་ལུགས་དང་མི་མཐུན་པའི་སྐོར་ལ་མཆན་བཏབ་ཡོད།

བཞི། དབུ་མའི་སྐོར། ཆ་རིས་སྐལ་བཟང་ཐོགས་མེད་ཀྱི་《དབྱིན་ཇིའི་རྒྱལ་གཉེར་དཔེ་མཛོད་ཁང་དུ་ཉར་བའི་དབུ་མ་རྩ་བའི་འགྲེལ་པ་〈ག་ལས་འཇིགས་མེད་〉ཀྱི་སྐོར་རགས་ཙམ་གླེང་བ་》(《བོད་ལྗོངས་ཞིབ་འཇུག་》2014ལོའི་དེབ་དང་པོ་)ཞེས་པ་རུ་བཀའ་འགྱུར་པར་མ་ཁག་དང་ཏུན་ཧོང་ཤོག་བྲིས་མ་ལས་མཐོང་བའི་མཇུག་བྱང་གཞིར་བྱས་ཏེ་《ག་ལས་འཇིགས་མེད་》ཀྱི་མཛད་མཁན་ནི་འཕགས་པ་ཀླུ་སྒྲུབ་དང་། བོད་དུ་བསྒྱུར་མཁན་ནི་རྒྱ་གར་གྱི་མཁན་པོ་ཛྙཱ་ན་གརྦྷ་དང་ཞུ་ཆེན་གྱི་ལོ་ཙཱ་བ་དགེ་སློང་ཅོག་རོ་ཀླུའི་རྒྱལ་མཚན་གཉིས་ཡིན་པར་མངོན་ཞིང་། མཚན་དོན་ཆ་ཚང་ལ“རང་དང་གཞན་གྱི་གྲུབ་པའི་མཐའ་སྨྲ་བའི་ཕྱོགས་ག་ལས་ཀྱང་འཇིགས་པ་མེད་པ་”ཞེས་པ་དང་། འགྲེལ་དོན་གཙོ་བོ་ནི་ཡུལ་རང་བཞིན་མེད་པའི་སྟོང་ཉིད་རིགས་པས་གཙོ་བོར་སྒྲུབ་པའི་བསྟན་བཅོས་《དབུ་མ་རྩ་བ་ཤེས་རབ་》འདི་ལ་རབ་བྱེད་ཉེར་བདུན་ཡོད་པ་བཞིན་དུ། བསྟན་བཅོས་འདིའི་འགྲེལ་པ་《ག་ལས་འཇིགས་མེད་》ལས་ཀྱང་རབ་ཏུ་བྱེད་པ་དང་པོར་རྐྱེན་བརྟག་པ་དང་གཉིས་པར་སོང་བ་དང་མ་སོང་བ་དང་བགོམ་པ་བརྟག་པ་སོགས་རབ་བྱེད་ཉེར་བདུན་གྱི་སྒོ་ནས་《རྩ་བ་ཤེས་རབ་》ཀྱི་ཚིག་དོན་ལ་འགྲེལ་པ་གནང་ཚུལ་བརྗོད་ཡོད། དུས་ཕྱིས་སུ་དབུ་མའི་སྐོར་གྱི་དཔྱད་འབྲས་མང་དུ་ཐོན་མེད། ཏུན་ཧོང་བོད་ཡིག་ནང་བསྟན་གཙུག་ལག་ཁྲོད་དུ་དབུ་མའི་སྐོར་གྱི་ཤོག་དྲིལ་ད་དུང་མང་པོ་ཡོད་པས། འདི་ནི་ད་དུང་ཤུགས་སྣོན་བརྒྱག་དགོས་པའི་ཞིབ་འཇུག་གི་ཁྱབ་ཁོངས་གལ་ཆེན་ཞིག་ཡིན་པར་འདོད།

ལྔ། འདུལ་བའི་སྐོར། གཡང་འབུམ་རྒྱལ་གྱི་《ཏུན་ཧོང་ནས་ཐོན་པའི་ཤོག་དྲིལP.T.903ཛ་སྦྱོད་རགས་ཙམ་ཞུ་བ་》(《བོད་ལྗོངས་ཞིབ་འཇུག་》2009ལོའི་དེབ་གཉིས་པ་)ཞེས་པརP.T.903ནི་《འདུལ་

བ་བསྡུས་པ་》ཡི་འགྱུར་གཞུང་བྲིས་མ་ཡིན་ལ། བཙན་པོ་ཁྲི་སྲོང་ལྡེ་བཙན་གྱི་དུས་ལོ་ཙཱ་བ་བཻ་རོ་ཙ་ན་སོགས་ཀྱིས་བོད་ཡིག་ཏུ་བསྒྱུར་ཅིང་། ཕྱིས་སུ་ལོ་ཙཱ་བ་ཤཱཀྱའི་དགེ་སློང་རྒྱལ་བ་ཤེས་རབ་སོགས་ཀྱིས་ཏུན་ཧོང་གི་འགྱུར་འདི་རྨང་གཞི་བྱས་ཐོག་ལེགས་སྦྱར་སྐད་ཀྱི་ཕྱི་མོ་ལ་ཁུངས་གཏུགས་ཏེ་འགྱུར་བཅོས་གཏན་འབེབས་གནང་ཚུལ་དང་། གཞུང་ལས་ལུང་སྡེ་བཞིའི་བརྗོད་བྱའི་སྙིང་པོ་མཐའ་དག་གཞི་བཅུ་བདུན་གྱི་སྒོ་ནས་བསྟན་ཚུལ་གྱི་སྐོར་ལ་དཔྱད་ཡོད། འདིའང་འདུལ་བའི་སྐོར་གྱི་དཔྱད་རྩོམ་ཐོག་མའམ་གཅིག་པུ་ཡིན་པར་མཐོང་། འོན་ཀྱང་ཏུན་ཧོང་བོད་ཡིག་ནང་བསྟན་གཙུག་ལག་གྲས་སུ་འདུལ་བའི་ཤོག་དྲིལ་ཨང་རྟགས་86ལྷག་ཡོད་པ་དང་བསྡུར་ན། ད་དུང་ཞིབ་འཇུག་གི་འགོ་རྩོམ་པའི་དུས་རིམ་ཞིག་ཏུ་གནས།

དྲུག བསམ་གཏན་གྱི་སྐོར། ཆ་རིས་སྐལ་བཟང་ཐོགས་མེད་ཀྱིས《ཏུན་ཧོང་ནས་ཐོན་པའི་སྙིང་པོ་དོན་བརྒྱུད་པའི་ཆོས་གཞུང་སྒོམ་གྱི་སྒོ་སྒྲ་འགྱུར་མར་རགས་ཙམ་དཔྱད་པ་》(《བོད་ལྗོངས་ཞིབ་འཇུག་》2015ལོའི་དེབ་དང་པོ་)ཞེས་པར། ཏུན་ཧོང་ནས་ཐོན་པའི་བོད་ཡིག་སྒྲ་བསྒྱུར་ཡིག་རྙིང་སྙིང་པོ་དོན་བརྒྱུད་པའི་ཆོས་གཞུང་གཙོ་གྲས་སྒོམ་གྱི་སྒོ་ཞུ་བ་བོད་ཡིག་ཏུ་ཐེངས་དང་པོར་སྒྲ་སྒྱུར་བྱས་ཤིང་། གཞུང་འདིའི་བརྗོད་བྱ་རྗོད་བྱེད་ཀྱི་ཁྱད་ཆོས་གཞིར་བྱས་ཐོག་གཞུང་མཛད་མཁན་རྒྱ་གར་ལྷོ་ཕྱོགས་ཀྱི་བསམ་གཏན་མཁན་པོ་བོ་དྷི་དྷརྨའི་ལོ་རྒྱུས་དང་ཆོས་གཞུང་འདིའི་ལྟ་དགོངས་སྐོར་ལ་དཔྱད་ཡོད་པར་མ་ཟད། ཕ་དམ་པ་དང་སློབ་དཔོན་འདི་གཉིས་གང་ཟག་གཅིག་མིན་པའི་ལྟ་ཚུལ་བཏོན་ཡོད།

ཁྲིང་ཕྲུག་བློ་བཟང་དར་རྒྱས་ཀྱི《ཏུན་ཧོང་ཡིག་རྙིང་P.T.116〈ཐེག་པ་ཆེ་ཆུང་གི་ཁྱད་པར་དང་། འཇུག་པའི་སྒོ་དང་། སོ་སོའི་མཚན་ཉིད་མདོ་ཙམ་དུ་བསྟན་ན་〉ཞེས་པའི་བརྗོད་དོན་དང་སྦྲེལ་ཏེ་ཐེག་པ་ཆེ་ཆུང་གི་སྐོར་ལ་ཆེ་ལོང་ཙམ་དཔྱད་པ་》(《བོད་ལྗོངས་ཞིབ་འཇུག་》2012ལོའི་དེབ་གསུམ་པ་)རུ་ཏུན་ཧོང་ཡིག་རྙིང་ལས་བཤད་པའི་ཐེག་པ་ཆེ་ཆུང་གི་ཁྱད་པར་དང་འཇུག་སྒོ། མཚན་ཉིད་བསྟན་པ་དག་བོད་བརྒྱུད་ནང་བསྟན་གྱི་དབུ་ཕར་གྱི་གཞུང་དང་དཔྱད་བསྡུར་གྱིས་གཞུང་སོ་སོའི་ཐུན་མོང་དང་ཐུན་མོང་མ་ཡིན་པའི་ཆ་སོ་སོར་གསལ་པོར་བཤད་ཅིང་། དམིགས་སུ་ཡིག་རྙིང་དེ་ཉིད་བྱུང་སྐབས་རྒྱ་བོད་གཉིས་ཀྱི་ཡུལ་དུ་དབུ་མ་ཐལ་འགྱུར་བའི་གྲུབ་མཐའ་བྱུང་མེད་པའི་ལྟ་ཚུལ་བཏོན་ཡོད།

བསོད་ནམས་དོན་གྲུབ་ཀྱི《ཏུན་ཧོང་བོད་ཡིག་གི་བྲིས་རྙིངP.T.823ལ་དཔྱད་པ་》(《ཀྲུང་གོའི་བོད་རིག་པ་》2014ལོའི་དེབ་བཞི་པ་)རུ་ཏུན་ཧོང་བོད་ཡིག་གི་བྲིས་རྙིངP.T.823ནི་རྒྱའི་ཏུན་ཧོང་གི་ཡིག་རྙིངPch464ཁྲོད་ཀྱི་《顿悟大乘正理决》ཞེས་པའི་བོད་འགྱུར་མ་ཡིན་ལ། བོད་ཡིག་གཙུག་ལག་ཁག་ཏུ《རིགས་པ་ཡང་དག་པར་ངེས་པ་》འམ《ཐེག་པ་ཆེན་པོ་ཅིག་ཅར་རིགས་པ་ཡང་དག་ངེས་པ་》ཞེས་

བརྗོད་ཀྱང་། ཧྲ་རན་སིར་ཉར་བའི་ཏུན་ཧོང་ཡིག་རྙིང་ཁྲོད་དུ《ཅིག་ཅར་ལ་འཇུག་པའི་སྒོ་》ཞེས་མིང་བཏགས་ཡོད། ཡིག་ཆ་འདི་ནི་བསྟན་པ་སྔ་དར་དུས་སུ་བྱུང་བའི་བསམ་ཡས་སྟོན་རྩེན་ཆོས་རྩོད་སྐོར་གྱི་དཔྱད་གཞིའི་ཡིག་ཆ་གལ་ཆེན་ཞིག་ཡིན་ཚུལ་དང་། བསམ་ཡས་ཆོས་རྩོད་ཀྱི་གོ་རིམ་དང་མཁན་པོ་མ་ཧཱ་ཡ་ན་དང་ཀ་མ་ལ་ཤཱི་ལའི་ལྟ་དགོངས་ཀྱི་ཁྱད་པར། བོད་རྒྱ་རིག་གནས་བརྗེ་རེས་དང་བོད་རྒྱ་སངས་རྒྱས་ཆོས་ལུགས་ཀྱི་རྩོད་གླེང་དོན་རྐྱེན་སོགས་ལ་དཔྱད་པ་བཏང་འདུག་པས། འདི་དག་ནི་ཕྱིར་བསམ་གཏན་སྐོར་དང་ནང་སྐོར་སུ་ཏུན་ཧོང་གཙུག་ལག་ཁྲོད་ཀྱི་བསམ་གཏན་སྐོར་གྱི་དཔྱད་འབྲས་གཙོ་གྲས་ཡིན། ད་དུང་བསམ་གཏན་དང་སྒོམ། རྣལ་འབྱོར་གྱི་སའི་སྐོར་གྱི་ཤོག་དྲིལ་ཨང་རྟགས་44ལྷག་བཞུགས་པ་ནི་ནང་ཆོས་ཕྱིའི་དར་འཕེལ་དང་རྒྱ་བོད་ནང་བསྟན་རིག་གནས་ཕན་ཚུན་བརྗེ་རེས་ཐད་ཀྱི་དཔྱད་གཞི་གལ་ཆེན་ཞིག་ཡིན་པས་ཤུ་མཐུད་དུ་ཞིབ་འདོན་བྱ་དགོས།

བདུན། སྨོན་ལམ་གྱི་སྐོར། ཏུན་ཧོང་ནང་བསྟན་གཙུག་ལག་གི་ཁྲོད་དུ་སྨོན་ལམ་གྱི་སྐོར་ནི་ཤོག་དྲིལ་ཨང་རྟགས་ཅུང་མང་ཤོས་ཡིན་ཞིང་། རགས་རྩིས་བྱས་པ་ལྟར་ན། བསྡོམས་པས་ཤོག་དྲིལ་གྱི་ཨང་རྟགས་150ལྷག་ཡོད། སྨོན་ལམ་སྐོར་གྱི་དཔྱད་རྩོམ་ཐོག་མ་ནི་ཆ་རིས་སྐལ་བཟང་ཐོགས་མེད་ཀྱི《ཧྲ་རན་སིའི་རྒྱལ་གཉེར་དཔེ་མཛོད་ཁང་དུ་ཉར་བའི་ཏུན་ཧོང་ནས་ཐོན་པའི〈བཟང་སྤྱོད་སྨོན་ལམ་〉གྱི་ཤོག་དྲིལ་ཕྲུག་བྲིས་མའི་སྐོར་རགས་ཙམ་གླེང་བ་》(《ཀྲུང་གོའི་བོད་རིག་པ་》2007ལོའི་དེབ་གསུམ་པ་) ཞེས་པ་ཡིན་པར་འདོད་ཅིང་། འདིར་བཟང་སྨོན་ནི་སྟོན་པའི་བཀའི་འཁོར་ལོ་གསུམ་ལས་ཐ་མའི་ཁོངས་གཏོགས་ཀྱི་མདོ་སྡེ་ཕལ་པོ་ཆེའི་ཆ་ཤས་སྡོང་པོ་བཀོད་པའི་མདོ་ལས་བྱུང་བ་དང་། བོད་ཡིག་ཏུ་ཐོག་མར་ལོ་ཆེན་བཻ་རོ་ཙ་ན་དང་ཞང་ཡེ་ཤེས་སྡེ་གཉིས་ཀྱིས་བསྒྱུར་ཚུལ་བརྗོད་དེ། ཤོག་དྲིལ་ཁག་གི་ཨང་རྟགས་དང་སྡེ་ཚན། ཡིག་གཟུགས་ལྟར་རིམ་པར་བསྒྲིགས་ཤིང་ཏུན་ཧོང་བཟང་སྨོན་ཁྲོད་དུ་ཀྱི་ལ་ཀྱི་དང་བྱང་ཆུབ་ལ་བྱང་ཅུབ། བསྔོ་ལ་བསྔོའ་ལྟ་བུ་སོགས་གུ་གི་ཕྱིར་ལོག་པ་དང་སྡེ་པ་གཅིག་པའི་ཡི་གེ་བརྗེས་པ། མིང་གཞིའི་རྗེས་སུ་འ་མང་བ། བརྡ་རྙིང་བཀོལ་བ། འབྲེལ་སྒྲའི་ཕྲད་ཡི་ཡིག་དོད་དུ་འི་འབྲི་བ། ཚད་ལྷག་སོགས་ཀྱི་ཚིག་བར་དོ་མི་མཉམ་པ་སོགས་དཔེར་བརྗོད་མང་པོར་སྦྲགས་ཏེ། ཚིག་གི་ཆ་ནས་ཏུན་ཧོང་གི་བཟང་སྤྱོད་དང་ད་ལྟའི་བཀའ་འགྱུར་ཁྲོད་ཀྱི《བཟང་སྤྱོད་》མི་འདྲ་བའི་ཚུལ་ལ་དཔྱད་པ་བཏང་ཡོད།

གཞན་ཡང་ཆ་རིས་སྐལ་བཟང་ཐོགས་མེད་ཀྱིས《ཧྲ་རན་སིར་ཉར་བའི་ཏུན་ཧོང་བོད་ཡིག་ཡིག་ཚགས་P.T.150སློབ་དཔོན་རྒྱན་བཟང་པོས་མཛད་པའི་བཟང་སྨོན་རྒྱ་ཆེར་འགྲེལ་པ་ཁ་ཐོར་ལ་

དཔྱད་པ་》(《གྲུང་གོའི་བོད་རིག་པ་》2008ལོའི་དེབ་དང་པོ་)ཞེས་པ་དང་། དེ་བཞིན་《ཏུན་ཧོང་བོད་ཡིག་ཡིག་ཚགས P.T.150སྒྱུར་པ་པོ་ལོ་ཙཱ་བ་སྐ་བ་དཔལ་བརྩེགས་ཀྱི་སྐོར་རགས་ཙམ་གླེང་བ་》(《བོད་ལྗོངས་ཞིབ་འཇུག་》2008ལོའི་དུས་དེབ་དང་པོ་)ཞེས་པ། 《ཏུན་ཧོང་བོད་ཡིག་ཆོས་གཞུང་ཤོག་དྲིལ་བཟང་སྨོན་གྱི་བཟ་སྤྱོད་ཁྱད་ཆོས་སྐོར་མདོ་ཙམ་གླེང་བ་》(《བོད་ལྗོངས་སློབ་གྲྭ་ཆེན་མོའི་རིག་དེབ་》2011ལོའི་དེབ་དང་པོ་)སོགས་ སྤྱི་ཕྱིར་སྤེལ་ཏེ། སྨོན་ལམ་ཐམས་ཅད་ཀྱི་རྒྱལ་པོ་ལྟ་བུར་བགྲངས་པའི་《བཟང་སྤྱོད་སྨོན་ལམ་》བོད་ལ་སྒྱུར་མཁན་ནི། ལོ་ཙཱ་བ་བཻ་རོ་ཙ་ན་རཀྴི་ཏས་བཙན་པོ་ཁྲི་སྲོང་ལྡེ་བཙན་གྱི་སྐུ་རིང་ཙམ་མམ་ཡང་ན་དུས་རབས་བརྒྱད་པ་ནས་དུས་རབས་དགུ་པའི་བར་དུ་བོད་ལ་ཐོག་མར་བསྒྱུར་བར་བཤད་ཀྱང་མི་ཆོག་པ་མེད་ནའང་། ལོ་ཙཱ་བ་སྐ་བ་དཔལ་བརྩེགས་དང་ཅོག་རོ་ཀླུའི་རྒྱལ་མཚན་སོགས་ཀྱིས་བསྒྱུར་བའམ། ཡང་ན་དེ་ལ་འགྱུར་མི་འདྲ་བ་གཉིས་ཡོད་པ་གང་ཞིག་ཡིན་ཚུལ་ལ་མུ་མཐུད་དུ་བསམ་གཞིག་དཔྱད་ཞིབ་བྱ་དགོས་ཚུལ་དང་། ཟླ་རན་སིར་ཞར་བའི་ཤོག་དྲིལ་ཁག་གི་རིགས་དབྱེ་ངོ་སྤྲོད་དང་ཁ་ཐོར་དག་སྒྲིག་བྱེད་པ་དང་། ཆོག་དོན་གཙོ་གནད་སྐོར་འགྲེལ་བཤད་བྱས་ཐོག སློབ་དཔོན་ཤཱཀྱ་བཤེས་གཉེན་དང་རྒྱན་བཟང་པོ་གཉིས་ཀྱིས་འགྲེལ་མཛད་ཅིང་ལོ་ཙཱ་བ་སྐ་བ་དཔལ་བརྩེགས་ཀྱིས་བསྒྱུར་བའི་བཟང་སྨོན་གྱི་འགྲེལ་པ་བོད་ལ་རྒྱ་འགྲེལ་བདུན་ལྷག་བསྒྱུར་ཚུལ། ཏུན་ཧོང་དུ་བཞུགས་པའི་འགྲེལ་པ་རྣམས་བཟོ་བཅོས་དང་བསླད་ཆེར་ཞུགས་མེད་པས་ཞིབ་འཇུག་གི་རིན་ཐང་ཆེ་ཚུལ། ཏུན་ཧོང་གི་རྒྱན་འགྲེལ་འདི་ནི་སྔོན་གྱི་ཇོ་རིང་སོགས་དང་མི་འདྲ་བར་ཕྱི་མའི་བསྟན་འགྱུར་གྱི་པར་གཞི་དང་ཅུང་འདྲ་ཞིང་། དབུ་མེད་ཀྱི་བར་མཚན་སོགས་བཏབ་པ་ལ་གཞིགས་ན། སྐབས་དེར་སློབ་ཁྲིད་ལྟ་བུ་བྱས་པ་ཡང་མངོན་ཚུལ་དང་། གཞན་ལོ་ཆེན་སྐ་བ་དཔལ་བརྩེགས་ཀྱི་འགྱུར་གཞུང་། བསྒྱུར་ཞུས་ལ་སོགས་པའི་མཛད་འཕྲིན་ལ་དཔྱད་ཞིབ་བགྱིས་ཏེ། 《བཟང་སྤྱོད་སྨོན་ལམ་》ལ་ཞིབ་འཇུག་གཏིང་ཟབ་དང་ཕྱི་རབས་པར་གཙུག་ལག་རིག་པའི་ལམ་ནས་ཏུན་ཧོང་ནང་བསྟན་སྐོར་ལ་ཞིབ་འཇུག་གི་རྨང་གཞི་བརྟན་པོ་བཞག་ཡོད། མདོ་དགེ་བསོད་ནམས་ལྷུན་གྲུབ་ཀྱི་《ཏུན་ཧོང་ཡིག་རྙིང་ཁྲོད་ཀྱི་“བཟང་སྤྱོད་སྨོན་ལམ་”བྲིས་མ་ཁག་གཞིར་བཟུང་ནས་དེའི་འཕྲིན་ལས་སྐོར་གླེང་བ་》(《མཚོ་སྔོན་མི་རིགས་སློབ་ཆེན་རིག་དེབ་》2015ལོའི་དེབ་གསུམ་པ་)ཞེས་པར། ཏུན་ཧོང་ཡིག་རྙིང་ཁྲོད་ཀྱི་《བཟང་སྤྱོད་》བྲིས་མ་ཁག་ངོ་སྤྲོད་དང་དེའི་ཁྱད་ཆོས་སོགས་བརྗོད་དེ། གཙུག་ལག་འདི་དག་དང་དུས་སྐབས་མཉམ་པའི་འབྲེལ་ཡོད་ཡིག་ཆ་དང་བསྡུར་དཔྱད་ཀྱིས། སྨོན་ལམ་འདི་བོད་བཙན་པོའི་དུས་སྐབས་སུ་འཕྲིན་ལས་ཤིན་ཏུ་རྒྱས་ཡོད་པ་དང་། བོད་ཡུལ་སྟོད་སྨད་ཀུན་དང་ལྷག་པར་ཏུན་ཧོང་ས་

ཆར་དར་ཁྱབ་བྱུང་ནས་སྤྱི་ཚོགས་ལ་ཤུགས་རྐྱེན་ཟབ་མོ་ཐེབས་ཚུལ་ལ་དཔྱད་པ་བཏང་ཡོད།

སྟག་རྩེ་ཡི་《ཏུན་ཧོང་ནས་ཐོན་པའི་བོད་ཡིག་ཡིག་ཚགས་མར་མེ་འབུལ་བའི་སྨོན་ལམ་གྱིP.T.ཨང་རྟགས་མི་འདྲ་བ་ཁག་ལ་དཔྱད་བསྡུར་རོབ་ཙམ་བྱས་པ་》(《བོད་ལྗོངས་ཞིབ་འཇུག་》2013ལོའི་དེབ་བཞི་པ་)དུ་མར་མེ་འབུལ་བའི་སྨོན་ལམ་གྱི་གཙུག་ལགP.T.ཨང་རྟགས་མི་འདྲ་བ་རིགས་བཞིའི་ཁྱད་བརྗོད་སྙིང་བསྡུས་པ་དང་། ཉེ་ཆར་དཔྱད་བསྡུར་བྱས་ཏེ་ཤོག་དྲིལ་གྱི་སྔ་ཕྱིའི་གོ་རིམ་གླེང་བར་མ་ཟད། སྨོན་ལམ་འདི་མཛད་པའམ་བསྒྱུར་དུས་ནི་ཆོས་རྒྱལ་ཁྲི་སྲོང་ལྡེ་བཙན་གྱི་རིང་ཡིན་པའི་སྐོར་ལ་དཔྱད་ཡོད། མགོན་པོ་འཚོ་ཡིས《ཏུན་ཧོང་ནས་ཐོན་པའི་ཤོག་དྲིལ་འགྲོད་ཚངས་སྨོན་ལམ་གྱིP.T.ཨང་རྟགས་མི་འདྲ་བ་ཁག་ལ་དཔྱད་བསྡུར་རོབ་ཙམ་བྱས་པ་》(《མདོ་སྨད་ཞིབ་འཇུག་》དེབ་བཅུ་གཅིག་པ་)ཞེས་པ་སྤེལ་ཏེ། སྨོན་ལམ་གཙུག་ལག་སྐོར་གྱི་ཞིབ་འཇུག་ལ་ཁ་གསབ་བྱས་ཡོད།

བརྒྱད། བསྟན་བཅོས་གཞན་དག་གི་སྐོར། ཏུན་ཧོང་བོད་ཡིག་གཙུག་ལག་ཁྲོད་དུ་མདོ་སྔགས་ཕྱོགས་ཀྱི་ཆོས་ཚན་ལས་གཞན་ད་དུང་《ལི་ཡུལ་ལུང་བསྟན་》ལྟ་བུའི་ནང་བསྟན་བྱུང་འཕེལ་གྱི་སྐོར་དང་། 《ཤེས་རབ་བརྒྱ་པ་》སོགས་ལྷ་ཆོས་དང་མི་ཆོས་ཀྱི་བསྟན་བཅོས་གཞན་དག་ཀྱང་མང་པོ་ཡོད་པ་ལ། རྡོ་རྗེ་འཚོའི《ཏུན་ཧོང་ཡིག་སྙིང་དང་བསྟན་འགྱུར་ལས་བྱུང་བའི་ལི་ཡུལ་གྱི་ལུང་བསྟན་ཁག་གཉིས་ལ་རགས་ཙམ་དཔྱད་པ་》(《གྲུང་གོའི་བོད་རིག་པ་》2003ལོའི་དེབ་བཞི་པ་)ཞེས་པ་ནི་རྒྱལ་ནང་དུ་བོད་ཡིག་གི་ལམ་ནས་སྤེལ་བའི་ཏུན་ཧོང་བོད་ཡིག་ནང་བསྟན་གཙུག་ལག་སྐོར་གྱི་དཔྱད་རྩོམ་ཉུང་སྒྲ་ཤོས་ཡིན། རྩོམ་འདིའི་ནང་དུ་ཐོག་མར་བོད་འགྱུར་ལི་ཡུལ་ལུང་བསྟན་ཁག་གཉིས་ཀྱི་བརྗོད་བྱ་དོན་དང་རྗོད་བྱེད་ཚིག་གི་ཁྱད་པར་བརྗོད་དེ། ལུང་བསྟན་འདི་གཉིས་ཀ་བོད་ཡིག་ཏུ་མ་བསྒྱུར་གོང་གི་མ་ཡིག་ནི་ཁྲ་ཀྲི་ཧེའམ་ཁྭ་ལིའི་སྐད་དུ་བྲིས་པ་ཞིག་ཡིན་ཞིང་། ཁྲ་ཀྲི་ཧེའམ་ཁྭ་ལི་ཞེས་པའི་དོན་དངོས་ནི་རྒྱུན་ཆགས་ཞེས་བྱ་བའི་དོན་དུ་གོ་བ་དང་། ཁ་ཅིག་གིས་ཁྭ་ལི་ཞེས་པ་སཾསྐྲྀཏའི་སྐད་དེ་(khara ostha)དོན་ནི་བོང་བུའི་ཁ་ཞེས་པ་ཡིན་པར་འདོད་ཚུལ་རིགས་གཉིས་ཡོད། རང་རེའི་བོད་པའི་ནང་དུ་ཡིག་རིགས་འདི་ཤེས་མཁན་ཞིག་ཡོད་པ་ནི་མཁས་དབང་དགེ་འདུན་ཆོས་འཕེལ་ཡིན་ཏེ། ཁོང་གིས་བྲམ་ཟེ་རཱ་ཧེ་ལ་ཞེས་པ་བསྟེན་ནས་ཁྭ་ལིའི་ཡི་གེར་སློབ་སྦྱོང་མཛད། དེ་ནས་ཁྭ་ལི་ཡི་གེར་བཞུགས་པའི《ཆོས་ཀྱི་ཚིགས་སུ་བཅད་པ་》ཞེས་པ་བོད་ཡིག་ཏུ་བསྒྱུར་བ་ཁོང་གི་རྣམ་ཐར་དུ་གསལ་ཚུལ་བརྗོད་ཅིང་། དེང་སང་ལི་ཡུལ་ལུང་བསྟན་གྱི་མ་ཡིག་བརྙགས་ཟིན་པའི་རྐྱེན་གྱིས་ཕྱི་ནང་གི་མཁས་པ་གང་ཡིན་རུང་ལི་

ཡུལ་གྱི་སྐོར་ལ་ཞིབ་འཇུག་བྱེད་དུས་ངེས་པར་དུ་བོད་འགྱུར་ལི་ཡུལ་ལུང་བསྟན་འདི་དཔྱད་གཞིའི་རྒྱུ་ཆ་གལ་ཆེན་ཞིག་ཏུ་བརྩི་བཞིན་ཡོད་ལ། ལུང་བསྟན་རང་སྟེང་གིས་ཀྱང་གནའ་བོའི་བོད་ལི་བར་གྱི་ཞིབ་འཇུག་ལས་ཐག་མ་ཆོད་པའི་ལོ་རྒྱུས་ཀྱི་གནད་དོན་མང་པོ་ཞིག་གསལ་བར་བྱས་ཡོད་ཚུལ་སོགས་བོད་འགྱུར་ལུང་བསྟན་གཉིས་ལས་བྱུང་བའི་དོགས་གནད་དང་། དེས་སྐབས་དེའི་སྤྱི་ཚོགས་ལ་ཐོན་པའི་བྱེད་ནུས་དང་ལོ་རྒྱུས་རིན་ཐང་བཅས་ཀྱི་སྐོར་ལ་དཔྱད་ཞིབ་བྱས་ཡོད། བསེ་ཚང་སངས་རྒྱས་དོན་གྲུབ་ཀྱིས་《ཏུན་ཧོང་བོད་ཡིག〈ཤེས་རབ་བརྒྱ་པ་〉གྲིས་མར་དཔྱད་པ་》(《བོད་ལྗོངས་ཞིབ་འཇུག་》2016ལོའི་དེབ་གཉིས་པ་)ཞེས་པ་སྤེལ་ཏེ། 《ཤེས་རབ་བརྒྱ་པ་》ཐོག་མར་བོད་དུ་བསྒྱུར་མཁན་ནི་ཁྲི་སྲོང་ལྡེ་བཙན་སྐབས་ཀྱི་ལོ་ཙཱ་བ་སྐ་བ་དཔལ་བརྩེགས་ཡིན་ཞིང་། ཁོང་གིས་ད་དུང་《ལྟ་བའི་རིམ་པའི་མན་ངག་》དང་《ཆོས་ཀྱི་རྣམ་གྲངས་ཀྱི་བརྗེད་བྱང་དང་དེའི་རྩ་བ་》སོགས་གཞུང་འགྲེལ་མང་པོ་མཛད་ཡོད་ཚུལ་དང་བཅས་ལོ་ཙཱ་བའི་མཛད་འཕྲིན་རགས་ཙམ་བརྗོད་པ་དང་། གཞན་ཡང་ཏུན་ཧོང་གི་《ཤེས་རབ་བརྒྱ་པའི་》ཡིག་ཆ་ཁག་དྲུག་གི་བརྡ་སྤྱོད་དང་ཐ་སྙད། མཚན་བྱང་འགོད་ཚུལ་སོགས་ཕན་ཚུན་བསྡུར་དཔྱད་བྱས་པར་མ་ཟད། ཤོ་ལོ་ཀའི་གྲངས་ཚད་དང་འགྱུར་བྱང་སོགས་བཀའ་འགྱུར་དང་བསྡུར་ཏེ་བསྟན་བཅོས་འདི་ནི་རྒྱ་གར་གྱི་མཁན་པོ་སརྦ་ཛྙཱ་དེ་བ་དང་ཞུ་ཆེན་གྱི་ལོ་ཙཱ་བ་བན་དེ་དཔལ་བརྩེགས་གཉིས་ཀྱིས་བསམ་ཡས་ཆོས་རྩོད་དང་བསྟུན་ནས་བོད་སྐད་དུ་བསྒྱུར་ཅིང་། བོད་ཡུལ་དུ་བསྟན་བཅོས་འདི་ཉིད་ཀྱི་འཕྲིན་ལས་རྒྱས་ཤིང་ཤུགས་རྐྱེན་ཟབ་མོ་ཐེབས་ཚུལ་གྱི་སྐོར་ལ་དཔྱད་པ་བཏང་ཡོད། ཡིན་ནའང་། ད་དུང་བསྟོད་པ་དང་མཆོད་པ་སོགས་བསྟན་བཅོས་མང་པོ་ཞིག་དང་འབྲེལ་བའི་དཔྱད་འབྲས་མང་པོ་མ་མཐོང་བས། གཙུག་ལག་འདི་དག་གི་སྐོར་ཡང་མ་འོངས་པའི་ཞིབ་འཇུག་གི་གནད་གཙོ་བོ་ཞིག་ཏུ་མཐོང་།

གསུམ་པ། ཏུན་ཧོང་བོད་ཡིག་ནང་བསྟན་གཙུག་ལག་གི་ཞིབ་འཇུག་འཕེལ་ཕྱོགས་ཐད་ཀྱི་བསམ་ཚུལ།

གོང་གསལ་གྱི་དཔྱད་འབྲས་ཁག་ལས་མཐོང་གསལ་ལྟར། ཉེ་བའི་ལོ་བཞི་བཅུའི་ནང་ཚན་དང་ལྷག་པར་དུ་སྤྱི་ལོ2007–2018ལོའི་བར་གྱི་ལོ་བཅུ་ལྷག་གི་དུས་ཡུན་དུ་བོད་ཡིག་དུས་དེབ་སྟེང་སྤེལ་བའི་ཏུན་ཧོང་བོད་ཡིག་ནང་བསྟན་གཙུག་ལག་གི་ཆོས་ཚན་སོ་སོའི་ཐད་དུ་ཐབས་ལམ་མི་འདྲ་བ་མང་པོ་སྤྱད་དེ་དཔྱད་ཞིབ་བགྱིས་པའི་དཔྱད་རྩོམ་བཞི་བཅུ་ལྷག་སྤེལ་ཡོད་པས་ཞིབ་འཇུག་གི་གནས་བབ་ཅུང་ལེགས་པར་མཐོང་ནའང་། གཙུག་ལག་གི་གྲངས་འབོར་མང་ཞིང་ཞིབ་འཇུག་གི་རིན་ཐང་ཤིན་ཏུ་ཆེ་

བའི་དཔྱད་གཞི་མང་པོ་ད་དུང་སྔོག་འདོན་བྱས་མེད་པར་མ་ཟད། དཔྱད་འབྲས་ཀྱི་གྲངས་འབོར་དང་ཞིབ་འཇུག་གི་ཐབས་ལམ་སོགས་ཕྱོགས་གང་ཅིའི་ཐད་ནས་ཀྱང་མུ་མཐུད་དུ་ཤུགས་སྣོན་བརྒྱག་དགོས་པར་འདོད་དེ། གཤམ་ནས་ཏུན་ཧོང་བོད་ཡིག་གཙུག་ལག་ཞིབ་འཇུག་གི་མ་འོངས་པའི་འཕེལ་ཕྱོགས་ཐད་དུ་བསམ་ཚུལ་འགའ་བཏོན་ན།

གཅིག རིག་ཚན་དུ་མའི་སྒོ་ནས་ཞིབ་འཇུག་བྱ་དགོས། ཏུན་ཧོང་ནང་བསྟན་གཙུག་ལག་སྐོར་གྱི་མིག་སྔའི་བོད་ཡིག་དཔྱད་འབྲས་ཁག་གི་འབྲི་སྟངས་ལ་གཞིགས་ན། ཕལ་ཆེ་བས་ཤོག་དྲིལ་དང་ཆོས་ཚན་དེའི་ཆོས་ཁུངས་གང་ཡིན་དང་བོད་དུ་བསྒྱུར་མཁན་གྱི་ལོ་པཎ། བསྒྱུར་བའི་ཡུལ་དུས། ཤོག་དྲིལ་ཕན་ཚུན་བར་གྱི་འབྲེལ་བ། བཀའ་འགྱུར་དང་བསྟུར་ཏེ་བཟ་སྡོད་ཀྱི་ཁྱད་ཆོས། ཡིག་གཟུགས་མི་འདྲ་ཚུལ་སོགས་གླེང་བ། གཙུག་ལག་གི་ནང་དོན་གཙོ་བོ་རགས་འགྲེལ་གྱི་ཚུལ་དུ་དཔྱད་པ་ཙུང་མང་ནའང་། དཀར་ཆག་རིག་པ་དང་བྲིས་མ་རིག་པ། མཆན་འགྲེལ་རིག་པ། བསྟུར་ཞུས་རིག་པ་སོགས་གཙུག་ལག་རིག་པའི་ཞིབ་འཇུག་གི་ཐབས་ལམ་གཙོ་བོ་ཁག་དང་། ད་དུང་ཆོས་ལུགས་རིག་པ། གནའ་དཔྱད་རིག་པ། མཚན་ཉིད་རིག་པ། མི་རིགས་རིག་པའི་ལམ་ནས་ཀྱང་ཞིབ་འཇུག་བྱ་ཐུབ་ན་གནའ་དཔེ་འདི་དག་གི་ཐུན་མོང་མ་ཡིན་པའི་ཁྱད་ཆོས་དང་རིན་ཐང་ཡང་ལྷག་ལྷག་ཏུ་འདོན་ཐུབ།

གཉིས། དཔྱད་གཞིའི་གཙུག་ལག་གི་ཁྱབ་ཁོངས་རྒྱ་བསྐྱེད་པ་དང་ཞིབ་འཇུག་གི་དུས་ཡུན་རིང་པོ་བཀོལ་དགོས། ཕྱི་རྒྱལ་དང་རྒྱལ་ནང་གི་ཞིབ་འཇུག་གནས་བབ་དང་བསྟུར་ཆེ། བོད་ཡིག་དཔྱད་འབྲས་བྱུང་བའི་དུས་འཕྲོ་བ་དང་། ཞིབ་འཇུག་པའི་དཔུང་སྡེ་གཉོམ་པ། དཔྱད་འབྲས་ཀྱི་གྲངས་འབོར་ཉུང་བའི་རྣམ་པ་མངོན། བརྗོད་བྱའི་ཐད་ནས་ཀྱང་མིག་སྔའི་དཔྱད་འབྲས་ཁྲོད་དུ་མདོ་སྡེའི་སྐོར་ནས་དཔྱད་རྩོམ་རེ་འགའ་ཐོན་ཡོད་ནའང་། ད་དུང་གཟུངས་སྔགས་དང་རྒྱུད་སྡེ། བསྔོ་སྨོན། མངོན་པ་མཛོད། འདུལ་བ་སོགས་ཤོག་དྲིལ་ཙུང་མང་པོའི་སྐོར་ནས་དཔྱད་འབྲས་ཐོན་མེད་པའམ། ཡོད་ཀྱང་དཔྱད་རྩོམ་གཅིག་གཉིས་ཙམ་ལས་མེད་པས་ཞིབ་འཇུག་གི་གནས་བབ་ཤིན་ཏུ་ཞན་ཐྲ། དེ་བས་མུ་མཐུད་དུ་ཞིབ་འཇུག་བྱ་ཡུལ་གྱི་གཙུག་ལག་གི་ཁྱབ་ཁོངས་རྒྱ་བསྐྱེད་དེ་ཕྱོགས་སོ་སོར་ཐབས་སྣ་མང་བཀོལ་ཏེ་ཞིབ་འཇུག་ལ་ཤུགས་སྣོན་རྒྱུ་ནི་ཤིན་ཏུ་གལ་འགངས་ཆེ་བར་འདོད།

གསུམ། དམ་ཆོས་ཁ་ཐོར་སྐོར་གྱི་གཙུག་ལག་དག་སྒྲིག་དང་ངོས་འཛིན། ཐོར་སྒྲིག ཁ་གསབ་བྱ་དགོས། ལྷ་རན་སི་དང་དབྱིན་ཇིར་ཉར་བའི་གཙུག་ལག་གི་དཀར་ཆག་ལས་བསྡོམས་རྩིས་བྱས་ན། ད་དུང་ཆོས་ཚན་དང་ནང་དོན་ངོས་འཛིན་མ་ཐུབ་པར"དམ་ཆོས་ཁ་ཐོར"ཞེས་མིང་བཏགས་པའི་ཤོག

དྲིལ་ཨང་རྟགས་གྲངས་130ལྷག་བཞུགས་པས། དེ་དག་ལ་ངོས་འཛིན་མིང་འདོགས་དང་རིགས་དབྱེ་ཞིབ་འཇུག་བྱ་རྒྱུ་དང་། ཤོག་དྲིལ་སྐོར་ཞིག་ནི་མ་གཞིར་པར་གཞི་གཅིག་ཡིན་ལ་བརྡུ་བསྒྲིགས་དང་ཨང་རྟགས་འགོད་དུས་སོ་སོར་ཁ་ཐོར་ཏུ་སོང་ཡོད་པ་རྣམས་བསྡུར་དཔྱད་ཀྱིས་པར་གཞི་ཙད་ཞིབ་བྱ་རྒྱུ། ཤོག་དྲིལ་ཁག་ཅིག་དུས་ཀྱི་འགྱུར་ལྡོག་ཁྲོད་ནས་ཞིག་རལ་དུ་གྱུར་ཏེ་ཤོག་དྲིལ་ཕྱེད་ཙམ་ལས་མི་བཞུགས་པ་དང་། ཁ་ཤས་ལ་ཐིག་ཕྲེང་རེ་འགའ་ལས་མེད་པར་གྱུར་པའམ་མི་གསལ་བར་གྱུར་པ་སོགས་པར་གཞི་གཞན་དག་དང་བསྡུར་དཔྱད་བྱས་ཏེ། ཁུངས་ལུང་ལྡན་པའི་སྒོ་ནས་ཁ་གསབ་དང་ཆ་ཚང་བར་བཟོ་རྒྱུ་སོགས་ནི་མ་འོངས་ཞིབ་འཇུག་གི་གཙོ་གནད་ཡིན་པར་འདོད།

བཞི། ཤོག་དྲིལ་རྣམས་གློག་རྡུལ་ཡིག་མཛོད་དུ་བསྒྱུར་ནས་འཚོལ་བཤེར་མ་ལག་འཛུགས་དགོས། གྲངས་འབོར་མང་ཞིང་རིན་ཐང་ཆེ་བའི་གཙུག་ལག་འདི་རྣམས་གློག་རྡུལ་ཡིག་མཛོད་ཅན་དུ་བསྒྱུར་བ་དང་འཚོལ་བཤེར་མ་ལག་འཛུགས་རྒྱུ་ནི་དུས་རབས་གསར་པ་དང་ཆ་འཕྲིན་དུས་རབས་ཀྱི་འཕེལ་ཕྱོགས་ཤིག་ཡིན་པར་མ་ཟད། ཞིབ་འཇུག་གི་འཕེལ་ཚད་ཇེ་མགྱོགས་དང་ཞིབ་འཇུག་པར་སྟབས་བདེ་གང་ལེགས་བསྐྲུན་ཐུབ། ཏུན་ཧོང་ཤོག་དྲིལ་གྱི་སྐོར་ལ་ཏུན་ཧོང་རྒྱལ་སྤྱིའི་ལས་གཞི་(IDP:http://idp.nlc.cn/)ལྟ་བུ་ཡོད་ནའང་། མིག་སྔར་བོད་ཡིག་གི་ལམ་ནས་བཟོས་པའི་ཏུན་ཧོང་བོད་ཡིག་གཙུག་ལག་སྐོར་གྱི་ཆེད་གཉེར་དྲ་ཚིགས་དང་གཙུག་ལག་འཚོལ་བཤེར་མ་ལག་སོགས་མེད་པས། ཏུན་ཧོང་བོད་ཡིག་གཙུག་ལག་ཞིབ་འཇུག་པ་རྣམས་ཀྱིས་གནད་འདིའི་སྐོར་ལ་འང་ཤུགས་སྣོན་བྱ་ཐུབ་ཚེ་ཞིབ་འཇུག་གི་དཔྱད་འབྲས་མང་པོ་ཐོན་པར་སྐུལ་འདེད་གཏོང་ཐུབ་བོ། །

《བོད་ལྗོངས་ཞིབ་འཇུག》2019ལོའི་དེབ་བཞི་པ་ལས་བདམས།

༄། །ཏུན་ཧོང་ནས་ཐོན་པའི་དཔེ་རྙིང་《སྨྲས་པའི་ཀྲུམ་ཚུང་གི་ཕྱི་མོའི་》སྐོར་བཤད་པ།

ནམ་མཁའི་ནོར་བུ།

སྨྲས་པའི་ཀྲུམ་ཚུང་གི་ཕྱི་མོའི་དཔེ་འདི་ནི། སྐུ་ཞབས་ཨའུ་རེལ་སྟེའི་ན་ལགས་ནས། ཕྱི་ལོ་1906ནས་1908བར་ཐེངས་གཉིས་པའི་དབུས་ཤར་འགྲུལ་བཞུད་ཀྱི་སྐབས་དེར་ཏུན་ཧོང་གི་བྲག་ཕུག་ནས་འཐོབ་པའི་དཔེ་རྙིང་གི་གྲས། དེང་དུས་དབྱིན་ཡུལ་གྱི་རྒྱལ་ས་ལོན་ཏོན་དུ་ཡོད་པའི་ཨིཎྜི་ཡ་ཨོཕྥིས་དཔེ་མཛོད་ཁང་དུ་བཞུགས་པ་ཤིན་ཏུ་རིན་ཐང་ཆེ་བའི་དཔེ་རྙིང་མ་ཞིག་རེད།

དཔེ་འདི་ནི་བོད་ཡིག་དབུ་ཅན་དང་དབུ་མེད་ཀྱི་ཚུགས་འདྲེས་མ་ཞིག་ཏུ་སྣང་ཞིང་། སྤྱིར་བཏང་ཏུན་ཧོང་གི་དཔེ་རྙིང་དེ་རིགས་ཀློག་སླ་པོ་དེ་ཙམ་མེད་པ་དང་། ལྷག་པར་དུ་གནའ་དུས་ཀྱི་ཚིག་སྦྱོར་དེ་རིགས་དེང་དུས་ཀྱི་སྐད་དང་མཚུངས་མིན་ལ་བརྟེན་གོ་དོན་ཡང་རྟོགས་སླ་པོ་དེ་ཙམ་མེད་པ་ཞིག་ཡིན་ནའང་། སྟབས་ལེགས་པ་ཞིག་ལ། སྨྲས་པའི་ཀྲུམ་ཚུང་གི་དཔེ་འདི་ནི་ཀློག་བདེ་ཞིང་། རང་རེས་དཔེ་འདིར་ཞིབ་འཇུག་བགྱིད་སྐབས་བརྒྱ་ཆའི་དགུ་བཅུ་གོ་དགུ་ལྷག་པའི་ཚིག་དོན་ཚང་མ་ཚོགས་མེད་དུ་ཀློག་ཐུབ་པ་དང་། གོ་དོན་རྣམས་ཀྱང་ཚོད་དཔག་མ་དགོས་པར་ཐད་ཀར་ཤེས་ཐུབ་པ་ཡོད་འདུག བརྒྱ་ཆའི་གཅིག་དེ་དག་ཀྱང་ཚིག་འབྲུ་མི་གསལ་བས་ཀློག་མི་ཐུབ་པའམ། ཚིག་དོན་གོ་བརྡ་མི་འཕྲོད་པ་དེ་འདྲའི་གྲས་མིན་ནའང་། ཕྱི་མོའི་དཔེ་འདི་ནི་བོད་ཀྱི་གནའ་བོའི་བཙན་པོ་རྣམས་ཀྱི་སྐུ་དུས་སུ་བོད་ཀྱི་གནའ་མི་ཚོའི་ལག་བྲིས་ཀྱི་ཡིག་རྙིང་ལོ་གྲངས་སྟོང་ཕྲག་བརྒལ་བའི་རིང་བྲག་རྫོ་དང་། བྱེ་མའི་གསེབ་ཏུ་གནས་པ་ཞིག་ཏུ་སོང་བར་བརྟེན། དེང་དུས་ཀྱི་ཡིག་ཆ་དང་ཕྱོགས་གང་ཐད་ནས་མི་འདྲ་ཞིང་། དེ་དག་གི་དགོངས་དོན་ཐད་ཀར་རྟོགས་ཐུབ་མིན་འགའ་རེ་འབྱུང་གི་ཡོད་པ་ལ། ཁོ་བོས་བསམ་གཞིགས་ནན་ཏན་གྱིས་དེ་དག་གི་སྐབས་སོ་སོའི་ཚིག་འགྲེལ་གསལ་ཞིང་རྒྱས་པར་བཀོད་ཁུལ་བྱས་ཡོད། ཕྱི་མོའི་དཔེ་རྙིང་འདིའི་ཚིག་སྦྱོར་སོགས་ཐུན་མོང་མ་ཡིན་པའི་ཁྱད་ཆོས་ཀྱང་། ཚིག་སྐྲུབ་དག་གི་ཚིག་སྣ་ཐུང་ལ། ཚིག་སྐྲུབ་ཐུང་ངུ་རེས་ཀྱང་དགོངས་དོན་ཟབ་ཅིང་ཤིན་ཏུ་རྒྱ་ཆེ་བར་བསྟན་པ་དེ་དག་གི་ཚུལ་ཡང་ཆོག་འགྲེལ་སྐབས་ལས་མངོན་ཐུབ་པ་འདི་ཡིན།

བར་སྐབས་ཤིག་ན་དཔལ་འཛིན་སོགས་བོད་ཀྱི་མཁས་པ་འགའ་ཞིག་གིས་རྫོགས་པ་ཆེན་པོའི་རྒྱུད་ལུང་མན་ངག་གི་སྐོར་རྣམས་གནའ་དུས་ནས་བྱུང་སྒྲོང་ཡོད་མེད་ཀྱི་སྐོར་ལ་དོགས་གཞི་མི་འདྲ་བ་འགའ་རེ་བསླངས་ཏེ་དགག་པ་ཅི་རིགས་བྱས་པའི་དཔེ་འགའ་ཞིག་བྱུང་འདུག་པ་དེ་དག་ལ། ཀུན་མཁྱེན་ཀློང་ཆེན་རབ་འབྱམས་པ་དྲི་མེད་འོད་ཟེར་(1308–1363)དང་། སོག་ཟློག་པ་བློ་གྲོས་རྒྱལ་མཚན་(1552–?)སོགས་ཀྱིས་དགག་ལན་གསལ་རྒྱས་སུ་བཀྲལ་ཟིན་པས་བསྐྱར་དུ་བཟློ་དགོས་པ་དེ་ཙམ་མ་མཐོང་ནའང་། རིག་ལམ་ལ་ཞིབ་ཏུ་བྱང་བར་རློམས་པ་འགའ་ཤས་ཀྱིས་སླར་ཡང་དོགས་གཞི་ཅི་རིགས་བསླངས་ཤིང་། ཕལ་ཆེར་དཔལ་འཛིན་གྱི་ལད་མོའི་རྗེས་སུ་འབྲང་སྟེ་ནི་ཙོའི་རིང་ལུགས་འཛིན་པའི་སྒོ་ནས་སོ་སོའི་མཁས་ཁྱད་འདོན་ཐུབ་རེ་ཅི་རིགས་ཤིག་བྱས་འདུག་པ་དེ་ཀུན་ཏུན་ཧོང་ནས་ཐོན་པའི་ཕྱི་མོའི་དཔེ་རྙིང་སྦས་པའི་རྒྱུམ་ཆུང་གི་གཞུང་འདི་དང་། རྫོགས་པ་ཆེན་པོ་སྦ་འགྱུར་ལྔའི་གཙོ་བོ་རིག་པའི་ཁུ་བྱུག་གི་རྩ་འགྲེལ་དང་བཅས་པ་དེ་དག་གིས་དོགས་གཞིའི་བག་ཆགས་ཐམས་ཅད་ཡོངས་སུ་བསལ་ཐུབ་པ་ཡིན།

སྦས་པའི་རྒྱུམ་ཆུང་དང་། རིག་པའི་ཁུ་བྱུག་གི་གཞུང་དེ་གཉིས་སུ་རྫོགས་པ་ཆེན་པོའི་དགོངས་དོན་གསལ་བར་བསྟན་པ་ཙམ་དུ་མ་ཟད། མཚན་རང་གི་ཐ་སྙད་ཀྱི་དབང་དུ་བྱས་ནའང་། རིག་པའི་ཁུ་བྱུག་གི་འགྲེལ་པ་ལས། "རྣལ་འབྱོར་གྱི་ལྟ་སྤྱོད་རྫོགས་པ་ཆེན་པོའི་ཚུལ། རིག་པའི་ཁུ་བྱུག་གི་དོན་ཡིད་ལ་བརྟག་པར་བྱའོ། །"ཞེས་བྱ་བས་དངོས་སུ་བསྟན་ལ། གཞན་ཡང་རྩ་བའི་ཚིག་རྐང་ལྔ་པ་དང་དྲུག་པ་ལས། "ཟིན་པས་སྤྱོལ་བའི་ནད་སྤངས་ཏེ། །ལྷུན་གྱིས་གནས་པས་བཞག་པ་ཡིན། །"ཞེས་བྱ་བས་རྫོགས་པ་ཆེན་པོའི་དགོངས་པ་ཐུན་མོང་མ་ཡིན་པ་ལྷུན་གྱིས་གྲུབ་པར་བསྟན་པ་དང་། ཡང་འགྲེལ་པ་ལས། "ཇི་བཞིན་པའི་ངང་ལས་མི་གཡོ་བར་བཞག་པ་ཡིན་ཏེ། གཟའ་གཏད་ཀྱི་སྤྱོལ་སྒྲུབ་མེད་དོ་ཞེས་བྱ་བའི་དོན་ཏོ། །"ཞེས་གཟའ་གཏད་མེད་པའི་དགོངས་པ་བསྟན་པ་དང་། ཡང་། "དེ་ལྟར་ཐ་ཚིག་རྣམ་བཞི་ཡང་ལྷུན་གྱིས་གྲུབ་པ་ཉིད་དུ་གནས་ཏེ། སྐྱེ་འགྲིབ་ཀྱི་སྐབས་མེད་དོ། །"ཞེས་དང་། "བྱང་ཆུབ་ཀྱི་སེམས་ལྷུན་གྱིས་གྲུབ་པས། བསྐྱེད་རྫོགས་བྱ་མི་དགོས་པར་དཀྱིལ་འཁོར་གདོད་པ་ལྷུན་གྱིས་གནས་པ་ལ་མ་བཅོས་པར་གནས་པའོ། །"ཞེས་པ་རྣམས་ཀྱིས་ལྷུན་གྱིས་གྲུབ་པ་དང་། བྱང་ཆུབ་ཀྱི་སེམས་དང་། མ་བཅོས་པ་རྣམས་ཀྱི་བརྡས་བསྟན་པ་དང་། སྦས་པའི་རྒྱུམ་ཆུང་གི་སྔོན་བརྗོད་ལས་ཀྱང་། "ཕྱོགས་ནི་ཨ་ཏི་ཡོ་གར་གཏོགས་སོ། །"ཞེས་གསུངས་ཏེ། ཨ་ཏི་ནི་གདོད་མའི་དོན་ལ་འཇུག་ཅིང་། གདོད་མའི་རྣལ་འབྱོར་ནི་རྫོགས་པ་ཆེན་པོའི་མཚན་གླ་དྭགས་ཤིག་ཡིན་པ་རྒྱུད་ལུང་མན་ངག་ཀུན་ལས་གསལ་བས་

འདིར་གསར་དུ་སྤྲོ་དགོས་པ་མ་མཐོང་། ཡང་སྔོན་བརྗོད་ཀྱི་ཚིག་དེ་གའི་མཇུག་ཐོག་ཏུ། “ཁུངས་ནི་བྱང་ཆུབ་ཀྱི་སེམས་ཀྱི་ལུང་ཐམས་ཅད་ནས་བྱུང་ངོ་། །”ཞེས་གསུངས་ཤིང་། འདིར་བྱང་ཆུབ་ཀྱི་སེམས་ཞེས་བྱ་བ་ནི་ཡེ་གཞི་སྙིང་པོ་བྱང་ཆུབ་ཀྱི་སེམས་ཏེ། རྫོགས་པ་ཆེན་པོ་ཞེས་བྱ་བ་དང་དོན་གཅིག་མཚན་གྱི་རྣམ་གྲངས་ཙམ་དུ་ཟད་དོ། །

གཞན་ཡང་སྔོན་བརྗོད་དེ་རང་ལས། “དོན་ལས་མཚན་དུ་གསོལ་བ་ནི། ནམ་མཁའི་ཐིག་ལེའོ།” ཞེས་ཐིག་ལེ་ཆེན་པོའི་བརྡས་བསྟན་པ་དང་། ལྷག་པར་དུ་“འདི་ལ་དོན་རྣམ་པ་ལྔ་ནི། ཀུན་ཏུ་བཟང་པོའི་རང་བཞིན་ལ་ཕྱག་འཚལ་བར་བསྟན་པ་དང་གཅིག བྱང་ཆུབ་ཀྱི་སེམས་ཀྱི་རང་བཞིན་བསྟན་པ་དང་གཉིས། བྱང་ཆུབ་ཀྱི་སེམས་ཀྱི་དཔེ་མྱི་དམྱིགས་པར་བསྟན་པ་དང་གསུམ། ཀུན་གཞི་མཁའ་དབྱིངས་རྣམ་པར་དག་པར་ངོ་བསྟན་པ་དང་བཞི། བྱང་ཆུབ་སེམས་ཀྱི་གོལ་ས་དང་སྒྲིབ་པ་བསྟན་པ་དང་ལྔའོ། །”ཞེས་གསུངས་པ་དེ་དག་གིས་རྫོགས་པ་ཆེན་པོའི་དགོངས་པ་ཆེས་གསལ་བར་བསྟན་པ་ཡིན།

བྱང་ཆུབ་སེམས་ཀྱི་ཐ་སྙད་འདི་ནི་རྫོགས་ཆེན་སྤྱི་དང་། ཁྱད་པར་སེམས་ཀློང་སྡེ་གཉིས་ཀྱི་རྒྱུད་ལུང་རྣམས་ལ་ཆེས་ཆེར་གྲགས་ཤིང་། དོན་དུ་ན་བྱང་ཆུབ་ཀྱི་སེམས་ལས་གཞན་པའི་རྫོགས་པ་ཆེན་པོ་ཞེས་བྱ་བ་ཅི་ཞིག་ཀྱང་མེད། རྫོགས་ཆེན་ཞེས་པའི་ཐ་སྙད་ཙམ་ལ་འཁྲུལ་ནས་བྱང་ཆུབ་སེམས་ཀྱི་གཞུང་རྣམས་རྫོགས་ཆེན་དུ་མ་ཤེས་པའམ། རྫོགས་པ་ཆེན་པོར་མཚན་གྱི་རྣམ་གྲངས་མང་དུ་ཡོད་པའི་ཚུལ་ལ་རྨོངས་པ་ནི་ཚིག་གི་རྗེས་སུ་འབྲང་དྲགས་པས་དོན་གྱི་སྙིང་པོ་ཡོངས་སུ་སྟོར་བའི་མཁས་རློམས་ནེ་ཙོའི་བརྟུལ་ཞུགས་ཅན་འགའ་ཤས་ཀྱི་ལུགས་ཙམ་སྟེ། ཡང་དག་པའི་བློ་གྲོས་ཀྱི་མིག་དང་ལྡན་པ་རྣམས་ཀྱིས་ནི་རྫོགས་པ་ཆེན་པོའམ་སྙིང་པོ་བྱང་ཆུབ་ཀྱི་སེམས་མིང་ཚིག་བརྗོད་པ་ཀུན་ལས་ཡོངས་སུ་འདས་པ་དེ་ནི་ཚིག་ལ་མ་རྟེན་དོན་ལ་རྟེན་པ་འདི་ཀུན་གྱི་སྔོན་ཐོག་ཏུ་གོ་ཞིང་ཤེས་དགོས་པ་ཡིན།

གནུབས་ཆེན་སངས་རྒྱས་ཡེ་ཤེས་(832–942)རིན་པོ་ཆེས་མཛད་པའི་གཞུང་《སྒོམ་གྱི་གནད་གསལ་བར་ཕྱེ་བ་བསམ་གཏན་མིག་སྒྲོན་》ལས། དེ་ལ་ཀུན་གཞི་བྱང་ཆུབ་ཀྱི་སེམས་ལྷུན་གྱིས་རྫོགས་པ་ཆེན་པོ་གཏན་ལ་དབབ་པའི་མན་ངག་གི་རྒྱལ་པོ་རྣལ་འབྱོར་པའི་མིག་ཅེས་བྱ་བའི་བསམ་གཏན་འདིའི་མཚན་གྱི་རྣམ་གྲངས་ནི། འཁོར་བའི་ཆུ་བོ་བཞི་ལས་སྒྲོལ་བའི་ཕྱིར། ཐེག་པ་ཆེན་པོའི་གྲུའི་བསམ་གཏན་ཞེས་བྱའོ། །ཡོན་ཏན་ཆེན་པོ་ཐམས་ཅད་ཀྱི་འབྱུང་གནས་སུ་གྱུར་པས། རིན་པོ་ཆེའི་བསམ་གཏན་ཞེས་ཀྱང་བྱའོ། །དགོངས་པའི་དོན་ཐམས་ཅད་འདིར་འདུས་པས། །དོན་བསྡུས་པའི་བསམ་གཏན་ཞེས་ཀྱང་

བྱའོ། །ལྟ་བ་ཐམས་ཅད་མཐར་གཏུགས་པས། ཞི་ཕྱུགས་ཀྱི་བསམ་གཏན་ཞེས་ཀྱང་བྱའོ། །བག་ཆགས་ཀྱི་ལྡན་ལྡིན་ཐམས་ཅད་འདག་པར་བྱེད་པས། །ཆུ་བོ་ཆེན་པོའི་བསམ་གཏན་ཞེས་ཀྱང་བྱའོ། །དགོར་བདུན་ཆེན་པོ་མ་བཙལ་གྲུབ་པར་བྱེད་པས། །དེད་དཔོན་ཆེན་པོ་བསམ་གཏན་ཞེས་ཀྱང་བྱའོ། །བསམ་གཏན་གྱི་གྲལ་རིམ་པར་བཀོད་ནས་མཆོག་ཏུ་བསྟན་པས། ཁྱད་པར་ཆེན་པོའི་བསམ་གཏན་ཞེས་ཀྱང་བྱའོ། །འཁོར་བ་དང་རྩོལ་བའི་དགྲ་དཔུང་ཆེན་པོ་རིལ་གྱིས་ཀླན་ཀ་མི་རྙེད་པས། རྫོང་ཆེན་པོའི་བསམ་གཏན་ཞེས་ཀྱང་བྱའོ། །འཁོར་བ་དང་ཞེན་རྩོལ་གྱི་བསམ་པ་རིལ་བཅོམ་པས། །དམག་དཔུང་ཆེན་པོའི་བསམ་གཏན་ཞེས་ཀྱང་བྱའོ། །ས་རྣམས་མ་བགྲོད་ཅིག་ཅར་ནོན་པས། མགྱོགས་པ་ཆེན་པོ་ཅང་ཤེས་ཀྱི་བསམ་གཏན་ཞེས་ཀྱང་བྱའོ། །རྒྱལ་བའི་གོ་འཕང་མ་བསྒྲུབས་ལྷུན་གྱིས་རྫོགས་པས། གྲུབ་པ་ཆེན་པོའི་བསམ་གཏན་ཞེས་ཀྱང་བྱའོ། །ཕྱིན་པ་མེད་པར་མཐར་ཕྱིན་པར་བྱེད་པས། ཐར་ལམ་ཆེན་པོའི་བསམ་གཏན་ཞེས་ཀྱང་བྱའོ། །ཆོ་འཕྲུལ་གྱི་མངོན་རྟོགས་ཐམས་ཅད་ཀྱི་འབྱུང་གནས་སུ་གྱུར་པས། ཡ་མཚན་ཆེན་པོའི་བསམ་གཏན་ཞེས་ཀྱང་བྱའོ། །བྱ་བ་གང་ཡང་མ་སྤངས་བླང་དུ་མེད་པས། །སྤྱོད་པ་ཆེན་པོའི་བསམ་གཏན་ཞེས་ཀྱང་བྱའོ། །ཐུན་མཚམས་མེད་པར་གསལ་བས། ཕྱུད་པ་ཆེན་པོའི་བསམ་གཏན་ཞེས་ཀྱང་བྱའོ། །གང་དང་ཡང་མ་བྲལ་བས། སྙིང་རྗེ་ཆེན་པོའི་བསམ་གཏན་ཞེས་ཀྱང་བྱའོ། །ཆེད་དུ་བྱ་བ་གང་ཡང་མེད་པས། ཉལ་བ་ཆེན་པོའི་བསམ་གཏན་ཞེས་ཀྱང་བྱའོ། །འཁོར་བའི་གཙོང་སྙིང་ཆེན་པོ་འཐིན་པས། བདུད་རྩི་སྨན་ཆེན་པོའི་བསམ་གཏན་ཞེས་ཀྱང་བྱའོ། །གང་ལའང་ཉམ་ང་བ་དང་བག་ཚ་བ་མེད་པས། རྒྱ་མཚོ་ཆེན་པོའི་བསམ་གཏན་ཞེས་ཀྱང་བྱ་སྟེ། དཔེར་ན་རྟུལ་ཕྲ་རབ་དང་ཆུའི་ཐིགས་པ་བགྲངས་ཤིང་ཤེས་པར་མི་ནུང་ངོ་། །འདིའི་མཚན་གྱི་མཐའ་ནི་ཤེས་པར་མི་ནུང་ངོ་། །ཅིའི་ཕྱིར་ཞེ་ན། བསམ་གྱིས་མི་ཁྱབ་པའི་མཚན་གྱི་བདག་ཉིད་པའི་ཕྱིར་རོ།" ཞེས་གསུངས་པ་དེ་དག་གིས་ཀྱང་རྫོགས་པ་ཆེན་པོ་དོན་ལ་རྟོན་པའི་ངེས་པ་རྙེད་ཐུབ་པ་ཡིན།

གདོད་མའི་རྣལ་འབྱོར་ཟབ་མོ་དེ་ལ་རྫོགས་པ་ཆེན་པོའི་མཚན་ཇི་ལྟར་འཇུག་པའི་ཚུལ་ཡང་། 《བསམ་གཏན་མིག་སྒྲོན་》ལས། "དེ་ནས་ཐེག་པའི་མཆོག་རྣལ་འབྱོར་གྱི་ཕྱུལ་ཡང་ཏོག རྒྱལ་བ་རིལ་གྱི་ཡུམ་ཨ་ཏི་ཡོ་གའི་དོན་བསྟན་པ་ནི། མཚན་རྫོགས་པ་ཆེན་པོ་ཞེས་བྱ་སྟེ། ཅིའི་ཕྱིར་ཞེ་ན། བསམ་གྱིས་མི་ཁྱབ་པའི་ཆོས་ཐམས་ཅད་མ་བཙལ་ལྷུན་རྫོགས་པའི་དོན། གཅེར་གྲོལ་གོ་བར་བྱ་བའི་ཕྱིར་ཞིབ་ཏུ་བསྟན་ཏེ།" ཞེས་གསུངས་པ་དང་། ཡོངས་གྲགས་བཀའ་འགྱུར་གྱི་ཁྲིད་དུ་བཞུགས་པ་"སརྦ་དྷརྨཱ་མ་ཧཱ་སནྡྷི་པོ་རྣི་ཙིཏྲ་ཀུ་ལ་ཡ་ནྟ་ཛ"ཞེས་པ་སྟེ། བོད་སྐད་དུ་ཆོས་ཐམས་ཅད་རྫོགས་པ་ཆེན་པོ་བྱང་ཆུབ་ཀྱི་

སེམས་ཀུན་བྱེད་རྒྱལ་པོ། ལེའུ་བཅུ་པ་ལས། "ཀུན་བྱེད་ང་ནི་རྫོགས་པ་ཆེན་པོ་སྟེ། །ང་ལ་མ་རྫོགས་པ་ནི་གང་ཡང་མེད། །"ཅེས་ཀུན་བྱེད་རྒྱལ་པོའི་མཚན་གྱིས་བསྟན་པ་དང་། ལེའུ་བཞི་བཅུ་པ་ལས། "ཀུན་བྱེད་ང་ཡི་རང་བཞིན་གཅིག་པུ་ལ། །འཁོར་གྱི་འདོད་པ་རྣམས་ཀྱིས་མིང་བཏགས་པ། །ལ་ལས་བྱང་ཆུབ་སེམས་སུ་མིང་བཏགས་ལ། །ལ་ལས་ཆོས་ཀྱི་དབྱིངས་སུ་མིང་ཡང་བཏགས། །ལ་ལས་ནམ་མཁའི་ཁམས་སུ་མིང་ཡང་བཏགས། །ལ་ལས་རང་བྱུང་ཡེ་ཤེས་མིང་ཡང་བཏགས། །ལ་ལས་ཆོས་ཀྱི་སྐུ་རུ་མིང་ཡང་བཏགས། །ལ་ལས་ལོངས་སྤྱོད་རྫོགས་པར་མིང་ཡང་བཏགས། །ལ་ལས་སྤྲུལ་པའི་སྐུ་རུ་མིང་ཡང་བཏགས། །ལ་ལས་སྐུ་གསུང་ཐུགས་སུ་མིང་ཡང་བཏགས། །ལ་ལས་ཐམས་ཅད་མཁྱེན་པར་མིང་ཡང་བཏགས། །ལ་ལས་ཡེ་ཤེས་བཞི་དང་གསུམ་དུ་བཏགས། །ལ་ལས་ཡེ་ཤེས་ལྔ་རུ་མིང་བཏགས་ལ། །ལ་ལས་དབྱིངས་དང་ཡེ་ཤེས་མིང་བཏགས་པ། །རང་འབྱུང་བྱང་ཆུབ་སེམས་ནི་གཅིག་ལ་བཏགས། །རང་འབྱུང་ང་ལ་མཐོང་ཚད་སྣས་པ་ཡིན། །"ཞེས་མཚན་གྱི་བྱེ་བྲག་སྣ་ཚོགས་པས་བསྟན་ཡོད།

རྫོགས་ཆེན་སེམས་སྡེའི་རྒྱུད་ལུང་སོགས་ནས་གཙོ་ཆེར་བྱང་ཆུབ་སེམས་ཀྱི་བརྡས་བསྟན་པ་དེ་ནི་ཐེག་པའི་རིམ་པ་སྤྱི་དང་སྒོ་བསྟུན་པ་ཞིག་ཡིན་ངེས་ཏེ། ཐེག་པའི་རིམ་པ་གང་དུའང་བྱང་ཆུབ་ཀྱི་སེམས་ཡོངས་སུ་གྲགས་ཤིང་། བྱང་ཆུབ་སེམས་ཀྱི་དོན་མཐར་ཐུག་པ་ནི་རྫོགས་པ་ཆེན་པོའི་དགོངས་པ་ལས་མི་འདའ་ལ། རྫོགས་པ་ཆེན་པོའི་གནས་ལུགས་ཇི་བཞིན་མངོན་དུ་མ་འགྱུར་གྱི་བར་དུ་བྱང་ཆུབ་སེམས་ཀྱི་དོན་མཐར་ཕྱིན་པའང་རྟོགས་པར་མི་འགྱུར་བ་སྟེ། ཐེག་ཆེན་མདོ་སྡེའི་དབང་དུ་བྱས་ན། བྱང་ཆུབ་ཀྱི་སེམས་ཞེས་བྱ་བའི་ཐ་སྙད་དེ་ནི་བདེན་པ་གཉིས་ཀྱི་སྒོ་ནས་འཇོག་སྟེ། སྨོན་འཇུག་བྱང་ཆུབ་ཀྱི་སེམས་བསྐྱེད་པ་ལ་ཀུན་རྫོབ་བྱང་ཆུབ་ཀྱི་སེམས་ཞེས་དང་། དེ་ལ་བརྟེན་ནས་སྟོང་པ་ཉིད་མངོན་སུམ་དུ་རྟོགས་པ་ལ་དོན་དམ་བྱང་ཆུབ་ཀྱི་སེམས་ཞེས་བྱ་བ་ཡིན། དོན་དུ་བྱང་ཆུབ་ཀྱི་སེམས་ཞེས་བྱ་བ་ནི་སྙིང་རྗེ་ཆེན་པོའི་ངོ་བོ་རྟོགས་བྱའམ་མངོན་དུ་འགྱུར་བྱའི་གནས་ལུགས་ཟབ་མོ་སྟོང་པ་ཉིད་ཡིན་ལ། སྨོན་འཇུག་བྱང་ཆུབ་ཀྱི་སེམས་གཉིས་ནི་ཀུན་རྫོབ་བྱང་ཆུབ་ཀྱི་སེམས་ཏེ། སྟོང་ཉིད་དོན་དམ་པའི་གནས་ལུགས་མངོན་དུ་བྱེད་པའི་ཐབས་སམ་ཆ་རྐྱེན་ཙམ་ལ་ཟེར་བ་ཡིན། དེ་ལྟ་བུའི་སྟོང་ཉིད་ཟབ་མོ་དེ་ལ་ནི། རྒྱལ་བ་རིལ་བསྐྱེད་པའི་ཡུམ་ཆེན་མོ་ཤེས་རབ་ཀྱི་ཕ་རོལ་ཏུ་ཕྱིན་པ་ཞེས་གྲགས། དོན་དམ་པའི་དབང་དུ་བྱས་ན། སྨྲ་བསམ་བརྗོད་དུ་མེད་པ། སྤྲོས་ཀུན་ཉེ་བར་ཞི་བ། རྣམ་ཐར་སྒོ་གསུམ་གྱི་བདག་ཉིད་དུ་གནས་པས། གནས་ལུགས་རྫོགས་པ་ཆེན་པོ་ལས་མ་འདས་ཀྱང་། ཚུར་རོལ་མཐོང་བའི་ངོར། གཟུགས་ནས་རྣམ་མཁྱེན་བར་གྱི་ཤེས་བྱའི་ཆོས་ཀུན་བརྗ་དང་ཐ་སྙད་ཀྱི་སྒོ་ནས་སྟོང་ཉིད་

བཅོ་བརྒྱད་དུ་གདན་ལ་འབེབས་ཤིང་། གཞལ་བྱའི་ཆོས་ཀུན་གྱི་ངོ་བོ་ཉིད་ནི་ཟབ་མོ་སྟོང་པ་ཉིད་ཀྱི་གནས་ལུགས་དེ་ཙམ་དུ་ངེས་པས། དེ་ལ་དོན་དམ་པའི་བདེན་པ་ཞེས་བྱ་བ་དང་། དེ་ཡང་ཤེས་བྱའི་ཆོས་ཀུན་གཞལ་བྱེད་ཀྱི་བློས་རྣམ་པར་གཞིག་ཅིང་། ཚད་མ་གསུམ་གྱིས་གཏན་ལ་འབེབས་པ་དེ་ལ་ཀུན་རྫོབ་ཀྱི་བདེན་པ་ཞེས་བྱ་ལ། སྟོང་པ་ཉིད་དུ་གཏན་ལ་འབེབས་པའི་ཚེ། དེ་ལས་ལྷག་པ་བློས་གཏན་ལ་དབབ་བྱ་ཅི་ཞིག་ཀྱང་མི་སྣེད་ཅིང་། བློ་དང་ཚད་མའི་རིག་པ་ལས་ཡོངས་སུ་འདས་པ་ཞིག་མི་འབྱུང་ཐབས་མེད་པས། "ཕ་རོལ་ཏུ་ཕྱིན་པ"ཞེས་གྲགས་པ་ཡིན། ཚུལ་དེའང་རྟོག་དཔྱོད་ཀྱི་སྒྲིབ་པ་དང་བཅས་པ་ནི། ཀུན་བྱེད་རྒྱལ་པོ་ལེའུ་སོ་བརྒྱད་པ་ལས། "བྱང་ཆུབ་སེམས་པའི་མདོ་སྡེ་ནི། །ཀུན་ཏུ་འོད་ཀྱི་ས་འདོད་པ། །བདེན་པ་གཉིས་ཀྱི་རྟོག་དཔྱོད་ཀྱིས། །ཆོས་ཉིད་སྟོང་པ་ནམ་མཁར་འདོད། །ཨ་ཏི་ཡོ་གའི་བདེ་ཆེན་ནི། །རྟོག་དཔྱོད་འདས་པའི་བྱང་ཆུབ་སེམས། །རྟོག་དཔྱོད་བཅས་ལ་མདོ་སྡེས་བསྒྲིབས། །རྫོགས་ཆེན་རྟོག་དང་དཔྱོད་པ་ནི། །མདོ་སྡེ་དག་ཏུ་གོལ་བར་བཤད། །"ཅེས་ངེས་དོན་ཡོངས་སུ་མ་རྫོགས་པར་བསྟན་པ་དང་། སྔགས་འོག་མའམ་ཕྱི་པ་གསུམ་དུ་བྱང་ཆུབ་ཀྱི་སེམས་ཞེས་པའི་ཐ་སྙད་ཡོངས་སུ་གྲགས་ནའང་། ངེས་དོན་ཡོངས་སུ་མ་རྫོགས་ཚུལ་ཡང་《ཀུན་བྱེད་རྒྱལ་པོ་》ལེའུ་སོ་བརྒྱད་པ་ལས། "ཀྲི་ཡ་རྡོ་རྗེ་འཛིན་འདོད་པ། །དག་པ་རྣམ་གསུམ་སྒོར་ཞུགས་ནས། །གཟུང་འཛིན་དག་པའི་ཡུལ་ལ་གནས། །ཨ་ཏི་ཡོ་གའི་བདེ་ཆེན་ནི། །གཟུང་འཛིན་འདས་པའི་བྱང་ཆུབ་སེམས། །གཟུང་འཛིན་འདས་ལ་ཀྲི་ཡས་བསྒྲིབས། །རྫོགས་ཆེན་གཟུང་དང་འཛིན་བྱེད་པ། །ཀྲི་ཡ་དག་ཏུ་གོལ་བར་བཤད། །ཨུ་པ་ཡ་ཡི་ལྟ་སྤྱོད་ནི། །ཀྲི་ཡ་སྤྱོད་ཅིང་ཡོ་ག་བསྒྲུབ། །ལྟ་སྤྱོད་འབྲེལ་བའི་དོན་མེད་པས། །གཉིས་སུ་མེད་པའི་དོན་མ་རྟོགས། །ཨ་ཏི་ཡོ་གའི་བདེ་ཆེན་ནི། །གཉིས་སུ་མེད་པའི་བྱང་ཆུབ་སེམས། །གཉིས་སུ་མེད་ལ་ཨུ་པས་བསྒྲིབས། །རྫོགས་ཆེན་གཉིས་སུ་འབྱེད་པ་ནི། །ཨུ་པ་ཡ་རུ་གོལ་བར་བཤད། །ཡོ་ག་སྟུག་པོ་བཀོད་འདོད་པ། །མཚན་མ་ཡོད་མེད་སྒོར་ཞུགས་ནས། །ཕྱག་རྒྱ་བཞི་ལ་གཙོར་བྱེད་དེ། །བླང་དོར་མེད་ལ་འཇུག་མི་ནུས། །ཨ་ཏི་ཡོ་གའི་བདེ་ཆེན་ནི། །བླང་དོར་མེད་པའི་བྱང་ཆུབ་སེམས། །བླང་དོར་མེད་ལ་ཡོ་གས་བསྒྲིབས། །རྫོགས་ཆེན་བླང་དང་དོར་བྱེད་པ། །ཡོ་ག་དག་ཏུ་གོལ་བར་བཤད། །"ཅེས་གསུངས་པ་དེ་དག་གིས་གསལ་བ་ཡིན།

རྣལ་འབྱོར་ཆེན་པོའི་ལུགས་སུའང་བྱང་ཆུབ་ཀྱི་སེམས་དེ་ཉིད་ངེས་དོན་མཐར་ཐུག་ཡིན་པའི་ཚུལ་《བསམ་གཏན་མིག་སྒྲོན་》ལས། "རྣམ་པ་གཅིག་ཏུ་(པད་མ་འབྱུང་གནས་)ཆོས་ཐམས་ཅད་རང་རིག་པ་བྱང་ཆུབ་སེམས་སུ་སངས་རྒྱས་པར་བལྟ་བའི་གཞུང་ལུགས་ནི། དངོས་པོ་བརྟན་གཡོ་ཅིར་

སྣང་ཡང་། སྣང་བ་དེ་དག་ཐམས་ཅད་རང་རྒྱུད་པ་མེད་དེ། དཔེར་ན་གསེར་དུ་གཅིག་ཀྱང་མགར་བའི་ལག་གི་འདུ་བྱེད་ཀྱིས་བཅལ་ན། ཆོལ་ཟངས་ལ་སོགས་པ་བྱས་ན་དྲི་སྟོད་ངན་པར་སྣང་ལ། སྐུ་གཟུགས་དང་། བུམ་པར་བྱས་ན་བཟང་བར་མཆོད་པའི་གནས་སུ་རུང་བར་སྣང་ཡང་གསེར་དུ་གཅིག་པ་ལྟར། ཆོས་ཐམས་ཅད་རང་གི་རིག་པ་བྱང་ཆུབ་སེམས་ལ་མ་རྟོགས་ན་དེ་ཉིད་ལུས་དང་སྡུག་བསྔལ་གྱི་ཆོས་དངོས་པོ་སྣ་ཚོགས་སུ་རང་སྣང་ལ། རྟོགས་པའི་རིག་པ་ཉིད་སྐུ་གསུང་ཐུགས་ཀྱི་ཕྱག་རྒྱ་ལ་སོགས་པར་སྣང་སྟེ། འོན་ཀྱང་གཞི་གཅིག་ལས་རྟོགས་མ་རྟོགས་ཀྱི་སྣང་བ་ཕོ་ནས། བཞི་པོ་བྱང་ཆུབ་སེམས་ཀྱང་མཚན་ཉིད་གང་དུ་མ་ངེས་ལ། དངོས་པོ་བཟང་ངན་གྱི་ཆོས་རྣམས་རང་རིག་པར་གསལ་ལོ། །”ཞེས་དང་། “བྱང་ཆུབ་སེམས་ཀྱི་མཚན་ཉིད་ཇི་ལྟ་བུ་ཞེ་ན། རང་གི་རིག་པ་བྱང་ཆུབ་སེམས་ནི། ཕོ་མོ་དང་རིགས་བརྒྱུད་མེད་པ། དབྱིབས་ཁ་དོག་གི་གཟུགས་མཚན་བྲལ་བ། དེ་དག་བཀོད་པ་ཡང་མེད་པ། ཐམས་ཅད་དུ་ཁྱབ་ཅིང་གསལ་ལ་མཚན་ཉིད་མི་དམིགས་པ། ཅིར་ཡང་མི་རྟོག་པ། མ་བཅོས་མ་བྱས་མ་བརྟགས་མ་བཟུང་མ་བསླད་པའོ། །”ཞེས་གསལ་ནའང་། ཐབས་ལམ་གྱི་ཆ་ནས་ངེས་དོན་ཡོངས་སུ་མ་རྫོགས་པ་ནི《ཀུན་བྱེད་རྒྱལ་པོ་》ལེའུ་སོ་བརྒྱད་པ་ལས། “མ་ཧ་རྡོ་རྗེ་འཆང་འདོད་པ། །ཐབས་དང་ཤེས་རབ་སྐོར་ཞུགས་ནས། །རང་རྒྱུད་དག་པའི་དཀྱིལ་འཁོར་ལ། །བསྙེན་སྒྲུབ་རྣམ་བཞི་བསྒྲུབ་པར་བྱེད། །ཨ་ཏི་ཡོ་གའི་བདེ་ཆེན་ནི། །རྩོལ་སྒྲུབ་འདས་པའི་བྱང་ཆུབ་སེམས། །རྩོལ་སྒྲུབ་འདས་ལ་མ་ཧས་བསྒྲིབས། །རྫོགས་ཆེན་རྩོལ་སྒྲུབ་བྱེད་པ་ནི། །མ་ཧ་ཡོ་གར་གོལ་བར་བཤད། །”ཅེས་དང་། ཡང་། “ཨ་ནུ་དབྱེར་མེད་ས་འདོད་པ། །དབྱིངས་དང་ཡེ་ཤེས་སྐོར་ཞུགས་ནས། །འདི་ལྟར་སྣང་བའི་ཆོས་རྣམས་ལ། །རྒྱུ་ནི་དག་པའི་དབྱིངས་ལྟ་ལ། འབྲས་བུ་ཡེ་ཤེས་དཀྱིལ་འཁོར་ལྟ། །ཨ་ཏི་ཡོ་གའི་བདེ་ཆེན་ནི། །རྒྱུ་འབྲས་འདས་པའི་བྱང་ཆུབ་སེམས། །རྒྱུ་འབྲས་འདས་ལ་ཨ་ནུས་བསྒྲིབས། །རྫོགས་ཆེན་རྒྱུ་འབྲས་གཉིས་ལྟ་ན། །ཨ་ནུ་ཡོ་གར་གོལ་བར་བཤད། །”ཅེས་པས་ཨ་ནུའི་ཐབས་ལམ་ཡང་ངེས་དོན་ཡོངས་སུ་མ་རྫོགས་པར་བསྟན་པ་རྣམས་ཀྱིས་གསལ་བ་ཡིན།

རྫོགས་པ་ཆེན་པོའི་དགོངས་པ་འགྲེལ་ཚུལ་དང་། དགོངས་དོན་དང་མཐུན་པའི་མཚན་གྱི་རྣམ་གྲངས་མི་འདྲ་བ་གཞན་ཡང་། 《བསམ་གཏན་མིག་སྒྲོན་》ལས། “རེ་ཞིག་དགེ་བའི་བཤེས་གཉེན་གྱི་གཞིད་གཞུང་འགའ་ཞིག་བསྟན་ཏེ། ལུགས་མི་མཐུན་པ་ནི། ཇི་སྐད་བསྟན་ཀྱང་ངོ་བོ་འདྲ་བ་ལ། ལ་ལས་(བི་མ་མི་ཏྲ་ཨོ་རྒྱན་མ་ཧཱ་ར་ཙའི་བཞེད་)ནི་གཟའ་གཏད་བྲལ་བར་བསྟན། དེ་བཞིན་དུ་ལྷུན་གྱིས་གྲུབ་པར་ལྟ་བ་(དགའ་རབ་རྡོ་རྗེའི་བཞེད་)དང་། རང་བྱུང་གི་ཡེ་ཤེས་སུ་ལྟ་བ་(དགེ་སློང་མ་ཀུན་དགའ་

མའི་བཞིན་)དང་། བྱ་བཙལ་དང་བྲལ་བར་ལྟ་བ་(འབྲུ་ཏ་ཀུག་ཏའི་བཞིན་)དང་། བདེ་བ་ཆེན་པོར་ལྟ་བ་(ཤྲཱི་སིཾ་ཧ་དང་ཀུ་ཀུ་ར་ཙའི་བཞིན་)དང་། གཉིས་སུ་མེད་པར་ལྟ་བ་(འཇམ་དཔལ་བཤེས་གཉེན་གྱི་བཞིན་)དང་། ཐིག་ལེ་ཆེན་པོར་ལྟ་བ་(སྲུས་ཐུ་བོ་ར་ཙ་ཧ་ཏིའི་བཞིན་)དང་། མཐའ་རིལ་མ་སྤྱངས་བྲལ་བའི་རང་ལུགས་ཆེན་པོར་ལྟ་བའོ། །"ཞེས་དགོངས་པ་སོ་སོར་བཀྲལ་བའི་མཚན་གྱི་རྣམ་གྲངས་མི་འདྲ་བ་རྣམས་ཀྱིས་མཚོན། 《ཀུན་བྱེད་རྒྱལ་པོ་》ལེའུ་གྱ་བཞི་པ་ལས་ཀྱང་། ལྷུན་གྲུབ་རྫོགས་པ་ཆེན་པོའི་གནས་ལུགས་ཟབ་མོ་དེ་ལ་ཀུན་བྱེད་རྒྱལ་པོ་དང་། བྱང་ཆུབ་ཀྱི་སེམས། རང་འབྱུང་ཡེ་ཤེས། ཆོས་ཀྱི་མེ་ལོང་། དོན་གྱི་ཐིག་པ། ལྟ་བའི་མེ་ལོང་། རྒྱལ་བའི་ཡུམ། རྒྱུད་ཀྱི་རྒྱལ་པོ། མ་བཅོས་དོན་གྱི་ལུང་། ཀུན་གྱི་མདོ་ཞེས་པའི་མཚན་སྣ་ཚོགས་པའི་སྒོ་ནས་བསྟན་ཡོད།

སྤྱིར་མདོ་རྒྱུད་བཀའ་བསྟན་རྣམས་སུ་གཞི་བདེ་བར་གཤེགས་པའི་སྙིང་པོ་སྤྲོས་པའི་རྣམ་པ་ཀུན་དང་བྲལ་ཞིང་། མཚན་མ་ཅིར་ཡང་དམིགས་སུ་མེད་པ་དེ་ལ"སྟོང་པ་ཉིད་"དམ། "ཆོས་ཀྱི་དབྱིངས་"ཞེས་པའི་བརྗ་ཁྱད་བྱས་ཤིང་། སྟོང་ཞིང་བདག་མེད་པ་དེའི་རང་གདངས་གསལ་བའི་ཆ་ནས"རང་འབྱུང་ཡེ་ཤེས་"དང་། རྣམ་པ་ཀུན་ཏུ་མི་འགྱུར་བའི་ཆ་ནས"རྣམ་ཀུན་མཆོག་ལྡན་"དང་། དེའང་རྣལ་མའི་ཡིན་ལུགས་སུ་སོང་བས"གཉུག་མའི་སེམས་"ཞེས་སོགས་སུ་གྲགས་ནའང་། དོན་དུ་དབྱིངས་དང་ཡེ་ཤེས་གཉིས་སུ་མེད་པ་སེམས་ཀྱི་ཆོས་ཉིད་དམ། གནས་ལུགས་དོན་དམ་པ། རྡོ་རྗེ་ལྟ་བུ་མི་འགྱུར་བའི་བྱང་ཆུབ་ཀྱི་སེམས་དེ་ཁོ་ན་ཉིད་ལས་གཞན་དུ་ཐ་དད་པའི་ཆོས་གང་ཞིག་ཀྱང་མེད། "ཆོས་ཀྱི་དབྱིངས་"ཟེར་ནའང་། དབྱིངས་ཀྱི་དོན་སྟོང་རྐྱང་ཞིག་ལ་ངོས་མི་འཛིན་པར། འོད་གསལ་དང་འདུ་འབྲལ་མེད་པའི་རྣམ་ཀུན་མཆོག་ལྡན་གྱི་སྟོང་པ་ཉིད་དང་། "རང་འབྱུང་ཡེ་ཤེས་"ཟེར་ནའང་། ཡུལ་དང་ཡུལ་ཅན་གྱི་བརྟས་ཕྱེ་བའི་སྟོང་ཉིད་རྟོགས་པའི་ཡུལ་ཅན་གྱི་བློ་འདུས་བྱས་མཚན་མ་ཅན་ཞིག་ཏུ་མི་འཛིན་པར། རང་བཞིན་གསལ་ནའང་འདུས་བྱས་སུ་གདགས་པའི་མཚན་མ་རྡུལ་ཙམ་ཡང་མེད་པར་གོ་ཞིང་རྟོགས་དགོས་པ་འདི་ནི་ཆོས་ཀུན་གྱི་ཡང་སྙིང་བཟོ་འཕྲུལ་གྱི་འཁོར་ལོའི་གནད་གསང་དང་འདྲ་བ་ཤིན་ཏུ་གལ་ཆེ་བར་སེམས། དེ་བས་ན་རྫོགས་པ་ཆེན་པོ་ནི་ཡེ་གཞི་སྙིང་པོ་བྱང་ཆུབ་ཀྱི་སེམས་འོད་གསལ་གདོད་མའི་གནས་ལུགས་འདུས་མ་བྱས་པའི་བདག་ཉིད་དེ། ཆོས་ཐམས་ཅད་ཀྱི་གནས་ལུགས་མཐར་གཏུགས་སའང་དེ་ཙམ་ལས་གཞན་མེད། དེའི་ངང་ནས་འཁོར་འདས་ཀྱི་སྣང་བ་ཀུན་ཤར་ཞིང་། ཤར་དུས་ཉིད་དུ་ངང་དེར་གནས་བཞིན་པ་ལས་གཞན་པའི་ཆོས་ཅི་ཞིག་ཀྱང་མི་སྲིད་པ་འདི་ནི་མཐར་ཐུག་གི་གྲོལ་སའང་ཡིན་པས། འདི་ལ་ནི"གནས་ལུགས་དོན་དམ་པའི་ཆོས་སྐུ་"ཞེས་བྱ་ཞིང་། ཡེ་གཞི་དེ་ལ

འཁྲུལ་གྲོལ་གཉིས་སུ་མེད་པས། "མཉམ་པ་ཆེན་པོ"དང་། དེ་ཉིད་སྤྲོས་པའི་མཐའ་ཐམས་ཅད་ལས་ཡོངས་སུ་འདས་པས། "ཀ་ནས་དག་པ"དང་། དེའང་སྟོང་རྐྱང་ནམ་མཁའ་ལྟ་བུ་མ་ཡིན་པར་རང་གསལ་རིས་མེད། རྒྱ་ཆད་ཕྱོགས་ལྷུང་བྲལ་བར་ལྷུན་གྱིས་གྲུབ་པ་དང་། འཁོར་འདས་ཀྱི་སྣང་བ་ཀུན་གྱི་འབྱུང་གནས་ཡིན་པས། "ཐུགས་རྗེ་ཀུན་ཁྱབ"ཅེས་བྱ་བ་ཡིན། དེ་ལྟར་རང་གྲོལ་ཁྱད་པར་ཅན་གྱི་མྱུར་ལམ་ཟབ་མོ་རྫོགས་ཆེན་ཨ་ཏི་ཡོ་ག་དེ་ནི་《རིག་པའི་ཁུ་བྱུག་》ལས། "ཟིན་པས་རྩོལ་བའི་ནད་སྤངས་ཏེ། །ལྷུན་གྱིས་གནས་པས་བཞག་པ་ཡིན། །"ཞེས་ཡེ་ནས་ལྷུན་གྱིས་གྲུབ་པའི་གནས་ལུགས་དེ་ཀའི་ངང་ཇི་བཞིན་དུ་བཞག་པས་རང་སར་གྲོལ་བའི་རང་གྲོལ་ཉིད་དུ་བསྟན་པ་དང་། 《སྦས་པའི་རྒུམ་ཆུང་》ལས་ཀྱང་། "སྐྱེ་དང་བྲལ་བའི་བྱང་ཆུབ་ལ། །བྱང་ཆུབ་རྒྱུ་འབྲས་ཡོངས་ཀྱིས་མེད། །"ཅེས་རྒྱུ་འབྲས་ཀྱི་ཆོས་ཐམས་ཅད་ལས་ཡོངས་སུ་འདས་པ་རང་གྲོལ་མངོན་སུམ་པའི་བདག་ཉིད་དུ་བསྟན་པ་དེ་ནི་སྒྱུར་ལམ་དང་། སྤང་ལམ་གྱི་རིམ་པ་རྣམས་ལས་ཆེས་མྱུར་བ་དང་། ངེས་དོན་གྱི་མཐར་ཐུག་པ་ཉིད་དུ་གསལ་བར་བསྟན་པ་ཡིན།

གསང་སྔགས་བླ་མེད་ཀྱི་དང་། ཁྱད་པར་སྔགས་རྙིང་མའི་ལུགས་སུ་གྲགས་ཆེ་བའི་ཨ་ནུ་ཡོ་གའི་རྒྱུད་སྡེ་ཆེན་པོ་རྣམས་སུ་རྫོགས་པ་ཆེན་པོའི་དགོངས་པ་ངེས་པར་དུ་བསྟན་ནའང་། ལམ་གྱི་རིམ་པར་སྒྱུར་ལམ་དང་། རང་གྲོལ་འདི་གཉིས་ལ་ཁྱད་ཤིན་ཏུ་ཆེ་བ་ཡོད། རྣལ་འབྱོར་བླ་ན་མེད་པའམ། མ་ཧཱ་ཡོ་གའི་ལུགས་ཀྱི་སྒྱུར་ལམ་གྱི་དབང་དུ་བྱས་ན། ལམ་ཉམས་སུ་ལེན་པའི་རྣལ་འབྱོར་པ་དེས། ཐོག་མར་བསྐྱེད་རིམ་ལ་བརྟན་པ་ཐོབ་ངེས་པར་བྱས་ཏེ་ད་གཟོད་རྫོགས་རིམ་ལ་རིམ་གྱིས་འཇུག་པ་དང་། མཐར་བསྐྱེད་རྫོགས་ཟུང་འཇུག་གི་རིམ་པས་རྩེ་གཅིག་དང་། སྤྲོས་བྲལ། རོ་གཅིག སྒོམ་མེད་བཅས་རྣལ་འབྱོར་རྣམ་པ་བཞིའི་སྒོ་ནས་ཕྱག་རྒྱ་ཆེན་པོའི་རྟོགས་པ་མངོན་དུ་བྱེད་པ་དང་། ཨ་ནུ་ཡོ་གའི་སྒྱུར་ལམ་གྱི་དབང་དུ་བྱས་ན། སྐད་ཅིག་མར་སྣང་སྲིད་དག་པ་ལྷའི་དཀྱིལ་འཁོར་བརྟེན་དང་རྟེན་པའི་རང་བཞིན་ཇི་ལྟར་ཡིན་པ་ལ་ཡིན་པར་ངོ་ཤེས་པའི་སྒོ་ནས་བསྐྱེད་པའི་རིམ་པར་ཅིག་ཆར་དུ་འཇུག་པ་དང་། དེ་ནས་རྫོགས་པའི་རིམ་པ་རྩལ་དུ་འདོན་ཞིང་། མཐར་དབྱིངས་དང་ཡེ་ཤེས་གཉིས་སུ་མེད་པ་དག་མཉམ་ཆེན་པོའི་ངང་གནས་པ་དང་། མི་གཡོ་བ། མཉམ་པ་ཉིད། ལྷུན་གྱིས་གྲུབ་པ་བཅས་ཏིང་ངེ་འཛིན་རྣམ་པ་བཞིའི་སྒོ་ནས་ལྷུན་གྲུབ་རྫོགས་པ་ཆེན་པོ་མཉམ་རྗེས་རིས་མེད་ཀྱི་དགོངས་པ་ཟབ་མོ་མངོན་དུ་བྱེད་པས། རང་གྲོལ་དང་སྒྱུར་ལམ་འདི་གཉིས་གཞི་རྩའི་སྟེང་ནས་མི་འདྲ་བ་ཡིན་ལ། སྤང་ལམ་ནི་དེ་ལས་ཀྱང་ཆེས་མི་འདྲ་བ་ནི་བཤད་མ་དགོས།

སྦྱས་པའི་རྒྱམ་ཆུང་གི་གཞུང་འདི་མཛད་པ་པོ་ནི། གཞུང་འདི་རང་གི་སྟོན་བརྗོད་ལས། "བྱང་ཆུབ་ཀྱི་སེམས་འདི་སློབ་དཔོན་ནི། མཁྱེན་རབ་ཀྱི་མཆོག་སངས་རྒྱས་སྦས་པས་མཛད་དོ། །"ཞེས་སངས་རྒྱས་སྦས་པའམ། ལེགས་སྦྱར་སྐད་དུ"བུདྡྷ་གུཔྟ"ཞེས་གསལ་བར་བསྟན་ཡོད།

སངས་རྒྱས་སྦས་པའི་མཚན་འབྲི་སྟངས་ལ་མི་འདྲ་བ་འགའ་ཙམ་ཡོད་འདུག་པ་ནི། དཔེར་ན། 《བཻ་རོའི་འདྲ་འབག་ཆེན་མོ་》ལས། "བྷུ་ཏྲ་གུག་ཏ"ཞེས་པ་དང་། ཡང་"འབུ་ཏ་གུ་ཏ"ཞེས་སམ། "ཐྲ་ཏ་གུ་ཏ"ཞེས་གསལ་བ་དང་། འདྲ་འབག་ལས་འབྲི་སྟངས་གཞན"བུ་ཏ་གུག་ཏ"ཞེས་དང་། "འབུ་ཏ་གུག་ཏ"ཞེས་པ་སྟེ། གཞུང་གཅིག་གི་ནང་དུའང་སྐབས་སོ་སོར་ལེགས་སྦྱར་གྱི་སྒྲ་འབྲི་སྟངས་མི་འདྲ་བ་དུ་མ་ཞིག་བྱུང་སྣང་བ་དང་། 《བསམ་གཏན་མིག་སྒྲོན་》ལས"འབུ་ཏ་གུག་ཏ"ཞེས་དང་། "འབུ་ཏི་གུག་ཏ"ཞེས་པ་ལྟ་བུའི་འབྲི་སྟངས་མི་འདྲ་བ་རྣམས་དང་། བཻ་རོའི་རྒྱུད་འབུམ་དུ་བཞུགས་པའི་མན་ངག་གི་བཤད་ཐབས་ལས"བུད་ང་གུག་ཏ"ཞེས་གསལ་བ་དང་། གཡུང་སྟོན་རྡོ་རྗེ་དཔལ་(1284–1365)གྱིས་མཛད་པའི་《སེམས་སྡེ་མ་བུ་བཅོ་བརྒྱད་ཀྱི་དགོངས་དོ་སྤྲོད་པའི་ཐབས་རིག་པ་རྩལ་གྱི་དབང་བཅོ་བརྒྱད་བསྐུར་བའི་ཆོག་ཁྲིགས་བླ་མའི་ཞལ་ཤེས་ཞེས་བྱ་བ་》ལས"བུདྡྷ་གུཔྟ"ཞེས་གསལ་བ་སོགས་ཀྱིས་མཚོན་པ་ཡིན། དེ་ལ་ཡ་མཚན་དགོས་པ་ནི་འགའ་ཡང་མེད་དེ། ཆེས་སྔ་བའི་དཔེ་རྙིང་རིན་ཐང་བྲལ་བ་དེ་དག་ཨོ་རྒྱན་གྱི་སྐད་དང་། ལེགས་སྦྱར་ཤེས་མཁན་ནམ། མི་ཤེས་མཁན་དུ་མ་ཞིག་བརྒྱུད་དེ། དཔེ་ནས་དཔེ་ རུ་བཤུས་པའི་ཡིག་རྙིང་གི་མངོན་རྟགས་ཁྱད་པར་ཅན་ཞིག་ཡིན་པ་གསལ་པོར་བསྟན་པ་ཡིན།

དུས་ཕྱིས་ཀྱི་མཁས་པ་ཕལ་མོ་ཆེས་སངས་རྒྱས་སྦས་པ་སྟེ་བུདྡྷ་གུཔྟ་དང་། སངས་རྒྱས་གསང་བ་སྟེ་བུདྡྷ་གུཧྱ་འདི་གཉིས་སློབ་དཔོན་གཅིག་གི་མཚན་གྱི་རྣམ་གྲངས་སུ་ངོས་འཛིན་གྱི་ཡོད་འདུག་ནའང་། སངས་རྒྱས་སྦས་པ་ནི་སློབ་དཔོན་ཆེན་པོ་ཤྲཱི་སེངྒ་པྲ་བྷའི་བླ་མ། ཛོགས་ཆེན་སེམས་སྡེའི་བླ་བརྒྱུད་དུ་ཡོངས་སུ་གྲགས་པའི་སློབ་དཔོན་ཆེན་པོ་ཞིག་ཡིན་ལ། སངས་རྒྱས་གསང་བ་ནི་བོད་ཀྱི་རྒྱལ་པོ་ཁྲི་སྲོང་ལྡེའུ་བཙན་(790–844)དང་། ཆོས་རྒྱལ་ཁྲི་རལ་པ་ཅན་(866–901)རྣམས་ཀྱི་དུས་སུ་གངས་ཏི་སེར་ཕེབས་བཞུགས་གནང་མཁན། མ་ཧཱ་ཡོ་གའི་བསྟན་སྲོག་འཛིན་པའི་སློབ་དཔོན་ཆེན་པོ་དེ་ཉིད་ཡིན་པས། དེ་གཉིས་ཀྱི་དུས་ཀྱང་མི་མཐུན་ལ། ལོ་རྒྱུས་དང་བརྒྱུད་པའང་མི་མཐུན་པས་ནོར་འཁྲུལ་གྱི་ངོགས་གཞི་དགོས་པ་ཅིའང་མེད།

《བཻ་རོའི་འདྲ་འབག་ཆེན་མོ་》ལས། "དེས་བྷུ་ཏ་གུག་ཏ་ཞེས་བྱ་བ། དགེ་སློང་རིག་པའི་གནས་

ཐམས་ཅད་ལ་མཁས་པ། ཁྱད་པར་དུ་གསང་སྔགས་མ་ཧཱ་ཡོ་གའི་དོན་ལ་མཁས་པ་ཞིག་ཡོད་དེ།" ཞེས་མ་ཧཱ་ཡོ་གའི་དོན་ལ་མཁས་པའི་རྣལ་འབྱོར་པ་ཡིན་པར་བཤད་པས། སངས་རྒྱས་གསང་བ་ཡིན་ནམ་སྙམ་པའི་དོགས་པ་འདང་མི་དགོས་ཏེ། སྤྱིར་མ་ཧཱ་ཡོ་ག་ཞེས་པ་ནི་རྒྱུད་སྡེ་གོང་མ་ཀུན་ལ་འཇུག་པ་སྟེ། རྣལ་འབྱོར་དང་། རྣལ་འབྱོར་ཆེན་པོ་ཞེས་རྒྱུད་སྡེ་གོང་འོག་རྣམ་པ་གཉིས་སུ་ཕྱེ་བའི་སྐབས་སུ། མ་ཧཱ་ཡོ་ག་སྟེ་རྣལ་འབྱོར་ཆེན་པོ་ནི་རྒྱུད་སྡེ་གོང་མ་ཀུན་གྱི་སྤྱི་མིང་དུ་གྲགས་པ་ཡིན། དེའི་ཚུལ་གནུབས་ཆེན་སངས་རྒྱས་ཡེ་ཤེས(832–942)ཀྱིས་བསམ་གཏན་མིག་སྒྲོན་དུ་ཙེན་མན་རིམ་གྱིས་འཇུག་པའི་གཞུང་བསྟན་པའི་ལེའུ། སྟོན་མུན་ཅིག་ཆར་འཇུག་པའི་ལུགས་བསྟན་པའི་ལེའུ། རྣལ་འབྱོར་ཆེན་པོའི་གཞུང་བཤད་པའི་ལེའུ། རྫོགས་པ་ཆེན་པོའི་གཞུང་རྒྱས་པར་བཀོད་པའི་ལེའུ་སྟེ་ལེའུ་བཞིར་ཕྱེས་ཏེ་གསུངས་ཤིང་། དེའི་སྐབས་སུ"རྣལ་འབྱོར་ཆེན་པོ"ཞེས་པ་དེས་རྒྱུད་སྡེ་གོང་མ་ཀུན་མཚོན་པར་མཛད་པས་ཀྱང་ཤེས་ཐུབ། དེར་མ་ཟད་མ་ཧཱ་ཡོ་ག་ལ་མཁས་པ་ཙམ་གྱིས་སངས་རྒྱས་གསང་བ་ཡིན་དགོས་པའི་ངེས་པ་མེད་ལ། སངས་རྒྱས་སྦས་པ་མ་ཧཱ་ཡོ་ག་ལ་མཁས་པ་མིན་པའི་ཤེས་བྱེད་ཀྱང་མེད་པ་ཡིན།

གཡུང་སྟོན་རྡོ་རྗེ་དཔལ(1284–1365)གྱིས་སེམས་སྡེ་མ་བུ་བཅོ་བརྒྱད་ཀྱི་དགོངས་པ་ངོ་སྤྲོད་པའི་ཐབས་རིག་པ་རྩལ་གྱི་དབང་བསྐུར་བའི་ཚིག་ཁྲིགས་ཀྱི་སྐབས་སུ། རྫོགས་པ་ཆེན་པོ་སེམས་སྡེའི་དབང་བཅོ་བརྒྱད་པོ་དེ་དག་རྫོགས་ཆེན་གྱི་རིག་འཛིན་ཆེན་པོ་བཅོ་བརྒྱད། བཻ་རོ་ཙ་ནའི་རྩ་བའི་བླ་མ་ཤྲཱི་སེངྷ་དང་བཅུ་དགུའི་དགོངས་ཉམས་རྡོ་རྗེའི་གླུ་རེ་དང་སྦྱར་ཏེ་དགོངས་པ་ངོ་སྤྲོད་གནང་འདུག་ཅིང་། དགོངས་ཉམས་དེ་དག་རྫོགས་པ་ཆེན་པོའི་གཞུང་གང་གི་དགོངས་པ་ཡིན་པའི་སེམས་སྡེ་མ་བུ་བཅོ་བརྒྱད་ཀྱི་གཞུང་སོ་སོའི་མཚན་དང་། རིག་འཛིན་སུའི་དགོངས་ཉམས་ཡིན་པ་དང་། དགོངས་པའི་གླུ་སོ་སོའི་མཚན་བཅས་གསལ་བར་བསྟན་པ་དེ་དག་ནི།

༡ ཁྱུང་ཆེན་གྱི་དགོངས་པ། རྒྱལ་པོ་ཛྷ་ཧེ་ན་ཏ་ལོའི་ཆོས་ཉིད་སློང་རྡོལ་གླུའི་བསམ་གཏན།

༢ རིག་པའི་ཁུ་བྱུག་གི་དགོངས་པ། སྦས་ཐུ་བོ་ནཱ་ཛ་ཏིའི་རིག་པ་སློང་རྡོལ་གླུའི་བསམ་གཏན།

༣ ནམ་མཁའ་ཆེའི་དགོངས་པ། སྦས་མོ་སྦ་ནཱ་ནིའི་ཡེ་ཤེས་སློང་རྡོལ་གླུའི་བསམ་གཏན།

༤ ཐིག་ལེ་དྲུག་པའི་དགོངས་པ། གླུ་རྒྱལ་འཇོག་པོའི་བདེ་བ་སློང་རྡོལ་གླུའི་བསམ་གཏན།

༥ རྩལ་ཆེན་གྱི་དགོངས་པ། ཁྲིའི་རྒྱལ་པོ་ཀུ་ཀུ་རཱ་ཛའི་བྱང་སེམས་སློང་རྡོལ་གླུའི་བསམ་གཏན།

༦ སེམས་སྒོམ་གྱི་དགོངས་པ། ན་གརྫུ་ནའི་དབྱིངས་སློང་རྡོལ་གླུའི་བསམ་གཏན།

༧ རྨད་བྱུང་གི་དགོངས་པ། ཁྲིའི་རྒྱལ་པོ་ཕྱི་མའི་འབྱུང་ལྔ་ཡེ་ཤེས་སློང་རྡོལ་གླུའི་བསམ་གཏན།

༨ ཡིད་བཞིན་ནོར་བུའི་དགོངས་པ། གནོད་སྦྱིན་མོ་བྱང་ཆུབ་ཀྱི་དངོས་གྲུབ་གླིང་རྫོང་སྤྲུལ་བསམ་གཏན།

༩ རྩེ་མོ་བྱུང་རྒྱལ་གྱི་དགོངས་པ། སྨད་འཚོང་མ་བུཎྜ་མ་རི་ཀའི་རྩོལ་མེད་གླིང་རྫོང་སྤྲུལ་བསམ་གཏན།

༡༠ སྤྱི་གཅོད་ཀྱི་དགོངས་པ། འཇམ་དཔལ་བཤེས་གཉེན་ཕྱི་མའི་གསང་བ་གླིང་རྫོང་སྤྲུལ་བསམ་གཏན།

༡༡ སྤྱི་ཆིངས་ཀྱི་དགོངས་པ། ཨཱརྻ་པ་ལོའི་ནམ་མཁའ་གླིང་རྫོང་སྤྲུལ་བསམ་གཏན།

༡༢ བདེ་བ་ཕྲ་བཀོད་ཀྱི་དགོངས་པ། ཨོ་རྒྱན་གྱི་མཁན་པོ་ཧྲུ་ཧེའི་ཕྲིན་ལས་གླིང་རྫོང་སྤྲུལ་བསམ་གཏན།

༡༣ སྲོག་གི་འཁོར་ལོའི་དགོངས་པ། དྲང་སྲོང་རྙིཤ་ཀ་ཏིའི་རང་བྱུང་གླིང་རྫོང་སྤྲུལ་བསམ་གཏན།

༡༤ རིན་པོ་ཆེ་ཀུན་འདུས་ཀྱི་དགོངས་པ། སྲས་མོ་གོ་མ་དེ་ཝིའི་སྐྱེ་མེད་གླིང་རྫོང་སྤྲུལ་བསམ་གཏན།

༡༥ སྐྱེ་མེད་རང་རིག་གི་དགོངས་པ། ཁ་ཆེའི་རྒྱལ་པོ་རབ་སྣང་གི་ཆོས་སྐུ་གླིང་རྫོང་སྤྲུལ་བསམ་གཏན།

༡༦ བདེ་འབྱམས་ཀྱི་དགོངས་པ། རྒྱལ་པོ་དེ་ཝ་རཱ་ཛའི་སྐུ་གསུམ་གླིང་རྫོང་སྤྲུལ་བསམ་གཏན།

༡༧ ནམ་མཁའི་རྒྱལ་པོའི་དགོངས་པ། ནཱ་ག་རཱ་ཛའི་གྲོལ་བ་གླིང་རྫོང་སྤྲུལ་བསམ་གཏན།

༡༨ རྗེ་བཙན་དམ་པའི་དགོངས་པ། བུདྡྷ་གུཔྟའི་ཤེས་རབ་གླིང་རྫོང་སྤྲུལ་བསམ་གཏན།

༡༩ སེམས་སྡེ་སྤྱིའི་དགོངས་པ། ཤྲཱི་སེངའི་རིན་པོ་ཆེ་གླིང་རྫོང་སྤྲུལ་བསམ་གཏན། ཞེས་བྱ་བ་རྣམས་ཀྱིས་གསལ་བ་ཡིན།

དེ་བཞིན་དུ་བུདྡྷ་གུཔྟས་རྩོལ་མེད་སྙིང་པོའི་དོན་བཙལ་བར་དགོངས་ནས། དེ་ཝ་ར་ཛ་ལ་དགོངས་པའི་དོན་ཞུས་པས་རྫོགས་པར་གནང་ནས། སྙིང་པོའི་དོན་དྲིལ་ཏེ་དགོངས་ཉམས་གསུངས་པའི་ཚུལ་《བེ་རོའི་འདྲ་འབག》ལས་གསལ་བར་བཤད་པ་དེས་ཀྱང་། བུདྡྷ་གུཔྟ་ནི་རྫོགས་ཆེན་སེམས་སྡེའི་རིག་འཛིན་བརྒྱུད་པའི་ནང་ནས་གཙོ་བོའི་གྲངས་ཤིག་ཡིན་པ་གསལ་བར་བསྟན་པ་དང་། ལྷག་པར་དུ་བཻ་རོའི་རྒྱུད་འབུམ་དུ་བཞུགས་པའི་མན་ངག་བཤད་ཐབས་ལས། "དེ་ལྟར་སློབ་དཔོན་དགའ་རབ་རྡོ་རྗེས་འཇམ་དཔལ་བཤེས་གཉེན་ལ་བཤད་པ། དེས་བྱང་ཆུབ་ཀྱི་སེམས་ཡང་དག་པའི་དོན་འདི། རྒྱལ་པོའི་སྤྱོད་ཡུལ་ཡིན་པའི་ཕྱིར། རྒྱལ་པོ་འདད་འཧེ་ན་ཏ་ལོ་ལ་བཤད། དེས་སྲས་ཐུ་བོ་ཧ་ཏི་ལ་བཤད་དོ། དེས་སྲས་མོ་ས་ནྟ་ནི་ལ་བཤད། དེས་རྒྱལ་པོ་ཡོན་ཏན་ལག་གི་བུ་མོ། གནོད་སྦྱིན་མོ་བྱང་ཆུབ་ལ་བཤད། དེས་ཁ་ཆེའི་མཁན་པོ་རབ་སྣང་ལ་བཤད། དེས་ཨུ་རྒྱན་གྱི་མཁན་པོ་མ་ཧཱ་ར་ཙ་ལ་བཤད། དེས་སྲས་མོ་གོ་མ་དེ་ཝི་ལ་བཤད། དེས་ཨརྻ་ཨ་ལོ་ཀི་ལ་བཤད། དེས་ཁྲིའི་རྒྱལ་པོ་གུ་གུ་ར་ཙ་ལ་བཤད། དེས་དྲང་སྲོང་བ་ཤ་ཏི་ལ་བཤད། དེས་སྨད་འཚོང་མ་བདག་ཉིད་མ་ལ་བཤད། དེས་ན་ག་འཇུ་ན་ལ་བཤད། དེས་གུ་གུ་ར་ཙ་ཕྱི་མ་ལ་བཤད། དེས་འཇམ་དཔལ་བཤེས་གཉེན་ཕྱི་མ་ལ་བཤད། དེས་ལྷའི་མཁན་པོ་མ་ཧ་ར་

ལ་བཤད། དེས་བུད་དྷ་གུཔ་ཏ་ལ་བཤད། དེས་ཤི་སེདྡྷ་ལ་བཤད། དེས་དགེ་སློང་མ་ཀུན་དགའ་མ་ལ་བཤད། དེས་བྲེ་མ་ལ་ནུ་ཏྲ་ལ་བཤད་། དེས་གུ་གུ་ར་ཙ་ཕྱི་མ་མན་ཆད་བྲེ་མ་ལ་ཡན་ཆད་གདུང་རབས་བདུན་པོ་དང་། འཕགས་པ་བི་རོ་ཙ་ན་དང་བརྒྱད་ནི་ཕྱི་འགྱུར་གྱི་གདུང་རབས་བརྒྱད་དོ། །"ཞེས་པས་ཤིན་ཏུ་གསལ་བ་ཡིན།

སློབ་དཔོན་སངས་རྒྱས་གསང་བའི་ལོ་རྒྱུས་ཉུང་བསྡུས་ཁ་གསལ་བ་ནི། ཇོ་ནང་པ་ཏཱ་ར་ནཱ་ཐ་(1575–?)མཆོག་གིས་མཛད་པ། 《དམ་པའི་ཆོས་རིན་པོ་ཆེ་འཕགས་པའི་ཡུལ་དུ་ཇི་ལྟར་དར་བའི་ཚུལ་གསལ་བར་སྟོན་པ་དགོས་འདོད་ཀུན་འབྱུང་ཞེས་བྱ་བ་》ལས། "དེ་ལས་སངས་རྒྱས་གསང་བ་ནི། ལྷོ་ནཱ་ཊ་སིའི་གནས་ཤིག་ཏུ་འཕགས་པ་འཇམ་དཔལ་བསྒྲུབས་པས་ནམ་ཞིག་ན་བྲིས་སྐུ་བཞད། དངོས་གྲུབ་ཀྱི་ཇུས་བ་དམར་སེར་གྱི་མར་ཁུ་ཡང་ཁོལ། མེ་ཏོག་རྙིང་པ་རྣམས་ཀུང་ཁ་འབུས་པས། དངོས་གྲུབ་ཀྱི་ལྟས་སུ་མཁྱེན་ཀྱང་། ཐོག་མར་མེ་ཏོག་འབུལ་ལམ། མར་ཁུ་འཐུང་ངམ་སྙམས། ཐེ་ཚོམ་དུ་ཅུང་ཟད་ལུས་པ་གནོད་སྦྱིན་མོ་ཞིག་གིས་གེགས་བྱས་ཏེ་སློབ་དཔོན་གྱི་འགྲམ་པར་ཐལ་ལྤག་བརྒྱབ་པས་སློབ་དཔོན་ཅུང་ཟད་བརྒྱལ། བརྒྱལ་བ་སངས་ཙ་ན། བྲིས་སྐུ་རྟུལ་གྱིས་གོས། མེ་ཏོག་རྙིད། མར་ཁུ་ཡང་ཐོ། འོན་ཀྱང་རྟུལ་ཕྱིས། མེ་ཏོག་དབུ་ལ་ཕུལ། མར་གང་ཡོད་བཏུངས་པས་སྐུ་ལུས་ནད་ཐམས་ཅད་དང་བྲལ་ཞིང་ཤིན་ཏུ་ཡང་སྟོབས་དང་ལྡན་པ་དང་། བློ་གྲོས་ཤིན་ཏུ་རྣོ་ཞིང་མངོན་ཤེས་དང་ལྡན་པར་གྱུར། སངས་རྒྱས་ཞི་བས་ཇུས་དང་བྲིས་སྐུ་སོགས་གང་གི་ཡང་གྲོས་པ་མེད་པར་བསྒོམས་པས་ཀྱང་སངས་རྒྱས་གསང་བ་དང་ཡོན་ཏན་མཚུངས་པར་ཐོབ། དེ་ནས་དེ་གཉིས་རི་པོ་ཏ་ལར་བྱོན། རི་རྩ་བ་ན་འཕགས་མ་སྒྲོལ་མ་ཀླུའི་ཚོགས་ལ་ཆོས་སྟོན་པ་བཞུགས་ཀྱང་རྣམ་མོ་བ་ལང་གི་ཁྲུ་ཆེན་པོ་འཚོ་བར་མཐོང་། རི་སྐེད་ན་ཁྲོ་གཉེར་ཅན་མ་ལྷ་མ་ཡིན་དང་། གནོད་སྦྱིན་གྱི་ཚོགས་ལ་ཆོས་སྟོན་པ་ཡང་བུ་མོར་ལུག་གི་ཁྲུ་ཆེན་པོ་འཚོ་བར་གཟིགས། རིའི་རྩེ་མོར་ཕྱིན་པ་ན་འཕགས་པ་སྤྱན་རས་གཟིགས་ཀྱི་རྡོ་སྐུ་གཅིག་ལས་མི་གདའ་སྐད། འོན་ཀྱང་སངས་རྒྱས་ཞི་བས"གནས་འདི་ན་ཕལ་པ་ག་ལ་ཡོད། བདག་རང་སྣང་བ་མ་དག་པ་ཡིན། འདི་རྣམས་སྒྲོལ་མ་ལ་སོགས་པ་ཡིན་ནོ"སྙམ་ནས་ཡིད་ཆེས་ཆེན་པོ་བྱས་ནས་གསོལ་བ་བཏབ་པས། ཐུན་མོང་གི་ཡོན་ཏན་ཅི་འདོད་པར་བསྒྱུར་ནུས་པའི་རྫུ་འཕྲུལ་དང་། མངོན་ཤེས་སོགས་དཔག་ཏུ་མེད་པ་དང་། མཆོག་གི་ཡོན་ཏན་ཐོན་མ་བསླབས་པའི་ཆོས་ཐམས་ཅད་ཀྱང་ཤེས་ཤིང་། གནས་ལུགས་ནམ་མཁའ་དང་མཉམ་པའི་དོན་རྟོགས་པ་ཞིག་བྱུང་། སངས་རྒྱས་གསང་བས་ཡིད་མ་ཆེས་བཞིན་དུ་གསོལ་བ་བཏབ་པས། ཞབས་ས་ལ་མི་རེག་པར་འགྲོ་བ་ཙམ་གྱི་དངོས་གྲུབ་ཅིག་

ཐོབ། དེར་ཏན་མོ་ན་རེ། ཁྱོད་རི་ཁ་བ་ཅན་གྱི་གངས་ཏི་སེར་སོང་ལ་སྒྲུབ་པ་གྱིས་ཞེས་ལུང་བསྟན། ཚུར་འོང་པ་ན་སངས་རྒྱས་ཞི་བ་ལ་དངོས་གྲུབ་གང་ཐོབ་དྲིས་པས། ཇི་ལྟར་བྱུང་བའི་ཚུལ་བརྗོད། དེར་གྲོགས་ཀྱིས་དངོས་གྲུབ་ཆེན་པོ་ཐོབ་པ་ལ་ཕྲག་དོག་གི་རྣམ་རྟོག་བྱུང་བས། དེ་མ་ཐག་ཏུ་ཞབས་ས་ལ་མི་རེག་པའི་དངོས་གྲུབ་ཀྱང་ཉམས། སླར་ཡུན་རིང་དུ་བཤགས་པ་བྱས་པས་སོར་ཆུད་ཟེར། དེ་ནས་ཕྱྭ་ཧྭ་ཧྭ་སིར་ལོ་འགའ་ཞིག་ཆོས་གསུངས། ཡང་འཕགས་པ་འཇམ་དཔལ་གྱིས་སྔར་བཞིན་བསྐུལ་བས། རི་ཏི་སེར་ཕྱིན་ནས་སྒྲུབ་པ་མཛད་པས་རྡོ་རྗེ་དབྱིངས་ཀྱི་དཀྱིལ་འཁོར་ཆེན་པོ་ཡང་ནས་ཡང་དུ་ཞལ་གཟིགས་ཤིང་། འཕགས་པ་འཇམ་དཔལ་དང་མི་ལབ་པ་བཞིན་དུ་གྱུར། མི་མ་ཡིན་ཐམས་ཅད་བྲན་དུ་འཁོལ། ལས་ཚོགས་དང་ཐུན་མོང་གི་དངོས་གྲུབ་ལ་མངའ་བརྙེས་པ་ཞིག་བྱུང་། དེའི་ཚེ་བཙན་པོ་ཁྲི་སྲོང་ལྡེའུ་བཙན་གྱིས་དབས་མཉྫུ་ཤྲཱི་ལ་སོགས་པ་སྤྱན་འདྲེན་དུ་བཏང་ཡང་འཇམ་དཔལ་གྱིས་བཀའ་མ་གནང་བས་མ་ཕྱིན། དེ་རྣམས་ལ་ཀྲི་ཡོག་སྡེ་གསུམ་བཤད། "རྡོ་རྗེ་དབྱིངས་ཀྱི་སྒྲུབ་ཐབས་ཡོ་ག་ལ་འཇུག་པ"དང་། "རྣམ་སྣང་མངོན་བྱང་གི་བསྡུས་འགྲེལ"དང་། "བསམ་གཏན་ཕྱི་མའི་རྒྱས་འགྲེལ"རྣམས་མཛད། དེའི་གསུངས་ལ་ཟིན་བྲིས་བྱས་པའི་འགྲེལ་པ་གཞན་ཡང་མང་དུ་ཡོད། མཆོག་གི་དངོས་གྲུབ་མ་བརྙེས་ཀྱང་། མི་རིང་བ་ན་སྐུ་ལུས་མི་སྣང་བར་གྱུར།" ཅེས་དང་། ཀུན་མཁྱེན་པད་མ་དཀར་པོ་(1527–1592)མཆོག་གིས་མཛད་པའི་《བསྟན་བཅོས་ཆོས་འབྱུང་བསྟན་པའི་པད་མ་རྒྱས་པའི་ཉིན་བྱེད་》ལས། "རྒྱལ་པོ་ཉིད་ཀྱི་རིང་ལ་ཁམས་ཡན་ཆད་དུ་ཆོས་ཀྱི་གྲྭ་ཆེན་པོ་བཅུ་གཉིས་བཙུགས། པཎྜི་ཏ་མང་པོ་སྤྱན་དྲངས། ཐེག་པ་ཆེ་ཆུང་གི་སྡེ་སྣོད་མང་པོ་བསྒྱུར། སྔགས་འཆང་ཧཱུྃཀཱ་གིཧྲི་ཞེས་པ་ཕྱིན། རྡོ་རྗེ་དབྱིངས་སོགས་དང་། སངས་རྒྱས་གསང་བ་གངས་རི་ཏི་སེ་ན་བཞུགས་པ་ཐོས་ནས་སྤྱན་འདྲེན་པ་བྲན་ཀ་མུ་ཏི་ཀ་དང་། སྦས་མཉྫུ་ཤྲཱི་གཉིས་བཏངས་པ་མ་ཕྱིན་པར་བོད་ཀྱི་དོན་དུ་དེ་ཉིད་འདུས་པ་རྣམ་སྣང་མངོན་བྱང་། བསམ་གཏན་ཕྱི་མ་གསུམ་ལ་འགྲེལ་པ་མཛད། དེ་གཉིས་ལ་མཁས་པར་བསླབས་ཏེ་ལོག གསང་སྔགས་བླ་མེད་རྣམས་བསྒྱུར་དུ་མ་གནང་སྟེ། ལྐོག་ཏུ་སློབ་དཔོན་པད་མས་རྗེ་འབངས་བརྒྱད་དམ་ཉེར་ལྔ་ལ་གདམས་སོ་ཞེས་གྲགས།" ཞེས་པ་རྣམས་ཀྱིས་སློབ་དཔོན་སངས་རྒྱས་གསང་བ་དེ་ཉིད་ཡོ་གའི་བསྟན་སྲོག་འཛིན་པའི་རྣལ་འབྱོར་པ་ཆེན་པོ་ཞིག་ཡིན་ངེས་པ་དང་། དེའང་ཆོས་རྒྱལ་ཁྲི་སྲོང་གི་དུས་སུ་ཕྱིན་ཡོད་པ་རྣམས་གསལ་བར་བསྟན་པ་དང་། དཔའ་བོ་གཙུག་ལག་ཕྲེང་བ་(1504–1566)མཆོག་གིས་མཛད་པའི་བསྟན་བཅོས་《ཆོས་འབྱུང་མཁས་པའི་དགའ་སྟོན་》ལས། "བུད་དྡྷ་གུ་ཧྱ་སངས་རྒྱས་གསང་བ་དང་། བུདྡྷ་ཤཱ་ནྟ་སངས་རྒྱས་ཞི་བ་འདི་གཉིས་གངས་ཏི་སེར་ཕྱིན་

ནས་བཞུགས། རྒྱལ་པོ་མེས་ཨག་ཚོམས་(740–802)ཀྱིས་སྤྱན་དྲངས་ཀྱང་མ་བྱོན། མདོ་སྨེ་ལྡེ་བསྐྱུར་ནས་ཕྱིས་བསྟན་པ་འབྱུང་བར་བྱིན་གྱིས་བརླབས་པའི་དྲིན་ཅན་ཡིན།" ཞེས་མེས་ཨག་ཚོམས་ཀྱི་དུས་སུ་བྱོན་ཡོད་ཚུལ་བསྟན་པ་དང་། ལྷག་པར་དུ་གནུབས་ཆེན་སངས་རྒྱས་ཡེ་ཤེས་(832–942)ཀྱིས་བསམ་གཏན་མིག་སྒྲོན་དུ་"(ཐུགས་ཀྱི་)མཁན་པོ་ལ་ལ་དག་(སངས་རྒྱས་གསང་བའི་བཞེད་)རྣལ་འབྱོར་ཆེན་པོ་ནི་ཐབས་དང་ཤེས་རབ་གཉིས་སུ་མེད་པར་ལྟ་བ་ཡིན་ནོ། །ཞེས་གསུངས་ཏེ།" ཞེས་ལེའུ་དྲུག་པ་རྣལ་འབྱོར་ཆེན་པོའི་གཞུང་བཤད་པའི་སྐབས་དེར་སངས་རྒྱས་གསང་བའི་མཚན་གསལ་བར་བཀོད་ཅིང་། ལེའུ་བདུན་པ་རྫོགས་ཆེན་ཨ་ཏི་ཡོ་གའི་དགོངས་པ་བཀྲལ་བའི་སྐབས་"མན་ངག་སློབ་དཔོན་བི་མ་ལ་དང་། འབུ་ཏ་ཀུག་ཏ་དང་། པད་མའི་གཞུང་ལ་སོགས་པ་བླ་མའི་ཞལ་དུ་རག་ལུས་སོ། །"ཞེས་པས་མན་ངག་གི་སློབ་དཔོན་དུ་གསལ་བར་བསྟན་པ་དང་། གཞན་ཡང་གཞུང་དེར་སངས་རྒྱས་སྦས་པའི་དགོངས་པ་གསལ་རྒྱས་སུ་བཀྲལ་བ་དེ་དག་ལེགས་པར་དཔྱད་ན་སངས་རྒྱས་སྦས་པ་དང་། སངས་རྒྱས་གསང་བ་འདི་གཉིས་སློབ་དཔོན་ཐ་དད་པ། དུས་ཐ་དད་པ། ལྟ་དགོངས་ཐ་དད་སོགས་གསལ་པོར་ངེས་ཐུབ་པ་ཡིན།

ཇོ་ནང་པ་ཏཱ་ར་ནཱ་ཐ་མཆོག་གིས་མཛད་པ། 《བཀའ་བབས་བདུན་གྱི་རྣམ་ཐར་》ལས། "ཕོ་བོའི་བླ་མ་སངས་རྒྱས་སྦས་པའི་ཞལ་སྔ་ནས་ཀྱིས་བླ་མ་གཱ་རཀྵའི་གདམས་པ་མ་ལུས་པའི་མཛོད་དུ་གྱུར་པ་གྲུབ་ཐོབ་མང་པོ་དངོས་སུ་མཇལ།" ཞེས་གསུངས་པའི་སངས་རྒྱས་སྦས་པ་དེ་ནི་ཏཱ་ར་ནཱ་ཐའི་དུས་ཡིན་པས་འདིར་དོགས་གཞི་དགོས་པ་ཅི་ཞིག་ཀྱང་མ་མཆིས།

གནུབས་ཆེན་སངས་རྒྱས་ཡེ་ཤེས་ཀྱིས་མཛད་པ་བསམ་གཏན་མིག་སྒྲོན་གྱི་གཞུང་འདི་ནི། སྦས་པའི་རྒྱམ་ཆུང་གི་གཞུང་དེ་དང་། གཞུང་དེའི་མཛད་པ་པོ་སངས་རྒྱས་སྦས་པ་བཅས་ལ་ངེས་ཤེས་རྙེད་བྱེད་ཀྱི་དཔེ་རྙིང་རྩ་འགག་ཤིན་ཏུ་ཆེ་བ་ཞིག་ཡིན་པར་མ་ཟད། གཞུང་འདི་ནི་ཇི་ལྟར་མཁའ་ཀློང་དུ་ཉི་མ་ཤར་བ་ན་མ་རིག་པའི་སྨག་རུམ་ཡོངས་སུ་སེལ་བར་བྱེད་པ་ལྟ་བུའམ། ཐེ་ཚོམ་གྱི་དྲ་བ་མ་ལུས་པ་ཡོངས་སུ་ཆོད་པ་ལ་ཤེས་རབ་ཀྱི་རལ་གྲི་རྣོན་པོ་དང་ཆོས་མཚུངས་པ། ལྷུན་གྲུབ་རྫོགས་པ་ཆེན་པོའི་གཞི་ལམ་འབྲས་གསུམ་གྱི་དགོངས་པ་ཇི་བཞིན་དུ་གོ་རྟོགས་ཀྱི་སྐབས་སྟེར་བའི་གཞུང་ཀུན་གྱི་རྒྱལ་པོ། བླ་ན་མེད་པ། མཚུངས་པའི་ཟླ་ཐམས་ཅད་དང་བྲལ་བ་ཞིག་ཡིན་ངེས་པར་མ་ཟད། སངས་རྒྱས་པའི་མདོ་སྔགས་ཡོངས་རྫོགས་ཀྱི་དགོངས་པ་རྣལ་མ་ལ་འཇུག་པའི་སྒོ་ཆེན་པོའམ། སྒོ་འབྱེད་བྱེད་ཀྱི་ལྡེའུ་མིག་དང་འདྲ་བ་ཞིག་ཀྱང་ཡིན་ངེས་པ་ནི། གྲུབ་མཐས་བློ་བསྒྱུར་བའི་སྐྱེ་བོ་སུ་འདྲ་ཞིག་ཡིན་ཀྱང་

ཏུང་། ཕྱོགས་ལྷུང་གི་རྒྱ་ལས་ཅུང་ཟད་ཕྱིར་ཐོན་ཏེ། གཞུང་འདིར་ཐོས་བསམ་བག་ཙམ་རེ་བྱས་པ་ཡིན་ན་ད་གཟོད་ངེས་ཤེས་ཡང་དག་པ་རེ་འབྱུང་ཐུབ་པར་ཐེ་ཚོམ་གཏན་ནས་མེད།

གནའ་དུས་བོད་དུ་རྒྱ་ནག་ཧྭ་ཤང་མ་ཧཱ་ཡ་ནའི་བསྟན་པ་བྱུང་བའི་ཚེ། རྒྱ་གར་ནས་མཁས་པ་ཀ་མ་ལ་ཤཱི་ལ་བོད་དུ་ཕེབས་ཏེ་ཧྭ་ཤང་ཕམ་པར་བྱས་པའི་ལོ་རྒྱུས་ཡོངས་སུ་གྲགས་ནའང་། ཀ་མ་ལ་ཤཱི་ལས་མཛད་པའི་སྒོམ་རིམ་རྣམས་སུ་རིམ་གྱིས་པའི་དགོངས་པ་རྒྱལ་དུ་བཏོན་ཏེ། ཅིག་ཅར་བའི་འདོད་པར་སྐྱོན་ཅི་ནུས་སུ་བཏོན་པ་ཙམ་ལས། དངོས་འབྲེལ་ཅིག་ཅར་བའི་ལྟ་བ་དང་། སྒོམ་པ། སྤྱོད་པའི་ཚུལ་ཇི་ལྟར་ཡིན་པའི་གཞུང་བཤད་དམ། ཅིག་ཅར་བའི་ལྟ་སྒོམ་གྱི་ཁུངས་དེ་སངས་རྒྱས་ཀྱི་བཀའ་གང་ཞིག་ལ་བརྟེན་ཡོད་པ་དང་། བཀའ་ཡི་དགོངས་པ་ཇི་ལྟར་འགྲེལ་པའི་ཚུལ་སོགས་གསལ་བར་བསྟན་པ་ནི་ཅི་ཞིག་ཀྱང་མེད་ཅིང་། དེ་དག་ལ་སློབ་གཉེར་གྱི་གོ་སྐབས་སྟེར་བའི་དཔེ་རྙིང་ཚད་ལྡན་གྱི་རིགས་གཞན་དག་ཀྱང་ཉིན་མོའི་སྐར་མ་ལྟར་ཆེས་དཀོན་སྟབས། ཇི་ལྟར་ཉིན་མོའི་དུས་སུ་འུག་པ་ཞིག་སྣང་བ་ན། བྱ་དང་བྱིའུ་ཚེ་ཕྲ་ཚང་མ་དེར་འདུས་ནས། རྒྱ་མཚན་ཡོད་མེད་དང་། ཤེས་མིན་ལ་མ་བལྟོས་པར་ཀུ་ཅོ་མང་དུ་འདོན་ཞིང་བྱ་ཐབ་བྱེད་པ་དང་འདྲ་བར། མཁས་བླུན་ཀུན་གྱིས་ཧྭ་ཤང་གི་ལུགས་ལ་གཤེ་ཞིང་སྨོད་པ་དང་། དེ་ལ་དམའ་འབེབས་བྱེད་པའི་ལུགས་ངན་དེ་བྱུང་བ་ཡིན།

མཁས་པ་དང་གྲུབ་པའི་སློབ་དཔོན་ཆེན་པོ་གནུབས་སངས་རྒྱས་ཡེ་ཤེས་རིན་པོ་ཆེས། རྫོགས་ཆེན་ཨ་ཏི་ཡོ་གའི་ལྟ་དགོངས་ཟབ་མོ་དེ་ཧྭ་ཤང་གི་ལྟ་བ་དང་གྲུབ་མཐའ་ཅིག་ཅར་འཇུག་པ་ལས་ཁྱད་དུ་འཕགས་པའི་ཚུལ་གསལ་བར་རྟོགས་པའི་ཆེད་དུ། ཉིད་ཀྱིས་མཛད་པའི་བསྟན་བཅོས་ཆེན་པོ་བསམ་གཏན་མིག་སྒྲོན་གྱི་ལེའུ་ལྔ་པར་ཧྭ་ཤང་གི་ལྟ་དགོངས་གསལ་རྒྱས་སུ་བཀྲལ་གནང་བ་དེ་ནི་གཟུར་གནས་བློ་ལྡན་རྣམས་ཀྱི་མིག་བུ་འབྱེད་པའི་མིག་ཐུར་དང་འདྲ་བ་ཀུན་གྱིས་ཐོས་བསམ་གྱི་གཞི་རྩ་འཛིན་ཡུལ་བླ་ཐམས་ཅད་དང་བྲལ་བ་ཞིག་ཡིན་ངེས་པ་དང་། མཁས་པ་མང་དག་གིས་རྫོགས་པ་ཆེན་པོའི་ལྟ་དགོངས་རྣལ་མ་དེ་ནི་རྣལ་འབྱོར་ཆེན་པོའི་རྫོགས་རིམ་ལས་འབྱུང་དགོས་པར་བཞེད་པ་དང་། རྣལ་འབྱོར་ཆེན་པོ་སྒྱུར་ལམ་གྱི་རིམ་པ་ལ་གོམས་འདྲིས་ཆེ་དྲག་པ་རྣམས་ཀྱིས། རྫོགས་པ་ཆེན་པོ་དེ་བསྐྱེད་རྫོགས་ཀྱི་ལམ་ལས་འདའ་མི་ནུས་པར་བསམས་ནས། ཨུ་ཚུགས་ཆེན་པོས་རྫོགས་ཆེན་གྱི་གཞུང་རྣམས་རྣལ་འབྱོར་ཆེན་པོའི་ལུགས་དང་སྒོ་བསྡུན་ཏེ་འགྲེལ་བཤད་བྱས་པ་དེ་འདྲའི་རིགས་རྣམས་ལ་ཆེད་དུ་དགོངས་ནས། རྫོགས་ཆེན་ཨ་ཏི་ཡོ་ག་ལྷུན་གྲུབ་རང་གྲོལ་གྱི་དགོངས་པ་དེ་ནི་མ་ཧཱ་ཡོ་ག་སྒྱུར་ལམ་པའི་ལྟ་སྒོམ་སྤྱོད་པའི་ཚུལ་ལས་ཁྱད་དུ་འཕགས་པ་གསལ་བར་བསྟན་པའི་སླད་དུ། གཞུང་ཆེན་པོ་དེའི་

ཞིའུ་དྲུག་པར་མ་ཧཱ་ཡོ་གའི་ལྷ་དགོངས་གསལ་རྒྱས་སུ་བཀྲལ་བ་དེས་རྣལ་འབྱོར་ཆེན་པོའི་སྒྱུར་ལམ་དང་། ཨ་ཏི་ཡོ་གའི་རང་གྲོལ་གྱི་ལམ་གཉིས་ལ་ཁྱད་པར་གང་ཡོད་པ་དག་གསལ་པོར་ངེས་ཐུབ་པ་ཡིན། བསམ་གཏན་མིག་སྒྲོན་གྱི་ཕྱི་མོའི་དཔེ་རྙིང་མ་འདི་ནི། དུས་ཕྱིས་ཀྱི་བསྟན་པ་རིས་མེད་པའི་སྒྲོན་མེ་ཆེན་པོ་འཇམ་དབྱངས་མཁྱེན་བརྩེའི་དབང་པོ་(1820–1892)ཞེས་སུ་གྲགས་པ་དེའི་སྤྲུལ་སྐུ་འཇམ་དབྱངས་ཆོས་ཀྱི་བློ་གྲོས་སམ། འཇམ་དབྱངས་བློ་གྲོས་རྒྱ་མཚོ་(1893–1959)རིན་པོ་ཆེ་དཔར་དུ་སྐྲུང་བར་མཛད་ཅིང་། དཔར་གཞི་དེའི་ཕྱི་མོ་ནི་མདོ་ཁམས་ཀཿཐོག་པའི་དཔེ་མཛོད་ནས་བྱུང་བ་དང་། དེའི་ཕྱི་མོ་ནི་སྨིན་གླིང་མཁན་ཆེན་དྷརྨཤྲཱི་(1654–?)མཆོག་གི་ཕྱག་དཔེ་ལས་ཞལ་བཤུས་པ་དང་། སྨིན་གླིང་གི་དཔེ་དེའི་ཕྱི་མོ་ནི་ཇོ་ནང་རྗེ་བཙུན་ཀུན་དགའ་སྙིང་པོ་(1575–?)མཆོག་གི་ཕྱག་དཔེ་ལས་ཞལ་བཤུས་པའི་ཚུལ་རྣམས་བསམ་གཏན་མིག་སྒྲོན་གྱི་མཛད་བྱང་གི་མཆན་ལས་གསལ་བར་གསུངས་ཤིང་། ཕྱི་མོའི་དཔེ་འདིའི་ཚིག་སྦྱོར་དང་། ཡིག་སྐད་གང་ལ་དཔྱད་ཀྱང་དཔེ་རྙིང་ཚད་ལྡན་ཞིག་ཡིན་ངེས་པ་ནི་གསལ་པོར་མངོན་ཐུབ་པ་ཡོད།

བསམ་གཏན་མིག་སྒྲོན་མཛད་པ་པོ་གནུབས་ཆེན་སངས་རྒྱས་ཡེ་ཤེས་ཀྱི་ལོ་རྒྱུས་ཞིབ་གསལ་ནི། རྡོ་རྗེ་བྲག་གི་རིག་འཛིན་ཆེན་པོ་པད་མ་ཕྲིན་ལས་(1640–1718)མཆོག་གིས་མཛད་པ། མདོ་དབང་གི་བླ་མ་བརྒྱུད་པའི་རྣམ་ཐར་དུ་ཤེས་ཐུབ་ཅིང་། སྐབས་འདིར་གོ་རྟོགས་དགོས་ངེས་པའི་དམིགས་བསལ་འགའ་ཞིག་ནི། 《འདུས་པ་མདོ་དབང་གི་བླ་མ་བརྒྱུད་པའི་རྣམ་ཐར་ངོ་མཚར་དད་པའི་ཕྲེང་བ་》ལས། "སྤྱིར་མངའ་བདག་ཁྲི་སྲོང་ལྡེའུ་བཙན་གྱི་དུས་མཁན་ཆེན་པོ་བོ་དྷི་ས་ཏྭ་ལས་རབ་ཏུ་བྱུང་བའི་ལོ་ཙཱ་བ་ཆེན་པོའི་གྲས་སུ་བཞུགས་ཤིང་། མདོ་སྔགས་ཀྱི་དམ་པའི་ཆོས་མང་དུ་བསྒྱུར་བ་དང་། ཕྱིས་ཉིད་ཀྱིས་རྒྱ་བལ་དུ་ལན་དུ་མར་བྱོན་ནས་དབང་རྒྱུད་མན་ངག་གསན་པ་རྣམས་འགའ་ཞིག་ཟབ་མོའི་གཏེར་དུ་སྦ་བར་མཛད་ཅིང་། འགའ་ཞིག་ལས་ཅན་རྣམས་ལ་གནང་ཚུལ་སོགས་འོག་ཏུ་འབྱུང་ལ། འཕྲིན་ལས་དྲག་པོ་མངོན་སྤྱོད་ཀྱི་སྒོ་ནས་གདུལ་བྱ་གདུག་པ་ཅན་རྣམས་ཆོས་ཀྱི་དབྱིངས་སུ་བསྒྲལ་བའི་ཚུལ་ཡང་དུ་མར་འབྱུང་ཞིང་། དེ་ལྟ་བུའི་རྐྱེན་ཡང་ཁིངས་ལོག་སྔ་ཕྱི་བར་གསུམ་དུ་བྱུང་ཚུལ་དང་། བཀའ་ལས། "ཉོན་མོངས་བོད་ཡུལ་དབུས་སུ་ལངས། །འཚོ་བའི་ཟས་རྣམས་འབངས་ཀྱིས་ཕྲལ། །"ཞེས་དང་། "བདག་འདྲ་སངས་རྒྱས་ཡེ་ཤེས་ཀྱིས། །སྒྲུབ་ཁང་ཡ་མའི་མཁར་ལ་བྱས། །སྒྲགས་ལ་ནག་པོའི་རྩེ་ཏུ་ནི། །ཉེ་འབྱེད་རླུང་གི་འཁོར་ལོ་བསྐོར། །སྒྲགས་ཀྱི་གྲོང་ཁྱེར་སུམ་ཅུ་རྩ་བདུན་བརླག །"ཅེས་དང་། "བདག་འདྲ་གནུབས་ཀྱི་བན་ཆུང་ཡང་། །སྙིང་ནས་ཆོས་བཞིན་བྱ་སེམས་

སྐྱེས། །ཞི་སྡང་དགྲ་བོས་བྱེད་མ་སྟེར། །སངས་རྒྱས་བསྟན་པ་བསྲུང་བའི་ཕྱིར། །ཞི་སྡང་དེ་མ་ཐག་ཏུ་སྐྱེས། །དཀར་པོའི་ཆེ་བ་འདོན་བསམ་ནས། །ངན་སྔགས་ཡིག་ཆ་སྣ་ཚོགས་བསླབས། །”ཞེས་འབྱུང་ཞིང་། རྒྱ་བོ་ཆེར། དེ་ནས་དྲུག་ཅུ་རྩ་གཅིག་ཤིང་ཕོ་བྱི་བའི་ལོར། །བདག་གི་སྐྱིག་ལ་བབས་ནས་ཁིངས་ལོག་བར་པ་བྱུང་། །སྒྲགས་སུ་མ་ཆགས་གནུབས་ཡུལ་རོང་དུ་བྲོས། །ཞེས་དང་། དེར་ཡང་མ་ཆགས་སྐྱེ་མོ་བྱེ་མཁར་བཟུང་། །ཞེས་གསུངས་པ་ལྟར། ཁིངས་ལོག་བྱུང་སྟེ་སྒྲགས་ཡང་རྫོང་ནས་གནུབས་ཡུལ་རོང་དུ་བྲོས། དེར་ཡང་བཞུགས་སུ་མ་བཅུག་པར་གཙང་གི་སྐྱེ་མོ་བྱེ་མཁར་བཟུང་ཞིང་བཞུགས་ཀྱང་དམག་གིས་བསྐོར་ཞིང་མདུན་གྱི་རི་ལོགས་ཐམས་ཅད་དམག་གིས་ཁེངས་ཏེ། དེ་དག་ཀྱང་བསྐྱོང་བའི་མདུན་གྲོས་ངན་པ་ཁོ་ན་བྱེད་པ་གསན་ཏེ་མཁར་གྱི་རྩེར་བྱོན་ཏེ་འདི་སྐད་གསུངས་སོ། །ཁིངས་པོ་གྲོས་བྱེད་ཐམས་ཅད་ཚུར་ཉོན་ཅིག །སྣང་སྲིད་ལྷ་འདྲེ་ཐམས་ཅད་གཟུ་དང་དཔང་མཛོད་ཅིག །དམ་ཅན་རྣམས་ལ་གཏོར་ཚོགས་རྒྱུན་མ་བཅད། །བདག་གིས་དམ་ཆོས་བདུད་རྩི་ལྟ་བུ་འཚོལ་སྐྱོང་ཕྱིར། །བཅུ་གསུམ་ལོན་ནས་འཛམ་གླིང་ཁྱབ་པར་འཁྱམས། །རྒྱ་གར་བལ་པོའི་ཡུལ་དུ་ལན་བདུན་ཕྱིན། །མཁས་པ་རྣམས་ལ་ཞབས་ཏོག་རྒྱུན་མ་བཅད། །ངས་ནི་ལས་སུ་ཆོས་བྱས་དོན་དུ་ལྷ་གཉེར་ནས། །བདག་དང་གཞན་གྱི་དོན་དུ་མ་ཕྱེ་བར། །འགྲོ་བའི་དོན་དུ་བྱང་ཆུབ་སེམས་བསྒོམས་ནས། །བྲོས་ཀྱང་མ་ཕན་བདག་གི་ཕྱིར་འབྲངས་ནས། །བདག་ལ་འདི་འདྲའི་ཁིངས་ལོག་བྱེད་པ་འདི། །བཀའ་སྲུང་དམ་ཅན་རྒྱ་མཚོ་ཐམས་ཅད་དང་། །རིག་འཛིན་རྩལ་འཆང་གྲུབ་ཐོབ་ཐམས་ཅད་དང་། །བོད་ཁམས་གནོད་སྦྱིན་མཐུ་ཆེན་ཐམས་ཅད་ཀུན། །མ་ཉེས་མ་ལན་བདག་གི་ར་མདའ་སློག །ཅེས་གསུངས་ཏེ་ཆོས་གོས་ལན་གསུམ་བརྡབས་པས། དམ་ཅན་ཐམས་ཅད་མངོན་སུམ་དུ་བྱུང་སྟེ། བདག་ཅག་གི་མཐུ་རྩལ་གྱིས་རི་རབ་ཀྱང་ཐལ་བར་རློག་ནུས། རི་བོ་པང་གིས་འདེགས་ནུས། རྒྱ་མཚོ་ཧུབ་ཀྱིས་འདྲེན་ནུས། ཉི་ཟླ་ཆ་ལང་ཛེབ་ནུས། གནམ་ས་སླ་འོག་བསྒྱུར་ནུས་ཀྱང་། སློབ་དཔོན་ཉིད་ཀྱི་ཚེ་རབས་སྔ་མའི་ལས་འབྲས་རྗོལ་བར་འདུག་པས། སྔོན་ཆད་ནི་བདག་ཅག་གིས་ཀྱང་གྲོས་བགྱིས། ད་ནི་འཇིག་རྟེན་བརླག་པར་བགྱིའམ་ཇི་ལྟར་བགྱི། ཞེས་ཞུས་པ་དང་། ཆོས་གོས་ཀྱི་ཆ་ག་ནས་སེང་ལྡིང་གི་ཕུར་བུ་བཏོན་ནས། དམ་ཅན་རྣམས་ཀྱི་སྲོག་སྔགས་བཏབ་ཅིང་དྲིལ་ཞིང་། རི་ཕ་གི་མ་ར་ཡ་ཕཊ། ཞེས་གསུངས་པས། རི་དེ་ལས་མེ་རབ་ཏུ་འབར་ནས་དམག་དཔུང་ཐམས་ཅད་བསྲེགས་ཤིང་བརླག་པར་བྱས་སོ། །དེའི་སྡིག་སྦྱོང་གི་དགེ་བར་བསམ་གཏན་མིག་གི་སྒྲོན་མ་ཡང་མཛད་ཅེས་གྲགས་སོ། །”ཞེས་པས་སློབ་དཔོན་གྱི་གནས་ཚུལ་དང་། བསམ་གཏན་མིག་སྒྲོན་མཛད་ཚུལ་རྣམས་རོབ་ཙམ་ཞིག་གསལ་བ་ཡིན།

ལོ་རྒྱུས་འདིར་གནུབས་ཆེན་སངས་རྒྱས་ཡེ་ཤེས་ཀྱིས་བསམ་གཏན་མིག་སྒྲོན་གཞུང་གི་དཔེ་འདི་སྒྲིབ་སྦྱོང་གི་དོན་དུ་མཛད་པར་བཤད་མོད། བསམ་གཏན་མིག་སྒྲོན་རང་ལས་འདི་སྐད་དུ། "བན་ཆུང་གནུབས་བན་སངས་རྒྱས་ཀྱིས། །རྒྱལ་བལ་བོད་དང་གྲུ་ཞ་སོགས། །མཁས་པའི་ཁ་བརྒྱུད་མཉེས་ཕུལ་བས། །པཎྜི་ཏ་ཡི་ཐུགས་སྒོ་ཕྱེ། །ཡང་རྗེ་ལུང་གི་མན་ངག་ཐོབ། །ལྷ་སྲིན་རྣམས་ཀྱིས་དབང་བསྒྱུར་བས། །རང་ཉམས་བསྒོམས་པའི་ཡི་གེ་བྲིས། །རྒྱལ་བའི་གདུང་འཛིན་སྐྱེས་མཆོག་བུས། །གཏན་དུ་སྒོམ་བྱེད་འདུ་སྤྱོང་གིས། །ཉམས་སུ་ལོངས་ཤིག་ཕ་ཡི་བཙས། །བུས་ཀྱང་རིགས་འཚོབ་གཅིག་ལ་གཏོད། །མང་ན་རྡོ་རྗེ་དམྱལ་བར་སྐྱེ། །བཙུན་ཆུང་འཕྲུལ་གྱི་ཐུགས་དམ་གཅིག་གཉིས་ཀྱི་རྣ་བར་བྲུང་ཡ། རྫོགས་སོ། །"ཞེས་གསུངས་པས། སློབ་དཔོན་ཆེན་པོ་ཉིད་ཀྱི་དགོངས་ཉམས་ཕྱི་རབས་གདུལ་བྱའི་དོན་དུ་ཡི་གེར་བཀོད་ཅིང་། དེའང་སློབ་དཔོན་ཉིད་ཀྱི་འཕྲུལ་གྱི་ཐུགས་དམ་སྟེ། ཉམས་ལེན་གྱི་ཡང་སྙིང་ཡིན་པ་གསལ་བར་བསྟན་ལ། ལྷག་པའི་རྣལ་འབྱོར་པ་ཆེན་པོ་འདི་ལྟ་བུ་ཞིག་གིས་སྡིག་བཤགས་ཀྱི་ཆེད་དུ་ཟབ་མོའི་གཞུང་ཞིག་བརྩམས་པར་བཤད་པ་ནི་དོན་དང་མ་འབྲེལ་བར་ཤེས་ཐུབ་པ་ཡིན།

ཡོངས་གྲགས་ཀྱི་དབང་དུ་བྱས་ན། གནུབས་ཆེན་སངས་རྒྱས་ཡེ་ཤེས་ནི་སློབ་དཔོན་རིན་པོ་ཆེ་པད་མ་སཾ་བྷ་ཝའི་དངོས་སློབ་རྗེ་འབངས་ཉེར་ལྔར་གྲགས་པའི་ནང་ཚན་མཐུ་ནུས་ཁྱད་པར་ཅན་གྱི་རྣལ་འབྱོར་གྲུབ་པའི་དབང་ཕྱུག་ཆེན་པོ་ཞིག་སྟེ། ཀུན་མཁྱེན་པད་མ་དཀར་པོ་(1527–1592)མཆོག་གིས་མཛད་པའི་《ཆོས་འབྱུང་བསྟན་པའི་པད་མ་རྒྱས་པའི་ཉིན་བྱེད་》ལས། "རྗེ་འབངས་དགུའི་མངའ་བདག་ལ་ཆེ་མཆོག སྣུབས་ནམ་མཁའི་སྙིང་པོ་ལ་ཡང་དག སངས་རྒྱས་ཡེ་ཤེས་རིན་པོ་ཆེ་ལ་འཇམ་དཔལ། རྒྱལ་བ་མཆོག་དབྱངས་ལ་པད་མ་དབང་ཆེན། མཚོ་རྒྱལ་ལ་ཕུར་པ། འབྲོག་མི་དཔལ་གྱི་ཡེ་ཤེས་ལ་མ་མོ། གླང་དཔལ་གྱི་ཡེ་ཤེས་ལ་འཇིག་རྟེན་མཆོད་བསྟོད། བཻ་རོ་ཙ་ན་ལ་དམོད་པ་དྲག་སྔགས་ཀྱི་བཀའ་བབས། དེ་ལ་མངའ་བདག་གིས་ཚེ་ཟད་ནས་ལོ་ལྔ་བསྲིང་བ། ནམ་མཁའི་སྙིང་པོ་ཉི་ཟེར་ལ་ཞོན་པ། སངས་རྒྱས་ཡེ་ཤེས་བྲག་ལ་ཕུར་པ་འདེབས་པ། རྒྱལ་བ་མཆོག་དབྱངས་རྟ་མགོ་བཏོན་ནས་རྟ་སྐད་ཐེངས་གསུམ་འདོན་པ། མཚོ་རྒྱལ་བསད་གསོ། འབྲོག་མིས་མཁའ་འགྲོ་མ་དངོས་སུ་འཁོལ་བ། གླང་གྱིས་སྡེ་བརྒྱད་བྲན་དུ་བཀོལ་བ། བཻ་རོས་ལྷ་སྲིན་དབང་དུ་བསྡུ་ཤེས་སོ། །"ཞེས་གསུངས་པ་ལྟར་ཐུན་མོང་མ་ཡིན་པ་རྗེ་འབངས་དགུའི་གྲངས་ཀྱང་ཡིན་ལ། སྐུ་ཚེ་ཡུན་རིང་དུ་བཞུགས་པའི་རྐྱེན་གྱིས། མངའ་བདག་ཁྲི་རལ་པ་ཅན་གྱི་དུས་སུའང་ཆེས་གྲགས་པའི་སློབ་དཔོན་ཞིག་ཡིན་པ་སྟེ། 《ངོ་མཚར་དད་པའི་ཕྲེང་བ་》ལས། "དེ་ཡང་ལོ་རྒྱུས་འགའ་ཞིག་ཏུ་གནུབས་ཆེན་པོ་བརྒྱ་དང་བཅུ་གསུམ་བཞུགས་པར་

བཤད་ཀྱང་། ཉིད་ཀྱི་གསུངས་ལས། གནུབས་ཀྱི་བན་ཆུང་སངས་རྒྱས་ངས། །ལོ་ནི་བརྒྱ་དང་སུམ་ཅུ་ལོན། །"ཞེས་གསུངས་པ་བཙན་པར་འདུག་ཅིང་། རྒྱུ་མཚན་མངའ་བདག་ཁྲི་སྲོང་གི་དུས་ནས་དཔལ་འཁོར་བཙན་གྱི་བར་དུ་བཞུགས་པའི་ལོ་རྒྱུས་སྣང་སྟེ། དར་མས་བསྟན་པ་བསྣུབས་པ་(906)ཐུགས་ཀྱིས་མ་བཟོད་པར་དྲག་སྔགས་བྱ་བར་དགོངས་ཏེ། སླར་བལ་པོར་ལོག་སྟེ་བ་སུ་དྷ་ར་ལ་དྲག་སྔགས་སྤྱི་གྱི་རིག་ཚད་འགའ་ཞིག་ནོས་པ་ཚུར་ཕྱིན་པའི་ཚེ་རྒྱལ་པོ་སྡིག་ཅན་ལྷ་ལུང་དཔལ་རྡོར་གྱིས་བསྒྲལ་(902)ཟིན་འདུག་པས་ངན་སྔགས་མཛད་མ་དགོས་པར་གཏེར་དུ་སྦས་པར་གསུངས་པའི་ཕྱིར། དེ་ལྟར་གདུལ་བྱ་རྫོགས་ནས་རེ་ཞིག་གདོད་མའི་ཞིང་དུ་ལྷུན་གྲུབ་འོད་ཕུང་ཆེན་པོར་གཤེགས་སོ། །"ཞེས་པས་སྐུ་ཚེ་ཇི་ཙམ་དུ་བཞུགས་པའི་ཚུལ་གསལ་བ་ཡིན།

《ཆོས་འབྱུང་མཁས་པའི་དགའ་སྟོན་》ལས། "འཇམ་དཔལ་སྐུའི་བཀའ་བབས་ཀྱི་སངས་རྒྱས་ཡེ་ཤེས་དེ་ནི་སྨྲགས་པ་སངས་རྒྱས་ཡེ་ཤེས་སུ་སྣང་ལ། སྣུབས་སངས་རྒྱས་ཡེ་ཤེས་ནི་རལ་པ་ཅན་གྱི་དུས་བྱུང་ནས་བོད་དང་། བལ་པོ་དང་། རྒྱ་གར་དང་། བྲུ་ཤའི་མཁས་པ་མང་པོ་བསྟེན་ཞིང་། བྲུ་ཤའི་ལོ་ཙྪ་བ་ཆེ་བཙན་སྐྱེས་ལས་མདོ་དགོངས་འདུས་གསན། ཕྱིར་མི་མ་ཡིན་བྲན་དུ་འཁོལ། ལོ་བརྒྱ་དང་བཅུ་གསུམ་དུ་བཞུགས་ཏེ། སློབ་དཔོན་འདི་ལ་མདོ་རྒྱུད་སེམས་གསུམ་གྱི་བཀའ་ཐམས་ཅད་གཅིག་ཏུ་བབས་པ་ཡིན་ནོ། །"ཞེས་པས་སྨྲགས་པ་སངས་རྒྱས་ཡེ་ཤེས་དང་། སྣུབས་སངས་རྒྱས་ཡེ་ཤེས་ཞེས་པའི་སློབ་དཔོན་མི་འདྲ་བ་གཉིས་དུས་ཐ་དད་དུ་ཕྱིན་པར་བཤད་ནའང་། གོང་གསལ་གནུབས་ཆེན་ཉིད་ཀྱི་ཞལ་སྔ་ནས་གསུངས་པའི་ལུང་། "སྨྲགས་སུ་མ་ཆགས་གནུབས་ཡུལ་རོང་དུ་བྲོས།" ཞེས་གསལ་བས་སངས་རྒྱས་ཡེ་ཤེས་ལ་སྨྲགས་པའམ་གནུབས་ཀྱི་ཐ་སྙད་གང་སྦྱར་ཀྱང་རུང་། སློབ་དཔོན་མི་འདྲ་བ་གཉིས་ཡིན་དགོས་པའི་རྒྱུ་མཚན་མེད་ལ། "སྣུབས"དང"གནུབས"ཞེས་པའང་དཔེ་རྙིང་རྣམས་སུ་འབྲི་སྟངས་མི་འདྲ་བ་ཅི་རིགས་ཤིག་སྣང་ནའང་དོན་དུ་ཡུལ་ཞིག་གི་མིང་ལ་དེ་སྐད་དུ་གྲགས་པ་ནི་ཤེས་སླ། གནུབས་ཆེན་སངས་རྒྱས་ཡེ་ཤེས་དེ་དགུང་ལོ་བརྒྱ་དང་བཅུ་གསུམ་བཞུགས་པའི་དབང་དུ་བྱས་ནའང་། ཁྲི་སྲོང་ལྡེའུ་བཙན་སྐུ་འཁྲུངས་ནས་ཁྲི་རལ་པ་ཅན་སྐུ་མ་གཤེགས་ཀྱི་བར་ལོ་གྲངས་བརྒྱ་དང་བཅུ་གཅིག་ལས་མེད་པས། དུས་སྐབས་ཀྱི་འགལ་བ་ཅི་ཞིག་ཀྱང་མེད།

གནུབས་ཆེན་སངས་རྒྱས་ཡེ་ཤེས་ཀྱིས་བསམ་གཏན་མིག་སྒྲོན་དུ་རྒྱུམ་ཆུང་གི་ལུང་ཐེངས་བཞིར་དྲངས་འདུག་ཅིང་། དེ་དག་ཀྱང་《བསམ་གཏན་མིག་སྒྲོན་》ལས། "ལུས་སེམས་མ་སྐྱེས[མི]གཞི་མེད་པས། །མཁའ་ལྟར་བཅོས་པའི་ཁ་ན་མེད། །"ཅེས་དང་། ཡང་དེའི་གཤམ་དུ། "སྒྱུ་མ་བཞིན་དུ་ལུས་ཤེས་

ན། །ངྲང་འདུག་སྐྱིལ་ཀྲུང་འཆའ་བའང་མེད། །སྤྱོད་ལམ་གསུམ་གྱིས་གནས་པ་གང་། །ཆེད་དུ་བྱ་མེད་བྱེད་པའང་མེད། །"ཅེས་པ་དང་། ཡང་"ཚད་མར་ལུས་སེམས་འཚོས་བྱེད་པ། །འཛིན་པའི་ཕུར་པ་དེ་ལ་ཡོད། །"ཅེས་དང་། "རྒྱུ་མ་བཞིན་དུ་སེམས་མེད་ན། །མི་གནས་མི་དམིགས་བྱེད་པ་གང་། །ནམ་མཁའ་རང་ལས་མ་གནས་ཞེས། །བསྒོམ་པ་དོན་དང་ལྡན་པ་མིན། །"ཞེས་བྱ་བ་རྣམས་ཡིན།

ལུང་ཐེངས་གཉིས་པར་དྲངས་པའི་ནང་དུ། "དྲང་འདུག་སྐྱིལ་ཀྲུང་འཆའ་བའང་མེད། །"ཅེས་བྱ་བའི་ཚིག་ཕྲང་དེ་ཉིད། སྦས་པའི་རྒྱལ་རྒྱུད་ཀྱི་ཕྱི་མོའི་དཔེ་རྙིང་འདིར་ནི། "དཀྱིལ་ཀྲུང་དྲང་འདུག་བཅས་པ་མེད། །"ཅེས་སུ་གསལ་བའི་ཚིག་ཕྲང་དེ་གཉིས་ལ་ཚིག་གི་སྡེབ་སྦྱོར་ཕྲན་བུ་མི་འདྲ་བ་ཙམ་ལས། གཞན་ཚིག་དོན་གཉིས་ཆ་ནས་འདྲ་བར་སྣང་། འོན་ཀྱང་ཚིག་ཕྲང་དེའི་སྔོན་རོལ་དུ། བསམ་གཏན་མིག་སྒྲོན་གྱི་ལུང་ལས་ནི། "སྒྱུ་མ་བཞིན་དུ་ལུས་ཤེས་ནི། །"ཞེས་བྱ་བའི་ཚིག་ཕྲང་འདི་འབྱུང་ལ། ཕྱི་མོའི་དཔེ་རྙིང་འདིར་ནི། "ནམ་མཁའ་ལྟ་བུར་ཡེ་གནས་ལ། །"ཞེས་སུ་གསལ་བ་དང་། ཡང་ཚིག་ཕྲང་དེའི་མཇུག་ཐོག་ཏུ། བསམ་གཏན་མིག་སྒྲོན་གྱི་ལུང་ལས་ནི། "སྤྱོད་ལམ་གསུམ་གྱིས་གནས་པ་གང་། །ཆེད་དུ་བྱ་མེད་བྱེད་པའང་མེད། །"ཅེས་གསལ་ལ། ཕྱི་མོའི་དཔེ་རྙིང་འདིར་ནི། "རང་བཞིན་ནམ་མཁར་གནས་པ་ལ། །ནམ་མཁར་འགྱུར་བའི་གཞི་མ་ཡིན། །"ཞེས་འབྱུང་བ་འདི་གཉིས་ལ་ནི་ཚིག་དོན་གང་ཐད་ནས་ཁྱད་ཤིན་ཏུ་ཆེ་བར་སྣང་།

ལུང་ཐེངས་གསུམ་པར། "འཛིན་པའི་ཕུར་པ་དེ་ལ་ཡོད། །"ཅེས་པའི་ཚིག་ཕྲང་དེ་ཉིད། སྦས་པའི་རྒྱལ་རྒྱུད་ཀྱི་ཕྱི་མོའི་དཔེ་རྙིང་འདིར་ནི། "འཛིན་པའི་ཕུར་པ་དེ་ན་ཡོད། །"ཅེས་རྣམ་དབྱེ་བདུན་པའི་ཕྲད་"ལ"དང་"ན"ཡི་ཁྱད་པར་ཙམ་ལས་གཞན་ཀུན་ཚིག་དོན་གཉིས་ཕྱོགས་ནས་འདྲ་བར་སྣང་མོད། ཚིག་ཕྲང་དེའི་སྔོན་རོལ་དུ། བསམ་གཏན་མིག་སྒྲོན་གྱི་ལུང་ལས་ནི། "ཚད་མར་ལུས་སེམས་འཚོས་བྱེད་པ། །"ཞེས་གསལ་ལ། ཕྱི་མོའི་དཔེ་རྙིང་འདིར་ནི། "ཧིང་འཛིན་བག་ཆགས་སྦྱོང་བ་དག །"ཅེས་འབྱུང་བ་དང་། ཡང་ཚིག་ཕྲང་དེའི་རྗེས་ཐོག་ཏུ། བསམ་གཏན་མིག་སྒྲོན་གྱི་ལུང་ཐེངས་གསུམ་པའི་མཇུག་དེ་ག་ནས་རྫོགས་པས་ངེས་པ་མ་རྙེད་ཅིང་། ཕྱི་མོའི་དཔེ་རྙིང་འདིར་ནི། "འཛིན་མེད་མཁའ་ལ་བཅོས་མེད་ན། །"ཞེས་སོགས་ཀྱིས་མཇུག་སྐྱོང་བ་དེ་ལྟར་ན། ཐོག་མའི་ཚིག་ཕྲང་ཕན་ཚུན་ལ་ཚིག་དོན་གང་ཐད་ནས་མི་འདྲ་བའི་ཁྱད་ཆེ་བར་ཡོད་པ་ནི་མངོན་སུམ་དུ་མཐོང་ཐུབ་པ་འདི་ཡིན། གང་ལྟར་ཡང་བསམ་གཏན་མིག་སྒྲོན་དུ་དྲངས་པ་རྒྱལ་རྒྱུད་ཀྱི་ལུང་དང་པོ་དང་། ལུང་གཉིས་པའི་ཐོག་མཐའ། ལུང་གསུམ་པའི་ཚིག་ཕྲང་པ་དང་པོ་དང་། ལུང་བཞི་པ་ཡོངས་རྫོགས་རྣམས་སྦས་པའི་རྒྱལ་རྒྱུད་ཀྱི་ཕྱི་མོའི་དཔེ་འདིར་མི་

སྣང་། ཚུལ་འདི་ལ་དཔྱད་ན། ཕལ་ཆེར་སྤྲས་པའི་རྒྱམ་ཆུང་གི་ཕྱི་མོའི་དཔེ་འདི་ལས་རྒྱས་པའམ། ཚིག་ཚོགས་མང་བ་ཞིག་ཡོད་སྲིད་པ་དང་། ཡང་ན་རྒྱམ་ཆུང་གི་ཕྱི་མོའི་དཔེ་སྙིང་འདིར་ཚིག་རྐང་མང་ཞིང་མ་ཚང་བ་གང་ཡིན་གྱི་སྐོར་འདི་དག་རིམ་གྱིས་འཚོལ་གཞིག་ནན་ཏན་གནང་དགོས་གལ་ཤིན་ཏུ་ཆེའོ། །

སྤྲས་པའི་རྒྱམ་ཆུང་གི་ཕྱི་མོའི་དཔེ་སྙིང་མ་དེ་ལ་མཆན་བུ་དེ་ཙམ་མི་གསལ་བ་ཐར་ཐོར་ཞིག་ཡོད་འདུག་པ། དེ་དག་རེ་རེ་བཞིན་དུ་ཞིབ་འཇུག་ནན་ཏན་བགྱིས་ཏེ། སོ་སོའི་ཁུངས་རྟགས་ཀྱིས་གསལ་བ་རྣམས་དེ་ག་རང་དུ་ཐད་ཀར་བཞུག་པ་དང་། རྟགས་ཀྱིས་མི་གསལ་བ་རྣམས་ཚིག་དོན་གྱི་འགྲོས་ལ་དཔྱད་དེ་གང་འོས་ཀྱི་གནས་རྣམས་སུ་ཐད་ཀར་བཞུག་ཡོད། མཆན་བུའི་ཚིག་མཚམས་སྦྲ་ཕྱིར་མཆན་རྟགས(　)འདི་བཞིན་ཡོད་པའི་ནང་མཆན་ཚིག་རྣམས་གསལ་པོར་བཀོད་ཡོད།

ཕྱི་མོའི་དཔེ་སྙིང་མ་དེ་ལ་དག་ཆའི་ཐོག་མ་དག་པའི་ཚིག་མི་ཉུང་བ་ཞིག་ཡོད་སྣམ་འདུག་པ་དེ་ཀུན་བཅོས་ཁུལ་བྱས་ཡོད་ནའང་། སྐབས་འགར་དཔེ་སྙིང་རྣམས་སུ་དེང་དུས་ཀྱི་དག་ཆ་དང་མི་འདྲ་བའི་ཚིག་སྦྱོར་གྱི་རིགས་དུ་མ་ཞིག་ཀྱང་ཡོད་ངེས་པར་བརྟེན། ཕྱི་མོའི་དཔེ་སྙིང་མ་འདིར་ཇི་ལྟར་ཡོད་པའི་ཚིག་ཀུན་དཔྱད་གཞིའི་ཆ་རྐྱེན་དུ་སྣན་རེས་གསལ་བྱེད་(ཀ་)དང་(ཁ་)ལ་སོགས་པའི་རྟགས་ཀྱིས་དྲངས་པ་ལྟར་ལྡེབ་གཤམ་སོ་སོར་བཀོད་ཡོད།

ཚིག་དོན་གང་ཐད་ནས་ཅུང་ཟད་གོ་དཀའ་བའི་རིགས་རྣམས་ཚིག་སྒྲུབ་སོ་སོའི་ཁ་ཐུག་ཏུ་སྒོར་ཐིག་ཨང་གྲངས་ཀྱིས་མཚན་པས་དྲངས་པ་ལྟར། འབྲུ་འགྲེལ་དང་། དོན་འགྲེལ་གང་ལ་གང་འོས་པ་རྣམས། རྫོགས་པ་ཆེན་པོའི་རྒྱུད་ལུང་མན་ངག་གི་དཔེ་ཚད་ལྡན་རྣམས་ཀྱི་དགོངས་པ་གཞིར་བཟུང་སྟེ་འགྲེལ་བཤད་གང་ཐུབ་ཐུབ་ཤིན་ཏུ་ཁ་གསལ་ཡིན་ཁུལ་གྱིས་བཀོད་ཡོད།

སྤྲས་པའི་རྒྱམ་ཆུང་གི་ཕྱི་མོའི་དཔེ་སྙིང་མ་འདི་དང་འབྲེལ་ཡོད་ཀྱི་ཆ་ལག་མི་འདྲ་བ་གསུམ་ཡོད་པ་ལས།

རྒྱམ་ཆུང་གི་ཆ་ལག་དང་པོ་ནི། སློབ་དཔོན་སངས་རྒྱས་སྤྲས་པའི་རྡོ་རྗེའི་གླུ་ཞེས་པ་སྟེ། དེ་ཡང་ཨ་ཏི་ཡོ་གའི་ལུགས་སུ། རྫོགས་པ་ཆེན་པོའི་དགོངས་པ་རྗེན་གཅེར་དུ་ངོ་སྤྲོད་པའི་ཚུལ་བླ་ན་མེད་པ་ཞིག་ནི། རིག་འཛིན་གྱི་སློབ་དཔོན་རྣམས་ཀྱི་རྟོགས་པ་རྡོ་རྗེའི་གླུ་ཟབ་མོ་རྣམས་ལ་བརྟེན་ནས་རིག་པ་རྩལ་གྱི་དབང་བསྐུར་བ་དེ་ཡིན། རྒྱུ་མཚན་དེ་ལ་བརྟེན་ནས་རྫོགས་ཆེན་གྱི་རྣམ་འབྱོར་པ་ཆེན་པོ་གཡུང་སྟོན་རྡོ་རྗེ་དཔལ་(1284–1365)གྱིས་སེམས་སྡེ་མ་བུ་བཅོ་བརྒྱད་ཀྱི་དགོངས་པ་ངོ་སྤྲོད་པའི་ཐབས་རིག་པ་རྩལ་གྱི་དབང་ཇི་ལྟར་བསྐུར་བའི་ཕྱི་མོའི་དཔེ་བཀོད་པ་གནང་བ་དེ་ཉིད་གཞིར་བཞག་ནས། དུས་ཕྱིས་

ཀྱི་མཁས་གྲུབ་ཆེན་པོ་ཀོང་སྤྲུལ་བློ་གྲོས་མཐའ་ཡས་(1813–1899)ཀྱིས་གསར་རྙིང་རིས་མེད་ཀྱི་གསང་བ་ཟབ་མོ་རྣམས་ལྷན་ཅིག་ཏུ་བསྡེབས་པ་“གདམས་ངག་མཛོད་”ཀྱི་བཀའ་བསྡུ་གནང་སྐབས། ཐེག་མཆོག་རྫོགས་པ་ཆེན་པོའི་སྐོར་དུ། རྫོགས་ཆེན་སྡེ་གསུམ་གྱི་གདམས་པའི་སྙིང་པོ་རྣམས་ཕྱོགས་གཅིག་ཏུ་བསྡུས་ཏེ་གདམས་ངག་མཛོད་(ཀ་)པོད་རྙིང་མའི་གྲངས་སུ་བཞག་མཛད་པ་དེ་དག་ལས། “སེམས་སྡེ་མ་བུ་བཅོ་བརྒྱད་ཀྱི་དགོངས་པ་ངོ་སྤྲོད་པའི་ཐབས་རིག་པ་རྩལ་གྱི་དབང་བཅོ་བརྒྱད་བསྐུར་བའི་ཆོག་ཁྲིགས་བླ་མའི་ཞལ་གདམས་ཞེས་བྱ་བ་བཞུགས་སོ། །”ཞེས་པའི་མཚན་བྱང་ཅན་གྱི་དཔེ་དེ་ལས་གསལ་བ། “སློབ་དཔོན་སངས་རྒྱས་སྦས་པའི་རྡོ་རྗེའི་གླུ”ཞེས་བྱ་བའི་དཔེ་དེ་ཡིན།

རྒྱམ་ཆུང་གི་ཆ་ལག་གཉིས་པ་ནི། དུས་རབས་བརྒྱད་པའི་ནང་བྱོན་པའི་རྫོགས་ཆེན་གྱི་སློབ་དཔོན་ཆེན་པོ། རྫོགས་ཆེན་གྱི་རྒྱུད་ལུང་ཕལ་མོ་ཆེ་ཨོ་རྒྱན་གྱི་སྐད་ནས་བོད་སྐད་དུ་བསྒྱུར་མཛད་པའི་ལོ་ཙཱ་བ་ཆེན་པོ་བཻ་རོ་ཙ་ན་ཞབས་ཀྱི་རྒྱུད་འབུམ་རིན་པོ་ཆེའི་ཕྱི་མོའི་དཔེ་རྙིང་ལག་བྲིས་མ་པོད་བརྒྱད་ཡོད་པ་ཞིག་གན་དགོན་རྟོགས་ལྡན་རིན་པོ་ཆེའི་ཕྱག་དཔེའི་གྲས་སུ་བཞུགས་པ་དེ་ཉིད་བཀྲས་སྒང་བཀྲ་ཤིས་ལགས་ཀྱིས་ལ་དྭགས་སླེར་(1971)དཔར་ལོག་བརྒྱབ་སྟེ་ཀུན་གྱི་སྤྱོད་ཡུལ་དུ་སྟང་བར་མཛད་ཅིང་། རྒྱུད་འབུམ་རིན་པོ་ཆེ་དེའི་ཁོངས་པོད་བརྒྱད་པ་(ཛ་)དུམ་གྱི་མཇུག་ཐོག་ཏུ་“བཻ་རོའི་འདྲ་འབག་ཆེན་མོ་བཞུགས་སོ། །”ཞེས་བྱ་བ་སློབ་དཔོན་བཻ་རོ་ཙ་ནའི་རྣམ་ཐར་དབུ་མེད་ཀྱི་ཕྱི་མོའི་དཔེ་རྙིང་ཤིན་ཏུ་བསླུག་དཀའ་བ་ཞིག་ཡོད་འདུག་པ་དེ་ཉིད་རྩ་བར་བཟུང་ནས།

༡ སློབ་དཔོན་སངས་རྒྱས་སྦས་པས་སྙིང་པོའི་དོན་དྲིལ་ནས་གསུངས་པ།

༢ སློབ་དཔོན་སངས་རྒྱས་སྦས་པས་རྡོ་རྗེའི་བཤད་པ་གནང་བ།

༣ སློབ་དཔོན་སངས་རྒྱས་སྦས་པ་ཉིད་ཀྱི་རྟོགས་པ་བརྗོད་པ།

༤ སློབ་དཔོན་སངས་རྒྱས་སྦས་པས་བྱང་ཆུབ་ཀྱི་སེམས་གསུངས་པ་བཅས་ལེའུ་ཚན་བཞི་ཡོད་པ་རྣམས་འདིར་ཕྱོགས་གཅིག་ཏུ་བཀོད་པ་དང་། དེ་དག་གི་མཇུག་ཐོག་ཏུ་ཕྱི་མོའི་དཔེ་གཞན་“རྗེ་བཙུན་ཐམས་ཅད་མཁྱེན་པ་བཻ་རོ་ཙ་ནའི་རྣམ་ཐར་འདྲ་འབག་ཆེན་མོ་བཞུགས་སོ། །”ཞེས་པའི་མཚན་བྱང་ཅན་གྱི་ལྷ་སའི་དཔར་མ་དེར་མི་འདྲ་བའི་ཆ་ཁྱེར་སྙེད་ཅིག་ཡོད་པ་དེ་རྣམས་ཀྱང་འདིར་གསལ་ཁ་བཀོན་ཏེ་བཀོད་ཡོད་པ་དེ་རྣམས་ཡིན།

རྒྱམ་ཆུང་གི་ཆ་ལག་གསུམ་པ་ནི། གནུབས་ཆེན་སངས་རྒྱས་ཡེ་ཤེས་སམ་རྡོ་རྗེ་ཡང་དབང་གཏེར་དུ་གྲགས་པ་དེ་ཉིད་ཀྱིས་མཛད་པའི་བསྟན་བཅོས་ཆེན་པོ་“སྒོམ་གྱི་གནད་གསལ་བར་ཕྱེ་བ་བསམ་

གཏན་མིག་སྒྲོན་"ནམ། "ཀུན་གཞི་བྱང་ཆུབ་ཀྱི་སེམས་ལྷུན་གྱི་རྫོགས་པ་ཆེན་པོ་གཏན་ལ་དབབ་པའི་མན་ངག་གི་རྒྱལ་པོ། རྣལ་འབྱོར་པའི་མིག་ཅེས་བྱ་བའི་བསམ་གཏན།" ཞེས་པ་མཚུངས་པའི་ཟླ་ཐམས་ཅད་དང་ཡོངས་སུ་བྲལ་བའི་བསྟན་བཅོས་ཆེན་པོ་དེའི་ནང་། རྫོགས་ཆེན་གྱི་སྟོན་པ་དགའ་རབ་རྡོ་རྗེ་དང་། སློབ་དཔོན་པད་མ་སཾ་བྷ་ཝ་སོགས་ཨ་ཏི་ཡོ་གའི་རིག་འཛིན་ཆེན་པོ་རྣམས་ཀྱི་དགོངས་པ་བཞེས་ཚུལ་ལམ། ལས་ཅན་གྱི་གདུལ་བྱ་རྣམས་ལ་བསྟན་ཚུལ་མི་འདྲ་བ་འགའ་ཞིག་གསལ་བར་བཀྲལ་མཛད་པ་ལས། སློབ་དཔོན་སངས་རྒྱས་སྦས་པས་བྱ་བཙལ་དང་བྲལ་བར་བཞེད་ཚུལ་གསལ་རྒྱས་སུ་བཀོད་མཛད་པ་རྣམས་འདིར་ཕྱོགས་གཅིག་ཏུ་བསྡུས་པ་དེ་དག་ཡིན།

ཆ་ལག་གསུམ་པོ་དེ་དག་རེ་བཞིན་གྱི་མཇུག་ཐོག་ཏུ། སྐབས་སོ་སོའི་ཚིག་དོན་ཤིན་ཏུ་གོ་དཀའ་བའི་རིགས་རྣམས་ལ་མེད་དུ་མི་རུང་བའི་ཚིག་འགྲེལ་ཞུང་ངུ་རེའང་བཀོད་ཡོད།

སྦས་པའི་རྒྱམ་ཚང་གི་ཕྱི་མོའི་དཔེ་རྙིང་ཏུན་ཧོང་ནས་ཐོན་པ་འདི་བཞིན་གནའ་བོའི་ཤེས་རིག་ལ་དོ་སྣང་ཡོད་པ་ཀུན་གྱི་སྤྱོད་ཡུལ་དུ་གྱུར་པ་དང་། རྫོགས་ཆེན་ཨ་ཏི་ཡོ་གར་ཞིབ་འཇུག་གི་ཆ་རྐྱེན་དེ་ལྟག་མེད་པ་ཞིག་ཏུ་གྱུར་པ་དང་། ལྷག་པར་དུ་སྙིང་པོའི་བསྟན་པ་རིན་པོ་ཆེ་འདི་ལ་མོས་པའི་སྐལ་ལྡན་རྣམས་ཀྱིས་རྫོགས་ཆེན་ཨ་ཏི་ཡོ་གའི་དགོངས་པ་ཇི་བཞིན་དུ་རྟོགས་པ་དང་། མོས་པས་སྤྱོད་པ་རྣམས་ལའང་སློབ་གཉེར་གྱི་མཐུན་རྐྱེན་ཡང་དག་པའི་གོ་སྐབས་རྙེད་དུ་བྱུང་བ་ཞིག་ཐོབ་པ་འདི་དག་ནི། དབྱིན་ཡུལ་རྒྱལ་སའི་ཨི་རྡིཡ་ཨོཕྲིསི་དཔེ་མཛོད་ཁང་གི་སྐུ་དྲིན་ལས་བྱུང་བ་སྟེ། ཁོང་ཚོས་ཕྱི་མོའི་དཔེ་རྙིང་མ་རིན་ཐང་བྲལ་བ་འདི་བཞིན་དོ་དམ་གྱིས་ཉར་ཚགས་གནང་བ་དང་། དེ་ཙམ་དུ་མ་ཟད་རང་རེས་དཔེ་རྙིང་དེ་དག་ལ་ཞིབ་འཇུག་བྱེད་པར་ཕྱི་མོའི་དཔེ་འདྲ་བཤུས་རྒྱག་པ་སོགས་གང་ཅིའི་ཕན་ཐོགས་རྒྱ་ཆེན་པོ་དེ་དག་གནང་མེད་ན་ད་ལན་གྱི་དཔེ་འདི་བཞིན་ཀུན་གྱི་སྤྱོད་ཡུལ་དུ་འགྱུར་མི་སྲིད་པ་མཐའ་གཅིག་ཏུ་ངེས་པས། ཁོ་བོས་སྐབས་འདིར་ཁོང་ཚོར་བཀའ་དྲིན་རྗེས་དྲན་གྱི་སྒོ་ནས་ཐུགས་རྗེ་ཆེ་ཞེས་ཞུ་རྒྱུ་ཡིན།

ཁོ་བོས་བསྟན་པ་དང་། འགྲོ་བ་ཡོངས་ལ་སྨན་རེའི་བསམ་སྦྱོར་རྣམ་པར་དག་པས་དཀའ་ངལ་ཇི་སྙེད་ཅིག་བྱུང་བ་ཐམས་ཅད་ཁྱད་དུ་བསད་དེ། རང་གི་ཤེས་ཚོད་ལ་དཔག་པས་སྦས་པའི་རྒྱམ་ཚང་གི་ཕྱི་མོའི་དཔེ་རྙིང་འདིའི་ཚིག་དོན་གཉིས་ཀའི་ཆ་ལ་འགྲེལ་བཤད་གང་ཐུབ་ཐུབ་བགྱིས་ཁུལ་བྱས་ཡོད་ནའང་། རྫོགས་ཆེན་ཨ་ཏི་ཡོ་གའི་དགོངས་པ་ནི་རྒྱ་མཚོ་ལས་གཏིང་ཟབ། རི་རྒྱལ་ལས་ལྷུན་བརྗིད། ནམ་མཁའ་ལས་རྒྱ་ཆེ་བ་ཞིག་ཏུ་སོང་བས། མ་རྟོགས་པ་དང་། ལོག་པར་རྟོག་པ་སོགས་ཀྱི་དྲི་མ་

ཅི་རིགས་པའང་བྱུང་ཡོད་པར་སྲིད་པས། རྫོགས་པ་ཆེན་པོའི་རྟོགས་པ་མཆོག་ལྡན་གྱི་མཁས་གྲུབ་རྣམས་ནས། ཁོ་བོས་མ་རྟོགས་པ་དང་། ལོག་པར་རྟོག་པ་དང་། ཐེ་ཚོམ་གྱི་དྲི་མ་ཇི་སྙེད་ཅིག་བཀོད་པ་དེ་ཀུན་བསྔན་པ་དང་འགྲོ་བའི་གསོས་སུ་དགོངས་ཏེ། ཐུགས་བརྩེ་བ་ཆེན་པོས་དག་བཅོས་གང་ལ་གང་འོས་པ་རྣམས་ཀྱང་ཐད་ཀར་གནང་སྐྱོང་ཡོད་པ་ཞུ་འཚལ།

《ཀྲུང་གོའི་བོད་རིག་པ་》1989ལོའི་དེབ་གསུམ་པ་ལས་བདམས།

༄༅། །ཏུན་ཧོང་ཡིག་རྙིང་དང་བསྟན་འགྱུར་ལས་བྱུང་བའི་《ལི་ཡུལ་གྱི་ལུང་བསྟན་》ཁག་གཉིས་ལ་རགས་ཙམ་དཔྱད་པ།

རྡོ་རྗེ་འཚོ།

གླེང་གཞི།

སྤྱིར་ལི་ཡུལ་ཞེས་པའི་མིང་འདི་མཐོང་བ་ཙམ་གྱིས་ང་ཚོའི་བློ་ངོར་བཙན་པོའི་རྒྱལ་རབས་ཀྱི་ལོ་རྒྱུས་ཤར་ངེས། རྒྱུ་མཚན་ནི་ཡུལ་འདི་འཛམ་གླིང་གི་ལོ་རྒྱུས་སྟེང་ཨ་ཤེ་ཡའི་གླིང་དང་ཡོ་རོབ་གླིང་གཉིས་བར་གྱི་འགྲིམ་འགྲུལ་དང་དཔལ་འབྱོར་བརྗེ་རེས་ཀྱི་ལྟེ་གནས་ལྟ་བུར་གྱུར་ཡོད་པར་མ་ཟད། བན་བོན་དང་མུ་སྟེགས་པའི་གྲུབ་མཐའ་སྣ་མང་དར་སྤྱོང་བའི་གནས་ཁྱད་པར་ཅན་ཞིག་ཀྱང་རེད། བཙན་པོ་སྲོང་བཙན་གྱི་རྗེས་ཙམ་ནས་ཡུལ་འདི་བོད་ཀྱི་ཆབ་འོག་ཏུ་བཙུག་སྟེ་མཐོང་ཁྱབ་ཁྲི་སྡེ་བཙུགས་ཤིང་། འབྲོང་མཚམས་དང་། སྐྱིད་སྟོད། ལྷོ་བྲག ཕོད་དཀར་སོགས་བོད་ཀྱི་ཚོ་པ་སྐོར་ཞིག་ཀྱང་ལི་ཡུལ་གྱི་ཝུ་ཐེན་གཙོ་བྱས་པའི་ས་གནས་མང་པོར་སྤོར་ཏེ་གཏན་སྡོད་བྱས།[1] བོད་བཙན་པོས་ཡུལ་འདི་ལ་ལོ་ངོ་ག་འདྲ་ཞིག་ལ་དབང་བསྒྱུར་སྤྱོད་པའི་ཕྱོགས་ལ་བཞེད་ཚུལ་མི་འདྲ་བ་མང་མོད། ད་ལྟ་ང་ཚོས་མཐོང་ཐུབ་པ་ནི་བྱེ་མ་ལས་རྙེད་པའི་བོད་ཀྱི་དམག་མཁར་ཞིག་རྗེ་མང་དུ་ལུས་པ་དག་དང་། རྒྱ་བོད་ཀྱི་གླེགས་བམ་ཡོན་ཆེན། སྐུ་བརྙན་སོགས་ལས་བོད་ཀྱིས་ཡུལ་ཕྱོགས་འདིའི་ཆབ་སྲིད་དང་རིག་གནས། དམག་དོན། དམངས་སྲོལ་བཅས་ཀྱི་ཐད་ལ་ཤུགས་རྐྱེན་ཟབ་མོ་ཞིག་ཐེབས་ཡོད་པ་གོར་མ་ཆག ཡིན་ནའང་། སྔོན་གྱི་རང་རེའི་དཔྱོད་ལྡན་མང་པོ་ཞིག་གིས་ལི་ཡུལ་ནི་བལ་ཡུལ་གྱི་ཁོངས་ཀ་གེ་མོ་ཞིག་གམ་ཡང་ན་བལ་ཡུལ་དུ་བཞེད་ཅིང་། གོ་མ་ས་ལ་གནྡྷ་སོགས་ཀྱིས་ལི་ཡུལ་ལུང་བསྟན་གྱི་ནང་ན་

---

① 陈庆英主编：《中国藏族部落》（附录一），《唐代西北吐蕃部述略》，北京：中国藏学出版社，1990年。

གང་མཆིས་ཐམས་ཅད་དེ་ཕྱོགས་སུ་ཡོད་པ་ལྟར་བྱས་ནའང་། ལོ་ཙཱ་བ་ཤམ་ཐ་ལ་བའི་ཞལ་ནས། དེང་སང་ལི་ཡུལ་ངོས་ཟིན་མཁན་རེད་མདའ་བ་དང་ངེད་གཉིས་ལས་མེད་ཅེས་དང་། ཕྱི་ལུང་བས། རྒྱ་གར་ཤར་ནུབ་ལི་དང་བལ་པོའི་ཡུལ། །ཞེས་ལི་ཡུལ་དང་བལ་ཡུལ་སོ་སོར་བཤད་པ་དང་། བཅོམ་ལྡན་རིག་པའི་རལ་གྲིས་ཀྱང་། །ས་ནུས་བཟུང་བའི་ལི་ཡུལ་དེ། །རྒྱ་བོད་མཚམས་ཀྱི་བལ་པོ་མིན། །ཞེས་ལི་བལ་གཅིག་མིན་ཚུལ་སོགས་ཤེས་བྱེད་མང་ལ། མཁས་དབང་དགེ་འདུན་ཆོས་འཕེལ་གྱིས་དེ་བས་གསལ་བར་ལི་ཡུལ་ནི་བོད་ཀྱི་བྱང་རྒྱབ་དང་། ཨུ་རྟ་སུའི་ལྷོ་མཐར་ཆགས་པའི་ཡུལ། རྒྱ་གར་སྐད་དུ་གཾ་ས་དེ་ཤ ཡུལ་གཞན་དུ་ཏུར་ཀི་སྟན་དང་། རྒྱ་ནག་པས་སིན་ཇང(新疆)དུ་འབོད་པ་འདི་ཡིན་ཏེ། འདིའི་ཤར་མཐའ་མཚོ་སྔོན་པོའི་བྱང་རྒྱབ་དང་འབྲེལ་ཞིང་། ནུབ་ཀྱི་མཐའ་ནི་མངའ་རིས་ལྷ་དྭགས་དང་ཆོང་འགྲུལ་ཡོད་པའི་ཡར་ཀན་བྱ་བ་དེ་ཡིན། ཞེས་གསུངས་ཡོད།

ཡང་རྒྱའི་ཡིག་ཚང་ལ་བལྟས་ན། ཡུལ་འདི་ལ་ལི་ཡུལ་རང་སྐད་དུ་ཀུ་སྟན་(khotana)དུ་འབོད་ཅིང་། ཐང་ཡིག་གསར་རྙིང་དུ་ཝུ་ཏེན་ལ་(于阗)ཡང་ན་(瞿萨丹那)ཡང་ན་(涣那屈丹)དང་། གནའ་བོའི་ཀྲུང་གོའི་བྱང་ཕྱོགས་ཀྱི་མི་རིགས་སོ་སོས་ཡི་ཐུང་(于遁)དང་། ནུབ་ཕྱོགས་ཀྱི་མི་རྣམས་ཀྱིས་ཧོ་ཏན་(豁旦)ཞེས་འབོད་ལ། དེ་ཚང་མ་ནི་khotanཞེས་པའི་སྒྲ་ཟུར་ཆག་ཅིང་། དེའི་ནང་དོན་ནི་ས་ནུ་(地乳)ཞེས་གོ་བ་བླངས་ན་འགྲིག་སྙམ།① བོད་ཁོ་ནས་ཡུལ་འདི་ལ་ལི་ཡུལ་ཞེས་འབོད་པ་ནི་ཧ་ཅང་དམིགས་བསལ་ཅན་ཞིག་ཡིན་ཏེ། དཔྱོད་ལྡན་ཁ་ཤས་ཀྱིས་ལི་ཡུལ་ལ་(李域)ཞེས་བསྒྱུར་ཞིང་། མ་གཞི་ནི་སྔོན་ལི་ཡུལ་གྱི་རྒྱལ་པོ་ལ་ཐང་རྒྱལ་རབས་ཀྱི་གོང་མས་ལི་ཞེས་པའི་རུས་བསྩལ་བ་སྟེ། དཔེར་ན་ལིའི་རྒྱལ་པོ་བི་ཛ་ཡ་སམ་བྷ་བ་ལ་རྒྱའི་ལོ་རྒྱུས་སུ་ལི་ཧྲིན་ཐེན་(李圣天)ཞེས་འབོད་ཅིང་དེ་ནས་རྒྱལ་པོའི་མིང་དེ་ཡུལ་མིང་དུ་བཏགས་པར་འདོད་ལ།② ཡང་ཁ་ཤས་ཀྱིས་གནའ་བོའི་ལི་ཡུལ་དུ་ལིའི་གཏེར་ཁའི་ཐོན་ཁུངས་ཕུན་སུམ་ཚོགས་པའི་ཆ་ནས་ལི་ཡུལ་དུ་གྲགས་པར་འདོད། ཡིན་ནའང་། བཞེད་ཚུལ་འདི་གཉིས་ལས་གང་བདེན་པར་འཛིན་དགོས་པའི་ཕྱོགས་ལ་ད་རུང་ལུང་དང་ཁུངས་ཡང་དག་ཅིག་མ་རྙེད་པའི་རྐྱེན་གྱིས་མུ་མཐུད་དུ་དཔྱད་བྱར་སྒྱུར་ཡོད།

སྐབས་བབས་ཀྱི་བརྗོད་བྱ་གཙོ་བོ་ནི་བོད་འགྱུར་ལི་ཡུལ་ལུང་བསྟན་ཁག་གཉིས་ཏེ། གཅིག་ནི་

① 冯承原，陆峻岭：《西域地名》，北京：中华书局，1980年。

② 李圣天称王约在公元十世纪即912–966年。据蒲立本氏考证。载《泰东》第四卷，“论钢和泰卷子的时间”一文。王尧，陈践译解：《于阗教法史》，《西北史地》，1982年第3期。

ཏུན་ཧོང་ཡིག་རྙིང་ལས་བྱུང་བ་དང་གཞན་གཅིག་ནི་སྡེ་དགེ་བསྟན་འགྱུར་ཁྲོད་དུ་བཞུགས་ཡོད་པ་དེ་ཡིན། ལུང་བསྟན་འདི་གཉིས་ཀ་བོད་ཡིག་ཏུ་མ་བསྒྱུར་གོང་གི་མ་ཡིག་ནི་པྲ་ཀྲི་ཏི་འམ་པཱ་ལིའི་སྐད་དུ་བྲིས་པ་ཞིག་ཡིན་ལ། སྔོན་འཕགས་ཡུལ་གྱི་ནང་བསྟན་ལ་ལྷོ་བརྒྱུད་དང་བྱང་བརྒྱུད་གཉིས་ལས་ལྷོ་བརྒྱུད་པ་ཚོས་གཙོ་བོ་པྲ་ཀྲི་ཏི་འམ་པཱ་ལིའི་སྐད་དུ་བྲིས་པའི་མདོ་སྡེ་ལ་སོགས་པ་ཁུངས་སུ་འཆད་པར་བྱེད་ཅིང་། སྐད་རིགས་འདི་ནི་གནའ་དུས་སངས་རྒྱས་ཞལ་བཞུགས་པའི་སྐབས་སུ་ཡུལ་དབུས་མགྷའི་སྐྱེ་བོ་ཀུན་གྱི་སྐད་ཐུན་མོང་བ་ལྟ་བུ་ཡིན་འདུག་ལ། དེ་གའི་ཡུལ་མི་དག་གིས་འདི་ལ་པཱ་ལི་ཞེས་འབོད་པར་གྲགས་ཤིང་། འདིའི་དོན་དངོས་ནི་རྒྱུན་ཆགས་ཞེས་བྱ་བའི་དོན་ཡིན་པ་དང་། སྐད་ཀྱི་ངོ་བོ་ལེགས་སྦྱར་རང་ལ་སྒྲ་འཇམ་དུ་སོང་བས་ར་སྒྲ་ཕལ་ཆེར་ཉམས་ཤིང་ཀླྀ་ཡིག་ལ་སོགས་པ་བརྗོད་མི་བདེ་བ་དག་ཁ་ཡིག་ཏུ་བསླགས་པ་སོགས་མང་བས་ཁ་ཅིག་འདི་སྐད་རིགས་བཞིའི་ཡ་གྱལ་ཡུལ་མི་རང་བཞིན་གྱི་སྐད་ཡིན་ཟེར་མཁན་ཡང་ཡོད། ལྷོ་ཕྱོགས་པ་དག་གིས་སྐད་འདི་ཉིད་ཀྱིས་སྟོན་པས་ཆོས་གསུངས་པར་བཞེད་དོ། །[1]ཡང་རྒྱ་གར་བྱང་ཕྱོགས་ཀྱི་སྐད་ཆར་ཆེད་དུ་ཞིབ་འཇུག་བྱེད་མཁན་ཚོས་པཱ་ལི་ཞེས་པ་དེ་སཾསྐྲྀཏའི་སྐད་དུ་(khara ostha)ཞེས་འབོད་ཅིང་། དེ་ནི་བོང་བུའི་ཁ་ཞེས་པའི་དོན་ཡིན་ཟེར། ཡིག་རིགས་འདི་ཕྱི་ལོ་སྔོན་གྱི་དུས་རབས་གསུམ་པར་གནའ་བོའི་པོ་སི་རྒྱལ་པོའི་རྒྱལ་ཁབ་ཀྱིས་ཧིན་རྡུའི་ཆུ་བོའི་འབབ་ཡུལ་དུ་དབང་བསྒྱུར་སྐབས་ཁ་ཤུ་ཨེར་ས་ཁུལ་(དེང་སང་གི་དབྱི་ལ་ཁེ་)གྱི་མི་དམངས་ཀྱིས་ཐོག་མར་གསར་གཏོད་མཛད། ཡིག་རིགས་འདི་ལོ་ངོ་བདུན་བརྒྱ་ལྷག་ལ་བཀོལ་སྤྱོད་བྱས་མཐར་ཕྱི་ལོ་དུས་རབས་ལྔ་པའི་རྗེས་སུ་རིམ་བཞིན་ཉམས་དམས་སུ་གྱུར། རང་རེའི་བོད་པའི་ནང་དུ་ཡིག་རིགས་འདི་ཤེས་མཁན་ཞིག་ཡོད་པ་ནི་མཁས་དབང་དགེ་འདུན་ཆོས་འཕེལ་ཡིན་ཏེ། ཁོང་གིས་བྲམ་ཟེ་ནཱ་ཧི་ར་ཞེས་པ་བསྟེན་ནས་པཱ་ལི་ཡི་གེ་སྦྱངས་པར་མཛད། དེ་ནས་པཱ་ལི་ཡི་གེར་བཞུགས་པའི་《ཆོས་ཀྱི་ཚིགས་སུ་བཅད་པ་》ཞེས་པ་དེ་བོད་ཡིག་ཏུ་བསྒྱུར་བ་ཁོང་གིས་རྣམ་ཐར་དུ་གསལ། དེང་སང་ང་ཚོས་གནའ་བོའི་ལི་ཡུལ་གྱི་གནས་ཤུལ་དུ་པཱ་ལིའི་ཡི་གེས་བྲིས་པའི་ཆོས་གཞུང་ཉུང་ཙམ་ཞིག་མཐོང་ཐུབ་མོད་ཀྱང་ལི་ཡུལ་ལུང་བསྟན་གྱི་མ་ཡིག་བརྟགས་ཟིན་པའི་རྐྱེན་གྱིས་ཕྱི་ནང་གི་མཁས་པ་གང་ཡིན་རུང་ལི་ཡུལ་གྱི་སྐོར་ལ་ཞིབ་འཇུག་བྱེད་དུས་ངེས་པར་དུ་བོད་འགྱུར་ལི་ཡུལ་ལུང་བསྟན་འདི་དཔྱད་གཞིའི་རྒྱུ་ཆ་གལ་ཆེན་ཞིག་ཏུ་བརྩི་བཞིན་ཡོད་པར་མ་ཟད། ལུང་བསྟན་རང་སྟེང་གིས་ཀྱང་གནའ་བོའི་བོད་ལི་བར་གྱི་

[1] ཆ་རིས་སྐལ་བཟང་ཐོགས་མེད། རྒྱལ་བསྟན་ཡུལ་གྲུ་སོ་སོར་དར་ཚུལ། ཀན་སུའུ་མི་རིགས་དཔེ་སྐྲུན་ཁང་། 1997ལོ། ཤོག་ངོས་7

ཞིབ་འཇུག་ལས་ཐག་མ་ཆོད་པའི་ལོ་རྒྱུས་ཀྱི་གནད་དོན་མང་པོ་ཞིག་གསལ་བར་བྱས་ཡོད།

དང་པོ། བོད་འགྱུར་ལུང་བསྟན་ཁག་གཉིས་ཀའི་བརྗོད་དོན་ཐད་ཀྱི་འདྲ་མིན་བརྗོད་པ།

གཅིག ལུང་བསྟན་འདི་གཉིས་བོད་དུ་དུས་ནམ་ཞིག་ལ་བསྒྱུར་བ་དང་སྒྱུར་མཁན་སུ་ཡིན་པ། སྤྱིར་ནང་བསྟན་ཆོས་གཞུང་ལས་སངས་རྒྱས་ཀྱིས་འབྱུང་འགྱུར་གྱི་བྱ་བ་རྣམས་སྔོན་དུ་གསུངས་པའམ་ལུང་གི་ཚུལ་དུ་བསྟན་པ་ལ་ལུང་བསྟན་ཞེས་བརྗོད་ཅིང་། ལི་ཡུལ་ལུང་བསྟན་འདིའང་སྟོན་པ་ཤཱཀྱ་ཐུབ་པས་ལི་ཡུལ་ལ་གཤེགས་ཏེ་མཚོ་ལས་པདྨ་བྱུང་བའི་སྟེང་བཞུགས་ཏེ་ལུང་དུ་བསྟན་པའི་རྒྱུ་མཚན་གྱིས་ལི་ཡུལ་ལུང་བསྟན་འདི་མཛད་པ་པོའང་སྟོན་པ་ཉིད་ཡིན་དགོས། ཡིན་ནའང་། སྔ་ལི་ཡི་གེས་བྲིས་པའི་ལི་ཡུལ་ལུང་བསྟན་གྱི་མ་ཡིག་དེ་མཐོང་མི་ཐུབ་པའི་རྐྱེན་གྱིས་ང་ཚོས་བོད་འགྱུར་ལུང་བསྟན་ལ་དཔྱད་དགོས་བྱུང་། དེས་ན་བོད་འགྱུར་ལི་ཡུལ་ལུང་བསྟན་གཉིས་ལས་ཏུན་ཧོང་ཡིག་རྙིང་ལས་བྱུང་བའི་ལུང་བསྟན་ནི་སྔ་མ་ཡིན་པ་དང་བསྟན་འགྱུར་ལས་བྱུང་བའི་ལུང་བསྟན་ནི་ཕྱི་མར་བརྩིས་ན། ལུང་བསྟན་སྔ་མ་འདི་བོད་དུ་སྒྱུར་མཁན་སུ་ཡིན་པ་དེ་ལུང་བསྟན་འདིའི་མཇུག་ཏུ་དར་མ་མདོ་སྡེ་སུ་ག་ཐ(ཉི་མའི་སྙིང་པོ་)དང་། ཙན་དྲ་ག་ཐ(ཟླ་བའི་སྙིང་པོ་)དང་། བྱེ་མ་ལ་མྱི་ཙའི་གཞུང་ལས་མདོ་ཙམ་ཞིག མཁན་པོ་མོ་ཀྲུ་བདེ་ཤིལ་གྱིས། །གསར་དུ་བསྒྱུར། །ཞེས་འབྱུང་བར་གཞིགས་ན། ལུང་བསྟན་སྔ་མ་འདི་བོད་དུ་སྒྱུར་མཁན་ནི་མཁན་པོ་མོ་ཀྲུ་བདེ་ཤིལ་ཞེས་པ་ཡིན་དགོས། ཁོང་ནི་ལི་ཡུལ་གྱི་རྒྱལ་པོ་བི་ཛ་ཡ་བཱིརྻའི་སྲས་ཡིན་པར་ལུང་བསྟན་དུ་གསལ། སྐུ་ཞབས་དཔང་རྒྱལ་དང་ལྷམ་མོ་བསོད་ནམས་སྐྱིད་གཉིས་ཀྱིས་ཏུན་ཧོང་ལས་བྱུང་བའི་ལུང་བསྟན་བོད་འགྱུར་མ་འདི་ནི་སྤྱི་ལོ་དུས་རབས་བདུན་པའི་ནང་བྱུང་བར་འདོད།[①] དེས་ན་མཁན་པོ་འདི་ཉིད་ཀྱང་སྤྱི་ལོ་དུས་རབས་བདུན་པའི་ནང་བྱུང་བའི་མི་ཞིག་ཡིན་པ་གསལ། ཡིན་ནའང་། ལི་རྒྱལ་བི་ཛ་ཡ་ཀྲྀ་ནི་སྤྱི་ལོ་དུས་རབས་དང་པོ་སྟེ་གོང་མ་ཧན་མིང་ཏི་(东汉汉明帝，公元43左右)དང་དུས་མཉམ་དུ་བྱུང་བའི་མི་ཞིག་ཡིན། དེས་ན་མཁན་པོ་འདིའང་སྤྱི་ལོ་དུས་རབས་དང་པོའི་ནང་བྱུང་བ་ཡིན་ཕྱིར། དུས་འདིར་བོད་དུ་ད་དུང་དམ་པའི་ཆོས་ཀྱི་དབུའང་བརྙེས་མེད། ཡང་ཏུན་ཧོང་གཏེར་ཡིག་ནི་སྤྱི་ལོ་དུས་རབས་བདུན་པའི་ནང་བྱུང་བ་ལ་སྐབས་དེར་བོད་དུ་དམ་པའི་ཆོས་དར་བའི་སྐབས་ཡིན་ལ་ལི་ཡུལ་དུ་དམ་པའི་ཆོས་བསྣུབ་ལ་ཉེ། དེའི་ཕྱིར། ལུང་བསྟན་འདི་བོད་

① 王尧，陈践译解：《于阗教法史》—敦煌古藏文写卷P.T.g60

ཏུ་བསྒྱུར་མཁན་སུ་ཡིན་པ་སྐོར་བཞིན་དཔྱད་དགོས་པ་ཞིག་རེད།

ཡང་ལུང་བསྟན་ཕྱི་མ་སྟེ་བསྟན་འགྱུར་ནང་བཞུགས་པའི་ལི་ཡུལ་ལུང་བསྟན་འདིའི་མཇུག་ཏུ་བསྟན་བཅོས་འགྱུར་མ་གཞན་དག་དང་འདྲ་བར་རྒྱ་གར་མཁན་པོ་སུ་དང་བོད་ཀྱི་ལོ་ཙྪ་བ་སུས་བསྒྱུར་བ་ཞེས་གསལ་པོ་འཀོད་མེད་ཙང་། ལུང་བསྟན་ཕྱི་མ་འདིའི་མགོ་ན་རྒྱལ་པོ་བི་ཛ་ཡ་ཀཱིརྟི་ཞེས་བྱ་བའི་ཚེ་བསོད་ཀ་ཡ་སྲཱ་ཧ་ན་ཡའི་གཙུག་ལག་ཁང་དང་ཉེ་བའི་ལུང་པ་ས་ཀ་ཡ་གྱི་རི་ཞེས་བྱ་ན། སང་གྷ་བརྡྷ་ན་ཞེས་བྱ་བའི་དགྲ་བཅོམ་པ་ཞིག་བཞུགས་ཏེ། དེའི་སློབ་མ་བཟྟེ་ཞིག་འདུལ་བ་ལ་སློབ་པ་ལས་བཟྟེས་ཙནྡྲ་གརྦྷ(ཟླ་བའི་སྙིང་པོ་མདོ་)དང་། འདུལ་བའི་དར་མ་སངས་རྒྱས་ཀྱི་ལུང་མཐོང་ནས་དགྲ་བཅོམ་པ་ལ་ཞུས་པས། དགྲ་བཅོམ་པའི་བཀའ་སྩལ་བ་ཞེས་པར་དམིགས་ན་དགྲ་བཅོམ་པ་སང་གྷ་བརྡྷ་ནས་སློབ་མ་བཟྟེ་དེ་ལ་ལི་ཡུལ་གྱི་ལོ་རྒྱུས་དེ་རྒྱུས་པ་ཞིག་འཆད་ཅིང་སློབ་མ་བཟྟེ་དེས་ཟིན་བྲིས་སུ་བཀོད་པ་ཡིན་སྙམ། དགྲ་བཅོམ་པ་འདི་ནི་ལི་རྗེ་བི་ཛ་ཡ་ཀཱིརྟིའི་རིང་ལ་ལི་ཡུལ་དུ་བྱོན་ལ། ལི་རྗེ་འདི་ནི་རྒྱ་སྐད་དུ་(尉迟锐)[1]ཟེར་བ་དེ་ཡིན། ལི་ཡུལ་ལུང་བསྟན་དུ་འདི་ནི་རྗེ་བི་ཛ་ཡ་དྷརྨའི་(尉迟锐达摩公元978–982)[2]དུ་ཡིན་པར་གསལ་མོད་ཀྱི་དེ་ལ་རིགས་པས་དཔག་ན་ལུང་བསྟན་འདི་མ་མཐའ་ཡང་སྤྱི་ལོ་དུས་རབས་བཅུ་པའི་ནང་དུ་བྱུང་བ་ཤེས་ཐུབ། དེ་ནི་བོད་ཀྱི་ལོ་རྒྱུས་སྟེང་དུ་བསྟན་པ་ཕྱི་དར་གྱི་འགོ་ཙམ་ལ་བབས་འདུག་གོ །ཡིན་ནའང་སྐབས་དེར་ལི་ཡུལ་གྱི་ནང་བསྟན་བསྟུབས་ཟིན་པས་ལུང་བསྟན་འདི་བོད་དུ་སྒྱུར་མཁན་ནི་ལི་རྗེ་བི་ཛ་ཡ་ཀཱིརྟིའི་རིང་ལ་བྱུང་བའི་རྒྱ་གར་གྱི་པཎྜི་ཏ་ག་གེ་མོ་ཞིག་དང་། བོད་ཀྱི་ལོ་ཙྪ་བ་ཆེ་གེ་མོ་ཞིག་གིས་བསྒྱུར་བ་རེད་ཅེས་བརྗོད་ན་བསྟན་འགྱུར་སྤྱིའི་སྒྱུར་ལུགས་དང་མཐུན་སྙམ།

གཉིས། བོད་འགྱུར་ལུང་བསྟན་གཉིས་ཀའི་བརྗོད་དོན་ལས་འདྲ་བའི་ཆ་བརྗོད་པ། ཐོག་མར། ལུང་བསྟན་འདི་གཉིས་ནི་ལི་ཡུལ་དུ་དམ་པའི་ཆོས་དར་རྒྱུད་བྱུང་བའི་ཆོས་འབྱུང་ཞིག་ཡིན་པའི་རྐྱེན་གྱིས་འདིའི་ནང་དུ་ལིའི་རྒྱལ་པོ་སུ་དང་སུའི་རིང་ལ་དམ་ཆོས་ཇི་ལྟར་སྤེལ་ཚུལ་དང་། གཙུག་ལག་ཁང་གང་དང་གང་བརྩིགས་པ། དགེ་འདུན་གྱི་སྡེ་གང་འདྲ་ཞིག་བཙུགས་པ། མཐར་དམ་ཆོས་ཇི་ལྟར་བསྣུབས་ཚུལ་གསལ་པོར་བྲིས་ཡོད། དཔེར་ན། ལིའི་རྒྱལ་པོ་བི་ཛ་ཡ་སམ་བྷ་བ་ཞེས་བྱ་བ་རྒྱལ་པོ་བྱས་ནས་དགུང་ལོ་ལྔ་འདའ་པ་ན་ལི་ཡུལ་དུ་ཐོག་མར་ཆོས་བྱུང་བ་དང་། རྒྱལ་པོ་འདི་ཉིད་ཀྱིས་ཡོན་བདག་བགྱིས་ནས་འཕགས་པ་བཻ་རོ་ཙ་ནའི་སྐད་དུ་ཐོག་མར་ལི་ཡུལ་དུ་ཙར་མའི་གཙུག་ལག་ཁང་ཆེན་

---

① 王尧，陈践译解：《于阗教法史》—敦煌古藏文写卷P.T.g60

② 王尧，陈践译解：《于阗教法史》—敦煌古藏文写卷P.T.g60

པོ་བརྩིགས། དེ་ནས་ལི་རྗེ་རབས་བདུན་གྱི་བར་དུ་གཙུག་ལག་ཁང་གཞན་ནི་མ་རྩིག རྒྱལ་པོ་བི་ཛ་ཡ་བླི་ཏྲས་སླང་མགོ་རིའི་སྟེང་དུ་འགེའུ་ཧོ་ཤན་གྱི་གཙུག་ལག་ཁང་བརྩིགས་ནས་རང་གི་སྲས་ཆུང་དུ་ཐར་བ་བཏང་སྟེ་ཕྱིས་སུ་ལི་ཡུལ་གྱི་དགྲ་བཅོམ་པའི་ཐོག་མ་སྟེ་མཚན་ལ་མོ་ཀྲུ་བདེ་ཤིལ་དུ་བཏགས། རྒྱལ་པོ་བི་ཛ་ཡ་སང་གྲ་མ་ཞེས་པས་འཕགས་པ་དགྲ་བཅོམ་པ་མོ་ཀྲུ་བདེ་ཤིལ་ཧེ་མཚན་དངོས་ལ་ཨ་བ་ཨ་ཧྲང་ཞེས་པའི་སྐད་དུ་བཞའ་སང་གྲེར་མའི་གཙུག་ལག་ཁང་བརྩིགས། རྒྱལ་པོ་བི་ཛ་ཡ་སིང་ཧས་མི་མང་པོ་བཀུམས་པའི་སྡིག་པ་བཤགས་ཆེད་དགེ་སློང་མའི་གཙུག་ལག་ཁང་གཉིས་ཀྱང་བརྩིགས། ཞེས་པ་སོགས་ནི་ལི་རྗེ་རྣམས་ཀྱིས་དམ་ཆོས་དར་བར་མཛད་པའི་སྐོར་བརྗོད་པའོ། །མི་ཡུལ་དུ་དམ་ཆོས་བསྒྲུབས་པའི་རྐྱེན་གཙོ་བོ་ནི་ལོ་མང་པོར་དམག་འཁྲུག་རྒྱུན་མ་ཆད་པར་མ་ཟད། ད་རུང་ཁ་ཆེའི་ཆོས་ལུགས་ལ་དད་མོས་མཁན་གྱིས་ལི་ཡུལ་དབང་དུ་བཙུག་པར་རག་ལས་ཏེ། དཔེར་ན། ལུང་བསྟན་དུ། དེ་ནས་རྒྱལ་པོ་བི་ཛ་ཡ་ཧྣམས་རྒྱལ་སྲིད་བཟུང་བ་མན་ཆད། བི་ཛ་ཡ་ར་ཏིས་རྒྱལ་པོ་བགྱིད་པ་ཡན་ཆད་རྒྱལ་པོ་རབས་བཅུ་བཞིའི་བར་དུ་རེས་འགའ་ནི་ལི་རྗེ་དག་གིས་ཡུལ་གཞན་དུ་དམག་དྲངས་ནས་འབངས་ཀྱི་ཚོགས་ལྟི། རེས་འགའ་ནི་ཕྱི་དགྲ་གཞན་གྱིས་རང་གི་ཡུལ་དུ་དམག་དྲངས་ཏེ་གཙེས། དེའི་འོག་ཏུ་དྲུ་གུ་ཨ་ཇོ་ཧྲོས་ཀྱིས་ལི་ཡུལ་དུ་དམག་དྲངས་ནས། འགེའུ་ཧོ་ཤན་མན་ཆད་ཀྱི་གཙུག་ལག་ཁང་ཕལ་ཆེར་མེས་བསྲེགས་ཏེ་ཡུལ་རྣམས། འབངས་འགྲིབས་ནས་གཙུག་ལག་ཁང་གསར་པ་རྩིག་པའི་ཛོ་མ་ཐོགས་ཞེས་པ་དང་། ལི་ཡུལ་གྱི་དགེ་འདུན་ཡང་ཙནྡྲ་གརྦའི་ལུང་བསྟན་པ་ལས་བྱུང་བ་བཞིན་དུ་དད་པ་འབྲི། ཆོས་ཁྲིམས་དང་མི་ལྡན་པ། འཇིག་རྟེན་གྱི་ཁེ་དང་གྲགས་པ་ཚོལ། རྒྱལ་པོ་དང་བློན་པོའི་དགུ་གཙང་གི་ནང་དུ་འཛུག་ཅིང་དམ་པའི་ཆོས་དམན་པར་བྱེད་པ་དག་ཀྱང་མང་དུ་འབྱུང་སྟེ། དེའི་ཚེ་ཞང་བློན་དང་། ཞང་བློན་གྱི་བུ་ཚ་ཡང་དད་པ་འབྲི་བར་འགྱུར་རོ། །ཞེས་ལུང་བསྟན་གཉིས་ཀྱི་ནང་དུ་ཧ་ཅང་གསལ་པོར་བཀོད་ཡོད།

དེ་ནས་ལུང་བསྟན་གཉིས་ཀའི་ནང་དུ་ལི་རྗེ་ཐོག་མ་ས་ནུ་རྒྱལ་པོ་བྱུང་རིམ་གྱི་ནང་དོན་ཡང་གཅིག་མཐུན་དུ་སྒྱུར་ཡོད་དེ། ས་ནུ་རྒྱལ་པོའི་གདམ་རྒྱུད་དེ་བསྡུས་ནས་བརྗོད་ན་འདི་ལྟ་སྟེ། རྒྱ་གར་འཕགས་པའི་ཡུལ་གྱི་ཐ་རུ་རྒྱུད་དུ་གནོགས་པ་ཡུལ་ཙམྤ་ཨ་ཊ་ཞེས་བྱ་བར་ཉི་མའི་རིགས་ཀྱི་རྒྱལ་པོ་ནེམྦྲི་

ཏ་ཟེར་བ་ཞིག་ཡོད་པ་ལ་སྲས་བདུན་མཆིས་པའི་ཐ་ཆུང་གི་མཚན་ལ་ཨ་ཤོ་ཀ་སྟེ་མྱ་ངན་མེད[1]ཅེས་པ་རྒྱལ་སྲིད་ཀྱི་ཁྲི་ལ་བཞུགས་རྗེས་ཀྱི་ཉིན་ཞིག་ལ། དམག་དང་འཁོར་འབངས་མང་པོ་དང་མཉམ་དུ་ཡུལ་ལྗོངས་གཞན་དུ་ལྟད་མོར་སོང་བར་འུ་ཐེན་མཁར་མཆིས་པའི་དོག་སར་ཀུན་བེ་ཡོན་དུ་ཤུལ་ཕྱུངས་ནས་རྐོངས་གཅིག་བཏབ་པའི་ནུབ་མོ་རྒྱལ་པོའི་བཙུན་མོ་དམ་པ་ལས་ཁྱིའུ་མཚན་དང་ལྡན་པ་བཟང་པོ་ཞིག་བཙས་པས་ན། རྒྱལ་པོས་མཚན་མཁན་བཀུག་སྟེ་བུ་འདིའི་མཚན་མ་བཟང་ངན་ལ་བརྟགས་པ་ན། མཚན་མཁན་གྱིས་མཆིད་ནས་བུ་འདི་མཚན་མ་ཡང་བཟང་། དབང་ཐང་ཡང་རབ་ཏུ་ཆེ་སྟེ། ཡབ་རྒྱལ་པོ་སྐུ་ཚེ་མ་འཕོས་པར་རྒྱལ་པོ་བགྱིད་པར་འགྱུར་རོ་ཞེས་བགྱིས་པ་དང་། རྒྱལ་པོ་རྣམ་ཨ་ཤོ་ཀ་ཕྲག་དོག་སྐྱེས་ཏེ་ཁྲོས་ནས། ཁོ་དེ་ལྟར་དབང་ཐང་ཆེ་ན་ཁོས་བདག་འཚོ་ཞིང་སྲིད་འཛིན་གྲང་། འདི་ང་ལ་མི་དགོས་ཀྱིས་བོར་ཅིག་ཅེས་མཆིད་ནས། མས་ཀྱང་བུ་འདི་མི་བོར་དུ་ནི་རྒྱལ་པོ་ཁྲོ་ཞིང་དྲག་ཤུལ་ཆེ་བས་བུ་བཀུམ་དུ་དོགས་ནས་མས་བུ་དེ་བོར་བ་ན། བུ་ཆུང་དེ་རང་གི་བསོད་ནམས་ཀྱི་མཐུས་ས་ལས་ནུ་མ་བྱུང་ནས་དེ་བསྣུན་པ་ལས་མ་ཤི་བས་ཕྱིས་སུ་ས་ནུར་བཏགས་སོ། །སྐབས་དེར། རྒྱའི་རྒྱལ་པོ་བྱང་སེམས་ཀྱི་སྤྲུལ་བ་བུ་དགུ་བརྒྱ་དགུ་བཅུ་གོ་དགུ་ཡོད་པ་དེ་སྟོང་དུ་བུ་གཅིག་གིས་མ་ཚང་བས། རྣམ་ཐོས་ཀྱི་སྲས་ལ་གསོལ་བ་བཏབ་སྟེ་སླངས་པ་ལས་རྣམ་ཐོས་ཀྱི་སྲས་ཀྱིས་བལྟས་པ་ན་ཁྱིའུ་ས་ནུ་བོར་བ་མཐོང་ནས་བླངས་ཏེ་རྒྱ་རྗེའི་བུ་སྐལ་དུ་སྩལ། བུ་དེ་ཆེར་བསྐྱེད་པ་ན་ལི་ཡུལ་གྱི་མེ་སྐར་དུ་ཐོན་པའི་དུས་

[1] རྒྱལ་པོ་འདི་དུས་ནམ་ཞིག་ཏུ་བྱུང་བ་བོད་ཀྱི་དེབ་ཐེར་ཆོས་འབྱུང་རྣམས་སུ་བཤད་ཚུལ་སྣ་ཚོགས་ཤིག་མཆིས་ནའང་། ཐོན་ཟྭོན་ལོ་རྒྱུས་སྨྲ་བའི་དབང་པོ་ཀུན་མཁྱེན་བུའི་ཆོས་འབྱུང་དུ། སྟོན་པ་འདས་ནས་ལོ་བརྒྱ་དང་བཅུ་ན་ཆོས་རྒྱལ་མྱ་ངན་མེད་ཀྱིས་སྦྱིན་བདག་བྱས་ཏེ་ཡངས་པ་ཅན་གྱི་ཀུསྨ་པུ་རིའི་གཙུག་ལག་ཁང་དུ་བཀའ་བསྡུ་གཉིས་པ་མཛད་ཚུལ་གསུངས་པ་དང་། དེབ་དཀར་དུ་སིང་ག་ལའི་གནས་བརྟན་མིང་ཅན་གྱིས་མཛད་པའི་མ་ཧཱ་བཾ་ཤ་ར་སངས་རྒྱས་མྱ་ངན་ལས་འདས་ཏེ་ལོ་ཉིས་བརྒྱ་རེ་གཅིག་པར་མྱ་ངན་མེད་ཁྲི་ལ་འཁོད་དེ། ལོ་བཞི་བཅུར་སྲིད་བསྐྱངས་ནས་གྲོངས་ཞེས་དང་། འགོས་ལོས་དེབ་སྔོན་དུ་བར་སྐབས་དེར་སངས་རྒྱས་མྱ་ངན་ལས་འདས་ནས་ལོ་སུམ་བརྒྱ་ལོན་ཏེ། མྱ་ངན་མེད་ཅེས་བྱ་བའི་རྒྱལ་པོ་དེ་ཤི་ནས། ཞེས་དང་། ལི་ཡུལ་ལུང་བསྟན་དུ་སངས་རྒྱས་མྱ་ངན་ལས་འདས་ནས་དགུང་ལོ་ཉིས་བརྒྱ་སུམ་ཅུ་རྩ་བཞི་ལོན་པའི་འོག་ཏུ་རྒྱ་གར་གྱི་རྒྱལ་པོ་རྣམ་ཨ་ཤོ་ཀ་ཞེས་བགྱི་བ་ཞིག་བྱུང་། ཞེས་པ་དང་། དེ་བཞིན་དུ་རྒྱ་ཡིག་གི་ཡིག་ཚང་འགར་ཡང་སྤྱི་ལོ་སྔོན་གྱི་268ལོ་ནས་སྔོན་གྱི་232བར་སྲིད་མཛད་ཚུལ་བཀོད་ཡོད་པ་སོགས་ཕྱུན་ཚུན་བསྡུར་ནས་དཔྱད་ཆོ། ཡིག་ཆ་འདི་དག་ཏ་ལམ་མཐུན་པ་ཙམ་དུ་ཡོད་པས་ཇི་ལྟར་འཕྱིས་ཀྱང་སངས་རྒྱས་སྐུ་འདས་ནས་ལོ་ཉིས་བརྒྱ་ལྔ་བཅུའི་ནང་རོལ་དུ། རྒྱལ་པོ་མྱ་ངན་མེད་འབྱུངས་ཡོད་པ་འདྲ་ལ་ད་དུང་མུ་མཐུད་དུ་དཔྱད་འོས། རྒྱལ་པོ་འདིས་རིགས་རམ་དང་ནུས་པ་ལ་བརྟེན་ནས་སྐབས་དེར་ནང་པའི་བསྟན་པ་འདི་ཉིད་ཐར་བས་དར་ཁྱབ་ཇེ་ཆེར་སོང་ལ། ལྷག་པར་དུ་ཡུལ་གྲུ་གཞན་དུ་བསྟན་པའི་ཉི་མ་ཤར་བ་ལ་བཀའ་དྲིན་ཤིན་ཏུ་ཆེའོ། །

སུ། དམག་སྟོང་ཕྲག་བཅུ་དང་འགྲོགས་ཏེ་ནུབ་ཕྱོགས་སུ་ཡུལ་ཚོལ་བ་ལས་ལི་ཡུལ་གྱི་མེ་སྐར་དུ་ཐོན་པའི་དུས་སུ། རྒྱ་གར་ནས་རྒྱལ་པོ་མྱ་ངན་མེད་ཀྱིས་བློན་པོ་ཡཀྴ་བྱ་བ་ལ་ཉེས་པ་ཕབ་ནས་དེའི་ཉེ་འཁོར་དང་བཅས་པ་རྒྱང་ཕུད་དུ་བཏང་། ཨུ་ཐེན་གྱི་ཤེལ་ཆབ་གོང་མར་ས་ནུ་འཁོར་དང་འཕྲད་ཅིང་། དང་ཐོག་ཕན་ཚུན་རྒྱུས་མ་ལོན་པར་སོ་སོ་ནས་གཡུལ་བཤམས། རྗེས་སུ་རྒྱུ་མཚན་བཤད་པས། ངེད་གཉིས་ཐུར་ནས་རྒྱལ་བློན་གྱི་རྒྱུད་དུ་འདུག་པས། དའང་རྗེ་འབངས་བྱ་བར་རིགས་ཞེས་རྒྱལ་སྲས་ས་ནུ་རྒྱལ་པོར་བཀུར་ཏེ་ཨུ་ཏེན་གྱི་གནས་གཟུང་བར་བྱས། དེ་ནས་རྒྱལ་པོ་ས་ནུ་འདི་ལི་རྗེའི་རྒྱལ་རབས་དང་པོར་བགྲངས་སོ། །

བོད་འགྱུར་ལི་ཡུལ་ལུང་བསྟན་གཉིས་ལས་བྱུང་བའི་ས་ནུ་རྒྱལ་པོའི་གཏམ་རྒྱུད་དེ་བོད་རྗེ་གཉའ་ཁྲི་བཙན་པོའི་བྱུང་རིམ་དང་ཅུང་ཟད་འདྲ་སྟེ། དེ་ཡང་མང་བཀུར་བའི་རྒྱུད་ལས་བྱུང་བའི་རྒྱལ་པོ་དམག་བརྒྱ་བ་ཞེས་བྱ་བ་ལས་སྲས་འཕགས་པ་བྱིན་རླབས་ཀྱི་བྱེད་པོས་མི་ལས་འདས་པ་ཞིག་བལྟམས་ཏེ། མིག་མས་འགྲིབས་སུ་ཡོད་པ། གཡུའི་སྨིན་མ་ཅན། སོ་དུང་སོ་འཁོར་མར་ཡོད་པ། ལག་པ་འཁོར་ལོའི་ཡན་ལག་ཅན་ལྷ་བུར་ཡོད་པའི་མཚན་ལྡན་ཞིག་བྱུང་བ་ལ་ཡབ་ཀྱིས་ལྷ་འདྲེའི་སྤྲུལ་པར་དགོངས་ནས་བོར་བའི་བཀའ་སྩལ་བ་ན། མས་ཡབ་ཀྱིས་བཀའ་བཙན་པར་དགོངས་ནས་ཆུར་བསྐྱུར་བས་ན། བོད་དུ་ཞིང་པ་བཅུ་གཉིས་ཀྱིས་ཞིང་དུ་ཆུ་འདྲེན་པ་ན་ཆུ་ཀར་ཐོན་པས། གང་ནས་འོངས་ཞེས་གཏམ་དྲིས་པར། མཁའ་ལ་མཛུབ་མོ་གེར་བས་ལྷ་ལས་ཆད་པར་གོ་ནས་བོད་ཁམས་ཀྱི་རྗེར་འོས་སོ་ཞེས་གཉའ་བར་བཏགས་ནས་འོངས་བས་གཉའ་ཁྲི་བཙན་པོར་བཏགས། བོད་ཀྱི་རྒྱལ་པོ་ཐོག་མར་བསྐོ།[①] གཏམ་རྒྱུད་འདི་གཉིས་ཀའི་བྱུང་རིམ་ལ་ཐུན་མོང་གི་ཁྱད་ཆོས་ཤིག་ནི་རྒྱལ་པོ་འདི་གཉིས་ཀ་རྒྱ་གར་གྱི་རྒྱལ་རྒྱུད་ལས་ཆད་པ་དང་མཐར་ཕྱུགས་པ་འདྲ་བས་ཕལ་ཆེར་རྒྱ་གར་ཆོས་ལུགས་དང་རིག་གནས་ཀྱིས་ཤན་ཞུགས་པ་ཡིན། འོན་ཀྱང་། ལི་རྗེ་ས་ནུ་ནི་སྤྱི་ལོ་སྔོན་གྱི་དུས་རབས་གསུམ་པའི་དུས་སུ་འཁྲུངས་ལ། བོད་རྗེ་གཉའ་ཁྲི་དེ་སྤྱི་ལོ་སྔོན་གྱི་དུས་རབས་གཉིས་པར་བྱུང་བས། ཁོང་གཉིས་བྱུང་བའི་དུས་ལ་ཕལ་ཆེར་ལོ་ངོ་བརྒྱ་ཙམ་གྱི་ཁྱད་པར་མཆིས། དེའི་འཕྲོ་བོད་འགྱུར་ལུང་བསྟན་གཉིས་ལས་ལི་ཡུལ་དུ་དམ་ཆོས་བསྒྲུབས་དུས་དགེ་འདུན་པ་མང་པོ་བོད་དུ་བྲོས་བྱོལ་དུ་ཕེབས་ཤིང་བོད་བཙན་པོ་མེས་ཨག་ཚོམ་ཡབ་ཡུམ་གཉིས་ཀྱིས་མཆོད་བཀུར་ཟླ་ན་མེད་པ་མཛད་པའི་ལོ་རྒྱུས་ཀྱང་མཐུན་ཏེ། ལུང་

① རྒྱལ་དབང་སྐུ་ཕྲེང་ལྔ་པ་ངག་དབང་བློ་བཟང་རྒྱ་མཚོ། དེབ་ཐེར་དཔྱིད་ཀྱི་རྒྱལ་མོའི་གླུ་དབྱངས། གཙོས་མི་རིགས་དཔེ་སྐྲུན་ཁང་གཉེར་སྐྱོབ་གླུའི་བསླབ་དེབ་རྒྱུམ་དཔར་མ། ཤོག་ངོས་16

བསྟན་ཏུ། ལི་ཡུལ་དུ་ཐ་མར་དམ་པའི་ཆོས་འཇིག་པའི་དུས་ནི། སྟོད་ཀྱི་མཁར་བཞིའི་དགེ་འདུན་རྣམས་ཙུ་ཐེན་དུ་གཤེགས་ཏེ་འདུས་པ་ལས། དེའི་ཚེ་ལི་རྣམས་བདུད་ཀྱིས་བསླུས་ནས། དམ་པའི་ཆོས་དགེ་འདུན་ལ་མ་དད་པས། དགེ་འདུན་ལ་སྨུར་བ་འདེབས། ནོར་རྫས་ལ་ཏྲ་འཕྲོག་བྱེད་པ་ན། དགེ་འདུན་རིལ་གྱིས་གཤེགས་ཏེ། གཙུག་ལག་ཁང་ཙར་མར་འདུས་ནས། གར་འདོང་བའི་རིགས་ཤེས་བགྲོ་གྲོས་སུ་མཛད་པ་ལས། དུས་དེ་ཙམ་ན་ཡང་བོད་ཀྱི་ལྷ་བཙན་པོ་ལས་དམ་པའི་ཆོས་ལ་དད་ལ། དགེ་འདུན་ལ་བཀུར་སྟི་རིམ་གྲོ་ཆེ་བས། དེ་ནས་བོད་ཀྱི་ཡུལ་དུ་ཆས། དུས་དེ་ཙམ་ན། བོད་ཀྱི་ལྷ་བཙན་པོ་དང་རྒྱ་རྗེར་ཡང་དཔོན་ཞང་དུ་མཛད་ནས། ཀོང་ཅོ་ཡང་ལྷ་བཙན་པོའི་ཁབ་ཏུ་བཞེས་ཏེ། ཀོང་ཇོས་བོད་ཡུལ་དུ་གཙུག་ལག་ཁང་ཆེན་པོ་གཅིག་བརྩིགས་ནས། རྐྱེན་རིས་ཀྱང་བཅད་དེ། དགེ་འདུན་རིལ་གྱིས་ཀྱང་དེར་གཤེགས་ནས། འཚོ་བ་ཡང་ཀོང་ཅོས་སྦྱར་ཏེ། བོད་ཡུལ་དུ་ཐེག་པ་ཆེན་པོའི་ཆོས་ཀྱང་རྒྱས་པར་བྱུང་ནས། ལོ་བཅུ་གཉིས་ཀྱི་བར་དུ་དགེ་འདུན་དང་སྐྱ་བོ་ཕལ་ཡང་ཆོས་སྤྱོད་ཅིང་རབ་ཏུ་བདེ་ཞིང་སྐྱིད་པ་ལས། དེར་ཡང་བདུད་ཀྱིས་འབྲུགས་ཏེ། འབྲུམ་ནག་ལ་སོགས་པ་ནད་མང་དུ་བདུད་ཀྱིས་བཏང་ནས་ཀོང་ཇོ་ཡང་སྙིང་གར་འབྲུམ་ནག་བྱུང་ནས་གུམ། དེ་ནས་སྐྱ་བོ་རྣམས་མ་དད་པ་སྐྱེས་ཏེ། འབྲུམ་ནག་དང་ནད་སྣ་མང་པོ་བྱུང་བ་ཡང་དགེ་འདུན་གྱི་སྡེ་འདི་རྣམས་བོད་ཡུལ་དུ་ཕྱིན་པས་ཉེས་ཤེས་མཆི་ནས། བོད་ཡུལ་དུ་ཡང་དགེ་འདུན་གཅིག་ཀྱང་གནས་སུ་མི་གནང་ཞེས་མཆི་སྟེ། སོ་སོར་བསྒྲད་པ་ལས། དེ་ནས་ཀྱང་དགེ་འདུན་རིལ་གྱིས་རྒྱ་གར་ཡུལ་གྱི་གན་དྷ་རར་གཤེགས་སོ། །ཞེས་བོད་ཀྱི་ལོ་རྒྱུས་དེབ་ཐེར་ན་འཁོད་མེད་པའི་ལོ་རྒྱུས་དོན་རྐྱེན་འདི་གསལ་པོའི་སྒོ་ནས་བསྟན་ཡོད།

མཐའ་མཇུག་ཏུ་ལུང་བསྟན་འདི་གཉིས་ཀའི་རྩོམ་སྟངས་ཀྱང་མཐུན་ཏེ། ལུང་བསྟན་སྔ་མའི་རྩོམ་མགོ་ནི་འདི་ལྟ་སྟེ། ཆོས་བྱུང་ནས་ལོ་སྟོང་བདུན་བརྒྱ་སུམ་ཅུ་རྩ་གསུམ་ལོན། །རྒྱལ་པོ་ས་ནུ་ནས། །རྗོ་རྗེ་བཙན་ལེགས་ཀྱི་བར་དུ། །རྒྱལ་པོ་རབས་ལྔ་བཅུ་རྩ་དྲུག་གིས་བགྱིས། །ཞེས་པ་དང་། ལུང་བསྟན་ཕྱི་མར། ལི་ཡུལ་བྱུང་ནས་ལིའི་རྒྱལ་པོ་རབས་དྲུག་ནི་འདས། རབས་བདུན་གྱི་རྒྱལ་པོ་བི་ཛ་ཡ་ཀཱིརྟི་ཞེས་རྒྱལ་རབས་གཙོ་བྱས་ནས་མགོ་བརྩམས་ཤིང་། བར་དུ་བདག་ཅག་གི་སྟོན་པས་ལི་ཡུལ་དུ་གཤེགས་ཏེ་ལི་ཡུལ་དུ་འབྱུང་འགྱུར་ལ་ཡུལ་འདིར་གནས་ག་འདྲ་བ་ཞིག་ཆགས་རྒྱུ་དང་རྒྱལ་པོའི་རབས་གང་གང་གིས་མཛད་རྗེས་ག་འདྲ་བ་ཞིག་འཇོག་རྒྱུ་སོགས་ལུང་དུ་བསྟན་པ་དང་། མཇུག་མཐར་ལི་ཡུལ་དུ་དགེ་འདུན་གྱི་སྡེ་ཅི་ཙམ་ཞིག་ཡོད་པ་སྡོམ་ཚིག་གི་ཚུལ་དུ་འཁོད་པ་སྟེ། ལུང་བསྟན་སྔ་མར། ལི་ཡུལ་ཙུ་ཏེན་ན། དགེ་འདུན་སྡེ་གཉིས་ཀྱི་གྲངས། །དགེ་འདུན་ཕོ་སློས་གཉིས་ལ། །བཞི་སྟོང་བདུན་བརྒྱ་ལྷག་ཙམ་

བཞུགས། །དགེ་འདུན་དེ་དག་གི་ནང་ན་ཡང་། །བྱང་ཆུབ་སེམས་པ་ཐབས་ཀྱིས་རོལ་ཅིང་སེམས་ཤན་གྱི་དོན་མཛད་ཙང་སྤྲུལ་པ་ཡང་མང་དུ་བཞུགས་སོ་ཞེས་མཇུག་སྒྲིལ་ཞིང་དེ་བཞིན་དུ་ལུང་བསྟན་ཕྱི་མའང་འུ་ཐེན་ན་དགེ་འདུན་སྡེ་གཉིས་ལས་རྐྱེན་པ་དང་། སྔོ་འཚོ······ན་ཆད་སྤྱིར་དགུ་བརྒྱ་དྲུག་ཅུ་རྩ་གསུམ་བཞུགས་སོ་ཞེས་མཇུག་རྫོགས་པར་བྱས།

ང་ཚོས་བོད་འགྱུར་ལུང་བསྟན་གཉིས་ཀའི་འདྲ་བའི་ཆ་གཤིབ་བསྡུར་རམ་ལུང་བསྟན་སྔ་ཕྱི་གཉིས་ཀའི་ནང་དོན་སྤྱི་ལ་བལྟས་ན་འདི་གཉིས་ནི་མ་ཡིག་གཅིག་པོ་ན་སྟེ་ལྔ་ལིའི་ཡི་གེས་བྲིས་པའི་ལི་ཡུལ་ལུང་བསྟན་དེ་ཡིན། མཁན་པོ་མོ་རྒུ་བདེ་ཤིལ་གྱིས་བོད་ཡིག་ཏུ་ཐོག་མར་བསྒྱུར་ཅིང་དེ་ནས་དམ་པའི་ཆོས་འདི་བོད་དུ་དར་རྒྱས་སུ་སོང་བ་དང་བསྟུན། བོད་མི་ལ་ཆོས་གཞུང་བཤུ་འབྲི་བྱེད་པའི་སྲོལ་ཞིག་ཆགས་ཡོད་ལ། དེ་ཐོག་མར་དགེ་འདུན་པའི་ཁྲོད་དུ་དར་ཞིང་རྗེས་སོར་རིམ་བཞིན་དམངས་ཁྲོད་དུ་ཁྱབ་བརྡལ་སོང་ཕྱིན། ཡིག་རྙིང་ལས་བྱུང་བའི་ལུང་བསྟན་འདིའང་ཕྱིས་འབྱུང་གི་ལོ་ཟླའི་ཁྲོད་ཁ་སྐོན་དང་རྒྱས་པར་བྲིས་པའི་ལག་བྲིས་མ་རིགས་མང་ཙམ་བྱུང་ངེས་པ་གོར་མ་ཆག ཡིན་ནའང་བསྟན་འགྱུར་ན་བཞུགས་པའི་ལི་ཡུལ་གྱི་ལུང་བསྟན་འདི་ཟིན་བྲིས་ཤིག་ཏུ་འདོད་མོད་ཀྱང་འདི་ནི་ཕྱི་རབས་པས་ལག་བྲིས་ལས་བརྒྱུད་པའི་དཔང་རྟགས་སམ་འབྲས་བུ་ཞིག་ཏུ་བརྩི་མི་འོས་ཏེ། འདིས་ལུང་བསྟན་སྔ་མའི་ནང་ཁ་མི་ཚང་བའི་ནང་དོན་རྣམས་འཐུས་ཚང་དུ་གཏོང་བར་མ་ཟད། ང་ཚོས་ལི་ཡུལ་གྱི་ལོ་རྒྱུས་ཞིབ་འཇུག་གི་ཐད་ལའང་མཐུན་རྐྱེན་ལེགས་པོ་བསྐྲུན། བོད་ཀྱི་ལོ་རྒྱུས་སྨྲ་བ་དག་གིས་ཀྱང་ལུང་བསྟན་འདི་རྨང་གཞིར་བྱས་ནས་ཆོས་འབྱུང་དང་དེབ་ཐེར་དུ་ལི་ཡུལ་གྱི་སྐོར་སྤྲིང་ཡོད་དེ། དཔེར་ན། དཔའ་བོ་གཙུག་ལག་ཕྲེང་བས་མཛད་པའི་ཆོས་འབྱུང་མཁས་པའི་དགའ་སྟོན་དང་། མཁས་པ་ལྡེའུས་མཛད་པའི་རྒྱ་བོད་ཀྱི་ཆོས་འབྱུང་རྒྱས་པ། སྟག་ཚང་རྫོང་བ་དཔལ་འབྱོར་བཟང་པོས་མཛད་པའི་རྒྱ་བོད་ཡིག་ཚང་ཆེན་མོ་ལྟ་བུའོ། །

གསུམ། བོད་འགྱུར་ལུང་བསྟན་གཉིས་ཀའི་བརྗོད་དོན་ལས་མི་འདྲ་བའི་ཆ་བརྗོད་པ། ཐོག་མར། ལུང་བསྟན་གཉིས་ཀའི་ནང་དོན་གྱི་རྒྱས་བསྡུས་མི་འདྲ་སྟེ། ལུང་བསྟན་སྔ་མའི་ནང་དོན་བསྡུས་ཤིང་གོ་རིམ་གསལ་བ་དང་ཕྱི་མའི་ནང་དོན་རྒྱས་ཤིང་ཁྱབ་ཆེའོ། །དེ་ཡང་ལུང་བསྟན་སྔ་མའི་བརྗོད་བྱའི་ནང་དོན་ལ་ལི་ཡུལ་དུ་དམ་པའི་ཆོས་དར་རྒྱུད་ཀྱི་སྐོར་དང་། ས་ནུ་རྒྱལ་པོའི་གཏམ་རྒྱུད་བསྡུས་པ། ལི་ཡུལ་དུ་དམ་ཆོས་བསྒྲུབས་རྗེས་དགེ་འདུན་མང་པོ་བོད་དུ་ཕེབས་ནས་བཙན་པོ་མེས་ཨག་ཚོམ་ཡབ་ཡུམ་གྱི་མཆོད་བཀུར་ཟླ་མེད་བྱེད་ཚུལ་བསྡུས་པ། དགོར་གཉེར་བ་ཤི་རི་དན་ཞེས་པ་དགྲ་བཅོམ་

པའི་གོ་འཕང་ཐོབ་ཚུལ་བཅས་སོ། །ཡང་ལུང་བསྟན་ཕྱི་མའི་བརྗོད་བྱའི་ནང་དོན་ལ་ལི་ཡུལ་དུ་དམ་པའི་ཆོས་དར་དུས་ཞིའི་རྗེ་བོ་རྣམས་ཀྱིས་འགྲོ་དོན་ཇི་ལྟར་མཛད་ཚུལ་དང་ཡུལ་དེའི་དམ་པའི་ཆོས་བསྒྲུབས་པའི་རྐྱེན་གང་གང་ཡིན་པ། དགེ་འདུན་པ་རྣམས་བོད་དུ་ཕེབས་ནས་ལོ་ངོ་བཅུ་གཉིས་ཀྱི་རྗེས་སུ་བོད་བཙན་པོའི་རྒྱལ་རབས་ཀྱི་ནང་ཁུལ་དུ་སྲིད་འགྱུར་བསླངས་ཏེ་བོད་ལི་དགེ་འདུན་པ་རྣམས་དྲག་གནོན་ཇི་ལྟར་བྱས་ཚུལ། ས་ནུ་རྒྱལ་པོའི་གཏམ་རྒྱུད་རྒྱས་པ། ལི་ཡུལ་གྱི་གནས་འདི་ལ་རྒྱལ་ཁབ་གཞན་གྱི་བཙན་འཛུལ་བྱས་ཚུལ་བཅས་ནང་དོན་ཤིན་ཏུ་མང་། ལུང་བསྟན་སྔ་ཕྱི་གཉིས་ལས་སྔ་མའི་ནང་གི་དགོན་གཉེར་བ་ཤེ་རི་དན་ཞེས་པ་དགྲ་བཅོམ་པའི་གོ་འཕང་ཐོབ་པའི་གཏམ་རྒྱུད་དེ་ཕྱི་མ་ན་མེད། དེ་ནི་འདི་ལྟ་སྟེ། རྒྱ་གར་ཡུལ་གྱི་རྒྱལ་པོ་མྱིང་འབབ་བུ་སོང་དར་ལ་དགོར་གཉེར་བ་ཤེ་རི་དན་ཞེས་ཆོས་ལ་དད་ཅིང་སྦྱིན་པ་ལ་དགའ་བ་ཞིག་མཆིས། ཉིན་ཞིག་ཡུལ་ཁམས་དེ་ལ་སོག་དག(粟特)གི་ཚོང་པ་ལྔ་བརྒྱ་འཁྱམས་ནས་ཡོང་བས་རྒྱལ་པོའི་ཁྲིམས་ལ་འགལ་ཞིང་སྲོག་ཀྱང་འགུམ་པ་ལ་ཐུག་པ་ལས། ལྷ་མ་སྲིན་ཨ་ག་སྐྲ་ལ་སྐྱབས་སུ་གསོལ་བ་ན་མི་གསོན་པོ་ཞིག་གིས་དམར་མཆོད་བྱས་ན་ད་རུང་སྲོག་ལས་ཐར་ཐུབ་གསུངས། སོག་དག་གི་ཚོང་པ་རྣམས་ཀྱིས་རང་ཉིད་རྣམས་སྲོག་ལས་ཐར་ཆེད་མི་གསོན་པོ་ཞིག་གིས་དམར་མཆོད་བྱེད་རྒྱུར་སྔ་གོན་བྱས་པ་ན། དགོན་གཉེར་བ་ཤེ་རི་དན་གྱིས་མི་དམར་མཆོད་ལ་འཇུག་པ་དེ་སྐྱོབ་ཆེད་རང་ཉིད་ལྟུགས་ཐག་གིས་བཅིངས་ནས་ལྟུགས་ཀྱི་ཕུར་བ་ལ་དཀྲིས་ཏེ་མེར་བསྲེགས། ཁོ་རང་དད་པ་ཆེ་བའི་རྐྱེན་གྱིས་ལྷ་ཀླུ་རྣམས་ཀྱིས་བསྐྱབས་ཤིང་མཐར་དགྲ་བཅོམ་པའི་གོ་འཕང་ཐོབ། དེ་བཞིན་དུ་ལུང་བསྟན་ཕྱི་མའི་ནང་དོན་མང་པོ་ཞིག་ཀྱང་ལུང་བསྟན་སྔ་མ་ན་མེད་དོ། ཆེས་མངོན་གསལ་ཅན་ཞིག་ནི་ལི་རྗེ་རིམ་བྱོན་གྱིས་ཆོས་སྲིད་གཉིས་ཀའི་ཕྱོགས་ཀྱི་མཛད་རྗེས་དང་རྒྱ་བོད་སོག་བྱེ་དྲུ་གུ་ལ་སོགས་པ་མི་རིགས་མང་པོས་ལི་ཡུལ་འཕྲོག་རྩོད་བྱེད་པའི་ལོ་རྒྱུས་དེའོ། །

དེའི་འཕྲོར་ལུང་བསྟན་གཉིས་ལས་སྔ་མའི་ནང་དོན་ལ་ཆད་སྐྱོན་མང་ཞིང་ཕྱི་མའི་ནང་དོན་ལ་ནང་འགལ་བྱུང་ཡོད་དེ། ལུང་བསྟན་སྔ་མ་འདི་ནི་སྤྱི་ལོ་དུས་རབས་ཉི་ཤུ་བའི་འགོ་ཙམ་དུ། ཏུན་ཧོང་ངམ་སྟོང་དཔར[1]དུ་གྲགས་པའི་ཡུལ་གྱི་ཕུག་པ་ནས་གནའ་དུས་ཀྱི་བོད་ཡིག་གི་ཤོག་དྲིལ་མང་པོ་ཞིག་ཐོན་པ་དེའི་གྲས་སུ་འདུ་ཞིང་། ཡིག་རྙིང་འདི་རྣམས་ལོ་ངོ་ཆིག་སྟོང་ལྷག་ཙམ་གྱི་གོང་གི་བོད་བཙན་པོའི་དུས་སྐབས་སུ་བོད་མི་རང་གིས་བྲིས་ཤིང་ཕྱི་རབས་ལོ་རྒྱུས་རྩོམ་འབྲི་བྱེད་མཁན་ཚོས་བཟོ་བཅོས་

① གནས་དེ་གར་སངས་རྒྱས་སྟོང་གི་སྐུ་པར་བཞུགས་ཡོད་པའི་ཆ་ནས་སྟོང་དཔར་དུ་གོ་བ་གླངས་ན་འོས་ཤིང་འཚམས་པར་སྙམ། དེ་ལ་རྒྱ་སྐད་དུ་ "千佛洞" ཟེར།

དང་བསྲེ་བསླད་ཕྲན་བུ་ཙམ་ཡང་མ་ཞུགས་པར་བྲེ་མའི་འོག་ཏུ་གཟིམས་པའི་ཡིག་རྙིང་ཤ་སྟག་ཡིན་ལ། མཁས་པའི་དབང་པོ་དུང་དཀར་ཚང་གིས་ཀྱང་ཡིག་ཆ་འདི་དག་ནང་བོད་ཀྱི་གལ་ཆེའི་ལོ་རྒྱུས་ཀྱི་གནད་དོན་མང་པོ་ཞིབ་འཇུག་བྱེད་རྒྱུར་མཁོ་བའི་དཔང་རྟགས་ཡོད་པར་བརྟེན། ཡིག་འབྲུ་གཅིག་བརྣག་ཀྱང་ཧ་ཅང་ཕངས་སེམས་བྱེད་དགོས་པའི་རིན་ཐང་ཆེན་པོ་ཡོད་ཅེས་གདེང་འཇོག་ཆེན་པོ་མཛད་སྒྲོང་། ཡིན་ནའང་། ཡིག་རྙིང་འདི་དག་བྲག་ཕུག་ལས་ཕྱིར་བཏོན་རྗེས། གཅིག་ན་ཞར་ཚགས་སམ་དོ་དམ་ལེགས་པོ་ཞིག་བྱེད་མ་ཐུབ་པ་དང་། གཉིས་སུ་ཕྱིའི་རྒྱལ་ཁབ་ཀྱི་ཤར་ཕྱོགས་རིག་གནས་ལ་ཞིབ་འཇུག་བྱེད་མཁན་གྱིས་བྲག་ཕུག་བདག་གཉེར་མཁན་ལ་དངུལ་བྱིན་ནས་ཉོས་ཏེ་ཡིག་རྙིང་མང་པོ་ཕྱིར་ཁྱེར་པ་ལས་ཡིག་རྙིང་དེ་དག་ལ་གནོད་བརླག་ཚབས་ཆེན་ཐེབས། གསུམ་ན་ཡིག་རྙིང་འདི་དག་བྲག་ཕུག་ཏུ་བཞུགས་པའི་ཡུན་ཤིན་ཏུ་རིང་བས་ཞིག་རལ་དུ་སོང་བ་བཅས་ཀྱིས་ཆད་སྐྱོན་མང་པོ་བྱུང་ཡོད། དཔེར་ན། ལུང་བསྟན་སྔ་མར། རྒྱལ་པོ་ས་ནུ་ནས། རྡོ་རྗེ་བཙན་ལེགས་ཀྱི་བར་དུ། རྒྱལ་པོ་རབས་ལྔ་བཅུ་དྲུག་གིས་བགྱིས......དེ་ནས་བྱང་ཆུབ་སེམས་དཔའ་བྱམས་པ་དང་། འཕགས་པ་འཇམ་དཔལ་གཉིས་ཀྱིས། ཅེས་པ་དེའི་ནང་དོན་གྱི་ཐད་ཆད་སྐྱོན་ཡོད་པ་ཁ་སྐོང་ན་འདི་ལྟ་སྟེ། རྒྱལ་པོ་ས་ནུ་ནས། ལི་རྗེ་བཙན་ལེགས་ཀྱི་བར་དུ། རྒྱལ་པོ་རབས་ལྔ་བཅུ་རྩ་དྲུག་གིས་བགྱིས་པ་ཕྲུག་ཚབ་ཅིག་བྱུང་ངོ་། །གནའ་དང་པོ་མཚོ་བསྐམས་ནས་རྒྱལ་བུ་ས་ནུ་དང་། བློན་པོ་ཡ་ཤ་ལ་སོགས་པས་ཐོག་མར་གཞི་བཟུང་སྟེ་ཡུལ་བཙུགས། རྒྱལ་བུ་ས་ནུའི་བུ་རྒྱལ་པོ་ཡེའུ་ལའི་ཞེས་བགྱི་བས་ཙ་ཐེན་གྱི་དང་ར་ལྔན་གྱི་གྲོང་ཁྱེར་བརྩིགས་ཏེ། ལི་ཡུལ་བྱུང་ནས་དགུང་ལོ་བརྒྱ་དང་དྲུག་ཅུ་རྩ་ལྔ་འདས་པའི་འོག་ཏུ་རྒྱལ་པོ་ཡེའུ་ལའི་བུ་བི་ཛ་ཡ་སམ་བྷབ་ཞེས་བགྱི་བས་རྒྱལ་པོ་ཞུགས་ནས་དགུང་ལོ་ལྔ་ལགས་ནས་ལི་ཡུལ་དུ་ཐོག་མར་ཆོས་བྱུང་། དེ་ནས་བྱང་ཆུབ་སེམས་དཔའ་བྱམས་པ་དང་། འཕགས་པ་འཇམ་དཔལ་གཉིས་ཀྱིས་ཞེས་ནང་དོན་ཆ་ཚང་བར་གྱུར། ཡང་ལུང་བསྟན་སྔ་མར། ཐོག་མར་ཡུལ་དེའི་རྒྱལ་པོ་ས་ནུ་ཞེས་པ་ནི། བརྣག་ཀྱང་ཧ་ཅང་ཕངས་སེམས་བྱེད་དགོས་པའི་རིན་ཐང་ཆེན་པོ་ཡོད་ཅེས་གདེང་འཇོག་ཆེན་པོ་མཛད་སྒྲོང་། ཡིན་ནའང་། ཡིག་རྙིང་འདི་དག་བྲག་ཕུག་ལས་ཕྱིར་བཏོན་རྗེས། གཅིག་ན་ཞར་ཚགས་སམ་དོ་དམ་ལེགས་པོ་ཞིག་བྱེད་མ་ཐུབ་པ་དང་། གཉིས་སུ་ཕྱིའི་རྒྱལ་ཁབ་ཀྱི་ཤར་ཕྱོགས་རིག་གནས་ལ་ཞིབ་འཇུག་བྱེད་མཁན་གྱིས་བྲག་ཕུག་བདག་གཉེར་མཁན་ལ་དངུལ་བྱིན་ནས་ཉོས་ཏེ་ཡིག་རྙིང་མང་པོ་ཕྱིར་ཁྱེར་པ་ལས་ཡིག་རྙིང་དེ་དག་ལ་གནོད་བརླག་ཚབས་ཆེན་ཐེབས། གསུམ་ན་ཡིག་རྙིང་འདི་དག་བྲག་ཕུག་ཏུ་བཞུགས་པའི་ཡུན་ཤིན་ཏུ་རིང་བས་ཞིག་རལ་དུ་སོང་བ་བཅས་ཀྱིས་ཆད་སྐྱོན་མང་པོ་

བྱུང་ཡོད། དཔེར་ན། ལུང་བསྟན་སྤྱི་མར། རྒྱལ་པོ་ས་ནུ་ནས། རྡོ་རྗེ་བཙན་ལེགས་ཀྱི་བར་དུ། རྒྱལ་པོ་རབས་ལྔ་བཅུ་དྲུག་གིས་བགྱིས......དེ་ནས་བྱང་ཆུབ་སེམས་དཔའ་བྱམས་པ་དང་། འཕགས་པ་འཇམ་དཔལ་གཉིས་ཀྱིས། ཅེས་པ་དེའི་ནང་དོན་གྱི་ཐད་ཆད་སྐྱོན་ཡོད་པ་ཁ་སྐོང་ན་འདི་ལྟ་སྟེ། རྒྱལ་པོ་ས་ནུ་ནས། ལི་རྗེ་བཙན་ལེགས་ཀྱི་བར་དུ། རྒྱལ་པོ་རབས་ལྔ་བཅུ་རྩ་དྲུག་གིས་བགྱིས་པ་ཕྱག་ཚབ་ཅིག་བྱུང་ངོ་། །གནའ་དང་པོ་མཆོ་བསྐམས་ནས་རྒྱལ་བུ་ས་ནུ་དང་། བློན་པོ་ཡ་ཤ་ལ་སོགས་པས་ཐོག་མར་གཞི་བཟུང་སྟེ་ཡུལ་བཙུགས། རྒྱལ་བུ་ས་ནུའི་བུ་རྒྱལ་པོ་ཡེའུ་ལའི་ཞེས་བགྱི་བས་ཨུ་ཐེན་གྱི་དང་ར་ལྟན་གྱི་གྲོང་ཁྱེར་བརྩིགས་ཏེ། ལི་ཡུལ་བྱུང་ནས་དགུང་ལོ་བརྒྱ་དང་དྲུག་ཅུ་རྩ་ལྔ་འདས་པའི་འོག་ཏུ་རྒྱལ་པོ་ཡེའུ་ལའི་བུ་བི་ཛ་ཡ་སམ་བྷབ་ཞེས་བགྱི་བས་རྒྱལ་པོ་ཞུགས་ནས་དགུང་ལོ་ལྔ་ལགས་ནས་ལི་ཡུལ་དུ་ཐོག་མར་ཆོས་བྱུང་། དེ་ནས་བྱང་ཆུབ་སེམས་དཔའ་བྱམས་པ་དང་། འཕགས་པ་འཇམ་དཔལ་གཉིས་ཀྱིས་ཞེས་ནང་དོན་ཆ་ཚང་བར་གྱུར། ཡང་ལུང་བསྟན་སྤྱི་མར། ཐོག་མར་ཡུལ་དེའི་རྒྱལ་པོ་ས་ནུ་ཞེས་པ་ནི། རྒྱ་གར་གྱི་རྒྱལ་པོ་ཨ་ཤོ་ཀའི་བུ་ལགས་ཏེ། རྒྱ་གར་རྒྱལ་པོ་ཨ་ཤོ་ཀ་ལྷོངས་རྒྱུ་ཞིང་ཡུལ་ཚོལ་དུ། རྒྱ་གར་གྱི་དམག་མང་པོ་དང་། འཁོར་དུ་བཅས་ཏེ་མཆི་མཆི་བ་ལས། ཨུ་ཏེན་ས་འདི་ཙམ་ན་མཆོ་མཆིས་པ་ཡུལ་སྤྱང་མཆིས་པར་སྐམ་ནས......བྲམ་ཟེ་དང་ལྟས་མཁན་རྣམས་བཙུགས་ནས། ཞེས་པའི་ནང་དོན་ཡང་ཁ་མི་ཚང་སྟེ། འདིའི་ནང་དོན་ཁ་ཚང་བར་བྱས་ན་འདི་ལྟ་སྟེ། ལི་ཡུལ་གྱི་རྒྱལ་པོ་ས་ནུ་ཞེས་བགྱི་བ་ནི། རྒྱ་གར་གྱི་རྒྱལ་པོ་ཨ་ཤོ་ཀའི་བུ་ལགས་ཏེ། རྒྱལ་པོ་ཨ་ཤོ་ཀ་ལྷོངས་རྒྱུ་ཞིང་ཡུལ་འཚོལ་དུ། རྒྱ་གར་གྱི་དམག་མང་པོ་དང་འཁོར་བཅས་པ་མཆི་མཆི་བ་ལས། ཨུ་ཐེན་ས་འདི་ཙམ་ན་མཆོ་མཆིས་པ་ལས་བསྐམས་ནས་ཡུལ་ཡང་སྟོང་དུ་མཆིས་པའི་ཚེ། ད་ལྟར་ཨུ་ཐེན་གྱི་སྐུ་མཁར་མཆིས་པའི་དོག་སར་གུས་པོ་ཡན་དུ་ཤུལ་ཕྱུངས་ནས་རྐོངས་གཅིག་བཏབ་པའི་ནུབ་མོ་རྒྱལ་པོའི་བཙུན་མོ་དམ་པ་ལས་ཁྱིའུ་མཚན་དང་ལྡན་པ་བཟང་པོ་ཞིག་བཙས་པ་ན། རྒྱལ་པོས་བྲམ་ཟེ་དང་ལྟས་མཁན་ལ་སོགས་པ་བཀུག་ནས་ཞེས་ནང་དོན་འཕྲུས་ཚང་བཏང་ཆོག

དེ་ནས་ཡང་ལུང་བསྟན་ཕྱི་མའི་ནང་དོན་ཐད་ལ་ནང་འགལ་དང་བསྒྱུར་ནོར་གྱི་སྣང་ཚུལ་བྱུང་ཡོད་དེ། དཔེར་ན།(རྒྱལ་པོ་ཨ་ཤོ་ཀས་) ཨུ་ཐེན་གྱི་སྐུ་མཁར་མཆིས་པའི་དོག་སར་གུས་པོ་ཡེན་དུ་ཤུལ་ཕྱུངས་ནས་རྐོངས་གཅིག་བཏབ་པའི་ནུབ་མོ་རྒྱལ་པོའི་བཙུན་མོ་དམ་པ་ཁྱིའུ་མཚན་དང་ལྡན་པ་བཟང་པོ་ཞིག་བཙས་ནས། སྔོན་རྒྱལ་པོའི་བཙུན་མོ་དེ་ཀུན་དགའ་ར་བའི་སྐྱིད་སོས་ཚལ་དུ་མཆིས་པ་ལས་ཐིང་བུའི་ནང་ན་ཁྲུས་བགྱིད་ཅིང་མཆིས་པའི་དུས་ན་རྣམ་ཐོས་སྲས་འཁོར་དང་བཅས་པ་ནམ་མཁའ་

ལ་གཤེགས་པས་ཀྱང་ཡས་གཟིགས། རྒྱལ་པོའི་བཙུན་མོས་ཀྱང་རྣམ་ཐོས་ཀྱི་སྲས་བྱད་བཞིན་བཟང་པོ་མཐོང་བས་སེམས་ཀྱི་བུར་ཆགས་པས་ཀུས་བེ་ཡིན་དུ་བཙས་ན་ཞེས་པའི་ནང་དོན་ལ་བལྟས་ན་བུ་ས་ནུ་འདི་རྒྱལ་པོ་ཨ་ཤོ་ཀའི་སྲས་ཡིན་ནམ་རྣམ་ཐོས་སྲས་ཀྱི་སྲས་ཡིན་པའི་ཆ་ནས་བརྗོད་བྱར་ནང་འགལ་བྱུང་བས་ཧ་མི་གོ་བ་ཞིག་ཏུ་གྱུར་ཡོད། ལུང་བསྟན་ཕྱི་མ་ན་ད་ཏུང་ནང་དོན་གྱི་ཐད་ནས་བསྐྱར་ཟློས་བྱས་ཡོད་དེ། འདིར་ལི་ཡུལ་གྱི་རྒྱལ་རབས་ལས་རྒྱལ་པོ་བི་ཛ་ཡ་སིང་ཧ་ཞེས་བགྱི་བ་ཅར་མའི་གཙུག་ལག་ཁང་དུ་མཆོད་པ་བགྱིད་པ་མཆིས་པ་ལས་སྐུ་གཟུགས་ལྡིར་བའི་བགྱིས་པ་ཅིག་མཆོད་ཅིང་གཤེགས་པར་མཐོང་ནས་མཚམས་མེད་པ་ལྔ་པོ་བྱུང་ངོ་ཞེས་མཆི་བ་ཡང་ད་ལྟ་བཞུགས་ཞེས་པ་དང་། དེ་ནས་རྒྱལ་རབས་གཉིས་འདས་རྗེས། བི་ཛ་ཡ་སང་གྲ་མའི་བུ་རྒྱལ་པོ་བི་ཛ་ཡ་སིང་ཧ་ཞེས་བགྱི་བས་རྒྱལ་པོར་ཞུགས་ནས་དགེ་བའི་བཤེས་གཉེན་འཕགས་པ་དགྲ་བཅོམ་པ་དྷརྨ་པ་ལ་འཕགས་པ་ཁྲོད་ལ་རྫུ་འཕྲུལ་ཅི་མངའ་བ་བདག་ལ་བསྟན་པ་ཅི་གནང་ཞེས་པ་ལས་ལིའི་རྒྱལ་རབས་སུ་བི་ཛ་ཡ་སིང་ཧ་ཞེས་པའི་རྒྱལ་པོ་གཉིས་བྱུང་། ལུང་བསྟན་སྔ་མ་ན་སྣང་ཚུལ་འདི་དང་འདྲ་བ་ཞིག་མ་མཐོང་བས་ཕལ་ཆེར་ལུང་བསྟན་ཕྱི་མ་སྒྱུར་མཁན་གྱིས་དོ་སྣང་མ་བྱས་པ་ཡིན་ལས་ཆེ། གང་ལྟར། འདིས་ལུང་བསྟན་སྤྱིའི་ནང་དོན་ཞིབ་འཇུག་གི་ཐད་ལ་བཀག་རྒྱ་ཤིན་ཏུ་ཆེ། ཡང་ལུང་བསྟན་འདིའི་ནང་ད་དུང་ནང་འགལ་ཅན་གྱི་དཔེ་ཞིག་བཞག་ན། ལུང་བསྟན་གྱི་འགོ་ན་འདི་ལྟ་སྟེ། ལི་ཡུལ་བྱུང་ནས་ལིའི་རྒྱལ་པོ་རབས་དྲུག་ནི་འདས། རབས་བདུན་གྱི་རྒྱལ་པོ་བི་ཛ་ཡ་ཀིརྟི་ཞེས་བི་ཛ་ཡ་ཀིརྟི་འདི་ལི་ཡུལ་གྱི་རྒྱལ་རབས་བདུན་པ་ཡིན་པར་གསུངས་སོད། ལུང་བསྟན་གྱི་ནང་དོན་དངོས་ཀྱི་ནང་དུ་རྒྱལ་རབས་བགྲང་དུས་འདི་བ་རྒྱལ་རབས་བརྒྱད་པ་ཡིན་ཏེ། ལི་རྗེ་ཐོག་མ་ས་ནུ། དེའི་བུ་རྒྱལ་པོ་ཡེ་ཨུ་ལ། དེའི་བུ་བི་ཛ་ཡ་སམ་བྷབ། དེའི་བུ་བི་ཛ་ཡ་སིང་ཧ། དེའི་བུ་བི་ཛ་ཡ་ཝིརྻ། དེའི་བུ་བི་ཛ་ཡ་ཛ་ཡ། དེའི་བུ་བི་ཛ་ཡ་དྷརྨ། དེའི་བུ་བི་ཛ་ཡ་ཀྲི་ར་ཏི་སྟེ་བི་ཛ་ཡ་ཀིརྟི་རེད། ལུང་བསྟན་འདིའི་ནང་དུ་འདི་དང་འདི་འདྲའི་འགལ་བ་མང་བའི་རྐྱེན་གྱིས། ལི་ཡུལ་ལ་ཞིབ་འཇུག་མཁན་ཚོས་གནད་དོན་མང་པོ་ཞིག་ཐག་གཅོད་བྱེད་དཀའ་བའི་གནས་སུ་གྱུར་ཏོ། །

གཉིས་པ། བོད་འགྱུར་ལུང་བསྟན་གཉིས་ཀའི་རྗོད་བྱེད་ཚིག་གི་ཁྱད་པར་བརྗོད་པ།

དེ་ཡང་བོད་འགྱུར་ལུང་བསྟན་གཉིས་ཀའི་རྗོད་བྱེད་ཀྱི་ཚིག་ལ་ཁྱད་པར་ཡོད་དེ། ལུང་བསྟན་སྔ་མ་འདི་སྤྱི་ལོ་དུས་རབས་བདུན་པའི་ནང་བྱུང་བའི་ཡིག་རྙིང་ཡིན་པའི་རྐྱེན་གྱིས་བོད་དུ་བསྟན་པ་སྔ་དར་དུས་ཀྱི་བསྟན་བཅོས་འགྱུར་མའི་ཁོངས་སུ་འདུ། བསྟན་པ་སྔ་དར་གྱི་དུས་ནི་བོད་ཀྱི་ཆབ་སྲིད་

མངའ་ཐང་རྒྱས་པའི་རྩེ་མོར་སོན་ཅིང་། རྒྱ་གར་དང་ལི་ཡུལ་ནས་ནང་པའི་ཆོས་ལུགས་ནང་འདྲེན་ལས་རིམ་གྱིས་དར་ཁྱབ་ཆེན་པོ་བྱུང་བ་དང་། བོད་རང་གི་སྔར་ཡོད་ཀྱི་ཤེས་རིག་གི་རྒྱང་གཞིའི་སྟེང་ཕྱི་ཕྱོགས་ནས་ཉེ་བར་མཁོ་བའི་རིག་གནས་མང་པོ་བསྡུ་ལེན་བྱས་པའི་ལོ་རྒྱུས་ཀྱི་དུས་སྐབས་ཤིག་སྟེ། ལྷག་པར་དུ་ཁྲི་སྲོང་ལྡེ་བཙན་ནས་ཁྲི་གཙུག་ལྡེ་བཙན་བར་གྱི་རྒྱལ་རབས་དག་གིས་མངའ་འབངས་ཀྱི་བསམ་བློར་དབང་སྒྱུར་བ་སོགས་ཀྱི་དགོས་པར་དམིགས་ནས། ཤ་ཅུ(དེང་སང་གི་ཏུན་ཧོང་)སོགས་འདུས་པའི་རང་གི་མངའ་ཁོངས་ཡོངས་སུ་དམ་པའི་ཆོས་རྒྱ་ཆེར་སྤེལ་བའི་སྲིད་ཇུས་ལག་ཏུ་བསྟར་ཏེ། དགེ་འདུན་པ་རྣམས་ལ་བཀུར་བསྟི་བླ་ན་མེད་པ་བྱས་ཤིང་། དགེ་འདུན་གྱི་སྡེ་རྣམས་སུ་དུས་རྒྱུན་གྱི་འཆད་ཉན་དང་སྒྲུབ་པ་ཉམས་ལེན་གྱི་བྱ་བ་ལས་གཞན་བཀའ་དང་བསྟན་བཅོས་བསྒྱུར་རྩོམ་འབྲི་གསུམ་གྱི་བྱ་བ་ལ་བཙན་པོའི་སྲིད་གཞུང་གིས་མཐུན་རྐྱེན་སྦྱར་ཅིང་ཧྲིང་བསྐུལ་བྱས། ཤ་ཅུའི་ཆོས་སྡེ་རྣམས་ལའང་སྐབས་དེའི་བོད་བཙན་པོའི་མངའ་ཁོངས་ཀྱི་ཆོས་སྡེ་གཞན་དང་འདྲ་བར་བཙན་པོའི་སྲིད་གཞུང་གི་གཟིགས་སྐྱོང་ཐོབ་ཡོད་པ་གདོན་མི་ཟ་ལ། ཡུལ་དེའི་དཔོན་རིགས་དང་བཙུན་པའི་ཚོགས་པས་བཙན་པོའི་སྐུ་དྲིན་གཟོ་བའི་སླད་དུ། སེར་སྐྱ་གཉིས་ཀ་བསྐུལ་ཏེ་ཚེ་དཔག་མེད་ཀྱི་མདོ་སོགས་དམ་པའི་ཆོས་ཀྱི་གླེགས་བམ་ཤིན་ཏུ་མང་པོ་ཡི་གེར་འབྲི་རུ་བཅུག་པ་དང་། བྲིས་ནས་ལེགས་པར་གྲུབ་པ་ཕལ་ཆེ་བ་བཙན་པོའི་སྲིད་གཞུང་ལ་ཕུལ། ལྷག་མ་རྣམས་ས་དེའི་དགོན་སྡེ་ཁག་ཏུ་ཉར་ཚགས་བྱས་པར་བཤད། དེང་སང་གི་ཏུན་ཧོང་ཡིག་རྙིང་དུ་འབོད་པ་རྣམས་ནི་དེའི་ནང་གི་ཁག་ཅིག་ཡིན།[①] ལུང་བསྟན་སྐོར་འདིའང་ཡིག་རྙིང་གི་ཁོངས་སུ་གཏོགས་པའི་རྐྱེན་གྱིས། འདིའང་རྫོང་བྱེད་ཚིག་གི་སྟེང་ནས་ཡིག་རྙིང་གི་ཁྱད་ཆོས་འབུར་དུ་ཐོན་ཡོད།

ཡང་ལུང་བསྟན་ཕྱི་མ་སྟེ་སྔེ་དགེ་བསྟན་འགྱུར་ལས་བྱུང་བའི་ལི་ཡུལ་ལུང་བསྟན་འདི་ནི་བསྟན་པ་ཕྱི་དར་གྱི་འགོ་ཙམ་དུ་བྱུང་བ་ཡིན་ལ། བསྟན་འགྱུར་ཞེས་པའི་མིང་འདི་བསྟན་པ་སྔ་དར་གྱི་དུས་སུ་བྱུང་ཡོད་མིན་ད་སྔར་མ་མཐོང་ཡང་། བསྟན་པ་ཕྱི་དར་གྱི་དུས་ཏེ་ལྷ་བླ་མ་བྱང་ཆུབ་འོད། ཡེ་ཤེས་འོད་དང་ནག་ཚོ་ལོ་ཙཱ་བ་སོགས་ཀྱིས་མངའ་རིས་སུ་ཆོས་ཀྱི་མཛད་པ་བསྐྱངས་ནས་བསྟན་པའི་མེ་རོ་གསོས་པ་དང་། ཛོ་བོ་རྗེ་ཨ་ཏི་ཤ་སོགས་ཀྱིས་མངའ་རིས་སུ་ཆོས་ཀྱི་མཛད་པ་བསྐྱངས་ནས་བསྟན་པའི་མེ་རོ་གསོས་པ་དང་། ཛོ་བོ་རྗེ་ཨ་ཏི་ཤ་སོགས་རྒྱ་གར་གྱི་མཁས་པ་གང་མང་གདན་དྲངས་ནས་བསྟན་པ་ཁྱབ་

① སློམ་པ་བཀྲ་ཤིས། ཏུན་ཧོང་ནས་ཐོན་པའི་བོད་འགྱུར་ར་མ་ཏའི་གཏམ་རྒྱུད་ལ་རགས་ཙམ་དཔྱད་པ། ནུབ་བྱང་མི་རིགས་སློབ་གྲྭ་ཆེན་མོའི་རིག་གཞུང་དུས་དེབ། 1998ལོའི་དེབ་གཉིས་པ།

བརྡལ་དུ་སྤེལ་ཞིང་། བོད་ནས་ཀྱང་སློབ་མ་མང་པོ་མངགས་ཏེ་རྒྱ་གར་སོགས་སུ་སྦྱངས་པ་སྨིན་པར་མཛད་པས་ལོ་ཙཱ་བ་གང་མང་བྱུང་ནས་ཆོས་གཞུང་མང་པོ་བོད་དུ་བསྒྱུར་པ་དང་བོད་རང་གི་བརྩམས་ཆོས་ཀྱང་མང་དུ་བྱུང་སྟེ། རྣམ་འདྲེན་སྟོན་པའི་གསུང་རྣམས་ཀྱི་དགོངས་པ་འགྲེལ་བའི་ཆེད་དུ་རྒྱ་གར་གྱི་མཁས་པས་བརྩམས་པའི་གཞུང་གང་ཡིན་པ་དེ་ལ་བསྟན་བཅོས་ཟེར་ཞིང་། དེ་དག་གི་ནང་ནས་རྒྱ་གར་དང་ནང་སའི་མཁས་པས་མཛད་པའི་བསྟན་བཅོས་བོད་སྐད་དུ་བསྒྱུར་པ་ལ་བསྟན་འགྱུར་ཞེས་ཟེར། འོན་ཀྱང་བསྟན་འགྱུར་གྱི་མཇུག་ཏུ་བོད་ཀྱི་མཁས་པ་ཆོས་མཛད་པའི་བསྟན་བཅོས་མང་པོ་ཡོད་ཀྱང་བོད་ཀྱི་མི་འགའ་ཞིག་གིས་མཛད་པའི་བསྟན་བཅོས་ཐུན་མ་རྣམས་བསྟན་འགྱུར་གྱི་ནང་དུ་ལྷུད་མི་འདྲིས་པའི་ཆེད་དུ་སྔོན་བྱོན་བོད་ཀྱི་ལོ་ཙཱ་བ་མཁས་པ་རྣམས་ཀྱིས་བཀས་བཅད་མཛད་པ་ཡིན་ནོ་ཞེས་དུང་དཀར་རིན་པོ་ཆེས་གསུངས། ལུང་བསྟན་ཕྱི་མ་འདི་ནི་སྡེ་དགེ་པར་ཁང་དུ་ཉར་ཚགས་བྱས་པའི་བསྟན་འགྱུར་གྱི་པར་བཀོས་མ་ལས་བྱུང་བ་ཡིན་པས་དེ་ལ་སྡེ་དགེ་བསྟན་འགྱུར་ལས་བྱུང་བའི་ལི་ཡུལ་ལུང་བསྟན་ཞེས་བརྗོད། དེའི་ཕྱིར། ལུང་བསྟན་ཕྱི་མའི་སྙིང་ན་བསྟན་པ་ཕྱི་དར་དུས་ཀྱི་བསྟན་བཅོས་འགྱུར་མའི་ཁྱད་ཆོས་ཐོན་ཡོད། ལུང་བསྟན་འདི་གཉིས་ཀ་བྱུང་བའི་དུས་རབས་མི་གཅིག་པའི་རྐྱེན་གྱིས་རྗོད་ཚིག་ཐད་ནས་ཁྱད་པར་ཡོད་པ་འདི་ལྟར།

གཅིག མིང་དང་ཚིག་གི་ཁྱད་པར། ཐོག་མར་ལུང་བསྟན་གཉིས་ལས་མིང་དང་ཚིག་གི་འབྲི་ཚུལ་ལ་ཁྱད་པར་ཡོད་དེ། མིང་ལ་དཔེར་ན། ལུང་བསྟན་སྔ་མར་མཁར་དང་ལྷུན་གྲོང་ཞེས་པ་ལ་ལུང་བསྟན་ཕྱི་མར་མཁར་ལྟེ་ལྷུན་གྲོང་ཞེས་བྲིས་ཡོད། དེ་བཞིན་དུ་ཡུལ་ཏང་འགུ་འཇོར་ལ་ཡུལ་ཏང་གུ་ཛོ་དང་། འགེའུ་ཏེ་ཤན་གྱི་གཙུག་ལག་ཁང་ལ་འགེའུ་ཏོ་ཤན་གྱི་གཙུག་ལག་ཁང་། སློན་པོ་ཨ་མ་ཙ་ཡ་ཤ་ལ་སློན་པོ་ཡ་ཤི། ཞུ་ཏེན་ལ་ཞུ་ཐེན། བྲམ་ཛ་ལ་བྲམ་ཟེ། སེམས་ཤན་ལ་སེམས་ཅན། སྨེས་གར་ལ་སེ་སྐར། ཕོ་སྨོ་ལ་ཕོ་མོ། སྤྱི་ལ་མི། གེའུ་ཤན་ཅི་ལ་གོའུ་ཤམ་རྩེ། བཅོམ་ལྡན་འདས་ལ་བཅོམ་ལྡན་འདས་སོགས་དང་། ཚིག་གིས་གཅོད་མཚམས་དང་བརྡ་སྤྲོད་ཚུལ་ཡང་མི་འདྲ་བ་དཔེར་ན། ལུང་བསྟན་སྔ་མར། རྒྱ་རྗེ་ལ་བུ་སྟོང་དུ་གྲངས་གཅིག་གིས་མ་ཚང་བར། རྒྱ་རྗེའི་བུར་ཞུལ་ཏེ། རྒྱ་རྗེའི་གནང་ཅེན་འཚལ་ཞིང་མཆིས་མཆིས་པ་ལས། དུས་ཆེན་པོ་ཞིག་གི་ཚེ། རྒྱ་རྗེའི་བུ་རྣམས་རྩེ་རྩེ་བ་ལས། ས་ནུ་དང་། རྒྱ་རྗེའི་བུ་གཞན་དུ། འཐབས་སྟེ། ཚིག་ལས་ངན་པ་ཁྱོད་རྒྱ་རྗེའི་བུ་མ་ཡིན་ཏེ། ཕྱི་ན་རྙེད་པ་དང་། ངེད་རྒྱལ་རིགས་ཐ་དད་ཅེས་བགྱིས་པ་དང་། རྒྱལ་བུ་ས་ནུ་མྱི་དགའ་ནས། མོད་ལ་རྒྱ་རྗེ་ལ་གསོལད་པ། བདག་ཅག་རྒྱ་རྗེའི་སྲས་རྣམས་དེ་རིང་རྩེ་རྩེ་བ་ལས། སྲས་གཞན་གྱི་མཆིད་ནས། ངན་པ་

ཁྱོད་རྒྱ་རྗེའི་བུ་མ་ཡིན་ཏེ། གྱི་ན་ཉེད་པ་དང་། ངེད་རྒྱལ་རིགས་བུ་ཡང་དག་པ་ཡིན་ཏེ་ཐ་དད་ཅེས་མཆི་ན། བདག་རྒྱ་རྗེའི་བུ་མ་ལགས་པར་གྱུར་ན། བདག་རྒྱ་རྗེའི་ཞམ་འཁྲིང་ན་མཆིས་ན་གྱི་སྨན། བདག་ཡུལ་ཚོལ་ཞིང་ཕྱོགས་གཞན་དུ་མཆོ་བར་ཚོ་གནང་ཞེས་གསོལ་བ་ལས་ཞེས་པ་ལ། ལུང་བསྟན་ཕྱི་མར། རྒྱ་རྗེ་བྱང་ཆུབ་སེམས་དཔའ་ཆེན་པོ་བུ་སྟོང་དབང་བ་ཅིག་ལ་སྟོང་དུ་བུ་གཅིག་གིས་མ་ཚང་བས། རྣམ་ཐོས་སྲས་ཀྱིས་བལྟས་པ་ན་ཁྱིའུ་ས་ནུ་བསོད་ནམས་ཅན་པོར་བ་མཐོང་ནས་བླངས་ཏེ་རྒྱ་རྗེའི་བུ་སྐལ་དུ་སྩལ། དེ་ནས་རྒྱ་རྗེས་བུ་དེ་བསོས་ནས་སྣད་ཀྱིས་ཁྱིའུ་ཆེན་པོར་སྐྱེས་ནས་རྒྱའི་བུ་སྤུན་དང་བྱིས་པ་རྩེ་རྩེ་བ་ལས་འཐབ་ནས་ཁྱོད་རྒྱ་རྗེའི་བུ་མ་ཡིན་ནོ་ཞེས་བགྱིས་པ་དང་། ཁྱིའུ་དེ་སློ་བ་མི་དགའ་ནས་མི་གཞན་དག་ལ་ཡང་ལོ་རྒྱུས་སྨྲས་ན་ཡང་དེ་ལྟར་གྱུར་ནས། རྒྱ་རྗེ་ལ་བདག་ཐོག་མ་སྐྱེས་པའི་ཡུལ་ཚོལ། ས་ཚོལ་དུ་མཆི་བར་ཅི་གནང་ཞེས་གསོལ་བ་ལས། ཞེས་འཁོད་ཡོད། དེ་ལས་མིང་སྔ་ཕྱི་བསྒྱུར་ན་བརྗ་གསར་ཉིང་གི་ཁྱད་པར་མངོན་པར་གསལ་ཞིང་། ཚིག་སྔ་ཕྱི་ལས་སྔ་མར་ཚིག་གི་གཙོད་མཚམས་དང་བརྗ་སྦྲོད་ཚུལ་ཚང་མ་བོད་ཀྱི་གནའ་རྩོམ་གྱི་ཁྱད་ཆོས་འབུར་དུ་ཐོན་ཞིང་ཚགས་དམ་ལ། ཕྱི་མར་ཚིག་གི་སྦྱོར་བ་དང་བརྗ་སྦྲོད་ཚུལ་ཚང་མ་དེང་གི་རྩོམ་དང་ཕལ་ཆེར་འདྲའོ། །

གཉིས། དབྱངས་དང་ཤད་ཀྱི་ཁྱད་པར། ལུང་བསྟན་སྔ་ཕྱི་གཉིས་ལ་དབྱངས་ཀྱི་སྦྱོར་བ་ལས་ཁྱད་པར་མངོན་གསལ་ཅན་ཞིག་ནི་སྔ་མར་གུག་གུ་ཕྱིར་ལོག་ཅན་ཡོད་ཅིང་ཕྱི་མ་ན་གུག་གུ་ཕྱིར་ལོག་ཅན་མེད་པ་སྟེ། དཔེར་ན། ལུང་བསྟན་སྔ་མར། ལི་ཡུལ་དུ་ཐ་མ་དམ་པའི་ཆོས་འཇིག་པའི་དུས་ནི། ཞེས་པ་དང་། བདག་གིས་ཚེ་འདི་ལ་འདི་སྙེད་ཀྱི་དམག་མྱི་ཞིག་བསད་པས། ཞེས་དང་། རྒྱལ་པོ་བེ་ཤར་མ་ནི་དང་། ལྷ་ཀླུ་ལི་ཡུལ་གྱི་སྲུངས་མ་རྣམས་ལ། ལི་ཡུལ་དུ་ཆོས་རིང་དུ་བཞུགས་པ་དང་ཞེས་གུག་གུ་ཕྱིར་ལོག་ཅན་མང་པོ་བཀོལ་ཡོད་པ་དང་། ཡང་ལུང་བསྟན་ཕྱི་མར། དཔེར་ན། དེའི་རྗེས་ལ་ལོ་གསུམ་མམ་བཞི་ན་གོང་ཅོའི་སྙིང་གར་འབྲུམ་ཆེན་བྱུང་ནས་ན་བའི་ཚེ་གོང་ཅོས་རྒྱལ་པོ་ལ་གསོལ་བ། བདག་ནི་ནད་འདི་ལས་མི་འཚོ་སྟེ། ད་དགུམ་ན་བདག་གི་ཐབ་དང་། ནོར་ཕྱུགས་རྣམས་དཀོན་མཆོག་གསུམ་ལ་མ་གུམ་པར་འབུལ་ལོ་ཞེས་གསོལ་ཏེ་ཕུལ་ལོ་ཞེས་གུག་གུ་ཕྱིར་ལོག་ཅན་བཀོལ་མེད་པ་གསལ་ལོ། །

སྤྱིར་ཏུན་ཧོང་གཏེར་ཡིག་གི་ཁྲོད་ན་གུག་གུ་ཕྱིར་ལོག་ཅན་གྱི་རྒྱུགས་ཧ་ཅང་ཆེ་ལ། ཕྱིས་སུ་བསྟན་པ་ཕྱི་དར་གྱི་འགོ་ཚུགས་ནས་བཟུང་འབྲི་ཚུལ་དེ་རྒྱུན་འབྱམས་སུ་མ་དར་བས། ལུང་བསྟན་ཕྱི་མའི་ནང་གུག་གུ་ཕྱིར་ལོག་ཅན་མི་མཐོང་བའི་རྒྱུ་རྐྱེན་ཡང་དེ་ལ་རག་ལས། གུག་གུ་ཕྱིར་ལོག་ཅན་འདི་ལ་དཔྱོད་ལྡན་མང་པོས་ཞིབ་འཇུག་བྱས་ཏེ་བཞེད་ཚུལ་ཡང་མང་ཙམ་ཞིག་མཆིས་ཏེ། མཁས་དབང་དགེ་

འདུན་ཆོས་འཕེལ་གྱིས་གུག་གུ་གཉིས་ནེ་བར་ཡོད་ཕྱིན་གཅིག་ཕྱིར་ལོག་པ་ཞེས་གསུངས་ཀྱང་འདི་ལ་མཐའ་གཅིག་ཏུ་མ་ངེས་ལ། ཡང་ལ་ལས་གུག་གུ་ཕྱིར་ལོག་ཉིད་བཀུག་པའི་ང་རོ་འབྱིན་པའི་ཁྱབ་ཁོངས་ངེས་ཅན་ཞིག་ཡོད་པ་དེའི་ཁྲོད་དུ་དབྱངས་ཀྱི་འདེགས་འཇོག་གི་འགྱུར་བ་དང་བསྟུན་ནས་འཕོ་འགྱུར་བྱུང་བས་གཏན་ཆགས་ཀྱི་རང་བཞིན་མེད་སྙམ།[1] མཁས་དབང་ཚེ་ཏན་ཞབས་དྲུང་ཚང་གིས་སྔོན་གྱི་ཡི་གེ་རྙིང་པ་རྣམས་སུ་གི་གུ་ཕྱིར་ལོག་ཅན་མང་དུ་བྲིས་ཡོད་པ་དེ་ལ་དགོས་པ་དང་རྒྱུ་མཚན་ཅི་ཡོད་ཅེ་ན། འདི་ལྟར། ལེགས་སྦྱར་གྱི་ལྒྷཱུ་དང་ཥྚུ་གང་ཡིན་ཡང་རུང་། དབྱངས་ཨི་ཐུང་གི་སྐབས་སུ་ཡི་གེའི་གཡས་སུ་གུག་གུ་འབྲི་དགོས་པ་དང་། དབྱངས་ཨཱི་རིང་གི་སྐབས་སུ་གུག་གུ་ཡི་གེའི་གཡོན་དུ་འབྲི་དགོས་པ་ལྟ་བུ་ཡིན་ལ། ཐོན་མིས་ཐོག་མར་བོད་ཡིག་གསར་བཟོའི་སྐབས་སུ་ཚུལ་དེ་དང་མཐུན་པར་དབྱངས་ཨི་ཐུང་ཅན་ལ་གུག་གུ་ཡི་གེའི་ཀླད་ནས་ལན་ཕར་ལྟར་དུ་ཕྱིར་ལོག་ཏུ་འབྲི་བ་དཔེར་ན་ཀི་འདི་ལྟ་བུ་ཡིན་ངེས་ཤིང་། བོད་ཀྱི་དབྱངས་ཨཱི་རིང་ལ་གུག་གུ་ཕར་ལོག་ཚུར་ལོག་ཙམ་གྱིས་བྱ་བ་དེ་མི་འགྲུབ་པས་ཡི་གེའི་གཤམ་དུ་འ་ཆུང་འདོགས་དགོས་པར་བཟོས་པ་དཔེར་ན་ཀཱི་འདི་ལྟ་བུ་སྟེ། གནད་དམ་པ་འདིའི་དབང་གིས་རིམ་གྱིས་བོད་ཡིག་ལ་གུག་གུ་ཕྱིར་ལོག་ཅན་མཁོ་མེད་དུ་གྱུར་ཞེས་གསུངས། ཡིན་ནའང་། གུག་གུ་ཕྱིར་ལོག་ཅན་གྱི་སྐོར་ལ་ད་ལྟའི་བར་དུ་སྤྱི་མཐུན་གྱིས་ཁས་ལེན་པའི་བཞེད་ཚུལ་ལམ་འགྲེལ་ཚུལ་ཞིག་མ་བྱུང་བས་ང་ཚོས་སྔོན་འབྱོན་མཁས་པའི་ཞིབ་འཇུག་གི་རྨང་གཞིའི་སྟེང་ད་དུང་མུ་མཐུད་དུ་དཔྱད་རྒྱུ་གལ་ཆེའོ། །

ཡང་ཤད་ཀྱི་སྐོར་ལ་བོད་ཀྱི་བརྡ་སྤྲོད་དུ། ཤད་ལ་ཚིག་ཤད་དང་། ཉིས་ཤད། བཞི་ཤད། སྦྲུལ་ཤད། རིན་ཆེན་སྤུངས་ཤད་བཅས་སུ་དབྱེ་ཞིང་། དེའི་ཐོབ་ཐང་ནི་འདི་ལྟ་སྟེ། ཚིགས་བཅད་མཐའ་ལ་ཉིས་ཤད་འཐོབ། །ལྷུག་པའི་རྣམ་གྲངས་སོ་སོ་དང་། །དོན་ཚན་ཕལ་ཆེར་མཐའ་དང་ནི། །བོད་ཚིག་སྐབས་སུ་ཚིག་ཤད་འབྲི། །རྫོགས་ཚིག་སྐབས་སུ་ཉིས་ཤད་འཐོབ། །སྡེ་ཚན་ཆེ་བ་རྫོགས་པ་དང་། །ལེའུའི་མཚམས་སུ་བཞི་ཤད་འབྲི། །ཐིག་མགོར་ཡིག་རྗོག་ཅིག་བྱུང་ཚེ། །ཚུགས་ཐུབ་ཆེད་དུ་སྤུངས་ཤད་འབྲི། །ལེའུ་མཚམས་ལྟ་བུའི་བར་དག་ཏུ། །སྦྲུལ་ཤད་འབྲི་བའི་ལག་ལེན་ཡོད། །ཁང་པ་ཤད་དང་མི་འདྲེས་ཆེད། །ང་མཐར་ཤད་གོང་ཕྱི་ཚེག་འབྲི། །ཞེས་གསལ་ལ། དེ་ལའང་ལུང་བསྟན་སྔ་ཕྱི་གཉིས་ལས་ཕྱི་མའི་ཤད་ཚིག་ཚང་མ་ཐོབ་ཐང་གི་ནང་བཞིན་སོང་ཡོད་མོད་ཀྱི་ལུང་བསྟན་སྔ་

① ཞོ་ར་པདྨ་དབང་ཆེན། གནའ་བོའི་ཡིག་རྙིང་ཁྲོད་ཀྱི་བརྡ་སྤྲོད་པའི་གྲུབ་ཆ་འགའི་སྐོར་རགས་ཙམ་གླེང་བ། ནུབ་བྱང་མི་རིགས་སློབ་གྲྭ་ཆེན་མོའི་རིག་གཞུང་དུས་དེབ། 1995ལོའི་དེབ་གཉིས་པ།

མ་ནི་ཐོབ་ཐང་གི་འགྲོས་དང་མི་མཐུན་པ་མངོན་གསལ་ཡིན་ཏེ། དཔེར་ན། རྒྱལ་པོས་འགུམ་རྡར་བསྒྲིགས་པའི་ཚེ། བུ་ཆུང་དུ་ཞིག་ཁྲིད་ཁྲིད་པ་ལས། །སྔོར་དད་པ་རྗེས་བཅད་དེ་བཙལ་ནས། །ད་ལྟར་འགེའུ་ཏེ་ཤན་གྱི་སྙིང་། །འཇམ་དཔལ་གནས་པ་དང་གཉིས་ཀྱི་བར་ན། །ལུང་བ་སྨྱི་ཆེ་བ་ཞིག་གི་ནང་ནས་རྙེད་ནས། །ཞེས་པ་ལས་ཤེས་ཐུབ། ལྷག་པར་དུ་ལུང་བསྟན་སྔ་མ་ན་ཐུན་མོང་མ་ཡིན་པའི་ཤད་ཀྱི་བར་ན་གོར་ཐིག་འཛོག་སྟངས་ཤིག་ཀྱང་ཡོད་དེ། དཔེར་ན། འཛམ་བུ་གླིང་གི་དགེ་འདུན་ལས་བབས་པ་དང་། ཤུལ་དུ་ཆབ་འཚལ་བའི་སྣད་མ། བ། ཞེས་དང་། བོད་ཡུལ་དུ་ཐེག་པ་ཆེན་པོའི་ཆོས་ཀྱང་རྒྱས་པར་བྱུང་ནས། ཿ། ཞེས་དང་། དེའི་ཚེ་ན་སྣར་སྐྱ་པོར་བབས་པ་དང་། ཤུལ་དུ་ཆབ་འཚལད་པ་ཡང་མང་། །ཿཿ། ཞེས་དང་། སངས་རྒྱས་བྱམས་པ་འཁོར་དང་བཅས་པའི་མཆོད་གནས་སུ་འགྱུར་རོ། །ཿཿ། ཞེས་དང་། དམ་པའི་ཆོས་རིང་དུ་བཞུགས་ཤིང་། ཡུལ་ཕྱོགས་སུ་སྤྱི་དགེ་བ་ཐམས་ཅད་ཞི་བ་དང་། ཡུལ་བརྟན་པར་འགྱུར་རོ། །ཿཿ། ཞེས་ཆོས་ཉིད་མེད་པར་གང་བྱུང་དུ་མཐོང་ཐུབ་པའི། ༚། དང་། ཿ། དང་། །ཿཿ། དང་། །ཿཿ། བཅས་ལ་ཚེག་དྲག[1]ཏུ་འབོད་ལ། གནའ་བོའི་གཏེར་ཡིག་ཏུ་ཚེག་དྲག་གི་རྣམ་པ་ཨཾ་དང་ཨཿཨཿཿདང་ཨཿཿབཅས་ཀྱི་འབྲི་སྟོལ་དེ་འདྲ་རྒྱུགས་མི་ཆེ་ཡང་། སྐབས་འགར་ང་རོ་དང་ཚེག་དྲག་རེས་མོས་སུ་མཐོང་ཐུབ་ལ། ལྷག་པར་དུ་ཚེག་དྲག་ཉིད་བར་སྐབས་ཤིག་གི་རིང་ལ་འབྲི་སྟོལ་དར་ཆེ་ལ། བསམ་ཡས་གཙུག་ལག་ཁང་གི་རྡོ་རིང་སྟེང་། སངས་རྒྱསཿཀྱི་ཆོསཿ། མཛདཿཔཿའདི། ནམཿདུ་ཡང་མྱིཿགཏངཿམའ་ཞིག་པརཿབགྱིཿའོཿ། ཞེས་པ་ལྟ་བུ་ལས། ཚེག་དེ་ཡང་དང་ཐོག་ཚེག་དྲག་ཏུ་མངོན། དེ་ནས་ཚེག་ཁྲིམ་རེ་རེའི་བར་དུ་གོར་ཐིག་གཉིས་བྲིས་ན་སྟབས་མི་བདེ་ལ། དེ་ལས་ཚེག་གཉིས་ཀྱང་ཟེར་རྗེ་ཡང་དུ་བཏང་ནས་ད་ལྟའི་ཚེག་གཅིག་གི་འབྲི་སྟོལ་འདི་བྱུང་བ་ཡིན།[2] དེས་ན་ལུང་བསྟན་སྔ་མའི་ནང་གི། །ཿཿ། དང་། །ཿཿ། གཉིས་ནི་དོན་ཚན་ཆེན་མོ་རྫོགས་པའི་དུས་བྱུང་བའི་རྐྱེན་གྱིས་བཞི་ཤད་ཀྱི་གོའང་ཚོད་པ་འདྲ་སྟེ། ཿཿདང་ཿཿགཉིས་ཀྱི་ཤད་གཅིག་གི་ཚབ་བྱས་ཡོད་དེ། དཔེར་ན། ལི་ཡུལ་འུ་ཏེན་གྱི་མཁར་དང་ར་ལྷན་གྲོང་ཁྱེར་ཆེན་པོ་བསྒྲིགས་སོ། །ཿ། ཞེས་པ་ལས་དོན་ཚན་ནམ་ལེའུ་གཅིག་རྫོགས་པས་བསྒྲིགས་སོ་ཞེས་པའི་རྗེས་སུ་བཞི་ཤད་བྲིས། ཡིན་ནའང་

① ཚེ་རིང་པདྨ་དབང་ཆེན། གནའ་བོའི་ཡིག་རྙིང་ཁྲོད་ཀྱི་བརྗ་སྦྱོད་པའི་གྲུབ་ཆ་འགའི་སྐོར་རགས་ཙམ་གླེང་བ། ནུབ་བྱང་མི་རིགས་སློབ་གྲྭ་ཆེན་མོའི་རིག་གཞུང་དུས་དེབ། 1995ལོའི་དེབ་གཉིས་པ།

② ཚེ་རིང་པདྨ་དབང་ཆེན། གནའ་བོའི་ཡིག་རྙིང་ཁྲོད་ཀྱི་བརྗ་སྦྱོད་པའི་གྲུབ་ཆ་འགའི་སྐོར་རགས་ཙམ་གླེང་བ། ནུབ་བྱང་མི་རིགས་སློབ་གྲྭ་ཆེན་མོའི་རིག་གཞུང་དུས་དེབ། 1995ལོའི་དེབ་གཉིས་པ།

ཡིག་རྙིང་སྤྱི་ནས་འདི་ལ་གཏེར་ཚིག་གམ་ཚིག་དྲག་ཏུ་འབོད་པར་གཞིགས་ན་ཕལ་ཆེར་འདི་ནི་གཏེར་དུ་སྦས་པའི་ཡིག་ཆའི་ཐུན་མོང་མ་ཡིན་པའི་ཚིག་གི་འབྲི་སྲོལ་ཞིག་ཡིན་པ་ལས་ཤད་ཀྱི་གོ་ཆོད་མེད་པ་འདྲ་ཡང་། འདིའི་སྐོར་ལ་མཁས་དབང་དགེ་འདུན་ཆོས་འཕེལ་གྱིས་ཀྱང་ཡིག་རྙིང་ཕལ་ཆེར་ལ་ཚིག་སྡིང་འོག་གཉིས་ཡི་གེ་རེ་རེའི་བར་ན་གང་༔དུ༔སོང༔ཀྱང༔སོགས་འདི་འདྲར་འདུག་ལ། ཚིག་སྡིང་འོག་མཉམ་དུ་བསྲེས་པ་ལས་དབྱེ་མེད་ཀྱི་ཚིག་རིང་པོ་བྱུང་བར་ཤེས་སོ་ཞེས་གསུངས་ལ། གནའ་བོའི་འབྲི་སྟངས་ཀྱི་སྡིང་ནས་བལྟས་ནའང་ཤད་ལ་གོ་བ་ལེན་པ་ལས་ཚིག་ལ་གོ་བ་བླངས་ན་འགྲིག་ལ། ལྷག་པར་དུ་གནའ་བོའི་གཏེར་ཡིག་པོ་ནར་ཆེད་དུ་བཀོལ་བའི་ཚིག་སྡེ་གཏེར་ཚིག་ཏུ་འབོད་མོད། ལུང་བསྟན་སྔ་མའི་ནང་བསྐྱིགསོ་ཞེས་པ་དང་བཞུགསོ་ཞེས་སོགས་ཀྱི་མཇུག་ཏུ། །༔། ཡོད་པར་དམིགས་ན་ཤད་ལ་གོ་བ་བླངས་ན་མི་ཚིག་རྒྱུ་མེད་སྙམ།

གསུམ། ཐད་སྦྱོར་སྟངས་ཀྱི་ཁྱད་པར། ལུང་བསྟན་གཉིས་ལས་ད་རུང་མི་འདྲ་ས་ཞིག་ནི་ཐད་སྦྱོར་སྟངས་ཡིན་ཏེ། ལུང་བསྟན་སྔ་མར། ཐད་ཀྱི་སྦྱོར་ཚུལ་ལ་སུམ་རྟགས་ཀྱི་རྩ་བ་དང་མི་མཐུན་པའི་ཆ་མཆིས་ཏེ། དཔེར་ན། ལ་དོན་དུ་རྗེས་འཇུག་ག་བ་གཉིས་དང་ད་དྲག་ཅན་གྱི་མཐར་ཏུ་ཐོབ་པ་དང་། ང་ད་ན་མ་ར་ལ་རྣམས་ཀྱི་རྗེས་སུ་དུ་ཐོབ་དགོས་མོད། ལུང་བསྟན་སྔ་མ་ན། འདི་ནི་ལམ་མ་ནོར་པར་སྟོན་པ་ཞེས་མཚན་མོར་གུ་བདེ་ཤིལ་ཏུ་བཏགས་ཞེས་རྗེས་འཇུག་ལའི་རྗེས་སུ་ཏུ་ཐོབ་ཡོད་པ་དང་། དེ་བཞིན་དུ་བྱེད་སྒྲ་ལས་རྗེས་འཇུག་ད་བ་སའི་རྗེས་སུ་ཀྱིས་དང་། ན་མ་ར་ལའི་རྗེས་སུ་གྱིས་ཐོབ་དགོས་པ་ལ། དགེ་འདུན་རིལ་ཀྱིས་ཙར་མ་ནས་འཛོ་ཏིར་དུ་ཤུལ་བྱུང་སྟེ། ལྟ་བུ་དང་། འདོད་ན་རལ་ཀྱིས་ཁྲིར་ཅིག་ཅེས་བཀྲིད་པ་ལྟ་བུ་ལ་ལའི་རྗེས་སུ་ཀྱིས་ཐོབ་ཡོད་པ། ཡང་ལྷག་བཅས་ཀྱི་རྩ་ཚིག་ལས་ད་དེ་ན་ར་ལ་ས་ཏེ། ག་ང་བ་མ་འ་རྣམས་དང་། མཐའ་མེད་རྣམས་ལ་ས་སྟེ་ཐོབ་ཅེས་གསུངས་ཀྱང་། འདིར་གཙུག་ལག་ཁང་གི་མཚན་ལ་ཨ་རྩ་ལྟ་ན་ཞེས་པ་ལགས་སྟེ་ཞེས་དང་། དང་པོ་ཙར་མ་ཙུ་ལེ་ཞེས་བྱ་བའི་ཚལ་དུ་གཤེགས་སྟེ། ཞེས་རྗེས་འཇུག་སའི་རྗེས་སུ་སྟེ་ཐོབ་ཡོད་པ་སོགས་ཀྱི་འབྲི་སྟངས་མང་པོ་མཐོང་ཐུབ། ལུང་བསྟན་ཕྱི་མ་ལ་ཐོབ་ཐང་གི་ཕྱོགས་ནས་སུམ་རྟགས་ཀྱི་རྩ་གཞུང་དང་ཐོད་ཐུག་པས་འདིར་བསྐྱར་ཞིབ་བྱེད་དགོས་དོན་མེད་སྙམ།

ཞར་བྱུང་དུ་ད་རུང་གླེང་དགོས་པ་ཞིག་ནི་ད་དྲག་གི་བཀོལ་སྟངས་དེ་ཡིན་ལ། ལུང་བསྟན་སྔ་མར་ད་དྲག་གི་བཀོལ་སྤྱོད་དེ་ཧ་ཅང་མངོན་གསལ་ཡིན་པ་དཔེར་ན། དེ་ནས་རྒྱལ་པོ་ཁྲི་ཛ་ཡ་སམ་སྟ་བ་དགེ་བའི་བཤེས་ཉེན་འཕགས་པ་འཇམ་དཔལ་ས་སྒྲུབད་པ། ཞེས་པ་དང་། བུ་ཆུ་ཏུ་ཞིག་ཁྲིད་ཁྲིད་ལ་

ལས། །སྟོང་རིད་པ་རྫེས་བཅད་དེ་བཙལ་ནས། །ཞེས་པ་དང་། བདག་ཡུལ་ཚོལ་ཞིང་ཕྱོགས་གཞན་དུ་མཆི་བར་རྩ་གནང་ཞེས་གསོལ་པ་ལས་ཞེས་པ་དང་། བྲན་དང་རྗེ་བོར་ཡང་ངོ་ཤེས་པར་བསྟནད། །ཞེས་པ་ལས། སྨྲུལད་པ་དང་། སྟོད་པ། གསོལད་པ། བསྟནད་པ་ཞེས་ད་དྲག་ཤིན་ཏུ་གསལ་སོད། ལུང་བསྟན་ཕྱི་མར་ཡང་འཇུག་ད་བསྐྱངས་ཟིན་ལ། དཔེར་ན། གང་གིས་ཐོབ་པའི་རྒྱལ་པོ་དེ་ཡང་ལི་ཡུལ་གྱི་ཡོན་བདག་ཆེན་པོ་འགྱུར་ཏེ་ཞེས་པ་དང་། ཀོང་ཅོས་རྒྱལ་པོ་ལ་གསོལ་བ་བཅས་ལས་ཡང་འཇུག་ད་དྲག་བཀོལ་མེད་པ་ཤེས་ཐུབ།

བཞི། བསྐྱངས་ཡིག་གི་ཁྱད་པར། བསྐྱངས་ཡིག་གི་སྐོར་ལའང་ལུང་བསྟན་སྔ་ཕྱི་གཉིས་ན་ཁྱད་པར་ཡོད་དེ། ལུང་བསྟན་སྔ་མར། ལི་ཡུལ་འདི་དུས་གསུམ་གྱི་སངས་རྒྱས་ཀྱི་ཞིང་ཁུད་པ། ལགས་པར་ཐུགས་སུ་ཆུད་ནས། ལི་ཡུལ་དུ་གཤེགས་སྟེ་ཡུལ་གྱི་རྣམས་ཀྱི་དགེ་བའི་བཤེས་ཉེན་མཛད་པའི་ཕྱིར། །ཞེས་པ་དང་། ལི་ཡུལ་ཝུ་ཐེན་གྱི་མཁར་དང་ར་ལྷན་གྱི་གྲོང་ཁྱེར་ཆེན་པོ་བརྩིགསོ། །ཀླུའི་རྒྱལ་པོ་འགྲ་ཏ་བད་ཏ་ལགས་པ། དེ་དག་གི་འཁོར་དམ་ཚིག་ཅན། །ཕྱི་སྲུང་བ་ནི་སུམ་ཁྲི། ལྔ་སྟོང་ལྔ་བརྒྱ་རྩ་བདུན་སུང་ངོ་། །ཞེས་པ་དང་། དེའི་ཚེ་རྒྱ་གར་གྱི་ཡུལ་ཀེའུ་ཤན་བྱིའི་མན་འདྲེ། སེང་གེའི་བུ་རྒྱལ་པོ་འཛྲ་སྒྲི་སད་ཅེས་བགྱི་བ། ཞིག་བསྐྱེ་སྟེ། །ཞེས་པ་དང་། སོག་དག་གིས། ཤེ་རི་དན་ལ་བྲུས་བགྱིད་དུ་སྩལ་ཏེ། །ཕྱུགས་ཐག་གིས་བཙོངས་ནས། ཕྱུགས་ཀྱི་ཕུར་པ་ལ་དང་སྟེ། ཅེ་ཤ་བཙོ་བ་བཞིན་དུ་ཞུགས་ལ་བསྲེགས་ནས། །ཞེས་པ་ལས་སྐྱུང་ཡིག་ཡོད་པ་ཤེས་ཐུབ། ཡིན་ནའང་། ལུང་བསྟན་ཕྱི་མར་སྐྱུང་ཡིག་གཅིག་ཀྱང་མཐོང་མི་ཐུབ་པས། འདིའང་ཕལ་ཆེར་གནའ་བོའི་བཙམས་ཆོས་འབྲི་དུས་ཀྱི་གོམས་སྲོལ་ཞིག་ཏུ་བརྩི་འོས་སྙམ།

མདོར་ན། ལུང་བསྟན་སྔ་ཕྱི་གཉིས་ཀའི་རྗོད་བྱེད་ཀྱི་ཚིག་གི་ཁྱད་པར་བསྡུར་བ་ལས་ང་ཚོས་ཤེས་ཐུབ་པ་ཞིག་ནི། ལུང་བསྟན་སྔ་མ་བོད་དུ་སྒྱུར་དུས་སྒྱུར་མཁན་གྱི་ཆུ་ཚད་ཤིན་ཏུ་མཐོ་ཞིང་ཚགས་དམ་པས་བརྗོད་བྱེད་ཚིག་གི་སྙིང་ནས་བསྒྱུར་བའམ་བརྩམས་པ་གང་ཡིན་ངོས་ཟིན་དཀའ་ལ། བོད་སྐད་ཀྱི་ཁྱད་ཆོས་ཡོངས་སུ་ཐོན་ཡོད་པར་མ་ཟད། ཚིག་གི་སྡེབ་སྦྱོར་ལེགས་ཤིང་བརྗོད་དོན་ཁ་གསལ་བ་དང་། ཚིག་སྦྱོར་བྲ་དག་ཅིང་སྙན་ཞིང་སྡེབ་ལེགས་པའི་རྐྱེན་གྱིས། འགྱུར་ཤིན་ཏུ་ལེགས་པའི་རྟགས་མཚན་ཞིག་ཏུ་གྱུར་པ་གོར་མ་ཆག ལུང་བསྟན་ཕྱི་མ་འདིའང་རྗོད་བྱེད་ཀྱི་ཚིག་གི་ཆ་ནས་བཀས་བཅད་ཐེངས་གསུམ་པའི་རྗེས་སུ་བཀོལ་བའི་བོད་ཡིག་སྟེ་དེང་སང་ང་ཚོས་བེད་སྤྱོད་པའི་སྐད་ཡིག་འདི་ཡིན་ཕྱིར། འདིའི་ཚིག་གི་སྦྱོར་སྟངས་དང་ཁྱད་ཆོས་ཚང་མ་ལ་དཔྱད་པར་འཇུག་མཁན་ཤིན་ཏུ་མང་ཞིང་རྩོམ་ཡང་མི་ཉུང་བས་འདིར་བསྐྱར་ཟློས་མ་བྱས་པ་ཡིན། གང་ལྟར་ཀྱང་བོད་འགྱུར་ལུང་བསྟན་འདི་

གཉིས་ཀའི་བསྟན་པ་སྔ་དར་དང་ཕྱི་དར་དུས་ཀྱི་བོད་ཀྱི་བསྟན་བཅོས་རྩོམ་ཚུལ་གྱི་ཁྱད་ཆོས་སམ་རྩོམ་གཞིས་མཚོན་ཡོད།

གསུམ་པ། བོད་འགྱུར་ལུང་བསྟན་གཉིས་ལས་བྱུང་བའི་དོགས་གནད་འགའ་བརྗོད་པ།

ང་ཚོས་བོད་འགྱུར་ལུང་བསྟན་གཉིས་ཀའི་བརྗོད་བྱའི་ནང་དོན་དང་རྗོད་བྱེད་ཚིག་གི་ཁྱད་ཆོས་རྣམས་རྒྱུས་ལོན་བྱེད་པའི་གོ་རིམ་གྱི་ཁྲོད་དུ། དོགས་གནད་འགའ་ཡང་ངང་ངམ་ཤུགས་ཀྱིས་འབྱུང་སྲིད་དེ།

གཅིག ལོ་རྒྱུས་མི་སྣ་དང་ལོ་རྒྱུས་དོན་རྐྱེན་གྱི་སྐོར། ལི་ཡུལ་གྱི་ལུང་བསྟན་འདི་གཉིས་སུ་ལོ་རྒྱུས་སྟེང་དངོས་སུ་བྱུང་བའི་མི་སྣ་དང་དོན་རྐྱེན་མང་པོ་ཞིག་འཁོད་ཡོད་མོད། དེ་ལ་ངག་རྒྱུན་དང་ལྷ་སྒྲུང་གི་ཉམས་འབུར་དུ་ཐོན་པའམ་ཕྱི་རབས་པས་སྒྲོ་འདོགས་བྱས་པའི་འཁྱོག་བརྗོད་ཀྱི་ཆ་ཤེན་ཏུ་ཆེ་བའི་རྐྱེན་གྱིས་ལོ་རྒྱུས་དངོས་དེ་རྒྱུས་ལོན་བྱེད་དཀའ་བའི་གནས་སུ་གྱུར་ཡོད་དེ། ཐོག་མར། ལུང་བསྟན་གཉིས་ལས་རྒྱལ་བུ་ས་ནུ་དང་བློན་པོ་ཡ་ཤ་གཉིས་ཀས་ལི་ཡུལ་དུ་དམག་བཀྱེ་སྟེ་འཐབ་བས་ཤིང་རྗེས་སུ་གྲོས་འཆམ་ནས་ས་ནུས་ནི་རྒྱལ་པོ་བགྱིས་པ་དང་ཡ་ཤས་ནི་བློན་པོ་བགྱིས་ནས་ལི་ཡུལ་དུ་ཡུལ་བཙུགས་མཁར་བརྩིགས་པ་དེ་ནི་ལོ་རྒྱུས་སྟེང་དངོས་སུ་བྱུང་བ་ཞིག་ཡིན་མོད། རྒྱལ་བུ་ས་ནུ་དེ་ས་ལས་ནུ་མ་ཕྱུངས་ཏེ་སས་གསོས་ཤིང་རྒྱ་རྗེ་བུ་སྟོང་དབང་བ་ཞིག་གི་བུ་སྐལ་དུ་གནང་བ་དང་། རྒྱལ་བུ་ས་ནུ་དང་བློན་པོ་ཡ་ཤ་གཉིས་ཡུལ་ས་ལ་མ་འཆམ་པར་གཡུལ་བཤམས་པ་ན། རྣམ་ཐོས་ཀྱི་སྲས་དང་ལྷ་མོ་དཔལ་མོ་གཉིས་ཀྱིས་བར་བྱས་ནས་གཡུལ་བཤུགས་པའི་གནས་ཚུལ་འདི་རྣམས་ནི་ངག་རྒྱུན་དང་ལྷ་སྒྲུང་གི་ཉམས་ཀྱིས་བཅིངས་པས། ང་ཚོས་དོན་མང་པོ་ཞིག་ལོ་རྒྱུས་སྟེང་བྱུང་ཡོད་མིན་ལ་འདང་རྒྱག་དགོས་པ་མང་པོ་སྣང་། ཡང་ལི་ཡུལ་དུ་དམ་པའི་ཆོས་བསྣུབས་པའི་དུས་སུ་ནི། ལི་ཡུལ་བ་རྣམས་ཀྱིས་དམ་པའི་ཆོས་དང་དགེ་འདུན་ལ་མ་དད་པས། དགེ་འདུན་པ་རྣམས་ཀྱིས་གྲོས་བྱེད་པ་ལས་བོད་ཡུལ་དུ་ཐེབས་པར་གྲོས་འཆམ་ཞིང་། བོད་དུ་བཙན་པོ་ཁྲི་ལྡེ་གཙུག་བརྟན་མེས་ཨག་ཚོམ་དང་རྒྱ་བཟའ་གྱིམ་ཤིང་ཀོང་ཇོ་གཉིས་གཙོ་བྱས་པའི་དམ་ཆོས་ལ་དད་མཁན་ཚོས་ལི་ཡུལ་གྱི་དགེ་འདུན་པ་རྣམས་འགུགས་པའི་ཕོ་ཉ་བཏང་སྟེ། དགེ་འདུན་མང་པོ་ཞིག་བོད་ཡུལ་དུ་གདན་དྲངས་ནས་གཙུག་ལག་ཁང་བརྩིགས། བཙན་པོ་ཡབ་ཡུམ་གཉིས་ཀྱིས་དགེ་འདུན་ལ་མཆོད་བཀུར་བླ་མེད་མཛད། བོད་ཡུལ་དུ་དམ་པའི་ཆོས་ལྷག་པར་དར་བར་གྱུར། ཡིན་ནའང་། ལི་ཡུལ་གྱི་དགེ་འདུན་རྣམས་བོད་དུ་ལོ་བཅུ་གཉིས་ལ་བཞུགས་མཐར་

བན་བོན་འཐབ་རྩོད་ཛ་དྲག་ཏུ་གྱུར་ཏེ་སྣར་ཡང་རྒྱ་གར་ཡུལ་དུ་ཕེབས་དགོས་བྱུང་།[1] ལུང་བསྟན་གྱི་ནང་དུ་བོད་དུ་ལི་ཡུལ་གྱི་དགེ་འདུན་ཕེབས་ཚུལ་དང་དམ་པའི་ཆོས་སྤེལ་བའི་ལོ་རྒྱུས་འདི་ཧ་ཅང་གསལ་ཉུང་། བན་བོན་འཐབ་རྩོད་ཛ་དྲག་ཏུ་གྱུར་ཏེ་དགེ་འདུན་པ་རྣམས་རྒྱ་གར་གན་ཟླ་རར་བྲོས་བྱོལ་དུ་ཆས་དུས་སུ། དེའི་ཚེ་ཉིན་ཞག་བཅོ་ལྔའི་རིང་མི་ཕྱུགས་རྣམས་བཀྲལ་བ་ལས་མི་ཕྱུགས་ཁ་ཤས་ནི་སྤྲུལ་གྱི་ཧམ་པ་ལས་ལྷུང་སྟེ་ཤིའོ། །མི་ཕྱུགས་མང་པོ་རྒྱུ་བའི་ཚེ་སྤྲུལ་གྱི་རྒྱབ་ཀྱང་ལ་ལར་ནི་རྫོལ། ལ་ལར་ནི་རལ་ཏེ་རྣག་ཁྲག་གི་ཐིགས་པ་ཆར་བཞིན་དུ་ཟགས་པས་མཚོ་ཡང་ཁྲག་ཅན་དུ་གྱུར་སོ། །དགེ་འདུན་པ་མང་པོ་སྤྲུལ་གྱི་ཟམ་པ་རྐྱལ་བའི་མཇུག་ཀྱང་གདོང་དམར་གྱིས་བཅད་དོ། །ཞེས་ངག་རྒྱུན་ནམ་ལྷ་སྒྲུང་གི་ཚུལ་དུ་བྲིས་ཡོད་ལ། དེ་ལས་ང་ཚོས་བོད་དུ་དམ་ཆོས་བསྒྱུབས་ཐེངས་དེར་སྲིད་གཞུང་གིས་དགེ་འདུན་པ་རྣམས་ལ་ཡང་བའི་དྲག་གནོན་དང་དམར་གསོད་བྱས་པའི་ཤུལ་རྙེད་ཐུབ།

དེ་བཞིན་ལུང་བསྟན་དུ་ད་ཏུང་ལོ་རྒྱུས་ཀྱི་དོན་རྐྱེན་ཞིག་བཀོད་ཡོད་པ་ནི་དྲུ་གུ་ཨ་ནོ་ཤོས་ཞེས་པས་ལི་ཡུལ་དུ་དམག་དྲངས་པའི་སྐོར་དེ་ཡིན་ལ། ལུང་བསྟན་དུ། དྲུ་གུ་ཨ་ནོ་ཤོས་ཀྱིས་ལི་ཡུལ་དུ་དམག་དྲངས་ནས། འགེའུ་ཧོ་ཤན་མན་ཆད་ཀྱི་གཙུག་ལག་ཁང་ཕལ་ཆེར་མེས་བསྲེགས་ཏེ་ཡུལ་ཀླས། འབངས་འཕྲོབས་ནས་གཙུག་ལག་ཁང་གསར་པ་རྩིག་པའི་ཉི་མ་ཐོགས་ཞེས་ལྷ་སྒྲུང་དང་སྒྲོ་སྐུར་སོགས་ཀྱིས་མ་བཅིངས་པར་བཀོད་པའི་ལོ་རྒྱུས་འདིའི་རྒྱབ་ལྗོངས་ནི། སྤྱི་ལོ་དུས་རབས་ལྔ་པའི་ལོ་རབས་བཞི་བཅུ་བར་དྲུ་གུའི་རྒྱལ་པོ་ཨ་ནོ་ཤོས་ཀྱིས་(吐谷浑部落首领幕利延)ལི་ཡུལ་དུ་ཚུར་རྒོལ་བྱེད་ལ། རྒོལ་ཡུན་ཐུང་ཡང་ལི་ཡུལ་གྱི་དཔལ་འབྱོར་སོགས་ཕྱོགས་གང་ཐད་ལ་གནོད་སྐྱོན་ཚབས་ཆེན་བཟོས་ཤིང་མི་དམངས་ཉམ་ཐག་པའི་གནས་སུ་བསྐྱལ། རྒྱའི་བཙུན་པ་ཐང་སན་ཙང་གི་རང་རྣམ་དུ། ལི་ཡུལ་ཝུ་ཐེན་གྲོང་ནས་ཤར་དུ་ལེ་དབར་བརྒྱ་ཕྱིན་པའི་ས་ན་མྱུ་ངན་ཐང་ཆེན་པོ་ཞིག་ཡོད་ཅིང་། དེ་ན་ས་དམར་ནག་ཏུ་གྱུར་པའི་བདེ་ཐང་ཞིག་ཡོད་པ་ནི་ཤར་ཕྱོགས་ཀྱི་དམག་དྲུ་གུ་ཨ་ནོ་ཤོས་ཞེས་པས་ལི་ཡུལ་ལ་དམག་འདྲེན་དུས། ལི་རྗེས་རང་དམག་ཁྲིད་དེ་དགྲ་བོ་སྟོབས་ཤུགས་ཅན་དེ་ལ་རྒོལ་ལན་སྤྲད་པའི་འཐབ་ར་ཡིན་པ་དང་། མཇུག་མཐར་ལིའི་ཕྱོགས་ཕམ་པས་ལི་རྗེ་དེ་དགྲ་ཕྱོགས་ཀྱིས་གསོན་བཟུང་བྱས་ཤིང་། ལིའི་དམག་དཔུང་ལ་ཤི་རྨས་ཚབས་ཆེན་བྱུང་ནས་ཁྲག་གིས་ས་དམར་ནག་ཏུ་གྱུར་ཞེས་ཐེངས་

① ཁ་སྐད་བཀྲ་ཤིས་ཚེ་རིང་། དུས་རབས་བདུན་པ་ནས་བརྒྱད་པའི་དུས་ཀྱི་བོད་ལི་མཛའ་མཐུན་འབྲེལ་བའི་སྐོར་དཔྱད་པ། ཀྲུང་གོའི་བོད་རིག་པ། 2000ལོའི་དེབ་དང་པོ།

འདིའི་གཡུལ་འཁྲིད་ཀྱི་གནས་ཚུལ་གསལ་པོར་བཀོད་ཡོད།①

ལུང་བསྟན་དུ་ད་ཏུང་འདི་དང་འདི་འདྲ་བའི་ལོ་རྒྱུས་མི་སྣ་དང་ལོ་རྒྱུས་དོན་རྐྱེན་རྣམས་ངག་རྒྱུན་ནམ་ལྷ་སྒྲུང་གིས་བཙིངས་པ་དང་མ་བཙིངས་པ་ཅི་རིགས་ཀྱི་ངང་དུ་བྲིས་པ་གནས་ཚུལ་མཐོང་རྒྱུ་ཡོད་མོད། སྤྱིར་ལོ་རྒྱུས་ལ་ངག་རྒྱུན་དང་ལྷ་སྒྲུང་གིས་བཙིངས་པས་དཔྱད་གཞི་རྒྱུ་ཆ་རང་སྟེང་གི་ཁ་གསལ་བའི་ཆ་ཉམས་འགྲོ་བས། ལི་ཡུལ་ལུང་བསྟན་ཞིབ་འཇུག་གི་དཀའ་ཁག་མི་ཉུང་བ་ཞིག་འདུག་སྟེ། ལོ་རྒྱུས་ཀྱི་བདེན་རྫུན་འབྱེད་རྒྱུ་དེ་བས་ཀྱང་དཀའ་མོ་ཞིག་རེད། འོན་ཀྱང་། ལྷ་སྒྲུང་དང་ངག་རྒྱུན་གྱི་རྣམ་པའི་སྟེང་བརྩམས་པའི་ལོ་རྒྱུས་ཁྲིད་གདོད་མའི་དུས་དངོས་སུ་བྱུང་བ་ལྟ་བུའི་ནང་དོན་གྱི་ཆ་ལོས་ཡོད། དེ་རྣམས་ལོ་རྒྱུས་ཀྱི་རྒྱུན་ཏ་ཅང་རིང་བའི་རྐྱེན་གྱིས་གནས་ཚུལ་ངོ་མ་ཡིན་ཡང་དེ་ངག་རྒྱུན་གྱི་ཁྲིད་ནས་རིམ་བཞིན་འགྱུར་བ་དེ་རྣམས་སྐབས་མི་འདྲ་བའི་ལོ་རྒྱུས་ལའང་སྒྱུར་ན་ལྷ་སྒྲུང་གི་ཚུལ་དུ་སོང་ངོ་། །

གཉིས། ཡུལ་གྱི་མིང་དང་མི་རིགས་ཀྱི་སྐོར། ལུང་བསྟན་དུ་ཡུལ་གྱི་མིང་དང་མི་རིགས་ཀྱི་མིང་མང་པོ་ཞིག་མཆིས་ཏེ། དེ་དག་ལ་འགྲེལ་བཤད་ལེགས་པོ་ཞིག་བརྒྱབ་ཚེ། ང་ཚོས་ལི་ཡུལ་ལུང་བསྟན་གྱི་ནང་དོན་ཁ་ཇེ་གསལ་དུ་འགྲོ་བར་ཕན་སྙམ། དེ་ཡང་ཡུལ་མིང་གི་སྐོར་ལ་ལུང་བསྟན་ཕྱི་མར། དེ་ནས་རྒྱལ་པོ་བི་ཇ་ཡ་ཀྲྀ་དད་པའི་ཤུགས་ཆེན་པོས་གླང་མགོ་རིའི་སྟེང་དུ་འགེའུ་ཧོ་ཤན་གྱི་གཙུག་ལག་ཁང་བཙུགས་པ་ཞེས་པ་ལས་གླང་མགོ་རི་ནི། རྒྱ་གར་སྐད་དུ་(Gocircha)འམ་(Goricha)ཞེས་འབོད་ཅིང་། ཐང་སན་བླ་མའི་རྣམ་ཐར་ན་གླང་ར་སྟེ་(牛角山)འམ་(翟宗麦卡山)དུ་འབོད། བོད་ཀྱི་ལོ་རྒྱུས་དེབ་ཐེར་ན་གླང་རི་ཞེས་འབོད་པ་དེ་ཡིན། འདི་ལི་ཡུལ་གྱི་དམ་པའི་ཆོས་དང་འབྲེལ་བའི་གནས་རི་གྲགས་ཅན་ཞིག་ཡིན་ཏེ། གནའ་བོའི་ཨུ་ཏིན་མཁར་ལས་ལྷོ་ནུབ་ཕྱོགས་སུ་ལེ་དབར་ཉི་ཤུ་ཡས་མས་ཀྱི་ས་ན་མཆིས་ཤིང་། ལོ་རྒྱུས་སྟེང་གླང་མགོ་རིའི་སྟེང་འགེའུ་ཧོ་ཤན་གྱི་གཙུག་ལག་ཁང་བཙུགས་པ་དེ་ནི་ལི་ཡུལ་དུ་དམ་པའི་ཆོས་ཐོག་མར་དར་བའི་རྟགས་མཚན་ཞིག་ཏུ་བརྩི། གནས་རི་འདི་དེང་སང་ཞིན་ཅང་ཧོ་ཐེན་རྫོང་གི་ལྷོ་ནུབ་ཕྱོགས་ཀྱི་ཁ་ར་ཁལ་ཆུ་བོའི་(喀拉喀什河)ཤར་འགྲམ་གྱི་ཡུའུ་ཙ་ཐེ་སྡེ་བའི་ཤེལ་ཆུ་དང་ཐག་ཉེའོ། །ཡང་ལུང་བསྟན་དུ། དེའི་ཚེ་གཡག་དེས་ཉེ་ལམ་དུ་དྲངས་ཏེ། ཞག་བཞི་ལོན་པ་ན་དེ་རིལ་གྱིས་གདོང་དམར་གྱི་ཡུལ་ཚལ་བྱི་ཞེས་བྱ་བར་ཕྱིན་ཏོ། །ཞེས་པ་ལས་ཚལ་བྱི་ཡུལ་ནི། བོད་ཀྱིས་ཏུན་ཧོང་དང་ལི་ཡུལ་སོགས་དབང་དུ་སྒྱུར་དུས་ཀྱི་སྲིད་འཛིན་ལས་ཁུངས་ཆགས་སའི་གྲོང་ཁྱེར་

① 余太山主编：《西域通史》，郑州：中州古藉出版社，1996年。

ཞིག་རེད་ཅེས་གསུངས་ཤིང་།[1] སྐུ་ཞབས་ལྷ་རུས་ལགས་(乌瑞)ཀྱིས་ཀྲུང་ཚལ་བྱི་གྲོང་དུ་བཙན་པོའི་སྲིད་གཞུང་གི་ཚབ་བྱེད་དཔོན་པོའི་འདུག་གནས་ཡིན་ཚུལ་གསུངས་སྔོང་།[2] ཐང་ཡིག་གསར་རྙིང་དུ་ཚལ་བྱི་(tshI–byi)ནི་ཤུ་ལིག་(tshaI)དང་པི་ཏྲ་(byi)ཞེས་པའི་བསྡུས་མིང་སྟེ་དེང་སང་གི་ཤིན་ཅང་གི་ཤར་ལྷོའི་ཕྱོགས་ཀྱི་མཚོ་སྔོན་དང་འབྲེལ་བའི་མཚམས་ན་ཡོད་པར་འདོད། ཁ་ཡང་རྒྱལ་ཐན་གྱི་སྐོར་ལ། ལུང་བསྟན་དུ་ལི་ཡུལ་དང་། ཤུ་ལིག་དང་། ཨ་ན་སེ་འདི་གསུམ་ན་སངས་རྒྱས་མྱ་ངན་ལས་འདས་པའི་འོག་ཏུ་དམ་པའི་ཆོས་ཀྱི་གཟུགས་བརྙན་དང་མཆོད་རྟེན་བཞུགས་ཞེས་པ་ལས། ཤུ་ལིག་ནི་རྒྱ་སྐད་དུ་(疏勒)ཞེས་པར་འབོད་ཅིང་། གནའ་བོའི་ཕྱུགས་ལས་གཙོ་བོར་གཉེར་བའི་རྒྱལ་ཁབ་ཅིག་ཡིན་པ་དང་།[3] ལི་ཡུལ་སྡེ་བཞིའམ་ཨན་ཞི་སྡེ་བཞིའི་(安西四镇)ཡ་གྱལ་ཞིག་རེད། ཡིག་ཚང་གང་ཡིན་རུང་ཤུ་ལིག་གི་སྐོར་འབྲི་དུས་ངེས་པར་དུ་ཁུ་ཏེན་དང་འབྲེལ་ནས་བྲིས་ཡོད་ལ་དེ་ལས་ཤུ་ལིག་དང་ཁུ་ཐེན་གཉིས་ཀར་ཆོས་སྲིད་གཉིས་ཀྱི་ཕྱོགས་ནས་འབྲེལ་བ་དམ་པོ་ཡོད་པ་ཤེས་ཐུབ། ཨ་ན་སེ་ཞེས་པ་ནི་རྒྱ་སྐད་དུ་(安息国)ཟེར་བ་དེ་ཡིན་ལ། འདི་ལ་སཾསྐྲྀཏའི་སྐད་དུ་(pahava)དང་(pavta)ཡང་ན་(Borhara)ཞེས་སུ་འབོད། པར་ཟིག་སྐད་དུ་(pavtava)དང་། ཧན་རྒྱལ་རབས་ཀྱི་དུས་སུ་(阿蛮国)ཞེས་འབོད་ཅིང་ཕྱིས་སུ་(Arsaces)སྟེ་ཨ་ན་སེ་རྒྱལ་པོའི་རྒྱལ་ཁབ་(安息国王)ཏུ་འབོད། སྤྱི་ལོ་148ལོར་ཨ་ན་སེའི་རྒྱལ་སྲས་ཨན་ཧྲི་གོ་(安世高)ཞེས་པ་རྒྱའི་ལོའོ་དབྱང་གྲོང་དུ་ཨ་ནེ་སེའི་སྐད་ཡིག་གི་ཆོས་གཞུང་མང་པོ་ཞིག་རྒྱའི་སྐད་ཡིག་ཏུ་བསྒྱུར། དེའི་རྗེས་སུ་རྒྱལ་པོའི་རྒྱལ་ཁབ་འདི་རིམ་བཞིན་ཉམས་ན་ཡང་མི་རིགས་འདི་ཡུན་རིང་པོ་ཞིག་ལ་གནས་སོ། །

དེ་ནས་མི་རིགས་ཀྱི་སྐོར་ལ་ལུང་བསྟན་དུ། ཡང་ཡུལ་འདི་གསུམ་དུ་རྒྱ་དང་། གདོང་དམར། སོ་བྱི་དང་། དྲུག་གུ་དང་། ཧོར་ལ་སོགས་པ་དགྲ་ཕལ་ཆེར་གཡོས་ནས་རྩོད་ཅིང་འཁྲུག་པར་འོང་སྟེ། ཞེས་པ་ལས། སོག་བྱི་ཞེས་པ་ནི་ཏུན་ཧོང་ཡིག་རྙིང་དུ་སོག་དག་ཏུ་འབོད་ཅིང་། གནའ་བོའི་པར་ཟིག་རྒྱལ་ཁབ་ཀྱི་ཤར་དུ་ཡོད་པའི་མི་རིགས་ཚོང་ལས་ལ་ཧ་ཅང་མཁས་པ་ཞིག་ཡིན་ཞིང་དེ་ཚོའི་སྐད་དང་ཡི་གེ་དེ་ཡུན་རིང་པོ་ཞིག་ཏུ་ཡ་སྒྲིང་གི་མི་རིགས་མང་པོའི་སྤྱི་མཐུན་དུ་བཀོལ་སྤྱོད་བྱས་སྔོང་ལ། སྤྱི་ལོ་དུས་

① སྐུ་ཞབས་དབང་རྒྱལ་དང་བསོད་ནམས་སྐྱིད་ཀྱིས་བསྒྲིགས་པའི་བོད་ཀྱི་ཁྲམ་བྱང་ཕྱོགས་བསྒྲིགས་སུ་གསལ།

② 陈庆英主编：《中国藏族部落》（附录一），《唐代西北吐蕃部落述略》，北京：中国藏学出版社，1990年。

③ 苏北海：《西域历史地理》，乌鲁木齐：新疆大学出版社，1998年。

རབས་བཞི་པ་ནས་བཟུང་། སོ་གྲི་ཁག་ཅིག་ནང་ཆོས་ལ་དད་ལ། མི་རིགས་འདིའི་མི་རྣམས་ཁྱོན་ཡོངས་སུ་རིག་གནས་ཀྱི་ཚུ་ཚད་མཐོ་བར་གྲགས། བོད་འགྱུར་ལུང་བསྟན་ཐོ་མར་སོག་དག་གི་ཚོང་པ་ལྔ་བརྒྱས་རང་ཉིད་རྣམས་རྒྱལ་པོའི་སྲོག་ཁྲིམས་ལས་ཐར་ཆེད་མི་གསོན་པོ་ཞིག་ལྷ་མ་ཡིན་ལ་དམར་མཆོད་བྱས་ཏེ་གསོལ་བ་བཏབ་པའི་གཏམ་རྒྱུད་ཅིག་ཀྱང་ཡོད། ཡང་དྲུག་གུ་ལ་དྲུག་གུ་དང་གྲུ་གུ་ཞེས་པའི་འབྲི་སྲོལ་ཡང་ཡོད་དེ་རྒྱ་སྐད་དུ(突厥)ཞེས་འབོད་ལ་གནའ་བོའི་མི་རིགས་ཆེ་ཤོས་ཤིག་སྟེ། རྗེས་སུ་རིམ་བཞིན་དྲུག་གུ་ཤར་ནུབ་གཉིས་སུ་ཕྱེ་ཞིང་། དྲུག་གུ་ནུབ་མ་ལ་ཧོར་དང་། དྲུག་གུ་ཤར་མ་ལ་དྲུག་གུ་ཞེས་འབོད། གནའ་བོའི་དྲུག་གུ་མིས་བར་སྐབས་ཤིག་ཏུ་བོད་ཡིག་བེད་སྤྱད་དེ་རང་གི་ཆོས་ལུགས་ཀྱི་གཞུང་ལུགས་བརྩམས་པའི་སྲོལ་ཡང་ཆགས་ཡོད་པ་དང་། སྐབས་དེར་གསང་སྔགས་ཀྱི་ཆོས་གཞུང་མང་པོ་ཞིག་བོད་ཡིག་ནས་དྲུག་གུའི་ཡི་གེར་བསྒྱུར་སྦྱོང་ངོ་། །[1]

གསུམ། ལི་སྐད་དང་ལི་ཡིག་གི་སྐོར། ང་ཚོས་བོད་འགྱུར་ལུང་བསྟན་འདི་ན་ད་ཏུང་དཔྱད་བྱ་ཞིག་ནི་ལི་སྐད་དང་ལི་ཡིག་གཉིས་ཡིན་ཏེ། དེ་ལ་ལུང་བསྟན་ལས། རྒྱ་གར་དང་རྒྱ་སྲིད་པའི་ཡུལ་ནི་ལི་ལགས་ཏེ། འཕྲལ་སྐད་ནི་རྒྱ་གར་དང་རྒྱར་མི་མཐུན་པ། ཡི་གེ་ནི་རྒྱ་གར་དང་བགས་ཀྱིས་མཐུན། འཇིག་རྟེན་པའི་ལུགས་ནི་རྒྱ་ནག་དང་ཕལ་ཆེར་མཐུན། ཆོས་ཀྱི་ལུགས་དང་ཆོས་སྐད་ནི་རྒྱ་གར་དང་ཕལ་ཆེར་མཐུན། ལིའི་འཕྲལ་སྐད་ནི་ཐོག་མ་བྱང་ཆུབ་སེམས་དཔའ......ཡུལ་ཙར་མ་ཞེས་བགྱི་བར་ལི་སྐད་ཕྱུང་སྟེ། ཞེས་པ་དང་། ལི་ཡུལ་ན་མཆིས་པའི་སེམས་ཅན་རྣམས་ཀྱི་དགེ་བའི་བཤེས་གཉེན་མཛད་ཅིང་ལི་སྐད་ཀྱང་བྱིས་པ་ཕྱུགས་རྫི་རྣམས་ལ་བཙོས་ཤིང་བསྟན། ལིའི་ཡི་གེ་ཡང་བསླབས་ནས་དེའི་འོག་ཏུ་ཆོས་བྱུང་ངོ་། །ཞེས་པ་ལས་ལིའི་སྐད་ཅེས་པ་ནི་ཧུ་ཏེན་གྲོང་གཙོ་བྱས་པའི་ཡུལ་དེའི་སྐད་དང་ལིའི་ཡི་གེ་ནི་ཧུ་ཏེན་གྱི་ཡི་གེ་སྟོན་གྱིན་ཡོད་དེ། འདི་དང་ལི་ཡུལ་ལུང་བསྟན་གྱི་མ་ཡིག་པྲ་ལི་ཡི་གེ་ནི་སྐད་རིགས་མི་འདྲ་བ་གཉིས་ཡིན་པ་ཤེས་དགོས་ཏེ། བུ་སྟོན་ཆོས་འབྱུང་གི་ལེའུ་བཞི་པའི་ཆོས་བསྒྱུར་བའི་རྣམ་གྲངས་སུ། འཕང་ཐང་མར། སེ་འགལ་འཚོ་བའི་མདོ། རྟ་མགྲིན་གནས་ས་བཀོད་པའི་མདོ་སོགས་ལི་ལས་བསྒྱུར་བར་བཤད། གནའ་བོའི་ལི་ཡུལ་གྱི་ལོ་རྒྱུས་སྟེང་ཧུ་ཐེན་གྱི་སྐད་དང་། པྲ་ལིའི་སྐད། བོད་སྐད་བཅས་བཀོལ་སྦྱོང་བ་ལས་གཞན་སོག་དག་གི་སྐད་དང་། གྲུ་གུའི་སྐད། རྒྱ་སྐད་སོགས་ཀྱང་བཀོལ་སྦྱོང་ངོ་། །

གོང་གསལ་གྱི་དོགས་གནད་རྣམས་སེལ་བར་བྱས་རྗེས། ང་ཚོས་བོད་འགྱུར་ལུང་བསྟན་གྱི་སྤྱི་ཁོག

[1] 羽溪了谛：《西域的佛教》，北京：商务印书馆，1999年。

གི་ནང་དོན་ཕལ་ཆེར་རགས་རིམ་ཙམ་ཞིག་རྒྱུས་ལོན་བྱེད་ཐུབ། ཡིན་ནའང་ལི་ཡུལ་གྱི་ལོ་རྒྱུས་སྐྱི་ལ་ཞིབ་འཇུག་གི་སྐོར་ལ་དེང་སང་སྔར་བཞིན་སྟོང་ཆ་ཞིག་ཏུ་གྱུར་ཡོད་དེ། འདིའི་ཕྱོགས་ཀྱི་དཔྱད་རྩོམ་དང་བརྩམས་ཆོས་འགའ་རེ་མཐོང་རྒྱུ་འདུག་ལ། བོད་ཀྱི་མཁས་པས་བརྩམས་པའི་ཆོས་འབྱུང་དང་དེབ་ཐེར་སོགས་སུ་ཉུང་ཙམ་ཞིག་མཐོང་རྒྱུ་འདུག་མོད་ཀྱི། འདིའི་སྐོར་དམིགས་སུ་བཟུང་སྟེ་ཞིབ་འཇུག་བྱེད་མཁན་ཤིན་ཏུ་ཉུང་། ལྷག་པར་དུ་དེང་སང་བོད་ཀྱི་རིག་གནས་ལ་ཞིབ་འཇུག་བྱེད་མཁན་གྱི་ཁྲོད་ན་ཆེད་དུ་ལི་ཡུལ་སྐོར་གྱི་བོད་ཡིག་གི་དཔྱད་རྩོམ་རེ་གཉིས་མ་གཏོགས་མཐོང་མི་ཐུབ། དེའི་རྒྱུ་རྐྱེན་གཙོ་བོ་ནི་གཅིག་ན་ལིའི་སྐོར་གྱི་དཔྱད་གཞི་རྒྱུ་ཆ་ཉུང་བ། གཉིས་ན་དེང་སང་འགྲིམ་འགྲུལ་སྟབས་བདེ་ཡིན་ཡང་དེ་ལ་དཔལ་འཁོར་དང་དཀའ་ངལ་ལ་ཅི་མི་སྙམ་པའི་སྙིང་སྟོབས་འཛོམས་པ་སོགས་ཆ་རྐྱེན་དུ་མ་ཞིག་མ་ལྡན་ན་བགྲོད་མི་ནུས་ཤིང་། གལ་ཏེ་བགྲོད་ཐུབ་པའི་དབང་དུ་བཏང་ནའང་གནའ་བོའི་གྲོང་རྡལ་སོགས་ཀྱི་ཤུལ་ལ་ལ་བྱེ་མའི་འོག་ཏུ་བཅུག་ཟིན་པ་དང་ལ་ལ་ལོ་མང་འདས་ཟིན་པའི་རྐྱེན་གྱིས་རྗེས་ཙམ་ཡང་རྙེད་དཀའ་བས། ང་ཚོས་དབྱིན་ཇི་དང་ཧྥ་རན་སི་སོགས་སུ་ཉར་ཚགས་བྱས་ཡོད་པའི་བོད་དང་ལི་ཡུལ་གྱི་ཡི་གེ་སྣ་ཚོགས་པ་དང་། དེ་མིན་ཕྱི་གླིང་བས་བྲིས་པའི་ལི་ཡུལ་སྐོར་གྱི་ཟིན་བྲིས་དང་། ཡང་ན་རྒྱལ་ནང་གི་ཏུན་ཧོང་བྲག་ཕུག་ཏུ་བཞུགས་པའི་ཡིག་རྙིང་གཙོ་བྱས་པའི་དཔེ་མཛོད་ཁང་སོ་སོར་ཉར་ཚགས་བྱས་པའི་ཡིག་རྙིང་དག་དམིགས་སུ་བཟུང་ནས་དཔྱད་ཆེ་ད་གཟོད་ལི་ཡུལ་སྐོར་གྱི་ལོ་རྒྱུས་དང་དེའི་མཐའ་བཞིའི་རྒྱལ་ཁབ་དང་མི་རིགས་ལ་ཤུགས་རྐྱེན་ཅི་འདྲ་ཞིག་བཞག་ཡོད་པ་ར་སྤྲོད་བྱེད་པ་ལས་ཐབས་གཞན་མེད་དོ། །

གཞན་ཡང་། ལུང་བསྟན་འདིར་བོད་ལི་འབྲེལ་བ་དེ་ཆོས་ཕྱོགས་ལས་བོད་བཙན་པོས་དམ་ཆོས་ནང་འདྲེན་གྱི་སྐོར་བསྟན་ཡོད་པ་ལས་སྲིད་ཕྱོགས་ལས་བོད་བཙན་པོས་ལི་ཡུལ་དབང་དུ་བསྡུས་པའི་གནས་ཚུལ་རགས་རིམ་ཙམ་ལས་གླེང་མེད་པས། ང་ཚོས་བོད་དང་ལིའི་བར་གྱི་ཕོ་ཉ་འགྲོ་འོང་དང་། བོད་བཙན་པོས་ལི་ཡུལ་དབང་དུ་བསྡུ་སྐབས་ཐང་རྒྱལ་རབས་དང་འཐབ་རྩོད་ཅི་ལྟར་བྱས་པ། བོད་ཀྱི་དབང་དུ་བསྡུས་རྗེས་ཡུལ་དེ་གའི་འབངས་མི་ལ་ཁྲིམས་ག་འདྲ་བཅས་པ། སྲིད་འཛིན་ལས་ཁུངས་གང་དང་གང་བཙུགས་པ་བཅས་དང་། ལྷག་པར་དུ་སྤྱི་ཚོགས་ཀྱི་མི་སྣ་མཐོ་གྲས་ཏེ་བོད་བཙན་པོ་དང་ལིའི་རྒྱལ་པོའི་བར་གྱི་འབྲེལ་བ་སོགས་ཀྱི་ཐད་དཔྱད་གཞི་དཀོན་པའི་རྐྱེན་གྱིས་ལི་དང་འབྲེལ་བ་ཡོད་པའི་མི་རིགས་གཞན་པའི་སྐད་ཡིག་གིས་བྲིས་པའི་ལི་ཡུལ་གྱི་ལོ་རྒྱུས་དེབ་ཐེར་ལ་བལྟ་རྒྱུ་ཤིན་ཏུ་གལ་ཆེའོ། །

བཞི་པ། ལི་ཡུལ་ལུང་བསྟན་གྱི་སྤྱི་ཚོགས་བྱེད་ནུས་དང་ལོ་རྒྱུས་ཀྱི་རིན་ཐང་བརྗོད་པ།

གཅིག ལི་ཡུལ་ལུང་བསྟན་གྱིས་བོད་དང་རྒྱའི་ཡིག་ཚང་ན་མེད་པའི་ནང་དོན་སྐོར་ཞིག་གི་སྟོང་ཆ་བསྐངས་པར་མ་ཟད། བོད་བཙན་པོའི་སྐབས་ཀྱི་བོད་ལི་འབྲེལ་བའི་གནད་དོན་མང་པོ་ཞིག་ཀྱང་ཐག་གཅོད་བྱས་ཡོད། ལུང་བསྟན་དུ། དེའི་རྗེས་ལ་བྱང་ཆུབ་སེམས་དཔའ་ཞིག་གདོང་དམར་གྱི་རྒྱལ་པོ་བྱས་པའི་རྒྱུད་རབས་བདུན་གྱི་ཐ་མ་ལ་རྒྱལ་པོ་དེའི་ཆུང་མ་རྒྱ་ཡུལ་ནས་རྒྱ་རྗེའི་བུ་མོ་ཀོང་ཇོ་བྱང་ཆུབ་སེམས་དཔའ་ཡིན་པ་ཞིག་འཁོར་དྲུག་བརྒྱ་དང་གདོང་དམར་གྱི་ཡུལ་དུ་འོངས་སོ། །ཀོང་ཅོ་དེ་འཕགས་པར་ཆོས་ལ་དད། དབང་ཐང་ཆེ་བས་གདོང་དམར་གྱི་རྒྱལ་པོ་ཡང་དད་པ་ཆེ་སྟེ། སྔོན་བས་ཀྱང་དམ་པའི་ཆོས་རྒྱས་པར་འགྱུར་རོ་ཞེས་པའི་ལོ་རྒྱུས་དེ་ནི་སྤྱི་ལོ་710ལོར་བོད་བཙན་པོའི་རྒྱལ་རབས་ཀྱི་སྲིད་སྐྱོང་བ་འབྲོ་བཟའ་ཁྲི་མ་ལོད་ཀྱིས་ཐང་བོད་བར་འགལ་ཟླ་ཚབས་ཆེན་བྱུང་བ་དེ་ཞི་བར་འདུག་ཆེད་རང་གི་ཚ་བོ་ཁྲི་ལྡེ་གཙུག་བརྟན་མེས་ཨག་ཚོམ་ལ་རྒྱ་མོ་བཟའ་གྱིམ་ཤིང་ཀོང་ཇོ་བག་མར་བསུས། སྐབས་དེར་ལི་ཡུལ་འདི་བོད་ཀྱི་ཁོངས་སུ་བཙུག་ཟིན། བོད་ཀྱི་ལོ་རྒྱུས་དེབ་ཐེར་དུ་རྒྱ་མོ་བཟའ་འདི་བཙན་པོ་ཁྲི་སྲོང་སྡེ་བཙན་གྱི་ཡུམ་ཡིན་མིན་གྱི་སྐོར་ལ་བཞེད་ཚུལ་འདྲ་མིན་མཆིས་པ་ལས་མ་ཤིང་ཀོང་ཅོས་བོད་ཡུལ་དུ་དམ་པའི་ཆོས་དར་བར་མཛད་རྗེས་ཆེན་པོ་ཞིག་བཞག་ཡོད་པ་དང་བཙན་པོའང་དད་པ་ཆེ་བར་གྱུར་པའི་སྐོར་གླེང་མེད་ལ། ལྷག་པར་དུ་རྒྱའི་ལོ་རྒྱུས་སུ་གྱིམ་ཤིང་ཀོང་ཇོ་བོད་དུ་བག་མར་རྫོང་དུས་ཀྱི་གནས་ཚུལ་ཙམ་གླེང་བ་ལས་དེ་བོད་ཡུལ་དུ་བཙངས་རྗེས་སྲུས་འཁྲུངས་པ་དང་དམ་པའི་ཆོས་སྤེལ་བའི་སྐོར་ཚིག་སྣེ་ཙམ་ཡང་མ་མཐོང་། ལི་ཡུལ་ལུང་བསྟན་དུ་གྱིམ་ཤིང་ཀོང་ཅོས་དགེ་འདུན་ལ་བསྙེན་བཀུར་བྱེད་པའི་སྐོར་ལ་ཞིབ་འབྲི་ཤིན་ཏུ་གསལ་ཞིང་ཐ་ན་ཀོང་ཅོ་འདི་འབྲུམ་ནད་བྱུང་ནས་ཚེ་ལས་འདས་པའི་རྐྱེན་ཡང་བྲིས་པར་གཞིགས་ན་འདི་ནི་ལོ་རྒྱུས་སྙིང་དངོས་སུ་བྱུང་བའི་གནས་ཚུལ་ཞིག་ཡིན་པ་བདེན་དཔང་བྱེད་ཐུབ། ཡང་ལུང་བསྟན་དུ། རྒྱལ་པོ་བི་ཛ་ཡ་ཛ་ཡ་ཞེས་བགྱི་བས་རྒྱ་རྗེའི་བུ་མོ་བུ་ཉེ་ཤྭ་ང་(金山公主)ཞེས་བགྱི་བ་མཆིས་བྲང་དུ་བླངས་ནས་རྒྱ་རྗེའི་བུ་མོ་དེས་ལི་ཡུལ་དུ་དར་སྲིན་གྱི་ས་བོན་ཞིག་འཚལ་ཏེ་མཆིས་ནས་ཡུལ་མ་ཞ་(mudza)བགྱི་བར་དར་སྲིན་གསོས་པའི་ལོ་རྒྱུས་ཤིག་ཡོད་པ་དེ་རྒྱའི་ལོ་རྒྱུས་དེབ་ཐེར་དུ་གླིང་མ་སྨོང་ཞེས་འཇར་པན་གྱིས་མཁས་པས་གསུངས་སོ། །ཡིན་ནའང་། རྒྱའི་ཐང་གི་རྒྱལ་མོ་ཟྷུའུ་ཙེ་ཏེན་གྱིས་ཀྲུ་གུའི་རྒྱལ་པོ་མའོ་ཀྲི་(默啜སྤྱི་ལོ་691–716)ཞེས་པ་ལ་

རྒྱལ་རྒྱུད་ཀྱི་སྲས་མོ་ཅིན་ཧྲན་ཀོང་ཇོ་བག་མར་ཕྱིན་པ་ཞིག་རྒྱའི་དེབ་ཐེར་དུ་གསལ། དེ་བཞིན་དུ་ལུང་བསྟན་འདིས་ད་ཙུང་བོད་ལི་འབྲེལ་བའི་གནད་དོན་ཡང་མང་པོ་ཞིག་ཐག་གཅོད་བྱས་ཡོད་དེ། དཔེར་ན། མགར་སྟོང་བཙན་ཡུལ་བཟུང་གིས་ལི་ཡུལ་དུ་གཙུག་ལག་ཁང་བཞེངས་པ་ནི་ལི་ཡུལ་དུ་ཆོས་ཀྱི་དགེ་རྩ་སྒྲུབ་པ་ཁོ་ན་མིན་པར་ཡུལ་རང་གི་མངའ་ཁོངས་སུ་བཅུག་རྗེས་གཅིག་ན་གཙུག་ལག་ཁང་འདི་བོད་ཀྱིས་ལི་ཡུལ་དབང་དུ་བསྡུས་པའི་མཚོན་བྱེད་དང་། གཉིས་སུ་ལི་ཡུལ་གྱི་འབངས་མིའི་སེམས་འགུགས་བྱེད་ཅིག་གི་ཆེད་དུ་ཡིན་པ་ཤེས་ཐུབ། བཙན་པོ་མེས་ཨག་ཚོམ་ཡབ་ཡུམ་གཉིས་ཀས་དགེ་འདུན་པ་རྣམས་བསུས་ནས་མཆོད་བཀུར་བྱས་པ་དེའང་སྐབས་དེའི་བོད་བཙན་པོའི་ཆབ་སྲིད་ཀྱི་རྒྱབ་ལྗོངས་ཏ་ཙང་རྟོག་འཛིང་ཡིན་པའི་གནས་ཚུལ་འོག་ཏུ་བྱུང་བ་ཞིག་ཡིན་པ་ལས་བོད་ཀྱི་དམངས་ཁྲོད་དུ་ད་ཙུང་ནང་པའི་ཆོས་འདི་ཁྱབ་བརྡལ་དུ་སོང་ཡོད་མིན་གསལ་པོ་ཞིག་བརྗོད་དགའ་ཞིང་། རྒྱུ་མཚན་ནི་མ་ཤིང་ཀོང་ཇོ་འདས་ནས་ལོ་ངོ་འགའི་རྗེས་སུ་བོད་དུ་ནང་བསྟན་བསྙུབས་པའི་དོན་རྐྱེན་ཆེན་པོ་ཞིག་བྱུང་བ་ལུང་བསྟན་གྱི་ནང་དུ་གསལ་བས་ང་ཚོས་ནང་དོན་དེ་བསྐྱར་ཟློས་བྱེད་དགོས་དོན་མེད་སྙམ།

གཉིས། ལི་ཡུལ་ལུང་བསྟན་འདི་ནི་བོད་དང་རྒྱའི་ལོ་རྒྱུས་དང་ལྷག་པར་དུ་གནའ་བོའི་ལི་ཡུལ་གྱི་ལོ་རྒྱུས་ཞིབ་འཇུག་ལ་ངེས་པར་དུ་མཁོ་བའི་ཆོས་འབྱུང་གལ་ཆེན་ཞིག་ཡིན། ལུང་བསྟན་འདི་མིག་སྔར་ང་ཚོས་མཐོང་བའི་ལི་ཡུལ་སྐོར་གྱི་ལོ་རྒྱུས་ལས་ཆེས་ཆ་ཚང་ཞིང་ལོ་རྒྱུས་ཞིབ་འཇུག་ལ་རིན་ཐང་ཆེ་བའི་ཆོས་འབྱུང་ཞིག་ཡིན་པའི་རྐྱེན་གྱིས། དེང་སང་གི་ཞིབ་འཇུག་མཁན་པོས་བོད་ཀྱི་ལོ་རྒྱུས་དང་རྒྱའི་ལོ་རྒྱུས། གྲུ་གུའི་ལོ་རྒྱུས། རྒྱ་གར་གྱི་ལོ་རྒྱུས་སོགས་དམ་པའི་ཆོས་དང་འབྲེལ་བའི་རྒྱལ་ཁབ་དང་མི་རིགས་གང་ཙུང་གི་ལོ་རྒྱུས་ཞིབ་འཇུག་བྱེད་པ་ལ་ངེས་པར་དུ་མཁོ་བའི་ལོ་རྒྱུས་ཀྱི་རྒྱུ་ཆ་ཞིག་ཏུ་གྱུར་ཡོད། ཁོང་ཚོས་ལི་ཡུལ་གྱི་སྐོར་ཞིབ་འཇུག་གི་རྒྱུ་ཅི་ཙམ་ཆེ་ཙུང་ལི་ཡུལ་ལུང་བསྟན་འདི་དཔྱད་གཞིར་མ་བྱས་ན་གནད་དོན་མང་པོ་ཞིག་ཐག་གཅོད་བྱེད་དཀའ་བའི་གནས་སུ་གྱུར་ཡོད། སྐུ་ཞབས་ཆབ་སྤེལ་ཚེ་བརྟན་ཕུན་ཚོགས་ཀྱིས་གནའ་བོའི་ཡིག་རྙིང་རྣམས་རིན་ཐང་ཆེ་བའི་རྒྱུ་མཚན་འབའ་ཞིག་ནི་གནའ་རབས་ཀྱི་ལོ་རྒྱུས་ངོ་མ་ལ་ཞིབ་འཇུག་བྱ་རྒྱུར་གཞན་དག་གང་གིས་ཀྱང་ཚབ་བྱེད་མི་ཐུབ་པའི་ནུས་པ་འགན་སྲུང་ཐུབ་པའི་རྐྱེན་གྱིས་ཡིན་ཞེས་གསུངས་པ་ཇི་བཞིན་དུ། ལི་ཡུལ་ལུང་བསྟན་འདིའང་གནའ་རབས་ལི་ཡུལ་ལོ་རྒྱུས་ངོ་མ་རྣམས་ཐད་ཀར་རམ་ཐད་ཀར་མ་ཡིན་པར་བྲིས་ཡོད་པའི་ཕྱིར་ལོ་རྒྱུས་རྒྱུ་ཆ་གཞན་དག་གིས་འདི་ལ་ཚབ་བྱེད་མི་ཐུབ་པའི་ནུས་པ་གལ་ཆེན་འདོན་ཐུབ་སྙམ། ཐོག་མར་ལི་ཡུལ་ལུང་བསྟན་གྱི་མ་ཡིག་ནས་བོད་འགྱུར་ལུང་བསྟན་གཉིས་ཀ་བོད་ཡིག་ཏུ་ཇི་ལྟར་བསྒྱུར་བའི་སྐོར་དང་། དེ་ནས་ལུང་

བསྟན་འདིས་བོད་ལི་ལོ་རྒྱུས་སྟེང་གི་གོ་གནས་དང་རིན་ཐང་ག་འདྲ་ཡིན་པ་ཚང་མ་ལུང་བསྟན་འདིར་མ་གཟིགས་ཚེ་མཁས་པ་གཞན་གྱི་ཟེར་སྒྲོས་ཙམ་གྱིས་ང་ཚོས་ཤེས་ཐབས་མེད། ནང་སྐོར་སུ་ལུང་བསྟན་གྱི་ཕྱི་མོའི་མ་ཡིག་བོར་ཟིན་པས་དེའི་རིན་ཐང་དང་ནུས་པ་ཡོད་ཚད་བོད་འགྱུར་ལུང་བསྟན་འདིས་ཚབ་བྱས་ཡོད་དེ། མི་རིགས་གཞན་པའི་མཁས་པའི་ལི་ཡུལ་གྱི་སྐོར་ལ་ལུང་འདྲེན་དུས། རྒྱུན་པར་ཏུན་ཧོང་ཡིག་རྙིང་ལས་བྱུང་བའི་བོད་འགྱུར་ལི་ཡུལ་ལུང་བསྟན་དང་བསྟན་འགྱུར་ལས་བྱུང་བའི་ལི་ཡུལ་ལུང་བསྟན་ལས་དྲངས་ཞེས་བརྗོད་ཀྱིན་ཡོད།

གསུམ། ལི་ཡུལ་ལུང་བསྟན་འདི་བོད་ཡིག་ཏུ་བསྒྱུར་བ་ནི་གནའ་བོའི་ལི་ཡུལ་གྱིས་བོད་ཀྱི་ནང་བསྟན་རིག་གནས་ལ་མཛད་རྗེས་བཞག་པའི་རྟགས་མཚན་ཞིག་རེད། ཕྱིར་ནང་པའི་ཆོས་བོད་དུ་དར་བ་ནས་བཟུང་ལི་ཡུལ་དང་རྒྱ་གར་གྱི་དམ་པའི་ཆོས་གཞུང་བོད་དུ་བསྒྱུར་མགོ་བརྩམས་ཤིང་། ལྷག་པར་དུ་ལི་ཡུལ་ནས་ཡིག་རིགས་སྣ་མང་བཀོལ་བའི་ཁྲིད་འུ་ཐེན་གྱི་ཡི་གེ་དང་པྲ་ལིའི་ཡི་གེ་བྲིས་པའི་ཆོས་གཞུང་རྣམས་བོད་དུ་བསྒྱུར་བ་ཙུང་མང་སྟེ། ལི་ཡུལ་ལུང་བསྟན་འདི་གནའ་བོའི་ལི་ཡུལ་ལ་དམ་པའི་ཆོས་ཤིན་ཏུ་དར་བའི་རྟགས་མཚན་ཞིག་ཡིན་པར་མ་ཟད། ལི་ཡུལ་གྱི་དམ་པའི་ཆོས་རྒྱུན་སྐྱོང་པ་པོ་རྣམས་ཀྱི་བློ་གྲོས་ཀྱི་སྙིང་བཅུད་ཅིག་ཀྱང་རེད། འདིས་མི་རིགས་ཤིག་གམ་ཆོས་ལུགས་ཀྱི་རྒྱུན་སྐྱོང་མཁན་གྱི་རང་གི་མི་རིགས་ཀྱི་རིག་གནས་སམ་རང་ཉིད་ཀྱི་མོས་སའི་ཆོས་དེ་ལ་འདུན་ཞེན་དང་ཤ་ཚ་བའི་སྙིང་སྟོབས་མཚོན་པ་དང་། འཛམ་གླིང་གི་རིག་གནས་ལོ་རྒྱུས་སྟེང་ལ་འོད་སྟོང་འབར་བའི་ཤོག་ལྷེ་གཅིག་བྲིས་ཡོད་པར་མ་ཟད། ལི་ཡུལ་གྱི་ཆོས་གཞུང་སྐོར་ཞིག་བོད་ཡིག་ཏུ་བསྒྱུར་བ་ལས་བོད་ཀྱི་ལོ་རྒྱུས་དང་རིག་གནས་ཐད་ནང་དོན་རྒྱས་ཤིང་ཕུན་སུམ་ཚོགས་པར་འགྲོ་བར་ཤིན་ཏུ་སྨན་ནོ། །

མཇུག་བསྡུ་བའི་གཏམ།

ཏུན་ཧོང་ཡིག་རྙིང་དང་བསྟན་འགྱུར་ལས་བྱུང་བའི་ལི་ཡུལ་ལུང་བསྟན་ཁག་གཉིས་ལ་རགས་ཙམ་དཔྱད་པ་ཞེས་པའི་རྩོམ་ཐུང་འདི་རེ་ཞིག་རྫོགས་ཤིང་། ཕྱིར་ལི་ཡུལ་གྱི་སྐོར་ལ་ཞིབ་འཇུག་བྱ་རྒྱུའི་ནང་དོན་གྱ་ནོམ་པ་ཞིག་ཡོད་པས། འདིའི་སྐོར་གྱི་རྩོམ་ཞིག་འབྲི་འདོད་ཀྱི་ཀུན་སློང་དེའང་ལོ་ངོ་བཞིའི་སྔོན་དུ་སྐྱེས། བར་སྐབས་སུ་སློབ་གྲྭར་འགྲིམ་སྟེ་དཔེ་མང་ཀློག་པའི་སྐལ་བཟང་ཐོབ་པ་དང་མཉམ་དུ། ལི་ཡུལ་ལུང་བསྟན་ལ་དཔྱད་པ་ཞིག་བྱེད་ཐུབ་ན་སྙམ་པའི་བསམ་པ་འགོག་མེད་ཅིག་སྐྱེས། རྩོམ་འདི་འབྲི་བའི་གོ་རིམ་ཁྲོད་དུ་དཀའ་ངལ་ཡང་མི་ཉུང་བ་ཞིག་ལ་ཐུག་སྟེ། ཐོག་མར། ད་ལྟའི་བར་དུ་ལི་ཡུལ་ལུང་

བསྟན་པོད་འགྱུར་དང་རྒྱ་འགྱུར། དབྱིན་འགྱུར་འཇར་པན་གྱི་འགྱུར་མ་སོགས་འགྱུར་མ་རིགས་མང་མོད་ཀྱང་། དེ་ལས་ཡུལ་མིང་དང་ལོ་རྒྱུས་ཀྱི་དོན་རྐྱེན་ལ་རགས་ཙམ་འགྲེལ་བ་ལས་དེ་དམིགས་སུ་བཀར་ནས་དཔྱད་པ་རྒྱས་པ་ཞིག་གམ་འགྲེལ་བཤད་ཆ་ཚང་བ་ཞིག་སུས་ཀྱང་རྒྱག་མ་ཐུབ་པའི་རྐྱེན་གྱིས། དེ་ལ་དཔྱད་པ་རྒྱས་པ་ཞིག་གམ་ལྟ་བ་གསར་པ་ཞིག་འདོན་རྒྱུ་ཟེར་ན་ལས་སླ་མོ་ཞིག་མ་རེད། དེའི་འཁོར་རང་ཉིད་ཀྱི་ལག་ཏུ་ལི་ཡུལ་སྐོར་གྱི་དཔྱད་རྩོམ་དང་བརྩམས་ཆོས་ཅི་ལྟར་བཙལ་ཡང་མང་པོ་ཞིག་མ་རྙེད་པས་རྩོམ་འདིའི་ནང་དོན་དང་ཁྱབ་ཁོངས། གནད་དོན་སོགས་ལ་དཔྱད་དུས་ཕྱོགས་ལྷུང་གི་ཆའང་ངེས་པར་དུ་བྱུང་ཡོད་མོད། དེ་ལས་ད་རུང་ཡིད་ཕངས་པ་ཞིག་ལ་སྤྱིར་ལི་ཡུལ་ལ་ཞིབ་འཇུག་བྱེད་མཁན་ཞིག་ཡིན་ཕྱིན་ངེས་པར་དུ་ཡུལ་དེ་ལ་མཇལ་སྐོར་དུ་འགྲོ་དགོས་པ་ནི་རྩོམ་འདི་འབྲི་ན་ཆེས་རྩ་བའི་ཆ་རྐྱེན་ནམ་དགོས་མཁོ་ཞིག་ཡིན་མོད་ཀྱི། ཆ་རྐྱེན་མང་པོ་ཞིག་མ་འཛོམས་པའི་དབང་གིས་རང་གི་འདོད་དོན་དེ་རེ་ཞིག་དོན་ཐོག་ཏུ་འཁྱོལ་མ་སོང་། རྩོམ་འདི་འབྲི་དུས་རང་ཉིད་ཀྱིས་ལག་ཏུ་གསར་རྙེད་ཀྱི་དཔྱད་གཞི་རྒྱུ་ཆ་ཁོ་ནར་བརྟེན་ནས་བྲིས་ཤིང་། རང་སྙིང་གི་ཆེད་ལས་ཀྱི་ཚད་དང་སྤྱི་རྩོམ་ཀྱི་ཉམས་མྱོང་། དེ་མིན་ད་རུང་མཐོང་རྒྱ་དང་ཐོས་རྒྱའི་ཕྱོགས་ནས་ཀྱང་ན་གཞོན་གི་སྦྲུལ་བ་ཇི་བཞིན་ཡིན་ཕྱིར་སྐྱོན་མི་ཉུང་བ་ཞིག་འབྱུང་རྒྱུར་གདོན་མི་ཟ་བས་སློག་པ་པོ་ཀུན་གྱིས་དགོངས་འཆར་མང་དུ་འདོན་རྒྱུ་ནི་རེ་བ་ཞུག་ཅིག་གོ །

《ཀྲུང་གོའི་བོད་རིག་པ་》2003ལོའི་དེབ་བཞི་པ་ལས་བདམས།

༄༅། །ཏུན་ཧོང་གི་ཡིག་རྙིང་ནང་དུ་འཁོད་པའི་གནའ་བོའི་རྫོགས་ཆེན་གྱི་དཔེ་ཆའི་སྐོར་གླེང་བ།

མཁར་རྨེའུ་བསམ་གཏན།

བོད་ཀྱི་རྫོགས་ཆེན་གྱི་གཞུང་ལུགས་ནི་གནའ་བོའི་རྒྱ་ནག་གི་ཡུལ་དུ་ཁྲན་(禅)དང་ཉི་འོང་གི་ཡུལ་དུ་ཛེན་(Zen)ཞེས་པ་དེ་དང་ཆ་འདྲ་བའི་ཆོས་ལུགས་ཀྱི་ཉམས་ལེན་བྱེད་ཚུལ་ཞིག་ཡིན་པ་ནི་ཀུན་གྱི་མཁྱེན་ཆོས་ལགས། རྒྱ་སྐད་དང་ཉི་འོང་གི་ཐ་སྙད་དེ་གཉིས་ནི་ལེགས་སྦྱར་གྱི་སྐད་དྷྱ་ན་ཞེས་པ་ལས་མཆེད་ཅིང་ཐ་སྙད་དེ་བོད་སྐད་དུ་བསྒྱུར་ན་བསམ་གཏན་ཞེས་ཟེར་བ་ཡིན། རྫོགས་ཆེན་གྱི་གཞུང་ལུགས་ལ་བན་བོན་གཉིས་ཀས་གལ་ཆེར་བརྩི་བ་ཡིན་ལ། ལྷག་པར་དུ་རྙིང་མ་བས་དེ་བས་གལ་ཆེར་བརྩིས་ནས་ཉམས་ལེན་བྱེད་བཞིན་ཡོད།

ཁ་ཅིག་གིས་རྫོགས་ཆེན་པ་ཞེས་རྫོགས་ཆེན་ནི་རྙིང་མའི་ཆོས་ལུགས་ཀྱི་ཚན་ཁག་ཅིག་ཏུ་བྱེད་མོད་དེ་ནི་མི་འཐད་ལ་ནོར་འཁྲུལ་གྱི་སྐྱོན་ཡང་འབྱུང་སྟེ་རྫོགས་ཆེན་པ་ནི་མང་ཆེ་བ་ཁམས་སུ་ཡོད་པའི་རྙིང་མའི་རྫོགས་ཆེན་དགོན་པའི་གྲྭ་བཙུན་ལའང་གོ་བས་སོ། །[1]

དུས་རབས་དགུ་པའི་དཀྱིལ་ནས་བཟུང་ང་ཚོས་ཤེས་གསལ་ལ་རྫོགས་ཆེན་སྐོར་གྱི་དཔེ་ཆ་མང་དག་ཅིག་བྲིས་ཡོད། རཏྣ་གླིང་པའི་(1403–1478)དུས་ཐོག་བར་རྫོགས་ཆེན་གྱི་རྒྱུད་སྡེའི་གྲངས་ནི་བརྒྱ་ཕྲག་ལས་འདས་པར་ལོང་ཡོད། འོན་ཀྱང་རྒྱུད་འདི་དག་བཀའ་བསྟན་གཉིས་ཀྱི་གྲས་སུ་ཚུད་མེད། དེར་བརྟེན་《རྙིང་མ་རྒྱུད་འབུམ་》ཞེས་རང་ཚུགས་ཅན་གྱི་རྒྱུད་ཀྱི་དཔེ་ཚོགས་ཆེན་པོ་ཞིག་ཆགས་གྲུབ་བྱུང་ཡོད། དེའི་ནང་དུ་རྫོགས་ཆེན་གྱི་རྒྱུད་བརྒྱ་དང་ང་དགུ་ཙམ་ཡོད། དེ་བཞིན་རྒྱུད་དེ་ཚོར་བརྟེན་ནས་

---

① དགོན་པ་དེའི་མིང་རྒྱས་པ་ནི་རུ་དམ་རྫོགས་ཆེན་ཨོ་རྒྱན་བསམ་གཏན་ཆོས་གླིང་ཞེས་ཟེར་ཞིང་པདྨ་རིག་འཛིན་(1625-1697)གྱིས་ཕྱག་བཏབ།

ཁྲིས་པའི་བསྟན་བཅོས་ཀྱང་ཡོད་པ་དཔེར་ན་གནུབས་སངས་རྒྱས་ཡེ་ཤེས་དང་།[①] དུས་རབས་བཅུ་གཅིག་པའི་རོང་ཟམ་པཎྜི་ཏ་ཆོས་ཀྱི་བཟང་པོ་དང་། ཀློང་ཆེན་རབ་འབྱམས་(1308–1363)བཅས་ཀྱི་ལྷུགས་རྩོམ་ཁག་ལྟ་བུའོ། བོན་ལུགས་སུའང་སངས་རྒྱས་ཆོས་ལུགས་ལྟར་རྫོགས་ཆེན་གྱི་དཔེ་ཆ་ཇི་སྙེད་ཅིག་མཆིས་སོ། །

བོད་ཀྱི་ཤེས་རིག་ལས་སངས་རྒྱས་ཆོས་ལུགས་ནི་གྲགས་པ་ཀུན་ཏུ་ཁྱབ་པའི་རིག་གནས་ཤིག་ཡིན་ཞིང་། དེ་ནི་མི་རྣམས་ཀྱི་རྒྱུས་མངའ་ཆེ་ཤོས་ལྡན་པའི་གནད་ཅིག་ཡིན། འོན་ཀྱང་། སངས་རྒྱས་ཆོས་ལུགས་ཀྱི་ནང་དོན་གྲས་ཤིག་ཏེ་རྫོགས་ཆེན་གྱི་གནད་ལ་ཞིབ་འཇུག་བྱེད་མཁན་ཞུང་བས་དེ་སྔར་བཞིན་རྒྱུས་མེད་ཀྱི་ས་ཆ་ལྟ་བུ་ཞིག་ཏུ་ལུས་ཡོད་པ་རེད། མཁས་དབང་ཏུ་ཆི་ནི་ནུབ་ཕྱོགས་པའི་མཁས་པའི་ཁྲོད་ལས་རྫོགས་ཆེན་ལ་ཞིབ་འཇུག་གནང་མཁན་ཐོག་མ་དེ་ཡིན།[②] བོད་དུ་ཡོད་པའི་སངས་རྒྱས་ཆོས་ལུགས་ཀྱི་ཁུངས་བཙུན་གྲུབ་མཐའ་ས་སྐྱ་པ་དང་། འབྲི་གུང་བཀའ་བརྒྱུད་པའི་རྗེས་འཇུག་པ་རྣམས་ཀྱིས་རྫོགས་ཆེན་གྱི་གཞུང་ནི་དུས་རབས་བརྒྱད་པའི་སྐབས་སུ་བཀག་འགོག་བྱས་པའི་བསམ་གཏན་གྱི་གཞུང་སྐྱར་གསོ་བྱས་པ་ལས་འབྱུང་ངོ་ཞེས་ཟེར་བ་ཡིན་ལ། རྙིང་མ་བའི་གཏེར་སྟོན་ཨོ་རྒྱན་གླིང་པས་(1329–1367)ཀྱང་གོང་གི་ལྟ་བ་དེ་ལ་ཁས་ལེན་མཛད་ཡོད་པ་རེད། ཨོ་རྒྱན་གླིང་པས་《བློན་པོ་བཀའ་ཐང་》[③] ནང་དུ་ཧྭ་ཤང་མ་ཧཱ་ཡ་ན་ནི་སྟག་ས་པ་ཞིག་ཡིན་ཚུལ་གསུངས་ཡོད། ང་ཚོས་ད་ལྟ་ཤེས་རྟོགས་བྱུང་བའི་གནས་ཚུལ་ནི། ཁོང་ནི་རྒྱ་ནག་གི་བཙུན་པ་ཞིག་ཡིན་པ་དང་སྤྱི་ལོ་787ལོར་ཏུན་ཧོང་ནས་བོད་དུ་གདན་དྲངས། སྐབས་དེ་ཤེད་ཀྱི་ཏུན་ཧོང་ས་ཆ་ནི་བཙན་པོ་ཁྲི་སྲོང་ལྡེ་བཙན་(742–797)གྱི་མངའ་

① མཁས་པ་འདི་འཚོ་བཞུགས་ཀྱི་དུས་ཚོད་ནི་གསལ་པོ་མེད། འོན་ཀྱང་ཁོང་ནི་《སྒོམ་གྱི་གནད་གསལ་བར་ཕྱེ་བ་བསམ་གཏན་མིག་སྒྲོན་》ནམ《བསམ་གཏན་མིག་སྒྲོན་》གྱི་རྩོམ་པ་པོ་ཡིན། དཔེ་ཆ་དེའི་ནང་དུ་བཙན་པོ་སྣང་དར་མའི་སྐོར་གྱི་དཔྱད་གཞི་གསལ་པོ་ཞིག་འཕོད་འདུག་ལ། དཔེ་ཆ་དེ་ནི་བཙན་པོ་དེ་ཕ་གྲོངས་རྗེས་ཀྱི་དུས་མཚམས་ག་གེ་མོ་ཞིག་གི་ནང་དུ་བརྩམས་པ་ཞིག་ཡིན་པ་རྟོགས་ཐུབ། འགོས་ལོ་གཞོན་ནུ་དཔལ་(1392–1481)གྱིས《དེབ་ཐེར་སྔོན་པོའི་》ནང་དུ་རྒྱལ་པོ་བགྲུ་ཤེས་བརྟེགས་པ་དཔལ་གྱིས་སྲིད་སྐྱོང་སྐབས་(དུས་རབས་10)གནུབས་སངས་རྒྱས་ཡེ་ཤེས་མཛད་པ་ཆེ་སྐད་ཡིན་ཞེས་གསུངས་ཡོད། མི་ལ་རས་པས་གནུབས་སངས་རྒྱས་ཡེ་ཤེས་ཀྱི་ཡང་ཚ་ལྷ་རྗེ་ཧཱུྃ་ཆུང་གི་མདུན་ནས་མཐུ་སློབ་ཚུལ་གསུངས་ཡོད། ད་དུང་འགོས་གཞོན་ནུ་དཔལ་གྱིས་གནུབས་སངས་རྒྱས་ཡེ་ཤེས་དང་ཟུར་པོ་ཆེ་ཤཱཀྱ་འབྱུང་གནས་གཉིས་དབར་མི་ཐོག་གཅིག་གི་སྟ་ཕྱིའི་ཁྱད་ཙམ་ལས་མེད་ཚུལ་གསུངས། རོ་རིག 1949ལོ། ཤོག་ངོས་109

② ཏུ་ཆི་1958

③ ཧྭ་ཤང་མ་ཧཱ་སྦྱོད་ཐབས་བཅུ་གཉིས་ཡོད། ཐེག་པ་ཆེན་པོ་གསང་སྔགས་པ་ལ་ནི། དབང་གི་རིམ་པ་མང་པོ་ནོད་པ་དང་། ……གསང་སྔགས་པ་ཡི་སྦྱོད་ཐབས་བཅུ་གཉིས་སོ། ཏུ་ཆི་1958bཤོག་ངོས་69དང་83

འོག་ཏུ་ཡོད། བཙུན་པ་དེ་བོད་དུ་བསླེབས་རྗེས་དེ་པས་རྒྱ་ནག་གི་ཆོས་ལུགས་ཧྭ་ཡི་ཤན་བཞུགས་པའི་རྒྱ་ནག་གི་ནང་པ་སངས་རྒྱས་ཆོས་ལུགས་ཧེ་བསམ་གཏན་གྱི་གཞུང་ལུགས་སྤེལ།[①] རྗེས་སུ་བཙུན་པ་དེ་བོད་ནས་ཕྱིར་འབུད་བྱས་རྗེས་སླར་ཡང་ཏུན་ཧོང་དུ་ལོག་པ་རེད། ཏུན་ཧོང་གི་ཡིག་ཆའི་ཐོག་འཁོད་པའི་བསམ་གཏན་གྱི་དཔེ་ཆའི་ནང་དོན་ལྟར་ན། རྒྱ་ནག་གི་བཙུན་པ་དེས་གསང་སྔགས་ཀྱི་གཞུང་ཉམས་ལེན་བྱས་པའི་དཔང་རྟགས་ཅི་ཡང་རྙེད་རྒྱུ་མི་འདུག ཨོ་རྒྱན་གླིང་པས《བློན་པོ་བཀའ་ཐང་》མཛད་སྐབས་ཏུན་ཧོང་གི་དཔེ་རྙིང་གཞན་པ་ཞིག་ལ་དཔྱད་གཞི་གནང་ཡོད་ཤས་ཆེ།[②] འོན་ཀྱང་། ང་ཚོས་དཔེ་ཆ་དེ་ལ་དཔྱད་ཞིབ་ནན་པོ་ཞིག་བྱས་རྗེས་ངེས་ཤེས་ཐུབ་དོན་ནི་དེའི་ནང[③]བསམ་གཏན་གྱི་གཞུང་སྐོར་གྱི་གནས་ཚུལ་མདོར་བསྡུས་ཤིག་བཀོད་འདུག དེའི་ཁུངས་གནུབས་སངས་རྒྱས་ཡེ་ཤེས་ཀྱིས་མཛད་པའི《བསམ་གཏན་མིག་སྒྲོན་》ཞེས་པའི་ལེ་ཚན་ཞིག་གཞིར་བཟུང་ནས་བྲིས་པར་གསལ།[④] མདོར་བསྡུས་ནས་ཞུས་ན། ཨོ་རྒྱན་གླིང་པས་ཁོང་གི་ཕྱག་ཏུ་སོན་པའི་བསམ་གཏན་སྐོར་གྱི་དཔྱད་གཞིའི་ཡིག་ཆར་གོ་བ་ལོག་སྣུབ་མཛད་པ་མ་ཟད།《བཀའ་ཐང་སྡེ་ལྔ་》ཡི་ནང་འཁོད་པའི་དཔྱད་གཞིའི་ཡིག་ཆར་ཡང་ལྟ་བ་དེ་ལྟར་འཛིན་གནང་མཛད་ཡོད། དེས་ན་ཁོང་གི་ལྟགས་རྩོམ་ནང་དྲངས་གནང་མཛད་པའི་ལོ་རྒྱུས་ཀྱི་དཔྱད་གཞིའི་ཡིག་ཆ་རྣམས་ལ་ཡང་སྙིང་ཡིད་རྟོན་བྱ་རིན་ཡོད་མེད་ནི་དོགས་གནད་ཅན་ཞིག་ཏུ་གྱུར་ཡོད། ཁོ་བོས་དཔེ་ཆ་དེ་གཉིས་ཀའི་ནང་གསེས་ཁག་གཅིག་ལ་ཞིབ་ཕྲའི་དབྱེ་ཞིབ་བྱས་རྗེས་ཀྱི་འབྲས་བུ་ནི། ཨོ་རྒྱན་གླིང་པའི་ལྟ་ཚུལ་ལ་ཧྭ་ཤང་མ་ཧཱ་ཡ་ན་ནི་སྔགས་པ་ཞིག་ཡིན་པར་འདོད། ལྟ་ཚུལ་འདིས་ས་སྐྱ་པ་དང་བོད་ཀྱི་གྲུབ་མཐའ་གཞན་རྣམས་ཀྱིས་རྫོགས་ཆེན་གྱི་གཞུང་ལ་སུན་འབྱིན་བྱས་ཡོད་པ་ལྟར་རྫོགས་ཆེན་གྱི་གཞུང་ལ་ཞིབ་འཇུག་གནང་མཁན་གྱི་སྐྱེ་བོ་ཚོ་ལམ་ནོར་དུ་འཁྲིད་པ་མ་ཟད། ཁོང་ཚོའི་ཁྲིད་དུ་རྙིང་མ་བའི་གསང་སྔགས་ཀྱི་གཞུང་སྤྱི་དང་། ལྷག་པར་དུ་རྫོགས་ཆེན་གྱི་གཞུང་ནི་རྒྱ་ནག་བསམ་གཏན་ཆོས་ལུགས་ཀྱི་གལ་ཆེའི་གྲུབ་ཆ་ཞིག་ཡིན་ཚུལ་གྱི་བག་ཆགས་ཤིག་བཟོས་ཡོད་པ་དེ་ཡིན་ནོ། །

བོད་དུ་རྫོགས་ཆེན་གྱི་འབྱུང་ཁུངས་སྐོར་ཤོད་སྲོལ་གཉིས་ཡོད་དེ། གཅིག་ནི་དེ་སློབ་དཔོན་པདྨ་

---

① Demieville1956ལོ། ཤོག་ངོས་285

② ཏུ་ཆི་1958ཤོག་ངོས་69

③ ཏུ་ཆི་1958ཤོག་ངོས་68-81

④ བསམ་གཏན་མིག་སྒྲོན། ཤོག་ངོས་118-186

འབྱུང་གནས་ཀྱིས་སྤྲུལ་བཏོད་དོ་ཞེས་པ་དེ་དང་། ཅིག་ཤོས་ནི་དུས་རབས་བརྒྱད་པའི་སྐབས་སུ་བྱུང་བའི་བོད་ཀྱི་སད་མི་བདུན་གྱི་གྲས་བཻ་རོ་ཙ་ནས་སྤྲུལ་བཏོད་དོ་ཞེས་པ་དེ་ཡིན། སློབ་དཔོན་པདྨ་འབྱུང་གནས་ཀྱིས་སྤྲུལ་བཏོད་པར་གྲགས་པའི་རྫོགས་ཆེན་གྱི་ཐོག་མའི་དཔེ་ཆ་ནི《མན་ངག་ལྟ་བའི་ཕྲེང་བ་》ཞེས་པ་དེ་ཡིན་ལ།[①] དཔེ་ཆ་དེ་ནི་པདྨ་འབྱུང་གནས་ཀྱིས་ཁོང་རང་ཉིད་བོད་ནས་ཞལ་མ་འགྲེས་ཙམ་དུ་བརྩམས་པར་གྲགས།[②] དཔེ་ཆ་དེ་སློབ་དཔོན་པདྨ་འབྱུང་གནས་ཞེས་གཏམ་རྒྱུད་མི་སྣ་དེས་བརྩམས་པར་འདོད་པའི་སྒྲུབ་བྱེད་གཙང་དག་ཅིག་འགོད་དཀའ་ལ། དཔེ་ཆ་དེ་བརྩམས་པའི་དུས་ཚོད་ཀྱི་ཆ་ལའང་དོགས་འདྲི་བྱ་རྒྱུའི་གནད་དུ་མ་ཞིག་མཆིས། ཁོ་བོའི་ལྟ་ཚུལ་ལྟར་ན། དཔེ་ཆ་དེ་ནི་དུས་རབས་དགུ་པའི་རྗེས་སུ་ཐོན་པའི་དཔེ་ཆ་ཞིག་ཡིན་པ་རེད། དཔེ་ཆ་དེའི་ཐོག་མའི་རྣམ་པ་ནི་གྲུབ་མཐའི་བྱུང་བ་བརྗོད་པ་ལྟ་བུ་ཞིག་ལགས་ནའང་། དེའི་ནང་བརྗོད་པའི་ནང་དོན་ནི་གསང་སྔགས་སྐོར་ཡིན་པ་མ་ཟད། དེའི་ནང་དུ་གསང་སྔགས་ཀྱི་གཞུང་《གསང་བ་སྙིང་པོའི་རྒྱུད་》[③]ཀྱི་ནང་དོན་རྣམས་གཙོ་བོར་བརྗོད་ཡོད། རྫོགས་ཆེན་སྐོར་གྱི་གཞུང་མང་པོ་ཞིག་ལྟར《རྒྱུད་གསང་བ་སྙིང་པོ་》ཞེས་པའི་དཔེ་ཆ་འདི་ཡང་དོགས་གནད་ལྡན་པའི་དཔེ་ཆ་ཞིག་ཡིན་ནའང་།[④] ཕྱིས་སུ་དགེ་ལུགས་པའི་མཁས་གྲུབ་དམ་པ་པཎ་ཆེན་བློ་བཟང་ཆོས་རྒྱན་(1567–1662)སོགས་ལྟ་བུས་དེ་ཉིད་རྫོགས་ཆེན་གྱི་དཔེ་ཆ་གཤའ་མ་ཞིག་ཡིན་པར་ཁས་ལེན་མཛད་ཡོད་པ་རེད།

གོང་དུ་བརྗོད་ཟིན་པ་ལྟར། བོད་དུ་རྫོགས་ཆེན་གྱི་ཤིང་རྟའི་སྲོལ་འབྱེད་མཁན་ནི་བཻ་རོ་ཙ་ན་ཡིན་པར་འདོད་པའི་སྲོལ་རྒྱུན་ཞིག་ཡོད། བཻ་རོ་ཙ་ན་ནི་སློབ་དཔོན་པདྨ་འབྱུང་གནས་ཀྱི་སློབ་མ་ཡིན་པར་གྲགས་ལ། ཁོང་ནི་རྙིང་མ་བ་དང་བོན་པོའི་དཔེ་ཆའི་ཁྲོད་དུ་སློབ་དཔོན་པདྨ་འབྱུང་གནས་ལྟར་གསང་བ་སྔགས་ཀྱི་ལྟ་བུའི་མི་སྣ་ཞིག་ཏུ་གྱུར་ཡོད། དེ་ཡང་ལོ་རྒྱུས་ཀྱི་ཤོད་སྲོལ་ཞིག་ལ། བོད་ཀྱི་བཙན་པོ་ཁྲི་སྲོང་ལྡེ་བཙན་གྱིས་བཻ་རོ་ཙ་ན་རྒྱ་གར་གྱི་ཡུལ་དུ་མངགས་པ་དང་། བཻ་རོ་ཙ་ནས་རྒྱ་གར་གྱི་མཁས་པ་མང་པོའི་ཞབས་ལ་གཏུགས་ནས་ཆོས་ལ་སློབ་གཉེར་མཐར་ཕྱིན་པ་མཛད་རྗེས་རྫོགས་ཆེན་གྱི་དཔེ་ཆ་ལྔ

① བསྟན་འགྱུར། པོད་83ཨང་4726དཔེ་ཆ་དེར་ཞིབ་འཇུག་བྱས་པའི་གནས་ཚུལ་སྐོར་མཁར་རྨེའུ་1988aཤོག་ངོས་137-174

② སྔ་བཞིད། ཤོག་ངོས་25-26

③ བཀའ་འགྱུར། པོད་10ཨང་455རྙིང་མ་རྒྱུད་འབུམ། པོད་དང་པོ། ཕ།

④ ངེས་དོན་འབྲུག་སྒྲ། ཤོག་ངོས་265-266 277-279 314 385-386

དང་དེ་ཤིན་གྱི་ཆོས་དཔེ་བསྣམས་ནས་བོད་དུ་ཕྱིར་ལོག་མཛད་པ་དང་། བོད་དུ་ཕེབས་རྗེས་གོང་གསལ་གྱི་རྫོགས་ཆེན་གྱི་དཔེ་ཆ་ལྔ་བོད་ཡིག་ཐོག་ཕབ་སྒྱུར་མཛད་ཅེས་དང་། མཐར་ཛ་དྲག་གི་གནས་ཚུལ་ཐོན་པའི་རྐྱེན་ལས་བཙན་པོ་ཁྲི་སྲོང་ལྡེ་བཙན་གྱིས་བཻ་རོ་ཙ་ན་བོད་དབུས་ནས་ཡུལ་ཚ་བ་རོང་གི་རྒྱུད་དུ་ཕྱིར་འབུད་གནང་ཞེས་གྲགས་སོ། དེར་བརྟེན་བཻ་རོ་ཙ་ན་རྒྱ་གར་ནས་བོད་དུ་ཕྱིར་ལོག་ཕེབས་རྗེས་བོད་དུ་ཧང་པ་བརྟན་པོ་ཚུགས་ཐུབ་མེད་ལ་ཁོང་རང་ཉིད་ཀྱིས་རྒྱ་གར་ནས་འཁྱེར་ཡོང་བའི་དཔེ་ཆའི་ནང་དོན་རྣམས་ཀྱང་བོད་དུ་སྤེལ་ཐུབ་མེད་དོ། །①

གོང་དུ་ངོ་སྤྲོད་བྱས་པའི་ཤོད་རྒྱུན་དེ་གཉིས་ལས་ང་ཆོས་ཤེས་རྟོགས་ཐུབ་དོན་ནི། པདྨ་འབྱུང་གནས་དང་བཻ་རོ་ཙ་ན་གཉིས་ཀས་རྫོགས་ཆེན་གྱི་གཞུང་དེ་བོད་དུ་ཁྱབ་སྤེལ་གནང་ཐུབ་མེད་པ་དེ་ཡིན། འོན་ཀྱང་། དེས་རྫོགས་ཆེན་གྱི་གཞུང་དེ་དུས་རབས་བཅུ་པའི་སྔོན་དུ་བོད་དུ་གཏན་ནས་བྱུང་མྱོང་མེད་པ་ནི་མཚོན་མི་ཐུབ། སྤྱི་ལོ839ལོར་བཙན་པོ་གླང་དར་མས་འདུལ་སྡེ་བསྣུབས་རྗེས་བོད་ཀྱི་སངས་རྒྱས་ཆོས་ལུགས་ལ་འཕོ་འགྱུར་ཆེན་པོ་ཞིག་བྱུང་ཡོད། ཁོ་བོས་འདིར་གླང་དར་མས་འདུལ་སྡེ་བསྣུབས་སོ་ཞེས་བརྗོད་དགོས་དོན་ནི། བཙན་པོ་དེས་སྐབས་དེ་དུས་དགེ་འདུན་གྱི་སྡེ་མེད་པར་བཟོས་པ་ལས་སངས་རྒྱས་ཆོས་ལུགས་སྤྱི་ལ་ངོ་རྒོལ་བྱས་མེད་པས་སོ། ང་ཆོས་ཤེས་གསལ་ལྟར་བཙན་པོ་ཁྲི་རལ་པ་ཅན་(805ལོར་འཁྲུངས་)གྱི་སྐབས་ནས་བཟུང་ཆོས་པས་རྒྱལ་སྲིད་ལ་ཐེ་ཇུས་ཤུགས་ཆེ་བྱས་པས་བློན་འབངས་ཁྲོད་དུ་དེ་དག་ལ་འཁོན་འཛིན་བཅངས་མཁན་མང་དག་ཅིག་ཡོད།② ཁྲི་རལ་པ་ཅན་གྱི་དུས་སུ་དགོན་སྡེ་དང་བཙུན་གྲངས་ཇེ་ཆེ་ཇེ་མང་དུ་འཕེལ་རྒྱས་ཕྱིན་པས་དེས་ཐད་ཀར་སྐབས་དེའི་རྒྱལ་ཁབ་ཀྱི་དཔལ་འབྱོར་ལ་ཁུར་པོ་ལྗིད་པོ་ཞིག་བཟོས་ཡོད། དེ་ཡང་སྐབས་དེ་དུས་ལྷོ་ཁའི་བསམ་ཡས་གཙུག་ལག་ཁང་དང་ལྷ་སའི་ཇོ་ཁང་སོགས་ཀྱི་ནང་བཙུན་པ་ཤིན་ཏུ་མང་པོ་ཡོད་ལ། དེ་དག་གི་འགྲོ་སྒྲོན་ཚང་མ་བཙན་པོའི་བང་མཛོད་ནས་གཏོང་དགོས་ཀྱི་ཡོད། ཡིན་ནའང་སྐབས་དེ་དུས་ཐོན་པའི་གནས་ཚུལ་ཞིག་ནི། བཙན་པོའི་རྒྱལ་ཁབ་ལ་དམག་མི་བསྡུ་བའི་དགོས་པ་དང་གསར་དུ་རྒྱ་བསྐྱེད་བྱས་པའི་ས་ཆར་བདག་འཛིན་དང་སྲུང་སྐྱོབ་བྱེད་རྒྱུའི་དགོས་མཁོ་འཕྲད་པ་དེ་ཡིན། དེར་བརྟེན། ཁོ་བོས་ཏུན་ཧོང་གི་ཡིག་རྙིང་ལ་དཔྱད་ཞིབ་བྱས་ནས་ཐོབ་པའི་ལྟ་ཚུལ་ནི།③ གླང་དར་མས་འདུལ་སྡེ་བསྣུབས་

① བཻ་རོ་འདྲ་འབག ལྡེབ་45b-71a(མཁར་རྫེའུ་བསམ་གཏན་1988aཤོག་གྲངས་17-37)

② སྦ་བཞེད། ཤོག་གྲངས་75-76

③ དཔྱད་རྩོམ་ཨང་བརྒྱད་པར་གཟིགས།

དགོས་པའི་རྒྱུ་མཚན་ནི་དུས་ཕྱིས་ཀྱི་སངས་རྒྱས་ཆོས་ལུགས་ཀྱི་ལོ་རྒྱུས་སྨྲ་བ་རྣམས་ཀྱིས་གསུངས་པ་ལྟར་མ་ཡིན་པར། གླང་དར་མས་དགེ་འདུན་གྱི་སྡེ་འབའ་ཞིག་བསྣུབས་ཤིང་། ལས་འགྱུལ་དེས་ཕྱིས་སུ་དར་བའི་ཆོས་ལུགས་གསར་པ་དེའི་སྒོ་འཕར་ཡངས་པོར་ཕྱེ་ཡོད། དགེ་འདུན་གྱི་སྡེ་མེད་པར་བཅོས་པ་ལས་གསང་སྔགས་ཀྱི་གཞུང་རྣམས་སྔར་བས་དར་རྒྱས་དང་ཁྱབ་རྒྱ་ཡངས་པོར་འཕྱེད་ཐུབ་པའི་རྒྱུ་མཚན་ནི་དེ་ཉམས་ལེན་དང་དར་རྒྱས་གཏོང་བར་དགོན་སྡེ་ལྟར་རྒྱལ་བློན་དང་འབངས་ཀྱི་རྒྱབ་སྐྱོར་རམ་ཞལ་འདེབས་མི་དགོས་པས་སོ། །

བོད་བཙན་པོའི་རྒྱལ་རབས་ཀྱི་དུས་སུ་གསང་སྔགས་ཀྱི་རྒྱུད་གཞུང་རྣམས་བོད་ཡིག་ཐོག་བསྒྱུར་རྒྱུའི་ལས་ནི་རྒྱལ་པོའི་བཀའ་བཞིན་བྱེད་ལ། དེ་དག་ཉམས་ལེན་བྱེད་ཡུལ་ནི་དགོན་སྡེ་ཁོ་ནའི་ནང་དུ་ཡིན། བོད་དུ་སངས་རྒྱས་ཆོས་ལུགས་བསྣུབས་རྗེས་སྐབས་ཤིག་རིང་གསང་སྔགས་ཀྱི་གཞུང་དར་པོ་བྱུང་ཡོད་པར་གྲགས་ནའང་། བོད་སིལ་བུའི་དུས་སུ་གསང་སྔགས་ཡང་སྙིང་ཇི་ལྟར་འཕེལ་རྒྱས་ཕྱིན་ཡོད་མེད་སྐོར་གསལ་པོ་འཁོད་པའི་དཔྱད་ཡིག་ད་བར་འཐྲིན་བྱེད་ཀྱི་ཡུལ་དུ་མ་གྱུར། རྒྱལ་པོ་གླང་དར་གྱིས་ཆོས་བསྣུབས་སྐབས། བོད་དུ་སངས་རྒྱས་ཆོས་ལུགས་དར་ཡོད་པར་མ་ཟད། ཁ་ཆེའི་ཡུལ་ནས་དར་བའི་མ་ནི་ཆོས་ལུགས་དང་། རྒྱ་ནག་གི་ཏའོ་སི་ཆོས་ལུགས་བཅས་ཀྱང་ཐ་ཐོར་དར་ཡོད་ནའང་།[①] སྤྱི་ལོ་842ལོ་ནས་བཙན་པོ་གླང་དར་བཀྲོངས་དུས་ཏེ་སྤྱི་ལོ་950ལོ་བར་གྱི་གནས་ཚུལ་མང་པོ་ཞིག་ནི་ཤེས་པའི་ཡུལ་ལས་འདས་ནས་བག་ལ་ཉལ་ནས་མཆིས། དེ་ལྟ་བུའི་བགྲང་བྱ་བརྒྱ་གྲངས་ཁ་ཤས་ལ་ཉེ་བའི་དུས་མཚམས་དེ་ནི་བོད་ཀྱི་ལོ་རྒྱུས་ཁྲིད་གསལ་ཁ་ཤིན་ཏུ་མི་དོད་པའི་དུས་སྐབས་ཤིག་ཡིན་པ་རེད། ཧུན་ཧོང་ནས་ཐོན་པའི་ཡིག་རྙིང་ལ་དཔྱད་ནས་བརྗོད་ནའང་། དུས་རབས་དེ་དག་ནང་གི་ཆོས་ལུགས་ཁག་ལ་ཉམས་ལེན་བྱེད་ཚུལ་གསལ་པོ་འཁོད་མེད་པ་དང་། སྔར་ལྟར་ཆབ་སྲིད་ཐོག་གི་གཅིག་གྱུར་དབང་འཛིན་མཁན་བཅས་མེད་པའི་རྐྱེན་གྱིས་ཆོས་ལུགས་ཀྱི་ནང་དོན་གསར་པ་ཅི་ཐོན་དང་མིང་ཚིག་གསར་པ་དཔེར་ན་ཀ་དག་ཅེས་པ་ལྟ་བུ་སོགས་ལ་འགྲེལ་པ་ཇི་ལྟར་བརྒྱབ་ཚུལ་བཅས་ལ་ཡོངས་གྲགས་ཀྱི་ལྟ་བ་གསལ་པོ་ཞིག་གླེང་རྒྱུ་མེད། འོན་ཀྱང་། ནང་དོན་དེ་དག་ནི་དུས་རབས་བཅུ་གཅིག་པ་ནས་འགོ་བཙུགས་ཏེ་དར་བའི་རྫོགས་ཆེན་སོགས་བོད་བརྒྱུད་སངས་རྒྱས་ཆོས་ལུགས་ཀྱི་གལ་ཆེའི་གྲུབ་ཆ་ཞིག་ཏུ་གྱུར་ཡོད་དོ། །

ལར་རྫོགས་ཆེན་ནི་གསང་སྔགས་ཀྱི་ནང་དོན་ལས་གྲུབ་པ་ཞིག་ཡིན་ནའང་། དེ་ནི་བོད་དུ་འདུལ་སྡེ་

① སེ་ཏན། 1978ལོ། ཤོག་ངོས་79ཤོག་ངོས་551-552 1980ལོ། ཤོག་ངོས་334

རྣམས་མེད་པར་བཟོས་རྗེས་སངས་རྒྱས་ཆོས་ལུགས་ཀྱི་ནང་དོན་ཁག་གཅིག་དང་སངས་རྒྱས་ཆོས་ལུགས་ཀྱི་རྒྱུ་ཆ་མ་ཡིན་པའི་ནང་དོན་ཁག་མཉམ་བསྲེས་བྱས་རྗེས་བོན་པའི་ཆོས་ལུགས་ཀྱི་ཉམས་ལེན་བྱེད་ཚུལ་ཞིག་ཡིན། སྐབས་དེ་དུས་ཀྱི་བོད་ནི་ཆབ་སྲིད་ཐོག་སིལ་བུར་ཐོར་ནས་གཅིག་གྱུར་གྱི་སྲིད་གཞུང་མེད་ནའང་ཆོས་ལུགས་ཉམས་ལེན་བྱེད་པའི་སྲོལ་ནི་ཡངས་ཤིང་རྒྱ་ཆེར་དར་བའི་ཡུལ་ཁམས་ཤིག་ཡིན།

བོད་ཡིག་གི་དཔྱད་གཞིའི་ཡིག་ཆ་ཁག་གཅིག་ནང་དུ་རྫོགས་ཆེན་གྱི་གཞུང་དག་ཆགས་གྲུབ་བྱེད་སྐབས་རྒྱ་གར་གྱི《གྲུབ་ཆེན་》[①]གྲུབ་མཐའི་ཤུགས་རྐྱེན་ཐོག་ཡོད་ཚུལ་ཟེར་ནའང་། ང་ཚོས་སྔཱ་དར་མ་ཡན་གྱི་བཙན་པོའི་སྐབས་སུ་བསྒྱུར་བའི་དཔེ་ཆའི་ནང་དུ་གྲུབ་མཐའ་དེའི་གཞུང་ལས་བསྒྱུར་བའི་དཔེ་ཆ་གཅིག་ཀྱང་རྙེད་མི་ཐུབ་ལ། 《ལྡན་དཀར་དཀར་ཆག་》ནང་དུའང་དེའི་སྐོར་ཚིག་གཅིག་ཀྱང་གླེང་མི་འདུག ང་ཚོས་ཤེས་གསལ་ལྟར་ཏུན་ཧོང་གི་ཆོས་སྐོར་དཀྱིལ་འཁོར་གྱི་དཔེ་ཆ་རྣམས་ནི་དུས་རབས་བཅུ་གཅིག་པའི་ནང་དུ་གཞི་ནས་བོད་ཡིག་ཐོག་པབ་སྒྱུར་བྱས་པ་ཞིག་ཡིན།[②] འོན་ཀྱང་། གོང་གསལ་གནད་དོན་ལས་སླུ་ཚིག་དེ་དང་རྫོགས་ཆེན་གྱི་གཞུང་ནང་གི་དོན་ཐད་ཆ་འདྲ་བའི་གནས་མི་ཉུང་བ་ཞིག་མཆིས་ཡོད་པའི་དོན་དངོས་ཉིད་རྩིས་མེད་དུ་གཏོང་ཐབས་བྲལ། གཞན་ཡང་། རྒྱ་ནག་ནས་དར་བའི་བསམ་གཏན་གྱི་གཞུང་ནི་དུས་རབས་བརྒྱད་པའི་སྐབས་ནས་བོད་དུ་དར་འགོ་ཚུགས་ཤིང་དེ་ཉིད་ཕྱིས་སུ་བསྡུབས་པར་བྱས་པའི་བར་དུ་དེས་བོད་ཀྱི་ས་ཆ་འགའ་ཞིག་ཏུ་གལ་ཆེའི་གནས་བབ་བཟུང་མྱོང་ཡོད་པ་རེད། དེར་བརྟེན། བོད་སིལ་བུའི་དུས་ནས་དར་རྒྱས་འགྲོ་འགོ་ཚུགས་པའི་རྫོགས་ཆེན་གྱི་གཞུང་ལ་བསམ་གཏན་གྲུབ་མཐའ་ཡིས་ལེགས་སྐྱེས་གང་ལ་གང་འཚམ་ཞིག་དངོས་ཤུགས་གང་རུང་གི་ལམ་ནས་ཕུལ་ཡོད་སྲིད།

རྫོགས་ཆེན་གྱི་གཞུང་ནི་བོད་བརྒྱུད་སངས་རྒྱས་ཆོས་ལུགས་ཀྱི་གྲུབ་ཆ་ཞིག་ཡིན་ལ། དེ་ཁུངས་བཙུན་གྱི་སངས་རྒྱས་ཆོས་ལུགས་ཀྱི་གཞུང་གཙོ་བོ་དག་ལས་རྒྱང་ཐག་རིང་པོར་བསྒྲོད་ནས་གནས་ཡོད་པ་དེ་ཡང་དོན་དངོས་ཀྱི་གནས་ཚུལ་ཞིག་ཡིན། རྫོགས་ཆེན་གྱི་སྙིང་པོའི་དོན་ནི་ཀ་དག་སྐོར་གྱི་གཞུང་ལུགས་དེ་ཡིན།[③] དེ་ཡང་དངོས་པོའམ་འདུས་བྱས་ཀྱི་རྫས་ཤིག་གམ་ལུས་པོ་ཉིད་འཇའ་འོད་ལ་འགྱུར་

① ཏུ་ཆི་1958ལོ། ཤོག་ངོས་102-110རྫོགས་ཆེན་འདི་བཞིན་བོད་དུ་སངས་རྒྱས་ཆོས་ལུགས་མ་དར་བའི་སྔོན་ནས་བོད་དུ་ཡོད་མིན་གྱི་བགྲོ་གླེང་ཁེ་ལྨེ་ནེར་1972ལོ། ཤོག་ངོས་36-40དང་ནམ་མཁའི་ནོར་བུ་1981ལོ། ཤོག་ངོས་17-19

② ཀུན་དེར། 1969ལོ། ཤོག་ངོས་15

③ ལུང་དང་རིགས་པའི་འབྲུག་སྒྲ། ཤོག་ངོས་29-80

ནས་སངས་རྒྱས་ཀྱི་གོ་འཕང་ཐོབ་པར་བྱའོ་ཞེས་པའི་དགོངས་པ་དེ་ནི་རྫོགས་ཆེན་གྱི་གཞུང་ལུགས་དང་ལྟ་བ་དེ་དག་དེ་བས་ཁུངས་བཙུན་མ་ཡིན་པར་སྒྲུབ་པའི་རྒྱུ་མཚན་དུ་གྱུར་ཡོད་པ་རེད་ལ། དེ་ནི་རྫོགས་ཆེན་གྱི་གཞུང་ལ་བོན་ལུགས་ཀྱི་ལྟ་བའི་ཤན་ངེས་པར་ཞུགས་ཡོད་པར་དོགས་པའི་རྒྱུ་མཚན་ཡིན།[①] ལར་ད་ཕན་ང་ཚོའི་ལག་ཏུ་དུས་རབས་བརྒྱད་པའི་སྐབས་ཀྱི་ཆོས་ལུགས་ནང་དོན་དང་འདྲ་པོ་ཡོད་པའི་གཞུང་ལུགས་ཡོད་ནའང་དུས་རབས་བརྒྱད་པའི་སྐབས་ཀྱི་ཆོས་གཞུང་ནང་དོན་དག་ཇོ་ཐོག་ཇི་ལྟར་ཡོད་མེད་གསལ་པོ་ཞིག་བརྗོད་ཐབས་བྲལ། འོན་ཀྱང་། ང་ཚོས་འདིར་ཐེ་ཚོམ་དང་བྲལ་ནས་བརྗོད་ནུས་པ་ཞིག་ནི་དུས་རབས་བཅུ་པའི་སྐབས་ཀྱི་རྫོགས་ཆེན་གྱི་གཞུང་ནི་དམིགས་བསལ་རང་བཞིན་ལྡན་པའི་ཆོས་ལུགས་ཉམས་ལེན་བྱེད་ཚུལ་ཞིག་ཏུ་གྱུར་ཟིན་ནའང་། དེ་ཉིད་རྩོད་རྟོག་གི་དྭ་རྒྱའི་ནང་དུ་ཚུད་ཡོད་པ་དེ་ལགས།

ད་ནི་བི་རོ་ཙ་ནས་བསྒྱུར་པར་གྲགས་པའི་དཔེ་ཆ་ལྔའི་སྐོར་གླེང་རྒྱུ་ཡིན། དཔེ་ཆ་དེའི་གྲས་ལས་གཅིག་ནི་དུས་རབས་དགུ་པའི་དུས་མཇུག་ཏུ་བསྒྱུར་བའི་དཔེ་ཆ་དག་གི་དཔེ་མཚོན་ལྟ་བུར་འཛོག་འོས་པ་ཞིག་རེད་འདུག དཔེ་ཆ་དེའི་མཚན་བྱང་ལ《རིག་པའི་ཁུ་བྱུག》ཅེས་ཟེར་ལ། དེ་ནི་སྲོལ་རྒྱུན་དུ་སྔ་འགྱུར་ལྔ་ཞེས་པའི་དཔེ་ཆ་ལྔ་པོའི་དང་པོ་དེ་ལགས། དཔེ་ཆ་ལྔ་པོ་དེ་དག་ནི《སེམས་སྡེ་བཅོ་བརྒྱད》ཅེས་པའི་དཔེ་ཚོགས་ཀྱི་ཁོངས་གཏོགས་ཡིན་ལ།[②] དེ་དག་བསྒྱུར་གཞུང་ལ་བརྩིས་ནས《རྙིང་མ་རྒྱུད་འབུམ》གྱི་ནང་དུའང་བཙུག་ཡོད། 《རིག་པའི་ཁུ་བྱུག》ཅེས་པའི་དཔེ་ཆ་དེའི་འགོ་བརྗོད་དུ་བཅོས་མ་ལྟ་བུའི་སཾསྐྲྀཏའི་སྐད་སན་ཏི་དར་པ་བོད་སྐད་དུ་རྫོགས་པ་ཆེན་པོ་ས་གཅིག་པ་ཞེས་པའི་ཁ་བྱང་ཞིག་འཁོད་ཡོད། དེང་དུས་སན་ཏི་ཞེས་པའི་ཚིག་དེ་མ་ཧཱ་ཞེས་པ་དང་འགྲོགས་ནས་ཐོན་ཞིང་། དེའི་ངེས་དོན་ནི་རྫོགས་པ་ཆེན་པོ་ཞེས་པ་དེ་ལགས། འོན་ཀྱང་སན་ཏི་ཞེས་པའི་ཚིག་དེའི་འབྱུང་ཁུངས་ཀྱང་དེའི་དོན་ལྟར་གསང་བ་སྔགས་གྱུར་ལྟ་བུའི་གནས་སུ་མཆིས་ལ། དེ་བཞིན་དར་པ[③]ཞེས་པའི་ཚིག་དེས་ཀྱང་བོད་སྐད་ཐོག་ས་གཅིག་པ་ཞེས་པའི་དོན་མཚོན་དགའོ། །ས་གཞི་ས་གཅིག་པ་ཞེས་པའི་ཐ་སྙད་དེ་རྫོགས་ཆེན་གྱི་དཔེ་ཆའི་ནང་དུ་མཆིས་ནའང་། 《རིག་པའི་ཁུ་བྱུག》ཅེས་པའི་དཔེ་ཆ་དེ་དང་ས་གཅིག་པ་ཞེས་པ་དེ་དོན་གཅིག་ཡིན་ཚུལ་ནི་བརྗོད་མེད། 《རིག་པའི་ཁུ་བྱུག》ཅེས་པའི་དཔེ་ཆའི་མཇུག་གི་

① བདུད་རྩི་བསང་གཏེར། ཤོག་ངོས283-284

② དཔེ་ཐོ་དང་དེ་དག་གི་དཔྱད་གཞི་དག་དཔྱད་རྩོམ་ཨང་གསུམ་པ་གཟིགས།

③ དེ་ཕལ་ཆེར་ལེགས་སྦྱར་གྱི་ཚིག་ཧྲ་ར་ཞེས་པ་ལས་མཆེད་སྙམ།

དོན་ནང་གསལ་བ་ལྟར་དཔེ་ཆ་དེ་ལ་ལེགས་སྦྱར་གྱི་སྐད་ལས་བཏགས་པའི་ཁ་བྱང་ནི་བསྟན་དུ་མེད་ལ། དེ་ནི་ཚིགས་བཅད་ལས་བྲིས་པའི་དཔེ་ཐུང་ཞིག་ཡིན་ནོ། །

དེ་སྔོན་ཁོ་བོས《རིག་པའི་ཁུ་བྱུག་》དང་དུས་རབས་གཅིག་མཚུངས་སམ་ཡང་ན་དེ་ལས་ཅུང་སྔ་བའི་དཔེ་ཆ་འགའ་ཞིག་བར་ཞིབ་བསྡུར་བྱས་མྱོང་ཡོད་ལ། དེ་དག་གིས་རྫོགས་པ་ཆེན་པོའི་གཞུང་དང་ཕྱིས་བྱུང་བོད་ཀྱི་ཆོས་རིག་གི་བྱ་གཞག་འཕེལ་རྒྱས་ཕྱིན་པའི་བརྒྱུད་རིམ་ནང་ཐོན་པའི་ནུས་པར་གདེང་འཇོག་བྱས་ཡོད་པས་འདིར་སྐྱར་ཟློས་མི་བྱ།[①] རིག་པའི་ཁུ་བྱུག་ཅེས་པ་འདི་ནི་རྙིང་མའི་རྫོགས་ཆེན་རྒྱུད་ཁ་ཤས་ཀྱི་རྩ་བ་ལྟ་བུར་གྱུར་ཡོད་ནའང་རྒྱུད་དེ་དག་འདིར་བགྲང་བར་མི་བྱ། འོན་ཀྱང་འདིར་དཔེ་མཚོན་ལྟ་བུ་ཞིག་བསྟན་ན། རིག་པའི་ཁུ་བྱུག་དེ་རྒྱུད་ཀུན་བྱེད་རྒྱལ་པོའི་ལེའུ་སོ་དྲུག་པ་ཡིན།[②] དེར་དཔེ་ཆ་དེའི་མིང་སྒོར་ནས་རྡོ་རྗེ་ཚིག་དྲུག་ཅེས་བཏགས་ཡོད།[③] 《ཀུན་བྱེད་རྒྱལ་པོ་》ཞེས་པའི་དཔེ་ཆ་དེ་ནི་དུས་རབས་བཅུ་གཅིག་པའི་ནང་དུ་ཐོན་པའི་རྫོགས་ཆེན་གྱི་དཔེ་ཆ་གཙོ་བོའི་གྲས་ཤིག་ཡིན་ལ། དེ་ནི་ལོ་རྒྱུས་ཐོག་རྩོད་རྙོག་ཆེ་བའི་དཔེ་རྒྱུན་ཞིག་ཀྱང་ཡིན། ཤོད་སྲོལ་ལྟར་ན་དཔེ་ཆ་དེ་ནི་རྒྱ་གར་ནས་བསྒྱུར་པར་གྲགས།

《རིག་པའི་ཁུ་བྱུག་》ཅེས་པའི་དཔེ་ཆ་དེ་ནི་ཆེས་རྙིང་པའི་དཔེ་རྒྱུན་ཞིག་ཡིན་པ་ནི་ཧུན་ཧོང་ཡིག་རྙིང་ཁྲོད་ལས་རྙེད་པའི་དཔེ་ཆ་དེའི་འདྲ་དཔེ་དེས་ར་སྤྲོད་བྱེད་ཐུབ། དཔེ་ཆ་དེ་རྒྱལ་ས་ལན་ཧུན་དུ་ཡོད་པའི་རྒྱ་གར་སྡེ་ཁག་དཔེ་མཛོད་ཁང་དུ་ཉར་ཚགས་བྱས་ཡོད་པ་རེད།[④] དཔེ་ཆ་དེའི་ཐོག་ཏུ་ལེགས་སྦྱར་སྐད་ལས་བྲིས་པའི་ཁ་བྱང་མི་འདུག་ལ། དེ་ལ་སྐད་ཡིག་གཞན་ལས་ཕབ་སྒྱུར་བྱས་པའི་རྣམ་པ་ཅི་ཡང་མི་ལྡན་པ་མ་ཟད། དོན་དངོས་ཐོག་དཔེ་ཆ་དེ་ལ་ཁ་བྱང་ཡང་མི་འདུག་ནའང་། དེའི་མཇུག་ཏུ་ཚིག་འགྲེལ་ལྟ་བུའི་ཡིག་ཆ་དུམ་བུ་ཞིག་འཁོད་འདུག་པ་དེ་ནི་དཔེ་ཆ་དེའི་ནང་དོན་དག་ཤེས་རྟོགས་བྱ་རྒྱུར་མཁོ་བའི་གལ་ཆེའི་ཡིག་ཆ་ཞིག་རེད་འདུག

དཔེ་ཆ་དེའི་འགྲེལ་པའི་ནང་དུ་འཁོད་པ་ལྟར་ན། དཔེ་རྙིང་དེ་ལ་ཁ་བྱང་ཡོད་པ་མ་ཟད། རྣམ་

① མཁར་རྨེའུ་བསམ་གཏན། 1988aཤོག་ངོས་41-59

② བཀའ་འགྱུར། པོད་9ཤང་451རྙིང་མ་རྒྱུད་འབུམ། ཀ་པོད། དེའི་སྐོར་གྱི་བགྲོ་གླེང་རྒྱས་པ་ནི་དཔྱད་རྩོམ་ཤང་བདུན་པར་གཟིགས།

③ རྙིང་མ་རྒྱུད་འབུམ། ཀ་པོད། ལྡེབ་96-97

④ ལ་ལྭ་ལེ་པྲུ་སན། 1962

གྲངས་ཀྱང་གསུམ་ཙམ་ཡོད་ཚུལ་བསྟན་ཡོད་པ་དེ་དག་ནི[༡]རིག་པའི་ཁུ་བྱུག [༢]རིག་བྱེད་སྣང་བའི་རྒྱན། [༣]རྡོ་རྗེ་ཚིག་དྲུག་བཅས་སོ། །འགྲེལ་པའི་ནང་དུ་དཔེ་མིང་དང་པོ་དེ་ནི་དཔེ་ཡིན་ལ། དཔེ་མིང་གཉིས་པ་དེ་ནི་དོན། གསུམ་པ་དེ་ནི་གྲངས་ཡིན་ཚུལ་བསྟན་ཡོད།[1] ང་ཚོས་ཤེས་གསལ་ལྟར། གོང་གསལ་ཁ་བྱང་གསུམ་ལས་དང་པོ་དང་གཉིས་པ་ནི《རྙིང་མ་རྒྱུད་འབུམ་》ནང་དུ་འཕོད་མེད་ནའང་། དེ་དག་དུས་རབས་བཅུ་གཅིག་དང་དེ་རྗེས་སུ་མིང་ལ་རྡོ་རྗེ་ཚིག་དྲུག་ཅེས་བཏགས་ནས་རྫོགས་ཆེན་སྐོར་གྱི་རྩོམ་གཞུང་ཁྲོད་དུ་གསལ་བ་ཡིན།[2] དཔེ་ཆ་དེའི་འགྲེལ་པའི་ནང་དུའང་འགྱུར་དེ་བོད་རྩོམ་ཞིག་གམ་ཡང་ན་འགྱུར་གཞུང་གང་ཞིག་ཡིན་མིན་གསལ་བཤད་བྱས་མི་འདུག ཏུན་ཧོང་གི་ཡིག་རྙིང་ཁྲོད་དུ་དཔེ་ཆ་དེའི་མ་དཔེ་དང་འགྲེལ་པ་གཉིས་མཉམ་དུ་བཞུགས་ཡོད་པའི་ཚུལ་ལས་ང་ཚོས་དཔེ་ཆ་དེ་ནི་ཆེས་གནའ་བོའི་ལོ་རྒྱུས་ཀྱིས་ཁྱུག་པའི་དཔེ་ཆའི་རིགས་ཤིག་ཡིན་པ་ཤེས་རྟོགས་ཐུབ་ཀྱི་ཡོད། འོན་ཀྱང་། རྒྱུ་མཚན་དེ་ལས་མ་དཔེ་དང་འགྲེལ་པ་གཉིས་ཀྱི་རྩོམ་པ་པོ་ནི་སྐྱེ་བོ་གཅིག་རང་ཡིན་པའི་ཁུངས་ཤིག་ནི་རྙེད་ཐབས་དཀའོ། །

དཔེ་ཆ་དེའི་རྩོམ་ལུས་ནི་བོད་ཀྱི་སྔོལ་རྒྱུན་ཚིགས་བཅད་རྩོམ་སྟངས་བཞིན་ཚིག་རྐང་རེར་ཚིག་འབྲུ་དྲུག་ལྡན་ལ་དེའི་ཡིག་གཟུགས་ནི་འབྲུ་མ་རེད་འདུག ཏུན་ཧོང་ནས་ཐོན་པའི་དཔེ་རྙིང་གཞན་པ་ལྟར་རང་རེས་ད་ལྟ་དཔྱད་པ་བྱེད་བཞིན་པའི་དཔེ་ཆ་དེ་ཡང་དུས་རབས་བཅུ་གཅིག་པའི་སྐབས་ནས་ཡར་དེད་ཚོག་ལ། ཐ་ན་དེ་ལས་སྔ་བའི་ལོའི་ནང་ཐིམ་པ་ཡང་ཡིན་ཤས་ཆེ་བས་དཔྱད་པར་འཚལ། ཁོ་བོའི་ལྟ་ཚུལ་ལྟར་ན། དཔེ་ཆ་དེ་བཞིན་དུས་རབས་བཅུ་གཅིག་པའི་སྔོན་ཙམ་དུ་བྱུང་སྲིད་ནའང་དེ་དུས་རབས་བརྒྱད་པའི་སྐབས་སུ་དེད་ན་ཙུང་ཟད་མི་འཐད་པར་སེམས། ད་ལྟ་དབྱིན་ཇིའི་རྒྱལ་ས་ལོན་ཏོན་དང་ཧྥ་རན་སིའི་རྒྱལ་ས་པེ་རི་སི་སོགས་སུ་བཞུགས་པའི་ཏུན་ཧོང་ཡིག་རྙིང་ཇི་སྙེད་ཅིག་ཡང་སྙིང་དུས་རབས་གང་གི་ནང་དུ་བརྩམས་པའི་གནད་དོན་དག་ད་དུང་ཐག་མ་ཆོད་པར་ལུས་ཡོད་དོ། །

བོན་ལུགས་ཀྱི་རྫོགས་ཆེན་གྱི་གཞུང་ལུགས་ཁྲོད་དུ་བྱ་ཁུ་བྱུག་ནི་གལ་ཆེན་པོ་ཞིག་ཡིན། བོན་གྱི་

---

① ལྡེབ་4b.1.6:"རིག་པའི་ཁུ་བྱུག་ནི་དཔེ། རིག་བྱེད་སྣང་བའི་རྒྱན་ནི་དོན། རྡོ་རྗེ་ཚིག་དྲུག་ནི་གྲངས།" ཞེས་པ་ལྟར་རོ། །

② རོང་ཟོམ་ཆོས་ཀྱི་བཟང་པོ། ཐེག་པ་ཆེན་པོའི་ཚུལ་ལ་འཇུག་པ། རོང་ཟོམ་བཀའ་འབུམ་པོ་ཏིn.p, n.dལྡེབ་210ནང་གསལ། དེའི་སྐོར་དཔྱེ་ཞིབ་བྱས་པའི་གནས་ཚུལ་ནི་མཁར་རྨེའུ་བསམ་གཏན་1988a:121-33ལ་གཟིགས་པར་འཚལ།

གཏམ་རྒྱུད་ཐོག་ཏུའང་བར་སྣང་ཁྱུ་བྱུག་ཅེས་པའི་གྲུབ་ཐོབ་ལྟ་བུ་ཞིག་བྱུང་ཡོད།[1] རྒྱུ་མཚན་དེ་དག་གི་དབང་ལས། བོན་ལའང《རིག་པའི་ཁུ་བྱུག་》ཅེས་པའི་དཔེ་ཆ་ཞིག་ཡོད་དོ། །[2]འོན་ཀྱང་དཔེ་ཆ་དེ་ལྟ་བུ་ནི་ད་ཕན་མ་མཐོང་ལ། བོན་གྱི་དཔེ་གཞུང་ཁག་ནང་དཔེ་ཆ་དེའི་ནང་ལས་དྲངས་པའི་ཐ་ཐོར་ནང་དོན་ཁག་ལ་དཔྱད་ཞིབ་བྱས་རྗེས་དེ་དང་ང་ཚོས་འདིར་དཔྱད་པ་བྱེད་བཞིན་པའི་དཔེ་ཆ་གཉིས་ཀྱི་ནང་དོན་ནི་ཆ་མཚུངས་པ་ཞིག་མ་ཡིན་པར་མཐོང་། མ་འོངས་པའི་དུས་སུ་ང་ཚོས་བོན་དཔེ་དེ་རྙེད་སོན་ཐུབ་ནས་དེ་དང་སངས་རྒྱས་ཆོས་ལུགས་ཀྱི་དཔེ་ཆ་དབར་དཔྱད་བསྡུར་བྱ་བའི་གོ་སྐབས་ཤིག་རག་ན་དེ་ནི་ཧ་ལྟའི་ངོ་མཚར་ཆེ་བའི་བྱ་བ་ཞིག་མ་ལགས་སམ།

མདོར་ན། གོང་དུ་བརྗོད་ཟིན་པའི་རྙིང་མ་བའི་དཔེ་ཆ་ལྔ་པོ་དེའི་ཐད་སྒྲོལ་རྒྱུན་གྱི་བཞེད་ཚུལ་ལྟར་ན། དེ་དག་དུས་རབས་བརྒྱད་པའི་སྐབས་སུ་བཻ་རོ་ཙ་ནས་བསྒྱུར་བ་ཡིན་ཞེས་བརྗོད་ནའང་དེ་ནི་ཕལ་ཆེར་བོད་རང་གི་སྐྱེ་བོས་བརྩམས་པའི་དཔེ་ཆ་ཞིག་ཡིན་པར་སེམས་ལ། ལྷག་པར་དུ་དེ་དག་ལས《རིག་པའི་ཁུ་བྱུག་》ཅེས་པའི་དཔེ་ཆ་དེ་ནི་བོད་རང་གི་སྐྱེ་བོས་བརྩམས་པ་ཞིག་ཡིན་པ་ནི་ཧ་ལམ་ཐག་བཅད་ནས་བརྗོད་ཆོག་པ་ཡིན།

གོང་གསལ་དཔེ་ཆ་ལྔ་པོ་དེའི་ནང་དུ་འཁོད་པའི་ནང་དོན་ནི་རྫོགས་ཆེན་གྱི་ཀ་དག་ཅེས་པའི་ལྟ་བ་དང་གསང་སྔགས་རྙིང་མའི་སྐོར་ཡིན་ནོ། །

གཤམ་དུ་འཁོད་པའི་དཔྱད་གཞི་ནི་ཏུན་ཧོང་ཡིག་རྙིང་ཁྲིད་དུ་མཆིས་པའི་དུམ་བུ་དེ་ལགས།

སྭསྟི། དཔལ་གྱི་དཔལ། བཅོམ་ལྡན་འདས། ཀུན་དུ་བཟང་པོ། སྐུ་གསུང་ཐུགས་རྡོ་རྗེ་བདེ་བ་ཆེན་པོ་ལ་ཕྱག་འཚལ་ལོ།

༡ སྣ་ཚོགས་རང་བཞིན་མི་གཉིས་ཀྱང་། །

༢ ཆ་ཤས་ཉིད་དུ་སྤྲོས་དང་བྲལ། །

༣ ཇི་བཞིན་པ་ཞེས་མི་རྟོག་ཀྱང་། །

༤ རྣམ་པར་སྣང་མཛད་ཀུན་ཏུ་བཟང་། །

༥ ཟིན་པས་རྩོལ་བའི་ནད་སྤངས་ཏེ། །

① སྤྲ་བསྟན་རྒྱལ་བཟང་པོ། རྫོགས་པ་ཆེན་པོ་ཞང་ཞུང་སྙན་རྒྱུད་ཀྱི་བརྒྱུད་པའི་བླ་མའི་རྣམ་ཐར། 1419ལོ།

② ཤར་རྫ་བཀྲ་ཤིས་རྒྱལ་མཚན།(1859–1934) དབྱིངས་རིག་རིན་པོ་ཆེའི་མཛོད་གསང་བ་ངེས་པའི་རྒྱན། ལྡི་ལི། 1956ལོ།

༦ ལྷུན་གྱིས་གནས་པ་བཞག་པ་ཡིན། །

གཞམ་དུ་འགོད་པའི་དཔྱད་གཞི་ནི《སྙིང་མ་རྒྱུད་འབུམ་》དུ་ཡོད་པའི་ཡིག་ཆ་དེའི་དཔེ་ཡིན།

རྒྱ་གར་སྐད་དུ། སན་ཏི་དར་པ། བོད་སྐད་དུ། རྫོགས་པ་ཆེན་པོ་ས་གཅིག་པ། སྭསྟི་དཔལ་གྱི་དཔལ། བཅོམ་ལྡན་འདས་ཀུན་ཏུ་བཟང་པོ་སྐུ་གསུང་ཐུགས་རྡོ་རྗེ་བདེ་བ་ཆེན་པོ་ལྷུན་གྱིས་རྫོགས་པ་ལ་ཕྱག་འཚལ་ལོ།

༡ སྣ་ཚོགས་རང་བཞིན་མི་གཉིས་ཀྱང་། །

༢ ཆ་ཤས་ཉིད་དུ་སྤྲོས་དང་བྲལ། །

༣ ཇི་བཞིན་པ་ཞེས་མྱི་རྟོགས་ཀྱང་། །

༤ རྣམ་པར་སྣང་མཛད་ཀུན་ཏུ་བཟང་། །

༥ ཟིན་པས་རྩོལ་པའི་ནད་སྤངས་ཏེ། །

༦ ལྷུན་གྱིས་གནས་པས་བཞག་པ་ཡིན། །

བྱང་ཆུབ་ཀྱི་སེམས་རིག་པ་ཁུ་བྱུག་རྫོགས་སོ། །

ཞེས་པ་ལྟར་རོ། །

《མདའ་དང་འཕང་》2007ལོའི་སྟོད་ཆ་ལས་བདམས།

༄། །ཧྥ་རན་སིའི་རྒྱལ་གཉེར་དཔེ་མཛོད་ཁང་དུ་ཉར་བའི་ཏུན་ཧོང་ནས་ཐོན་པའི་《བཟང་སྤྱོད་སྨོན་ལམ་》གྱི་ཤོག་དྲིལ་ཕྱག་བྲིས་མའི་སྐོར་རགས་ཙམ་གླེང་བ།

ཆ་རིས་སྐལ་བཟང་ཐོགས་མེད།

གླེང་གཞི།

ཧྥ་རན་སིའི་རྒྱལ་གཉེར་དཔེ་མཛོད་ཁང་དུ་ཉར་ཚགས་བྱས་པའི་ཏུན་ཧོང་ནས་ཐོན་པའི་བོད་ཡིག་ཡིག་ཚགས་ཀྱི་ཤོག་དྲིལ་བརྒྱད་སྟོང་ལྷག་ཡོད་པའི་གྲས་སུ་ནང་བསྟན་ཆོས་གཞུང་གི་སྐོར་གྱི་ཤོག་དྲིལ་ཡང་ཕོན་ཆེན་པོ་ཞིག་ཚུད་ཡོད་ལ། ཡིན་ནའང་ད་ལྟ་ཞིབ་འཇུག་པ་དག་ཏུན་ཧོང་གི་བོད་ཡིག་ཡིག་ཚགས་ལས་བྱུང་བའི་བོད་བཙན་པོའི་སྐབས་ཀྱི་ལོ་ཚིགས་དང་ལོ་རྒྱུས་སོགས་ཙུང་ཟད་གོ་སླ་བའི་རིགས་ལ་ཞིབ་འཇུག་བྱེད་མཁན་མང་ཞིང་གྲུབ་འབྲས་ཀྱང་ཙུང་ཟད་སྨིན་ཡོད་མོད། ཏུན་ཧོང་བོད་བརྒྱུད་ནང་བསྟན་ཆོས་གཞུང་གི་སྐོར་ལ་ཞིབ་འཇུག་བྱེད་མཁན་ཆེས་ཉུང་ངུ་ལས་མེད་སྟབས། རྒྱ་བོད་ཀྱི་མཁས་པ་ཚོའི་ནང་དུ་འདིའི་ཐད་ཀྱི་དཔྱད་འབྲས་ཧ་ཅང་དཀོན། ལྷག་པར་དུ་བོད་གངས་ཅན་གྱི་ལྗོངས་སུ་སྨོན་ལམ་ཐམས་ཅད་ཀྱི་རྒྱལ་པོར་བགྲང་བ་བཟང་པོ་སྤྱོད་པའི་སྨོན་ལམ་གྱི་ཤོག་དྲིལ་སྐོར་ཏུན་ཧོང་ནས་རྙེད་པ་འདི་ལ་ད་ལྟའི་བར་དུ་དཔྱད་གཞིགས་ཀྱི་སྒྲུ་གུའི་རྩེ་མོ་གཡོ་མཁན་ཉིན་མོའི་སྐར་མའི་རྗེས་སུ་སོང་བས། འདིར་ཁོ་བོས་འདི་འདྲའི་གཞུང་རྩ་ཆེན་འདིར་ཙུང་ཟད་དཔྱད་ན། བོད་ཀྱི་རིག་གནས་སྤྱི་དང་ཁྱད་པར་སྨོན་ལམ་རིག་གནས་ལ་དཔྱད་འཇུག་བྱེད་པའི་གསོས་སྣན་དུ་འགྱུར་བར་བསམས་ཏེ། ཐོག་མར་ཏུན་ཧོང་བཟང་སྨོན་གྱི་ཐོག་མའི་བྱུང་ཁུངས་དང་། ཏུན་ཧོང་བཟང་སྨོན་གྱི་བོད་ཡིག་མ་ཕྱི་ནམ་འགྱུར་དང་སུས་བསྒྱུར། དེ་དག་གི་གོ་རིམ་དང་ཡིག་གཟུགས་ཀྱི་དབྱེ་འབྱེད། ཏུན་ཧོང་བཟང་སྨོན་གྱི་ཚིག་དོན་དཔྱད་བསྡུར་སོགས་དོན་ཚན་འགའི་སྒོ་ནས་རགས་ཙམ་དཔྱད་ཁུལ་བྱེད་འདོད་དོ། །

དང་པོ། ཏུན་ཧོང་བཟང་སྤྱོད་སྨོན་ལམ་གྱི་ཐོག་མའི་བྱུང་ཁུངས་སྐོར།

བཟང་པོ་སྤྱོད་པའི་སྨོན་ལམ་གྱི་རྒྱལ་པོ[1]འདི་ནི་ཐོག་མར་སྟོན་པ་སངས་རྒྱས་ཀྱིས་རྒྱ་གར་ནས་ཆོས་འཁོར་ཐེངས་གསུམ་བསྐོར་བའི་འཁོར་ལོ་ཐ་མའི་ཁོངས་གཏོགས་ཀྱི་མདོ་སྡེ་ཕལ་པོ་ཆེའི[2]ཆ་ཤས་

---

① སྨོན་ལམ་འདི་བོད་གངས་ཅན་གྱི་ཡུལ་དུ་བསྒྱུར་ཕྱིན་བོད་ཀྱི་ནང་པའི་གྲུབ་མཐའ་རིས་མེད་ཀྱིས་སྨོན་ལམ་ཐམས་ཅད་ཀྱི་སྙིང་བཅུད་དམ་རྒྱལ་པོ་ལྟ་བུར་བཟུང་ནས་ཁ་ཧོན་དགེ་སྦྱོར་བྱེད་དུས་ཕལ་མོ་ཆེས་ཁ་འདོན་བྱེད་ཅིང་ཧ་ཅང་གཙིགས་ཆེན་དུ་འཛིན་པར་བྱེད་དོ། །ལྷག་པར་དུ་རི་བོ་དགེ་ལུགས་པ་ཆོས་བཟང་སྤྱོད་སྨོན་ལམ་གྱི་ནང་དུ་རྒྱལ་སྲས་ཀྱི་སྨོན་ལམ་ལྷབས་པོ་ཆེ་ཐམས་ཅད་འདུས་པས་འདི་ལས་ལྷག་པའི་སྨོན་ལམ་ཁྱིན་ཅན་ཞིག་མེད་པར་འདོད་དོ། །

② མདོ་སྡེ་འདིའི་མིང་ཆ་ཚང་ལ་ཤིན་ཏུ་རྒྱས་པ་ཆེན་པོའི་མདོ་སྡེ་ཕལ་པོ་ཆེ་ཟེར་ཏེ། བརྗོད་སྙིང་དུ་འདི་ལ་སངས་རྒྱས་རྨ་ག་ཆད་དམ་རྨག་ཆད་དམ་རྨད་ཆད་སོགས་སུ་གྲགས་ཤིང་། ཡང་སྔན་གྱི་གོང་རྒྱན་དང་པད་མའི་རྒྱན་ཏུ་བསྒྱུར་པའང་ཡོད་དོ། །མདོ་སྡེ་འདི་དང་དཀོན་བརྩེགས་གཉིས་ནི་སྡེ་དགེ་བཀའ་འགྱུར་དུ་འཁོར་ལོ་མདོ་བཞུགས་ཚོགས་ཆེ་བའི་སྐོར་དུ་བཞག་ཡོད། སྤྱིར་མདོ་སྡེ་འདི་ལ་ཤོ་ལོ་ཀ་འབུམ་དང་ལེའུ་བརྒྱ་ཡོད་པར་བཤད་ཀྱང་། སྔོན་ཆད་ན་ལན་ད་བི་ཏ་ར་ལ་མེ་སྐྱོན་བྱུང་བའི་རྐྱེན་གྱིས་ཁ་མི་ཚང་བར་གྱུར་ཏེ་ད་ལྟ་ང་ཚོའི་བཀའ་འགྱུར་དུ་བཞུགས་པ་ལ་ལེའུ་ཞེ་ལྔ་ཡས་མས་དང་བམ་པོ་བརྒྱ་བཅུ་དྲུག་ལྷག་ཡོད། སྡེ་དགེ་བཀའ་འགྱུར་དཀར་ཆག་གཞིར་བྱས་ན།(ཤོག་ངོས་341) ཁ་པོད་དུ་བཞུགས་པའི་ལེའུ་སོ་གཉིས་པ་ཀུན་བཟང་གིས་བསྟན་པའི་ལེའུ་ནས་ག་པོད་ནང་ཚན་ལེའུ་ཞེ་གཉིས་པ་ཀུན་བཟང་གི་སྤྱོད་པ་བསྟན་པའི་ལེའུའི་བར་བམ་པོ་བཅུ་དྲུག་ཡོད་པ་རྣམས་ལ་ཡོངས་གྲགས་སུ་ཀུན་ཏུ་བཟང་པོའི་སྤྱོད་པ་བསྟན་པའི་ལེའུར་འབོད་ལ། དབུས་དཔར་ན་མདོ་སྡེ་འདིའི་སྐོར་ལ་ག་པོད་ནས་ཆ་པོད་བར་པོད་དྲུག་བཞུགས་པ་ལ་ལེའུ་ཞེ་དྲུག་དང་བམ་པོ་བརྒྱ་བཅོ་ལྔ་ཡོད། བཟང་པོ་སྤྱོད་པའི་སྨོན་ལམ་གྱི་རྒྱལ་པོ་འདི་ནི་ཕལ་ཆེན་གྱི་ལེའུ་ཞེ་དྲུག་པའི་ཆ་པོད་ཀྱི་ནང་ཚན་དུ་བཀོད་འདུག བཀའ་འགྱུར་དཀར་ཆག་བསྡུས་པ་(ཤོག་ངོས་18)ར་སྡེ་དགེ་དཔར་ལ་དེ་དང་མི་འདྲ་བར་ཀ་ཁ་ག་དང་ཨ་པོད་བཅས་པོད་བཞིར་བགོས་ཏེ་ལེའུ་ཞེ་ལྔ་དང་བམ་པོ་བརྒྱ་བཅུ་དྲུག་བྱས་ཡོད། བམ་ཚད་ཚལ་པ་བཀའ་འགྱུར་དང་མཐུན་པར་ཕལ་ཆེར་ཤོ་ལོ་ཀ་སུམ་བརྒྱ་ཙམ་དང་། འགའ་ཞིག་བཞི་བརྒྱ་དང་ཕྱེད་བཞི་བརྒྱ་བའང་ཡོད་དོ། །བཟང་སྤྱོད་སྨོན་ལམ་འདི་ཨ་པོད་ཀྱི་ནང་སྡོང་པོ་བཀོད་པའི་ལེའུའི་འཕྲོར་བཀོད་འདུག ཀུན་མཁྱེན་བུས་ཕལ་པོ་ཆེའི་ལེའུ་ཟི་སྙིང་པ་འདི་ལ་བམ་པོ་བརྒྱ་དང་སུམ་ཅུ་ཡོད་པར་གསུངས་འདུག་མོད། དེ་ནི་ཤོ་ལོ་ཀ་སུམ་བརྒྱར་བམ་པོ་བཅད་པའི་དབང་གིས་ཡིན་ཚོད་རེད། སྡེ་དགེ་བཀའ་འགྱུར་དཀར་ཆག(ཤོག་ངོས་342)ལྟར་ན། དཀར་ཆག་ལྡན་དཀར་མར་བམ་པོ་བརྒྱ་དང་ཉི་ཤུ་རྩ་བདུན་མཛད་སྣང་བར་བཤད། ཚལ་པ་བཀའ་འགྱུར་ཡང་སྡེ་དགེ་བཀའ་འགྱུར་གྱི་དཀར་ཆག་དང་མཐུན་པར་སི་ཏུ་ཆོས་ཀྱི་འབྱུང་གནས་ཀྱིས་གསུངས། སྡེ་དགེ་བཀའ་འགྱུར་དཀར་ཆག(ཤོག་ངོས་343)ཏུ་ཙོ་དཔར་ལ་དབུས་དཔར་དང་འདྲ་བར་ག་ནས་ཆ་བར་པོད་དྲུག་བཞུགས་མོད་ཤོག་གྲངས་དབུས་དཔར་ལས་ཉུང་འདུག་གོ །

སྡོང་པོ་བཀོད་པའི་མདོ[1]ལས་བྱུང་བ་ཡིན་ཏེ། གཞུང་འདི་གཞོན་ནུ་ནོར་བཟང་གིས་དང་ཐོག་འཇམ་དབྱངས་དགེ་བའི་བཤེས་གཉེན་དུ་བསྟེན་པ་ནས་ཐ་མ་ཀུན་ཏུ་བཟང་པོའི[2]བར་བཤེས་གཉེན་བརྒྱ་ཕྲག་བསྟེན་པས། བླ་མ་དེ་དག་སོ་སོས་རང་རང་གི་ས་ནས་ཆོས་སྣ་ཚོགས་པ་བསྟན་ཏེ་བྱམས་པས་བྱང་སེམས་ཀྱི་ཕན་ཡོན་དང་། འཕགས་པ་ཀུན་ཏུ་བཟང་པོས་ཁོང་ལ་སྨོན་ལམ་གྱི་རྒྱལ་པོ་འདི་གསུངས་པ་ཡིན་སྟབས། ང་ཚོས་བཟང་སྤྱོད་སྨོན་ལམ་འདི་ཀུན་ཏུ་བཟང་པོས་ཐོག་མར་བསྟན་པའི་གཞུང་ཞིག་ཏུ་འདོད་དགོས། དེ་ལྟར་ཡིན་པ་བཟང་སྨོན་རང་དུ། རྒྱལ་བ་ཀུན་གྱི་སྲས་ཀྱི་ཐུ་བོ་བ། །གང་གི་མིང་ནི་ཀུན་ཏུ་བཟང་ཞེས་བྱ། །[3]ཞེས་སོགས་གསུངས་པ་ལས་ཀྱང་རྟོགས་ཐུབ་བོ། །འོ་ན་སྨོན་ལམ་གྱི་རྒྱལ་པོ་འདི་སྟོན་པ་སངས་རྒྱས་ཀྱི་གསུང་མིན་ན་རྒྱལ་བའི་བཀའི་ཁོངས་སུ་ཇི་ལྟར་འདུས་པ་ཡིན་ཟེར་ན། འདི་ནི་སྟོན་པ་སངས་རྒྱས་ཀྱི་རྗེས་སུ་གནང་བའི་བཀའ་དང་། བྱིན་གྱིས་རླབས་པའི་བཀའ་ཅི་རིགས་ཀྱིས་བསྡུས་པ་ཁས་ལེན་དགོས་པའི་རྒྱུ་མཚན་གྱིས་རེད།[4] ཧྲ་རན་སིའི་རྒྱལ་གཉེར་དཔེ་མཛོད་ཁང་དུ་ཉར་བའི་《ཏུན་ཧོང་བོད་ཡིག་ཡིག་ཚགས་》ཁྲོད་ཀྱི་བཟང་པོ་སྤྱོད་པའི་སྨོན་ལམ་ཕྲུག་ཁྲིས་མ་འདི་དག་ལ་མཚོན་ན། ཐོག་མར་གསུང་མཁན་འཕགས་པ་ཀུན་ཏུ་བཟང་པོ་ཡིན་ཀྱང་དེའི་ཁུངས་ཡར་ལ་གཏུགས་ན་ཆུ་འགོ་གངས་ལ་གཏུགས་པ་ལྟར་ཆོས་ཁུངས་སྟོན་པ་སངས་རྒྱས་ལ་ཐུག་ཡོད་པ་བཤད་མ་དགོས་

---

① འདི་ལ་སྡོང་པོས་བརྒྱན་པའི་མདོ་ཡང་ཟེར། སྡེ་དགེ་བཀའ་འགྱུར་དཀར་ཆག་ལྟར་ན་མདོ་སྡེ་ཕལ་པོ་ཆེར་ལེའུ་ཞེ་ལྔ་ཡོད་པའི་ཞེ་ལྔ་པ་མདོ་འདི་ཡིན་ཏེ། མདོ་སྡེ་འདིའི་འགྲེལ་དོན་དང་བཅས་པར་བམ་པོ་སུམ་ཅུ་ཡོད། དེའི་ནང་ནས་སྡོང་པོ་བཀོད་པ་རང་ཉིད་ལ་བམ་པོ་ཉེར་དགུ་དང་། དེའི་གཤམ་དུ་གཞོན་ནུ་ནོར་བཟང་གིས་ཀུན་ཏུ་བཟང་པོ་བསྟེན་ནས་ཀུན་བཟང་གིས་བཟང་སྤྱོད་སྨོན་ལམ་གསུངས་པའི་སྐོར་ལ་བམ་པོ་གཅིག་བཅས་ཁྱོན་བམ་པོ་སུམ་ཅུའི་བདག་ཉིད་ཅན་དུ་བཞུགས་སོ། །དབུས་དཔར་བཀའ་འགྱུར་གྱི་ནང་སྡོང་པོ་བཀོད་པའི་ལེའུ་འདིའི་སྟོད་ཆའི་བམ་པོ་བཅོ་ལྔ་ཙ་བོད་དང་དེ་མན་གྱི་བམ་པོ་བཅོ་ལྔ་པ་ཆ་པོད་དུ་བཞུགས་འདུག་གོ །

② འདིའི་སྐབས་ཀྱི་འཇམ་དབྱངས་དང་ཀུན་བཟང་ནི་དོན་དངོས་སུ་སངས་རྒྱས་ཡིན་ནའང་། ཕྱོགས་བཅུ་དང་དུས་གསུམ་གྱི་སངས་རྒྱས་ཐམས་ཅད་ཀྱི་སྲས་ཀྱི་ཐུ་བོའི་ཚུལ་བཟུང་ནས་སེམས་ཅན་གྱི་དོན་མཛད་པ་ཤ་སྟག་ཡིན་པས། ང་ཚོར་ཡོངས་གྲགས་ལྟར་བྱང་ཆུབ་སེམས་དཔའ་ཉེ་བའི་སྲས་བརྒྱད་ཀྱི་ནང་གསེས་ཀྱི་འཇམ་དབྱངས་དང་ཀུན་བཟང་ལ་གོ་དགོས་པ་རེད། འཕགས་པ་ཀུན་ཏུ་བཟང་པོས་རྒྱལ་བའི་སྲས་པོ་གཞོན་ནུ་ནོར་བཟང་ལ་བཟང་པོ་སྤྱོད་པའི་སྨོན་ལམ་གྱི་རྒྱལ་པོ་འདི་གསུངས་ལ། བྱམས་པས་བྱང་ཆུབ་ཀྱི་སེམས་ཀྱི་ཕན་ཡོན་བསྟན་པ་ཡིན་ནོ། །

③ བསྟོད་སྨོན་ཕྱོགས་བསྒྲིགས། མཚོ་སྔོན་མི་རིགས་དཔེ་སྐྲུན་ཁང་། 2003ལོ། ཤོག་ངོས་131

④ ཙོ་ནེ་གྲགས་པ་བཤད་སྒྲུབ། བཟང་པོ་སྤྱོད་པའི་སྨོན་ལམ་གྱི་འགྲེལ་པ་རྒྱལ་སྲས་ཀྱི་སྤྱོད་པ་རྒྱ་མཚོའི་གནད་དོན་གསལ་བར་བྱེད་པའི་ཉི་མ། ཙོ་ནེ་དགོན་ཆེན་གྱི་ཤིང་དཔར། ཤོག་ངོས་2པ1

པས། ཏུན་ཧོང་བཟང་སྤྱོད་བྲིས་གཟུགས་མི་འདྲ་བ་མང་པོ་ཡོད་པ་འདི་དག་ཚོའི་ཁུངས་ཀྱང་སྟོན་པ་སངས་རྒྱས་ལ་གཏུགས་དགོས་པ་བཤད་མ་དགོས། དེ་བས་ན་བཟང་པོ་སྤྱོད་པའི་སྨོན་ལམ་གྱི་རྒྱལ་པོ་འདིའི་ཐོག་མའི་ཁུངས་དང་གསུང་མཁན་ལ་བོད་བརྒྱུད་ནང་པའི་གཞུང་དུ་དོགས་གནས་མེད་ཀྱང་ཕལ་མོ་ཆེས་ཉམས་སྣང་མི་བྱེད་པས། འདིར་ཐོག་མའི་ཁུངས་སྐོར་མདོར་བསྡུས་ཤིག་བསྟན་ཙམ་ལས་དཔྱད་འཇུག་གི་ངལ་བ་དོན་མི་ཆེ་སྙམ་ནས་རེ་ཞིག་བཞག་གོ །

གཉིས་པ། ཏུན་ཧོང་བཟང་སྨོན་གྱི་བོད་ཡིག་མ་ཕྱི་ཐོག་མར་ནམ་འགྱུར་དང་སུས་བསྒྱུར་སྐོར།

བོད་གངས་ཅན་གྱི་ཡུལ་དུ་གྲུབ་མཐའི་ཁྱད་པར་མེད་པར་ནང་པའི་ཕྱོགས་འཛིན་གང་ཡིན་ཚང་མས་རྗེས་མཐོང་ཆེ་ཆེན་བྱེད་པའི་སྨོན་ལམ་ཐམས་ཅད་ཀྱི་རྒྱལ་པོ་འདི་ལྟ་བུ་ནི། རང་རེ་བོད་ཀྱི་སྨོན་ལམ་རིག་གནས་ཀྱི་ཁྲོད་དུ་གོ་གནས་གལ་ཆེན་ཞིག་ཟིན་ཡོད་སྟབས། ང་ཚོའི་སྨོན་ལམ་འདི་ལ་རྒྱུས་ལོན་དང་ཞིབ་འཇུག་བྱ་རྒྱུ་ཧ་ཅང་གལ་ཆེ་བར་མཐོང་། དེས་ན་གཞུང་འདི་བོད་ཡིག་ཏུ་ཐོག་མར་སུས་བསྒྱུར་བའི་སྐོར་ལ། 《སྡེ་དགེ་བཀའ་འགྱུར་དཀར་ཆག》ལས། "རྒྱ་གར་གྱི་མཁན་པོ་ཛི་ན་མི་ཏྲ་དང་སུ་རེན་དྲ་བོ་དྷི་དང་།[1] ལོ་ཙྪ་བ་བན་དེ་ཡེ་ཤེས་སྡེ་ལ་སོགས་པས་བསྒྱུར་ཅིང་ལོ་ཆེན་བཻ་རོ་ཙ་ནས་ཞུས་ཆེན་མཛད་པར་བཤད།"[2]

---

① ཛི་ན་མི་ཏྲ་ནི་བོད་སྐད་དུ་བསྒྱུར་ན་རྒྱལ་བའི་བཤེས་གཉེན་ཞེས་པའི་དོན་ཡིན་ལ། ཏུང་དཀར་ཚིག་མཛོད་(ཤོག་ངོས་1739)དུ་སློབ་དཔོན་འདི་མངའ་བདག་ཁྲི་རལ་པ་ཅན་གྱིས་རྒྱ་གར་ནས་གདན་དྲངས་པའི་ཨ་ཙརྱ་ཞིག་ཡིན་པར་བཤད་ཀྱང་། མཁན་པོ་འདི་དང་སུ་རེན་དྲ་བོ་དྷི་འདི་གཉིས་ཀ་ལོ་ཙྪ་བ་ཞང་ཡེ་ཤེས་སྡེ་དང་བཻ་རོ་ཙ་ན་སྐུ་བཞུགས་དུས་སྐུ་འཚོ་བར་མ་ཟད། ཁོ་ཚོ་སྐུ་ཐོག་མཉམ་པ་ཞིག་ཡིན་པ་ཕལ་ཆེར་འགྱུར་བྱང་ལ་བལྟས་ནས་ཤེས་ཐུབ། སྡེ་དགེ་བཀའ་འགྱུར་དཀར་ཆག་(ཤོག་ངོས་343)དང་ཏུང་དཀར་ཚིག་མཛོད་(ཤོག་ངོས་1764)དུ་ཞང་ཡེ་ཤེས་སྡེ་ནི་ཆོས་རྒྱལ་ཁྲི་སྲོང་ལྡེ་བཙན་གྱི་སྐུ་དུས་སུ་བྱུང་བའི་ལོ་ཙྪ་བ་གྲགས་ཆེན་ཞིག་ཡིན་ཚུལ་ཡང་བཀོད་ཡོད་པས། རྒྱ་གར་གྱི་སློབ་དཔོན་འདི་གཉིས་ཀྱང་རྒྱལ་པོ་ཁྲི་སྲོང་ལྡེ་བཙན་གྱི་དུས་སུ་བྱོན་པའི་མཁས་པ་ཞིག་ཡིན་དགོས་སྙམ། དེ་ལྟར་ཡིན་པའི་སྒྲུབ་བྱེད་ལ། རྒྱ་གར་པཎ་ཆེན་རྣམས་ཀྱི་རྣམ་ཐར་ངོ་མཚར་པད་མོའི་འཛུམ་ཞལ་གསར་པ་(ཤོག་ངོས་563)ལས། དཱ་ན་ཤཱི་ལ། ཛི་ན་མི་ཏྲ། ཤཱི་ལེན་དྲ་བོ་དྷི། ས་མན་ཏ། ཤྲཱི་བ་ལེ་ཧ་ར། ཛྙཱ་གར་བ་སོགས་ནི་བོད་དུ་བརྒྱ་ཕྲག་དགུ་པའི་ནང་ཆོས་རྒྱལ་ཆེན་པོ་ཁྲི་སྲོང་ལྡེ་བཙན་གྱིས་རྒྱ་གར་ནས་པཎ་ཆེན་བརྒྱ་རྩ་སྤྱན་དྲངས་ཞེས་དང་། ཡང་དེ་ཉིད་ལས།(ཤོག་ངོས་565) བོ་དྷི་མི་ཏྲ། ཤུ་ནེ་ཥཀྲ། སཏ་ཏྭ་དེ་བ། དི་ན་ཤྲཱི་ཧྲ། པད་མ་ཀ་ར་རཀྵི་ཏ། ཤྲ་ཥར་ཏཱ། ཀྲྀཥྞ་ཤི་ལ། སུ་རེན་དྲ་བོ་དྷི། ཀྲྀཥྞ་ཤྲཱི། ཤཱཀྱ་ཤྲཱི་བཅས་ནི་བོད་དུ་བརྒྱ་ཕྲག་དགུ་པའི་ནང་ཆོས་རྒྱལ་ཆེན་པོ་ཁྲི་སྲོང་ལྡེ་བཙན་གྱིས་པཎ་ཆེན་བརྒྱ་རྩ་སྤྱན་དྲངས་ནས་མདོ་སྔགས་ཐམས་ཅད་བསྒྱུར་སྐབས་ཀྱི་པཎྜི་ཏ་རྣམས་སོ། །ཞེས་བཀོད་པ་ལས་ཀྱང་འདི་གཉིས་ཁྲི་སྲོང་ལྡེ་བཙན་གྱི་དུས་སུ་སྤྱན་དྲངས་པའི་པཎ་ཆེན་ཡིན་པ་རྟོགས་ནུས་སོ། །

② སི་ཏུ་ཆོས་ཀྱི་འབྱུང་གནས། སྡེ་དགེ་བཀའ་འགྱུར་དཀར་ཆག སི་ཁྲོན་མི་རིགས་དཔེ་སྐྲུན་ཁང་། 1989ལོ། ཤོག་ངོས་342

ཅེས་དང་། 《དུང་དཀར་ཚིག་མཛོད་ཆེན་མོ》ལས། "སྔར་བཙན་པོ་ཁྲི་སྲོང་ལྡེ་བཙན་གྱི་སྐབས་ལོ་ཙྪ་བ་ཞང་ཡེ་ཤེས་སྡེས་བོད་སྐད་དུ་བསྒྱུར་པ་ཡིན།"[1] ཞེས་བཀོད་ཡོད། 《དབུས་དཔར་བཀའ་འགྱུར་དཀར་ཆག་བསྡུས་པ》ལས། "ལོ་ཙྪ་བ་བཻ་རོ་ཙ་ན་རཀྵི་ཏས་བསྒྱུར"[2]ཅེས་བཀོད་ལ། དེ་མཐུན་དུ་ཅོ་ནེ་གྲགས་པ་བཤད་སྒྲུབ་ཀྱིས་ཁོང་གིས་མཛད་པའི《བཟང་པོ་སྤྱོད་པའི་སྨོན་ལམ་གྱི་འགྲེལ་པར》ཡང་བཻ་རོ་ཙ་ན་རཀྵི་ཏས་བསྒྱུར[3]ཅེས་མགྲིན་དབྱངས་གཅིག་ཏུ་གསུངས་པས། སྨོན་ལམ་འདིའི་སྒྱུར་མཁན་གང་ཡིན་ཐད། 《དབུས་དཔར་བཀའ་འགྱུར་དཀར་ཆག་བསྡུས་པ》དང《ཅོ་གྲགས་སྨོན་འགྲེལ》གཉིས་ཀྱིས་བོད་ཀྱི་ཉི་ཟླ་ལྟ་བུའི་ལོ་ཆེན་གཉིས་ཀྱི་གྲས་ཉི་མ་ལྟ་བུའི་ལོ་ཆེན་དུ་གྲགས་པ་བཻ་རོ་ཙ་ན་ཉིད་སྒྱུར་མཁན་ཡིན་པ་གཞིར་བྱས་ཡོད་ལ། ཡིན་ན་ཡང《སྡེ་དགེ་བཀའ་འགྱུར་དཀར་ཆག》ཏུ་སྨོན་ལམ་གྱི་རྒྱལ་པོ་འདི་ཉིད་ལོ་ཙྪ་བ་བན་དེ་ཡེ་ཤེས་སྡེ་སོགས་ཀྱིས་བོད་དུ་བསྒྱུར་ལ་ལོ་ཆེན་བཻ་རོ་ཙ་ནས་ཞུས་ཆེན་མཛད་པར་བཤད་ཡོད། དཀར་ཆག་རང་དུ་འདིའི་ཞུས་ཆེན་མཛད་མཁན་བཻ་རོ་ཙ་ན་ཡིན་པར་ཁ་ཚོན་མཐའ་གཅིག་ཏུ་བཅད་མེད་དེ། རྒྱུ་མཚན་གང་ཡིན་ཟེར་ན། དཀར་ཆག་དེ་ཉིད་དུ་ཞུས་ཆེན་མཛད་པར་བཤད་དོ་ཞེས་བཀོད་ཡོད་པ་ལས་ཞུས་ཆེན་མཛད་མཁན་ལོ་ཆེན་འདི་བ་ཡིན་ཞེས་གསུངས་མེད་པར་བལྟས་ན་གཞན་གྱིས་བཤད་པའི་བཤད་ཚུལ་ཙམ་བཀོད་པ་ལས་རང་ལུགས་ཡིན་མིན་མི་ཤེས་པས། བཤད་ཅེས་པའི་ཚིག་ཟུར་གྱི་ནུས་པ་འདོན་ཚུལ་ལ་སྣ་མཐུད་དུ་དཔྱད་དགོས་འདུག 《ཅོ་གྲགས་བཀའ་འགྱུར་དཀར་ཆག》ལས་ཕལ་ཆེན་ལ་བོད་དྲུག་ཡོད་པའི་ནང་ནས་ཅ་བོད་ཀྱི་མཇུག་ཏུ། རྒྱ་གར་གྱི་མཁན་པོ་ཛཱི་ན་མི་ཏྲ་དང་སུ་རེན་དྲ་བོ་དྷི་དང་ཡེ་ཤེས་སྡེ་གསུམ་གྱིས་བསྒྱུར་ཞེས་བཀོད་པ་ལས་བཟང་སྤྱོད་སྨོན་ལམ་ཡོད་སའི་ཆ་བོད་ཀྱི་མཇུག་ཏུ་འགྱུར་བྱང་ཅི་ཡང་བཀོད་མི་འདུག[4]མཁས་དབང་དུང་དཀར་བས་ཀྱང་སྡེ་དགེ་བཀའ་འགྱུར་གྱི་འགྱུར་བྱང་ལྟར་ཁོང་ཉིད་ཀྱི་ཚིག་མཛོད་དུ་བཀོད་པ་ཡིན་པ་འདྲ་བས། དོན་གྱིས་སི་ཏུ་ཆོས་ཀྱི་འབྱུང་གནས་ཀྱིས་མཛད་པའི《སྡེ་དགེའི་བཀའ་འགྱུར་དཀར་ཆག》གི་བཞེད་ཚུལ་དང་རང་མཐུན་དུ་སོང་འདུག དེ་ལྟར་ཡིན་པ་ད་ཏུང་ཁོང་ཉིད་ཀྱི་ཚིག་མཛོད་ཤོག་ངོས་1764པར་ཞང་ཡེ་ཤེས་སྡེའི་ལོ་

---

① དུང་དཀར་བློ་བཟང་འཕྲིན་ལས། དུང་དཀར་ཚིག་མཛོད་ཆེན་མོ། ཀྲུང་གོའི་བོད་རིག་པ་དཔེ་སྐྲུན་ཁང་། 2002ལོ། ཤོག་ངོས་1827

② བཀའ་འགྱུར་དཀར་ཆག་བསྡུས་པ། བོད་ལྗོངས་མི་དམངས་དཔེ་སྐྲུན་ཁང་། 1989ལོ། ཤོག་ངོས་17

③ རྗེ་བཙུན་གྲགས་པ་བཤད་སྒྲུབ། བཟང་པོ་སྤྱོད་པའི་སྨོན་ལམ་གྱི་འགྲེལ་པ། ཅོ་ནེ་དགོན་ཆེན་ཧྲིང་འཛིན་དར་རྒྱས་གླིང་གི་ཤིང་དཔར། ཤོག་ངོས་21པ་6

④ ཅོ་ནེ་གྲགས་པ་བཤད་སྒྲུབ། ཅོ་ནེ་བཀའ་འགྱུར་དཀར་ཆག ཅོ་ནེ་དགོན་ཆེན་གྱི་ཤིང་དཔར། ཤོག་ངོས་42ན་7

རྒྱུས་བཀོད་ཡོད་པའི་སྐབས་སུ། ཡེ་ཤེས་སྡེ་ལ་སོགས་པས་བསྒྱུར་ཅིང་ལོ་ཆེན་བཻ་རོ་ཙ་ནས་ཞུས་ཆེན་མཛད་པར་བཤད་ཅེས《སྡེ་དགེའི་བཀའ་འགྱུར་དཀར་ཆག》ཏུ་གསུངས་པ་ཇི་ལྟ་བ་བཞིན་བཀོད་འདུག་གོ །[1]

དེ་བས་ན《བཀའ་འགྱུར་དཀར་ཆག》སོགས་ཕྱོགས་དེ་གཉིས་ཀྱི་ཚིག་ཟུར་འདོན་ཚུལ་ཅུང་ཟད་མི་འདྲ་ནའང་། དོན་སྙིང་ནས་གཞིགས་ན་བཻ་རོ་ཙ་ན་དང་ཞང་ཡེ་ཤེས་སྡེ་གཉིས་ཀར་འབྲེལ་བ་ཡོད་པ་ཞིག་ཡིན་པ་ང་ཚོས་འདིར་གསལ་པོར་རྟོགས་ཐུབ། རྒྱུ་མཚན་དེར་བརྟེན། བཟང་སྤྱོད་སྨོན་ལམ་འདི་བོད་གངས་ཅན་གྱི་ཡུལ་དུ་ནམ་བྱོན་ཤེས་དགོས་ན་ཐོག་མར་ལོ་ཆེན་འདི་གཉིས་དུས་སྐབས་ནམ་ཞིག་གི་ལོ་ཙཱ་བའམ་ཞུས་ཆེན་ཞིག་ཡིན་པ་ངེས་པར་ཤེས་དགོས་པ་གནད་ཀྱི་དོན་པོར་ངེས་པས། ཐོག་མར་ལོ་ཆེན་བཻ་རོ་ཙ་ན་འདི་ལ་བརྟད་ཞིབ་བྱས་ན། 《དུང་དཀར་ཚིག་མཛོད་ཆེན་མོ》ལས། "འཁྲུངས་ལོ་དང་འདས་ལོ་ཞིབ་པར་མ་རྙེད་ཀྱང་སྤྱི་ལོ་760ཡས་མས་སུ་བཙན་པོ་ཁྲི་སྲོང་ལྡེ་བཙན་དང་དུས་མཉམ་ཡིན་པ་མཁས་པ་ཡོངས་སུ་གྲགས་པ་རྣམས་ཞལ་མཐུན།"[2] ཞེས་དང་། ཡང་དེ་ཉིད་ལས། "བཻ་རོའི་འདྲ་འབག་ཆེན་མོར་གཞིགས་ན། ཁོང་སྔ་རྗེས་སུ་བཙན་པོ་ཁྲི་སྲོང་ལྡེ་བཙན་དང་། མུ་ནེ་བཙན་པོ། ཁྲི་ལྡེ་སྲོང་བཙན་བཅས་ཀྱི་རིང་ལོ་ཙཱ་བ་གནང་སྟེ་བོད་ཀྱི་ལོ་ཆེན་གཙོ་བོ་མཛད་པ་གསལ་ཞིང་མཐར་སྤྱི་ལོའི་དུས་རབས་དགུ་པ་ཤར་ཙམ་ལ་བསམ་ཡས་ཏད་པོ་རིའི་རྩེར་ཞི་བར་གཤེགས།"[3] ཞེས་གསུངས་པར་བལྟས་ན། ལོ་ཆེན་འདི་ཉིད་ཏ་ལམ་དུས་རབས་བརྒྱད་པ་ནས་དགུ་པའི་བར་དུ་བྱོན་པའི་བོད་ཀྱི་མཁས་པ་ཆེན་པོ་ཞིག་ཡིན་པ་རྟོགས་ནུས་ལ། བོད་ཀྱི་ལོ་རྒྱུས་ཡིག་ཆ་ཚད་ལྡན་དག་ཏུའང་།[4] ལོ་ཆེན་འདི་ཉིད་ནི་བོད་བཙན་པོའི་སྐབས་ཀྱི་སྙིང་མའི་བླ་མ་གྲགས་ཆེན་ཞིག་དང་། བསྟན་པ་སྔ་དར་དུས་ཀྱི་ཡོངས་སུ་གྲགས་པའི་ལོ་ཙཱ་བ་ཆེན་པོ་རྣན་གྲུས་གསུམ་གྱི་ཡ་གྱལ། བོད་ཁ་བ་ཅན་གྱི་ཡུལ་དུ་ནང་པའི་རབ་ཏུ་བྱུང་བ་ཐོག་མར་སྒྲུབ་པའི་སད་མི་མི་བདུན་གྱི་ནང་ཚན་སོགས་ཡིན་ཚུལ་གསལ་བ་དང་། ཞང་ཡེ་ཤེས་སྡེའང་དུས་སྐབས་

① འདི་ལ་འགྱུར་མི་འདྲ་བ་ཡོད་པ་ཡིན་ནམ་དཔྱད། སྤྱིར་ན《སྡེ་དགེ་བཀའ་འགྱུར》དང《དབུས་དཔར་བཀའ་འགྱུར》སོགས་བཀའ་འགྱུར་གྱི་དཔར་གཞི་ད་ལྟ་ཡོད་པ་རྣམས་བསྡུར་ན་གསལ་ཆ་ཡོང་སྲིད་མོད། གནས་སྐབས་ཆ་རྐྱེན་གྱི་དབང་གིས་མཇུབ་མོ་རི་སྟོན་ཙམ་གྱིས་ཚོག་པར་མི་བྱེད་ཐབས་མེད་བྱུང་།

② དུང་དཀར་བློ་བཟང་འཕྲིན་ལས། དུང་དཀར་ཚིག་མཛོད་ཆེན་མོ། ཀྲུང་གོའི་བོད་རིག་པ་དཔེ་སྐྲུན་ཁང་། 2002ལོ། ཤོག་ངོས་1399

③ དུང་དཀར་བློ་བཟང་འཕྲིན་ལས། དུང་དཀར་ཚིག་མཛོད་ཆེན་མོ། ཀྲུང་གོའི་བོད་རིག་པ་དཔེ་སྐྲུན་ཁང་། 2002ལོ། ཤོག་ངོས་1401

④ ཚལ་པ་ཀུན་དགའ་རྡོ་རྗེ། དེབ་ཐེར་དམར་པོ། མི་རིགས་དཔེ་སྐྲུན་ཁང་། 1981ལོ། ཤོག་ངོས་36

དེར་བརྗོད་པའི་ལོ་རྒྱུས་བ་ཆེས་གྲགས་ཆེན་ཞིག་ཡིན་ཏེ། བོད་ཡུལ་དུ་གྲགས་ཆེ་བའི་ལོ་རྒྱུས་བ་སྐ་ཅོག་ཞང་གསུམ་གྱི་གྲུས་དང་ལོ་རྒྱུས་བ་རབ་དགུའི་ནང་གསེས་གཞོན་གསུམ་དུ་འབོད་པའི་ཡ་གྱལ་ཞིག་རེད།[1] སྐྱབ་བྱེད་འདི་དག་ལ་བསྡོམས་ཏེ་བལྟས་ན། བཟང་སྤྱོད་སྨོན་ལམ་འདི་བཙན་པོ་ཁྲི་སྲོང་ལྡེ་བཙན་གྱི་སྐུ་རིང་ཙམ་མམ་ཡང་ན་དུས་རབས་བརྒྱད་པ་ནས་དུས་རབས་དགུ་པའི་བར་དུ་བོད་ལ་ཐོག་མར་བསྒྱུར་བར་ཤེས་ནུས་ལ། ཏུན་ཧོང་བཟང་སྨོན་གྱི་ཤོག་དྲིལ་ཕྱག་བྲིས་མ་འདི་དག་ལའང་འགྱུར་བྱང་མེད་པས[2]སྒྱུར་མཁན་སུ་ཡིན་ཁ་ཆོན་གཅོད་དཀའ་བའི་གནས་སུ་བཅར་སོང་། རྒྱ་གཞུང་འདིའི་བརྗོད་བྱ་དོན་གྱི་ཆ་དང་རྫོད་བྱེད་ཚིག་གི་ཆ་གང་ནས་བལྟས་ཀྱང་ཁྲི་སྲོང་ལྡེ་བཙན་གྱི་སྐབས་བསྒྱུར་བའི་བཟང་སྨོན་འགྱུར་ལ་མ་ཕྱི་བྱས་ཤིང་། དེ་ཕྱིར་ངོ་བཤུས་སྔ་ཚོགས་བརྒྱབ་ནས་བྲིས་གཟུགས་མང་པོ་བྱུང་བ་ཞིག་ལས་དེའི་ཡར་སྔོན་དུ་བྱུང་བའམ་དེ་ལས་གཞན་པའི་འགྱུར་ཐ་དད་པ་ཞིག་མིན་པ་གསལ་པོར་རྟོགས་ཐུབ། ཡིན་ནའང་ཏུན་ཧོང་བཟང་སྤྱོད་སྨོན་ལམ་གྱི་ཤོག་དྲིལ་ཨང་གྲངསP.T.149RVརྟགས་ཅན་གྱི་ནང་དུ་ཚོང་དཔོན་གྱི་བུ་ནོར་བཟང་གིས་ཐོག་མར་འཕགས་པ་ཀུན་ཏུ་བཟང་པོ་ཇི་ལྟར་བསྟེན་པའི་ཚུལ་སྙིང་གཞིའི་ཚུལ་དུ་བཀོད་པ་ལས།[3] རྒྱལ་པོ་ཁྲི་སྲོང་ལྡེ་བཙན་གྱི་སྐབས་སུ་ལོ་རྒྱུས་བ་སྐ་བ་དཔལ་བརྩེགས་དང་། ཅོག་རོ་ཀླུའི་རྒྱལ་མཚན་སོགས་ཀྱིས་བསྒྱུར་ཚུལ་གསལ་བར་བཀོད་ཡོད་པས། འགྱུར་བྱང་འདི་ལྟ་བུར་གཞིགས་ན་

① དུང་དཀར་བློ་བཟང་འཕྲིན་ལས། དུང་དཀར་ཚིག་མཛོད་ཆེན་མོ། ཀྲུང་གོའི་བོད་རིག་པ་དཔེ་སྐྲུན་ཁང་། 2002ལོ། ཤོག་ངོས་1764

② ཏུན་ཧོང་བཟང་སྨོན་ལ་འགྱུར་བྱང་མེད་པའི་རྒྱུ་མཚན་གང་ཡིན་ན། སྤྱིར་བཟང་སྤྱོད་ལ་འགྱུར་བྱང་མེད་ཚུལ་ཅི་ནི་གྲགས་པ་བཤད་སྒྲུབ་ཀྱིས་མཛད་པའི་བཟང་སྨོན་འགྲེལ་པ།(ཤོག་ངོས་21པ་5) ལས། འདི་ལ་འགྱུར་བྱང་མི་འབྱུང་བ་ནི་འདི་ཕལ་པོ་ཆེ་ནས་ལོགས་སུ་བྱུང་བའི་དབང་གིས་ཡིན་ལ། ཞེས་གསུངས་པ་ལྟར། བཟང་སྨོན་འདི་སངས་རྒྱས་ཕལ་པོ་ཆེའི་འདོའི་ཆ་ཤས་སྟོང་པོ་བཀོད་པའི་མདོའི་ནང་དུ་འབྱུང་ལ། བཀའ་འགྱུར་ཁྲོད་དུ་ཕལ་པོ་ཆེའི་མདོའི་ལེའུ་ཚན་སོ་སོའི་རྗེས་སུ་འགྱུར་བྱང་རེ་རེར་མ་བཀོད་པར་མདོ་ཕྲེང་པོ་རྫོགས་རྗེས་འགྱུར་བྱང་གཅིག་གིས་འདུས་པར་བྱས་ཡོད་སྟབས། བོད་ཡུལ་དུ་བསྒྱུར་བའི་བཟང་སྤྱོད་སྨོན་ལམ་ཁོལ་ཕྱུང་ཕལ་ཆེར་ལ་འགྱུར་བྱང་ལོགས་སུ་བཀོད་མེད། རྒྱུ་མཚན་དེའི་ཕྱིར་ན་ཏུན་ཧོང་བཟང་སྤྱོད་འདི་ལའང་འགྱུར་བྱང་བཀོད་མེད་ཀྱང་སྒྱུར་མཁན་ནི་མདོ་སྡེ་ཕལ་པོ་ཆེའི་སྒྱུར་མཁན་དག་ཡིན་པར་ཐེ་ཚོམ་མི་འདུག་གོ །

③ ཆྷ་རན་སིའི་《ཏུན་ཧོང་བོད་ཡིག་ཡིག་ཚགས་》ཨང་གྲངསP.T.149RVའདིར་འཕགས་པ་བཟང་པོ་སྤྱོད་པའི་སྨོན་ལམ་གྱི་རྒྱལ་པོ་འདི་དང་པོར་བཤད་པའི་སྙིང་གཞི་ཡིན་པའི་ཤོག་དྲིལ་ཞིག་བཀོད་འདུག་པར། གོང་དུ་སྐ་བ་དཔལ་བརྩེགས་དང་། ཅོག་རོ་ཀླུའི་རྒྱལ་མཚན་དང་། སྦ་རཏྣ་ཨ་ཀྲ་ལ་སོགས་པས་བསྒྱུར་ནས། བཙན་པོ་ཁྲི་སྲོང་ལྡེ་བཙན་གྱི་(གྱི་)སྐུ་རིང་ལ། ཞེས་སོགས་བཀོད་ཡོད་པར་གཞིར་བྱས་སོ། །

སྤྱིར་བཟང་སྨོན་འགྱུར་ལ་གཏན་ནས་འགྱུར་མི་འདྲ་བ་མེད་ཟེར་རྒྱུའང་ཏ་ཙང་དཀའ་བར་མངོན་ནོ། །

གསུམ་པ། ཏུན་ཧོང་བཟང་སྨོན་གྱི་གོ་རིམ་དང་ཡིག་གཟུགས་ཀྱི་དབྱེ་འབྱེད་སྐོར།

ཕ་རན་སིའི་རྒྱལ་གཉེར་དཔེ་མཛོད་ཁང་དུ་ཉར་བའི་《ཏུན་ཧོང་བོད་ཡིག་ཡིག་ཚགས་》[①] ཁྲོད་དུ་བཟང་སྤྱོད་སྨོན་ལམ་གྱི་ཤོག་དྲིལ་ཕྲུག་ཕྲིས་མའི་སྐོར་ཕྲིས་གཟུགས་མི་འདྲ་བ་མང་པོ་ཞིག་མཐོང་རྒྱུ་ཡོད་དེ། དཔེར་ན་དེབ་འདིའི་ནང་དུ་ཨང་རྟགས། ༡ P.T.0006–3དང་། ༢ P.T.0007A(15–1)(15–2)(15–3)(15–4)(15–5)(15–6)(15–7)[②] ༣ P.T.0008(4–1)(4–2)(4–3)(4–4) ༤ P.T.0009 ༥ P.T.0009v ༦ P.T.0010(6–1)(6–2)(6–3)(6–4)(6–5)(6–6) ༧ P.T.0011–1 ༨ P.T.0012(3–2)(3–3) ༩ P.T.0034(10–1)[③](10–2)[④](10–3)[⑤](10–4)(10–5)(10–6)(10–7) ༡༠ P.T.0035v ༡༡ P.T.0045(40–28)(40–29)(40–30)(40–31)(40–32)(40–33)(40–34)(40–35)(40–36)(40–37)(40–38)(40–39)(40–40) ༡༢ P.T.0046AV(2–1)(2–2) ༡༣ P.T.00 46BV(3–1) (3–

---

① ཕ་རན་སིའི་རྒྱལ་གཉེར་དཔེ་མཛོད་ཁང་དུ་ཉར་བའི་ཏུན་ཧོང་བོད་ཡིག་ཡིག་ཚགས།(དེབ་དང་པོ་) ཧྲང་ཧེ་དཔེ་རྙིང་དཔེ་སྐྲུན་ཁང་། 2006ལོ། དེབ་འདིའི་ནང་དུ་ཏུན་ཧོང་ནས་ཐོན་པའི་བོད་ཡིག་ཡིག་ཚགསP.T.0001ནསP.T.0046བར་ཡིག་ཚགས་སྣ་ཚོགས་46ཙམ་བསྡུས་ནས་གུང་བསྒྲིགས་བྱས་ཡོད་པས། བོད་ཀྱི་ལོ་རྒྱུས་དང་ཆོས་ལུགས་སོགས་ལ་ཞིབ་འཇུག་བྱེད་མཁན་ཚོར་མེད་དུ་མི་རུང་བའི་དཔྱད་གཞིའི་ཡིག་ཆ་རྩ་ཆེན་པོ་ཞིག་མཁོ་འདོན་བྱས་ཡོད། སྐབས་འདིར་ཁོ་བོས་དེབ་དང་པོའི་ནང་ཐོན་ཡོད་པའི་བོད་ཡིག་ཡིག་ཚགས་ལས་བཟང་སྤྱོད་སྨོན་ལམ་གྱི་སྐོར་ལ་སྤྱིའི་སྒོ་ནས་དཔྱད་འཇུག་རགས་བསྡུས་ཙམ་བྱེད་རྩིས་ཡོད་དོ། །

② 《ཏུན་ཧོང་བོད་ཡིག་ཡིག་ཚགས་》(དེབ་དང་པོ་)འདིའི་ནང་གི P.T.0007A(15-7)ངོས་ལ་ཤོག་ངོས་གཉིས་བཀོད་ཡོད་པ་ལས་དང་པོའི་ངོས་ནས་བཟང་སྤྱོད་སྨོན་ལམ་གྱི་མཇུག་རྫོགས་འདུག

③ ཤོག་དྲིལ་འདིའི་སྟེང་དུ་གཞུང་ཚན་གཉིས་བཀོད་ཡོད་པ་ལས་ཚན་པ་གཉིས་པ་བཟང་སྤྱོད་ཀྱི་སྐོར་ཡིན་ནོ། །

④ ཤོག་དྲིལ་ཨང་རྟགསP.T.0034(10-2)ཅན་འདི་བཟང་སྤྱོད་ཀྱི་ཚིག་དོན་གོ་རིམ་བྱས་ན་ངེས་པར་དུ་ཤོག་དྲིལ་ཨང་རྟགསP.T.0034(10-7)འདིའི་མཇུག་ཏུ་བསྒྲིག་དགོས་པས་དག་བཅོས་བྱ་དགོས།

⑤ ཕ་རན་སིར་བསྒྲིགས་པའི་སྐབས་འདིའི་བཟང་སྤྱོད་ཤོག་དྲིལ་གྱི་གོ་རིམ་སྒྲིག་ནོར་བྱས་ཡོད། བཟང་སྤྱོད་སྨོན་ལམ་གྱི་ཚིག་དོན་གོ་རིམ་ལྟར་བྱས་ན། P.T.0034(10-1)(10-3)(10-4)(10-5)(10-6)(10-7)(10-2)འདི་ལྟར་བྱེད་དགོས་ལ། གལ་ཏེ་གོ་རིམ་འདི་ལྟར་མ་བྱས་ན་ནང་དོན་ཐད་འགལ་འཛོལ་བྱུང་འདུག་པས། ཏུན་ཧོང་བོད་ཡིག་ཡིག་ཚགས་འདིར་མུ་མཐུད་དུ་དག་སྒྲིག་བྱེད་རྒྱུ་ཚོའི་ལས་འགན་གལ་ཆེན་ཞིག་ཏུ་མཐོང་ངོ་། །

2) (3–3) ༡༤ P.T.0046CV(2–1)(2–2)[1] ཅན་གྱི་བཟང་སྤྱོད་སྨོན་ལམ་སྐོར་གྱི་ཕྱག་བྲིས་མི་འདྲ་བའི་ཤོག་དྲིལ་མང་པོ་བཀོད་ཡོད། བྲིས་མ་འདི་དག་དང་བཀའ་འགྱུར་ཁྲོད་དུ་བཞུགས་པའི་བཟང་སྤྱོད་སྨོན་ལམ[2] གྱི་ཚིག་དོན་རྣམས་བསྡུར་ནས་སྔ་ཕྱིའི་གོ་རིམ་གུང་བསྒྲིག་ཐོ་ཙམ་བྱེད་པ་ལ། ཐོག་མར་ཉར་ཚགས་ཨང་རྟགས་རྣམས་སྔ་ཕྱིའི་གོ་རིམ་ལྟར་བསྒྲིས་ཏེ་བཟང་སྨོན་གྱི་ཁ་ཚང་མིན་གྱི་སྒོ་ནས་སྡེ་ཚན་དུ་བཀར་ན། ཐྲ་རན་སིར་ཉར་བའི་《ཏུན་ཧོང་བོད་ཡིག་ཡིག་ཚགས་》(དེབ་དང་པོ་)ནང་དུ་བཟང་སྤྱོད་སྨོན་ལམ་ཁ་ཚང་གཅིག་དང་། ཁ་མི་ཚང་ཡང་ཨང་རྟགས་རྣམས་ཕྱོགས་གཅིག་ཏུ་བསྒྲིགས་ཚེ་ཚང་ཟད་ཁ་ཚང་དུ་འགྱུར་བ་ལྔ་ཙམ་ཡོད། གཞན་ཐོར་བུའི་སྐོར་ཡང་འགའ་ཞིག་ཡོད་དེ་དེ་དག་སོ་སོར་གསལ་བར་བཀོད་ན་འདི་ལྟ་སྟེ།

དང་པོ་ཁ་ཚང་གི་སྐོར་ནི། P.T.0045(40–28)(40–29)(40–30)(40–31)(40–32)(40–33)(40–34)(40–35)(40–36)(40–37)(40–38)(40–39)(40–40)

གཉིས་པ་ཕྱོགས་བསྒྲིགས་ན་ཚང་ཟད་ཁ་ཚང་དུ་འགྱུར་བ་ནི། ༡ P.T.0012(3–2)(3–3) P.T.0007A(15–1)(15–2)(15–3)(15–4)(15–5)(15–6)(15–7) ༢ P.T.0034(10–1)(10–3)(10–4)(10–5)(10–6)(10–7)(10–2) P.T.0011–1 ༣ P.T.0006–3 P.T.0010(6–1)(6–2)(6–3)(6–4)(6–5)(6–6) P.T.0008(4–1)(4–2)(4–3)(4–4) ༤ P.T.0046CV(2–1)(2–2) P.T.0046 BV(3–1)(3–2)(3–3) P.T.0046AV(2–1)(2–2)

---

① ཐྲ་རན་སིའི་ཡིག་ཚགས་ཨང་གྲངསP.T.0046ཅན་གྱི་ཤོག་དྲིལ་འདིའི་གོ་རིམ་བཟང་སྨོན་ཚིག་དོན་ལྟར་སྒྲར་བསྒྲིག་ན། ཐོག་མརP.T.00 46CVདང་། དེ་ནསP.T.0046BV P.T.0046AVརིམ་བཞིན་བསྒྲིག་ན་ལེགས་ལ། དེ་ལྟར་མ་བྱས་ན་ཤོག་དྲིལ་གྱི་སྔ་གཞུག་ཅུང་ལོག་ཡོད་སྙམ།

② བཟང་སྨོན་འདི་བཀའ་འགྱུར་གྱི་ནང་བཀོད་ཡོད་པར་མ་ཟད། བསྟན་འགྱུར་གྱི་ནང་དུའང་འདིའི་སྐོར་གྱི་འགྲེལ་པ་མང་ཙམ་ཞིག་འདུག བོད་རང་གི་མཁས་པ་ཚོས་མཛད་པའི་འགྲེལ་པའང་དཔེར་ན《ཁྲི་སྤྲུལ་བློ་བཟང་རྒྱལ་མཚན་སེང་གེའི་བཟང་སྨོན་དོན་འགྲེལ་》དང《ལྕང་སྐྱ་རོལ་བའི་རྡོ་རྗེའི་བཟང་སྨོན་རྣམ་དཔྱད་》སོགས་ཆོས་མང་པོ་ཞིག་ཡོད། བོད་ཡུལ་དུ་སྐྱ་སེར་སུ་ཡིན་ཀྱང་བཟང་སྨོན་འདི་ནི་རླབས་ཆེན་སྨོན་ལམ་གྱི་གནད་མཐའ་དག་མ་ཚང་བ་མེད་པར་བསྡུས་ནས་བསྟན་པའི་སྨོན་ལམ་བྱིན་རླབས་སྦྱངས་ཞུས་ལྟ་བུར་བགྲང་ལ་ཁ་ཧོན་བྱེད་མཁན་ཡང་ཆེས་མང་སྟབས། དགོན་པ་ཆེ་ཕྲ་ཕལ་མོ་ཆེའི་ནང་དུ་དཔར་ཤིང་བརྐོས་ཡོད། ཉེ་ཆར་མཚོ་སྔོན་མི་རིགས་དཔེ་སྐྲུན་ཁང་གིས1996ལོར་དཔར་བའི《བསྔོད་སྨོན་ཕྱོགས་བསྒྲིགས་》(ཤོག་ངོས་123)ཞེས་པ་དང་། བོད་ལྗོངས་མི་དམངས་དཔེ་སྐྲུན་ཁང་གིས2000ལོར་དཔར་དུ་བསྐྲུན་པའི《དགེ་ལུགས་པའི་ཞལ་འདོན་ཕྱོགས་བསྒྲིགས་》(ཤོག་ངོས་599)ཞེས་པ་སོགས་སུ་སྨོན་ལམ་འདི་བཀོད་འདུག

གསུམ་པར་ཐོར་བུའི་སྐོར་ནི། P.T.0009 P.T.0009vལྟ་བུའོ། །སྡེ་ཚན་གཉིས་པར་ནང་གསེས་བཞིར་བཀར་ཡོད་པའི་ནང་གསེས་སོ་སོ་གང་ཡིན་ཀྱང་སྔ་རྗེས་ཇི་ལྟར་བསྒྲིགས་ནའང་ཕལ་མོ་ཆེར་ཆད་ལྷག་མང་ཙམ་འབྱུང་མོད། ཧྥ་རན་སིའི་རྒྱལ་གཉེར་དཔེ་མཛོད་ཁང་དུ་ཉར་བའི་《ཏུན་ཧོང་བོད་ཡིག་ཡིག་ཚགས་》(དེབ་དང་པོ་)ཁྲོད་དུ་བཟང་སྨོན་གྱི་སྐོར་གང་འདྲ་ཡོད་པ་བདེ་བླག་ངང་རྟོགས་ནུས་པར་ཕན་ཐོགས་ཆེན་པོ་ཡོད་སྙམ་མོ། །

ཡང་ཏུན་ཧོང་བཟང་སྨོན་ཤོག་དྲིལ་གྱི་ཡིག་གཟུགས་ཀྱི་སྟེང་ནས་སྡེ་ཚན་དུ་བཀར་ན། ༡ P.T.0006–3 ༢ P.T.0007A(15–1)(15–2)(15–3)(15–4)(15–5)(15–6)(15–7) ༣ P.T.0008(4–1)(4–2)(4–3)(4–4) ༤ P.T.0009 ༥ P.T.0009v ༦ P.T.0010(6–1)(6–2)(6–3)(6–4)(6–5)(6–6) ༧ P.T.0011–1 ༨ P.T.0012(3–2)(3–3) ༩ P.T.0034(10–1)(10–2)(10–3)(10–4)(10–5)(10–6)(10–7) ༡༠ P.T.0035v ༡༡ P.T.0045(40–28)(40–29)(40–30)(40–31)(40–32)(40–33)(40–34)(40–35)(40–36)(40–37)(40–38)(40–39) ༡༢ P.T.0045(40–40) ༡༣ P.T.0045 P.T.0046AV(2–1)(2–2) ༡༤ P.T.0046BV(3–1)(3–2)(3–3) ༡༥ P.T.0046CV(2–1)(2–2)བཅས་ཡིག་གཟུགས་མི་འདྲ་བའི་ཤོག་དྲིལ་སྡེ་ཚན་བཅོ་ལྔ་ཙམ་བཀོད་ཡོད་ལ། དེར་བལྟས་ན་བཟང་སྨོན་བོད་ཡིག་ཏུ་ཕབ་མཁན་གྱི་མི་སྣ་འང་ཧྥ་རན་སིར་ཉར་བའི་《ཏུན་ཧོང་བོད་ཡིག་ཡིག་ཚགས་》(དེབ་དང་པོ་)ནང་དུ་བསྡོམས་ན་ཡིག་མཁན་བཅོ་ལྔ་ཙམ་ཡོད་པ་ཤེས་ཐུབ། ཡིག་མཁན་དེ་དག་གིས་བྲི་བཤུས་བྱས་པའི་བཟང་སྤྱོད་བོད་ཡིག་གི་ཡིག་རིས་ལ་སྣ་ཚོགས་མཆིས་ཏེ། ལ་ལའི་ཡིག་གཟུགས་ཏ་ཅང་བྱང་ཆ་དང་ལྡན་ལ་ཡིག་རིས་ཀྱང་ཤིན་ཏུ་མཛེས་པས། ད་ལྟའི་ཡིག་གཟུགས་མཁན་པོ་དག་གི་རྩལ་ལ་འགྲན་བཟོད་པའང་མི་ཉུང་བ་ཡོད། དཔེར་ན། P.T.0008(4–1)(4–2)(4–3)(4–4)དང་། P.T.0010(6–1)(6–2)(6–3)(6–4)(6–5)(6–6)དང་། P.T.0034(10–1)(10–2)(10–3)(10–4)(10–5)(10–6)(10–7)ལྟ་བུ་རེད། ཡང་ཡིག་གཟུགས་ལ་བྱང་ཆ་ཅུང་རན་པ་ནི་དཔེར་ན། P.T.0007A(15–1)(15–2)(15–3)(15–4)(15–5)(15–6)(15–7)དང་། P.T.0046AV(2–1)(2–2) P.T.0046BV(3–1)(3–2)(3–3)དང་། P.T.0046 CV(2–1)(2–2)ལྟ་བུ་དང་། ཡིག་གཟུགས་ལ་དེ་འདྲ་བྱང་ཆ་མེད་པ་ནི། དཔེར་ན། P.T.0035vདང་། P.T.0012(3–2)(3–3)ལྟ་བུའོ། །ཡིག་གཟུགས་འབྲི་སྟངས་ཀྱི་ཐོག་ནས་གཞིགས་ན། ཏུན་ཧོང་བཟང་སྨོན་གྱི་ནང་དུ་གུག་གུ་ཕྱིར་འཁོར་ཙམ་མང་ཡང་བོད་བཙན་པོའི་སྐབས་སུ་བྱུང་བའི་རྗེ་རིང་གི་ཡི་གེ་ལྟ་བུའི་གློག་འདོན་ཤེས་དཀའ་བ་ཤིན་ཏུ་ཉུང་ལ། སྟར་བཀའ་འགྱུར་ཁྲོད་དུ་བཞུགས་པའི་བཟང་སྤྱོད་ལ་བྱང་ཆ་ཅུང་ཟད་ཡོད་པ་ཞིག

ཡིན་ཆེ་ཏུན་ཧོང་བཟང་སྨོན་འདི་ཤར་ཤར་དུ་ཤློག་ཐུབ་པ་ཞིག་རེད། ཡིན་ནའང་ཚིག་གི་སྦྱོར་ཚུལ་དང་ཡི་གེ་འབྲི་སྟངས་སོགས་བཀའ་འགྱུར་བཟང་སྨོན་དང་ཁྱད་པར་གཏན་ནས་མེད་པ་ཞིག་ཀྱང་མ་ཡིན་པས། ཡིག་གཟུགས་འབྲི་སྟངས་རྒྱུད་པའི་ཆ་ནས་བལྟས་ན་ཏུན་ཧོང་བཟང་སྤྱོད་འདི་ཕལ་ཆེར་བཙན་པོའི་དུས་ཀྱི་ཡི་གེ་འབྲི་སྟངས་ནས་ད་ལྟའི་ཡིག་གཟུགས་འབྲི་སྟངས་ལ་འཕོ་འགྱུར་འབྱུང་བཞིན་པའི་བར་བརྒྱལ་སྐབས་ཀྱི་བྲིས་གཟུགས་ཤིག་ཡིན་ནམ་སྙམ་མོ། །

བཞི་པ། ཏུན་ཧོང་བཟང་སྨོན་གྱི་ཚིག་དོན་སྐོར།

གཅིག ཧྥ་རན་སིའི་རྒྱལ་གཉེར་དཔེ་མཛོད་ཁང་དུ་ཉར་བའི་《ཏུན་ཧོང་བོད་ཡིག་ཡིག་ཚགས་》རྣམས་སུ་འབྲེལ་ཡོད་བཟང་སྤྱོད་སྨོན་ལམ་གྱི་ཤོག་དྲིལ་སྐོར་ཙུང་མང་ཙམ་བཞུགས་འདུག་ལ། དེའི་ནང་ནས་སྤྱི་ལོ་2006ལོར་ནུབ་བྱང་མི་རིགས་སློབ་གྲྭ་ཆེན་མོ་དང་། ཧྲང་ཧེ་དཔེ་སྐྲུན་དཔེ་སྐྲུན་ཁང་དང་ཧྥ་རན་སིའི་རྒྱལ་གཉེར་དཔེ་མཛོད་ཁང་བཅས་མཉམ་འབྲེལ་གྱིས་པར་དུ་བསྐྲུན་པའི་《ཏུན་ཧོང་བོད་ཡིག་ཡིག་ཚགས་》(དེབ་དང་པོ་)ཁྲོད་དུའང་གོང་དུ་ཨང་རྟགས་བཀོད་པ་ལྟར་བཟང་སྨོན་གྱི་ཤོག་དྲིལ་མང་ཙམ་ཐོན་ཡོད་མོད། དེ་དག་གི་ནང་དུ་བཟང་སྨོན་ཁ་ཚང་བ་ནི་ཨང་རྟགས P.T.0045(40–28)(40–29)(40–30)(40–31)(40–32)(40–33)(40–34)(40–35)(40–36)(40–37)(40–38)(40–39)(40–40)ཅན་འདི་ཁོ་ནར་ངེས་པས། འདིར་དཔེ་མཚོན་ཙམ་གྱི་ཆེད་དུ་ཏུན་ཧོང་ཨང་རྟགས P.T.0045ཅན་འདི་དཔྱད་བྱའི་གཙོ་བོར་བཟུང་ཞིང་བཟང་སྨོན་ཤོག་དྲིལ་གཞན་དག་གིས་ཟུར་བརྒྱན་ཏེ་བཀའ་འགྱུར་བཟང་སྤྱོད་ཀྱི་ཚིག་དོན་དང་བསྡུར་ནས་ཅུང་ཙམ་དཔྱད་འཇུག་བྱས་ན། ཐོག་མར་ཏུན་ཧོང་བཟང་སྤྱོད་ལ་བལྟས་མ་ཐག་བཀའ་འགྱུར་བཟང་སྨོན་དང་མི་འདྲ་ས་ནི་ཏུན་ཧོང་བཟང་སྨོན་དུ་གུག་གུ་ཕྱིར་འཕོར་མང་ཙམ་ཞིག་མཐོང་རྒྱུ་ཡོད་དེ། དཔེར་ན། ཀྱི་ལ་ཀྱཱི་དང་། འཇིག་རྟེན་ལ་འཇིག་རྟེན། ཉིང་འཛིན་ལ་ཉིང་འཛིན། རིམ་པ་ལ་རིམ་པ། ཞིང་ལ་ཞིང་། ཚུལ་ཁྲིམས་ལ་ཚུལ་ཁྲིམས་ལྟ་བུ་དང་། གཉིས་པ། སྔོ་པ་གཅིག་པའི་མིང་གཞིའི་ཡི་གེ་ཕན་ཚུན་བརྗེས་པ་ཙུང་ཙམ་མང་སྟེ། དཔེར་ན་བྱང་ཆུབ་ལ་བྱང་ཙུབ་དང་། ཕུར་མ་ལ་བུར་མ་དང་P.T.0045(40–29)སྙོན་ལ་སྨོན། ཐམས་ཅད་ལ་ཐམས་ཆད། འཆི་འཕོ་ལ་འཚི་འཕོ། གཅིག་ལ་གཆིག ནམ་མཁའ་ལ་ནམ་ཀ་ལྟ་བུ་དང་། གསུམ་པ། ཏུན་ཧོང་བཟང་སྤྱོད་ཀྱི་ནང་དུ་མིང་གཞིའི་རྗེས་སུ་འ་བཞག་པ་དཔེར་ན། དགེ་བ་འདི་དག་ཐམས་ཅད་རབ་ཏུ་བསྔོ། ཞེས་བསྔོའི་རྗེས་སུ་འ་ཡིག་བྲིས་པP.T.0045(40–36)ལྟ་བུ་དང་། ཡང་མིང་གཞིའི་ཕོ་ཡིག་གི་མཐར་དའི་ཡང་འཇུག

དངོས་སུ་བྲིས་ཡོད་པ་དཔེར་ན། བསྐལ་པ་ལ་བསྐལད་པ་ཞེས་པ་དང་། བསྐོར་པ་ལ་བསྐོརད་པ་ཞེས་པ་ལྟ་བུ་དང་། བཞི་པ། ཏུན་ཧོང་བཟང་སྨོན་དུ་བརྗ་རྙིང་བཀོལ་བ་དཔེར་ན་མི་ལ་མྱི་དང་། མེ་ལ་མྱེ། མེད་ལ་མྱེད། ཉི་ཟླ་ལ་གཉི་ཟླ། P.T.0045(40–31)བསགས་ལ་བསྩགས P.T.0045(40–30)ཞེས་པ་ལྟ་བུ་དང་། ལྔ་པ། བཟང་སྤྱོད་སྨོན་ལམ་འདི་སྤྱིར་ཚིགས་བཅད་ཡི་གེ་དགུ་མ་ཅན་ཞིག་ཡིན་པ་ལ། ཏུན་ཧོང་འདིར་ཕྱིས་བྱུང་བརྗ་སྤྲོད་གཞུང་ལུགས་དང་མི་བསྟུན་པར་ཚིག་ལ་ལ་རང་མོས་ཀྱིས་ཡིའི་དོད་དུ་འི་བཞག་པ་མི་ཉུང་སྟེ། དཔེར་ན། དུས་གསུམ་གཤེགས་པ་མི་ཡི་སེང་གེ་ཀུན། ཞེས་པ་ལ། དུས་གསུམ་གཤེགས་པ་མྱི་འི་སེང་གེ་ཀུན P.T.0045(40–28)ཞེས་དང་། ལྷ་ཡི་སྐད་དང་ཀླུ་དང་གནོད་སྦྱིན་སྐད། ཅེས་པ་ལ། ལྷ་འི་སྐད་དང་ཀླུ་དང་གནོད་སྦྱིན་སྐད། ཅེས་དང་། གྲུལ་བུམ་དག་དང་མི་ཡི་སྐད་རྣམས་དང་། P.T.0045(40–31)ཞེས་པ་ལ། གྲུལ་བུམ་དག་དང་མྱི་འི་སྐད་རྣམས་དང་། P.T.0045(40–31)ཞེས་པ་ལྟ་བུ་དང་། དྲུག་པ། ཚད་ལྷག་གི་སྒོ་ནས་རྐང་པ་རིང་ཐུང་ཤོར་པ་ནི་དཔེར་ན། དེ་དག་དང་ཡང་རྟག་ཏུ་མྲད་པར་ཤོག་ཅེས་པ་ལ། ཏུན་ཧོང་བཟང་སྨོན་དུ། དེ་དག་དང་རྟག་ཏུ་མྲད་པར་ཤོག P.T.0045(40–32)ཅེས་པ་ལྟ་བུ་དང་། བདུན་པ། ཏུན་ཧོང་བཟང་སྨོན་གྱི་འགྱུར་འདི་ད་ལྟའི་བཟང་སྨོན་ཞལ་འདོན་གྱི་འགྱུར་དང་མི་འདྲ་ས་འགའ་ཡོད་དེ། དཔེར་ན་ད་ལྟའི་བཟང་སྨོན་དུ། བཀོད་པ་ཁྱད་པར་འཕགས་པ་མཆོག་ཀུན་གྱིས། །ཞེས་པར་ཏུན་ཧོང་བཟང་སྨོན་དུ། ཁྱད་པར་ཅན་གྱི་རྒྱལ་མཆོག་ཐམས་ཅད་ཀྱིས། P.T.0045(40–29)ཞེས་དང་། བཟང་པོ་སྤྱོད་ལ་དད་པའི་སྟོབས་དག་གིས། །ཞེས་པར་བཟང་པོ་སྤྱོད་པའི་སྨོན་ལམ་སྟོབས་དག་གི་ཞེས་དང་། P.T.0045(40–29)དེ་དག་རྟག་ཏུ་ནད་མེད་བདེ་གྱུར་ཅིག་ཅེས་པར་བདེ་བར་འགྱུརད། P.T.0045(40–30)ཅེས་དང་། གང་ཡང་དུས་གསུམ་དག་གི་ཞིང་བཀོད་པ། ཞེས་པར་ཞིང་གི་རྒྱན P.T.0045(40–34)ཞེས་དང་། ལྷ་དང་མི་ཡི་བདེ་བ་མཆོག་རྣམས་ཀྱང་། །ཞེས་པ། མྱི་དང་འཕྲུལ་གྱི་བདེ་བ་མཆོག་རྣམས་ཀྱང་། །ཞེས་བསྒྱུར་པ་ལྟ་བུ་ད་དུང་མང་ལ། ཡིན་ནའང་རེ་རེ་བཞིན་བཀོད་མི་ལོངས་པས། གོང་གླེང་དཔེ་མཚོན་འདི་དག་གི་སྟེང་ནས་ཏུན་ཧོང་བཟང་སྤྱོད་སྨོན་ལམ་གྱི་ཁྱད་ཆོས་ཅུང་ཟད་ཞིབ་མོ་ཞིག་རྟོགས་ནུས་སོ། །

གཉིས། སྤྱིར་བཟང་པོ་སྤྱོད་པའི་སྨོན་ལམ་གྱི་རྒྱལ་པོ་འདི་ལ་ཤོ་ལོ་ཀ་ཇི་འདྲ་ཡོད་པར་མཁས་པ་རྣམས་ཀྱི་བཞེད་ཚུལ་མི་འདྲ་བ་སྣ་ཚོགས་བཀོད་ཡོད་དེ། ད་ལྟ་ཞལ་འདོན་དུ་གནང་བཞིན་པའི་བཟང་སྤྱོད་སྨོན་ལམ་ལ། ༡ བཟང་པོ་སྤྱོད་པའི་སྨོན་ལམ་བཏབ་པ་ཡི། །དགེ་བ་ཅུང་ཟད་བདག་གིས་ཅི་བསགས་པ། །དེས་ནི་འགྲོ་བའི་སྨོན་ལམ་དགེ་བ་རྣམས། །སྐད་ཅིག་གཅིག་གིས་ཐམས་ཅད་

འགྱུར་བར་ཤོག །༢ བཟང་པོ་སྤྱོད་པའི་སྨོན་ལམ་བསྔོས་པ་ཡི། །བསོད་ནམས་དམ་པ་མཐའ་ཡས་གང་ཐོབ་དེས། །འགྲོ་བ་སྡུག་བསྔལ་ཆུ་བོར་བྱིང་བ་རྣམས། །འོད་དཔག་མེད་པའི་གནས་རབ་ཐོབ་པར་ཤོག །༣ སྨོན་ལམ་རྒྱལ་པོ་འདི་དག་མཆོག་གི་གཙོ། །མཐའ་ཡས་འགྲོ་བ་ཀུན་ལ་ཕན་བྱེད་ཅིང་། །ཀུན་ཏུ་བཟང་པོས་བརྒྱན་པའི་གཞུང་གྲུབ་སྟེ། །ངན་སོང་རྒྱུད་རྣམས་མ་ལུས་སྟོངས་པར་ཤོག །ཅེས་པའི་ཚིགས་བཅད་ཤོ་ལོ་ཀ་གསུམ་དང་བཅས་ཤོ་ལོ་ཀ་63ཡོད། ཙོ་གྲགས་བཟང་སྨོན་གྱི་འགྲེལ་པ①དང་ལོ་ཙཱ་བ་ཡེ་ཤེས་སྡེའི་འགྲེལ་པར་ཚིགས་བཅད་འདི་གསུམ་འབྱུང་སྟེ། འདི་དང་བཅས་ན་སྨོན་ལམ་འདི་ལ་ཤོ་ལོ་ཀ་དྲུག་ཅུ་རྩ་གསུམ་འབྱུང་ངོ་། །ཞེས་དང་། ཡང་དེ་ཉིད་དུ།(ཤ21ན6) ཤཱཀྱ་བཤེས་གཉེན་གྱི་འགྲེལ་པར་ནི་ཚིགས་བཅད་དང་པོ་གཉིས་འབྱུང་ཡང་ཕྱི་མ་མི་འབྱུང་བས་མདོ་ཚིག་ཡིན་མིན་དཔྱད་དགོས་པར་སྣང་། ཞེས་གསུངས། དེ་དང་འདྲ་བར《བཟང་སྨོན་དོན་འགྲེལ་》ལས་ཀྱང་།② ཤཱཀྱ་བཤེས་གཉེན་གྱི་འགྲེལ་པར་ཚིགས་བཅད་དང་པོ་གཉིས་འབྱུང་ལ་ཕྱི་མ་མི་འབྱུང་བས་མདོ་ཚིག་ཡིན་མིན་བརྟག་བྱའི་གནས་སུ་གསུངས་ཀྱང་བརྗོད་བྱ་སྟོན་ཚུལ་ཁྱད་པར་དུ་འཕགས་གཤིས་ཁ་ཏོན་བྱེད་པ་རྣམས་ཀྱིས་མ་ཆད་པར་བྱས་ན་ལེགས་པར་མངོན་ནོ། །ཞེས་ཕལ་ཆེར་ཚིག་རིས་གཅིག་པ་ལྟ་བུ་ཞིག་བཀོད་འདུག གོང་བརྗོད་འདི་དག་གི་དབང་དུ་བྱས་ན་བཟང་སྨོན་འདི་ཤོ་ལོ་ཀ་62ཀྱི་བདག་ཉིད་ཅན་དུ་གྱུར་ཏོ། །

ཡང་ཙོ་གྲགས་ཀྱིས།(ཤ་21ན་5) བཟང་པོ་སྤྱོད་པའི་སྨོན་ལམ་བཏབ་པ་ཡི། །ཞེས་སོགས་ཚིགས་བཅད་གསུམ་ནི། མདོ་དང་། ཀླུ་སྒྲུབ། ཕྱོགས་གླང་། རྒྱན་བཟང་། དབྱིག་གཉེན་གྱིས་མཛད་པར་གྲགས་པའི་འགྲེལ་པ་རྣམས་སུ་མི་འབྱུང་། ཞེས་དང་། 《བཟང་སྨོན་དོན་འགྲེལ་》ལས་ཀྱང་།③ ཤོ་ལོ་ཀ་གསུམ་པོ་གཙང་ཆུང་ཆོས་གྲགས་རྒྱ་མཚོས་མཛད་པའི་འགྲེལ་པར། མདོ་དང་། ཀླུ་སྒྲུབ། ཕྱོགས་གླང་། རྒྱལ་མཚན་བཟང་པོ་སོགས་ཀྱི་འགྲེལ་པ་རྣམས་སུ་མི་འབྱུང་། ཞེས་གསུངས། དམ་པ་འདི་གཉིས་ཀྱི་གསུང་བསྡོམས་ཏེ་གཞིགས་ན། མདོ་དང་། ཀླུ་སྒྲུབ། ཕྱོགས་གླང་། རྒྱན་མཚན་བཟང་པོ། དབྱིག་གཉེན་གྱིས་མཛད་པར་གྲགས་པའི་འགྲེལ་པ་བཅས་སུ་ཤོ་ལོ་ཀ་ཕྱི་མ་གསུམ་མི་འབྱུང་བར་གསལ་པོར་བསྟན་

① ཙོ་ནེ་གྲགས་པ་བཤད་སྒྲུབ། འཕགས་པ་བཟང་པོ་སྤྱོད་པའི་སྨོན་ལམ་གྱི་འགྲེལ་པ། ཙོ་ནེ་ཏིང་འཛིན་དར་རྒྱས་གླིང་གི་ཤིང་དཔར། ཤོག་ངོས་21པ་4

② ཁྲི་ཆེན་བློ་བཟང་རྒྱལ་མཚན་སེང་གེ འཕགས་པ་བཟང་པོ་སྤྱོད་པའི་སྨོན་ལམ་གྱི་རྒྱལ་པོའི་དོན་འགྲེལ་སྐལ་བཟང་རེ་བ་ཀུན་སྐོང་། ཤིང་དཔར། ཤོག་ངོས་25ན་6

③ ཁྲི་ཆེན་བློ་བཟང་རྒྱལ་མཚན་སེང་གེ འཕགས་པ་བཟང་པོ་སྤྱོད་པའི་སྨོན་ལམ་གྱི་རྒྱལ་པོའི་དོན་འགྲེལ་སྐལ་བཟང་རེ་བ་ཀུན་སྐོང་། ཤིང་དཔར། ཤོག་ངོས་25ན་5

ཡོད། ཏུན་ཧོང་བཟང་སྤྱོད་སྨོན་ལམ་གྱི་ཤོག་དྲིལ་འདི་དག་ལའང་ཚིགས་བཅད་ཕྱི་མ་གསུམ་བཀོད་པ་ད་སྔ་མཐོང་ཡུལ་དུ་མ་གྱུར་སྟབས། འདི་དག་གང་གི་དབང་དུ་བྱས་ན་ཤོ་ལོ་ཀ་60ཏག་ཏག་ལས་མི་འདུག རྒྱ་ནག་གི་ཆོས་ཀྱི་བླ་མ་ལོན་ལའན་(隆莲法师)ཟེར་བས། བོད་དུ་བསྒྱུར་བའི་བཟང་སྨོན་འགྲེལ་པ་ལྔའི་ནང་ན་ཤཱཀྱ་བཤེས་གཉེན་གྱི་འགྲེལ་པར་བརྟེན་པ་གཅིག་པུ་ཤོ་ལོ་ཀ་ཕྱི་མ་གཉིས་འབྱུང་བ་མ་གཏོགས་ཙུང་ཟད་དེའི་སྔོན་དུ་བྱུང་བའི་ཀླུ་སྒྲུབ་ཀྱི་འགྲེལ་པ་སོགས་སུ་ཚིགས་བཅད་དེ་གཉིས་མི་འདུག རྒྱུ་མཚན་དེ་བས་ན་ཕྱིས་ཀྱི་ཤོ་ལོ་ཀ་མེད་པ་རྣམས་ནི་ཡོད་པ་དག་ལ་བལྟས་ན་ཙུང་སྔ་བར་མངོན་ནོ། །[1]ཞེས་བཤད་པས། དེ་ལྟར་ན་ཧྲ་རན་སིའི་《ཏུན་ཧོང་བོད་ཡིག་ཡིག་ཚགས་》ལས་ཐོན་པའི་བཟང་སྨོན་འདི་དག་ཀྱང་མདོ་ལ་བརྟེན་ནས་འགྱུར་བར་ཤེས་ཐུབ། ཡིན་ནའང་གོང་སོང་ལྟར་ཙོ་གྲགས་བཟང་སྨོན་འགྲེལ་པ་དང་ལོ་ཙཱ་བ་ཡེ་ཤེས་སྡེའི་འགྲེལ་པར་ཚིགས་བཅད་ཕྱི་མ་གསུམ་འབྱུང་བར་བཤད་པས། བོད་ཀྱི་བཟང་སྨོན་འགྲེལ་པ་རྣམས་ཀྱི་ནང་ནས་ཡེ་ཤེས་སྡེའི་འགྲེལ་ནི་སྔ་ཤོས་ཤིག་ཡིན་པར་དོགས་པ་མེད་ནའང་། འདི་ལ་ཚིགས་བཅད་ཕྱི་མ་གསུམ་བཞག་འདུག་པར་གཞིགས་ན། ཚིགས་བཅད་གོང་མ་གཉིས་ཡོད་པའི་རྒྱ་འགྲེལ་བོད་འགྱུར་དེ་དུས་བོད་ན་ཡོད་པར་དོགས་པ་མི་ཟ་སོད། ཡེ་ཤེས་སྡེ་སྐུ་འཚོ་བའི་དུས་སུ་བོད་དུ་བསྒྱུར་བའི་ཚིགས་བཅད་ཕྱི་མ་དག་ཡོད་པའི་བཟང་སྨོན་ནམ་བཟང་སྨོན་འགྲེལ་པ་ཞིག་ཀྱང་ཡོད་པར་མངོན་ནོ། །

མདོར་ན། ཧྲ་རན་སིར་ཉར་བའི་《ཏུན་ཧོང་བོད་ཡིག་ཡིག་ཚགས་》ཀྱི་ཁྲོད་ན་བཟང་པོ་སྤྱོད་པའི་སྨོན་ལམ་གྱི་ཤོག་དྲིལ་སྐོར་ཙུང་མང་པོ་ཞིག་བཞུགས་ཀྱང་། ཁོ་བོས་འདིར་ནི་གཙོ་བོ་སྤྱི་ལོ་2006ལོར་ནུབ་བྱང་མི་རིགས་སློབ་གྲྭ་ཆེན་མོ་དང་། ཧྲང་ཧེ་དཔེ་རྙིང་དཔེ་སྐྲུན་ཁང་དང་ཧྲ་རན་སིའི་རྒྱལ་གཉེར་དཔེ་མཛོད་ཁང་བཅས་མཉམ་འབྲེལ་གྱིས་གྲུང་བསྒྲིགས་ནས་པར་དུ་བསྐྲུན་པའི་《ཏུན་ཧོང་བོད་ཡིག་ཡིག་ཚགས་》(དེབ་དང་པོ་)ཁྲོད་ཀྱི་བཟང་སྨོན་སྐོར་གྱི་འབྲེལ་ཡོད་ལོ་རྒྱུས་དང་སྦྲེལ་ཏེ་ཙུང་ཟད་ཕྱོགས་ཡོངས་ནས་དཔྱད་འབྲས་ལ། ཡིག་ཚགས་འདི་དག་གི་ཐོག་མའི་མ་ཕྱིའི་བྱུང་ཁུངས་ནི་ཡར་གཏུགས་ན་སྟོན་པ་སངས་རྒྱས་ལ་ཐུག་ཡོད་ཅིང་། བོད་ཡུལ་དུ་ཐོག་མར་ཁྲི་སྲོང་ལྡེ་བཙན་གྱི་སྐབས་ནས་ལོ་ཙཱ་བ་ཞང་ཡེ་ཤེས་སྡེ་སོགས་བོད་ཀྱི་ལོ་ཙཱ་བ་དང་རྒྱ་གར་གྱི་པཎྜི་ཏ་རྣམས་མཉམ་འབྲེལ་གྱིས་རིམ་གྱིས་བསྒྱུར་པ་ཞིག་རེད། ཡིན་ནའང་སྐབས་འདིའི་དཔྱད་བྱར་བཟུང་བའི་ཏུན་ཧོང་བཟང་སྨོན་གྱི་ངོ་བཤུས་

[1] 志莲文化集刊(གསར་བརྗོད་དེབ་)ཀྲིན་ལའན་རིག་གནས་སྤྱིའུས་བསྒྲིགས། 2005ལོ། ཤོག་ངོས་121

བྲིས་གཟུགས་འདི་དག་གི་ཚིག་དོན་དང་ཡི་གེའི་གཟུགས་རིས། བརྡ་སྤྲོད་རྣམ་གཞག་སོགས་ལ་བལྟས་ན། ཕྱིས་སུ་མཁས་པ་དག་གིས་ཞུ་དག་སོང་བའི་བཟང་སྨོན་དང་འགྱུར་ཅུང་ཟད་མི་འདྲ་བ་ཡོད་པ་གོང་དུ་བསྟར་པ་ལྟར། ཏུན་ཧོང་བཟང་སྨོན་གྱི་འགྱུར་གྱི་མ་ཕྱི་ལ་འགྱུར་མི་འདྲ་བ་ཡོད་པ་ཤེས་ནུས། ལྷག་པར་དུ་ཏུན་ཧོང་བཟང་སྤྱོད་སྨོན་ལམ་གྱི་ཡིག་གཟུགས་དང་ཚིག་དོན་གྱི་ཆ་ནས་གུག་གུ་ཕྱིར་འཁོར་མང་དུ་འབྱུང་བ་ཙམ་ལས་ཚིག་གི་སྦྱོར་ཚུལ་སོགས་གང་ལ་བལྟས་ཀྱང་བསྟན་པ་ཕྱི་དར་གྱི་དཔྱུར་བསྒྲིབས་རྗེས་ཕྱུག་བྲིས་སུ་ཕབ་པ་ཞིག་ཡིན་ཚོད་རེད་སྙམ། འོན་ཏེ་《ཏུན་ཧོང་བོད་ཡིག་ཡིག་ཚགས་》ཀྱི་ནང་བཟང་སྤྱོད་ཤོག་དྲིལ་སྙིར་ཡང་སྣ་ཚོགས་ཤིག་ཡོད་སྟབས་འདྲ་མཉམ་གྱིས་འདི་ཁོ་ན་རེད་ཅེས་དམིགས་བཙུགས་ནས་ཁ་ཚོན་གཅོད་རྒྱུའང་ཤིན་ཏུ་དཀའ་བའི་གནས་ཤིག་གོ །

《ཀྲུང་གོའི་བོད་རིག་པ་》2007ལོའི་དེབ་གསུམ་པ་ལས་བདམས།

༄། །ཏུན་ཧོང་《གདུགས་དཀར་》འགྱུར་གྱི་ཡི་གེ་དང་བརྡ་སྤྲོད་ཁྱད་ཆོས་གླེང་བ།

ཨ་རིན་ལྷུགས་རྒྱལ་འབུམ།

[ནང་དོན་གནད་བསྡུས] ཏུན་ཧོང་《གདུགས་དཀར་》འགྱུར་གྱི་ཡི་གེ་དང་བརྡ་སྤྲོད་ཀྱི་ཁྱད་ཆོས་ལ་དཔྱད་པ་བཏང་སྟེ། དུས་སྐབས་དེའི་ཡི་གེ་དང་བརྡ་སྤྲོད་ཀྱི་ཁྱད་ཆོས་སྣ་ཚོགས་དང་། བོད་ཀྱི་དབྱངས་གསལ་སོ་བཞིའི་ཁྲིད་གསར་སྟོན་གྱི་ཡི་གེ་གང་དག་བྱུང་ཡོད་ཚུལ་སོགས་རགས་ཙམ་གླེང་ཡོད།

[གནད་ཚིག] ཏུན་ཧོང་། ཡིག་རྙིང་། གདུགས་དཀར། ཡི་གེ བརྡ་སྤྲོད།

གླེང་གཞི།

དེ་ཡང་ཏུན་ཧོང་བོད་འགྱུར་《གདུགས་དཀར་》གྱི་རྫོད་བྱེད་ཚིག་སྒྲ་ཡི་གེ་འབྲི་ལུགས་དང་བརྡ་སྤྲོད་ཀྱི་ཁྱད་ཆོས་ལ་ཁྱད་པར་ཡོད་དེ། འགྱུར་ཡིག་ལ་ལར་བཙན་པོའི་དུས་ཀྱི་ཞོལ་རྡོ་རིང་ཡི་གེ་དང་དཔོན་ཞང་མོལ་བའི་རྡོ་རིང་ངོས་ཀྱི་བརྡ་སྤྲོད་ཁྱད་ཆོས་མཚའ་ཞིང་། ཡི་གེ་འབྲི་ལུགས་ཀྱང་ཏུན་ཧོང་བོད་བཙན་པོའི་དུས་ཀྱི་ལག་བྲིས་མའི་ཡིག་ཆ་གཞན་དག་གི་འབྲི་སྲོལ་དང་འདྲ་ལ། དེ་ལས་འགྱུར་རེ་འགའི་བརྡ་སྤྲོད་དང་ཡི་གེ་འབྲི་ལུགས་ཐད་བོད་གནའ་བོའི་ཁྱད་ཆོས་ཡོད་མོད། གུག་གུ་ཕྱིར་ལོག་ཅན་གཅིག་ཀྱང་མཐོང་དུ་མེད་པས་བསྟན་པ་སྔ་དར་དང་ཕྱི་དར་གཉིས་ཀྱི་གང་ལ་གཏོགས་པ་སོགས་ཅུང་དཔྱད་དཀའ་ཡང་། ཏུན་ཧོང་《གདུགས་དཀར་》གྱི་འགྱུར་ཡིག་ཕལ་ཆེ་བ་ནི་བོད་བཙན་པོའི་དུས་ཀྱི་ཡིག་ཆའམ་བསྟན་པ་སྔ་དར་སྐབས་ཀྱི་ཡིག་ཆ་ཡིན་པ་སྨྲས་མེད་བཞིན་དུ། ཏུན་ཧོང་གི་བྲག་ཕུག་ཨང་17པ་ནས་ཐོན་པའི་བོད་འགྱུར་《གདུགས་དཀར་》གྱི་ཤོག་དྲིལ་འདི་དག་ནི་ཡུལ་དེའི་དཔོན་རིགས་དང་བཙུན་པའི་ཚོགས་པས་བཙན་པོའི་སྐུ་དྲིན་གཟོ་བའི་སླད་དུ། སྐུ་སེར་གཉིས་ཀ་བསྐུལ་ཏེ་ཚེ་དཔག་མེད་ཀྱི་མདོ་སོགས་དམ་པའི་ཆོས་ཀྱི་གླེགས་བམ་ཤིན་ཏུ་མང་པོ་ཡི་གེར་འབྲི་རུ་བཅུག་པ་དང་། བྲིས་ནས་ལེགས་པར་གྲུབ་པ་ཕལ་ཆེ་བ་བཙན་པོའི་སྲིད་གཞུང་ལ་ཕུལ། ལྷག་མ་རྣམས་ས་དེའི་དགོན་སྡེ་ཁག་ཏུ་ཉར་ཚགས་བྱས་པར་བཤད། དེང་སང་གི་ཏུན་ཧོང་ཡིག་རྙིང་དུ་འབོད་པ་རྣམས་ནི་དེའི་ནང་

གི་ཁག་ཅིག་ཡིན[1]ལ། ཏུན་ཧོང་《གདུགས་དཀར་》བྲིས་པའི་ཤོག་དྲིལ་དེའི་མཇུག་བྱང་དུའང་། ཡིའུ་ཁྲིམ་གསར་ཆོས་མཛོད་ཀྱི་ཡི་དམ་ལགས་སྟོ། །༔༔༔། །༔། །[2]ཞེས་བཀོད་ཡོད་པས་གསལ་ལ། ཡང་འགྱུར་ཡིག་སྐོར་ཞིག་དེ་ལྟར་མིན་པར་མི་སྐེར་གྱི་རིམ་གྲོར་བྲིས་པའང་ཡོད་དེ། ༄། །ཡོན་བདག་འབླ་ཙེ་(རྩེ་) སྦྲང་(སྦྱང་)གི་སྐུ་རིམ་གྲོར་བཞེངས་གསོལ་ལྣ། གདོན་བགེགས་ཅིས་ཀྱང་མྱི་ཚུགས་པར་ཀྱུར་ཅིག[3]ཅེས་དང་། ཇེང་ཨོན་ཙེ་སྤྱད་སྤྱན་འཁོར་དང་བཅས་པ་ལ། །གདོན་བགེགས་དང་། ནད་དང་གནོད་པ་ཐམས་ཅད་མྱི་ཚུགས་པར་བསྲུང་དུ་གསོལ། བསྲུང་དུ་གསོལ། །[4]ཞེས་པ་ལྟ་བུས་ཤེས། དེ་བས་ཏུན་ཧོང་《གདུགས་དཀར་》གྱི་འགྱུར་ཡིག་ལྟ་བུ་ལ་གཞུང་ཕྱོགས་དང་སྐེར་ཕྱོགས་ཀྱི་ཤོག་དྲིལ་བཅས་རིགས་གཉིས་ཡོད་པར་བསྟན་འདུག་ཅིང་། དུས་སྐབས་དེར་རྒྱུད་སྡེ་ཕྱོགས་ཀྱི་ནང་བསྟན་རིག་གནས་ཧ་ཅང་དར་རྒྱས་བྱུང་ཡོད་པ་མཚོན་ཡོད། ཡིན་ནའང་། འགྱུར་ཡིག་འདི་དག་བྱུང་བའི་དུས་རིམ་མི་གཅིག་པའི་རྐྱེན་གྱིས་ཡི་གེའི་འབྲི་ལུགས་དང་བརྡ་སྤྲོད་ལ་ཁྱད་པར་ཡོད་པ་འདི་ལྟར།

དང་པོ། ཏུན་ཧོང་《གདུགས་དཀར་》གྱི་ཡི་གེ་འབྲི་ལུགས་ཐད་ཀྱི་ཁྱད་ཆོས།

ཧྥ་རན་སིའི་རྒྱལ་གཉེར་དཔེ་མཛོད་ཁང་དུ་ཉར་བའི་ཏུན་ཧོང་བོད་ཡིག་ཤོག་དྲིལ་ལ་ཨང་རྟགས་བཀོད་པའི་བམ་གྲངས་བཞི་སྟོང་ལྷག་མཆིས་ལ། དེའི་ཁྲོད་ཀྱི་ཏུན་ཧོང་《གདུགས་དཀར་》གྱི་འགྱུར་ཡིག་ཁག་གི་བྲིས་གཟུགས་དེ་ཡིག་མཁན་ཁྱུང་པོ་གཡུ་ཁྲིམ་གསུངས་པར་གྲགས་པའི་ཡིག་གཟུགས་ཀྱི་འགྱུར་བ་སྣ་ཚོགས་ལས་གང་ལ་གཏོགས་པར་ངོས་འཛིན་དཀའ་མོད། ཡིག་གཟུགས་ཀྱི་དབྱེ་བའི་ཆ་ནས་བཤད་ན་ཕལ་ཆེར་དབུ་ཅན་གྱིས་བྲིས་པ་ཡིན་ལ་ཉུང་ཤས་ཤིག་ཏུ་ད་དུང་དབུ་མེད་ཀྱི་རྗེས་ཤུལ་ཙུང་

[1] སྨོམ་པ་བཀྲ་ཤིས། ཏུན་ཧོང་ནས་ཐོན་པའི་བོད་འགྱུར་རྣ་མ་ཏའི་གཏམ་རྒྱུད་ལ་རགས་ཙམ་དཔྱད་པ། ནུབ་བྱང་མི་རིགས་སློབ་གྲྭ་ཆེན་མོའི་རིག་གཞུང་དུས་དེབ། 1998ལོའི་དེབ་གཉིས་པ།

[2] P.T.0102ཞེས་པའི་ཏུན་ཧོང་འགྱུར་ཡིག་ཅིག་ཏུ་གསལ། དེ་ནི་ཉིང་རེ་འཛིན་མཆོག་དམ་པའི་མདོ་དང་འཕགས་པ་སྟོབས་པོ་ཆེའི་སྔགས། གཙུག་ཏོར་གདུགས་དཀར་བཅས་དགུས་གཅིག་ཏུ་བྲིས་ཡོད་པའི་ཤོག་དྲིལ་ཞིག་ཡིན་ལ་མི་གཅིག་གིས་བྲིས་པར་སྣང་། དེ་ལས་འཕགས་པ་སྟོབས་པོ་ཆེའི་སྔགས་ཞེས་པའི་ཤོག་དྲིལ་ཆེས་ཕྱི་མའི་མཇུག་ཏུ་དེ་ལྟ་བུར་བྲིས་འདུག

[3] P.T.0098v

[4] P.T.0391ཞེས་པའི་ཏུན་ཧོང་《གདུགས་དཀར་》གྱི་འགྱུར་ཡིག་ཏུ་གསལ། ཧྥ་རན་སིའི་རྒྱལ་གཉེར་དཔེ་མཛོད་ཁང་དུ་ཉར་བའི་ཏུན་ཧོང་བོད་ཡིག་ཡིག་ཚགས།(དེབ་གསུམ་པ་) ཧྲང་ཧེ་དཔེ་རྙིང་དཔེ་སྐྲུན་ཁང་། 2007ལོ། ཤོག་ངོས

ཙམ་མཛོད། གཞན་བོད་བཙན་པོའི་ཡིག་ཆར་ཁྱད་ཆོས་འབུར་དུ་ཐོན་པ་ཞིག་ཡོད་པ་ནི་གུག་གུ་ཕྱིར་ལོག་ཅན་ཏེ། ཏུན་ཧོང་《གདུགས་དཀར་》གྱི་འགྱུར་ཡིག་ཁག་ཀྱང་དེ་ལས་མ་འདས་པས། བོད་བཙན་པོའི་ཡིག་རྙིང་གཞན་དག་དང་མཚུངས་པར་གནའ་བོའི་བོད་ཡིག་བྲིས་གཟུགས་ཀྱི་ཁྱད་ཆོས་མངོན་གསལ་དུ་ཐོན་འདུག

གཅིག གུག་གུ་ཕྱིར་ལོག་ཡོད་མེད་ཅན་གྱི་འབྲི་ལུགས། ཏུན་ཧོང་《གདུགས་དཀར་》གྱི་འགྱུར་ཡིག་ཕལ་ཆེ་བར་བོད་གནའ་བོའི་ཡིག་ཆ་གཞན་དང་འདྲ་བར་གུག་གུ་ཕྱིར་ལོག་ཅན་རྒྱུན་འབྱམས་སུ་སྤྱོད་ཡོད་དེ། དཔེར་ན། འཕགས་པ་དེ་བཞིན་གཤེགས་པའི་གཙུག་ཏོར་ནས་འབྱུང་བ་གདུགས་དཀར་པོ་ཞེས་བྱ་བ་གཞན་གྱིས་མི་ཐུབ་པའི་གཟུངས་ཞེས་དང་། སྔོན་པོའི་གདོན་དང་། ཡི་དགས་ཀྱི་གདོན་དང་ཞེས་དང་། ཞི་བའི་ལྷ་རྣམས་ཀྱིས་མཆོད་པའ། དུས་མ་ཡིན་པར་འཆི་བས་འཇིགས་པ་ཞེས་དང་། སྔགས་ཀྱི་སྐོར་ནས་ཧི་ཧྲ་ར་ཧྲ་ཧྲ་ར། ཧྲན་ཧྲ་ཧྲན་ཧྲ་ཞེས་དང་། བི་ཤ་དེ་བི་ཤ་དེ། ཧྲ་རེ་ཧྲ་རེ་ཞེས་དང་། བི་ད་ར་བི་ད་ར། ཙིན་དྣ་ཙིན་དྣ། ས་ཧ་དུ་ཤྲ་ཀྲ་ཏེ་ཧྲུ་ཕད་ཅེས་པ་ལྟ་བུ་བཀྲང་གིས་མི་ལང་། འོན་ཀྱང་འགྱུར་ཡིགP.T.0102ལྟ་བུར་དེ་ལས་ལྡོག་སྟེ་འགྱུར་ཡོངས་སུ་གུག་གུ་ཕྱིར་ལོག་མེད་པ་ཀྲང་ཀྲང་བྲིས་འདུག དཔེར་ན། ༄། །བོད་སྐད་དུ། །གཙུག་ཏོར་གདུགས་དཀར་པོ་ཞེས་བྱ་བའི་གཟུངས། །སངས་རྒྱས་དང་བྱང་ཆུབ་སེམས་དཔའ་ཐམས་ཅད་ལ་ཕྱག་འཚལ་ལོ། །༄། །ས་ལེ་འི་དབང་པོ་འི་རྒྱལ་པོ་དེ་བཞིན་གཤེགས་པ་དགྲ་བཅོམ་པ་ཡང་དག་པར་རྫོགས་པའི་སངས་རྒྱས་ལ་ཕྱག་འཚལ་ལོ། །གཞན་གྱིས་མི་ཐུབ་དྲག་ཤུལ་ཆེ། །གནམ་ལྕགས་གྱི་འཇིགས་པ་དང་། །བྲི་ད་ར་བི་ད་ར། །ཙིན་ཧྲ་ཙིན་ཧྲ། །བིན་ཧྲ་བིན་ཧྲ་ཞེས་པ་སོགས་མིང་གཞི་ཕན་ཚུན་བརྗེས་པ་དང་བརྡ་སྤྲོད་ཀྱི་ཐབ་ཐང་ཅུང་མི་མཐུན་པ་མ་གཏོགས་བོད་བཙན་པོའི་ཡིག་རྙིང་ཁྲོད་ཆེས་འབུར་དུ་དོད་པའི་གུག་གུ་ཕྱིར་ལོག་ཅན་གཅིག་ཀྱང་མཐོང་དུ་མེད། དེས་བོད་བཙན་པོའི་རྒྱལ་པོ་གང་གི་སྐུ་རིང་ནས་གུག་གུ་ཕྱིར་ལོག་ཅན་ཉམས་སོང་བ་དང་དེའི་ཚབ་ཏུ་སྦྲ་གདངས་གྲིམ་ལྡོད་གང་ལའང་གུག་གུ་མ་ལོག་པ་ཅི་ཐབ་འོས་འཚམས་ཀྱིས་སྤྱོད་བཞིན་ཡོད་པ་མཚོན་ཡང་། ཤོག་དྲིལ་དེའི་མཇུག་ཏུ་དུས་ཀྱི་དབྱེ་བ་གསལ་བའི་དཔྱད་གཞི་གང་ཡང་མེད་པས་དུས་ཚིགས་གཅིག་ཆོད་ཅིག་མུ་ནས་དཔྱད་བྱར་གྱུར་ཡོད།

སྤྱིར་ཏུན་ཧོང་ཡིག་རྙིང་དུ་གུག་གུ་ཕྱིར་ལོག་ཅན་ཏ་ཅང་རྒྱུགས་ཆེ་མོད། ཕྱིས་ཀྱི་བསྟན་པ་ཕྱི་དར་མགོ་ཚུགས་ནས་བཟུང་འབྲི་སྟངས་དེ་རིམ་གྱིས་ཉམས་པར་སྨྲ། གུག་གུ་ཕྱིར་ལོག་ཅན་ལ་མཁས་པ་མང་པོས་ཞིབ་འཇུག་བྱས་པར་དེ་ལ་བཞེད་ཚུལ་ཡང་མི་འདྲ་བ་དུ་མ་བྱུང་ཡོད་དེ། སྨྲ་སྒོ་མཚོན་ཆར། དྲང་

པོ་བསྒྲེང་དང་བཀུག་པ་དང་། །བསྡོད་པ་དང་ནི་སྨད་པ་དང་། །བསྒྲིམས་དང་གློད་པའི་ང་རོ་འབྱུང་ཞེས་དྲང་པོ་ནི་ཨོའོ། སྨད་པ་ནི་ཨུའོ། བསྒྲིམས་པ་ནི་རིའོ། གློད་པ་ནི་ལིའོ། དེ་ལ་ང་རོ་བདུན་ནི་ངག་ཐམས་ཅད་ཀྱི་མཚན་ཉིད་ཡིན་ཏེ། རང་བཞིན་གྱི་ཡི་གེ་ཡིན་ནོ། །ཀ་ལ་སོགས་པ་བརྗོད་པའི་ཡིག་འབྲུ་ཐམས་ཅད་ཀྱང་འདི་ལས་བྱུང་ངོ་[1]ཞེས་སློབ་དཔོན་དྲན་པའི་ཡེ་ཤེས་ཀྱིས་གུག་གུ་ཕྱིར་ལོག་ཅན་རི་དང་ལི་གཉིས་དབྱངས་ཀྱི་གྲས་སུ་འཇོག་ཁར་སྒྲ་དྲག་ཞན་གྱི་བར་ཁྱད་ཡོད་པར་བཞེད་པ་དང་། མཁས་དབང་དགེ་ཆོས་ཀྱིས་གུག་གུ་གཉིས་ཉེ་བར་ཡོད་ཕྱིན་གཅིག་ཕྱིར་ལོག་པ་ཚིག་གི་ལྟ་བུ་ཞེས་གསུངས་ཡོད་ཀྱང་། མཁས་པ་ལ་ལས་དེ་མཐའ་གཅིག་ཏུ་མ་ངེས་ཏེ། ཁྲང་ཆེན་མཐུན་འབྲེལ་རྗེ་རིང་གི་སྟེང་དུ་དཀོན་མཆོག་གསུམ་དང་། འཕགས་པའི་རྣམས་དང་གཉི་ཟླ་དང་གཟ་སྐར་ལ་ཡང་དཔང་དུ་གསོལ་ཏེ། ཐ་ཚིག་གི་རྣམས་པས་ཀྱང་བཤད་ཅེས་པ་སོགས་སྒྲུབ་བྱེད་དུ་བཙལ་ནས། གུག་གུ་ཕྱིར་ལོག་པ་ཉིད་བཀུག་པའི་ང་རོ་འབྱིན་པའི་ཁྱབ་ཁོངས་ངེས་ཅན་ཞིག་ཡོད་པ་དེའི་ཁྲོད་དུ་དབྱངས་ཀྱི་འདེགས་འཇོག་གི་འགྱུར་བ་དང་བསྟུན་ནས་འཕོ་འགྱུར་བྱུང་བས་གཏན་ཚིགས་ཀྱི་རང་བཞིན་མེད་པར་སྨྲས།[2] མཁས་དབང་ཚེ་ཏན་ཞབས་དྲུང་མཆོག་གིས། འོ་ན་སྔོན་གྱི་ཡི་གེ་རྙིང་པ་རྣམས་སུ་གི་གུ་ཕྱིར་ལོག་ཅན་མང་དུ་བྲིས་ཡོད་པ་དེ་ལ་དགོས་པ་དང་རྒྱུ་མཚན་ཅི་ཡོད་ཅེ་ན། འདི་ལྟར། ལེགས་སྦྱར་གྱི་ལཱྀ་དང་ཥྚུ་གང་ཡིན་ཡང་རུང་། དབྱངས་ཨི་ཐུང་གི་སྐབས་སུ་ཡི་གེའི་གཡས་སུ་གི་གུ་འབྲི་དགོས་པ་དཔེར་ན་(ཀི་)འདི་ལྟ་བུ་དང་། དབྱངས་ཨཱི་རིང་གི་སྐབས་སུ་གི་གུ་ཡི་གེའི་གཡོན་དུ་འབྲི་དགོས་པ་དཔེར་ན་(ཧྲཱྀ་)འདི་ལྟ་བུ་ཡིན་ལ། ཐོན་མིས་བོད་ཡིག་ཐོག་མར་གསར་བཟོའི་སྐབས་སུ་ཚུལ་དེ་དང་མཐུན་པར་དབྱངས་ཨི་ཐུང་ཅན་ལ་གི་གུ་ཡི་གེའི་གླད་ནས་ལན་ཕར་ལྟར་དུ་ཕྱིར་ལོག་འབྲི་བ་དཔེར་ན་ཀྀ་འདི་ལྟ་བུ་ཡིན་ངེས་ཤིང་། བོད་ཀྱི་དབྱངས་ཨཱི་རིང་ལ་གི་གུ་ཕར་ལོག་ཚུར་ལོག་ཙམ་གྱིས་བྱ་བ་དེ་མི་འགྲུབ་པས་ཡི་གེའི་གཤམ་དུ་འ་ཆུང་འདོགས་དགོས་པར་བཟོས་པ་དཔེར་ན་ཀཱི་འདི་ལྟ་བུ་སྟེ། གནད་དམ་པ་འདིའི་དབང་གིས་རིམ་གྱིས་བོད་ཡིག་ལ་གི་གུ་ཕྱིར་ལོག་ཅན་མགོ་མེད་དུ་གྱུར[3]ཞེས་སོགས་གསུངས། ཡིན་

① སློབ་དཔོན་སྨྲྀ་ཏི། སྨྲ་སྒོ་མཚོན་ཆ། མི་རིགས་དཔེ་སྐྲུན་ཁང་། 2006ལོ། ཤོག་ངོས་14

② ཞོ་ར་པད་མ་དབང་ཆེན། གནའ་བོའི་ཡིག་རྙིང་ཁྲོད་ཀྱི་གུག་གུ་ཕྱིར་ལོག་གི་སྐོར་རགས་ཙམ་གླེང་བ། བོད་ཀྱི་ཡིག་རྙིང་ཞིབ་འཇུག 2003ལོ། ཤོག་ངོས་438

③ ཚེ་ཏན་ཞབས་དྲུང་མཆོག་གི་གསུང་འབུམ་ཕྱོགས་བསྒྲིགས།(གླེགས་བམ་བཞི་པ) མི་རིགས་དཔེ་སྐྲུན་ཁང་། 2007ལོ། ཤོག་ངོས་150

ནའང་། གུག་གུ་ཕྱིར་ལོག་ཅན་གྱི་སྐོར་ལ་ད་ལྟའི་བར་སྤྱི་མཐུན་གྱིས་ཁས་ལེན་པའི་ལྟ་ཚུལ་གཅིག་གྱུར་ཞིག་ཆགས་མེད་པ་མངོན་སུམ་དུ་གྲུབ་ཡོད།

གཉིས། འཕྲུག་པོའི་ཡི་གེའི་འབྲི་ལུགས། ཏུན་ཧོང《གདུགས་དཀར་》གྱི་ཤོག་དྲིལ་དུ་འཕྲུག་པོའི་ཡི་གེ་སོགས་ཀྱི་འབྲི་ལུགས་ཧ་ཅང་དར་ལ། སྤྱིར་གཟུངས་ཁྲོད་ཡི་གེ་དེ་དག་མེད་དུ་མི་རུང་བའི་གྲུབ་ཆ་ཞིག་ཏུ་སོང་ཡང་། བོད་གནའ་བོའི་ཡིག་ཆ་ཏུན་ཧོང《གདུགས་དཀར་》གྱི་འགྱུར་ཡིག་ལྟ་བུར་མཚོན་ན་ཡི་གེ་དེ་དག་ལ་འབྲི་སྲོལ་ཐུན་མོང་བ་ཞིག་ཡོད་དེ། སྲ་གཞུང་དུ་བསྟན་པ་ལྟར། ཛྷ་ཀྵ་ལ་ཛ་བ་རྣམས་སོ། །ཞེས་གསལ་བྱེད་སྡེ་པ་གཅིག་པའི་ཡི་གེ་ཆ་མཐུན་པ་ཕན་ཚུན་ཅི་དགར་བརྩེས་ཚོག་པ་ནང་བཞིན་འཕྲུག་པོའི་ཡི་གེ་ཀྵ་ཛྷ་ཌྷ་ཛྷ་ཀྵ་དང་ལོག་པའི་ཡི་གེ་ཊ་ཋ་ཌ་ཎ། མཐར་ཟད་ཀྱི་ཡི་གེ་ཀླྀ་ཡིག ཛྲ་བའི་ཡི་གེ་ཧཿ་ཡིག་དག་སྐབས་ལ་ལར་གསལ་བྱེད་ཡི་གེ་ཛ་ཊ་ད་ག་བ་དང་། ཧ་ཐ་ད་ན། ཀླྀ་ཤ་ཏུ་ཞིས་ཡོད་དེ། ཕལ་ཆེར་མཚམས་སྦྱོར་ལྟ་པའི་དབྱངས་ཀྱི་མཚམས་སྦྱོར་དུ་བསྟན་པའི་ར་ཡིག་དང་ལ་ཡིག་གཉིས་སྐབས་འགར་འདྲ་བར་བཤད་དེ་ཞེས་སྒྲའི་སྙེབ་སྦྱོར་གྱི་དགོས་དབང་གིས་ར་ཡིག་ལ་ཏུ་བསྒྱུར། ཡང་ན་ལ་ཡིག་ར་ཏུ་བསྒྱུར་ཚོག་པ་ལྟར་དང་འདྲ་ཆེ། དེ་ལས་ཐོག་མར་འཕྲུག་པོ་ལྔའི་དཔེར་བརྗོད་ལ། ཏུན་ཧོང《གདུགས་དཀར་》གྱི་འགྱུར་ཡིག་ཏུ། ས་ཏ་དུར་ནླིང་ཤྲི་ཧ་བྱ་པར་ཞེས་དང་། ས་ཏ་ཧྲན་དེ་ཤྱ་བྱ་པད། ཨ་མོ་གྷེ་པཏ་ཞེས་ལྷ་ཡིག་ལྟ་བུ་དང་། བཱི་རྟྲང་ས་ན་ག་ར་ཏུམ་མ། ཞེས་དང་། མ་ཧ་བིད་རྦྱ་སམ་རྒྱག་ཀླྀ་ན་ག་ར་ཏུཙུམ་མ། བ་ར་ཕྲ་རྒྱ་པཏ་ས་ཏ་ཧྲན་རྒྱར་བེ་ཤྱ་པཏ། ཞེས་རྒྱ་ཡིག་ལྟ་བུ། ཧད་ཕྱ་ཐ་ཨོམ། ཤོམ་རྒྱིན་རྒྱ་རྒྱན་རྒྱ་ཞེས་དང་། སྟམ་རྒྱ་ན་ག་ར་ཏུམ་མ། རྒྱིད་དྲྭང་ས་ན་ག་ར་ཏུཙུམ་མ། རྒྱིན་རྒྱ་རྒྱིན་རྒྱ། རྒྱི་རེ་རྒྱི་རེ། ས་ཏ་སྦྱིད་ཏྲ་རྒྱི་ར་བྱྲ་པཏ་རྒྱིན་རྒྱ་རྒྱན་རྒྱ་ཞེས་རྒྱ་ཡིག་མཚོན་པ་སོགས་ཧ་ཅང་མང་ལ། ཡང་འགྱུར་ཡིག་སྐོར་ཞིག་ཏུ། ཨ་མོ་གེ་པཏ། ས་ཏ་དུར་ལང་གཱི་ཧེ་བྱྲ་པཏ་ཞེས་སྒྲ་ཡིག་དོད་དུ་ག་ཡིག་དང་། སྟམ་བ་ན། ཏུམ་མ། བཱི་དྲྭ་ས་ན་ག་རའ་ཏུ་མ། རྒྱིན་ད། རྒྱིན་དྣ། བཻ་ར་བཻ་ར། ས་ཏ་བིད་ད་རྒྱ་རེ་པཏ་ཞེས་རྒྱ་ཡིག་དོད་དུ་བ་ཡིག་ལྟ་བུ། མ་ཧ་བིད་ད། སམ་རྒྱ་ཀླྀ་ཧཿ་ན་ཏུམ་མ། བ་ར་པད་པད་ཅེས་རྒྱ་ཡིག་དོད་དུ་ད་ཡིག་འབྲི་བ་སོགས་སོ། །དེ་ལས་ཛྷ་དང་རྒྱ་ཡིག་གཉིས་ཤོག་དྲིལ་འདི་དག་ལ་མཐོང་དུ་མེད་པས་དཔེར་བརྗོད་འཇོག་ཐབས་བྲལ་ཡང་ཏུན་ཧོང་འགྱུར་ཡིག་གཞན་ལ་མེད་པས་མ་ཁྲབ།

གསུམ། ལོག་པའི་ཡི་གེའི་འབྲི་ལུགས། ལོག་པ་ལྔ་ནི་ཊ་ཋ་ཌ་ཌྷ་ཎ་ཡིན་ཏེ། ཏུན་ཧོང《གདུགས་དཀར་》གྱི་ལག་བྲིས་ཁག་ཏུ་ཋ་དང་ཌ་གཉིས་མཐོང་དུ་མེད་པ་མ་གཏོགས་འཕྲོའི་ཊ་དང་ཎ་གཉིས་མང་དུ་མཐོང་སྟེ། དཔེར་ན། ཧེ་ཧེ་པཏ། ཧོ་ཧོ་པཏ་ཞེས་དང་། ས་ཏ་བྱྲ་ཏེ་བྱྲ་པཏ། ཞེས་དང་། ཕྱམ་བན་རྒྱ་

བན་ཛྷ་ཞེས་པའི་ཊ་ཡིག་ལྟ་བུ་དང་། ཨོཾ་ཏ་ཐ་ག་ཏོ་ཨུ་ཥ་ཞེས་དང་། ས་ཐ་སྤུ་ཊ་ཊེ་ཛྷ་ཕཊ་ཞེས་པའི་ཋ་ཡིག་ལྟ་བུ་སོགས་མང་། དེ་ལས་ཊ་ཡིག་ལྟ་བུ་ཏུན་ཧོང་《གདུགས་དཀར་》གྱི་ཤོག་དྲིལ་དུ་སྐབས་ལ་ལར་ཏ་ཡིག་དང་སྐབས་ལ་ལར་ཊ་ཡིག་བྲིས་ཡོད་དེ། ཊ་ཡིག་དཔེར་ན། ཨཱ་སྲ་ཏེ་ཏ་ཊ་ཕཊ། ས་ཐ་ཛྷུ་ཊེ་ཛྷ་ཕཊ། ན་མ་སྐྲི་ཊ་ཡེ་ཕཊ་ཞེས་དང་། ཏ་ཡིག་ལྟར་བྲིས་ཡོད་པ་ཨ་སྲ་ཧྲི་ཏ་ཏ་ཕད། ས་ཐ་སྤྲེ་ཏེ་ཛྷ་ཕད། ནམ་སྐྲི་ཏ་ཡ་ཕད་ཅེས་པ་ལྟ་བུའོ། །ཡང་ཋ་ཡིག་དཔེར་ན། བཛྲ་བ་ཋ་ཡེ་ཧཱུྃ། སྲ་ས་ཏ་ཋ་ག་ར་ཧཱུྃ། ཨཱ་སྨྲི་ཏ་ཋ་ལྔ་ཀ་སྲ། ས་ཐ་ཥ་རམ་ཎེ་ཛྷ་ཕཊ། བཻ་ཡེ་ཕཊ་ཞེས་དང་། འགྱུར་ལ་ལར་ཋ་ཡིག་དེ། བཛྲ་པ་ན་ཡེ་ཧུམ་ཕད། སྲ་ས་ད་ན་ཀ་ར་ཧུམ་མ། ཨ་སི་ཏྲ་ན་ལ་ཀ་སྲ་ཛྷ་སྤུ་ཏ། ས་ཐ་ཥ་ར་མ་ཎི་ཛྷ་ཕད། བཻའི་བཻ་ཡེ་ཕད་ཅེས་ན་ཡིག་ཕྱིར་ལོག་མིན་པའང་བྲིས་འདུག་པས་གསལ། དེ་ལས་ཏུན་ཧོང་《གདུགས་དཀར་》དུ་མེད་པའི་ཐ་དང་ཌ་ཡིག་གཉིས་འགྱུར་ཡིག་གཞན་དུ་ཡོད་དེ། ཐ་ཡིག་དཔེར་ན། འཕགས་པ་དོན་ཡོད་པའི་ཞགས་པའི་སྙིང་པོའི་གཟུངས་ཞེས་བྱ་བའི་མཇུག་ཏུ། ཐུ་ཐུ་ཐུ་ཐུ། ཐ་ཐ་ཐ་ཐ། ཐི་ཐི་ཐི་ཐི། ཞེས་དང་། འཕགས་པ་སྟོབས་པོ་ཆེ་ཞེས་བྱ་བ་ཐེག་པ་ཆེན་པོའི་མདོ་ལས། ཌྭ་ཌྭ་ཌྭ། ཌྭ་ཌྭ་ཌྭ། ཞེས་པར་ཏུན་ཧོང་ཡིག་རྙིང་དུ། ཌ་ཌ་ཌ་ཌ་ཌ་ཌ། ཞེས་ཌ་ཡིག་བྲིས་ཡོད། ཡིན་ནའང་། ཌ་ཡིག་དེ་ཏུན་ཧོང་ཡིག་རྙིང་བྲིངས་ལ་བལྟས་ཏེ་བརྗོད་ན་དེ་འདྲའི་རྒྱུགས་ཆེ་བ་ཞིག་མིན་པར་སྣང་།

བཞི། རྩ་བའི་ཡི་གེ་དང་མཐར་ཟད་ཀྱི་ཡི་གེའི་འབྲི་ལུགས། སྒྲ་རིག་པའི་འཇུག་སྒོར། ཀྵ་དང་ཁ་དང་ཆ་མཐུན་ཙམ། །ཀན་གྱི་ཕྱུགས་ནས་སྟོངས་ཀྱིས་འདོན། །ཀླ་ནི་ཁྱ་དང་ཆ་མཐུན་ཙམ། །ཞེས་དང་། ཀླ་ནི་ཀ་ཀྵ་ཡང་དག་སྦྱོར་བ་ཀླ་ཞེས་པ་སོགས་སྒྲའི་གཞུང་ན་གྲགས་པ་ལྟར། རྩ་བའི་ཡི་གེ་ཀྵ་དང་མཐར་ཟད་ཀྱི་ཡི་གེ་ཀླ་ནི་ཏུན་ཧོང་《གདུགས་དཀར་》གྱི་ཤོག་དྲིལ་དུ། སམ་ཛྙ་ཀླ་ཀྵ་ན་ཧུམ་མ། པ་ར་ཕྱིད་ཏྲ། ས་བག་ཀླ་ན་ཀ་ར་ཧུམ་མ་ཞེས་དང་། ས་ཐ་ཡ་ཀླ་ར་ཀླ་ས་གྲ་ཧ་ནམ་ཞེས་དང་། ཨོཾ་རི་ཁི་ག་ཋ་སྲ་སྔ་སྤྱ་ཡ། ཏ་སྦ་ག་ཏོ་ཧྥ་ཥ་སི་ཏྲ××××ཞེས་དང་། ཨ་ཧྥ་བིང་ཥ་ཏྲི་ཏྲ་ན་ཞེས་པ་སོགས་ཡོད་ལ། སྐབས་ལ་ལར་རྩ་བའི་ཡི་གེ་ཀྵ་ཡིག་གི་དོད་དུ་ཥ་འབྲི་དང་མཐར་ཟད་ཀྱི་ཡི་གེ་ཀླ་ཡིག་གི་དོད་དུ་ཀླ་འབྲི་བའང་ཡོད་དེ། དཔེར་ན། ཙ་ཏུར་ཀླི་ཏི་ནཋ། ཨཱ་ཀྲྀ་ཕྱིང་ཀླ་ཏི་འི་ནཋ། ཨཱ་ཧྥ་ན་མ་ཞེས་ཀླ་ཡིག་བྲིས་ཡོད་པ་ལ། འགྱུར་གཞན་དུ། ཙ་ཏུ་ར་ཥི་ཏི་ནན། ཨ་ཥ་བིང་ཥ་ཏི་ནན། ཨ་ནམ་ཞེས་ར་སྙེའི་ཥ་ཡིག་ལྟར་བྲིས་འདུག་ཅིང་། མཐར་ཟད་ཀྱི་ཡི་གེ་ཀླ་ཡིག་ལྟ་བུ་སམ་ཛྙ་ཀླ་ཀྵ་ན་ཧུམ་མ། པ་ར་ཕྱིད་ཏྲ། ས་བག་ཀླ་ན་ཀ་ར་ཧུམ་མ། ས་ཐ་ཡ་ཀླ་ར་ཀླ་ས་གྲ་ཧ་ནམ་ཞེས་པ་དེའང་འགྱུར་ལ་ལར་ཕྱིར་ལོག་མིན་པ་ཀླ་ཡིག་ལྟར་བྲིས་པ་ཡོད་དེ། སམ་ཛྙ་ཀླ་ན་ཀ་ར་ཧུམ་མ། པ་ར་ཕྱིད་ཏྲ་སམ་བ་ཀླ་ན་ཀ་ར་ཧུམ་མ། ས་ཐ་ཡ་ཀླ་ར་

ཀླཱ། ས་གྲཱ་ཏ་ནན་ཞེས་པ་སོགས་ཧ་ཅང་མང་། ཡི་གེ་དེ་གཉིས་ཀྱང་ཧུན་ཧོང་འགྱུར་ཡིག་ཁག་ཏུ་འབྱུང་ཆེ་བའི་སྔགས་ཡིག་གི་གྲས་མིན་པ་འདྲའོ། །

ལྔ། རྒྱན་དང་སྲོག་གི་ཡི་གེའི་འབྲི་ལུགས། རྒྱན་གྱི་ཡི་གེ་དབུ་དང་ཤད་གཉིས་ཡིན་ཏེ། དབུ་ནི་ལུས་མཛེས་པར་བྱེད་པའི་མགོ་བོ་ལྟ་བུ་དང་། དཔེར་ན། ༄ ༄༅། །༄༅། །ལྟ་བུ་སྟེ་འདི་ལ་དབུའམ་བེག་དང་དབུ་ཕྲུད་ཀྱང་ཟེར། ཤད་ནི་ཚིག་མཚམས་གཅོད་པའི་རྟགས་མངོན་གསལ་ཅན་ཡིན་པར་མ་ཟད་ཚིགས་བཅད་ལ་ཤད་གཉིས་ཐོབ་པས། བཅད་ལྷུག་གང་ཡིན་བདེ་བླག་ཏུ་རྟོགས་པར་བྱེད་ཅིང་མིག་ལམ་དུའང་མཛེས་པ་ཡིན་ཏེ། །འདི་ལ་ཕུར་ཤད། ༈འདི་ལ་སྦྲུལ་ཤད། ༑འདི་ལ་རིན་ཆེན་སྤུངས་ཤད་ཅེས་དང་། དེའི་ཐོབ་ཐང་ནི། ཚིགས་བཅད་མཐའ་ལ་ཉིས་ཤད་འཐོབ། །ལྷུག་པའི་རྣམ་གྲངས་སོ་སོ་དང་། །དོན་ཆེན་ཕལ་ཆེར་མཐའ་དང་ནི། །བོད་ཚིག་སྐབས་སུ་ཆིག་ཤད་འབྲི། །རྫོགས་ཚིག་སྐབས་སུ་ཉིས་ཤད་འཐོབ། །སྡེ་ཚན་ཆེ་བ་རྫོགས་པ་དང་། །ལེའུའི་མཚམས་སུ་བཞི་ཤད་འབྲི། །ཐིག་མགོར་ཡིག་རྫོག་ཅིག་བྱུང་ཚེ། །ཚུགས་ཐུབ་ཆེད་དུ་སྤུངས་ཤད་འབྲི། །ལེའུ་མཚམས་ལྟ་བུའི་བར་དག་ཏུ། །སྦྲུལ་ཤད་འབྲི་བའི་ལག་ལེན་ཡོད། །[①]ཅེས་དང་། སྲོག་གི་ཡི་གེ་ཚེག་གི་སྐབས་སུ་རྐང་བ་ཤད་དང་མི་འདྲེས་ཆེད། །ང་མཐར་ཤད་གོང་ཕྱི་ཚེག་འབྲི། །[②]ཞེས་གསལ་བ་སོགས་ལས། ཧུན་ཧོང་《གདུགས་དཀར་》གྱི་འགྱུར་ཡིག་ལའང་དེ་ལུགས་ཀྱི་འབྲི་སྲོལ་མཆིས་ཏེ། །དཔེར་ན། དབུ་ཕྲུད་ལྟ་བུར། ༄ །ས་ཏ་ག་ན་ཏྲ་ར་པེ། ༄ །བོད་སྐད་དུ། །གཙུག་ཏོར་གདུགས་དཀར་པོ་ཞེས་བྱ་བའི་གཟུངས་། །༄། ། འཕགས་པ་དེ་བཞིན་གཤེགས་པའི་གཙུག་ཏོར་འབྱུང་བ་གདུགས་དཀར་པོ་ཞེས་བྱ་བ་གཞན་གྱིས་མི་ཐུབ་པའི་གཟུངས་ཞེས་པ་ལྟ་བུ་ཡོད་ཅིང་། ༄༅། །༄༅ ༄། །འདི་ལྟ་བུའི་འབྲི་སྲོལ་མཐོང་དུ་མེད། ཡང་ཤད་ཚིག་གི་ཆ་ནས་ཧུན་ཧོང་འགྱུར་ཡིག་ཁ་ཤས་ཤིག་གོང་གི་ཐོབ་ཐང་ལྟར་སོང་ཡོད་མོད་ཀྱི་འགྱུར་ཡིག་ཁ་ཤས་དེ་ལྟར་མིན་ཏེ། དཔེར་ན་ཤད་ལ། སངས་རྒྱས་དང་བྱང་ཆུབ་སེམས་དཔའ་ཐམས་ཅད་ལ་ཕྱག་འཚལ་ལོ། །སངས་རྒྱས་ལ་ཕྱག་འཚལ་ལོ། །བཅོམ་ལྡན་འདས་ཀྱི་འབྲུགས་པ་དེ་བཞིན་གཤེགས་པ་དགྲ་བཅོམ་པ་ཡང་དག་པར་རྫོགས་པའི་སངས་རྒྱས་ལ་ཕྱག་འཚལ་ལོ། །ཞེས་གོང་གི་ཐོབ་ཐང་གི་ལུགས་སྟོར་ཡོད་

① རྡོ་རྗེ་འཚོ། ཧུན་ཧོང་ཡིག་རྙིང་དང་བསྟན་འགྱུར་ལས་བྱུང་བའི་ལི་ཡུལ་གྱི་ལུང་བསྟན་ཁག་གཉིས་ལ་རགས་ཙམ་དཔྱད་པ། ཀྲུང་གོའི་བོད་རིག་པ། 2003ལོའི་དེབ་གསུམ་པ། ཤོག་ངོས་42

② རྡོ་རྗེ་འཚོ། ཧུན་ཧོང་ཡིག་རྙིང་དང་བསྟན་འགྱུར་ལས་བྱུང་བའི་ལི་ཡུལ་གྱི་ལུང་བསྟན་ཁག་གཉིས་ལ་རགས་ཙམ་དཔྱད་པ། ཀྲུང་གོའི་བོད་རིག་པ། 2003ལོའི་དེབ་གསུམ་པ། ཤོག་ངོས་42

པ་དང་། ཚིག་གི་ཆ་ལ། རྒྱུན་དུ་ཞུགས་པའི་རྣམས་ལ་ཕྱག་འཚལ་ལོ། །ཡང་དག་པར་ཞུགས་པ་རྣམས་ལ་ཕྱག་འཚལ་ལོ། །འཕྲིང་བ་གཞན་གྱིས་མི་ཐུབ་པ། རྒྱལ་པོའི་རྗེ་རྗེ་འཕྲིང་ཞེས་གྲགས། །ཞེས་པ་ལྟ་བུས་ཤེས་ཤིང་། དེ་ལས་འགྱུར་ཡིག་རེ་འགར་ལེའུའི་བར་མཚམས་གསལ་བར་འབྱེད་ཆེད་དེའི་ཐོབ་ཐང་ལྟར་བར་ཏུ་སྦྲུལ་ཤད་འབྲི་བའི་ལག་ལེན་ཡོད་དེ། དཔེར་ན། ཨ་སྟྭ་ནམ་མ་ཧཱ་གྲ་ས་ནམ་བིད་དྭང་ས་ན་ག་ར་ཧུའུམ་མ། །༈། །བཅོམ་ལྡན་འདས་དེ་བཞིན་གཤེགས་པའི་གཙུག་ཏོར་གདུགས་དཀར་པོ་ཞེས་དང་། འཕགས་པ་དེ་བཞིན་གཤེགས་པའི་གཙུག་ཏོར་ནས་བྱུང་བ་གདུགས་དཀར་པོ་འི་གཟུངས་རྫོགས་སྡོ། །༈༈༈། །ཞེས་དང་། མ་ཧ་མ××××ས་ན་ག་ར་ཧུམ་འདུམ། །༈། ༈། །༈། ༈། ༈། ༈། ༈། ཞེས་པ་ལྟ་བུ་མཆིས་སོ། །

དེ་མིན་ཏུན་ཧོང་《གདུགས་དཀར་》གྱི་འགྱུར་ཡིག་སྐོར་ཞིག་ཏུ། དཔེར་ན། འབྱུང་ཡང་མོད་ལ་ཞི་བར་འགྱུར། །ཏད་ཏྲ་ཐྭ་ཨོམ་ཞེས་དང་། ཧུམ་མ་མ་ཧུམ་ནི་སྭ་ཧཱ། ༔། ༔། ཀླུའི་རྒྱལ་པོས་ཡང་དུས་དུས་སུ་ཆར་འབེབས་སྡེ་ཞེས་དང་། ཧུམ་མ་མ་ཧུམ་སྭཱ་ཧཱ། ༔༔། སངས་རྒྱས་རྣལ་འབྱོར་དུ་བྱའོ། །ཞེས་དང་། ཨ་ཧྭ་རྐྵ་མུག་གཏའ་ཤམ་ཤ་ན་ནི་བ་སི་ནི་ཡེ་ཕད། ༔༔། ཅེས་ལྟ་བུའི་ཤད་གཉིས་ཀྱི་བར་དུ་གོར་ཐིག་འཛོག་སྟངས་ཤིག་ཀྱང་ཡོད་དེ། རྟགས་དེ་དག་ལ་ཚེག་དྲག[①]ཏུ་འབོད་ཅིང་དགེ་ཆོས་ཀྱིས་ཡིག་རྙིང་ཕལ་ཆེར་ལ་ཚེག་སྟེང་འོག་གཉིས་ཡི་གེ་རེ་རེའི་བར་ན་གང༔ཏུ༔སོང༔ཀྱང་སོགས་འདི་འདྲར་འདུག་ལ། ཚེག་སྟེང་འོག་མཉམ་དུ་བསྲེས་པ་ལས་དབུ་མེད་ཀྱི་ཚེག་རིང་པོ་བྱུང་བར་ཤེས་སོ[②]ཞེས་གསུངས། ལྷ་སའི་བསམ་ཡས་རྗེ་རིང་དང་དོན་ཆེན་གནད་བསྟུས་སུ་ཡོད་པའི་སངས་རྒྱས༔ཀྱི་ཆོས༔། མཛད༔པ༔འདི། ནམ༔དུ་ཡང་མི༔གཏང༔མའ་ཞིག་པར༔བགྱི༔འོ༔།[③] ཞེས་དང་། བཙན་པོ༔སྲུས༔ལྷས་བོན་བྲ། བཙན་མོ༔ཕོང་ཅོ༔གཉིས༔ཀྱི༔མདད༔བཏང་། བར༔ལོ༔གཅིག[④]ཅེས་གནའ་བོའི་

① ཞོ་ར་པད་མ་དབང་ཆེན། གནའ་བོའི་ཡིག་རྙིང་ཁྲོད་ཀྱི་གུག་གུ་ཕྱིར་ལོག་གི་སྐོར་རགས་ཙམ་གླེང་བ། བོད་ཀྱི་ཡིག་རྙིང་ཞིབ་འཇུག 2003ལོ། ཤོག་ངོས་438

② ཞོ་ར་པད་མ་དབང་ཆེན། གནའ་བོའི་ཡིག་རྙིང་ཁྲོད་ཀྱི་གུག་གུ་ཕྱིར་ལོག་གི་སྐོར་རགས་ཙམ་གླེང་བ། བོད་ཀྱི་ཡིག་རྙིང་ཞིབ་འཇུག 2003ལོ། ཤོག་ངོས་438

③ ཞོ་ར་པད་མ་དབང་ཆེན། གནའ་བོའི་ཡིག་རྙིང་ཁྲོད་ཀྱི་གུག་གུ་ཕྱིར་ལོག་གི་སྐོར་རགས་ཙམ་གླེང་བ། བོད་ཀྱི་ཡིག་རྙིང་ཞིབ་འཇུག 2003ལོ། ཤོག་ངོས་438

④ ཏང་པོ་ཧྲན། ཏུན་ཧོང་བོད་ཀྱི་གནའ་བོའི་ལོ་རྒྱུས་ཡིག་ཆ་བསྒྱུར་ཡིག་དང་མཆན་འགྲེལ། ཀན་སུའུ་སློབ་གསོ་དཔེ་སྐྲུན་ཁང་། 2006ལོ། ཤོག་ངོས་29

འབྲི་སྟངས་དེའི་སྟེང་ནས་བལྟས་ན་ཚིག་དྲག་ལ་གོ་བ་བླངས་ཀྱང་མི་ཚིག་པ་མེད་མོད། ཏུན་ཧོང་《གདུགས་དཀར་》གྱི་འགྱུར་ཡིག་ཏུ་གསལ་བའི། ཿ། དང་། །ཿཿ། དང་། །ཿ། ཿ། ཧྲུ་བྷྲུ་དང་། ལི་ཡུལ་ལུང་བསྟན་དུ་བྱུང་བའི་སངས་རྒྱས་བྱམས་པ་འཁོར་དང་བཅས་པའི་མཆོད་གནས་སུ་འགྱུར་རོ། །ཿཿ།[1] ཞེས་དང་། ལི་ཡུལ་འུ་ཐེན་གྱི་མཁར་དང་ར་ལྔན་གྱི་གྲོང་ཁྱེར་ཆེན་པོ་བརྩིགས་སོ། །ཿ།[2] ཞེས་པ་ཧྲུ་བྷྲུ་ཡིན་ཚེ་ཡིག་འབྲུའམ་ཚིག་ཁྱིམ་རེ་རེའི་བར་ན་མེད་པར་ལེའུའམ་དོན་ཆེན་གཅིག་རྫོགས་པའི་མཚམས་སུ་བྱུང་ཡོད་ལ། ཡང་ཏུན་ཧོང་《གདུགས་དཀར་》གྱི་འགྱུར་ཡིག་ཏུ། ཏུམ་མ་མ་ཧུམ་སྭཱ་ཧཱ། ཿཿ། སངས་རྒྱས་རྣལ་འབྱོར་དུ་བྱའོ། །ཞེས་པ་ཧྲུ་བྷྲུའི་ཚིག་དྲག་གི་རྣམ་པ་དེ་སྐབས་འདིའི་འགྱུར་ཡིག་སྐོར་ཞིག་ཏུ་ཧཱུཾ་མ་ཧཱུཾ་ནི་ཕད་སྭཱ་ཧཱ།། །།བདག་དང་སེམས་ཅན་ཐམས་ཅད་ལ་སྲུངས་ཤིག་སྲུངས་ཤིག །།ཀླུའི་རྒྱལ་པོ་ཡང་དུས་དུས་སུ་ཆར་འབེབས་ཏེ། །སངས་རྒྱས་རྣལ་འབྱོརད་དུ་བྱའོ། །ཞེས་པ་ཧྲུ་བྷྲུ་ལས་རྗེས་སུ་དཔག་ན་གཞི་ནས་ཤད་ཀྱི་རྣམ་པར་ཆགས་ཡོད་པ་གསལ། དེར་དམིགས་ན་གནའ་བོའི་གཏེར་ཡིག་ཁོ་ནར་ཆེད་དུ་བཀོལ་བའི་ཚིག་སྟེ། གཏེར་ཚིག་ཏུ་འབོད་པ་དེ་སྐབས་འགར་ཤད་ལ་གོ་བ་བླངས་ཀྱང་འགལ་བ་ཆེར་མེད་པར་སྙམ།

གཞན་ཡང་ཏུན་ཧོང་《གདུགས་དཀར་》གྱི་འགྱུར་ཡིག་ཅིག་ཏུ། ༄། །*། །འཕགས་པ་དེ་བཞིན་གཤེགས་པའི་གཙུག་ཏོར་ནས་འབྱུང་བ་གདུགས་དཀར་པོ་ཞེས་བྱ་བ་གཞན་གྱིས་མི་ཐུབ་པའི་གཟུངས་ཞེས་དང་། མེ་དང་ཆུ་ལས་སྒྲོལ་བ་སྟེ། །*། །གཞན་གྱིས་མི་ཐུབ་དྲག་ཤུལ་ཆེ། །ཞེས་དང་། སྭཱ་ཧཱ། །*། །ལྷ་མིད་དཀོན་མཆོག་དཔལ་ཞིང་ལ། །ཞེས་དང་། གཟི་བརྗིད་དང་མཐུ་ཐམས་ཅད་བཅིང་ངོ། །*། །ཏད་ཏྱ་ཐཱ། ཞེས་སོགས་བཞི་ཤད་ཀྱི་བར་དུ་མེ་ཏོག་ཁ་བཀོད་པ་འདྲ་བའི་རྟགས་། །*། །འདི་ཧྲུ་བྷྲུ་བཞག་ཡོད། དེ་ཡང་འབྲི་སྲོལ་ལ་བལྟས་ན་ཕལ་ཆེར་བོད་བཙན་པོའི་ཡིག་ཆ་ཉུང་ཤོས་ཤིག་ཏུ་མཐོང་བའི། ཿ། ཿ། ཧྲུ་བྷྲུའི་ཤད་ཀྱི་གོ་ཆོད་པ་མིན་ནམ་སྙམ་ཡང་ད་དུང་དཔྱད་དགོས་སོ། །

དྲུག རྗེས་སུ་ང་རོ་དང་རྣམ་བཅད་ཀྱི་ཡི་གེའི་འབྲི་ལུགས། སྨྲ་སྐོར། བསྒྲིང་དང་བསྒྲིངས་ཏེ་བཀུག་པ་དང་། །བསྡོད་དང་བསྡོད་དེ་སྨད་པ་དང་། །སྔ་ལྡན་རྣམ་པར་བཅད་པ་ཡིས། །ང་རོ་བཅུ་

① རྡོ་རྗེ་འཚོ། ཏུན་ཧོང་ཡིག་རྙིང་དང་བསྟན་འགྱུར་ལས་བྱུང་བའི་ལི་ཡུལ་གྱི་ལུང་བསྟན་ཁག་གཉིས་ལ་རགས་ཙམ་དཔྱད་པ། ཀྲུང་གོའི་བོད་རིག་པ། 2003ལོའི་དེབ་གསུམ་པ། ཤོག་ངོས་42

② རྡོ་རྗེ་འཚོ། ཏུན་ཧོང་ཡིག་རྙིང་དང་བསྟན་འགྱུར་ལས་བྱུང་བའི་ལི་ཡུལ་གྱི་ལུང་བསྟན་ཁག་གཉིས་ལ་རགས་ཙམ་དཔྱད་པ། ཀྲུང་གོའི་བོད་རིག་པ། 2003ལོའི་དེབ་གསུམ་པ། ཤོག་ངོས་42

ཧྲུག་དག་ཏུ་འདོད། །[1]ཅེས་བྱ་བས་དབྱངས་ཀྱི་ཡི་གེ་བཅུ་དྲུག་ཏུ་འགྱུར་ཏེ། འདི་ལྟར་བསྒྲེང་བ་ནི་ཨའོ། །བསྒྲེངས་ཏེ་བཀུག་པ་ནི་ཨིའོ། །བསྟོད་པ་ནི་ཨོའོ། །བསྟོད་དེ་སྣད་པ་ནི་ཨཽའོ། སྣ་དང་ལྡན་པ་ནི་ཨཾ་ཡིན་ནོ། །རྣམ་པར་བཅད་པ་ནི་ཨཿཞེས་བྱ་བ་སྟེ། །འདི་ལྟར་དབྱངས་ཀྱི་ཡི་གེ་བཅུ་དྲུག་ཏུ་འགྱུར་རོ་ཞེས་བསྟན་ཡོད་མོད། བོད་ཡིག་ཏུ་རྗེས་སུ་ང་རོ་དང་རྣམ་བཅད་གཉིས་མི་མཁོ་བས་དོར་བར་གྲགས་ཀྱང་། ཨཾ་ཨཿགཉིས་ཀྱི་འབྲི་སྟོལ་ཡིག་རྙིང་ཁྲོད་དེ་འདྲ་རྒྱུགས་མི་ཆེ་ཡང་སྐབས་འགར་ང་རོ་དང་ཚིག་དྲག་རེས་མོས་སུ་མཐོང་ཐུབ་ལ།[2] ཏུན་ཧོང་《གདུགས་དཀར་》གྱི་འགྱུར་ཡིག་ཁག་ཏུའང་རྗེས་སུ་ང་རོ་མཐོང་དུ་ཡོད་པ་དཔེར་ན། སཱི་ཏ་ཏ་ཕྲད་ཏྲ་ཧུཾ་མ། ཛམ་བ་ན་ཀ་ར་ཧུཾ་མ། སྟམ་བྷ་ན་ཀ་ར་ཧུཾ་མ་ཞེས་དང་། སཱི་ཏ་ཏ་པད་ཊེ། ཧུཾ་ཧྲུཾ་ཛམ་བྷ་ན། ཧུཾམ་ཧྲུཾམ་ཕད་ཕད་སྭ་ཧཱ། ཞེས་དང་། ཨོཾ་རེ་ཤི་ག་ན་པྲ་ཤ་སྟ་ཡ་ཞེས་པ་ལྟ་བུ་དང་། དེའི་གློག་སྟངས་སྦྲ་གཞུང་དུ། རྗེས་སུ་ང་རོ་སྟེ་པ་ལ། །རང་རང་སྟེ་བའི་ལྡེ་པར་བསྣུག །ཡ་སོགས་བརྒྱད་པོ་ང་རུ་བསྣུག། ཡང་ན་སྟེ་ལྡེའི་བླ་ལ་སྦྱར། །ཨོཾ་དང་ཧཾ་གཉིས་མ་དང་ང་། །ཚིག་གྲོགས་དག་ལ་བལྟོས་པ་མིན་[3]ཞེས་གསལ། འགྱུར་ཡིག་ལ་ལར་རྗེས་སུ་ང་རོ་དེ་སྔགས་ཕྱོགས་སུ་བཀོལ་བ་ལས་རིམ་གྱིས་གསལ་བྱེད་རྗེས་འཇུག་མ་ཡིག་དོད་དུ་བྲིས་པའང་ཡོད་དེ། ནཾ་ག་ལིང་གིས་འཛིགས་པ་དང་། འཇིག་རྟེན་གསུམ་གྱི་དཀྱིལ་འཁོར་ཡངས་པ་ན་ལྟ་བུ་ཡོད། ཡང་རྣམ་བཅད་དམ་ཚིག་དྲག་གི་སྐོར་ལ། ཏུན་ཧོང་《གདུགས་དཀར་》གྱི་འགྱུར་ཡིག་ཏུ། དཔེར་ན། ས་ཏ་དེ་བྲེ་ཧྱཿ། ཕཊ། ས་ཏ་ན་གེ་ཧྱཿཕཊ། ས་ཏ་གིན་ན་རེ་ཧྱཿཕཊ། ཞེས་དང་། ཙ་ཏུར་སྦྱོ་བ་གི་ཊི་ཧྱཿཕཊ། མ་ཧཱ་པྲ་ཏྱང་གི་རེ་ཧྱཿཕཊ་ཞེས་སོགས་ཡོད་ཅིང་། ཚིག་དྲག་གམ་རྣམ་བཅད་འདི་ལྟ་བུ་ཤད་ཀྱི་རྗེས་སམ་བར་ན་མེད་པར། ཡིག་འབྲུའམ་ཚིག་ཁྱིམ་དག་གི་བར་ན་མཆིས་པ་ལས་ཚིག་དྲག་གི་རྣམ་པར་ཡོད་ལ། ལྷག་པར་ཚིག་དྲག་ཉིད་བར་སྐབས་ཤིག་གི་རིང་ལ་འབྲི་སྟོལ་དར་ཆེ་བས་ཨཾཨཿགཉིས་ཀྱི་ཨཿརྣམ་པ་ལས་ཚིག་དྲག་ཉིད་དྲངས་ཡོང་བ་སྙམ་སྟེ། ཚིག་ཁྱིམ་རེ་རེའི་བར་དུ་གོར་ཐིག་གཉིས་བྲིས་ན་སྟབས་མི་བདེ་ལ། དེ་ལས་ཚིག་གཉིས་དང་། ཚིག་གཉིས་ཀྱང་ཟུར་ཟེ་ཡང་དུ་བཏང་ནས་ད་ལྟའི་ཚིག་གཅིག་གི་འབྲི་སྟོལ་འདི་བྱུང་བ་ཡིན། དཔེར་ན། ཏུན་ཧོང་《གདུགས་དཀར་》གྱི་འགྱུར་ཏུ། ས་ཏ་དེ་བྲ་ཧྱ་ཕད། ས་ཏ་ན་གེ་ཧྱ་

① སློབ་དཔོན་སྨྲ་ཏི། སྒྲ་སྒོ་མཚོན་ཆ། མི་རིགས་དཔེ་སྐྲུན་ཁང་། 2006ལོ། ཤོག་ངོས་15

② ཞ་ར་པད་མ་དབང་ཆེན། གནའ་བོའི་ཡིག་རྙིང་ཁྲོད་ཀྱི་གུག་གུ་ཕྱིར་ལོག་གི་སྐོར་རགས་ཙམ་གླེང་བ། བོད་ཀྱི་ཡིག་རྙིང་ཞིབ་འཇུག 2003ལོ། ཤོག་ངོས་438

③ བཀྲ་ཤིས་ཚེ་རིང་། སྒྲ་རིག་པའི་འཇུག་སྒོ། ཀན་སུའུ་མི་རིགས་དཔེ་སྐྲུན་ཁང་། 1995ལོ། ཤོག་ངོས་60

ཕད། ས་ཏ་གན་ཧར་བྲི་ཧྲ་ཕད་ཅེས་དང་། ཙ་ཏུ་ར་ཀྲི་ཧ་གི་ནི་ཧྲ་ཕད། མ་ཧ་སྲད་ཏུང་གི་རེ་ཕད་ཅེས་སྐབས་འདིར་ཚོག་དྲག་ཨཿཡི་ཛ་པོ་འགྱུར་ཏེ་ཚོག་གཅིག་ཏུ་གྲུབ་ཡོད་པ་ལྟ་བུའོ། །

གཉིས་པ། གསར་བསྣན་གྱི་ཡི་གེ་གང་དག་བྱུང་ཚུལ།

གཅིག དབྱངས་ཨ་ངེས་པ་བྱུང་ཚུལ། ཐོན་མིས་བཅམས་པར་གྲགས་པའི་སུམ་རྟགས་ཀྱི་རྩ་བར། ཀཱ་ལི་ཕྱེད་དང་བརྒྱད་སྡེ་ནི། །བཞི་བཞི་དག་ཏུ་ཕྱེས་པ་ལས། །ཞེས་ཀཱ་ལི་སུམ་ཅུ་པོ་དེ་རྣམས་ཀ་སྡེ་དང་། ཙ་སྡེ། ཏ་སྡེ། པ་སྡེ། ཙ་སྡེ། ཞ་སྡེ། ར་སྡེ་སྟེ་སྡེ་པ་རིལ་པོ་བདུན་དང་། ཧ་སྡེ་ཕྱེད་དུ་བྱས་ནས་ཕྱེད་དང་བརྒྱད་ཀྱི་སྡེ་ཚན་དུ་བགོས་པ་ནི་སྡེ་པ་རེ་རེ་ལ་ཡི་གེ་བཞི་བཞི་རུ་ཕྱེ་བ་ཡིན་ཞིང་། ཨ་ནི་སྡེ་པ་ཕྱེད་ཀྱི་ཧ་སྡེ་གྲས་སུ་གཏོགས་པར་བྱས་ཏེ། སྔོན་བཙན་སྐབས་ནས་ཨ་ཡིག་གསར་བཟོ་བྱས་ཡོད་ཁར་གསལ་བྱེད་ཀྱི་སྡེ་ལ་བཀར་ཡོད་པར་བཞེད། འོན་ཀྱང་། ཏུན་ཧོང་《གདུགས་དཀར་》ལྟ་བུའི་གཟུངས་སྔགས་མང་པོར་མཐོང་དུ་ཡོད་པའི་སུམ་རྟགས་རྩ་གཞུང་གི་སྡེ་པ་ཕྱེད་ཀྱི་ཡ་གྱལ་གསལ་བྱེད་ཨ་ཡིག་དེ། ཏུན་ཧོང་ཡིག་སྙིང་གི་དོན་ཆེན་གནད་བསྡུས་དང་། ཁྲི་སྲོང་ལྡེ་བཙན་དུས་ཀྱི་ཞོལ་རྡོ་རིང་། ཁྲི་གཙུག་ལྡེ་བཙན་དུས་ཀྱི་དཔོན་ཞང་རྡོ་རིང་སོགས་སུ་རྩ་བ་ནས་མཐོང་དུ་མེད་པ་དེར་བལྟས་ན། དུས་སྐབས་དེའི་རིང་དུ་བཀོལ་སྤྱོད་མེད་པ་འདྲ་སྙམ། བོད་རྒྱལ་ཁྲི་ལྡེ་སྲོང་བཙན་དུས་ནས་རྒྱུད་ཀྱི་གཟུངས་སྔགས་བོད་ལ་བསྒྱུར་བ་དང་བསྟུན་དབྱངས་ཨ་ཡིག་དང་འབྲེལ་བའི་གཟུངས་སྔགས་མང་པོ་ཏུན་ཧོང་ཡིག་སྙིང་དུ་ཐོན་ཡོད་དེ། དཔེར་ན་ཏུན་ཧོང་《གདུགས་དཀར་》གྱི་འགྱུར་ལ། ཨོཾ་རེ་ཤི་གྷཱ་ན། ཕྲ་ཤ་སྟྲ་ཡ་ཞེས་དང་། ཨཱ་སི་དྷཱ་ན་ལ་ཀ་ཞེས་དང་། ཨིན་དྲི་ཡེ་ཕཏ་ཞེས་པ་སོགས་དང་། དེ་བཞིན་ཚེ་དཔག་མེད་ཀྱི་མདོ་བྱང་བར། ཨ་པ་རི་མི་ཏ། ཨ་ཡུ་གཉའ་ན་ཞེས་དང་། ཧད་དྲ་ཐ་ཡོཾ་ས་ཏ་སང་སྐ་ར་ཞེས་དང་། རྡོ་རྗེ་འཇོམས་པ་ཞེས་བྱ་བ་ཐེག་པ་ཆེན་པོའི་མདོ་བྱང་བར། ཨོ་མ་ཧཱི་ཤྲུམ་ཧྲ་བ་རྫ་ཏུང་ཞེས་དང་། ཕ་རོལ་གནོན་པའི་སྟོབས་པོ་ཆེའི་གསང་སྔགས་བྱང་བར། ཨོཾ་བ་རྫ་ཧྲ་མ་ཧ་བ་ལ། ཀུ་ཙུ་ཧྲ་ཏུའམ་ཕད་སྭཧ་ཞེས་པ་སོགས་དང་། ཡང་ཨ་ཡིག་མིའི་རུས་མིང་ལ་བཀོད་པ་དཔེར་ན། ཛིང་ཨོན་ཙེ་སྤྱད་སྤྱན་འཁོར་དང་བཅས་པ་ལ་ཞེས་གཟུངས་སྔགས་ཀྱི་མགོ་མཇུག་བར་གསུམ་དང་མིའི་རུས་མིང་བཅས་གང་དུ་འང་གསལ་བྱེད་ཨ་མཐོང་དུ་མཆིས་པ་དེས། བོད་རྒྱལ་ཁྲི་ལྡེ་སྲོང་བཙན་དུས་ནས་རྒྱུན་འཁྱམས་སུ་སོང་ཡོད་པ་བསྟན།

གཞན་དབྱངས་ཨ་ཡིག་དེ་སྐབས་དེར་བསྒྱུར་བའི་ཆོས་གཞུང་མ་གཏོགས་འགྱུར་དུས་མི་གསལ་

བའི་ཏུན་ཧོང་ཡིག་རྙིང་ཁྲོད་ཀྱི་ཀྲན་གོ་ཚེ་དང་ཞང་ཤུའི་བསྒྱུར་ཡིག་དུམ་བུར་ཡང་། ཨིན་གྱི་རྒྱལ་པོ་ཛིའུ་སྲི་ཞུ་དང་། ཆུ་གང་གི་ལུགས①ཞེས་དང་། ཏུན་ཧོང་ཁྲིམས་ཡིག་ལས། ཡུན་ཨན་ཙེ་དང་། ཅང་ཨི་ཙེ་དང་། ལསྐྱོགས་པའི་དཔང་རྒྱ་དང་ཨེང་ཙེ་དང་ཁས་ལེན་རྣམས་ཀྱིས་སུག་རྒྱས་བཏབ་པ།② ཞེས་དང་། ཏ་ཨན་ཙེ་དང་ཛླེ་ཤེང་སྐྱོགས་པ་ལ་གཏད③ཅེས་དང་། ལྷའི་ཆང་རྒྱུ་ཁྲི་ཁལ་སུམ་ཅུ་ཕོག་སྟེ་ཨམ་འགའ་ཧྭ་ལྱུང་སོན་དང་ཞེས་དང་། ལི་ཡུལ་ལུང་བསྟན་དུ། རྒྱལ་པོ་ས་ནུ་ཞེས་བགྱི་བ་ནི། །རྒྱ་གར་གྱི་རྒྱལ་པོ་ཨ་ཤོ་ཀ་འི་བུ་ལགས་སྟེ། །④ཞེས་དབྱངས་ཨ་ཡིག་མིའི་ཙུས་མིང་དུ་བཀོལ་བཞིན་པ་དེར་གཞིགས་ན། ཏུན་ཧོང་ས་ཁུལ་དུ་དུས་ནམ་ཞིག་ནས་ཨ་ཡིག་བཀོལ་འགོ་བཙམས་པ་མི་ཤེས་ཙང་། བོད་དབུས་ཁུལ་དང་བསྡུར་ན་རྒྱ་ཆེར་སྤྱོད་བཞིན་པ་ཤེས་པས། དེས་ན་ང་ཚོས་འདི་ལྟར་བསམ་པར་བྱ་སྟེ། རྒྱལ་པོ་ཁྲི་སྲོང་ལྡེ་བཙན་དང་ཁྲི་ལྡེ་སྲོང་བཙན་དུས་མདོ་དང་རྒྱུད་སྡེ་བོད་ལ་བསྒྱུར་བ་དང་ཆབས་ཅིག་དབྱངས་ཨ་ཡིག་དེ་ཆོས་གཞུང་དུ་རང་རྒྱ་འཕེལ་བར་འབྲི་སྲོལ་བྱུང་ཞིང་། དཔེར་ན་ཏུན་ཧོང་ས་ཁུལ་དེ་སྐབས་དེའི་ཆོས་གཞུང་སྣ་ཚོགས་བསྒྱུར་བ་དང་། དེ་དར་སྤེལ་གཏོང་སའི་གནས་གལ་ཆེན་ཞིག་ཏུ་གྱུར་ཡོད་པས། ཆོས་གཞུང་འབྲི་བ་པོས་ཀྱང་དེའི་འབྲི་སྲོལ་ལ་ལད་ཟློས་ཀྱིས་ཆོས་གཞུང་མིན་པའི་ཡིག་ཆ་གཞན་དག་ཏུ་བྲིས་པ་མིན་ནམ་སྙམ་ལ། ཡང་གཅིག་བཤད་ན་དབྱངས་ཨ་ཡིག་རང་མིང་དུ་འགོད་ཚུལ་དེ་ཏུན་ཧོང་ས་ཁུལ་གྱི་མི་སེར་གྱིས་བྲིས་པའི་ཤོག་དྲིལ་ལ་མ་གཏོགས་མཐོང་དུ་མེད་པས། དེ་ཡང་རྒྱུ་མཚན་ཅི་ཡིན་ན་དུང་དཔྱད་བྱའི་གནས་སོ། །

གཉིས། འབྲུག་པོ་ལྔ་དང་ལོག་པའི་ཡི་གེ་སོགས་བྱུང་ཚུལ། སྒྲ་རིག་པའི་འཇུག་སྒོར། ཧ་ཡ་ཝ་ར་ལ། ཉ་ན་ཎ་ང་མ། ཛྷ་ཌྷ་དྷ་གྷ་བྷ། ཛ་ཌ་ད་ག་བ། ཁ་ཕ་ཚ་ཋ་ཐ། ཙ་ཊ་ཏ་ཀ་པ། ཤ་ཥ་ས། ཐོག་མ་དང་མཐའ་མ་དག་གིས་སོ་ཞེས་གསལ་བྱེད་སོ་གསུམ་དང་། ཨ་ཨཱ། ཨི་ཨཱི། ཨུ་ཨཱུ། ཨེ་ཨཻ། ཨོ་ཨཽ། རྀ་རཱྀ། ལྀ་ལཱྀ་ཞེས་དབྱངས་བཅུ་བཞི། དེའི་སྟེང་ཀླཱ་ཨཾ་ཨཿབཅས་ཡི་གེ་བཞི་བསྣན་ན་རྒྱ་གར་སྐད་དུ་བསྡོམས་པས་དབྱངས་གསལ་ལྔ་བཅུ་ཡོད་པར་བཞེད་དེ། ཐོན་མིས་བོད་ཡིག་གསར་བཟོ་མཛད་དུས་དེ་ལས་ལོག་

① 周季文：《敦煌吐蕃汉藏对音字汇》[M]，北京：中央民族大学出版社，2006年第1版。

② 周季文：《敦煌吐蕃汉藏对音字汇》[M]，北京：中央民族大学出版社，2006年第1版。

③ 周季文：《敦煌吐蕃汉藏对音字汇》[M]，北京：中央民族大学出版社，2006年第1版。

④ རྗེ་རྫེ་འཚོ། ཏུན་ཧོང་ཡིག་རྙིང་དང་བསྟན་འགྱུར་ལས་བྱུང་བའི་ལི་ཡུལ་གྱི་ལུང་བསྟན་ཁག་གཉིས་ལ་རགས་ཙམ་དཔྱད་པ། ཀྲུང་གོའི་བོད་རིག་པ། 2003ལོའི་དེབ་གསུམ་པ། ཤོག་ངོས་42

པའི་སྔེ་དང་འཕྲུག་པོ་བོར། །ཙ་ཚ་ཛ་དང་ཞ་ཟ་འ། །རྒྱ་ན་མེད་པ་དེ་དྲུག་བསྣན། །དབྱངས་གསལ་ཐུན་མོང་ཨི་ཡིག་བཅས། །གསལ་བྱེད་ཡི་གེ་སུམ་ཅུར་བསྡུས། །[1]ཞེས་སོགས་འབྱུང་བ་ལྟར། རྒྱ་ཡིག་ལྔ་བཅུ་ལས་འཕྲུག་པོ་ལྔ་སྟེ་གྷ་ཛྷ་ཌྷ་དྷ་བྷ་དང་། ལོག་པའི་ཡི་གེ་ཊ་ཋ་ཌ་ཎ་སྟེ་བཞི། མཐར་ཟད་ཀྱི་ཡི་གེ་ཀྵ་ཡིག་སོགས་དོར་བའི་ཤུལ་དུ་ཙ་ཚ་ཛ་གསུམ་དང་ཞ་ཟ་འ་གསུམ་བཅས་ཡི་གེ་དྲུག་བསྣན་ཞིང་། དབྱངས་བཞིར་བཅོས་ཏེ་བོད་ཀྱི་སྐད་དང་མཐུན་པའི་དབྱངས་གསལ་སུམ་ཅུ་གཏན་ལ་ཕབ། དེར་ཁུངས་གཏུགས་ཏེ་ཏུན་ཧོང་《གདུགས་དཀར་》དང་དེ་མིན་གྱི་འགྱུར་ཡིག་དག་ཞིབ་ཏུ་བསྡུར་དུས་བོད་ཀྱི་ཆོས་འབྱུང་སོགས་སུ་གསུངས་པ་དེ་ཏ་ལམ་བདེན་ཤས་ཆེ་སྟེ། བོད་རྒྱལ་སྲོང་བཙན་སྒམ་པོའི་སྐབས་ཡི་གེ་དེ་དག་གི་སྤྱོད་སྲོལ་མེད་པས་གསལ་བྱེད་ཁྲིད་དུ་མ་བཞག་ལ། ཁྲིས་བཙན་པོ་ཁྲི་ལྡེ་སྲོང་བཙན་རིང་མདོ་སྡེ་དང་རྒྱུད་སྡེ་བོད་དུ་བསྒྱུར་དུས་སྔོན་ཆད་མི་མཁོ་བར་དོར་བའི་ཡི་གེ་དེ་དག་མཁོ་གལ་བྱུང་བས་ལོ་ཙཱ་བ་རྣམས་ཀྱིས་བཀོལ་སྤྱོད་བྱས་ཤིང་། དེ་དག་བྱུང་བའི་རྒྱུ་རྐྱེན་ཡང་སྒྲ་སྦྱོར་བམ་གཉིས་སུ། གཅིག་ཏུ་ཆད་པར་བྱ་ཡང་གཏན་ཚིགས་ཆེན་པོ་མེད་པ་རྣམས་ནི་མི་བསྒྱུར་བར་རྒྱ་གར་སྐད་སོ་ན་ཞོག་ཅིག གར་ཡང་དྲང་དུ་རུང་བའི་ཚིག་གཅིག་བྱུང་ན་ཕྱོགས་གཅིག་ཏུ་ཆད་པར་མི་བསྒྱུར་བར་སྤྱིར་སྙེགས་སུ་རུང་བར་གྱིས་ཤིག[2]ཅེས་དང་། སྔགས་ཀྱི་རྒྱུད་རྣམས་གཞུང་གིས་ཀྱང་གསང་བར་བྱ་བ་ཡིན་ཏེ། སྣོད་དུ་མ་གྱུར་པ་རྣམས་ལ་བཤད་ཅིང་བསྟན་པར་ཡང་མི་རུང[3]ཞེས་བསྟན་པ་ལྟར། མདོ་རྒྱུད་ཀྱི་གཟུངས་སྔགས་དག་གཙོ་བོ་སྒྲ་ཡང་དག་པར་འདོན་དགོས་ལ། དེ་ལས་རྒྱུད་རྣམས་ཀྱི་གཟུངས་སྔགས་འདི་གསང་བར་བྱ་བ་ཡིན་པས། དེའི་དོན་བསྒྱུར་ན་སྣོད་ལྡན་མིན་པ་ལོག་ལམ་དུ་འགྲོ་ཉེན་ཆེ་བ་སོགས་ཀྱིས་སྐད་རྐྱང་པ་བཤད་མི་འཚལ་བ་སྒྲ་བཞིན་དུ་བསྒྱུར་བར་རིགས་པ་རྣམས་ཀྱང་སྒྲ་བཙན་བར་བགྱིས་ཏེ་མིང་དུ་བཏགས[4]ཏེ། རྒྱ་གར་སྐད་ཇི་བཞིན་བོད་སྐད་དུའང་གཟུངས་སྔགས་དེ་དག་གི་སྒྲ་ཐོན་པར་བྱས་པ་ལས་བཙན་པོ་ཁྲི་ལྡེ་སྲོང་བཙན་རིང་བསྒྱུར་བའི་ཏུན་ཧོང་《གདུགས་དཀར་》གྱི་

---

① དཔའ་བོ་གཙུག་ལག་ཕྲེང་བ། ཆོས་འབྱུང་མཁས་པའི་དགའ་སྟོན། མི་རིགས་དཔེ་སྐྲུན་ཁང་། 2006ལོ། ཤོག་ངོས་94

② བོད་ལྗོངས་ཧེ་ན་ཇུས་བཤམས་སྟོན་ཁང་གིས་བསྒྲིགས། དཀར་ཆག་འཕང་ཐང་མ། སྒྲ་སྦྱོར་བམ་གཉིས། མི་རིགས་དཔེ་སྐྲུན་ཁང་། 2006ལོ། ཤོག་ངོས་72

③ བོད་ལྗོངས་ཧེ་ན་ཇུས་བཤམས་སྟོན་ཁང་གིས་བསྒྲིགས། དཀར་ཆག་འཕང་ཐང་མ། སྒྲ་སྦྱོར་བམ་གཉིས། མི་རིགས་དཔེ་སྐྲུན་ཁང་། 2006ལོ། ཤོག་ངོས་73

④ བོད་ལྗོངས་ཧེ་ན་ཇུས་བཤམས་སྟོན་ཁང་གིས་བསྒྲིགས། དཀར་ཆག་འཕང་ཐང་མ། སྒྲ་སྦྱོར་བམ་གཉིས། མི་རིགས་དཔེ་སྐྲུན་ཁང་། 2006ལོ། ཤོག་ངོས་71

འགྱུར་ཡིག་ལྟ་བུ་དང་དེ་མིན་དུས་སྐབས་དེར་བསྒྱུར་བའི་ཆོས་གཞུང་ཁག་ཏུ་སྒྲ་ནི་རྒྱ་གར་སྐད་ཡིན་མོད་ཀྱི་གཟུགས་དེ་བོད་རང་གི་ཡི་གེའི་ཁྱད་ཆོས་ལྡན་པའི་གྲུབ་གཟུགས་ལྟ་བུར་སོང་བས་འཇུག་པ་སོགས་དབྱངས་གསལ་གང་ལའང་མི་འདུ་བའི་ཡི་གེ་དེ་དག་བྱུང་བ་ཡིན་ལ། བསླག་ཚུལ་ཡང་མིང་གི་ཐོག་མར་སྟེ་པ་ཡི། །གསུམ་པ་འས་འཕུལ་བཞིན་དུ་བསླག །དབུས་མཐར་བྱུང་ན་བོད་དང་མཚུངས་ཞེས་དང་། བཞི་པ་རྣམས་ནི་གསུམ་པ་ལ། །ར་མགོ་ཧ་སྒྲ་ལྡན་པར་བསླག །ཊ་སོགས་ལོག་སྟེ་བསླག་ཚུལ་ནི། །ཀྵི་ཀྵེ་ཕན་སྦྱར་སྦྱིབས་ཀྱིས་བསྒྱུར། །ཥ་ནི་ཁ་དང་ཆ་མཐུན་ཙམ། །ཕན་གྱི་ཕྱུགས་ནས་སྦྱོངས་ཀྱིས་འདོན། །ཀླ་ནི་ཁྲ་དང་ཆ་མཐུན་ཙམ①ཞེས་པ་ལྟར། རྒྱུ་རྐྱེན་དེ་དག་གིས་ཐོན་མིས་མི་མཁོ་བར་དོར་བའི་འཇུག་པོ་ལྔ་དང་ལོག་པ་བཞི། ཪྻ་བའི་ཡི་གེ མཐར་ཟད་ཀྱི་ཡི་གེ་བཅས་རྒྱ་གར་སྐད་གདང་ས་ཇི་བཞིན་ཡོད་པའི་བོད་ཡིག་གི་རྣམ་པའི་ཡི་གེ་དེ་དག་རྒྱལ་པོ་ཁྲི་ལྡེ་སྲོང་བཙན་སྐབས་བོད་ལ་བསྒྱུར་བའི་གཟུངས་སྔགས་ཁྲིད་གསར་དུ་ཐོན་པ་ཡིན་ལ། རྒྱལ་རབས་གསལ་བའི་མེ་ལོང་དུའང་། ན་ལོག ཤ་ལོག ཐ་ལོག་བྱེད་པ་སོགས་ནི། སཾ་ཀྲྀ་ཏའི་སྐད། བོད་དུ་གཟུངས་སྔགས་སུ་འགྱུར་དུས། ཡི་གེའི་རྣམ་དཔྱོད་ལ་མཁས་པའི་པཎྜི་ཏ་རྣམས་ཀྱིས་རྟིང་དུ་བཅོས་སོ②ཞེས་གསུངས་སོ། །

གསུམ་པ། ཏུན་ཧོང་《གདུགས་དཀར་》འགྱུར་གྱི་བརྡ་སྤྲོད་ཁྱད་ཆོས།

དེ་ཡང་ཏུན་ཧོང་《གདུགས་དཀར་》གྱི་འགྱུར་ཡིག་ཁྲིད་ཀྱི་བརྡ་སྤྲོད་སྣངས་ཏེ། རྟགས་ཀྱི་འཇུག་ཚུལ་དང་། རྣམ་དབྱེ་ཐོབ་ཐང་གི་སྦྱོར་ཚུལ་དེར་ལྷ་སའི་ཞོལ་རྗེ་རིང་ཡི་གེ་དང་། དབོན་ཞང་མོལ་བའི་རྗེ་རིང་ཡི་གེ བྲག་བརྐོས་བཀའ་གཙིགས་ཡི་གེ་བཅས་དུས་རབས་རིམ་བྱོན་གྱི་བཙན་པོའི་སྲིད་གཞུང་གིས་བཞེངས་པའམ་བྲིས་པའི་གཞུང་ཡིག་ནང་གི་བརྡ་སྤྲོད་ལྟར་བོད་བཙན་པོའི་དུས་ཀྱི་བརྡ་སྤྲོད་ཁྱད་ཆོས་མངའ་ཞིང་། དེ་ལས་འགྱུར་ཡིག་ཁ་ཤས་ཀྱི་བརྡ་སྤྲོད་ཁྱད་ཆོས་དེ་དེང་གི་སུམ་རྟགས་རྩ་གཞུང་དང་ཧ་ཅང་མཐུན་ཆེ་བས། འགྱུར་ཡིག་དེ་དག་བོད་རང་གི་བརྡ་སྤྲོད་འཕེལ་འགྱུར་ལ་དཔྱད་པར་མེད་དུ་མི་རུང་བའི་ཟུར་ལྟའི་ཡིག་ཆ་གལ་ཆེན་ཞིག་ཡིན།

---

① བཀྲ་ཤིས་ཚེ་རིང་། སྒྲ་རིག་པའི་འཇུག་སྒོ། ཀན་སུའུ་མི་རིགས་དཔེ་སྐྲུན་ཁང་། 1995ལོ། ཤོག་ངོས་55

② ས་སྐྱ་བསོད་ནམས་རྒྱལ་མཚན། རྒྱལ་རབས་གསལ་བའི་མེ་ལོང་། མི་རིགས་དཔེ་སྐྲུན་ཁང་། 1981ལོ། ཤོག་ངོས་78

གཅིག རྟགས་ཀྱི་སྦྱོར་ཚུལ།

༡ འཕུལ་ཡིག་གི་སྦྱོར་ཚུལ། ཏུན་ཧོང་《གདུགས་དཀར་》གྱི་འགྱུར་ཡིག་རེ་འགའི་བརྗ་སྤྲོད་ཚུལ་ལྟར་ན། སུམ་རྟགས་ཀྱི་རྩ་བར་བསྟན་པའི་འཕུལ་ཡིག་གི་མི་འཇུག་པའི་ཚུལ་གྱི་རྩ་ཚིག་ལས་ལོག་ཡོད་སའང་ཡོད་དེ། དཔེར་ན་སྔོན་འཇུག་མ་ནིང་ག་ཡིག་དང་ཕོ་བ་ཡིག་དེ་མིང་གཞིའི་མ་ནིང་ཆ་ཐ་ཚར་འཇུག་པ་ལ། གཆན་ཟན་གྱི་འཇིགས་པ་དང་། རིགས་སྔགས་ཐམས་ཅད་གཆད་དོ། གནན་ཏོ། རྣམ་པར་སྣང་མཛད་རྡོ་རྗེའི་གཙུག་ཆེས་གྲགས། ཀྱི་གཚང་བ་ཟ་བ། གཐུམ་པ་ཆེན་མོ་སྟོབས་ཆེན་མོ། སེམས་ཆན་ཐམས་ཆད་བཆིངས་པ་ལས་གྲོལ་བར་བྱེད་པའ་ཞེས་པ་ལྟ་བུ་དང་། སྔོན་འཇུག་མོ་འ་ཡིག་དང་ཤིན་ཏུ་མོ་མ་ཡིག་གཉིས་མིང་གཞིའི་ཕོ་ཡིག་ག་ཅ་ཏ་པ་ཙར་འཇུག་པ་ལས་འ་ཡིག་ཅན་དཔེར་ན། སངས་རྒྱས་དང་བྱང་ཅུབ་སེམས་དཔའ་ཐམས་ཅད་ལ་ཕྱག་འཙལ་ལོ། འཇིག་རྟེན་གྱི་དགྲ་བཅོམ་པ་རྣམས་ལ་ཕྱག་འཙལོ། བཅོམ་ལྡན་འདའས་དེ་བཞིན་གཤེགས་པའི་གཙུག་ཏོར་གདུགས་དཀར་པོ་ལ་ཕྱག་འཙལོ། བཅོམ་ལྡན་འདས་ནག་པོ་ཆེན་པོ་གྲོང་ཁྱེར་སུམ་རྩེག་འཞིག་པར་བྱེད་པ། ཚད་མེད་གྲངས་མེད་སྟོང་རྒྱས་ཀྱིས་བསྟོད་ནམས་ཕུང་པོ་ལྡན་པར་འགྱུར། ཀྱི་ཚང་སྤྱོད་པ་ཚང་པར་འགྱུར། ཀྱི་ཐུབ་ཐམ་ཅད་ཐུབ་པར་འགྱུར། དམྱིད་པ་འགག་བའ་ལྟ་བུ་དང་། མ་ཡིག་ཅན་དཔེར་ན། མགུལ་ན་བ་དང་། མཚོན་གྱིས་འཇིགས་པ། མཅིལ་མ་ཟ་བ་དང་། མཏངས་འཕྲོག་པ། མཐངས་ནས་ཕྲོག་པ། རྒྱལ་མཙན་རྩེ་མོར་བཏགས་ནས་སུ་ཞེས་སོགས་མང་པོ་ཡོད་ལ། འགྱུར་སྐོར་ཞིག་ཏུ་དེང་གི་སུམ་རྟགས་རྩ་གཞུང་ལྟར། ཕོ་ནི་ཕོ་དང་མོ་ལ་འཇུག །མོ་ནི་མོ་དང་མ་ནིང་ལ། །མ་ནིང་ཡང་ནི་ཕོ་མོ་ལའོ། །ཤིན་ཏུ་མོ་ནི་མ་ནིང་དང་། །མོ་དང་ཤིན་ཏུ་མོ་ཉིད་ལའོ། །ཞེས་པ་དང་མཐུན་པའི་ཆ་ཡང་ཡོད་དོ། །

༢ མིང་མཐའ་སྦྱོར་ཚུལ། སུམ་རྟགས་རྩ་བར། ཕོ་ཡིས་ཕོ་ཡི་མིང་མཐའ་དྲངས། །མོ་ཡིས་མོ་ཡི་མིང་མཐའ་དྲངས། །མ་ནིང་གིས་ནི་མ་ནིང་ངོ་། །[1]ཞེས་པ་ལྟར་ཡིན་དགོས་ཀྱང་། ཏུན་ཧོང་《གདུགས་དཀར་》གྱི་འགྱུར་ཡིག་ལ་ལར་དེ་དང་ཅུང་མི་མཐུན་ཏེ། རྗེས་འཇུག་མོ་ཡིས་མིང་མཐའི་མིང་གཞི་ཕོ་ཡིག་དྲངས་པ་དཔེར་ན། བསོད་ནམས་ཕུང་པོ་ལྡན་བར་འགྱུར། དབང་པོའི་རྒྱལ་པོ་ལ་ཕྱག་འཚལ་ལོ། སྲིད་པའི་ནད་སྣ་ཚོགས་དང་། དེ་ནམ་ཚོད་ཀྱི་བར་དག་ཏུ། སངས་རྒྱས་དང་བྱང་ཅུབ་སེམས་དཔའ། སླང་པོའི་གདོན་ལ་ཕྱག་འཚལ་ལོ་ཞེས་དང་། མ་ནིང་གིས་མོ་ཡིག་དང་ཕོ་ཡིག་དྲངས་པ་དཔེར་ན། བསོད་ནམས

① ཚེ་ཏན་ཞབས་དྲུང་མཆོག་གི་གསུང་འབུམ་ཕྱོགས་བསྒྲིགས།(གླེགས་བམ་བཞི་པ་) མི་རིགས་དཔེ་སྐྲུན་ཁང་། 2007ལོ། ཤོག་ངོས་80

ཕུང་པོ་ལྡན་པར་འགྱུར། རིན་ཅེན་མེ་ཏོག་ལེབ་རྒན་རྩེ། དབང་པོའི་རྒྱལ་པོ་ལ་ཕྱག་འཚལ་ལོ། རྟག་ཏུ་སྐྱེ་དྲན་ཐེ་ཙོམ་མྱེད། ཁྱོལ་ཙོང་སྣ་ཚོགས་ལས་ཞེས་པ་ལྟ་བུ་དང་། ཕོ་ཡིས་མ་ཉིང་དྲངས་པ་དཔེར་ན། ཕྱག་རྒྱའི་ཚོགས་དེ་ཐམས་ཅད་གྱིས། ཅི་ཚམ་དུ་འཇིག་རྟེན་གྱི་ཁམས་ན། བདག་བདེ་བར་གྱུར་ཅིག རྡོ་རྗེའི་གཙུག་ཅེས་གྲགས། དགྲ་ཐམས་ཅད་བཟློག་པ་དྲག་པོ་མ་ཉུངས་པའི་རྨྱི་ལམ་ངན་པ་དང་། ལྷན་ཅིག་པས་བྱས་པའི་རིགས་སྔགས་གཅད་དོ་ཞེས་སོགས་ཡོད་པས་གསལ།

༣ མིང་གཞི་ཕན་ཚུན་སྦྱོར་ཚུལ། ལྷ་སའི་ཞོལ་རྡོ་རིང་ལྟ་བུའི་ངོས་ཀྱི་བརྡ་དང་ཐ་སྙད་ཀྱི་བྲི་གཟུགས་ལ་གསལ་བྱེད་ཡི་གེ་སྡེ་པ་གཅིག་པའི་མིང་གཞི་ཕན་ཚུན་བརྗེས་སྲོལ་ཡོད་པ་ཏུན་ཧོང་《གདུགས་དཀར་》གྱི་འགྱུར་ཡིག་རེ་གཉིས་ལ་ཡང་། དཔེར་ན། ཙོལ་འཕྲོག་པ་དང་། ཇི་ཙམ་འཇིག་རྟེན་གྱི་ཁམས་ན། བསོད་ནམས་ཀྱི་ཕུང་པོ་དང་ལྡན་པ་ལྟ་བུ་མཆིས་ཀྱང་། ཏུན་ཧོང་《གདུགས་དཀར་》གྱི་འགྱུར་ཡིག་ཁག་གི་སྤྱིའི་ཆ་ནས་བཤད་ན། སྡེ་པ་གཅིག་པའི་མིང་གཞི་རྐྱང་པ་བརྗེས་པའི་འབྲི་སྲོལ་དེ་ཧ་ཅང་དར་ཆེ་བ་ཞིག་མིན་ལ། མིང་གཞི་ཕན་ཚུན་བརྗེས་དུས་ཀྱང་ཀ་སྡེ་དང་ཙ་སྡེ། ཏ་སྡེ། པ་སྡེ། ཙ་སྡེ་བཅས་ཀྱི་མིང་གཞི་ཕན་ཚུན་བརྗེས་སྲོལ་ཡོད་པ་ལས། ཞ་སྡེ་དང་ར་སྡེ། ཧ་སྡེའམ་སྦྲ་གཞུང་དུ་བཤད་པའི་མཐར་གནས་ཀྱི་ཡི་གེ་ཡ་སོགས་བརྒྱད་པོ་ཕན་ཚུན་བརྗེས་སྲོལ་མེད་པར་སྣང་ངོ་། །

༤ འ་མཐའ་སྦྱོར་ཚུལ། དེ་མིན་འཕུལ་རྟེན་འ་མཐའ་ཅན་ལ། དཔེར་ན། འཇིག་པར་བྱེད་པའ། ཚར་གཅོད་པའ། འཕྲེང་བའ། གཟིའ་བརྗིད། དགྲའ་བཅོམ་པ། འབྱུང་པའ། དགྲའ་འཁོར། མཆོད་པའ། བརྒྱའ་ཕྲག དགྲའས་འཇིགས་པ། མཛད་པ། སྒྱི་དང་ཆུའ། དེ་བཞིན་གཤེགས་པའ་ལྟ་བུ་སོགས་ཡོད་ཅིང་། སྤྱིར་མིང་གཞི་རྐྱང་པར་འ་མཐའ་འབྲི་སྲོལ་མཆིས་པ་དེ་བོད་བཙན་པོའི་དུས་ཀྱི་བར་སྐབས་ཤིག་ལ་ཧ་ཅང་རྒྱུགས་ཆེ་ལ། བོད་ཀྱི་སྐད་ཕལ་ཆེ་བའི་གདང་ས་ནི་རིང་ཆ་ཅན་ཡིན་པའི་ཕྱིར་ན། མཐའ་རྟེན་གཞན་མེད་པའི་རྗེས་སུ་འ་མཐའ་སྦྱོར་བ་ཡང་བོད་ཀྱི་སྐད་གདང་ས་དང་མཐུན་པར་མཛད་པ་ཡིན་ཏེ།① ཕྱིས་སུ་རྐྱང་པ་འཕུལ་ལ་འ་མཐའ་དགོས། །བརྩེགས་པ་བུ་དྲུག་ཅན་ལ་སྤངས། །②ཞེས་དགའ་དང་། མདའ། གནའ། འབའ་ཞེས་པ་ལྟ་བུའི་རྐྱང་འཕུལ་ལ་འ་ཡིག་གི་མཐའ་རྟེན་དངོས་སུ་

---

① ཚེ་ཏན་ཞབས་དྲུང་མཆོག་གི་གསུང་འབུམ་ཕྱོགས་བསྒྲིགས།(གླེགས་བམ་བཞི་པ་) མི་རིགས་དཔེ་སྐྲུན་ཁང་། 2007ལོ། ཤོག་ངོས་145

② ཚེ་ཏན་ཞབས་དྲུང་མཆོག་གི་གསུང་འབུམ་ཕྱོགས་བསྒྲིགས།(གླེགས་བམ་བཞི་པ་) མི་རིགས་དཔེ་སྐྲུན་ཁང་། 2007ལོ། ཤོག་ངོས་198

མེད་ན་མིང་གཞི་ཉིད་རྗེས་འཇུག་ལ་འབྲུལ་འགྲོ་བ་དང་། མགོ་ཅན་གསུམ་དང་ལྡན་པའི་བརྩེགས་པ་དང་། དེས་མཚོན་པའི་ལ་བཏགས་ཕ་བཏགས་དང་། དབྱངས་བཞི་དང་ར་སྔ་ཡ་སྔ་སྟེ་བུ་དྲུག་ཅན་གྱི་མཐར་འ་མཐའ་མི་དགོས་པར་མཛད་པས་རིམ་གྱིས་པའ་དང་། རྒྱུའ། དགྲའ། བརྒྱའ། སྔཱ། གཟིའ་ལྟ་བུའི་རྗེས་ཀྱི་འ་མཐའ་ཉམས་པར་གྱུར།

༥ ཡང་འཇུག་དང་ད་དྲག་གི་སྦྱོར་ཚུལ། སུམ་རྟགས་རྩ་གཞུང་གང་དུའང་ད་དང་སའི་ཡང་འཇུག་གཉིས་འཇུག་ཚུལ་མ་བསྟན་པའི་དབང་གིས་སེར་གེན་མཁན་པོ་ཡེ་ཤེས་རྣམ་རྒྱལ་གྱིས་སུམ་ཅུ་པའི་རྩ་བར། གསུམ་པ་བཅུ་པ་ཡང་འཇུག་སྟེ། །[1]ཞེས་པའི་ཚིག་གཅིག་གསར་དུ་བསྣན་ཏེ་རྗེས་སུ་ཞུགས་པའི་ག་ང་བ་མ་འ་རྣམས་ལ་ས་ཡང་འཇུག་སྦྱར་རུང་བའི་ཕྱིར་སྟེ་དང་། རྗེས་སུ་ཞུགས་པའི་ན་ར་ལ་གསུམ་དུ་ད་ཡང་འཇུག་སྦྱར་རུང་བས་ཏེ་ཞེས་འགྲེལ་སྦྱོང་བར་བཤད། དེ་ལས་ས་དྲག་རྗེས་འཇུག་ག་ང་བ་མ་འའི་རྗེས་སུ་སྦྱོར་བར་གསུངས་པ་ནི་ལེགས་པར་བཤད་པ་སྟེ།[2] ཏུན་ཧོང་《གདུགས་དཀར་》གྱི་འགྱུར་ཡིག་རེ་འགར་ས་དྲག་གི་སྦྱོར་བ་ཤིན་ཏུ་མོད་ལ། ལྷག་པར་རྗེས་འཇུག་འ་ཡི་མཐར་ཡང་འཇུག་ས་དྲག་སྦྱོར་སྲོལ་ཡང་ཁུང་ཙམ་མཐོང་དུ་ཡོད་དེ། དཔེར་ན། ཕ་རོལ་ཀྱི་དགྲའས་འཇོམས་པ་དང་། ཞེས་པ་ལྟ་བུ་དང་། གཞན་གནའ་བོའི་ཡིག་རྙིང་ལས། སྔོན་པོ་རྗེ་དང་དབའས་གཉིས། ཞེས་དང་། བཅོམ་ལྡན་འདའས་རིང་ལུགས་ཀྱི་མདུན་སར་བཞག་ཅེས་སོགས་རྗེས་འཇུག་འ་ཡི་མཐར་ས་དྲག་སྦྱོར་སྲོལ་འདུག འོན་ཀྱང་དེ་མཁས་པ་ལ་ལས་བསྟན་པའི་ས་དྲག་ག་ང་བ་མར་འཐོབ། །ཅེས་པའི་དགོངས་པ་དང་འགལ་འདུག་ནའང་གནའ་བོའི་བོད་ཀྱི་སྐད་ལ་དེ་ལྟར་སྦྱོར་བ་ཡིན་གྱི། དེའི་ཕྱིས་སུ་བྱེད་སྒྲ་ལ་འབྲུལ་ཉེན་གྱིས་དོར་ཏེ་ད་ལྟའི་སྐད་ལ་མི་སྦྱོར་བ་ཡིན་ཡང་། བོད་ཀྱི་སྐད་ལ་རྩ་བ་ནས་འ་མཐར་ཡང་འཇུག་སྦྱོར་སྲོལ་མེད་པའི་རྒྱུ་མཚན་ནི་མིན་ནོ། །

ཡང་ད་དྲག་ཅན་ལ་འགྱུར་ཡིགP.T.0045Vཞེས་པའི་ཤོག་དྲིལ་ལྟ་བུར་མཚོན་ན་ཕུན་སུམ་ཚོགས་ཏེ། དཔེར་ན། ལན་ཅིག་ཐོན་ད་པའི་རྣམས་ལ་ཕྱག་འཚལ་ལོ། པད་མོ་འི་མངོན་ད་མཚན་རྗེ་རྗེའི་སྐུ། བདག་དང་ཐམས་ཅད་སྲུང་བར་གྱུརད་ཅིག །སྲུལད་པོ་འི་གདོན་དང་། ཕ་རོལད་ཀྱི་རིགས་སྔགས་

① ལྷུགས་ཐར་རྒྱལ། བོད་སྐད་བརྡ་སྤྲོད་ཀྱི་གནད་དོན་ཁ་ཤས་ལ་དཔྱད་པ་རིག་འཕྲུལ་མེ་ལོང་། མཚོ་སྔོན་མི་རིགས་དཔེ་སྐྲུན་ཁང་། 2008ལོ། ཤོག་ངོས་125

② ལྷུགས་ཐར་རྒྱལ། བོད་སྐད་བརྡ་སྤྲོད་ཀྱི་གནད་དོན་ཁ་ཤས་ལ་དཔྱད་པ་རིག་འཕྲུལ་མེ་ལོང་། མཚོ་སྔོན་མི་རིགས་དཔེ་སྐྲུན་ཁང་། 2008ལོ། ཤོག་ངོས་125

གཙོད་པ་ལྟ་བུ་སོགས་ཡོད་ཀྱང་། འགྱུར་ཡིག་ཁ་ཤས་སུ་ད་དྲག་སྦྱོད་པའི་ཁྱབ་ཁྱབ་ཤིན་ཏུ་ཇེ་ཆུང་དུ་ཕྱིན་ཡོད། སྤྱིར་ད་དྲག་གི་སྦྱོར་སྟངས་དེ་བོད་བཙན་པོའི་དུས་ཀྱི་ཡིག་ཆ་མང་པོར་མཐོང་དུ་ཡོད་པ་དེས་སྐབས་དེར་སྒྲ་དྲག་ཞན་གྱི་དབྱེ་བ་ཤིན་ཏུ་གསལ་བས། ད་དྲག་རྒྱུན་འཁྱམས་སུ་སྤྱོད་ཤུས་ཡོད་པ་བསྟན་ལ། ཕྱིས་སུ་ད་དྲག་དངོས་སུ་མི་སྦྱོར་བར་གོམས་ཀྱང་ཚིག་ཕྲད་ཀྱི་སྦྱོར་ཚུལ་བསྟན་པའི་སྐབས་སུ། ན་ར་ལ་གསུམ་རྗེས་སུ་ནི། ད་དྲག་ཐོབ་ཕྱིར་དེ་གསུམ་གྱི། །རྗེས་སུ་ཞིང་སོགས་ལྟ་ཐོབ་ཀྱང་། །ད་དྲག་ངེས་པར་ཐོབ་པ་དེར། །ཅིང་སོགས་ལྟ་པོ་ལེགས་ཏེ་དཔེར། །[1]ཞེས་ད་དྲག་ཐོབ་སར་ད་དྲག་སྦྱོར་དགོས་པ་ལས་རང་དགར་དོར་ན་དོན་ལ་འགྲུལ་ཉེན་ཆེ་བ་དང་སྒྲ་དྲག་ཞན་གྱི་དབྱེ་བའང་ཤིན་ཏུ་ཤེས་དཀའ་བས། ད་དྲག་སྦྱར་ན་དགེ་མཚན་ཆེ་བར་གསུངས་སོ། །

གཉིས། རྣམ་དབྱེའི་སྦྱོར་ཚུལ།

༡ བྱེད་འབྲེལ་གྱི་སྦྱོར་ཚུལ། རྩ་བར། དང་པོ་གཉིས་ལ་དང་པོ་མཐུན། །གསུམ་ལྔ་བཅུ་ལ་ཀྱ་དང་སྦྱར། །བདུན་པ་ཉིད་ལ་བདུན་པ་སྟེ། །ལྷག་མ་རྣམས་ལ་གྱ་སྦྱར་བ། །དེ་དག་ཨི་སྦྱར་འབྲེལ་བའི་ས། །དེ་ཉིད་ལ་ནི་བཅུ་པ་སྦྱར། །བྱེད་པ་པོ་ཏུ་ཤེས་པར་བྱ[2]ཞེས་གསུངས་ནའང་། ཏུན་ཧོང་《གདུགས་དཀར་》གྱི་འགྱུར་ཤུང་ཤོས་ཤིག་ཏུ་དེ་ལྟའི་རྣམ་གཞག་ཆ་ཚང་བ་ཞིག་མཐོང་དཀོན་ལ། ངག་གི་བརྗོད་བདེ་མིན་ལ་བལྟས་ཏེ་རང་གི་གྲོགས་སུ་མིང་མཐའི་ཡི་གེ་ཅི་བདེར་སྦྱར་འདུག དཔེར་ན། རྗེས་འཇུག་གི་ད་བ་སའི་རྗེས་སུ་བྱེད་འབྲེལ་གྱི་ཕྲད་ཀྱི་དང་ཀྱིས་མི་སྦྱོར་བར་གྱི་དང་གྱིས་དྲངས་ཡོད་དེ། ལེགས་ལྡན་སྙིད་མྱེད་ཀྱི་བུ་ཕྱག་རྒྱས་ཆེན་པོས་ལྷས་ཕྱག་བྱས་པ་ལ་ཕྱག་འཚལ་ལོ། དུར་ཁྲོད་ན་གནས་པར་མོས་པ་མ་མོའི་ཚོགས་གྱིས་ཕྱག་བྱས་པ་ལ་ཕྱག་འཚལ་ལོ། སངས་རྒྱས་སྨན་གྱི་བླ་བེ་དུ་རྱ་འི་འོད་གྱི་རྒྱལ་པོ་ལ་ཕྱག་འཚལ་ལོ། ཞི་བའི་ལྷ་རྣམས་གྱིས་མཆོད་པ། ཕྱག་རྒྱའི་ཚོགས་དེ་ཐམས་ཅད་གྱིས། ཕ་རོལ་གྱི་དམག་ཚོགས་གྱིས་འཇིགས་པ་དང་། བགེགས་གྱི་དབང་། ཚོགས་གྱི་བདག་པོ་དང་། གང་གྱིས་ཡི་གེར་བྲིསུ་ཞེས་པ་ལྟ་བུ་དང་། ན་མ་ར་ལའི་རྗེས་སུ་ཕྲད་གི་དང་གིས་སྦྱར་ཡོད་པ་ཅན་ལ། གདུགས་དཀར་པོ་ཅན་གཞན་གིས་མྱི་ཐུབ་མ་ཞེས་བྱ་བའི་གཟུངས། ལྷ་རྣམས་གིས་མཆོད་པ། སངས་རྒྱས་སྨན་གི་བླ་བེ་དུ་རྱ་འོད་ཀྱི་རྒྱལ་པོ་ལ་ཕྱག་འཚལ་ལོ། གཞན་གི་རིགས་སྔགས་གཅོད་པ། ས་གསུམ་གི་དཀྱིལ་འཁོར་ལ་མངའ་

① དཔལ་ཁང་ལོ་ཙཱ་བ། ངག་སྒྲོན་རྩ་འགྲེལ་དང་དེའི་ཡང་འགྲེལ། མི་རིགས་དཔེ་སྐྲུན་ཁང་། 1989ལོ། ཤོག་ངོས་35

② ཚེ་ཏན་ཞབས་དྲུང་མཆོག་གི་གསུང་འབུམ་ཕྱོགས་བསྒྲིགས།(གླེགས་བམ་བཞི་པ་) མི་རིགས་དཔེ་སྐྲུན་ཁང་། 2007ལོ། ཤོག་ངོས་200

བ་ཀུན་ནས། གྲུལ་བུམ་གྱི་གདོན་དང་། དྲག་ཤུལ་གྱི་སེམས་དང་ལྡན་བ་རྣམས་དང་ཞེས་པ་ལྟ་བུ་ཡོད་ཅིང་། རྗེས་འཇུག་ག་དང་ངའི་རྗེས་སུ་གྱི་དང་གྱིས་སྦྱར་འདུག་པའང་དཔེར་ན། བན་སླང་གྱི་གདུང་ལ་ཕྱག་འཚལ་ལོ། །གནམ་ལྕག་གྱི་འཇིག་པ་དང་། སློག་གྱིས་འཇིགས་པ་དང་། ནམ་ཀ་ལྡིང་གྱིས་འཇིགས་པ་དང་། བདག་གྱི་མདང་ས་འཕྲོག་པ་ཞེས་སོགས་ཡོད་ལ། དེ་ལས་འགྱུར་ཡིག་ཕལ་ཆེར་གྱི་སྦྱོར་ཚུལ་སུམ་རྟགས་ཐོབ་ཐང་དང་མཐུན་པས་འདིར་དཔེར་བརྗོད་ཀྱི་ངལ་བ་མི་བྱེད་དོ། །

༢ ལ་དོན་གྱི་སྦྱོར་ཚུལ། རྫ་བར། ས་སུ་ག་བ་ད་དྲག་ཏུ། །ང་ད་ན་མ་ར་ལ་དུ། །འ་དང་མཐའ་རྟེན་མེད་པའི་མཐར། །ར་དང་ཌུ་གཉིས་ཅི་རིགས་སྦྱོར།[①] ཞེས་པ་ལྟར་ལ་དོན་གྱི་ཐོབ་ཐང་སྦྱོར་ཚུལ་དེ་ལྟར་ཡིན་མོད། ཏུན་ཧོང་《གདུགས་དཀར་》གྱི་འགྱུར་ཡིག་ཡོངས་སུ་རྗེས་འཇུག་ག་དང་བ། ད་དྲག་ཅན། ང་ད་ན་མ་ར་ལ་བཅས་ཀྱི་མཐར་ཁྱད་མེད་པར་ཕྲད་ཀྱི་ཡི་གེ་དུ་ཁོ་ན་སྦྱར་ཡོད་དེ། དཔེར་ན། དེ་ནས་འཚོ་བའི་བར་དག་དུ། རྟག་དུ་སྲུང་དང་སྐྱོབ་པར་བྱེད། བཅོམ་ལྡན་འདས་ཀུན་དུ་བཟང་པོ་དེ་བཞིན་གཤེགས་པ་དགྲ་བཅོམ་པ་ཡང་དག་པར་ཇོགས་པའི་སངས་རྒྱས་ལ་ཕྱག་འཚལ་ལོ། །རྒྱུན་དུ་ཞུགས་པ་རྣམས་ལ་ཕྱག་འཚལ་ལོ། །ཞེས་དང་། ཅི་ཙམ་དུ་འཇིག་རྟེན་གྱི་ཁམས་ན། བསྐལ་བ་ཆེན་མོ་གྲངས་མེད་དུ། །གང་དང་གང་དུ་བཙུགས་པ་དེར། །དྲག་ཤུལ་དུ་སེམས་པ་དང་། །ཞེས་པ་ལྟ་བུ་ཡིན་པ་ལས། ད་ལྟའི་བརྗོད་པ་ལྟར་རྗེས་འཇུག་ག་དང་བ། ད་དྲག་ཅན་གྱི་མཐར་ཕྲད་ཀྱི་ཡི་གེ་ཏུ་སྦྱོར་སྟངས་དེ་ཏུན་ཧོང་《གདུགས་དཀར་》གྱི་འགྱུར་ཡིག་ཁྲོད་དུ་མཐོང་དཀོན་ལ། དེར་བལྟས་ན་དུས་སྐབས་དེར་ལ་དོན་གྱི་ཕྲད་"ཏུ"ཡིག་ཉིད་གསར་ཏུ་ཐོན་མེད་པ་འདྲ།

༣ འབྱུང་ཁུངས་ཀྱི་སྦྱོར་ཚུལ། བོད་ཀྱི་བརྡ་སྤྲོད་ལྟར་ན། རྗེས་འཇུག་ཡི་གེ་བཅུ་པོ་ལ། །བཞི་པ་དགུ་པ་ལ་བཅུ་བ། །སྦྱར་བ་འབྱུང་ཁུངས་ས་ཡིན་ཏེ། །དགར་དང་སྡུད་པའང་དེ་བཞིན་ནོ། །[②]ཞེས་རྗེས་འཇུག་ཡི་གེའི་ན་དང་ལ་གཉིས་ལ་བཅུ་པ་ས་ཡིག་སྦྱར་བས་འབྱུང་ཁུངས་ཀྱི་ཕྲད་ནས་ལས་གཉིས་སྟོན་པ་ཡིན་ལ། དེ་དགར་བ་དང་སྡུད་པར་ཡང་འཇུག་པར་བཤད་ཀྱང་། དེ་ལས་ཕྲད་ཀྱི་ཡི་གེ་ལས་ལྟ་བུ་སྨྲ་སྒོ་མཆོན་ཆ(ལས་ནི་རྒྱུ་དང་འབྱུང་ཁུངས་དང་། །དགར་བ་ཡིན་ཏེ་ནས་དེ་བཞིན། །)དང་མེར་གན་

① ཚེ་ཏན་ཞབས་དྲུང་མཆོག་གི་གསུང་འབུམ་ཕྱོགས་བསྒྲིགས།(གླེགས་བམ་བཞི་པ་) མི་རིགས་དཔེ་སྐྲུན་ཁང་། 2007ལོ། ཤོག་ངོས་13

② ཚེ་ཏན་ཞབས་དྲུང་མཆོག་གི་གསུང་འབུམ་ཕྱོགས་བསྒྲིགས།(གླེགས་བམ་བཞི་པ་) མི་རིགས་དཔེ་སྐྲུན་ཁང་། 2007ལོ། ཤོག་ངོས་208

མཁན་པོ་སོགས་སྟོན་བྱེད་མཁས་པ་སྐོར་ཞིག་གི་གཞུང་དུ་འབྱུང་ཁུངས་ཁོ་ན་ལས་སྤྱད་པར་མི་འཇུག་ཚུལ་བསྟན་ཏེ་རྩོད་གཞི་བྱུང་ཡོད། ཡིན་ཡང་བོད་གནའ་བོའི་ཡི་གེར། སློན་མདོ་བཞིར་ལས་སྐྱོགས་པས་བསྒྱུས་ཏེ་ཞེས་པའི་ལས་སྒྲ་སྒྱུར་ཚུལ་ལ་གཞིགས་ན་སྤྱད་པར་འཇུག་ཀྱང་སྲིད་ལ། ཏུན་ཧོང་《གདུགས་དཀར་》གྱི་འགྱུར་ཡིག་ཁྲིད་དུའང་། གཙན་ཟན་ཁྲོ་བོ་ལས་སྐྱོགས་ཏེ་བྱོལ་སོང་སྣ་ཚོགས་དག་ལས་གནོད་པ་འབྱུང་བར་འགྱུར་བའི་འཇིགས་པ་ཐམས་ཅད་ལས་ཞེས་པ་དང་། འབྲུ་འཕྲོག་པ་དང་། བསྲེག་པ་འཕྲོག་པ་དང་། དེ་ལས་སྐྱོགས་ཏེ་ཙི་ཙམ་དུ་འཇིག་རྟེན་གྱི་ཁམས་ཀྱི་ནང་ན་ཉིང་ནས་ཉིང་དུ་འཚེ་བའི་གདོན་དང་ཞེས་དང་། གཙན་ཟན་ལ་སྐྱོགས་ཏེ་བྱོལ་ཙོང་སྣ་ཚོགས་དང་ཞེས་དང་། དེ་ལསྐྱོགསྟེ་འཇིག་རྟེན་གྱི་ཁམས་ན་ཞེས་ཡོད་པ་སོགས་ཀྱིས། ཐད་ཀྱི་ཡི་གེ་ལས་སྒྲ་དེ་འབྱུང་ཁུངས་མ་ཟད་སྤྱད་པ་ལའང་འཇུག་པའི་སྣང་བ་སྟེར་ཏེ། སྔོན་གྱི་ཡི་གེ་རྙིང་པར། ལས་སོགས་དང་། ལས་སྐྱོགས། ལསྐྱོགས་ཞེས་འབྱུང་བས་ན་དེའི་ལ་ཡིག་དང་སྐྱོགས་ཀྱི་བར་ཚིག་མེད་པར་བྱས་ནས་བསྒྲགས་པས་སྤྱད་པ་ལ་ལས་སྒྲ་ཐོབ་པ་ཤེས་པའི་ཕྱིར་རོ། །ཞེས་གསུངས་པ་འདི་ནི་རིན་ཐང་གཞལ་དུ་མེད་པའི་གསུང་དུ་གོ་དགོས[1]ཤིང་། ལས་སྐྱོགས་དང་ལསྐྱོགས་ཞེས་ས་མགོའི་འོག་ཏུ་ཙ་སོགས་འབྱུང་བ་རྣམས་ནི་གདངས་དག་མོ་ཐོན་པའི་ཆེད་དུ་ཏ་དང་ཙ་སོགས་འོག་ཏུ་བཏགས་པར་གསལ་ལ། སྐད་གསར་བཅད་ལན་གསུམ་མཛད་པའི་རྗེས་ནས་དེ་དག་མི་འདོགས་པར་བཀས་བཅད་ན་ཡང་། ཡིག་མཁན་ཚོའི་ལག་བྱང་གི་དབང་གིས་ད་ལྟ་ཡང་དེ་ལྟར་བྲིས་ཡོད་པ་ནི་རྙིང་ཞེན་ཙམ་ཡིན་ཚུལ་སོགས་གཞུང་གཞན་ལ་གསལ།

༄ སླར་བསྡུ་སྦྱོར་ཚུལ། རྩ་བར། རྗེས་འཇུག་ཡི་གེ་བཅུ་པོ་ནི། །མིང་གང་གི་ནི་མཐར་སྦྱར་བ། །དེ་ལ་ཨཱ་ལི་བཞི་པ་སྦྱར། །སླར་བསྡུ་བར་ནི་ཤེས་པར་བྱ། །[2]ཞེས་གསུངས་ཏེ། ཏུན་ཧོང་《གདུགས་དཀར་》གྱི་འགྱུར་ཡིག་ཁག་ཏུའང་དེ་དང་མཐུན་པར་ཐོབ་ཐང་ལྟར་བྱུང་ཡོད་ལ། ཙུང་མི་གཅིག་པ་ནི་འགྱུར་ཡིག་ཁ་ཤས་སུ་སླར་བསྡུའི་འབྲི་སྲོལ་འདི་ལྟར་ཡོད་དེ། གདུགས་དཀར་པོ་ཅན་གཞན་གྱིས་མི་ཐུབ་མ་ཞེས་བྱ་བའི་གཟུངས། །རྫོགས་སྷོ། །ཞེས་དང་། འཕགས་པ་དེ་བཞིན་གཤེགས་པའི་གཙུག་ཏོར་བ་གདུགས་དཀར་པོ་གཞན་གྱིས་མི་ཐུབ་མ་ཞེས་བྱ་བའི་གཟུངས་རྫོགས་སྷོ་ཞེས་དང་། འཕགས་པ་དེ་བཞིན

---

① ཚེ་ཏན་ཞབས་དྲུང་མཆོག་གི་གསུང་འབུམ་ཕྱོགས་བསྒྲིགས།(གླེགས་བམ་བཞི་པ་) མི་རིགས་དཔེ་སྐྲུན་ཁང་། 2007ལོ། ཤོག་ངོས་201

② ཚེ་ཏན་ཞབས་དྲུང་མཆོག་གི་གསུང་འབུམ་ཕྱོགས་བསྒྲིགས།(གླེགས་བམ་བཞི་པ་) མི་རིགས་དཔེ་སྐྲུན་ཁང་། 2007ལོ། ཤོག་ངོས་79

པའི་གཙུག་ཏོར་ནས་བྱུང་བ་གདུགས་དཀར་པོའི་གཟུངས་ཇོགས་སྡོ་ཞེས་པ་སོགས་ས་མགོའི་འོག་ཏུ་ཏ་ཡིག་འབྲི་བ་ཡིན་ལ། དེ་གནའ་བོའི་བོད་ཀྱི་གདང་ས་ལ་སྨྲའི་དྲག་ཞན་ཤིན་ཏུ་གསལ་བས་དེ་ལྟར་འབྲི་བར་བཤད། དེ་ལས་འགྱུར་ཡིག་ཕལ་ཆེ་བར་ཇོགས་སོ་དང་ཇོགསོ་ལྟ་བུར་དེང་གི་འབྲི་སྲོལ་ལྟར་བྲིས་འདུག དེའི་འཕྲོས་ཀྱི་རྣམ་དབྱེ་སྦྱོར་སྟངས་དག་སུམ་རྟགས་ཀྱི་རྩ་བའི་ཐོབ་ཐང་དང་ཐོད་ཐུག་པས་འདིར་བསྐྱར་བཟློས་བྱེད་དགོས་དོན་མེད་སྙམ་མོ། །

《ནུབ་བྱང་མི་རིགས་སློབ་གྲྭ་ཆེན་མོའི་རིག་གཞུང་དུས་དེབ་》2008ལོའི་དེབ་གཉིས་པ་ལས་བདམས།

༄། །ཁུན་ཧོང་བོད་ཡིག་ཆོས་གཞུང་ཡིག་ཆགས《དཔང་སྐོང་ཕྱག་བརྒྱ་པ》དང་འབྲེལ་ནས་གཉན་པོ་གསང་བའི་སྐོར་རགས་ཙམ་གླེང་བ།

ཚ་རིས་སྐལ་བཟང་ཐོགས་མེད།

གླེང་གཞི།

བོད་ཀྱི་ལོ་རྒྱུས་སྟེང་རྒྱལ་རབས་ཉེར་བརྒྱད་པ་ལྷ་ཐོ་ཐོ་རི་གཉན་བཙན་རྒྱལ་པོར་བཞུགས་པའི་སྐབས་སུ། བོད་གངས་ཅན་གྱི་ཡུལ་དུ་ཐོག་མར་ནང་པའི་བསྟན་པ་དབུ་བརྙེས་པར་དེབ་ཐེར་དང་ཆོས་འབྱུང་ཕལ་མོ་ཆེའི་ནང་དུ་གསལ་བར་བཤད་ལ། དེ་བཞིན་ཡིན་པར་ཕལ་མོ་ཆེས་ཀྱང་ཁས་ལེན་བཞིན་ཡོད། ཡིན་ནའང་ནང་བསྟན་དབུ་བརྙེས་པའི་མཚོན་བྱེད་གཙོ་བོ་གཉན་པོ་གསང་བར་གྲགས་པ་འདི་དག་ཡུལ་གང་ནས་མི་སུ་དག་གིས་བོད་ལ་འཁྱེར་ཡོང་བ་དང་། དེའི་གླེགས་བམ་དང་གཟུངས་དག་ཐོག་མར་བོད་དུ་སྒྱུར་མཁན་སུ་ཡིན། དེ་དག་གི་ངོས་འཛིན་དང་ད་ལྟ་ཡོད་མེད་སོགས་ལ་ད་སྔའི་བར་དོགས་གནས་སུ་བཟུང་ནས་དཔྱད་འཇུག་བྱེད་མཁན་མ་བྱུང་བས། འདིར་ཁོ་བོས་བསྟན་པ་དབུ་བརྙེས་པར་མཚོན་བྱེད་ཀྱི་ཆོས་གཞུང་ཡིག་ཆགས་དཔང་སྐོང་ཕྱག་བརྒྱ་པ་གཙོར་འདོན་གྱིས་དེ་འབྲེལ་གཉན་པོ་གསང་བའི་སྐོར་ལ་ཉམས་ཞིབ་རགས་ཙམ་བྱས་པ་ལ།

དང་པོ། དཔང་སྐོང་ཕྱག་བརྒྱ་པ་ཐོག་མར་བོད་དུ་བྱུང་ཚུལ་ལ་དཔྱད་པ།

སྔོན་གྱི་དེབ་ཐེར་དང་ཆོས་འབྱུང་ཕལ་མོ་ཆེའི་ཁྲོད་དུ་བོད་གངས་ཅན་གྱི་ཡུལ་དུ་སངས་རྒྱས་ཀྱི་བསྟན་པ་དར་བའི་རྟེན་འབྲེལ་ལ་ནམ་མཁའ་ནས་དཔང་སྐོང་ཕྱག་བརྒྱ་པ་འདི་དང་། མདོ་སྡེ་ཟ་མ་ཏོག སྙིང་པོ་ཡི་གེ་དྲུག་མ། གསེར་གྱི་མཆོད་རྟེན་ཁྲུ་གང་བ། ཙིན་ཏ་མ་ཎིའི་སྒྲོམས་པོར། མུ་དྲའི་ཕྱག་རྒྱ་རྣམས་ཉི་མའི་འོད་ཟེར་ལ་འཁྲིགས་ཏེ་པོ་བྲང་ཡུམ་བུ་བླ་མཁར་གྱི་ཡང་ཐོག་ཏུ་བབ་པར་བཤད་པ་

མང་ཞིང་། སྔ་སྒྲོས་དེའི་རྗེས་སུ་ཞུགས་པའི་བོད་ཀྱི་མཁས་པ་ཕལ་མོ་ཆེས་ད་ལྟའི་བར་དེ་བདེན་པར་བཟུང་ལ་རྒྱུན་འབྱམས་སུ་གཏོང་བས། ནང་པའི་བསྟན་པ་བོད་གངས་ཅན་གྱི་ཡུལ་དུ་དབུ་བརྙེས་པའི་རྟགས་སུ་མཆོད་རྟེན་དང་གླེགས་བམ་འདི་དག་ནམ་མཁའ་ནས་བབ་པར་དོགས་པ་མང་པོ་མ་བྱུང་ཡང་། ཕྱིས་ཀྱི་བླང་དོར་ལ་ཉམས་སྣང་བྱེད་པར་མོས་པའི་དཔྱོད་ལྡན་ཁ་ཅིག་གིས་རྒྱུན་འབྱམས་སུ་སོང་བའི་བཞེད་ཚུལ་དེ། མི་ཆོས་གཙོ་བོར་བྱས་པའི་ལོ་རྒྱུས་རང་བཞིན་དང་། ད་ལྟའི་དུས་བབ་ཀྱི་མིའི་བསམ་བློའི་འཛིན་ཕྱོགས་དང་མི་བསྟུན་ཞིང་། གནས་ལུགས་ཀྱི་སྒོ་ནས་སྒྲུབ་བྱེད་ཡིད་དུ་འཁེལ་བ་ཞིག་འདོན་དགའ་བར་དགོངས་ཏེ། ས་སྐྱའི་དཔོན་ཆེན་ཀུན་གཞོན་དང་དུས་མཉམ་པའི་མཁས་པ་ཆེན་པོ་ནེའུ་པཎྜི་ཏ་གྲགས་པ་སྨོན་ལམ་བློ་གྲོས་ཀྱིས་མཛད་པའི་《ལོ་རྒྱུས་ཆོས་འབྱུང་རྩ་ཆེན་སྔོན་གྱི་གཏམ་མེ་ཏོག་ཕྲེང་བ་》ཞེས་པ་ལས། སྐྱེས་བུ་དམ་པ་དེས་རྒྱལ་སྲིད་འཛིན་པའི་ཚེ། ལི་ཐེ་སི་དང་ཐོ་གར་གྱི་ལོ་ཙྪ་བ་བློ་བསམ་འཚོ་གཉིས་ཀྱིས། རྒྱ་གར་པཎྜི་ཏ་མཁས་པ་ལེགས་བྱིན་སྤྱན་དྲངས་ནས་བྱོན་ཏེ། རྒྱལ་པོ་ལ་ཆོས་གསུངས་པས། བོད་ན་ཡི་གེ་མེད་པའི་སྟབས་ཀྱིས་བསླབ་ཏུ་མ་བཏུབ་ནས། ཟ་མ་ཏོག་སྐོད་(བཀོད་)པ། སྙིང་པོ་ཡི་གེ་དྲུག་མ་གསེར་གྱིས་བྲིས་པ་གཅིག་ལ་མུ་ཏྲའི་ཕྱག་རྒྱས་བཏབ་ནས་རྒྱལ་པོ་ལ་ཕུལ་ཏེ། འདི་ལ་ཕྱག་དང་བསྐོར་བ་དང་། མཆོད་པ་བགྱིས་ལ་གསོལ་བ་ཐོབ། གང་འདོད་པའི་བྱིན་རླབས་འབྱུང་གིས། ངས་བོད་དུ་གདད་(བསྡད་)ཅིང་ཕན་མི་ཐོགས་པར་འདུག་པས་གསུངས་ནས་རྒྱ་གར་དུ་བཞུད་དོ། །ཞེས་དང་། ཡང་དེ་ཉིད་ལས། གཡོམ་རྒྱུག་ལ་བརྟེན་པ་ཕལ་བ་ནི། སྤྱང་གོང་ཕྱག་བརྒྱ་པ་ཉི་མའི་འོད་ཟེར་ལས་(ལ་)བཅིངས་(བཅིབས་)ཏེ་ཕོ་བྲང་གི་ཡང་ཐོག་ཏུ་བྱོན་ནོ་ཞེས་གནམ་ལས་བབས་པར་སྨྲ་བ་ནི་བོན་པོས་ལྷད་བཙུག་པ་ཡིན་ནོ། །[①]ཞེས་བཀོད་པ་བདེན་ཕྱོགས་སུ་བཟུང་སྟེ། སྐབས་དེར་བོན་གྱི་ཆོས་ལུགས་དར་ཁྱབ་ཆེ་ཞིང་བོན་བློན་རྣམས་གནམ་ལ་དགའ་བས་བཙན་པོ་ལྷ་ཐོ་ཐོ་རི་གཉན

① གངས་ཅན་རིག་མཛོད་དེབ་གྲངས་དགུ་པའི་ནང་དུ་བོད་ཀྱི་ལོ་རྒྱུས་དེབ་ཐེར་ཁག་ལྔ་བཀོད་པའི་ནང་གསེས་ཏེ། ནེའུ་པཎྜི་ཏ་གྲགས་པ་སྨོན་ལམ་བློ་གྲོས་ཀྱིས་མཛད་པའི་《སྔོན་གྱི་གཏམ་མེ་ཏོག་ཕྲེང་བ་》ཞེས་པ་དེ་ཡིན་ལ། དེབ་འདིའི་ནང་དཔང་སྐོང་ཕྱག་བརྒྱ་པ་སོགས་ནི་ཐོ་གར་དང་རྒྱ་གར་གྱི་ལོ་པཎ་དག་གིས་བོད་དུ་སྐྱེལ་ཡོང་ཚུལ་གསུངས་འདུག ཕྱི་རབས་པ་ཆོས་གསུང་སྒྲོས་འདི་ནི་སྔོན་ཆད་གཞན་གྱིས་མ་ཐོན་པའི་ལེགས་བཤད་རིན་བྲལ་ཞིག་ཏུ་བགྲང་བཞིན་ཡོད་ཅིང་། ལྟ་ཚུལ་འདི་གཞིར་བཟུང་སྟེ་སྔོན་གྱི་རྒྱུན་འབྱམས་ཀྱི་བཤད་ཚུལ་དག་ལ་དགག་བཞག་བྱེད་མཁན་ཡང་ད་ཅང་མང་པོ་བྱུང་དང་འབྱུང་བཞིན་ཡོད་དོ། །ཆབ་སྤེལ་ཚེ་བརྟན་ཕུན་ཚོགས་ཀྱིས་གཙོ་སྒྲིག་བྱས། བོད་ཀྱི་ལོ་རྒྱུས་དེབ་ཐེར་ཁག་ལྔ། བོད་ལྗོངས་བོད་ཡིག་དཔེ་རྙིང་དཔེ་སྐྲུན་ཁང་། 1990ལོ། ཤོག་ངོས་15

བཙན་གྱིས་དེ་དག་གདུལ་བའི་ཕྱིར་དུ་གནམ་ནས་བབས་སོ་ཞེས་བཤད་པ་ཡིན་ཚུལ་དང་།[①] ཕྱིས་ཀྱི་དེབ་ཐེར་ཕལ་མོ་ཆེར་འགོས་ལོ་གཞོན་ནུ་དཔལ་གྱིས་ཁོང་གི་དེབ་ཐེར་དུ་ནེའུ་པཎྜི་ཏའི་གསུང་གི་ཁ་ཐུང་ཟད་བསྒྱུར་ཏེ་པཎྜི་ཏ་བློ་སེམས་འཚོ་དང་ལོ་ཙཱ་བ་ལི་ཐེ་སེ[②]ཞེས་བཀོད་པ་ལྟར་ལོ་ཙཱ་བ་ལི་ཐེ་སེ་དང་པཎྜི་ཏ་བློ་བསམ་འཚོ་གཉིས་ཀྱིས་བོད་ལ་སྤྱན་དྲངས་པ་ཡིན་ཚུལ་བཀོད་ཡོད་མོད།[③] དེ་ལྟར་ཡིན་པའི་སྒྲུབ་བྱེད་རྣམ་དག་ནི་གང་ཡིན་སུས་ཀྱང་གསལ་བཤད་བྱས་འདུག་པ་མ་མཐོང་ངོ་། །

ཡིན་ནའང་། 《བློན་ཆེན་ཆོས་འབྱུང་》དུ་ཁ་ཅིག་གི་འདོད་པ་བཀོད་དུས་ཆོས་ལུགས་ཀྱི་ལོ་རྒྱུས་སུམ་ཟུར་བཞི་སྡེངས་རྙིང་པ་ཞེས་པའི་ལུང་དྲངས་པ་ལས། རྒྱལ་པོ་དེའི་རིང་ལ་ཐོ་གར་དང་། ལིའི་ལོ་ཙཱ་བ་གཉིས་ཀྱིས་རྒྱ་ནག་གི་མཁན་པོ་ལི་བྱིན་གདན་དྲངས་ཏེ་བྱོན་ནས། རྒྱལ་པོ་ལ་ཆོས་བཤད་ཀྱང་བོད་ལ་ཡི་གེ་མེད་པས། བསླབ་ཏུ་མ་བཏུབ་ཅིང་དར་བར་མ་ནུས་ནས། སྐུའི་རྟེན་དུ་རིགས་ལྔའི་ལུགས་སྐུ་ཚར་གཅིག གསུང་གི་རྟེན་དུ་སྤང་གོང་དང་གཙུག་ཏོར་དྲི་མེད། ཐུགས་ཀྱི་རྟེན་དུ་གསེར་གྱི་མཆོད་

① ཕུན་ཚོགས་ཚེ་རིང་། དེབ་ཐེར་ཀུན་གསལ་མེ་ལོང་། བོད་ལྗོངས་མི་དམངས་དཔེ་སྐྲུན་ཁང་། 1987ལོ། ཤོག་ངོས་28

② གོང་དུ་བཀོད་པ་ལྟར་ནེའུ་པཎྜི་ཏ་གྲགས་པ་སྨོན་ལམ་བློ་གྲོས་ཀྱི་《སྔོན་གྱི་གཏམ་མེ་ཏོག་ཕྲེང་བ་》ཞེས་པ་ལས། སྐྱེས་བུ་དམ་པ་དེས་རྒྱལ་སྲིད་འཛིན་པའི་ཚེ། ལི་ཐེ་སེ་དང་ཐོ་གར་གྱི་ལོ་ཙཱ་བ་བློ་བསམ་འཚོ་གཉིས་ཀྱིས། རྒྱ་གར་པཎྜི་ཏ་མཁས་པ་ལེགས་བྱིན་སྤྱན་དྲངས་ནས་བྱོན་ཚུལ་བཀོད་ཡོད་པ་དེ། དེབ་སྔོན་མཁན་པོས་ཐུང་ཟད་ཁ་བསྒྱུར་ཏེ་པཎྜི་ཏ་བློ་སེམས་འཚོ་དང་ལོ་ཙཱ་བ་ལི་ཐེ་སེ་ཞེས་བཀོད་པ་ཕྱིས་ཀྱི་ལོ་རྒྱུས་སྨྲ་བ་དག་གིས་གཞི་བྱས་པ་མང་། ཡིན་ཀྱང་དེབ་སྔོན་གྱི་བཤད་ཚུལ་དེ་རང་གི་ལུང་ཁུངས་དང་མི་མཐུན་པས་མ་དག་རྒྱུན་འཕྱམས་སུ་སོང་བའི་དོགས་གཞི་ཡོད་མེད་ལ་མུ་མཐུད་དུ་དཔྱད་དགོས་སྙམ་མོ། །དེབ་སྔོན་མཁན་པོས་རང་གི་ལུང་ཁུངས་སུ་པཎྜི་ཏ་ལེགས་བྱིན་ཞེས་པ་བོར་ཞིང་ཐོ་གར་གྱི་ལོ་ཙཱ་བ་བློ་བསམ་འཚོ་ཞེས་ཡོད་པ་པཎྜི་ཏ་བློ་སེམས་འཚོར་བསྒྱུར་དགོས་དོན་ནི། ཁོང་གིས་སྔ་བཞེད་གཙང་མའི་ལུང་དོན་ལྟར་ལྷ་ཐོ་ཐོ་རི་སྙན་ཤལ་གྱི་དུས་སུ་བྱོན་པའི་པཎྜི་ཏ་དེ་མཁན་ཆེན་ཞི་བ་འཚོ་ཡིན་པར་བསྒྲུབ་པའི་ཕྱིར་དུ་ཡིན་མོད། འདི་ནི་སྔ་འཐེན་ནས་ཁ་ལ་སླེབས་འདོད་ཀྱི་བཙན་སྦྱོར་ལས་མ་འདས་པར་མངོན་ནོ། །

③ ཕྱིས་བྱུང་དེབ་ཐེར་ཕལ་མོ་ཆེས་ནེའུ་པཎྜི་ཏའི་དེབ་ཐེར་དུ་བོད་ལ་རྒྱ་གར་གྱི་མཁས་པས་དཔང་སྐོང་ཕྱག་བརྒྱ་པ་སོགས་གཉན་པོ་གསང་བར་གྲགས་པ་ཐོག་མར་གདན་དྲངས་པ་འཐད་ཕྱོགས་སུ་བཟུང་ཡོད་མོད། དེབ་ཐེར་འདིར་ལི་ཐེ་སེ་དང་ཐོ་གར་གྱི་ལོ་ཙཱ་བ་བློ་བསམ་འཚོ་གཉིས་ཀྱིས་རྒྱ་གར་པཎྜི་ཏ་མཁས་པ་ལེགས་བྱིན་སྤྱན་དྲངས་ནས་འཁྱེར་ཡོང་ཚུལ་བཤད་པ་ཇི་ལྟ་བ་བཞིན་བདེན་པར་བཟུང་མེད་དེ། ཀོ་ཆོའི་དེབ་ཐེར་བྲིས་པའི་ཁྲོད་དུ་པཎྜི་ཏ་བློ་བསམ་འཚོ་དང་ལོ་ཙཱ་བ་ལི་ཐེ་སེ་གཉིས་ཀྱིས་སྤྱན་དྲངས་པར་བྱས་འདུག འདིའི་ལོ་པཎ་གྱི་མཚན་ལ་ལ་ལས་བློ་བསམ་འཚོ་ཞེས་པའི་འཚོ་ལ་འ་སྔོན་འཇུག་ཅན་དང་མ་སྔོན་འཇུག་ཅན་གང་རུང་བྲིས་ཡོད་པ་དང་། ལི་ཐེ་སེ་ལའང་ལི་ཐི་སེ་དང་ལི་ཐེ་སི་ཞེས་བྲིས་པ་སྣ་ཚོགས་ཡོད་པས་ཚད་ལྡན་གང་ཡིན་ལ་མུ་མཐུད་དུ་དཔྱད་པར་འཚལ་ལོ། །ཕུན་ཚོགས་ཚེ་རིང་གིས་རྩོམ་སྒྲིག་བྱས། དེབ་ཐེར་ཀུན་གསལ་མེ་ལོང་། ཤོག་ངོས་28དམུ་དགེ་བསམ་གཏན་རྒྱ་མཚོའི་གསུང་འབུམ།(པོད་གསུམ་པ་) མཚོ་སྔོན་མི་རིགས་དཔེ་སྐྲུན་ཁང་། 1997ལོ། ཤོག་ངོས་26

རྗེན་བང་རིམ་ལྡེ་པ་དང་། དེ་རྣམས་ལ་རིགས་ལྡེའི་ཕྱག་རྒྱས་བཏབ་ནས་འདི་ལ་མཆོད་པ་བྱས་གསུངས་ནས་མཁན་པོ་རྒྱ་ནག་ཏུ་བཞུད[1]ཅེས་དང་། ཡང་དེ་ཉིད་ལས། རྒྱ་གར་ནས་ཆོས་བྱོན། རྒྱ་ནག་ནས་ཧ་ཤང་བྱོན་ཏེ་དབུ་བརྩེས་པར་གྱུར་ཅེས[2]ཀྱང་བཀོད་པས། ནེའུ་པཎྜི་ཏས་རྒྱ་གར་གྱི་པཎྜི་ཏ་ལེགས་བྱིན་ཞེས་དང་། འདིར་ནི་རྒྱ་ནག་གི་མཁན་པོ་ལི་བྱིན་ཞེས་ལ། ལོ་ཙྪ་བ་གཉིས་ཀྱང་ཐོ་གར་དང་ལི་ཡུལ་ནས་ཡིན་པ་གསལ་པོར་བཤད་འདུག གོང་དྲངས་ལྟར་ནེའུ་པཎྜི་ཏའི་སྔོན་གྱི་གཏམ་མེ་ཏོག་ཕྲེང་བ་ལས་ལི་ཐེ་སེ་དང་ཐོ་གར་གྱི་ལོ་ཙྪ་བ་བློ་བསམ་འཚོ་ཞེས་ཙམ་ལས་ལོ་ཙྪ་བ་བློ་བསམ་འཚོ་ནི་ཡུལ་ཐོ་གར་ནས་ཡིན་པར་བཤད་ཙམ་ལས་ལོ་ཙྪ་བ་ལི་ཐེ་སེ་ཡུལ་གང་ནས་ཡིན་པ་གསལ་པོར་བསྟན་མེད་པར་མ་ཟད། འདིའི་ལོ་ཙྪ་བ་བློ་བསམ་འཚོ་ཞེས་པའང་དེབ་ཐེར་གཞན་དག་ཏུ་པཎྜི་ཏ་ཡིན་པར་བཤད་པས་དོན་གྱིས་ལོ་པཎ་གཉིས་ཀྱི་གང་ཡིན་དཔྱད་དགོས་པ་དང་། དེ་བཞིན་དུ《ཀློང་ཆེན་ཆོས་འབྱུང་》ལས་དྲངས་པ་ལྟར་ན་དཔང་སྐོང་ཕྱག་བརྒྱ་པ་སོགས་གཉན་པོ་གསང་བར་གྲགས་པ་འདི་དག་རྒྱ་ནག་གི་ཡུལ་ནས་བོད་ལ་ཐོག་མར་སླེབ་དྲངས་པ་ལྟ་བུའི་རྣམ་འགྱུར་ཞིག་ཀྱང་མངོན་ལ། ཕོ་བོའི་རྫོངས་གླིར་ཡང་ད་ལྟའི་བཀའ་འགྱུར་དག་གི་ཁྲོད་དུ་མདོ་འདི་ལ་དཔང་སྐོང་ཕྱག་བརྒྱ་པ་ཞེས་བཀོད་ཡོད་ནའང་། སྔར་གྱི་དེབ་ཐེར་དང་ཆོས་འབྱུང་མང་པོ་ཞིག་ཏུ་མདོ་འདིའི་མཚན་ལ་ཡི་གེ་སྣ་ཚོགས་བྱུང་ཡོད་དེ། དཔེར་ན་དཔའ་བོ་གཙུག་ལག་ཕྲེང་བའི་དེབ་ཐེར《མཁས་པའི་དགའ་སྟོན》དུ་པང་གོང་ཕྱག་རྒྱ་ཞེས་དང་། 《ནེའུ་པཎྜི་ཏའི་ཆོས་འབྱུང་》ལས་སྤང་གོང་ཕྱག་བརྒྱ་པ་ཞེས་དང་། ས་སྐྱ་བསོད་ནམས་རྒྱལ་མཚན་གྱི《རྒྱལ་རབས་གསལ་བའི་མེ་ལོང་》དུ་སྤང་སྐོང་ཕྱག་བརྒྱ་པ་ཞེས་དང་། 《ལྡེའུ་ཇོ་སྲས་ཀྱི་ཆོས་འབྱུང་》ལས་སྤང་གོང་ཕྱག་རྒྱ་བ་ཞེས་དང་། 《མཁས་པ་ལྡེའུའི་ཆོས་འབྱུང་》དུ་སྤང་སྐོང་ཕྱག་རྒྱ་བ་ཞེས་དང་། 《རྒྱལ་དབང་ལྔ་པའི་དེབ་ཐེར་རྫོགས་ལྡན་གཞོན་ནུའི་དགའ་སྟོན་》ལས་སྤང་བཀོང་ཕྱག་བརྒྱ་པ་ཞེས་སོགས་གོ་བ་གཅིག་ཏུ་ལེན་དཀའ་བ་ཡི་གེ་འབྲི་ཚུལ་མི་འདྲ་བ་སྣ་ཚོགས་བྱུང་འདུག འདིར་གཞིགས་ན་མདོ་འདིའི་མཚན་ནི་ཧ་ལམ་སྒྲ་འགྱུར་ལས་དོན་འགྱུར་མིན་པ་འདྲ་སྟེ། གལ་ཏེ་སྒྲ་འགྱུར་ཡིན་ཚེ་རྒྱ་གར་ནས་ཐད་ཀར་བོད་དུ་བསྒྱུར་བའི་བསྟན་བཅོས་ཡིན་ན་ལེགས་སྦྱར་གྱི་མཚན་ཡིན་མིན་ཙམ་ཞིབ་ངེས་

① ཀུན་མཁྱེན་ཀློང་ཆེན་རབ་འབྱམས་པ་དྲི་མེད་འོད་ཟེར། ཀློང་ཆེན་ཆོས་འབྱུང་། བོད་ལྗོངས་བོད་ཡིག་དཔེ་རྙིང་དཔེ་སྐྲུན་ཁང་། 1991ལོ། ཤོག་ངོས་221

② ཀུན་མཁྱེན་ཀློང་ཆེན་རབ་འབྱམས་པ་དྲི་མེད་འོད་ཟེར། ཀློང་ཆེན་ཆོས་འབྱུང་། བོད་ལྗོངས་བོད་ཡིག་དཔེ་རྙིང་དཔེ་སྐྲུན་ཁང་། 1991ལོ། ཤོག་ངོས་221

མོད། འདིའི་སྟེང་ནས་དེ་ལྟ་བུའང་ཤེས་མི་ཐུབ། དེ་བས་སྔོན་ཆད་རྒྱ་ནག་ནས་འགྱུར་བའི་ཐ་སྙད་ཏུང་ཀུན་(东君)ཞེས་པ་ལའང་བོད་རང་གི་བསྟན་བཅོས་རྣམས་སུ་ཏུང་ཀུ་དང་། ཏུང་ཀུས་དང་། ཧོང་ཀུས་དང་། སྟོང་ཁུན་སོགས་ཡི་གེ་མི་འདྲ་བའི་འབྲི་ཚུལ་མང་པོ་བྱུང་བ་ལྟར་འདི་ལའང་དེ་འདྲའི་ཁྱད་ཆོས་ཤིག་མཆོན་འདུག་པས། གལ་ཏེ་དེ་ལྟར་ཡིན་ཚེ་ནང་པའི་བསྟན་པ་བོད་དུ་དབུ་བརྙེས་ཟེར་པའང་རྒྱ་ནག་བརྒྱུད་དེ་ཐོག་མར་བྱུང་བར་འགྱུར་སྟབས། དེ་ལྟར་ཡིན་མིན་དཔྱད་འཇུག་གི་གནས་གལ་ཆེན་ཞིག་ཏུ་མཐོང་ངོ་། །

དེ་བཞིན་དུ་དཔང་སྐོང་ཕྱག་བརྒྱ་པ་སོགས་གཉན་པོ་གསང་བའི་སྐོར་གདན་འདྲེན་མཁན་གྱི་ལོ་ཙཱ་བའི་མཚན་ལ་ལི་ཐེ་སེ་ཞེས་པ་དང་། མཁན་པོའི་མཚན་ལ་ལི་བྱིན་ནམ་ལེགས་བྱིན་ཞེས་པར་བསམ་མནོ་ཞིབ་ཏུ་བཏང་ཆེ། ལོ་ཙཱ་བ་ནི་ཐོ་གར་རམ་ལི་ཡུལ་གྱི་ལོ་ཙཱ་བ་དང་། ལི་བྱིན་ནམ་ལེགས་བྱིན་ཞེས་པའང་རྒྱ་ནག་ཏུ་ནང་པའི་བསྟན་པ་སྤེལ་བར་བྱས་རྗེས་ཆེ་ཞིང་གྲུང་གོའི་ལོ་རྒྱུས་སྟེང་ནང་པའི་ཆོས་ལུགས་ཀྱི་ལོ་ཆེན་བཞིའི་ཡ་གྱལ་དུ་བགྲང་བ་རིག་འཛིན་ཀུ་མ་ར་ཤྲཱི་ལ་རྒྱ་ནག་གི་ཡིག་ཚང་དུ"鸠摩罗什" ཟེར་ཞིང་། མང་ཆེ་བར་དེ་བསྡུས་ཏེ་མིང་ཟུར"罗什" ཁོ་ན་བྲིས་པའང་མང་བས། ལི་བྱིན་ནམ་ལེགས་བྱིན་གང་ཡིན་ཀྱང་རྒྱ་ནག་སྒྲ་འགྱུར"罗什" ཞེས་པ་དང་སྒྲ་གདངས་ཏ་ཙང་ཐག་ཉེ་སྟབས། འདིའི་ལི་བྱིན་ནམ་ལེགས་བྱིན་ཞེས་པ་ནི་ལི་ཡུལ་དུ་སྐུ་འཁྲུངས་པའི་ལོ་ཆེན་འདི་བ་ཡིན་ནམ་སྙམ་སྟེ། རྒྱ་མཚན་ལོ་ཆེན་འདི་སྤྱི་ལོ་382ཡར་སྔོན་དུ་རྒྱ་གར་གྱི་ནུབ་བྱང་ཕྱོགས་ཀྱི་ས་ཁུལ་མང་པོར་བསྟན་པ་སྤེལ་བར་ཕེབས་ཏེ་ལོ་མང་བཞུགས་ཚུལ་དང་། དེ་ཕྱིས་ལི་ཡུལ་དུ་ཕྱིར་ཕེབས་རྗེས་གཞོད་རྒྱ་ནག་ཏུ་ཕྱིན་ཏེ་ས་བཅུ་པ་དང་རྡོ་རྗེ་གཅོད་པ་སོགས་ཆོས་གཞུང་བགྲང་ལས་འདས་པ་རྒྱ་ནག་གི་སྐད་དུ་བསྒྱུར་ཚུལ་གསལ་བར་མ་ཟད། མཁས་དབང་རེན་ཅི་ཡུས་ཀྱིས་གཙོ་སྒྲིག་མཛད་པའི《ཆོས་ལུགས་ཚིག་མཛོད་》ལྟར《དུང་དཀར་ཚིག་མཛོད་ཆེན་མོར་》བསྒྱུར་ཏེ་དྲངས་པ་ལས། རིག་འཛིན་འདིས་རྒྱ་བོད་ཀྱི་སྐད་ཡིག་ཀྱང་བྱང་ཆུབ་པར་མཁྱེན་ཞེས་བཀོད་པས།[①] དེ་དག་ལ་བལྟས་ན་རིག་འཛིན་ཀུ་མ་ར་ཤྲཱི་འདི་

① 《དུང་དཀར་ཚིག་མཛོད་ཆེན་མོ་》ལས་རིག་འཛིན་འདིས་རྒྱ་བོད་ཀྱི་སྐད་ཡིག་ཀྱང་མཁྱེན་ཚུལ་བཤད་པར་བལྟས་ན། རིག་འཛིན་འདི་བ་སྐུ་འཚོ་དུས་བོད་ལ་ཡི་གེ་ཡོད་པ་གསལ་པོར་བསྟན་འདུག་པས། སྲོང་བཙན་གྱི་ཡར་སྔོན་དུ་བོད་རང་ལ་ཡི་གེ་ཡོད་པའང་དོན་གྱིས་རྟོགས་ནུས་མོད། སྐབས་འདིའི་སྐད་ཡིག་གི་དོན་བོད་སྐད་ཙམ་ལ་བྱེད་དགོས་སྙམ་མོ། །གལ་ཏེ་རིག་འཛིན་འདིའི་སྐབས་སུ་བོད་ལ་བསྟན་པ་དབུ་བརྙེས་པ་ཡིན་ཚེ་བོད་ཡུལ་དུ་ནང་བསྟན་ལྷ་ཐོ་ཐོ་རིའི་ཡར་སྔོན་ནས་དབུ་བརྙེས་པ་ཡིན་པར་ཡང་ཁས་ལེན་དགོས་པས་ལོ་རྒྱུས་ཀྱི་འཇུག་པ་ཡངས་པ་དག་དོན་དངོས་གང་ཡིན་ལ་དཔྱད་པ་བྱ་རྒྱུ་གལ་ཆེའོ། །ཀྲུང་གོའི་བོད་ཀྱི་ཤེས་རིག་དཔེ་སྐྲུན་ཁང་། 2002ལོ། ཤོག་ངོས་55

བོད་དང་འབྲེལ་བ་ཡོད་པ་ཞིག་ཡིན་པ་ཙུང་གསལ་པོར་བསྟན་འདུག་གོ །

དཔང་སྐོང་ཕྱག་བརྒྱ་པ་འདི་བོད་ཡུལ་དུ་དུས་ནམ་ཞིག་ལ་ཐོན་པ་ཡིན་ཟེར་ན། 《རྒྱལ་རབས་གསལ་བའི་མེ་ལོང་》ལས། ལྷ་ཐོ་ཐོ་རི་སྙན་ཤལ་ཞེས་བྱ་བ། འཕགས་པ་ཀུན་ཏུ་བཟང་པོའི་སྤྲུལ་པ་དེས། དགུང་ལོ་བརྒྱད་ཅུའི་བར་རྒྱལ་སྲིད་བསྐྱངས་ཏེ། མ་བརྟགས་ལྷུན་གྲིས་གྲུབ་པའི་སྐུ་མཁར་ཆེན་པོ་ཕོ་བྲང་ཡུམ་བུ་བླང་མཁར་གྱི་རྩེ་ལ་བཞུགས་པ་ལས། སྟོན་བཅོམ་ལྡན་འདས་ཀྱིས་འོད་མའི་ཚལ་ནས་ལུང་བསྟན་པ་བཞིན། བོད་དུ་སངས་རྒྱས་ཀྱི་བསྟན་པ་དར་བའི་རྟེན་འབྲེལ་ལ། ནམ་མཁའ་ནས་མདོ་སྡེ་ཟ་མ་ཏོག སྙིང་པོ་ཡི་གེ་དྲུག་མ། སྤང་སྐོང་ཕྱག་བརྒྱ་པ། གསེར་གྱི་མཆོད་རྟེན་ཁྲུ་གང་པ། ཙིན་ཏཱ་མ་ཎི་སྣཚྭ་བསྐོལ་པོར། མུ་དྲའི་ཕྱག་རྒྱ་རྣམས་ལི་མའི་འོད་ཟེར་ལ་འགྲོགས་ཏེ། རྒྱལ་པོའི་ཕོ་བྲང་གི་སྟེང་དུ་བབས་པ་ལས། ཁྱེད་ནས་གདུང་རབས་ལྔ་ན་འདིའི་དོན་ཤེས་པའི་རྒྱལ་པོ་ཅིག་འབྱུང་བར་འགྱུར་རོ་ཞེས། ནམ་མཁའ་ནས་ལུང་བསྟན། རྒྱལ་པོས་ཀྱང་རྟེན་དེ་རྣམས་ངོ་མཚར་ཆེ་བར་ནི་དགོངས། གང་ཡིན་ནི་མ་མཁྱེན་ཏེ། གཉན་པོ་གསང་བ་ཞེས་མཚན་གསོལ་ནས། རིན་པོ་ཆེའི་ཁྲི་ལ་བཞག་ནས་མཆོད་པ་ཕུལ་བས། དེའི་ཡོན་ཏན་གྱིས་རྒྱལ་པོ་སྐྲར་གཞོན་ཤ་ཅན་དུ་གྱུར་ནས། དགུང་ལོ་བརྒྱ་དང་ཉི་ཤུ་ཐུབ་སྟེ། སྐུ་ལུས་གཅིག་ལ་སྐུ་ཚེ་གཉིས་ཐུབ་ཅེས་གྲགས་སོ། །[1]ཞེས་བཀོད་ལ། འཆད་ཚུལ་འདི་ནི་སྔོན་གྱི་ལོ་རྒྱུས་དང་ཆོས་འབྱུང་ཕལ་མོ་ཆེའི་སྤྱི་མཐུན་གྱི་བཤད་ཚུལ་དམ་ལྟ་བ་ཞིག་ཏུ་ཆགས་ཡོད། ཡིན་ནའང་ཕྱིས་ཀྱི་ལོ་རྒྱུས་སྨྲ་བ་འགའ་ཤས་ཀྱིས་དེང་གི་བསམ་བློའི་འཁོར་ཕྱོགས་གཞིར་བྱས་ཏེ། སྔོན་གྱི་བཞེད་ཚུལ་དེ་འདྲར་དགག་བཞག་མཛད་པའང་མི་ཉུང་སྟེ། དཔེར་ན་བོད་རིགས་མཁས་དབང་ཁང་དཀར་སྐལ་བཟང་ཚུལ་ཁྲིམས་ཀྱིས། རང་རེའི་ཕྱིས་ཀྱི་ལོ་རྒྱུས་ཐམས་ཅད་དུ་དེ་ལྟར་གསལ་ཡང་དེ་ནི་ཡབ་མེས་གོང་མའི་གསུང་རྒྱུན་ཙམ་ལས་ལོ་རྒྱུས་རིག་པའི་ཁུངས་བསྐྱལ་ཅི་ཡང་མེད་ཅིང་། དངོས་དོན་བོད་གངས་ལྗོངས་སུ་དམ་པ་ཆོས་ཀྱི་དབུ་བརྙེས་པའམ་དར་འགོ་ཚུགས་པའི་དུས་རབས་ནི་ངེས་པ་དོན་གྱི་བོད་དང་བོད་མིར་བཀའ་དྲིན་ཅན་གྱི་མངའ་བདག་འཛམ་གླིང་ན་སྙན་གྲགས་ཅན་གྱི་བཙན་པོ་སྲོང་བཙན་སྒམ་པོའི་སྐུ་དུས་སུ་ཡིན་པར་ཐེ་ཚོམ་མེད།[2] ཅེས་དཔྱད་འཇུག་བྱས་འདུག་མོད། སྔོན་གྱི་ཡིག་ཚང་ཐམས་ཅད་ཀྱི་ནང་དུ་བསྟན་པ་དབུ་བརྙེས་པ་དང་དར་བའི་གོ་དོན་སོ་སོར་བཀྲིས་ཤིང་། སྐབས་

① ས་སྐྱ་བསོད་ནམས་རྒྱལ་མཚན། རྒྱལ་རབས་གསལ་བའི་མེ་ལོང་། མི་རིགས་དཔེ་སྐྲུན་ཁང་། 1981ལོ། ཤོག་ངོས་59

② ཁང་དཀར་ཚུལ་ཁྲིམས་སྐལ་བཟང་གི་གསུང་རྩོམ་ཕྱོགས་བསྒྲིགས། ཀྲུང་གོ་བོད་ཀྱི་ཤེས་རིག་དཔེ་སྐྲུན་ཁང་། 1999ལོ། ཤོག་ངོས་747

འདིའི་དབྱེ་བཤེས་ཟེར་པ་ནི་དཔང་སྐོང་ཕྱག་བརྒྱ་པ་སོགས་གཉན་པོ་གསང་བའི་སྐོར་བོད་གངས་ཅན་གྱི་ཡུལ་དུ་ཐོག་མར་འགྱུར་བའི་རྟེན་འབྲེལ་མཚོན་ཙམ་དུ་དེ་ལྟར་བཤད་པ་ཡིན་ལ། དར་བ་ཟེར་པ་ནི་སྐབས་དེར་མཚོན་ན་རྒྱལ་བློན་གྱི་འདུན་པ་ལྟར་ནང་པའི་གཞུང་དོན་བསྒྱུར་སྤེལ་གྱི་ལམ་ལ་དངོས་སུ་ཞུགས་པ་ནས་བཞག་པ་གསལ་བས། ལྷ་ཐོ་ཐོ་རི་སྙན་ཤལ་གྱི་དུས་སུ་ནང་པའི་བསྟན་པ་དབྱེ་བཤེས་པར་བཞག་པས་རྒྱལ་པོ་སྲོང་བཙན་སྒམ་པོའི་སྐུ་རིང་ལ་བསྟན་པ་དར་བར་བྱས་པ་ལ་ཅི་ཡང་མི་གནོད་སྟབས། 《དེབ་ཐེར་ཀུན་གསལ་མེ་ལོང་》ལས། ལ་ལས་ཆོས་རྒྱལ་སྲོང་བཙན་གྱི་དུས་སུ་བསྟན་པའི་དབྱེ་བཤེས་པར་འཆད་པ་དེ་ནི་བྲི་སྲུང་ལོགས་སུ་བཞག མར་ལ་སྨྲོམ་ཚོད་ཟེར་བའི་དཔེ་ལྟར་དེབ་ཐེར་ཡིག་ཚང་སོགས་ལ་ཞིབ་ཆ་དམན་ཞིང་རྔོངས་ཚོད་དཔའ་ཐལ་ཆེ་བའི་སྐྱོན་མེད་ནམ་སྙམ[1]ཞེས་པ་ལྟར། བོད་ཀྱི་བཙན་པོ་གདུང་རབས་ཉེར་བརྒྱད་པ་ལྷ་ཐོ་ཐོ་རི་སྙན་ཤལ་གྱི་དུས་སུ་སྤང་སྐོང་ཕྱག་བརྒྱ་པ་སོགས་ཐོག་མར་བོད་ཡུལ་དུ་ཕྱིན་པར་བྱས་ན་གནོད་བྱེད་མེད་དོ་སྙམ་མོ། །

གཉིས་པ། དཔང་སྐོང་ཕྱག་བརྒྱ་པ་བོད་དུ་སྒྱུར་མཁན་སྐོར་ལ་དཔྱད་པ།

སི་ཏུ་ཆོས་ཀྱི་འབྱུང་གནས་ཀྱིས་མཛད་པའི་《སྡེ་དགེའི་བཀའ་འགྱུར་དཀར་ཆག་》ལས། དཔང་སྐོང་ཕྱག་བརྒྱ་པ་ཐུ་མི་སམ་བྷོ་ཊའི་འགྱུར[2]ཞེས་བོད་ཡུལ་དུ་ནང་པའི་བསྟན་པ་དབྱེ་བཤེས་པར་མཚོན་བྱེད་ཀྱི་གྲས་དཔང་སྐོང་ཕྱག་བརྒྱ་པ་ནི་ཡོངས་གྲགས་བོད་ཀྱི་ལོ་རྒྱུའི་ཐོག་མ་ཐོན་མི་སམ་བྷོ་ཊས་བསྒྱུར་ཚུལ་གསལ་པོར་བསྟན་ཡོད་ལ། དེ་བཞིན་དུ་སྣར་ཐང་དང་སྡེ་དགེའི་བཀའ་འགྱུར་དང་མཐུན་པར་བཀོད་པ་བཀའ་འགྱུར་དབུས་དཔར་གྱི་དཀར་ཆག་ལེགས་བཤད་འཕྲུལ་གྱི་ལྡེ་མིག་ལས། པང་སྐོང་ཕྱག་རྒྱ་བ་ཐུ་མི་སམ་བྷོ་ཊའི་འགྱུར་ཞེས་ལ། དེའི་དཀར་ཆག་བསྡུས་པ་ལས་ཀྱང་དེ་ལྟར་བཀོད་ནའང་།[3] དབུས་དཔར་བཀའ་འགྱུར་རང་དུ་དཔང་སྐོང་ཕྱག་བརྒྱ་པ་འདིའི་མཇུག་བྱང་དུ་བོད་དུ་

---

[1] ཕུན་ཚོགས་ཚེ་རིང་། དེབ་ཐེར་ཀུན་གསལ་མེ་ལོང་། བོད་ལྗོངས་མི་དམངས་དཔེ་སྐྲུན་ཁང་། 1987ལོ། ཤོག་ངོས་28

[2] སི་ཏུ་ཆོས་ཀྱི་འབྱུང་གནས། སྡེ་དགེའི་བཀའ་འགྱུར་དཀར་ཆག སི་ཁྲོན་མི་རིགས་དཔེ་སྐྲུན་ཁང་། 1989ལོ། ཤོག་ངོས་375

[3] བདག་ཅག་གི་སྟོན་པ་མཉམ་མེད་ཤཱཀྱའི་རྒྱལ་པོའི་བཀའ་གངས་ཅན་འདིར་འགྱུར་ རོ་ཅོག་གི་གསུང་པར་འཛམ་གླིང་སྤྱི་ནོར་གྱི་དཀར་ཆག་ལེགས་བཤད་འཕྲུལ་གྱི་ལྡེ་མིག(ཤོག་ངོས་454)ཏུ་རྒྱལ་བའི་བཀའ་འགྱུར་རིན་པོ་ཆེའི་ཆོས་ཚན་སོ་སོའི་མཚན་བྱང་དཀར་ཆག་བསྡུས་པ། ལྷ་སའི་ཞོལ་པར་ཁང་གི་ཤིང་དཔར། ཤོག་ངོས་22

དམ་པའི་ཆོས་འབྱུང་བའི་སྔ་ལྟས་སུ་ལྷ་ཐོ་ཐོ་རི་སྙན་ཤལ་གྱི་སྐུ་རིང་ལ་ཕོ་བྲང་ཡུམ་བུ་བླ་མཁར་དུ་ནམ་མཁའ་ལས་བབས། མི་རབས་ལྔ་ན་འདིའི་དོན་ཤེས་པ་འོང་ཞེས་རྨི་ལམ་དུ་ལུང་བསྟན་ཏེ་ཆོས་ཀྱི་དབུ་བརྙེས་སོ། །①ཞེས་ཙམ་ལས་འགྱུར་མཁན་གཏན་ནས་བཀོད་མེད་པ་དང་། མཁས་དབང་ཚེ་ཏན་ཞབས་དྲུང་གིས་ཀྱང་། དཔང་སྐོང་ཕྱག་རྒྱ་བའི་མཇུག་ཏུ་ད་ལྟའང་ཐོན་མིའི་འགྱུར་བྱང་བཀོད་དོ། །②ཞེས་གསུངས་པའང་བཀའ་འགྱུར་དཀར་ཆག་འདི་དག་གཞིར་བཟུང་བར་མཛོད་ལ། ཡང་གལ་ཏེ་བསྟན་བཅོས་འདི་ཛ་མ་བསྟན་པ་སྔ་དར་གྱི་དུས་སུ་ཐོག་མར་ཐོན་མི་སམ་བྷོ་ཊས་བསྒྱུར་བ་ཡིན་ན། རང་རེའི་དཀར་ཆག་ཐམས་ཅད་ཀྱི་སྔ་ཤོས་འཕང་ཐང་དཀར་ཆག་དང་དཀར་ཆག་ལྡན་དཀར་མ་གཉིས་ཀྱི་གང་རུང་ཞིག་ཏུ་མཚན་བྱང་ཙམ་ངེས་པར་ཡོད་དགོས་མོད། དཀར་ཆག་དེ་གཉིས་ཀྱི་ནང་དུ་མཚན་ཟུར་ཙམ་ཡང་མཐོང་གནས་སུ་མ་གྱུར་ཏོ། །

《ཐོན་མིའི་ཞལ་ལུང་》ལས་ཐོན་མི་སམ་བྷོ་ཊས་དཔང་སྐོང་ཕྱག་བརྒྱ་པ་བསྒྱུར་བར་མ་ཟད། ད་དུང་མདོ་སྡེ་ཟ་མ་ཏོག་སོགས་ཀྱང་བསྒྱུར་བར་བཤད་དེ། དེ་ཉིད་ལས། སྲོང་བཙན་ལས་རྒྱལ་རབས་ལྔས་སྔ་བའི་བོད་རྒྱལ་ལྷ་ཐོ་ཐོ་རི་སྙན་བཙན་གྱི་ཕྱག་ཏུ་བྱུང་བའི་ཐུགས་དམ་གྱི་རྟེན་གཉན་པོ་གསང་བའི་གྲས་ནས། ལེགས་སྦྱར་སྐད་དུ་ཡོད་པའི་དཔང་སྐོང་ཕྱག་རྒྱ་པ། མདོ་སྡེ་ཟ་མ་ཏོག ཅིན་ཏ་མ་ཎིའི་གཟུངས། མདོ་སྡེ་ལས་རྣམ་འབྱེད་རྣམས་ཀྱང་བསྒྱུར་པར་མཛད།③ ཅེས་དང་། བུ་སྟོན་ཐམས་ཅད་མཁྱེན་པས། མདོ་ཟ་མ་ཏོག་བཀོད་པ་དང་། དཔང་སྐོང་། མདོ་སྡེ་དཀོན་མཆོག་སྤྲིན་ལ་སོགས་པ་བསྒྱུར་བར་གསུངས་ཀྱང་།④ 《དེབ་ཐེར་མཁས་པའི་དགའ་སྟོན་》ལས། རྒྱལ་པོས་ཐོན་མི་ལ་ཐུགས་དམ་གཉན་པོ་གསང་བ་དེར་ཅི་འདུག་ཀློག་དང་གསུངས་པས་པང་ཀོང་ཕྱག་རྒྱ་དང་མདོ་སྡེ་ཟ་མ་ཏོག་བྱུང་སྐད། ཅེས་དང་། ཡང་དེ་ཉིད་ལས། ལ་ལ་ནས་ཅིན་ད་མ་ཎིའི་གཟུངས། ཟ་མ་ཏོག པང་ཀོང་། མདོ་སྡེ་ལས་རྣམ་འབྱེད་དེ་བཞི་བྱུང་ཞེས་ཀྱང་སྣང་།⑤ ཞེས་པང་ཀོང་ཕྱག་བརྒྱ་པ་སོགས་མཇལ་ཚུལ་གསུངས་པ་ཙམ་ལས་བསྒྱུར་ཚུལ་ཞིག་བསྟན་མེད་པ་དང་། དེ་བཞིན་དུ《དེབ་ཐེར་དམར་པོ་》

① བཀའ་འགྱུར་མདོ་མང་གྲས་ཟ་པོད། ལྷ་སའི་ཞོལ་པར་ཁང་གི་ཤིང་དཔར། ཤོག་ངོས་58

② ཚེ་ཏན་ཞབས་དྲུང་། ཐོན་མིའི་ཞལ་ལུང་། ཀན་སུའུ་མི་རིགས་དཔེ་སྐྲུན་ཁང་། 2005ལོ། ཤོག་ངོས་37

③ ཚེ་ཏན་ཞབས་དྲུང་། ཐོན་མིའི་ཞལ་ལུང་། ཀན་སུའུ་མི་རིགས་དཔེ་སྐྲུན་ཁང་། 2005ལོ། ཤོག་ངོས་37

④ བུ་སྟོན་རིན་ཆེན་གྲུབ། བུ་སྟོན་ཆོས་འབྱུང་། ཀྲུང་གོ་བོད་ཀྱི་ཤེས་རིག་དཔེ་སྐྲུན་ཁང་། 1988ལོ། ཤོག་ངོས་182

⑤ དཔའ་བོ་གཙུག་ལག་ཕྲེང་བ། ཆོས་འབྱུང་མཁས་པའི་དགའ་སྟོན། མི་རིགས་དཔེ་སྐྲུན་ཁང་། སྟོད་ཆ། 1985ལོ། ཤོག་ངོས་138

ལས་ཀྱང་། རྒྱ་གར་གྱི་སློབ་དཔོན་ཀུ་ས་ར་དང་། བྲམ་ཟེ་ཤམ་ཀ་ར་དང་། བལ་པོའི་སློབ་དཔོན་ཤི་ལ་མཉྫུ་དང་། ཁ་ཆེའི་སློབ་དཔོན་ཏ་ནུ་ཏ་དང་། ཛྙ་ནུ་ཏ་དང་། རྒྱ་གར་གྱི་མཁན་པོ་ལི་བྱིན་དང་། ཏ་ཤང་མ་ཧ་དེ་བ་སྤྱན་དྲངས་ནས། ལོ་ཙཱ་བ་ཐོན་མི་སམ་བྷོ་ཊ་དང་། དེའི་མཚན་བུ་རྡྨ་ཀོ་ཥ་དང་ལྷ་ལུང་རྡོ་རྗེ་དཔལ་རྣམས་ཀྱིས་ཆོས་ཅི་རིགས་སུ་བསྒྱུར་ཅིང་གཏན་ལ་ཕབ།[①] ཅེས་པ་ལྟར། ཐོན་མི་སོགས་བོད་ཀྱི་ལོ་ཙཱ་བ་དང་རྒྱ་གར་དང་བལ་པོ་སོགས་ཀྱི་སློབ་དཔོན་རྣམས་མཉམ་འབྲེལ་གྱིས་ཆོས་གཞུང་མང་པོ་བསྒྱུར་བར་བཀོད་པ་ཙམ་ལས་ཚིག་ཟིན་དངོས་ལ་དཔང་སྐོང་ཕྱག་བརྒྱ་པ་སོགས་གཉན་པོ་གསང་བའི་གཞུང་སྐོར་བསྒྱུར་ཚུལ་གསལ་ཁ་བསྟན་མེད་ལ། 《གླིང་ཆེན་ཆོས་འབྱུང་》སོགས་དེབ་ཐེར་ཕལ་མོ་ཆེའི་ནང་དུའང་《དེབ་དམར་》ལྟར་བཤད་པ་ཅུང་མང་བ་དང་། ལྷག་པར་དུ་རང་རེའི་རིག་གནས་ཀྱི་ལ་གཞན་དྲིང་མི་འཇོག་པའི་མཁས་པ་ཆེན་པོ་ཁང་དཀར་ཚུལ་ཁྲིམས་སྐལ་བཟང་མཆོག་གིས། རང་རེའི་ལོ་རྒྱུས་ཁག་ཏུ་རྒྱལ་པོ་འདིའི་སྐུ་དུས་སུ་ལོ་ཙཱ་བ་ཐོན་མི་སམ་བྷོ་ཊས་སུམ་རྟགས་སོགས་སྒྲའི་བསྟན་བཅོས་བརྒྱད་བརྩམས་པ་དང་། སྤྱན་རས་གཟིགས་ཀྱི་མདོ་རྒྱུད་ཉེར་གཅིག་སོགས་བཀའ་བསྒྱུར་པ་དང་། རྒྱལ་པོ་རང་ཉིད་ཀྱིས་ཀྱང་《མ་ཎི་བཀའ་འབུམ་》བརྩམས་པར་གསལ་བ་སོགས་ནི་ཕྱིས་ཀྱི་ལོ་རྒྱུས་སྨྲ་བ་དག་གིས་སྲོང་བཙན་སྒམ་པོ་སྤྱན་རས་གཟིགས་ཀྱི་སྤྲུལ་པ་ཡིན་པར་ཡིད་ཆེས་བསྐྱེད་ཕྱིར་ཐབས་མཁས་མཛད་པ་ཙམ་ལས་བདེན་པ་མིན་ནོ། །ཞེས་སྐྱབ་བྱེད་གནད་དུ་འཁེལ་པ་གནང་འདུག་པས།[②] གོང་གླེང་འདི་དག་ལ་བལྟས་ན། དཔང་སྐོང་ཕྱག་བརྒྱ་པ་སྒྱུར་མཁན་མཐའ་གཅིག་ཏུ་ཐོན་མི་ཡིན་ཟེར་རྒྱུ་དཀའ་བར་སྣང་ངོ་། །

① ཚལ་པ་ཀུན་དགའ་རྡོ་རྗེ། དེབ་ཐེར་དམར་པོ། མི་རིགས་དཔེ་སྐྲུན་ཁང་། 1981ལོ། ཤོག་ངོས་35

② མཁས་དབང་འདིས་སྔོན་ཆད་བསྟན་པ་སྔ་དར་གྱི་ཆོས་འབྱུང་འབྲེལ་ཡོད་དང་བཅས་པའི་དུས་རབས་ཀྱི་མཐའ་དཔྱོད་འཕྲུལ་གྱི་མེ་ལོང་ཞེས་པ་ཞིག་མཛད་པ་ལ། དེའི་ནང་དུ་རྒྱལ་པོ་སྲོང་བཙན་སྒམ་པོའི་དུས་སུ་སྤྱན་རས་གཟིགས་ཀྱི་མདོ་རྒྱུད་ཉེར་གཅིག་སོགས་ཆོས་གཞུང་ཆེས་མང་པོ་བསྒྱུར་མི་ཐུབ་པའི་སྒྲུབ་བྱེད་གཞན་གྱིས་མ་ཐོན་པ་ཐོན་ཆེན་པོ་བཀོད་ཡོད་ལ། ད་ལྟ་ང་ཚོས་འདིའི་ཕྱོགས་ལ་ཉམས་རྟོག་བྱེད་དུས་ཀྱང་དོ་གལ་ཆེ་བའི་དཔྱད་གཞི་ཞིག་ཡིན་པ་ངོས་ཟིན་དགོས་སོ། །ཁང་དཀར་ཚུལ་ཁྲིམས་སྐལ་བཟང་གི་གསུང་རྩོམ་ཕྱོགས་བསྒྲིགས། ཀྲུང་གོ་བོད་ཀྱི་ཤེས་རིག་དཔེ་སྐྲུན་ཁང་། 1999ལོ། ཤོག་ངོས་753

གསུམ་པ། དཔང་སྐོང་ཕྱག་བརྒྱ་པ་དང་འབྲེལ་བའི་གཞན་པོ་གསང་བར་དཔྱད་པ།

དཔང་སྐོང་ཕྱག་བརྒྱ་པ་དང་འབྲེལ་བའི་གཞན་པོ་གསང་བར་གྲགས་པའི་མཚན་བྱང་དང་གྲངས་ཀའི་ཐད། སྔོན་བྱོན་མཁས་པའི་དེབ་ཐེར་དང་ཆོས་འབྱུང་དག་ཏུ་སྣ་ཚོགས་ཤིག་བྲིས་ཡོད་མོད། འདིའི་ཕྱོགས་ལ་ད་ལྟའི་བར་དག་ཐེར་དང་དཔྱད་པ་གཏོང་མཁན་མ་བྱུང་བས། ཕྱིས་སུ་བྱུང་བའི་དཔྱོད་ལྡན་དག་གིས་ཀྱང་གངས་ཅན་གྱི་ཡུལ་འདིར་ནང་པའི་བསྟན་པ་དབུ་བརྙེས་པའི་ཚུལ་འབྲི་དུས་གཞན་པོ་གསང་བར་བཏགས་པ་འདི་དག་གི་གོ་བ་མ་ལོན་པའི་དབང་གིས་གསེར་གྱི་མཆོད་རྟེན་དང་མུ་དྲའི་ཕྱག་རྒྱ་གཉིས་མཉམ་སྦྱར་བྱས་པ་ལྟ་བུ་དང་། ཡང་འདི་དག་གི་མཚན་བྱང་ཡང་གཅིག་མཐུན་མེད་པར་རང་རང་སོ་སོའི་ཁུངས་གཏད་ཀྱི་ཡིག་ཆ་གཞིར་བྱས་ཏེ་ཡིག་རིས་མི་འདྲ་བ་སྣ་ཚོགས་སུ་བྱས་ནས་མ་དག་རྒྱུན་འབྱམས་སུ་སྤེལ་པ་ཆེས་མང་སྟབས། འདིར་རང་རེར་གྲགས་ཆེ་བའི་དེབ་ཐེར་དང་ཆོས་འབྱུང་གལ་ཆེན་འགའི་ནང་དུ་བཀོད་པའི་གཞན་པོ་གསང་བའི་མཚན་བྱང་དང་གྲངས་ཀའི་སྐོར་རེའུ་མིག་གི་ལམ་ནས་གསལ་བཤད་བྱས་ན་འདི་ལྟ་སྟེ།

དེབ་ཐེར།	མཛད་པ་པོ།	གཞན་པོ་གསང་པར་གྲགས་པའི་མཚན་གྲངས།					
《སྔོན་གྱི་གཏམ་མེ་ཏོག་ཕྲེང་བ་》	ནེའུ་པཎྜི་ཏ་གྲགས་པ་སྨོན་ལམ་བློ་གྲོས།	ཟ་མ་ཏོག་བཀོད་པ།	སྙིང་པོ་ཡི་གེ་དྲུག་མ།	སྤང་ཀོང་ཕྱག་བརྒྱ་པ།			
《རྒྱལ་རབས་གསལ་བའི་མེ་ལོང་》	ས་སྐྱ་བསོད་ནམས་རྒྱལ་མཚན།	མདོ་སྡེ་ཟ་མ་ཏོག	སྙིང་པོ་ཡི་གེ་དྲུག་མ།	སྤང་སྐོང་ཕྱག་བརྒྱ་པ།	ཚོཀྲ་མ་ཎི་སྤྲཛྙ་བསྐོལ་ཕོར།	གསེར་གྱི་མཆོད་རྟེན་ཁྲུ་གང་པ།	མུ་ཏྲའི་ཕྱག་རྒྱ།
《མཁས་པའི་དགའ་སྟོན་》	དཔའ་བོ་གཙུག་ལག་ཕྲེང་བ།	མདོ་སྡེ་ཟ་མ་ཏོག	གླིགས་བམ་རྣམ་གཉིས།	པང་ཀོང་ཕྱག་རྒྱ།	ཙིནྟ་མ་ཎིའི་སྐོས་ཕོར།	གསེར་གྱི་མཆོད་རྟེན།	མུ་དྲའི་ཕྱག་རྒྱ།
《དེབ་ཐེར་སྔོན་པོ་》	འགོས་ལོ་གཞོན་ནུ་དཔལ།			སྤང་བཀོང་ཕྱག་བརྒྱ་པ།	ཙིནྟ་མ་ཎིའི་གཟུངས།		
《ལྡེའུ་ཆོས་འབྱུང་》	ལྡེའུ་ཇོ་སྲས།	མདོ་སྡེ་ཟ་མ་ཏོག་བཀོད་པ།	རྟེན་འབྲེལ་གྱི་ཕྱག་རྒྱ།	སྤང་ཀོང་ཕྱག་རྒྱ་བ།		གཡུའི་མཆོད་རྟེན་བང་རིམ་བཞི་པ།	

《ལྷེའུ་ཆོས་འབྱུང་རྒྱས་པ་》	མཁས་པ་ལྡེའུ།			སྤང་སྐོང་ཕྱག་རྒྱ་བ།		གཡུའི་མཆོད་རྟེན་བང་རིམ་བཞི་པ།	
《དེབ་ཐེར་དམར་པོ་》	ཚལ་པ་ཀུན་དགའ་རྡོ་རྗེ།	ཟ་མ་ཏོག་བཀོད་པའི་མདོ།	ཡི་གེ་སྙིང་པོ་དྲུག་པ།	སྤང་སྐོང་ཕྱག་རྒྱ་བ།	ཙིན་ཏ་མ་ཎིའི་སྐོར་ཕོར།	གསེར་གྱི་མཆོད་རྟེན་ཁྲུ་གང་བ།	ལྷུ་དྲའི་ཕྱག་རྒྱ།
《དེབ་ཐེར་དཔྱིད་ཀྱི་རྒྱལ་མོའི་གླུ་དབྱངས་》	རྒྱལ་དབང་ལྔ་པ།	མདོ་སྡེ་ཟ་མ་ཏོག་གི་སྙིང་པོ་ཡི་གེ་དྲུག་པ།		སྤང་བཀོང་ཕྱག་བརྒྱ་པ།	ཙིན་ཏ་མ་ཎིའི་སྐོར་ཕོར།	གསེར་གྱི་མཆོད་རྟེན།	
《གློང་ཆེན་ཆོས་འབྱུང་》	གློང་ཆེན་རབ་འབྱམས་པ་དྲི་མེད་འོད་ཟེར།			སྤང་བཀོང་ཕྱག་རྒྱ་བ།	གཙུག་ཏོར་དྲི་མེད།	གསེར་གྱི་མཆོད་རྟེན།	

གོང་གི་རེའུ་མིག་ཏུ་གསལ་བ་གཞིར་བཟུང་སྟེ་གཉན་པོ་གསང་བར་གྲགས་པའི་སྐོར་རེ་རེར་དཔྱད་འཇུག་ཙུང་ཟད་བྱས་ན།

གཅིག མདོ་སྡེ་ཟ་མ་ཏོག་ནི། མཁས་དབང་ཚེ་ཏན་ཞབས་དྲུང་གིས་མཛད་པའི་བརྗོད་པའི་བསྟན་བཅོས་《ཐོན་མིའི་ཞལ་ལུང་》ལས། མདོ་སྡེ་ཟ་མ་ཏོག་ཅེས་པ་མདོ་རྒྱུད་ཉེར་གཅིག་གྲས་ཀྱི་ཟ་མ་ཏོག་བཀོད་པ་དང་གཅིག་གམ་སྙམ①ཞེས་མདོ་སྡེ་ཟ་མ་ཏོག་ནི་མདོ་རྒྱུད་ཉེར་གཅིག་གི་དང་པོ་ཟ་མ་ཏོག་བཀོད་པ་ཡིན་ཚུལ་ཤས་ཆེ་བར་བསྟན་འདུག 《ལྡེའུའི་ཆོས་འབྱུང་》དང་《དེབ་ཐེར་དམར་པོ་》སོགས་ལས་དེ་བས་ཐད་ཀར་ཟ་མ་ཏོག་བཀོད་པའམ་བཀོད་པའི་མདོ་ཞེས་གསལ་བར་གསུངས།②

གལ་ཏེ་གཉན་པོ་གསང་བའི་གྲས་ཀྱི་མདོ་སྡེ་ཟ་མ་ཏོག་ཅེས་པ་འདི་ཐོན་མི་སམ་བྷོ་ཊས་བསྒྱུར་བར་གྲགས་པའི་མདོ་རྒྱུད་ཉེར་གཅིག་གི་གྲས་ཀྱི་ཟ་མ་ཏོག་བཀོད་པ་ཡིན་པ་དང་། དེ་ཡང་ད་ལྟའི་བཀའ་འགྱུར་ཁྲོད་ཀྱི་ཟ་མ་ཏོག་བཀོད་པ་ཡིན་པར་བཞེད་ན། དོན་གྱིས་སྔར་ཐོན་མིས་བསྒྱུར་བའི་མདོ་སྡེ་ཟ་མ་ཏོག་དེ་ད་ལྟའི་རང་རེའི་བཀའ་འགྱུར་ཁྲོད་དུ་བཞུགས་པའི་ཟ་མ་ཏོག་བཀོད་པ་ཡིན་པར་ཁས་ལེན་དགོས་ལ། དེ་ནི་གཙོ་བོ་འཕགས་པ་སྤྱན་རས་གཟིགས་ཀྱི་རྣམ་ཐར་རྒྱས་པར་བསྟན་ཡོད་པའི་མདོ་

① ཚེ་ཏན་ཞབས་དྲུང་། ཐོན་མིའི་ཞལ་ལུང་། ཀན་སུའུ་མི་རིགས་དཔེ་སྐྲུན་ཁང་། 2005ལོ། ཤོག་ངོས་37

② ཚལ་པ་ཀུན་དགའ་རྡོ་རྗེ། དེབ་ཐེར་དམར་པོ། མི་རིགས་དཔེ་སྐྲུན་ཁང་། 1981ལོ། ཤོག་ངོས་34

ཞིག་ཡིན་ཞིང་། དུང་དཀར་བློ་བཟང་འཕྲིན་ལས་ཀྱིས། མདོ་འདི་ནི་དེ་སྔོན་བོད་ཀྱི་བཙན་པོ་ཁྲི་སྲོང་ལྡེ་བཙན་གྱི་དུས་བོད་ཀྱི་ལོ་ཙཱ་བ་ཞང་ཡེ་ཤེས་སྡེས་རྒྱ་གར་སྐད་ནས་བོད་སྐད་དུ་བསྒྱུར་ཞེས་གསུངས་པ་དང་།[①] མདོ་རང་ཉིད་ཀྱི་མཇུག་བྱང་དུའང་། ཟ་མ་ཏོག་བཀོད་པ་བམ་པོ་གཉིས་པ། པཎྜི་ཏ་ཛཱི་ན་མི་ཏྲ་སོགས་དང་། ལོ་ཙཱ་བ་བན་དེ་ཞང་ཡེ་ཤེས་སྡེས་བསྒྱུར་ཅིང་ཞུས་པ་ཞེས་བཀོད་འདུག་པས།[②] ད་ལྟའི་བཀའ་འགྱུར་ཁྲོད་ཀྱི་མདོ་འདི་སྔོན་གྱི་ལྕ་ཐོ་ཐོ་རི་སྙན་བཙན་སྐབས་བྱུང་བའི་དེ་ཡིན་ན། མདོ་འདི་ཞང་ཡེ་ཤེས་སྡེས་གསར་དུ་བསྒྱུར་བ་མ་ཡིན་པར་ཁ་ཆོན་གཅོད་ནུས་པས། དེ་ལྟར་མ་ཡིན་པ་མདོ་རང་ཉིད་ཀྱི་མཇུག་བྱང་ལས་བསྒྱུར་ཅིང་ཞུས་ཞེས་པར་གཞིགས་ན་ཤེས་ཐུབ་བོ། །དེ་བས་ན་མདོ་སྡེ་ཟ་མ་ཏོག་ཅེས་པ་གཉན་པོ་གསང་བར་གྲགས་པའི་གྲས་ཀྱི་མདོ་འདི་ལྟ་བུ་ཞིག་ཡོད་ཆེ། འདི་དང་ཕྱིས་སུ་བྱུང་བའི་ད་ལྟ་མཐོང་ཆོས་སུ་གྱུར་པའི་ཟ་མ་ཏོག་བཀོད་པ་གཉིས་མི་གཅིག་པར་མངོན་ནོ། །

གཉིས། དཔང་སྐོང་ཕྱག་བརྒྱ་པ་ནི། སྔོན་བྱུང་དེབ་ཐེར་རྣམས་ལས། ༡ སྤང་སྐོང་ཕྱག་བརྒྱ་པ་ཞེས་དང་། ༢ སྤང་སྐོང་ཕྱག་རྒྱ་བ་ཞེས་དང་། ༣ སྤང་བཀོང་ཕྱག་བརྒྱ་པ་ཞེས་དང་། ༤ སྤང་བཀོང་ཕྱག་རྒྱ་བ་ཞེས་དང་། ༥ སྤང་གོང་ཕྱག་རྒྱ་བ་ཞེས་དང་། ༦ དཔང་སྐོང་ཕྱག་བརྒྱ་པ་ཞེས་དང་།[③] ༧ དཔང་སྐོང་ཕྱག་རྒྱ་བ[④]ཞེས་དང་། ༨ པང་གོང་ཕྱག་རྒྱ་བ་ཞེས་དང་། ༩ ཕམ་གོང་ཞེས་པ[⑤]སོགས་འབྲི་ཚུལ་མི་འདྲ་བ་དགུ་ཙམ་དང་། གྲངས་ཀའི་ཆ་ནས་དེབ་ཐེར་ཕལ་མོ་ཆེའི་ནང་མདོ་སྡེ་འདི་བཀོད་ཡོད། གཞུང་འདིའི་མཚན་བྱང་འབྲི་ཚུལ་ཐད་གོང་གསལ་ལྟར་ཡིག་རིས་མི་འདྲ་བ་སྣ་ཚོགས་སྣང་བར་བལྟས་ན། ཏུན་ཧོང་ཡིག་ཚགས་ཀྱི་ནང་མགོ་ཅན་ས་དང་སྔོན་འཇུག་ད་བཟེ་བ་ཡོད་མོད། འདིར་དེ་ཙམ་མ་ཡིན་པར་འབྲི་ཚུལ་སྣ་ཚོགས་པར་གྱུར་པས་ཕལ་ཆེར་སྒྲ་འགྱུར་ཞིག་དང་མཚུངས་ལ། གོང་དུ་དཔྱད་ཟིན་ལྟར་《སློང་ཆེན་ཆོས་འབྱུང་》ལས། རྒྱ་གར་ནས་ཆོས་བྱོན། རྒྱ་ནག་ནས་ཧ་ཤང་བྱོན་ཏེ་དབུ་བརྙེས

① དུང་དཀར་ཚིག་མཛོད་ཆེན་མོ། ཀྲུང་གོའི་བོད་ཀྱི་ཤེས་རིག་དཔེ་སྐྲུན་ཁང་། 2002ལོ། ཤོག་ངོས་1141

② སྡེ་དགེ་བཀའ་འགྱུར་ནང་ཚན་གྱི་མདོ་མང་ཁོངས་ཞ་པོད་དང་ཡང་ན་སྡེ་དགེ་བཀའ་འགྱུར་དཀར་ཆག་ཤོག་ངོས་355ལ་གཟིགས་འཚལ།

③ འབྲི་ཚུལ་འདི་ནི་ཞོལ་དཔར་ཁང་གི་བཀའ་འགྱུར་ཁྲོད་ཀྱི་དཔང་སྐོང་ཕྱག་བརྒྱ་པའི་འབྲི་ཚུལ་ཡིན་ནོ། །བཀའ་འགྱུར་མདོ་མང་ནང་གསེས་ཟ་པོད། ཤོག་ངོས་52

④ ཚེ་ཏན་ཞབས་དྲུང་། ཐོན་མིའི་ཞལ་ལུང་། ཀན་སུའུ་མི་རིགས་དཔེ་སྐྲུན་ཁང་། 2005ལོ། ཤོག་ངོས་37

⑤ ཕྲ་རན་སིའི་རྒྱལ་གཉེར་དཔེ་མཛོད་ཁང་དུ་ཉར་བའི་ཏུན་ཧོང་བོད་ཡིག་ཡིག་ཚགས།(དེབ་དང་པོ) ཧྲང་ཧེ་དཔེ་རྙིང་དཔེ་སྐྲུན་ཁང་། 2006ལོ། ཤོག་ངོས་100 P.T.0017V

པར་གྱུར་ཏོ་ཞེས་དང་། ཡང་དེ་ཉིད་ལས་ཧྭ་ཤང་གི་མཚན་ལ་ལི་བྱིན་དུ་འབོད་ཚུལ་གསལ་པོར་བཀོད་པས།[1] ཆོས་ཁུངས་རྒྱ་གར་ཡིན་པ་དང་དེ་དག་ཐོག་མར་བོད་དུ་སྤྱན་འདྲེན་མཁན་ནི་རྒྱ་ནག་གི་མཁན་པོ་ལི་བྱིན་ཡིན་པར་བཤད་པ་དང་། དེ་བཞིན་དུ་ནེའུ་པནྡི་ཏའི་ཆོས་འབྱུང་སོགས་ཕྱིས་ཀྱི་དེབ་ཐེར་དང་ཆོས་འབྱུང་མང་པོར་པནྡི་ཏ་གདན་འདྲེན་མཁན་གྱི་ལོ་ཙྪ་བའི་མཚན་ལ་ལི་ཐེ་སེར་འབོད་ཚུལ་གཅིག་མཐུན་དུ་བྱུང་བ་འདིའི་མཚན་ལའང་རྒྱ་ནག་གི་མིང་འདོགས་ཀྱི་ཁྱད་ཆོས་མངོན་པ་བཅས་ལ་གཞིགས་ན། དེ་དག་བོད་ཡུལ་དུ་ཡུལ་ཐོག་མར་གང་ནས་སྤྱན་དྲངས་པ་དང་ཡིག་རིགས་གང་ཞིག་ལས་བོད་ཡིག་ཏུ་བསྒྱུར་བ་ཁ་ཚོན་གཅོད་དགའ་བའི་གནས་སུ་ངེས་སྙམ་མོ། །

མདོ་སྡེ་འདིའི་མཚན་ལ་རྒྱ་ཡིག་ཏུ"百拜忏悔经"ཞེས་བསྒྱུར་འདུག་ཀྱང་། གོ་བའི་ཆ་ནས་བོད་ཡིག་གི་མཚན་བྱང་ལས་ཕར་བསྒྱུར་བར་མངོན་ཞིང་མཐའ་གཅིག་ཏུ་ཁ་ཚོན་གཅོད་དཀའ་སྟེ། རྒྱ་ཡིག་གི་གོ་བར་བལྟས་ན"百拜"ཞེས་པ་ཕྱག་བརྒྱའི་དོན་དང་། "忏悔"ཞེས་པ་ནི་ལྟུང་བ་བཤགས་པའམ་འགྱོད་བཤགས་ལྟ་བུའི་དོན་ཡིན་ལ། ད་ལྟ་བཀའ་འགྱུར[2]ཁྲོད་བཞུགས་པའམ་ཡང་ན་ཅུན་ཧོང་དུ་རྙེད་སོན་བྱུང་བའི་དཔང་སྐོང་ཕྱག་བརྒྱ་པ་གང་ལ་བལྟས་ཀྱང་ནང་དོན་གྱི་ཆ་ནས་ད་ལྟའི་ལྟུང་བཤགས་ཉེ་བར་འཁོར་གྱི་མདོ་ལས་བྱུང་བ་དང་ཕལ་ཆེར་ཆ་འདྲ་བ་ཞིག་ཡིན་པས། "忏悔"ཞེས་བཏགས་པ་དོན་དང་མཐུན་པ་ཞིག་ཡིན་པར་མངོན། འོན་ཏེ་མཁས་དབང་དུང་དཀར་བློ་བཟང་འཕྲིན་ལས་ཀྱིས། མདོ་འདི་བཅོམ་ལྡན་འདས་ཀྱི་བཀའ་སྡེ་སྣོད་གསུམ་གྱི་ནང་གསེས་ཀླུ་འདུལ་བའི་དོན་དུ་གསུངས་པ་ཞིག་ཡིན་ཞེས་བཤད་ལ།[3] གང་ལྟར་ཀྱང་བོད་ཡིག་གི་དཔང་སྐོང་ངམ་སྤང་སྐོང་སོགས་འབྲི་ཚུལ་སྣ་ཚོགས་ཤིག་བྱུང་ཡོད་པ་དེ་དག་གི་དོན་བཀྲལ་ཚུལ་ཇི་བཞིན་ཤེས་ཐབས་བྲལ་ནའང་། འདིར་དཔང་སྐོང་ལྟ་བུའི་དོན་ནི་འོལ་ཚོད་སྨོས་ན་སངས་རྒྱས་བྱང་སེམས་མང་པོ་དཔང་པོར་བཞག་ནས་འགྱོད་བཤགས་བྱེད་པའི་དོན་ཡིན་ནམ་དཔྱད་པར་འཚལ། ཡང་"百拜"ཞེས་པ་ཕྱག་བརྒྱའི་དོན་ཡིན་མོད། བོད་ཡིག་ཡིག་ཚང་རྣམས་སུ་ཕྱག་རྒྱ་ཞེས་བྲིས་པའང་མི་ཉུང་ཞིང་། དཔང་སྐོང་དང་མཉམ་དུ་ཐོན་པའི་མདོ་སྡེ་ཟ་མ་ཏོག་ལ་དེ་དག་ལས་མདོ་ལ་སྤྱི་བ་ཟ་མ་ཏོག་ཅེས་བཀོད་པའང་རྒྱུ་མཚན་ཅན་དུ་མཐོང་

① ཀུན་མཁྱེན་ཀློང་ཆེན་རབ་འབྱམས་པ་དྲི་མེད་འོད་ཟེར། ཀློང་ཆེན་ཆོས་འབྱུང་། བོད་ལྗོངས་བོད་ཡིག་དཔེ་རྙིང་དཔེ་སྐྲུན་ཁང་། 1991ལོ། ཤོག་ངོས་221

② དུང་དཀར་ཚིག་མཛོད་ཆེན་མོ། ཀྲུང་གོའི་བོད་ཀྱི་ཤེས་རིག་དཔེ་སྐྲུན་ཁང་། 2002ལོ། ཤོག་ངོས་1292

③ དུང་དཀར་ཚིག་མཛོད་ཆེན་མོ། ཀྲུང་གོའི་བོད་ཀྱི་ཤེས་རིག་དཔེ་སྐྲུན་ཁང་། 2002ལོ། ཤོག་ངོས་1292

ཞིང་། དེང་དུས་ཀྱི་མཁས་དབང་དུང་དཀར་བས་ཀྱང་ཆོས་འབྱུང་དེབ་ཐེར་རྣམས་ལས་འདོར་ལེན་བྱས་རྗེས་ཕྱག་བརྒྱའི་བརྒྱ་ལ་སྟོན་འཇུག་མེད་པ་བྲིས་འདུག་པར་གཞིགས་ན་ཕལ་ཆེར་ཕྱག་རྒྱ་ཞེས་པ་ཡིན་འདྲ་བས། གལ་ཏེ་རྒྱ་སྟོན་འཇུག་མེད་པ་འདི་ཡིན་ཚེ་རྒྱ་ཡིག་གི་“百拜” ཞེས་པའི་དོན་གནད་དུ་འཁེལ་མེད་དོ། །ཡང་ཀྲང་དབྱི་སུན་གྱིས་གཙོ་སྒྲིག་བྱས་པའི་《བོད་རྒྱ་ཚིག་མཛོད་ཆེན་མོར་》སྤང་སྐོང་ཕྱག་བརྒྱ་མ་ཞེས་བཀོད་འདུག་པ་འདིའི་མཚན་རྒྱ་ཡིག་ཏུ་“诸佛菩萨名称经” ཞེས་བསྒྱུར་ཡོད། འདི་ཡང་ཞིབ་ཏུ་བསམ་ཚེ་སངས་རྒྱས་བྱང་སེམས་རྣམས་ཀྱི་མཚན་བརྗོད་ལྟ་བུར་བསྒྱུར་འདུག་པ་ལས་སྤང་སྐོང་གི་དོན་གང་ཡིན་གསལ་པོར་ཐོན་མེད་པ་དང་། ཕྲ་རན་སིའི་རྒྱལ་གཉེར་དཔེ་མཛོད་ཁང་དུ་ཉར་བའི་ཏུན་ཧོང་བོད་ཡིག་ཡིག་ཚགས་ཀྱི་ཁྲོད་ནའང་དཔང་སྐོང་ཕྱག་བརྒྱ་པ་ཁ་ཚང་དུ་མ་ཡོད་ནའང་། དེ་དག་ཏུ་གཞུང་འདིའི་ཁ་བྱང་གསལ་པོར་བཀོད་པ་ད་སྟའི་བར་མཐོང་ཡུལ་དུ་མ་གྱུར་པས། བསྟན་བཅོས་འདིའི་མཚན་བྱང་དང་མཚན་དོན་ངོ་མ་གང་ཡིན་ཁ་ཚོན་གཅོད་དཀའ་སྟབས་མུ་མཐུད་དུ་ཉམས་ཞིབ་བྱ་དགོས་པའི་གནས་ཤིག་གོ །

གསུམ། ཙིནྟ་མ་ཎིའི་བཀོས་ཐོར་ནི། ཐོག་མར་འདིའི་མཚན་ལ་གོང་གི་རེའུ་མིག་ཏུ་གསལ་བ་ལྟར་དེབ་ཐེར་ཕལ་མོ་ཆེའི་ནང་དུ་ཡིག་རིས་མི་འདྲ་བ་སྣ་ཚོགས་ཤིག་བྲིས་འདུག་སྟེ། དཔེར་ན་ཙིནྟ་ལ་ཙིན་ཏྲ་དང་ཚིནྟྲ་ཞེས་པ་དང་། བཀོས་ཐོར་ལ་སྐོས་ཐོར་དང་ཀོས་ཐོར་དང་བསྐོལ་ཐོར་དང་སྐོར་ཐོར་སོགས་བྲིས་པ་ལྟ་བུ་རེད། འདིའི་ཙིནྟ་མ་ཎི་ཞེས་པ་ནི་ཡིད་བཞིན་ནོར་བུའི་དོན་ཡིན་པར་དེབ་ཐེར་དང་ཆོས་འབྱུང་སྡེ་མ་དག་ཁ་འཆམ་ལ། བཀོས་ཐོར་གྱི་ཐད་ལ་ལས་སྐོར་ཐོར་དང་བསྐོལ་ཐོར་སོགས་སྣ་ཚོགས་བྲིས་ཡོད་མོད། དོན་ནི་དེབ་ཐེར་གང་ལ་བལྟས་ན་བཀོས་ཐོར་གྱི་དོན་ལས་མ་འདས་པར་གསལ་ཏེ། མཁས་དབང་དུང་དཀར་བློ་བཟང་འཕྲིན་ལས་ཀྱིས། ཙིནྟ་མ་ཎིའི་ཀོས་ཐོར་ནི་སྤྱན་རས་གཟིགས་ཡིད་བཞིན་ནོར་བུའི་གཟུངས་བཀོས་པའི་ལུགས་པར་ཞིག་ཡིན་པར་བཤད་པས་ཤེས་ནུས་པ་དང་།① དཔའ་བོ་གཙུག་ལག་ཕྲེང་བས་དེ་ནི་བཅུ་གཅིག་ཞལ་ཡིད་བཞིན་ནོར་བུའི་གཟུངས་ཀྱི་སྐོས་ཐོར་ཞིག་ཡིན་པར་བཤད་ཀྱང་།② དེབ་སྟོན་ལས་ཙིནྟ་མ་ཎིའི་གཟུངས་ཞེས་ཙམ་ལས་གཞན་བསྟན་མེད་སྟབས། ཕྲིས་ཀྱི་ལོ་རྒྱུས་སྨྲ་བ་དག་དེ་གཉིས་མཉམ་དུ་སྒྲུང་བསྒྲིགས་ནས་《མཁས་པའི་དགའ་སྟོན་》

① དུང་དཀར་ཚིག་མཛོད་ཆེན་མོ། ཀྲུང་གོའི་བོད་ཀྱི་ཤེས་རིག་དཔེ་སྐྲུན་ཁང་། 2002ལོ། ཤོག་ངོས་1655

② དཔའ་བོ་གཙུག་ལག་ཕྲེང་བ། ཆོས་འབྱུང་མཁས་པའི་དགའ་སྟོན། མི་རིགས་དཔེ་སྐྲུན་ཁང་། སྟོད་ཆ། 1985ལོ། ཤོག་ངོས་166

ལས་གཟུགས་ཞེས་པ་གཟུངས་སུ་བསྒྱུར་ཏེ་བཅུ་གཅིག་ཞལ་ཡིད་བཞིན་ནོར་བུའི་གཟུངས་ཀྱི་བཀོས་ཕོར་ཞེས་བཀོད་པ་ཤིན་ཏུ་མང་། འདིའི་གཟུངས་ནི་《ཐོན་མིའི་ཞལ་ལུང་》ལས། མདོ་རྒྱུད་ཉེར་གཅིག་གྲས་ཀྱི་ཡིད་བཞིན་ནོར་བུའི་གཟུངས་དང་གཅིག་གམ་སྙམ་ཞེས་གཅིག་ཚུལ་ཤོས་ཆེ་བར་གསུངས་ལ། དེ་ནི་《མཁས་པའི་དགའ་སྟོན་》ལས་མདོ་རྒྱུད་ཉེར་གཅིག་གི་གྲངས་འདྲེན་ལ་བཀའ་ཆེམས་ཀྱི་ལུང་དྲངས་ཤིང་དེ་དག་གི་ནང་ནས་འོད་ཟེར་རྣམ་བཀོད་དང་། ཚ་ལྒང་སྣ་ཚོགས། སྣང་བ་རོལ་བ། མཚན་རབ་ཡོངས་སུ་བསྔན་པ་ལྷ་བུ་ལས་གཞན་ཐམས་ཅད་སྐབས་དེའི་བཀའ་འགྱུར་གྱི་ཁྲིད་དུ་འགྱུར་ཁུད་ཙམ་མ་གཏོགས་བཞུགས་པར་བཤད་པ་གཞིར་མཛད་པ་ཡིན་པས། གལ་ཏེ་མདོ་རྒྱུད་ཉེར་གཅིག་གྲས་ཀྱི་ཡིད་བཞིན་ནོར་བུའི་གཟུངས་དེ་གཉན་པོ་གསང་བར་གྲགས་པའི་ནང་གི་ཙིནྟ་མ་ཎིའི་གཟུངས་དེ་ཡིན་ཚེ། ད་ལྟ་བཀའ་འགྱུར་དུ་བཞུགས་པའི་གཟུངས་དེ་ཡང་གཉན་པོ་གསང་བའི་ནང་གསེས་ཀྱི་གཟུངས་དེ་ཡིན་དགོས་པ་《མཁས་པའི་དགའ་སྟོན་》གྱི་ལུང་དོན་གོང་དུ་སོང་མ་ཐག་པ་དེས་འགྲུབ་པའི་ཕྱིར་རོ། །

བཞི། མུ་དྲའི་ཕྱག་རྒྱ་ནི། གོང་གི་རེའུ་མིག་གཞིར་བྱས་ན་མུ་དྲའི་ཕྱག་རྒྱ་ཞེས་པ་《རྒྱལ་རབས་གསལ་བའི་མེ་ལོང་》དང་། 《མཁས་པའི་དགའ་སྟོན་》 《དེབ་ཐེར་དམར་པོ་》གསུམ་ལས་དེབ་ཐེར་གཞན་དག་གི་ནང་བཀོད་མེད་པ་དང་། དེའི་ནང་ནས་ཀྱང་《མཁས་པའི་དགའ་སྟོན་》དུ་དྲ་བྲིས་སོད། དོན་སྙིང་ནས་བཤད་ན་འདི་གསུམ་ཡི་གེ་འབྲི་ཚུལ་མི་འདྲ་བ་ཙམ་ལས་དོན་སྟོན་ཚུལ་ངེས་པར་གཅིག་མཚུངས་ཡིན་པར་གསལ་ཏེ། དེ་ཡང་དཔའ་བོ་གཙུག་ལག་ཕྲེང་བས། མུ་དྲའི་ཕྱག་རྒྱ་ཞེས་པ་ཚད་ཁྲུ་གང་ཙམ་གྱི་ནོར་བུའི་རིགས་ཀྱི་རྗེ་ལ་ཡིག་དྲུག་རང་བྱུང་ཅན་ཞིག་ཡིན་པར་བཤད།[①] འོན་ཏེ《མཁས་པའི་དགའ་སྟོན་》གྱི་ཚིག་ལ་བལྟས་ན་ཡོད་སྐད་ཅེས་བཤད་སྒྲོས་སྨོས་པའི་ཚིག་དངོས་སུ་ཐོན་པས་དཔའ་བོ་གཙུག་ལག་ཕྲེང་བ་རང་ཉིད་ཀྱིས་ཀྱང་དེ་ཉིད་དངོས་སུ་མ་མཐོང་བ་གསལ་པོར་རྟོགས་ནུས། 《དེབ་ཐེར་ཀུན་གསལ་མེ་ལོང་》སོགས་ཕྱིས་ཀྱི་དེབ་ཐེར་དག་གིས་དཔའ་བོ་གཙུག་ལག་ཕྲེང་བའི་གསལ་བཤད་ལྟར་ཚིག་ཇི་བཞིན་བཀོད་པ་ལས་ལྟ་ཚུལ་གཞན་གྱིས་མ་ཐོན་པ་ཞིག་གི་སྟེང་ནས་དཔྱད་འཇོག་གང་ཡང་བྱས་མེད་དོ། །ཚལ་པའི་དེབ་ཐེར་དམར་པོར་སྙིང་པོ་ཡི་གེ་དྲུག་མ་དང་མུ་དྲའི་ཕྱག་རྒྱ་སོ་སོར་དྲངས་ཡོད་ཀྱང་། 《ནེའུ་པཎྜི་ཏའི་ཆོས་འབྱུང་》ལས། སྙིང་པོ་ཡི་གེ་དྲུག་མ་གསེར་གྱིས་བྲིས་པ

---

① དཔའ་བོ་གཙུག་ལག་ཕྲེང་བ། ཆོས་འབྱུང་མཁས་པའི་དགའ་སྟོན། མི་རིགས་དཔེ་སྐྲུན་ཁང་། སྟོད་ཆ། 1985ལོ། ཤོག་ངོས་166

གཅིག་ལ་ཨུ་ཧྲའི་ཕྱག་རྒྱས་བཏབ་ནས་ཞེས་དང་།[1] དེའི་བར་མཆན་བར་དུ་བཅུག་སྟེ་བཤད་ན། སྙིང་པོ་ཡི་གེ་དྲུག་མ་ཤོག་དྲིལ་སེར་པོ་ལ་གསེར་གྱིས་ལྷཱུའི་ཡི་གེས་བྲིས་པ་ཞིག་ཡིན་ཞིང་དེར་ཨུ་ཧྲའི་ཕྱག་རྒྱས་བཏབ་པར་གསལ་ཇོགས་ཐུབ། འདི་དག་ལ་གཞིགས་ན་དེབ་ཐེར་རྣམས་སུ་གཉན་པོ་གསང་བའི་གྲས་ཨུ་ཧྲའི་ཕྱག་རྒྱ་དང་སྙིང་པོ་ཡི་གེ་དྲུག་མ་བཤད་པ་རིགས་གཅིག་ཡིན་པར་མངོན། འོན་ཏེ་《དེབ་ཐེར་རྫོགས་ལྡན་གཞོན་ནུའི་དགའ་སྟོན་》ལས། མདོ་སྡེ་ཟ་མ་ཏོག་གི་སྙིང་པོ་ཡི་གེ་དྲུག་པ་ཞེས་བཀོད་པ་དང་།[2] 《ནེའུ་པཎྜི་ཏའི་ཆོས་འབྱུང་》དང་། 《དེབ་དམར་》《རྒྱལ་རབས་གསལ་མེ་》སོགས་ལས་སྙིང་པོ་ཡི་གེ་དྲུག་མ་ཞེས་ཟོགས་སུ་གསུངས་པས། དེ་དག་གཅིག་ཡིན་མིན་ལ་ཨུ་མཐུད་དུ་དཔྱད་དགོས་སོ། །

《དེབ་ཐེར་སྔོན་པོ་》རུ་སྤྱན་རས་གཟིགས་ཡི་གེ་དྲུག་མ་ཟེར་བ་ཞིག་ཐོན་མིས་བོད་དུ་བསྒྱུར་ཚུལ་གསུངས་ལ། འདིའི་མཚན་ཁ་ཚང་ལ་འཕགས་པ་སྤྱན་རས་གཟིགས་དབང་ཕྱུག་ཡི་གེ་དྲུག་མ་ཟེར། འདི་ནི་བཤད་རྒྱུད་དོན་ཞགས་རྟོག་པ་ལས་བཤད་པའི་སྤྱན་རས་གཟིགས་ཡི་གེ་དྲུག་པ་དཀར་པོ་ཕྱག་བཞི་པ་ལྷ་གསུམ་ཡོད་པའི་ནང་ནས་གཙོ་བོ་སྤྱན་རས་གཟིགས་དཀར་པོའི་གཡོན་ཕྱོགས་སུ་གཙོ་བོའི་ཞལ་ལ་བལྟ་ཞིང་པུས་མོ་ཕྱོགས་གཅིག་ས་ལ་བཙུགས་པའི་ལྷ་ཞིག་ཡིན་ཏེ། འདིའི་ཡི་གེ་དྲུག་མ་ཞེས་པ་ནི་ལྷ་འདིའི་རྩ་བའི་སྙིང་པོའི་ཡི་གེ་དྲུག་མའི་སྔགས་ལ་གོ་དགོས་ཤིང་དེ་ལྷའི་རྣམ་པར་ཤར་བ་ལ་འཕགས་པ་སྤྱན་རས་གཟིགས་དབང་ཕྱུག་ཡི་གེ་དྲུག་མའང་ཟེར། ལྷ་འདིའི་སྐུའི་ཁྱད་ཆོས་ཟ་མ་ཏོག་བཀོད་པའི་མདོ་ལས་བཤད་པའི་ཡི་གེ་དྲུག་པ་དང་ཅུང་མི་འདྲ་སྟེ། ཟ་མ་ཏོག་བཀོད་པར་བཤད་པའི་ཡི་གེ་དྲུག་པ་ནི་ཞབས་རྡོ་རྗེ་སྐྱིལ་ཀྲུང་གིས་བཞུགས་ཤིང་། སྐུ་ལ་སྟག་ལྤགས་ཀྱི་ཤམ་ཐབས་མནབས་པ་ཞིག་ཡིན་ནོ། །ཡིན་ནའང་འདི་གཉིས་ཀྱི་གཟུངས་ནི་ཡི་གེ་དྲུག་མ་ཡིན་པ་འདྲ་འདྲ་ཡིན་པར་གསུངས་འདུག་གོ །

ལྔ། མཆོད་རྟེན་ནི། དཔའ་བོ་གཙུག་ལག་ཕྲེང་བས་གསེར་གྱི་མཆོད་རྟེན་ཡིན་པ་དང་། ཡང་འདི་ལ་གཞན་དུ་གཡུའི་མཆོད་རྟེན་བང་རིམ་བཞི་པ་ཞིག་ཡིན་པའི་ཟེར་སྒྲོས་ཡོད་ཚུལ་ཡང་བཀོད་ལ། 《ཀློང་ཆེན་ཆོས་འབྱུང་》ལས་གསེར་གྱི་མཆོད་རྟེན་དེ་ཡང་བང་རིམ་ལྔ་ཅན་ཞིག་ཡིན་པར་བཤད། དེ་བཞིན་དུ་བཀའ་ཆེམས་ཀ་ཁོལ་མར་མཆོད་རྟེན་དེ་ཤེལ་གྱི་མཆོད་རྟེན་ཞིག་ཡིན་པར་བཤད་པ་དང་། 《རྒྱལ་རབས་གསལ་མེ་》ལས་གསེར་གྱི་མཆོད་རྟེན་ཁྲུ་གང་བར་བཤད་པ་སོགས་སྔོན་གྱི་དེབ་

---

① ནེའུ་པཎྜི་ཏ་གྲགས་པ་སྨོན་ལམ་བློ་གྲོས། སྔོན་གྱི་གཏམ་མེ་ཏོག་ཕྲེང་བ། བོད་ལྗོངས་བོད་ཡིག་དཔེ་རྙིང་དཔེ་སྐྲུན་ཁང་། 1990ལོ། ཤོག་ངོས་14

② རྒྱལ་དབང་ལྔ་པ། དེབ་ཐེར་དཔྱིད་ཀྱི་རྒྱལ་མོའི་གླུ་དབྱངས། མི་རིགས་དཔེ་སྐྲུན་ཁང་། 1981ལོ། ཤོག་ངོས་15

ཐེར་དང་ཆོས་འབྱུང་དག་ཏུ་གཅིག་གྱུར་གྱི་བཤད་ཚུལ་ཞིག་གྲུབ་མེད་སྟབས། ཕྱིས་སུ་བྱུང་བའི་ལོ་རྒྱུས་སྨྲ་བ་དག་ཀྱང་སྔར་གྱི་ཡིག་ཚགས་གང་ཡང་རུང་བ་ཞིག་གི་རྗེས་སུ་ཞུགས་ཏེ་གང་འདོད་ལྟར་བྲིས་འདུག དེ་བས་ན་སྐབས་འདིའི་གཉན་པོ་གསང་བའི་གྲུས་ཀྱི་མཆོད་རྟེན་དེ་མཐའ་གཅིག་ཏུ་འདི་འདྲ་ཞིག་ཡིན་ཞེས་ཁ་ཚོན་གཅོད་དཀའ་ནའང་། གོང་བཀོད་ཡིག་ཆ་དག་གི་སྙིང་པོ་ཕྱོགས་གཅིག་ཏུ་བསྡུས་ནས་གཞིགས་ན་མཆོད་རྟེན་དེ་ནི་རྒྱུ་གསེར་རམ་གཡུའམ་ཤེལ་གྱིས་གྲུབ་ཅིང་བང་རིམ་བཞིའམ་ལྔ་སྟེ་མདོར་ན་ཚད་ཁྲུ་གང་ཙམ་ཞིག་ཡིན་པ་བསྟན་ཡོད་སྙམ་མོ། །

དྲུག གླེགས་བམ་རྣམ་གཉིས་ནི། གོང་གི་རེའུ་མིག་ཏུ་གསལ་བ་ལྟར་《མཁས་པའི་དགའ་སྟོན་》ལས་གཉན་པོ་གསང་བའི་ཁྲོད་དུ་མདོ་སྡེ་ཟ་མ་ཏོག་དང་དཔང་སྐོང་ཕྱག་བརྒྱ་པ་གཉིས་ལས་གཞན་པའི་གླེགས་བམ་གཉིས་ཡོད་པར་བཤད་ཀྱང་། འདི་ལྟར་བཤད་མཁན་གཞན་ཤིན་ཏུ་ཉུང་། དཔའ་བོ་གཙུག་ལག་ཕྲེང་བས་དེ་ལྟར་བཀོད་པ་ནི་ཕལ་ཆེར་བཀའ་ཆེམས་ཀ་ཁོལ་མའི་རྗེས་སུ་འབྲངས་པར་མངོན་མོད། བཀའ་ཆེམས་རང་ན་གསེར་གྱི་གླེགས་བམ་བཻཌཱུརྻ་ཞུན་མས་བྲིས་པའི་གླེགས་བམ་ཅིག་བྱུང་།① ཞེས་གསུངས་པ་ཙམ་ལས་གླེགས་བམ་གཉིས་བྱུང་ཚུལ་ཞིག་མི་གསལ། ཡིག་ཆ་འདི་གཉི་གར་དེ་འདྲའི་གླེགས་བམ་ཞིག་བྱུང་ཙམ་བཤད་པ་ལས་གླེགས་བམ་གང་ཡིན་གྱི་ངོས་འཛིན་སོགས་གཏན་ནས་བཀོད་མེད་སྟབས། དོན་ངོ་མར་དེ་འདྲའི་གླེགས་བམ་ཞིག་བོད་ཀྱི་ལོ་རྒྱུས་སྟེང་བྱུང་མིན་ཡང་བཤད་དཀའ་བའི་གནས་ཤིག་གོ །

མདོར་ན། ལྷ་ཐོ་ཐོ་རི་གཉན་བཙན་གྱི་སྐབས་བོད་ལ་ཐོག་མར་བྱུང་བའི་རིག་རྫས་རྩ་ཆེན་དེ་དག་ད་ལྟ་ཡོད་དམ་ཞེ་ན། སྔོན་གྱི་གནའ་དཔེ་རྙིང་ཤས་རྫོམ་པ་པོ་མི་གསལ་བ་《དབུས་གཙང་གནས་ཡིག་ངོ་མཚར་ལུང་སྟོན་མེ་ལོང་》ལས། ཆོས་རྒྱལ་ཐོ་ཐོ་རི་གཉན་བཙན་གྱི་ཕོ་བྲང་ཡུམ་བུ་བླ་སྒང་དུ་རྗེ་བོ་ནོར་བུ་བསམ་འཕེལ། ཐུགས་དམ་གཉན་པོ་གསང་བ་སོགས་བཞུགས།② ཞེས་གསུངས་ལ། ཁོ་བོ་ཉེ་བའི་ལོ་ཤས་སྔོན་དེར་དངོས་སུ་སོང་སྟེ་བརྟད་གཅོད་བྱས་མོད། དེ་གའི་ཡུལ་མི་ཤེས་ལྡན་དག་གིས་སྔོན་ཆད་གཉན་པོ་གསང་བ་ཡུམ་བུ་བླ་སྒང་གི་ཕོ་བྲང་དུ་བཞུགས་མྱོང་ཞིང་། ཕྱིས་སུ་ཕོ་བྲང་ལ་ཆག་འཇིག་བྱུང་རྐྱེན་དེ་ནས་གདན་དྲངས་ཏེ་པོ་ཏཱ་ལར་བཞུགས་ཟེར། ཡང་ལ་ལས་བསམ་ཡས་སུ་མཆོད་རྟེན་གྱི་ནང་གཟུངས་གཞུག་བྱས་ཡོད་ཀྱང་ཟེར། མཁས་དབང་དུང་དཀར་མཆོག་གིས་ཁོང་གི་

① བཀའ་ཆེམས་ཀ་ཁོལ་མ། ཀན་སུའུ་མི་རིགས་དཔེ་སྐྲུན་ཁང་། 1989ལོ། ཤོག་ངོས་95

② དབུས་གཙང་གནས་ཡིག་ངོ་མཚར་ལུང་སྟོན་མེ་ལོང་། མཚོ་སྔོན་མི་རིགས་དཔེ་སྐྲུན་ཁང་། 1994ལོ། ཤོག་ངོས་17

ཆོག་མཛོད་ཆེན་མོར་བཤད་ཚུལ་ཕྱི་མ་འདི་དང་མཐུན་པ་ཞིག་བྲིས་ཡོད་དེ། ཁོང་གིས་དེ་རྣམས་སྔར་བསམ་ཡས་གཙུག་ལག་ཁང་གི་ཕྱི་སྒོའི་གཡས་ངོས་སུ་ཡོད་པའི་མཆོད་རྟེན་གྱི་གཟུངས་སུ་ཕུལ་ཡོད་པར་བཤད་མོད། བསམ་ཡས་མཆོད་རྟེན་དཀར་པོར་དུས་ཀྱི་འགྱུར་ལྡོག་ཁྲིད་འཛིག་རྐྱེན་ཐེངས་མང་བྱུང་སྤྱོང་བས། གཞན་པོ་གསང་བར་གྲགས་པའི་གཟུངས་གཞུག་དེ་དག་ད་ལྟའི་བསྐྱར་བཞེངས་མཆོད་རྟེན་དུ་བཞུགས་ཚུལ་མེད་དོ། །

《གྲུང་གོའི་བོད་རིག་པ་》2009ལོའི་དེབ་དང་པོ་ལས་བདམས།

༄། །ཏུན་ཧོང་ནས་ཐོན་པའི་ཤོག་དྲིལ་P.T.903ངོ་སྤྲོད་རགས་ཙམ་ཞུ་བ།

གཡང་འབུམ་རྒྱལ།

[ནང་དོན་གནད་བསྡུས།] རྩོམ་ཡིག་འདིའི་ནང་ཏུན་ཧོང་ནས་ཐོན་པའི་ཤོག་དྲིལ་P.T.903ནི《འདུལ་བ་བསྡུས་པ་》ཡི་འགྱུར་གཞུང་བྲིས་མ་ཞིག་ཡིན་པ་ལ། ཆོས་རྒྱལ་ཁྲི་སྲོང་ལྡེ་བཙན་གྱི་དུས་ཞུས་ཆེན་གྱི་ལོ་ཙཱ་བ་བཻ་རོ་ཙ་ན་སོགས་ཀྱིས་བོད་ཡིག་ཏུ་བསྒྱུར་ཅིང་། ཕྱིས་ལོ་ཙཱ་བ་ཤཱཀྱའི་དགེ་སློང་རྒྱལ་བ་ཤེས་རབ་སོགས་ནས་ཏུན་ཧོང་གི་འགྱུར་འདི་རྨང་གཞི་བྱས་ཐོག་སཾསྐྲྀཏའི་སྐད་ཀྱི་ཕྱི་མོ་ལ་ཁུངས་གཏུགས་ཏེ་འགྱུར་བཅོས་བྱས་ཤིང་གཏན་ལ་ཕབ་པ་ཞིག་ཡིན་ཚུལ་དང་། གཞུང་ལས་ལུང་སྡེ་བཞིའི་བརྗོད་བྱའི་སྙིང་པོ་མཐའ་དག་གཞི་བཅུ་བདུན་གྱི་སྒོ་ནས་བསྟན་ཡོད་ཚུལ་གླེང་ཡོད།

[གནད་ཚིག] ཏུན་ཧོང་གཏེར་ཡིག འདུལ་བ་བསྡུས་པ། སོ་ཐར་མདོ་ཡི་འགྲེལ་པ། གཞི་བཅུ་བདུན།

ཏུན་ཧོང་ནས་ཐོན་པའི་བོད་ཡིག་གི་ཤོག་དྲིལ་P.T.903ནི་《འདུལ་བ་བསྡུས་པ་》ཡི་འགྱུར་གཞུང་བྲིས་མ་ཞིག་ཡིན་ཏེ། ཤོག་དྲིལ་འདིར་བསྡོམས་པས་ཤོག་གྲངས་དོན་གཅིག་ཙམ་ཡོད་ལ། ཏུན་ཧོང་ནས་རྙེད་པའི་བོད་ཡིག་གི་ཡིག་ཆའི་གྲས་སུ་ཤོག་གྲངས་ཉུང་མང་བའི་ཤོག་དྲིལ་ཞིག་ཡིན། ཤོག་དྲིལ་འདི་བྲིས་དཔེ་ཁ་ཚང་ཞིག་མིན་ལ་ཉར་ཚགས་ཀྱི་ལས་ཀ་ཡང་དེ་ཙམ་གྱི་ཡག་པོ་བྱུང་མེད། འོན་ཀྱང་དབུ་ཅན་དག་མོར་བྲིས་ཡོད་པས་ཤོག་བུའི་ཟུར་རེ་གཉིས་ཀྱི་ཡིག་འབྲུ་ཁ་ཤས་ཙམ་མ་གཏོགས་ཕལ་ཆེར་མགོ་ནས་མཇུག་བར་བདེ་བླག་ངང་བཀླག་ཐུབ། བྲིས་དཔེ་འདིའི་ཤོག་ངོས་རེར་ཐིག་ཕྲེང་ལྔ་རེ་བྱས་ཡོད་ལ་ཚིག་རྐང་རེའི་མཇུག་གི་ཡིག་འབྲུ་ཕྱི་མ་དང་ཤད་ཀྱི་བར་དུ་རྟགས“ : ”བཀོད་ཡོད་པ་ཉུང་མང་། བམ་པོ་དང་པོ་དང་། གཉིས་པ། དྲུག་པའི་མཇུག་ཏུ་མེ་ཏོག་མི་འདྲ་བ་རེ་བྲིས་ཡོད་པ་དང་བམ་པོ་གཉིས་པའི་མཇུག་ཏུ་ནོར་བུ་མེ་འབར་ཞིག་ཀྱང་བཀོད་ཡོད་པ་སོགས་ནི་བྲིས་ཤིན་ཏུ་ལེགས་པོ་ཞིག་འདུག

སློབ་དཔོན་ཁྱད་པར་བཤེས་གཉེན་གྱིས་མཛད་པའི་འཕགས་པ་གཞི་ཐམས་ཅད་ཡོད་པར་སྨྲ་བའི་གཞུང་《འདུལ་བ་བསྡུས་པ་》བམ་པོ་བཅུ་གསུམ་གྱི་བདག་ཉིད་ཅན་འདི་ནི་《སོ་སོར་ཐར་པའི་མདོ་》ཡི་འགྲེལ་པ་རྒྱས་པ་ཞིག་ཡིན་ལ། བཙན་པོ་ཁྲི་སྲོང་ལྡེ་བཙན་(742–797)གྱི་སྐབས་རྒྱ་གར་གྱི་མཁན་པོ་ཛི་

ཛེཏྲ་བོ་ཧི་དང་། རྒྱ་གར་གྱི་མཁན་པོ་ཤཱཀྱ་པྲ་བྷ་དང་། ཞུས་ཆེན་གྱི་ལོ་ཙཱ་བ་བཻ་རོ་ཙ་ན་རཀྵི་ཏ་བཅས་ཀྱིས་བོད་ཡིག་ཏུ་བསྒྱུར་བ་ཞིག་ཡིན། ད་ལྟ་ང་ཚོས་པེ་ཅིན་པར་གྱི་《བསྟན་འགྱུར་》པོད་བརྒྱ་དང་ཉི་ཤུ་པ་(ཕུ་1196–3466)དང་། སྡེ་དགེ་པར་4105་(ནུ88a1–268a7)དུ་མཐོང་ཐུབ་པའི་《འདུལ་བ་བསྡུས་པ་》སོགས་ནི་ཁ་ཆེའི་མཁན་པོ་ཛྙཱ་ན་ཤྲཱི་བྷ་དྲ་དང་། ལོ་ཙཱ་བ་ཤཱཀྱའི་དགེ་སློང་རྒྱལ་བ་ཤེས་རབ་དང་། ལོ་ཙཱ་བ་ཤཱཀྱའི་དགེ་སློང་ཤཱཀྱ་བཤེས་གཉེན་སོགས་ཀྱིས་ཏུན་ཧོང་གི་འགྱུར་འདི་ཆ་གཞིར་བྱས་ཐོག་སཾསྐྲྀཏའི་སྐད་ཀྱི་ཕྱི་མོ་ལ་ཁུངས་གཏུགས་ཏེ་བསྒྱུར་བཅོས་ཀྱིས་གཏན་ལ་ཕབ་པ་ཞིག་ཡིན་སྙམ།

གཤམ་དུ་གཞུང་འདིའི་ཐོག་མའི་གཞུང་ཁུངས་དང་། གཞུང་དོན། གཞུང་འདིའི་སྒྲིག་གཞིའི་སྐོར་སོགས་ནས་ཅུང་བརྗོད་པར་བྱ་བ་ལ།

དང་པོ། 《འདུལ་བ་བསྡུས་པ་》ཡི་གཞུང་ཁུངས་བཤད་པ།

སངས་རྒྱས་ཤཱཀྱ་ཐུབ་པས་ཡུལ་ཝ་ར་ཎ་སིར་ལྔ་སྡེ་ལ་བདེན་བཞིའི་ཆོས་འཁོར་གསུངས་པ་བཀའ་བསྡུ་རིམ་པ་གསུམ་གྱིས་སྡེ་སྣོད་གསུམ་དུ་བསྡུས་པ་རྣམས་ཀྱི་མཆོག་ནི་འདུལ་བའི་སྡེ་སྣོད་ཡིན་པར་གསུངས་ཏེ། 《འདུལ་བ་བསྟོད་པ་》ལས། "ཇི་ལྟར་འདི་ནི་ཤིང་རྩ་གཙོ་བོ་སྟེ། །རྣམ་པར་འཕེལ་དང་ཀུན་འཛིན་གཉིས་ཀྱི་གཞི། །དེ་བཞིན་དམ་ཆོས་ཚོགས་རྣམས་ཀུན་གྱི་ཡང་། །གཞི་དང་རྩ་བ་འདུལ་བ་ཡིན་པར་གསུངས། །"[①]ཞེས་དང་། "ཇི་ལྟར་འགྲོ་འདི་རྒྱལ་བ་ཐམས་ཅད་ཀྱི། །མཛོད་མཆོག་འདུལ་བ་ཛོགས་པ་འདི་གནས་པ། །དེ་སྲིད་ཆོས་སྒྲོན་འདི་ཡང་གནས་འགྱུར་ཞིང་། །ལྡོག་པར་འགྱུར་ན་ཞི་བ་ཐོབ་མི་འགྱུར། །"[②]ཞེས་པ་བཞིན་འདུལ་བའི་སྡེ་སྣོད་འདི་ཉིད་ཤིང་གི་རྩ་བ་ལྟར་ལུང་དང་རྟོགས་པའི་ཡོན་ཏན་ཐམས་ཅད་ཀྱི་རྟེན་དང་། དམ་པའི་ཆོས་འཕེལ་བར་བྱེད་པ་དང་། ས་གཞི་དང་འདྲ་བར་སྡོམ་བརྩོན་ཅན་རྣམས་ཀྱི་གཞི་ཡིན་པར་གསུངས། འདུལ་བའི་སྡེ་སྣོད་འདི་ལ་ཡང་གཞི་ཐམས་ཅད་ཡོད་པར་སྨྲ་བའི་སྡེ་དང་། འོད་སྲུང་བའི་སྡེ། ས་སྟོན་སྡེ། ཆོས་སྲུང་སྡེ་སོགས་སྡེ་པ་བཅོ་བརྒྱད་སོ་སོར་འདུལ་བའི་ཕྱག་ལེན་མང་པོ་ཞིག་བྱུང་བ་ལས། ཆོས་རྒྱལ་ཁྲི་སྲོང་ལྡེ་བཙན་གྱི་དུས་སུ། བོད་ལ་འདུལ་བའི་སྡེ་སྣོད་

① པཎ་ཆེན་བདེ་ལེགས་ཉི་མ། འདུལ་བའི་ལེགས་བཤད་སྐལ་བཟང་ནོར་བུའི་ཕྲེང་བ། ཀྲུང་གོའི་བོད་རིག་པ་དཔེ་སྐྲུན་ཁང་། ཤོག་ངོས་26

② གྲུབ་པའི་དབང་ཕྱུག་ལེགས་པ་དོན་གྲུབ། འདུལ་བའི་སྤྱི་དོན་རིན་པོ་ཆེ་ནོར་བུའི་ཕྲེང་བ་བཞུགས་སོ། །སི་ཁྲོན་མི་རིགས་དཔེ་སྐྲུན་ཁང་། ཤོག་ངོས་13

མཐའ་དག་གི་གཙོ་བོར་གྱུར་པ་གཞི་ཐམས་ཅད་ཡོད་པར་སྨྲ་བའི་ཕྱག་སྲོལ་གྱི་འདུལ་བ་ཉིད་འཚམས་པར་དགོངས་ནས་ལུགས་འདིའི་ལུང་དང་བསྟན་བཅོས་ཁོ་ན་ལས་བསྒྱུར་མི་ཆོག་པའི་བཀས་བཅད་མཛད་ཅིང་། གཞི་ཐམས་ཅད་ཡོད་སྨྲའི་མཁན་པོ་བོ་དྷི་ས་ཏྭ་ཉིད་བོད་དུ་གདན་དྲངས་ནས་སད་མི་བདུན་རབ་ཏུ་བྱུང་ཞིང་བསྙེན་པར་རྫོགས། དེ་ཕྱིན་བོད་དུ་བསྒྱུར་བའི་འདུལ་བའི་གཞུང་ཐམས་ཅད་གཞི་ཐམས་ཅད་ཡོད་པར་སྨྲ་བའི་ལུགས་སུ་གཏོགས་པར་བྱས་ལ། སོ་སོར་ཐར་པའི་མདོ་རྒྱ་ཆེར་འགྲེལ་པ་《འདུལ་བ་བསྡུས་པ་》དེ་ཡང་འདིའི་ལུགས་གཞིར་བཞག་བྱས་པ་ཡིན་ལ། སློབ་དཔོན་ཁྱད་པར་བཤེས་གཉེན་གྱིས་གཞུང་འདི་མཛད་དུས་ཀྱང་དགེ་སློང་ཕའི་སོ་ཐར་གྱི་མདོ་དང་། འདུལ་བ་ལུང་སྡེ་བཞི་སོགས་ལ་ཁུངས་བཙལ་པ་ཡིན།

དགེ་སློང་ཕ་མའི་སོ་ཐར་གྱི་མདོ་ནི་བོད་འགྱུར་འདུལ་གཞུང་རྣམས་རྩ་བའི་མདོ་དང་། བཤད་པའི་མདོ། ཕྱོགས་མཐུན་གྱི་མདོ། དེ་དག་གི་དགོངས་འགྲེལ་གྱི་བསྟན་བཅོས་བཅས་སྡེ་ཚན་བཞིར་དབྱེ་བའི་ཁྲོད་ཀྱི་རྩ་བའི་མདོའི་ཁོངས་སུ་གཏོགས་ཏེ། བོད་འགྱུར་དགེ་སློང་ཕའི་སོ་ཐར་གྱི་མདོ་ལ་ཤོ་ལོ་ཀ་བདུན་བརྒྱར་བམ་པོ་གཉིས་དང་། དགེ་སློང་མའི་སོ་ཐར་གྱི་མདོ་ལ་ཤོ་ལོ་ཀ་བརྒྱད་བརྒྱར་བམ་པོ་གཉིས་ཡོད། བཤད་པའི་མདོ་ལ་ལུང་སྡེ་བཞི་བཞུགས་པའི་འདུལ་བ་ལུང་གཞི་ལ་ཤོ་ལོ་ཀ་སུམ་ཁྲི་ཉིས་སྟོང་བདུན་བརྒྱར་བམ་པོ་བརྒྱ་དང་དགུ་ཡོད་པ་དང་། འདུལ་བ་རྣམ་འབྱེད་ལ་དགེ་སློང་ཕའི་ཁྲིམས་ཉིས་བརྒྱ་ང་གསུམ་མདོར་བསྡུས་ནས་ཕའི་སོ་ཐར་གྱི་མདོའི་དོན་རྒྱ་ཆེར་བཤད་པ་སྟེ་དགེ་སློང་ཕའི་རྣམ་འབྱེད་ལ་ཤོ་ལོ་ཀ་ཉིས་ཁྲི་བཞི་སྟོང་དགུ་བརྒྱར་བམ་པོ་གྱ་གསུམ་དང་། དགེ་སློང་མའི་ཁྲིམས་སུམ་བརྒྱ་རེ་བཞི་བསྡུས་ནས་མའི་སོ་ཐར་གྱི་མདོའི་དོན་རྒྱས་པར་བཤད་པའི་དགེ་སློང་མའི་རྣམ་འབྱེད་ལ་ཤོ་ལོ་ཀ་བརྒྱད་སྟོང་བཞི་བརྒྱ་དང་བམ་པོ་ཉེར་བརྒྱད་ཡོད། འདུལ་བ་ལུང་ཕྲན་ཚེགས་སྙེ་བརྒྱད་ཀར་ཤོ་ལོ་ཀ་ཆིག་ཁྲི་བདུན་སྟོང་བདུན་བརྒྱ་དང་བམ་པོ་ལྔ་བཅུ་རྩ་དགུ་དང་། འདུལ་བ་གཞུང་བླ་མ་ལ་ཞུ་བ་རྫོགས་པ་དང་མ་རྫོགས་པ་གཉིས་ཡོད་པ་ལས་ཞུ་བ་རྫོགས་པར་བམ་པོ་ལྔ་བཅུ་རྩ་གསུམ་དང་། མ་རྫོགས་པར་བམ་པོ་བཅུ་གཉིས་ཡོད། ཕྱོགས་མཐུན་གྱི་མདོ་ལ་སྨྲུངས་པའི་ཡོན་ཏན་སྟོན་པའི་མདོ་དང་། དགེ་སློང་རབ་ཏུ་གཅེས་པའི་མདོ། ཚུལ་ཁྲིམས་ཡང་དག་པར་ལྡན་པའི་མདོ་སོགས་མདོ་ཚན་དགུ་ཡོད་ཅིང་། དེ་དག་གི་དགོངས་འགྲེལ་གྱི་བསྟན་བཅོས་ལ་མདོའི་དགོངས་འགྲེལ་དང་བསྟན་བཅོས་ཀྱི་དགོངས་འགྲེལ་གཉིས་ཡོད་པ་ལས་མདོའི་དགོངས་འགྲེལ་དུ་གཏོགས་པ་སོ་སོར་ཐར་པའི་མདོའི་དགོངས་འགྲེལ་ཏེ་སློབ་དཔོན་ཁྱད་པར་བཤེས་གཉེན་གྱིས་བམ་པོ་བཅུ་གསུམ་གྱི་བདག་ཉིད་ཅན《འདུལ་བ་བསྡུས་པ་》འདི་ཉིད་མཛད་པ་ཡིན།

གཉིས་པ། 《འདུལ་བ་བསྡུས་པ་》ཡི་གཞུང་དོན་བཤད་པ།

《འདུལ་བ་བསྡུས་པ་》ཡི་གཞུང་འདི་ཉིད་བམ་པོ་བཅུ་གསུམ་དུ་ཕྱེ་ཡོད་ཅིང་། བརྗོད་བྱའི་ནང་དོན་གྱི་ཐད་ནས་ལུང་གཞི་ལས་འབྱུང་བའི་དོན་རྣམས་གཞུང་གི་ཚུལ་དུ་བཤད་པ་དང་། ལུང་རྣམ་འབྱེད་ལས་འབྱུང་བ་རྣམས་འགྲེལ་པའི་ཚུལ་དུ་མཛད། ལུང་ཕྲན་ཚེགས་ནས་འབྱུང་བ་རྣམས་ཁ་སྐོང་བའི་ཚུལ་དུ་དང་། ལུང་བླ་མ་ནས་འབྱུང་བ་རྣམས་དོགས་གཅོད་ཀྱི་ཚུལ་དུ་བཤད་དེ། མདོར་ན་ལུང་སྡེ་བཞིའི་བརྗོད་བྱའི་སྙིང་པོ་མཐའ་དག་གཞི་བཅུ་བདུན་གྱིས་བསྟན་ཡོད།

དང་པོ་རབ་བྱུང་གི་གཞི་ནི་རབ་བྱུང་གི་སྡོམ་པ་མ་ཐོབ་པ་ཐོབ་པར་བྱེད་པའི་གཞི་སྔོན་ཚིག་དང་ད་ཚིག་གི་སྡོམ་པ་ནོད་པའི་རིམ་པ་སོགས་དང་། གཉིས་པ་གསོ་སྦྱོང་གི་གཞི་ནི་ཞི་གནས་ཀྱི་གསོ་སྦྱོང་དང་། མཐུན་པའི་གསོ་སྦྱོང་། གསོ་སྦྱོང་བཅུ་བཞི་པ། བཅོ་ལྔ་པ། དབྱེ་བ་འདུམ་པའི་གསོ་སྦྱོང་། གནོད་པ་བཟློག་པའི་གསོ་སྦྱོང་། བཀྲ་ཤིས་ཀྱི་གསོ་སྦྱོང་སོགས་དང་། གསུམ་པ་དབྱར་གྱི་གཞི་ནི་བསླབ་པ་འཆའ་བའི་བསྟོད་ཀ་སླེང་གཞི། དགོས་པ་ཅིའི་ཕྱིར་ཁས་བླངས་པ། རྟེན་གྱི་གང་ཟག་གང་གིས་ཁས་བླངས་པ། ཡུན་ཇི་སྲིད་དུ་ཁས་བླངས་པ། དུས་ནམ་གྱི་ཚེ་ཁས་བླངས་པ། གནས་གང་དུ་ཁས་བླངས་པ། ཚོ་ག་ཇི་ལྟ་བུས་ཁས་བླངས་པ། དབྱར་ཁས་བླངས་པའི་དམ་ཚིག་བཤད་པ་སོགས་དང་། བཞི་པ་དགག་དབྱེའི་གཞི་ནི་ཡུལ་གང་ལ་དགག་དབྱེ་བྱ་བ་དང་། རྟེན་གང་གིས་དགག་དབྱེ་བྱ་བ་དང་། བྱེད་པ་པོ་གང་ལ་མོ་བར་བྱ་བ་དང་། གང་ལ་དགག་དབྱེ་བྱ་བའི་དངོས་པོ་དང་། གང་དུ་དགག་དབྱེ་བྱ་བ་སོགས་དང་། ཉེད་པ་དང་འབྲེལ་བའི་བསླབ་བྱ་སོགས་དང་། ལྔ་པ་སྲ་བརྒྱུང་གི་གཞི་ནི་སྲ་བརྒྱུང་འདིང་བའི་ཚོ་ག་དང་། དབྱུང་བའི་ཚོ་ག་དང་། ཉེད་པ་དང་འབྲེལ་བའི་བསླབ་བྱ་སོགས་དང་། དྲུག་པ་གོས་ཀྱི་གཞི་ནི་གོས་ཀྱི་རྒྱུ་དང་། སྒྲུབ་ཚུལ་དང་། རྒྱུ་དེ་ལས་གྲུབ་པའི་རྣམ་གཞག་བྱེ་བྲག་ཏུ་བཤད་པ་སོགས་དང་། བདུན་པ་ཀོ་ལྤགས་ཀྱི་གཞི་ནི་ས་ཚིགས་དང་ཚོས་ཚིགས་ཀྱིས་ཕྱེ་བའི་ཡུལ་དབུས་དང་མཐའ་འཁོར་གྱི་མཚམས་སུ་བཅང་ཚུལ་སོགས་དང་། བརྒྱད་པ་སྨན་གྱི་གཞི་ནི་སྨན་དེ་རྒྱུ་གང་ལས་བྱུང་ཞིང་ཚུལ་ཇི་ལྟར་དུ་བསྒྲུབ་པ། དེ་ལྟར་སྒྲུབ་པའི་སྨན་དངོས་ཀྱི་རྣམ་གཞག གང་ཟག་གིས་བཅང་བ། སྨན་འཇོག་པའི་གནས། སྨན་ལོངས་སྤྱོད་པ་ལ་འཇུག་པའི་ཚུལ་སོགས་དང་། དགུ་པ་ལས་ཀྱི་གཞི་ནི་གསོལ་བ་འབའ་ཞིག་གི་ལས་དང་། གསོལ་བ་དང་གཉིས་ཀྱི་ལས་དང་། གསོལ་བ་དང་བཞིའི་ལས་སོགས་དང་། བཅུ་པ་ཕྱིར་

བཅོས་ཀྱི་གཞི་ནི་ལྟུང་བ་ཕྱིར་བཅོས་པ་དང་། རྩོད་པ་ཕྱིར་བཅོས་པ་སོགས་དང་། བཅུ་གཅིག་པ་དུས་དང་དུས་མིན་བསྡུས་པ་འབྱུང་བའི་གཞི་ནི་དགེ་འདུན་ལྷག་མ་འཆབ་པའི་ཉེས་པ་རྫོགས་པར་བསྐྱེད་པའི་གཞི་དང་། བསམ་པ་དང་། སྦྱོར་བ་དང་། མཐར་ཐུག་པ་སོགས་དང་། བཅུ་གཉིས་པ་ས་གཞན་ན་གནས་པ་སྤྱོད་པའི་གཞི་ནི་ས་གཞན་ན་གནས་པ་རྣམས་ཀྱི་དབྱེ་བསྡུ་དང་། སྤྱོད་པ་དང་། མཚན་ཉིད་དང་། བསླབ་བྱ་དང་། སྒྲ་བཤད་དང་། གྲོལ་བའི་དུས་སོགས་དང་། བཅུ་གསུམ་པ་ཡོངས་སུ་སྦྱོར་བའི་གཞི་ནི་ལྟུང་བ་གླེང་དྲན་བྱ་བའི་དགོས་པ་དང་། ཡུལ་དང་། རྟེན་དང་། གནས་དང་། དུས་དང་། གཞི་དང་། སྐབས་ཚུལ་སོགས་དང་། བཅུ་བཞི་པ་ལས་བྱེ་བའི་གཞི་ནི་དགེ་འདུན་བྱེ་བའི་རྒྱུ་སྨོང་བ་དང་གཉེན་པོ་བསྟེན་པ་དག་གིས་བྱེ་བ་ཞི་ཐབས་ཀྱི་ཆོ་ག་རྣམས་དང་། བཅོ་ལྔ་པ་འཁོར་ལོ་བྱེ་བའི་གཞི་ནི་ཡན་ལག་གི་དབྱེན་དང་། འཁོར་ལོའི་དབྱེན་སོགས་དང་། བཅུ་དྲུག་པ་རྩོད་པའི་གཞི་ནི་འཁོན་འཛིན་གྱི་རྒྱུའི་རྩོད་པ་ཞི་བར་བྱ་བ་སོགས་དང་། བཅུ་བདུན་པ་གནས་མལ་གྱི་གཞི་ནི་ཡུལ་གང་ལ་ཕྱག་བྱ་བ་དང་། གང་ཟག་གང་གིས་ཕྱག་བྱ་བ་དང་། ཚུལ་ཇི་ལྟར་ཕྱག་བྱ་བ་སོགས་བསྟན་ཡོད་དོ། །

གསུམ་པ། 《འདུལ་བ་བསྡུས་པ་》ཡི་སྒྲིག་གཞིའི་སྐོར་བཤད་པ།

སྤྱིར་《སོ་སོར་ཐར་པའི་མདོ་》ཡི་གཞུང་འགྲེལ་ལ་《སོ་སོར་ཐར་པའི་མདོ་རྒྱ་ཆེར་འགྲེལ་པ་འདུལ་བ་ཀུན་ལས་བཏུས་པ་》དང་། 《སོ་སོར་ཐར་པའི་མདོའི་གཞུང་འགྲེལ་》དང་། 《སོ་སོར་ཐར་པའི་མདོའི་འགྲེལ་པ་》དང་། 《སོ་སོར་ཐར་པའི་བཤད་པ་རྣམས་མི་བརྗེད་དྲན་བྱེད་ཙམ་དུ་བྲིས་པ་》དང་། 《སོ་སོར་ཐར་པའི་ཚིག་གི་བརྗེད་བྱང་》སོགས་བོད་འགྱུར་གཞུང་འགྲེལ་གང་མང་ཞིག་ཡོད་མོད། 《འདུལ་བ་བསྡུས་པ་》ནི་གཞུང་འགྲེལ་གཞན་རྣམས་དང་བསྡུར་ན་གོ་རིམ་གསལ་ཞིང་གཞུང་དོན་ངེས་སླ་སྟེ། གཞུང་རྩིལ་པོ་བམ་པོ་བཅུ་གསུམ་དུ་ཕྱེ་ནས་བསྟན་ཡོད།

བམ་པོ་དང་པོ་ལས། གླེང་གཞི་དང་། ཕམ་པ་བཞི་བཤད་པ། དང་པོ་མི་ཚངས་སྤྱོད་པའི་ཕམ་པར་འགྱུར་བ། བམ་པོ་གཉིས་པ་ལས། གཉིས་པ་མ་བྱིན་ལེན། གསུམ་པ་སྲོག་གཅོད། བཞི་པ་རྫུན་སྨྲ། བམ་པོ་གསུམ་པ་ལས། དགེ་འདུན་ལྷག་མ་བཅུ་གསུམ་བཤད་པ། དང་པོ་ཁུ་བ་འབྱིན་པ་ནས་བཅུ་གཅིག་པ་དེའི་རྗེས་སུ་ཕྱོགས་པའི་དགེ་འདུན་ལྷག་མ། བམ་པོ་བཞི་པ་ལས། བཅུ་གཉིས་པ་ཁྱིམ་སུན་འབྱིན་པ་དང་། བཅུ་གསུམ་པ་བཀའ་བློ་མི་བདེ་བ། མ་ངེས་པའི་ཆོས་གཉིས། སྤང་ལྟུང་སུམ་ཅུ་བཤད་པ། དང་པོ་འཆང་བའི་སྤང་བ། བམ་པོ་ལྔ་པ་ལས། གཉིས་པ་འབྲལ་བའི་སྤང་བ་ནས་བཅུ་དགུ་པ་མངོན་མཚན་ཅན་གྱི་སྤང་

པ། བམ་པོ་དྲུག་པ་ལས། ཉི་ཤུ་པ་ཉེ་ཚོང་བྱེད་པའི་སྤྱང་བ་ནས་ཉེར་བརྒྱད་པ་དབྱར་གྱི་གོས་རས་ཆེན་གྱི་སྤྱང་བ། བམ་པོ་བདུན་པ་ལས། ཉེར་དགུ་པ་བསྔོས་པ་ལས་བསྒྱུར་བའི་སྤྱང་བ། སུམ་ཅུ་པ་གསོག་འཇོག་གི་སྤྱང་བ། བམ་པོ་བརྒྱད་པ་ལས། ལྟུང་བྱེད་འབབ་ཞིག་པ་དགུ་བཅུ་བཤད་པ། དང་པོ་རྫུན་དུ་སྨྲ་བའི་ལྟུང་བྱེད་ནས་བཅུ་གསུམ་པ་བསྒོ་བ་ན་ལ་གཙོན་པའི་ལྟུང་བྱེད། བམ་པོ་དགུ་པ་ལས། བཅུ་བཞི་པ་གནས་མེད་ཀྱི་ལྟུང་བྱེད་ནས་སོ་གསུམ་པ་ལྟུང་བཟེད་དོ་གསུམ་ཙམ་ལས་ལྷག་པར་ལེན་པའི་ལྟུང་བྱེད། བམ་པོ་བཅུ་པ་ལས། སོ་བཞི་པ་སྟན་གཅིག་པའི་ཟས་ཀྱི་ལྟུང་བྱེད་ནས་ང་གསུམ་པ་འདུན་པ་ཕྱིར་བསྒྱུར་བའི་ལྟུང་བྱེད། བམ་པོ་བཅུ་གཅིག་པ་ལས། ང་བཞི་པ་བསྙེན་པར་མ་རྫོགས་པ་དང་ལྷན་ཅིག་ཉལ་བའི་ལྟུང་བྱེད་ནས་དོན་གཅིག་པ་ཇུན་མ་དང་ལྷན་ཅིག་འགྲོ་བའི་ལྟུང་བྱེད། བམ་པོ་བཅུ་གཉིས་པ་ལས། དོན་གཉིས་པ་ལོ་ཉི་ཤུ་མ་ལོན་པར་བསྙེན་པར་རྫོགས་པར་བྱེད་པའི་ལྟུང་བྱེད་ནས་དགུ་བཅུ་པ་བདེ་བར་གཤེགས་པའི་ཆོས་གོས་ཀྱི་ཚད་ལས་ཐུར་པའི་ལྟུང་བྱེད། བམ་པོ་བཅུ་གསུམ་པ་ལས། སོར་བཤགས་བཞི། ཉེས་བྱས་བརྒྱ་དང་བཅུ་གཉིས་(བསླབ་པའི་ཆོས་)རྩོད་པ་ཞི་བར་བྱ་བའི་ཆོས་བདུན་བཅས་སོ། །

གཞུང་ལས་དགེ་སློང་ཕའི་ཁྲིམས་ཉིས་བརྒྱ་ང་གསུམ་རྣམས་ལྟུང་བ་སྡེ་ལྔ་རུ་བསྡུས་ནས་བསྟན་ཡོད་དེ། ཕམ་པའི་སྡེ་ལ་བཞི། ལྷག་མའི་སྡེ་ལ་བཅུ་གསུམ། ལྟུང་བྱེད་ཀྱི་སྡེ་ལ་སྤྱང་ལྟུང་སུམ་ཅུ་དང་ལྟུང་བྱེད་འབབ་ཞིག་པ་དགུ་བཅུ། སོར་བཤགས་ཀྱི་སྡེ་ལ་བཞི། ཉེས་བྱས་ཀྱི་སྡེ་ལ་བརྒྱ་དང་བཅུ་གཉིས་ཏེ་ཕ་ཁྲིམས་ཉིས་བརྒྱ་ང་གསུམ་རྣམས་གོ་རིམ་མ་འཁྲུག་པར་བསྟན་ཡོད། མ་ངེས་པ་གཉིས་དང་། རྩོད་པ་ཞི་བར་བྱ་བའི་ཆོས་བདུན་ནི་ཞར་བྱུང་ལྟ་བུ་ལས་ཕ་ཁྲིམས་ཉིས་བརྒྱ་ང་གསུམ་དུ་མི་བགྲང་ངོ་། །

བཞི་པ། རྩོམ་པ་པོ་སློབ་དཔོན་ཁྱད་པར་བཤེས་གཉེན་གྱི་ལོ་རྒྱུས་སྐོར་བཤད་པ།

《འདུལ་བ་བསྡུས་པ་》ཡི་རྩོམ་པ་པོ་སློབ་དཔོན་ཁྱད་པར་བཤེས་གཉེན་གྱི་ལོ་རྒྱུས་སྐོར་བོད་ཡིག་གི་ཡིག་ཚང་ནང་དེ་སྤྱི་ཞིབ་མོ་ཞིག་མ་མཐོང་ལ། རྒྱ་ནག་གི་ཡིག་ཚང་དུའང་ཞིབ་རྒྱས་ཤིག་ཡོད་སྐོར་ད་བར་མཐོང་ཐོས་མ་བྱུང་། ཉི་ཧོང་ནས་དཔར་དུ་བསྐྲུན་པའི《ནང་བསྟན་ཚིག་མཛོད་ཀུན་འདུས་ཆེན་མོ་》ལས། ཁྱད་པར་བཤེས་གཉེན་(visesamitra)ནི་དུས་རབས་དྲུག་པའི་ནང་བྱུང་བའི་རྒྱ་གར་གྱི་སེམས་ཙམ་པའི་སློབ་དཔོན་ཆེན་མོ་བཅུའི་གྲས་ཤིག་ཡིན་ཅིང་། དྷརྨ་པཱ་ལ་(Dharmapala)སློབ་དཔོན་དུ་བསྟེན་ནས་ནཱ་ལེནྡྲ་རུ་བཞུགས་པ་ཡིན་ཞེས་བཤད་ཡོད་ལ།[①] རྒྱ་ཡིག་གི་ནང་བསྟན་རིག་པའི་ཚིག་མཛོད་

① 《综合佛教大辞典》，日本综合佛教大辞典编辑委员会编，2005年。

དག་ལས་ཀྱང་དེ་དང་མཐུན་པར་གསུངས་འདུག 《རྒྱ་གར་ཆོས་འབྱུང་》ལྟར་ན་སློབ་དཔོན་ཁྱད་པར་བཤེས་གཉེན་ནི་རྒྱལ་པོ་གཱི་པ་ལའི་དུས་སུ་རྒྱ་གར་ནུབ་ཕྱོགས་ཀྱི་ཁ་ཆེའི་ཡུལ་དུ་འབྲུངས་ཤིང་། འདུལ་འཛིན་སློབ་དཔོན་དཔའ་བོ་དང་། ནཱ་ན་ཤྲཱི་ལ་ཆེན་པོ་དང་། སློབ་དཔོན་ཡེ་ཤེས་སྙིང་པོ་སོགས་དང་དུས་མཚུངས་པར་གསུངས།[1] འདིར་རྣམ་སྤྲ་ལ་ནི་དུས་རབས་དྲུག་པའི་མི་ཡིན་ལ་སློབ་དཔོན་ཡེ་ཤེས་སྙིང་པོ་སོགས་ནི་དུས་རབས་བདུན་པ་ནས་བརྒྱད་པའི་བར་གྱི་རྒྱ་གར་གྱི་མཁས་པ་དག་ཡིན་པས་སློབ་དཔོན་ཁྱད་པར་བཤེས་གཉེན་ནི་དུས་རབས་དྲུག་པའི་མཇུག་ཏུ་འཁྲུངས་ཤིང་དུས་རབས་བདུན་པའི་ནང་འདས་པ་གསལ་པོར་ཤེས་ཐུབ། 《འདུལ་བ་བསྡུས་པ་》ཡི་གཞུང་འདི་རྒྱ་ནག་གི་《བསྟན་འགྱུར་》ཁྲོད་དུའང་བཞུགས་ཤིང་དེ་ནི་འདུལ་འཛིན་གྱི་སློབ་དཔོན་དབྱིས་ཅིན་(义净)གྱིས་སྤྱི་ལོ་700ལོར་རྒྱ་ཡིག་ཏུ་བསྒྱུར་ཚུལ་རྒྱའི་ཡིག་ཚང་དུ་གསལ་པོར་བཀོད་ཡོད་པས།[2] 《འདུལ་བ་བསྡུས་པ་》ཡི་གཞུང་འདི་ཡང་དུས་རབས་བདུན་པའི་ནང་བརྩམས་གྲུབ་བྱུང་བར་ངེས།

ཡང་པཎ་ཆེན་བདེ་ལེགས་ཉི་མས་མཛད་པའི་《འདུལ་བའི་ལེགས་བཤད་སྐལ་བཟང་ནོར་བུའི་ཕྲེང་བ་》ཞེས་བྱ་བ་ལས། “འདུལ་བའི་མདོ་ཡི་དགོངས་འགྲེལ་གྱི་བསྟན་བཅོས་ལ་སློབ་དཔོན་ཡོན་ཏན་འོད་ཀྱི་འདུལ་བ་མདོ་རྩ་བ་བམ་པོ་དགུ་པ། ……སློབ་དཔོན་ཁྱད་པར་བཤེས་གཉེན་གྱིས་མཛད་པའི་འདུལ་བ་ཀུན་ལས་བཏུས་པ། སློབ་དཔོན་སྲུང་མའི་རྐང་བུ་ཅན་གྱིས་མཛད་པའི་མའི་སོ་ཐར་གྱི་འགྲེལ་པ། ……ཕྱི་མ་གཉིས་པོ་དེ་འགྲེལ་ཚད་ལྡན་མ་ཡིན་པར་གྲགས་སོ། །”ཞེས་སོ་སོར་ཐར་པའི་མདོ་ཡི་འགྲེལ་པ《འདུལ་བ་བསྡུས་པ་》འདི་ཉིད་ཀྱང་འགྲེལ་པ་ཚད་ལྡན་ཞིག་མིན་པར་གསུངས་ཡོད་ནའང་དེ་ནི་སློབ་དཔོན་ཁྱད་པར་བཤེས་གཉེན་གང་ཉིད་སེམས་ཙམ་པའི་སློབ་དཔོན་ཞིག་ཡིན་པའི་ཆ་ནས་མ་ཡིན་ལ་གཞུང་འགྲེལ་ལེགས་པོ་ཞིག་བྱུང་མེད་པའི་རྒྱུ་མཚན་དེ་བས་ཀྱང་མ་ཡིན་ཏེ། རྒྱུ་མཚན་ནི་བསྟན་པ་ཕྱི་དར་ནས་བཟུང་སྟེ་བོད་ཁམས་ཀྱི་དགོན་པ་སོ་སོ་ནས་འདུལ་བའི་གཞུང་ལ་བསླབ་གཉེར་བྱེད་སྐབས་ཀྱི་ཡིག་ཆ་གཙོ་བོ་ནི་སློབ་དཔོན་ཡོན་ཏན་འོད་ཀྱི་འདུལ་བ་མདོ་རྩ་ཞེས་པ་དེ་རང་ཡིན་པས་དེའི་ཡོན་ཏན་འབུར་དུ་འདོན་ཆེད་དུ་ཨེ་ཡིན་སྙམ་མོ། །

《བོད་ལྗོངས་ཞིབ་འཇུག་》2009ལོའི་དེབ་གཉིས་པ་ལས་བདམས།

---

① ཛ་ནང་ཏཱ་ར་ནཱ་ཐ། རྒྱ་གར་ཆོས་འབྱུང་། སི་ཁྲོན་མི་རིགས་དཔེ་སྐྲུན་ཁང་། 1986ལོ། ཤོག་ངོས་248

② 王邦维：《唐高僧义净生平及著作论考》，重庆：重庆出版社，1996年，第21页。

༄། །ཏུན་ཧོང་《གདུགས་དཀར་མོའི་》འགྱུར་ཡིག་ཁག་གི་ངོ་སྤྲོད་དང་དེའི་ལོ་ཙཱ་བ་སོགས་ཀྱི་ཐོག་མའི་དཔྱད་པ།

ཨ་རིན་ལྷུགས་རྒྱལ་འབུམ།

[ནང་དོན་གནད་བསྡུས།] དཔྱད་རྩོམ་འདིར་ཏུན་ཧོང་གདུགས་དཀར་མོའི་འགྱུར་ཡིག་ཁག་གི་ངོ་སྤྲོད་བརྒྱུད་དེ་བོད་འགྱུར་གདུགས་དཀར་མོ་བོད་རྒྱལ་གང་གི་སྐུ་རིང་ལ་ཐོག་མར་ལོ་ཙཱ་བ་སུས་བསྒྱུར་ཚུལ་དང་། ཏུན་ཧོང་དུ་གདུགས་དཀར་མོའི་ལག་བྲིས་མ་སྣ་ཚོགས་བྱུང་རྐྱེན་བཅས་ཀྱི་སྐོར་ལ་དཔྱད་པ་བྱས་ཡོད་ལ། ཆབས་ཅིག་བཀའ་འགྱུར་དཀར་ཆག་ཏུ་གདུགས་དཀར་མོའི་འགྱུར་བྱང་མི་གསལ་བའི་གནས་ཚུལ་དང་ཏུན་ཧོང་གདུགས་དཀར་མོའི་འགྱུར་ཡིག་ཁག་གི་ཆད་ཐོ་སོགས་ཁ་གསལ་བྱས་ཡོད།

[གནད་ཚིག] ཏུན་ཧོང་། གདུགས་དཀར། འགྱུར་ཡིག ལོ་ཙཱ་བ།

དེ་ཡང་ཏུན་ཧོང་ཡིག་རྙིང་ཁྲོད་བཞུགས་པའི་གདུགས་དཀར་མོའི་ལག་བྲིས་མ་འདི་དག་བོད་བཙན་པོའི་རྒྱལ་རབས་མ་འཛིག་གོང་གི་དཔེ་རྙིང་ཤ་སྟག་ཡིན་པར་བརྟེན། སྐབས་དེར་དམ་ཆོས་བོད་དུ་སྤེལ་བའི་ལོ་རྒྱུས་རྒྱབ་ལྗོངས་དང་། གནའ་བོའི་བརྡ་སྤྲོད། སྤྱི་ཚོགས་ཀྱི་སྒྲིག་གཞི། བོད་མིའི་བསམ་བློ་བཅས་ལ་ཞིབ་འཇུག་བྱེད་པར་གལ་ཆེ་བའི་དཔྱད་གཞི་ཞིག་ཡིན་པར་གོར་མ་ཆག འདིར་ཏུན་ཧོང་གདུགས་དཀར་མོ་དེ་ལོ་ཙཱ་བ་སུས་བཙན་པོ་གང་གི་སྐུ་རིང་ལ་བོད་དུ་བསྒྱུར་ཚུལ་དང་། ཏུན་ཧོང་དུ་གདུགས་དཀར་མོའི་ལག་བྲིས་མ་སྣ་ཚོགས་བྱུང་རྐྱེན་དང་དེ་དག་གི་ངོ་སྤྲོད། དེ་མིན་ཏུན་ཧོང་གདུགས་དཀར་མོའི་གཟུངས་ཐུགས་ཀྱི་ཆད་ཐོ་སོགས་གླེང་བ་ལ།

དང་པོ། ཏུན་ཧོང་ཡིག་རྙིང་ལས་གདུགས་དཀར་མོའི་འགྱུར་ཡིག་ཁག་གི་ངོ་སྤྲོད།

ཏུན་ཧོང་གདུགས་དཀར་མོའི་ལག་བྲིས་མ་འདི་དག་ནུབ་བྱང་མི་རིགས་སློབ་གྲྭ་ཆེན་མོ་དང་ཧྲང་ཧེ་གནའ་དཔེ་དཔེ་སྐྲུན་ཁང་གཉིས་ཀྱིས་སྤྱི་ལོ་2006ལོར་བསྒྲིགས་པའི་《ཧྥ་རན་སིའི་རྒྱལ་གཉེར་དཔེ་མཛོད་ཁང་དུ་ཉར་བའི་ཏུན་ཧོང་བོད་ཡིག་ཡིག་ཚགས་》ཞེས་པར་བསྡུས་ཡོད་ཅིང་མིག་སྔར་དེབ་ལྔ་

དཔར་སྐྲུན་བྱས་ཟིན། ཐོག་མར་དེབ་དང་པོ་ནས་དེབ་ལྔ་པའི་བར་གྱི་གཙུག་ཏོར་གདུགས་དཀར་མོའི་འགྱུར་ཡིག་ཁག་ངོ་སྤྲོད་བྱ་རྒྱུ་སྟེ།

ཏུན་ཧོང་ཡིག་རྙིང་ཁྲོད་བཞུགས་པའི་གདུགས་དཀར་ལག་བྲིས་མར་མ་ཕྱི་ཁྱོན་བསྡོམས་སོ་གཅིག་ཡོད་ལ། ཕ་ཀི་དྲིལ་གྱི་མགོར་རྟགསP.T.ཞེས་དང་མཇུག་ཏུ་ཕ་ཀི་དྲིལ་སོ་སོར་ཨ་ལ་པོའི་ཨང་གི་སོགས་ཀྱིས་མཚོན་པར་བྱས་ཡོད་པ་དེ་དག་ནིP.T.0006 P.T.0008V P.T.0011 P.T.0020 P.T.0023 P.T.0028A P.T.0028AV P.T.0034 P.T.0045V P.T.0046A P.T.0046B P.T.0046C P.T.0047 P.T.0056 P.T.0057 P.T.0058 P.T.0060 P.T.0061 P.T.0061V P.T.0062 P.T.0065 P.T.0065AV P.T.0071 P.T.0071V P.T.0075 P.T.0083 P.T.0102 P.T.0098V P.T.0390 P.T.0391 P.T.0372 P.T.0372V བཅས་ཡིན། དེ་ལསP.T.0020དང་། P.T.006 P.T.0011 P.T.0023 P.T.0034 P.T.0047 P.T.0057 P.T.0058བཅས་ཕ་ཀི་དྲིལ་བརྒྱད་ཀྱི་ངོས་སུ་གདུགས་དཀར་ལག་བྲིས་མའི་ཚིག་དུམ་རེ་གཉིས་ལས་མེད་པས་ཚིག་ཚོགས་སྟོང་ཕྱིར་བསྐྱུར་ལ། གཞན་རྣམས་ཅུང་རྒྱས་པར་འདུག་པས་དེ་དག་འདིར་ཞིབ་པར་བགོད་ན།(ཕ་ཀི་ལྡེབ་བཅོ་ཚལ་ཐད་སྤྱིར་བཏང་ཕ་ཀི་བུའི་ངོས་གཉིས་སུ་བྲིས་པ་ཞིག་ལ་གོ་ཡང་རྩོམ་སྒྲིག་པས་ཕ་ཀི་དྲིལ་དང་ཕ་ཀི་ལྡེབ་རེ་རེའི་ཐིག་ཐྲེང་ལ་ཨང་རྟགས་བགོད་མི་འདུག་པས་འདིར་སྐབས་བདེ་ཡོང་ཕྱིར་ཕ་ཀི་བུའི་ངོས་གཅིག་ཏུ་བྲིས་པ་ཕ་ཀི་ལྡེབ་ཅིག་ཏུ་བརྩིས་ཡོད་པས་དགོངས་འཇགས་ཞུ།)

༡ P.T.0102ཞེས་པའི་མཚན་བྱང་ལ། གཙུག་ཏོར་གདུགས་དཀར་པོ་ཞེས་བྱ་བའི་གཟུངས་ཞེས་དང་། མཇུག་བྱང་ལ། འཕགས་པ་དེ་བཞིན་གཤེགས་པའི་གཙུག་ཏོར་ནས་བྱུང་བ་གདུགས་དཀར་པོའི་གཟུངས་རྫོགས་སྷོ་ཞེས་བགོད་འདུག་ཅིང་། དེར་ཕ་ཀི་ལྡེབ་སུམ་ཅུ་དང་བསྡོམས་ཐིག་ཐྲེང་151ཡོད། འབྲི་ཡུལ་ཕ་ཀི་བུ་སྣ་རིང་མ་ཡིན་ལ་གཟུངས་ཡོངས་སུ་ཆ་ཚང་།

༢ P.T.0075ཞེས་པར་མཚན་བྱང་མི་གསལ། མཇུག་བྱང་དུ། གཙུག་ཊོར་(ཏོར་)གཏུགས་(གདུགས་)དཀར་པོཨི་(པོའི་)སྙིང་པོ་རྫོགས་མོ་(སོ་)། །ཞེས་བགོད་འདུག གཟུངས་ཀྱི་སྙིང་པོ་ཚིག་ཕྲང་གཉིས་ལས་མེད་ལ་གཙུག་ཏོར་རྣམ་རྒྱལ་མ་དང་ཚེ་དཔག་མེད། སྤྱན་རས་གཟིགས་དང་བཅས་ཀྱི་གཟུངས་ཀྱི་སྙིང་པོ་དང་མཉམ་དུ་བྲིས་ཡོད། འབྲི་ཡུལ་ཕ་ཀི་དྲིལ་ཡིན་ལ་གདུགས་དཀར་གྱི་གཟུངས་ཀྱི་སྙིང་པོ་ལས་རིམས་ནད་ཐམས་ཅད་ཐུབ་པའི་སྔགས་སྐོར་མ་གཏོགས་གཟུངས་ཡོངས་སུ་བྲིས་མེད།

༣ P.T.0083ཞེས་པའི་མཚན་བྱང་ལ་གཙུག་ཏོར་གདུགས་དཀར་པོ་བྱ་བ་གཞན་གྱིས་མི་ཐུབ་པའི་གཟུངས་ཞེས་དང་། མཇུག་བྱང་དུ། དེ་བཞིན་གཤེགས་པའི་གཙུག་ཏོར་གདུགས་དཀར་པོ་རྫོགས་སོ་

ཞེས་བཀོད་འདུག དེར་ཤོག་དྲིལ་ཆེན་པོ་གསུམ་དང་བསྡོམས་ཤོག་ངོས་70ཡོད། འབྲི་ཡུལ་ཤོག་དྲིལ་ཡིན་ལ་གཟུངས་ཡོངས་སུ་ཆ་ཚང་།

༤ P.T.0045Vཞེས་པར་མཚན་བྱང་མི་གསལ། མཇུག་བྱང་དུ། འཕགས་པ་དེ་བཞིན་གཤེགས་པའི་གཙུག་ཏོར་ནས་འབྱུང་བ། །གདུགས་དཀར་པོ་ཅན་གཞན་གྱིས་མི་ཐུབ་མ་ཞེས་བྱ་བའི་གཟུངས། །རྫོགས་སྟྷོ། །ཞེས་བཀོད་འདུག དེར་ཤོག་དྲིལ་བརྒྱད་དང་ཤོག་ངོས་138ཡོད་ལ་གཟུངས་ཡོངས་སུ་ཆ་ཚང་། ཤོག་དྲིལ་གྱི་ལྟེབ་གཉེར་མཚམས་སྐུད་པས་བཙེམས་ཏེ་ཤྲེང་བ་ལྟར་སྦྲེལ་ཅིང་འབྲི་ཡུལ་ཤོག་དྲིལ་ཡིན།

༥ P.T.0046Aདང་P.T.0046B P.T.0046Cཞེས་པར་མཚན་བྱང་དང་མཇུག་བྱང་གཉིས་ཀ་མི་གསལ། ཤོག་དྲིལ་དེ་གསུམ་གར་བསྡོམས་ཤོག་དྲིལ་ཆེན་པོ་བདུན་དང་ཤོག་ངོས་108ཡོད་ཅིང་གཟུངས་ཡོངས་སུ་མི་ཚང་། སྤྱིར་ན་ཤོག་དྲིལ་དེ་གསུམ་མི་གཅིག་གིས་བྲིས་པའི་གདུགས་དཀར་གྱི་གཟུངས་ཤིག་ཡིན་པར་སྣང་སྟེ་བྲིས་གཟུགས་ཤིན་ཏུ་འདྲ་ལ་བཟ་སྦྱོད་སྟངས་ཀྱང་མཐུན། ཡིན་ནའང་རྩོམ་སྒྲིག་པས་ཤོག་དྲིལ་སོ་སོར་བཀར་ཡོད། P.T.0046Aདང་P.T.0046Bགཉིས་ཀྱི་བར་མཚམས་སུ་ཡི་གེ་ཆད་པ་མ་གཏོགས་ནང་དོན་དེ་གདུགས་དཀར་མོའི་གཟུངས་ཀྱི་གོ་རིམ་ལྟར་ཡོད་ལ། P.T.0046Bདང་P.T.0046Cགཉིས་ཀྱི་བར་མཚམས་སུ་ཡི་གེ་ཆད་མེད་དེ་ཤོག་དྲིལ་སྔ་ཕྱི་སྦྲེལ་ཆོག་པས། P.T.0046Aཤོག་དྲིལ་དང་པོ་དང་། P.T.0046Bགཉིས་པ། P.T.0046Cགསུམ་པ་བཅས་རིམ་པར་གཞོགས་གཅིག་ཏུ་སྒྲིག་ཆོག དེའི་འབྲི་ཡུལ་ཤོག་དྲིལ་ལ་གཏོགས།

༦ P.T.0008Vཞེས་པར་མཚན་བྱང་དང་མཇུག་བྱང་གཉིས་ཀ་མི་གསལ། དེར་ཤོག་དྲིལ་ཆེན་པོ་གཉིས་དང་ཤོག་ངོས་29ཡོད་ལ་གཟུངས་ཡོངས་སུ་མི་ཚང་། འབྲི་ཡུལ་ཤོག་དྲིལ་ཡིན།

༧ P.T.0056ཞེས་པའི་མཚན་བྱང་ལ་འཕགས་པ་དེ་བཞིན་གཤེགས་པའི་གཙུག་ཏོར་གདུགས་དཀར་པོ་ཞེས་བྱ་བ། གཞན་གྱིས་མི་ཐུབ་པའི་གཟུངས་ཞེས་དང་། ཤོག་བུ་ཆེས་ཕྱི་མའི་མཇུག་ཏུ། ལྷའི་རྒྱལ་པོ་XXXརྡXXXདུས་སུ་ཆར་འབེབས་སོ། །རྫོགས་སོ། །ཞེས་གཟུངས་ཀྱི་མཇུག་གསལ་པོར་བཀོད་འདུག དེར་ཤོག་ལྷེབ་16དང་ཤོག་ངོས་71མཆིས་ཀྱང་དེའི་བར་ནས་ཤོག་ལྷེབ་སྐོར་ཞིག་ཆད་པས་གཟུངས་ཡོངས་སུ་ཆ་མི་ཚང་། འབྲི་ཡུལ་ཤོག་བུ་སྣ་རིང་མ་ཡིན།

༨ P.T.0060ཞེས་པར་མཚན་བྱང་མི་གསལ། མཇུག་བྱང་དུ། འཕགས་པ་དེ་བཞིན་གཤེགས་པའི་གཙུག་ཏོར་ནས་བྱུང་བ་གདུགས་དཀར་པོའི་གཟུངས་རྫོགས་སོ་ཞེས་བཀོད་འདུག དེར་ཤོག་དྲིལ་ཆེན་པོ་གསུམ་དང་ཤོག་ངོས་71ཡོད་ལ་གཟུངས་ཡོངས་སུ་ཆ་ཚང་། གཟུངས་རེའི་བར་དུ་དཀྱིལ་འཁོར་གྱི་རི་

མོ་སྐྱ་ཐིག་ཏུ་ཕབ་ཅིང་འབྲི་ཡུལ་ཤོག་དྲིལ་ཡིན།

༩ P.T.0061དང་P.T.0061Vཞེས་པར་མཚན་བྱང་དང་མཇུག་བྱང་མི་གསལ། དེ་གཉིས་ལ་ཤོག་དྲིལ་ཆེན་པོ་དྲུག་དང་ཐིག་ཕྲེང་132ཡོད་ཀྱང་འབྲི་བ་པོས་གཟུངས་ཀྱི་མཇུག་བྲིས་ཚར་མེད། ཡང་རྩོམ་སྒྲིག་པས་ཤོག་དྲིལ་དེ་གཉིས་ལ་ཨང་རྟགས་བཀོད་དེ་སོ་སོར་ཕྱེ་མེད། ཤོག་དྲིལ་དང་པོ་དང་གཉིས་པའི་བར་གྱི་ཡི་གེ་རེ་གཉིས་ཆད་པ་ལས་ནང་དོན་སྔ་ཕྱི་འབྲེལ་ཆགས་པས་འདིར་དཀྱུས་གཅིག་ཏུ་བཞག་ཡོད་ཅིང་། དེ་གཉིས་པོའི་འབྲི་ཡུལ་ཤོག་དྲིལ་ཡིན།

༡༠ P.T.0062ཞེས་པར་མཚན་བྱང་དང་མཇུག་བྱང་མི་གསལ། དེར་ཤོག་དྲིལ་གཅིག་དང་ཐིག་ཕྲེང་23ཡོད་ལ་གཟུངས་ཡོངས་སུ་མི་ཚང་། འབྲི་ཡུལ་ཤོག་དྲིལ་ཡིན།

༡༡ P.T.0065Aདང་P.T.0065AVཞེས་པར་མཚན་བྱང་མི་གསལ། དེ་གཉིས་ལ་ཤོག་དྲིལ་གཉིས་དང་ཐིག་ཕྲེང་18ཡོད་ཅིང་གཟུངས་ཡོངས་སུ་མི་ཚང་། ཤོག་དྲིལ་འདི་གཉིས་ཀྱང་རྩོམ་སྒྲིག་པས་སོ་སོར་བཀར་ཡོད་པ་མ་ཟད་ཤོག་དྲིལ་གཉིས་པོ་སྔ་ཕྱི་ལྡོག་འདུག སྤྱིར་ནP.T.0065AདེP.T.0065AVཡི་ཕྱི་མ་སྟེ་ཤོག་དྲིལ་སྔ་ཕྱིའི་ཚིག་མཚམས་མཐུན་ཁརP.T.0065Aཡི་མཇུག་ཏུ། ཀླུའི་རྒྱལ་པོས་ཀྱང་དུས་སུ་ཆར་འབེབས་ཏེ། སངས་རྒྱས་ཀྱི་ནྲལ་འབྱོར་དུ་བྱ་ངོ་། །ཀྱུ་ར་ཁོ་བཙན་གྱིས་བྲིས་སུXXXཞེས་གཟུངས་ཀྱི་མཇུག་ལེགས་པར་བསྡུས་འདུག་པ་སོགས་ཀྱིས་ཤེས་ཐུབ།

༡༢ P.T.0071དང་P.T.0071Vཞེས་པར་མཚན་བྱང་མི་གསལ། P.T.0071ཡི་མཇུག་བྱང་དུ། དེ་བཞིན་གཤེགྣ་པའི་གཙུག་ཏོར་གདུགས་དཀར་པོ་གཞན་གྱིས་མྀ་ཐུབ་པའི་གཟུངས་རྫོགས་སོ། །ཞེས་བཀོད་འདུག དེ་ཡང་རྩོམ་སྒྲིག་པས་ཤོག་དྲིལ་དེ་གཉིས་སོ་སོར་བཀར་འདུག་ཁར་ཤོག་དྲིལ་སྔ་ཕྱིའི་མགོ་མཇུག་ལྡོག་འདུག་ཀྱང་། ཤོག་དྲིལ་དེ་གཉིས་པོ་འབྲི་བ་པོ་གཅིག་གིས་བྲིས་པར་སྣང་སྟེ་བྲིས་གཟུགས་ཤིན་ཏུ་འདྲ་ལ་གདུགས་དཀར་མོའི་གཟུངས་ཀྱི་གོ་རིམ་ལྟར་སོང་ཆོ། P.T.0071Vཤོག་དྲིལ་དང་པོ་དང་P.T.0071གཉིས་པ་ཡིན། ཤོག་དྲིལ་དེ་གཉིས་ལ་བསྡོམས་ཤོག་དྲིལ་ཆེན་པོ་དགུ་དང་ཐིག་ཕྲེང་90ཡོད་ལ་ཤོག་དྲིལ་དང་པོའི་མགོ་ནས་ཆད་པ་མ་ཟད། ཤོག་དྲིལ་གཉིས་པོའི་བར་མཚམས་ཀྱི་ཡིག་འབྲུ་ཆད་པས་གཟུངས་ཡོངས་སུ་ཆ་མི་ཚང་། འབྲི་ཡུལ་ཤོག་དྲིལ་ཡིན།

༡༣ P.T.0028Aདང་P.T.0028AVཞེས་པའི་མཚན་བྱང་ལ། ༄། །འཕགས་པ་དེ་བཞིན་གཤེགས་པའི་གཙུག་ཏོར་འབྱུང་བ་གདུགས་དཀར་པོ་ཞེས་བྱ་བ་གཞན་གྱིས་མྀ་ཐུབ་པའི་གཟུངས། །ཞེས་དང་། མཇུག་བྱང་དུ། འཕགས་པ་དེ་བཞིན་གཤེགས་པའི་གཙུག་ཏོར་གདུགས་དཀར་པོ་གཞན་གྱིས་མྀ་

ཐུབ་མ་ཞེས་བྱ་བའི་གཟུངས་རྫོགས་སྷོ། །ཞེས་བཀོད་འདུག ཤོག་དྲིལ་དེ་གཉིས་ཀྱང་རྩོམ་སྒྲིག་པས་རིགས་གཉིས་སུ་བཀར་ཏེP.T.0028Aཤོག་དྲིལ་དང་པོ་དང་། P.T.0028AVགཉིས་པར་བཞག་པ་འགྲིག་སོད། ཤོག་དྲིལ་དེ་གཉིས་ལས་ཤོག་དྲིལ་སྐོར་ཞིག་ཕན་ཚུན་བསྲེས་པས་གཟུངས་ཀྱི་གོ་རིམ་འཚོལ་འདུག་ཅིང་། ཤོག་དྲིལ་ལ་ལའི་བར་གྱི་ཡིག་འབྲུ་ཆད་པས་གཟུངས་ཡོངས་སུ་མི་ཚང་། དེ་གདུགས་དཀར་མོའི་གཟུངས་ཀྱི་གོ་རིམ་ལྟར་ན་ཤོག་གྲངས་168ནས་169 170 166 167 173 174 175 171 172 ཞེས་བསྒྲིགས་ན་འགྲིག་སྟེ། ཤོག་གྲངས་168ངོས་སུ་གཟུངས་དེའི་མཚན་བྱང་མཆིས་ཤིང་། ཤོག་གྲངས་172ངོས་སུ་མཇུག་བྱང་བྲིས་འདུག ཤོག་དྲིལ་དེ་གཉིས་པོར་བསྡོམས་ཤོག་དྲིལ་ཆེན་པོ་བཅུ་དང་ཐིག་ཕྲེང་80ཡོད་ཅིང་། དེའི་འབྲི་ཡུལ་ཤོག་དྲིལ་ཡིན།

༧༣ P.T.0098Vཞེས་པའི་མཚན་བྱང་ལ། འཕགས་པ་དེ་བཞིན་གཤེགས་པའི་གཙུག་ཏོར་ནས་འབྱུང་བ། གདུགས་དཀར་པོ་ཅན་གཞན་གྱིས་མི་ཐུབ་མ་ཞེས་བྱ་བའི་གཟུངས། །ཞེས་དང་། མཇུག་བྱང་དུ། འཕགས་པ་དེ་བཞིན་གཤེགས་པའི་གཙུག་ཏོར་ནས་འབྱུང་བ། གདུགས་དཀར་པོ་ཅན་གཞན་གྱིས་མི་ཐུབ་མ་ཞེས་བྱ་བའི་གཟུངས་རྫོགས་སོ། །ཞེས་བཀོད་འདུག དེར་ཤོག་དྲིལ་ཆེན་པོ་དགུ་དང་ཐིག་ཕྲེང་157ཡོད་དེ་གཟུངས་ཡོངས་སུ་ཆ་ཚང་། འབྲི་ཡུལ་ཤོག་དྲིལ་ཡིན།

༧༤ P.T.0390ཞེས་པར་མཚན་བྱང་མི་གསལ་སོད། གཟུངས་འདིའི་མཇུག་ལེགས་པར་བསྐུས་འདུག་སྟེ། ཤོག་དྲིལ་དེའི་མཇུག་ཏུ་ལྷའི་རྒྱལ་པོ་ཡང་དུས་སུ་ཆར་འབེབས་སོ། །ཞེས་བཀོད་འདུག དེར་ཤོག་དྲིལ་ཆེན་པོ་གཅིག་དང་ཐིག་ཕྲེང་23ཡོད་ལ་གཟུངས་ཡོངས་སུ་མི་ཚང་། ཤོག་དྲིལ་དེར་གཞན་དང་མི་འདྲ་ས་ཞིག་ཡོད་པ་ནི་ཤོག་དྲིལ་དེའི་ངོས་སུ་གདུགས་དཀར་མོའི་གཟུངས་སྔགས་རྐྱང་པ་བཀོད་པ་དེ་རེད། འབྲི་ཡུལ་ཤོག་དྲིལ་ཡིན།

༧༥ P.T.0391ཞེས་པའི་མཚན་བྱང་ལ། ༄། །ཨོཾ་གཙུག་ཏོར་གདུགས་དཀར་པོའི་སྔགས་ལ་ཞེས་དང་གཟུངས་སྔགས་ཡོངས་སུ་ཆ་ཚང་། དེར་ཤོག་དྲིལ་ཆེན་པོ་གཅིག་དང་ཐིག་ཕྲེང་20མཆིས་ཤིང་། གཞན་དང་མི་གཅིག་པ་ནི་ཤོག་དྲིལ་དེའི་ངོས་སུ་ཡང་གདུགས་དཀར་མོའི་གཟུངས་སྔགས་རྐྱང་པ་བཀོད་པ་ལ་ཚན་པ་བཞི་ཏུ་བགོས་ཏེ་བྲིས་འདུག སྤྱིར་ན་ཤོག་དྲིལ་དེ་དང་ཤོག་དྲིལP.T.0390གཉིས་མི་གཅིག་གིས་བྲིས་པར་སྣང་ལ་ཁྱད་ཆོས་ནི་ཤོག་དྲིལ་དེ་གཉིས་ཀར་གདུགས་དཀར་མོའི་གཟུངས་སྔགས་རྐྱང་པ་བཀོད་པ་དེའོ། འབྲི་ཡུལ་ཤོག་དྲིལ་ཡིན།

༧༦ P.T.0372དང་P.T.0372Vཞེས་པའི་མཚན་བྱང་ལ། འཕགས་པ་དེ་བཞིན་གཤེགས་པའི་གཙུག་

ཧོར་ནས་བྱུང་བ་གདུགས་དཀར་པོ་ཅན་གཞན་གྱིས་མི་ཐུབ་མ་ཞེས་བྱ་བའི་གཟུངས། །ཞེས་དང་། ཤོག་དྲིལ་ཆེས་ཕྱི་མའི་མཇུག་ཏུ། སངས་རྒྱས་རྣལ་འབྱོར་དུ་བྱའོ། །ཀླུའི་རྒྱལ་པོ་རྣམས་ཀྱང་དུས་དུས་སུ་ཆར་འབེབས་སོ། །ཞེས་གཟུངས་ཡོངས་ཆད་ལྷག་མེད་པར་རྫོགས་འདུག ཤོག་དྲིལ་དེ་གཉིས་ཀྱང་རྩོམ་སྒྲིག་པས་སོ་སོར་བཀར་ཏེ་ཨང་རྟགས་བརྒྱབ་ཡོད་མོད། དེ་གཉིས་ཀྱི་བྲིས་གཟུགས་ཤིན་ཏུ་འདྲ་ལ་ཤོག་དྲིལ་ཆེས་ཕྱི་མP.T.0372Vཞེས་པའི་གཟུངས་ཀྱི་མགོ་དང་ཤོག་དྲིལ་སྔ་མའི་མཇུག་མཚམས་གཅིག་ཏུ་འགྲོ་བས། ཤོག་དྲིལ་དེ་གཉིས་སྦྲགས་གཅིག་ཏུ་བཞག་པ་ཡིན་ཞིང་དེར་བསྡོམས་ཤོག་དྲིལ་ཆེན་པོ་བཞི་དང་ཐིག་ཕྲེང་127ཡོད་ལ་འབྲི་ཡུལ་ཤོག་དྲིལ་ཡིན་པ་བཅས་སོ། །

གོང་སྨོས་ཤོག་དྲིལ་དེ་དག་ལས་ཕལ་ཆེ་བའི་གཟུངས་ཡོངས་སུ་མི་ཚང་ལ། སྐོར་ཞིག་ཏུ་ཡིག་ནོར་ཡང་འཐོར་ཆེན་ཡོད་པས་གདུགས་དཀར་མོའི་འགྱུར་ཚད་ལྡན་དུ་བརྩི་དཀའ་མོད། སྟབས་ལེགས་པ་ཞིག་ལ་འགྱུར་ཡིག་མི་འདྲ་བ་དེ་དག་གི་གསེང་ནས་གཟུངས་ཡོངས་སུ་རྫོགས་ཤིང་། མཇུག་ཏུ་འགྱུར་ཞུས་མཁན་གྱི་མཚན་ཡང་མཆིས་པའི་ཤོག་དྲིལ་ཞིག་རྙེད་སོན་བྱུང་བས། དེས་གདུགས་དཀར་མོའི་འགྱུར་བྱང་མི་གསལ་བའི་དཀའ་གནད་དང་། བོད་རྒྱལ་སུའི་སྐུ་རིང་ལ་གདུགས་དཀར་མོ་བོད་ཡིག་ཏུ་བསྒྱུར་བ་སོགས་ཀྱི་གནད་དོན་གལ་ཆེན་ལ་ཞིབ་འཇུག་གི་དཔྱད་གཞི་ཨང་དང་པོ་མཁོ་སྤྲོད་བྱུང་།

གཉིས་པ། ཏུན་ཧོང་གདུགས་དཀར་མོའི་ལོ་རྒྱ་བ་སུ་དང་བཙན་པོ་གང་གི་སྐུ་རིང་དུ་བྱོན་ཚུལ།

དེ་ཡང་བོད་ཀྱི་ལོ་རྒྱུས་ཡོངས་གྲགས་ལྟར་ན། དུས་རབས་བདུན་པའི་དུས་དཀྱིལ་ལ་བོད་རྒྱལ་སྲོང་བཙན་སྒམ་པོའི་སྐབས་ནས་རྒྱ་གར་གྱི་ནང་བསྟན་རིག་གནས་བོད་དུ་བསྒྱུར་སྤེལ་བྱེད་འགོ་ཚུགས་ཤིང་བཙན་པོ་ཁྲི་རལ་བ་ཅན་གྱི་དུས་སུ་ཆེས་ཡང་རྩེར་སླེབས་པས། བཙན་པོ་འདིའི་རིང་བོད་དབུས་ཁུལ་ཙམ་མ་ཟད་ཏུན་ཧོང་དང་ལང་ཀྲུ་སོགས་ཧོ་ཞི་བྱང་རྒྱུད་དེ་བོད་ཀྱི་ས་མཚམས་སུའང་ནང་བསྟན་རིག་གནས་སམ་རིག་གནས་གསར་པ་བསུ་བའི་ཡོ་ལང་ སྔར་ལས་རྒྱས་སྐད། དེ་བས་དུས་སྐབས་དེ་ནི་བསྟན་པ་སྔ་དར་ལ་མཚོན་ན་བོད་བཙན་པོའི་རྒྱལ་རབས་ཀྱི་དུས་རིམ་གལ་ཆེན་ཞིག་ཡིན་ལ། སྔར་ཡོད་བོད་བཙན་པོའི་རྒྱལ་རབས་ཀྱི་སྲོལ་རྒྱུན་རིག་གནས་ཏེ་བོན་པོའི་རིག་གནས་དང་མི་རིགས་གཞན་གྱི་རིག་གནས་གཉིས་ཐོག་དང་པོར་གདོང་ཐུག་དྲག་པོ་བྱུང་བའི་དུས་ཤིག་ཡིན། གན་སུའུ་ཏུན་ཧོང་ཡུལ་ནས་མཇལ་བའི་བོད་ཀྱི་གནའ་བོའི་ཡིག་རྙིང་དེ་དག་ནི་སྐབས་དེ་ཙམ་ལ་བྲིས་པའི་བཙན་པོའི་དུས་ཀྱི་ཡིག་ཆའི་གྲས་ཤིག་སྟེ། ཕྱིས་ཀྱི་མཁས་པའི་སྨྲ་རྩེས་མ་རེག་ཅིང་ཡུལ་མཐའ་འཁོབ་ཀྱི་བྱེ་མའི་གསེང་

ཏུ་དུས་རབས་བཅུ་ཕྲག་རིང་ལུས་པའི་བོད་རང་གི་རིག་གནས་ཀྱི་རྩ་ཆེའི་ཤུལ་བཞག་ཡིན་པ་བསྙོན་དུ་མེད། དེས་ན་འདིར་དཔྱད་པར་བྱེད་པའི་ཏུན་ཧོང་ཡིག་རྙིང་ཁྲོད་ཀྱི་གདུགས་དཀར་མོའི་ལག་བྲིས་མ་འདི་དག་ཀྱང་དེ་དང་དུས་མཉམ་ཡིན་ཏེ། དེའི་འགྱུར་ཡིག་ཁག་ཏུན་ཧོང་བོད་ཀྱི་ཡིག་རྙིང་གཞན་དང་འདྲ་བར་བཙན་པོའི་དུས་ཀྱི་བརྡ་སྤྱོད་དང་མཐུན་ལ་བྲིས་གཟུགས་ཀྱི་རྣམ་པའང་སྐབས་དེའི་འབྲི་སྲོལ་དང་ཤིན་ཏུ་འདྲ་བས། གདུགས་དཀར་གྱི་འགྱུར་ཡིག་དེ་དག་ལོ་རྒྱུས་བཙན་པོ་གང་གི་སྐུ་རིང་ལ་བོད་དུ་བསྒྱུར་བ་སོགས་ཀྱི་གནད་དོན་ཐད་དཔྱད་པ་གཏོང་བར་བྱ་སྟེ།

གཅིག ཏུན་ཧོང་བོད་འགྱུར་གདུགས་དཀར་མོའི་ལོ་རྒྱུས་ཐོག་མ་སུ་ཡིན་སྐོར། བོད་ཀྱི་ལོ་རྒྱུས་དེབ་ཐེར་ཆེས་ཐོག་མར་འབོད་པའི་《སྦ་བཞེད་》བྱ་བར། རྒྱ་དཀར་པོའི་ཆོས་ལ་ནང་རྒྱུད་སྡེ་གསུམ་ཤ་ཆང་ལ་ཡངས་(ཡིངས་)ཏེ་བོད་ལ་མི་མཚམས་(འཚམས་)པས་མ་བསྒྱུར[①]བ་སྟེ། མ་ཧཱ་ཡོ་ག་ལུ་སྡིགས་དགེ་བ་ལ་གཟུད་པའི་སླད་དུ་གཙང་རྐྱེ་མེད་པར་བསྟན་པ་ཆོས་ཀྱི་དབྱིངས་ཐེ་ལྷ་བུ་ནི་མ་རྟོགས་པར་ལོག་པར་འཛིན་ཅིང་འཇུག་པར་འགྱུར་བས་མ་བསྒྱུར[②]ཞེས་དང་། ཨ་ནུ་ཡོ་ག་རྐྱེ་བག་ཅན་ལ་བསྟན་པས་བོད་རྣམ་རྟོག་ཆེ་བས་མ་བསྒྱུར[③]ཞེས་སྔགས་ཀྱི་རྒྱུད་སྡེ་བཞི་ལས་རྣལ་འབྱོར་བླ་མེད་རྒྱུད་ཀྱི་ནང་གསེས་བསྐྱེད་པ་མ་ཧཱ་ཡོ་ག་དང་། ལུང་ཨ་ནུ་ཡོ་ག རྫོགས་ཆེན་ཨ་ཏི་ཡོ་ག་བཅས་གསུམ་བཙན་པོ་ཁྲི་སྲོང་ལྡེ་བཙན་དུས་བོད་ལ་མ་འཚམས་པས་བསྒྱུར་མེད་ཅིང་། དེ་ལས་གཞན་བྱ་རྒྱུད་དང་རྣལ་འབྱོར་རྒྱུད་ཀྱང་བོད་དུ་མ་བསྒྱུར་བར་གྲགས་ཏེ། དེ་ཉིད་དུ། སྔགས་ཡོ་ག་ནུས་པ་ཆེ་ཡང་བོད་ལ་ནུས་པ་མི་འབྱུང་བས་དུས་དེར་མ་བསྒྱུར[④]ཞེས་དང་། བྲམ་ཟེ་རྣམས་དགེ་བ་ལ་གཟུད་པའི་སླད་དུ་ཀྲི་ཡ་གསུངས་པ་དང་། ཡང་བོད་གཙང་སྦྲ་ཆུང་བས་མ་བསྒྱུར[⑤]ཞེས་པ་སོགས་དང་། 《ལི་ཤིའི་གུར་ཁང་》དུ། བཙད་པོ་ཁྲི་སྲོང་ལྡེ་བཙན་གྱི་དུས་དང་པོར་བྱས་པའི་འགྱུར་རྣམས་ནི། དང་པོའི་བཀས་བཅད་ཀྱིས་བསྒྱུར་བ་སྟེ། སངས་རྒྱས་ཕལ་པོ་ཆེ་དང་། ལུང་སྡེ་བཞི་དང་། མདོ་སྡེ་ཁ་ཅིག་དང་ཤེར་ཕྱིན་གྱི་མདོ་ཁ་ཅིག

① སྦ་གསལ་སྣང་། སྦ་བཞེད། མི་རིགས་དཔེ་སྐྲུན་ཁང་། 1980ལོ། ཤོག་ངོས་61
② སྦ་གསལ་སྣང་། སྦ་བཞེད། མི་རིགས་དཔེ་སྐྲུན་ཁང་། 1980ལོ། ཤོག་ངོས་61
③ སྦ་གསལ་སྣང་། སྦ་བཞེད། མི་རིགས་དཔེ་སྐྲུན་ཁང་། 1980ལོ། ཤོག་ངོས་61
④ སྦ་གསལ་སྣང་། སྦ་བཞེད། མི་རིགས་དཔེ་སྐྲུན་ཁང་། 1980ལོ། ཤོག་ངོས་61
⑤ སྦ་གསལ་སྣང་། སྦ་བཞེད། མི་རིགས་དཔེ་སྐྲུན་ཁང་། 1980ལོ། ཤོག་ངོས་61

སྟེ། སྐད་གསར་བཅད་ཀྱིས་གཏན་ལ་མ་ཕབ་པ་རྣམས་སོ[1]ཞེས་མདོ་སྡེ་ལས་རྒྱུད་ཀྱི་སྐོར་བསྒྱུར་མེད་ཚུལ་བསྟན་ཡོད་ཀྱང་། 《ཆོས་འབྱུང་མཁས་པའི་དགའ་སྟོན་》དུ་《ཐ་བཞེད་》ཀྱི་ལུང་དེ་དག་དྲངས་མཐར་དཔྱད་པའི་གཞིའོ་ཞེས་དགག་གཞག་མཛད་ཅིང་། 《ལྡེའུ་ཆོས་འབྱུང་རྒྱས་པ་》དང་《བུ་སྟོན་ཆོས་འབྱུང་》དུའང་རྒྱ་གར་གྱི་སློབ་དཔོན་ཤཱནྟི་གརྦྷ་བ་དང་སྔགས་འཆང་ཧཱུཀཱ་གིརྟི་བྱ་བ་སོགས་གདན་དྲངས་ཏེ་རྒྱུད་སྡེ་བོད་དུ་བསྒྱུར་བས་མི་ཚད་དེ་དག་ཕོ་བྲང་ལྡན་དཀར་ནས་དཀར་ཆག་ཏུ་བྲིས་པར་སྨྲ། སྔོན་བྱོན་མཁས་པའི་བཞེད་དགོངས་དེ་དག་ལས་ལུགས་གང་ཞིག་བདེན་ཚུལ་ཁ་ཚོན་མིག་སྔར་མི་ཆོད་པས་ད་དུང་དཔྱད་པའི་གནས་ཡིན་པར་འཁུམས། གང་ལྟར་བྱ་རྒྱུད་ཀྱི་ཁོངས་གཏོགས་དེ་བཞིན་གཙུག་ཏོར་རྒྱུད་ལས་གཙུག་ཏོར་རྣམ་རྒྱལ་མ་དང་གཙུག་ཏོར་གདུགས་དཀར་མོ། གཙུག་ཏོར་དྲི་མེད་མ་བཅས་གསུམ་རྒྱལ་པོ་ཁྲི་སྲོང་ལྡེ་བཙན་དུས་བོད་ལ་བསྒྱུར་མེད་པ་བདེན་ཏེ། 《བུ་སྟོན་ཆོས་འབྱུང་》དུ་གཙུག་ཏོར་རྣམ་རྒྱལ་མ་དང་གཙུག་ཏོར་དྲི་མེད་མ་གཉིས་བཙན་པོ་ཁྲི་ལྡེ་སྲོང་བཙན་དང་ཁྲི་རལ་པ་ཅན་ཡབ་སྲས་རིང་གི་ལོ་ཙཱ་བར་ངོས་འཛིན་པའི་སྐ་ཅོག་ཞང་གསུམ་གྱི་ཡ་གྱལ་ཞང་ཡེ་ཤེས་སྡེས་བོད་དུ་ཐོག་མར་བསྒྱུར་བར་བཞེད་ཅིང་། དེའི་འགྱུར་བྱང་དང་ཤོ་ལོ་ཀའི་གྲངས་དེ་དཀར་ཆག་འཕང་ཐང་མའི་གཟུངས་ཆེ་ཕྲ་སྣ་ཚོགས་བྱ་བའི་ལེའུར་གསལ་པོར་བཀོད་འདུག་ལ། 《བུ་སྟོན་ཆོས་འབྱུང་》རང་དུ་བཀོད་པ་དང་ཡང་མཐུན། དེས་ན་ཏུན་ཧོང་གཙུག་ཏོར་གདུགས་དཀར་མོ་དེ་ལོ་ཙཱ་བ་སུས་བསྒྱུར་བ་ཡིན་ནམ་ཞེ་ན། ཏུན་ཧོང་ཡིག་རྙིང་ཁྲོད་ཀྱིP.T.0045Vཞེས་པའི་གདུགས་དཀར་མོའི་འགྱུར་ཡིག་ཆ་ཚང་བར་ཡོད་པའི་ཤོག་དྲིལ་དེའི་མཇུག་ཏུ། གདུགས་དཀར་པོ་ཅན་གཞན་གྱིས་མི་ཐུབ་མ་ཞེས་བྱ་བའི་གཟུངས། །རྫོགས་སྷོ། །ཞུས་ཤི་ལེན་དྲ་བོ་དེ་དང་བོ་དེ་མྱི་དྲ་ལས××××(སྒྱུགས་)དེ་ཞུས་ནས་གཏན་ལ་ཕབ་××(པ་)[2]ཞེས་བཀོད་ཡོད་དེ། ཤི་ལེན་དྲ་བོ་དེ་བྱ་བ་དེ་《བུ་སྟོན་ཆོས་འབྱུང་》གི་ལོ་ཙཱ་བའི་མཚན་ཐོར་བཀོད་པའི་ཤཱི་ལེནྡྲ་བོ་དྷིའམ་བོད་སྐད་དུ་ཚུལ་ཁྲིམས་དབང་པོ་བྱང་ཆུབ་བྱ་བར་འབོད་པ་དེ་དང་། བོ་དེ་མྱི་དྲ་བྱ་བ་ནི་བོ་དྷི་མི་ཏྲའམ་བོད་སྐད་དུ་བྱང་ཆུབ་བཤེས་གཉེན[3]ཞེས་པར་འབོད་པའི་ལོ་

---

① སྐྱོགས་སྟོན་རིན་ཆེན་བཀྲ་ཤིས། བརྡ་གསར་རྙིང་གི་རྣམ་གཞག་ལི་ཤིའི་གུར་ཁང་། མི་རིགས་དཔེ་སྐྲུན་ཁང་། 1981ལོ། ཤོག་ངོས་1

② ཧྥ་རན་སིའི་རྒྱལ་གཉེར་དཔེ་མཛོད་ཁང་དུ་ཉར་བའི་ཏུན་ཧོང་བོད་ཡིག་ཡིག་ཚགས།(དེབ་གཉིས་པ་) ཧྲང་ཧེ་དཔེ་རྙིང་དཔེ་སྐྲུན་ཁང་། 2007ལོ།

③ གཉའ་གོང་དཀོན་མཆོག་ཚེ་བརྟན། བོད་ཀྱི་བརྡ་རྙིང་ཡིག་ཆ་རྩ་ཆེན་བདམས་བསྒྲིགས། ཀན་སུའུ་མི་རིགས་དཔེ་སྐྲུན་ཁང་། 2001ལོ། ཤོག་ངོས་196

ལོ་ཙཱ་བ་དེ་ཡིན་པས། ཏུན་ཧོང་གདུགས་དཀར་མོའི་གཟུངས་ཀྱི་འགྱུར་ཡིག་ཐོག་མར་བོད་དུ་སྒྱུར་མཁན་རྒྱ་གར་གྱི་ཞུས་ཆེན་ལོ་ཙཱ་བ་ཁོང་གཉིས་ཡིན་པ་ཁ་གསལ་བྱུང་འདུག

ཡང་ལོ་ཙཱ་བ་དེ་གཉིས་བཙན་པོ་སུའི་སྐུ་རིང་དུ་བྱོན་པའི་ཚུལ་ལ། 《ཆོས་འབྱུང་མཁས་པའི་དགའ་སྟོན་》དུ་(ཁྲི་གཙུག་ལྡེ་བཙན་དུས་)ཉི་འོག་གི་མཁན་པོ་ཨ་ཙཪྻ་ཛི་ན་མི་ཏྲ་དང་། སུ་རེནྡྲ་བོ་དྷི་དང་། ཤཱི་ལེནྡྲ་བོ་དྷི་དང་། བོ་དྷི་མི་ཏྲ་དང་། བོད་ཀྱི་མཁན་པོ་རཏྣ་རཀྵི་ཏ་དང་། དྷརྨ་ཏཱ་ཤཱི་ལ་དང་། ལོ་ཙཱ་བ་མཁས་པ་ཛྙཱ་ན་སེ་ན་དང་། ཛ་ཡ་རཀྵི་ཏ་དང་། མཉྫུ་ཤྲཱི་ཝརྨ་དང་། རཏྣེནྡྲ་ཤཱི་ལ་ལ་སོགས་པ་རྣམས་ལ་ཐེག་པ་ཆེ་ཆུང་ལས་བྱུང་བའི་ཆོས་རྣམས་རྒྱ་གར་གྱི་ཡུལ་དབུས་ལས་བྱུང་བའི་བརྡ་དང་མཐུན་པར་བསྒྱུར་ཞིང་ཀུན་གྱིས་སློབ་ཏུ་རུང་ལ་ནམ་དུ་ཡང་གཞུང་ལུགས་དེ་ལས་མི་བསྒྱུར་བ①ཞེས་བྱུང་བས། བཙན་པོའི་རྒྱལ་རབས་སོ་དགུ་པ་ཁྲི་གཙུག་ལྡེ་བཙན་ནམ་ཁྲི་རལ་པ་ཅན་གྱི་དུས་སུ་རྒྱ་གར་ནས་བོད་དུ་གདན་དྲངས་པའི་ལོ་ཙཱ་བར་འདོད་ཅིང་། ལོ་པཎ་དེ་རྣམས་དང་ཁྱད་པར་དྲིན་ཅན་གྱི་ལོ་པཎ་གསུམ་ཞེས་གྲགས་པ་ཛི་ན་མི་ཏྲ་དང་དཱ་ན་ཤཱི་ལ་དང་། ཞང་ཡེ་ཤེས་སྡེ་གསུམ་གྱིས་སྔར་བསྒྱུར་བ་ཐམས་ཅད་དག་པར་བྱས②ཞེས་བོད་ཀྱི་ལོ་ཙཱ་བ་རབ་དགུར་བགྲངས་པའི་གྲས་ཞང་ཡེ་ཤེས་སྡེ་དང་དུས་མཉམ་དུ་བཞེད། 《བུ་སྟོན་ཆོས་འབྱུང་》དུའང་དེའི་ལུང་གཞིར་བཞག་བྱས་ཏེ། རྒྱ་གར་གྱི་ལོ་པཎ་ཤཱི་ལེནྡྲ་བོ་དྷི་དང་པོ་དྷི་མི་ཏྲ་གཉིས་བཙན་པོ་ཁྲི་རལ་པ་ཅན་གྱི་དུས་སུ་བྱུང་བའི་ལོ་ཙཱ་བ་ཡིན་པར་གསུངས། ཕྱིར་ན་དེ་ལྟར་སོར་བཞག་བྱས་རུང་མི་ཆོག་པ་མེད་ཀྱང་། ལོ་ཙཱ་བ་གཉིས་ཀྱི་མཚན་ཐོ་དེ་རྟའི་ལོ་སྤྱི་ལོ་814ལོར་བརྩམས་གྲུབ་པའི་《སྒྲ་སྦྱོར་བམ་གཉིས་》ཀྱི་བར། ༄། །རྟའི་ལོ་ལ་བཙན་པོ་ཁྲི་ལྡེ་སྲོང་བཙན་གྱི་ཕོ་བྲང་སྐྱིའི་འོན་ཅང་དོ་ན་བཞུགས③ཞེས་དང་། གཉི་འོག་གི་མཁན་པོ་ཨཱ་ཙཪྻ་ཛི་ན་མི་ཏྲ་དང་། སུ་རེནྡྲ་བོ་དྷི་དང་། ཤཱི་ལེནྡྲ་བོ་དྷི་དང་། དཱ་ན་ཤཱི་ལ་དང་། ༄། །བོད་ཀྱི་མཁན་པོ་རཏྣ་རཀྵི་ཏ་དང་། དྷརྨ་ཏཱ་ཤཱི་ལ་དང་། ལོ་ཙཱ་བ་མཁས་པར་ཆུད་པ་ཛྙཱ་ན་སེ་ན་དང་། ཛ་ཡ་རཀྵི་ཏ་དང་། མཉྫུ་ཤྲཱི་ཝརྨ་དང་། རཏྣེནྡྲ་ཤཱི་ལ་སོགས་པས་ཐེག་པ་ཆེ་ཆུང་ལས་འབྱུང་བའི་རྒྱ་གར་གྱི་སྐད་ལས་བོད་ཀྱི་སྐད་དུ་བསྒྱུར་ཞིང་མིང་དུ་བཏགས་པ་རྣམས

① དཔའ་བོ་གཙུག་ལག་ཕྲེང་བ། ཆོས་འབྱུང་མཁས་པའི་དགའ་སྟོན། མི་རིགས་དཔེ་སྐྲུན་ཁང་། 2006ལོའི་དེབ་དང་པོ། ཤོག་གྲངས་218

② དཔའ་བོ་གཙུག་ལག་ཕྲེང་བ། ཆོས་འབྱུང་མཁས་པའི་དགའ་སྟོན། མི་རིགས་དཔེ་སྐྲུན་ཁང་། 2006ལོའི་དེབ་དང་པོ། ཤོག་གྲངས་219

③ བོད་ལྗོངས་རྟེན་རྫས་བཤམས་སྟོན་ཁང་གིས་བསྒྲིགས། དཀར་ཆག་འཕང་ཐང་མ། སྒྲ་སྦྱོར་བམ་གཉིས། མི་རིགས་དཔེ་སྐྲུན་ཁང་། 2006ལོ། ཤོག་གྲངས་70

དཀར་ཆག་ཏུ་བྲིས①ཞེས་བཀོད་དེ། ལོ་ཙཱ་བ་ཤྲཱི་ཝཛྲ་བོ་དྷི་དང་པོ་དྷི་མི་ཏྲ་བྱ་བ་གཉིས་རྒྱལ་རབས་སོ་བརྒྱད་པ་བཙན་པོ་ཁྲི་ལྡེ་སྲོང་བཙན་དུས་ནས་ཡོད་ཚུལ་སྨྲས་པས་དེ་ལ་བསྐྱར་དུ་བསམ་གཞིག་བྱ་དགོས་པར་གྱུར། དེབ་ཐེར་དེ་གསུམ་པོའི་ཁྲིད་དུས་ཀྱི་ཆ་ནས《སྒྲ་སྦྱོར་བམ་གཉིས་》བྱུང་བ་སྔ་ཞིང་དེ་ནས《བུ་སྟོན་ཆོས་འབྱུང་》དང་། དཔའ་བོ་གཙུག་ལག་ཕྲེང་བའི《ཆོས་འབྱུང་མཁས་པའི་དགའ་སྟོན་》བཅས་རིམ་པར་བྱུང་བ་ཡིན་ལ། 《སྒྲ་སྦྱོར་བམ་གཉིས་》སུ་བཀོད་པའི་བཙན་པོ་ཁྲི་ལྡེ་སྲོང་བཙན་དེ་བུ་སྟོན་རིན་ཆེན་གྲུབ་ཀྱིས་ཁྲི་རལ་པ་ཅན་ལ་ངོས་འཛིན་པར་ཐལ་ཏེ། དེ་ལ་(སྲུ་ནི་བཙན་པོ་)སྲས་ལྷ་འཁྲུངས་ཏེ་ཁྲི་ལྡེ་སྲོང་བཙན་ཁྲི་རལ་པ་ཅན②ཞེས་བྲིས་ཀྱང་། ཚིག་དེའི་མཇུག་གི་སྔར་བསྒྱུར་བ་རྣམས་སྐད་གསར་བཅད་ཀྱིས་ཀྱང་གཏན་ལ་ཕབ་ཅེས་པའི་བར《སྒྲ་སྦྱོར་བམ་གཉིས་》ཀྱི་མགོར་བཀོད་པའི་ནང་དོན་དང་ཡོངས་སུ་མཚུངས་པ་དེས་བུ་སྟོན་གྱིས་སྟོན་ཚད《སྒྲ་སྦྱོར་བམ་གཉིས་》གཟིགས་སྦྱོང་བ་མཚོན་ཞིང་ཞར་དུ་དེ་ལུང་དུ་འདྲེན་སྐབས་ཁྲི་ལྡེ་སྲོང་བཙན་དེ་ཁྲི་རལ་པ་ཅན་ལ་ངོས་བཟུང་བ་དང་། 《ཆོས་འབྱུང་མཁས་པའི་དགའ་སྟོན་》དུའང་དེ་དང་མཐུན་པར་ལུང་དྲངས་མཐར་ཕོང་རྣམ་པ་གཉིས་ཀྱི་ཆོས་འབྱུང་གི་བཞེད་དགོངས་གཅིག་ཏུ་མཐུན་པའི་ལྟ་ཚུལ་དེ་འདྲ་ཞིག་ཆགས་པར་སེམས། དེ་མིན《སྒྲ་སྦྱོར་བམ་གཉིས་》ཀྱི་འགོར་བློན་ཆེན་པོ་ཞང་ཁྲི་གཟུང་རམ་ཤགས་དང་། བློན་མང་པོ་རྗེ་ལྷ་ལོད་ལ་སོགས་པས་རྒྱ་ལས་མནངས་མང་པོ་བཅད③ཅེས་བཀོད་པའི་ནང་གི་བློན་ཆེན་པོ་ཞང་ཁྲི་གཟུང་རམ་ཤགས་བྱ་བ་དེ་ལྡན་མའི་བཀའ་གཙིགས་བྲག་བརྐོས་མར། སྤྱིའུ་གི་ལོའི་དབྱར། བཙན་པོ་ཁྲི་ལྡེ་སྲོང་བཙན་གྱི་རིང་ལ། །བློན་ཆེ་ཞང་འབྲོའ་ཁྲི་གཟུའ་རམ་ཤགས་དང་ནང་བློན་དབའས་བློན་ཁྲི་སུམ་བཞེར་མདོའ་བརྟན་ལ་སྩོགས་པ་ཆབ་སྲིད་ལ་བཀའ་བསྩལ④ཞེས་དང་། 《ཆོས་འབྱུང་མཁས་པའི་དགའ་སྟོན་》ནང་ཁྲི་ལྡེ་སྲོང་བཙན་རིང་ཆོས་མི་འཛིག་ཕྱིར་རྗེ་བློན་མནས་བསྐགས་པའི་བཀའ་གཙིགས་ཡི་གེ་ཞེས་བྱ་བའི་མཇུག་ཏུ། ཆབ་སྲིད་ཀྱི་བློན་པོ་བཀའ་ཆེན་པོ་ལ་གཏོགས་པ། བློན་ཆེན་པོ་ཞང་འབྲོ་ཁྲི་གཟུ་རམ་

① བོད་ལྗོངས་རྟེན་རྫས་བཤམས་སྟོན་ཁང་གིས་བསྒྲིགས། དཀར་ཆག་འཕང་ཐང་མ། སྒྲ་སྦྱོར་བམ་གཉིས། མི་རིགས་དཔེ་སྐྲུན་ཁང་། 2006ལོ། ཤོག་ངོས་70

② བུ་སྟོན་རིན་ཆེན་གྲུབ། བུ་སྟོན་ཆོས་འབྱུང་། ཀྲུང་གོའི་བོད་རིག་པ་དཔེ་སྐྲུན་ཁང་། 1988ལོ། ཤོག་ངོས་190

③ བོད་ལྗོངས་རྟེན་རྫས་བཤམས་སྟོན་ཁང་གིས་བསྒྲིགས། དཀར་ཆག་འཕང་ཐང་མ། སྒྲ་སྦྱོར་བམ་གཉིས། མི་རིགས་དཔེ་སྐྲུན་ཁང་། 2006ལོ། ཤོག་ངོས་70

④ གཉའ་གོང་དཀོན་མཆོག་ཚེ་བརྟན། བོད་ཀྱི་བཙན་སྙིང་ཡིག་ཆ་རྩ་ཆེན་བདམས་བསྒྲིགས། ཀན་སུའུ་མི་རིགས་དཔེ་སྐྲུན་ཁང་། 2001ལོ། ཤོག་ངོས་149

ཤགས[1]ཞེས་བཀོད་པ་དང་མི་གཅིག་ཡིན་ལ། ཁོང་ཉིད་བཙན་པོ་ཁྲི་ལྡེ་སྲོང་བཙན་རིང་གི་བློན་ཆེན་པོ་ཞིག་ཡིན་པ་ཁ་གསལ་བྱུང་ཡོད་པ་ལས་ཀྱང་《སྒྲ་སྦྱོར་བམ་གཉིས་》སུ་བཀོད་པའི་ཁྲི་ལྡེ་སྲོང་བཙན་དེ་བཙན་པོ་ཁྲི་རལ་པ་ཅན་ལ་ངོས་འཛིན་མི་རུང་བ་ཤེས། དེ་བས་ལོ་པཎ་དེ་གཉིས་བཙན་པོ་ཁྲི་ལྡེ་སྲོང་བཙན་དུས་ནས་བཟུང་བོད་དུ་ཕྱིན་ཡོད་པ་ར་སྤྲོད་ཐུབ་ལ། དེའི་སྲས་བཙན་པོ་ཁྲི་རལ་བ་ཅན་གྱིས་བོད་སྲིད་མཛད་དུས་ཀྱང་སྔར་བཞིན་བཞུགས་ཡོད་པར་སྲིད་མོད། མིག་སྔར་བོད་ནང་ལོ་པཎ་གཉིས་འཚོ་བཞུགས་ཇི་ཙམ་གནང་བའི་ལོ་རྒྱུས་གསལ་པོ་ཞིག་མཐོང་རྒྱུ་མེད་ཅིང་། ཏུན་ཧོང་ཡིག་ཆར་ཡང་ཁོང་གཉིས་ཀྱི་མིང་ཙམ་ལས་མེད་པས། བཙན་པོ་ཁྲི་རལ་པ་ཅན་གྱི་དུས་སུ་མཐུད་འཚོ་བཞུགས་མཛད་ཡོད་མེད་ཀྱི་ལན་ཡང་དག་ཅིག་སློན་དཀའ་འོ། །

གཉིས། ཏུན་ཧོང་བོད་འགྱུར་གདུགས་དཀར་མོ་བཙན་པོ་གང་གི་སྐུ་རིང་དུ་བསྒྱུར་བའི་སྐོར། དེས་ན་ལོ་པཎ་དེ་གཉིས་ཀྱིས་བསྒྱུར་བའི་ཏུན་ཧོང་གཙུག་ཏོར་གདུགས་དཀར་མོ་འདི་བཙན་པོ་གང་གི་སྐུ་རིང་དུ་བསྒྱུར་བའི་ཚུལ་ལ། ཤོག་དྲིལ་དེ་ཚོའི་ནང་གི་མིང་ཚིག་ཁོ་ནར་བལྟས་ཆོ་ཙུང་དཔྱད་དགའ་སྟེ། དེར་ཡོད་ཀྱི་མིང་ཚིག་ཀུན་བཀས་བཅད་མེད་པ་ཤ་སྟག་ཡིན་པ་དཔེར་ན་ད་དྲག་ཅན་གྱི་སྐོར། ཕྱིནད་པ། མངོནད་མཚན། སྤྲུལད་པོ། རྣལད་འབྱོར་ལྟ་བུ་དང་། འ་མཐའ་ཅན་ལ། འཞིག་པ། དགྲའ་བཅོམ་པ། འཕྲེང་བའ། འགྲའས་འཛོགས་པ། དགྲའ་འཁོར་ལྟ་བུ། སྡེ་པ་གཅིག་གི་མིང་གཞི་ཕན་ཚུན་བརྗེ་བ་དཔེར་ན། མཚོན་ཙ། རོན་ཅེན། སྣ་ཚོགས། ཐེ་ཙོམ་ལྟ་བུ་སོགས་མཆིས་ཤིང་། དེ་དག་དང་འདྲ་བ་བཙན་པོ་ཁྲི་རལ་པ་ཅན་གྱིས་སྨོན་ལམ་དུ་གསོལ་བའི་ཤོག་དྲིལP.T.16བྱ་བར་ཡང་། དཔེར་ན། ཕྱུག་འཙལ། མཙན་མ། འདས་པ། ཚུལ་ལྟར། འཕྲིའང་བ། ཕུལ་བའ། གསོལ་བའ། བྱང་ཅུབ། གྱུརད་པ། མཛལད་ལྟ་བུ་དང་། དབོན་ཞང་མོལ་བའི་རྗོ་རིང་ཡི་གེ་ལས། བཀའ་ཕྲིནད། མན་ཅད། ཡུནད། སྒྱུརད། མཛལད། བསལད། གྱུརད་ལྟ་བུ་སོགས་ཡོད་པས་ཐག་གཅོད་ཐབས་བྲལ་མོད། 《སྒྲ་སྦྱོར་བམ་གཉིས་》ཀྱི་ལུགས་ལྟར་སོང་ཚེ་གདུགས་དཀར་མོ་ནམ་བསྒྱུར་གྱི་དུས་ཕལ་ཆེར་ངེས་ཤེས་འདྲོང་ཐུབ་པར་བསམ་སྟེ། དཔེར་ན། ཏུན་ཧོང་གདུགས་དཀར་མོའི་ཤོག་དྲིལ་དུ། གདོན་སྟོང་ཕྲག་བརྒྱ་ཙུ་རྩ་བཞི[2]ཞེས་པ་དེ་གདོན་བརྒྱད་ཁྲི་

① དཔའ་བོ་གཙུག་ལག་ཕྲེང་བ། ཆོས་འབྱུང་མཁས་པའི་དགའ་སྟོན། མི་རིགས་དཔེ་སྐྲུན་ཁང་། 2006ལོ། ཤོག་ངོས་216

② རྡྲ་རན་སིའི་རྒྱལ་གཉེར་དཔེ་མཛོད་ཁང་དུ་ཉར་བའི་ཏུན་ཧོང་བོད་ཡིག་ཡིག་ཚགས།(དེབ་གཉིས་པ་) རྡྲང་ཧེ་དཔེ་སྐྲིང་དཔེ་སྐྲུན་ཁང་། 2007ལོ།

བཞི་སྟོང①ཞེས་པར་བསྒྱུར་ཡོད་ཅིང་། དེ་《སྒྲ་སྦྱོར་བམ་གཉིས་》སུ། གྲངས་ལ་རྒྱ་གར་གྱི་སྐད་བཞིན་དུ་བསྒྱུར་ན་དགེ་སློང་བརྒྱ་ཕྲག་ཕྱེད་དང་བཅུ་གསུམ་ཞེས་འབྱུང་བ་ལ་སོགས་པ་ནི་སྟོང་ཉིས་བརྒྱ་ལྔ་བཅུ་ཞེས་ཐ་མལ་བར་བོད་ཀྱི་སྐད་ཀྱི་ལུགས་བཞིན་དུ་བསྒྱུར②ཞེས་པའི་སྒྱུར་ཐབས་དང་བསྟུན་ཡོད་ལ། ཡང་ལན་ཅིག་ཕྱིར་འོང་པ་རྣམས་ལ་ཕྱག་འཚལ་ལོ། ཕྱིར་མྱི་ཡོང་བ་རྣམས་ལ་ཕྱག་འཚལ་ལོ③ཞེས་བསྒྱུར་ཡོད་པ་དེ་《སྒྲ་སྦྱོར་བམ་གཉིས་》ཀྱི་ས་ཀྲི་ད་ནི་ལན་གཅིག ཨ་གཱ་མི་ནི་འོང་བ་སྟེ། ཚེ་དེ་ཉིད་ལ་མྱ་ངན་ལས་མི་འདའི། ལན་གཅིག་སླར་འཇིག་རྟེན་སྐྱེ་བས་ན་ལན་གཅིག་ཕྱིར་འོང་བ་ཞེས་བྱ④ཞེས་དང་། ཨ་ནཱ་གཱ་མི་ཞེས་བྱ་བ་ཐ་མའི་སྐལ་བ་ཅན་གྱི་ཆོས་རྣམ་པ་ལྔ་སྤངས་པས། སླར་འདོད་པའི་ཁམས་སུ་མི་སྐྱེ་བས་ཕྱིར་མི་འོང་བ་ཞེས་བྱ⑤ཞེས་པ་དང་མཐུན། གཞན་《སྒྲ་སྦྱོར་བམ་གཉིས་》ཀྱི་ཏ་ཐཱ་ནི་དེ་བཞིན་ག་ཏ་ནི་གཤེགས་པའམ་ཕྱིན་པའམ་མཁྱེན་པའམ་གསུང་བ་ལ་བྱ་སྟེ། ཚིག་གི་དོན་སྤྱིར་ན་སྔོན་གྱི་སངས་རྒྱས་རྣམས་ཇི་ལྟར་གཤེགས་ཤིང་ཕྱིན་པ་དང་། ཆོས་ཐམས་ཅད་ཀྱི་རང་བཞིན་དེ་ཉིད་མཁྱེན་ཅིང་གསུང་བ་ཡང་བྱ་མོད་ཀྱི། ཐུར་གྲགས་པ་བཞིན་དེ་བཞིན་གཤེགས་པ་ཞེས་གདགས⑥ཞེས་དང་། སྲོཏ་ནི་ཆུའི་རྒྱུན་ལྟ་བུ་ལ་བྱ། ཨཱ་པནྣ་ནི་ནང་དུ་ཞུགས་པ་ལ་བྱ་སྟེ། སྤྱིར་ན་མྱ་ངན་ལས་འདས་པའི་མཚོར་འབབ་པའི་འཕགས་པའི་ལམ་གྱི་ཆུ་བོའི་རྒྱུན་དུ་ཞུགས་པ་ལ་བྱ་སྟེ་རྒྱུན་དུ་ཞུགས་པ་ཞེས་བྱ⑦ཞེས་དང་། ཡུ་ཀྲི་ཇོ་ག

① ཧྥ་རན་སིའི་རྒྱལ་གཉེར་དཔེ་མཛོད་ཁང་དུ་ཉར་བའི་ཏུན་ཧོང་བོད་ཡིག་ཡིག་ཚགས།(དེབ་གཉིས་པ་) ཧྲང་ཧེ་དཔེ་རྙིང་དཔེ་སྐྲུན་ཁང་། 2007ལོ། P.T.0098V

② བོད་ལྗོངས་རྟེན་རྫས་བཤམས་སྟོན་ཁང་གིས་བསྒྲིགས། དཀར་ཆག་འཕང་ཐང་མ། སྒྲ་སྦྱོར་བམ་གཉིས། མི་རིགས་དཔེ་སྐྲུན་ཁང་། 2006ལོ། ཤོག་ངོས་72

③ ཧྥ་རན་སིའི་རྒྱལ་གཉེར་དཔེ་མཛོད་ཁང་དུ་ཉར་བའི་ཏུན་ཧོང་བོད་ཡིག་ཡིག་ཚགས།(དེབ་གཉིས་པ་) ཧྲང་ཧེ་དཔེ་རྙིང་དཔེ་སྐྲུན་ཁང་། 2007ལོ། P.T.0061

④ བོད་ལྗོངས་རྟེན་རྫས་བཤམས་སྟོན་ཁང་གིས་བསྒྲིགས། དཀར་ཆག་འཕང་ཐང་མ། སྒྲ་སྦྱོར་བམ་གཉིས། མི་རིགས་དཔེ་སྐྲུན་ཁང་། 2006ལོ། ཤོག་ངོས་111

⑤ བོད་ལྗོངས་རྟེན་རྫས་བཤམས་སྟོན་ཁང་གིས་བསྒྲིགས། དཀར་ཆག་འཕང་ཐང་མ། སྒྲ་སྦྱོར་བམ་གཉིས། མི་རིགས་དཔེ་སྐྲུན་ཁང་། 2006ལོ། ཤོག་ངོས་111

⑥ བོད་ལྗོངས་རྟེན་རྫས་བཤམས་སྟོན་ཁང་གིས་བསྒྲིགས། དཀར་ཆག་འཕང་ཐང་མ། སྒྲ་སྦྱོར་བམ་གཉིས། མི་རིགས་དཔེ་སྐྲུན་ཁང་། 2006ལོ། ཤོག་ངོས་76

⑦ བོད་ལྗོངས་རྟེན་རྫས་བཤམས་སྟོན་ཁང་གིས་བསྒྲིགས། དཀར་ཆག་འཕང་ཐང་མ། སྒྲ་སྦྱོར་བམ་གཉིས། མི་རིགས་དཔེ་སྐྲུན་ཁང་། 2006ལོ། ཤོག་ངོས་110

ཞེས་བཤད་དེ། ཞི་གནས་དང་ལྷག་མཐོང་ཟུང་དུ་འབྲེལ་བའི་བསམ་གཏན་གྱི་མིང་སྟེ་རྣལ་འབྱོར་ཞེས་བྱ[1]ཞེས་དང་། ཡྺུ་ཏ་ན་ནི་ཉལ་བར་བྱེད་པ་ཡིན་པས་ན། ལུས་སྤྲུལ་པོ་ཞེས་བྱ[2]ཞེས་པ་སོགས་ཀྱང་ཏུན་ཧོང་གདུགས་དཀར་མོའི་ཤོག་དྲིལ་མང་པོར་མཐོང་དུ་ཡོད་དེ། དཔེར་ན། དེ་བཞིན་གཤེགས་པ་དགྲ་བཅོམ་པ་ཡང་དག་པར་རྫོགས་པའི་སངས་རྒྱས་ལ་ཕྱག་འཚལ་ལོ།[3] ཞེས་དང་། རྒྱུན་དུ་ཞུགས་པའི་རྣམས་ལ་ཕྱག་འཚལ་ལོ[4]ཞེས་དང་། སངས་རྒྱས་ཀྱི་རྣལ་འབྱོར་དུ་བྱའོ[5]ཞེས་དང་། སྤྲུལད་པོའི་གདོན་དང་ལུས་སྤྲུལ་པོའི་གདོན་དང་[6]ཞེས་པ་ལྟ་བུ་དང་། དེ་བཞིན་བསོད་ནམས་དང་། དཀྱིལ་འཁོར། སྐེམ་བྱེད། མཁའ་འགྲོ་མ། དུད་འགྲོ། ནམ་མཁའ་ལྡིང་ལྟ་བུའི་ཏུན་ཧོང་གདུགས་དཀར་མོའི་གཟུངས་སྔགས་ཁྲོད་ཀྱི་མིང་ཚིག་དེ་དག་ཀྱང་སྒྲ་སྦྱོར་བམ་གཉིས་སུ་ཇི་ལྟར་བསྒྱུར་དགོས་ཚུལ་གླེང་ཡོད་པས་རེ་རེ་ནས་ཞིབ་ཏུ་མི་སྨྲ། དེ་ལྟར་གདུགས་དཀར་མོའི་གཟུངས་སྔགས་ཀྱི་མིང་ཚིག་དེ་དག་སྒྲ་སྦྱོར་བམ་གཉིས་ཀྱི་སྟོད་དུ་བཀོད་པ་བཞིན། ཐེག་པ་ཆེ་ཆུང་ལས་འབྱུང་བའི་རྒྱ་གར་གྱི་སྐད་ལས་བོད་ཀྱི་སྐད་དུ་བསྒྱུར་ཞིང་མིང་ཏུ་བཏགས་པ་རྣམས་དཀར་ཆག་ཏུ་བྲིས་ཏེ། ནམ་དུ་ཡང་གཞུང་ལུགས་དེ་ལས་མི་བསྒྱུར་ཞིང་ཀུན་གྱིས་བསླབ་ཏུ་རུང་བར་གྱིས་ཤིག[7]ཅེས་དང་། གཞུང་དེའི་མཇུག་ཏུའང་མཁས་པ་རྣམས་འཚོགས་ཏེ་མིང་དུ་བཏགས་ཤིང་གཏན་ལ་ཕབ་སྟེ། ལྷ་བཙན་པོ་ཁྲི་ལྡེ་སྲོང་བཙན་གྱིས་བསྐུལ་ནས་བཀས་བཅད་

① བོད་ལྗོངས་རྟེན་རྫས་བཤམས་སྟོན་ཁང་གིས་བསྒྲིགས། དཀར་ཆག་འཕང་ཐང་མ། སྒྲ་སྦྱོར་བམ་གཉིས། མི་རིགས་དཔེ་སྐྲུན་ཁང་། 2006ལོ། ཤོག་ངོས་146

② བོད་ལྗོངས་རྟེན་རྫས་བཤམས་སྟོན་ཁང་གིས་བསྒྲིགས། དཀར་ཆག་འཕང་ཐང་མ། སྒྲ་སྦྱོར་བམ་གཉིས། མི་རིགས་དཔེ་སྐྲུན་ཁང་། 2006ལོ། ཤོག་ངོས་180

③ ཕྷ་རན་སིའི་རྒྱལ་གཉེར་དཔེ་མཛོད་ཁང་དུ་ཉར་བའི་ཏུན་ཧོང་བོད་ཡིག་ཡིག་ཚགས།(དེབ་གཉིས་པ་) ཧྲང་ཧེ་དཔེ་སྙིང་དཔེ་སྐྲུན་ཁང་། 2007ལོ། P.T.0098V

④ ཕྷ་རན་སིའི་རྒྱལ་གཉེར་དཔེ་མཛོད་ཁང་དུ་ཉར་བའི་ཏུན་ཧོང་བོད་ཡིག་ཡིག་ཚགས།(དེབ་གཉིས་པ་) ཧྲང་ཧེ་དཔེ་སྙིང་དཔེ་སྐྲུན་ཁང་། 2007ལོ། P.T.0045V

⑤ P.T.0045Vཕྷ་རན་སིའི་རྒྱལ་གཉེར་དཔེ་མཛོད་ཁང་དུ་ཉར་བའི་ཏུན་ཧོང་བོད་ཡིག་ཡིག་ཚགས།(དེབ་གཉིས་པ་) ཧྲང་ཧེ་དཔེ་སྙིང་དཔེ་སྐྲུན་ཁང་། 2007ལོ།

⑥ P.T.0045Vཕྷ་རན་སིའི་རྒྱལ་གཉེར་དཔེ་མཛོད་ཁང་དུ་ཉར་བའི་ཏུན་ཧོང་བོད་ཡིག་ཡིག་ཚགས།(དེབ་གཉིས་པ་) ཧྲང་ཧེ་དཔེ་སྙིང་དཔེ་སྐྲུན་ཁང་། 2007ལོ།

⑦ བོད་ལྗོངས་རྟེན་རྫས་བཤམས་སྟོན་ཁང་གིས་བསྒྲིགས། དཀར་ཆག་འཕང་ཐང་མ། སྒྲ་སྦྱོར་བམ་གཉིས། མི་རིགས་དཔེ་སྐྲུན་ཁང་། 2006ལོ། ཤོག་ངོས་70

དེ་མི་བཅོས་པར་བཞག[1]ཅེས་བཙན་པོ་ཁྲི་ལྡེ་སྲོང་བཙན་རིང་རྒྱ་བོད་ཀྱི་ལོ་རྒྱུས་བ་རྣམས་འཚོགས་ཏེ་གཏན་ལ་ཕབ་པའི་《སྒྲ་སྦྱོར་བམ་གཉིས་》ཀྱི་ དྲུམ་བསྒྱུར་བའི་མིང་ཚིག་དང་མཐུན་ཁར་སྐབས་དེའི་སྒྲ་སྦྱོར་བམ་གཉིས་བསྒྲིགས་པའི་ལས་དོན་ནང་རྒྱ་གར་གྱི་ལོ་པཎ་དེ་གཉིས་ཀྱང་ཞུགས་ཡོད་པ་བཅས་ཀྱིས་གཙུག་ཏོར་གདུགས་དཀར་མོ་དེ་བཙན་པོ་ཁྲི་ལྡེ་སྲོང་བཙན་གྱི་དུས་《སྒྲ་སྦྱོར་བམ་གཉིས་》དང་བསྟུན་ཏེ་བོད་དུ་བསྒྱུར་བ་ཡིན་པའི་ངེས་ཤེས་སྐྱེད། དེ་བས་འདིར་དཔྱད་པའི་གཙུག་ཏོར་གདུགས་དཀར་མོ་དེ་བཙན་པོ་ཁྲི་ལྡེ་སྲོང་བཙན་གྱི་དུས་ནས་བོད་དུ་བྱོན་པའི་རྒྱ་གར་གྱི་ཞུས་ཆེན་ལོ་རྒྱུས་བ་ཤཱི་ལེནྡྲ་བོ་དྷི་དང་པོ་དྷི་མི་ཏྲའམ་ཡང་ན་བོད་སྐད་དུ་ཚུལ་ཁྲིམས་དབང་པོ་བྱང་ཆུབ་དང་བྱང་ཆུབ་བཤེས་གཉེན་དུ་འབོད་པ་གཉིས་ཀྱིས་ཐོག་མར་བོད་དུ་བསྒྱུར་ཞིང་། མཚན་བྱང་དུའང་། འཕགས་པ་དེ་བཞིན་གཤེགས་པའི་གཙུག་ཏོར་ནས་འབྱུང་བ། །གདུགས་དཀར་པོ་གཞན་གྱིས་མི་ཐུབ་མ་ཞེས་བྱ་བའི་གཟུངས། །ཞེས་བཏགས་ཡོད་དོ། །

གསུམ་པ། ཙུན་ཧོང་དུ་གདུགས་དཀར་མོའི་ལག་བྲིས་མ་སྣ་ཚོགས་འབྱུང་རྐྱེན་སྐོར།

དེས་ན་ཙུན་ཧོང་ས་ཁུལ་གྱི་མང་ཚོགས་ཀྱིས་གདུགས་དཀར་མོའི་གཟུངས་སྔགས་མང་པོ་འབྲི་དགོས་དོན་གང་ལ་ཐུག་པར་དཔྱད་ན། གཙོ་བོ་མི་ཚེའི་བར་ཆད་སེལ་ཕྱིར་ཡིན་ཏེ་ཕ་རོལ་གྱི་དཀྲུགས་དམག་འཁྲུག་གི་འཇིགས་པ་དང་། ཐག་རྒྱུན་གྱི་འཇིགས་པ། མ་རུངས་པའི་འཇིགས་པ། མཚོན་གྱི་འཇིགས་པ་དང་། དུག་དང་དཔྱིག་དུག་གི་འཇིགས་པ། ཁྲིམས་ཀྱི་ཆད་པའི་འཇིགས་པ། ལྷ་སྲིན་གྱི་ངན་སྔགས་ཀྱི་འཇིགས་པ་སོགས་དང་། འཇིག་རྟེན་ལྷ་དང་སྲིན་པོའི་ཕྱོགས་ནས་གདོན་བརྒྱད་ཁྲི་བཞི་སྟོང་གི་འཇིགས་པ་སྟེ། གནོད་སྦྱིན་གྱི་གདོན་དང་། ལྷ་མ་ཡིན་གྱི་གདོན་དང་། ཀླུའི་གདོན་དང་། དྲི་ཟའི་གདོན། སྲིན་པོའི་གདོན། ཡི་དྭགས་ཀྱི་གདོན་དང་། སྲུལ་པོའི་གདོན་དང་། སྐེམ་བྱེད་ཀྱི་གདོན་དང་། བྱིའི་གདོན་དང་། མ་མོའི་ཚོགས་ཀྱི་གདོན་དང་། སྨྱོ་བྱེད་ཀྱི་གདོན་དང་། མཁའ་འགྲོ་མའི་གདོན་སོགས་ཀྱི་འཇིགས་པ་དང་། ནད་ཡམས་ཀྱི་ཕྱོགས་ནས་འབྱུང་བོའི་རིམས་ནད་དང་། རླུང་ལས་གྱུར་པའི་ནད་དང་། མཁྲིས་པའི་ནད་དང་། བད་ཀན་གྱི་ནད་དང་། མཛེ་ནད་དང་། འབྲུམ་ནད་དང་། དོན་ལྷ་

① བོད་ལྗོངས་རྟེན་རྫས་བཤམས་སྟོན་ཁང་གིས་བསྒྲིགས། དཀར་ཆག་འཕང་ཐང་མ། སྒྲ་སྦྱོར་བམ་གཉིས། མི་རིགས་དཔེ་སྐྲུན་ཁང་། 2006ལོ། ཤོག་ངོས་205

སྙོད་དྲུག་གི་ནད་དང་། ལུས་པོའི་ཡན་ལག་དང་ཉིང་ལག་གི་ནད་སོགས་ཀྱི་འཇིགས་པ་དང་། རང་བྱུང་གནོད་འཚེའི་ཕྱོགས་ནས་དུས་མ་ཡིན་པར་ཤི་བའམ་འཆི་བའི་འཇིགས་པ་དང་། ས་དང་མེ་དང་རླུང་དང་ཆུའི་འཇིགས་པ་དང་། ཕྱུགས་ནད་ཀྱི་འཇིགས་པ་སོགས་ལས་བཟློག་པའམ་དེའི་རྒྱུན་གཅོད་ཕྱིར་གདུགས་དཀར་མོའི་གཟུངས་སྔགས་བྲིས་པ་ཡིན་ལ། དེ་ལྟར་བསྒྱུབས་ན་དགེ་ཕན་ཏུ་ཅང་ཆེ་བར་རྩིས་ཏེ་གདུགས་དཀར་རང་དུའང་། སུས་དེ་བཞིན་གཤེགས་པའི་གཙུག་ཏོར་ནས་འབྱུང་བ་གདུགས་དཀར་པོ་ཅན། གཞན་གྱིས་མི་ཐུབ་མ་ཕྱིར་ཟློག་པ་འདི། གྲོ་བའམ། རས་སམ། ཤིང་ཤུན་ལ་བྲིས་ཏེ། ལུས་སམ་མགུལ་དུ་ཐོགས་ན། དེ་ཙེ་སྲིད་འཚོ་བའི་བར་དུ་དུག་གིས་མི་ཚུགས། མཚོན་གྱིས་མི་ཚུགས། ཆུས་མི་ཚུགས་པ[1]ཞེས་བཀོད་ཡོད་པ་སོགས་ཀྱིས་ཤེས་ཤིང་། དེའི་ཤུགས་ནས་སྐབས་དེའི་ཏུན་ཧོང་ས་ཁུལ་གྱི་མི་སེར་ཚོའི་རྒྱུན་ལྡན་འཚོ་བ་མཚོན་པ་ཡིན་ཏེ། ཕ་རོལ་དམག་ཚོགས་ཀྱི་འཇིགས་པ་དང་ནད་ཡམས་ཀྱི་འཇིགས་པ། རང་བྱུང་གནོད་འཚེ་སོགས་ཀྱི་འཇིགས་པ་དུས་ནམ་ཡོང་སུས་ཀྱང་ཚོད་དཔག་དཀའ་ལ། ལྷག་དོན་ནད་ཡམས་དང་རང་བྱུང་གནོད་འཚེ་སོགས་བྱུང་ན་སྐབས་དེར་སྔོན་འགོག་གི་མཐུན་རྐྱེན་ནམ་ལག་རྩལ་གྱི་ཆུ་ཚད་མཐོན་པོར་སླེབས་མེད་པ་དང་། འཇིགས་པ་དེ་དག་གིས་མི་སེར་གྱི་འཚོ་བའམ་སྤྱི་ཚོགས་བདེ་འཇགས་ལ་གནོད་པ་ཚབས་ཆེན་གཏོང་བ་སྟེ། དཔེར་ན་ཏུན་ཧོང་ཤོག་དྲིལ་ཞིག་ཏུ་ཏུན་ཧོང་ལ་གནག་ནད་བྱུང་ནས་ཞིང་རྗེ་དཀའ་བའི་གནས་ཚུལ་གོང་ལ་སྙན་ཞུ་ཕུལ་ཡོད་པ་ལྟ་བུ་རེད། དེ་འདྲའི་སྤྱི་ཚོགས་ཀྱི་རྒྱབ་ལྗོངས་འོག་ཏུ་རང་གིས་རང་ལ་སེམས་གསོ་བའི་ཕྱིར་གདུགས་དཀར་མོ་དང་ཚེ་དཔག་མེད་ཀྱི་མདོ་ལྟ་བུ་བྲིས་པར་སེམས་ཏེ། ཏུན་ཧོང་གདུགས་དཀར་ལས། ཇོང་ཨོན་ཙེ་སྤྱད་སྤུན་འཁོར་དང་བཅས་པ་ལ། གདོན་བགེགས་དང་། ནད་དང་གནོད་པ་ཐམས་ཅད་མི་ཚུགས་པར་བསྲུང་དུ་གསོལ[2]ཞེས་དང་། འབའ་རྩེ་སྟོང་གི་སྐུ་རིམ་གྲོར་བཞེངས་པ་གསོལ་བ་ལགས[3]ཞེས་པ་ལྟ་བུས་མཚོན་ཐུབ། དེ་མིན་གཞན་གྱི་མདོ་མང་པོའི་མཇུག་ཏུའང་འགྲོ་དོན་གྲུབ་ཀྱིས་ཕུལ་ཞེས་པ་ལྟ་བུ་དང་། ཡང་ཤོག་དྲིལ་ཞིག་ཏུ། སྟོང་སར་གྱི་ཤོག་མཁན་ཤང་ཧེ་འདོས། བློན་རྒྱལ་ཟིགས་ལ་ཤོག་ཤོག་

[1] རྡྲ་རན་སིའི་རྒྱལ་གཉེར་དཔེ་མཛོད་ཁང་དུ་ཉར་བའི་ཏུན་ཧོང་བོད་ཡིག་ཡིག་ཚགས།(དེབ་གཉིས་པ་) རྟང་ཧེ་དཔེ་རྙིང་དཔེ་སྐྲུན་ཁང་། 2007ལོ། P.T.0098V

[2] རྡྲ་རན་སིའི་རྒྱལ་གཉེར་དཔེ་མཛོད་ཁང་དུ་ཉར་བའི་ཏུན་ཧོང་བོད་ཡིག་ཡིག་ཚགས།(དེབ་གཉིས་པ་) རྟང་ཧེ་དཔེ་རྙིང་དཔེ་སྐྲུན་ཁང་། 2007ལོ། P.T.0391

[3] རྡྲ་རན་སིའི་རྒྱལ་གཉེར་དཔེ་མཛོད་ཁང་དུ་ཉར་བའི་ཏུན་ཧོང་བོད་ཡིག་ཡིག་ཚགས།(དེབ་གཉིས་པ་) རྟང་ཧེ་དཔེ་རྙིང་དཔེ་སྐྲུན་ཁང་། 2007ལོ། P.T.0098V

ཡུགས་རིངས་ཡུག་ཉིས་བརྒྱ་ཞིག་ཆགས་པ་ལས། འཇལ་དུ་མ་མཆིས་ཏེ། སྐུ་ཡོན་འདྲི་བའི་ཤོག་ཤོག་ཡུག་རིངས་ཉིས་བརྒྱའ་བྱུང་ཇོ་འུང་གི་སུག་པ་ན་མཆིས་པ[1]ཞེས་སྐུ་ཡོན་འབྲི་བའི་ཤོག་བུ་གོང་ལ་འཇལ་དགོས་ཚུལ་བཀོད་འདུག་པ་སོགས་མཆིས། ཡིན་ནའང་། ཏུན་ཧོང་གདུགས་དཀར་མོའི་ཤོག་དྲིལ་དེ་དག་ལས་སྐོར་ཞིག་རང་དང་ཡོན་བདག་གི་རིམ་གྲོར་བྲིས་པ་ཕུད་སྐོར་ཞིག་ས་གནས་སྲིད་གཞུང་གིས་བཀོད་སྒྲིག་བྱས་ཏེ་མི་སེར་གྱིས་བྲིས་པ་ཡོད་ལ་རང་གི་ཁ་འདོན་གྱི་ཆེད་དུ་བྲིས་པའང་ཡོད་དེ། དཔེར་ན་ཏུན་ཧོང་གདུགས་དཀར་མོའི་ཤོག་དྲིལ་དག་ལསP.T.0056དང་། P.T.0083 P.T.0071 P.T.0372 P.T.0045Vལྟ་བུ་སྲིད་གཞུང་གིས་བཀོད་སྒྲིག་བྱས་ཏེ་ཕབ་པར་སྣང་སྟེ་ཡིག་ནོར་མེད་ཅིང་དག་པ་དང་། བྲི་སའི་ཡུལ་ཡང་ཤོག་བུ་སྣ་རིང་མ་དང་ཤོག་དྲིལ་ཡིན། དེ་ལས་ཤོག་དྲིལP.T.0102དང་P.T.0102ལྟ་བུ་མི་སེར་གྱིས་རིམ་གྲོའམ་ཁ་འདོན་དུ་བྲིས་པར་སྣང་སྟེ། ཡིག་ནོར་ཅུང་མང་ཞིང་བཟ་སྦྱོད་ཀྱང་ཁ་སྐད་ལྟར་ཡོད་ལ། ཕར་བལྟས་ན་འབྲི་པ་པོས་མ་ཡིག་དངོས་སུ་མ་བལྟས་པར་རང་གི་བློ་ངོ་ནས་ཡིག་ངོར་ཕབ་པ་ཡིན་ནམ་སྙམ་པ་དང་། གཟུངས་ཀྱི་མཇུག་ཏུའང་སུས་བྲིས་ཤིང་གང་གི་ཆེད་དུ་བྲིས་པ་སོགས་གསལ་བཤད་བྱས་ཡོད་པ་ཡིན་නོ། །

བཞི་པ། ཏུན་ཧོང་གདུགས་དཀར་མོའི་གཟུངས་ཀྱི་ཆད་ཐོ་དང་འགྱུར་ཚང་བའི་སྐོར།

གོང་སྨོས་ཏུན་ཧོང་གི་འགྱུར་ཡིག་སོ་གཅིག་པོ་ལས་འགྱུར་ཉེར་གསུམ་ཞིབ་ཏུ་བསྡུར་དུས་འགྱུར་ཡིག་དེ་དག་གི་བརྗོད་བྱའི་ཐད་ཁྱད་པར་མཆིས་པས་འདིར་འགྱུར་ཡིག་མི་འདྲ་བ་གསུམ་དུ་བགོས་ཡོད་དེ། འགྱུར་ཀ་པ་ནིP.T.0045Vདང་P.T.0083 P.T.0046A P.T.0046B P.T.0046C P.T.0102 P.T.0062 P.T.0065A P.T.0065AV P.T.0071 P.T.0071A P.T.0028A P.T.0028AVཞེས་པའི་ཤོག་དྲིལ་དག་ཡིན་ཏེ། ཤོག་དྲིལ་དེ་དག་གི་ནང་དོན་འགྱུར་གཞན་དང་ཅུང་མི་མཚུངས་ཤིང་། ཕལ་ཆེ་བ་ཚིགས་བཅད་ཀྱི་ལམ་ནས་བྲིས་ལ་བརྗོད་བྱའི་དོན་ཡང་ཐུང་། འགྱུར་ཁ་པ་ནིP.T.0008Vདང་P.T.0061 P.T.00 61V P.T.0056 P.T.0372 P.T.0372V P.T.0098Vབཅས་ཤོག་དྲིལ་བདུན་པོ་དག་ཡིན་ལ། ནང་དོན་ནི་མིག་སྟོང་ཆོས་ཁ་འདོན་དུ་བྱེད་པའི་གདུགས་དཀར་མཆོག་གྲུབ་མ་དང་ཉེ་ཞིང་བསྒྱུར་གློས་མང་། དེ་ཚིག

[1] གཉའ་གོང་དཀོན་མཆོག་ཚེ་བརྟན། བོད་ཀྱི་བརྡ་རྙིང་ཡིག་ཆ་རྩ་ཆེན་བདམས་བསྒྲིགས། ཀན་སུའུ་མི་རིགས་དཔེ་སྐྲུན་ཁང་། 2001ལོ། ཤོག་ངོས་323

ལྷུག་དང་ཚིགས་བཅད་བྲུང་འབྲེལ་གྱིས་བྲིས་ཡོད་པ་དང་བརྗོད་བྱའི་དོན་ཡང་འགྱུར་ཀ་པ་དང་བསྡུར་ན་ཤིན་ཏུ་རིང་། འགྱུར་ག་པ་ནི་འགྱུར་ཀ་པ་དང་ཁ་པ་གཉིས་ལས་ཅུང་ཁྱད་པར་བ་ཞིག་སྟེ། གདུགས་དཀར་གྱི་གཟུངས་སྔགས་རྐྱང་རྐྱང་བྲིས་འདུག་ལ་གཟུངས་སྔགས་དེ་འགྱུར་ཀ་པ་དང་ཁ་པའི་གཟུངས་སྔགས་དང་གཅིག་ཏུ་འགྲོ་བས། དེ་དག་ནི། P.T.0060དང་P.T.0075 P.T.0390 P.T.0391བཅས་ཤོག་དྲིལ་བཞི་པོ་དག་ཡིན། གོང་གི་འགྱུར་གསུམ་པོ་དེ་ལས་ཏུན་ཧོང་གདུགས་དཀར་ལག་བྲིས་མའི་འགྱུར་ཡིག་ཆ་ཚང་བར་ཤོག་དྲིལP.T.0045Vཞེས་པ་གཟུངས་ཀྱི་སྐོར་དང་།(འདིའི་ནང་འགྱུར་ཞུས་ཀྱི་ལོ་ཙཱ་བའི་མཚན་བཀོད་འདུག) ཤོག་དྲིལP.T.0060ཞེས་པ་སྔགས་རྐྱང་གི་སྐོར། ཤོག་དྲིལP.T.0083ཞེས་པ་གཟུངས་ཀྱི་སྐོར། ཤོག་དྲིལP.T. 0098Vཞེས་པ་གཟུངས་ཀྱི་སྐོར། ཤོག་དྲིལP.T.0102ཞེས་པ་གཟུངས་ཀྱི་སྐོར། ཤོག་དྲིལP.T.0372དང་P.T. 0372Vཞེས་པ་གཟུངས་ཀྱི་སྐོར། ཤོག་དྲིལP.T.0391ཞེས་པ་སྔགས་རྐྱང་གི་སྐོར་ཏེ་ཁྱོན་བསྡོམས་འགྱུར་ཆ་ཚང་བ་བདུན་ཡོད་མོད། གཞན་རྣམས་ཀྱི་གཟུངས་སྔགས་ཆད་པ་ཚབས་ཆེ་བས་དེ་དག་གི་ཆད་ཐོ་བཀོད་པར།

གཅིག འགྱུར་ཚང་བ་བདུན་ལས་ཤོག་དྲིལP.T.0045Vདང་P.T.0083 P.T.0102བཅས་ཤོག་དྲིལ་གསུམ་འགྱུར་ཀ་པར་མཚིས་ཤིང་། དེ་ལསP.T.0045Vཞེས་པ་ཕྱི་མོ་བགྱིས་ཏེ་ཤོག་དྲིལ་འགྱུར་ཀ་པའི་ཁྱད་ཀྱི་ཆད་ཐོ་བྲིས་ན།

P.T.0062ཞེས་པའི་སངས་རྒྱས་དང་བྱང་ཆུབ་སེམས་དཔའ་ཐམས་ཅད་ལ་ཕྱག་འཚལ་ལོ་ཞེས་པ་ནས་ཕྱག་སྟོང་། དབུ་སྟོང་། སྤྱན་བྱེ་བ་བརྒྱའ་ཕྲག་སྟོང་། མི་ཕྱེད་པ་འབར་བའི་གཟོང་ཞེས་པའི་བར་ཆད་ཅིང་། ཨཱ་སྲཱི་ཏ་ན་ལ་ཀ་ཕྲ་ཛྙ་སྲུ་ཏཱ་ཞེས་པ་ནས་མཇུག་གི་སངས་རྒྱས་རྣལ་འབྱོརད་དུ་བྱའོ་ཞེས་པའི་བར་ཆད།

P.T. 0065Aདང་P.T.0065AVཞེས་པའི་སངས་རྒྱས་དང་བྱང་ཆུབ་སེམས་དཔའ་ཐམས་ཅད་ལ་ཕྱག་འཚལ་ལོ་ཞེས་པ་ནས་སརྦ་ར་ཀྵ་སེ་བྷྱ་ཕཊ། སརྦ་སྟན་ཧྣར་བེ་བྷྱ་ཕཊ་ཞེས་པའི་བར་ཆད།

P.T.0071དང་P.T.0071Vཞེས་པའི་སངས་རྒྱས་དང་བྱང་ཆུབ་སེམས་དཔའ་ཐམས་ཅད་ལ་ཕྱག་འཚལ་ལོ་ཞེས་པ་ནས་བཅོམ་ལྡན་འདས་ནག་པོ་ཆེན་པོ་གྲོང་ཁྱེར་སུམ་རྩེགས་འཇིག་པར་བྱེད་པའི་དུར་ཁྲོད་ན་གནས་པར་མོས་པ་མ་མོའི་ཚོགས་ཀྱིས་ཕྱག་བྱས་པ་ལ་ཕྱག་འཚལ་ལོ་ཞེས་པའི་བར་ཆད་ཅིང་། སེམས་ཅན་ཐམས་ཅད་བཅིངས་པ་ལས་འགྲོལ་བའ་ཞེས་པ་ནས་གདོན་བགེགས་སྨྱོ་བཟད་ལྷ་དང་ཀླུ། །ཕྱི་ན་ཡ་ཀ་བགེགས་ཀྱི་དབང་། །ཞེས་པའི་བར་ཆད།

P.T.0028Aདང་P.T.0028AVཞེས་པའི་བཅོམ་ལྡན་འདས་སྣང་བ་མཐའ་ཡས་དེ་བཞིན་གཤེགས་པ་དགྲ་བཅོམ་པ་ཡང་དག་པར་རྫོགས་པའི་སངས་རྒྱས་ལ་ཕྱག་འཚལ་ལོ་ཞེས་པ་ནས་བཅོམ་ལྡན་འདས་དཀོན་མཆོག་དཔལ་གྱི་རྒྱལ་པོ་དེ་བཞིན་གཤེགས་པ་དགྲ་བཅོམ་པ་ཡང་དག་པར་རྫོགས་པའི་སངས་རྒྱས་ལ་ཕྱག་འཚལ་ལོ་ཞེས་པའི་བར་ཆད་ཅིང་། པད་མའི་མདོག་མཚན་རྗོ་རྗེའི་མཚན། །ཞེས་པ་ནས་སོ་ན་བ་དང་། རྩིབས་ལོག་ན་བ་དང་ཞེས་པའི་བར་ཆད། དེ་ནས་མ་རབས་ལུས་སྦྲུལ་སྐྱོང་སྐྱི་འགྱུར་། །ཞེས་པ་ནས་རྒྱལ་མཚན་རྩེ་མོར་བཏགས་ནས་སུ། །རིམ་འགྲོ་མཆོད་ཆེན་བྱས་ནས་ཀྱང་། །ཞེས་པའི་བར་ཆད།

P.T.0046Aདང་P.T.0046B P.T.0046Cཞེས་པའི་སངས་རྒྱས་དང་བྱང་ཆུབ་སེམས་དཔའ་ཐམས་ཅད་ལ་ཕྱག་འཚལ་ལོ་ཞེས་པ་ནས་བཅོམ་ལྡན་འདས་དཔའ་བརྟན་པའི་སྡེ་མཆོན་ཅའི་རྒྱལ་པོ་དེ་བཞིན་གཤེགས་པ་དགྲ་བཅོམ་པ་ཡང་དག་པར་རྫོགས་པའི་སངས་རྒྱས་ལ་ཕྱག་འཚལ་ལོ་ཞེས་པའི་བར་ཆད་ཅིང་། སཐ་དུ་ཀྲྀན་ཙ་སྟམ་བྷ་ནXX X X། X X Xཀ་ར་རུ་རུ་ཞེས་པ་ནས་བདག་གི་མདང་ས་འཁྲོག་པ་དང་ཞེས་པའི་བར་ཆད། དེ་ནས་ཨོཾ། ཏ་ཐཱ་ག་ཏོ་ཨུ་ཥྞི་ཥ་ཨ་ན་བ་ལོ་ཀི་ཏེ། ཞེས་པ་ནས་སངས་རྒྱས་རྣལ་འབྱོར་དུ་བྱའོ། །ཞེས་པའི་བར་ཆད་དོ། །

གཉིས། འགྱུར་ཁ་པ་ལས་P.T.0098Vདང་P.T.0372 P.T.0372Vགསུམ་ཡོངས་སུ་རྫོགས་པས། དེ་ལས་འགྱུརP.T.0098Vཞེས་པ་ཕྱི་མོ་བགྱིས་ཏེ་འགྱུར་ཁ་པའི་ཆད་ཐོ་བཀོད་ན།

P.T.0008Vཞེས་པའི་འཕགས་པ་དེ་བཞིན་གཤེགས་པའི་གཙུག་ཏོར་ནས་འབྱུང་བ། གདུགས་དཀར་པོ་ཅན་གཞན་གྱིས་མི་ཐུབ་མ་ཞེས་བྱ་བའི་གཟུངས་ཞེས་པ་ནས་ནག་པོ་ཆེན་པོ་དང་མ་མོའི་ཚོགས་ཀྱིས་བྱས་པའི་རིགས་སྔགས་གཅད་དོ། ཕུར་བུས་གདབ་བོ་ཞེས་པའི་བར་ཆད་འདུག་ཅིང་། ཟས་སུ་ཁྲག་འཐུང་བ་རྣམས་དང་ཞེས་པ་ནས་སངས་རྒྱས་རྣལ་འབྱོར་དུ་བྱའོ། །ཀླུའི་རྒྱལ་པོ་རྣམས་ཀྱང་དུས་དུས་སུ་ཆར་འབེབས་སོ་ཞེས་པའི་བར་ཆད།

P.T.0061དང་P.T.0061Vཞེས་པའི་འཕགས་པ་དེ་བཞིན་གཤེགས་པའི་གཙུག་ཏོར་ནས་འབྱུང་བ། གདུགས་དཀར་པོ་ཅན་གཞན་གྱིས་མི་ཐུབ་མ་ཞེས་བྱ་བའི་གཟུངས་ཞེས་པ་ནས་པད་མའི་མདོག་མཚན་རྗོ་རྗེའི་མཚན་ཞེས་པའི་བར་ཆད་ཅིང་། སངས་རྒྱས་བཅོམ་ལྡན་འདས། གྲངས་མེད། དཔག་ཏུ་མེད་པ། གང་གའི་ཀླུང་གི་བྱེ་མ་སྙེད་ཀྱི་བསོད་ནམས་ཀྱི་ཕུང་པོ་དང་ལྡན་པར་འགྱུར་ཏེ་ཞེས་པ་ནས་སངས་རྒྱས་རྣལ་འབྱོར་དུ་བྱའོ། །ཀླུའི་རྒྱལ་པོ་རྣམས་ཀྱང་དུས་དུས་སུ་ཆར་འབེབས་སོ་ཞེས་པའི་བར་ཆད།

P.T.0056ཞེས་པའི་ཕྲ་མེན་མས་བྱས་པའི་རིགས་སྔགས་གཅད་དོ་གནན་ཏོ། །ཞེས་པ་ནས་

ཐམས་ཅད་ཀྱི་ཡིད་དུ་འོང་བ་དང་། དགའ་བར་འགྱུར་ཞེས་པའི་བར་ཆད་ཅིང་། ཤོག་དྲིལ་དེའི་ཟུར་ཏུའང་། བཅུ་གཅིག་དང་བཅུ་བདུན་ཞེས་བཀོད་པས་ཀྱང་དེའི་བར་གྱི་གཟུངས་ཆད་པ་ཤེས།

གསུམ། འགྱུར་ག་པའི་ཤོག་དྲིལ་དེ་དག་གདུགས་དཀར་གྱི་གཟུངས་སྔགས་རྐྱང་རྐྱང་ཡིན་ལ། རིམ་གྲོར་འབྲི་དུས་ཡོན་བདག་གི་དགོས་མཁོ་ལྟར་གདུགས་དཀར་གྱི་གཟུངས་སྔགས་ཡོངས་ལས་གཟུངས་སྔགས་རེ་གཉིས་བྲིས་ཡོད་པ་དང་སྐོར་ཞིག་ཏུ་གཟུངས་སྔགས་ཡོངས་སུ་བྲིས་ཡོད། དེ་ལས་ཤོག་དྲིལP.T.0391ལྟར་སོང་ཆེ་ཤོག་དྲིལP.T.0390མ་གཏོགས་ཆད་མེད་དེ། P.T.0390ཞེས་པའི་ཨོཾ་མ་རི་ཤི་ག་ཀ། ཕྲ་ཤ་སྟ་ཡ། ཏ་ཐ་ག་ཏོ་ཥྞི་ཥ །སི་ཏ་ཏ་པད་ཏྲེ། ཞེས་པ་ནས་དེའི་མཇུག་གི་བི་ཧྲང་ས་ན་ཀ་ར་ཧུམ་ཧུམ་ཞེས་པའི་བར་ཆད་པ་བཅས་ཏུན་ཧོང་གདུགས་དཀར་གྱི་འགྱུར་ཡིག་ཁག་ལ་ཞིག་མར་དཔྱད་ཞུལ་བགྱིས་པར་ཀུན་གྱིས་སློབ་སྟོན་གནང་རོགས་ཞུ་ཞུ། །

《བོད་ལྗོངས་ཞིབ་འཇུག་》2009ལོའི་དེབ་གསུམ་པ་ལས་བདམས།

༄། །ཏུན་ཧོང་བོད་ཡིག་ཡིག་ཚགས་P.T.93《འཕགས་པ་འབྱུང་བ་མྱེད་པའི་》གཞུང་དོན་ལ་ཐོག་མར་དཔྱད་པ།

སངས་རྒྱས་མཁར།

[ནང་དོན་གནད་བསྡུས།] རྩོམ་འདིར་ཕྲ་རན་སིའི་རྒྱལ་གཉེར་དཔེ་མཛོད་ཁང་དུ་ཉར་ཚགས་བྱས་པའི་ཏུན་ཧོང་བོད་ཡིག་ཤོག་དྲིལ་འཕགས་པ་འབྱུང་བ་མྱེད་པའི་གཞུང་གི་དོན་གཞིར་བཟུང་ནས། གཞུང་འདིའི་ཐོག་མའི་འབྱུང་ཁུངས་དང་། དུས་ནམ་ལ་བསྒྱུར་བ་དང་སུས་བསྒྱུར་བ། བཀའ་འགྱུར་འཕགས་པ་ཆོས་ཐམས་ཅད་འབྱུང་བ་མེད་པར་བསྟན་པ་ཐེག་པ་ཆེན་པོའི་མདོ་ཞེས་པ་དང་དཔྱད་བསྡུར་བྱས་ནས་ཏུན་ཧོང་བོད་ཡིག་ཁྲོད་ཀྱི་ནང་བསྟན་ཆོས་གཞུང་གི་སྤྱིའི་ཁྱད་ཆོས་དང་། ཞིབ་འཇུག་གི་རིན་ཐང་། ཤོག་དྲིལ་གྱི་བམ་གྲངས་སོགས་ཀྱི་སྐོར་གླེང་ཡོད།

[གནད་ཚིག] ཏུན་ཧོང་། བོད་ཡིག་ཡིག་ཚགས། བཀའ་འགྱུར། ཕྲ་རན་སི།

གླེང་གཞི།

སྤྱི་ལོ་1899ལོར་ཏུན་ཧོང་བྲག་ཕུག་ནས་བོད་ཀྱི་རིག་གནས་ཆོས་ལུགས་དང་། ལོ་རྒྱུས་ཡིག་ཆ་སོགས་ཤོག་དྲིལ་འབོར་ཆེན་ཕྱིར་བཏོན་པ་ནས་བཟུང་རྒྱལ་ཁབ་ཕྱི་ནང་གི་རིག་གཞུང་ཞིབ་འཇུག་པ་དག་གིས་དེར་མཐོང་ཆེན་དང་ཞིབ་འཇུག་བྱེད་འགོ་བརྩམས་ཤིང་། ཕྲ་རན་སིའི་རྒྱལ་གཉེར་དཔེ་མཛོད་ཁང་དུ་ཏུན་ཧོང་བོད་ཡིག་ཡིག་ཚགས་ཀྱི་ཤོག་དྲིལ་སུམ་སྟོང་ལྷག་བཞུགས་ཡོད་པའི་གྲས་སུ་ནང་བསྟན་ཆོས་གཞུང་སྐོར་གྱི་ཤོག་དྲིལ་ཕོན་ཆེན་ཡོད་མོད། འོན་ཀྱང་། ཏུན་ཧོང་ཞིབ་འཇུག་པ་ཕལ་མོ་ཆེས་ཏུན་ཧོང་ལས་བྱུང་བའི་བོད་ཡིག་ཡིག་ཚགས་ཀྱི་སྐོར་ལས་བོད་བཙན་པོའི་དུས་ཀྱི་ལོ་རྒྱུས་དང་ལོ་ཚིགས། དམངས་སྲོལ་སོགས་ལ་ཞིབ་འཇུག་མང་དུ་གནང་བ་ལས་ཏུན་ཧོང་གི་བོད་བརྒྱུད་ནང་བསྟན་ཆོས་གཞུང་སྐོར་ལ་ཞིབ་འཇུག་གནང་མཁན་ཏ་ཅང་ཉུང་ཉུང་ཡིན། རྒྱལ་ནང་དུ་ནུབ་བྱང་མི་རིགས་སློབ་གྲྭ་ཆེན་མོ་དང་། ཧྲང་ཧེ་དཔེ་སྐྲུན་ཁང་། ཕྲ་རན་སིའི་རྒྱལ་གཉེར་དཔེ་མཛོད་ཁང་བཅས་ཀྱིས་མཉམ་དུ་བསྒྲིགས་པའི་《ཕྲ་རན་སིའི་རྒྱལ་གཉེར་དཔེ་མཛོད་ཁང་དུ་ཉར་བའི་ཏུན་ཧོང་བོད་ཡིག

ཡིག་ཚགས་》ཞེས་པ་དཔར་དུ་བསྐྲུན་རྗེས། ཏུན་ཧོང་བོད་ཡིག་ཡིག་ཚགས་ལ་ཞིབ་འཇུག་བྱེད་པའི་ཚ་ཊབས་གསར་པ་ཞིག་འཕྱུར། ཁོ་བོས་ཀྱང་ཆོས་གཞུང་གི་སྐོར་འདི་དག་བཀའ་བསྟན་འགྱུར་ལ་ཁུངས་གཏུགས་ཅི་ཐུབ་བགྱིས་ཏེ། བརྡ་གསར་རྙིང་དང་། ཡིག་རྙིང་གི་ཚིག་དོན་སྟོན་ལུགས། ཉེ་ལམ་ཆོས་གཞུང་ཏུན་ཧོང་བོད་ཡིག་ཡིག་ཚགསP.T.93འཕགས་པ་འབྱུང་བ་མེད་པའི་གཞུང་གི་དོན་ཞེས་པ་མཇལ་བའི་སྐལ་བ་ཐོབ་པ་དང་བསྟུན་ནས་ཡིག་ཆ་རྩ་ཆེན་འདི་ཉིད་དཔྱད་གཞིར་བཟུང་ནས། ཐོག་མར་གཞུང་འདིའི་ཐོག་མའི་འབྱུང་ཁུངས་དང་། བོད་ཡིག་གི་མ་ཕྱི་དུས་ནམ་ལ་བསྒྱུར་བ་དང་སུས་བསྒྱུར་བ་སོགས་ཀྱི་སྐོར་ལ་དཔྱད་པ་བྱ་རྒྱུ་འདི་ལྟ་སྟེ།

དང་པོ། ཏུན་ཧོང་བོད་ཡིག་ཤོག་དྲིལ་འཕགས་པ་འབྱུང་བ་མེད་པའི་གཞུང་དོན་གྱི་ཐོག་མའི་འབྱུང་ཁུངས་སྐོར།

ཏུན་ཧོང་བོད་ཡིག་ཤོག་དྲིལ་འཕགས་པ་འབྱུང་བ་མེད་པའི་གཞུང་འདི་ཉིད་ནི་གདུལ་བྱའི་ཁམས་དང་མོས་པ་ལྟར་གྱི་དྲི་བ་ལ་སྟོན་པ་ཐུགས་རྗེ་ཅན་གྱིས་ལན་གསུངས་པ་ཞིག་ཡིན་ཚུལ་གསལ་པོར་མཚོན་པ་ལས། གཞུང་འདི་སུ་སྟོད་གང་དུ་འདུ་བ་དང་། གནས་གང་དུ་བྱང་ཆུབ་སེམས་དཔའ་གང་གིས་ཞུས་པ། གཞུང་ཡོངས་ལ་བམ་པོ་ག་ཚོད་ཡོད་པ་སོགས་གསལ་པོར་རྟོགས་མི་ཐུབ་ཀྱང་། སེར་སྣང་དགེ་བཤེས་ཡེ་ཤེས་དབང་ཕྱུག་གིས་ཞུ་དག་མཛད་པའི་《བཀའ་འགྱུར་དཀར་ཆག་བསྡུས་པ་བཞུགས་སོ་》(ཞོལ་དཔར་ཁང་ཆེ་མོར་ཡོད་པའི་བཀའ་འགྱུར་དཀར་ཆག་བསྡུས་པ་)ཞེས་པར་འཁོར་ལོ་གསུམ་ཅི་རིགས་པའི་སྡེར་གཏོགས་པ་མདོ་མང་གི་གླེགས་བམ་(ཕ་)ཤོག་གྲངས་420–བ–4དང་། སི་ཏུ་ཆོས་ཀྱི་འབྱུང་གནས་ཀྱིས་མཛད་པའི་《སྡེ་དགེའི་བཀའ་འགྱུར་དཀར་ཆག་》ཅེས་པར་ཐེག་ཆེན་གྱི་མདོ་མང་གླེགས་བམ་(མ་)ཤོག་གྲངས་267–ན–1བཅས་སུ་འཕགས་པ་ཆོས་ཐམས་ཅད་འབྱུང་བ་མེད་པར་བསྟན་པ་ཞེས་བྱ་བའི་མདོ་བམ་པོ་གསུམ་པ་ཞེས་མཚན་བྱང་ཡོངས་སུ་བཀོད་པ་ལས། འདི་ཉིད་ནི་མདོ་མང་ལས་ཐེག་ཆེན་གྱི་སྐོར་དང་། གཞུང་ཁ་ཚང་ལ་བམ་པོ་གསུམ་མཆིས་པའང་གསལ། མདོ་རྩ་ཆེན་འདི་ནི་སྟོན་པ་བཅོམ་ལྡན་འདས་རྒྱལ་པོའི་ཁབ་ཀྱི་བྱ་རྒོད་ཕུང་པོའི་རི་ལ། དགེ་སློང་ལྔ་བརྒྱ་ཙམ་གྱི་དགེ་སློང་གི་དགེ་འདུན་ཆེན་པོ་དང་ཐབས་ཅིག་ཏུ་བཞུགས་ཏེ། བྱང་ཆུབ་སེམས་དཔའ་སྟོང་ཕྲག་བཅུ་གཉིས་འདུས་ཡོད་པ་ལས་བྱང་ཆུབ་སེམས་དཔའ་སེམས་དཔའ་ཆེན་པོ་སེང་གེའི་རྩལ་གྱི་འགྲོ་བ་དང་། བྱང་ཆུབ་སེམས་དཔའ་སེམས་དཔའ་ཆེན་པོ་འཇམ་དཔལ་གཞོན་ནུར་གྱུར་པ། ལྷའི་བུ་པད་མོ་རྣམ་པར་རོལ་

བར་ཤེས་པ་བཅས་བྱང་ཆུབ་སེམས་དཔའ་གསུམ་གྱིས་སྟོན་པ་ཐུགས་རྗེ་ཅན་ལ་ཞུས་པ་ལ་ལན་གསུངས་པའི་མདོ་དེ་ལགས་པས་ན། ནང་བསྟན་རིག་གཞུང་གི་ཆོས་གཞུང་ཁུངས་དག་ཅིག་ཡིན་པས་ཞིབ་འཇུག་གི་རིན་ཐང་ཤིན་ཏུ་ཆེའོ་སྙམ།

གཉིས་པ། འཕགས་པ་འབྱུང་བ་མེད་པའི་གཞུང་འདི་དུས་ནམ་བསྒྱུར་བ་དང་། སུས་བསྒྱུར་བའི་སྐོར།

ཏུན་ཧོང་བོད་ཡིག་ཤོག་དྲིལ་འཕགས་པ་འབྱུང་བ་མེད་པའི་གཞུང་གི་དོན་ཞེས་པའི་མཇུག་ཏུ་གནས་གང་དུ་ལོ་ཙྪ་བ་སུས་བསྒྱུར་བ་སོགས་སྨྱུར་བྱང་གང་ཡང་བཀོད་མེད་མོད། བཀའ་འགྱུར་དུ་མདོ་འདིའི་མཇུག་ཏུ་ལོ་ཙྪ་བ་བན་དེ་རིན་ཆེན་འཚོས་བསྒྱུར་ཅིང་ཞུས་ཏེ་གཏན་ལ་ཕབ་ཅེས་བཀོད་ཡོད། དེའང་བུ་སྟོན་ཆོས་འབྱུང་དང་། ཀློང་ཆེན་རབ་འབྱམས་པའི་ཆོས་འབྱུང་། ཆོས་འབྱུང་མཁས་པའི་དགའ་སྟོན། ཙོ་ནེ་བསྟན་འགྱུར་དཀར་ཆག་སོགས་སུ་ལོ་ཙྪ་བ་ལ་སྦ་བ་ཐོན་མི་སམ་བྷོ་ཊ་དཔལ་བརྩེགས་རཀྴི་ཏ་དང་། རཏྣ་རཀྴི་ཏ་དང་། ཡེ་ཤེས་སྡེ་སོགས་ལོ་ཙྪ་བ་རིམ་བྱོན་གྱི་མཚན་བྱང་བཀོད་པའི་ཁྲོད་དུ་རིན་ཆེན་འཚོའམ་རཏྣ་རཀྴི་ཏ་ཞེས་མདོ་འདིའི་ལོ་ཙྪ་བའི་མཚན་གསལ་བ་ཕུད། གཞན་ཁོང་ཉིད་ཀྱི་འགྱུར་རྩོམ་ཁ་ཤས་ཀྱང་བསྟར་ལ་བཀྲུས་པ་མཐོང་ཐུབ། ཡིན་ནའང་ཁོང་གི་འབྲུངས་འདས་དང་རིགས་རུས་སོགས་གང་ཡིན་སྐོར་གྱི་ཡིག་ཆ་ཡིད་རྟོན་འཕེར་བ་ཞིག་ལག་སོན་མ་བྱུང་། བཀའ་འགྱུར་གྱི་མདོ་འདིའི་མཇུག་ཏུ་ལོ་ཙྪ་བ་བན་དེ་རིན་ཆེན་འཚོ་ཞེས་བྱུང་བས་ཁོང་ཉིད་རབ་བྱུང་ཡིན་པ་ཤེས་ལ། རཀྴི་ཏའམ་འཚོ་ཞེས་པས་གངས་རིའི་ལྗོངས་ལ་འདུལ་བའི་སྡོམ་རྒྱུན་གནང་བའི་མཁན་ཆེན་ཞི་བ་འཚོའི་མཚན་ཟུར་ལས་དྲན་པ་སྐྱེ། དམ་པ་དེ་ཉིད་ལ་རྗེས་དྲན་ནམ་བཀའ་དྲིན་ཆོར་ཆེད་བོད་ཀྱི་བན་དེ་ལ་བཻ་རོ་ཙྪ་ན་རཀྴི་ཏ། སྐ་བ་དཔལ་བརྩེགས་རཀྴི་ཏ། རཏྣ་རཀྴི་ཏ་ཞེས་མཁན་པོའི་མཚན་ཟུར་གསོལ་བ་མང་དུ་ཡོད་པ་མཚྱེན་རྒྱུ་ལས། ཚིག་དོན་ལ་རྫོངས་ནས་རྒྱ་གར་གྱི་མཁན་པོ་ག་གེ་མོ་ཞིག་ལ་ངོས་འཛིན་དུ་མི་རུང་བ་རྟོགས་ཐུབ། ཡང་“སྤྱི་ལོའི་དུས་རབས་བརྒྱད་པའི་དུས་སྨད་ཙམ་དུ་སྐུ་འཁྲུངས་ཤིང་རྒྱལ་པོ་ཁྲི་སྲོང་ལྡེ་བཙན་སྐབས་ཀྱི་སྐད་གྲགས་ཅན་གྱི་ལོ་ཙྪ་བ་”[1]ཞེས་ཁོང་གི་འཁྲུངས་དུས་ནི་སྤྱི་ལོའི་དུས་རབས་བརྒྱད་པའི་དུས་སྨད་དང་། ཆོས་རྒྱལ་ཁྲི་སྲོང་ལྡེ་བཙན་དུས་སྐབས་ཀྱི་སྐད་གྲགས་ཅན་གྱི་ལོ་ཙྪ་བ

---

① དབང་འདུས་ཚེ་རིང་། འཕྲིན་ལས་རྒྱ་མཚོ། བོད་ཀྱི་སྒྲ་སྒྱུར་པོ་རྒྱུས་དང་ལོ་ཙྪ་བ་རིམ་བྱོན་གྱི་མཛད་རྣམ་གསལ་བའི་མེ་ལོང་། མི་རིགས་དཔེ་སྐྲུན་ཁང་། 2001ལོ། ཤོག་ངོས་311

ཞིག་ཡིན་པའི་སྐོར་གསལ་ཡང་། རྒྱལ་པོ་འདི་པའི་དུས་སུ་ལོ་ཙྪ་བ་བརྒྱ་ལྷག་གསོ་སྐྱོང་གནང་བའི་གྲས་ན་ཡོད་པ་ལས་ཞུས་ཆེན་འཕེར་བའི་ལོ་ཙྪ་བ་བཅོ་ལྔའི་གྲས་ན་ཁོང་གི་མཚན་མི་གསལ།

བཀའ་འགྱུར་དཀར་ཆག①ལྟར་ན། སྐད་གཉིས་སྨྲ་བ་རིན་ཆེན་འཚོ་ལ་འགྱུར་རྩོམ་མང་པོ་མེད་དེ། བསྡོམས་ན་མདོ་མང་གི་ཐེག་ཆེན་སྐོར་ལ་མདོ་དྲུག་ཡོད་པ་དེའོ། འཕགས་པ་ཆོས་ཐམས་ཅད་འབྱུང་བ་མེད་པར་བསྟན་པའི་མདོ་འདི་ཉིད་མ་གཏོགས་གཞན་ལྔ་པོ་འབྲུག་གི་ལོ②སྟེ་སྤྱི་ལོ་823ལོར་བོད་ཀྱི་དཀར་ཆག་གི་ཐོག་མར་བགྲངས་པའི་དཀར་ཆག་ལྡན་དཀར་མར་བཀོད་ཡོད། སི་ཏུའི་སྡེ་དགེ་བཀའ་འགྱུར་དཀར་ཆག་ཏུ་དཀར་ཆག་ལྡན་དཀར་མར་བྲིས་པ་ལས་མདོ་བཞི་ལ་ལོ་ཙྪ་བ་བན་དེ་རིན་ཆེན་འཚོས་བསྒྱུར་ཅིང་སྐད་གསར་བཅད་ཀྱིས་བཅོས་ཞེས་པ་དང་། འཕགས་པ་མ་སྐྱེས་དགྲའི་འགྱོད་པ་བསལ་བའི་མདོའི་མཇུག་ཏུ། པཎྜི་ཏ་མཉྫུ་ཤྲཱི་གརྦྷ་དང་། ཨཱ་ཙཱརྱ་རཏྣ་རཀྵི་ཏས་བསྒྱུར་ཅིང་ཞུས་ཆེན་བགྱིས་པ་ཞེས་འཁོད། དེ་ནི་སྔ་མའི་དུས་ཁོང་ཚང་བན་དེའམ་ལོ་ཙྪ་བའི་མཚན་གནས་ཏེ། ཞུས་ཆེན་མཛད་པའི་མཚན་གནས་མེད་པས་སྐད་གསར་བཅད་ཀྱིས་བཅོས་ཞེས་དང་། ཕྱི་མའི་དུས་ལ་སློབ་དཔོན་གྱི་མཚན་གནས་བཞེས་པས་སྐད་གསར་བཅད་ཀྱིས་བཅོས་མི་དགོས་པར་རང་ངོས་ནས་ཞུས་ཆེན་མཛད་ཚོག་པས་མདོའི་མཇུག་ཏུའང་བསྒྱུར་ཅིང་ཞུས་ཆེན་མཛད་ཅེས་སུ་གསལ་བ་ཡིན། འཕགས་པ་འབྱུང་བ་མེད་པར་བསྟན་པའི་མདོ་ལོ་ཙྪ་བ་བན་དེ་རིན་ཆེན་འཚོས་བསྒྱུར་ཅིང་ཞུས་ཆེན་མཛད་ཅེས་བཀའ་འགྱུར་གྱི་གཞུང་རང་དུ་གསལ་བ་ལས། ཁོང་གི་འགྱུར་གཞུང་ལས་འདི་ཉིད་ནི་ཆེས་ཕྱི་མར་འགྱུར་ཞིང་དུས་ཕྱིས་ཀྱི་དཀར་ཆག་འཕང་ཐང་མར་བཀོད་པ་ཡིན། གཞན་“རྟའི་ལོ་ལ་བཙན་པོ་ཁྲི་ལྡེ་སྲོང་བཙན་གྱི་ཕོ་བྲང་སྐྱིའི་འོན་ཅང་དོ་ན་བཞུགས.....གཉིའི་འོག་གི་མཁན་པོ་ཛྙཱ་ཙནྡྲ་ཛཱི་ན་མི་ཏྲ་དང་། སུ་རེནྡྲ་བོ་དྷི་དང་། ཤཱི་ལེནྡྲ་བོ་དྷི་དང་། དཱ་ན་ཤཱི་ལ་དང་། ༄། །བོད་ཀྱི་མཁན་པོ་རཏྣ་རཀྵི་ཏ་དང་། དྷརྨ་ཏཱ་ཤཱི་ལ་དང་། ལོ་ཙྪ་བ་མཁས་པར་ཆུད་པ་ཛྙཱ་ན་སེ་ན་དང་། ཛ་ཡ་རཀྵི་ཏ་དང་། མཉྫུ་ཤྲཱི་ཝརྨ་དང་། རཏྣ་ཤཱི་

① སྡེ་དགེ་བཀའ་འགྱུར་དཀར་ཆག་དང་ཞོལ་དཔར་ཁང་གི་བཀའ་འགྱུར་དཀར་ཆག་གཉིས་ལས། སྣར་ཐང་དང་པེ་ཅིན། ཅོ་ནེ་བཀའ་འགྱུར་དཀར་ཆག་སོགས་མཇལ་བའི་སྐལ་བ་མ་སྨིན་པས། པན་ཚུན་བསྡུར་བ་བྱ་བའི་ཆ་རྐྱེན་མ་འཛོམས།

② དཀར་ཆག་ལྡན་དཀར་མར་འབྲུག་གི་ལོ་ཞེས་དང་། དཀར་ཆག་འཕང་ཐང་མར་ཁྱི་ལོ། སྒྲ་སྦྱོར་བམ་པོ་གཉིས་པར་རྟའི་ལོ་ཞེས་བཀོད་པ་ལ་རྟའི་ལོ་སྔ་གཞུག་གཉིས་སོགས་བཞེད་དགོངས་མི་མཐུན་པ་དུ་མ་ཡོད་པ་འདིར་རིམ་བཞིན་སྤྱི་ལོ812ལོ་དང་། 818ལོ་དང་། 814ལོ་བཅས་ལ་ངོས་འཛིན་གྱི་ཡོད།

ལ་སོགས་”①ཞེས་རྟའི་ལོ་སྟེ་སྤྱི་ལོ་814ལོར་ལོ་ཙཱ་བ་བན་དེ་རིན་ཆེན་འཚོས་རྒྱལ་པོ་ཁྲི་ལྡེ་སྲོང་བཙན་གྱི་བཀའ་ལྟར་སྒྲ་སྦྱོར་བམ་གཉིས་གཏན་འབེབས་གནང་བར་གཙོ་འགན་བཞེས་ལ། རྒྱལ་པོ་འདི་པའི་རིང་ལ་སྙན་གྲགས་ཆེས་ཆེར་རྒྱས་ཏེ་མཁན་པོའི་གོ་མིང་བཞེས། རྗེས་ཀྱི་དཀར་ཆག་འཕང་ཐང་མར་ཁོང་གི་འགྱུར་རྩོམ་དྲུག་པོ་བཀོད་ཡོད། དཀར་ཆག་འདི་སྒྲིག་པ་པོའི་ཁྲོད་ན་སྒྲ་སྦྱོར་བམ་གཉིས་སྐབས་ཀྱི་ལེགས་སྦྱོར་མཁན་པོ་དེ་དག་གི་མཚན་བཞུགས་ཡོད་པ་ལས་ཁོང་གི་མཚན་གྱི་ཟུར་ཙམ་ཡང་མཇལ་དུ་མེད་ན། ཁྱིའི་ལོ་སྟེ་སྤྱི་ལོ་818ལོའི་ཡར་སྟོན་ལ་མཁན་པོ་འདི་པ་སྐུ་ཚེ་རྫོགས་པ་ཞེ་ཡིན་སྙམ་པའི་དོགས་པ་ཞིག་ཀྱང་སྐྱེས་ལ། ཁྱིའི་ལོའམ་དཀར་ཆག་འཕང་ཐང་མ་གཏན་འབེབས་གནང་བའི་ཡར་སྟོན་ལ་ཁོང་སྐུ་གཤེགས་པ་བདེན་པར་གྲུབ་པ་ཡིན་སོང་ན། ཁོང་ནི་རྒྱལ་པོ་ཁྲི་སྲོང་ལྡེ་བཙན་(སྲིད་ལོ་754–797)དང་། མུ་ནེ་བཙན་པོ་(སྲིད་ལོ་797–798)ཁྲི་ལྡེ་སྲོང་བཙན་དུས་(སྲིད་ལོ་798–815)②ཀྱི་ལོ་ཙཱ་བ་ཡིན་པ་དང་། འཕགས་པ་ཆོས་ཐམས་ཅད་འབྱུང་བ་མེད་པར་བསྟན་པའི་མདོ་ཉིད་ཀྱང་812ལོའི་རྗེས་ཏེ། ལོ་ཙཱ་བ་འདི་ཉིད་ལ་མཁན་པོའམ་ཞུས་ཆེན་པའི་གོ་མིང་ཐོབ་རྗེས་བསྒྱུར་བ་ཞིག་ཡིན་པར་སྙམ།

འོ་ན་ཏུན་ཧོང་བོད་ཡིག་ཡིག་ཚགས་འཕགས་པ་འབྱུང་བ་མེད་པའི་གཞུང་གི་དོན་ཞེས་པ་འདི་ཉིད་དུས་ནམ་ཞིག་ལ་གཏེར་དུ་སྦས་པ་དང་། ལོ་རྒྱུས་ཀྱི་རིན་ཐང་ཇི་ཙམ་ལྡན་ཞེ་ན། དེ་ཡང་“རྒྱ་ཡིག་ཡིག་ཚགས་ཁྲོད་ཀྱི་ཆེས་མཇུག་གི་ལོ་རྟགས་ནི་སུང་རྒྱལ་རབས་དུས་འགོའི་ལོ་རྟགས་འགའ་སྟེ། ཞི་བདེ་རྒྱལ་འཕེལ་(སྤྱི་ལོ་976–983)དང་ཀྲི་ཧོ་(སྤྱི་ལོ་995–997)བར་ཡིན་ལ། གཞན་གཏེར་ཡིག་ཁྲོད་དུ་མི་ཉག་གི་ཡི་གེ་གང་ཡང་བཙལ་དུ་མེད་པས། བྲག་ཕུག་འདི་ནི་དུས་རབས་11པའི་སྟོད་ལ་སྒོ་ཟུམ་པར་གསལ། ཕལ་ཆེར་སྤྱི་ལོ་1035ཡས་མས་ཏེ། མི་ཉག་གིས་དབང་བསྒྱུར་དུས་”③ཞེས་དང་། “འདི་ནི་ཡ་རོབ་གླིང་ན་ཡོད་པའི་བཀའ་འགྱུར་ལས་ཆེས་ཆེར་སྔ་བས་རིན་ཐང་ཆེན་པོ་ལྡན། ང་ཚོའི་རྒྱལ་ཁབ་ཀྱི་དཔེ་མཛོད་ཁང་པོ་ལེ་གནའ་རྫས་བཤམས་སྟོན་ཁང་དུ་ཡོད་པའི་སྤྱི་ལོའི་དུས་རབས་15པའི་སྟོད་ཀྱི་བཀའ་འགྱུར་གྱི་གླེགས་བམ་ཁ་ཐོར་ཡོད་པ་ལས་སྔ་བ་ཡོད་མིན་མི་གསལ་མོད། ཏུན་ཧོང་བཀའ་འགྱུར་གླེགས་བམ་ནི་ཆེས་འཕྱི་ཡང་དུས་རབས་10པའི་དུས་དང་། དུས་རབས་9པའི་དུས་ཡིན་པའང་

① བོད་ལྗོངས་རྟེན་རྫས་བཤམས་སྟོན་ཁང་གིས་བསྒྲིགས། དཀར་ཆག་འཕང་ཐང་མ། སྒྲ་སྦྱོར་བམ་གཉིས། མི་རིགས་དཔེ་སྐྲུན་ཁང་། 2006ལོ། ཤོག་ངོས་70

② 林冠群：《唐代吐蕃史论集》，北京：中国藏学出版社，2006年，第350页。

③ [法]伯希和著、耿昇译：《伯希和敦煌石窟笔记》，兰州：甘肃人民出版社，2007年，第414页。

འདྲ།” [1]ཞེས་པ་ལས་མདོ་ཡིག་འདི་ཉིད་ལ་ལོ་ཙཱ་ཆིག་སྟོང་ལྷག་གི་ལོ་རྒྱུས་ལྡན་ཡོད་པ་ཤེས་ཐུབ།

གསུམ་པ། ཏུན་ཧོང་བོད་ཡིག་ཤོག་དྲིལ་འཕགས་པ་འབྱུང་བ་མེད་པའི་གཞུང་གི་དོན་དང་བཀའ་འགྱུར་འཕགས་པ་ཆོས་ཐམས་ཅད་འབྱུང་བ་མེད་པར་བསྟན་པའི་མདོའི་དབར་གྱི་དཔྱད་བསྡུར།

གཅིག ཕྱིའི་སྒྲིག་གཞིའི་ཆ་ནས། རྒྱལ་བའི་བཀའ་བསྟན་གྱི་གཙུག་ལག་འགྱུར་རྙིང་ན། དབུར་རྒྱ་གར་སྐད་དུ། བོད་སྐད་དུ་ཞེས་རྒྱ་བོད་སྦྲགས་མའི་མཚན་བྱང་དང་། འགྱུར་ཕྱག་གི་དོད་ལ། འདུལ་བའི་སྡེ་སྣོད་ཀྱི་དབུར་ཐམས་ཅད་མཁྱེན་པ་ལ་ཕྱག་འཚལ་བ་དང་། མདོ་སྡེའི་སྡེ་སྣོད་ཀྱི་དབུར་སངས་རྒྱས་དང་བྱང་ཆུབ་སེམས་དཔའ་ཐམས་ཅད་དམ། དཀོན་མཆོག་གསུམ་ལ་ཕྱག་འཚལ་བ་དང་། མངོན་པའི་སྡེ་སྣོད་ཀྱི་དབུར་འཕགས་པ་འཇམ་དཔལ་ལ་ཕྱག་འཚལ་ལོ་ཞེས་སྡེ་སྣོད་གང་དུ་འདུ་བའི་འགྱུར་ཕྱག་རེ་ཡོད་པ་སོགས་གསལ་པོར་བཀོད་དགོས་ལ། བཀའ་འགྱུར་འཕགས་པ་ཆོས་ཐམས་ཅད་འབྱུང་བ་མེད་པར་བསྟན་པ་ཞེས་བྱ་བ་ཐེག་པ་ཆེན་པོའི་མདོ་ལའང་རྒྱ་གར་སྐད་དུ། .....བོད་སྐད་དུ། .....ཞེས་རྒྱ་བོད་སྦྲགས་མའི་མཚན་བྱང་དང་། འགྱུར་ཕྱག་ལ་སངས་རྒྱས་དང་བྱང་ཆུབ་སེམས་དཔའ་ལ་ཕྱག་འཚལ་ལོ་ཞེས་མདོ་སྡེའི་སྡེ་སྣོད་ཀྱི་འགྱུར་ཕྱག་མཛད་ཡོད། ཡིན་ནའང་། ཏུན་ཧོང་བཀའ་བསྟན་གཙུག་ལག་ལས P24དང་P249སོགས་གཟུངས་སྔགས་འགའ་ཤས་ནི་གོང་དང་མཐུན་མོད། ཡིག་ཆ་ཕལ་མོ་ཆེར་རྒྱ་བོད་སྦྲགས་མའི་མཚན་བྱང་མེད་པ་མ་ཟད། འགྱུར་ཕྱག་སོགས་ཀྱང་བཀོད་མེད་ལ། ཏུན་ཧོང་གི་འཕགས་པ་འབྱུང་བ་མེད་པའི་གཞུང་གི་དོན་ཞེས་པའང་དེ་ལས་མ་འདས་ན། བཅོམ་ལྡན་རིག་རལ་སོགས་ཀྱིས་ཕྱི་ལོ 1312ལོ་ནས་ སྔར་གྱི་བཀའ་བསྟན་གྱི་དཀར་ཆག་མཚན་བྱང་དེ་དག་གཞིར་བྱས་ཏེ་བཀའ་བསྟན་འགྱུར་གྱི་མ་ཕྱི་ཡོད་དོ་ཅོག་ཕྱོགས་བསྡུས་དང་ཞུ་དག་མཛད་ཅིང་གོ་རིམ་བསྒྲིགས་པས། ད་གཟོད་རྒྱ་བོད་སྦྲགས་མའི་མཚན་བྱང་དང་། འགྱུར་ཕྱག་སོགས་འཇོག་པའི་སྲོལ་ཆེས་ཆེར་དར་བར་ངེས་ཏེ། ལོ་ཙྪ་བ་ཆེན་པོ་སྐ་ཅོག་ཞང་གསུམ་གྱི་དུས་སུ། སྡེ་སྣོད་གསུམ་གར་རང་རང་གི་འགྱུར་ཕྱག་བཀོད་པའི་ཕྱག་ལན་ཡོད་པ་ཙམ་ལས་དེ་འདྲའི་རྒྱུགས་ཆེ་བར་མ་མཐོང་བས་ཡིན། བཀའ་འགྱུར་གཙུག་ལག་ཏུ་སྟོན་པ་ཐུགས་རྗེ་ཅན་གནས་གང་དུ་འཁོར་གང་དག་དང་ཐབས་གཅིག་ཏུ་བཞུགས་ཤིང་། བྱང་ཆུབ་སེམས་དཔའ་གང་དག་གིས་སྟོན་པ་ཐུགས་རྗེ་ཅན་ལ་ཆོས་གང་ཞུས་པ་སོགས་ཁ་གསལ་དུ་བྲིས་

---

① [法]伯希和著、耿昇译：《伯希和敦煌石窟笔记》，兰州：甘肃人民出版社，2007年，第416页。

པ་དང་། མཇུག་ཏུ་ལོ་ཙཱ་བ་སུས་བསྒྱུར་ཞིང་ཞུས་པ་དང་། གང་གིས་གཏན་ལ་ཕབ་པ་སོགས་བཀོད་མེད། ཏུན་ཧོང་འཕགས་པ་འབྱུང་བ་མེད་པའི་གཞུང་གི་དོན་ལ་ཞུ་བ་པོའི་མཚན་ལན་རེར་ཐོན་པ་ལས། ཕལ་མོ་ཆེར་གསོལད་པ་དང་བཀའ་སྩལད་པ་སོགས་མདོར་བསྡུས་ཤིག་ལས་བྲིས་མེད།

གཉིས། རྗོད་བྱེད་ཚིག་གི་ཆ་ནས།

ཐ་སྙད་དམ་མིང་གི་ཐད། གསལ་བྱེད་ཡི་གེའི་སྟེ་པ་གཅིག་ཏུ་ཡི་གེ་དང་པོ་དང་གཉིས་པ་བརྗེས་པ་ཅུང་མང་སྟེ། ནམ་ཀ→ནམ་མཁའ། གཙུག་ལག་ཀང→གཙུག་ལག་ཁང་། བྱང་ཅུབ→བྱང་ཆུབ། ཐམས་ཆད→ཐམས་ཅད། སེམས་ཆན→སེམས་ཅན་ལྟ་བུ། ཡ་བཏགས་སྐྱུང་པ། དམྱིགས→དམིགས། ཀྱིས→ཀིས་ཞེས་པ་ཡ་བཏགས་བསྡུས་མིན་གྱི་ཁྱད་པར་སོགས་མང་ངོ་། །

ཡི་གེ་སྐྱུང་ཐབས་ཀྱི་ཐད། སྤྱིར་ན་དབུ་ཅན་དབུ་མེད་ལས་དབུ་མེད་ལ་སྐྱུང་ཡིག་གལ་ཆེ་ལ། དབུ་ཅན་ལ་དེ་ལྟར་འབྲི་བའི་ལུགས་ཆེར་མེད་མོད། ཐུན་མོང་གི་ལུགས་ལ་དབུ་ཅན་གྱི་བྲིས་མགྱོགས་སུ་སོང་བ་ལས་རིམ་བཞིན་དབུ་མེད་བྱུང་བ་ལས་དུས་གཅིག་ཏུ་གསར་དུ་གཏོད་པ་ཞིག་མིན་པ་གསལ་བས། ཏུན་ཧོང་མདོ་ཡིག་ཏུ་དེའི་ཁྱད་ཆོས་མངོན་པར་གསལ་ཏེ། རྗེས་འཇུག་སྐྱུང་བ་དཔེར་ན། དམ་འཆ། གང་འགག་སྐྱུང་། གཞོ་ནུ་ལྟ་བུ་དང་། སྔ་མའི་རྗེས་འཇུག་དང་ཕྱི་མའི་གཟུགས་མཐུན་སྐབས། ཡོངསྲུ། ཚིགསྲུ་བཅད་པ། རྗེསྲུ། ཞེསྨམ་སོགས་ལྟ་བུ་བྱུང་བ་དང་། དེ་བཞིན་རྗེས་འཇུག་ཡི་གེ་མིང་གཞིའི་གོང་འོག་ཏུ་སྦྱར་བ། ཐཾས་ཅད། ཏྲ། དཔྐ་ལྟ་བུ་ཡིན།

དབྱངས་ཡིག་གི་ཐད། གུག་གུ་ཕྱིར་ལོག་ཅན་ནི་བརྗ་སྙིང་གི་ཡི་གེའི་ཁྱད་ཆོས་གཙོ་བོ་ཞིག་ཡིན་ལ། དེ་ནི་རི་ཝོའི་ཁྱད་ཆོས་སུ་དཔགས་ནས་གུག་གུ་དང་ཁྱད་པར་འབྱེད་ཀྱིན་ཡོད། དེས་ན། དབྱངས་གསལ་གང་ཡིན་ཡང་ཡི་གེའི་བྱེད་པོས་བོད་རང་གི་སྐད་གཞིར་བཞག་གིས་བཟོས་པ་ཤ་སྟག་ལགས་པས། བོད་ལ་དབྱངས་ལྷུར་མི་བགྲངས་པའི་ཁུངས་ལུང་གཞན་བཙལ་དུ་མེད་མོད། མཐའ་གཅིག་ཏུ་འདིའོ་ཞེས་ཁ་ཚོན་གཅོད་ཁག་གོ །

འ་ཡིག་གི་རྣམ་པའི་ཐད། རྗེས་འཇུག་འ་ཡིག་གི་སྐོར་ལ་སུམ་ཅུ་པའི་རྩ་བར། ཕོ་ཡིག་དེ་དག་རྣམས་ལ་ནི། །འཇུག་པ་བཅུ་པོ་མེད་ན་ནི། །མིང་དང་ཚིག་ཀྱང་གསལ་མི་ནུས། །ཞེས་མིང་གང་ཡིན་ཡང་རྗེས་འཇུག་ཐོབ་ལ། མིང་གཞི་རྐྱང་པ་ཡིན་ཡང་དེར་དོན་གྱིས་རྗེས་འཇུག་འ་ཡིག་ཐོབ་པ་ཡིན། ཡི་གེ་ཟོར་ཡང་བའི་ཆེད་དུ་སྐད་གསར་བཅད་གསུམ་པས་འ་མཐའ་སྐྱུང་ཞེས་གྲགས་སོ། གསོལད་པའ→གསོལ་པ། སྩྲངས་པའ→སྩྲངས་པ། དགེའ་འདུན→དགེ་འདུན། གཏེའ་མུག→གཏེ་མུག་ཅེས་

འ་མཐའ་དངོས་སུ་ཐོན་པ་དང་། ཕུང་པོ་ལྔ་དང་། གྱུར་བ། སྣ་ཚོགས་ཞེས་འ་མཐའ་དངོས་སུ་ཐོན་མེད་པའང་ཡོད་པས། དེར་ཆོས་ཉིད་འདི་མཆིས་སོ་ཞེས་བརྗོད་དུ་མི་བཏུབ་བོ། མདོ་ཡིག་འདིར་ད་དུང་འ་ཡིག་ལ་ཙ་བཏགས་ཡོད་པ་བསྟུད་མར་བཅུ་ཕྲག་འགའ་བྱུང་ལ། ཙ་བཏགས་ནི་སློབ་དཔོན་ཐུ་མིས་གསར་དུ་བསྣན་པའི་གསལ་བྱེད་ཀྱི་རྟགས་སུ་འདུག་པ་ཕོ་བོས་བྲིས་པའི་《ཚ་བཏགས་དང་དེའི་འབྲེལ་ཡོད་གནད་དོན་འགའ་གླེང་བ་》(《ནུབ་བྱང་མི་རིགས་སློབ་གྲྭ་ཆེན་མོའི་རིག་གཞུང་དུས་དེབ་》2010ལོའི་དེབ་དང་པོ།) ཅེས་པར་ཅུང་གསལ་པོར་བཀོད་ཡོད་པ་དེར་གཟིགས་པར་ཞུ། དེ་བཞིན་རྗེས་འཇུག་འ+འིས/རའམ་ཏུ་བྱུང་བའི་སྐོར་ཏུན་ཧོང་ཡིག་ཆར། གྲགས་མངའས་ཞེས་དང་། སེམས་དཔའར། སེམས་དཔའས་ལྟ་བུ་བྱུང་ལ། སྐབས་འགར་གྲགས་མངས་ཞེས་འ་མཐའ་དངོ་ས་སུ་བསྐྱུངས་པའང་ཐོན་ཡོད།

ཕྲད་ཀྱི་ཐད། ནློ་ཆན། ལྟ་བ་ཆན་ཞེས་བདག་སྒྲ་ཅན་ལ་ཆན་འཐོབ་པ་དང་། ཚིག་ཕྲད་ཞིང་སོགས་ཀྱི་སྐོར་ལ་ཏུན་ཧོང་ཡིག་ཆ་འདིར། གྱུརད་ཅིང་། གྲོང་དུ་འཇུག་ཅིང་། ས་བོན་གྱི་ཚིག་ཆེས། ཉོན་ཅིག་ལྟ་བུ་སོགས་བྱུང་སྟེ། ཚིག་ཕྲད་ཅིང་ཅེས་ཅེའོ་ཅེ་ན་ཅིག་གི་དོད་ལ་ཆིང་ཆེས་ཆེའོ་ཆེ་ན་ཆིག་ཅེས་སུ་སྦྱར་ཡོད། ཡང་《ལེགས་བཤད་ལྗོན་དབང་》དུ། ས་མཐར་དམིགས་བསལ་ཞེས་མ་གཏོགས། ཞེས་ས་མཐར་ཤེས་མི་འཐོབ་པར་གསུངས་ཀྱང་། ཏུན་ཧོང་དུ། རྒྱལ་བའི་ནློ་གྲོས་ཤེས་བགྱི་བ། སྦྱོད་པའི་ནློ་གྲོས་ཤེས་བྱ་བ་ཞེས་ས་མཐར་ཤེས་འཐོབ་པའང་ཡོད། ཕྱིར་ན་རྒྱན་སྤྱད་སྐབས་སུ། ཀྱང་འང་ཡང་གསུམ་རྒྱན་སྤྱད་དེ། ཞེས་གསུངས་ཀྱང་། དགེའ་འདུན་གྱང་། ངན་སོང་གསུམ་གྱང་། སྐྱོན་གྱང་ལྟ་བུ་སྟེ། ན་ར་ལའི་རྗེས་སུ་ཕྲད་གྱང་ཐོབ་པ་གསལ་བས། ཨ་ལི་ཕྱིས་ནས་གཉིས་པ་སྦྱར། །ཞེས་པའི་སུམ་ཅུ་པའི་རྩ་བ་དོན་ལ་གནས། ལ་དོན་གྱི་འཇུག་ཚུལ་ལ། ཏུན་ཧོང་མདོ་ཡིག་ཏུ། རབ་དུ། གཅིག་དུ། བྱང་ཆུབ་དུ། ཤ་དག་དུ། མཁས་པ་དག་དུ་ལྟ་བུ། ག་བ་ད་དྲག་ལ་དུ་ཞེས་འཐོབ་པ་ཡོད། ཇོགས་ཚིག་སྐབས་ཇོགས་སྡོ་ཞེས་ཕྲད་སོའི་འོག་ཏུ་ཏ་སྒྲ་ལྡན་པའི་ཁྱད་ཆོས་གསལ་བ་དང་། སྡུད་པའི་ཚིག་ལ། ཕུང་པོ་ལྔ་ལ་སྟོགས་པ་ཞེས་བོད་ཀྱི་ཡིག་སྙིང་གི་ཁྱད་ཆོས་ལྟར་སའི་འོག་ལ་ཙ་ཡིག་འབྲི་བ་སོགས་ཡོད།

སྒྲོག་དང་རྐྱེན་གྱི་ཡི་གེའི་ཐད། ང་མཐར་ཤད་ལ་གོང་ཚེག་ཡོད། ཅེས་རྗེས་འཇུག་ངའམ་མིང་གཞིར་གྱུར་པའི་ང་རྐྱང་པ་གང་ཡིན་ཡང་ཤད་གོང་ཚེག་འབྲི་བ་ལས་གཞན་རྣམས་ནི་མ་ཡིན། ཏུན་ཧོང་གི་ཡིག་ཆར། གསོལད་། །བྲལ་བ་དང་། །ཁམས་ཀྱང་། གང་སྒྲ་བའ། གྲོལད་གྱུར་ཅིང་། སོགས་ཤད་གོང་ཚེག་སྦྱོར་ལུགས་ལ་ཆོས་ཉིད་ངེས་ཅན་ཞིག་མི་འདུག དེ་བཞིན་ཚིག་ཤད་དང་། ཉིས་ཤད་དང་། བཞི་ཤད་གསུམ་གྱི་སྦྱོད་ལུགས་ལ་ཁྱད་པར་ཆེན་པོ་མེད་སོད། བཀའ་འགྱུར་གྱི་མདོ་ལ་བམ་

པོ་རེ་རྫོགས་རྗེས་བཞི་ཤད་རེ་དང་གཞན་བམ་པོ་གཉིས་པའམ་གསུམ་ཞེས་བམ་གྲངས་གསལ་པོར་བཀོད། ཏུན་ཧོང་གི་ཡིག་ཆ་འདིར་བམ་པོ་རེའི་མཇུག་ཏུ། །ꣿ། །རེ་འབྲི་བ་དང་། སྔོན་པ་ཐུགས་རྗེ་ཅན་གྱི་གསུང་ཚིག་ཚན་པ་རེ་རྫོགས་རྗེས། ꣿ། ꣿ། །དང།། །།ꣿ། །། དང་། །། ꣿ། །དང་། །ꣿ། ཞེས་མི་འདྲ་བ་སྤྱད་ཡོད། དབུ་ཕྱུད་སྐབས་བཀའ་འགྱུར་ཡིག་ཆའི་(མདའ་ཚད་མའི་)དབུར་༄༅། །ཞེས་དང་། ཉིན་གྱི་དབུར་༄། །ལྟར་འབྲི་བ་དང་། ཏུན་ཧོང་གི་ཡིག་ཆ་འདིའི་(མདའ་ཚད་མ་)དབུ་དང་། ཉིན་གྱི་དབུ། མཇུག་བྱང་གི་དབུ་བཅས་ལ་༈ །ཁོ་ན་སྤྱད་ཡོད།

མིང་མཐའི་ཐད། དྲན་བ། ལེན་པ། མཉམ་བ། སྒྲིབ་པ། རྟག་པ། བཅད་པ། ལྡན་བ། ཡོད་པ་མ་ཡིན་བ་སོགས་ལྟ་བུ་སྟེ། ན་ར་ལའི་མིང་མཐར་པ་བ་ཁྱད་མེད་དུ་སྦྱོར་བ་ལས། གཞན་རྣམས་ནི་བདག་སྒྲའི་སྦྱོར་ཚུལ་དང་ཡོངས་སུ་མཚུངས།

ད་དྲག་གི་ཐད། ཡང་འཇུག་གི་ཡི་གེ་ད་སའི་སྒྲ་ད་ལྟའི་བོད་སྐད་དུ་ཐོན་པ་ཅུང་ཞུང་ལ། ཡི་གེར་འགོད་སྐབས་ཀྱང་བརྡ་སྤྲོད་ཀྱི་ཆོས་ཉིད་ལྟར་ད་དྲག་ལ་གཞིགས་པ་ལས་དངོས་སུ་འབྲི་སྲོལ་མེད། བོད་ཡིག་ཡིག་རྙིང་དུ། གསོལད་པ། ཐརད་པ། ཐྱེལད་ཀྱིས། གྱུརད་ཏོ་ཞེས་པ་ལྟ་བུ་མང་དུ་བྱུང་བར་གཞིགས་ན། བོད་བཙན་པོའི་དུས་ལ་ཡང་འཇུག་གི་སྒྲ་གསལ་པོ་ཐོན་པ་དཔོག་ནུས།

གཞན་དག་གི་ཐད། སྤྱིར་མདོ་འདིར་ཐོག་མཐའ་བར་གསུམ་དུ་ཡི་གེའི་དག་ཆ་གསལ་པོ་ཡོད་ཀྱང་། གྲོང་དུ་མ་འདོང་ཤིག སྟོང་ཕྲག་བརྒྱའ་ཆུ་ཉེ་བར་ལེན་པ། ཐོས་པ་ཙམ་གིས་ཀྱང་ལྟ་བུ་ཡང་རེ་གཉིས་མཆིས་སོ། །ཡི་གེ་ཆད་ལྷག་བྱུང་ན་རྟགས+འདི་དང་། ཡིག་ནོར་བྱུང་ན་རྟགས་/དང་\བཀོད་འདུག་གོ །

མཇུག་བསྡུ་བའི་གཏམ།

གོང་དུ་ཞུས་པ་ལྟར་ཏུན་ཧོང་ནས་བྱུང་བའི་ནང་བསྟན་ཆོས་གཞུང་གི་ཤོག་དྲིལ་གྱི་ཡི་གེའི་དག་ཆ་ནི་བོད་བཙན་པོའི་དུས་ཀྱི་གཞུང་ཡིག་གང་ཙམ་ལས་དག་ཆ་ཐོན་པ་རྒྱ་མཚན་དུ་བྱས་ཏེ། ཏུན་ཧོང་གི་བོད་བཙན་པོའི་གཞུང་ཡིག་ཤོག་དྲིལ་དེ་རིགས་ནང་བསྟན་ཆོས་གཞུང་གི་ཡིག་ཚགས་ལས་སྔ་བར་ངོས་བཟུང་བའམ། ཡང་ན། བོད་བཙན་པོའི་དུས་ལ་ནང་པའི་བན་དེ་ཕལ་མོ་ཆེ་ནི་ཆོས་ཀྱི་འཕྲིན་ལས་ལས་འཇིག་རྟེན་སྲིད་ཀྱི་ལས་ལ་མི་གཞོལ་བར། ཆོས་དང་སྲིད་ཀྱི་ཡོན་ཏན་པའི་རིག་གནས་ཀྱི་འོས་འགན་སོ་སོར་སོང་སྟེ། སྲིད་ཀྱི་ཡོན་ཏན་པའི་ཡོན་ཚད་ནི་ཆོས་ཕྱོགས་ཀྱི་སླེས་བུ་ལས་ཅུང་ཞན་པར་ངོས་བཟུང་

བ། དེ་བཞིན་གཞུང་ཡིག་དག་ནི་དེ་འདྲའི་ཚད་ལྡན་ཞིག་མ་ཡིན་ཞེས་བརྗོད་མི་ཉུང་སྟེ། རྫོ་རིང་གི་ཡི་གེ་ནི་བོད་བཙན་པོའི་བཀའ་ལུང་མ་འདྲེས་པ་ཡིན་པས་ཚད་ལྡན་མིན་ཞེས་སུས་ཀྱང་སྨྲོང་ཐབས་མེད་ཅིང་། འོན་ཀྱང་སུམ་རྟགས་ཀྱི་རྩ་བ་ནི་ཐོན་མིས་བརྩམས་པར་གྲགས་པ་དང་། ཏུན་ཧོང་བོད་ཡིག་ཡིག་ཚགས་ནང་བསྟན་ཆོས་གཞུང་དང་སྙོ་ཡོངས་སུ་མཐུན་ལ། གཞན་གངས་ལྗོངས་སྐད་གཉིས་སྨྲ་བའི་གྲུ་མཆོག་ལྕེ་ཁྲི་འབྲུག་དང་འགོས་ཆོས་གྲུབ་རྣམ་གཉིས་ཀྱིས་རྣམ་དབྱེ་བརྒྱད་ཀྱི་རྣམ་གཞག་བསྡུར་མཛད་པ་སོགས་ཏུན་ཧོང་ཡིག་ཆ་སོགས་སུ་མཇལ་དུ་ཡོད་པ་སོགས་དང་། སྔོས་སུ་ཏུན་ཧོང་གི་གཞུང་འདི་དང་བཀའ་འགྱུར་གཉིས་དཔྱད་བསྡུར་བྱས་པར་གཞིགས་ན། སུམ་རྟགས་ཀྱི་གཞུང་འདི་དང་པོ་སློབ་དཔོན་ཐོན་མིས་མཛད་ཀྱང་གཞུང་ལུགས་གང་ཞིག་ཡིན་ཡང་རྟག་བརྟན་འགྱུར་མེད་ཅིག་ཏུ་མ་ལགས་པས་ན། རྗེས་རབས་པས་ཇི་ལྟར་ཇི་ཙམ་བཟང་དུ་བཏང་བའི་སྣང་ཚུལ་མང་དུ་སྣང་བས་ན་མུ་མཐུད་དཔྱོད་པའི་རྒྱུར་སྣང་ངོ་། །

《བོད་ལྗོངས་ཞིབ་འཇུག་》2011ལོའི་དེབ་གཉིས་པ་ལས་བདམས།

༄། །ཏུན་ཧོང་བོད་ཡིག་ཆོས་གཞུང་ཨང་རྟགསP.T.448པ་《ཤེས་རབ་ཀྱི་ཕ་རོལ་ཏུ་ཕྱིན་པའི་སྙིང་པོ་》སྒྲ་འགྱུར་མའི་སྐོར་རགས་ཙམ་གླེང་བ།

ཚ་རིས་སྐལ་བཟང་ཐོགས་མེད།

[ནང་དོན་གནད་བསྡུས།] རྩོམ་འདིའི་ནང་གཙོ་བོ་ཏུན་ཧོང་ནས་ཐོན་པའི་བོད་ཡིག་ཆོས་གཞུང་གཙུག་ལག་ཨང་གྲངསP.T.448པ། ཤེས་རབ་ཀྱི་ཕ་རོལ་ཏུ་ཕྱིན་པའི་སྙིང་པོ་རྒྱ་ནག་སྐད་ལས་བོད་སྐད་དུ་སྒྲ་སྒྱུར་བྱས་པའི་དུས་བབ་གནས་ཚུལ་དང་། རྒྱ་བོད་གནའ་ཡིག་ཤན་སྦྱར་གྱི་ལམ་ནས་དེའི་ཚིག་དོན་དང་། ཡིག་དོན། སྒྱུར་ཐབས་སོགས་ལ་ཉམས་ཞིབ་བྱས་ཐོག ཤེར་སྙིང་སྒྲ་འགྱུར་མའི་ཏུན་ཧོང་གནའ་ཡིག་ཁྲོད་ཀྱི་རིག་གནས་རིན་ཐང་སོགས་གླེང་ཡོད།

[གནད་ཚིག] ཏུན་ཧོང་ཤེར་སྙིང་སྒྲ་འགྱུར་མ། རྒྱ་བོད་གནའ་ཡིག་ཤན་སྦྱར། དཔྱད་བསྡུར།

གླེང་གཞི།

བོད་གངས་ཅན་གྱི་ལྗོངས་འདིར་ནང་པའི་བསྟན་པར་དད་མོས་བྱེད་མཁན་ཞིག་ཡིན་ཆེ། འཕགས་པ་ཤེས་རབ་ཀྱི་ཕ་རོལ་ཏུ་ཕྱིན་པའི་སྙིང་པོ་ཞེས་བྱ་བའི་ཆོས་གཞུང་འདི་གཏན་ནས་གོ་ཐོས་མེད་པ་ཞིག་ཏ་ཅང་དཀོན། ཡིན་ནའང་ཤེར་སྙིང་བོད་དུ་ཇི་ལྟར་བྱུང་རིམ་སོགས་ལ་ཆ་རྒྱུས་ཡོད་མཁན་ཤིན་ཏུ་དཀོན་པ་དང་། ལྷག་པར་དུ་ཏུན་ཧོང་བྲག་ཕུག་ནས་ཐོན་པའི་ཡིག་རྙིང་ཁྲོད་དུ་ཤེར་སྙིང་ཚན་གྲངས་མང་པོ་བཞུགས་པ་དང་། དེའི་ནང་དུ་རྒྱ་ཡིག་ཤེར་སྙིང་བོད་སྐད་དུ་སྒྲ་སྒྱུར་བྱས་པ་བཞུགས་པའི་སྐོར་དེ་བས་ཀྱང་གོ་ཐོས་ཡོད་མཁན་ཉུང་ལ། ཡུལ་དུས་སོགས་ཀྱི་ཆ་རྐྱེན་མ་འཛོམས་པའི་དབང་གིས་བོད་ཡིག་ཤེར་སྙིང་སྒྲ་འགྱུར་མར་ད་ལྟའི་བར་བོད་རང་གི་ཡིག་ལམ་ནས་ཉམས་ཞིབ་གནང་མཁན་བྱུང་མི་འདུག་ན། འདིར་ཏུན་ཧོང་བོད་ཡིག་ཡིག་ཆ་གཞན་ལས་དམིགས་བསལ་ཁྱད་ཆོས་མང་པོ་ལྡན་ཞིང་། ཏུན་ཧོང་བོད་ཡིག་གཙུག་ལག་གི་གྲུབ་ཆ་གལ་ཆེན་ཞིག་ཡིན་པའི་ཤེར་སྙིང་སྒྲ་འགྱུར་མར་ཁོ་བོས་དམིགས་བཀར་གྱིས་རགས་ཙམ་དཔྱད་པར་འདོད་དོ། །

དང་པོ། ཏུན་ཧོང་བོད་ཡིག་ཆོས་གཞུང་ཞེར་སྙིང་སྒྲ་འགྱུར་མའི་ཞིབ་འཇུག་གནས་ཚུལ།

ཕྱིར་ཏུན་ཧོང་ནས་སྟོག་འདོན་བྱས་པའི་བོད་ཡིག་གཙུག་ལག་ཁྲོད་ན། ནང་བསྟན་ཆོས་གཞུང་གཙུག་ལག་ཆེས་མང་པོ་བཞུགས་པ་དང་། དེའི་ནང་དུ་རྒྱ་ནག་སྐད་ནས་བོད་སྐད་དུ་སྒྲ་སྒྱུར་བྱས་པའི་ཆོས་གཞུང་ཡང་མི་ཉུང་བ་ཞིག་ཡོད། ཆོས་གཞུང་ཤེས་རབ་ཀྱི་ཕ་རོལ་ཏུ་ཕྱིན་པའི་སྙིང་པོ་འདི་ནི་ཧྥ་རན་སིའི་རྒྱལ་གཉེར་དཔེ་མཛོད་ཁང་དུ་ཉར་ཚགས་བྱས་པའི་ཏུན་ཧོང་བོད་ཡིག་གཙུག་ལག་གི་གྲས་ཤིག་ཡིན་པ་དང་། ཤོག་དྲིལ་སྒྲིག་རིམ་གྱི་ཨང་རྟགས་སུP.T.448དངP.T.1259བཀོད་ཡོད། དེའི་ནང་ནས་ཨང་རྟགསP.T.448པའི་སྐོར་ལ་ཧྥ་རན་སིའི་ཏུན་ཧོང་རིག་པའི་མཁས་དབང་ལ་ལོ་ཡིས་བསྒྲིགས་པའི་《ཏུན་ཧོང་བོད་ཡིག་དཀར་ཆག་》ནང་ཐོག་མར་རྒྱ་ཡིག་ཤེར་སྙིང་གི་སྒྲ་སྒྱུར་ཡིན་ཚུལ་གསལ་པོར་བསྟན་པ་དང་། དེའི་ཕྱིས་སུ་ཕྱི་ལོ་1958ལོར་སུའི་མོན་ཝལ་ཐར་(Simon walter)གྱིས་བརྩམས་པའི《记汉藏对音本》[①]ཞེས་པའི་རྩོམ་གྱི་ནང་དུ་གཙུག་ལག་ཡིག་ཆ་འདིའི་དུམ་བུ་བཀོལ་སྤྱོད་བྱས་ཡོད་པ་མ་ཟད་རྒྱ་ཡིག་མཆན་ཡང་བཀོད་ཡོད་ལ། དཔེ་སྐྲུན་འགྲེམས་སྤེལ་བྱས་པའི་ཕྱི་ལོར་སྐུ་ཞབས་ཀྲོ་ཏ་ཕུ་(周达甫)ཟེར་བས་རྒྱ་ཡིག་ཏུ་བསྒྱུར་ཏེ《དེང་རབས་ནང་རིག་》ཅེས་པའི་དུས་དེབ་སྟེང་བཀོད་ཡོད།[②] དེ་ལྟར་ནའང་སྒྲ་སྒྱུར་ནང་གཞུང་འདིར་ད་དུང་ཞིབ་འཇུག་གི་ཐད་ནས་མི་འདང་བའི་ཆ་མང་པོ་ཡོད་པས། སྐུ་ཞབས་ཀྲོ་ཅེའུ་ལིན་གྱིས་སླར་ཡང་འདིའི་ཕྱོགས་ལ་རྩོམ་ཡིག་སྤེལ་ཡོད་པ་དང་།[③] ད་ལྟའི་ཞིབ་འཇུག་གི་དཔྱད་འབྲས་ལྟར་ན། སྒྲ་འགྱུར་ཤེར་སྙིང་འདི་ཕལ་ཆེར་ཐང་ཏེ་ཙོང་གི་པོ་དབྱིན་ཁྲི་ལོ་གཉིས་པ་(宝应二年)སྤྱི་ལོ་763ཙམ་ནས་ཐང་ཞྭན་ཙོང་གི་ཏྭ་ཀྲུང་ཁྲི་ལོ་ལྔ་པ་(大中五年)སྤྱི་ལོ་851ལོའི་བར་གྱི་ལོ་གང་རུང་ཞིག་གི་ཆོས་གཞུང་ཡིན་པར་ངེས། རྒྱུ་མཚན་ནི་ཆོས་གཞུང་འདིའི་བོད་འགྱུར་རྒྱ་ཡིག་གི་སྒྲ་གདངས་ས་ཕལ་ཆེར་སྐབས་དེ་གའི་ཏུན་ཧོང་ས་ཁུལ་གྱི་ཡུལ་སྐད་ཀྱི་སྒྲ་གདངས་ས་ལྟར་ཕབ་ཡོད་པར་བཞེད་པས་ཡིན། ཡིན་ནའང་། སྒྲ་འགྱུར་ཆོས་གཞུང་འདིར་ཡིག་རྙིང་གི་ཁྱད་ཆོས་གཙོ་བོ་

① དེང་རབས་ནང་རིག 1956ལོའི་དེབ་གྲངས12པ། ཤོག་ངོས་23

② དེང་རབས་ནང་རིག 1956ལོའི་དེབ་གྲངས12པ། ཤོག་ངོས་23

③ སྐུ་ཞབས་ཀྲོ་ཅེའུ་ལིན་གྱིས་བརྩམས་པའི་"藏译汉音的《般若波罗蜜多心经》校注" ཞེས་པ་དེ་ཡིན་ལ། ཧྥ་རན་སིའི་རྒྱལ་གཉེར་དཔེ་མཛོད་ཁང་དུ་ཉར་བའི་ཏུན་ཧོང་བོད་ཡིག་ཡིག་ཚགས། ཧྲང་ཧེ་དཔེ་རྙིང་དཔེ་སྐྲུན་ཁང་། 2006ལོ། ཤོག་ངོས་157

ཞིག་ཏུ་བགྲང་སྲོལ་ཡོད་པའི་"གུག་གུ་ཕྱིར་ལོག་"གཅིག་ཀྱང་མཐོང་རྒྱུ་མེད་པས། ཡིག་ཆ་འདིའི་བྱུང་དུས་ངེས་གཏན་ཞིག་ཁ་ཚོན་གཅོད་རྒྱུ་ཏ་ཅང་དཀའ་བར་མངོན་ལ། དེ་བཞིན་དུ་སྒྲ་འགྱུར་གཙུག་ལག་འདིའི་སྟེང་ནས་ཏུན་ཧོང་གི་ཡིག་རྙིང་ཡིན་ན་ངེས་པར་དུ་"གུག་གུ་ཕྱིར་ལོག་"ཡོད་དགོས་པའི་ངེས་པ་མེད་པའང་རྟོགས་ནུས་སོ། །

ཕྱོགས་གཞན་ཞིག་ནས་བལྟས་ན། སྒྲ་འགྱུར་འདིའི་སྔོན་གྱི་མཐའ་དཔྱོད་པལ་མོ་ཆེ་ནི་གོང་དུ་བཤད་པ་ལྟར་རྒྱ་ཡིག་མ་ཕྱི་དང་བོད་ཡིག་སྒྲ་འགྱུར་གཉིས་ཤན་སྦྱར་གྱི་སྒོ་ནས་ཉམས་རྟོགས་བྱས་པ་ཙམ་ལས། སུས་ཀྱང་ཏུན་ཧོང་གཙུག་ལག་ཁྲོད་དུ་གཞུང་འདིའི་དོན་འགྱུར་མ་ཕྱི་ཚན་གྲངས་མང་པོ་ཞིག་ཡོད་པ་རྟོགས་མེད། དཔེ་མཚོན་ཙམ་བཀོད་ན། ཏུན་ཧོང་བོད་ཡིག་གཙུག་ལག་ཨང་རྟགས P.T.450 P.T.463 P.T.464 P.T.465 P.T.466 P.T.467 P.T.468 P.T.469 P.T.470 P.T.471 P.T.472 P.T.473 P.T.474 P.T.475 P.T.476P.T.477 P.T.478 P.T.479 P.T.480 P.T.481 P.T.482 P.T.492སོགས་ལྟ་བུ་དང་། དེ་ལྟར་ནའང་། རང་རེའི་བཀའ་འགྱུར་ཁྲོད་དུ་ཕྱིར་ཤེར་སྙིང་སྐོར་མང་པོ་ཞིག་བཞུགས་ཀྱང་ཏུན་ཧོང་ཤེར་སྙིང་སྒྲ་འགྱུར་གྱི་གཞུང་དོན་མང་ཉུང་དང་འདྲ་བ་ཞིག་མི་བཞུགས།[1] བཙན་པོའི་དུས་ཀྱི་ལོ་ཙཱ་བ་ཆེན་པོ་འགོས་ཆོས་གྲུབ་ཀྱིས་བོད་ཡིག་ཤེར་སྙིང་རྒྱ་ཡིག་ཏུ་བསྒྱུར་ཡོད་བ་ནི་《ཏུན་ཧོང་ཤོག་དྲིལ་སྤྱིའི་དཀར་ཆག་བསྡུས་པ་》(敦煌遗书总目录索引)ཞེས་པའི་ནང་བཀོད་པའི་མདོ་འདིའི་འགྱུར་བྱང་ལས། བོད་ཆེན་པོའི་བཙུན་པ་སྡེ་སྣོད་གསུམ་པ་བན་དེ་ཆོས་གྲུབ་ཀྱིས་བསྒྱུར་ཞེས་འདུག་པ་ལས་རྟོགས་ནུས།

① བཀའ་འགྱུར་ཁྲོད་དུ་ཤེར་ཕྱིན་ཡི་གེ་གཅིག་མ་དང་། ཤེར་ཕྱིན་ཀཽ་ཤི་ཀ་དང་། ཤེར་ཕྱིན་ཡི་གེ་ཉུང་ངུ་ལྟ་བུ་འགྱུར་བྱང་མེད་པ་དང་། ཤེར་ཕྱིན་ཤེས་རབ་སྙིང་པོ་ལྟ་བུ་འགྱུར་བྱང་དང་བཅས་པ་བཞུགས་སོད། དེ་དག་ཚང་མ་ནང་དོན་གྱི་ཆ་ནས་ཕལ་ཆེར་ཤེར་ཕྱིན་སྒྲ་འགྱུར་འདིའི་གཞུང་དོན་དང་ཐག་ཉེ་ཞིང་། དེ་དང་མང་ཉུང་སོགས་ཆ་ཀུན་ནས་མཚུངས་པ་ཞིག་ནི་མི་བཞུགས། བཀའ་འགྱུར་དཔེ་བསྡུར་མ། ཤོག་གྲངས་252-261

གཉིས་པ། ཏུན་ཧོང་བོད་ཡིག་སྒྲ་འགྱུར་ཆོས་གཞུང་ཨང་རྟགས་P.T.448 པ་དང་མ་ཕྱིའི་རྒྱ་གཞུང་ཤན་སྦྱར་དུ་བཀོད་པ།

༄། །པུ་ཞ་པ་ལ་འབྲི་ཏ་སིམ་ཀྱི་།(般若波罗蜜多心经)① ཀྭན་ཛི་ཛའི་བུ་སར་།(观自在菩萨) ཧེའི་ཤིམ་པུ་ཞ་པ་ལ་འབྲི་ཏ་ཞི་ཅེའུ་གྱིན་།(行深般若波罗蜜多时。照见) འགུ་ཡུན་ཀེའི་ཁོང་དུ། ཨུ་ཚེ། (五蕴皆空。度一切)ཁུ་ཨེག་ཤ་ལི་ཙི་།(苦厄。舍利子。) ཤག་པུ་ཡི་ཁུང་།(色不异空。) ཁུང་པུ་ཡི་ཤག་།(空不异色。) ཤག་ཙིག་ཞི་ཁུང་།(色即是空。) ཁུང་ཙིག་ཞི་ཤག་།(空即是色。) ཞིའུ་ཟྱོ་ཧེའི་ཤིམ་། ཡིག་ཕུག་ཞི་ཞེ་ཤ་ལི་ཙི་།(受想行识。亦复如是。舍利子) ཞི་ཙི་ཕབ་ཁུང་ཟྱོ་།(是诸法空相。) པུ་ཤིའི་པུ་འབྱར་།(不生不灭。)པུ་གིའུ་པུ་ཛེ་། (不垢不净。)པུ་ཙིང་པུ་གམ་།(不增不减。) ཞི་གུ་ཁུང་ཀྲུང་ལྦུ་ཤག་ལྦུ་ཞིའུ་ཟྱོ་།(是故空中。无色。无受想)ཧྣེའི་ཤིག་ལྦུ་འགན་ཞི་བྱི་ཞེར་ཤིན་ཡི་།(行识。无眼耳鼻舌身意。) ལྦུ་ཤག་སེ་ཧྱང་ཕྱི་ཚོག་ཕབ་ལྦུའགན་གེའི་།(无色声香味触法。无眼界。) འདེའི་ཙི་ལྦུ་ཡི་ཤིག་གེའི་།(乃至无意识界。) ལྦུ་ལྦུ་མྱེ་ཡིག་ལྦུ་ལྦུ་མྱེ་ཛིན་།(无无明。亦无无明尽。) འདེའི་ཙི་ལྦུ་ལེའུ་ཟི་།(乃至无老死。) ཡིག་བུ་ལེའུ་ཟི་ཛིན་།(亦无老死尽。) ལྦུ་ཁུ་ཛིབ་འབྱར་དེའུ། (无苦集灭道。)ལྦུ་ཊི་ཡིག་བུ་ཏིག། (无智亦无

① སྤྱིར་འཕགས་པ་ཤེས་རབ་ཀྱི་ཕ་རོལ་ཏུ་ཕྱིན་པའི་སྙིང་པོའི་སྐོར་ལ། སྔོན་ལེགས་སྦྱར་སྐད་ནས་རྒྱ་ནག་སྐད་དུ་བསྒྱུར་བར་རིགས་མི་འདྲ་བ་བདུན་ལྷག་བཞུགས་པ་དང་། དེ་དག་གི་ཁྲོད་ན་བོད་སྐད་སྒྲ་འགྱུར་ཤེར་སྙིང་འདི་དང་མཚན་འདྲ་མཚུངས་སུ་གནས་པ་བཞི་ཡོད་པ་དང་། དེའི་ནང་ནས་ཀྱང་ཡིག་གྲངས་སོགས་ཕལ་ཆེར་ཆ་ལ་ཆ་བཞག་པ་ལྟར་གཅིག་མཚུངས་སུ་ཡོད་པ་ནི་སྡེ་སྣོད་འཛིན་པ་ཞྭན་ཙང་གི་འགྱུར་ཡིན་པས། ད་ལྟ་ཆེད་མཁས་མང་དག་གིས་དེ་ཉིད་ཏུན་ཧོང་ནས་ཐོན་པའི་ཤེས་རབ་ཀྱི་ཕ་རོལ་ཏུ་ཕྱིན་པའི་སྙིང་པོ་བོད་ཡིག་སྒྲ་འགྱུར་མP.T.448པའི་མ་ཕྱི་ཡིན་པར་བཞེད་ཡོད་པས། འདིར་རྒྱ་འགྱུར་ཤེར་སྙིང་དེ་དཔྱད་གཞིར་ཇི་བཞིན་བཀོད་ན་འདི་ལྟ་སྟེ། 般若波罗蜜多心经。观自在菩萨。行深般若波罗蜜多时。照见五蕴皆空。度一切苦厄。舍利子。色不异空。空不异色。色即是空。空即是色。受想行识。亦复如是。舍利子是诸法空相。不生不灭。不垢不净。不增不减。是故空中。无色。无受想行识。无眼耳鼻舌身意。无色声香味触法。无眼界。乃至无意识界。无无明。亦无无明尽。乃至无老死。亦无老死尽。五苦集灭道。无智亦无得。以无所得故。菩提萨埵。依般若波罗蜜多故。心无罣碍。无罣碍故。无有恐怖。远离颠到梦想。究竟涅槃。三世诸佛。依般若波罗蜜多故。得阿褥多罗三藐三菩提。故知般若波罗蜜多。是大神咒。是大明咒。是无上咒。是无等等咒。能除一切苦。真实不虚。故说般若波罗蜜多咒。即说咒曰。揭帝揭帝。波罗揭帝。波罗僧揭帝。菩提莎婆诃。

得。)ཡི་ལྷུ་ཞི་ཏིག་ཀུ་།(以无所得故。) ཕུ་ཏེ་ས་ཏྭ་།(菩提萨埵。) ཨྱི་པུ་ཞ་ལ་འབྱི་ཏ་ཀུ་།(依般若波罗蜜多故。) སིམ་ལྷུ་ཀྭ་འགེའི་ལྷུ་ཀྭ་འགེའི་ཀུ་།(心无罣碍。无罣碍故。) ལྷུ་ཡིའུ་ཁུང་བུ་ཡུན་ལི་ཏེན་དའི་།(无有恐怖。远离颠到) མུང་ཤོ་གྱིའུ་གྱི་།(梦想。究竟) འདིར་པར་སམ་ཞི་ཙི་ཕུང་།(涅槃。三世诸佛。) ཨེ་པུ་ཞ་པ་ལ་འབྱི་ཏ་ཀུ་།(依般若波罗蜜多故。) ཏིག་ཨན་ཏ་ལ་སམ་ཡག་སམ་བུ་ཏེ་།(得阿耨多罗三藐三菩提。) ཀུ་ཙི་པུ་ཞ་པ་ལ་འབྱི་ཏ་ཞི་དའི་ཤིན་ཛིའུ་།(故知般若波罗蜜多。是大神咒。) ཞི་དའི་མྱེ་ཛིའུ་།(是大明咒。) ཞི་ལྷུ་ཤོ་ཛིའུ་།(是无上咒。) ཞི་ལྷུ་དིང་དིང་ཛིའུ་།(是无等等咒。) ནིང་ཛེ་ཨྱི་ཚེ་ཀུ་།(能除一切苦。) ཙིན་ཞིང་པུ་ཧེ་ཀུ་།(真实不虚。故) ཤྭར་པུ་ཞ་པ་ལ་འབྱི་ཏ་།(说般若波罗蜜多) ཙིག་ཤྭར་ཛིའུ་ཡུར་།(咒。即说咒曰。) འག་ཏི་འག་ཏི་།(揭帝揭帝) པ་ར་འག་ཏི་།(波罗揭帝。) པ་ར་སང་འག་ཏི་བུ་ཏི་སྭ་ཧྭ། །(波罗僧揭帝。菩提莎婆诃。)[1]

① རྒྱ་རན་སིར་བཞུགས་པའི་ཏུན་ཧོང་བོད་ཡིག་ཁྲིད་དུ་ཤེར་སྙིང་ཨང་རྟགས། P.T.448པ་སྒྲ་འགྱུར་མ་འདིའི་དོན་འགྱུར་ལྟ་བུ་མང་ཙམ་བཞུགས་པ་ལས་འདིར་ཨང་རྟགས། P.T.468པ་དཔེ་མཚོན་ཙམ་དུ་བཀོད་ན། ༄། །རྒྱ་གར་སྐད་དུ། ཨ་རྱ་བྷད་ཀ་པ་ར་མི་ཏ་ཧྲིད་ཡ། བོད་སྐད་དུ་འཕགས་པ་ཤེས་རབ་ཀྱི་ཕ་རོལ་ཏུ་ཕྱིན་པའི་སྙིང་པོ་བམ་པོ་གཅིག་གོ། །ཐམས་ཅད་མཁྱེན་པ་ལ་ཕྱག་འཚལ་ལོ། །འདི་ལྟར་འཕགས་པ་ཀུན་ནས། །སྤྱན་རས་གཟིགས་ཀྱི་དབང་པོ། །བྱང་ཆུབ་ཆེམས་དཔའ་ཤེས་རབ་ཀྱི་ཕ་རོལ་ཏུ་ཕྱིན་པ། །ཟབ་མོ་སྤྱད་པ་སྤྱོད་པའི་ཚེ། །རྣམ་པར་བལྟས་ན། །ཕུ་ཕུང་དེ་དག་ངོ་བོ་ཉིད་ཀྱིས་སྟོང་པར་མཐོང་ངོ་། །འདི་ནི་ཤ་རིའི་བུ། །གཟུགས་སྟོང་ཉིད་དེ། །སྟོང་པ་ཉིད་ཀྱང་གཟུགས་སོ། །གཟུགས་དང་། སྟོང་པ་ཉིད་ཐ་དད་པ་ཡང་མ་ཡིན། །གཟུགས་དང་། ཡང་ཐ་མྱི་དད་དོ། །གག་གཟུགས་པ་དེ་སྟོང་པ་ཉིད། །གག་སྟོང་པ་ཉིད་དེ་གཟུགས་ཏེ། དེ་བཞིན་དུ་ཚོར་བ་དང་། །འདུ་བྱེད་དང་། །རྣམ་པར་ཤེས་པའོ། །དེ་ནི་ཤ་རིའི་བུ། ཆོས་ཐམས་ཅད་སྟོང་པ་ཉིད་ཀྱི་མཚན་མ་སྟེ། །མྱི་སྐྱེ་མྱི་འགོག་མྱི་གཙང་མྱི་བཙོག །མྱི་འཕེལ་མྱི་འབྲི། །དེ་ལྟ་བས་ན། ཤ་རིའི་བུ་སྟོང་པ་ཉིད་ལ་གཟུགས་ཀྱང་མྱེད། །ཚོར་བ་ཡང་མྱེད། འདུ་ཤེས་ཀྱང་མྱེད། འདུ་བྱེད་ཀྱང་མྱེད། རྣམ་པར་ཤེས་པ་ཀྱང་མྱེད། མྱི་གདང་རྣ་བ་དང་། སྣ་དང་། ལྗེ་དང་། ལུས་དང་། ཡིད་ཀྱང་མྱེད། ཁ་དོག་དང་། སྒྲ་དང་། དྲི་དང་། རོ་དང་རེག་དང་ཆོས་ཀྱང་མྱེད། མྱིག་གའི་ཁམས་ནས་ཡིད་ཀྱི་ཁམས་སུ་ཡང་མྱེད། །རིག་པ་ཡང་མྱེད། མ་རིག་པ་ཡང་མྱེད། རིག་པ་ཟད་པ་ཡང་མྱེད། མ་རིག་པ་ཟད་པ་ཡང་མྱེད། །རྒས་ཤིང་ཤི་བ་ཡང་མྱེད། །རྒས་ཤིང་ཤི་བ་ཟད་པ་ཡང་མྱེད། །སྡུག་བསྔལ་དང་། འདུས་པ་དང་། འགོག་པ་དང་། ལམ་ཡང་མྱེད། ཤེས་པ་ཡང་མྱེད། ཐོབ་པ་ཡང་མྱེད། མ་ཐོབ་པ་ཡང་མྱེད། བྱང་ཆུབ་སེམས་དཔའ་ཤེས་རབ་ཀྱི་ཕ་རོལ་ཏུ་ཕྱིན་པ་ལ་གནས་ཏེ། །སྤྱོད་པས། སེམས་སྤྱོད་པ་ཡང་མྱེད། སེམས་མྱི་སྤྱོད་པ་ཡང་མྱེད། དེ་ལྟར་མྱེད་པ་ལ་གནས་པས་ན། ལོག་པ་ལས་ཤིན་ཏུ་འདས་ཏེ། ཐུབ་པ་ནི། མྱ་ངན་ལས་འདས་པའོ། །དུས་གསུམ་དུ་རྣམ་པར་བཞུགས་པའི་སངས་རྒྱས་ཐམས་ཅད་ཀྱང་། ཤེས་རབ་ཀྱི་ཕ་རོལ་ཏུ་ཕྱིན་པ་ལ་གནས་ཏེ། །སྤྱོད་པས། བླ་ན་མྱེད་པ་གཡུང་དྲུང་དུ་རྫོགས་པའི་བྱང་ཆུབ་ཏུ་མངོན་པར་སངས་རྒྱས་སོ། །དེ་བས་ན་ཤེས་པར་བྱ་སྟེ། ཤེས་རབ་ཀྱི་ཕ་རོལ་ཏུ་ཕྱིན་པའི་ཆེན་པོའི་སྔགས། །རིག་པ་ཆེན་པོའི་སྔགས། །བླ་ན་མྱེད་པའི་སྔགས། །མཉམ་པ་དང་། མྱི་མཉམ་པའི་སྔགས། །སྡུག་བསྔལ་ཐམས་ཅད་རབ་དུ་ཞི་བའི་སྔགས། བདེན་ཏེ། མྱི་བརྫུན་པས་ན། ཤེས་རབ་ཀྱི་ཕ་རོལ་ཏུ་ཕྱིན་པའི་སྔགས། །སླས་སོ། །སྔགས་ལ་ཏད་ཐྱ་ཐའ་འགའ་ཏེ། །འགའ་ཏེ། ཕ་རའ་འགའ་ཏེ་ཕ་ར་སངས་འགའ་ཏེ། བྷོ་དེ་སྭ་ཧཱ། །འཕགས་པ་ཤེས་རབ་ཀྱི་ཕ་རོལ་ཏུ་ཕྱིན་པའི་སྙིང་པོ་རྫོགས་སོ། །དཔལ་གྱི་དང་ཚུལ་ཞུས། ཞེས་པ་ལྟ་བུའོ། །

གསུམ་པ། ཏུན་ཧོང་བོད་ཡིག་སྒྲ་འགྱུར་ཆོས་གཞུང་ཨང་རྟགས**P.T.448**པའི་ཚིག་དོན་བཀྲོལ་བ་ཤད།

ཏུན་ཧོང་ཤེར་སྙིང་ཨང་རྟགསP.T.448པ་དང་ཚིག་དོན་ཏ་ལམ་འདྲ་བའི་ཤེར་སྙིང་ཤོག་དྲིལ་ཆེས་མང་པོ་ཞིག་ཏུན་ཧོང་བོད་ཡིག་ཡིག་རྙིང་གཙུག་ལག་ཁྲིད་དུ་བཞུགས་པས། དེ་དག་དཔྱད་གཞིར་བཟུང་ནས་ཤེར་སྙིང་ཨང་རྟགསP.T.448གྱི་ཚིག་དོན་ཅུང་ཟད་བཀྲལ་ན། ཏུན་ཧོང་བོད་ཡིག་སྒྲ་འགྱུར་དེ་ཉིད་ལས"པྲ་ཛ་པ་ལ་འབྱི་ཏ་སིམ་ཀྱི།" ཞེས་པ་རྒྱ་ཡིག་གི"般若波罗蜜多心经。"ཞེས་པའི་སྒྲ་འགྱུར་ཏེ། དོན་ནི་ཤེས་རབ་ཀྱི་ཕ་རོལ་ཏུ་ཕྱིན་པའི་སྙིང་པོ[1]ཞེས་པ་དང་། དེ་བཞིན"ཀྭན་ཛི་ཛའི་བུ་སར།" ཞེས་པ"观自在菩萨。"ཞེས་པ་སྟེ། དོན་ནི"སྤྱན་རས་གཟིགས་ཀྱི་དབང་ཕྱུག་བྱང་ཆུབ་སེམས་དཔའས།"[2]ཞེས་པ། "ཧེའི་ཤིམ་པྲ་ཛ་པ་ལ་འབྱི་ཏ་ཤི་ཅེའུ་ཀྱིན།" ཞེས་པ"行深般若波罗蜜多时。照见"ཞེས་པ་སྟེ། དོན་ནི"ཤེས་རབ་ཀྱི་ཕ་རོལ་ཏུ་ཕྱིན་པ་ཟབ་མོ་སྤྱོད་པ་སྤྱོད་པའི་ཚེ། རྣམ་པར་བལྟས་ན། མཐོང་ངོ་། །"ཞེས་པ་དང་། "འགུ་ཡུན་ཀའི་ཁོང་དུ་ཀྱི་ཚེ།" ཞེས་པ"五蕴皆空。度一切"ཞེས་པ་

① མདོའི་མཚན་ཡོངས་ལ་ད་ལྟའི་དཔེ་མང་དག་ན་བཅོམ་ལྡན་འདས་མ་ཤེས་རབ་ཀྱི་ཕ་རོལ་ཏུ་ཕྱིན་པའི་སྙིང་པོ་ཞེས་བཀོད་ཡོད། དེ་ལྟར་ན་བཅོམ་ལྡན་འདས་ཞེས་པ་ནི་སངས་རྒྱས་ཀྱི་མཚན་གྱི་རྣམ་གྲངས་ཡིན་པ་གསལ་ཡང་། འདིར་ཤེར་ཕྱིན་ལ་དེའི་སྒྲས་བརྗོད་པ་དང་། མ་ཞེས་པས་ནི་སྟོང་ཕྱོགས་སྐྱེ་མེད་མཚོན་པས། ང་ཚོས་ཡུམ་དུ་འབོད་པའི་རྒྱུ་མཚན་ཡང་དེ་དང་གཅིག་ཡིན་ཏེ། དཔེར་ན་རྒྱལ་བ་རྣམས་ཤེར་ཕྱིན་ཉམས་སུ་བླངས་པར་བརྟེན་ནས་འཁྲུངས་པས་རྒྱལ་བའི་ཡུམ་ཞེས་པ་ཡིན་གྱི་བུད་མེད་ལ་ཡུམ་དུ་བོད་པ་ལྟ་བུ་མ་ཡིན་ནོ། ཤེས་རབ་ཀྱི་ཕ་རོལ་ཏུ་ཕྱིན་ཅེས་པ་ནི་འཁོར་བའི་རྒྱ་མཚོའི་ཕ་རོལ་ཏུ་ཕྱིན་པའི་དོན་ཡིན་ལ། དེ་ཡང་བྱེད་ཚིག་ལ་སྦྱར་བ་དང་། ལས་ཚིག་ལ་སྦྱར་བ་གཉིས་ཡོད་པའི་སྔ་མ་ལྟར་ན། ཕྱིན་པར་བྱེད་པའི་དོན་ཡིན་པས། སློབ་ལམ་ནའང་ཤེར་ཕྱིན་དངོས་ཡོད་ལ། ཕྱི་མའི་དབང་དུ་བྱས་ན་ཕྱིན་ཟིན་པའི་དོན་ཡིན་པས། སངས་རྒྱས་ཀྱི་སར་ཡོད་པ་དང་སྦྱར་དགོས་པར་གསུངས། བརྗོད་བྱ་དོན་གྱི་ཤེར་ཕྱིན་དངོས་ནི་སྟོང་ཉིད་རྟོགས་པའི་ཡེ་ཤེས་ཤིག་ལ་བྱེད་དགོས་པར་འདོད་དོ། "སྙིང་པོ"ཞེས་པ་ནི་ཤེར་ཕྱིན་གྱི་མདོ་རྒྱས་འབྲིང་བསྡུས་གསུམ་ལ་སོགས་པ་མང་དུ་བཞུགས་པ་རྣམས་ཀྱི་སྙིང་པོ་བསྡུས་ཏེ་ཕྱོགས་གཅིག་ཏུ་བྱས་ནས་སྟོན་པ་ལ་གོ་དགོས་སྙམ།

② འདི་དོན་ལྟར་བསྒྱུར་ན"བྱང་ཆུབ་སེམས་དཔའ་སྤྱན་རས་གཟིགས་ཀྱི་དབང་ཕྱུག"ཅེས་པ་སྟེ། དོན་ནི་སངས་རྒྱས་ཀྱི་བྱང་ཆུབ་དེ་ཉིད་བྱང་སེམས་རང་དོན་ལ་དམིགས་ནས་ཐོབ་པར་འདོད་པས་ན་བྱང་ཆུབ་སེམས་དཔའ་ཟེར་བ་དང་། དེ་བཞིན་གཞན་དོན་དུ་དམིགས་ནས་ཐོབ་པར་འདོད་པས་ན་སེམས་དཔའ་ཆེན་པོ་ཟེར་བ་ཡིན་ལ། རྒྱུད་ལྡའི་འགྲོ་བ་ལ་ཐུགས་རྗེས་དུས་རྟག་ཏུ་གཟིགས་པའི་རྒྱུ་མཚན་གྱིས་སྤྱན་རས་གཟིགས་དང་། ཆོས་ཀྱི་དབང་འབྱོར་བས་ན་དབང་ཕྱུག་གོ །

སྟེ། དོན་ནི་“ཕུང་པོ་ལྔ་པོ་དེ་དག་ངོ་བོ་ཉིད་ཀྱིས་སྟོང་པར་མཐོང་ངོ་། །ཐམས་ཅད་ལས་སྒྲོལ་”①ཞེས་པ་དང་། “ཁུ་ཨེག་ཤ་ལི་ཙི།” ཞེས་པ་“苦厄。舍利子。”ཞེས་པ་སྟེ། དོན་ནི་གོང་དུ་གླེང་མ་ཐག་པ་དང་སྦྱར་ན་“སྡུག་བསྔལ་ཐམས་ཅད་ལས་སྒྲོལ། འདི་ནི་ཤ་རིའི་བུ་”ཞེས་པ་དང་། “ཤག་པུ་ཡི་ཁུང”ཞེས་པ་“色不异空。”ཞེས་པ་སྟེ། དོན་ནི་གཟུགས་ལས་ཀྱང་སྟོང་ཉིད་གཞན་མ་ཡིན་ཞེས་པའམ། ཡང་ན་གཟུགས་དང་སྟོང་པ་ཉིད་ཐ་དད་པ་ཡང་མ་ཡིན། ཞེས་པ་དང་། “ཁུང་པུ་ཡི་ཤག་”ཅེས་པ་“空不异色。”ཞེས་པའི་སྒྲ་འགྱུར་སྟེ། དོན་ནི་སྟོང་པ་ཉིད་ལས་ཀྱང་གཟུགས་གཞན་མ་ཡིན་ཞེས་པའམ། ཡང་ན་སྟོང་པ་ཉིད་གཟུགས་དང་ཡང་ཐ་དད་མ་ཡིན། ཞེས་པ་དང་། “ཤག་ཙིག་ཞི་ཁུང་”ཞེས་པ་ནི་“色即是空。”ཞེས་པ་སྟེ། དོན་ནི་གཟུགས་སྟོང་པ་ཉིད་དེ་ཞེས་པའམ། ཡང་ན་གང་གཟུགས་པ་དེ་སྟོང་པ་ཉིད་ཡིན་ཞེས་པ་དང་། “ཁུང་ཙིག་ཞི་ཤག་”ཅེས་པ་ནི་“空即是色。”ཞེས་པ་སྟེ། དོན་ནི་སྟོང་པ་ཉིད་གཟུགས་སོ་ཞེས་པའམ། ཡང་ན་གང་སྟོང་པ་ཉིད་པ་དེ་གཟུགས་ཡིན་ཏེ།② ཞེས་པ་དང་། “ཞིའུ་ཟེ་ཧེའི་ཤིམ། ཡིག་ཕྱུག ཞི་ཞེ་ཤ་ལི་ཙི།” ཞེས་པ་ནི་“受想行识。亦复如是。舍利子。”ཞེས་པ་སྟེ། དོན་ནི་དེ་

① སྟོན་པ་དང་མཐུན་པར་འཕགས་པ་སྤྱན་རས་གཟིགས་དེ་ཉིད་ཀྱིས། ཤེས་རབ་ཀྱི་ཕ་རོལ་ཏུ་ཕྱིན་པ་ཟབ་མོའི་སྤྱོད་པ་ཉིད་ལ་ཤེས་རབ་ཀྱིས་རྣམ་པར་བལྟས་པ་ན། གཟུགས་ལ་སོགས་པའི་ཕུང་པོ་ལྔ་པོ་མ་ཟད། དེ་དག་གིས་མཚོན་པའི་ཆོས་ཐམས་ཅད་ཀྱང་། དོན་དམ་དཔྱོད་ཤེས་བྱེད་ཀྱི་རིགས་པས་བཏགས་དོན་མ་བཙལ་པར་ཐ་སྙད་དུ་འཇོག་ནུས་ནའང་། བཏགས་དོན་བཙལ་ན་རིགས་ཤེས་ཀྱི་དཔྱད་བཟོད་དུ་མ་གྲུབ་པའི་རྒྱུ་མཚན་གྱིས་རང་བཞིན་ནམ་ངོ་བོ་ཉིད་ཀྱིས་སྟོང་པར་ཤེས་རབ་ཀྱིས་རྣམ་པར་མཐོང་ཞེས་ལ། ཕྱིར་རྒྱལ་སྲས་ཀྱི་སྤྱོད་པ་ལ་ཕྱིན་དྲུག་ཡོད་ཀྱང་འདིར་ཟབ་མོ་རྟོགས་པའི་ཤེས་རབ་སྒོམ་པ་ལ་ཟབ་མོའི་སྤྱོད་པར་བཤད་པ་ཡིན་ནོ། །

② ཤེར་སྙིང་སྒྲ་འགྱུར་མ་འདིའི་ཟབ་མོ་བཞི་སྦྱོར་བྱེད་སྟངས་ཀྱི་གོ་རིམ་ནི་རང་རེའི་བཀའ་འགྱུར་ཁྲོད་དུ་བཞུགས་པའི་མདོར་གྲགས་པའི་ཤེར་སྙིང་ལས་བཤད་པའི་གོ་རིམ་དང་མི་གཅིག་མོད། འདིར་གོ་བདེ་བའི་ཆེད་དུ་ཡོངས་གྲགས་ལྟར་འགྲེལ་ན། མཁས་དབང་ཞང་སྟོན་བསྟན་པ་རྒྱ་མཚོའི་ལམ་གཙོའི་འགྲེལ་པ་ཚིག་དོན་གསལ་བ་ལས། འདི་དེ་དུས་ཀྱི་གདུལ་བྱ་ལ་དེ་ལས་ལྷག་པ་གསུང་མི་དགོས་པ་ལྟར་ཡོད་ཀྱང་། ད་ལྟའི་གདུལ་བྱས་དེ་ཙམ་གྱིས་གོ་མི་ཐུབ་པས་དགོངས་འགྲེལ་མཁན་པོ་རྣམས་ཀྱིས་བདེན་གཉིས་ངོ་བོ་གཅིག་པའི་དོན་དུ་གསུངས་ཀྱང་། དེ་ཡང་ཁ་རྒྱུག་ཙམ་དུ་སོང་པས་མཛུབ་ཁྲིད་བྱས་ན་གཟུགས་ཀྱི་ཚོགས་པ་དང་ཆ་ཤས་གང་གི་སྟེང་དུ་ཡང་རང་ངོས་ནས་གྲུབ་པ་ཞིག་མེད་པས་གཟུགས་སྟོང་པའོ་ཞེས་གསུངས། གང་ཡང་མ་གྲུབ་པ་དེ་ལ་འདི་གཟུགས་སོ་ཞེས་མིང་རྟོག་གིས་བཞག་པ་ན་རྟེན་འབྲེལ་གྱི་སྣང་བ་བསླུ་མེད་དུ་འགྲུབ་ཡོད་པས་སྟོང་པ་ཉིད་གཟུགས་སོ་ཞེས་གསུངས། དེ་ལྟར་སྣང་སྟོང་གཉིས་མིང་གི་སྒོ་ནས་ཐ་དད་དུ་འཆར་ཀྱང་། དོན་ལ་ངོ་བོ་དབྱེར་མེད་པས་ཚིག་ཕྱི་མ་གཉིས་གསུངས་པ་ཡིན་ནོ། ཞེས་གསུངས་པ་ལྟར་བྱས་ན་གོ་བདེ་སྙམ་མོ། །ཞང་སྟོན་བསྟན་པ་རྒྱ་མཚོའི་གསུང་འབུམ།(པོད་བཞི་པ) ཀན་སུའུ་མི་རིགས་དཔེ་སྐྲུན་ཁང་། 2004ལོ། ཤོག་ངོས་22

བཞིན་དུ་ཚོར་པ་དང་། འདུ་ཤེས་དང་། འདུ་བྱེད་དང་། རྣམ་པར་ཤེས་པ་རྣམས་སྟོང་པའོ། །ཤཱ་རིའི་བུ་ཞེས་པའམ། ཡང་ན་ཏུན་ཧོང་ཡིག་ཆ་ལྟར་ན། དེ་བཞིན་དུ་ཚོར་བ་དང་། འདུ་ཤེས་དང་།[①] འདུ་བྱེད་དང་། །རྣམ་པར་ཤེས་པའོ། །དེ་ནི་ཤ་རིའི་བུ་ཞེས་པའོ། །ལྟ་བུ་ཡིན།

"ཤི་ཅི་ཕབ་ཁུང་ཛོ།" ཞེས་པ་ནི"是诸法空相。"ཞེས་པ་སྟེ། དོན་ནི་དེ་ལྟ་བས་ན་ཆོས་ཐམས་ཅད་སྟོང་པ་ཉིད་དེ། མཚན་མ་མེད་པ། ཞེས་པའམ། ཡང་ན་ཏུན་ཧོང་ཡིག་ཆ་ལྟར་ན། ཆོས་ཐམས་ཅད་སྟོང་པ་ཉིད་ཀྱི་མཚན་མ་སྟེ། ཞེས་པ་ལྟར་བཤད་ཆོག་གོ །"པུ་ཤེའི་པུ་འབྱར།" ཞེས་པ་ནི"不生不灭。"ཞེས་པ་སྟེ། དོན་ནི་མ་སྐྱེས་པ། མ་འགགས་པ་ཞེས་པའམ། ཡང་ན་ཏུན་ཧོང་ཡིག་ཆ་ལྟར་ན། སྐྱེ་སྐྱེ་སྐྱེ་འགོག་ཅེས་པ་ལྟ་བུ་ཡིན་ཞིང་། "པུ་གིའུ་པུ་ཛེ།" ཞེས་པ་ནི"不垢不净。"ཞེས་པ་སྟེ། དོན་ནི་དྲི་མ་མེད་པ། དྲི་མ་དང་བྲལ་པ་མེད་པ་ཞེས་པའམ། ཡང་ན་ཏུན་ཧོང་ཡིག་ཆ་ལྟར་ན། སྐྱེ་གཙང་སྐྱེ་བརྩོག་ཅེས་པ་ལྟ་བུ། "པུ་ཙིང་པུ་གམ།" ཞེས་པ་ནི"不增不减。"ཞེས་པ་སྟེ། དོན་ནི་བྲི་བ་མེད་པ། གང་བ་མེད་པའོ། །ཞེས་པའམ། ཡང་ན་ཏུན་ཧོང་ཡིག་ཆ་ལས། སྐྱེ་འཕེལ་སྐྱེ་འབྲི་ཞེས་བྱུང་བས། དེ་གཉིས་དོན་སྙིང་ནས་མི་མཐུན་པ་མེད་དོ།[②] "ཤི་ཀུ་ཁུང་ཅུང་ཨུ་ཤག་ཨུ་ཞིའུ་ཛོ།" ཞེས་པ་ནི"是故空中。

---

① ཏུན་ཧོང་ཡིག་ཆ་ཨང་རྟགས P.T.468ནང་། "དེ་བཞིན་དུ་ཚོར་བ་དང་། །འདུ་བྱེད་དང་། །རྣམ་པར་ཤེས་པའོ། །"ཞེས་བཀོད་ཡོད་པས། དེའི་ནང་འདུ་ཤེས་ཞེས་པ་ཆད་འདུག ཡིན་ནའང་ཏུན་ཧོང་ཡིག་ཆ P.T.450ནང་དེ་ཉིད་ཆད་མེད་པས། ཏུན་ཧོང་གཙུག་ལག་ཁྲིད་ཀྱི་ཤེར་སྙིང་ལའང་འབྲི་བཤུས་མཁན་གྱི་དབང་གིས་ཚིག་དོན་གཉིས་ཐད་ནས་དག་མིན་སྣ་ཚོགས་མཐོང་རྒྱུ་ཡོད་དོ། །

② ༡ ཐར་ཕྱུང་པོ་ལྔ་རང་བཞིན་གྱིས་སྟོང་བར་བཤད་པ་དེ་བཞིན་དུ་སྐྱེ་མཆེད་དང་ཁམས་ཀྱི་ཆོས་ཚང་མའང་རང་བཞིན་གྱིས་སྟོང་པ་ཉིད་ཡིན་ལ། དེ་ཡང་རང་བཞིན་གྱིས་སྟོང་ཡང་ཆོས་དེ་རྣམས་སུ་སྣང་ངོ་། ཆོས་དེ་རྣམས་ལས་དེའི་རང་བཞིན་སྟོང་པ་ཉིད་ངོ་བོ་གཞན་མ་ཡིན། དེ་རྣམས་ཀྱི་རང་བཞིན་སྟོང་པ་ཉིད་ལས་ཆོས་དེ་རྣམས་ངོ་བོ་གཞན་མ་ཡིན་ནོ་ཞེས་སྦྱར་དགོས་ལ། དེས་ནི་རྣམ་པར་ཐར་པའི་སྒོ་སྟོང་པ་ཉིད་བསྟན་འདུག་གོ །༢ ཆོས་ཐམས་ཅད་རང་གི་མཚན་ཉིད་གཟུགས་སུ་རུང་བ་ལ་སོགས་པ་དང་། སྤྱིའི་མཚན་ཉིད་མི་རྟག་པ་དང་བདག་མེད་པ་ལ་སོགས་པ་རྣམས་ཀྱང་རང་གི་མཚན་ཉིད་ཀྱིས་གྲུབ་པ་མེད་པ་དང་། གཟུགས་སོགས་འདུས་བྱས་ཀྱི་ཆོས་རྣམས་ཐ་སྙད་ཙམ་དུ་སྐྱེ་ཡང་རང་བཞིན་གྱིས་མ་སྐྱེས་པ་དང་། དེ་རྣམས་སྐྱེས་མཐར་འགག་པ་ཡང་ཐ་སྙད་ཙམ་དུ་ཡིན་གྱི་རང་བཞིན་གྱིས་མ་འགགས་པ་དང་། ཐར་འདོད་ཀྱི་སྐྱེས་བུ་རྣམས་ཀྱི་སྤང་བྱའི་ཆ་དྲི་མ་འཁོར་བ་རྒྱུ་དང་བཅས་པ་རང་བཞིན་གྱིས་མེད་པ་ཡིན་ལ། བླང་བྱ་དྲི་མ་དང་བྲལ་བ་མྱ་ངན་ལས་འདས་པའི་ཐར་པ་ཡང་རང་བཞིན་གྱིས་མེད་དོ་ཞེས་པས་རྣམ་པར་ཐར་པའི་སྒོ་མཚན་མ་མེད་པ་བསྟན་ཡོད་དོ། ༣ ཀུན་ནས་ཉོན་མོངས་པའི་ཕྱོགས་བྲི་བ་སྟེ་ཟད་པར་འགྱུར་བ་རང་བཞིན་གྱིས་མེད་པ་དང་། རྣམ་པར་བྱང་བའི་ཕྱོགས་གང་བ་སྟེ་རྫོགས་པར་གྱུར་བའམ་གོང་འཕེལ་དུ་འགྲོ་བ་ཡང་རང་བཞིན་གྱིས་མེད་པའོ་ཞེས་པས་རྣམ་པར་ཐར་པའི་སྒོ་སྨོན་པ་མེད་པ་བསྟན་པ་བཅས། སྔོན་གྱི་མཁས་དབང་དམ་པས་བཞེད་འདུག་གོ །

无色。无受想”ཞེས་པ་སྟེ། དོན་ནི་དེ་ལྟ་བས་ན་སྟོང་པ་ཉིད་ལ་གཟུགས་མེད། ཚོར་བ་མེད། འདུ་ཤེས་མེད། ཅེས་པ་དང་། “ཧྭེའི་ཤིག་ལྷུ་འགན་ཞི་བྱི་ཞེར་ཤིན་ཡི།” ཞེས་པ་ནི་“行识。无眼耳鼻舌身意。”ཞེས་པ་སྟེ། དོན་ནི་འདུ་བྱེད་མེད། རྣམ་པར་ཤེས་པ་རྣམས་མེད། མིག་མེད། རྣ་བ་མེད། སྣ་མེད། ལྕེ་མེད། ལུས་མེད། ཡིད་མེད། ཅེས་པའོ། །“ལྷུ་ཤག་སེ་ཧོ་ཝི་ཚོག་ཕབ་ལྷུའགན་གེའི།” ཞེས་པ་ནི་“无色声香味触法。无眼界。”ཞེས་པ་སྟེ། དོན་ནི་གཟུགས་མེད། སྒྲ་མེད། དྲི་མེད། རོ་མེད། རེག་བྱ་མེད། ཆོས་མེད། མིག་གི་ཁམས་མེད་ཅེས་པ་དང་། “འདེའི་ཅི་ལྷུ་ཡི་ཤིག་གེའི”ཞེས་པ་ནི་“乃至无意识界。”ཞེས་པ་སྟེ། དོན་ནི་གོང་གི་མིག་གི་ཁམས་མེད་ཅེས་པར་མཐུད་དེ། མིག་གི་ཁམས་མེད་པ་ནས་ཡིད་ཀྱི་ཁམས་མེད། ཡིད་ཀྱི་རྣམ་པར་ཤེས་པའི་ཁམས་ཀྱི་བར་དུ་ཡང་མེད་དོ། ཅེས་པ།[①] “ལྷུ་ལྷུ་མྱི་ཡིག་ལྷུ་ལྷུ་མྱི་ཛིན།” ཞེས་པ་ནི་“无无明。亦无无明尽。”ཞེས་པ་སྟེ། དོན་ནི་མ་རིག་པ་མེད། མ་རིག་པ་ཟད་པའང་མེད་ཅེས་པའོ། “འདེའི་ཅི་ལྷུ་ལེའུ་ཟེ།” ཞེས་པ་ནི་“乃至无老死。”ཞེས་པ་སྟེ། དོན་ནི་གོང་གི་མ་རིག་པ་ཟད་པ་མེད་ཅེས་པར་མཐུད་དེ། མ་རིག་པ་ཟད་པ་མེད་པ་ནས་རྒ་ཤི་མེད་ཅེས་དང་། “ཡིག་བུ་ལེའུ་ཟེ་ཛིན།” ཞེས་པ་ནི་“亦无老死尽。”ཞེས་པ་སྟེ། དོན་ནི་རྒ་ཤི་ཟད་པའི་བར་དུ་ཡང་མེད་དོ། །[②]ཞེས་པའོ། །“ལྷུ་ཁུ་ཛིབ་འབྱུར་དེའུ།” ཞེས་པ་ནི་“无苦集灭道。”ཞེས་པ་སྟེ། དོན་ནི་དེ་བཞིན་དུ་སྡུག་བསྔལ་པ་དང་། ཀུན་འབྱུང་བ་དང་། འགོག་པ་དང་། ལམ་མེད་ཅེས་དང་། “ལྷུ་ཛི་ཡིག་བུ་ཏིག”ཅེས་པ་ནི་“无智亦无得。”ཞེས་པ་སྟེ། དོན་ནི་ཡེ་ཤེས་མེད། ཐོབ་པའང་མེད་ཅེས་པ། “ཡི་ལྷུ་ཞི་ཏིག་ཀུ།” ཞེས་པ་ནི་“以无所得故。”ཞེས་པ་སྟེ། དོན་ནི་མ་ཐོབ་པའང་མེད་ཅེས་པ། “ཕུ་ཏེ་ས་

---

① འདིར་ཕུང་པོ་ལྔ་དང་སྐྱེ་མཆེད་བཅུ་གཉིས་དང་ཁམས་བཅོ་བརྒྱད་རྣམས་སྟོང་ཉིད་ལ་ཆུ་ལ་ཆུ་བཞག་པ་ལྟར་དུ་གྱུར་པའི་མཉམ་བཞག་གི་གཟུགས་ངོར་མེད་པ་དང་། དེ་རྣམས་ཕྱིར་རང་བཞིན་གྱིས་མེད་པ་དང་། དོན་དམ་དཔྱོད་བྱེད་ཀྱི་རིགས་པའི་དཔྱད་བཟོད་དུ་མེད་པ་དང་། དེ་རྣམས་ཀྱི་ཐ་སྙད་བཏགས་དོན་བཙལ་ན་མི་རྙེད་པ་སྦྱར་ཡང་གནད་གཅིག་པར་གསུངས་སོ། །

② མ་རིག་པ་མེད་པ་ནས་རྒ་ཤི་མེད། རྒ་ཤི་ཟད་པའི་བར་དུ་ཡང་མེད་དོ་ཞེས་པས། གཟུགས་ངོ་དེར་རྟེན་འབྲེལ་ལུགས་འབྱུང་དང་ལུགས་ལྡོག་གི་གཉིས་སྣང་མེད་པ་བསྟན་པ་ཡིན་ཏེ། འདིའི་མ་རིག་པ་མེད་པ་ནས་ཞེས་པའི་“ནས”ནི་སྡུད་ཚིག་ཡིན་ལ། དེ་དང་རྒ་ཤི་མེད་པའི་བར་གྱིས་འདུ་བྱེད་དང་རྣམ་པར་ཤེས་པ་དང་མིང་དང་གཟུགས་དང་སྐྱེ་མཆེད་དང་རེག་པ་དང་ཚོར་བ་དང་སྲེད་པ་དང་ལེན་པ་དང་སྲིད་པ་དང་སྐྱེ་བ་དང་བཅས་པའི་ཉོན་མོངས་ཕྱོགས་ཀྱི་ཡན་ལག་བཅུ་གཉིས་བསྟན་པ་དང་། རྒ་ཤི་ཟད་པའི་བར་དུ་ཡང་མེད་དོ་ཞེས་པས་ཐ་མ་བསྟན་པ་དང་། བར་དུ་ཞེས་པས་དེས་མ་ཟད་མ་རིག་པ་ཟད་པ་དང་འདུ་བྱེད་ཟད་པ་དང་། དེ་བཞིན་དུ་སྐྱེ་བ་ཟད་པ་དང་། རྒ་ཤི་ཟད་པའི་བར་གྱི་རྣམ་བྱང་ཕྱོགས་ཀྱི་ཡན་ལག་བཅུ་གཉིས་ཀྱི་མངོན་ཞེན་གཟིགས་ངོ་དེ་ལྡོག་པར་བསྟན་ཡོད་དོ། །

ཏྭ།” ཞེས་པ་ནི་“菩提萨埵。”ཞེས་པ་སྟེ། དོན་ནི་དེ་ལྟ་བས་ན་བྱང་ཆུབ་སེམས་དཔའ་ཞེས་པའོ། །“ཨྱི་ཤུ་ཞ་ལ་འབྱི་ཏ་ཀུ།” ཞེས་པ་ནི་“依般若波罗蜜多故。”ཞེས་པ་སྟེ། དོན་ནི་ཤེས་རབ་ཀྱི་ཕ་རོལ་དུ་ཕྱིན་པ་ལ་བརྟེན་ཅིང་གནས་ཏེ་ཞེས་པ་དང་། “སིམ་ལྷུ་ཀྭ་འགེའི་ལྷུ་ཀྭ་འགེའི་ཀུ།” ཞེས་པ་ནི་“心无罣碍。无罣碍故。”ཞེས་པ་སྟེ། དོན་ནི་སེམས་ལ་སྒྲིབ་པ་མེད་ཅིང་ཞེས་པའམ། ཡང་ན་ཏུན་ཧོང་ཡིག་ཆའི་ནང་། སེམས་སྒྲོད་པ་ཡང་མྱེད། སེམས་གྱི་སྒྲོད་པ་ཡང་མྱེད། ཅེས་བསྒྱུར་འདུག “ལྷུ་ཡིའུ་ཁུང་བུ་ཡྭན་ལི་ཏེན་དེའི།” ཞེས་པ་ནི་“无有恐怖。远离颠到”ཞེས་པ་སྟེ། དོན་ནི་སྐྲག་པ་མེད་དེ། ཕྱིན་ཅི་ལོག་ལས་ཤིན་ཏུ་འདས་ནས། ཞེས་པའོ། །“མུང་ཟྭེ་ཀྱིའུ་ཀྱི།” ཞེས་པ་ནི་“梦想。究竟”ཞེས་པ་སྟེ། དོན་ནི་མྱ་ངན་ལས་འདས་པའི་མཐར་ཕྱིན་ཏོ། །ཞེས་པའོ། །“འདིར་པར་སམ་ཞི་ཅི་ཕུང་”ཞེས་པ་ནི་“涅槃。三世诸佛。”ཞེས་པ་སྟེ། དོན་ནི་དུས་གསུམ་དུ་མངོན་པར་བཞུགས་པའི་སངས་རྒྱས་ཐམས་ཅད་ཀྱང་ཞེས་པའོ། །“ཨྱི་ཤུ་ཞ་པ་ལ་འབྱི་ཏ་ཀུ”ཞེས་པ་ནི་“依般若波罗蜜多故。”ཞེས་པ་སྟེ། དོན་ནི་ཤེས་རབ་ཀྱི་ཕ་རོལ་ཏུ་ཕྱིན་པ་ལ་གནས་ཏེ་སྤྱོད་པས། ཞེས་པའོ། །“ཏིག་ཨན་ཏ་ལ་སམ་ཡག་སམ་བུ་ཏི།” ཞེས་པ་ནི་“得阿耨多罗三藐三菩提。”ཞེས་པ་སྟེ། དོན་ནི་བླ་ན་མེད་པ་ཡང་དག་པར་རྫོགས་པའི་བྱང་ཆུབ་ཏུ་མངོན་པར་རྫོགས་པར་སངས་རྒྱས་སོ། །①ཞེས་པ་དང་། “ཀུ་ཅི་ཤུ་ཞ་པ་ལ་འབྱི་ཏ་ཞི་དེའི་ཤེན་ཛིའུ།” ཞེས་པ་ནི་“故知般若波罗蜜多。是大神咒。”ཞེས་པ་སྟེ། དོན་ནི་དེ་ལྟ་བས་ན་ཤེས་རབ་ཀྱི་ཕ་རོལ་ཏུ་ཕྱིན་པའི་སྔགས་ཞེས་པའོ། །“ཞི་དེའི་མྱི་ཛིའུ།” ཞེས་པ་ནི་“是大明咒。”ཞེས་པ་སྟེ། དོན་ནི་རིག་པ་ཆེན་པོའི་སྔགས་ཞེས་པའོ། །“ཞི་ལྷུ་ཤོ་ཛིའུ།” ཞེས་པ་ནི་“是无上咒。”ཞེས་པ་སྟེ། དོན་ནི་བླ་ན་མེད་པའི་སྔགས་ཞེས་པའོ། །“ཞི་ལྷུ་དིང་དིང་ཛིའུ།” ཞེས་པ་ནི་“是无等等咒。”ཞེས་པ་སྟེ། དོན་ནི་མི་མཉམ་པ་དང་མཉམ་པར་བྱེད་པའི་སྔགས་ཞེས་དང་། “ནིང་ཛི་ཨྱི་ཚེ་ཀུ།” ཞེས་པ་ནི་“能除一切苦。”ཞེས་པ་སྟེ། དོན་ནི་སྡུག་བསྔལ་ཐམས་ཅད་རབ་ཏུ་ཞི་བར་བྱེད་པའི་སྔགས་ཞེས་པའོ། །“ཅིན་ཞིང་པུ་ཧི་ཀུ།” ཞེས་པ་ནི་“真实不虚。故”ཞེས་པ་སྟེ། དོན་ནི་མི་རྫུན་པས་ན་བདེན་པར་ཤེས་པར་བྱ་སྟེ་ཞེས་པའམ། ཡང་ན་

① འདིར་བླ་ན་མེད་པ་ཡང་དག་པར་རྫོགས་པའི་བྱང་ཆུབ་ཏུ་མངོན་པར་རྫོགས་པར་སངས་རྒྱས་སོ་ཞེས་པ་ནི་བཀའ་འགྱུར་དུ་བཞུགས་པ་ལྟར་བྱས་ལ། ཏུན་ཧོང་ཤེར་སྙིང་དོན་འགྱུར་མ། P.T.468དང་དེ་བཞིན་P.T.450སོགས་ན་“བླ་ན་མྱེད་པ་གཡུང་དྲུང་དུ་རྫོགས་པའི་བྱང་ཅུབ་དུ་མངོན་པར་སངས་རྒྱས་སོ”ཞེས་བསྒྱུར་འདུག་པས་ཡིག་རིས་ཀྱི་སྟེང་ནས་མུ་མཐུད་དུ་དཔྱད་རྒྱུ་ཡོད་པར་མངོན་ནོ། །

བདེན་ཏེ་མི་རྫུན་པས་ན་ཞེས་པའོ། །[1]"ཤྲར་པྲ་ཞ་པ་ལ་འབྱི་ཏ།" ཞེས་པ་ནི་"说般若波罗蜜多"ཞེས་པ་སྟེ། དོན་ནི་ཤེས་རབ་ཀྱི་ཕ་རོལ་ཏུ་ཕྱིན་པའི་ཞེས་པའོ། །"ཅིག་ཤྲར་ཛི་ཙུ་ཡུར།" ཞེས་པ་ནི་"咒。即说咒曰。"ཞེས་པ་སྟེ། དོན་ནི་སྔགས་སྨྲས་སོ། །སྔགས་ནི་འདི་ལྟ་སྟེ་ཞེས་པའོ། །"འག་ཏི་འག་ཏི།" ཞེས་པ་ནི་"揭帝揭帝。"ཞེས་པ་སྟེ། དོན་ནི་སོང་ཞིག་སོང་ཞིག་ཅེས་པ་དང་། "པ་ར་འག་ཏི"ཞེས་པ་ནི་"波罗揭帝。"ཞེས་པ་སྟེ། དོན་ནི་ཕ་རོལ་ཏུ་སོང་ཞིག་ཅེས་པའོ། །"པ་ར་སང་འག་ཏི་བུ་ཏི་སྭ་ཧཱ། །"ཞེས་པ་ནི་"波罗僧揭帝。菩提莎婆诃。"ཞེས་པ་སྟེ། དོན་ནི་ཕ་རོལ་ཏུ་ཡང་དག་པར་སོང་ཞིག བྱང་ཆུབ་ཏུ་གཞི་ཚུགས་ཞེས་པའོ། །[2]

བཞི་པ། ཏུན་ཧོང་བོད་ཡིག་ཆོས་གཞུང་ཤེར་སྙིང་སྒྲ་འགྱུར་མའི་ཡིག་དོན་སྒྱུར་ཐབས་བཤད་པ།

ཤེས་རབ་ཀྱི་ཕ་རོལ་ཏུ་ཕྱིན་པའི་སྙིང་པོ་སྒྲ་འགྱུར་མ་འདིའི་རྒྱ་ཡིག་གི་མ་ཕྱི་ཡིན་པར་ཆ་འཛོག་བྱས་པའི་ཞྭན་ཙང་གི་འགྱུར་ལ་ཡི་གེ268ཡོད་པ་དང་། སྒྲ་འགྱུར་བོད་ཡིག་མར་ཡི་གེ་ཚེག་བར་

① ཤེར་ཕྱིན་ནི་དུས་གསུམ་གྱི་རྒྱལ་བ་ཐམས་ཅད་ཀྱིས་ཀྱང་བསླབ་པའི་གཞི་ཡིན་པའི་ཕྱིར་དང་དེར་བརྟེན་ནས་འཁོར་བའི་རྒྱ་མཚོའི་ཕ་རོལ་ཏུ་ཕྱིན་པར་བྱེད་པ་དེ་ལྟ་བས་ན། ལམ་དེ་ནི་ཤེས་རབ་ཀྱི་ཕ་རོལ་ཏུ་ཕྱིན་པའི་སྔགས་ཡིན་ཞེས་ལ། དེ་བཞིན་དུ་དེས་ཀྱང་མ་རིག་པ་སོགས་ཉོན་མོངས་པ་ཐམས་ཅད་འཇོམས་པས་ན་རིག་པ་ཆེན་པོའི་སྔགས་དང་། དེ་ལས་ལྷག་པའི་ཐར་པར་བགྲོད་པའི་ལམ་མེད་པས་ན་བླ་ན་མེད་པའི་སྔགས་དང་། མཉམ་པ་མེད་པའི་སངས་རྒྱས་དང་མཉམ་པས་ན་མི་མཉམ་པ་དང་མཉམ་པའི་སྔགས་དང་། སྡུག་བསྔལ་རྒྱུ་དང་བཅས་པ་ཐམས་ཅད་དྲུང་ནས་ཞི་བར་བྱེད་ནུས་པས་ན་སྡུག་བསྔལ་ཐམས་ཅད་རབ་ཏུ་ཞི་བར་བྱེད་པའི་སྔགས་ཞེས་པ་ལྟ་བུའོ། །

② སྤྱིར་ཤེར་ཕྱིན་དངོས་ནང་དོན་དང་སྔགས་སུ་མི་འགལ་བར་གསུངས་མོད། འདིའི་ཤེར་སྙིང་གི་སྔགས་དག་ནི་མདོ་སྔགས་གཉིས་སུ་ཕྱེ་བའི་སྔགས་མ་ཡིན་ཏེ། འདིའི་སྔགས་ཚིག་ཀྱང་མདོ་ཕྱོགས་ཀྱི་སྔགས་ཚིག་ཡིན་གྱི་རྒྱུད་བཞིར་གཏོགས་པའི་སྔགས་མ་ཡིན་པས་ཁྱད་པར་ཤེས་དགོས་པ་དམ་པ་གོང་མ་ནས་གསུངས། དེས་ན་གོང་གི་སྔགས་ཚིག་གི་དོན་རྣམས་ཙུང་ཟད་བཀྲལ་ན། ཏུན་ཧོང་ཡིག་རྙིང་འདིར་འག་ཏི་འག་ཏི།（揭帝揭帝。）པ་ར་འག་ཏི།（波罗揭帝）པ་ར་སང་འག་ཏི་བུ་ཏི་སྭ་ཧཱ། །（波罗僧揭帝。菩提莎婆诃。）ཞེས་རྒྱ་ནག་ཤེར་སྙིང་སྔགས་ཚིག་གི་སྒྲ་ཕབ་ཡོད། འོན་ཏེ་རང་རེའི་སྔར་གྱི་བཀའ་འགྱུར་དུ་བཞུགས་པའི་ལེགས་སྦྱར་སྐད་ཀྱི་སྒྲ་བོད་སྐད་དུ་འགྱུར་བ་དང་ཡིག་རིས་ཙུང་མི་འདྲ་ས་ཡོད་མོད། དོན་སྙིང་ནས་གོང་དུ་སོང་བ་ལྟར་ཁྱད་པར་ཆེར་མེད་པས། སོང་ཤིག་སོང་ཤིག་ཅེས་པའི་སོང་ཤིག་སྔ་མ་ནི་ལམ་ལྔའི་ནང་གི་ཚོགས་ལམ་དང་། ཕྱི་མ་ནི་སྦྱོར་ལམ་སྟེ་དེར་སོང་ཤིག་ཅེས་པའི་དོན་དང་། ཕ་རོལ་ཏུ་སོང་ཤིག་ཅེས་པ་ནི་དེའི་ཕ་རོལ་མཐོང་ལམ་དུ་སོང་ཤིག་ཅེས་པའི་དོན་དང་། ཕ་རོལ་ཏུ་ཡང་དག་པར་སོང་ཤིག་ཅེས་པ་ནི་དེའི་ཕ་རོལ་སྒོམ་ལམ་དུ་ཡང་དག་པར་སོང་ཤིག་ཅེས་ལ། བྱང་ཆུབ་ཏུ་གཞི་ཚུགས་ཞེས་པ་ནི་བྱང་ཆུབ་ཆེན་པོ་སངས་རྒྱས་ཀྱི་སར་སོང་ཤིག་ཅེས་པའི་དོན་ཡིན་ཚུལ་མཁས་པ་ཕལ་མོ་ཆེས་འདོད་དོ། །

264ཡོད། འདིའི་སྟེང་ནས་གཞིགས་ན་རྒྱ་བོད་ཆོས་གཞུང་པན་ཚུན་སྒྲ་འགྱུར་གྱི་སྲོལ་སྔ་མོ་ཞིག་ནས་དར་ཡོད་པ་རྟོགས་ནུས་པ་མ་ཟད། སྒྲ་འགྱུར་གྱི་ཚད་གཞི་ཡང་གང་བྱུང་གང་འདོད་མ་ཡིན་པར་ངེས་སྲོལ་ཅན་དུ་ཆགས་ཡོད་པ་གསལ་པོར་ཤེས་ཐུབ་སྟེ། དཔེར་ན་སྒྲ་འགྱུར་མ་རང་ལས་རྒྱ་ཡིག“道”ཞེས་པ་ལ“དའོ”དང་། “到”ཞེས་པ་ལ“དའི”དང་། “得”ཞེས་པ་ལ“ཏིག”དང་། “多”ཞེས་པ་ལ“ཏ”དང་། “帝”ཞེས་པ་ལ“ཏི”དང་། “色”ཞེས་པ་ལ“ཤག”དང་། “等”ཞེས་པ་ལ“དིང”ལྟ་བུར་བསྒྱུར་འདུག་པ་དེ་དག་ལ་བལྟས་ན། རྒྱ་ཡིག་སྒྲ་གདངས་ཐག་ཉེ་བ་དག་སྒྱུར་དུས་བོད་ཡིག་སྒྲ་གདངས་ཀྱི་སྟེང་ནས་ཁྱད་པར་གསལ་པོར་ཕྱེ་ཡོད་པ་དང་། ཡང་དཔེར་ན“一”ཞེས་པ“ཨྱི”ཞེས་པར་བསྒྱུར་ཡོད་པ་དེ་ལས་དུས་རབས་དགུ་པ་ནས་སྒྲ་སྒྱུར་སྐབས་བོད་ཡིག་རང་དུ་མེད་པའི་སྦྱོར་ཚུལ་གསར་པ་སྣོན་སྲོལ་དར་ཡོད་པ་ཤེས་ནུས་པ་དང་། ཡང་དཔེར་ན“鼻”ཞེས་པ“བྱི”ཞེས་པར་བསྒྱུར་ཡོད་པས། འདིའི་བོད་སྐད་ཀྱི“བྱི”ཞེས་པ་ཀློག་དུས་ད་ལྟའི་ཀློག་ཚུལ་ལྟར་བྱས་ན་མི་སྦྱོར་བས། ངེས་པར་ལེགས་སྦྱར་གྱི་སྒྲའི་ཀློག་སྟངས་ལྟར“བ་ཡི”ལྟ་བུའི་སྒྲ་གདངས་ཐོན་པར་བྱས་ན། ད་གཟོད་རྒྱ་སྐད་ཀྱི“鼻”ཞེས་པའི་གདངས་དང་ཐག་ཉེ་བ་ཤེས་ནུས། ཕྱོགས་གཞན་ཞིག་ནས་སྔོན་བོད་སྐད་ཀྱི“བྱི”ཞེས་པ་ལྟ་བུའང་ད་ལྟའི་ཀློག་ཚུལ་ལྟར་མེད་པའང་ཤུགས་ནས་རྟོགས་ཐུབ།

ཡང་དཔེར་ན“灭”ཞེས་པ“འབྱར”དང་། “若”ཞེས་པ“ཞ”དང་། “蜜”ཞེས་པ“འབྱི”དང་། “想”ཞེས་པ“ཟོ”དང་། “佛”ཞེས་པ“ཕུང”དང་། “所”ཞེས་པ“ཞི”ལྟ་བུར་བསྒྱུར་འདུག་པར་གཞིགས་ན། རྒྱ་ཡིག་གི་ད་ལྟའི་ཀློག་ཚུལ་གཞིར་བྱས་ན་བོད་ཡིག་གི་སྒྲ་གདངས་དང་རྒྱ་ཡིག་གི་སྒྲ་གདངས་གཉིས་དབར་ཧེ་བག་ཆེན་པོ་ཡོད་པས། དེའི་སྟེང་ནས་རྒྱ་ཡིག་གི་སྔོན་ཆད་ཀྱི་ཀློག་ཚུལ་ཇི་འདྲ་ཡིན་པ་བདེན་དཔང་བྱེད་ནུས་པ་དང་། ཡང་དཔེར་ན“揭帝揭帝”ཞེས་པ“འག་ཏི་འག་ཏི”སྟེ་སྔགས་ཀྱི་ག་ཏེ་ག་ཏེ་ཞེས་པ་བོད་སྐད་དུ་སྒྲ་གདངས་བསྒྱུར་པ་ཡིན་ཞིང་། དེ་ལྟར་ན་ད་ལྟའི་བརྡ་སྤྲོད་ལྟར་ན་ངེས་པར་དུ“འགའ་ཏི་འགའ་ཏི”ཞེས་རྗེས་འཇུག“འ”འཇོག་དགོས་མོད། ཆོས་གཞུང་སྒྲ་འགྱུར་མ་འདིར་རྗེས་འཇུག“འ”བསྐྱུངས་ཡོད། འདི་ལྟ་བུའི་ཁྱད་ཆོས་ནི་སྤྱི་ལོ823ལོར་བཞེངས་པའི་དཔོན་ཞང་མཐུན་འབྲེལ་རྡོ་རིང་ནུབ་ངོས་གཡོན་གྱི་ཐིག་ཕྲེང་63པར“གཟའ་སྐར”ལ“གཟ་སྐར”དང་། དེ་བཞིན་དེའི་ཤར་ངོས་ཀྱི་ཐིག་ཕྲེང་37པར“མཐའ་བཞི”ལ“མཐ་བཞི”ཞེས་རྗེས་འཇུག“འ”ཡིག་བསྐྱུངས་འདུག་པ་ལྟ་བུ་མཐོང་ཐུབ་པས། ཡིག་རྙིང་གཉིས་ཀ་མ་གྲོས་རང་མཐུན་དུ་གྱུར་འདུག་གོ །

མཇུག་བསྡུ་བའི་གཏམ།

ཤེ་ས་རབ་ཀྱི་ཕ་རོལ་ཏུ་ཕྱིན་པའི་སྙིང་པོ་འདི་ནི་གོང་དུ་གླེང་ཟིན་པ་ལྟར་བོད་ཁ་བ་ཅན་གྱི་ལྗོངས་སུ་གནའ་སྔ་མོ་ནས་དར་ཁྱབ་ཆེས་ཆེ་བའི་ནང་གཞུང་གལ་ཆེན་ཞིག་ཡིན་པས། ཏུན་ཧོང་བོད་ཡིག་གཙུག་ལག་གི་ཁྲོད་ན་གཞུང་འདིའི་སྐོར་ཚན་གྲངས་ཆེས་མང་པོ་བཞུགས་པ་དང་། སྐབས་བབ་ཀྱི་གླེང་བྱ་ཤེར་སྙིང་སྒྲ་འགྱུར་མ་འདིའང་དེ་འདྲའི་སྒྲི་ཚོགས་ཁོར་ཡུག་གཞིར་བྱས་ནས་བྱུང་བ་ཞིག་ཡིན་པ་ནི་བཤད་མི་དགོས། ཡིན་ནའང་། སྒྲ་སྒྱུར་དེ་འདྲ་གནང་བའི་དགོས་པ་ནི་རྒྱ་ཡིག་མི་ཤེས་ཀྱང་རྒྱ་སྐད་ཀྱི་ལམ་ནས་ཀློག་འདོན་ལ་མོས་པའི་དད་ལྡན་དག་གི་ཆེད་དུ་དམིགས་པའམ། ཡང་ན་དེ་འདྲའི་གང་ཟག་གི་འདོད་མོས་ལྟར་དགེ་བསྔོའི་ཆེད་དུ་བྲིས་པ་ཞིག་ཡིན་སྙམ། འགྱུར་ཡིག་རང་ཐད་ནས་གཞིགས་ན་དེ་ནི་གནའ་བོའི་རྒྱ་བོད་ཀྱི་སྐད་གདངས་ལ་ཞིབ་འཇུག་བྱེད་པའི་དཔྱད་ཡིག་གལ་ཆེན་ཞིག་དང་། ལྷག་པར་དུ་ཏུན་ཧོང་ནས་རྙེད་པའི་ཡིག་རྙིང་གྲས་ཤིག་ཡིན་ཕྱིན། དེའི་ཁྲོད་དུ་གུག་གུ་ཕྱིར་ལོག་གི་གྲངས་ངེས་ཅན་ཞིག་ངེས་པར་ཡོད་པར་འདོད་པའི་ལྟ་ཚུལ་དེ་འགྱུར་ཡིག་འདིས་བཟློག་ནུས་པ་དང་། སྒྱུར་ཐབས་ཀྱི་ཕྱོགས་ནས་ཀྱང་དུས་རབས་དགུ་པའི་དཀྱིལ་སྟོད་ནས་བོད་རང་ལ་སྒྲ་སྒྱུར་གྱི་ངེས་སྲོལ་བརྟན་པོ་ཞིག་ཆགས་ཡོད་པའང་འགྱུར་ཡིག་འདིའི་སྟེང་ནས་རྟོགས་ནུས་སོ། །

《བོད་ལྗོངས་ཞིབ་འཇུག་》2011ལོའི་དེབ་གསུམ་པ་ལས་བདམས།

༄། །ཏུན་ཧོང་ཚད་མ་རིག་པའི་ཡིག་ཚགས་ཨངP.T.0123ལས་《རིགས་ཐིགས་རྩ་འགྲེལ་》སྐོར་གྱི་ཐོག་མའི་དཔྱད་པ།

ཀརྨ་འབུམ།

[ནང་དོན་གནད་བསྡུས།] རྩོམ་འདིར་ཏུན་ཧོང་རྒྱ་ཡིག་གི་གཏན་ཚིགས་རིག་པའི་ཞིབ་འཇུག་གནས་བབ་ངོ་སྤྲོད་དང་བཅས། བོད་ཡིག་གི་ཚད་མའི་བསྟན་བཅོས་ཨངP.T.0123པ་མཚམས་སྦྱོར་དང་དཔྱད་ཞིབ་བགྱིས་ཏེ། ཡིག་ཚགས་དེ་ནི་བསྟན་བཅོས་ཁ་མི་ཚང་བ་བཞི་ལས་གྲུབ་ཅིང་། བསྟན་བཅོས་དེ་དག་གི་རྩོམ་པ་པོ་དང་བསྒྱུར་ཅིང་ཞུས་ཏེ་གཏན་ལ་ཕབ་མཁན་དག་སུ་ཡིན་པ་བཅས་པའི་སྐོར་གསལ་པོར་བཀོད་ཡོད། ཏུན་ཧོང་གི་《རིགས་ཐིགས་》ནི་སྤྱི་ལོ་1312ལོའི་རྗེས་སུ་བྱུང་བའི་ལྷ་ཚུལ་སོགས་བརྗོད་ཡོད་པ་ཞིག་ཡིན།

[གནད་ཚིག] ཏུན་ཧོང་ཚད་མའི་བསྟན་བཅོས། P.T.0123རིགས་ཐིགས། རིགས་པའི་ཐིགས་པའི་རྒྱ་ཆེར་འགྲེལ་པ།

དང་པོ། ཏུན་ཧོང་གཏན་ཚིགས་རིག་པའི་བསྟན་བཅོས་ཀྱི་ཞིབ་འཇུག་གནས་བབ།

ཏུན་ཧོང་གཏན་ཚིགས་རིག་པའི་བསྟན་བཅོས་ལ་རྒྱ་ཡིག་དང་བོད་ཡིག་གཉིས་སུ་ཡོད་ཅིང་། རྒྱའི་བསྟན་བཅོས་ལ། སི་ཐན་ཡིན་གྱིས་བསྡུ་རུབ་མཛད་པའི་ཡིག་ཚགས་ཨང་2437པར། ཁྲུན་གེས་མཛད་པའི་《རིགས་པ་ལ་འཇུག་པའི་འགྲེལ་པ་》ལ་ཐིག་ཕྲེང་172ཡོད་པ་དང་། པོ་ཞི་ཧྲའི་ནས་བསྡུ་རུབ་མཛད་པའི་ཡིག་ཚགས་ཨང་2063པར། ཅིན་ཡན་གྱིས་མཛད་པའི་《རིགས་པ་ལ་འཇུག་པའི་རགས་བཤུས་》ལ་ཐིག་ཕྲེང་446ཡོད། དེའི་མཇུག་མཐུད་དེ་《རིགས་པ་ལ་འཇུག་པའི་ཡང་འགྲེལ་》ཡོད་ཅིང་། དེར་ཐིག་ཕྲེང་508ཡོད། གཞན་པོ་ཞི་ཧྲའི་ནས་བསྡུ་རུབ་མཛད་པའི་ཡིག་ཚགས་ཨང་3024པར། རྩོམ་པ་པོ་སུ་ཡིན་གསལ་ཁ་མེད་པའི་《གཏན་ཚིགས་ལྟར་སྣང་སོ་གསུམ་མ་》ཞེས་པ་ཐིག་ཕྲེང་74ཡི་བདག་ཉིད་ཅན་བཅས་ཡོད་ལ། ཉི་ཧོང་གི་མཁས་པ་ཨོ་ཡེ་ཧྲང་པང་གིས་གོང་གི་བསྟན་བཅོས་སུམ་ཆར་ཞིབ་འཇུག་བགྱིས་ཏེ་ཉི་ཧོང་རྒྱལ་ནང་གི་དུས་དེབ་ཏུ་བརྗོད་ཅིང་། དེ་ལས་《གཏན་ཚིགས་ལྟར་སྣང་སོ་གསུམ་མ་》ཡི་ཡིག་གཟུགས་དང་ཤོག་བུའི་རྒྱུ་ཆར་གཞིགས་ནས་དེ་ནི་བོད་བཙན་པོས་ཏུན་ཧོང་ལ་དབང་སྒྱུར་བའི་སྐབས་(781ནས་847བར་)ཀྱི་ཡིན་པའི་བཞེད་པ་ཞིག་ཀྱང་བརྗོད་

ཡོད།[①] ཕྱིས་སུ་སྐུ་ཉིད་ཀྱི་བརྩམས་ཆོས་《གཏན་ཚིགས་རིག་པའི་བྱུང་བ་དང་འཕེལ་རྒྱས་》ཞེས་པར་རྒྱ་གར་དང་། རྒྱ་ནག ཉི་ཧོང་བཅས་ཀྱི་གཏན་ཚིགས་རིག་པའི་ཞིབ་འཇུག་གི་ལོ་རྒྱུས་ལེའུ་གཅིག་དང་། གོང་བཀོད་ཏུན་ཧོང་གཏེར་ཡིག་ལས་བྱུང་བའི་གཏན་ཚིགས་རིག་པའི་བསྟན་བཅོས་གསུམ་གྱི་མ་ཡིག་བརྙན་ཤོག་བཅས་དང་། འགྲེལ་པ་ཞིབ་འཇུག་གཉིས་གཅིག་ཏུ་སྡོམས་བགྱིས་པའི་དཔྱད་རྩོམ་གསུམ་ལེའུ་གཅིག་ཏུ་བསྡུས་ཏེ་བཀོད་ཡོད་ལ། དེབ་འདི་གཡང་ཅན་ཕིན་དང་། ཞའོ་ཕིན་གཉིས་ཀྱིས་རྒྱ་ཡིག་ཏུ་བསྒྱུར་ཏེ་2008ལོར་ཀྲུང་ཧྭ་དཔེ་མཛོད་དཔེ་སྐྲུན་ཁང་གིས་པར་དུ་བསྐྲུན་ཡོད། གསལ་བཤད་ཞུ་དགོས་པ་ཞིག་ལ་ཁོང་རྣམ་གཉིས་ཀྱི་རྒྱ་འགྱུར་ལ་ཏུན་ཧོང་ཡིག་རྙིང་གི་མ་ཡིག་བརྙན་ཤོག་ཏུ་བཀོད་པ་དེ་མི་འདུག 2002ལོ་ནས་ནང་སའི་སློབ་དཔོན་ཆེན་མོ་ཧྲིན་ཅན་དབྱིན་གྱིས་ཨོ་ཡེ་ཧྲང་པང་ལགས་ཀྱི་ཞིབ་འཇུག་གི་རྨང་གཞིའི་སྟེང་། ཡང་བསྐྱར་ཏུན་ཧོང་ནས་བྱུང་བའི་རྒྱ་ཡིག་གི་གཏན་ཚིགས་རིག་པའི་སྐོར་ལ་ཞིབ་འཇུག་མཛད་དེ་2008ལོར་《ཏུན་ཧོང་གཏན་ཚིགས་རིག་པའི་ཡིག་ཚགས་ཞིབ་འཇུག་》ཅེས་པའི་དེབ་ཅིག་བརྩོན་ཡོད། དེབ་འདིར་གོང་དུ་ཞུས་ཟིན་པའི་རྩོམ་པ་པོ་གསལ་ཁ་མེད་པའི་《གཏན་ཚིགས་ལྟར་སྣང་སོ་གསུམ་མ་》ཞེས་པ་སྨུད་གཞན་ཏུན་ཧོང་ནས་བྱུང་བའི་བསྟན་བཅོས་གསུམ་གར་ཞིབ་འཇུག་བགྱིས་ཡོད། ཏུན་ཧོང་ནས་བྱུང་བའི་རྒྱ་ཡིག་གི་ཡིག་ཚགས་སུ་རྒྱའི་མཁས་པ་ཚོའི་བཤད་རྒྱུན་ལ་གྲགས་པའི་རྒྱ་ནག་ཏུ་འགྱུར་སྒྱུར་བའི་ཚད་མ་ཀུན་བཏུས་གཙོ་བྱས་པའི་རྒྱ་གཞུང་བསྟན་བཅོས་ཅི་ཡང་མི་འདུག་མོད། རྒྱ་ནག་རང་གི་མཁས་པ་གཉིས་ཀྱིས་མཛད་པའི་《རིགས་པ་ལ་འཇུག་པའི་》ཐད་ཀྱི་འགྲེལ་པའམ་ཡང་འགྲེལ་གྱི་བསྟན་བཅོས་ཡོད་ཅིང་། སྔོས་སུ་ཅིན་ཡན་གྱི་གསུང་རྩོམ་ཅི་ཡོད་ལོ་རྒྱུས་ཀྱི་འབྱུང་བར་འཐིམ་སྡེ་ད་ལྟ་དཔེ་རྒྱུན་ཆད་པའི་ཕྱིར་ན། ཏུན་ཧོང་ནས་བྱུང་བའི་ཁོང་གི་འགྲེལ་པ་གཉིས་ཀ་ཤིན་ཏུ་གལ་ཆེན་པོ་ཆགས་ཡོད། བོད་ཡིག་གི་ཏུན་ཧོང་ནས་ཐོན་པའི་ཚད་མའི་བསྟན་བཅོས་ལ་ད་ལྟའི་བར་དུ་གཞན་གྱིས་ཞིབ་འཇུག་བགྱིས་པ་གྲུས་པའི་མཐོང་ཐོས་ཀྱི་ཡུལ་དུ་མ་གྱུར།

གཉིས་པ། ཏུན་ཧོང་ཚད་མའི་བསྟན་བཅོས་ཡིག་ཚགས་ཨང་P.T.0123གྱི་ངོ་སྤྲོད་མདོར་བསྡུས།

སྤྱིར་ཏུན་ཧོང་གཏེར་ཡིག་ལས་བོད་ཡིག་གི་ཡིག་ཚགས་ཅི་ཡོད་ད་ཆ་ད་དུང་ཡོངས་སུ་ཀུན་གྱི་

① ཨོ་ཡེ་ཧྲང་པང་གིས་མཛད། གཡང་ཅིན་ཕིན་སོགས་ཀྱིས་བསྒྱུར། གཏན་ཚིགས་རིག་པའི་བྱུང་བ་དང་འཕེལ་རྒྱས། ཀྲུང་ཧྭ་དཔེ་མཛོད་དཔེ་སྐྲུན་ཁང་། 2008ལོ། ཤོག་ངོས་296

སྨྱུན་སྤྱར་བཀྲམས་མི་འདུག་པས། སྤྱིའི་ཆ་ནས་གླེང་དཀའ་ནའང་། ད་སྔ་པར་དུ་བཀོད་ཟིན་པའི་ཡིག་ཚགས་དག་ལས། ཧྥ་རན་སིའི་རྒྱལ་གཉེར་དཔེ་མཛོད་ཁང་དུ་ཉར་བའི་ཏུན་ཧོང་གི་བོད་ཡིག་བསྟན་བཅོས་ཀྱི་གྲས་སུ་ཚད་མ་རིག་པའི་སྐོར་གྱི་བསྟན་བཅོས་འདུག་ཅིང་། དེ་ནི་པོ་ཞི་ཧྲའི་ནས་བསྡུ་རུབ་བྱས་པའི་ཡིག་ཚགས་ཨང་P.T.0123ཡིན་ལ། ཉེ་ལམ་ནུབ་བྱང་མི་རིགས་སློབ་ཆེན་དང་། ཧྲང་ཧེ་གནའ་དཔེ་དཔེ་སྐྲུན་ཁང་། ཧྥ་རན་སིའི་རྒྱལ་གཉེར་དཔེ་མཛོད་ཁང་བཅས་ཀྱིས་མཉམ་དུ་བསྒྲུབས་ཤིང་བརྟན་ཤོག་ཏུ་བྱས་ཏེ་2007ལོའི་ཟླ་7པར་ཧྲང་ཧེ་དེ་གའི་དཔེ་སྐྲུན་ཁང་ནས་པར་དུ་བཏབ་པའི་《ཧྥ་རན་སིའི་རྒྱལ་གཉེར་དཔེ་མཛོད་ཁང་དུ་ཉར་བའི་བོད་ཡིག་ཡིག་ཚགས་》ཞེས་པའི་དེབ་ཕྲེང་གསུམ་པའི་ཤོག་ངོས་304ནས་314བར་འཁོད་ཡོད། འདིའི་མ་ཡིག་ལ་མཇལ་བའི་བསྐལ་བ་ད་སྔ་གྲུས་པར་མ་བྱུང་བས། རྩོམ་འདི་ནི་གོང་བཀོད་དཔེ་ཚོགས་ཀྱི་དེབ་གསུམ་པ་སྟེ། པར་རིས་བརྙན་ཤེལ་པར་སློག་བརྒྱབ་པ་ལ་རྟེན་བཅས་ཏེ་ཞིབ་འཇུག་བྱས་པ་ཡིན། པར་སློག་དེབ་ཀྱི་ཤོག་ངོས་1གི་སྟེང་བོད་དཔེ་ལྡེབ་མ་1དང་ཕྱེད་ཀ་སྟེ་ངོས་3རེ་དཔར་ཡོད་ཅིང་། འོག་ཏུ་བོད་དཔེའི་ལྡེབ་ངོས་གཞིར་བྱས་ཏེ་ངོ་སྤྲོད་ཞུ་རྒྱུ་ཡིན། ཐམས་ཅད་ཤོག་ངོས་ཀྱི་དཀྱིལ་དུ་ཨི་ཁུང་ཆུང་ངུ་དང་མཐའ་ནས་སྐོར་མོ་ཆེ་བ་ཡོད་པའི་རིགས་རྐྱང་རེད་ལ། སྐོར་མོའི་དབྱིབས་དེའི་གཡས་གཡོན་དུ་ཡིག་འབྲུ་གཏོར་ནས་བྲིས་པ་དཔེར་ན། དང་ལྡ་བུ་ད་གཡོན་དུ་བྲིས་ཀྱང་ང་གཡས་སུ་བྲིས་འདུག་པའི་དཔེ་མང་དུ་བདའ་བས། ཨི་ཁུང་ནི་ཤོག་གཙང་ཡི་གེ་མ་བྲིས་པའི་གོང་དུ་ཡོད་ངེས་ཡིན། གཏེར་ཡིག་འདིར་ཁྲོན་བསྡོམས་ལྡེབ་མ་15སྟེ་ལྡེབ་ངོས་30ཡོད། ལྡེབ་ངོས་རེ་ལ་ཐིག་ཕྲེང་6རེ་དང་། ཐིག་ཕྲེང་རེ་ལ་ཆ་སྙོམས་ཡིག་འབྲུ་63རེ་ཡོད་པས། ཡིག་ཆ་ཧྲིལ་པོར་ཡིག་ཕྲེང་180དང་། ཡིག་འབྲུ་ཚེག་ཁྲིམ་11340ཡས་མས་ཡོད། བསྟན་བཅོས་ཀྱི་ནང་དོན་ཐད་ནས་བཤད་ན། ཡིག་སྙིང་འདིར་ཚད་མའི་བསྟན་བཅོས་《རིགས་ཐིགས་》དང་། 《རིགས་པའི་ཐིགས་པའི་རྒྱ་ཆེར་འགྲེལ་པ་》《རྒྱུད་གཞན་གྲུབ་པ་》དང་།

《རྒྱུད་གཞན་གྲུབ་པའི་འགྲེལ་པ་》བཅས་ཀྱིས་གྲུབ་ཅིང་། རྒྱ་མཚན་འོག་ཏུ་འབྱུང་ལ། དེ་དག་ལས་མཚན་བྱང་ཡོད་པ་《རྒྱུད་གཞན་གྲུབ་པ་》ལས་མེད་ཅིང་། བཞི་གར་མཇུག་བྱང་མི་འདུག བསྟན་བཅོས་བཞི་ག་ཤོག་གྲུར་ཡིན་ཞིང་《རིགས་ཐིགས་》ལ་ལྡེབ་མ་1དང་། 《རིགས་པའི་ཐིགས་པའི་རྒྱ་ཆེར་འགྲེལ་པ་》ལ་ལྡེབ་མ་6ཡོད། 《རྒྱུད་གཞན་གྲུབ་པ་》ལ་ལྡེབ་མ་3དང་། 《རྒྱུད་གཞན་གྲུབ་པའི་འགྲེལ་པ་》ལ་ལྡེབ་མ་5ཡོད། སྐབས་བབ་ཀྱི་ཡིག་འབྲུའི་གྲངས་ཀ་ཞུ་ན། 《རིགས་ཐིགས་》རྩ་བ་ལྡེབ་ངོས་1དང་2སྟེང་དུ་ཡོད་ཅིང་། ཡིག་ཕྲེང་12དང་ཚེག་ཁྲིམ་ཏ་ལམ་756ཡོད། གཏེར་ཡིག་འདིའི་གཞུང་

ཡིག་ནི་བྲིས་ཤིན་ཏུ་ལེགས་པའི་དབུ་ཅན་ཡིན་ལ། གཞུང་ཡིག་གི་སྟེང་འོག་གཉིས་སུ་ཡི་གེ་ཆུང་ངུ་ཆ་བྱུར་གྱི་མིག་གིས་ཕར་ཞོག་སློབ་སྦྱོང་བྱེད་ཆས་ཚོང་ཁང་ན་ཡོད་པའི་ཕྲ་མཐོང་ཆེ་ཤེལ་ཆེས་ཡག་ཤོས་ཀྱིས་ཀྱང་མི་ནོན་པའི་དབུ་མེད་ཀྱི་མཚན་ཤིན་ཏུ་སྟུག་པོ་བཀོད་ཡོད། 《རིགས་པའི་ཐིགས་པའི་རྒྱ་ཆེར་འགྲེལ་པ་》ལྡེབ་ངོས་3ནས་14སྟེང་དུ་ཡོད་ཅིང་། ཁྱོན་ལྡེབ་མ་དྲུག་སྟེ་ངོས་12དང་། ཡིག་ཕྲེང་72དང་། ཚིག་ཁྲིམ་ཧ་ལམ་4536ཡོད། ལྡེབ་ངོས་3དང་4 10 11བཅས་ཀྱི་སྟེང་དུ་མཚན་ཤིན་ཏུ་ཉུང་ཞིང་། 6དང་7 8 9 11 14བཅས་ཀྱི་སྟེང་མཚན་བཏབ་པ་ཙུང་མང་། 《རྒྱུད་གཞན་གྲུབ་པ་》ཡི་རྩ་བ་ནི་ལྡེབ་ངོས་15ནས་20སྟེང་དུ་ཡོད་ཅིང་། ཁྱོན་ལྡེབ་མ་གསུམ་ཏེ་ངོས་6དང་། ཡིག་ཕྲེང་36དང་། ཚིག་ཁྲིམ་ཧ་ལམ་2268ཡོད། གོང་གི་རིགས་ཐིགས་ནི་རྩ་བར་མཚན་ཤིན་ཏུ་སྟུག་ཅིང་། འགྲེལ་པའི་སྟེང་ན་རིམ་གྱིས་ཉུང་དུར་ཡོད་སོད། འདི་དེ་དང་མི་འདྲ་བར། 《རྩ་བ་》ཡི་ལྡེབ་ངོས་15ནས་20བར་གྱི་ངོས་6གི་སྟེང་དུ་མཚན་ཡིག་ཛོག་གཅིག་ཀྱང་མི་འདུག 《རྒྱུད་གཞན་གྲུབ་པའི་འགྲེལ་པ་》ནི་ལྡེབ་ངོས་21ནས་30སྟེང་དུ་ཡོད་ཅིང་། ཁྱོན་ལྡེབ་མ་དྲུག་སྟེ་ངོས་12དང་། ཡིག་ཕྲེང་72དང་། ཚིག་ཁྲིམ་4536ཡས་མས་ཡོད། འདིའི་ངོས་ཐམས་ཅད་དུ་མཚན་ཉུང་ཙམ་རེ་ཡོད།

གསུམ་པ། ཏུན་ཧོང་ཡིག་ཚགས་ཨང་P.T.0123གྱི་ཚད་མའི་བསྟན་བཅོས་ངོས་འཛིན་པ།

གོང་དུ་བཀོད་པའི་ལས་ཁུངས་གསུམ་གྱི་མཉམ་བསྒྲུབས་པར་གཞི་ཏུ་ལྡེབ་ངོས་30རིམ་པ་གཉིས་སུ་དབྱེ་འདུག་ཅིང་། དང་པོ་ནི་ངོས་1ནས་14བར་དང་། གཉིས་པ་ནི་ངོས་15ནས་30བར་ཡིན་ཞིང་། དང་པོའི་མིང་ལ། “10.ཚད་མའི་གཞུང་དོན། 10.因明论典”ཞེས་དང་། གཉིས་པའི་མིང་ལ་“11.རྒྱུད་གཞན་གྲུབ་པ་ཞེས་བྱ་བའི་རབ་ཏུ་བྱེད་པ། 11.成他相续论”ཞེས་སྐད་གཉིས་ཤན་སྦྱར་དུ་འདུག[1]འོན་ཀྱང་། ཞིབ་ཏུ་ཙུང་ཙམ་དཔྱད་ན་དེ་ནི་བྱེ་བྲག་གི་བསྟན་བཅོས་གང་ཡིན་ངོས་མ་བཟུང་བར་ཚད་མའི་བསྟན་བཅོས་ཞེས་སྤྱི་ཙམ་དང་། དབུ་ལྡེབ་ན་རྒྱུད་གཞན་གྲུབ་པ་ཞེས་བྱ་བའི་རབ་ཏུ་བྱེད་པ་ཞེས་པའི་མིང་མཐོང་ནས་དེ་སོར་འཛུག་གནང་བ་ཙམ་དུ་ཟད་སོད། དོན་ལ། དེ་ནི་བསྟན་བཅོས་ཁ་མི་ཚང་བ་བཞི་ལས་གྲུབ་པ་ཞིག་ཡིན་ཏེ། དེའི་ལྡེབ་མ་དང་པོ་སྟེ་གོང་གི་དེ་ལྟར་ངོས་1དང་2གཉིས་ནི། དཔལ་ཆོས་ཀྱི་གྲགས་

① ཕྱ་རན་སིའི་རྒྱལ་གཉེར་དཔེ་མཛོད་ཁང་དུ་ཉར་བའི་ཏུན་ཧོང་བོད་ཡིག་ཡིག་ཚགས། ཧྲང་ཧེ་དཔེ་སྙིང་དཔེ་སྐྲུན་ཁང་། 2007ལོ། ཤོག་ངོས304

པས་མཛད་ཅིང་། པཎྜི་ཏ་གཞན་ལ་ཕན་པ་བཟང་པོ་ལ་སོགས་པ་དང་། བོད་ཀྱི་ལོ་ཙཱ་བ་བློ་ལྡན་ཤེས་རབ་ཀྱིས་བསྒྱུར་ཅིང་ཞུས་ཏེ་གཏན་ལ་ཕབ་པའི། སྡེ་བདུན་ལས་ལུས་ལྟ་བུའི་བསྟན་བཅོས་གསུམ་གྱི་ཐ་མ་སྟེ་《རིགས་ཐིགས་》ཡིན་འདུག་ལ། ངོས་3ནས་14བར་གྱི་ལྡེབ་6སྟེ་ངོས་12ནི་སློབ་དཔོན་དུལ་བ་ལྷས་མཛད་པའི་《རིགས་པའི་ཐིགས་པའི་རྒྱ་ཆེར་འགྲེལ་པ་》རྒྱ་གར་གྱི་མཁན་པོ་ཛཱི་ན་མི་ཏྲ་དང་། ཞུ་ཆེན་གྱི་ལོ་ཙཱ་བ་བནྡེ་ཡེ་ཤེས་སྡེ་ལ་སོགས་པས་བསྒྱུར་ཅིང་ཞུས་ཏེ་གཏན་ལ་ཕབ་པ་དེ་ཡིན་འདུག ངོས་15ནས་20བར་གྱི་ལྡེབ་མ་3ངོས་6ཡོད་པ་དེ་ནི་དཔལ་ཆོས་ཀྱི་གྲགས་པས་མཛད་པའི་སྡེ་བདུན་ལས་འཕྲོས་པ་ཡན་ལག་ལྟ་བུའི་བསྟན་བཅོས་བཞིའི་ཡ་གྱལ་ཏེ། རྒྱ་གར་གྱི་མཁན་པོ་བི་ཤུདྡྷ་སིཾ་ཧ་དང་། ཞུ་ཆེན་གྱི་ལོ་ཙཱ་བ་དགེ་སློང་དཔལ་བརྩེགས་ཀྱིས་བསྒྱུར་ཅིང་ཞུས་ཏེ་གཏན་ཕབ་མཛད་པའི་《རྒྱུད་གཞན་གྲུབ་པ་》དེ་ཡིན་འདུག ངོས་21ནས་30བར་གྱི་ལྡེབ་5སྟེ་ངོས་10ཡོད་པ་དེ་ནི་སློབ་དཔོན་དུལ་བ་ལྷས་མཛད་པའི་《རྒྱུད་གཞན་གྲུབ་པའི་འགྲེལ་བཤད་》ཅེས་བྱ་བ་རྒྱ་གར་གྱི་མཁན་པོ་བི་ཤུདྡྷ་སིཾ་ཧ་དང་། ཞུ་ཆེན་གྱི་ལོ་ཙཱ་བ་དཔལ་བརྩེགས་རཀྵི་ཏས་བསྒྱུར་ཅིང་ཞུས་ཏེ་གཏན་ལ་ཕབ་པ་དེ་ཡིན་འདུག འོ་ན་དཔེ་ཆ་དེ་དག་ནི་མདུན་གྱི་མཚན་བྱང་རྗེས་ཀྱི་མཇུག་བྱང་སོགས་ཅི་ཡང་མེད་པའི་ཤོག་གྲངས་དག་ཡིན་ན་ནི་འདི་ལྟར་དུ་ངོས་འཛིན་བྱེད་པའི་སྒྲུབ་བྱེད་ཅི་ཡོད་ཅེ་ན། གཞུང་གི་ནང་དོན་ལ་གཞིགས་པའམ་ཡང་ན་བསྟན་འགྱུར་ན་བཞུགས་སུ་གསོལ་བའི་བསྟན་བཅོས་དེ་དག་གི་དཔེ་ཆ་དང་གཏུགས་ན་ཤེས། མང་པོ་སྨོས་པའི་ངལ་བ་བསྟེན་མི་དགོས་ལ་གསལ་པོར་དོད་པའི་སྒྲུབ་བྱེད་ཀྱང་འདི་རེད་ལགས།

བཞི་པ། ཏུན་ཧོང་གཏེར་ཡིག་ལས་རིགས་ཐིགས་རྩ་འགྲེལ་གཉིས་ཀྱི་ཁྱད་ཆོས།

གཅིག ཤོག་གྲངས་ཆད་ལྷག་གི་གནས་ཚུལ་དང་ཡིག་ཚགས་ནང་དོན་གྱི་སྐོར། ཏུན་ཧོང་ལས་བྱུང་བའི་《རིགས་ཐིགས་》རྩ་བའི་ངོས་1པོའི་དབུར། "བསྒྲུབ་པར་བྱ་བའི་དོན་ལ་རྟགས་འབྲེལ་ཡོད་པ་དེ་ཡང་"ཞེས་པ་ནས། ངོས་2པའི་མཇུག་ཏུ། "དམྱིགས་པའི་རིག་བྱར་གྱུར་པ་ཁོ་ན་དག་ལས་དམིགས་པ་དང་། མྱི་དམྱིགས་པར།" ཞེས་པའི་བར་གྱི་རིགས་ཐིགས་རྩ་བའི་ལྡེབ་གཅིག་པུ་འདིའི་དབུར། "རྒྱ་གར་སྐད་དུ། ནྱཱ་ཡ་བིན་དུ་ན་ན་མ་པྲ་ཀ་ར་ཎ། བོད་སྐད་དུ། རིགས་པའི་ཐིགས་པ་ཞེས་བྱ་བའི་རབ་ཏུ་བྱེད་པ།" ཞེས་པ་ནས། "དེ་དང་མ་འབྲེལ་ན་དེར་མི་འཁྲུལ་པར་ངེས་པ་མེད་པའི་ཕྱིར་རོ། །"[1]ཞེས་པའི་བར་

[1] བསྟན་འགྱུར་དཔེ་བསྡུར་མ། དེབ་གོ་བདུན་པ། ཀྲུང་གོའི་བོད་རིག་པ་དཔེ་སྐྲུན་ཁང་། ཤོག་ངོས་812-814

གྱི་ལྡེབ་མ1སྟེ་ངོས2ཆད་འདུག་ཅིང་། ལྡེབ་མ་འདིའི་གཡས་ཀྱི་འདབས་གཤམ་ཆུ་རལ་དུ་གྱུར་ཅིང་། གཡས་འགྲམ་ཞིག་རལ་དུ་གྱུར་པས་ཡིག་འབྲུ་སྐོར་ཞིག་མི་འདུག་ཅིང་། ལྡེབ་ངོས2པའི་འདབས་ཀྱི་"མྱི་དམྱིགས་པར།" ཞེས་པའི་རྗེས་སུ་ད་དུང་ཡིག་འབྲུ་འགའ་ཆད་པ་ནི་བསྟན་འགྱུར་གྱི་པར་དང་བསྡུར་ནས་ཁ་བསྐང་ན་"ཡང་རིག་པར་བྱའོ། །"རེད་འདུག་སྙམ། ལྡེབ་ངོས2པའི་འོག་ཏུ། "གཞན་དག་ལ་ནི་འགའ་བ་དང་"①ཞེས་པ་ནས་བསྟན་བཅོས་འདི་མཇུག་དྲིལ་བའི་བར་དུ། ལྡེབ་མ7སྟེ་ངོས14ཆད་འདུག་《རིགས་ཐིགས་》རྩ་བ་འདི་ནི། སྡེ་དགེ་བསྟན་འགྱུར་གྱི་ཚད་མའི་སྡེ་ཚན་ཅེ་པོད་ཀྱི་ཚན་གྲངས10པ། ལེའུ3དང་ལྡེབ231ནས238ན་བཞུགས་ཤིང་། ཁྱོན་ཡིག་ཕྲེང105དང་ཚིག་ཁྲིམ5989ཡོད། པེ་ཅིན་བསྟན་འགྱུར་གྱི་《ཚད་མ་ཀུན་བཏུས་》སྡེ་ཚན་ཅེ་པོད་ཀྱི་ཚན་གྲངས12པ། ལེའུ3དང་ལྡེབ329ནས337ན་བཞུགས་ཤིང་། ཁྱོན་ཡིག་ཕྲེང128དང་ཚིག་ཁྲིམ5972ཡོད། སྣར་ཐང་བསྟན་འགྱུར་གྱི་མདོ་སྡེ་ཚན་ཅེ་པོད་ཀྱི་ཚན་གྲངས12པ། ལེའུ3དང་ལྡེབ347ནས355ན་བཞུགས་ཤིང་། ཁྱོན་ཡིག་ཕྲེང113དང་ཚིག་ཁྲིམ5946ཡོད། ཅོ་ནེ་བསྟན་འགྱུར་གྱི་ཚད་མ་སྡེ་ཚན་ཅེ་པོད་ཀྱི་ཚན་གྲངས10པ། ལེའུ3དང་ལྡེབ228ནས235ན་བཞུགས་ཤིང་། ཁྱོན་ཡིག་ཕྲེང104དང་ཚིག་ཁྲིམ5988ཡོད།②

ཏུན་ཧོང་གཏེར་ཡིག་ལས་བྱུང་བའི་《རིགས་པའི་ཐིགས་པའི་རྒྱ་ཆེར་འགྲེལ་པ་》ལྡེབ་ངོས་3པ་ནི་རིགས་ཐིགས་འགྲེལ་པའི་དབུ་ལྡེབ་ཡིན་ལ། ལྡེབ་ངོས་འདིའི་དབུར་"འདིར་གྲང་བའི་རིག་པ་མྱེད་དོ་ཞེས་བྱ་བ་ནི།"ཞེས་པ་ནས་ངོས་4པའི་མཇུག་ཏུ་"དཔེའ་ཧྥཿ། དཔེར་ན་འདི་ན་མྱེ་མྱེད་པའི་ཕྱིར་དུ་བ་མྱེད་དོ་ཞེས་བྱ་བ་ལྟ་བུའོ་ཞེས་བྱ་བ་ལ་"ཞེས་པའི་བར་ནི་ལྡེབ་མ་གཅིག་གི་ཉིན་ངོས་དང་སྲིབ་ངོས་ཡིན་ཞིང་། དབུ་ལྡེབ་ངོས་1པའི་གོང་དུ་ཤོག་བུ་དང་ཐིག་ཕྲེང་འདི་བཞིན་ཡིན་ཚེ་ལྡེབ་བཅུ་དྲུག་སྟེ་ངོས་32ཆད་འདུག་ཅིང་།③ སྤྱིར་འདིའི་གོང་དུ་རིགས་ཐིགས་རྩ་བའི་ལེའུ་དང་པོ་སྟེ་མངོན་སུམ་བསྟན་པའི་ལེའུའི་འགྲེལ་པ་ཁ་ཚང་ཆད་འདུག་ཅིང་། ལེའུ་གཉིས་པ་རང་དོན་རྗེས་དཔག་གི་ལེའུ་ལས་ཀྱང་། བམ་པོ་དང་པོ་རྫོགས་ཀྱིས་མི་འདུག དེའི་འོག་ཏུ། བམ་པོ་གཉིས་པ་ཡིན་ལ། དེའི་བརྗོད་བྱ་ཅི་ཡིན་ལ་ངེས་ཤེས་རགས་རིམ་པ་ཞིག་འདྲོངས་ཚོ། སྤྱིར་《རིགས་ཐིགས་》ཀྱི་བརྗོད་བྱ་ནི་རྟོག་གེ་ཚིག་

① བསྟན་འགྱུར་དཔེ་བསྡུར་མ། དེབ་གོ་བདུན་པ། ཀྲུང་གོའི་བོད་རིག་པ་དཔེ་སྐྲུན་ཁང་། ཤོག་ངོས་816-829

② བསྟན་འགྱུར་དཔེ་བསྡུར་མ། དེབ་གོ་བདུན་པ། ཀྲུང་གོའི་བོད་རིག་པ་དཔེ་སྐྲུན་ཁང་། ཤོག་ངོས་831

③ རྡོ་རྗེ་རྒྱལ་པོ། ཚད་མ་རིག་པའི་སྐོར་རྒྱ་གཞུང་རྩ་འགྲེལ་བདམས་བསྒྲིགས།(དེབ་གཉིས་པ) མི་རིགས་དཔེ་སྐྲུན་ཁང་། 1989ལོ། ཤོག་ངོས་238-269

དོན་བརྒྱད་དེ། མངོན་སུམ་དང་མངོན་སུམ་ལྟར་སྣང་། རྗེས་དཔག་དང་རྗེས་དཔག་ལྟར་སྣང་། སྒྲུབ་ངག་དང་སྒྲུབ་ངག་ལྟར་སྣང་། སུན་འབྱིན་དང་སུན་འབྱིན་ལྟར་སྣང་བཅས་རྟོག་གེ་ཚིག་དོན་བརྒྱད་ག་ཚང་ཞིང་། རྒྱས་འབྲིང་བསྡུས་གསུམ་ལས་བསྡུས་ཏེ་སྟོན་པ་ཡིན་འདུག་ལ། བྱེ་བྲག་ཏུ་སྐབས་བབ་ཀྱི་ཚན་པ་འདིའི་བརྗོད་བྱ་ནི། ༡ རང་བཞིན་མི་དམིགས་པ། ༢ འབྲས་བུ་མི་དམིགས་པ། ༣ ཁྱབ་པར་བྱེད་པ་མི་དམིགས་པ་དང་། ༤ རང་བཞིན་འགལ་བ་དམིགས་པ། ༥ འགལ་བའི་འབྲས་བུ་དམིགས་པ། ༦ འགལ་བ་ཁྱབ་པ་དམིགས་པ། ༧ འབྲས་བུ་འགལ་བ་དམིགས་པ། ༨ ཁྱབ་པར་བྱེད་པ་འགལ་བ་དམིགས་པ། ༩ རྒྱུ་མི་དམིགས་པ། ༡༠ རྒྱུ་འགལ་བ་དམིགས་པ། ༡༡ རྒྱུ་འགལ་བའི་འབྲས་བུ་དམིགས་པ་བཅས་ཀྱི་འགྲེལ་བཤད་དཔེ་དང་བཅས་ཏེ་བཀོད་འདུག་པའི་ཁར། རྩ་བའི་ཚིག་གི་རྟགས་དང་བསྒྲུབ་བྱའི་ཆོས། ཆོས་ཅན་བཅས་ངོས་འཛིན་གསལ་པོར་མཛད་ཡོད། དེའི་རྗེས་སུ་འབྲས་བུ་མི་དམིགས་པ་ནས་འོག་གི་སྦྱོར་བ་བཅུ་པོ་འདི་ནི་རང་བཞིན་མི་དམིགས་པ་སྡེ་སྦྱོར་བ་དང་པོའི་ནང་དུ་འདུ་བའི་རྩོད་སྤོངས་མཛད་ཡོད། དེ་ལས་གཏེར་ཡིག་ཏུ་ནི《རིགས་པའི་ཐིགས་པའི་རྒྱ་ཆེར་འགྲེལ་པ་》དུལ་བ་ལྷས་མཛད་པ་འདིའི་སྦྱོར་བ་ལྔ་པ་འགལ་བའི་འབྲས་བུ་དམིགས་པའི་འགྲེལ་པའི་ཕྱེད་ཀ་ནས་སྦྱོར་བ་དགུ་པ་རྒྱུ་མི་དམིགས་པའི་འགྲེལ་པའི་ཕྱེད་ཙམ་ཟིན་པའི་བར་དུ་བཀོད་འདུག དེ་བས་ཀྱང་སྣང་ཆུང་མི་ཏུང་བ་ནི་གོང་གི་རྩ་བ་དང་བསྡུར་ནས་དཔྱད་རྒྱུ་དེའོ། །དེ་ལས་ང་ཚོས་མཐོང་ཐུབ་པ་ནི། མ་གཞི་ལྡེབ་ངོས་3པའི་དབུར"འདིར་གྲང་བའི་རེག་པ་མེད་དོ་ཞེས་བྱ་བ་ནི།" ཞེས་པ་ནས་ངོས་4པའི་མཇུག"དཔེའ་ཏཻཿ། དཔེར་ན་འདི་ན་མེ་མེད་པའི་ཕྱིར་དུ་བ་མེད་དོ་ཞེས་བྱ་བ་ལྟ་བུའོ་ཞེས་བྱ་བ་ལ"ཞེས་པའི་བར་གྱི་འགྲེལ་པའི་ལྡེབ་མ་ཉིན་སྲིབ་འདི་གཉིས་ནི། ཏུན་ཧོང་གཏེར་ཡིག་ཏུ་ཉར་བའི་རིགས་ཐིགས་རྩ་བའི་ལྡེབ་མ་ཉིན་སྲིབ་གཉིས་པོ་དེའི་ནང་དོན་ཁག་ཅིག་གི་འགྲེལ་པ་ཡིན་ཏེ། དེའང་ཞིབ་ཏུ་བྱས་ན། ངོས་གསུམ་པའི་ཐིག་ཕྲང་6པའི"གྲང་བའི་རེག་པ་མེད་དོ་ཞེས་བྱ་བ་ལྟ་བུའོཿ། །"ཞེས་པ་ནས་ངོས་བཞི་བའི་ཐིག་ཕྲེང་2པའི"དཔེར་ན་འདི་ན་མེ་མེད་པའི་ཕྱིར་དུ་བ་མེད་དོ་ཞེས་པ་ལྟ་བུའོ་ཞེས་བྱ་བ་ལ" ཞེས་པའི་བར་གྱི་འགྲེལ་པ་ཡིན་འདུག ལྡེབ་ངོས་4པའི་མཇུག་ཏུ"དུ་བ་མེད་དོ་ཞེས་བྱ་བ་ལྟ་བུའོ་ཞེས་བྱ་བ་ལ"ཞེས་པ་ནས་ངོས་5པའི"ཇི་ལྟར་ན་གཞན་གྱི་དོན་གྱི་རྗེས་སུ་དཔག་པ་ཚུལ་གསུམ་པའི་རྟགས་བརྗོད་པ་ཡིན་ཞེ་ན།" ཞེས་པའི་བར་ལྡེབ་དྲུག་སྟེ་ངོས་12ཆད།① ངོས6པའི་མཇུག་ཏུ"དེ་ལྟར་ན་ཚིག

① རྡོ་རྗེ་རྒྱལ་པོ། ཚད་མ་རིག་པའི་སྐོར་རྒྱ་གཞུང་རྩ་འགྲེལ་བདམས་བསྒྲིགས།(དེབ་གཉིས་པ་) མི་རིགས་དཔེ་སྐྲུན་ཁང་། 1989ལོ། ཤོག་ངོས་270-283

གཉིས་ཀྱིས་སྤྱོར་བར་ངེས་པ་མེད་དོ།” ཞེས་པ་ནས་ངོས་7པའི་དབུར་“ཤེས་པ་ལ་གྲགས་པར་མི་འགྱུར་ཞེས་བྱ་བའི་ཐ་ཚིག་གོ”ཞེས་པའི་བར་དུ་ལྡེབ་མ་གསུམ་སྟེ་ངོས་6ཚད།① ངོས་10པའི་མཇུག་ཏུ་“དཔེར་ན་མི་འགྲུབ་པར་བྱ་བ་ལ་ཧྲངས་པ་ལས་སྤྱོགས་”ཞེས་པ་ནས་ངོས་11པའི་དབུར་“ཐམས་ཅད་མཁྱེན་པ་ཉིད་ལས་ལྡོག་པར་མི་འགྲུབ་སྟེ།” ཞེས་པའི་བར་ལྡེབ་གཉིས་ཏེ་ངོས4ཚད། ②ངོས་12པའི་མཇུག་ཏུ་“འདོད་ཆགས་ལས་སྤྱོགས་པ་དང་ཚིག་ཀྱང་། རྒྱུ་དང་འབྲས།” ཞེས་པ་ནས་ངོས13པའི་ཐིག་ཕྲེང་1པོར་“འབྲེལ་བ་ཅན་ཡང་ཡིན་བས།” ཞེས་པའི་བར་ལྡེབ་ལྔ་སྟེ་ངོས10ཚད།③ ངོས་14བའི་ཐིག་ཕྲེང་6པའི་མཇུག་ཐོག་ཏུ་“མི་དམིགས་པ་འདི་དང་རང་བཞིན་”ཞེས་པ་ནས་བསྟན་བཅོས་འདི་མཇུག་རྫོགས་པའི་བར་དུ་ལྡེབ་དྲུག་དང་ཕྱེད་ཀ་སྟེ་ངོས13ཚད་འདུག④

རིགས་ཐིགས་ལ་འགྲེལ་པ་མང་པོ་ཡོད་དེ། བསྟན་འགྱུར་དུ་བཞུགས་པའི་རིགས་ཐིགས་འགྲེལ་པ་ལ། སློབ་དཔོན་ཆོས་མཆོག་གིས་མཛད་པའི་《རིགས་པའི་ཐིགས་པའི་རྒྱ་ཆེར་འགྲེལ་པ་》དང་།(སྡེ་དགེ་དང་ཅོ་ནེ་བསྟན་འགྱུར་ན་འདིའི་མཚན་འདི་ལྟར་སྣང་ཡང་། སྣར་ཐང་དང་པེ་ཅིན་བསྟན་འགྱུར་དུ་བསྟན་བཅོས་འདིའི་མཚན་ལ་〈རིགས་པའི་ཐིགས་པའི་རྒྱ་ཆེར་འགྲེལ་པ་ཆོས་མཆོག་གིས་མཛད་པ་བཞུགས་སོ་〉ཞེས་གསལ་) སློབ་དཔོན་ཀ་མ་ལ་ཤཱི་ལས་མཛད་པའི་《རིགས་པའི་ཐིགས་པའི་ཕྱོགས་སྔ་མ་མདོར་བསྡུས་པ་》རིགས་ཐིགས་འགྲེལ་པ་སྦྱུར་པ་པོ་སྟེ་མཁན་པོ་ཛཻ་མ་མི་ཏྲས་མཛད་པའི《རིགས་པའི་ཐིགས་པའི་དོན་བསྡུས་པ་》བཅས་བཞུགས་ཤིང་། བོད་དུའང་འགྲེལ་པ་གྲགས་ཆེ་བ་ནི་རྒྱལ་ཚབ་དར་མ་རིན་ཆེན་གྱིས་མཛད་པའི་《ཚད་མ་རིགས་ཐིགས་ཀྱི་འགྲེལ་པ་ལེགས་བཤད་སྙིང་པོའི་གཏེར་》བྱ་བ་བཞུགས་སོ། །གཏེར་ཡིག་ཏུ་བཞུགས་སུ་གསོལ་བའི་དུལ་བ་ལྷའི་《རིགས་པའི་ཐིགས་པའི་རྒྱ་ཆེར་འགྲེལ་པ་》འདི་ནི་སྡེ་དགེ་བསྟན་འགྱུར་གྱི་ཚད་མའི་སྡེ་ཚན་ཞེ་པོད་དུ་བཞུགས་ཤིང་། ལྡེབ་མ་36ཡོད། པེ་ཅིན་

① རྡོ་རྗེ་རྒྱལ་པོ། ཚད་མ་རིག་པའི་སྐོར་རྒྱ་གཞུང་རྩ་འགྲེལ་བདམས་བསྒྲིགས།(དེབ་གཉིས་པ་) མི་རིགས་དཔེ་སྐྲུན་ཁང་། 1989ལོ། ཤོག་ངོས་285-291

② རྡོ་རྗེ་རྒྱལ་པོ། ཚད་མ་རིག་པའི་སྐོར་རྒྱ་གཞུང་རྩ་འགྲེལ་བདམས་བསྒྲིགས།(དེབ་གཉིས་པ་) མི་རིགས་དཔེ་སྐྲུན་ཁང་། 1989ལོ། ཤོག་ངོས་295-298

③ རྡོ་རྗེ་རྒྱལ་པོ། ཚད་མ་རིག་པའི་སྐོར་རྒྱ་གཞུང་རྩ་འགྲེལ་བདམས་བསྒྲིགས།(དེབ་གཉིས་པ་) མི་རིགས་དཔེ་སྐྲུན་ཁང་། 1989ལོ། ཤོག་ངོས་300-310

④ རྡོ་རྗེ་རྒྱལ་པོ། ཚད་མ་རིག་པའི་སྐོར་རྒྱ་གཞུང་རྩ་འགྲེལ་བདམས་བསྒྲིགས།(དེབ་གཉིས་པ་) མི་རིགས་དཔེ་སྐྲུན་ཁང་། 1989ལོ། ཤོག་ངོས་311-323

བསྟན་འགྱུར་གྱི་རིགས་ཐིགས་སྡེ་ཚན་དུ་བཞུགས་ལ་ལྗེབ་མ་43ཡོད། སྣར་ཐང་བསྟན་འགྱུར་དུ་མདོ་སྡེ་ཚན་དུ་ཡོད་ཅིང་ལྗེབ་མ་43བཞུགས། ཅོ་ནེ་བསྟན་འགྱུར་དུ་ཚད་མའི་སྡེ་ཚན་དུ་བཞུགས་ཤིང་། ལྗེབ་37བཞུགས་སོ། །[1]

གཉིས། བརྡ་སྤྲོད་ཀྱི་ཁྱད་ཆོས།

༡ ཡི་གེ་འབྲི་སྟངས་ཀྱི་ཁྱད་ཆོས། གུག་གུ་ཕྱིར་ལོག་གི་སྐོར། 《རིགས་ཐིགས་》རྩ་བ་འདིར་གཞུང་ཡིག་ཏུ་མི་གསལ་བ་དང་མཆན་ཕུད་པའི་ཡིག་འབྲུ་756ལྷག་ལས། མེད་ལ་མྱེད་དང་། མི་དམིགས་ལ་མྱི་དམྱིགས། ལ་སོགས་ལ་ལས་སྟོགས་དང་། ཡང་འཇུག་དངོས་སུ་འབྲི་བ་གྲུར་ལ་གྲུརད་ལྟ་བུ་དང་། ཞིག་རལ་གྱིས་མི་གསལ་བ་ཕུད་ན་དངོས་སུ་མཐོང་ཐུབ་པའི་གུག་གུ་ཅན་གྱི་ཡིག་འབྲུ་120ཡོད་ཅིང་། དེ་ལས་གུག་གུ་ཕྱིར་ལོག་66དང་ཕྱིར་མ་ལོག་པ་54ཡོད། 《རིགས་པའི་ཐིགས་པའི་རྒྱ་ཆེར་འགྲེལ་པ་》ཡིག་འབྲུ་ཚེག་ཁྲིམ་4536ཡོད་པ་ལས། གུག་གུ་ཕྱིར་ལོག་མ་ལོག་ཅི་རིགས་པར་སྣང་། ས་མགོ་དང་ལ་མགོ་འགའ་ཞིག་གི་འབྲི་སྟངས། གཏེར་ཡིག་འདིའི་ཡི་གེ་འབྲི་སྟངས་ལ་ཐུན་མིན་གྱི་ཁྱད་ཆོས་འགའ་ཞིག་མཆིས་པ་ལས། གཅིག་ནི་ས་མགོ་དང་ལ་མགོ་འགའི་འབྲི་སྟངས་རེད། དེའང་ས་མགོ་དང་ལ་མགོ་ཡོད་ཚད་ལ་དེའི་ཁྱད་ཆོས་ཀྱིས་ཁྱབ་པར་མ་ངེས་ནའང་། ས་མགོར་མཚོན་ན། མིང་གཞི་པ་དང་ཕྲད་ཚེ། སྟེང་འོག་ཏུ་མེད་པར་སྤྱ་རྗེས་སུ་ཡོད། འདི་ལས་ང་ཚོས་འདི་འདྲའི་ཚོད་དཔག་ཅིག་ཀྱང་བྱ་ཆོག་སྟེ། བོད་ཡིག་ནི་སྒྲ་སྦྱོར་གྱི་ཡི་གེ་ཡིན་ཞིང་། བོད་རང་གི་ཐུན་མོང་མ་ཡིན་པའི་སྐད་ལས་རྩ་བའམ་གཙོ་བོར་གྱུར་པའི་དབྱངས་གསལ་སོ་བཞི་གཏན་ཁེལ་བྱུང་བའི་རྗེས་ལ། དེ་དག་ཕན་ཚུན་སྦྱར་ནས་བོད་སྐད་ཀྱི་སྒྲ་མ་ལུས་པར་མཚོན་པར་བྱ་དགོས་ཤིང་། དེ་ལ་སྟེང་འོག་བརྩེགས་པའམ་ཡང་ན་སྔོན་རྗེས་སྦྱར་བ་ལས་འོས་མེད། བོད་ཡིག་ལ་གཉིས་ཀ་ཡོད་ཅིང་དབྱིན་ཇི་གཙོ་བྱས་པའི་སྒྲ་སྦྱོར་གྱི་ཡིག་རིགས་སྐོར་ཞིག་ལ་སྟེང་འོག་བརྩེགས་པ་མི་འདུག བོད་ཡིག་གི་འཕེལ་རིམ་ལ་གཞིགས་ན་སྟེང་འོག་རྩེག་པའི་ཚེ་ན་སྒྲ་ཐྲལ་ནས་བསླགས་པ་ཡིན་འདུག་སྟེ། འདིར་གསལ་བའི་སྤྱ་བྲི་བའི་ཚེ་ན་ས་དང་པ། "ལྟ"བྲི་བའི་སྐབས་སུ"ལ"དང"ཏ"ལས་གཞན་ད་དུང་འདི་དང་ཆ་འདྲ་བ་ཡིག་རྙིང་གཞན་དང་གཞན་ན་མང་ཚོད་འདུག་པ་ལྟར་རོ། །[2]ཡི་གེ་ཕྲལ་ནས་བྲིས་པ་ལས་སྒྲ་ཡང་ཕྲལ་ནས་ཀློག་པར་ཇི་ལྟར་གོ་ཞེ་ན། ད་ལྟའང་རྒྱལ་རོང་

① བསྟན་འགྱུར་དཔེ་བསྡུར་མ།(དེབ་བརྒྱ་དང་ལྔ་པ་) ཀྲུང་གོའི་བོད་རིག་པ་དཔེ་སྐྲུན་ཁང་། ཤོག་ངོས་101

② འདི་ལྟ་བའི་ཁྱད་ཆོས་ཡིག་རྙིང་གཞན་ལའང་ཡོད་པ་དགེ་ཆོས་ཀྱིས་གསེར་ཐང་དུ་བྲིས་ཡོད་ཅིང་། ཁོང་གིས་སྔོན་གྱི་ལྷུན་པོ་ཆོས་ཀ་དང་རག་གཉིས་འབྲི་བའི་ཚེ་ན་ནོར་ཉེན་ཡོད་པར་གསུངས་ཡོད།

སྐད་དུ། "སྐུ་བླ་"དང་"སྐྲ་"ལ། སུ་ཀུ་བླ་དང་སུ་ཀུ་ར་ཞེས་ཀློག་པ་དང་། ཨ་མདོའི་འབྲོག་སྐད་དུ་"སྤྲ་" ལ། སྤ་དང་། ཡང་ན་ར་ཞེས་བརྗོད་པ་དག་ལས་ངེས་ཐུབ་བོ། །

སྐུང་ཡིག་དང་འ་ཡི་རྗེས་འཇུག་སོགས་ཀྱི་འབྲི་སྟངས། སྐུང་ཡིག་གི་རིགས་འདི་དག་ནི་《རིགས་པའི་ཐིགས་པའི་རྒྱ་ཆེར་འགྲེལ་པ་》མ་གཏོགས་《རིགས་ཐིགས་》རྩ་བ་ན་མེད་ཅིང་། དེའི་ལྡེབ་ངོས་6པའི་ཐིག་ཕྲེང་དང་པོ་ན་དེའི་ལ་"དྣེ"བྲིས་འདུག་པ་དང་། ལྡེབ་ངོས་10པའི་ཐིག་ཕྲེང་དང་པོའི་སྟེང་ཤིང་རྣམས྄་སེམས་ཡོད་ཅེས་རྣམས་ལ་ལ་"རྣམས྄"བྲིས་ཡོད། གཞན་སྐད་གསར་བཅད་དུ་བཅོས་ཟིན་པའི་ལ་སོགས་ལ་"ལསྩོགས"དང་། གསལ་བ་ལ་"གསྩལ་བ"བྲིས་འདུག རྗེས་འཇུག་འ་ནི་འབྲེལ་སྒྲའི་ཕྲད་ཀྱི་ཡི་རྗེས་སུ་སྦྱར་བ་"འབྲེལ་བ་ཅན་གྱིའ་ཡུལ་ན་"ལྟ་བུ་དང་། བུ་ཡི་རྗེས་སུ་སྦྱར་བ་"ཞེས་བྱ་བ ལྟ་བུའ།" པ་རྐྱང་གི་རྗེས་སུ་སྦྱར་བ་"དེ་དང་འབྲེལ་པའ་ཅན"ཞེས་པ་ལྟ་བུ། ལ་དོན་གྱི་ཕྲད་ལས་ཏུ་ནི་ཡིག་རྙིང་ལོ་རྒྱུས་རིང་པོ་དག་ན་མེད་གསུངས་པའི་གཏམ་དེ་བདེན་ངེས་སྙམ་སྟེ། འདིར་ཡང་། རབ་ཏུ་ཞེས་པར་"རབ་དུ་"ཞེས་སྦྱར་འདུག

རྐྱེན་གྱི་ཡི་གེ་སྟེ་ཡིག་མགོ་དང་ཤད། ཉིས་ཚེག་བཅས་ཀྱི་འཇོག་སྟངས། ལྡེབ་མ་རེ་རེའི་དབུར། ༄ :། སྟེ་དབུ་ཁྱུད་འོག་མེད་མ་དང་དེའི་རྗེས་ལ་ཤད། དེའི་རྗེས་ལ་ཉིས་ཚེག་སྟེ༔དང་དེའི་རྗེས་ལ་ཤད་གཅིག་ཅན་དེ་འཇོག་པས་ཁྱབ། ཡིག་མགོ་དེའང་ལྡེབ་མ་སོ་སོའི་ཉིན་ངོས་མ་གཏོགས་སྲིབ་ངོས་ལ་མི་འདུག་ཅིང་། འདི་ནི་ཡིག་ཚགས་ཨང་P.T.0123གྱི་བསྟན་བཅོས་བཞི་གར་ཁྱབ་འདུག ཤད་ལ་ཚིག་ཤད་དང་ཉིས་ཤད་རང་དུ་འདུག་ཅིང་། ཚིག་ཤད་ཡིན་ན་སྔོན་དུ་ཉིས་ཚེག་སྟེ༔ཡོད་པ་དང་། ཉིས་ཤད་ཡིན་ན་ཉིས་ཚེག་སྟེ་རྟགས༔འདི་ཤད་གཉིས་ཀའི་བར་ན་ཡོད། 《རིགས་པའི་ཐིགས་པའི་རྒྱ་ཆེར་འགྲེལ་པ་》ལ་ངོས་6ཡོད་པ་ལས། དང་པོ་གཉིས་སུ་ཁྱོན་བསྡོམས་ཉིས་ཤད་24ཡོད་ཅིང་། དེ་ལས་ན་རོ་མཚམས་སུ་ཉིས་ཤད་དགོས་ཞེས་པའི་རྩ་ཚིག་དང་མཐུན་པ་17ཕུད། "ཡོད་རེ་སྐན། །"ཞེས་ཉིས་ཤད་སྦྱར་བ་ལན་3དང་། "ག་ལ་ཡོད། །"ཅེས་ཉིས་ཤད་ཡོད་པ་ལན་1ཡོད་པར་མ་ཟད། རྫོགས་ཚིག་གི་རྗེས་སུ་ཉིས་ཤད་མེད་ས་གནས་3ན་ཡོད་མོད་ཀྱང་། 《རིགས་ཐིགས་》རྩ་བའི་ཐིག་ཕྲེང་12ལས་ཞིག་རལ་ཡོད་ས་ཕུད་ཉིས་ཤད་16ཡོད་ཅིང་། ཐམས་ཅད་ན་རོ་མཚམས་སུ་ཉིས་ཤད་དགོས་ཞེས་པའི་ཉིས་ཤད་འཇོག་ལུགས་དང་སྔ་ཀུན་ནས་མཐུན་ཏེ། ཚིག་མཇུག་ཏུ་གོ་ངོ་དོ་ནོ་བོ་མོ་འོ་རོ་ལོ་སོ་ཏོ་བྱུང་བའི་རྗེས་སུ་ཉིས་ཤད་སྦྱར་བ་ཤ་སྟག་རེད། ད་ལྟ་ང་ཚོས་ཚིག་ལྷུག་པའི་སྐབས་སུ་གང་བྱུང་བྱུང་དུ་སྤྱོད་པའི་ཉིས་ཤད་འདི་ལོ་སྟོང་ཕྲག་ལ་ས་འོག་ཏུ་བཞུགས་པའི་རིགས་ཐིགས་རྩ་བའི་ཤོག་ལྡེབ་གཅིག་པོ་ལས་དེ་ལྟར་བྲ་མ་ཉམས་

ཀྱུ་མ་ཆག་པར་སྲུད་ཡོད་པ་ནི་ཧ་ལས་དགོས་པ་ཞིག་ཡིན་ཞིང་། རང་དབང་མེད་པར་གོང་དུ་བརྗོད་པའི་ཡིག་ཚགས་འདི་ནམ་བྱུང་གི་ལོ་ཚིགས་ལ་ཡང་བསྐྱར་བློ་ཞིབ་མོར་མི་འཇུག་ག་མེད་ཡིན་ལ། ཞོར་དུ་རྫབ་རྗོབ་ཚུལ་མིན་གང་བྱུང་དུ་འབྲི་བའི་ད་ཆའི་བོད་ཡིག་གི་འབྲི་སྟངས་ལའང་བསམ་གཞིགས་མི་གཏོང་རང་གཏོང་རེད། ཤད་སོ་སོའི་སྔོན་དུ་ཉིས་ཚེག་ཡོད་ཅིང་། འདིའི་ཐད་དུ་དགེ་ཆོས་ནས་ཉིས་ཚེག་ཚེག་ཏུ་གྲུབ་པར་བཤད་ཀྱང་། ཤད་མ་ཡིན་པའི་མཚམས་སུའང་ཉིས་ཚེག་ཡོད་པ་དཔེར་ན། རང་བཞིན་གྱིས་བསྐལ་བའི་དོན་དམིགས་པའི་རིག་བྱར་མ་གྱུར་པ་རྣམས་ཿལཿ། ལྟ་བུ།

༢ རྗོད་པའི་ཁྱད་ཆོས། "ད་ལྟར་གྱི་ལོག་ན་དངོ་ས་པོ་མེད་པའི་ཐ་སྙད་འཇུག་སྟེ།" ①ཞེས་པར། 《རིགས་ཐིགས་》རྩ་བའི་གཏེར་ཡིག་ཏུ"ད་ལྟར་གྱི་ལོག་ན། དངོས་པོ་མེད་པའི་ཐ་སྙད་འཇུག་སྟེ།" ཞེས་དང་། "འབྲས་བུ་འགལ་བ་དམིགས་པ་ནི་དཔེར་ན་འདི་ན་མེ་ཡོད་པའི་ཕྱིར་གྲང་བའི་རྒྱུའི་ནུས་པ་ཐོགས་པ་མེད་པ་དག་མེད་དོ་ཞེས་བྱ་བ་ལྟ་བུའོ། །"②ཞེས་པར། 《རིགས་ཐིགས་》རྩ་བའི་གཏེར་ཡིག་ཏུ"འབྲས་བུ་འགལ་བ་དམིགས་པ་ནི། དཔེར་ན་འདི་ནི་མེད་ཡོད་པའི་ཕྱིར། གྲང་བའི་རྒྱུxxxཐོགས་པ་མེད་པ་དག་མེད་xxxxལྟ་བུའོ། །"ལྟ་བུས་མཚོན་པའི་ཚིག་གི་གཙོད་མཚམས་སྡེ་དགེ་དང་། སྣར་ཐང་། ཅོ་ནེ། པེ་ཅིན་བཅས་ཀྱི་བཀའ་བསྟན་ལས་བཞུགས་པའི་《རིགས་ཐིགས་》རྩ་བ་ལས་ཐུང་བས། བརྟན་ན་ཁ་ལ་བདེ་བའི་ཁར། གུག་གུ་ཕྱིར་ལོག་མ་ལོག་གི་ཁྱད་པར་གྱིས། གནའ་དུས་བོད་མིའི་སྒྲ་གདང་ས་ལྟར་བསླུག་ན་གདངས་ཀྱི་འགྱུར་ཁུགས་ཤིན་ཏུ་གསལ་ལ་སྙན་ཆ་དང་ལྡན་པར་ངེས་སྙམ་ལ། སྔོན་གྱི་ཡིག་རྙིང་གི་རྗོད་པ་རྩིལ་གྱིས་ཙུང་ཐུང་བར་འདོད་དེ། མགུར་གྱི་ཐོག་མ་ལའང་། འ་བ་ཉི་ཉེ་པ་ཉིད། བྱ་ར་ར་ན་མདུང་གི་རྩེ་རང་ནིག ཕོས་ར་ར་ན་ལྷམ་གྱི་གོང་ར་ནིག བརླའ་བརྟུངས། ཕྱུར་བཏབ། འོ་དེ་སྤྱིད་སྤུ་དེ་སྤྱིད། ཅེས་དང་། ཡང་། སྲོང་བཙན་སྒམ་པོའི་སྐབས་ཀྱི་ལོ་རྒྱུས་ལི་ཡུལ་གྱི་ཡིག་རྙིང་དུ་བྱུང་བར་ཡང་། ཡབ་འབངས་ནི་འཁྲུས། ཡུམ་འབངས་ནི་ལོག གཉེན་ཞང་ཞུང་། མཛོ་སུམ་པ། ཉ་གཉི་དགས་པོ། དགོང་པོ། མྱང་པོ་ཀུན་ཀྱང་ལོག ཡབ་གནམ་རི་སློན་མཚན་དུག་བོར་ཏེ་བཀྲོངས་སོ། །ཞེས་པ་ལྟར། རྗོད་པ་ཐུང་ཐུང་དག་རེད་འདུག མཚམས་འདི་ན་གལ་ཏེ་གུས་པས་ཏུན་ཧོང་གི་རིགས་ཐིགས་རྩ་བ་འདི་ནི་ད་ཡོད་བསྟན་འགྱུར་གྱི་པར་རྣམས་ལས་ཀྱང་དག་ཅེ་ན། གཏམ་འཆལ་དུ་འདོད་མཁན་མང་ངེས་མོད་ཀྱང་། བློ་རགས་པ

① བསྟན་འགྱུར་དཔེ་བསྡུར་མ།(དེབ་གོ་བདུན་པ་) ཀྲུང་གོའི་བོད་རིག་པ་དཔེ་སྐྲུན་ཁང་། ཤོག་ངོས་814-815

② བསྟན་འགྱུར་དཔེ་བསྡུར་མ།(དེབ་གོ་བདུན་པ་) ཀྲུང་གོའི་བོད་རིག་པ་དཔེ་སྐྲུན་ཁང་། ཤོག་ངོས་814-815

ཙམ་གྱིས་བརྟག་ནའང་ལྟད་མོ་འདི་འདྲ་འདུག་སྟེ། ཏུན་ཧོང་གཏེར་ཡིག་ཏུ། དེའི་བདག་ཉིད་དང་༑ དེ་ལས་བྱུང་བ་དེ་གཉིས་ཀྱང་རང་བཞིན་དང་༑ འབྲས་བུ་ཕོ་ན་ཡོན་ཏེ། ཞེས་པར། ཙོ་ནེ་སོགས་བསྟན་འགྱུར་གྱི་པར་བཞི་གའི་《རིགས་ཐིགས་》རྩ་བར། "དེའི་བདག་ཉིད་དང་དེ་ལས་བྱུང་བ་དེ་གཉིས་ཀྱང་། རང་བཞིན་དང་འབྲས་བུ་ཕོ་ན་ཡིན་ཏེ།"① ཞེས་ཚིག་ཐུང་ཐུང་རིང་བར་གྱུར་ཏེ་བར་མཚམས་ཀྱི་ཤད་གཉིས་ཀ་གཅིག་ཏུ་བསྡིལ་ནས་མི་མཐུན་པའི་ཚིག་རྒྱུན་སྟོན་པའི་ཀྱང་ཡིག་གི་རྗེས་སུ་བསྙུར་འདུག་ནའང་། བློ་ངོར་མི་ཤོང་བ་ཞིག་ལ། བསྟན་འགྱུར་གྱི་པར་དེ་དག་གི་《རིགས་པའི་ཐིགས་པའི་རྒྱ་ཆེར་འགྲེལ་པ་》ལས་ཚིག་དེ་ཇི་བཞིན་ལུང་འདྲེན་པའི་ཚེ་ན། "དེའི་བདག་ཉིད་དང་། དེ་ལས་བྱུང་བ་གཉིས་ཀ་རང་བཞིན་དང་འབྲས་བུ་ཕོ་ན་ཡིན།" ②ཞེས་གོང་གི་རྩ་བའི་སྐབས་ཀྱི་བར་མཚམས་ཀྱི་ཤད་གཉིས་ཀ་སྔར་བཞིན་ཏུན་ཧོང་ནང་བཞིན་མེད་པར་གཅིག་ཏུ་བསྡིལ་ཡོད་ནའང་། ཤད་ཀྱི་གནས་ཏུན་ཧོང་ནང་བཞིན་ཡིན་པ་ལས་སོ་སོའི་རྩ་བའི་པར་དང་མཐུན་པར་བྱུང་མི་འདུག གཞན་ཡང་། ཏུན་ཧོང་གཏེར་ཡིག་ཏུ། དམྱིགསxxxxxxམྱི་དམྱིགས་པའི་ཕྱིར་རོ་ཞེས་བྱ་བ་ལྟ་བུའོ༑ ཞེས་པ་བསྟན་འགྱུར་གྱི་《རིགས་ཐིགས་》རྩ་བར་"དམིགས་པའི་རིག་བྱར་གྱུར་པ་ལས་མི་དམིགས་པའི་ཕྱིར་རོ། །ཞེས་བྱ་བ་ལྟ་བུའོ། །"③ཞེས་འདུག་ཀྱང་། ཡང་བསྟན་འགྱུར་གྱི་《རིགས་པའི་ཐིགས་པའི་རྒྱ་ཆེར་འགྲེལ་པ་》ལས་ཚིག་འདི་ལུང་འདྲེན་པའི་ཚེ་ན། "དམིགས་པའི་རིག་བྱར་གྱུར་པ་ལས་མི་དམིགས་པའི་ཕྱིར་རོ་ཞེས་བྱ་བ་ལྟ་བུའོ། །"④ཞེས་ཏུན་ཧོང་གི་པར་ནང་བཞིན་ཚིག་མཚམས་ཀྱི་ཤད་མི་འདུག་གོ །

༣ ཡིག་ནོར། 《རིགས་ཐིགས་འགྲེལ་པར་》ད་ཆ་ཡིག་ནོར་དུ་བརྩིས་ཆོག་ཆོག་ཅིག་ཡོད་པ་ནི་དཔེར་ན། མཐུན་ཕྱོགས་མི་མཐུན་ཕྱོགས་དང་ཆོས་མཐུན་སྦྱོར་མི་མཐུན་སྦྱོར་ལ། འཐུན་ཕྱོགས་མི་མཐུན་ཕྱོགས་དང་ཆོས་འཐུན་སྦྱོར་མི་འཐུན་སྦྱོར་ཞེས་མཐུན་འདི་མགོ་མཇུག་བར་གསུམ་དུ་འཐུན་ཞེས་སྔོན་འཇུག་འ་ཡིག་བྲིས་འདུག གཞན་ད་དུང་བྲིས་ནོར་རམ་ཅི་ཡིན་མི་ངེས་པའི་ཡི་གེ་འབྲི་སྟངས་འགའ་ཡོད་པ་ནི། དཔེར་ན། "ཚིགསུ་རྒྱུ"ཞེས་པ་ལྟ་བུ་དང་། "ཡོད་པའི་རི"ཞེས་དང་"ཚེ་གྲངས་ཅན་དག་ནེར་བདེ་བ་ལསྟོགས"ཞེས་པ་ལྟ་བུ།

① བསྟན་འགྱུར་དཔེ་བསྡུར་མ།(དེབ་གོ་བདུན་པ་) ཀྲུང་གོའི་བོད་རིག་པ་དཔེ་སྐྲུན་ཁང་། ཤོག་ངོས་814-815

② བསྟན་འགྱུར་དཔེ་བསྡུར་མ།(དེབ་བརྒྱ་དང་ལྔ་པ་) ཀྲུང་གོའི་བོད་རིག་པ་དཔེ་སྐྲུན་ཁང་། ཤོག་ངོས་29

③ བསྟན་འགྱུར་དཔེ་བསྡུར་མ།(དེབ་གོ་བདུན་པ་) ཀྲུང་གོའི་བོད་རིག་པ་དཔེ་སྐྲུན་ཁང་། ཤོག་ངོས་815

④ བསྟན་འགྱུར་དཔེ་བསྡུར་མ།(དེབ་བརྒྱ་དང་ལྔ་པ་) ཀྲུང་གོའི་བོད་རིག་པ་དཔེ་སྐྲུན་ཁང་། ཤོག་ངོས་34

གསུམ། ཏུན་ཧོང་གི་《རིགས་ཐིགས》རྩ་བའི་པར་གྱི་དུས་ཚོད་ངོས་འཛིན་པ། སྤྱིར་བཏང་དུ་ཏུན་ཧོང་ཞིབ་འཇུག་པའི་སྟེས་ཏུན་ཧོང་གཏེར་ཡིག་གི་མ་མཐའི་དུས་ཚོད་ནི་སྤྱི་ལོ་1002ལ་བྱེད་ཅིང་། རྒྱུ་ཆ་མང་པོ་ལས་མཐོང་གསལ་ལྟར། བོད་བཙན་པོས་ཏུན་ཧོང་ལ་དབང་སྒྱུར་བའི་རིང་དུ་(སྤྱི་ལོ་781ནས་847བར་)ཐྲག་ཕྲུག་གསར་དུ་བཀོ་བ་དང་། ཆོས་བསྒྱུར་བ་དང་བྲི་བའི་ལས་ཆེར་ཕྱིན་པར་མ་ཟད། ཕྱིས་སུ་བོད་བཙན་པོའི་དབང་ཆ་ཏུན་ཧོང་ལས་བསྒྱུང་བའི་རྗེས་ནས་ཀྱང་ཆོས་སྒྱུར་བ་དང་བྲི་བའི་རྒྱུན་ཆད་མེད། ང་ཚོས་ཏུན་ཧོང་གཏེར་ཡིག་ཁྲིད་ཀྱི་《རིགས་ཐིགས》རྩ་བ་འདིའི་དུས་གཏན་ཁེལ་བྱེད་པ་ལ་སྒྲུབ་བྱེད་ཀྱི་རྟེན་འཆའ་ས་འདི་དག་ཡོད་དེ། 1.གཏེར་ཡིག་འདི་མ་མཐའ་ཡང་སྤྱི་ལོ་1002ཡན་ཆད་ཀྱི་ཡིན། 2.ཡིག་ཆ་འདིའི་བརྡ་སྤྲོད་ཀྱི་ཁྱད་ཆོས་ལ་ཡིག་རྙིང་གི་ཁྱད་ཆོས་མངོན་གསལ་དུ་ཡོད་པ། 3.བརྗོད་བྱ་དང་རྗོད་བྱེད། ཚིག་བབ་བཅས་ལ་གཞིགས་པའམ་བསྟན་འགྱུར་གྱི་པར་དང་བསྡུར་ཏེ་དཔྱད་ན། ཏུན་ཧོང་གཏེར་ཡིག་ཏུ་བཞུགས་པའི་《རིགས་ཐིགས》རྩ་བ་འདིའང་པཎྜི་ཏ་གཞན་ཕན་བཟང་པོ་ལ་སོགས་པ་དང་། བོད་ཀྱི་ལོ་ཙྪ་བ་བློ་ལྡན་ཤེས་རབ་ཀྱིས་བསྒྱུར་ཅིང་ཞུས་ཏེ་གཏན་ལ་ཕབ་པའི་འགྱུར་འདི་ཡིན་འདུག དེས་ན་རྔོག་བློ་ལྡན་ཤེས་རབ་ཀྱི་འཁྲུངས་འདས་ལོ་ཚིགས་ནི་1059ནས་1109བར་ཡིན། འདི་དང་ཏུན་ཧོང་གཏེར་ཡིག་གི་མ་མཐའི་ལོ་སྙེ་སྤྱི་ལོ་1002དང་འགལ་བ་འདུག གཅིག་ཏུ་ན་རྔོག་གི་འཁྲུངས་འདས་ལོ་ཚིགས་ནོར་བ་དང་། གཉིས་སུ་ན་ཏུན་ཧོང་ཡིག་རྙིང་གི་མ་མཐའི་ལོ་ཚིགས་ཕྱི་བསྡུར་བྱ་དགོས་འདུག་སྙམ། དང་པོ་ནི་རྣམ་ཐར་དངོས་སུ་བཞུགས་པའི་ཁར་ཆོས་འབྱུང་དེབ་ཐེར་ཀུན་ཞལ་མཐུན་པས་དེ་ག་རང་དུ་གནས་ཤིང་། གཉིས་པ་ནི་ཏུན་ཧོང་གཏེར་ཡིག་གི་མ་མཐའི་ལོ་ཚིགས་འདིའང་མཁས་པ་མང་པོས་ཉམས་ཞིབ་ཕུན་སུམ་ཚོགས་པ་བགྱིས་པའི་ཉིང་ཁུ་ཙམ་ཟད་པས། བློན་པོ་སྦྱོབས་པ་ཁོ་ནས་དགག་ན་ཁེགས་པ་ཞིག་ག་ལ་ཡིན། ཏུན་ཧོང་གཏེར་ཡིག་གི་རིགས་ཐིགས་རྩ་བའི་འགྱུར་འདི་བསྟན་འགྱུར་ནང་གི་རིགས་རྩའི་འགྱུར་དང་མཐུན་ཆེ་ནའང་། གུས་པའི་རྫོངས་འཆར་ལ། རིགས་ཐིགས་རྩ་བའི་ཏུན་ཧོང་གི་པར་འདི་ནི་ཡོངས་གྲགས་ཀྱི་ཏུན་ཧོང་གཏེར་ཡིག་གི་མ་མཐའི་ལོ་ཚིགས་ཏེ་སྤྱི་ལོ་1002ལོའི་རྗེས་ཀྱི་རྗེས་ལ་བྱུང་བ་ཞིག་ནི་ཡིན་པར་ངེས་སྙམ། དེ་ལ་སྒྲུབ་བྱེད་བཞི་ཡོད་དེ། གཅིག་ནི་གོང་བཀོད་ལྟར་རིགས་ཐིགས་འགྲེལ་པ་ན་ཡིག་ནོར་སོགས་མཆིས་ནའང་རིགས་ཐིགས་རྩ་བ་ཏུ་ཉེས་ཤད་ཚུན་ཆད་དུ་ཤིན་ཏུ་དག་ཅིང་། རྗོད་པའི་རིང་ཐུང་སོགས་བསྟན་འགྱུར་གྱི་རིགས་ཐིགས་རྩ་བ་དང་མི་མཐུན་པ་ཡོད་ནའང་། བསྟན་འགྱུར་གྱི་རིགས་ཐིགས་འགྲེལ་པ་ན་རིགས་ཐིགས་རྩ་བའི་ཚིག་དེ་འདྲེན་པའི་ཚེ་ན། བསྟན་འགྱུར་རང་གི་རིགས་ཐིགས་རྩ་བ་ལས་ཏུན་ཧོང་གཏེར

ཡིག་གི་རིགས་རྩིའི་པར་དང་མཐུན་པའམ་ཉེ་བ་ལྟར་རོ། །སྒྲུབ་བྱེད་གཉིས་པ་ནི། ཏུན་ཧོང་གཏེར་ཡིག་ལས་བྱུང་བའི་རིགས་ཐིགས་རྩ་བའང་རྔོག་འགྱུར་འདི་ཡིན་ཞིང་། རྔོག་ལོ་ཙཱ་བ་བློ་ལྡན་ཤེས་རབ་ཀྱི་འཁྲུངས་ལོ་སྤྱི་ལོ་1002ལོའི་རྗེས་སུ་ཡིན། སྒྲུབ་བྱེད་གསུམ་པ་ནི། རྒྱ་ཡིག་གི་ཏུན་ཧོང་གཏེར་ཡིག《གཏན་ཚིག་ལྟར་སྣང་སོ་གསུམ་མ་》ཡི་རྒྱབ་ངོས་ན་རྡོ་རྗེ་གཅོད་པ་བཏོན་པའི་ཕན་ཡོན་ཞེས་པའི་བསྟན་བཅོས་ཤིག་བྲིས་ཡོད་ཅིང་། དེའི་མཇུག་བྱང་དུ་རབ་བྱུང་བཀོད་ཡོད་པ་ལྟར་ན་སྤྱི་ལོ་1328ལོར་འཁེལ་འདུག་པས། དེའང་ཏུན་ཧོང་གཏེར་ཡིག་གྲུས་ཀྱི་ཡིན་ལ་ལོ་ཚིགས་1002རྗེས་ཀྱི་ཡིན། སྒྲུབ་བྱེད་བཞི་པ་ནི། དགེ་ཆོས་ཀྱིས་ས་མགོ་དང་ར་མགོ་སྟེང་འོག་ཏུ་བརྩེགས་པ་མ་ཡིན་པས་གསེག་བྲིས་སུ་ཡོད་པའི་སྐོར་བཀོད་པའི་འོག་ཏུ། “བྲི་ཚུལ་འདི་དག་ཅི་རིགས་པ་ནི་ས་སྐྱ་གོང་མ་རྣམས་དང་སྣར་ཐང་གི་མཁན་པོ་རྣམས་ཀྱི་ཕྱག་དཔེ་ལའང་སྣང་”[①]ཞེས་པ་ལྟར། ས་སྐྱ་དང་སྣར་ཐང་གི་མཁན་པོ་ཚོའི་ལོ་ཚིགས་ཀྱང་1002ལས་འཕྱི་དྭགས་པས་སོ། །

རྫོངས་འཆར་ནི་རྫོངས་འཆར་རང་དུ་ཟད་ཀྱང་། རྫོངས་འཆར་གྱི་རྒྱུན་མུ་མཐུད་དུ་དེད་ན། ཏུན་ཧོང་གི་རིགས་ཐིགས་རྩ་བའི་པར་འདི་ནི་ཡོངས་གྲགས་ཀྱི་ཏུན་ཧོང་གཏེར་ཡིག་གི་མ་མཐའི་ལོ་ཚུགས་ཏེ་སྤྱི་ལོ་1002ལས་འཕྱི་བར་མ་ཟད། བསྟན་འགྱུར་ན་བཞུགས་སུ་གསོལ་བའི་རིགས་ཐིགས་རྩ་བའི་པར་ལས་ཀྱང་འཕྱི་བ་ལ་ཐུག་འགྲོ། ཅིའི་ཕྱིར་ཞེ་ན། སྒྲུབ་བྱེད་ནི་ཚན་པ་གོང་མར་རྗོད་པའི་ཁྱད་ཆོས་བཤད་པའི་མཚམས་སུ་ཅུང་ཙམ་ཞུས་ཟིན་པ་ལྟར། ཏུན་ཧོང་གི་རིགས་རྩིའི་པར་འདི་བསྟན་འགྱུར་གྱི་རིགས་རྩིའི་པར་ལས་ཀྱང་དག་པར་མཐོང་། སྒྲུབ་བྱེད་འདི་ཡི་སྒྲུབ་བྱེད་ནི། བསྟན་འགྱུར་གྱི་རིགས་ཐིགས་འགྲེལ་པ་ཏུ་རིགས་རྩིའི་ལུང་འདྲེན་པའི་ཚེ་ན། བསྟན་འགྱུར་རང་གི་རིགས་ཐིགས་རྩ་བ་ལས་ཏུན་ཧོང་གི་རིགས་ཐིགས་རྩ་བ་ནང་མཐུན་ཆེ་བ་དེ་ཡིན། གལ་ཏེ་སྒྲུབ་བྱེད་འདིས་ཚུགས་ཐུབ་ན། ཏུན་ཧོང་གི་རིགས་རྩིའི་པར་འདི་ནི་སྤྱི་ལོ་1312ལོའི་རྗེས་སུ་བྱུང་བར་འདོད། སྒྲུབ་བྱེད་དང་པོ་ནི། གྲུས་པས་ཏུན་ཧོང་གི་བསྟན་བཅོས་འདི་བཞི་བསྟན་འགྱུར་བཞི་གའི་འབྲེལ་ཡོད་ཀྱི་པར་དང་བསྡུར་བའི་གོ་རིམ་ཁྲིད་དུ་སྣར་ཐང་དང་པེ་ཅིན་གྱི་པར་དང་ཤིན་ཏུ་ཉེ་བའི་ཚོར་བ་བྱུང་། བསྟན་འགྱུར་བཞི་ག་བྱུང་བའི་དུས་ཚོད་ཀྱང་སྲིགས་ནའང་སྤྱི་ལོ་1312ལོའི་རྗེས་སུ་བྱུང་བར་འདོད་དོ། །སྒྲུབ་བྱེད་གཉིས་པ་ནི། རྒྱ་ཡིག་གི་ཏུན་ཧོང་གཏེར་ཡིག《གཏན་ཚིགས་ལྟར་སྣང་སོ་གསུམ་མ་》ཡི་རྒྱབ་ངོས་ན་རྡོ་རྗེ་གཅོད་པ་བཏོན་པའི་

① དགེ་འདུན་ཆོས་འཕེལ་གྱི་གསུང་རྩོམ།(དེབ་དང་པོ་) བོད་ལྗོངས་བོད་ཡིག་དཔེ་རྙིང་དཔེ་སྐྲུན་ཁང་། 1990ལོ། ཤོག་ངོས་271

ཕན་ཡོན་ཞེས་པའི་བསྟན་བཅོས་ཤིག་བྲིས་ཡོད་ཅིང་། དེའི་མཇུག་བྱང་དུ་རབ་བྱུང་བཀོད་པ་ལྟར་ན་སྤྱི་ལོ་1328ལོའི་འཁྲིལ་འདུག་པས། བོད་རྒྱ་ཡིག་གི་གཏན་ཚིགས་རིག་པའི་བསྟན་བཅོས་འདི་གཉིས་པོའི་བྱུང་བ་དུས་ཚ་ལམ་མཉམ་གཅིག་ཏུ་འཁྲིལ་འདུག རྒྱ་ཡིག་གི་ཏུན་ཧོང་བསྟན་བཅོས《གཏན་ཚིགས་ལྟར་སྣང་སོ་གསུམ་མ་》འདི་བོད་ནས་འགྱུར་བ་མ་ཡིན་ནམ་སྙམ་པའི་དོགས་འཆར་མང་དུ་འདུག་ཀྱང་། རྗེན་འབྲེལ་སྒྲིན་དུས་ལོགས་སུ་རྒྱ་ཡིག་གིས་འབྲི་རྩིས་ཡོད། འོན་ཀྱང་། རྒྱབ་ངོས་ཀྱི་རྗོར་གཙོད་བརྟོན་པའི་ཕན་ཡོན་དང་དུས་མཉམ་དུ《གཏན་ཚིགས་ལྟར་སྣང་སོ་གསུམ་མ་》འདི་སྤྱི་ལོ་1328ལོར་གྲུབ་པར་བདེན་ན། ཉི་ཧོང་གི་ཧྭན་ཧྭན་ཧྭ་ཙོན་ལགས་ཀྱིས་བསྟན་བཅོས་འདིའི་ཡིག་གཟུགས་དང་ཤོག་བུར་གཞིགས་ཏེ་བོད་བཙན་པོས་ཏུན་ཧོང་ལ་དབང་སྒྱུར་དུས་སུ་བྱུང་བའི་ལྟ་ཚུལ་དང་འགལ་འདུག་པས་དཔྱད་པར་འཚལ།

ལྔ་པ། ཞིབ་འཇུག་གི་རིན་ཐང་།

སྤྱིར་ཏུན་ཧོང་གཏེར་ཡིག་ནི་ཕྱིས་ཀྱི་མཁས་པ་ཚོས་སོར་རྩེ་མ་རིག་པའི་ཕྱིར་ལོ་རྒྱུས་ཞིབ་འཇུག་གི་ངོས་ནས་བཤད་ན་རིན་ཐང་ཆེན་པོ་དང་ལྡན་ཞིང་། སྔོས་སུ་བོད་ཀྱི་ཚད་དར་ལོ་རྒྱུས་ནི་པཎ་ཆེན་ཤཱཀྱ་མཆོག་ལྡན་གྱིས་1501ལོའི་ཟླ་2པའི་ཚེས་8ཉིན་གཙང་གཡས་རུ་གསེར་མདོག་ཅན་གྱི་ཆོས་ར་ནས་ལེགས་པར་གྲུབ་པའི《ཚད་མའི་མདོ་དང་བསྟན་བཅོས་ཀྱི་ཤིང་རྟའི་སྲོལ་རྣམས་ཇི་ལྟར་བྱུང་བའི་ཚུལ་གཏམ་དུ་བྱ་བ་ཉིན་མོར་བྱེད་པའི་སྣང་བའམ་དཔྱོད་ལྡན་མཐའ་དག་དགའ་བར་བྱེད་པ》ལས་གཞན། ཆོས་འབྱུང་དེབ་ཐེར་དང་གསན་ཡིག སྐྱེས་ཆེན་རྣམས་ཀྱི་རྣམ་ཐར་བཅས་ན་ཞར་ཞོར་དུ་བྲིས་པ་ཐན་ཐུན་ཙམ་ལས་མེད་ཅིང་། དེའང་མང་མང་གི་བཤད་པ་ཙམ་ལས་ཚད་དར་ལོ་རྒྱུས་ཀྱི་ཕྲེང་བརྒྱུད་བར་མ་ཆད་པར་བསྟར་ཆགས་སུ་འཁོད་པ་མི་འདུག ཁྲི་སྲོང་ལྡེ་བཙན་གྱིས་ནང་ཆོས་བོད་བཙན་པོའི་རྒྱལ་རབས་ཀྱི་རྒྱལ་ཆོས་སུ་གཏན་འཁེལ་མཛད་པར་ངོ་རྒོལ་མཁན་རྣམས་ལ་དམིགས་ཏེ《བཀའ་ཡང་དག་པའི་ཚད་མ》བརྩམས་པའི་གཏམ་དེ་བདེན་པའི་དབང་དུ་བཏང་ན།[1] ཚད་མ་རིག་པ་ནི་ནང་ཆོས་དང་ཕལ་ཆེར་དུས་མཉམ་དུ་བོད་དུ་བྱུང་བ་ཞིག་ཡིན་སྲིད། བསྟན་པ་སྔ་དར་དང་ཕྱི་དར་གྱི་དུས་འགོའི་ཚད་མའི་བྱུང་

① མཁར་རྫེའུ་བསམ་གཏན། མདའ་དང་འཕང་།(སྟོད་ཆ།) ཀྲུང་གོའི་བོད་རིག་པ་དཔེ་སྐྲུན་ཁང་། 2007ལོ། ཤོག་ངོས་138

འཕེལ་ལོ་རྒྱུས་དེ་བས་ཀྱང་ཆོག་ཚང་རེ་གཉིས་ཀྱིས་འཐུས་པར་བྱས་ཡོད། ཏུན་ཧོང་ཡིག་ཚགས་ནི་ད་ག་ད་ག་དུས་སྐབས་དེ་ཤེད་དུ་འཕེལ་ཡོད་པའི་ཕྱིར་ན། ཚད་མ་རིག་པ་བོད་དུ་དར་བའི་དུས་ཀྱི་ཐོག་མའི་རྣམ་པ་ཇི་འདྲ་ཡིན་པ་དང་། སྐྱེ་རིས་ཇི་ལྟར་ཡོད་པ་ལྷང་ལ་ཕུད་པར་ཞིབ་འཇུག་གི་རིན་ཐང་ཆེན་པོ་ཡོད་པར་མ་ཟད། ཏུན་ཧོང་གི་བོད་ཡིག་བསྟན་བཅོས་གཞན་དང་གཞན་ངེས་པ་ལའང་ཚད་མའི་བསྟན་བཅོས་ལ་དཔྱེ་ཞིབ་བྱ་རྒྱུ་ནི་མེད་དུ་མི་རུང་བའི་ཕྱིར་ན་འདིའི་རིན་ཐང་གཞལ་དུ་མེད་སྙམ།

《ཀྲུང་གོའི་བོད་རིག་པ་》2011ལོའི་དེབ་བཞི་པ་ལས་བདམས།

༄། །ཏུན་ཧོང་ཡིག་རྙིངP.T.116《ཐེག་པ་ཆེ་ཆུང་གི་ཁྱད་པར་དང་། འཇུག་པའི་སྒོ་དང་། སོ་སོའི་མཚན་ཉིད་མདོ་ཙམ་དུ་བསྟན་ན་》ཞེས་པའི་བརྗོད་དོན་དང་སྦྲེལ་ཏེ་ཐེག་པ་ཆེ་ཆུང་གི་སྐོར་ལ་ཆེ་ལོང་ཙམ་དཔྱད་པ།

ཁྲིང་ཕྲུག་བློ་བཟང་དར་རྒྱས།

[ནང་དོན་གནད་བསྡུས།] དཔྱད་རྩོམ་འདིར་ཏུན་ཧོང་ཡིག་རྙིང་ལས་བཤད་པའི་ཐེག་པ་ཆེ་ཆུང་གི་ཁྱད་པར་དང་འཇུག་སྒོ། མཚན་ཉིད་བསྟན་པ་དག་བོད་བརྒྱུད་ནང་བསྟན་གྱི་དབུ་ཕར་གྱི་གཞུང་དང་དཔྱད་བསྡུར་གྱིས་རང་རང་གི་ཐུན་མིན་གྱི་ཁྱད་ཆོས་དང་མཐུན་པའི་ཆ་མི་མཐུན་པའི་ཆ་སོགས་གསལ་པོར་བཤད་ཅིང་། ལྷག་དོན་ཡིག་རྙིང་དེ་ཉིད་བྱུང་བའི་སྐབས་སུ་རྒྱ་བོད་གཉིས་ཆར་གྱི་ཡུལ་གྲུར་དབུ་མ་ཐལ་འགྱུར་བའི་གྲུབ་མཐའ་བྱུང་མེད་པ་དང་། ངེས་ཡོངས་གྲགས་ཀྱི་ཅི་ཡང་མེད་པའི་ལྟ་བ་ཙམ་སྟོན་པ་མ་ཡིན་པའི་ངེས་ཤེས་དང་བློ་སྐྱེད་གསར་པ་སྟེར་བར་བསྐྱོན་དུ་མེད་ཚུལ་སྐོར་གླེང་བརྗོད་བྱས་ཡོད།

[གནད་ཚིག] ཐེག་ཆེན། ཐེག་ཆུང་། བསམ་གློ། ལྟ་བ། དབུ་མ། ཐལ་འགྱུར་བ།

དང་པོ། དཔྱད་རྩོམ་གྱི་གླེང་བསླངས་པ།

དེ་ཡང་ཐེག་པ་ཆེ་ཆུང་ཞེས་པའི་ནང་དུ་ནང་རིག་ཆོས་ཕུང་བརྒྱད་ཁྲི་བཞི་སྟོང་དུ་གྲགས་པ་ཡོད་ཚད་འདུ་ཞིང་། བཀའ་སྡེ་སྣོད་གསུམ་དང་རྒྱུད་སྡེ་བཞི། གཞུང་ཆེན་བཀའ་པོད་ལྔ་སོགས་སུ་དབྱེ་བ་དག་ཀྱང་དེ་གཉིས་གང་རུང་གི་བརྗོད་བྱ་ལས་མ་འདས་པས་འདིས་དོན་ཏ་ཙང་འགྲེལ་ཞིང་རྒྱ་ཆེ་བ་དང་། ནང་བསྟན་གཞུང་ལུགས་ཀྱི་ནང་ཆེས་གལ་ཆེ་བའི་གོ་བབ་བཟུང་ཡོད་པ་བཅས། འདིའི་གོ་དོན་མ་ཤེས་ན་ནང་རིག་གི་སྙིང་པོ་དང་རྩ་བ། དམིགས་ཡུལ། གྲུབ་འབྲས་རྣམས་ལྟ་ཅི། ཐ་ན་ཐེག་པ་ཆེ་ཆུང་གི་བསམ་གློའི་ཁྱད་པར་ཙམ་ཡང་ངོས་འཛིན་མི་ཐུབ། དེར་བརྟེན་འདི་ནི་རིགས་པ་སྨྲ་བ་དང་ཞིབ་འཇུག་གི་ལས་ལ་འཇུག་མཁན་པ་ཞིག་ལ་མཚོན་ན་མི་ཤེས་ན་མི་རུང་བའི་ཆེས་རྨང་གཞིའི་ཤེས་བྱ་ཞིག་

དང་སྤྱི་འགྲོས་ཤིག་ཏུ་གྱུར་ཡོད།

ད་ཕན་འདིའི་ལོ་རྒྱུས་དང་རྩོམ་པ་པོའི་སྐོར་སོགས་ལ་ཞིབ་འཇུག་དང་དཔྱད་འཇོག་བྱེད་པ་ཤིན་ཏུ་མང་ནའང་། ནང་བསྟན་རིག་གཞུང་ཐོག་གམ་བརྗོད་དོན་དངོས་ལ་དཔྱོད་མཁན་ཨ་རིའི་ནང་རིག་སྙེ་ཧྲི་ཡུ་ལི་ཧྲ་པེ་ནྣ་པའོ་དང་། ཧྥ་རན་སིའི་མཁས་པ་ཧེ་སླིས་བེ། འཇར་པན་གྱི་མཁས་པ་ཧི་ར་ཁ་པ་སོགས་རེ་གཉིས་ཙམ་ལས་མི་སྣང་བས། འདིར་འདིའི་བརྗོད་དོན་དང་སྤྱི་འགྲོས་རྒྱུན་ཤེས་རྣམས་ལ་ཕྱོགས་ལྷུང་མེད་པར་གཞུང་ཆེན་འཆད་ཁྲིད་དང་ཞིབ་འཇུག་གི་ངལ་བ་བརྒྱ་ཕྲག་བསྟེན་པ་དག་ལ་རྗེས་སུ་ཡི་རངས་ཀྱིས་བསམ་འཆར་བརྗེ་རེས་དང་། གསར་སྟོབ་རིག་པའི་གང་བུ་ཁ་སོ་མ་ཕྱེ་བ་དག་ལའང་བློ་སྐྱེད་ཙུང་ཟད་རེ་སྲིད་སྙམ་ནས་ཧྥ་རན་སིའི་པོ་ཞི་ཧུ་ཡིས་སྤྱི་ལོ1908ལོར་བོད་ཀྱི་གནའ་བོའི་རིག་པའི་བང་མཛོད་ཏུན་ཧོང་ནས་འཁྱེར་ཞིང་ད་ལྟ་ཧྥ་རན་སིའི་རྒྱལ་གཉེར་དཔེ་མཛོད་ཁང་དུ་ཉར་བཞིན་པའི་ཡིག་རྙིང་ཁྲོད་ལས་ཨང་རྟགསP.T.116པ། 《ཐེག་པ་ཆེ་ཆུང་གི་ཁྱད་པར་དང་། འཇུག་པའི་སྒོ་དང་། སོ་སོའི་མཚན་ཉིད་མདོ་ཙམ་དུ་བསྟན་ན་》ཞེས་པའི་ཤོག་དྲིལ་འདི་ལ་ཅུང་ཟད་དཔྱད་ཁུལ་གྱི་ངལ་བ་དང་དུ་བླངས་པ་ཡིན། ཤོག་དྲིལ་འདི་ནི་ཤོག་ལྷེབ་ངོས་བཅུ་དང་ཐིག་ཕྲེང་སོ་ལྔ་ཡིས་གྲུབ་པའི་གནའ་བོའི་ཡིག་རྙིང་གི་ཁྲོད་ནས་མགོ་མཇུག་ཆ་ཚང་ཞིང་ཐེག་པ་ཆེ་ཆུང་སྐོར་གྱི་དོན་དྲིལ་ལ་རང་གི་ཐུན་མོང་མ་ཡིན་པའི་ཁྱད་ཆོས་གསལ་བ། གནའ་བོའི་ཤེས་རིག་གི་འབྲས་ཚབ་ཆོག་པའི་དཔྱད་གཞི་རིན་ཐང་ལྡན་པ་ཞིག་ཏུ་མཐོང་ནའང་ད་བར་སུས་ཀྱང་ཞིབ་འཇུག་བྱས་མི་འདུག་པས། ཁོ་བོའི་ཐོག་མའི་བགོ་སྐལ་དུ་ཐོབ་པོ་སྙམ་ནས་ཡིག་རྙིང་གང་དང་སྤྲེལ་ཏེ་ཐེག་པ་ཆེ་ཆུང་གི་སྐོར་འདི་ལ་སྔ་དེང་གཞུང་ལུགས་ཆེན་མོ་ནས་འོངས་པའི་བཤད་ཚུལ་དག་ལ་གོ་སླ་བའི་རིགས་ལམ་ནས་གཤིབ་བསྡུར་གྱིས་ཅུང་ཞིག་དཔྱད་པར་འདོད་པ་ནི་སྐབས་སུ་བབ་པའི་ལས་སོ། །

གཉིས་པ། ཡིག་རྙིང་དང་སྦྲེལ་ཏེ་ཐེག་པ་ཆེ་ཆུང་ལ་དཔྱད་པ།

གཅིག བསམ་བློའི་ཁྱད་པར་ལ་དཔྱད་པ། དེ་ཡང་ཐེག་པ་ཆེ་ཆུང་གི་བསམ་བློའི་ཁྱད་པར་གྱི་སྒོ་ནས་རྒྱུད་ལྡན་གྱི་གང་ཟག་དེ་ཉིད་ཐེག་དམན་པ་ཞིག་གམ་ཐེག་ཆེན་པ་ཞིག་ཡིན་པར་བརྟག་དགོས། ཐེག་པ་ཆུང་ངུའམ་ཐེག་དམན་པ་ཞིག་ཡིན་ན་བདེན་པ་བཞི་སོགས་ཀྱི་ལག་ལེན་ལ་བརྟེན་ནས་རང་ཉིད་འཁོར་བའི་སྡུག་བསྔལ་ལས་ཐར་བར་འདོད་པ་དང་། ཡང་དགྲ་བཅོམ་པ་ཞེས་པའི་འབྲས་བུ་ཐོབ་ཕྱིར་རང་དོན་ཕྱོགས་རེ་བ་ལ་འབད་པས་བརྩོན་པའི་བསམ་བློ་ཅན་ཞིག་ཡིན་པ་ལས་སེམས་ཅན་

གཞན་སྡུག་བསྔལ་ལས་གྲོལ་ཕྱིར་བྱང་ཆུབ་ཀྱི་སེམས་རྒྱུད་ལ་ལྡན་པ་ལྟ་བཞག གཞན་དོན་ཁུར་དུ་འཁྱེར་པའི་སྙིང་རྗེ་ཆེན་པོ་ཁྱད་པར་ཅན་དང་ལྷག་བསམ་གྱི་བསམ་བློ་ཅན་ཞིག་ནི་མིན་ནོ། །

དེ་ལ་ཏུན་ཧོང་གི་ཡིག་ཆེང་འདིར། "བདག་ཉིད་འཁོར་བ་ལས་མྱུར་དུ་ཐར་པའི་ཕྱིར། རང་གི་དོན་ཉི་ཙེ་བྱེད་ཙིང་སྙིང་རྗེ་ཆུང་བས་ཐེག་པ་ཆུ་ཏུ་ལགས་སོ། །"ཞེས་དམིགས་ཡུལ་བདག་ཉིད་ཁོ་ནའི་ཆེད་དུ་རང་དོན་ཉི་ཚེ་བ་སྒྲེ་ཕྱོགས་རེ་བ་བྱེད་པ་ཡིན་པས་གཞན་དོན་བྱ་འདོད་ཀྱི་སྙིང་རྗེའི་བསམ་བློ་སོགས་མེད་པར་སྟོན་པ་དང་བཤད་ཚུལ་ཏ་ཅང་མཐུན་པར་བྱུང་།

དེ་ནས་ཐེག་པ་ཆེན་པོའི་བསམ་བློ་རྒྱ་ཆེ་ཞིང་སྤྱིར་དཔག་ཏུ་མེད་ཀྱང་གཙོ་བོའམ་མདོར་བསྡུས་ན་ཕ་རོལ་ཏུ་ཕྱིན་པ་དྲུག་དང་། བསྡུ་བའི་དངོས་པོ་བཞི། སྙིང་རྗེ་ཆེན་པོ། ལྷག་པའི་བསམ་པ། བྱང་ཆུབ་ཀྱི་སེམས་སོགས་ཀྱིས་མཚོན་རང་ཉིད་ཡལ་བར་དོར་ནས་གཞན་གཅེས་པར་འཛིན་པའི་བསམ་བློ་ཁྱད་པར་ཅན་ཞིག་ཏུ་འཇོག་ཆོག ཁྱད་པར་དུ་བྱང་ཆུབ་ཀྱི་སེམས་ནི་དེ་དག་གི་ནང་ནས་ཀྱང་རང་ཉིད་ཐེག་པ་ཆེན་པོ་ཡིན་མིན་གྱི་མཚོན་བྱེད་ཀྱི་བསམ་བློ་ཁོ་ན་སྟེ། བསམ་བློ་འདི་རང་བློ་ལ་མ་སྐྱེས་ན་ཡོན་ཏན་གཞན་གང་ཞིག་ཡོད་ཀྱང་རང་ཉིད་ཐེག་པ་ཆེན་པོའམ་བྱང་ཆུབ་སེམས་དཔའི་མིང་ཙམ་ཡང་མི་ཐོབ་སོ། །དེས་ན་ཐེག་ཆེན་གྱི་གང་ཟག་ཡིན་མིན་རང་རྒྱུད་ན་བྱང་ཆུབ་ཀྱི་སེམས་བསྐྱེད་ཡོད་མེད་ལ་རག་ལས་པའི་རྒྱུ་མཚན་གྱིས། ཐེག་པ་ཆེན་པོའི་འཇུག་སྒོ་ལ་བྱང་ཆུབ་ཀྱི་སེམས་ཏེ་སེམས་བསྐྱེད་འཛོག་པར་བཤད་པའང་གནད་དེ་ལ་ཐུག་པ་《སྤྱོད་འཇུག་》དང་《བྱང་ཆུབ་ཀྱི་ལམ་རིམ་ཆེ་བ་》ནས་གསུངས། དེའི་ཕྱིར་རང་ཉིད་སྐྱེས་བུ་ཆེན་པོའམ་བདག་ཉིད་ཆེན་པོ། རྒྱལ་བའི་སྲས་པོའམ་བྱང་ཆུབ་སེམས་དཔའ། ཐེག་པ་ཆེན་པོའི་གང་ཟག་ཅིག་བྱ་འདོད་ན་དེ་ལ་འཇུག་པའི་སྒོ་ཉག་གཅིག་ནི་བསམ་བློ་འདི་ཁོ་ན་ལས་མེད་དེ། འདི་བློ་ལ་ནམ་སྐྱེས་པ་ན་ཡོན་ཏན་གཞན་ཅི་ཡང་མ་མཆིས་ཀྱང་གང་ཟག་དེ་ཉིད་ཐ་ན་དུད་འགྲོའི་ལུས་རྟེན་དུ་གྱུར་ནའང་ཐེག་ཆེན་གང་ཟག་ཏུ་གྱུར་པར་གསུངས་ལ། བསམ་བློ་འདི་དང་ནམ་ཁ་བྲལ་བ་ན་གནས་ལུགས་རྟོགས་པའི་ཤེས་རབ་དང་། མངོན་ཤེས་དང་རྫུ་འཕྲུལ་གང་ཡོད་ཀྱང་ཐེག་པ་ཆུང་ངུའི་གནས་སུ་ལྷུང་བའམ་ཐེག་ཆེན་གང་ཟག་མ་ཡིན་པར་གྱུར་པར་གདོན་མི་ཟ་བར་འདོད།

འོ་ན་ཐེག་པ་ཆེན་པོའི་བསམ་བློ་སྟེ་བྱང་ཆུབ་ཀྱི་སེམས་འདི་ལ་གཞུང་ལུགས་ཆེན་མོ་དག་ལས་བྱུང་ཞིང་། "སེམས་བསྐྱེད་པ་ནི་གཞན་དོན་ཕྱིར། །ཡང་དག་རྫོགས་པའི་བྱང་ཆུབ་འདོད། །"ཅེས་བྱུང་ཞིང་། དེ་ལ་གཞི་བྱས་ནས་སེམས་བསྐྱེད་ཀྱི་ངོ་བོ་ལ་སྔོན་ཆྱོན་རྒྱ་བོད་ཀྱི་མཁས་པ་དག་གི་ཁྲིད་དུ་འགྲེལ་ཚུལ་མི་མཐུན་པ་སྣ་ཚོགས་བྱུང་ཡོད། དེ་ཡང་རྒྱ་གར་གྱི་ཐེག་ཆེན་གྲུབ་མཐའ་སྨྲ་བ་སློབ་དཔོན་

ཐོགས་མེད་སྐུ་མཆེད་ཀྱིས་སེམས་བསྐྱེད་ཀྱི་ངོ་བོ་ནི་སྨོན་ལམ་དུ་གྱུར་པའི་སེམས་བྱུང་ཞིག་ཏུ་བཞེད་པ་དང་། ཕར་ཕྱིན་གྱི་མཁན་པོ་འཕགས་གྲོལ་དང་སེང་གེ་བཟང་པོ་གཉིས་ཀྱིས། གཞན་དོན་དུ་ཇོགས་པའི་བྱང་ཆུབ་འདོད་པ་དང་མཚུངས་ལྡན་དུ་འབྱུང་བའི་སེམས་ཤིག་སེམས་བསྐྱེད་ཀྱི་ངོ་བོར་བཞེད་པ། སངས་རྒྱས་དཔལ་གྱིས། འཕགས་སེང་གི་ལུགས་དེ་བཀག་ནས་དོན་གཉེར་གྱི་འདུན་པ་ཉིད་སེམས་སུ་འདོད་པས་སེམས་དང་སེམས་བྱུང་གཉིས་རྫས་གཅིག་ཏུ་འདོད་པ། ཞི་བ་པས་སེམས་བསྐྱེད་ཀྱི་ངོ་བོ་ནི་གཞན་དོན་གྱི་ཆེད་དུ་བྱང་ཆུབ་ལ་དམིགས་པའི་འདུན་པ་དང་སེམས་གཉིས་ཀའི་ཆ་ལ་འདོད་པ། བོད་ཀྱི་མཁས་པ་རྗེ་ཙོང་ཁ་པ་སོགས་ཀྱིས་བཤད་ཚུལ་དེ་རྣམས་ལ་ཞིབ་འཇུག་མཛད་ནས། གཞན་དོན་དུ་ཇོགས་པའི་བྱང་ཆུབ་འདོད་པ་དང་མཚུངས་ལྡན་དུ་འབྱུང་བའི་སེམས་ཤིག་ལ་བྱང་ཆུབ་ཀྱི་སེམས་ཞེས་གསུངས་པ་ལྟར་རོ། །

དེ་ལ་ཏུན་ཧོང་ཡིག་རྙིང་འདི་ལས། "ཐེག་པ་ཆེན་པོ་ཕ་རོལ་ཏུ་ཕྱིན་པ་དྲུག་གི་སྒོ་ནས་འཇུག་སྟེ། གང་ཟག་དང་ཆོས་གཉི་ག་ལ་བདག་མེད་པར་རྟོགས་ནས། བདག་དང་གཞན་གྱི་དོན་གཉི་ག་སྒྲུབ་པས། སྙིང་རྗེ་ཆེན་པོ་དང་། ཤེས་རབ་དེ་ལྡན་པས། མཐར་བླ་ན་མེད་པའི་སངས་རྒྱས་ཀྱི་འབྲས་བུ་ཐོབ་པས་ཐེག་པ་ཆེན་པོ་ལགས་སོ། །"ཞེས་བྱུང་བས་ཐོག་མར་ནས་སེམས་བསྐྱེད་ཀྱི་ཐ་སྙད་མེད་ཅིང་ཐེག་པ་ཆེན་པོར་ཞུགས་པ་ལ་བདག་མེད་གཉིས་རྟོགས་དགོས་པར་བཤད་པ་དག་དེང་གི་ཕར་ཕྱིན་གཞུང་ལུགས་དང་ཅུང་ཟད་མ་མཐུན་པ་ལྟ་བུ་ཞིག་ཏུ་སྣང་ན་ཡང་དོན་ལ་དཔྱད་ན་མཐུན་པར་སེམས་ཏེ། བདག་གཞན་གྱི་དོན་གཉི་ག་སྒྲུབ་པས་གཞན་དོན་ལ་བརྩོན་པས་སོ། །ཕྱིར་སྙིང་རྗེ་ཆེན་པོ་ཙམ་ནི་ཐེག་དམན་ལ་ཡང་ཡོད་པར་བསྟན་སྣང་མོད། ཐབས་ཤེས་ཡ་མ་བྲལ་བའི་སྙིང་རྗེ་ཆེན་པོ་ནི་ཐེག་ཆེན་པ་ལ་མ་གཏོགས་མེད་པས་དེ་ཉིད་སེམས་བསྐྱེད་དང་མིང་ཐ་དད་པ་ཙམ་ལས་དོན་ལ་ངོ་བོ་གཅིག་ཏུ་གྱུར་པ་ཤེས་ཐུབ། ཡིན་ནའང་བྱང་ཆུབ་སེམས་ཀྱི་མིང་བརྗ་འདི་ཡིག་རྙིང་འདིའི་ཕྱིས་ཙམ་ལ་བྱུང་བ་ཤིན་ཏུ་གསལ།

ཡིག་རྙིང་ལས། ཐེག་པ་ཆེན་པོའི་གང་ཟག་ཡིན་ན་བདག་མེད་གཉིས་རྟོགས་དགོས་པ་ཁྱབ་པར་བཤད་པ་ནི་དཔྱད་པའི་གནས་ཏེ། བདག་མེད་གཉིས་མ་རྟོགས་པའི་སེམས་བསྐྱེད་རྒྱུད་ལ་སྐྱེས་མ་ཐག་པ་དེ་ཐེག་ཆེན་གང་ཟག་ཡིན་པའི་ཕྱིར། ཡིན་ནའང་བདག་མེད་གཉིས་རྟོགས་པ་ཐེག་ཆེན་པ་མཆོག་དང་དབང་པོ་རྣོན་པོ་ལ་ཡོད་ཚོག་པ་དང་ཡོད་ན་ལེགས་པ་མི་འགལ་བའི་ཕྱིར། ཡང་ཡིག་རྙིང་འདིར། ཕ་རོལ་ཏུ་ཕྱིན་པ་དྲུག་གི་སྒོ་ནས་འཇུག་པར་བཤད་པ་དེ་ཡང་ཉམས་ལེན་གྱི་སྒོ་ནས་དང་དེ་

གང་ཟུང་གི་སྒོ་ནས་འཇུག་པ་ལས་སྐབས་དེར་ཕར་ཕྱིན་དྲུག་གི་ཡོན་ཏན་རྒྱུད་ལ་ཡོད་པར་མ་ངེས་ཏེ། ཕར་ཕྱིན་དྲུག་གི་ལམ་མམ་ཡོན་ཏན་ཐེག་ཆེན་མཐོང་ལམ་ནས་ཐོབ་དགོས་ཚུལ་《གསེར་ཕྲེང་》ལས་བཤད་པས་སོ། །དེས་ན་ཡིག་རྙིང་འདི་དེང་གི་ནང་རིག་གཞུང་ལུགས་ཀྱི་ཚིག་དོན་ཞིབ་ཆ་དང་བསྡུར་ན། ཚགས་མི་དམ་པ་དང་ཆ་དེ་ཙམ་མི་ཚང་བ་ཞིག་འདུག

གཉིས། ལྟ་བའི་ཁྱད་པར་ལ་དཔྱད་པ། ཐེག་པ་ཆེ་ཆུང་གི་བསམ་བློ་ལ་ཁྱད་པར་ཆེན་པོ་ཡོད་པ་དེ་བཞིན་དུ་དེ་གཉིས་ཀྱི་ལྟ་བ་ལའང་ཤིན་ཏུ་མི་འདྲ་བའི་ཁྱད་པར་སྣང་སྟེ། ཐེག་པ་ཆུང་ངུའི་གྲུབ་མཐའི་ལྟ་བ་ལས་བདེན་བཞིའི་ཁྱད་ཆོས་མི་རྟག་སོགས་བཅུ་དྲུག་ལ་དམིགས་ནས། གང་ཟག་རང་རྐྱ་ཐུབ་པའི་རྫས་ཡོད་ཀྱིས་སྟོང་པར་བསྒོམ་པ་དེ་ནི་ཉན་ཐོས་ཀྱི་ཐེག་པའི་ལྟ་བ་ཡིན་ཏེ། དེས་ལྟ་བ་དེ་ཉིད་གང་ཟག་གི་བདག་མེད་ཕྲ་མོར་ཁས་ལེན་ཞིང་ཆོས་ཀྱི་བདག་མེད་ཅེས་པའི་དོན་དང་ཐ་སྙད་གཉིས་ཀ་ཁས་མི་ལེན་ནོ། །དེ་ལ་བྱེ་བྲག་སྨྲ་བ་དང་མདོ་སྡེ་པ་གཉིས་ཕལ་ཆེར་མཐུན་ནོ། དེས་ན་ལྟ་བ་ཞེས་པ་ནི་འདིར་ནང་བསྟན་གཞུང་ལུགས་ལས་བདག་མེད་པའི་ལྟ་བ་ལ་གོ་དགོས། ལྟ་བ་ཞེས་པའི་ཐ་སྙད་དེ་ཡང་རྟོགས་བྱ་ཡུལ་དུ་གྱུར་པའི་བདག་མེད་དང་རྟོགས་བྱེད་ཡུལ་ཅན་དུ་གྱུར་པའི་ཤེས་རབ་གཉིས་ཀ་ལ་འཇུག་པར་མཁས་མཆོག་དཔལ་ལྡན་ཆོས་རྗེས་གསུངས་པས་དོན་ལ་མི་འགལ་ལོ། །

ཐེག་པ་ཆེན་པོའི་གྲུབ་མཐའི་ལྟ་བ་ཇི་ལྟར་འཛོག་ཅེ་ན། དེ་གང་ཟག་གི་བདག་མེད་ཕྲ་རགས་གཉིས་དང་ཆོས་ཀྱི་བདག་མེད་དམ་སྟོང་ཉིད་རྣམས་དང་དེ་དག་རྟོགས་པའི་ཤེས་རབ་ལ་ནང་པ་སངས་རྒྱས་པའི་ལྟ་བ་ཞེས་ཟེར། འོན་ཀྱང་ཐེག་པ་ཆེན་པོའི་དམིགས་བསལ་གྱི་ལྟ་བ་ནི་སྟོང་ཉིད་དང་དེ་རྟོགས་པའི་ཤེས་རབ་གཉིས་ལ་འདོད་དོ། །སྟོང་ཉིད་དང་ཆོས་ཀྱི་བདག་མེད་གཉིས་དོན་གཅིག་ཏུ་གོ་དགོས། དེ་ནི་ཐེག་པ་ཆེན་པོའི་དབུ་སེམས་གཉིས་ཀའི་ཐུན་མོང་གི་ལྟ་བ་ཡིན་ཞིང་། དབུ་མ་བས་དེའི་སྟེང་དུ་ཆོས་ཐམས་ཅད་བདེན་པར་མ་གྲུབ་པའི་ལྟ་བ་ཁས་ལེན་ལ། ཁྱད་པར་དུ་དབུ་མ་ཐལ་འགྱུར་བས་ཆོས་ཐམས་ཅད་བདེན་པར་མ་གྲུབ་པ་མ་ཟད་རང་གི་མཚན་ཉིད་ཀྱིས་གྲུབ་པ་ཐ་སྙད་ཙམ་དུ་ཡང་མ་གྲུབ་པར་ཁས་ལེན་པ་ཡིན་ནོ། །

དེ་ལ་ཏུན་ཧོང་ཡིག་རྙིང་འདིར། "མུ་སྟེགས་ཅན་གྱིས་བརྟགས་པ་ལྟ་བུའི་གང་ཟག་དང་། ང་དང་བདག་ལ་སོགས་པར་ལྟ་བ་མ་ལགས་ཀྱི། གང་ཟག་ལ་བདག་མཆིས་པར་ནི་རྟོགས། གཟུགས་ལ་སྩོགས་པ་ཕྱི་ནང་གི་ཆོས་ཀུན་ཀྱང་། དོན་དམ་པར་ཡང་ཆོས་ཙམ་དུ་ནི་མཆིས་པར་འཚལ་ཏེ"ཞེས་དང་། "རང་སངས་རྒྱས་ཀྱི་ཐེག་པ་ནི་རྟེན་ཅིང་འབྲེལ་བར་འབྱུང་བའི་སྒོ་ནས་འཇུག་སྟེ། གང་ཟག

ལ་བདག་མེད་པར་ཆུད། ཆོས་ལ་ཡང་གཟུགས་ཀྱི་ཕུང་པོ་ཙམ་དུ་བདག་མེད་པར་རྟོགས་ཏེ། ཉན་ཐོས་དབང་པོ་རྣོན་པོ་ཞིག་ཏུ་བསམ་པས། ཁྱད་པར་དེ་ཙམ་ལ་ཐེག་པ་འབྲིང་པོ་ཞེས་གདགས་”ཞེས་དང་། “ཐེག་པ་ཆེན་པོ་ཕ་རོལ་ཏུ་ཕྱིན་པ་དྲུག་གི་སྒོ་ནས་འཇུགསྟེ། གང་ཟག་དང་ཆོས་གཉིས་ག་ལ་བདག་མེད་པར་རྟོགས་”ཞེས་སོགས་བྱུང་བ་ནི་ཐེག་པ་ཆེ་ཆུང་གི་ལྟ་བ་བཤད་པར་འདོད་དགོས་སོད། འོན་ཀྱང་དེ་ནི་ཐེག་པ་ཆེན་པོའི་དབུ་མ་བའི་ལུགས་ཀྱི་ཐེག་པ་ཆེ་ཆུང་གང་ཟག་གི་ལྟ་བ་ལ་གོ་དགོས་པ་ཡིན་ཏེ། དེ་ནི་ཐེག་ཆེན་གྲུབ་མཐའ་དབུ་མ་རང་རྒྱུད་པའི་ལུགས་ལ་ཐེག་པ་གསུམ་གྱི་རྟོགས་རིགས་མི་འདྲ་བ་ལྟར་བཤད་པ་ཁོ་ན་ཡིན་པའི་ཕྱིར། ཁྱབ་སྟེ། ཐེག་པ་ཆེ་ཆུང་གི་གྲུབ་མཐའ་དང་དེའི་ལྟ་བའི་ཁྱད་པར་གོང་ལྟར་འཛོག་དགོས་པའི་ཕྱིར། དེར་ཐལ། ཉན་ཐོས་དང་རང་རྒྱལ་གཉིས་ལ་ཐེག་པ་ཆུང་ངུའི་གང་ཟག་ཡིན་པས་ཁྱབ་ཀྱང་ཐེག་པ་ཆུང་ངུའི་གྲུབ་མཐའ་པ་དང་དེའི་ལྟ་བ་འཛིན་མཁན་ཡིན་པས་མ་ཁྱབ་པའི་ཕྱིར། དེར་ཐལ། ཉན་ཐོས་འཕགས་པ་དང་རང་རྒྱལ་འཕགས་པ་གཉིས་གང་རུང་ཡིན་ན་ཐེག་ཆེན་གྲུབ་མཐའ་པ་ཡིན་པས་ཁྱབ་པའི་ཕྱིར་ཏེ། དེ་ཡིན་ན་དབུ་མ་པ་ཡིན་པས་ཁྱབ་པ་ཡོད་པའི་ཕྱིར། དེ་ཡིན་ན་དབུ་མའི་ལྟ་བ་བདེན་མེད་མངོན་སུམ་དུ་རྟོགས་པས་ཁྱབ་པའི་ཕྱིར་རོ། །དེས་མ་ཟད་བྱང་ཆུབ་ཀྱི་སེམས་རྒྱུད་ལྡན་གྱི་གང་ཟག་ཡིན་ན་ཐེག་པ་ཆེན་པོའི་བྱང་ཆུབ་སེམས་དཔའ་ཡིན་པས་ཁྱབ་ཀྱང་། དེ་ཡིན་ན་ཐེག་ཆེན་གྱི་གྲུབ་མཐའ་པ་དང་དེའི་ལྟ་བ་འཛིན་མཁན་ཡིན་པས་མ་ཁྱབ་སྟེ། ཐེག་དམན་གྱི་གྲུབ་མཐའ་བྱེ་བྲག་སྨྲ་བ་དང་མདོ་སྡེ་པ་ཡིན་པའི་ཐེག་ཆེན་གྱི་བྱང་ཆུབ་སེམས་དཔའ་ཤིན་ཏུ་མང་བའི་ཕྱིར།[1] དེ་བཞིན་དུ། སེམས་ཙམ་པའི་གྲུབ་མཐའ་སྨྲ་བ་ཡིན་ན་ཡང་སེམས་ཙམ་པ་ཡིན་མི་དགོས་ཏེ། སེམས་ཙམ་པའི་ཤིང་རྟའི་སྲོལ་འབྱེད་མཁན་སློབ་དཔོན་ཐོགས་མེད་ཉིད་སེམས་ཙམ་པ་མ་ཡིན་པའི་ཕྱིར། དེའི་དགོངས་པ་དབུ་མར་གནས་པར《རྒྱུད་བླ་མའི་འགྲེལ་པ་》ལས་གསལ་བའི་ཕྱིར། དེ་ནི་སྔོན་བྱོན་མཁས་པའི་རིགས་གཞུང་ལས་འོང་བ་བཞིན་བཤད་པ་ཡིན།[2] འོན་ཀྱང་དེང་དུས་བོད་རིག་པའི་

① རྗེ་བཙུན་ཤེས་རབ་རྒྱ་མཚོ། ཆོས་སྲིད་གྲུབ་མཐའ་སྣ་ཚོགས་ཀྱི་གཏམ་ཐོས་པ་དོན་ལྡན་བསླགས་པའི་དོན་གྲུབ་ཅེས་བྱ་བ། མཚོ་སྔོན་མི་རིགས་དཔེ་སྐྲུན་ཁང་། 1984ལོ། ཤོག་ངོས་361

② ལྕང་སྐྱ་རོལ་པའི་རྡོ་རྗེ། གྲུབ་མཐའ་ཐུབ་བསྟན་ལྷུན་པོའི་མཛེས་རྒྱན། ཀྲུང་གོའི་བོད་རིག་པ་དཔེ་སྐྲུན་ཁང་། 1989ལོ། ཤོག་ངོས་108འཕགས་པ་ཐོགས་མེད་ལྟ་བུ་རང་ཉིད་དབུ་མ་ཐལ་འགྱུར་བར་གནས་ཀྱང་སེམས་ཙམ་དང་མཐུན་པར་དགོངས་འགྲེལ་གྱི་བསྟན་བཅོས་བརྩམས་པ་ཡང་སློབ་དཔོན་དེ་དག་གི་ནང་ན་མང་དུ་ཡོད་ཅེས་དང་། སེམས་ཙམ་པའི་སློབ་དཔོན་ཡིན་ན་སེམས་ཙམ་པ་ཡིན་མི་དགོས་ཏེ་ཕལ་ཆེན་སྡེ་པའི་དགེ་སློང་ཡིན་ན་ཕལ་ཆེན་སྡེ་པ་ཡིན་མི་དགོས་པ་བཞིན་ནོ། །

མཁས་པ་ཁང་དཀར་ཚུལ་ཁྲིམས་སྐལ་བཟང་གིས་གཞན་ཕྱོགས་ཀྱི་བཤད་ལུགས་དག་ལ་ཉམས་ཞིབ་དང་རྒྱུད་བླའི་འགྲེལ་པའི་མིང་བརྡའི་འཕེལ་རིམ་གུང་བསྒྲིགས་ནས་དེ་ཉིད་ཐོགས་འགྲེལ་མ་ཡིན་པའི་གསར་བཤད་《བྱམས་ཆོས་བསྐྱར་ཞིབ་དྲང་ངེས་མཛོས་རྒྱན་》ནང་གནང་ཡོད་པ་ལྟར་ན་གོང་ལྟར་མི་འཐད་ཅིང་། ཁོང་གིས་ད་དུང་མཚོ་སྔོན་མི་རིགས་སློབ་ཆེན་དུ་དཔེ་ཁྲིད་གནང་སྐབས་སུ་སེམས་ཅམ་པའི་ཤིང་རྟའི་སྲོལ་འབྱེད་ཡིན་ན་སེམས་ཅམ་པ་ཡིན་པས་ཁྱབ་པར་ཁས་བླངས་ན་ལུང་རིགས་ཀྱི་གནོད་པས་དབེན་པར་གསུངས། དེ་ལ་རེ་ཞིག་དོགས་པ་འདི་ཡོད་དེ། སྤྱིར་ལུགས་གང་ཞིག་གི་སྲོལ་ཕྱེ་ན་འབྱེད་མཁན་རང་ཉིད་སྲོལ་དེ་ལ་གནས་མིན་ཅི་རིགས་ཡོད་ཆོག་པ་དང་། གཞན་ཐོགས་མེད་ཀྱིས་ས་གསུམ་པ་བརྙེས་པར་བཤད་པ་གལ་ཏེ་ཁས་ལེན་ཚེ་དེས་ཀྱང་ཁོང་གི་ལྟ་བ་དབུ་མར་གནས་པར་དོན་གྱིས་བཞེད་དགོས་པ་ལྡོག་མེད་ཡིན་པའི་ཕྱིར།

དེས་ན་ཡིག་རྙིང་གི་བཤད་པ་དེ་ནི་སྐབས་དེར་བོད་ལ་ནང་དོན་རིག་པའི་གཞུང་ལུགས་ཀྱི་གཞི་རྐྱབས་དེ་ཙམ་རྒྱས་མེད་པའི་དབང་རྟགས་སམ་དུས་དེར་བོད་ལ་མཁན་ཆེན་ཞི་བ་འཚོའི་ལུགས་ཀྱི་གྲུབ་མཐའ①གཙོ་ཆེན་དུ་འཛིན་ཅིང་ཆེས་ཆེར་རྒྱས་མགོ་རྩོམ་བཞིན་པའི་ཤན་ཞུགས་ཤིག་ཀྱང་ཨེ་ཡིན་སྙམ་པ་འཆར་ཞིང་། ལར་རྗེ་བཙུན་ཤེས་རབ་རྒྱ་མཚོས། “ཐེག་པ་མཆོག་དམན་དང་གྲུབ་མཐའ་མཆོག་དམན་གཉིས་སྡེབ་གཅིག་ཏུ་བསྲེས་ཤིང་ནོར་བ་རྒྱ་གར་ན་ཡོད་མེད་མི་ཤེས་ཀྱང་བོད་ན་མང་ངོ་”②ཞེས་གསུངས་པ་ཡང་ཐོས་ཙམ་ཉིད་ན་རང་གིས་རང་ལ་སྣང་བ་ཐལ་དྲགས་པ་འདྲ་ཞིག་ཤར་སོང་། སྔ་མའི་བརྩམས་ཆོས་དག་ལ་ཞིབ་ཏུ་བརྟགས་ན་གནད་དུ་འཁེལ་བའི་ལེགས་བཤད་དུ་འདུག་པ་རྣམ་དཔྱོད་ཅན་གྱི་ངོར་ཏ་ཅང་གསལ།

གསུམ། གང་ཟག་གི་ཁྱད་པར་ལ་དཔྱད་པ། དེ་ཡང་ཐེག་པ་གསུམ་གྱི་རང་རང་གི་ལམ་ལ་ཐོག་མར་ཞུགས་ཏེ་བགྲོད་པའི་རིམ་པ་དང་རིགས་དབྱེའི་དབང་དུ་བྱས་པའམ། ཡང་ན་གཞུང་ལུགས་ནས་

① འདིར་སློབ་དཔོན་ཞི་བ་འཚོས་ནང་པའི་གྲུབ་མཐའ་བཞིའི་ནང་ནས་དབུ་མ་ལ་ཐལ་རང་གཉིས་ཡོད་པའི་རང་རྒྱུད་པའི་ནང་གསེས་ཏེ་རྣལ་འབྱོར་སྤྱོད་པའི་དབུ་མ་རང་རྒྱུད་པའི་ཤིང་རྟའི་སྲོལ་ཕྱེ་བའམ་གསར་གཏོད་མཛད། འདིའི་གཞིའི་རྣམ་གཞག་ཕལ་ཆེར་སེམས་ཙམ་པ་དང་མཐུན་ཞིང་། འཕགས་སེང་སོགས་རྒྱ་བོད་ཀྱི་ཕར་ཕྱིན་པ་རྣམས་ཀྱང་ལུགས་འདིའི་རྗེས་སུ་འབྲངས་ཏེ་ལྟ་སྒོམ་སོགས་གཏན་ལ་ཕབ་པའོ། །

② རྗེ་བཙུན་ཤེས་རབ་རྒྱ་མཚོ། ཆོས་སྲིད་གྲུབ་མཐའ་སྣ་ཚོགས་ཀྱི་གཏམ་ཐོས་པ་དོན་ལྡན་བསླགས་པའི་དོན་གྲུབ་ཅེས་བྱ་བ། མཚོ་སྔོན་མི་རིགས་དཔེ་སྐྲུན་ཁང་། 1984ལོ། ཤོག་ངོས་360

འདི་ལ་ཐེག་པ་སོ་སོའི་རིགས་ངེས[1]གང་ཟག་གི་དབང་དུ་བྱས་ན། ལམ་ལ་ཞུགས་མ་ཞུགས་ཀྱི་གང་ཟག་ཡོད་ཚད་སོ་སྐྱེ་དང་འཕགས་པ་གང་རུང་གི་ནང་དུ་འདུ་ཞིང་། ལམ་ལ་མ་ཞུགས་པ་ཡིན་ན་སོ་སྐྱེ་ཡིན་པས་ཁྱབ་ཅིང་། རིགས་ངེས་ཐེག་པ་གསུམ་གང་རུང་གི་ལམ་ལ་ཞུགས་པའི་ཚོགས་ལམ་པ་དང་སྦྱོར་ལམ་པ་གང་རུང་ཡིན་ན་ཡང་སོ་སོ་སྐྱེ་བོ་ཡིན་པས་ཁྱབ་བོ། འཕགས་པའི་གང་ཟག་ལ་ཡང་དབྱེ་ན། ཉན་ཐོས་འཕགས་པ་དང་། རང་རྒྱལ་འཕགས་པ་སྟེ་ཐེག་ཆུང་གི་འཕགས་པ་གཉིས། བྱང་སེམས་འཕགས་པ། སངས་རྒྱས་འཕགས་པ་སྟེ་ཐེག་ཆེན་གྱི་འཕགས་པ་གཉིས་ཏེ་བཞི་ཡོད། དེ་བས་འཕགས་པ་ལ་དགྲ་བཅོམ་པ་ཡིན་མིན་གཉིས་ཡོད་དེ། མཐོང་ལམ་ཐོབ་མ་ཐག་པའི་ཉན་ཐོས་རང་རྒྱལ་བྱང་སེམས་རྣམས་དགྲ་བཅོམ་མ་ཡིན་པའི་འཕགས་པ་དང་། མི་སློབ་ལམ་ཐོབ་པའི་ཉན་རང་སངས་རྒྱས་རྣམས་དགྲ་བཅོམ་དུ་གྱུར་པའི་འཕགས་པ་ཡིན། དེས་ན་དགྲ་བཅོམ་པ་ཡིན་ན་འཕགས་པ་ཡིན་པས་ཁྱབ་བོ། །དགྲ་བཅོམ་པ་ལ་ཡང་སངས་རྒྱས་ཡིན་མིན་གཉིས་ཡོད་དེ། ཉན་རང་མི་སློབ་པའི་ལམ་ཐོབ་པ་རྣམས་དགྲ་བཅོམ་པ་ཡིན་ན་ཡང་སངས་རྒྱས་མིན་ཏེ། ཡིག་རྙིང་འདི་ལས། "ཐ་མར་འབྲས་བུ་ཡང་དགྲ་བཅོམ་པ་མན་ཅད་ལས་མི་ཐོབ་སྟེ"ཞེས་གསུངས་པ་དང་མཐུན་པའི་ཕྱིར་རོ། དེའི་ཕྱིར་ཐེག་ཆེན་གྱི་མི་སློབ་ལམ་ནས་ཐོབ་པའི་ཚེ་ན་མཐར་ཐུག་གི་ལམ་བགྲོད་ཟིན་པ་ཡིན་པས་སངས་རྒྱས་འཕགས་པར་གྱུར་པ་ཡིན།

བཞི། གཞུང་ལུགས་ཀྱི་ཁྱད་པར་ལ་དཔྱད་པ། སྤྱིར་ཐེག་པ་ཆེ་ཆུང་གི་གཞུང་གི་ཁྱད་པར་ནི་ཡིག་རྙིང་འདིར། "ཐེག་པ་ཆུང་ངུ་ནི་ཉན་ཐོས་ཀྱི་ལྟ་བའི་གཞུང་ལགས་ཏེ། བདེན་པ་བཞིའི་སྒོ་ནས་འཇུག་ལ"ཞེས་དང་། "ཐེག་པ་ཆེན་པོ་ཕ་རོལ་དུ་ཕྱིན་པ་དྲུག་གི་སྒོ་ནས་འཇུག"ཅེས་གསུངས་ཤིང་། ཕར་ཕྱིན་གཞུང་རང་ལས། རང་གི་ཆེད་དུ་བྱ་བའམ་ཐད་ཀར་གསུང་ཡུལ་གྱི་གདུལ་བྱ་ཐེག་པ་ཆེན་པོ་ལ་དམིགས་ཏེ་བརྩམས་པ་ནི་ཐེག་ཆེན་གྱི་གཞུང་དང་། གདུལ་བྱ་ཐེག་པ་ཆུང་ངུའི་གང་ཟག་གི་ཆེད་དུ་དམིགས་ཏེ་བརྩམས་པ་ནི་ཐེག་ཆུང་གི་གཞུང་ཡིན་པར་གསུངས། ཡང་གཞུང་དེའི་ཆེད་དུ་བྱ་བའི་གདུལ་བྱར་གྱུར་ཚད་ནི། གཞུང་ལུགས་དེ་ལ་བརྟེན་ནས་མཐར་ཐུག་གི་དགོས་པ་དེ་ཉིད་འགྲུབ་པའམ་ཉིང་དགོས་གྲུབ་དགོས་པའོ། །དེ་ཡང་ཐེག་པ་ཆེ་ཆུང་གི་གྲུབ་མཐའི་ཁྱད་པར་གྱིས་ཀྱང་དབྱེ་བ་འབྱེད་ཚོག་སྟེ། ཆོས་འཁོར་གསུམ་ལས་དང་པོ་བདེན་བཞིའི་ཆོས་འཁོར་དེའི་ཕྱོགས་གཏོགས་དགོངས་འགྲེལ་དང་བཅས་པ་ནི་ཐེག་པ་ཆུང་ངུའི་གཞུང་ཡིན། འཁོར་ལོ་ཕྱི་མ་གཉིས་ཏེ་བཀའ་བར་པ་ཤེར་ཕྱིན་གྱི་མདོ་དང་བཀའ

[1] རིགས་ངེས་གང་ཟག་ཅེས་པའི་དོན་ནི་དཔེར་ན་ཐེག་པ་ཆེན་པོ་རིགས་ངེས་ནི་ཉན་ཐོས་ཀྱི་ལམ་སོགས་གཞན་ལ་མ་ཞུགས་པར་ཐོག་མར་ཐེག་ཆེན་རང་གི་ལམ་དེ་ལ་ཞུགས་པའི་གང་ཟག་དེ་ལ་ཟེར་པ་ལྟ་བུའོ། །

ཐ་མ་མདོ་སྡེ་དགོངས་འགྲེལ་འགྲེལ་པ་དང་བཅས་པ་ནི་ཐེག་པ་ཆེན་པོའི་གཞུང་ཡིན་ཏེ། ཐེག་ཆུང་པའི་གྲུབ་མཐའ་ཉན་ཐོས་སྡེ་གཉིས་ཀྱིས་འཁོར་ལོ་དང་པོའི་རྗེས་སུ་འབྲངས་ཤིང་། ཐེག་པ་ཆེན་པོའི་གྲུབ་མཐའ་དབུ་སེམས་གཉིས་ཀྱིས་ནི་འཁོར་ལོ་ཕྱི་མ་གཉིས་ཀྱི་རྗེས་སུ་འབྲངས་ཡོད་པའི་ཕྱིར། དེས་ན་ཐེག་པ་ཆེ་ཆུང་གི་གཞུང་གི་ཁྱད་པར་དེ་ཉིད་མཐར་གཏུགས་ན་རང་གི་བརྗོད་བྱ་ལ་ལྟོས་ནས་འཇོག་དགོས་པས། རྒྱའི་ལུགས་འགའ་ཞིག་ལྟར་བསྟན་བཅོས་ཡིན་ཚད་ལ་མདོ་དང་། མདོ་དེ་ཡང་ཐེག་པ་ཆེན་པོའི་མདོ་རུ་འདོགས་རྒྱུང་བྱས་པ་ནི་དགོས་དབང་གིས་དེ་ལྟར་བཏགས་པ་ལས་གསུང་རབ་ཡོད་ཚད་ཐེག་པ་ཆེན་པོའི་མདོ་ཤ་སྟག་གཏན་ནས་མིན་པ་ཤེས་དགོས།

དེས་ན་བྱེ་བྲག་སྨྲ་བ་དང་མདོ་སྡེ་པ་གཉིས་ཀྱིས་ཐེག་པ་ཆེན་པོའི་གཞུང་ལུགས་རྣམས་སངས་རྒྱས་ཀྱི་གསུང་དང་དགོངས་པ་ཡིན་པར་ཁས་མི་ལེན་པས། ཆོས་ཀྱི་འཁོར་ལོ་བར་པ་དང་ཐ་མ་གཉིས་ཀྱང་ཆོས་འཁོར་གྱི་མཚན་གཞི་ལ་མི་འཇོག དེའི་ཕྱིར་དེ་གཉིས་ཀྱིས་ཆོས་འཁོར་ཡིན་པ་ལ་བདེན་བཞིའི་ཆོས་འཁོར་ཡིན་དགོས་པས་ཁྱབ་པར་འདོད་དོ། འོན་ཀྱང་རྒྱལ་ཚབ་དར་མ་རིན་ཆེན་གྱིས་ཉན་ཐོས་སྡེ་པ་འགའ་ཞིག་གིས་ཤེར་ཕྱིན་གྱི་མདོ་སོགས་ཐེག་ཆེན་གྱི་བཀའ་ཡིན་པར་བཤད①ཅེས་གསུངས་ཀྱང་རིགས་པས་བརྟགས་ན། དེ་ལྟར་ཁས་ལེན་རྒྱུར་དགོངས་པ་ལས་ཁས་བླངས་པར་བཤད་པ་མིན་པར་སེམས། གཞན་དུ་ན་དེ་དག་གི་ལུགས་ལ་བཀའ་ཡིན་ན་ཆོས་འཁོར་ཡིན་པས་མ་ཁྱབ་པར་ཁས་ལེན་དགོས་པར་འགྱུར་པ་འཐད་ལྡན་དུ་མ་མཐོང་ངོ་། །

ལྔ། མྱང་འདས་ཀྱི་ཁྱད་པར་ལ་དཔྱད་པ། སྤྱིར་མྱང་འདས་ཞེས་པ་མྱ་ངན་ལས་འདས་པ་ཞེས་པའི་བསྡུས་ཚིག་ཡིན་ཞིང་། མྱ་ངན་ནི་སྡུག་བསྔལ་གྱི་དོན་དང་དེ་ལས་འདས་པའམ་ཐར་པ་ལ་གོ་དགོས་སོ། །འོ་ན་ཐར་པ་ཞེས་པ་དེ་ཇི་འདྲ་ཞིག་ཡིན་ཞེ་ན། སེམས་ཅན་གྱི་སྐྱེ་རྒ་ན་འཆི་སོགས་མི་འདོད་པའི་སྡུག་བསྔལ་དང་། དེ་དག་སྐྱེད་བྱེད་ཀྱི་རྒྱུ་ལས་དང་ཉོན་མོངས་ཀྱི་དབང་གིས་གཞན་དབང་དུ་གྱུར་པའམ་བཅིངས་པ་ལས་གྲོལ་བ་ཞིག་ལ་ཐར་པ་ཟེར། དེ་ཡང་གང་ཟག་རང་ཉིད་སྐྱེ་སའི་གནས་ལ་

① ལྕང་སྐྱ་རོལ་པའི་རྡོ་རྗེ། གྲུབ་མཐའ་ཐུབ་བསྟན་ལྷུན་པོའི་མཛེས་རྒྱན། ཀྲུང་གོའི་བོད་རིག་པ་དཔེ་སྐྲུན་ཁང་། 1989ལོ། ཤོག་ངོས་91དོན་སྨྲ་སྡེ་གཉིས་ཀྱིས་ཐེག་ཆེན་བཀར་ཁས་མི་ལེན་པས་བཀའ་བར་པ་མཚན་ཉིད་མེད་པའི་ཆོས་འཁོར་སོགས་ཐེག་ཆེན་གྱི་མདོ་རྣམས་ཆོས་འཁོར་གྱི་མཚན་གཞིར་མི་འདོད་པ་སྨྲ་རབས་པ་རྣམས་ལ་གྲགས་ཤིང་བྱེ་མདོ་སྤྱི་ཙམ་ནི་དེ་ལྟར་འཐད་པར་རྗེ་ཡབ་སྲས་ཀྱང་བཞེད་མོད། འོན་ཀྱང་ཀླུ་སྒྲུབ་ཡབ་སྲས་བྱུང་བའི་རྗེས་ཀྱི་ཉན་ཐོས་སྡེ་པ་འགའ་ཞིག་གིས་ཤེར་ཕྱིན་སོགས་མདོ་ཡིན་པར་ཁས་ལེན་ཚུལ་རྒྱལ་ཚབ་ཐམས་ཅད་མཁྱེན་པའི་སྤྱོད་འཇུག་དང་རྒྱུད་བླའི་འགྲེལ་པ་སོགས་སུ་གསུངས། །

འདོད་ཁམས། གཟུགས་ཁམས། གཟུགས་མེད་ཁམས་གསུམ་ཡོད། འགྲོ་བའི་རིགས་ཀྱི་སྒོ་ནས་ལྔ་སོགས་ལྡའམ་དྲུག་ཡོད། སྐྱེ་ཚུལ་གྱི་སྒོ་ནས་མངལ་སྐྱེས། སྒོང་སྐྱེས། དྲོད་གཤེར་སྐྱེས། རྫུས་སྐྱེས་ཏེ་སྐྱེས་གནས་བཞི་སོགས་སུ་རྣམ་པར་ཤེས་པའི་ཕུང་པོ་ཉིང་མཚམས་སྦྱོར་པ་སྟེ་སྐྱེ་བ་བླངས་པ་ནི་སྡུག་བསྔལ་དང་བཅིངས་པའི་རང་བཞིན་ཅན་ཡིན་པས་དེ་ལས་གྲོལ་བ་ལ་ཐར་པ་ཐོབ་པ་ཡིན་ཞེས་འདོད་དོ། །

ཏུན་ཧོང་ཡིག་རྙིང་འདིར། "ཁམས་གསུམ་ནི་དུག་གསུམ་གྱིས་འཁོར། རྣམ་པར་མི་རྟོག་ན་མྱ་ངན་ལས་འདའ་"ཞེས་དུག་གསུམ་གྱིས་འཁོར་བར་བཅིངས་པ་དང་སྡུག་བསྔལ་བསྐྱེད་པར་བསྟན་ཅིང་། འདིའི་ལྡོག་ཕྱོགས་ཀྱི་རྣམ་རྟོག་ནི་《ཚད་མ་རྣམ་འགྲེལ་དུ་》"རྟོག་པའི་དྲ་བ་རྣམ་བསལ་ཅིང་། །"ཞེས་པའི་སྐབས་ཀྱི་རྟོག་པ་སྟེ་ཞེན་པའམ་བདེན་ཞེན་ལ་གོ་དགོས་ཤིང་། དེ་ཉིད་ཀྱིས་འཁོར་བ་ལས་མི་ཐར་པར་བྱེད་དེ། ཀླུ་སྒྲུབ་ཀྱིས། "ཇི་སྲིད་ཕུང་པོ་འཛིན་ཡོད་པ། །དེ་སྲིད་དེ་ལ་ངར་འཛིན་ཡོད། །ངར་འཛིན་ཡོད་ན་ཡང་ལས་དེ། །དེ་ལས་ཡང་ནི་སྐྱེ་བ་ཡིན། །"ཞེས། ནམ་ཞིག་རྣམ་རྟོག་དེ་ཉིད་སྤངས་པ་ན་ཐར་པའམ་མྱང་འདས་ཐོབ་ཐུབ་པར་གསུངས།

དེས་ན་ཚིག་འདི་འདྲ་ལ་བརྟེན་ནས་སྔ་དེང་གི་ཞིབ་འཇུག་པ་དག་གིས། ཡིག་རྙིང་ཤོག་དྲིལ་འདི་ཉིད་བསམ་གཏན་མཁན་པོ་མ་ཧཱ་ཡན་གྱིས་བརྩམས་པ་ཡིན་པས། རྒྱའི་ཧྭ་ཤང་གི་ལྟ་བ་རྣམ་རྟོག་ཐམས་ཅད་སྤང་བྱ་ཡིན་པ་དང་རྣམ་པར་མི་རྟོག་པ་སྟེ་ཅི་ཡང་ཡིད་ལ་མི་བྱ་བར་གྲགས་པའི་དོན་དུ་འགྲེལ་པར་འདུག་ཀྱང་། ཞིབ་ཀྱིས་དཔྱད་པ་ལྟར་ན་མཐའ་གཅིག་ཏུ་དེ་ལྟར་འགྲེལ་མི་རུང་བར་སེམས་ཏེ། ཡིག་རྙིང་འདིར། "དོན་དམ་པར་རང་བཞིན་མཾཆིས་པར་རྟོགས་ན། ཀུན་རྫོབ་ནི་ཐབས་ལགས་ལ། དོན་དམ་པར་ནི་ཐབས་ལས་བྱུང་བ་ལག་སྟེ་"ཞེས་རྣམ་རྟོག་དེ་ཉིད་ཀྱང་ཀུན་རྫོབ་ཡིན་པ་གཞིར་བྱས་དེ་ཉིད་ཐབས་སུ་གསུངས་ཤིང་། དེ་ཡང་དུག་གསུམ་ལས་གཏི་མུག་གི་རང་བཞིན་ཡིན་པས་དེའི་དབང་གིས་འཁོར་བར་འཁོར་བ་ཡང་བཤད་དཀའ་བར་འགྱུར་བའི་ཕྱིར། ཐར་པའམ་མྱང་འདས་དེ་ལ་ཡང་ཐེག་དམན་གྱི་མྱང་འདས་དང་ཐེག་ཆེན་གྱི་མྱང་འདས་གཉིས་སུ་དགར་དགོས། ཏུན་ཧོང་ཡིག་རྙིང་འདིར། "དེ་ལ་མྱ་ངན་ལས་འདའ་བ་ཡང་རྣམ་གཉིས་ཏེ། ཉན་ཐོས་དང་། རང་རྒྱལ་གྱི་མྱ་ངན་ལས་འདའ་བ་དང་། ཐེག་པ་ཆེན་པོའི་མྱ་ངན་ལས་འདས་པའོ། །"ཞེས་གསུངས་པ་ལྟར་ཡིན། དེ་ལ་ཡང་ནང་གསེས་ཀྱིས་ལྷག་བཅས་ཀྱི་མྱང་འདས་དང་ལྷག་མེད་ཀྱི་མྱང་འདས། མི་གནས་པའི་མྱང་འདས་གསུམ་ཡོད། དེ་གསུམ་གྱི་འཇོག་ཚུལ་ལ་གྲུབ་མཐའ་སྨྲ་བ་རྣམས་ཅུང་ཟད་མི་མཐུན། ཕྱིར་ཐར་པ་འཐོབ་པ་ལ་སྤང་བྱའི་སྒྲིབ་པ་གཉིས་ཡོད་པའི་ནང་གི་ཉོན་སྒྲིབ་དེ་རྩ་བ་ནས་སྤངས་པའི་སྤངས་ཆའམ་སོ་སོར་བརྟག

འགོག་དེ་མྱང་འདས་ཀྱི་མཚན་ཉིད་དུ་འདོད། འདི་ཙམ་གྲུབ་མཐའ་ཕལ་ཆེར་མཐུན་མོད། ཉོན་སྒྲིབ་སྤངས་ཀྱང་སྔ་མའི་ལས་ཉོན་གྱིས་འཕངས་པའི་སྡུག་བསྔལ་གྱི་ཕུང་པོའི་ལྷག་མ་དང་བཅས་པའི་སྐབས་ཀྱི་མྱང་འདས་དེ་ལྷག་བཅས་མྱང་འདས་ཀྱི་མཚན་ཉིད་དུ་འདོད། འདི་ལ་ཐེག་དམན་གྱི་མྱང་འདས་ཀྱིས་ཁྱབ་པས། ཉན་རང་གཉིས་ཀྱི་མྱང་འདས་ཡིན།

ཏུན་ཧོང་ཡིག་རྙིང་འདིར། "དེ་ལ་ཉན་ཐོས་དང་རང་རྒྱལ་ནི་དུག་གསུམ་ཉིད་རྣམ་པར་དག་ཅིང་། རང་བཞིན་མྱེད་པར་མ་ཤེས་ནས། གཉེན་པོའི་ཐབས་སྣ་ཚོགས་ཀྱིས། དུག་གསུམ་བཀག་ནས། མྱ་ངན་འདས་པའི་ཞི་བ་ཕྱོགས་གཙིག་ལ་གནས་ཤིང་། བླང་དོར་གྱི་ཤེས་རབ་དུ་གྱུར་པའོ། །"ཞེས་གསུངས་པ་ལྟ་བུ་ལ་མཚོན་ན། དུག་གསུམ་རྣམ་པར་དག་པ་སྟེ། ཉོན་སྒྲིབ་སྤངས་པའི་སྟེང་དུ་རང་ཉིད་ཞི་བའི་བདེ་བས་ཚིམས་ནས་དེའི་ཕྱོགས་གཅིག་ཏུ་གནས་པ་ལ་ཐེག་དམན་གྱི་མྱང་འདས་སུ་གསལ་ཁ་བརྗོད་པ་ནི་ཕྱི་རབས་པར་ཕྱིན་གྱི་གཞུང་དག་ཏུ་ཐོན་མེད་པའི་བཤད་པ་ཞིག་གོ །

ཉོན་མོངས་སྤངས་པ་མ་ཟད་དེས་བསྐྱེད་པའི་སྡུག་བསྔལ་གྱི་ཕུང་པོ་ཡང་སྤངས་པའི་མྱང་འདས་དེ་ནི་ལྷག་མེད་ཀྱི་མྱང་འདས་ཀྱི་མཚན་ཉིད་ཡིན། འདི་ལ་ཐེག་པ་ཆེ་ཆུང་གཉིས་ཀའི་མྱང་འདས་ཡོད། སྲིད་པ་དང་ཞི་བའི་མཐའ་སྟེ་རྒྱུད་པའམ་དམན་པ་གཉིས་ལས་གྲོལ་བའི་མྱང་འདས་དེ་ནི་མི་གནས་པའི་མྱང་འདས་ཀྱི་མཚན་ཉིད་ཡིན། སྒྲིབ་གཉིས་སྤངས་པའི་མྱང་འདས་དེ་ཐེག་ཆེན་གྱི་མྱང་འདས་ཀྱི་མཚན་ཉིད་ཡིན་ལ། འདི་དང་མི་གནས་པའི་མྱང་འདས་གཉིས་དོན་གཅིག་སྟེ། ཏུན་ཧོང་ཡིག་རྙིང་འདིར། "དེ་ལ་ཐེག་པ་ཆེན་པོ་ནི་དུག་གསུམ་ཉིད་རང་བཞིན་གྱིས། རྣམ་པར་དག་ཅིང་མ་བྱུང་མ་སྐྱེས་པར་ཡང་དག་པའི་ཤེས་རབ་ཀྱིས། ཡང་དག་པ་ཇི་ལྟ་བ་བཞིན་དུ་སོ་སོ་རང་གི་ཀློས་རིག་ནས་བླང་དོར་མྱེད་པ། ཅི་ལ་ཡང་མི་གནས་པའི་མྱ་ངན་ལས་འདས་པའོ། །"ཞེས་གསལ་བ་ལྟར་རོ། འོན་ཀྱང་ཐལ་འགྱུར་བའི་ལུགས་ལྟར་ན། འཇུག་ཤེས་ལ་ཡུལ་དྲུག་གང་ཅུང་རང་ངོས་ནས་གྲུབ་པར་སྣང་བའི་བློ་མངོན་གྱུར་པ་དང་བཅས་མ་བཅས་ཀྱིས་འཇོག་པས། ཐོག་མར་ལྷག་མེད་མངོན་དུ་བྱས་ནས་རྗེས་ཐོབ་ཀྱི་ཚེ་ལྷག་བཅས་མངོན་དུ་བྱ་བ་ཡིན།

གསུམ་པ། ཡིག་རྙིང་ལས་ཐོབ་པའི་བློ་བསྐྱེད་གསར་པ།

དེ་ཡང་ཡིག་རྙིང་འདིར་ཐེག་པ་ཆེ་ཆུང་གི་ཁྱད་པར་སོགས་བཤད་ནས། ཐེག་པ་ཆེན་པོ་ལ་དྲང་བའི་དོན་དང་ངེས་པའི་དོན་གཉིས་སུ་ཕྱེ་སྟེ་དང་པོ་དྲང་དོན་ལ་སེམས་ཙམ་པའི་གྲུབ་མཐའམ་ལྟ་བ

བཞག ཕྱི་མ་ལ་ཡིག་རྙིང་འདི་ཉིད་ལས། "ངེས་པའི་དོན་ཐེག་པ་ཆེན་པོའི་དབུ་མ་པ་ནི། ཀུན་རྫོབ་དུ་ཕྱི་ནང་གི་ཆོས་ཐམས་ཅད་རྟེན་ཅིང་འབྲེལ་བར་འབྱུང་བ་སྒྱུ་མའི་མཚན་ཉིད་ཙམ་དུ་ཡོད་ལ། དོན་དམ་པར་ནང་གི་སེམས་དང་། ཕྱིའི་ཡུལ་གཉི་ག་ཡང་བདག་དང་གཞན་དང་། གཉི་ག་དང་རྒྱུ་མེད་པ་ལས་མ་སྐྱེས་པས། རང་བཞིན་དང་དངོས་པོ་མེད་དེ། ཡོད་མེད་ཀྱི་མཐའ་གང་ལ་ཡང་མ་ཆགས་མི་གནས་པ་ལགསོ། །དེ་ལ་དབུ་མ་པ་རྣམ་གཉིསུ་བརྟག་པ་ནི། རྣལ་འབྱོར་སྤྱོད་པའི་དབུ་མ་ནི། ཀུན་རྫོབ་ཏུ་ཕྱིའི་ཡུལ་སེམས་ལས་འགྱུརད་པར་འཚལ། མདོ་སྡེ་དབུ་མ་ནི་ཡུལ་རང་རྒྱུད་ཀྱིས་གྲུད་ན་མཆིས་པར་འཚལ་ཏེ། འདི་གཉི་ག་ཡང་རྟེན་ཅིང་འབྲེལ་བར་འབྱུང་བའི་སྒོ་ནས། དོན་དམ་པར་རང་བཞིན་མཆིས་པར་རྟོགས་ན། ཀུན་རྫོབ་ནི་ཐབས་ལགས་ལ། དོན་དམ་པར་ནི་ཐབས་ལས་བྱུང་བ་ལགསྟེ། དབུ་མའི་རང་བཞིན་མེད་ཅིང་གང་ལ་ཡང་མི་གནས་པར་རྟོགས་པའི་ཐབས་སུ། འགྱུར་བར་འདྲ་བས། གཉི་ག་ཡང་ཐེག་པ་ཆེན་པོ་དབུ་མ་ལགས་སོ། །"ཞེས་གསུངས་པས། །དེ་ལ་དཔྱད་ན་ཤོག་དྲིལ་འདིས་གཙོ་བྱས་ཏུན་ཧོང་ཡིག་རྙིང་ཕལ་མོ་ཆེ་ནི་དུས་རབས་བཅུ་པའི་དུས་མཇུག་ཙམ་གྱི་ཡར་སྔོན་ཏེ། ལོ་ཆིག་སྟོང་ལྷག་གི་སྔ་རོལ་ཏུ་གཏེར་དུ་སྦས་པར་མངོན་ཞིང་། །དེ་ལྟར་ན། དེ་དུས་རྒྱ་བོད་ཀྱི་ལོ་རྒྱུས་རྣམས་སུ་རྒྱ་ནག་དང་བོད་ལ་ནང་བསྟན་ཆེས་ཆེར་རྒྱས་ཡོད་པར་བཤད་ཀྱང་གཞུང་ལུགས་དང་གྲུབ་མཐའི་ཆ་ནས་ད་དུང་དེ་འདྲའི་ཞིབ་ཆ་དང་འཕེལ་རྒྱས་བྱུང་མེད་པར་ཤེས་ཏེ། ཡིག་རྙིང་འདིར་ཐེག་པ་ཆེན་པོའི་དབུ་མའི་གྲུབ་མཐའ་བཤད་པའི་སྐབས་སུ། དབུ་མ་པ་ལ། རྣལ་འབྱོར་སྤྱོད་པའི་དབུ་མ་པ་དང་མདོ་སྡེ་སྤྱོད་པའི་དབུ་མ་པ་སྟེ་དབུ་མ་རང་རྒྱུད་པ་གཉིས་ཙམ་ལས་མ་བཤད་པས། སྐབས་དེར་དབུ་མ་པའི་གྲུབ་མཐའི་ཡང་རྩེ་ཐལ་འགྱུར་པ་དེ་ད་དུང་གསལ་ཁ་བརྗོད་མེད་པའམ་ཡོངས་སུ་མ་གྲགས་ཤིང་དར་མེད་པ་ཤེས་ཤིང་། ཡིག་རྙིང་འདི་ཉིད་བོད་ཀྱི་ཡུལ་དུ་ཞི་བ་འཚོ་དང་ཀ་མ་ལ་ཤཱི་གཉིས་ཀྱིས་རྣལ་འབྱོར་སྤྱོད་པའི་དབུ་མ་གསར་དུ་འཆད་སྤེལ་བྱས་ཏེ་ཅང་འགོར་མེད་པའི་སྔ་གཞུག་ཙམ་དུ་བྲིས་པ་ཡང་རྗེས་སུ་དཔོག་ཐུབ་པའི་ཕྱིར། འོན་ཀྱང་ཡིག་རྙིང་འདིའི་ཚིག་དོན་གྱི་ཆ་ནས་ཐལ་འགྱུར་པའི་ལུགས་ཀྱི་སྒྲོས་ཟིན་ཀྱང་ཙུང་ཟད་ཞུགས་ཡོད་པར་སེམས་ཏེ། རྟེན་འབྲེལ་སྒྱུ་མའི་མཚན་ཉིད་ཙམ་དུ་འདོད་པ། རང་བཞིན་མེད་པ་དང་། དོན་དམ་པར་རང་བཞིན་མེད་པ་སོགས་བཤད་ཚུལ་ཡོད་པ་གོང་དུ་དྲངས་པ་ལས་གསལ་བའི་ཕྱིར། ཁྱད་པར་དུ་བདེན་གྲུབ་དང་བདེན་མེད་ཀྱི་བརྡ་ཆད་གཅིག་ཀྱང་སྦྱར་ཏེ་བཤད་མེད་པ་ཡང་ཡིག་རྙིང་འདིའི་ཐུན་མིན་གྱི་ཁྱད་ཆོས་སུ་གྱུར་ཏོ། །

གོ་རིམ་གྱི་སྒོ་ནས་ཀྱང་མདོ་སྡེ་སྤྱོད་པའི་དབུ་མ་སྔོན་དུ་མ་བཤད་པར་རྣལ་འབྱོར་སྤྱོད་པའི་དབུ

མ་སྔོན་དུ་བཤད་པ་དེ་བོད་སྤྱི་མ་ཁ་ཅིག་དང་རྒྱལ་བ་དགེ་འདུན་རྒྱ་མཚོ་སོགས་འགའ་རེས་ཀྱིས་ཀྱང་དེ་ལྟར་གནང་མོད་ཅུང་མི་འཐད་པར་གསལ་བའི་ཕྱིར་ཏེ། ལེགས་ལྡན་འབྱེད་ཀྱིས་མདོ་སྡེ་སྤྱོད་པའི་དབུ་མ་རང་རྒྱུད་པའི་སློལ་ཕྱེ་བ་དང་མཉམ་དུ་དབུ་མ་རང་རྒྱུད་པའི་སློལ་ཡང་ཕྱེ་སོང་བར་མཁས་པ་རྣམས་ཞལ་མཐུན་པའི་ཕྱིར། ཁྱབ་སྟེ། ཞི་བ་འཚོས་རྣལ་འབྱོར་སྤྱོད་པའི་དབུ་མ་པ་དེ་དེའི་རྗེས་ནས་སློལ་ཕྱེ་བ་ཡིན་པའི་ཕྱིར་རོ། །①དེས་ན་ཤོག་དྲིལ་འདིའི་དགོངས་པ་ཡང་ནང་པའི་གྲུབ་མཐའི་མཐར་ཐུག་རྣལ་འབྱོར་སྤྱོད་པའི་དབུ་མ་དེ་ལ་འདོད་དམ་སྙམ་སྟེ། དེ་ལྟར་ན་སྐབས་དེར་བོད་དུ་དར་བའི་གྲུབ་མཐའི་ཡང་རྩེ་ཡང་དེ་ཡིན་པས་དེ་ལ་ཆེད་གཉེར་དང་གཙིགས་ཆེན་བྱ་བ་སྨོས་མི་དགོས། དེའི་ཤུགས་རྐྱེན་ཡིག་རྙིང་ལ་དངོས་བརྒྱུད་ཅི་རིགས་ནས་ཐེབས་ཡོད་པ་ཡང་བཤད་མི་དགོས་སོ། །ཡང་དབུ་མ་ཐལ་རང་གི་ཁྱད་པར་འདི་རྒྱ་གར་ན་མེད་པའི་བོད་ཀྱི་གསར་བཤད་ཅིག་ཡིན་པར་ཀུན་མཁྱེན་བུ་སྟོན་གྱིས་བཤད་ཅེས་སྤྱི་འགྲུར་རྙིང་མའི་མཁས་ཆེན་འཇུ་མི་ཕམ་གྱིས་གསུངས②པ་ལྟར་ན། དེ་ཡང་བོད་ཀྱི་མཁས་པ་བུ་སྟོན་སོགས་རེ་འགས་སྨད་པར་མཛད་ཀྱང་ཀླུ་སྒྲུབ་ཡབ་སྲས་ཀྱི་ལྟ་བའི་ཆེས་ཕྲ་ས་རྗེ་ཙོང་ཁ་པ་སོགས་ཕྱི་རབས་པ་དག་གིས་ཚིག་དོན་གཉིས་ཆར་གྱི་སྒོ་ནས་སྔོན་མེད་ཀྱི་གསལ་ཁ་བཏོད་པ་དང་ཐལ་འགྱུར་བའི་ལྟ་བ་ཁོལ་དུ་བཏོན་པའམ་གསར་གཏོད་བྱས་པའི་ལག་རྗེས་སུ་འཛོག་ཚོག་པར་དོན་གྱིས་ཁས་ལེན་

① རྗེ་ཙོང་ཁ་པ་ཆེན་མོ། བྱང་ཆུབ་ལམ་རིམ་ཆེན་མོ། མཚོ་སྔོན་མི་རིགས་དཔེ་སྐྲུན་ཁང་། 1985ལོ། ཤོག་ངོས་572ན། འདི་ལ་སློབ་དཔོན་ཡེ་ཤེས་སྡེའི་《ལྟ་བའི་ཁྱད་པར་》ལས། སློབ་དཔོན་འཕགས་པ་ཡབ་སྲས་ཀྱིས་དབུ་མའི་བསྟན་བཅོས་མཛད་པ་ལས་ཕྱིའི་དོན་ཡོད་མེད་ཀྱི་ཚུལ་གསལ་བར་མ་མཛད་ལ། དེའི་འོག་ཏུ་སློབ་དཔོན་ལེགས་ལྡན་འབྱེད་ཀྱིས་རྣམ་པར་རིག་པ་ཙམ་གྱི་ལུགས་ལ་བསུན་ཕྱུང་སྟེ། ཐ་སྙད་དུ་ཕྱིའི་དོན་ཡོད་པའི་ལུགས་རྣམ་པར་བཞག་གོ །དེ་ནས་སློབ་དཔོན་ཞི་བ་འཚོས་རྣལ་འབྱོར་སྤྱོད་པའི་གཞུང་ལ་བརྟེན་ནས་ཐ་སྙད་དུ་ཕྱི་རོལ་མེད་པ་དང་དོན་དམ་པར་སེམས་རང་བཞིན་མེད་པར་སྟོན་པའི་དབུ་མའི་ཚུལ་མི་འདྲ་བ་ཞིག་མཛད་པས་དབུ་མ་བ་རྣམ་པ་གཉིས་སུ་བྱུང་ཞིང་། སྔ་མ་ལ་མདོ་སྡེ་སྤྱོད་པའི་དབུ་མ་བ་ཞེས་པ་དང་ཕྱི་མ་ལ་རྣལ་འབྱོར་སྤྱོད་པའི་དབུ་མ་བ་ཞེས་བཏགས་སོ་ཞེས་འཆད་པ་ནི་བྱུང་བའི་རིམ་པ་དེ་ལྟར་དུ་མངོན་ནོ། །ཞེས་གསུངས། །འོན་ཀྱང་རྒྱལ་བ་དགེ་འདུན་རྒྱ་མཚོས་མཛད་པའི་《གྲུབ་མཐའ་རྒྱ་མཚོར་འཇུག་པའི་གྲུ་རྫིངས་ཞེས་བྱ་བ་》ལས་དབུ་མའི་སྐབས་སུ། དབྱེ་བའི་ཐ་སྙད་གཉིས་པོ་འདི་རྗེ་ཡབ་སྲས་ཚད་མར་མི་བཞེད་ཀྱང་། བདག་གིས་ད་ལན་སྤྱི་རབས་པ་དང་སྒོ་བསྟུན་པ་ཡིན། །ཞེས་གསུངས་པ་ལ་ཕྱི་རབས་མཁས་པ་རྣམས་ཀྱིས་དོ་སྣང་ཙམ་ཡང་བྱས་མེད།

② འཇུ་མི་ཕམ། ཤེར་འགྲེལ་ཀེ་ཏ་ཀ སི་ཁྲོན་མི་རིགས་དཔེ་སྐྲུན་ཁང་། ཤོག་ངོས་6-7ན། མཁས་མཆོག་བུ་སྟོན་ལ་སོགས་པས་ནི་ཐལ་རང་གི་ཁྱད་པར་འདི་བོད་ཀྱི་རྟོག་བཟོར་ཟད་དེ། རྒྱ་གར་དུ་མ་བྱུང་བར་མཛད་མོད། མཐར་ཐུག་གི་དོན་ལ་ཁྱད་པར་ཅི་ཡང་མེད་ཀྱང་གཞུང་འཆད་ཚུལ་གྱི་དབང་དུ་ཁྱད་པར་ཡོད་དེ། རྒྱས་པར་དབུ་མ་རྒྱན་གྱི་རྣམ་བཤད་དུ་བལྟ་བར་བྱའོ། །ཞེས་གསུངས་སོ། །

གནང་ཡོད་འདུག

གང་ལྟར་དུས་རབས་བཅུ་གཅིག་པའི་སྨད་ཙམ་ལ་བོད་ཀྱི་ལོ་ཙཱ་བ་ཆེན་པོ་པ་ཚབ་ཉི་མ་གྲགས་(སྤྱི་ལོ་1055)སྐྱ་འབྲུངས་ནས་ཁ་ཆེའི་ཡུལ་དུ་ཕེབས་ཏེ་མི་ལོ་ཉེར་གསུམ་རིང་གཞུང་ལུགས་ལ་སྦྱངས་པ་མཛད། པཎ་ཆེན་གསེར་གྱི་གོ་ཆ་ཞུ་བ་སྤྱན་དྲངས་ཏེ། ཐལ་འགྱུར་བའི་སྲོལ་འབྱེད་སློབ་དཔོན་ཟླ་གྲགས་ཀྱིས་མཛད་པའི་《རྩ་ཤེའི་འགྲེལ་པ་ཚིག་གསལ་》དང་། 《དོན་འགྲེལ་དབུ་མ་འཇུག་པ་རང་འགྲེལ》དང་བཅས་པ། 《བཞི་བརྒྱ་པའི་ཟླ་འགྲེལ་》《རིགས་པ་དྲུག་ཅུ་པའི་འགྲེལ་པ་》རྣམས་བསྒྱུར། སྔོན་དུ་བསྒྱུར་ཡོད་པའི་《སྟོང་ཉིད་བདུན་ཅུ་པའི་འགྲེལ་ཆེན་》སོགས་ལ་འགྱུར་བཅོས་མཛད། དེ་ནས་བཟུང་དབུ་མ་སྤྱི་དང་སྒོས་སུ་ཐལ་འགྱུར་བའི་གཞུང་ལ་འཆད་ཉན་རྒྱ་ཆེར་མཛད་པ་ལ་བརྟེན་རིམ་བཞིན་ངེད་ཙག་བོད་ལ་ཐལ་འགྱུར་གྲུབ་མཐའི་སྲོལ་འབྱུང་བའི་འགོ་བརྩམས་པ་ཡིན། རྒྱུ་མཚན་འདི་ལ་བརྟེན་ནས་ཕོ་བོའི་བསམ་པར་ཏུན་ཧོང་ཡིག་རྙིང་ལས་བཤད་པ་དེ་དག་ཀྱང་སྐབས་དེར་བོད་ལ་ཆེས་ཆེར་དར་ཡོད་པའི་དབུ་མ་རང་རྒྱུད་པའི་ལྟ་བའི་སྲོལ་བཟུང་བའམ་བསྒྱུར་སྤེལ་བྱས་པ་ཞིག་ཡིན་པར་སྙམ།

《བོད་ལྗོངས་ཞིབ་འཇུག་》2012ལོའི་དེབ་གསུམ་པ་ལས་བདམས།

༄། །དབྱིན་ཇིར་ཉར་བའི་ཏུན་ཧོང་བོད་ཡིག་ཤོག་དྲིལ་ཨང་བཅུ་བདུན་པའི་ཁྲིད་ཀྱི《འཇམ་དཔལ་མཚན་བརྗོད་》སྐོར་གླེང་བ།

མདོ་དགེ་བསོད་ནམས་ལྷུན་གྲུབ།

[ནང་དོན་གནད་བསྡུས།] དཔྱད་རྩོམ་འདིའི་ནང་དབྱིན་ཇིར་ཉར་བའི་ཏུན་ཧོང་བོད་ཡིག་གནའ་རབས་གཙུག་ལག་ལས་ཤོག་དྲིལ་ཨང་བཅུ་བདུན་པའི་(I.T.J.VoL17)ཁྲིད་ཀྱི་འཇམ་དཔལ་མཚན་བརྗོད་ཀྱི་སྐོར་ལས་འཕྲོས་ཏེ་ཆོས་ཚན་དེའི་བོད་འགྱུར་གྱི་སྐོར་དང་། དེ་ཐོག་མར་བོད་ལ་སྒྱུར་མཁན་དང་དེའི་བརྗ་སྦྱོད་ཀྱི་ཁྱད་ཆོས། འགྱུར་དེ་དང་བཀའ་འགྱུར་ཁྲིད་ཀྱི་འགྱུར་གྱི་ཁྱད་པར་སོགས་ཀྱི་སྐོར་ལ་དཔྱད་པ་ཅུང་ཟད་བཏང་ཡོད།

[གནད་ཚིག] འཇམ་དཔལ་མཚན་བརྗོད། ཏུན་ཧོང་ཤོག་དྲིལ་ཨང་བཅུ་བདུན་པ།

གླེང་གཞི།

དེ་ཡང་དབྱིན་ཇིར་ཉར་བའི་ཏུན་ཧོང་བོད་ཡིག་གནའ་རབས་གཙུག་ལག་ལས་ཤོག་དྲིལ་ཨང་བཅུ་བདུན་པའི་(I.T.J.VoL17)ཁྲིད་དུ་ཆོས་ཚན་མི་འདྲ་བ་སྣ་ཁ་བཅུ་བདུན་ཙམ་འདུས་ཤིང་། དེའི་ཁྲིད་ཀྱི་ཆོས་ཚན་གཉིས་པ་ནི་འཇམ་དཔལ་མཚན་བརྗོད་དུམ་བུ་ཞིག་ཡིན་པ་དེ་ལ་ཁྱོན་བསྡོམས་ཤོག་ལྷེ་དྲུག་དང་ལྡེབ་བཅུ་གཉིས། ལྡེབ་རེར་ཐིག་ཕྲེང་ལྔ་དང་། ཐིག་ཕྲེང་རེར་ཚིག་ཁྲིམ་སུམ་ཅུ་སོ་གཉིས་ཙམ་བཀོད་འདུག་ཅིང་། ཤོག་ལྷེའི་གཡས་ངོས་རལ་པོར་གྱུར་ཡོད་ལ། ཡི་གེ་མང་པོ་ཞིག་ཆད་པ་དང་། ཡིག་གཟུགས་ནི་འབྲིང་ཙམ་ཞིག་ལས་མེད།

མིག་སྔར་ཏུན་ཧོང་བོད་ཡིག་འཇམ་དཔལ་མཚན་བརྗོད་སྐོར་ལ་ཉི་ཧོང་གི་གཏན་ཆགས་སློབ་དཔོན་ཆེན་མོའི་མཚན་གནས་བཞེས་མཁན་བོད་ཀྱི་མཁས་དབང་ཁང་དཀར་ཚུལ་ཁྲིམས་སྐལ་བཟང་མཆོག་གིས།

"འཇམ་དཔལ་མཚན་བརྗོད་ཀྱི་ལེགས་སྦྱར་དྲིས་མ་མང་། ལེགས་སྦྱར་ཞུས་ཆེན་བྱས་པའང་ལྷ་བཞུགས། བོད་འགྱུར་ལྷན་དཀར་མའི་དཀར་ཆག་ཏུ་གསལ་བར་མ་ཟད་ཏུན་ཧོང་ནས་བྲིས་མ་རྙེད་པས་བསྟན་པ་སྔ་དར་སྐབས་སུ་དར་ཡོད་ཀྱང་། ད་ལྟ་བཀའ་འགྱུར་དུ་བཞུགས་པ་ནི་ལོ་ཆེན་རིན་ཆེན་བཟང་

པོས་བསྒྱུར་བར་བརྟེན་གསར་འགྱུར་ཡིན་པ་ཞུ་ཅི་དགོས་”[1]ཞེས་གསུངས་ཡོད་པ་ཕུད། རྒྱལ་ནང་དུ་འཇམ་དཔལ་མཚན་བརྗོད་སྐོར་ལ་དགེ་རྒན་ཆེན་མོ་ཚེ་རིང་ལགས་ཀྱིས་རྒྱ་ཡིག་གི་ལམ་ནས་སྤེལ་བའི་དཔྱད་རྩོམ《ཧྥ་རན་སིར་ཉར་བའི་ཏུན་ཧོང་བོད་ཡིག་ཤོག་དྲིལ་ཨང་རྟགསP.T.99པའི་ཁྲོད་ཀྱི་འཇམ་དཔལ་མཚན་བརྗོད་དང་འབྲེལ་བའི་སྐོར་ལ་དཔྱད་པ་》[2]ཞེས་པ་དེ་ཁོ་ནར་ཟད། དེས་ན་ཁོ་བོས་དབྱིན་ཇིར་ཉར་བའི་ཆོས་ཚན་འདི་ལའང་ཞིབ་འཇུག་གི་རིན་ཐང་ཆེན་པོ་ལྡན་པར་སྙམ་པས་གཤམ་ལ་འདིའི་སྐོར་ལ་རགས་ཙམ་དཔྱད་ཁུལ་བགྱིས་པ་འདི་ལྟ་སྟེ།

དང་པོ། འཇམ་དཔལ་མཚན་བརྗོད་ཀྱི་བོད་འགྱུར་སྐོར་དང་ཐོག་མར་བོད་དུ་སྒྱུར་མཁན་གྱི་སྐོར།

འཇམ་སྤྱད་བཟང་གསུམ[3]ཞེས་པའི་ཆོས་ཚན་དེ་དག་ལ་རྒྱ་བོད་ཀྱི་མཁས་པ་མང་པོས་མཐོང་ཆེན་གནང་སྟེ་འགྲེལ་པ་དང་འགྲེལ་བཤད་མང་དུ་གནང་ཡོད་ཅིང་། དེ་དག་གིས་ནང་བསྟན་རིག་གནས་ཁྲོད་གོ་གནས་གལ་ཆེན་ཟིན་ཡོད། ལྷག་པར་དུ་འཇམ་དཔལ་མཚན་བརྗོད[4]ལ་མཚོན་ན་སྔགས་ཀྱི་མཚོན་དོན་ལྟ་བུར་གོ་ཏང་བར་བཤད་པ་“(སློབ་དཔོན་ཙནྡྲ་གོ་མི་མཆོག་)དེ་ནས་རིག་པའི་འབྱུང་གནས་དཔལ་ན་ལེནྡྲར་འོངས། དེ་ཡང་ན་ལེནྡྲ་ན་མུ་སྟེགས་དང་རྩོད་པར་བཟོད་པའི་པཎྜི་ཏ་རྣམས་ལུགས་རིའི་ཕྱི་རོལ་ཏུ་ཆོས་འཆད། མི་བཟོད་པ་རྣམས་ནང་དུ་འཆད་པ་ལས། དེའི་ཚེ་མཁན་པོར་གྱུར་པ་ཟླ་བ་གྲགས་པ་ནི། ཕྱི་རོལ་ཏུ་ཆོས་འཆད་ཅིང་ཡོད་པའི་སར་ཙནྡྲ་གོ་མི་འགྲེངས་ཏེ་བཞུགས་པས། རྩོད་པར་འདོད་པ་རྣམས་དེ་བཞིན་བྱེད་པ་ཡིན་ལ། དེ་མིན་ཡང་ན་ཉན། ཡང་ན་གུས་པས་ཉན་པ་ཡིན་ནོ། དེར་ཟླ་བ་གྲགས་པས་རྩོད་ཟླ་ཡིན་ནམ་སྙམ་ནས། ཁྱེད་གང་ནས་འོངས་བྱས་པས། ལྷོ་ཕྱོགས་ནས་འོངས་ཟེར། ཆོས་གང་ཤེས་དྲིས་པས། སྒྲ་པཱ་ཎི་པ་དང་། བསྟོད་པ་བརྒྱ་ལྔ་བཅུ

① རྒྱ་གར་གྱི་ནང་པའི་གསང་སྔགས་ཀྱི་ལྟ་གྲུབ་ཀྱི་ཆོས་འབྱུང་།(དེབ་ཐེར་ལྗང་གུ) ཉི་ཧོང་། གངས་ལྗོངས་ནང་རིག་མཐུན་ཚོགས། 1994ལོ། ཤོག་ངོས་419

② ཚེ་རིང་། ཧྥ་རན་སིར་ཉར་བའི་ཏུན་ཧོང་བོད་ཡིག་གཙུག་ལག་ཨང་རྟགསP.T.99པའི་ཁྲོད་ཀྱི་འཇམ་དཔལ་མཚན་བརྗོད་དང་འབྲེལ་བའི་སྐོར་ལ་དཔྱད་པ། བོད་ལྗོངས་ཞིབ་འཇུག (རྒྱ་ཡིག)2009ལོའི་དེབ་གསུམ་པ།

③ འཇམ་དཔལ་མཚན་བརྗོད་དང་། མདོ་སྤྱད་པ་དང་། བཟང་སྤྱོད་སྨོན་ལམ་གསུམ་མོ། །

④ འཇམ་དཔལ་མཚན་བརྗོད་ཀྱི་འགྲེལ་པ་འགྲེལ་བཤད་བོད་འགྱུར་གྱི་སྐོར་ལ་བུ་སྟོན་རིན་ཆེན་གྲུབ་ཀྱིས། སློབ་དཔོན་འཇམ་དཔལ་གྲགས་པ་སོགས་ཀྱིས་མཛད་པ་དགུ་ཡོད་པར་གསུངས། བུ་སྟོན་ཆོས་འབྱུང་། ཀྲུང་གོའི་བོད་ཀྱི་ཤེས་རིག་དཔེ་སྐྲུན་ཁང་། 1998ལོ། ཤོག་ངོས་276-277ཤོག་ངོས་301

པ་དང་། མཚན་ཡང་དག་པར་བརྗོད་པ་གསུམ་ཤེས་བྱས་པས། འདི་གཞུང་གསུམ་ལས་མི་ཤེས་ཞེས་ཁྲིངས་བསྐྱུངས་ཀྱང་། དོན་གྱིས་སྔྲ་རིག་པ་དང་། མདོ་དང་། སྔགས་ཐམས་ཅད་ཤེས་པར་ཁས་བླངས་པ་ཡིན་པས་ཙཀྲ་གོ་མི་ཡིན་ནམ་སྙམ་སྟེ་དྲིས་པས། འཇིག་རྟེན་ན་དེ་ལྟར་གྲགས་གསུངས"[1]ཞེས་བྱུང་བ་ལས་ཀྱང་རྟོགས་ནུས། དེ་ལྟར་འཇམ་དཔལ་མཚན་བརྗོད་ནི་རྒྱུད་ཐམས་ཅད་ཀྱི་དངོས་དོན་མཐར་ཐུག་ཡིན་པར་བཤད་པས། རང་རེའི་བཀའ་འགྱུར་གྱི་དཔར་གཞི་མི་འདྲ་བའི་ཁྲོད་དུ་ཕལ་ཆེ་བར་བླ་མེད་རྒྱུད་ཀྱི་ཁོངས་སུ་བཞག་ཅིང་། རྒྱུད་ཐམས་ཅད་ཀྱི་ཐོག་མར་བཀོད་ཡོད།[2] དེ་བས་སངས་རྒྱས་ཆོས་ལུགས་བོད་ལ་དར་འགོ་ཚུགས་པའི་སྐབས་ནས་ཆོས་ཚན་འདི་བོད་དུ་བསྒྱུར་ཅིང་། དར་རྒྱས་ཆེན་པོ་བྱུང་ཡོད་པ་ནི《དཀར་ཆག་ལྡན་དཀར་མ་》དང《དཀར་ཆག་འཕང་ཐང་མ་》ཡི་ཁྲོད་དུའང་འཇམ་དཔལ་མཚན་བརྗོད་ཡོད་པ་དང་། ཏུན་ཧོང་ཡིག་རྙིང་ཁྲོད་དུའང་ཆོས་ཚན་འདིའི་ཤོག་དྲིལ་མང་དུ་ཐོན་ཡོད་པ་སོགས་ལས་རྟོགས་ཐུབ།

ཡིན་ནའང《དཀར་ཆག་ལྡན་དཀར་མ་》དང《འཕང་ཐང་མ་》ཡི་ཁྲོད་དུ་ཆོས་ཚན་འདི་ནི་མཚན་བརྒྱ་རྩ་བརྒྱད་དང་། བསྟོད་ར་དང་། བཀྲ་ཤིས་དང་། སྨོན་ལམ་སྔ་ཚོགས་ཞེས་པའི་སྡེ་ཚན་གྱི་ཁོངས་སུ་བཞག་ཅིང་། "འཕགས་པ་འཇམ་དཔལ་གྱི་མཚན་ཡང་དག་པར་བརྗོད་པ། བམ་པོ1"[3]ཅེས་བཀོད་ཡོད་པས། རྒྱ་བོད་པཎྜི་ཏ་སུས་ཐོག་མར་བོད་དུ་བསྒྱུར་ཞིང་ཞུས་དག་གནང་བ་རྟོགས་ཐབས་བྲལ།

ཕྱིས་སུ་བྱུང་བའི་བཀའ་བསྟན་དཀར་ཆག་ཁྲོད་དུ་ཆོས་ཚན་འདི་ནི་བསྟན་པ་ཕྱི་དར་སྐབས་བོད་དུ་བསྒྱུར་བར་བསྟན།[4] སྡེ་དགེའི་བཀའ་འགྱུར་དཀར་ཆག་ཁྲོད་དུ་པཎྜི་ཏ་ཀ་མ་ལ་གུཔྟ་དང་ལོ་ཆེན་

① ཛ་ནང་ཛེ་བཙུན་ཏཱ་ར་ནཱ་ཐའི་གསུང་འབུམ་དཔེ་བསྡུར་མ་བཞུགས་སོ། །ཀྲུང་གོའི་བོད་རིག་པ་དཔེ་སྐྲུན་ཁང་། 2009ལོ། ཤོག་ངོས་148

② "འདི་ངོ་བོ་ནི་བླ་མེད་ཀྱི་རྒྱུད་དུ་གཏོགས་ཀྱང་། དགོངས་པ་འགྲེལ་པའི་བསྟན་བཅོས་ཀྱི་རིམ་པའི་དབང་དུ་བྱས་ན། དུས་འཁོར་བླ་མེད་ཕྱི་འགྲོ། རྣལ་འབྱོར་རྒྱུད་ཀྱི་ཕྱོགས་སུ་འགྲེལ་པའི་ལུགས་གསུམ་བྱུང་ངོ་། །"ཞེས་ཙོ་ནེ་གྲགས་པ་བཤད་སྒྲུབ་ཀྱིས་གསུངས། དཔལ་བརྩེགས་བོད་ཡིག་དཔེ་རྙིང་ཞིབ་འཇུག་ཁང་གིས་བསྒྲིགས། ཙོ་ནེ་གྲགས་པ་བཤད་སྒྲུབ་ཀྱི་གསུང་འབུམ་པོད་གཉིས་པ། ཀྲུང་གོའི་བོད་རིག་པ་དཔེ་སྐྲུན་ཁང་། 2009ལོ། ཤོག་ངོས་369

③ བོད་ལྗོངས་རྟེན་རྫས་བཤམས་སྟོན་ཁང་གིས་བསྒྲིགས། དཀར་ཆག་འཕང་ཐང་མ། སྒྲ་སྦྱོར་བམ་གཉིས། མི་རིགས་དཔེ་སྐྲུན་ཁང་། 2006ལོ། ཤོག་ངོས་31

④ རྒྱལ་བའི་བཀའ་འགྱུར་རིན་པོ་ཆེའི་ཆོས་ཚན་སོ་སོའི་མཚན་བྱང་དཀར་ཆག་བསྡུས་པ་བཞུགས་སོ། །བོད་ལྗོངས་མི་དམངས་དཔེ་སྐྲུན་ཁང་། 1989ལོ། ཤོག་ངོས་47-48

རིན་ཆེན་བཟང་པོས་བསྒྱུར་བ་ལ། ཤོང་བློ་གྲོས་བརྟན་པས[1]བཅོས་པར་བཀོད་ཅིང་། དེ་བཞིན་བཀའ་འགྱུར་འདིའི་རྒྱུད་འབུམ་ཀ་པོད་ཀྱི་ཐོག་མར་བཀོད་པའི་འཇམ་དཔལ་མཚན་བརྗོད་ཀྱི་སྒྱུར་བྱང་དུའང་། "ཐུན་མོང་དང་ཐུན་མོང་མ་ཡིན་པའི་གསུང་རབ་ཐམས་ཅད་ལ་དབང་འབྱོར་བའི་བདག་ཉིད་ཆེན་པོ་བླ་མ་དམ་པ་ཆོས་ཀྱི་རྒྱལ་པོའི་བཀའ་དྲིན་གྱིས་ཉེ་བར་བསྐྱངས་པ། སྒྲ་བསྒྱུར་གྱི་ལོ་ཙཱ་བ་བློ་གྲོས་བརྟན་པས། བསམ་གཏན་གླིང་གི་དབེན་གནས་སུ་ལེགས་པར་བསྒྱུར་ཅིང་དག་པར་བྱས་པའོ། །སྔོན་གྱི་སྒྲ་བསྒྱུར་ཆེན་པོ་དེ་དག་གིས། །རྒྱུད་འདི་བསྒྱུར་ཅིང་ཀུན་ལ་གྲགས་ལགས་མོད། །འོན་ཀྱང་སྒྲ་དོན་གཙུག་ལག་ཇི་བཞིན་དུ། །རྒྱུད་འདི་བློ་བརྟན་གཉིས་པས་ལེགས་པར་བསྒྱུར། །ཟབ་ཅིང་རྒྱ་ཆེ་རྡོ་རྗེ་ཐེག་པ་ཡི། །ངེས་དོན་ཡེ་ཤེས་དོན་གཉེར་སྐྱེས་བུ་དག །ཚིག་དང་དོན་ལ་ལེགས་པར་མི་རྟོན་པར། །གང་ཟག་ཚིག་འབྲུའི་རྗེས་སུ་མ་འབྲང་ཞིག །"[2]ཅེས་གསུངས་པར་གཞིགས་ན། ལོ་ཙཱ་བ་ཤོང་བློ་གྲོས་བརྟན་པ་ཁོང་གིས་ཀྱང་བོད་སྔ་རབས་ཀྱི་འགྱུར་མ་ཁག་གཞིར་བཟུང་ནས་ལེགས་པར་བཅོས་པ་རྟོགས་ཐུབ།

གཞན་ཡང་། ཆོས་ཚན་འདི་ཐོག་མར་བོད་ལ་སྒྱུར་བ་པོ་སུ་ཡིན་པའི་སྐོར་ལ། 《བུ་སྟོན་ཆོས་འབྱུང་》དུ་ཆོས་ཚན་འདི་རྣལ་འབྱོར་རྒྱུད་ལས་ཐབས་ཤེས་རབ་གཉིས་སུ་མེད་པའི་རྒྱུད་ཀྱི་ཐོག་མར་བཀོད[3]ཅིང་། དེའི་འགྲེལ་པའི་བསྟན་བཅོས་ལ་རྣལ་འབྱོར་རྒྱུད་དུ་བཀྲལ་བ་ལོ་ཙཱ་བ་རིན་ཆེན་བཟང་པོའི་འགྱུར་མཚན་བརྗོད་འགྲེལ་ཆེན་སོགས་བདུན[4]དང་། གཉིས་མེད་རྒྱུད་དུ་བཀྲལ་བ་སློབ་དཔོན་དཔེ་མེད་འཚོས་མཛད་པའི་མཚན་བརྗོད་འགྲེལ་པ་བདུད་རྩིའི་ཐིགས་པ་སྒྲོན་མ་གསལ་བ་ཧྲཱུཾ་ཀཱ་ར་དང་རྡོ་རྗེ་རྒྱལ་མཚན་གྱི་འགྱུར་དང་། སློབ་དཔོན་ཉི་མ་དཔལ་གྱིས་མཛད་པའི་མཚན་བརྗོད་འགྲེལ་པ་བདུད་རྩིའི་ཐིགས་པ་ཆོས་རྗེ་དཔལ་གྱི་འགྱུར་གཉིས་ཡོད་པར་གསུངས།[5]

---

① ལོ་ཙཱ་བ་ཆེན་པོ་འདི་དང་དཔང་བློ་གྲོས་བརྟན་པ་གཉིས་ནོར་མཁན་ཡོད་པར་སྣང་མོད། ཁོང་ནི་ཤོང་སྟོན་རྡོ་རྗེ་རྒྱལ་མཚན་གྱི་གཅུང་པོ་ཡིན་པ་དང་ལེགས་སྦྱར་གྱི་སྐད་ལ་བྱང་བའི་ལོ་ཙཱ་བ་ཆེན་པོ་ཞིག་ཡིན་པས་འགྱུར་རྩོམ་མང་། ཞིབ་པ《གངས་ཅན་མཁས་དབང་རིམ་བྱོན་གྱི་མཛད་རྣམ་མདོར་བསྡུས་》ཞེས་པར་གསལ། གོ་ཤུལ་གྲགས་པ་འབྱུང་གནས་དང་རྒྱལ་བ་བློ་བཟང་མཁས་གྲུབ་གཉིས་ཀྱིས་བརྩམས། ཀན་སུའུ་མི་རིགས་དཔེ་སྐྲུན་ཁང་། 1992ལོ། ཤོག་ངོས་1718-1719

② སྡེ་དགེའི་བཀའ་འགྱུར། རྒྱུད་འབུམ། ཀ་པོད། ཤོག་ངོས་13

③ བུ་སྟོན་རིན་ཆེན་གྲུབ། བུ་སྟོན་ཆོས་འབྱུང་། ཀྲུང་གོའི་བོད་ཀྱི་ཤེས་རིག་དཔེ་སྐྲུན་ཁང་། 1988ལོ། ཤོག་ངོས་266

④ བུ་སྟོན་རིན་ཆེན་གྲུབ། བུ་སྟོན་ཆོས་འབྱུང་། ཀྲུང་གོའི་བོད་ཀྱི་ཤེས་རིག་དཔེ་སྐྲུན་ཁང་། 1988ལོ། ཤོག་ངོས་27

⑤ བུ་སྟོན་རིན་ཆེན་གྲུབ། བུ་སྟོན་ཆོས་འབྱུང་། ཀྲུང་གོའི་བོད་ཀྱི་ཤེས་རིག་དཔེ་སྐྲུན་ཁང་། 1988ལོ། ཤོག་ངོས་301

རྩ་བ་དང་འགྲེལ་པའི་འགྱུར་དེ་དག་ལ་བརྟགས་ན། ཆེས་ཐོག་མར་བོད་དུ་བསྒྱུར་བ་ནི་མཚན་ཡང་དག་པར་བརྗོད་པའི་འགྲེལ་པ་མཚན་དོན་གསལ་བར་བྱེད་པའི་སྒྲོན་མ་ཞེས་བྱ་བ་ཉང་ཧིང་ངེ་འཛིན་གྱིས་ཞུས་པ་ལ་བརྟེན་ནས་སློབ་དཔོན་བི་མ་ལ་མི་ཏྲས་མཛད་པ་ལོ་ཙྪ་བ་ཆེན་པོ་གཉགས་ཛྙཱ་ནས་བོད་སྐད་དུ་བསྒྱུར་བ་དེ་ཡིན་པ་རྟོགས་ཐུབ་ཅིང་། འགྲེལ་པ་དེའི་ཁྲོད་ཀྱི་འཇམ་དཔལ་མཚན་བརྗོད་ཀྱི་རྩ་བའི་ཚིགས་བཅད་ཁ་ཤས་དང་ཏུན་ཧོང་གི་འགྱུར་གཉིས་བསྡུར་ཏེ་བལྟས་ནའང་བརྡ་གསར་རྙིང་གི་ཁྱད་པར་ཙམ་མ་གཏོགས་ཡོངས་སུ་མཐུན་པ་བྱུང་ཡོད་པས། ཆོས་ཚན་འདི་ཐོག་མར་བོད་ལ་སྒྱུར་བ་པོ་ནི་གཉགས་ཛྙཱ་ན་ཀུ་མ་ར་ཡིན་པ་དང་འཇམ་དཔལ་མཚན་བརྗོད་ཀྱི་འགྲེལ་པ་དེ་ནི་སློབ་དཔོན་བི་མ་ལ་ཁོང་ཉིད་བོད་དུ་ཕེབས་ནས་ལེགས་སྦྱར་སྐད་ཀྱིས་མཛད་པ་དང་བསྟུན་ལོ་ཙྪ་བ་ཆེན་པོ་གཉགས་ཛྙཱ་ན་ཀུ་མ་རས་བོད་དུ་བསྒྱུར་ཞོར་རྩ་བའང་བོད་དུ་བསྒྱུར་བ་ཡིན་པ་རིགས་འདེད་བྱེད་ཆོག་པ་ཞིག་རེད་སྙམ། "དེ་ལ་རྗེ་རྗེ་ཐེག་པའི་བསྟན་པ་ཐོག་མར་གཉགས་ལ་བབས་" "གཉགས་ཛྙཱ་ན་ཀུ་མཱ་ར་ལ་སློབ་དཔོན་ཆེན་པོ་པདྨ། བི་མ་ལ། བཻ་རོ། གཡུ་སྒྲ་སྙིང་པོ་སྟེ་བཀའི་ཆུ་བོ་བཞི་འདུས་"[①] ཞེས་གཉགས་ཛྙཱ་ན་ཀུ་མཱ་ར་ནི་བོད་མི་གསང་སྔགས་ཀྱི་གདམས་པ་མཐའ་དག་མངའ་ཞིང་དར་སྤེལ་གཏོང་བའི་ཐོག་མའི་མི་སྣ་གལ་ཆེན་ཞིག་ཡིན་པར་བསྟན་པ་ལས་ཀྱང་གནད་འདི་རྟོགས་ཐུབ་ལ། ལྷག་པར་དུ་བདག་གི་སློབ་དཔོན་ཚེ་རིང་མཆོག་གིས་ཀྱང་ཕྲ་རན་སིར་ཉར་བའི་ཏུན་ཧོང་བོད་ཡིག་ཤོག་དྲིལ་ལས་ཨང་རྟགས P.T.99ཁྲོད་བཞུགས་པའི་འཇམ་དཔལ་མཚན་བརྗོད་སྐོར་ལ་ཞིབ་འཇུག་གནང་བའི་དཔྱད་འབྲས་སུའང་གཉགས་ཛྙཱ་ན་ཀུ་མ་ར་མཆོག་ནི་ཆོས་ཚན་འདི་ཐོག་མར་བོད་ལ་སྒྱུར་མཁན་ཡིན་པའི་དཔྱད་བརྗོད་གནང[②]ཡོད།

གཉིས་པ། འཇམ་དཔལ་མཚན་བརྗོད་ཀྱི་བརྡ་སྤྲོད་ཁྱད་ཆོས།

དབྱིན་ཇིར་ཉར་བའི་ཏུན་ཧོང་བོད་ཡིག་ཤོག་དྲིལ I.T.J.VoL17ཁྲོད་ཀྱི་འཇམ་དཔལ་མཚན་བརྗོད་ཆོས་ཚན་དུམ་བུ་འདི་ཡང་ཏུན་ཧོང་བོད་ཡིག་གནའ་རབས་གཙུག་ལག་གི་དང་འདྲ་བར་མིང་བརྡ་

① ཁྲོ་དུ་ཚེ་རྣམ། གངས་ལྗོངས་རྒྱལ་བསྟན་ཡོངས་རྫོགས་ཀྱི་ཕྱི་མོ་སྣ་འགྱུར་རྙིང་མའི་ལུགས་ཀྱི་ལྟ་སྒོམ་སྤྱོད་གསུམ་གྱི་རྣམ་གཞག་མདོ་ཙམ་བརྗོད་པ་ཆོས་པའི་ཟླ་བ་ཞེས་བྱ་བ་བཞུགས་སོ། །མི་རིགས་དཔེ་སྐྲུན་ཁང་། 1989ལོ། ཤོག་ངོས་43

② ཚེ་རིང་། ཕྲ་རན་སིར་ཉར་བའི་ཏུན་ཧོང་བོད་ཡིག་གཙུག་ལག་ཨང་རྟགས P.T.99པའི་ཁྲོད་ཀྱི་འཇམ་དཔལ་མཚན་བརྗོད་དང་འབྲེལ་བའི་སྐོར་ལ་དཔྱད་པ། བོད་ལྗོངས་ཞིབ་འཇུག （རྒྱ་ཡིག）2009ལོའི་དེབ་གསུམ་པ།

བཀོལ་ཚུལ་དང་། ཕྲད་སྦྱོར་སྟངས་སོགས་ཀྱི་ཐད་བོད་སྔ་རབས་ཀྱི་གཙུག་ལག་གི་ཁྱད་ཆོས་མངོན་པར་གསལ་བ་དཔེ་མཚོན་ཙམ་བཀོད་ན་འདི་ལྟ་སྟེ།

མིང་བརྡའི་སྐོར། ཆོས་ཚན་དུམ་བུ་འདིའི་ནང་གི་མིང་བརྡ་མང་པོ་ཞིག་ནི་བོད་སྔ་མའི་ལུགས་ལྟར། ཡ་བཏགས་ཅན་དང་། སྡེ་པ་གཅིག་པའི་མིང་གཞི་ཕན་ཚུན་བརྗེ་བ། རྗེས་འཇུག་འ་སོར་བཞག་བྱས་པ་སོགས་ཀྱི་ཁྱད་ཆོས་ལྡན་པ་དཔེར་ན། ཡ་བཏགས་ཅན་ལ། མིང་ལ་མྱིང་། མེད་ལ་མྱེད། མི་ལ་མྱི། མེ་ལ་མྱེ། རལ་གྲི་ལ་རལ་གྱི་ཞེས་པ་ལྟ་བུ་དང་། སྡེ་པ་གཅིག་པའི་མིང་གཞི་ཕན་ཚུན་བརྗེ་རེས་བྱས་པ་དཔེར་ན། རྒྱུད་ཆེན་ལ་རྒྱུད་ཅེན། རིགས་ཆེན་ལ་རིགས་ཅེན། མཆོག་ལ་མཅོག འཆང་ལ་འཅང་། བྱམས་ཆེན་ལ་བྱམས་ཅེན། མཐུ་ཆེན་ལ་མཐུ་ཅེན། མཚོན་ཆ་ལ་མཚོན་ཅ། ལུས་བཏུད་ལ་ལུས་བཐུད། ཚུལ་ལ་ཙུལ། ཐེ་ཚོམ་ལ་ཐེ་ཙོམ། དཀྱིལ་འཁོར་ལ་དཁྱིལ་འཁོར་སོགས་ཤིན་ཏུ་མང་། གོང་གསལ་ཁྱད་ཆོས་དེ་དག་ཀྱང་ཆོས་ཉིད་མེད་པར་བརྗེ་སྒྱུར་བྱས་པ་ཞིག་མིན་ཏེ། མང་ཆེ་བར་སྡེ་པ་གཅིག་པའི་དང་པོ་དང་གཉིས་པ་ཕན་ཚུན་བརྗེ་རེས་བྱེད་པའི་ཆོས་ཉིད་ཅིག་ལྡན་པའང་རྟོགས་ཐུབ། དེ་མིན། ལྷགས་ལ་ལྷྪགས། ཞེས་པ་སོགས་ཁ་ཤས་ཀྱང་སྣང་ཞིང་། ནམ་མཁའ་ལ་ནམ་ཀ ལ་སོགས་ལ་ལས་བརྩོགས། བགྲོད་ལ་བསྟབས། ལྕགས་ཀྱུ་ལ་ལྕགས་ཀྱོ། མར་མེ་ལ་སྐར་མེ་ཞེས་པ་ལྟ་བུའི་བརྡ་རྙིང་ཡང་མི་ཉུང་བ་ཞིག་སྣང་།

ཡིག་ནོར་གྱི་སྐོར། ཏུན་ཧོང་བོད་ཡིག་གནའ་རབས་གཙུག་ལག་དེ་དག་གི་ཡི་གེ་བ་རྣམས་ནི་མི་རིགས་མི་འདྲ་བ་དང་། བྲིས་ལ་བྱང་མི་བྱང་གཉིས་ཀ་ཡོད་པས། ཤོག་དྲིལ་རྣམས་ཀྱི་ཡི་གེའི་དག་ཆར་བཟང་ངན་ཅི་རིགས་དང་། ཡིག་གཟུགས་ལ་ལེགས་ཉེས་ཅི་རིགས་བྱུང་བ་ནི་གོ་བ་ལོན་དཀའ་བ་ཞིག་མིན། དེས་ན་འཇམ་དཔལ་མཚན་བརྗོད་དུམ་བུ་འདིའི་ཁྲོད་དུའང་། གཉིག་ཅེས་པ་དང་། ཀོ་ཊྚིན་ལ་ཀོར་ཊྚིན་ཞེས་པ་དང་། སྐད་ཅིག་ལ་སྐ་ཅིག རིན་ཆེན་ལ་རིན་ཅེན། ཞོགས་ལ་འཞོགས། བརྩོན་འགྲུས་ལ་གཙོན་འགྲུས། རྣམ་དག་ལ་རྣམས་དག སེང་གེ་ལ་སེང་འགེ ཅི་ཡོད་ལ་ཇིང་ཡོད། ཟུར་ཕུད་ལ་ཟུར་ཕུག ཟླུམ་ཟེ་ལ་ཟླུམ་ཛེ། དཔལ་བེའུ་ལ་དཔལ་གྱི་བུ་ཞེས་པ་ལྟ་བུ་མང་དུ་བྱུང་ངོ་། །

ཚིག་ཕྲད་ཀྱི་སྐོར། ཆོས་ཚན་འདིའི་ཁྲོད་ཀྱི་ཚིག་ཕྲད་ཀྱི་སྐོར་གླེང་ན། གཙོ་ཆེ་བ་འབྲེལ་སྒྲ་དང་བྱེད་སྒྲའི་ཕྲད་རང་སོས་སུ་བེད་སྤྱོད་བཏང་བ་ཤིན་ཏུ་མང་བ་དཔེ་མཚོན་ཙམ་བཀོད་ན། རྣམས་ཀྱིས། རྟགས་གིས། ཉིད་ཀི རྟགས་གི ཡིད་ཀྱིས། ཀུན་གི གཉིས་ཀྱི། ཚིག་ཀྱི། ཆོས་ཀི་ཞེས་པ་སོགས་ལྟ་བུ་དང་། གཞན་ཚིག་ཕྲད་འི་རྐྱང་པའི་ཁ་སྐོང་བར་མང་དུ་བཀོལ་ཡོད་པ་དཔེར་ན། “གསང་དབང

ལག་ན་ཪྻ་ཛྗེ་འིས། །"ཞེས་པ་ལྟ་བུ་དང་། ཇེས་འཇུག་གི་ས་མཐར་ཤེས་བེད་སྦྱོད་བཏང་ཡོད་པ་དཔེར་ན། "བཅོམ་ལྡན་དེ་ནི་ལེགས་ཤེས་གསོལ། །"ཞེས་པ་སོགས་དེ་དག་ལས་ང་ཚོས་ད་ལྟ་རྐང་པ་ཁ་སྐོང་བར་ཡི་བཀོལ་དགོས་པ་དང་ས་མཐར་དམིགས་བསལ་དབང་གིས་ཞེས་སྦྱོར་དགོས་པ་སོགས་ཀྱི་བརྡ་སྤྲོད་ཀྱི་ཆོས་ཉིད་འདི་དག་ནི་ཕྱིས་སུ་སྐད་གསར་བཅད་ཀྱིས་གཏན་ལ་ཕབ་པ་ཡིན་པ་རྟོགས་ཐུབ་བོ། །

སྔགས་ཡིག་གི་སྐོར། བོད་འགྱུར་ཆོས་ཚན་ཁག་གི་ཁྲོད་དུ་ཆོས་ཁུངས་བཙུན་པར་བསྟན་ཕྱིར་དང་བྱིན་རླབས་ལྡན་ཕྱིར་སོགས་དགོས་པ་དུ་མ་དང་། ལྷག་པར་དུ་གཟུངས་སྔགས་ཀྱི་ནུས་པ་མི་ཉམས་པའི་ཕྱིར་ལེགས་སྦྱར་སྐད་སོར་བཞག་བྱེད་པའི་ཚུལ་མང་ཞིང་། བོད་དུ་ལེགས་སྦྱར་གྱི་སྒྲ་རིག་ལ་སྦྱང་པ་བྱེད་པའི་སྲོལ་རྒྱ་ཆེར་དར་བ་ནས་བཟུང་དེ་དག་ལ་གཅིག་གྱུར་གྱི་བོད་རང་སྐད་ཀྱི་འབྲི་སྲོལ་ཞིག་བྱུང་ཡོད། ཏུན་ཧོང་བོད་ཡིག་གནའ་རབས་གཙུག་ལག་ཁྲོད་དུའང་སྔགས་ཡིག་འབྲི་ཚུལ་ཡོད་སོད། མང་ཆེ་བ་ཞིག་སྒྲ་སྒྱུར་གྱི་ཚུལ་དུ་གནས་པས་གཅིག་གྱུར་དང་ཚད་ལྡན་ཅན་དུ་འགྱུར་མེད། དེའི་ཕྱིར་འཇམ་དཔལ་མཚན་བརྗོད་ཆོས་ཚན་འདིའི་ཁྲོད་དུའང་སྔགས་ཡིག་ཁ་ཤས་བྱུང་བ་ལ་འབྲི་ཚུལ་ཚད་ལྡན་མིན་པ་དཔེར་ན། ཧྰུཾ་ཞེས་པ་ལ་ཧུང་དང་། གཉྷི་ཞེས་པ་ལ་འགན་ཏེ། ཛཱི་ན་ཛཱིག་ཞེས་པ་ལ་འཛཱི་ན་འཛིག་ཅེས་བྲིས་པ། ཡང་། "ཨ་ཨཱ། ཨི་ཨཱི། ཨུ་ཨཱུ། ཨེ་ཨཻ། ཨོ་ཨཽ། ཨཾཨཿ། ཤྲཱིཧྲོཧྲིདི། རྣཱནསུཧྲིརཧྲཾཙྲརྡྲུཙྲཥྣཱ ཧྲ ཥྞཱབཧྲིནྡྲཱི། ཨོཾབཛྲཱི ཀྵ ཏུཿཁཚྀད། ཕཱརྣྣཱ་ན་ཨུཀྵ་ཡེ། རྣཱ་ན་ཀཱ་ཡ། ལྷཱ་གཱི་ཤཱ་ར། ཨ་ར་པ་ཙ་ནཱ་ཡ་ཏེ་ན་མཿ། །"ཞེས་པའི་གཟུངས་སྔགས་རིང་པོ་དེ་ལ། I.T.J.VoL17ཁྲིད་ཀྱི་འཇམ་དཔལ་མཚན་བརྗོད་དུམ་བུ་ཊ། "ཨཱ་ཨཱ། ཨི་ཨཱི། ཨུ་ཨཱུ། ཨེ་ཨཻཨོ་ཨཽ། ཨ་མ་ཨཱ། སྲ××××××ཨཱོ་མ་བ་ཛཱི་ཏིག་ནཤན། །ཏུག་ཁད་ཙེ་ད་ཐྲད༔ ད་ཉ་ན་ན་སུར་ད་ལེ། ད་ཉ་ན་ཀ་ཡ། །ཏཱ་གཱི་ཤཱ་ར། ཨ་ན་པ་ཙ་ན་ཡ་ཏེ་ན་མ། །"ཞེས་བྱུང་བས། དུས་སྐབས་དེར་ལེགས་སྦྱར་གྱི་སྐད་དེ་བོད་ཡིག་གི་ལམ་ནས་མཚོན་ཐབས་ལ་གཅིག་གྱུར་བྱུང་མེད་པའམ་ཡང་ན་ཡི་གེ་བ་རྣམས་འབྲི་སྟངས་ཚད་ལྡན་ཅན་ལ་བྱང་ཆ་མེད་པ་མིན་ནམ་སྙམ།

གསུམ་པ། དབྱིན་ཇིར་ཉར་བའིI.T.J.VoL17ཁྲིད་ཀྱི་འཇམ་དཔལ་མཚན་བརྗོད་དུམ་བུ་དང་བཀའ་འགྱུར་ཁྲིད་ཀྱི་འཇམ་དཔལ་མཚན་བརྗོད་གཉིས་ཀྱི་གཤིབ་བསྡུར།

འདིར་དེང་གི་གཙུག་ལག་རིག་པའི་ཐབས་ལམ་ལྟར་གནའ་རབས་ཀྱི་གཙུག་ལག་དུམ་བུ་འདི་དང་རྗེས་སུ་གཅིག་གྱུར་གྱི་ཚད་གཞི་མཐོན་པོས་གཏན་ལ་ཕབ་པའི་བཀའ་འགྱུར་(འདིར་སྡེ་དགེའི་བཀའ་འགྱུར་གཞིར་བཟུང་བ་ཡིན།) ཁྲིད་ཀྱི་ཆོས་ཚན་འདིའི་འགྱུར་གཉིས་རེའུ་མིག་ལམ་ནས་གཤིབ་བསྡུར་

ཅུང་ཙམ་བྱས་ན་འདི་ལྟར།

གཅིག འགྱུར་ཅུང་མཐུན་པའི་སྐོར།

1	ཏུན་ཧོང་གི་འགྱུར།	ཤ་41ན་4ད་ལྟར་བྱུང་བའི་རྫོགས་སངས་རྒྱས། །ཡང་ནས་ཡང་དུ་གསུང་བ་གང་། །རྒྱུད་ཅེན་སྒྱུ་འཕྲུལ་དྲྭ་བ་ལས། །རྡོ་རྗེ་འཛིན་ཅེན་གསང་སྔགས་འཆང་། །
	སྡེ་དགེའི་འགྱུར།	ད་ལྟར་བྱུང་བའི་རྫོགས་སངས་རྒྱས། །གང་ཡང་ཡང་ཡང་གསུངས་པ་གང་། །རྒྱུད་ཆེན་སྒྱུ་འཕྲུལ་དྲྭ་བ་འདིར། །རྡོ་རྗེ་འཆང་ཆེན་གསང་སྔགས་འཆང་། །
2	ཏུན་ཧོང་གི་འགྱུར།	ཤ1པ་2གསང་བདག་ལག་ན་རྡོ་རྗེ་འིས། །དེ་བཞིན་གཤེགས་ལ་དེ་སྐད་དུ། །གསོལ་ནས་ཐལ་མོ་སྦྱར་བྱས་ཏེ། །ལུས་བཞུད་ནས་ནི་སྤྱན་སྔར་འདུག །
	སྡེ་དགེའི་འགྱུར།	གསང་དབང་ལག་ན་རྡོ་རྗེ་ཡིས། །དེ་བཞིན་གཤེགས་ལ་དེ་སྐད་དུ། །གསོལ་བཏབ་ཐལ་མོ་སྦྱར་བྱས་ཏེ། །ལུས་བཏུད་ནས་ནི་སྤྱན་སྔར་འདུག །
3	ཏུན་ཧོང་གི་འགྱུར།	ཤ་41པ་5འཇིག་རྟེན་གསུམ་པོ་ཀུན་བཀང་ནས། །ལག་ན་རྡོ་རྗེ་སྟོབས་པོ་ཆེ། །གསང་དབང་ལ་ནི་སླར་གསུང་པ། །
	སྡེ་དགེའི་འགྱུར།	འཇིག་རྟེན་གསུམ་པོ་ཀུན་བཀང་སྟེ། །ལག་ན་རྡོ་རྗེ་སྟོབས་པོ་ཆེ། །གསང་དབང་ལ་ནི་སླར་གསུངས་པ། །
4	ཏུན་ཧོང་གི་འགྱུར།	ཤ་42པ་5མཆོད་པ་ཆེན་པོ་འདོད་ཆགས་ཆེ། །སེམས་ཅན་ཐམས་ཅད་དགའ་བར་བྱེད། །མཆོད་པ་ཆེན་པོ་ཞེ་སྡང་ཆེ། །ཉོན་མོངས་ཀུན་གྱི་དག××××
	སྡེ་དགེའི་འགྱུར།	མཆོད་པ་ཆེན་པོ་འདོད་ཆགས་ཆེ། །སེམས་ཅན་ཐམས་ཅད་དགའ་བར་བྱེད། །མཆོད་པ་ཆེན་པོ་ཞེ་སྡང་ཆེ། །ཉོན་མོངས་ཀུན་གྱི་དགྲ་ཆེ་བ། །
5	ཏུན་ཧོང་གི་འགྱུར།	ཤ་43ན་2འདོད་པ་ཆེན་པོ་བདེ་བ་ཆེ། །དགའ་བ་ཆེན་པོ་མགུ་བ་ཆེ། །གཟུགས་ཆེ་ལུས་ཀྱང་ཆེ་བ་སྟེ། །ཁོ་དོག་ཆེ་ཞིང་ལུས་བོང་ཆེ། །
	སྡེ་དགེའི་འགྱུར།	འདོད་པ་ཆེན་པོ་བདེ་བ་ཆེ། །དགའ་བ་ཆེན་པོ་མགུ་བ་ཆེ། །གཟུགས་ཆེ་ལུས་ཀྱང་ཆེ་བ་སྟེ། །ཁ་དོག་ཆེ་ཞིང་ལུས་བོང་ཆེ། །
6	ཏུན་ཧོང་གི་འགྱུར།	ཤ་43ན་4སྣང་བ་ཆེན་པོ་གསལ་བ་ཆེ། །མཁས་པ་སྒྱུ་འཕྲུལ་ཆེན་པོ་འཅང་། །སྒྱུ་འཕྲུལ་ཆེན་པོ་དོན་སྒྲུབ་པ། །སྒྱུ་འཕྲུལ་ཆེན་པོའི་དགའ་བས་དགའ། །
	སྡེ་དགེའི་འགྱུར།	སྣང་བ་ཆེན་པོ་གསལ་བ་ཆེ། །མཁས་པ་སྒྱུ་འཕྲུལ་ཆེན་པོ་འཆང་། །སྒྱུ་འཕྲུལ་ཆེན་པོ་དོན་གྲུབ་པ། །སྒྱུ་འཕྲུལ་ཆེན་པོ་དགའ་བས་དགའ། །

7	ཏུན་ཧོང་གི་འགྱུར།	ཤ་44ན་1ཕ་རོལ་ཕྱིན་པ་བཅུ་ཐོབ་སྟེ། །ཕ་རོལ་ཕྱིན་པ་བཅུ་ལ་གནས། །ཕ་རོལ་ཕྱིན་བཅུ་དག་པ་སྟེ། །ཕ་རོལ་ཕྱིན་པ×××
	སྡེ་དགེའི་འགྱུར།	ཕ་རོལ་ཕྱིན་བཅུ་ཐོབ་པ་སྟེ། །ཕ་རོལ་ཕྱིན་པ་བཅུ་ལ་གནས། །ཕ་རོལ་ཕྱིན་བཅུ་དག་པ་སྟེ། །ཕ་རོལ་ཕྱིན་པ་བཅུ་ཡི་ཚུལ། །
8	ཏུན་ཧོང་གི་འགྱུར།	ཤ་45ན་5སོ་སོའི་རང་རིག་ཐྱི་གཡོ་བ། །མཆོག་གི་དང་པོ་སྐུ་གསུམ་འཆང་། །སངས་རྒྱས་སྐུ་ལྔའི་བདག་ཉིད་ཅན། །ཁྱབ་བདག་ཡེ་ཤེས××××××
	སྡེ་དགེའི་འགྱུར།	སོ་སོ་རང་རིག་མི་གཡོ་བ། །མཆོག་གི་དང་པོ་སྐུ་གསུམ་འཆང་། །སངས་རྒྱས་སྐུ་ལྔའི་བདག་ཉིད་ཅན། །ཁྱབ་བདག་ཡེ་ཤེས་ལྔ་ཡི་བདག །

གོང་དུ་གཞིབ་བསྡུར་བགྱིས་པའི་རེའུ་མིག་ལས་ཏུན་ཧོང་གི་འགྱུར་དང་སྡེ་དགེའི་བཀའ་འགྱུར་གྱི་འགྱུར་གཉིས་ལ་ཚིག་ཕྲད་དང་བརྡ་གསར་རྙིང་གི་ཁྱད་པར་ཙམ་དང་ཚིག་ཕྲད་རེ་གཉིས་མ་གཏོགས་ཡོངས་སུ་མཐུན་པ་བྱུང་ཡོད་པ་དང་། ལྷག་པར་དུ་རེའུ་མིག་ལས་4.5.7ལྟ་བུའི་ཚིག་དུམ་དག་ནི་ཡོངས་སུ་མཐུན་པ་བྱུང་བ་མཐོང་ཐུབ།

གཉིས། འགྱུར་ཅུང་མི་མཐུན་པའི་སྐོར།

༡ སྡུ་ཕྱིའི་གོ་རིམ་མི་གཅིག་པ།

1	ཏུན་ཧོང་གི་འགྱུར།	41ན་2ཡེ་ཤེས་སྐུ་སྟེ་རང་འབྱུང་བ། །འཇམ་དཔའ་ཡེ་ཤེས་སེམས་པ་འི། །
	སྡེ་དགེའི་འགྱུར།	འཇམ་དཔལ་ཡེ་ཤེས་སེམས་དཔའ་ཡི། །ཡེ་ཤེས་སྐུ་སྟེ་རང་བྱུང་བ། །
2	ཏུན་ཧོང་གི་འགྱུར།	ཤ་41པ་ནས་42ན་3སྙིང××××འགྲོ་ལ་ཕན་པའི་དོན་དུ་ཁྱོད། །ཡེ་ཤེས་ལུས་ཅན་འཇམ་དཔལ་གྱི། །སྙིང་བརྗོད་པ་ནི་དོན་ཆེ་བ། །དག་པར་བྱེད་ཅིང་སྡིག་སེལ་བ། །××××ལེགས་སོ་དཔལ་ལྡན་རྡོ་རྗེ་འཆང་། །ལག་ན་རྡོ་རྗེ་ཁྱོད་ལེགས་སོ། །གསང་བའི་བདག་པོ་དེ་ཕྱིར་ངས། །ཁྱོད་ལ་ལེགས་པར་བསྟན་པར་བྱ××××ཡིད་གྱིས་ཉོན། །བཅོམ་ལྡན་དེ་ནི་ལེགས་ཤེས་གསོལ། །
	སྡེ་དགེའི་འགྱུར།	ལེགས་སོ་དཔལ་ལྡན་རྡོ་རྗེ་འཆང་། །ལག་ན་རྡོ་རྗེ་ཁྱོད་ལེགས་སོ། །འགྲོ་ལ་ཕན་པའི་དོན་དུ་ཁྱོད། །སྙིང་རྗེ་ཆེ་དང་ལྡན་གྱུར་ཅིང་། །འཇམ་དཔལ་ཡེ་ཤེས་སྐུ་ཡི་མཚན། །ཡང་དག་བརྗོད་པ་དོན་ཆེ་བ། །དག་པར་བྱེད་ཅིང་སྡིག་སེལ་བ། །ང་ལས་མཉན་པར་བརྩོན་པ་ནི། །གསང་བའི་བདག་པོ་ཁྱོད་ལགས་སོ། །དེ་ཕྱིར་འདི་ནི་ངས་བཤད་བྱ། །ཁྱོད་ནི་རྩེ་གཅིག་ཡིད་ཀྱིས་ཉོན། །བཅོམ་ལྡན་དེ་ནི་ལེགས་ཞེས་གསོལ། །

3	ཏུན་ཧོང་གི་འགྱུར།	42ན5་ནས་བ་1ཚིག་གི་དབང་པོ་ཚིགས་སུ་བཅད། །གསང××××པ་དྲུག་ལྡན་ཅིང་། །གཉིས་སུ་མེད་པ་འབྱུང་བ་དང་། །མི་སྐྱེས་ཆོས་ཅན་འདི་གསུངས་སོ། །
	སྡེ་དགེའི་འགྱུར།	གསང་སྔགས་རྒྱལ་པོ་དྲུག་ལྡན་ཞིང་། །གཉིས་སུ་མེད་པར་འབྱུང་བ་དང་། །སྐྱེ་བ་མེད་པའི་ཆོས་ཅན་འདི། །ཚིག་གི་བདག་པོས་ཚིགས་བཅད་གསུངས། །

༢ འགྱུར་དོན་མི་འདྲ་བ།

1	ཏུན་ཧོང་གི་འགྱུར།	41ན་1འགྲོ་བའི་བླ་མ་སྟོན་པ་པོ། །དམ་ཚིག་ཆེན་པོ་འདི་ཉིད་མཁྱེན། །
	སྡེ་དགེའི་འགྱུར།	འགྲོ་བའི་བླ་མས་བཤད་དུ་གསོལ། །དམ་ཚིག་ཆེན་པོ་དེ་ཉིད་མཁྱེན། །
2	ཏུན་ཧོང་གི་འགྱུར།	ཤ་41པ་4སེམས་ཅན་རྣམས་གི་ངན་སོང་གསུམ། །
	སྡེ་དགེའི་འགྱུར།	འཇིག་རྟེན་རྣམས་ཀྱི་ངན་སོང་གསུམ། །
3	ཏུན་ཧོང་གི་འགྱུར།	ཤ་42ན་3ནས་4འདི་ལྟར་སངས་རྒྱས་བཅོམ་ལྡན་འདས། །རྫོགས་པའི་སངས་རྒྱས་ཨོམ་ལས་འབྱུང་། །ཨ་ནི་ཡིག་འབྲུ་ཀུན་གྱི་མཅོག །དོན་ཆེན་ཡི་གེ་དམ་པ་ཡིན། །ཁོང་ནས་བྱུང་བ་སྐྱེ་བ་མེད། །ཚིག་དུ་བརྗོད་པ་སྤངས་པ་སྟེ། །བརྗོད་པ་ཀུན་གྱི་རྒྱུ་འི་མཆོག །ཚིག་ཀུན་རབ××××བྱེད། །
	སྡེ་དགེའི་འགྱུར།	འདི་ལྟར་སངས་རྒྱས་བཅོམ་ལྡན་འདས། །རྫོགས་པའི་སངས་རྒྱས་ཨ་ཡིག་བྱུང་། །ཨ་ཡིག་ཡིག་འབྲུ་ཀུན་གྱི་མཆོག །དོན་ཆེན་འགྱུར་མེད་དམ་པ་ཡིན། །སྲོག་ཆེན་པོ་སྟེ་སྐྱེ་བ་མེད། །ཚིག་དུ་བརྗོད་པ་སྤངས་པ་སྟེ། །བརྗོད་པ་ཀུན་གྱི་རྒྱུ་ཡི་མཆོག །ཚིག་ཀུན་རབ་ཏུ་གསལ་བར་བྱེད། །
4	ཏུན་ཧོང་གི་འགྱུར།	ཤ་46ན་4གླང་ཆེན་སྐོར་རྣོན་གོས་སུ་གྱོན། །
	སྡེ་དགེའི་འགྱུར།	གླང་ཆེན་པགས་པ་རློན་པ་འཆང་། །
5	ཏུན་ཧོང་གི་འགྱུར།	ཤ་50ན་1སངས་རྒྱས་འགྲོ་བའི་ཆོས་ཛིན་པ། །
	སྡེ་དགེའི་འགྱུར།	སངས་རྒྱས་བརྗོད་པའི་ཆོས་འཛིན་པ། །
6	ཏུན་ཧོང་གི་འགྱུར།	ཤ་50བ་2ཐུབ་པ་ བླ་མཆོག་འབྱུང་པོ་སེལ། །
	སྡེ་དགེའི་འགྱུར།	ཐུབ་པ་བློ་མཆོག་ཡང་དག་མཐའ། །

དེ་ལྟར་གོང་དུ་ཏུན་ཧོང་གི་འགྱུར་དང་སྡེ་དགེའི་བཀའ་འགྱུར་གྱི་འགྱུར་གཉིས་དབར་ཚིག་སྔ་ཕྱིའི་གོ་རིམ་མི་གཅིག་པ་དང་འགྱུར་དོན་ཙུང་མི་མཐུན་པ་ཁག་གཅིག་ཙུང་གསལ་བར་བསྟན་ཟིན། འོན་ཀྱང་དེ་རིགས་ཀྱང་སྣྲ་སྒྱུར་གྱི་ལོ་ཙྪ་བ་དེ་དག་གིས་རང་རང་གི་རིག་པའི་རྩལ་འདོན་སྟངས་མི་གཅིག་པ་

དང་། ལེགས་སྦྱར་གྱི་སྐད་ལ་མིང་གཅིག་དོན་དུ་མར་འཇུག་པ་ཆེས་རྒྱུན་ལྡན་དུ་སྣང་བས་སྦྱར་སྟངས་ལ་ཁྱད་པར་ཙུང་ཙམ་བྱུང་བ་ཡིན་པ་ལས་ཅིག་ཤོས་རྩ་བ་ནས་ནོར་འཁྲུལ་ཡིན་པའི་སྒྲུབ་བྱེད་དུ་མི་འགྲོའོ། །

མདོར་ན། གོང་དུ་རེའུ་མིག་གི་ལམ་ནས་གཤིབ་བསྡུར་ཙམ་བྱ་ཁྱུལ་བགྱིས་པ་ལས། བསྟན་པ་ཕྱི་དར་སྐབས་ཀྱི་ལོ་ཆེན་རིན་ཆེན་བཟང་པོ་ལ་སོགས་པས་གཙོས་སྒྲ་སྒྱུར་ལོ་པཎ་ཆེན་པོ་དེ་དག་གིས་བོད་སྔ་རབས་ཀྱི་འགྱུར་གཞིར་བཟུང་ཞིང་། སླར་རྒྱ་གཞུང་ལའང་ཁུངས་གཏུགས་ཏེ་མདོ་རྒྱུད་བསྟན་བཅོས་མཐའ་དག་སྔར་ལས་ལེགས་པར་བཅོས་ཤིང་སྐད་གསར་བཅད་ཀྱིས་གཏན་ལ་ཕབ་པ་ནི་རང་རེའི་ཕྱི་རབས་པས་སྤྱད་ན་རྫོགས་མཐའ་མེད་པའི་རིན་ཐང་ཤེས་རིག་གི་གཏེར་མཛོད་ཆེན་པོ་ཞིག་ཡིན་པ་དང་། འཇམ་དཔལ་མཚན་བརྗོད་ལ་མཚོན་ནའང་ཤོང་བློ་གྲོས་བརྟན་པས་བོད་སྔ་རབས་ཀྱི་འགྱུར་མ་ཁག་དང་ལོ་ཆེན་རིན་ཆེན་བཟང་པོ་སོགས་མཁས་དབང་དམ་པའི་འགྱུར་མ་གཞིར་བཟུང་སྟེ་རྒྱ་དཔེར་གཏུགས་ཏེ་ཡང་དག་པར་གཏན་ལ་ཕབ་པ་ཞིག་ཡིན་པ་ཤེས་རྟོགས་ཐུབ་བོ། །

མཇུག་བསྡུའི་གཏམ།

འཇམ་དཔལ་མཚན་བརྗོད་ནི་སྟོན་པ་ཤཱཀྱ་ཐུབ་པས་རྒྱ་གར་ལྷོ་ཕྱོགས་ཀྱི་དཔལ་ལྡན་འབྲས་སྤུངས་ཀྱི་མཆོད་རྟེན་ཆེན་པོར་དཔལ་དུས་ཀྱི་འཁོར་ལོའི་རྒྱུད་གསུངས་པའི་ཚེ་རྩ་རྒྱུད་སྒྱུ་འཕྲུལ་དྲ་བའི་རྒྱུད་ཆེན་པོ་གསུངས་པ་ལས་ཕྱུང་བའི་ཆོས་ཚན་ཞིག་ཡིན་པ་ནི། "འཕགས་པ་རྣལ་འབྱོར་ཆེན་པོའི་རྒྱུད་སྒྱུ་འཕྲུལ་དྲ་བ་སྟོང་ཕྲག་བཅུ་དྲུག་པ་ཏིང་ངེ་འཛིན་དྲ་བའི་ལེའུ་ལས་ཕྱུང་བ། བཅོམ་ལྡན་འདས་འཇམ་དཔལ་ཡེ་ཤེས་སེམས་དཔའི་དོན་དམ་པའི་མཚན་ཡང་དག་པར་བརྗོད་པ། བཅོམ་ལྡན་འདས་དེ་བཞིན་གཤེགས་པ་ཤཱཀྱ་ཐུབ་པས་གསུངས་པ་རྫོགས་སོ།"[1] ཞེས་གསལ་བ་ལས་རྟོགས་ཐུབ་ཅིང་། བོད་བཙན་པོའི་སྐབས་ནས་ལོ་ཙཱ་བ་ཆེན་པོ་གཉགས་ཛྙཱ་ན་ཀུ་མ་ར་དང་དེའི་སློབ་བུ་གནུབས་སངས་རྒྱས་ཡེ་ཤེས་སོགས་ཀྱིས་བོད་ལ་བསྒྱུར་ཅིང་ཕྱིས་ཀྱི་ལོ་ཙཱ་བ་ཆེན་པོ་རིན་ཆེན་བཟང་པོ་དང་། ཤོང་བློ་གྲོས་བརྟན་པ་སོགས་ཀྱིས་རྒྱ་དཔེ་ལ་ཁུངས་གཏུགས་ཏེ་སྔར་བས་འགྱུར་ལེགས་པར་བཅོས་ཏེ་སྐད་གསར་བཅད་ཀྱིས་ཀྱང་གཏན་ལ་ཕབ་པས། ང་ཚོས་ད་ལྟ་མཐོང་ཐུབ་པའི་བཀའ་འགྱུར་ཁྲོད་ཀྱི་འཇམ་དཔལ་མཚན་བརྗོད་ཀྱི་ཆོས་ཚན་འགྱུར་ལེགས་ཤིང་ཁུངས་བཙུན་པ་འདི་བྱུང་བ་ཡིན་པ་ནི་ཏུན་ཧོང་ནས་ཐོན་པའི་འགྱུར་

① སྡེ་དགེའི་བཀའ་འགྱུར། ཤོག་ངོས་13

དང་དེའི་ཁྱད་ཆོས། དེ་དང་དེང་གི་བཀའ་འགྱུར་ཁྲོད་བཞུགས་པའི་ཆོས་ཚན་འདིའི་དབར་གྱི་འགྱུར་ཁྱད་སོགས་དཔྱད་བསྡུར་སྨྲན་བུ་ཞིག་བྱེད་ཁུལ་བྱས་པ་ལས་ཀྱང་རྟོགས་ཐུབ་པ་དང་། འདི་དང་འདི་འདྲ་བའི་བོད་འགྱུར་བཀའ་བསྟན་གྱི་ཆོས་ཚན་ཡོངས་ལ་ཡང་ཚགས་དམ་ཁུངས་ཐུབ་དང་ཡིད་ཆེས་ གློས་འཁེལ་རུང་བའི་ཁྱད་ཆོས་ཀྱང་ལྡན་པར་སྙམ་མོ། །

《བོད་ལྗོངས་ཞིབ་འཇུག་》2013ལོའི་དེབ་དང་པོ་ལས་བདམས།

༄། །ཏུན་ཧོང་ནས་ཐོན་པའི་བོད་ཡིག་ཡིག་ཚགས་《མར་མེ་འབུལ་བའི་སྨོན་ལམ་》གྱིP.T.ཨང་རྟགས་མི་འདྲ་བའི་དཔྱད་བསྡུར།

སྟག་རྡོ།

[ནང་དོན་གནད་བསྡུས།] དཔྱད་རྩོམ་འདིར་ཧྥ་རན་སིའི་རྒྱལ་ཁབ་དཔེ་མཛོད་ཁང་དུ་ཉར་བའི་ཏུན་ཧོང་བོད་ཡིག་ཡིག་ཚགས་ལས་མར་མེ་འབུལ་བའི་སྨོན་ལམ་གྱིP.T.ཨང་རྟགས་མི་འདྲ་བ་རིགས་བཞིའི་ཁྱིད་བརྗོད་སྙིང་བསྡུས་སྟངས་ཐད་ཀྱི་སྤྱིའི་ཁྱད་ཆོས་རེ་རེར་དཔྱད་ཅིང་། དེ་དག་བར་དཔྱད་བསྡུར་བྱས་པ་བརྒྱུད་ཡིག་ཚགས་གང་ཞིག་ཅུང་སྔ་བའི་ཡིག་ཚགས་ཡིན་ཚུལ་གླེང་ཡོད་པར་མ་ཟད། སྨོན་ལམ་འདིའི་བརྗོད་བྱ་གཙོ་བོ་གླེང་ནས་དེའི་མཛད་པ་པོ་དང་མཛད་པའི་དུས་སྐབས་བཅས་ལ་རོབ་ཙམ་དཔྱད་ཡོད།

[གནད་ཚིག] མར་མེ་འབུལ་བའི་སྨོན་ལམ། P.T.0026.1ཡིག་ཚགས་བར་གྱི་བསྡུར་བ། བརྗོད་སྒྲོད་ཀྱི་ཁྱད་ཆོས།

ཏུན་ཧོང་ནས་ཐོན་པའི་བོད་ཡིག་ཡིག་ཚགས་ནི་འདས་སོང་གི་བོད་ཀྱི་ལོ་རྒྱུས་དང་རིག་གནས། སྐད་ཡིག དཔལ་འབྱོར། ཆབ་སྲིད་ སྒྲིག་གཞི། ཡུལ་གོམས་གཤིས་ལུགས་སོགས་ལ་ཞིབ་འཇུག་བྱེད་པར་མེད་དུ་མི་རུང་བའི་ཡིག་ཆ་གལ་ཆེན་ཞིག་ཡིན་པས། ཉེ་ཆར་རྒྱལ་ཁབ་ཕྱི་ནང་ཀུན་ཏུ་ཏུན་ཧོང་རིག་པ་ཞེས་ཞིབ་འཇུག་གི་མཐོ་རླབས་ཤིག་འཕྱུར་བཞིན་ཡོད། ཡིད་སྐྱོ་བ་ཞིག་ལ་དབྱིན་ཇིའི་སི་ཐན་དབྱིན་དང་ཧྥ་རན་སིའི་པོ་ཞིས་ཧི་རྣམ་གཉིས་ཀྱིས་བམ་གྲངས་ཁྲི་ལ་ཉེ་བའི་རྩ་ཆེའི་ཡིག་ཆ་དེ་དག་སྤྱི་ལོ་1906ལོ་དང་1908ལོར་སྔ་ཕྱུག་ཏུ་རྒྱལ་ཁབ་ཕྱི་རུ་འཁྱེར་ནས་སོ་སོར་དབྱིན་ཇིའི་རྒྱལ་ཁབ་དཔེ་མཛོད་ཁང་དང་ཧྥ་རན་སིའི་རྒྱལ་ཁབ་དཔེ་མཛོད་ཁང་དུ་བཅུག ཕྱིས་སུ་རྒྱལ་ནང་གི་འབྲེལ་ཡོད་ཆེད་ལས་མཁས་པ་རྣམས་བློ་བུར་དུ་རྫོངས་གཉིད་ལས་སད་དུས་རང་གི་རྩ་ཆེའི་རིག་གནས་དེར་མ་དངུལ་འབོར་ཆེན་བཏང་སྟེ་ཕྱིར་ཉོ་དགོས་པའི་གནས་སུ་གྱུར་ལ། དེ་ལྟ་བུའི་གནས་བབ་འོག་རྒྱལ་ནང་དུ་ཡིག་ཚགས་དེ་དག་གི་མ་ཡིག་དངོས་སུ་མཐོང་དཀའ་ནའང་ཉེ་བའི་ལོ་འགའི་སྟོན་དུ་ནུབ་བྱང་མི་རིགས་སློབ་ཆེན་གྱི་ཏུན་ཧོང་ཡིག་སྙིང་སྐོར་ལ་ཞིབ་འཇུག་བགྱི་བའི་མཁས་པ་ཚོས་ཏུར་ཐག་གིས་ཧྥ་རན

སིའི་རྒྱལ་ཁབ་དཔེ་མཛོད་ཁང་དང་མཉམ་འབྲེལ་སྒྲོས། རྩ་ཆེའི་ཡིག་ཚགས་དེ་དག་སྤྱིན་ཤོག་གིས་པར་བཤུས་བརྒྱབ་པ་དེ་དག་ད་ལྟ་རྒྱལ་ནང་གི་རྟང་ཧེ་དཔེ་རྙིང་དཔེ་སྐྲུན་ཁང་གིས་དེབ་བཅུ་བཞིའི་བདག་ཉིད་ཅན་དུ་བསྐྲུན་ནས་ང་ཚོའི་མིག་ལམ་དུ་བསྟར་ཐུབ་འདུག སྐབས་འདིར་དཔྱད་པར་བྱ་བ་ནི་ལོ་རྒྱུས་དང་ཆབ་སྲིད་ཀྱི་སྐོར་མ་ཡིན་པར། ཕྲ་རན་སིའི་རྒྱལ་ཁབ་དཔེ་མཛོད་ཁང་གི་ཡིག་ཚགས་དག་ལས་བརྗོད་བྱ་ཆོས་ལུགས་དང་འབྲེལ་བའི་མར་མེ་འབུལ་བའི་སྨོན་ལམ་སྐོར་ཡིན།

དང་པོ། མར་མེ་འབུལ་བའི་སྨོན་ལམP.T.0026.1གི་མ་ཡིག་འདྲ་བཤུས།

མར་མེ་འབུལ་བའི་སྨོན་ལམ་ཞེས་པའི་མཚན་བྱང་འདི་ནི་ཡིག་རྙིང་དག་སྒྲིག་མཁན་གྱིས་བཏགས་པ་ཞིག་ལས། སྐབས་དེའི་ཡིག་རྙིང་དངོས་སུ་མཚན་བྱང་དེ་ལྟར་བཏགས་པ་མཐོང་རྒྱུ་མི་འདུག ཕྲ་རན་སིའི་རྒྱལ་ཁབ་དཔེ་མཛོད་ཁང་གི་བོད་ཡིག་སྐོར་གྱི་ཡིག་ཚགས་པར་དུ་བསྐྲུན་པའི་དེབ་ཡོངས་ལས་བདག་གིས་ལྟ་རིག་ཐུབ་བྱུང་བ་ནི་དེབ་དང་པོ་ནས་བཅུ་པའི་བར་ཡིན་པས། ཐུན་གྱིས་དེ་དག་ཞིབ་ཀློག་བྱས་པ་བརྒྱད་དེབ་བཅུ་པོ་དེ་དག་གི་ཁྲོད་དུ་མར་མེ་འབུལ་བའི་སྨོན་ལམ་དང་འབྲེལ་བའི་ཨང་རྟགས་རིགས་མི་འདྲ་བ་བཞི་ལག་སོན་བྱུང་བ་སྟེ། P.T.0026.1དང་P.T.0002དང་P.T.0045དང་P.T.0170བཅས་ཡིན་ལ། དེ་དག་སོ་སོའི་བརྗོད་བྱ་དང་བཟ་སྦྱོད། ཡིག་གཟུགས། རྫོད་པའི་འཕྲི་སྣོན། གཞན་ད་དུང་ཤོག་ལྷེའི་ཆེ་ཆུང་སོགས་ཀྱང་གཅིག་མཐུན་མིན་པས་མ་ཡིག་བཞི་པོ་བཀོད་ན་གསལ་ཁ་ཡོང་ཐུབ་སོད། ཡིན་ནའང་ཡིག་ཆོགས་ལ་འཛེམས་ཏེ་མཚོན་བྱེད་དུP.T.0026.1གཅིག་པུའི་མ་ཡིག་དངོས་ཇི་བཞིན་དུ་བཀོད་ན།

P.T.0026.1[①]༄། :། མར་མེ་དབུལ་བའི་སྨོན་ལཾ་དུ་གསོལ་བ།། །།དཀོན་མཆོག་གསུམ་ལ་ཕྱག་འཚལ་ལོ།། །།སངས་རྒྱས་དང་བྱང་ཆུབ་སེམས་དཔའ་ཐམས་ཅད། །བདག་ལ་དགོངསུ(ཤ1)

གསོལ། །ཆོས་ཐམས་ཆད་ངོ་བོ་ཉིད་གཅིག་སྟེ། །ཐ་དད་པ་མ་ལགས་ན། །བདག་ཆགི་བསོད་ནམསུ། །དཀོན་མཆོག་གསུམ་ལ། །མར་མེ་དབུལ་བ་འདི་རྣམས། །ཆོས་ཀྱི་དབྱིངས་ཀྱི་ལྷབས་དང་། །སངས་རྒྱས་དང་། །བྱང་ཆུབ་སེམས་པ་ཐམས་ཆད་ཀྱི་མཐུ་དང་། །བདག་ཆགི་བསམ་བ་རྣམ་

① ཕྲ་རན་སིའི་རྒྱལ་གཉེར་དཔེ་མཛོད་ཁང་དུ་ཉར་བའི་ཏུན་ཧོང་བོད་ཡིག་ཡིག་ཚགས།(དེབ་དང་པོ) རྟང་ཧེ་དཔེ་རྙིང་དཔེ་སྐྲུན་ཁང་། 2006ལོ། ཤོག་ངོས་152-154

པར་དག་པའི་སྟོབས་ཀྱིས། །མར་མེའི་སྡོང་ནི་ཁོར་ཡུག་ཆེད་པོ་ཙམ་དུ་གྱུར་ཅིག། །མར་ནི་རྒྱ་མཚོ་ཚམ་དུ་གྱུར་ཅིག། །སྙིང་པོ་ནི་རི་རབ་ཚམ་དུ་གྱུར་ཅིག། །(ཤ2)

མེ་ལྕེ་ནི་སྲིད་པའི་རྩེ་མོ་ལ་ཐུག་པ་ཙམ་དུ་གྱུར་ཅིག། །འོད་ནི་ཕྱོགས་བཅུའི་འཇིག་རྟེན་གྱི་ཁམས་མཐའ་ཡས་མུ་མེད་པ་ཐམས་ཅད་ཁྱབ་པར་གྱུར་ཅིག། །གྲངས་ནི་སངས་རྒྱས་ཀྱི་ཞིང་ཐམས་ཅད་ཀྱི་རྡུལ་ཕྲ་རབ་སྙེད་དུ་གྱུར་ཅིག །ཡུལ་ནི་དེ་བཞིན་གཤེགས་པའ་རྣམས་ཀྱི་སྐུ་གསུང་གྱི་སྲིད་དུ་རྒྱུན་མི་ཆད་པ་དང་། འཁོར་བའི་མཐའས་ཀླས་པའི་བར་དུ། གནས་པར་གྱུར་ཅིག། །དེ་ལྟར་གྱུར་པའི་མར་མེ་དེ་དག་ཐམས་ཅད་ཕྱོགས་བཅུའི(ཤ3)

དཀོན་མཆོག་གསུམ་དང་། སངས་རྒྱས་བཅོམ་ལྡན་འདས་ཀྱི་སྐུ་གདུང་གི་མཆོད་རྟེན་ཐམས་ཅད། །ལ་དབུ་ཡོ། །གསོ་ཡོ། །དོན་ཏོ། །འཕགས་པ་ཐམས་ཅད་ཀྱིས་ཀྱང་དེ་བཞིན་དུ་བྱིན་གྱིས་བརླབ་དུ་གསོལ། །ཡོང་སྤྱོད་པར་གསོལ། །མར་མེ་དག་གི་སྣང་བ་ཆེན་པོ་ལ་བརྟེན་ནས། །ཕྱི་མའི་མུར་ཐུག་པའི་བར་དུ། །སེམས་ཅན་ལ་ཕན་བ་དང་། བདེ་བའི་དོན་ཆེན་པོ་མཛད་དུ་གསོལ། །དེའི་དགེ་བ་ཐམས་ཅད་ཀྱིས། །ཕྱོགས་བཅུའི་བྱང(ཤ4)

ཆུབ་སེམས་དཔའ་སེམས་དཔའ་ཐམས་ཅད་ཀྱིས། །དགོངས་པ་ཐམས་ཅད་གྲུབ་སྟེ། །མྱུར་དུ་རྣམ་པ་ཐམས་ཅད་མཁྱེན་པ་ཉིད་ཡོངས་སུ་རྫོགས་པར་གྱུར་ཅིག །སེམས་ཅན་ཐམས་ཅད་ཀྱི་མགོན། །ཐམས་ཅད་མཁྱེན་པའི་ཉི་མ་འཇིག་རྟེན་ཐམས་ཅད་ཤར་པར་གྱུར་ཅིག །སྣོད་ཀྱི་འཇིག་རྟེན་ཐམས་ཅད་དང་། སེམས་ཅད་ཐམས་ཅད་ཀྱི་ལུས་དང་། །གནས་དང་། སྤྱོད་ཡུལ་དང་། ཐམས་ཅད་ལ་མུན་པ་མེད་ཅིང་། །རང་བཞིན་ཀྱིས་འོད་སྣང(ཤ5)

བ་དང་། ལྡན་ཏེ། །ལྷམ་མེ་ལྷན་ནེ་ལྷ་ངེར་གསལ་ཞིང་མཛེས་པར་གྱུར་ཅིག །སེམས་ཅན་ཐམས་ཅད་ཀྱི་མ་རིག་པའི་མུན་པ་ཐམས་ཅད་རྣམ་པར་དག་པ་སྟེ། །ལྷའི་མིག་ལ་སྩོགས་སྟེ། །རྣམ་པར་ཤེས་པ་ལྔ་དང་ལྡན་ཞིང་། དེ་བཞིན་གཤེགས་པའི་སྤྱན་ལྔ་རྣམ་པར་དག་པ་དང་། །ཐམས་ཅད་མཁྱེན་པའི་ཡེ་ཤེས་ཀྱི་སྣང་བ་ཆེད་པོ་ཐོབ་པར་གྱུར་ཅིག། །དེ་ལྟར་དགེ་བའི་རྩ་བ་དཔག་དུ་མ་མཆིས་པ། །འཕགས་པ་ཐམས་ཅད་དབུལ་བ་དང་། སེམས་ཅན་ཐམས(ཤ6)

ཅད་ལ་བསྔབས་ཤིང་བསྔོས་སྟེ། །སྨོན་ལམ་རྒྱ་ཆེན་པོ་བཐབ་པའི་བསོད་ནམས་ཀྱི་མཐུ་དང་འཕགས་པ་ཐམས་ཅད་ཀྱི་བྱིན་ཀྱི་རླབས་ཀྱིས། །བདག་ཆགས་འཁོར་བ་ཐོག་མ་མ་མཆིས་པ་ནས། །སྔོན་ཀྱི་ཚེ་རབས་བཏངས་པ་དང་། ད་ལྟར་ཀྱི་ཚེ་འདིའི་བར་དུ། །མཚམས་མེད་པ་ལྔ་དང་། མཚམས་མེད་པ་ལྔ་

དང་ཉེ་བར་དང་མི་དགེ་བ་བཅུའི་ལས་ཀྱི་ལྤ་ལ་སྤྱོགས་བགྱིས་པ་དང་། བགྱིད་དུ་སྩལ་པ་དང་། བགྱིད་པ་ལ་རྗེསུ་ཡི་རང་བར་གྱུར་པ་ཐམས་ཅད་དང་།(ཤ7)

འཕགས་པ་ལ་བསྐུར་པ་བཐབཔ་ཆད་དང་དཾ་པའི་ཆོས་སྤང་པའི་ལས་ཆིས་པ་ལསྤྱོགས་པ། །ལས་གང་གིས་ཚེ་ཐུང་པར་གྱུར་པ་དང་། །ནད་མང་བར་འགྱུར་བ་དང་། །ཡིད་དུ་མི་འོང་བ་འབྲས་བུ་རྣམ་པར་སྨིན་པ་སྣ་ཚོགས་ཉམས་སུ་མྱོང་བར་འགྱུར་བའི་ལས་ཀྱི་སྒྲིབ་པ་ཐམས་ཅད་མ་ལུས་པར་བྱ་བར་གྱུར་ཅིག །དེ་ལས་དེ་དག་གི་རྣམ་པར་སྨིན་པས། །ད་ལྟར་གྱི་ལུས་འདི་ལ་ནད་ཀྱི་རྣམ་གྲངས་མང་པོས་ཐེབས་པ་དང་། མྱི་དང་མི་མ་ཡིན་པ(ཤ8)

ལསྤྱོགས་པའ། །ངན་དུ་བགྱིས་པ་དང་སེམས་འཁྲུག་ཅིང་། མྱི་ངན་དུ་གྱུར་པ་ཐམས་ཅད་བྱང་ནས། །ནད་མྱེད་ཚེ་རིང་ཞིང་། ལུས་དང་སེམས་རྟག་དུ་བདེ་བར་གྱུར་ཅིག །སངས་རྒྱས་དང་བྱང་ཆུབ་སེམས་དཔའ་ལ་སྤྱོགས་པ་འཕག་པ་ཐམས་ཅད་གྱིས། །རྟག་དུ་དགོངས་ཤིག །བྱིན་གྱིས་བརླབ་པར་གྱུར་ཅིག །ལྷ་དང་ཀླུ་དང་གནོད་སྦྱིན་ལསྤྱོགས་པ། །དམ་ཚིག་ཅན་ཐམས་ཅད་གྱིས་ཀྱང་རྟག་དུ(ཤ9)

བསྲུང་ཞིང་བསྐྱབ་པར་གྱུར་ཅིག །ཚེ་རབས་ཐམས་ཅད་དུ་ཡང་བྱང་ཆུབ་སེམས་དཔའི་སྤྱོད་པ་དང་ལྡན་ཞིང་། །བསོད་ནྃས་དང་ཡེ་ཤེས་ཀྱི་ཚོགས་ཀྱིས་བརྒྱན་ཏེ། །འཇིག་རྟེན་པ་དང་འཇིག་རྟེན་ལས་འདས་པ་ཕུན་སུམ་ཚོགས་པ་དང་ལྡན་བར་གྱུར་ཅིག །སངས་རྒྱས་ཀྱི་གོ་འཕང་མྱུར་དུ་ཐོབ་ནས། །སེམས་ཅན་ཐམས་ཅད་ཀྱི་སྲིད་པའི་རྒྱ་མཚོ་ལས། །སྒྲོལ་ཞིང་མྱ་ལས་འདས་པའི་དབྱིངས་ལ་དགོད་པར(ཤ10)

གྱུར་ཅིག །རྫོགས་སོ། །(ཤ11)

ཞེས་པ་འདི་ནིP.T.0026.1གི་མ་ཡིག་གི་འདྲ་བཤུས་ཡིན།

གཉིས་པ། P.T.ཨང་རྟགས་མི་འདྲ་བའི་ཡིག་ཚགས་ཀྱི་ཁྱད་ཆོས།

གོང་དུ་བཀོད་པP.T.ཨང་རྟགས་མི་འདྲ་བའི་མར་མེ་འབུལ་བའི་སྨོན་ལམ་འདི་དག་ལའང་ཏུན་ཧོང་གི་ཡིག་ཚགས་གཞན་དང་འདྲ་བར་བརྗ་སྙིང་པའི་ཁྱད་ཆོས་མང་དུ་ལྡན་ལ། ཁྱད་ཆོས་དེ་དག་ལས་མར་མེ་འབུལ་བའི་སྨོན་ལམ་འདིའང་ཏུན་ཧོང་གི་ཡིག་ཚགས་གཞན་དག་དང་དུས་མཉམ་པ་ལས་ཕྱིས་སུ་བསྣན་པའི་ཡིག་ཚགས་བཅོས་མ་ཞིག་མིན་པ་ར་སྤྲོད་བྱ་ཐུབ། གཤམ་དུ་མར་མེ་འབུལ་བའི་སྨོན་ལམ་གྱི་ཁྱད་ཆོས་མཚོན་ཕྱིར་དེའི་ཁྱད་ཆོས་བཅུ་དམིགས་སུ་བཀར་ནས་བྱེ་བྲག་ཏུ་དཔེ་བརྗོད་དང་བཅས་བཀོད་ན།

གཅིག གི་གུ་ཕྱིར་ལོག་མང་དུ་བྱུང་བ། ཨང་རྟགས་མི་འདྲ་བ་སོ་སོར་གི་གུ་ཕྱིར་ལོག་ཅན་མང་དུ་གསལ་ཞིང་དེས་གི་གུ་ཡོངས་ཀྱི་ཆ་མང་ཤོས་ཟིན་ཡོད་དེ་དཔེར་ན། མར་མེའི་སྨོན་ལམ། རོ་རབ། བདག་ཆགི། འདི་རྣམས། བདག་མྱིང་། ཅི་སྲིད། རིང་སྲེལ། མཁྱེན་པའི་ཞེས་པ་ལྟ་བུ་སོགས་བསྡོམས་ན་187ཅམ་ཡོད་ཅིང་། དེ་ཡང“ཡིག་ཚགས་ཇི་ལྟར་སྔ་ན་དེ་ལྟར་དེའི་ནང་གི་གུ་ཕྱིར་ལོག་ཅན་གྱི་གྲངས་ཚད་མང་ལ། དེ་ལས་ལྡོག་སྟེ་ཡིག་ཚགས་ཇི་ལྟར་ཕྱུང་བ་འཕྱི་ན་དེ་ལྟར་གི་གུ་ཕྱིར་ལོག་ཅན་གྱི་གྲངས་ཚད་ཀྱང་ཇེ་ཉུང་དུ་སོང་འདུག་པ་ནི་དོན་དངོས་ཤིག་ཡིན།”①བྱེ་བྲག་ཏུ་ཨང་རྟགས་རེ་རེའི་ཁྲོད་ན་གི་གུ་ཕྱིར་ལོག་ཅན་གྱིས་ག་ཚོད་ཟིན་པ་གཤམ་གྱི་རེའུ་མིག་ཏུ་བཀོད་ཡོད།

གཉིས། སྡེ་པ་གཅིག་པའི་མིང་གཞི་བརྗེ་བ། གསལ་བྱེད་སུམ་ཅུ་ལས་སྡེ་པ་གཅིག་པའི་མིང་གཞི་བརྗེ་ནས་འབྲི་བའི་ཚུལ་འདི་ནི་ཡིག་ཚགས་རྙིང་པའི་ཁྲོད་ཀྱི་རྒྱ་བའི་ཁྱད་ཆོས་ཤིག་ཏུ་ཀུན་གྱིས་འདོད་ལ། འདིར་ཡང་དེའི་སྐོར་མང་དུ་བྱུང་ཡོད་པ་དཔེར་ན། བྱང་ཆུབ་ལ་བྱང་ཅུབ། བདག་ཅག་ལ་བདག་ཆག ཅམ་དུ་ལ་ཚམ་དུ། སྨོན་ལམ་བཏབས་པ་ལ་སྨོན་ལམ་བཐབས་པ། ཐམས་ཅད་ལ་ཐམས་ཆད། ཀྱུར་ཅིག་ལ་ཀྱུར་ཆིག ཕྱོགས་བཅུ་ལ་ཕྱོགས་བཆུ། བཅོམ་ལྡན་ལ་བཚོམ་ལྡན། དཔག་ཏུ་མ་མཆིས་ལ་དཔག་དུ་མ་མཆིས། སྤྱོད་ཡུལ་ལ་སྦྱོད་ཡུལ། སྤྱན་ལ་སྦྱན་སོགས་སྡེ་པ་གཅིག་པའི་ཅ་དང་ཆ་གཉིས་ཕན་ཚུན་བརྗེ་བ། ཙ་དང་ཚ་གཉིས་བརྗེ་བ། ཏ་དང་ཐ་གཉིས་བརྗེ་བ། པ་དང་ཕ་གཉིས་བརྗེ་བ་སོགས་མང་ངོ་། །

གསུམ། མིང་གཞི་རྐྱང་པའི་སྔོན་དང་རྗེས་སུ་འ་འཇོག་པ། བོད་ཡིག་གི་བརྡ་སྤྲོད་པའི་རྣམ་གཞག་ལྟར་ན། འ་ཡིག་དེར་སྔོན་འཇུག་དང་རྗེས་འཇུག་གི་ནུས་པ་ཡོད་མོད། ཡིག་ཚགས་འདིར་སྔོན་འཇུག་རྗེས་འཇུག་གི་འཇུག་ཚུལ་ལྟར་མ་ཡིན་པར་དེ་ལས་གཞན་པའི་མིང་གཞིའི་ཡི་གེ་རྐྱང་པའི་སྔོན་དང་རྗེས་སུ་འ་ཡིག་འཇོག་པའི་འབྲི་སྲོལ་ཡོད་ལ། འབྲི་སྲོལ་དེ་ལྟ་བུ་ཕྱིས་སུ་སྐད་གསར་བཅད་སྐབས་དོར་ཡོད། ཡིན་ནའང་མར་མེ་འབུལ་བའི་སྨོན་ལམ་དུ་མིང་གཞིའི་ཡི་གེ་རྐྱང་པའི་སྔོན་དང་རྗེས་སུ་འ་ཡིག་ལྷག་མ་བྲིས་ཡོད་པ་མཐོང་རྒྱུ་ཡོད་དེ། གསོལ་བའ། མ་ལགས་ནའ། དེ་བཞིན་གཤེགས་པའ། ལ་སྦྱོགས་པའ། བཅོམ་ལྡན་འདའས། མཐའས་ཀླས་པ་ཞེས་པ་ལྟ་བུ་སོགས་ནི་མིང་གཞིའི་ཡི་གེའི་རྗེས་སུ་

① ཆ་རིས་སྐལ་བཟང་ཐོགས་མེད། རྡ་རན་སིའི་རྒྱལ་ཁབ་དཔེ་མཛོད་ཁང་དུ་ཉར་བའི་ཏུན་ཧོང་གི་བོད་ཡིག་ཡིག་ཚགས་ཨང་རྟགསP.T.151བཟང་སྨོན་འགྲེལ་པ་ཁ་ཐོར་ལ་རགས་ཙམ་དཔྱད་པ། བོད་ལྗོངས་ཞིབ་འཇུག 2009ལོ། ཤོག་ངོས་127

འ་ཡིག་ལྷག་མ་བསྟན་པ་དང་། སྣང་བ་ལ་སྣང་འབ། ཕན་པ་ལ་ཕན་འབ། ལྡན་པར་གྱུར་ཅིག་ལ་ལྡན་འབར་གྱུར་ཅིག མངོན་པར་ཤེས་པ་ལ་མངོན་འབར་ཤེས་པ། སྨིན་པ་ལ་སྨིན་འབ། འཇིག་རྟེན་གྱི་ཁམས་ལ་འཇིག་རྟེན་གྱི་འཁམས་ཞེས་པ་ལྟ་བུ་རྣམས་ནི་མིང་གཞི་རྐྱང་པའི་སྟོན་དུ་འ་ལྷག་མ་བསྟན་པའི་བརྡ་རྙིང་པའི་ཁྱད་ཆོས་ཤིག་ཏུ་སེམས། །

བཞི། ཡང་འཇུག་ད་ས་གཉིས་མང་དུ་བཀོལ་བ། སྤྱིར་ན་ཕྱིས་བྱུང་མཁས་པས་བརྩམས་པའི་བརྡ་སྤྲོད་པའི་བསྟན་བཅོས་སུ་ད་ས་གཉིས་ཀྱི་འཇུག་ཚུལ་ལ། “ད་དང་ས་གཉིས་ཡང་འཇུག་སྟེ། །ད་ནི་ན་ར་ལ་གསུམ་དང་། །ས་ནི་ག་ང་བ་མར་འཐོབ། །”①ཅེས་ཐོབ་ཐང་སྦྱོར་ཚུལ་ལ་གསལ་ཁ་བརྗོད་ནས་གསུངས་ཡོད་མོད། མར་མེ་འབུལ་བའི་སྨོན་ལམ་འདིར། གྱུར་པ་ལ་གྱུརས་པ། བཅོམ་ལྡན་འདས་ལ་བཅོམ་ལྡན་འདསད་ལྟ་བུ་ནི་གོང་གི་བརྡ་སྤྲོད་ཀྱི་རྣམ་གཞག་ལས་ཡང་འཇུག་ད་སའི་སྦྱོར་ཚུལ་དང་མི་མཐུན་པར་རའི་རྗེས་སུ་ཡང་འཇུག་ས་དང་སའི་རྗེས་སུ་ཡང་འཇུག་ད་སྦྱར་ཡོད། གཞན་ཡང་། བསྐུར་བ་ལ་བསྐུརད་པ། འཇིག་རྟེན་ལ་འཇིགས་རྟེན། འཁོར་ཡུག་ལ་འཁོརད་ཡུག གྱུར་ཅིག་ལ་གྱུརད་ཅིག མཆོད་རྟེན་ལ་མཆོད་རྟེནད། འགྱུར་བ་ལ་འགྱུརད་པ། ད་ལྟར་ལ་ད་ལྟརད། ལྡན་པར་གྱུར་ཅིག་ལ་ལྡནད་པརད་གྱུར་ཅིག སྨྲར་དུ་ལ་སྨྲརད་དུ་ཞེས་པ་ལྟ་བུ་རྣམས་ནི་སྦྱོར་ཚུལ་དང་མཐུན་ཡང་སྐད་གསར་བཅད་བྱས་པའི་རྗེས་སུ་དོར་བ་ཤ་སྟག་ཡིན་པས་ཡིག་ཚགས་འདིའི་བརྡ་རྙིང་གི་མཚོན་བྱེད་ཡིན་ནོ། །

ལྔ། ཡ་བཏགས་བསྟན་པའི་བརྡ་རྙིང་མང་བ། ཡིག་ཚགས་རྙིང་པ་རྣམས་སུ་ཡ་བཏགས་ཅན་གྱི་ཡི་གེ་མང་བ་དེའང་བརྡ་རྙིང་གི་ཁྱད་ཆོས་ཤིག་སྟེ། དཔེར་ན། མར་མེ་ལ་མར་མྱེ། མེད་ལ་མྱེད། མིག་ལ་མྱིག མི་དགེ་བ་ལ་མྱི་དགེ་བ། རྣམ་པར་སྨིན་ལ་རྣམ་པར་སྨྱིན། མིང་ལ་མྱིང་། བདག་གིར་ལ་བདག་གྱིར་ཞེས་པ་ལྟ་བུ་སོགས་ཀྱིས་མཚོན་ནོ། །

དྲུག ལ་དོན་གྱི་ཕྲད་སྦྱོར་ལུགས་དང་བརྡ་སྤྲོད་པའི་གཞུང་དང་མི་མཐུན་པ། ལ་དོན་གྱི་ཕྲད་སྦྱོར་ཚུལ་ལ་བརྡ་སྤྲོད་སྨྲ་བ་རྣམས་ཀྱིས། “ས་སུ་ག་བ་དྲག་མཐར་ཏུ། །ང་ད་ན་མ་ར་ལ་དུ། །འ་དང་མཐའ་མེད་རའམ་རུ། །ན་ལ་དག་ནི་སྐབས་བསྟུན་སྦྱོར། །”②ཞེས་གསུངས་པ་བཞིན་ལ་དོན་གྱི་ཕྲད་གང་

① དབྱངས་ཅན་གྲུབ་པའི་རྡོ་རྗེ། ཐོན་མིའི་ལེགས་བཤད་སུམ་ཅུ་པའི་སྙིང་པོ་ལྗོན་པའི་དབང་པོ་བཞུགས་སོ། །སུམ་རྟགས་རྩ་བ་ཕྱོགས་བསྒྲིགས། སི་ཁྲོན་མི་རིགས་དཔེ་སྐྲུན་ཁང་། 1999ལོ། ཤོག་ངོས་35

② དཔའ་རིས་སངས་རྒྱས། བརྡ་སྤྲོད་སྦྱོར་བ་རྣམ་བཞི་རབ་གསལ། མི་རིགས་དཔེ་སྐྲུན་ཁང་། 2008ལོ། ཤོག་ངོས་270

གི་རྗེས་སུ་གང་སྦྱོར་དགོས་མིན་ལ་དེང་གི་བརྗོད་སྒྲོད་ལྟར་ན་གཅིག་མཐུན་ཆགས་ཡོད། ཡིན་ནའང་ཡིག་ཚགས་འདིར་དེའི་སྦྱོར་ལུགས་དང་མི་མཐུན་པ་དཔེར་ན། དགོང་དུ་གསོལ། བསླབ་དུ་གསོལ། རྟག་དུ་དགོངས་ཤིག དཔག་དུ་མ་མཆིས་ཞེས་པ་ལྟ་བུར་བྲིས་འདུག་གོ །

བདུན། བྱེད་འབྲེལ་གྱི་ཕྲད་སྦྱོར་ལུགས་དང་མི་མཐུན་པ། སྤྱིར་ན་བྱེད་འབྲེལ་གྱི་ཕྲད་ནི་ད་བ་ས་གསུམ་གྱི་རྗེས་སུ་ཀྱི་དང་ཀྱིས། ན་མ་ར་ལའི་རྗེས་སུ་གྱི་དང་གྱིས། འ་དང་མཐའ་མེད་ཀྱི་རྗེས་སུ་འིས་དང་ཡིས་ཐོབ་མོད། འདིར་ཡང་དེ་ལས་འགོངས་པའི་སྦྱོར་ཚུལ་མང་དུ་མཐོང་སྟེ། དཔེར་ན། ཆོས་གྱིས་དབྱིངས་ཀྱི་བརླབས། ཐམས་ཅད་གྱི། རང་བཞིན་ཀྱིས། ཡེ་ཤེས་གྱིས། བྱིན་ཀྱི་རླབས། ད་ལྟར་གིས། ནང་གི་རྣམ་གྲངས། ཐམས་ཅད་གིས། ཆོས་གྱི་དབྱིངས་ཀྱི་རླབས། ཚོགས་ཀྱིས་བརྒྱན། བྱིན་གི་རླབས། བཅོམ་ལྡན་འདས་གྱི་ཞེས་པ་སོགས་བྱེད་འབྲེལ་གྱི་ཕྲད་བཀོལ་སྟངས་ལ་གཏན་འཁེལ་མེད་པར་ཕན་ཚུན་སྤྲུགས་མར་བཀོལ་ཡོད་པ་འདིའང་བརྗ་སྙིང་པའི་ཁྱད་ཆོས་ཡིན།

བརྒྱད། མགོ་ཅན་དང་མིང་གཞི་གསེག་འབྲི་བྱས་པ། མགོ་ཅན་དང་མིང་གཞི་གསེག་འབྲི་བྱས་པ་ཞེས་པ་འདི་ནི་བརྗ་སྙིང་ཡིག་ཆའི་ནང་དུ་མཐོང་རྒྱུ་ཡོད་ཀྱང་མང་པོ་མེད་པའི་ཁྱད་ཆོས་ཤིག་ཡིན་ཏེ། ཡིག་ཚགས་འདིར་བྱུང་བ་ནི་དཔེར་ན། སྤྱོད་ཅེས་པའི་ཡིག་འབྲུ་འདིའི་ས་མགོ་དང་མིང་གཞིའི་ཡི་གེ་པ་གཉིས་དྲང་ཐད་དུ་ཐོག་འོག་བརྩེགས་པ་མིན་པར། མིང་གཞི་པ་ཡིག་དེ་ས་མགོའི་འོག་ཏུ་གཡས་ཕྱོགས་སུ་གསེག་ནས་འབྲི་བའི་ལུགས་ཡིན་ལ། དེ་བཞིན་དུ་སྤྱན་དང་། སྤྱིན། སྤྲུལ་ལྟ་བུ་རེ་འགའ་ཞིག་དེ་ལྟར་དུ་བྱུང་ཡོད་པ་རྣམས་ནི་དབུ་མེད་ཀྱི་ས་མགོ་ཅན་གྱི་འབྲི་སྲོལ་དང་ཧ་ལམ་འདྲ་པོ་འདུག

དགུ། སྐུང་བའི་ཡི་གེ་མང་བ། སྐུང་ཡིག་གི་སྐོར་ལ་ནོར་བྲང་ཨོ་རྒྱན་མཆོག་གིས“ད་ཡོད་དཔྱད་གཞིའི་ཡིག་རིགས་ལ་གཞིགས་ན་སྐུང་ཡིག་འབྲི་བའི་སྲོལ་ནི་ད་ལྟའི་བོད་ཡིག་གསར་གཏོད་གནང་བ་ནས་མི་རིང་བར་བྱུང་བར་མངོན། བཙན་པོ་ཁྲི་སྲོང་ལྡེའུ་བཙན་གྱི་སྐུ་དུས་སུ་སྲིད་གཞུང་གི་གལ་ཆེའི་གཞུང་ཡིག་ལ་སྐུང་ཡིག་བཀོད་ན་ཡང་ལྟ་ཀློག་བྱེད་མཁན་ཚོས་སྐུང་པའི་ཚིག་དོན་རྒྱ་ཁྱབ་ཏུ་རྟོགས་པའི་ཚད་ལ་སླེབས་ཏེ་གལ་ཆེའི་གཞུང་ཡིག་རྗེ་རིང་ལྟ་བུ་ལའང་འགོད་སྲོལ་བྱུང་འདུག”①ཅེས་གསུངས་པ་བཞིན། བོད་ཀྱི་ཡི་གེར་སྐུང་ཡིག་འབྲི་ཚུལ་དེ་ནི་དུས་སྔ་མོ་ཞིག་ནས་བྱུང་ཡོད། ཡིག་ཚགས་འདིར་ཡང་རྗེས་འཇུག་མ་ཡིག་གི་ཚབ་ཏུ་རྗེས་སུ་ང་རོའི་རྟགས་0འདིས་བསྐུངས་པའི་ཡི་གེ་

① ནོར་བྲང་ཨོ་རྒྱན། བོད་ཀྱི་སྐུང་ཡིག་གི་རྣམ་གཞག་ཆུང་ངུ། བོད་རིག་པའི་ཆེད་རྩོམ་གཅེས་བསྡུས། བོད་ལྗོངས་མི་དམངས་དཔེ་སྐྲུན་ཁང་། 1987ལོ། ཤོག་ངོས་420

ཤིན་ཏུ་མང་སྟེ། གསུམ་ལ་གསུཾ། ལམ་ལ་ལཾ། དམ་ལ་དཾ། ཉམས་ལ་ཉཾས། ནམས་ལ་ནཾས་ཞེས་པ་ལྟ་བུ་དང་། ཡང་འཇུག་དང་དེའི་རྗེས་ཀྱི་མིང་གཞི་གཅིག་ཏུ་བསྐུངས་པ་དཔེར་ན། དགོངསུ་གསོལ། བདག་ཆགི། དབུཡོ། གསོལོ་ལྟ་བུའི་སྐུང་ཡིག་འབྲི་ཚུལ་ཡང་མང་ངོ་། །

བཅུ། རྗེས་འཇུག་ཡི་གེ་མིང་གཞིའི་འོག་ཏུ་སྦྱར་བ། རྗེས་འཇུག་ཡི་གེ་མིང་གཞིའི་འོག་ཏུ་སྦྱར་བའི་འབྲི་ཚུལ་འདིའང་སྐུང་ཡིག་དང་འདྲ་མོད། སྐུང་ཡིག་དང་ཁྱད་པར་ཅུང་ཙམ་ཡོད་པ་ནི་སྐུང་ཡིག་ལྟར་ཡི་གེ་བསྐུངས་ནས་བྲིས་མེད་པ་མ་ཡིན་པར། མིང་གཞིའི་འོག་ཏུ་སྦྱར་ནས་འབྲི་བའི་ལུགས་སྲོལ་ཏེ། ཕྱག་འཚླ་ལོ། སྐུ་ལ་སུན་སྨྲི་མཐྲ་ཞིང་། བྱང་ཆུབ་སེམས་དཔཱ་ཞེས་པ་ལྟ་བུའི་འབྲི་ཚུལ་ཁྱད་པར་ཅན་རེ་འགའ་བྱུང་བ་དེའོ། །དེས་ན་གོང་དུ་དོན་ཆུང་བཅུ་རུ་བཀོད་པ་འདི་དག་ནི་ཏུན་ཧོང་ཡིག་ཚགས་ཁྲོད་ཀྱི་མར་མེ་འབུལ་བའི་སྨོན་ལམ་གྱི་ཡིག་ཚགས་ལག་བྲིས་མ་མི་འདྲ་བ་རིགས་བཞི་སྟེང་ལ་ཡོད་པའི་ཁྱད་ཆོས་རྣམས་ཡིན།

གསུམ་པ། P.T.ཨང་རྟགས་མི་འདྲ་བའི་ཡིག་ཚགས་ཀྱི་བསྡུར་བ།

ཡིག་ཚགས་ཀྱི་ཨང་རྟགསP.T.0002དང་P.T.0026.1དང་P.T.0045དང་P.T.0170བཅས་ཀྱི་ཁོངས་སུ་བརྗོད་བྱ་རིགས་མི་འདྲ་བ་དུ་མ་ཡོད་ལ། མར་མེ་འབུལ་བའི་སྨོན་ལམ་ནི་གོང་དུ་བཀོད་པའིP.T.ཨང་རྟགས་མི་འདྲ་བ་བཞིའི་ཁོངས་གཏོགས་ཀྱི་བརྗོད་བྱ་ཞིག་ཡིན། པོ་ཞིས་ཧི་ཡིས་བཀོད་པའི་ཨང་རྟགས་ཀྱི་སྔ་གཞུག་གོ་རིམ་ནིP.T.0002དང་P.T.0026.1དང་P.T.0045དང་P.T.0170བཅས་པ་ལྟར་ཡིན། ཡིན་ནའངP.T.ཨང་རྟགས་མི་འདྲ་བ་བཞིའི་མ་ཡིག་ལ་དཔྱེ་ཞིབ་བྱས་ན་ཡིག་ཚགས་དེ་དག་གི་སྔ་གཞུག་གོ་རིམ་དེ་ལྟར་མིན་པར་སྙམ་སྟེ། ཐོག་མར་ཡིག་ཚགས་སོ་སོའི་བཟ་སྦྱོད་དང་ཡིག་གཟུགས། རྗོད་པ། བརྗོད་བྱའི་ཐད་ཀྱི་འགྱུར་བ་སོགས་ལ་དཔྱེ་ཞིབ་གསལ་པོར་བྱས་ན་དེ་དག་མཛད་པའི་དུས་ཀྱི་སྔ་གཞུག་སོགས་ཀྱང་རྟོགས་ཐུབ་འོང་སྙམ་པས་བསྡུར་འབྲས་རེའུ་མིག་ཏུ་བཀོད་པ་ནི་གཤམ་གསལ་ལྟར་ཡིན།

བསྡུར་གཞི།	P.T.0002	P.T.0026.1	P.T.0045	P.T.0170
གི་གུ་ཕྱིར་ལོག་ཅན།	25	49	83	31
སྐུང་ཡིག	3	22	0	8
ཙ་དང་ཚ་བརྗེ་བ།	5	61	6	5

ཙ་དང་ཚ་བརྗེ་བ།	1	2	2	0
རྗེས་འཇུག་ད་དང་ན་བརྗེ་བ།	0	2	0	3
རྗེས་འཇུག་ད་ལ་གྱི་བྲིས་པ།	2	3	1	1
རྗེས་འཇུག་ས་ལ་གྱི་བྲིས་པ།	3	4	1	1
རྗེས་འཇུག་ག་ལ་དུ་བྲིས་པ།	2	4	5	5
རྗེས་འཇུག་བ་ལ་དུ་བྲིས་པ།	1	1	0	1
ཡི་གེ་རྐྱང་པའི་རྗེས་སུ་འ་བྲིས་པ།	6	3	0	0
ཡང་འཇུག་ད་དྲག་བཀོལ་བ།	0	0	28	1
ཡ་བཏགས་བསྣན་པའི་བརྡ་རྙིང་།	19	21	21	18
འ་ཡིག་གི་ཡིག་གཟུགས།	ཡོད་ཚད་ཙ་རྟགས་ཅན།	ཙ་རྟགས་ཅན་མེད།	ཡོད་ཚད་ཙ་རྟགས་ཅན།	ཡོད་ཚད་ཙ་རྟགས་ཅན།
ཡིག་གཟུགས་ཀྱལ་དག་མིན།	ཆེས་ལེགས་པ།	ཞན་པ།	ལེགས་པ།	ཅུང་ལེགས།
ཤད་བཀོལ་སྟངས།	བཞི་ཤད་མང་ཤོས།	བཞི་ཉིས་ཅིག་ཤད་གསུམ།	ཉིས་ཤད།	ཡོད་ཚད་ཉིས་ཤད།
ཤོག་ལྷེ།	ཤོག་ལེབ་ཆེན་པོ་གཅིག	སྣ་རིང་བཙུ་དང་ཕྱེད།	སྣ་རིང་བཙུ་དང་ཕྱེད།	ཤོག་ལེབ་ཆེན་པོ་གཅིག

གཅིག བརྡ་སྦྱོད་པའི་ཁྱད་ཆོས་ཀྱི་བསྡུར་བ། གོང་དུ་བྲིས་མ་མི་འདྲ་བའི་ཡིག་ཚགས་ཀྱི་མཇུག་འབྲས་བསྡོམས་རྩིས་བྱས་པ་དེ་གཞིར་བཟུང་ནས་དཔྱད་ན། བརྩམས་དུས་ཆེས་སྔ་བ་དེP.T.0026.1ཡིན་པར་འདོད་དེ། རྒྱུ་མཚན་གཅིག་ནི་ཨང་རྟགས་འདིའི་ཁྲོད་ཏུན་ཧོང་ནས་བྱུང་བའི་བོད་ཡིག་གི་ཡིག་ཚགས་སྔ་ཤོས་རྣམས་དང་མཐུན་པའི་བརྡ་སྦྱོད་པའི་ཁྱད་ཆོས་ཆེས་མང་ཤོས་ཏེ། གི་གུ་ཕྱིར་ལོག་ཅན་ཏ་ཅང་མང་བ་དེ་ཡིན་ལ། དེ་ཡང་གི་གུ་ཕྱིར་ལོག་ཅན་རྐྱང་པ་བྲིས་པ་མ་ཡིན་པར་གི་གུ་དང་གི་གུ་ཕྱིར་ལོག་ཅན་གཉིས་སྤྲགས་མར་ཡོད་པ་དང་། སྐྱུང་ཡིག་ཀྱང་ཆེས་མང་ཤོས་ཏེ། སྨོན་ལམ་ལ་སྨོན་ལཾ་ཞེས་པ། གསུམ་ལ་གསུཾ། བསོད་ནམས་སུ་ཞེས་པར་བསོད་ནམསུ། དབུལ་པོ་ལ་དབུལོ། གསོལ་པོ་ལ་གསོལོ་ཞེས་པ་སོགས་ཨང་རྟགས་གཞན་གསུམ་ལས་ཤིན་ཏུ་མང་བ་དང་། རྗེས་འཇུག་ད་ལའི་རྗེས་སུ་བྱེད་འབྲེལ་གྱི་སྒྲ་ཀྱི་དང་གྱིས་བྲིས་པ་དཔེར་ན། ཐམས་ཅད་ཀྱི་དང་ཐམས་ཅད་གྱིས་ལྟ་བུ་ཡོད་པས་ད་བ་ས་གསུམ་གྱི་རྗེས་སུ་ཀྱི་ཞེས་པའི་སྒྲ་ཀྱི་སྦྱོར་བའི་རྣམ་གཞག་ཁོ་ན་དང་བསྟུན་པ་མིན་པར་ཕན་ཚུན་སྤྲགས་མར་ཡོད་པ་དང་། རྗེས་འཇུག་ག་ལ་ལ་དོན་གྱི་སྒྲ་དུ་སྦྱར་བ་དཔེར་ན། རྟག་ཏུ་ལ་རྟག

 དུ་ཞེས་པ་སོགས་ནི་མདོར་ན་གོང་དུ་སྨྲིའི་ཁྱད་ཆོས་གླིང་སྐབས་ཀྱི་བརྗ་རྙིང་པའི་ཁྱད་ཆོས་ཡིན། དེས་ན་བཙན་པོའི་སྐབས་སུ་བྱུང་བའི་རྫོ་རིང་ཡི་གེར་བལྟས་ན། སྤྱི་ལོ་763ནས་764བར་བཞེངས་པའི་ཞོལ་རྫོ་རིང་གི་ཡི་གེའི་ཁྲོད་དེ་ལྟ་བུའི་བརྗ་སྔོད་སྦྲགས་མར་བཀོལ་བ་མང་བ་དང་། དེའི་རྗེས་ཀྱི་སྤྱི་ལོ་767ནས་769བར་བཞེངས་པའི་བསམ་ཡས་རྫོ་རིང་དང་ཅོང་ངོས་ཀྱི་ཡི་གེ་ཏུ་ད་བ་ས་གསུམ་གྱི་རྗེས་སུ་ཀྱི་སྦྱར་བ་ཤིན་ཏུ་ཉུང་བ། དེ་ནས་བཙན་པོ་ཁྲི་གཙུག་ལྡེ་བཙན་རལ་བ་ཅན་དང་རྒྱ་རྗེ་ཐང་མུའུ་ཙུང་གཉིས་ཀྱི་སྐབས་ཏེ། སྤྱི་ལོ་823ལོར་བཞེངས་པའི་དབོན་ཞང་མོལ་བའི་རྫོ་རིང་གི་ཡི་གེའི་སྟེང་དུ་ད་བ་ས་གསུམ་གྱི་རྗེས་སུ་ཀྱི་དང་ན་མ་ར་ལའི་རྗེས་སུ་གྱི་བྲིས་ཡོད་ཅིང་སྐབས་འདི་ནས་ཕྱད་ཀྱི་སྦྱོར་ཚུལ་དེ་ཕལ་ཆེར་གཏན་འཁེལ་ཅན་དུ་ཆགས་ཡོད། འདི་ལས་བོད་ཀྱི་བརྗ་སྔོད་དེ་སྒྲིག་གཞི་ཅན་དུ་གྱུར་པའི་འཕེལ་རིམ་ཞིག་མཚོན་ཐུབ་ལ། ཕྱི་མ་ཕྱི་མའི་བྲིས་ཡིག་དག་གི་ཁྲོད་ཀྱི་བརྗ་སྔོད་དེ་སྔ་མ་སྔ་མ་ལས་དག་ཆ་ཅན་དུ་གྱུར་པའང་རྟོགས་ཐུབ། དེ་བསP.T.ཨང་རྟགས་མི་འདྲ་བ་བཞི་ལས་ཁྱད་ཆོས་འདི་དག་ཆེས་མང་བའི་ཡིག་ཚགས་དེP.T.0026.1ཡིན་ཕྱིར་འདི་ནི་ཆེས་སྔ་བའི་བྲིས་མ་ཏུ་འདོད་ལ། གཉིས་ན་ཡིག་གཟུགས་ཐད་ནསP.T.0026.1ནི་ཚད་ལྡན་གྱི་ཡིག་གཟུགས་དང་བསྡུར་ན་ཞན་ཤོས་དེ་ཡིན་ཏེ། དེའི་ཡིག་གཟུགས་ཀྱི་ཁྲོད་ན་དབུ་ཅན་དང་དབུ་མེད་སྦྲགས་མ་ལྟ་བུའི་ཡིག་གཟུགས་ཀྱིས་ཁེངས་ཡོད་པས་ཀློག་དཀའ་བ་དང་། ཡང་ཅིག་བཤད་ན་བོད་ཡིག་གི་དབུ་ཅན་དང་དབུ་མེད་ཀྱི་གཟུགས་ལས་གང་སྔོན་དུ་བྱུང་བའི་སྐོར་ལ་མཁས་པ་སོ་སོའི་བཞེད་པ་མི་མཐུན་ལ། དེ་གཉིས་ལས་གང་སྔོན་དུ་བྱུང་བར་ཐག་གཅོད་བྱ་མི་ཐུབ་ཀྱང་། གང་ལྟར་ང་ཚོས་བྲིས་མ་རིགས་བཞི་ལསP.T.0026.1འདི་ནི་དབུ་ཅན་དང་དབུ་མེད་གཉིས་ཕན་ཚུན་འགྱུར་བའི་དུས་མཚམས་སུ་བྱུང་བའི་བྲིས་མ་སྔ་ཤོས་ཤིག་ཡིན་པ་ཤེས་ཐུབ། དེ་དང་P.T.0002བསྡུར་ན་ཕྱི་མ་དེ་ནི་ཡིག་གཟུགས་ཆེས་ལེགས་ཤིང་གྲལ་དག་པོར་འདུག་ལ། དེ་བཞིན་དུP.T.0045དང་P.T.0170གཉིས་ཀྱི་བྲིས་མའང་ཙུང་ལེགས་པོར་མཐོང་བས་འདི་དག་ནི་ཡིག་གཟུགས་ཙུང་གཏན་འཁེལ་ཆགས་པའི་ཕྱི་དུས་སུ་བྲིས་པ་ཞིག་ཡིན་པ་ཤེས་ཐུབ། གསུམ་ན་བྲིས་མ་རིགས་བཞི་པོའི་ཁྲོད་ཤད་བཀོལ་སྟངས་ཀྱི་ཐད་ནས་ཀྱངP.T.0026.1ཏུ་བཞི་ཤད་དང་ཉིས་ཤད། ཚིག་ཤད་བཅས་གང་འདོད་དུ་བཀོལ་ཡོད་པ་དང་། དེ་དང་བསྡུར་ནP.T.0002སུ་བཞི་ཤད་མང་ཤོས་སུ་བཀོལ་བ་དང་P.T.0045ཏུ་ཉིས་ཤད་བཀོལ་བ། P.T.0170ཏུ་ཉིས་ཤད་རྐྱང་རྐྱང་བཀོལ་བ་བཅས་ཡིན་པས། གཞན་གསུམ་ནི་ཕྱིས་ཀྱི་ཤད་དང་ཚེག་སོགས་བོད་ཡིག་གི་འབྲི་སྟངས་ཐད་དག་ཆ་ལྡན་དུས་བྱུང་བ་ཡིན་པ་ཤེས་ཐུབ། གཞན་ཡངP.T.0002སུ་མིང་གཞིའི་ཡི་གེ་ཏ་དང་ཐ་གཉིས་བརྗེ་བ་དཔེར་ན། སྨོན་ལཾ་རྒྱ་ཆེན་

པོ་བཐབ་པའི་ཞེས་པ་དང་བསྐྱུར་པ་བཐབཔ་ཞེས་པ་ལྟ་བུའི་ཁྱད་ཆོས་ཀྱང་མང་ཤོས་དེ་རང་ཡིན་ནོ། །

ཁ་ཅིག་གིས་གོང་གི་རེའུ་མིག་ལས་འ་ཡིག་ཙ་རྟགས་ཅན་གྱི་བཀོལ་ཚུལ་ཐད་ནས་གཞན་གསུམ་ནིP.T.0026.1ལས་སྔ་བར་འདོད་སྲིད་མོད། འོན་ཀྱང་དེ་ནི་ཡིག་གཟུགས་ཀྱི་རྣམ་པའི་འཕོ་འགྱུར་ཞིག་སྟེ། གཞན་གསུམ་ནི་ཡིག་གཟུགས་རེ་རེ་ནན་ཏན་གྱིས་ཚད་གཞི་དང་བསྟུན་ནས་བྲིས་ཤིང་ཤད་གོང་དུ་ཚེག་འཇོག་པ་སོགས་ཀྱི་བོད་ཡིག་གི་ཁྱད་ཆོས་རྣམས་བཞིན་བྲིས་ཡོད་པས་ཙ་རྟགས་མེད་པ་འདིར་མཚོན་ན་གཞན་གསུམ་ལས་ཞན་པའི་ཆ་སྟེ། བོད་ཡིག་གི་ཐོག་མའི་རྣམ་པ་ཞིག་ན་ཡོད་པའང་མཚོན། དེས་ན་གོང་གི་རེའུ་མིག་ཁྲིད་ཨང་རྟགས་མི་འདྲ་བ་བཞིའི་བཛ་སྦྱོད་པའི་ཁྱད་ཆོས་ལས་མར་མི་འབྱུལ་བའི་སྨོན་ལམ་ཞེས་པ་འདི་སྤྱིར་ན་བོད་བཙན་པོའི་སྐབས་སུ་བྱུང་བ་ཞིག་ཡིན་པ་ཤེས་ཐུབ་ལ། རིགས་དབྱེ་འདི་བཞིའི་བར་གྱི་བྱེ་བྲག་གི་བསྡུར་བ་ལས་ཡིག་ཚགསP.T.0026.1གི་བྲིས་མ་འདི་ཉིད་ཆེས་སྔོན་དུ་བྱུང་བའང་ཤེས་ཐུབ་བོ། །

གཉིས། རྫོད་པའི་ཐད་ཀྱི་བསྡུར་བ། མར་མི་འབྱུལ་བའི་སྨོན་ལམ་ཞེས་པ་འདིར་རིགས་བཞི་ཡོད་པ་ལས་སོ་སོར་བྱུང་བའི་ཡིག་གཟུགས་དང་བཛ་སྦྱོད་ཀྱི་ཁྱད་ཆོས་མི་འདྲ་བ་བཞིན་དུ་དེ་དག་གི་སྐད་ཆའི་རྫོད་པ་ལའང་སྔ་ཕྱིར་འགྱུར་བ་ངེས་ཅན་ཞིག་ཕྱིན་ཡོད་དེ། བྲིས་མ་འདི་ལ་མེད་པ་གཞན་དུ་ཡོད་པ་དང་གཞན་དུ་མེད་པ་འདི་ལ་ཡོད་པའི་སྔ་ཕྱིར་བྱུང་བའི་བྲིས་མ་ཁག་ལ་དུས་དང་བསྟུན་ནས་འཕྲི་སྣོན་ངེས་ཅན་ཞིག་བྱས་ཡོད་པས། དེ་དག་གི་རྫོད་པའི་སྐོར་ལ་བསྡུར་བ་ཙུང་ཙམ་བྱས་ན། ཆེས་ཐོག་མའི་མཆོད་བརྗོད་ཀྱི་རྫོད་པ་བཀོལ་སྟངས་ལ་ཁྱད་པར་ཡོད་པ་དཔེར་ན། P.T.0026.1ཏུ…སངས་རྒྱས་དང་བྱང་ཆུབ་སེམས་དཔའ་ཐམས་ཅད་། །བདག་ལ་དགོངསྶུ་གསོལ། ཞེས་དང་། P.T.0002སྶུ…སངས་རྒྱས་དང་བྱང་ཙུབ་སེམས་དཔའ་ཐམས་ཅད་ལ་དགོང་སུ་གསོལ་། །P.T.0045…སངས་རྒྱས་དང་བྱང་ཙུབ་སེམས་དཔའ་ཐམས་ཅད་ལ་དགོངས་སུ་གསོལ། །P.T.0170ཏུ…སངས་རྒྱས་དང་བྱང་ཙུབ་སེམས་དཔའ་ཐམས་ཅད་ལ་ཕྱག་འཚལ་ལོ། །ཞེས་པ་དག་ལསP.T.0026.1ལྟར་ན་བདག་ལ་དགོངས་སུ་གསོལ་ཞེས་བདག་དམིགས་སུ་བཀར་བ་དང་གཞན་གསུམ་དུ་དེ་ལྟར་མེད་མོད། P.T.0170ཏུ་ཕྱག་འཚལ་ལོ་ཞེས་བྲིས་པ་དེ་ནི་རྗེས་སུ་བསྣན་པར་འདོད།

དེ་བཞིན་དུP.T.0026.1…མར་ནི་རྒྱ་མཚོ་ཚམ་དུ་གྱུར་ཆིག། །P.T.0002…མར་མྱི་རྒྱ་མཚོ་ཙམ་དུ་གྱུར་ཅིག་།། །།P.T.0045…མར་ནི་རྒྱ་མཚོ་སྙེད་དུ་གྱུརད་ཅིག། །P.T.0170…མར་ནི་རྒྱ་མཚོ་ཙམ་དུ་གྱུར་ཅིག། །ཅེས་བྱུང་བ་ལསP.T.0002སྶུ་མར་མྱི་རྒྱ་མཚོ་ཙམ་དུ་འགྱུར་བའི་སྨོན་ལམ་དང་གཞན་གསུམ་དུ

མར་རྒྱ་མཚོ་ཙམ་དུ་འགྱུར་བར་སྨོན་ལམ་འདེབས་པའི་རྗོད་པ་དེ་དག་ལ་སྔ་ཕྱི་འགྱུར་བ་བྱུང་ཡོད་པར་སྣང་ངོ་། །

གཞན་ཡངP.T.0026.1…ད་ལྟར་གྱི་ཚེ་འདའི་བར་དུ། །མཚམས་མེད་པ་ལྔ་དང་། མཚམས་མེད་པ་ལྔ་དང་ཉེ་བར་དང་། P.T.0002…ད་ལྟར་གིས་ཚེ་འདི་འི་བར་དུ། མཚམས་མེད་པ་ལྔ་དང་ཉེ་བར་དང་། P.T.0045…ད་ལྟར་གྱི་ཚེ་འདའི་བར་དུ་མཚམས་མེད་པ་ལྔ་དང་། མཚམས་མེད་པ་དང་ཉེ་བ་ལྔ་དང་། P.T.0170…ད་ལྟར་ཚེ་འདི་ཉིན་ལ་མཚམས་མེད་པ་ལྔ་དང་། །མཚམས་མེད་པ་ལྔ་དང་། །དེ་དང་ཉེ་བ་ལྔ་དང་། ཞེས་པའི་ཚིག་ཕྲང་འདིར་ཡང་རྗོད་པའི་བར་གྱི་མཚམས་མེད་པ་ལྔ་ཞེས་པ་དེ་ལ་ལར་ཉིས་ཟློས་སུ་ཡོད་པ་དང་ལ་ལར་ཉུང་འཕྲི་བྱས་ཡོད།

གཞནP.T.0026.1…དེ་བཞིན་དུ་བྱིན་གྱིས་བརླབ་དུ་གསོལ། །ཡོང་སྐྱོད་པར་གསོལ། །P.T.0002…དེ་བཞིན་དུ་བྱིན་གྱིས་བརླབ་དུ་གསོལ། །ཡོང་སྐྱོད་པར་གསོལ། །P.T.0045…དེ་བཞིན་དུ་བྱིན་གྱིས་བརླབ་པར་གསོལ། །བཞེས་པར་གསོལ། །བདག་གྀར་མཛད་དུ་གསོལ། །ཡོང་སྐྱོད་པར་གསོལ། །P.T.0170…ཕགས་པ་ཐམས་ཙད་ཀྱིས་ཀྱང་བྱིན་འགིས་རླབ་དུ་གསོལ། །བཞེས་སུ་གསོལ། །བདག་གིར་མཛད་དུ་གསོལ། །ཡོང་སྐྱོད་དུ་གསོལ། །ཞེས་པའི་རྗོད་པ་འདི་ལས་ཀྱང་སྔོན་མ་གཉིས་སུ་བཞེས་པར་གསོལ། ཞེས་པ་ལས། བདག་གིར་མཛད་དུ་གསོལ་ཞེས་པའི་ཚིག་ཕྲང་དེ་མེད་པ་དང་། ཕྱི་མ་གཉིས་སུ་ཡོད་པས་ཕྱིས་སུ་བསྣན་པའི་ཆ་ཡིན་པར་སྙམ།

ད་དུང་། P.T.0026.1…དེའི་དགེ་བ་ཐམས་ཆད་ཀྱིས། །ཕྱོགས་བཆུའི་བྱང་ཆུབ་སེམས་དཔའ་སེམས་དཔའ་ཐམས་ཆད་ཀྱིས་། །དགོངས་པ་ཐམས་ཆད་གྲུབ་སྟེ། །P.T.0002…དེའི་དགེ་བ་ཐམས་ཙད་ཀྱིས་། །ཕྱོགས་བཙུ་འི་བྱང་ཆུབ་སེམས་དཔའ་སེམས་དཔའ་ཐམས་ཙད་ཀྱིས། །དགོངས་པ་ཐམས་ཙད་གྲུབ་སྟེ་། །P.T.0045…དེའི་དགེ་བའི་རྩ་བ་ཐམས་ཙད་ཀྱིས། །ཕྱོགས་བཙུ་འི་སངས་རྒྱས་བཅོམ་ལྡན་འདའས་སྲས་དང་བཙས་པ་ཐམས་ཙད་ཀྱི་སྐུ་ལ་སྣུན་མྱི་མངའ་ཞིང་། །སྐུ་ཚེ་དཔག་དུ་མ་མཆིས་པར་གྱུརད་ཅིག། །བྱང་ཅུབ་སེམས་དཔའ་སེམས་དཔའ་ཆེན་པོ་ཐམས་ཙད་ཀྱི་དགོངས་པ་ཐམས་ཙད་གྲུབ་སྟེ། །P.T.0170…དེ་འི་དག྄ེ་བའི་སྩ་བ་ཐམས་ཙད་གིས་ཕྱོགས་བཙུ་འི་ཐམས་ཙད་ཀྱི་སངས་རྒྱས་བཅོམ་ལྡན་འདསད་སྲས་དང་བཙས་པ། །ཐམས་ཙད་ཀྱི་སྐུ་ལ་སྣུན་མྱི་མང྄་ཞིང་། །སྐུ་ཚེ་དཔག་དུ་མ་མཆིས་པ་དང་ལྡན་འབར་གྱུར་ཅིག། །བྱང་ཆུབ་སེམས་དཔ྄་ཐམས་ཙད་ཀྱི་དགོངས་པ་ཐམས་ཙད་གྲུབ་སྟེ། །ཞེས་པ་འདི་ལ་མཚོན་ནའངP.T.0026.1དང་P.T.0002གཉིས་ནང་གི་རྗོད་པ་ཕལ་ཆེར་འདྲ་མོད། P.T.0045དང་P.T.0170གཉིས་

ཀུ་སྟོན་མ་གཉིས་ལ་མེད་པའི་རྗོད་པ་ཁ་སྐོན་བྱས་ཡོད་པ་ནི། ཕྱོགས་བཅུ་འི་ཐམས་ཅད་ཀྱི་སངས་རྒྱས་བཅོམ་ལྡན་འདས་སྨད་སྲས་དང་བཅས་པ། །ཐམས་ཅད་ཀྱི་སྐུ་ལ་སྨྲུན་མྱི་མདྣ་ཞིང་། །སྐུ་ཚེ་དཔག་དུ་མ་མཆིས་པ་དང་ལྡན་འབར་གྱུར་ཅིག་ཅེས་པའི་ཚིག་ཕྲང་འདི་ཡིན་པས་དུས་ཀྱི་ སྔ་ཕྱིའི་ཆ་ནས་ནང་དོན་ལའང་འགྱུར་བ་བཏང་ཡོད།

མར་མེ་འབུལ་བའི་སྨོན་ལམ་གྱི་རྗོད་པའི་བཀོལ་སྟངས་ཐད་ཨང་རྟགས་རིགས་བཞི་པོའི་ཁྲོད་གོང་གསལ་ལྟ་བུའི་མི་འདྲ་ས་ཏ་ཅང་མང་སོད། འདིར་དེ་དག་བསྡུར་བའི་གོ་རིམ་དུ་ཡིག་ཚོགས་ལ་འཛིགས་ཏེ་མཚོན་བྱེད་ཙམ་དུ་བྲིས་པ་ལས། རྗོད་པའི་ཐད་དུ་ད་དུང་མི་འདྲ་ས་གཞན་ཡོད་པའང་རྟོགས་དགོས་སོ། །

བཞི་པ། མར་མེ་འབུལ་བའི་སྨོན་ལམ་གྱི་བརྗོད་བྱར་དཔྱད་པ།

སྤྱིར་ན་ཡིག་ཚགས་འདི་ནི་སྨོན་ལམ་ཞིག་ཡིན་ལ། སྨོན་ལམ་ཁྲོད་ཀྱི་མར་མེ་ནི་མུན་པ་འཇོམས་བྱེད་ཀྱི་འོད་སྣང་དང་ལྡན་པ་ཞིག་ཡིན། དེའི་བརྗོད་བྱའི་གཙོ་བོར་གྱུར་པ་ནི། ཕྱོགས་བཅུའི་སངས་རྒྱས་དང་བྱང་ཆུབ་སེམས་དཔའ་ཐམས་ཅད་ལ་མར་མེ་འབུལ་བའི་སྨོན་ལམ་བཏབ་པ་ལ་བརྟེན་ནས་དེའི་བྱིན་རླབས་ཀྱིས། ཕྱི་སྣོད་ཀྱི་འཇིག་རྟེན་དང་ནང་བཅུད་ཀྱི་སེམས་ཅན་ཐམས་ཅད་ཀྱི་ལུས་དང་གནས་དང་སྤྱོད་ཡུལ་ལ་མ་རིག་པའི་མུན་པ་མེད་ཅིང་དེ་རྣམ་པར་དག་ནས་རང་བཞིན་གྱིས་གསལ་ལྷང་ངེར་འགྱུར་རེ་དང་། མར་མེའི་སྨོན་ལམ་གྱི་དགེ་རྩ་ནི་དེ་བཞིན་གཤེགས་པ་དང་འཕགས་པ་ཐམས་ཅད་ལ་ཕུལ་བའི་བསོད་ནམས་ཀྱི་མཐུས། བདག་ཅག་ལ་འཁོར་བ་ཐོག་མ་མཆིས་པ་ནས་ད་ལྟའི་ཚེ་འདིའི་བར་དུ་མཚམས་མེད་པ་ལྔ་དང་། མི་དགེ་བ་བཅུའི་ལས་ལ་སོགས་བྱས་པ་དང་། འཕགས་པ་ལ་སྐུར་བ་བཏབ་པ། དམ་པའི་ཆོས་སྤང་པའི་ལས་སོགས་བྱས་པ། ད་ལྟ་ཚེ་ཐུང་ཞིང་ནད་མང་བར་གྱུར་པ་དང་། ཡིད་དུ་མི་འོང་བའི་འབྲས་བུ་རྣམ་པར་སྨིན་པ་སོགས་སྨྱོང་བར་འགྱུར་བའི་ལས་ཀྱི་སྒྲིབ་པ་ཐམས་ཅད་མ་ལུས་པར་དག་པར་གྱུར་ཅིག་ཅེས་པ་དང་། ཡང་མར་མེ་འབུལ་བ་ལ་བརྟེན་ནས་ད་ལྟར་ནད་ཀྱིས་ཐེབས་ཤིང་མི་དང་མི་མ་ཡིན་པའི་ལས་ལ་ངན་སེམས་འཁྲུག་ཅིང་མྱ་ངན་དུ་གྱུར་པ་ཐམས་ཅད་བྱང་ནས། ནད་མེད་པ་དང་ཚེ་རིང་ཞིང་ལུས་སེམས་རྟག་ཏུ་བདེ་བར་གྱུར་ཅིང་། སངས་རྒྱས་དང་བྱང་ཆུབ་སེམས་དཔའ་ཐམས་ཅད་ཀྱིས་རྟག་ཏུ་དགོངས་པ་དང་ལྷ་ཀླུ་གནོད་སྦྱིན་སོགས་དམ་ཚིག་ཅན་རྣམས་ཀྱིས་ཀྱང་རྟག་ཏུ་བསྲུང་བར་གྱུར་པ། ཚེ་རབས་ཀུན་ཏུ་བྱང་ཆུབ་སེམས་དཔའི་སྤྱོད་པ་དང་ལྡན་ཞིང་ཚོགས་གཉིས་ཀྱིས་བརྒྱན་ཏེ་འཇིག་རྟེན་དང་འཇིག་རྟེན་ལས་འདས་པ་ཐམས་ཅད་ཕུན་སུམ་ཚོགས་

པ་དང་ལྡན་ཞིང་སངས་རྒྱས་ཀྱི་གོ་འཕང་ཐོབ་ནས་མྱ་ངན་ལས་འདས་པའི་དབྱིངས་ལ་འགོད་པར་གྱུར་ཅིག་ཅེས་པའི་སྨོན་ལམ་ཞིག་གོ །

ལྔ་པ། མར་མེ་འབུལ་བའི་སྨོན་ལམ་གྱི་མཛད་པ་པོ་དང་མཛད་པའི་དུས་ལ་དཔྱད་པ།

མར་མེ་འབུལ་བའི་སྨོན་ལམ་འདི་སུ་ཞིག་གིས་ག་དུས་མཛད་པའི་སྐོར་ཐག་གིས་བཅད་ནས་བཤད་རྒྱུ་ནི་ཤིན་ཏུ་དཀའ་བོ། །དེ་ཡང་ཏུན་ཧོང་དུ་བྱུང་བའི་ཡིག་ཚགས་སུ་སྨོན་ལམ་འདི་ལ་གཞུང་དངོས་མ་གཏོགས་འབྲེལ་ཡོད་ཀྱི་མཛད་བྱང་བཀོད་མེད་པ་དང་གཅིག རྒྱལ་བའི་བཀའ་འགྱུར་སོགས་སུ་འང་འདི་དང་འདྲ་བའི་སྨོན་ལམ་ཞིག་གསུངས་མེད་པ་དང་གཉིས། ད་ལྟའི་བོད་ཀྱི་གྲུབ་མཐའ་སོ་སོར་ཡང་འདི་དང་འདྲ་བའི་ཆེད་དུ་མར་མེ་འབུལ་བའི་སྨོན་ལམ་ཞེས་པ་ཞིག་ཆོས་སྤྱོད་དུ་མེད་པ་དང་གསུམ་གྱིས་ཁུངས་གང་དུ་གཏུག་རྒྱུ་དེ་དཀའ་ཚེགས་ཆེན་པོ་ལྡན་པ་ཞིག་ཡིན་པས་ན། འདིར་སྨོན་ལམ་འདི་ཉིད་མཛད་པའི་དུས་སྐབས་སྐོར་རགས་རིམ་ཙམ་དཔྱད་རྒྱུ་ལས་ཐབས་མི་འདུག ཡིན་ནའང་གསལ་བཤད་བྱེད་རྒྱུ་ཞིག་ལ་རྒྱལ་བའི་བཀའ་འགྱུར་ལས་ཐེག་པ་ཆེན་པོའི་མདོ་ཡི་ཁྲོད་ན《འཕགས་པ་མར་མེ་འབུལ་བ་ཞེས་བྱ་བ་ཐེག་པ་ཆེན་པོའི་མདོ་》[1]ཞེས་པ་ཞིག་མཇལ་རྒྱུ་ཡོད་སོད། འདི་ནི་ཏུན་ཧོང་དུ་བྱུང་བའི་མར་མེ་འབུལ་བའི་སྨོན་ལམ་འདི་དང་གཏན་ནས་མི་འདྲ་སྟེ། བརྗོད་བྱའི་ཆ་ནས་སྟོན་པ་སངས་རྒྱས་ཤཱཀྱ་ཐུབ་པས་ཚེ་དང་ལྡན་པ་ཤཱ་རིའི་བུ་ལ་བཀའ་སྩལ་པའི་ཚུལ་དུ་གསུངས་པ་ཞིག་དང་གཞུང་ཚད་ཀྱང་ཅུང་མང་བའི་བདག་ཉིད་ཅན་ཞིག་རེད། འདིའི་འགྱུར་བྱང་དུ་བཀོད་པ་ལྟར་ན། རྒྱ་གར་གྱི་མཁན་པོ་པྲཛྙཱ་ཝརྨ་དང་། ཞུ་ཆེན་གྱི་ལོཙྪ་བ་བན་དེ་ཡེ་ཤེས་སྡེ་ལ་སོགས་པས་བསྒྱུར་ཅིང་ཞུས་ཏེ་གཏན་ལ་ཕབ་པ་ཞེས་བཀོད་ཡོད་ཀྱང་། ཞུ་ཆེན་གྱི་ལོ་ཙཱ་བ་བན་དེ་ཡེ་ཤེས་སྡེ་ནི་ཁྲི་སྲོང་ལྡེ་བཙན་སྐབས་ཀྱི་ལོ་ཙཱ་བ་རབ་དགུ་ལས་གཞོན་གསུམ་གྱི་གྲས་ཡིན་ལ། ཁོང་གིས་བསྒྱུར་མཛད་པའི་དཀར་ཆག་ཏུ་མར་མེ་འབུལ་བའི་སྨོན་ལམ་ཞེས་པ་ཞིག་མེད་པས་ཁོང་ཉིད་ཀྱིས་མཛད་པ་མིན་པ་ཤེས་ཐུབ། དེས་ན་སྨོན་ལམ་འདི་ནི་སྟོན་པ་བཅོམ་ལྡན་འདས་ཀྱིས་གསུངས་པའི་བཀའ་མིན་པ་ལ་དོགས་གཞི་ཤིན་ཏུ་ཆེ། གལ་ཏེ་ཡིན་པའི་དབང་དུ་བཏང་ཚེ། བཅོམ་ལྡན་རིག་པའི་རལ་གྲིས། "དེ་ལ་བཙན་པོ་ཁྲི་སྲོང་ལྡེ་

① འཕགས་པ་མར་མེ་འབུལ་བ་ཞེས་བྱ་བ་ཐེག་པ་ཆེན་པོའི་མདོ། ཀྲུང་གོའི་བོད་རིག་པ་དཔེ་སྐྲུན་ཁང་། 2008ལོ། ཤོག་ངོས་210-239

བཙན་གྱི་སྐུ་ཚེའི་སྟོད་ལ་བསྒྱུར་བ་རྣམས་ཕལ་ཆེ་བ་ལ་འགྱུར་བྱང་མ་བཏབ་པར་སྣང་ལ། སྐུ་ཚེའི་སྨད་ནས་ནི་འགྱུར་བྱང་བཏབ་ནས་སྣང་ངོ་། །"[1]ཞེས་གསུངས་པ་ལ་གཞིགས་ན། ཕལ་ཆེར་ལོ་ཙཱ་བ་པ་གོར་བཻ་རོ་ཙ་ན་དང་ལྡན་མ་རྗེ་མང་། ཁ་ཆེ་ཨཱ་ནནྡ་སྡེ་ཁྲི་སྲོང་ལྡེ་བཙན་སྐབས་ཀྱི་ལོ་ཙཱ་བ་རྣམ་གསུམ་གྱི་དུས་སུ་བྱུང་བ་ཡིན་ནམ་སྙམ།

གཞན་ཡང་གོང་ནས་རིན་ཐང་ཆེ་བའི་ཤོག་དྲིལ་དག་ལས་བྱུང་བའི་ཡིག་ཚགས་འདིའི་བརྗོད་པའི་ཁྱད་ཆོས་དང་ཡིག་གཟུགས་བཅས་ལ་དཔྱད་ན་བཙན་པོའི་སྐབས་སུ་བྱུང་བའི་སྨོན་ལམ་ཞིག་ཡིན་པ་འཁྲུལ་མེད་རེད། དེ་ལས་ཀྱང་གསལ་ཁ་འདོན་ཐུབ་པ་ནི། བརྗོད་བྱར་ལས་དགེ་བ་བཅུ་དང་མི་དགེ་བ་བཅུ། དཀོན་མཆོག་གསུམ། སངས་རྒྱས་དང་བྱང་ཆུབ་སེམས་དཔའ། དེ་བཞིན་གཤེགས་པ། མཚམས་མེད་པ་ལྔ། སངས་རྒྱས་ཀྱི་གོ་འཕང་སོགས་གཙོར་བྱས་ཤིང་དེ་འབྲེལ་གྱི་ཐ་སྙད་མང་དུ་བཀོལ་བ་ལ་དཔྱད་ན། ནང་པ་སངས་རྒྱས་ཀྱི་བསྟན་པ་ཆེས་ཆེར་དར་བའི་དུས་སྐབས་ཤིག་ཏུ་འདོད་པས། ཆེས་སྲིད་ན་རྒྱལ་པོ་སྲོང་བཙན་སྒམ་པོའི་རིང་ཡིན་ལ། དེ་ལས་ཀྱང་ཡིད་རྟོན་བྱས་ཆོག་པ་ནི་ཆོས་རྒྱལ་མེས་དབོན་རྣམ་གསུམ་དུ་གྲགས་པའི་རྒྱལ་པོ་ཁྲི་སྲོང་ལྡེ་བཙན་གྱི་རིང་ནི་སངས་རྒྱས་ཀྱི་བསྟན་པ་ཆེས་ཆེར་དར་བའི་དུས་ཡིན་པས་སྐབས་དེ་རང་དུ་བྲིས་པ་ཞིག་ཡིན་པར་འདོད་པས་སླར་ཡང་དཔྱོད་པར་མཛོད་ཅིག

གོང་དུ་བཤད་པ་བཞིན་སྨོན་ལམ་འདི་སྟོན་པ་སངས་རྒྱས་ཀྱི་བཀའ་མིན་ཚེ་མཛད་པ་པོ་ནི་བོད་མི་རང་ཉིད་ཡིན་ལ། དེ་ཡང་ནང་བསྟན་དར་བའི་བོད་རྒྱལ་གང་རུང་ཞིག་གམ་ཁྲི་སྲོང་ལྡེ་བཙན་དུས་ཀྱི་ཆོས་བྱེད་དགེ་འདུན་པའམ་ལོ་ཙཱ་བ་གང་རུང་ཞིག་གིས་མཛད་པར་འདོད་དེ། ཨང་རྟགས་མི་འདྲ་བ་བཞི་ལས P.T.00 26.1དང་P.T.0002དང་P.T.0170གསུམ་གྱི་དབུ་སོ་སོར་"མར་མྱེ་དབུལ་བའི་སྨོན་ལཾ་དུ་གསོལ་བ། །"ཞེས་དང་"མར་མྱེ་དབུལ་བའི་སྨོན་ལམ་དུ་གསོལ་བའ།། །།" "མར་མྱེ་འི་སྨོན་ལམ་དུ་གསོལ་བ། །"ཞེས་བྲིས་པའི་ལ་དོན་གྱི་ཐད་དུ་ཡིག་ལ་གོ་བ་ལེན་རྒྱུ་ཡོད་དེ། གཅིག་ལྟར་ན་དུ་ཡིག་འདི་བཞི་པ་དགོས་ཆེད་ལྟར་གོ་བ་བླངས་ཚེ། མར་མེ་འབུལ་བའི་སྨོན་ལམ་གྱི་ཆེད་དུ་བྲིས་པ་ཞེས་པ་དང་། ཅིག་ཤོས་ལྟར་ན་བདུན་པ་གནས་གཞི་ལྟར་གོ་བ་བླངས་ཚོག་སྟེ། སྔོན་གྱི་མར་མེ་འབུལ་བའི་སྨོན་ལམ་ཞེས་པ་རུ་འདི་ལྟར་གསུངས་ཡོད་དེ་ཞེས་སྨོན་ལམ་གྱི་གཞུང་མཛད་པའང་མི་སྲིད་པ་མེད། སྔ་མ་ལྟར་ན་མཛད་པ་པོ་རང་གིས་གསར་དུ་མཛད་པ་ཞིག་དང་ཕྱི་མ་ལྟར་ན་མཛད་པ་པོ་གང་དེས་མར་མེ་

① བཅོམ་ལྡན་རིག་པའི་རལ་གྲི། དཀར་ཆག་རྒྱས་པ་བསྟན་པ་རྒྱན་གྱི་ཉི་འོད། ཤོག་ངོས་6

འབུལ་བའི་སྨོན་ལམ་ཞེས་པ་ཞིག་གཞིར་བཟུང་ཐོག་བསྐྱར་དུ་མཛད་པ་ཞིག་ཡིན་པས། སྔ་ཕྱི་གང་ལྟར་ཡང་། མཛད་པ་པོ་བོད་རང་སའི་ཆོས་བྱེད་མི་སྣ་ཞིག་གམ་ལོ་ཙཱ་བ་ཞིག་གིས་མཛད་པར་འདོད་དོ། །

དེས་ན་ཕྲན་གྱི་རྫོངས་བློའི་འདོད་ཚུལ་ནི་མར་མེ་འབུལ་བའི་སྨོན་ལམ་འདི་མཛད་པའམ་བསྒྱུར་བའི་དུས་ནི་ཆོས་རྒྱལ་ཁྲི་སྲོང་ལྡེ་བཙན་གྱི་རིང་ཡིན་ལ། དེ་མཛད་པ་པོ་ནི་གཅིག་ན་བོད་རང་གི་ཆོས་བྱེད་མི་སྣའམ་ལོ་ཙཱ་བ་ཞིག་ཡིན་པ་དང་གཉིས་ན་སྟོན་པ་སངས་རྒྱས་ཀྱིས་གསུངས་པའི་བཀའ་ཉིད་བོད་རང་གི་ལོ་ཙཱ་བ་རབ་དགུ་ལས་ཀུན་གྲུས་ཀྱི་ཁོངས་གཏོགས་ཤིག་གིས་བསྒྱུར་བར་འདོད་པ་ལས་ཕྲན་ལ་རྒྱུ་ཆ་གལ་ཆེའི་རིགས་གཞན་ལག་ཏུ་མ་སོན་པས་འདི་ལྟར་རིགས་འདེད་རོབ་ཙམ་བྱས་པ་ཡིན་ལ་སླད་མར་ཁ་གསབ་བྱ་རྒྱུ་ཡོད་དོ། །

མཇུག་བསྡུའི་གཏམ།

མདོར་ན་མར་མེ་འབུལ་བའི་སྨོན་ལམ་དང་འདྲ་བའི་ནང་པ་སངས་རྒྱས་ཀྱི་དམ་པའི་ཆོས་དང་འབྲེལ་བའི་ཡིག་ཚགས་མང་པོ་ཞིག་ཏུན་ཧོང་ཡིག་ཚགས་ལས་མཇལ་ཐུབ་སོང་། དེ་དག་ལ་ཞིབ་ཀློག་བྱས་ན་ཡིག་ཚགས་ཁྲོད་ཀྱི་བསྟན་བཅོས་མང་པོ་ཞིག་ལ་མཛད་བྱང་ངམ་འགྱུར་བྱང་མེད་པ་དང་། རྒྱལ་བའི་མདོ་སོགས་སུའང་ཐོད་གཏུགས་མི་ཐུབ་པས་དེ་དག་མཛད་པའི་ལོ་རྒྱུས་ཀྱི་རྒྱབ་ལྗོངས་ལ་ད་ལྟའི་ཆར་འོལ་ཚོད་ཙམ་ལས་བྱ་ཐབས་མི་འདུག དེས་ན་རྩོམ་ཡིག་འདིར་མར་མེ་འབུལ་བའི་སྨོན་ལམ་ཞེས་པའི་དཔེ་རྙིང་དེར་རྟོག་ཞིབ་རོབ་ཙམ་བྱས་ཡོད་པ་དེ་ནི་སོ་ཕག་འཕངས་ནས་གཡང་ཏི་འདྲེན་པའི་དཔེ་ཟླར་སོང་བའི་ཚུལ་ལ་དཔྱོད་ལྡན་དག་གིས་དགོངས་འཆར་ལྷུག་སྤྲོལ་ཡོད་པར་མཁྱེན། །

《བོད་ལྗོངས་ཞིབ་འཇུག་》2013ལོའི་དེབ་བཞི་པ་ལས་བདམས།

༄། །དབྱིན་ཇིའི་རྒྱལ་གཉེར་དཔེ་མཛོད་ཁང་དུ་ཉར་བའི་ དབུ་མ་རྩ་བའི་འགྲེལ་པ་《ག་ལས་འཇིགས་མེད་》 ཀྱི་སྐོར་རགས་ཙམ་གླེང་བ།

ཚ་རིས་སྐལ་བཟང་ཐོགས་མེད།

[ནང་དོན་གནད་བསྡུས།] དཔྱད་རྩོམ་འདིའི་ནང་དབྱིན་ཇིའི་རྒྱལ་གཉེར་དཔེ་མཛོད་ཁང་དུ་ཉར་ཚགས་བྱས་པའི་དབུ་མ་རྩ་བའི་འགྲེལ་པ་《ག་ལས་འཇིགས་མེད་》འདི་སྔར་བཞུགས་བསྟན་འགྱུར་ཕལ་མོ་ཆེར་སློབ་དཔོན་ཀླུ་སྒྲུབ་ཀྱི་རང་འགྲེལ་ཡིན་པར་གསུངས་པར་བརྟེན། ཕྱིས་ཀྱི་མཁས་པ་མང་པོ་ཞིག་གིས་《ག་ལས་འཇིགས་མེད་》འདི་རྩ་ཤེའི་འགྲེལ་པ་དག་ལས་ཆེས་སྔ་ཤོས་སུ་ཁ་ཚོན་བཅད་ཡོད་ཚུལ་དང་། རྗེ་ཙོང་ཁ་པ་ཡབ་སྲས་ཀྱིས་འདི་སློབ་དཔོན་གྱི་རང་འགྲེལ་མིན་ཚུལ་སོགས་རིགས་པ་དྲི་མ་མེད་པས་གསལ་བར་སྒྲུབ་ཚུལ་སོགས་བརྗོད་དེ། གཙོ་བོར་དབྱིན་ཇིའི་རྒྱལ་གཉེར་དཔེ་མཛོད་ཁང་དུ་ཉར་ཚགས་བྱས་པའི་དབུ་མ་རྩ་བའི་འགྲེལ་པ་《ག་ལས་འཇིགས་མེད་》ཀྱི་མཛད་པ་པོ་དང་སྒྱུར་མཁན། བསྟན་བཅོས་ཀྱི་མཚན་དང་བརྗོད་དོན་སོགས་ཀྱི་སྐོར་རགས་ཙམ་གླེང་ཡོད།

[གནད་ཚིག] དབུ་མ་རྩ་འགྲེལ། 《ག་ལས་འཇིགས་མེད།》 I.T.J.VoL18.16

དང་པོ། དབུ་མའི་བསྟན་བཅོས་《ག་ལས་འཇིགས་མེད་》ཀྱི་མཛད་པ་པོའི་སྐོར།

སྣར་ཐང་དང་པེ་ཅིན་བསྟན་འགྱུར་དཔར་མའི་དབུར། "དབུ་མ་རྩ་བའི་འགྲེལ་པ་ག་ལས་འཇིགས་མེད་འཕགས་པ་ཀླུ་སྒྲུབ་ཀྱིས་མཛད་པ་བཞུགས་སོ་"[1]ཞེས་《ག་ལས་འཇིགས་མེད་》ཀྱི་མཛད་པ་པོ་ནི་སློབ་དཔོན་ཀླུ་སྒྲུབ་ཡིན་པར་དངོས་སུ་བསྟན་པ་དང་། དེ་བཞིན་དུ་སྡེ་དགེ་དང་ཅོ་ནེ་དཔར་མའི་མཇུག་བྱང་དུ། "དབུ་མའི་རྩ་བའི་འགྲེལ་པ་ག་ལས་འཇིགས་མེད་ཅེས་བྱ་བའི་ཚིག་ལེའུར་བྱས་པ། ཤེས་རབ་ཅེས་བྱ་བའི་དོན་མདོར་བསྟན་པ། བསྟན་བཅོས་དང་རབ་ཏུ་བྱེད་པ། ངག་དང་ཚིག་རིག་པ་

① ཀྲུང་གོའི་བོད་ཀྱི་ཤེས་རིག་ཞིབ་འཇུག་ལྟེ་གནས་ཀྱི་བཀའ་བསྟན་དཔེ་སྡུར་ཁང་། བསྟན་འགྱུར་དཔེ་བསྡུར་མ། ཀྲུང་གོའི་བོད་ཀྱི་ཤེས་རིག་དཔེ་སྐྲུན་ཁང་། 2000ལོ། ཤོག་གྲངས་257

དང་། ལུང་གིས་གྲུབ་པ། རང་དང་གཞན་གྱི་གྲུབ་པའི་མཐའ་སྨྲ་བའི་ཕྱོགས་ག་ལས་ཀྱང་འཇིགས་པ་མེད་པ། རྗེས་སུ་དཔག་པ་དང་། སུན་དབྱུང་བའི་བསལ་བ་དང་། དེ་ཁོ་ན་དག་བསྟན་པ། ལྟ་བ་ངན་པའི་དྲ་བ་ཞི་བར་བྱེད་པ་དང་ལྡན་པ། ཤེས་རབ་ཀྱི་ཕ་རོལ་ཏུ་ཕྱིན་པའི་ཚུལ་སྟོན་པ། སློབ་དཔོན་བདག་ཉིད་ཆེན་མོ་འཕགས་པ་ཀླུ་སྒྲུབ་མི་འཕྲོགས་པའི་མཁྱེན་རབ་དང་ཐུགས་རྗེར་ལྡན་པ། དེ་བཞིན་གཤེགས་པའི་ཐེག་པ་བླ་ན་མེད་པའི་ཚུལ་རབ་ཏུ་འབྱེད་པ་རབ་ཏུ་དགའ་བའི་ས་བསྙེབས་ནས། བདེ་བ་ཅན་གྱི་ཞིང་དུ་གཤེགས་པ་འཇིག་རྟེན་གྱི་ཁམས་དད་པའི་འོད་ཅེས་བྱ་བར། དེ་བཞིན་གཤེགས་པ་ཡེ་ཤེས་འབྱུང་གནས་འོད་ཅེས་བྱ་བར་འགྱུར་བས་མཛད་པ་རྫོགས་སོ" [1]ཞེས་དང་། དུས་རབས་བརྒྱད་པ་ནས་དགུ་པའི་བར་གང་ཙང་དུ་བོད་ལ་བསྒྱུར་བ་ནས་ད་ལྟའི་བར་བཅོས་ལྷད་མ་ཞུགས་པའི་ཏུན་ཧོང་ཡིག་རྙིང་ཁྲོད་དུ་བཞུགས་པའི་བསྟན་བཅོས་(ཨང་རྟགསI.T.J.VoL18.16)འདིའི་མཇུག་ཏུའང་། དབུ་མའི་རྩ་བའི་འགྲེལ་པ་ག་ལས་འཇིགས་མྱེད་ཅེས་བྱ་བ། །ཚིག་ལེའུར་བྱས་པ་ཤེས་རབ་ཅེས་བྱ་བའི་དོན་མདོར་བསྟན་པ། བསྟན་བཅོས་དང་རབ་ཏུ་བྱེད་པ། ངག་དང་ཚིག་རིགས་པ་དང་། ལུང་གྱིས་གྲུབ་པ་དང་། རང་དང་གཞན་གྱི་གྲུབ་པའི་མཐའ་སྨྲ་བའི་ཕྱོགས་ག་ལས་ཀྱང་འཇིགས་པ་མྱེད་པ་དང་། རྗེས་སུ་དཔག་པ་དང་། སུན་དབྱུང་བའི་གསལ་བ་དང་། དེ་ཁོ་ན་བསྟན་པ། ལྟ་བ་ངན་པའི་དྲ་བ་ཞི་བར་བྱེད་པ་དང་ལྡན་པ། ཤེས་རབ་ཀྱི་ཕ་རོལ་ཏུ་ཕྱིན་པའི་ཚུལ་སྟོན་པ། སློབས་དཔོན་བདག་ཉིད་ཆེན་པོ་འཕགས་པ་ཀླུ་སྒྲུབ་མྱི་འཕྲོགས་པའི་མཁྱེན་རབ་དང་། ཐུགས་རྗེར་ལྡན་པ། དེ་བཞིན་གཤེགས་པའི་ཐེག་པ་བླ་ན་མྱེད་པའི་ཚུལ་རབ་ཏུ་འབྱེད་པ། རབ་ཏུ་དགའ་བའི་ས་བསྙེབས་ནས། བདེ་བ་ཅན་གྱི་ཞིང་དུ་གཤེགས་པ། འཇིག་རྟེན་གྱི་ཁམས་དད་པའི་འོད་ཅེས་བྱ་བར་དེ་བཞིན་གཤེགས་པ་ཡེ་ཤེས་འབྱུང་གནས་འོད་ཅེས་བྱ་བར་འགྱུར་བས་མཛད་པ་རྫོགས་སྷོ། [2] ཞེས་དང་། ཡང་ཏུན་ཧོང་ཡིག་རྙིང་ཨང་རྟགསI.T.J.VoL3.6སྟེ་《རྩ་ཤེ་རབ་བྱེད་བཅུ་པ་》ཡི་མཇུག་ཏུ། "སློབ་དཔོན་འཕགས་པ་ཀླུ་སྒྲུབ་ཀྱིས་མཛད་པ༔ །དབུ་མའི་རྩ་བའི་འགྲེལད་པ༔ །ག་ལས་འཇིགས་མྱེད་ལས། ༔། མྱི་དང་བུད་ཤིང་བརྟག་པ་སྟེ༔ །"ཞེས་དང་། ཡང་བསྟན་འགྱུར་དཔེ་བསྡུར་མ་སྡེ་དགེ་དཔར་མའི་མཇུག་ཏུ། "ཐེག་པ་ཆེན་

[1] ཀྲུང་གོའི་བོད་ཀྱི་ཤེས་རིག་ཞིབ་འཇུག་ལྟེ་གནས་ཀྱི་བཀའ་བསྟན་དཔེ་སྡུར་ཁང་། བསྟན་འགྱུར་དཔེ་བསྡུར་མ། ཀྲུང་གོའི་བོད་ཀྱི་ཤེས་རིག་དཔེ་སྐྲུན་ཁང་། 2000ལོ། ཤོག་ངོས་255

[2] དབྱིན་ཇིའི་རྒྱལ་གཉེར་དཔེ་མཛོད་ཁང་གིས་ཉར་ཚགས་བྱས་པའི་ཡིག་ཚགས་ཨང་རྟགསI.T.J.18.16དབུ་མའི་རྩ་བའི་འགྲེལ་པ་ག་ལས་འཇིགས་མྱེད།

པོའི་ངེས་དོན་དབུ་མའི་བསྟན་བཅོས་ཤེས་རབ་ཅེས་བྱ་བའི་འགྲེལ་པ་མཛད་པ། སློབ་དཔོན་ཀླུ་སྐྱབ་དང་། གནས་བརྟན་བུདྡྷ་པཱ་ལི་ཏ་དང་། ཙནྡྲ་ཀཱིརྟི་དང་། དེ་བ་ཤར་མ་དང་། གུ་ཎ་ཤྲཱི་དང་། གུ་ཎ་མ་ཏི་དང་། སྠི་ར་མ་ཏི་དང་། ལེགས་ལྡན་འབྱེད་དང་བརྒྱད་ཅེས་གནའ་མཆན་གཅིག་ལས་འབྱུང་”[1]ཞེས་རྩ་ཤེའི་རྒྱ་འགྲེལ་གྲགས་ཅན་བརྒྱད་ཀྱི་མཛད་པ་པོ་བགོད་པའི་ནང་དུའང་《ག་ལས་འཇིགས་མེད་》མཛད་མཁན་སློབ་དཔོན་ཀླུ་སྐྱབ་ཡིན་པ་གཞིར་བྱས་ཡོད་ལ། ཀུན་མཁྱེན་བུ་སོགས་སྔར་གྱི་མཁས་པ་མང་དག་ཅིག་གིས་ཀྱང་དེ་ལྟར་བཞེད་འདུག དེའི་དབང་གིས་དེང་གི་མཁས་པ་བསོད་ནམས་རྒྱ་མཚོས་(黄明信)《བོད་རྒྱ་བཀའ་བསྟན་འདྲ་ཁྱད་ཞིབ་འཇུག་》ཅེས་པར། 《ག་ལས་འཇིགས་མེད་》ནི་རྩ་ཤེའི་རང་འགྲེལ་ཡིན་པ་གཞིར་བྱས་ཏེ་འགྲེལ་གྲགས་ཅན་བརྒྱད་པོའི་ཁྲོད་ནས་ཆེས་སྔ་ཤོས་ཡིན་པར་བཞེད་ཡོད།[2] ཡིན་ནའང་། གངས་ལྗོངས་མཁས་གྲུབ་རྣམས་ཀྱི་གཙུག་རྒྱན་རྗེ་ཙོང་ཁ་པ་ཆེན་མོས་མཛད་པའི་《དྲང་པ་དང་ངེས་པའི་དོན་རྣམ་པར་ཕྱེ་བའི་བསྟན་བཅོས་ལེགས་བཤད་སྙིང་པོ་》ལས། “རབ་བྱེད་ཉེར་བདུན་པའི་འགྲེལ་པ་ག་ལས་འཇིགས་མེད་ལས། བཙུན་པ་འཕགས་པ་ལྷས་ཀྱང་། ཉན་པ་པོ་དང་མཉན་བྱ་དང་། །སྨྲ་པོ་འབྱུང་བ་ཤིན་ཏུ་དཀོན། །དེ་ཕྱིར་མདོར་ན་འཁོར་བ་ནི། །མཐའ་ཡོད་མ་ཡིན་མཐའ་མེད་མིན། །ཞེས་བཤད་དོ། །ཞེས་བཞི་བརྒྱ་པའི་ལུང་ཤེས་བྱེད་དུ་དྲངས་པས་རང་འགྲེལ་གྱི་དོན་མེད་དོ། །སངས་རྒྱས་བསྐྱངས་དང་ལེགས་ལྡན་འབྱེད་དང་ཟླ་བ་གྲགས་པའི་འགྲེལ་པར་འགྲེལ་པ་དེའི་ཟུར་ཙམ་ཡང་མ་བྱུང་བས་ཀྱང་ཤེས་སོ་”[3]ཞེས་དང་། དེ་མཐུན་རྗེ་དགེ་འདུན་གྲུབ་ཀྱི་《ཏའི་སི་ཏུ་ཆེན་པོ་རྣམ་རྒྱལ་གྲགས་པའི་དྲི་བའི་ལན་》ལས། “རབ་བྱེད་ཐ་མ་བཞི་གའི་འགྲེལ་པ་ག་ལས་འཇིགས་མེད་ལས། བམ་གྲངས་ཀྱི་མིང་མི་མཐུན་པ་ཙམ་ལས་བུདྡྷ་པཱ་ལི་ཏའི་རབ་བྱེད་ཐ་མ་བཞིའི་འགྲེལ་པའི་ཚིག་རིགས་ཇི་ལྟ་བ་བཞིན་བྲིས་པ་མ་གཏོགས་ནུས་པ་ལྷག་པོ་ཉིལ་ཙམ་ཡང་མི་འདུག་པའི་ཕྱིར་རོ། །ཞེས་དང་། འདི་རང་འགྲེལ་མ་ཡིན་ཏེ། རང་འགྲེལ་ཡིན་ན། རྩ་ཤེའི་ཚིག་དང་དོན་གྱི་འགྲེལ་མཛད་ཚད་ལྡན་རྣམས་ཀྱིས་འདི་ཁུངས་སུ་འདྲེན་རིགས་པ་གང་ཞིག འགྲེལ་མཛད་རྣམས་ཀྱིས་འདི་ཁུངས་སུ་མ་

[1] ཀྲུང་གོའི་བོད་ཀྱི་ཤེས་རིག་ཞིབ་འཇུག་ལྟེ་གནས་ཀྱི་བཀའ་བསྟན་དཔེ་སྡུར་ཁང་། བསྟན་འགྱུར་དཔེ་བསྡུར་མ། ཀྲུང་གོའི་བོད་ཀྱི་ཤེས་རིག་དཔེ་སྐྲུན་ཁང་། 2000ལོ། ཤོག་ངོས་256

[2] ཧོང་མིན་ཤིན། བོད་རྒྱ་བཀའ་བསྟན་འདྲ་ཁྱད་ཞིབ་འཇུག ཀྲུང་གོའི་བོད་རིག་པ་དཔེ་སྐྲུན་ཁང་། 2003ལོ། ཤོག་ངོས་226

[3] རྗེ་ཙོང་ཁ་པ་ཆེན་པོའི་གསུང་འབུམ། མཚོ་སྔོན་མི་རིགས་དཔེ་སྐྲུན་ཁང་། 1987ལོ། ཤོག་ངོས་419-420

དྲངས་པ་ཙམ་དུ་མ་ཟད། རབ་བྱེད་དང་པོའི་གཞུང་འདི་རྣམས་ལ་ག་ལས་འཇིགས་མེད་དང་འགྲེལ་པ་གཞན་རྣམས་འཆད་ཚུལ་དང་འཆད་པའི་གོ་རིམས་ཀྱང་ཤིན་ཏུ་མི་མཐུན་པའི་ཕྱིར་”[①]ཞེས་སོགས་རིགས་པ་དྲི་མ་མེད་པས་སློབ་དཔོན་ཀླུ་སྒྲུབ་ཀྱི་རང་འགྲེལ་མ་ཡིན་པར་གསལ་པོར་བསྒྲུབས་འདུག་པས། མཁས་དབང་ཁང་དཀར་ཚུལ་ཁྲིམས་སྐལ་བཟང་གིས་ཀྱང་རང་འགྲེལ་མིན་པའི་སྒྲུབ་བྱེད་མང་དུ་བཀོད་ཡོད་ལ། “སངས་རྒྱས་བསྐྱངས་དང་ག་ལས་འཇིགས་མེད་གཉིས་འབྲེལ་བ་ཇི་ལྟར་བྱུང་མིན་མི་ཤེས་ཀྱང་དོན་སྙིང་རབ་བྱེད་ཉེར་གསུམ་པའི་ཚིགས་བཅད་བཅུ་བདུན་པ་མན་འགྲེལ་པ་དེ་གཉིས་དོན་གཅིག་ཡིན་ནོ་”[②]ཞེས་མཐུན་ཕྱོགས་སྒྲུབ་བྱེད་དང་བཅས་གསུངས་སོ། །

གཉིས་པ། དབུ་མའི་བསྟན་བཅོས་《ག་ལས་འཇིགས་མེད་》སྒྱུར་མཁན་གྱི་སྐོར།

དབྱིན་ཇིར་ཉར་ཚགས་བྱས་པའི་ཏུན་ཧོང་བོད་ཡིག་ཡིག་རྙིང་ཨང་རྟགསI.T.J.VoL18.16《དབུ་མའི་རྩ་བའི་འགྲེལ་པ་ག་ལས་འཇིགས་མེད་》ཅེས་བྱ་བ་ལས། “དབང་ཕྱུག་དམ་པའི་མངའ་བདག་རྒྱལ་པོ་ཆེན་པོ་དཔལ་ལྷ་བཙན་པོའི་བཀའ་ལུང་གྱིས། རྒྱ་གར་གི་མཁན་པོ་ཐེག་པ་ཆེན་པོ་དབུ་མ་གཉ་ན་གར་བ་དང་། བོད་ཀྱི་ཞུ་ཆེན་གྱི་ལོ་ཙྪ་བ་དགེ་སློང་ཅོག་རོ་ཀླུའི་རྒྱལ་མཚན་གྱིས་བསྒྱུར་ཅིང་ཞུ་ཆེན་བགྱིས་ཏེ། གཏན་ལ་ཕབ་”ཅེས་དང་། བསྟན་འགྱུར་དཔར་མ་ཕལ་མོ་ཆེར་བཞུགས་པའི་《ག་ལས་འཇིགས་མེད་》ཀྱི་མཇུག་ཏུ། “དབང་ཕྱུག་དམ་པའི་མངའ་བདག་རྒྱལ་པོ་ཆེན་པོ་དཔལ་ལྷ་བཙན་པོའི་བཀའ་ལུང་གིས། རྒྱ་གར་གྱི་མཁན་པོ་ཐེག་པ་ཆེན་པོ་དབུ་མ་པ་ཛྙཱ་ན་གརྦྷ་དང་། བོད་ཀྱི་ཞུ་ཆེན་གྱི་ལོ་ཙྪ་བ་དགེ་སློང་ཀླུའི་རྒྱལ་མཚན་གྱིས་བསྒྱུར་ཅིང་ཞུ་ཆེན་བགྱིས་ཏེ་གཏན་ལ་ཕབ་པའོ་”[③]ཞེས་གསུངས་པས། བསྟན་བཅོས་འདི་ཉིད་སྒྱུར་མཁན་ནི་རྒྱ་གར་གྱི་མཁན་པོ་དབུ་མ་པ་ཛྙཱ་ན་གརྦྷ་དང་། ཞུ་ཆེན་གྱི་ལོ་ཙྪ་བ་དགེ་སློང་ཅོག་རོ་ཀླུའི་རྒྱལ་མཚན་གཉིས་ཡིན་པར་དོགས་པ་མི་འདུག་སོད། ཡིན་ནའང་《བུ་སྟོན་ཆོས་འབྱུང་》གི་ཚིག་གི་བབ་ལ་བལྟས་ན། ཁུ་མདོ་སྡེ་འབར་གྱི་འགྱུར་ཡིན་པར་ཡང་གསུངས་འདུག

① རྒྱལ་བ་དགེ་འདུན་གྲུབ་ཀྱི་གསུང་འབུམ། སེར་གཙུག་ནང་བསྟན་དཔེ་རྙིང་འཚོལ་བསྡུ་ཕྱོགས་སྒྲིག་ཁང་། 2011ལོ། ཤོག་གྲངས་375

② ཁང་དཀར་ཚུལ་ཁྲིམས་སྐལ་བཟང་གི་གསུང་རྩོམ་ཕྱོགས་བསྒྲིགས། ཀྲུང་གོའི་བོད་ཀྱི་ཤེས་རིག་དཔེ་སྐྲུན་ཁང་། 1999ལོ། ཤོག་གྲངས་410

③ བསྟན་འགྱུར་དཔེ་བསྡུར་མ། ཀྲུང་གོའི་བོད་ཀྱི་ཤེས་རིག་དཔེ་སྐྲུན་ཁང་། 2000ལོ། ཤོག་གྲངས་256

པར་མངོན་པས། འདིའི་དགོངས་གཞི་གང་ཡིན་མུ་མཐུད་དཔྱད་དགོས་པར་སྙམ།

གསུམ་པ། དབུ་མའི་བསྟན་བཅོས《ག་ལས་འཇིགས་མེད》ཀྱི་མཚན་དོན་གྱི་སྐོར།

དབྱིན་ཇིར་ཉར་ཚགས་བྱས་པའི་ཏུན་ཧོང་བོད་ཡིག་ཡིག་རྙིང་ཨང་རྟགས I.T.J.VoL 18.16པར། "རྒྱ་གར་གྱི་སྐད་དུ་ལ་མད་ཧྱ། མ་ཀ་ཐྲིད་ཧོ་ཨ་ཀུ་ཧོ་བ་ཡྰ། །ཞེས་པ་བོད་སྐད་དུ་དབུ་མའི་རྩ་བའི་འགྲེལ་པ་ག་ལས་འཇིགས་མྱེད་"ཅེས་བཀོད་ཡོད་པ་དང་། ཕྱིས་ཀྱི་སྡེ་དགེ་དང་ཅོ་ནེའི་བསྟན་འགྱུར་དཔར་མར་ཡང་དེ་དང་འདྲ་བར། ལེགས་སྦྱར་སྐད་ཀྱི་སྒྲ་ལ་མ་དྷྱ་མི་ཀ་ཐྲིཏྟི་ཨ་ཀུ་ཏོ་བྷ་ཡ། ཞེས་པ་དབུ་མ་རྩ་བའི་འགྲེལ་པ་ག་ལས་འཇིགས་མེད་ཅེས་བསྒྱུར་འདུག པེ་ཅིན་དང་སྣར་ཐང་གི་བསྟན་འགྱུར་དཔར་མའི་ནང་མཚན་བྱང་དུ། "དབུ་མ་རྩ་བའི་འགྲེལ་པ་ག་ལས་འཇིགས་མེད་འཕགས་པ་ཀླུ་སྒྲུབ་ཀྱིས་མཛད་པ་བཞུགས་སོ"ཞེས་བཀོད་པ་སོགས་གང་ལ་གཞིགས་ཀྱང་བསྟན་བཅོས་འདིའི་མཚན་ལ《དབུ་མ་རྩ་བའི་འགྲེལ་པ་ག་ལས་འཇིགས་མེད》ཅེས་བཏགས་ཡོད་པ་གཅིག་ཏུ་མཐུན། ཡིན་ནའང《དཀར་ཆག་འཕང་ཐང་མ》ཡི་ནང་དབུ་མའི་བསྟན་བཅོས་ཀྱི་མཚན་བྱང་བཀོད་པའི་ཁྲོད་དུ། "ག་ལ་འཇིགས་མེད། བམ་པོ་བདུན་"[①]ཞེས་དང་། ཀུན་མཁྱེན་བུའི་ཆོས་འབྱུང་ལས་ཀྱང་"དབུ་མ་རྩ་བའི་རང་འགྲེལ་ག་ལ་འཇིགས་མེད་"[②]ཅེས་བྲིས་ཡོད་པ་ཞིག་ཀྱང་མཐོང་ཆོས་སུ་གྱུར་པས། དེར་བལྟས་ན་བསྟན་བཅོས་འདིའི་མཚན་ལ་ག་ལས་འཇིགས་མེད་དམ། ཡང་ན་ག་ལ་འཇིགས་མེད་ཅེས་གཉིས་སུ་ངེས་ཀྱང་། འདི་གཉིས་ཀྱི་དོན་ནི་གང་ལས་ཀྱང་འཇིགས་པ་མེད་པའམ། གང་ལའང་འཇིགས་པ་མེད་པའི་དོན་ལས་མ་འདས་པ་ནི་བསྟན་བཅོས་རང་གི་མཇུག་ཏུ། "རང་དང་གཞན་གྱི་གྲུབ་པའི་མཐའ་སྨྲ་བའི་ཕྱོགས་ག་ལས་ཀྱང་འཇིགས་པ་མེད་པ་"[③]ཞེས་གསུངས་པ་ལས་རྟོགས་ནུས་སོ། །

བསྟན་བཅོས་འདིའི་མཚན་འདོགས་ཚུལ་གྱི་ཐད་ནས། འགྲེལ་པ་ག་ལས་འཇིགས་མེད་ནི་ཀུན་མཁྱེན་བུ་སོགས་བོད་ཀྱི་མཁས་པ་སྟེ་མ་དག་དང་ཏུན་ཧོང་ཡིག་རྙིང་ལས《རྩ་ཤེ》ཡི་རང་འགྲེལ་དུ་བཤད་འདུག་ཀྱང་། རྗེ་ཙོང་ཁ་བ་ཆེན་པོས་དེ་རང་འགྲེལ་མ་ཡིན་པའི་སྒྲུབ་བྱེད་ཟློག་པ་མེད་པ་གཉིས་

① བོད་ལྗོངས་རྟེན་རྫས་བཤམས་སྟོན་ཁང་གིས་བསྒྲིགས། དཀར་ཆག་འཕང་ཐང་མ། སྒྲ་སྦྱོར་བམ་གཉིས། མི་རིགས་དཔེ་སྐྲུན་ཁང་། 2006ལོ། ཤོག་ངོས་38

② བུ་སྟོན་རིན་ཆེན་གྲུབ། བུ་སྟོན་ཆོས་འབྱུང་། ཀྲུང་གོའི་བོད་རིག་པ་དཔེ་སྐྲུན་ཁང་། 1988ལོ། ཤོག་ངོས་233

③ བསྟན་འགྱུར་དཔེ་བསྡུར་མ། ཀྲུང་གོའི་བོད་ཀྱི་ཤེས་རིག་དཔེ་སྐྲུན་ཁང་། 2000ལོ། ཤོག་ངོས་255

བཀོད་ཡོད་པ་གོང་དུ་དྲངས་པ་ལྟར་དང་། དེའི་སྟེང་དུ་ད་དུང་ཁོང་གི་གསུང་ལས། “སློབ་དཔོན་གྱི་དབུ་མའི་བསྟན་བཅོས་རྣམས་ཀྱི་གཙོ་བོ་ནི་རྩ་བ་ཤེས་རབ་ཡིན་ལ། དེ་ལ་རང་འགྲེལ་ག་ལས་འཇིགས་མེད་དང་དེ་བ་ཤར་མ་དང་གུ་ན་མ་ཏི་དང་གུ་ན་ཤྲི་དང་སྠི་ར་མ་ཏི་དང་སངས་རྒྱས་བསྐྱངས་དང་ལེགས་ལྡན་འབྱེད་དང་ཟླ་བ་གྲགས་པའི་འགྲེལ་པ་སྟེ་བརྒྱད་ཡོད་ཅིང་”[1]ཅེས་གསུངས་པ་བཅས་ཀྱི་གསུང་ཟུར་ལ་བལྟས་ན། 《ག་ལས་འཇིགས་མེད་》ཅེས་པའང་བསྟན་བཅོས་འདིའི་མཛད་མཁན་གྱི་མཚན་བསྟན་བཅོས་ལ་བཏགས་པར་མངོན་ནོ། །

བཞི་པ། དབུ་མའི་བསྟན་བཅོས་《ག་ལས་འཇིགས་མེད་》ཀྱི་བརྗོད་བྱའི་སྐོར།

བདག་ཅག་གི་སྟོན་པ་ཤཱཀྱ་ཐུབ་པས་ཡུམ་རྒྱས་འབྲིང་བསྡུས་གསུམ་སོགས་གསུང་རབ་དུ་མ་ལས་སྟོང་ཉིད་ཟབ་མོ་ཇི་སྙེད་ཅིག་གསུངས་པའི་དོན་མ་ལུས་པ་སློབ་དཔོན་ཀླུ་སྒྲུབ་ཀྱིས་ལུང་རིགས་གཉིས་ཀྱི་སྒོ་ནས་བསྟན་པ་ཡིན་ལ། དེ་ཡང་ལུང་གི་སྒོ་ནས་གཙོ་བོར་སྒྲུབ་པ་ལ་《མདོ་ཀུན་ལས་བཏུས་པ་》དང་། རིགས་པའི་སྒོ་ནས་གཙོ་བོར་སྒྲུབ་པ་ལ་《དབུ་མ་རྩ་བ་ཤེས་རབ་》སོགས་ཡིན། དེའི་ནང་ནས་ཀྱང་《དབུ་མ་རྩ་བ་ཤེས་རབ་》ཀྱིས་ཡུལ་རང་བཞིན་མེད་པའི་སྟོང་ཉིད་རིགས་པས་གཙོ་བོར་སྒྲུབ་པ་དང་། ཞིབ་མོ་རྣམ་འཐག་གིས་ཟབ་དོན་རྟོགས་པའི་ཡུལ་ཅན་གྱི་ཡེ་ཤེས་དེ་ཐར་པ་དང་ཐམས་ཅད་མཁྱེན་པ་གཉིས་ཀ་ཐོབ་བྱེད་ཀྱི་རྩ་བར་བསྟན་ལ། སྟོང་ཉིད་བདུན་ཅུ་བས་རང་བཞིན་མེད་པ་ལ་བྱ་བྱེད་འཐད་ཚུལ་སྦྱོར་གསུངས་ནས། རྩོད་བཟློག་གིས་བྱེ་བྲག་ཏུ་དགག་སྒྲུབ་འཐད་ཚུལ་བསྟན། རིགས་པ་དྲུག་ཅུ་བས་མཐའ་གཉིས་སྤངས་པའི་ལྟ་བ་དེ་ཐར་པ་ཐོབ་བྱེད་ཀྱི་རྩ་བར་བསྟན་པ་དང་། རིན་ཆེན་ཕྲེང་བས་ལྟ་བ་དེ་ཐམས་ཅད་མཁྱེན་པ་ཐོབ་བྱེད་ཀྱི་རྩ་བའང་ཡིན་པར་བསྟན་པས། དབུ་མ་རིགས་ཚོགས་དྲུག་ལས་《རྩ་ཤེ་》ནི་ལུས་ལྟ་བུ་དང་། གཞན་རྣམས་ནི་དེ་ལས་འཕྲོས་པའི་ཡན་ལག་ལྟ་བུའི་བསྟན་བཅོས་དང་། ཟབ་དོན་ལ་ཐོས་བསམ་བྱས་པའི་ཕན་ཡོན་ནི་ཤེས་རབ་ཀྱི་ཕ་རོལ་ཏུ་ཕྱིན་པ་རྡོ་རྗེ་གཅོད་པ་སོགས་ལས་གསུངས་སོ། །

དེ་ཡང་ཡུལ་རང་བཞིན་མེད་པའི་སྟོང་ཉིད་རིགས་པས་གཙོ་བོར་སྒྲུབ་པའི་བསྟན་བཅོས་《དབུ་མ་རྩ་ཤེ་》འདི་ལ་རབ་བྱེད་ཉེར་བདུན་ཡོད་པ་བཞིན་དུ། བསྟན་བཅོས་འདིའི་འགྲེལ་པ་《ག་ལས་འཇིགས་

[1] རྗེ་ཙོང་ཁ་པ་ཆེན་པོའི་གསུང་འབུམ། མཚོ་སྔོན་མི་རིགས་དཔེ་སྐྲུན་ཁང་། 1987ལོ། ཤོག་ངོས་419-420

མེད་》ལས་ཀུང་རབ་ཏུ་བྱེད་པ་དང་པོར་རྒྱེན་བརྟག་པ་དང་། གཉིས་པར་སོང་བ་དང་མ་སོང་བ་དང་བགོམ་པ་བརྟག་པ། གསུམ་པར་སྐྱེ་མཆེད་བརྟག་པ། བཞི་པར་ཕུང་པོ་བརྟག་པ། ལྔ་པར་ཁམས་བརྟག་པ། དྲུག་པར་འདོད་ཆགས་དང་ཆགས་པ་བརྟག་པ། བདུན་པར་སྐྱེ་བ་དང་གནས་པ་དང་འཇིག་པ་བརྟག་པ། བརྒྱད་པར་བྱེད་པ་པོ་དང་ལས་བརྟག་པ། དགུ་པར་ཉེ་བར་ལེན་པ་པོ་དང་ཉེ་བར་བླང་པ་བརྟག་པ། བཅུ་པར་མེ་དང་བུད་ཤིང་བརྟག་པ། བཅུ་གཅིག་པར་འཁོར་བ་བརྟག་པ། བཅུ་གཉིས་པར་སྡུག་བསྔལ་བརྟག་པ། བཅུ་གསུམ་པར་དེ་ཁོ་ན་ཉིད་བརྟག་པ། བཅུ་བཞི་པར་ཕྲད་པ་བརྟག་པ། བཅོ་ལྔ་པར་དངོས་པོ་དང་དངོས་པོ་མེད་པ་བརྟག་པ། བཅུ་དྲུག་པར་བཅིངས་པ་དང་ཐར་པ་བརྟག་པ། བཅུ་བདུན་པར་ལས་དང་འབྲས་བུ་བརྟག་པ། བཅོ་བརྒྱད་པར་བདག་དང་ཆོས་བརྟག་པ། བཅུ་དགུ་པར་དུས་བརྟག་པ། ཉི་ཤུ་པར་རྒྱུ་དང་འབྲས་བུ་བརྟག་པ། ཉེར་གཅིག་པར་འབྱུང་བ་དང་འཇིག་པ་བརྟག་པ། ཉེར་གཉིས་པར་དེ་བཞིན་གཤེགས་པ་བརྟག་པ། ཉེར་གསུམ་པར་ཕྱིན་ཅི་ལོག་བརྟག་པ། ཉེར་བཞི་པར་འཕགས་པའི་བདེན་པ་བརྟག་པ། ཉེར་ལྔ་པར་མྱ་ངན་ལས་འདས་པ་བརྟག་པ། ཉེར་དྲུག་པར་སྲིད་པའི་ཡན་ལག་བཅུ་གཉིས་བརྟག་པ། ཉེར་བདུན་པར་ལྟ་བ་བརྟག་པ་སྟེ་རབ་བྱེད་ཉེར་བདུན་གྱི་སྒོ་ནས《རྩ་ཤེ་》ཡི་ཚིག་དོན་ལ་འགྲེལ་པ་གནང་ཡོད་དོ། །

《བོད་ལྗོངས་ཞིབ་འཇུག་》2014ལོའི་དེབ་དང་པོ་ལས་བདམས།

༄༅། །ཏུན་ཧོང་བོད་ཡིག་གི་བྲིས་རྙིངP.T.823ལ་དཔྱད་པ།

བསོད་ནམས་དོན་གྲུབ།

[ནང་དོན་གནད་བསྡུས།] ཏུན་ཧོང་བོད་ཡིག་གི་བྲིས་རྙིངP.T.823ནི་རྒྱའི་ཏུན་ཧོང་གི་ཡིག་རྙིངPch464ཁྲོད་ཀྱི་《顿悟大乘正理决》ཞེས་པའི་བོད་འགྱུར་མ་ཡིན་ལ། བོད་ཀྱི་ཡིག་ཚང་དག་ན་ཡིག་ཆ་འདིའི་མིང་ལ་《རིགས་པ་ཡང་དག་པར་ངེས་པ་》འམ་《ཐེག་པ་ཆེན་པོ་ཅིག་ཅར་རིགས་པ་ཡང་དག་ངེས་པ་》[①]ཞེས་ཟེར་སོད། ཕ་རན་སིར་ཉར་ཚགས་བྱས་ཡོད་པའི་ཏུན་ཧོང་ཡིག་རྙིང་གི་ཁྲོད་དུ་《ཅིག་ཅར་ལ་འཇུག་པའི་སྒོ་》ཞེས་མིང་བཏགས་ནས་བསྡུ་བསྒྲིགས་བྱས་ཡོད། ཡིག་ཆ་འདི་ནི་བསྟན་པ་སྔ་དར་གྱི་དུས་སུ་བྱུང་བའི་སྟོན་རྩེན་རྩོད་གླེང་སྐོར་གྱི་དཔྱད་གཞིའི་ཡིག་ཆ་མེད་དུ་མི་རུང་བ་ཞིག་ཡིན་པས། ཁོ་བོས་ཡིག་ཆ་འདི་གཉིས་དཔྱད་བསྡུར་གྱི་ཐབས་ལམ་བརྒྱུད་ནས་རྩོད་གླེང་གི་གོ་རིམ་དང་མཁན་པོ་མ་ཧཱ་ཡན་གྱི་བསམ་བློ་དང་ཀ་མ་ལ་ཤཱི་ལའི་བསམ་བློའི་མི་འདྲ་སའི་གནད་ལ་དབྱེ་ཞིབ་དང་། བོད་རྒྱ་རིག་གནས་བརྗེ་རེས་དང་བོད་རྒྱ་སངས་རྒྱས་ཆོས་ལུགས་ཀྱི་རྩོད་གླེང་དོན་རྐྱེན་སོགས་ལ་རང་བློས་ནུས་ཚོད་ཀྱིས་དཔྱད་པ་བཏང་ཡོད།

[གནད་ཚིག] ཏུན་ཧོང་། བྲིས་རྙིང་། P.T.823སྟོན་རྩེན་རྩོད་གླེང་།

དང་པོ། གནད་དོན་གྱི་འབྱུང་རྐྱེན་དང་ཞིབ་འཇུག་གི་གནས་བབ།

སྟོན་རྩེན་རྩོད་གླེང་གི་སྐོར་ནི《སྦ་སྟོན་ཆོས་འབྱུང་》སོགས་ན་བོད་ཀྱི་བཙན་པོ་ཁྲི་སྲོང་ལྡེ་བཙན་(742–796)གྱིས་སྲིད་བསྐྱངས་ནས་མཇུག་ཛོགས་ལ་ཉེ་བའི་སྐབས་ཀྱི་དོན་རྐྱེན་ཞིག་བྱས་ནས་བཀོད་འདྲི་བྱས་ཡོད་དེ།[②] རྒྱ་ནག་གི་བསམ་གཏན་པའི་ལུགས་ཀྱི་ཧྭ་ཤང་མ་ཧཱ་ཡ་ན་དང་རྒྱ་གར་གྱི་བཙུན་པ་ཀ་མ་ལ་ཤཱི་ལ་གཉིས་ཀྱིས་བཙན་པོའི་མདུན་སར་རྩོད་པ་བྱས་པ་ཡིན་ལ། རྩོད་གླེང་གི་དོན་རྐྱེན་དེ་བཙན་པོ་ཁྲི་སྲོང་ལྡེ་བཙན་གྱིས་དབང་བསྒྱུར་བའི་དུས་སྐབས་སུ་རྒྱ་གར་ནག་གི་མཁན་སློབ་དང་བོད་ཀྱི་ལོ་ཙཱ་བ་མང་པོ་གདན་དྲངས་ནས་སངས་རྒྱས་ཆོས་ལུགས་རྒྱ་ཆེར་དར་སྤེལ་དུ་གཏོང་བའི་དུས་སུ་བྱུང་བ་

---

① ཁང་དཀར་ཚུལ་ཁྲིམས་སྐལ་བཟང་གི་གསུང་རྩོམ་ཕྱོགས་བསྒྲིགས། ཀྲུང་གོའི་བོད་ཀྱི་ཤེས་རིག་དཔེ་སྐྲུན་ཁང་། 1999ལོ། ཤོག་ངོས་798-809

② སྦ་སྟོན་རིན་ཆེན་གྲུབ། སྦ་སྟོན་ཆོས་འབྱུང་། མི་རིགས་དཔེ་སྐྲུན་ཁང་། 1986ལོ། ཤོག་ངོས་382-396

ཞིག་དང་། དུས་སྐབས་དེར་རྒྱ་ནག་གི་བསམ་གཏན་པའི་ལུགས་ཀྱི་ཧྭ་ཤང་མ་ཧཱ་ཡ་ནའི་དགོངས་པ་ལ་མཐའ་གཅིག་ཏུ་དགག་པའི་ཆེད་དུ་མཁན་ཆེན་ཞི་བ་འཚོས་ལུང་བསྟན་པ་བཞིན་ཁོའི་བུ་སློབ་ཀ་མ་ལ་ཤཱི་ལ་གདན་དྲངས་ནས་རྒྱལ་པོའི་མདུན་དུ་སངས་རྒྱས་ཆོས་ལུགས་ཀྱི་ལྟ་གྲུབ་སྐོར་གྱི་རྩོད་གླེང་བྱས། རྩོད་གླེང་མཇུག་རྫོགས་རྗེས་ཧྭ་ཤང་མ་ཧཱ་ཡ་ན་ཕམ་ནས་ཕྱིར་རྒྱ་ཡུལ་དུ་སྐྱུགས་པ་དང་། བོད་དུ་དུས་དེ་ནས་བཟུང་སངས་རྒྱས་ཆོས་ལུགས་ཀྱི་ཁ་ཕྱོགས་ནི་སློབ་དཔོན་ཀླུ་སྒྲུབ་ཀྱི་དབུ་མའི་ལྟ་བའི་ཕྱོགས་སུ་གཅིག་གྱུར་བྱས་ཏེ་མཚན་ཉིད་རིག་པའི་སློབ་གཉེར་བྱེད་མགོ་བཙུགས་ལ། སྤྱོད་པ་ཆོས་བཅུ་དང་ཕ་རོལ་ཏུ་ཕྱིན་པ་བཅུ་སྤྱངས་པའི་ཕྱོགས་སུ་གཏན་ཁེལ་བྱས། དོན་རྐྱེན་དེ་ནི་བསྟན་པ་སྔ་དར་གྱི་དུས་སུ་བོད་ཁུལ་གྱི་སངས་རྒྱས་ཆོས་ལུགས་ཀྱི་ཁ་ཕྱོགས་གཏན་འཁེལ་བྱས་པའི་དོན་རྐྱེན་ཞིག་ཡིན་མོད། འོན་ཀྱང་དོན་རྐྱེན་དེ་བོད་ཀྱི་ལོ་རྒྱུས་དེབ་ཐེར་དག་ན་དུས་སྐབས་དེར་བྱུང་བའི་གཏམ་རྒྱུད་ཅིག་གི་ཚུལ་དུ་བཀོད་འདྲི་བྱས་པ་ལས། རིག་གཞུང་ཞིབ་འཇུག་གི་དཔྱད་ཡུལ་གལ་ཆེན་ཞིག་ཡིན་པ་ཤེས་མེད། སྤྱི་ལོ་1952ལོར་ཧྥ་རན་སིའི་མཁས་པ་ཏེ་མེ་ཞེ་(paulDemieville)ཡིས་ཧྥ་རན་སིའི་རྒྱལ་དམངས་དཔེ་མཛོད་ཁང་དུ་ཉར་ཚགས་བྱས་ཡོད་པའི་ཏུན་ཧོང་གི་ཡིག་རྙིང་Pch464ཁྲོད་དུ《顿悟大乘正理决》《རིག་པ་ཡང་དག་པར་ངེས་པ་》ཞེས་པའི་རྒྱའི་ཡིག་ཆ་རྙིང་པ་ཞིག་རྙེད་ལ། 1952ལོར་ཁོའི་བརྩམས་ཆོས《བོད་ཀྱི་སྟོན་རྩེན་རྩོད་གླེང་》[①]ཞེས་པ་འགྲེམ་སྤེལ་བྱས་པ་ནས་བཟུང་དེའི་རྣམ་པར་འགྱུར་ལྡོག་ཙུང་ཆེན་པོ་བྱུང་། སྐུ་ཞབས་ཏེ་མེ་ཞེ་ཡིས་བརྩམས་ཆོས་ཁྲིད་ཞིབ་དཔྱོད་གནང་བ་བཞིན་བསམ་གཏན་པའི་བཙུན་པ་མ་ཧཱ་ཡ་ན་དང་བྲམ་ཟེ་རིགས་ཀྱི་བཙུན་པ་གཉིས་ཀྱི་སྟོན་རྩེན་རྩོད་གླེང་བྱས་པའི་སྐོར་བོད་ཀྱི་ཆོས་འབྱུང་དེབ་ཐེར་ནང་དུའང་མང་པོ་བཀོད་ཡོད་མོད།[②] ཡིག་ཆ་དེ་གསར་རྙེད་བྱུང་བ་ནས་བཟུང་རྩོད་གླེང་གི་དོན་རྐྱེན་དེ་གཏམ་རྒྱུད་ཀྱི་འཛིག་རྟེན་ནས་དངོས་དོན་གྱི་འཛིག་རྟེན་སྟེང་ཞིབ་འཇུག་བྱ་ཡུལ་གཙོ་བོར་བྱས་ནས་ཞིབ་འཇུག་བྱེད་བཞིན་ཡོད་པ་དང་ཆབས་ཅིག་ཏུ་ཏུན་ཧོང་ནས་རྙེད་པའི་ཡིག་རྙིང་རྣམས་བོད་གནའ་རབས་ཀྱི་ལོ་རྒྱུས་ལ་ཞིབ་འཇུག་བྱེད་པའི་ཡིག་ཆ་གལ་ཆེན་ཡིན་པའང་གསལ་པོར་ཤེས་པར་མ་ཟད། བོད་ཀྱི་ཆེས་ཐོག་མའི་སངས་རྒྱས་ཆོས་ལུགས་ཀྱི་རྣམ་པར་རྒྱུས་ལོན་བྱེད་པའི་སྒོ་མོ་ལྟ་བུ་ཡིན་པའང་ཤེས། ཧྥ་རན་སིའི་མཁས་པ་ཏེ་མེ་ཞེ་ཡིས་ཡིག་ཆ་དེ་འགྲེམ་སྤེལ་བྱས་རྗེས་1958ལོར་

---

① [法]戴密微著、耿昇译：《吐蕃僧诤记》，兰州：甘肃人民出版社，1984年。

② ཟ་བཞེད། ཆོས་འབྱུང་མཁས་པའི་དགའ་སྟོན། ཆོས་འབྱུང་མེ་ཏོག་སྙིང་པོ་སྦྲང་རྩིའི་བཅུད། བུ་སྟོན་ཆོས་འབྱུང་སོགས་ལོ་རྒྱུས་དེབ་ཐེར་དག་ན་བསམ་ཡས་ཆོས་རྩོད་ཀྱི་སྐོར་མང་པོ་བཀོད་འདྲི་བྱས་ཡོད།

སྐུ་ཞབས་ཏུའུ་ཚེ་ཡིས་《རིག་པ་ཡང་དག་པར་ངེས་པ་》《顿悟大乘正理决》ནང་དུ་བྱུང་བའི་མིའི་མིང་སོགས་བོད་ཀྱི་ལོ་རྒྱུས་དེབ་ཐེར་སོགས་དང་བསྡུར་ནས་ཞིབ་འཇུག་བྱས་ཡོད་ལ། ལྷག་པར་དུ་རྩོད་གླེང་གི་དོན་རྐྱེན་དེ་ལྷ་སར་བྱུང་བ་མ་ཡིན་པར་བསམ་ཡས་བྱང་ཆུབ་གླིང་དུ་བྱུང་བ་ཡིན་ཟེར། ཧེ་མེ་ལྷེ་ཡིས་དོན་རྐྱེན་དེ་ལྷ་སར་བྱུང་བར་འདོད་པའི་ནོར་འཁྲུལ་གྱི་ལྟ་བར་སྐུ་ཞབས་ཏུའུ་ཚེ་ལགས་ཀྱིས་དག་བཅོས་བྱས་ཡོད་ལ། གཞན་ད་དུང་བོད་ཀྱི་ལོ་རྒྱུས་དེབ་ཐེར་སོགས་དང་ལྷག་པར་དུ་རྙིང་མ་པའི་ཡིག་ཆ་《བཀའ་ཐང་སྡེ་ལྔའི་》ཁྲོད་རྒྱའི་བསམ་གཏན་པའི་ལུགས་ཀྱིས་ཤན་ཞུགས་ཡོད་ཚུལ་སོགས་བཀོད་འབྲི་མཛད་ཡོད་པའི་སྐོར་ཡང་གླེང་སྟེ། དོན་རྐྱེན་དེ་ལྷ་སའི་རྩོད་གླེང་ནས་བསམ་ཡས་རྩོད་གླེང་དུ་བསྒྱུར་ཏེ། དེ་ནས་ཁྲབ་ཁོངས་རྒྱ་ཧྲེ་ཆེར་བཏང་ནས་བོད་ཀྱི་རྩོད་གླེང་དུ་བསྒྱུར་ཡོད།[1]

བོད་ཀྱི་ལོ་རྒྱུས་ཡིག་ཆ་དང་རྒྱའི་གསར་དུ་རྙེད་པའི་ཡིག་ཆ་གཉིས་བསྡུར་ན་མི་འདྲ་ས་མང་པོ་ཡོད་དེ། བོད་ཀྱི་ཡིག་ཆའི་ཁྲོད་ཀ་མ་ལ་ཤཱི་ལས་རྒྱལ་ཁ་བླངས་པ་དང་ཧྭ་ཤང་མ་ཧཱ་ཡ་ན་ཕམ་ནས་ཕྱིར་རྒྱ་ཡུལ་དུ་སྤྱུགས་པ་ལྟར་བྲིས་ཡོད་ལ།[2] རྒྱའི་ཏུན་ཧོང་ཡིག་ཆPch4646《རིག་པ་ཡང་དག་པར་ངེས་པ་》ནང་ཆེས་མཐའ་མཇུག་ཏུ་མ་ཧཱ་ཡ་ན་རྒྱལ་སོང་བ་ལྟར་བྲིས་ཡོད།[3] དེ་ལ་ཧེ་མེ་ལྷེ་ཡིས་དོན་དངོས་སུ་རྒྱ་གར་གྱི་བྲམ་ཟེ་རིགས་རྒྱལ་སོང་ལ། རྒྱའི་ཡིག་ཆའི་སྙིང་བཀོད་འབྲི་བྱས་པ་དེ་སྒྲིག་པ་པོས་འདོད་བློ་ལྟར་བཟོ་བཅོས་བྱས་པ་ཡིན་ཞེས་འགྲེལ་བཤད་བྱས་ཡོད་པ་དང་། ད་དུང་ཁོའི་བསམ་འཆར་ནི་རྒྱ་གར་གྱི་བྲམ་ཟེ་རིགས་ཀྱི་བཙུན་པ་ནི་ཀ་མ་ལ་ཤཱི་ལ་ཡིན་ལ། 《རིག་པ་ཡང་དག་པར་ངེས་པ་》ཁྲོད་རྗོད་བཞིན་པའི་རྩོད་གླེང་ནི་ཡོངས་གྲགས་སུ་བོད་རྒྱལ་ཁྲི་སྲོང་ལྡེ་བཙན་གྱི་མདུན་སར་བྱས་པ་ཡིན་ཟེར།[4] 1964ལོར་འཇར་པན་གྱི་ཨོའུ་ཨུད་ཡཱ་མཱ་ཧྲ་ཡིའུ་ཞུང་(上山大峻)ལགས་ཀྱིས་ཐན་ཀུང་(昙广)གིས་བྲིས་པའི་《ཐེག་པ་ཆེན་པོའི་དྲིས་ལན་ཉི་ཤུ་རྩ་གཉིས་པ་》(大乘二十二问)ཞེས་པར་ཞིབ་འཇུག་བྱས་པའི་ཁྲོད་ཐེངས་འདིའི་སྔོན་རྩེན་རྩོད་གླེང་གི་ཁྲོད་རྒྱལ་སོང་བའི་སྐོར་གྱི་ཡིག་ཆའི་བར་ཕན་ཚུན་འགལ་ཟླ་

① Giuseppe Tucci;Minor Buddhist Texts，Part II ChaP.T.er 1(Roma，1958)，PP3-155

② དཔའ་བོ་གཙུག་ལག་ཕྲེང་བ། ཆོས་འབྱུང་མཁས་པའི་དགའ་སྟོན། མི་རིགས་དཔེ་སྐྲུན་ཁང་། 1986ལོ། ཤོག་ངོས་391

③ 杨福学、李吉和辑校：《敦煌汉文吐蕃史料辑校》（第一辑），兰州：甘肃人民出版社，1999年，第56页。

④ 戴密微著，耿昇译：《吐蕃僧诤记》，兰州：甘肃人民出版社，1984年。

ཡིན་པ་བཀོད་ཡོད་ལ།[1] 《ཐེག་པ་ཆེན་པོའི་དྲིས་ལན་ཉི་ཤུ་རྩ་གཉིས་པ་》[2]ནི་རྫོང་སླེང་གི་གོ་རིམ་ཁྲིད་ལྷ་གྲུབ་ལ་ཤན་འབྱེད་པའི་ཆེད་བོད་ཀྱི་བཙན་པོས་ཏུན་ཧོང་ནས་བསྐྲད་ཡོད་པའི་རྒྱའི་བཙུན་པ་ཐན་ཀྲང་ལ་དྲི་བ་དྲིས་པར་ལན་བཏབ་པའི་ཡིག་ཆ་ཞིག་ཡིན་ལ། ཡིག་ཆ་དེ་དང་《རིག་པ་ཡང་དག་པར་ངེས་པ་》ཁྲིད་བཀོད་འབྲི་བྱས་ཡོད་པའི་རྫོང་སླེང་ལོ་ཚིགས་ནི་ཧྲི་མེ་ལྷེ་ལགས་ཀྱིས་སྤྱི་ལོ་792–794ཡིན་ཞེས་བཤད་པ་དང་མི་འདྲ་ལ། དོན་ངོ་མའི་རྫོང་སླེང་གི་ལོ་ཚིགས་ནི་སྤྱི་ལོ་780–782ལོ་ཡིན་ཞེས་བཤད་ཡོད་པ་དང་[3]ཧྲི་མེ་ལྷེ་ལགས་ཀྱིས་བྲིས་སྙིང་ཡིག་ཆའི་ལོ་ཚིགས་ལ་བརྟག་དཔྱད་བཏང་བ་ནོར་སྐྱོན་ཡོད་ཅེས་བཤད་ཡོད།[4] རྗེས་སུ་རྫོང་སླེང་དོན་རྐྱེན་འདི་ལ་ཞིབ་འཇུག་པ་མང་པོས་མཐོང་ཆེན་བྱས་ནས་ཞིབ་འཇུག་བྱས་ཏེ་དཔྱད་འབྲས་ཀྱང་མི་ཉུང་བ་ཞིག་འགྲེམ་སྤེལ་བྱས་ཡོད་ལ།[5] ཡིག་ཆ་གསར་པའང་མི་ཉུང་བ་ཞིག་རྙེད་སོན་བྱུང་ཡོད། དེའི་ཁྲོད་《རིག་པ་ཡང་དག་པར་ངེས་པ་》དྲི་བ་དྲིས་ལན་དང་གཅིག་མཚུངས་ཡིན་པའི་བོད་ཡིག་གི་བྲིས་སྙིངP.T.823ཞེས་པའི་ཡིག་ཆ་ཞིག་འཛར་པན་གྱི་མཁས་པ་ཆེན་པོ་ཡེ་མ་ཨད་རྡས་(今枝有郎)རྙེད་སོན་བྱུང་བར་མ་ཟད།[6] ད་དུང་ཁོས་བོད་ཀྱི་སྔོན་རྩེན་རྫོང་སླེང་གི་བོད་ཡིག་གི་ཡིག་ཆ་ཞེས་པའི་དཔྱད་རྩོམ་ཞིག་སྤྱི་ལོ་1975ལོར་འགྲེམ་སྤེལ་བྱས་ཡོད།[7] དེ་ནི་རྫོང་སླེང་གི་དོན་རྐྱེན་སྐོར་ལ་རྒྱུས་ལོན་བྱེད་པའི་ཡིག་ཆ་ཧ་ཅང་དཀོན་གྲས་ཤིག་ཡིན། ཏུན་ཧོང་གི་བྲིས་སྙིང་ཡིག་ཆའི་ཁྲོད་ད་དུང་བོད་ཡིག་གི་བསམ་གཏན་པའི་ལུགས་ཀྱི་ཡིག་ཆ་མང་པོ་ཞིག་རྙེད་སོན་བྱུང་ཡོད་པའི་ཁྲོད་མཁན་པོ་མ་ཧཱ་ཡན་གྱི་མིང་བཀོད་ཡོད་པའི་ཡིག་ཆའང་མི་ཉུང་བ་ཞིག་མཐོང་ཐུབ་

---

① 上山大峻:《敦煌佛教の研究》，株式会社法藏管，1990年，第240页。

② 杨福学、李吉和辑校:《敦煌汉文吐蕃史料辑校》（第一辑），兰州：甘肃人民出版社，1999年，第3页。

③ 上山大峻，《昙广的佛教学》，第166页。

④ 上山大峻，《昙广的佛教学》，第166页。

⑤ 饶宗颐:《神会门下摩诃衍之入藏兼论禅门南北宗之调和问题》，香港大学五十周年纪念论文集，1964年。

⑥ Y.Imaeda;Documents tibetains de Touen-houang concernant le concile du Tibet，JA Tome263(1975)

⑦ 《有关吐蕃僧诤会的藏文文书》刊载《国外藏学研究译文集》（第二辑），拉萨：西藏人民出版社，1987年，第68页。

པ་དང་།[1] ཡིག་ཆ་དེ་དག་ཀྱང་རྩོད་གླེང་དོན་རྐྱེན་དང་འབྲེལ་བ་དམ་པོ་ཡོད་པས་ཁོ་བོས་བོད་རྒྱ་ཡིག་གཉིས་ཀྱི་《རིག་པ་ཡང་དག་པར་ངེས་པ་》གཙོ་བྱས་ནས་དེ་དང་འབྲེལ་ཡོད་ཀྱི་ཏུན་ཧོང་ཡིག་ཆ་དང་བོད་ཀྱི་ལོ་རྒྱུས་དེབ་ཐེར་སོགས་ལ་གཞི་བཅོལ་ནས་སྟོན་རྩེན་རྩོད་གླེང་གི་དོན་རྐྱེན་དེར་ཞིབ་བསྡུར་གྱི་ཐབས་ལམ་སྤྱད་ནས་རང་བློས་ནུས་ཚོད་ཀྱིས་ཞིབ་འཇུག་བྱས་པ་ཡིན།

གཉིས་པ། དཔྱད་གཞིའི་ཡིག་ཆའི་སྐོར།

གཅིག སྟོན་རྩེན་རྩོད་གླེང་གི་དཔྱད་གཞིའི་ཡིག་ཆ་དང་པོ་ནི་དུས་སྐབས་དེར་བྱུང་བའི་རྒྱའི་ཡིག་ཆPch4646《རིག་པ་ཡང་དག་པར་ངེས་པ་》དང་། དེ་དང་འབྲེལ་ཡོད་ཀྱི་ཏུན་ཧོང་ནས་རྙེད་པའི་བོད་ཡིག་གི་ཡྲིས་རྩིང་P.T.823དང་། རྒྱའི་ཏུན་ཧོང་ཡིག་རྙིང་Sch2672དང་Pch4623སོགས་ཡིན།

གཉིས། བོད་ཀྱི་ལོ་རྒྱུས་དེབ་ཐེར་སྦ་བཞེད[2]དང་བུ་སྟོན་ཆོས་འབྱུང[3]སོགས་ལོ་རྒྱུས་དེབ་ཐེར་ནང་དུ་འང་བཀོད་འཁྲི་བྱས་ཡོད་ལ། ཡིག་ཆ་དེ་དག་ལའང་ལོ་ཚིགས་ཀྱི་བསྒྲིགས་སྟངས་སོགས་ཀྱི་ཐད་ནས་རང་རང་གི་ཁྱད་ཆོས་རེ་ཡོད་པས། ངའི་ཞིབ་འཇུག་འདི་ལ་རོགས་རམ་ཆེན་པོ་བྱེད་ཐུབ།

གསུམ། ཏུན་ཧོང་གི་གནའ་རབས་བོད་ཀྱི་ཡིག་རྙིང་P.T.116སོགས་ན་མ་ཧྭ་ཡན་གྱི་གསུང་བཤད་གང་མང་བཀོད་ཡོད་ལ། དེ་དག་ནི་དུས་སྐབས་དེར་བྱུང་བའི་ངེས་པར་དུ་བལྟ་དགོས་པའི་ཡིག་ཆའི་རིགས་ཡིན།

བཞི། རྩོད་གླེང་གི་རྗེས་སུ་རྒྱལ་པོའི་བཀའ་བཞིན་ཀ་མ་ལ་ཤཱི་ལས་བརྩམས་གནང་མཛད་པའི་《སྒོམ་རིམ་》ཐོག་མཐའ་བར་གསུམ[4]ནི་ཀ་མ་ལ་ཤཱི་ལའི་བསམ་བློ་དང་རྩོད་གླེང་གི་གནད་སོགས་བཀོད་ཡོད་པས། དེ་ཡང་དཔྱད་གཞིའི་ཡིག་ཆ་མེད་དུ་མི་རུང་བ་ཞིག་ཡིན།

---

① ཐུ་རན་སིའི་རྒྱལ་གཉེར་དཔེ་མཛོད་ཁང་དུ་ཉར་བའི་ཏུན་ཧོང་བོད་ཡིག་ཡིག་ཚགས། ཧྲང་ཧེ་དཔེ་རྙིང་དཔེ་སྐྲུན་ཁང་། 2006ལོ།

② བདེ་སྐྱིད་ཀྱིས་བསྒྲིགས། ཐ་བཞེད། མི་རིགས་དཔེ་སྐྲུན་ཁང་། 2009ལོ། ཤོག་ངོས་51-55

③ དཔའ་བོ་གཙུག་ལག་ཕྲེང་བ། ཆོས་འབྱུང་མཁས་པའི་དགའ་སྟོན། མི་རིགས་དཔེ་སྐྲུན་ཁང་། 1986ལོ། ཤོག་ངོས་391

④ ཀྲུང་གོའི་བོད་ཀྱི་ཤེས་རིག་ཞིབ་འཇུག་ལྟེ་གནས། བསྟན་འགྱུར་དཔེ་བསྡུར་མའི་དབུ་མའི་དེབ་དང་པོ། སྒོམ་རིམ།(ཐོག་ཐ་བར་གསུམ) ཀྲུང་གོའི་བོད་ཀྱི་ཤེས་རིག་དཔེ་སྐྲུན་ཁང་། 2000ལོ།

ལྔ། ཐན་ཀུང་གིས་བྲིས་པའི་ཐེག་པ་ཆེན་པོའི་དྲིས་ལན་ཉི་ཤུ་རྩ་གཉིས་པ་ཡང་རྩོད་གླེང་དང་ཐད་ཀར་འབྲེལ་བ་ཡོད་པས་དེ་ཡང་མེད་དུ་མི་རུང་བའི་ཡིག་ཆ་གལ་ཆེན་ཞིག་ཡིན།

གསུམ་པ། དཔྱད་གཞིའི་ཡིག་ཆ་དཔྱད་བསྡུར།

གོང་དུ་བཤད་པ་ཇི་བཞིན། རྩོད་གླེང་གི་དོན་རྐྱེན་དེ་གསལ་པོར་ཤེས་དགོས་ན། ངེས་པར་དུ་ཏུན་ཧོང་ནས་ཐོན་པའི་རྒྱའི་བྲིས་རྙིངPch4646དང་བོད་ཡིག་གི་བྲིས་རྙིངP.T.823སྟེ་《རིག་པ་ཡང་དག་པར་ངེས་པ་》སོགས་ཡིག་ཆ་དཀོན་གྲས་རིགས་ལ་དཔྱད་པ་གཏོང་རྒྱུ་དེ་ཡིན་ཏེ།

གཅིག རྒྱའི་བྲིས་རྙིང་གི་དབྱིབས་གཟུགས། Pch4646《རིག་པ་ཡང་དག་པར་ངེས་པ་》ནི8.3×27cmཡི་དབྱིབས་ཅན་གྱི་ཤོག་བུའི་སྟེང་བྲིས་ཡོད་ལ།[①] ཤོག་ལེབ་32ཅན་གྱི་གླེགས་བམ་ཞིག་ཡིན། ཤོག་བུའི་ངོས་སུ་ཤིང་སྨྱུག་གིས་བྲིས་ཡོད་ལ། ཤོག་ངོས་རེ་རེ་ལ་ཐིག་ཕྲེང་དྲུག་རེ་ཡོད། ཐིག་ཕྲེང་རེ་རེར་ཡི་གེ་སུམ་ཅུ་ཡས་མས་ཀྱིས་གྲུབ་ཡོད། བྲིས་མའི་སྟོད་ཕྱོགས་སུ་ཨང་གྲངས་བཀོད་ཡོད་མོད། ཤོག་གྲངས་ཀྱི་ཨང་རྟགས་131བསྐྱར་བཟློས་ཀྱི་ཚུལ་དུ་བཀོད་ཡོད་པ་དང་། ཤོག་གྲངས་ཀྱི་ཨང་རྟགས་152མཐོང་མི་ཐུབ་པས། སྔ་གཞུག་ཏུ་བལྟས་ན་ཤོག་ལེབ་དེ་ཆད་སྐྱོན་བྱུང་བ་གསལ་པོར་ཤེས་ཐུབ། Pch4646ཡི་བྲིས་རྙིང་ནང་ཡིག་ཆ་ལྔ་ནང་དུ་འདུ་ལ། ཤོག་བུའི་ཨང་གྲངས་152ཅན་གྱིས་གྲུབ་ཡོད། ཡིག་ཆ་ལྔ་པོ་དེ་གཤམ་དུ་བཀོད་ན།

༡《འཕགས་པ་དྲི་མེད་གྲགས་པས་བསྟན་པའི་མདོ་》《维摩诘所说经》

༢《འཕགས་པ་འཇམ་དཔལ་གྱི་ཤེས་རབ་ཀྱི་ཕ་རོལ་ཏུ་ཕྱིན་པའི་མདོ་》《文殊师利所说般若波罗密经》

༣《རིག་པ་ཡང་དག་པར་ངེས་པ་》《顿悟大乘正理决》

༤《སེམས་ལ་བལྟ་བ་》《观心论》

༥《བསམ་གཏན་ལ་འཇུག་པའི་སྒོ་》《禅门经》སོགས་ཡིག་ཆ་ལྔས་གྲུབ་ཡོད། གོང་གི་འདི་དག་གི་ཁྲོད་ཡིག་ཆ་དང་པོ་ནས་གསུམ་པའི་བར་ཡིག་ཆའི་དབྱིབས་དང་རྣམ་པ་འདྲ་མཚུངས་ཅན་གྱི་ལག་བྲིས་མ་ཡིན་ལ། གོང་འོག་གཉིས་སུ་སྣེ་ཐིག་བྲིས་ཡོད་པ་དང་། ཤོག་ངོས་སོ་སོ་ན་ཡིག་འབྲུ་ཐིག་ཕྲེང་

① 上山大峻：《敦煌佛教の研究》，株式会社法藏管，1990年，第255页。

དྲུག་རེ་ཡོད། ཐིག་ཕྲེང་རེ་ལ་ཕལ་ཆེར་ཡིག་འབྲུ་ཉེར་དྲུག་ནས་ཉེར་བརྒྱད་ཡོད། ཤོག་བུའི་གོང་ནས་མར་སུམ་ཆའི་གཅིག་གི་ཚད་ན་བསྟར་ལ་རྒྱུས་བྱེད་ཀྱི་ཐ་གུ་རྒྱུན་སའི་ཁུང་བུ་ཡོད་པ་དང་། མཐའ་བཞི་ནི་སྒོར་དབྱིབས་ཅན་གྱི་གཟུགས་ཡིན་ལ། ཡིག་གཟུགས་ཀྱང་དབུ་ཅན་གྱིས་གྲལ་དག་མོའི་སྒོས་བྲིས་ཡོད་པ་དང་། ཤིང་སྨྱུག་གིས་བྲིས་པའི་ཁྱད་ཆོས་འབུར་དུ་ཐོན་ཡོད།

གཉིས། བོད་ཡིག་བྲིས་སྙིང་གི་དབྱིབས་གཟུགས། P.T.823ནི་《རིག་པ་ཡང་དག་པར་ངེས་པ་》བོད་ཡིག་གི་བྲིས་སྙིང་ཞིག་ཡིན་ལ། ཤོག་གུའི་ཆེ་ཆུང་ནི་7×9cmཙམ་པ་ཅན་ཞིག་ཡིན་ཞིང་།[1] ཤོག་བུའི་ངོས་སུ་དབུ་ཅན་གྱིས་བྲིས་ཡོད་པ་དང་། ཤོག་ངོས་གཅིག་གི་སྟེང་དུ་ཡིག་འབྲུ་ཐིག་ཕྲེང་བཞི་རེ་ཡོད། ཤོག་གྲངས་བཀོད་མེད་པ་དང་། སྔ་རྗེས་སུ་ཆད་ལྷག་ཡོད་པས་མགོ་ཇ་ཏུ་ནང་དོན་ག་འདྲ་ཞིག་ཡོད་པ་ལ་ཚོད་དཔག་བྱེད་དཀའ། ཆེས་མཐའ་མཇུག་ཏུའང་ཤིང་སྨྱུག་གིས་ཡིག་ཆ་གཞན་ཞིག་མཐུད་ནས་བྲིས་ཡོད་ལ། ཡིག་ཆ་དེའང་སྔ་རྗེས་སུ་ཆད་ལྷག་ཡོད་པ་དང་། ནང་དོན་ནི་ཕལ་ཆེརP.T.116(v)དང་གཅིག་མཚུངས་ཀྱི་ཡིག་ཆ་ཞིག་ཡིན། P.T.823ཡིག་ཆའི་ནང་དོན་ནི་རྒྱ་ཡིག་གི“顿悟大乘正理决”ནང་གི་ཆེས་ཐོག་མའི་དྲིས་ལན་ཁྲོད་ཀྱི་དྲི་ལན་སྙིང་པ(旧问)ཡིན་ལ། ཏུན་ཧོང་ཡིག་ཆའི་ཁྲོད་བསྟན་བཅོས་འདིའི་མིང་ལ《ཅིག་ཅར་ལ་འཇུག་པའི་སྒོ་》ཞེས་མིང་བཏགས་ཡོད།[2]

གསུམ། 《རིག་པ་ཡང་དག་པར་ངེས་པ་》ཞེས་པའི་བསྟན་བཅོས་ཀྱི་སྤྱི་ཁོག བསྟན་བཅོས་འདིའི་གླེང་གཞིའི་ཁྲོད་ཡིག་ཆ་འདི་གྲུབ་ཚུལ་གྱི་ངག་རྒྱུན་དང་གཏམ་རྒྱུད་ལྟ་བུ་ཞིག་འདུག་སྟེ། བསྟན་བཅོས་འདི་ནི་རྩོད་གླེང་དོན་རྐྱེན་གྱི་མི་སྣ་གཙོ་བོ་མ་ཧཱ་ཡན་གྱིས་བརྩམས་གནང་མཛད་པ་ཞིག་མ་ཡིན་ལ། ཡིག་ཆ་འདིའི་མཇུག་ཏུ“前河西观察判官朝散大夫殿中侍御史王锡撰”ཟེར་བ་ཞིག་བཀོད་

① དཔེ་ཆ་འདིའི་མཚན་བྱང་ལ་ད་ལྟ་ཡོངས་གྲགས་སུ《རིག་པ་ཡང་དག་པར་ངེས་པ་》ཞེས་ཟེར་མོད། བུ་སྟོན་ཆོས་འབྱུང་དུ་ཧ་ཤང་གིས་ཤགས་བསླབས་པའི་སྐོར་ལ་འདི་ལྟར་བཀོད་འབྲི་བྱས་ཡོད་དེ། བསྟན་བཅོས་ལ་ཆོས་བྱ་མི་དགོས་ཉལ་བའི་ཚོག་ཅེས་སྟོན་པ《བསམ་གཏན་ཉལ་བའི་འཁོར་ལོ་》དེ་ལ་རྩོད་པ་སྤོང་བ《བསམ་གཏན་གྱི་ལོན་》《ཡང་ལོན་》དེ་རིགས་པས་སྒྲུབ་པ《ལྟ་བའི་རྒྱབ་ཤ་》ལུང་གིས་སྒྲུབ་པ《མདོ་སྡེ་བརྒྱད་ཅུ་ཁུངས་》ལ་སོགས་པ་བྱས་ཞེས་བཀོད་ཡོད་པར་བལྟས་ན། རྒྱ་ཡིག་གི《顿悟大乘正理决》ཞེས་པའི་མིང་ལ་བོད་ཡིག་གི་ཆེས་ཐོག་མའི་མིང་ནི《བསམ་གཏན་གྱི་ལོན་》ཟེར་སྙམ་པ་དང་། 《顿悟大乘正理决》(又问)ཟེར་བ་ཞིག་ཀྱང་ཡོད་ལ། དེའི་མིང་ལ་བོད་ཡིག་གིས《ཡང་ལོན་》ཟེར་སྙམ།

② 上山大峻：《敦煌佛教の研究》，株式会社法藏管，1990年，第304页。

འདུག[1] "王锡" ཟེར་བའི་མི་འདི་ནི་སྐབས་དེའི་ཀྲུང་གོའི་ས་གནས་ཀྱི་དཔོན་གནས་ཆུང་ཆུང་ཡོད་པའི་མི་ཞིག་ཡིན་ལ། ཁོ་རང་གིས་མ་ཧཱ་ཡན་གྱི་བཀའ་བཞིན་དུ་རྩོད་གླེང་དོན་རྐྱེན་གྱི་ནང་དོན་ལ་གླེང་གཞི་སོགས་བྲིས་ནས་རྩོམ་སྒྲིག་གནང་ཡོད། "王锡" ཟེར་བའི་མི་འདི་ནི་བོད་བཙན་པོས་ཏུན་ཧོང་ཧྲ་ཀྲིག་(沙洲)ས་ཆ་འཛིན་བཟུང་བྱས་ཡོད་པའི་སྐབས་སུ་དབང་ཐང་དང་གོ་གནས་ཤོར་སོང་བའི་མི་ཞིག་ཡིན་ལ། བོད་ཀྱིས་དབང་བསྒྱུར་བའི་སྐབས་སུ་རང་ཉིད་ཕྱིར་ས་གནས་དེའི་སྲིད་འཛིན་པའི་ཁོངས་སུ་ཞུགས་ནས་ལས་ཀ་བྱེད་བཞིན་ཡོད་པའི་མི་ཞིག་ཡིན་པ་ཧྲེ་མེ་ལྷེ་ཡིས་བདེན་དཔང་བྱས་ཡོད།[2] ཁོ་རང་རྒྱའི་བསམ་གཏན་མཁན་པོ་མ་ཧཱ་ཡན་དང་མཉམ་དུ་ལས་ཀ་ལས་སྦྱོང་བའི་མི་ཞིག་ཡིན། ཡིག་ཆ་འདིའི་རྩོམ་སྒྲིག་དང་ཕྱོགས་གང་ཅིའི་ཐད་ནས་གོ་བ་ལེན་དཀའ་ལ། རྩོམ་སྒྲིག་པའི་ཚུ་ཚད་དང་ནུས་པ། རྩོམ་ཡིག་གི་རྩོམ་རྩལ་དང་ཆོས་ལུགས་ཀྱི་ཤེས་བྱ་སོགས་ཕྱོགས་གང་ཅིའི་ཐད་ནས་བལྟས་ཀྱང་ཆེས་ཞུལ་དུ་བྱུང་བ་ཞིག་ཡིན་ཞེས་བཤད་དཀའ། ཡིག་ཆ་འདི་ནི་མ་ཧཱ་ཡན་གྱིས་བཀོད་སྒྲིག་ལྟར་ཟིན་བྲིས་སུ་བཏབ་པའམ། ཡང་ན་སྐབས་དེའི་བོད་ས་གནས་སྲིད་གཞུང་གི་བཀའ་བཞིན་དུ་ཕྱོགས་བསྒྲིགས་བྱས་པ་ཡིན་པ་ནི་ཤེས་དཀའ་སོད། འོན་ཀྱང་ང་རང་ཚོར་མཚོན་ན་རྩོད་གླེང་དོན་རྐྱེན་གྱི་ཡིག་ཆ་དཀོན་པོ་ཞིག་ཡིན་པ་ནི་སྨོས་མ་དགོས་པ་ཞིག་ཡིན། 《རིག་པ་ཡང་དག་པར་ངེས་པ་》ཞེས་པའི་ནང་དོན་ནི་གཤམ་གྱི་འདི་དག་གིས་གྲུབ་ཡོད་དེ།

(1)叙

(2)问答记录：A、问答；B、摩诃衍上表文(一)；C、问答(二)；

D、摩诃衍上表文(二)；E、问答(三)

(3)摩诃衍的上闻奏文：A、摩诃衍的闻奏文(一)；B、摩诃衍的闻奏文(二)

(4)摩诃衍的行实

གོང་གི་གླེང་གཞི་ནི་བང་ཞིས་(王锡)བྲིས་པ་ཡིན་ལ། 问答记录ཁྲོད་ཀྱི摩诃衍上表文(一)དང་(二)(3)摩诃衍的上闻奏文ཁྲོད་ཀྱི摩诃衍的闻奏文(一)དང་། (二)ནི་མ་ཧཱ་ཡན་རང་ཉིད་ཀྱིས་བཤད་པ་བཞིན་བཀོད་བྲིས་བྱས་ཡོད། (4) "摩诃衍的行实" ནི་མ་ཧཱ་ཡན་གྱིས་བུ་སློབ་གང་ཞིག་གིས་བཤད་

---

① ཟླ་རན་སིའི་རྒྱལ་གཉེར་དཔེ་མཛོད་ཁང་དུ་ཉར་བའི་ཏུན་ཧོང་བོད་ཡིག་ཡིག་ཚགས། ཧྲང་ཧེ་དཔེ་རྙིང་དཔེ་སྐྲུན་ཁང་། 2006ལོ།

② 戴密微著、耿昇译：《吐蕃僧净记》，兰州：甘肃人民出版社，1984年。

པ་ཟིན་ཤྲིས་སུ་བཏབ་པ་འདྲ། དེ་བས་ཡིག་ཆ་འདི་ནི་ཡིག་ཆ་རིགས་དབྱེ་མི་འདྲ་བ་མང་པོ་ཞིག་ཆབས་ཅིག་ཏུ་བསྡུས་ནས་བསྒྲིགས་པ་ཞིག་ཡིན་པ་འདྲ་སྟེ། གང་ལྟར་གླེང་གཞི་ནི་བང་ཞིས་(王锡)ཤྲིས་པ་སྨོས་མེད་ཡིན་ལ། གྲུབ་ཚུལ་དང་གོ་རིམ་སྒྲིག་སྟངས་ཀྱིས་ནང་དོན་ག་འདྲ་ཞིག་སྟོན་བཞིན་ཡོད་པ་གསལ་པོ་མི་ཤེས་སོ། འོན་ཀྱང་དྲི་བ་དྲིས་ལན་དང་འབྲེལ་ནསP.T.823དང་Pch4623གཉིས་རྙེད་སོན་བྱུང་བ་ལས། རྩོམ་སྒྲིག་པས་དེ་དག་རྒྱ་ཆ་བྱས་ནས་ནང་དོན་ལ་གདམ་གསེས་ཡོད་པའི་སྒོ་ནས《རིག་པ་ཡང་དག་པར་ངེས་པ་》ཞེས་པ་ཞིག་རྩོམ་སྒྲིག་བྱས་ཡོད་པ་ཤེས་ཐུབ།

བཞི། ཏུན་ཧོང་ཡིག་ཆའི་ཁྲོད་རྙེད་སོན་བྱུང་བའི་བོད་ཡིག་གི《རིག་པ་ཡང་དག་པར་ངེས་པ་》ཞེས་པའི་དྲིས་ལན་གྱི་སྐོར། 《རིག་པ་ཡང་དག་པར་ངེས་པ་》ཞེས་པ་ནི་ལོ་རྒྱུས་ཀྱི་དུས་ཡུན་རིང་པོ་བརྒྱུད་པའི་ཡིག་ཆ་ཞིག་ཡིན་ཡང་། རྩོམ་སྒྲིག་པས་བཟོ་བཅོས་དང་ཁ་སྣོན་བྱས་ཡོད་པ་ནི་བསྙོན་དུ་མེད་པའི་ལོ་རྒྱུས་ཤིག་ཡིན་ལ། བཟོ་བཅོས་དང་ཁ་སྣོན་བྱས་ཡོད་ཚེ་རྩོམ་སྒྲིག་པའི་འདོད་བློ་དང་ལྟ་ཚུལ་མི་འདྲ་བ་སོགས་ཁ་སྣོན་བྱས་ཡོད་པའང་ཁོ་ཐག་ཡིན། ཏ་མེ་ཕེ་ཡིས་རྩོད་གླེང་གི་མཇུག་འབྲས་ནི་དོན་ངོ་མའི་མ་དཔྱད་ཡན་གྱི་ཕྱོགས་ཕམ་སོང་མོད། འོན་ཀྱང་བང་ཞིས་རྒྱལ་ཁ་བླངས་སོང་ཞེས་བཀོད་འཇོག་བྱས་ཡོད་པས་དེ་ལ་དོགས་གཞི་མང་པོ་ཞིག་ཡོད་ཟེར་སོད།[1] འོན་ཀྱང《རིག་པ་ཡང་དག་པར་ངེས་པ་》ནི་སྟོན་རྩེན་རྩོད་གླེང་གི་གཞི་འཛིན་ས་གཙོ་བོ་ཞིག་ཡིན་པ་ཤེས་དགོས་ཏེ། དེའི་ནང་དུ་བཀོད་ཡོད་པའི་ནང་དོན་ལ་ཞིབ་ཞིབ་ཀྱིས་ཞིབ་འཇུག་བྱས་ནས་སྐབས་དེའི་བདེན་དོན་ཞིག་རྙེད་ཨེ་ཐུབ་པར་འབད་པ་བྱེད་དགོས། P.T.823ཡིག་ཆར《ཅིག་ཅར་ལ་འཇུག་པའི་སྒོ་》ཞེས་མིང་བཏགས་ཡོད་ལ། ཡིག་ཆ་དེ་ནི་མགོ་མཇུག་ཡོངས་སུ་ཆ་ཚང་བ་ཞིག་མ་ཡིན་པར། དྲིས་ལན་གྱི་ཆ་ཤས་ཤིག་དེ་དྲིས་ལན་རྙིང་པའི་སྐོར་ཡིན། ཤྲིས་རྙིང་གི་མགོ་མཇུག་བོར་བརླག་ཏུ་སོང་ཡོད་པས་ཡིག་ཆ་དེའི་དང་ཐོག་གི་རྣམ་པ་ལ་ཚོད་དཔག་བྱེད་དཀའ། ལྷག་ཡོད་པའི་ཡིག་ཆར་བལྟས་ན་དྲིས་ལན་བཅུ་གཉིས་མཐོང་ཐུབ་ལ། མཐོང་ཐུབ་པའི་ཡིག་ཆ་དེ་དག་ཕལ་ཆེར་རྒྱ་ཡིག་གི་ཡིག་ཆ་དང་ཐོ་གཅུག་ཐུབ། གཤམ་དུ་ཡིག་ཆ་འདིའི་བོད་ཡིག་དང་རྒྱ་ཡིག་གཉིས་བསྡུར་ནས་གཤམ་དུ་བཀོད་ན།

༧ (སྟོན་དུ་ཆད་སྐྱོན་ཡོད་)བསྐྱེད་པ་སྟེ། དེ་ད་བས་ན་ལངས་ཀར་གཤེགས་པ་ལས་ཀྱང་། ཆོས་སོ་ཅོག་ལ་རང་བཞིན་མེད་དེ་ཀུན་ཀྱང་སྒྱུ་བདེན་པའི་འདྲ་ཤེས་ཀྱིས་མཐོང་ངོ་ཞེས་འབྱུང་།

① 戴密微著、耿昇译：《吐蕃僧诤记》，兰州：甘肃人民出版社，1984年。

དྲིས་པ། འདུ་ཤེས་ལ་ཉེས་པ་ཇི་ཡོད།

སྨྲས་པ། དེའི་ཉེས་པ་ནི་སེམས་ཅན་ཐམས་ཅད་ལ་ཐམས་ཅད་མཁྱེན་པའི་ཡེ་ཤེས་ཡོང་ནས་ཡོད་པ། བསྒྲིབས་ཤིང་། ངན་སོང་གསུམ་དང་། ཡུན་རིང་པོར་འཁོར་པའི་རྒྱུར་གྱུར་པ་ལ་སྩོགས་པས་ཉེས་དེ། རྡོ་རྗེ་གཅོད་པ་ལས་ཀྱང་། འདུ་ཤེས་སྤོང་ཤིག་ཅེས་འབྱུང་བ་ཡིན།

旧问第三问。言一切想者。其想云何。

答。想者心念起动。及取外境。言一切谓下之地狱。上至诸佛已下。《楞伽经》云。诸佛无自性。皆是妄想心见。

旧问。想有何过。

答。想过者能障众生本来一切智。及三恶道。久远轮迴故。有此过。《金刚经》说。亦令离一切诸想。则名诸佛。

༢ དྲིས་པ། སེམས་ལ་བལྟ་ཞེས་བྱ་བ་ཇི་ལྟ་བུ་ཡིན།

སྨྲས་པ། སྒོ་ནུས་བཟློགས་སྟེ། སྣར་སེམས་ལ་བལྟ་སྟེ་འདུ་ཤེས་གཡོས་ན། ཡོད་པ་དང་མེད་པ་དང་གཙང་བ་དང་མི་གཙང་བ་དང་། སྟོང་བ་དང་མི་སྟོང་བ་ལ་སྩོགས་ཅི་ཡང་མི་བསམས། མི་རྟོག་མི་བསམ་པར་ཡང་མི་བསམ་སྟེ། བྱེ་མའི་གླེང་དེའི་ནང་ནས་ཀྱང་མི་རྟོག་པ་ནི་བྱང་ཆུབ་ཅེས་འབྱུང་ངོ།

旧问。云何看心。

返照心源看心。想。若动。有无。净不净。空不空等。皆不思不观。不思者亦不思。故《净名经》中说。不观是菩萨。

༣ དྲིས་པ། འདུ་ཤེས་དང་བག་ཆགས་སྤྱང་ན་ཐབས་ཇི་ལྟར་སྤྱང་།

སྨྲས་པ། མི་བདེན་པའི་འདུ་ཤེས་གཡོས་ཏེ་ཚོར་ན། སྐྱེ་ཤི་ཚོར་ཏེ་འདུ་ཤེས་བཞིན་དུ་མ་སྤྱང་མ་བསླབས་མ་ཆགས་ན། སེམས་ཐང་རེ་ཡང་གྲོལ་ཐབས་རེ་རེ་སྟེ། རྡོ་རྗེ་གཆོད་པ་དང་། དཀོན་མཆོག་བརྩེགས་པ་ཆེན་པོ་ལ་སྩོགས་པའི་ནང་ནས་ཀྱང་། ཆོས་ལ་ནང་ཟད་ཀྱང་ཐོབ་པ་མེད་ན། བླ་ན་མེད་པ་འབྱིང་ཆུབ་ཅེས་བཤད་དོ།

旧问。作何方便。除得妄想及习气。

答。妄想起不觉名生死。觉竟不随妄想。作业不取。不住。念念即是解脱。《般若》《宝积经》云。不得少法名无上菩提。

༤ དྲིས་པ། ཕ་རོལ་དུ་ཕྱིན་པ་དྲུག་ལསྩོགས་པ་ཆོས་ཀྱི་སྒོ་གཞན་དགོས་སམ་མི་དགོས།

སྨྲས་པ། ཀུན་རྫོབ་ལྟར་ཕ་རོལ་དུ་ཕྱིན་པ་དྲུག་ཀྱང་། དོན་དམ་པར་བསྟན་པའི་ཕྱིར་ཐབས་བཤད་དེ། མི་དགོས་པ་ཡང་མ་ཡིན། །དོན་དམ་པར་སྨྲ་བསམ་ལས་འདས་པའི་གཞུང་ལྟར་ན། ཕ་རོལ་ཏུ་ཕྱིན་པ་ལས་སྩོགས་པ་ཆོས་ཀྱི་སྒོ་གཞན་དགོས་སམ་མི་དགོས་ཞེས་སྨོས་སུ་ཡང་མེད་དེ། མདོ་སྡེ་ལས་ཀྱང་རྒྱས་པར་བཤད་དོ།

旧问。六波罗密等。及诸法门要不要。

答。如世谛法。六波罗蜜等方便为。头胜义故。非是不要。如胜义离言说。六波罗蜜及诸法门。不可说要与不要。诸经光说。

༥ དྲིས་པ། ཕ་རོལ་དུ་ཕྱིན་པ་དྲུག་ལསྩོགས་པ་དགོས་ན་ཐབས་ཇི་ལྟར་སྤྱད།

སྨྲས་པ། ཕ་རོལ་དུ་ཕྱིན་པ་དྲུག་ལ་སྩོགས་པ་སྤྱད་ན་ཡང་ཕྱི་དང་ནང་གི་གཉིས་ཡོད་དེ།

ནང་གིས་ནི་བདག་ཐརད། ཕྱིས་ནི་སེམས་ཅན་ལ་ཕན་གདགས་སྟེ་སྤྱད་པའི་ཐབས་ནི་ཤེས་རབ་ཀྱི་ཕ་རོལ་དུ་ཕྱིན་པ་དང་ལང་ཀར་གཤེགས་པ་དང་། ཕན་སེམས་དཔའ་ལསྩོགས་པའི་ནང་ནས་ཀྱང་། ཕ་རོལ་དུ་ཕྱིན་པ་དྲུག་ལས་སྩོགས་པ་སྤྱོད་པ་ན། ཆོས་སོ་ཆོག་ལ་མི་རྟོག་མི་སེམས་ཤིང་། འཁོར་གསུམ་ཡོངས་སུ་དག་པ་དང་སྨིག་རྒྱུ་བ་འདྲ་ཞིག་ཅི་ལ་ཡང་མི་སེམས་མི་ལེན་པར་སྤྱད་དོ་ཞེས་འབྱུང་ངོ།

旧问。六波罗密等要时。如何修行。

答。修行六波罗密者。为内为外。内外有二种。内为自度。外为利益众生。所修行方便者。处《般若经》《楞伽经》《思益经》。六波罗密时。于一切法。无思，无观，三业清净。由如阳炎。于一切不取，不住。

༦ དྲིས་པ། ཆོས་ཀྱི་སྒོ་འདི་སྤྱོད་ན། ཅི་ཙམ་ཞིག་ན་གྲོལ་ཐར་པ་ཐོབ།

སྨྲས་པ། ལང་ཀར་གཤེགས་པ་དང་། རྡོ་རྗེ་གཅོད་པ་ལས། །འདུ་ཤེས་ཐམས་ཅད་དང་བྲལ་ན། སངས་རྒྱས་སོ་ཞེས་འབྱུང་བས། དབང་པོ་རྣོ་རྟུལ་ལས་འདི་བཞིན་བསྒོམས་ཏེ། མི་བདེན་པའི་འདུ་ཤེས་དང་། བག་ཆགས་ཐམས་ཅད་དང་བྲལ་མ་ཐག་ཏུ་གྲོལ་ཐར་ཐོབ་བོ།

旧问。修此法门。早晚得解脱。

答。如《楞伽》及《金刚经》云。离一切思。则名诸佛。随其根性利钝。如是修习。妄想习气亦歇。即得脱。

༄ དྲིས་པ། ཆོས་ཀྱི་གཞུང་འདི་སྤྱོད་པས། བསོད་ནམས་ཇི་ཡོད།

སྨྲས་པ། མི་རྟོག་མི་བསམ་པའི་བསོད་ནམས་ནི་བསམ་པ་དང་བརྟགས་པས་ཚད་མི་གཟུང་སྟེ། སངས་རྒྱས་ཀྱི་བསམ་པ་ཇི་ཙམ་བལྟོས་ཤིག །དེ་ལས་ཆ་ཤས་ཤིག་སྨོས་ན། ཤེས་རབ་ཀྱི་ཕ་རོལ་དུ་ཕྱིན་པ་ལས་ཀྱང་། སེམས་ཅན་ཐམས་ཅད་ལྷ་དང་མི་དང་ཉན་ཐོས་དང་། །རང་སངས་རྒྱས་ནས་བླ་ན་མེད་པའི་བྱང་ཆུབ་ལ་ཐུགས་པའི་བར་དུ་བཀོད་པ་བས་ནི། །ཤེས་རབ་ཀྱི་ཕ་རོལ་དུ་ཕྱིན་པའི་གཞུང་ཐོས་ཏེ། ཡིད་ཆེས་པའི་བསོད་ནམས་བགྲང་ཞིང་བརྩིར་མི་ལང་བར་ཆེའོ། །དེའི་ཅི་ཕྱིར་ཞེ་ན། མི་དང་ལྷ་དང་ཉན་ཐོས་དང་རང་སངས་རྒྱས་དང་། བླ་ན་མེད་པའི་བྱང་ཆུབ་ལ་སྩོགས་པ་ཐམས་ཅད་ནི་ཤེས་རབ་ཀྱི་ཕ་རོལ་དུ་ཕྱིན་པ་ལས་ཀྱང་འབྱུང་གི །བྱང་ཆུབ་དང་མྱ་ལ་སྩོགས་པ་གྲངས་སུ་སྨོས་པའི་རྣམས་ལས་ནི། ཤེས་རབ་ཀྱི་ཕ་རོལ་དུ་ཕྱིན་པ་མི་འབྱུང་བའི་ཕྱིར་རོ། དེ་ལ་ཤེས་རབ་ཀྱི་ཕ་རོལ་དུ་ཕྱིན་པ་ཇི་ལྟ་བུ་ཡིན་ཞེ་ན། མཚན་མ་མེད་པ་མི་ལེན་པ། མི་གཏོང་བ་ཆགས་པ་མེད་པ་ནི། ཤེས་རབ་ཀྱི་ཕ་རོལ་དུ་ཕྱིན་པའོ་ཞེས་བཤད་པ་དང་། དེ་བཞིན་གཤེགས་པའི་ཡོན་ཏན་བསམ་གྱིས་མི་ཁྱབ་པ་ལས། ལ་ལ་ཞིག་གིས་སྟོང་གསུམ་གྱི་སྟོང་ཆེན་པོའི་རྒྱལ་སྲིད་ཀྱི་དེ་བཞིན་གཤེགས་པ་ལ། བསྐལ་བ་གྲངས་མེད་པར་མཆོད་ཅིང་ཡོན་གསོལ་ནས་སངས་རྒྱས་དེ་རྣམས་མྱ་ངན་ལས་འདས་ཀྱི་འོག་ཏུ། ཡང་རིན་པོ་ཆེ་སྣ་བདུན་ལ་སྩོགས་པས་བཟང་དུ་བརྒྱན་པའི་མཆོད་རྟེན་སྟོང་གསུམ་གྱི་སྟོང་ཆེན་པོ་ཙམ་ཤེ་དག་བྱས་ཏེ། མཆོད་པ་བསྐལ་བ་གྲངས་མེད་པར་བྱས་པ་བས། བསམ་དུ་མེད་པའི་ཆོས་ཀྱི་གཞུང་འདི་ལ་དོགས་གཞི་དུ་མ་ཉན་པའི་བསོད་ནམས་ཀྱང་། གྲངས་བརྒྱ་སྟོང་གྲངས་མེད་པར་ཆེའོ་ཞེས་བཤད་པ་དང་། རྡོ་རྗེ་གཅོད་པ་ལས་ཀྱང་། ལ་ལ་ཞིག་གིས་སྟོང་གསུམ་གྱི་སྟོང་ཆེན་པོ་རིན་པོ་ཆེའི་སྣ་བདུན་བཀང་སྟེ་སྦྱིན་པ་བྱིན་པ་དང་། ཆུ་བོ་གང་འགའི་བྱེ་མ་སྙེད་ཀྱི་ལུས་ཡོངས་སུ་བཏང་བ་བས། ཚིགས་བཞི་པའི་ལེའུ་ཅིག་ཐོས་པ། བསོད་ནམས་ཆེ་སྟེ། དེ་དང་ཚད་མེད་དོ། །ཞེས་བཤད་པ་ལ་སྩོགས་པ་ཐེག་པ་ཆེན་པོའི་མདོ་སྡེ་ཐམས་ཅད་ལས་ཀྱང་རྒྱས་པར་འབྱུང་སྟེ། བསོད་ནམས་ནི་སངས་རྒྱས་མ་གཏོགས་པར་གཞན་སུ་ལས་ཀྱང་མི་འབྱུང་ངོ་ཞེས་ཀྱང་བཤད་དོ། །

旧问。又行此法义。有何功德。

答。无观无想功德。思及观照不可测量。佛所有功德。广如是见。且如此少分处《般若经》云。仮令一切众生，天人，声闻，绿觉证无上菩提。不如闻此般若波罗蜜义。敬信功德。算数所不能及。何以故。人，天，声闻绿觉及诸菩萨等。皆与般若波罗蜜出。人，天，及菩萨等。不能出得般若波罗蜜。

又问。何名般若波罗蜜。

所谓无想，无取，无捨，无著。是名般若波罗蜜。《入如来功德经》或有于三千大千世界微鹿数佛所供养。承彼佛灭度后。又以七宝庄严其塔。高广例如大千世界。又经无量刼供养之功德。不及闻思法义。生无心疑而听。所护福德。过彼无量百千陪数。又《金刚经》云。若有人满三千大千世界七宝。已用布施。及以恒河砂数身名布施。不如闻一思句便。其福甚多。不可比喻。诸《大乘经》中广说此义。其福德除佛无有知者。

༨ དྲིས་པ། འདུ་ཤེས་སྤྲངས་ཏེ་མི་སེམས་མི་རྟོགས་པ་ནས་ཐམས་ཅད་མཁྱེན་པའི་ཡེ་ཤེས་ཇི་ལྟར་འབྱུང་།

སྨྲས་པ། མི་བདེན་པའི་སེམས་མ་གཡོས་ཏེ་འདུ་ཤེས་ཐམས་ཅད་ལངས་སྤྲངས་ན། ཡང་དག་པའི་རང་བཞིན་ཡེ་ནས་ཡོད་པ། ཡེ་ཤེས་ཀྱིས་ལྷུན་གྱིས་འབྱུང་བ་ནི། སྡོང་པོ་བརྒྱན་པ་དང་ལང་ཀར་གཤེགས་པ་ལས་སྟོགས་པའི་ནང་ནས་ཀྱང་། ཉི་མ་སྤྲིན་གྱི་ནང་ནས་འབྱུང་བ་དང་། ཆུ་རྙོག་པ་དང་བ་དང་། མེ་ལོང་དག་པ་དང་། སྟོང་ཟིལ་ལས་དངུལ་འབྱུང་བ་དང་། འདྲའོ་ཞེས་བཤད་དོ།

旧问。若离想思不(不思)不观。云何得一切种智。答。若妄心不起。离一切妄想者。真性本有。及一切种智自然显现。如《花严》及《楞伽经》等云。如日出云。浊水澄清。镜得明净。如银离鉱等。

༩ དྲིས་པ། མི་རྟོག་པའི་ཡེ་ཤེས་ཀྱིས་སེམས་ཅན་གྱི་དོན་ཇི་ལྟར་མཛད།

སྨྲས་པ། མ་དགོངས་མ་བརྟགས་པར་སེམས་ཅན་གྱི་དོན་མཛད་པར་ནི་དེ་བཞིན་གཤེགས་པའི་ཡོན་ཏན་བསམ་གྱིས་མི་ཁྱབ་པར་འཇུག་པ་ལས་ཀྱང་རྒྱས་པར་བཤད་དོ། དཔེར་ན་ཉི་མ་དང་ཟླ་བས་ཐམས་ཅད་སྣང་བ་དང་། ཡིད་བཞིན་གྱི་ནོར་བུ་ལས་ཐམས་ཅད་འབྱུང་པ་དང་། ས་ཆེན་པོ་ལས་ཐམས་ཅད་སྐྱེ་བ་དང་འདྲ་བར་བཤད་དོ།

旧问。若不观智。云何利益众生。

答。不思不观利益众生者。《如来功德经》中光说。由如日月光照一切。如意宝珠具出一切。能大地生一切。

༡༠ དྲིས་པ། བཤད་པ་ལ་ཡུལ་འཛིན་པ་དང་རྣམ་པར་ཤེས་པ་འཛིན་པ་དང་། །དབུ་མ་འཛིན་པ་གསུམ་ཡོད་ན། འདི་སྐད་དུ་བཤད་པའི་གཞུང་གང་།

སྨྲས་པ། འདི་ནི་ཤེས་རབ་ཀྱི་ཕ་རོལ་དུ་ཕྱིན་པ་བསམ་དུ་མེད་པ་ཐེག་པ་ཆེན་པོའི་གཞུང་ལས་གསུང་པས། གཅིག་དུ་ཡང་གཟུང་དུ་མེད་དེ་ཤེས་རབ་ཀྱི་ཕ་རོལ་དུ་ཕྱིན་པ་ལས་རྒྱས་པར་བཤད་དོ།

又问。说执境，执识，执中论此三法中。令依何宗。

答。此义是般若波罗蜜。无思大乘禅门。无思义中何论有三。一亦不立。《般若经》广说。

༡༡ དྲིས་པ། གཞུང་དེ་ལྟར་ན་མདོ་སྡེ་ལས་རྣམ་པ་མང་པོར་སྤྲོས་པ། གཞན་ཅིའི་ཕྱིར་བཤད།

སྨྲས་པ། མདོ་སྡེ་བཤད་པ་ཀུན་ཀྱང་། སེམས་ཅན་གྱི་སྒྱི་བདེན་པའི་འདུ་ཤེས་བཤད་པར་མ་ཟད།

འདུ་ཤེས་དང་བྲལ་ན་ཆོས་བཤད་པ་ཡང་མེད་དོ། དེ་བས་ན་ལང་ཀར་གཤེགས་པའི་ནང་ནས་ཀྱང་མདོ་སྡེ་ཀུན་ནི་སེམས་ཅན་གྱི་འདུ་ཤེས་བཤད་དེ། ཡང་དག་པའི་བདེན་པ་ནི་ཚིག་གི་ནང་ན་མེད་དོ་ཞེས་འབྱུང་ངོ་། །

旧问。义即如此。何为诸经光说。

答。如诸经所说，祇说众生妄想。更无法可说。所以《楞伽经》云。一切诸经。祇说众生妄想。真如不在言说之中。①

༡༢ དྲིས་པ། སངས་རྒྱས་ཀྱིས་སེམས་ཅན་གྱི་འདུ་ཤེས་ཇི་ལྟར་བཤད།

སྨྲས་པ། སངས་རྒྱས་ཐམས་ཅད་མཁྱེན་པའི་ཡེ་ཤེས་དང་། སྤྱོད་ཡུལ་ནི་བསམ་གྱིས་མི་ཁྱབ་།

དཔག་གིས་མི་རིག་སྟེ། རྣམ་པར་ཤེས་པ་ཐམས་ཅད་ཀྱིས་ཚོད་མི་གཟུང་། ཤེས་རབ་ཀྱིས་ཀྱང་ཤེས་པར་མི་ནུང་སྟེ། འདི་ལྟར་དགོངས་ཤིང་མཛད་དོ་ཞེས་དཔག་ཅིང་ཚོད་མི་གཟུང་ངོ་། །ཐེག་པ་ཆེན་པོའི་མདོ་སྡེ་ལས་འདུ་ཤེས་ཐམས་ཅད་དང་བྲལ་ན་སངས་རྒྱས་སོ་ཞེས་འབྱུང་བས་ན། །སེམས་བལྟ་ཞིང་འདུ་ཤེས་དང་བག་ཆགས་ཐམས་ཅད་སྤྱང་ངོ་། །

(འདིའི་མན་ཆད་ཡིག་གི་མ་ཕྱི་མེད་)གང་གིས་དོན་དུ་དྲིས་པ་མདོ་ལས་ཀྱང་། མི་སེམས་པ་ནི་སྦྱིན་པའ་མི་གནས་པ་ནི་ཚུལ་ཁྲིམས་ཅི་ཡང་བྱེ་བྲག་ཏུ་མི་འབྱེད་པ་ནི་བཟོད་པའོ། །བླང་དོར་མེད་པ་གྲུས་མ་ཆགས་པའི་ཏིང་ངེ་འཛིན། མི་གཉིས་པ་ནི་ཤེས་རབ་ཅེས་གསུང་པས། སེམས་མི་གཡོ་བའི་ངང་དུ་ཕ་རོལ་ཏུ་ཕྱིན་པ་དྲུག་གི་དོན་འདུས་པར་མངོན་ལ། གལ་ཏེ་སྦྱིན་པ་ལས་བརྩམས་པའི་རྗེས་སུ་སེམས་འབྲངས་ནའ། འཁོར་བ་ལས་མི་འདའ་བའི་སྐྱོན་དུ་ཡང་འགྱུར་ཏེ། ལང་ཀར་གཤེགས་པའི་མདོ་ལས་ཇི་སྲིད་སེམས་ནི་འཇུག་པའི་བར། དེ་སྲིད་འཇིག་རྟེན་རྒྱང་པར་བའ་ཤེས་གསུངས་པས་། ཚད་མའི་རྗེས་སུ་རྟོག་ན་འཁོར་བ་ལས་མི་འདའ་བར་མངོན་ན། ཡང་གཅིག་ན་རེ། ཁ་དོན་སློག་འདྲ་དང་ཡི་དམ་དུ་མི་བྱུར་མེད་

① 杨福学、李吉和辑校：《敦煌汉文吐蕃史料辑校》（第一辑），兰州：甘肃人民出版社，1999年，第38页。

པ་བཞིན་། དེ་ལ་བཤད་པའ། གཙུག་ཏོར་ཆེན་མོའི་མདོ་ལས། རྟུལ་སྙིད་ཀྱི་བསྐལ་པར་དམ་པའི་ཆོས་ཀྱི་མདོ་སྡེ། འདི་ཞིང་གླིག་ཅིང་ཁ་ཏོན་བྱེད་པ་བས། ཉིན་གཅིག་མཚན་གཅིག་ཟག་པ་མྱེད་པའི་ཤེས་རབ་བསྒོམས་ན་བསོད་ནམས་དཔལ་ཏུ་མྱེད་པར་ཆེའོ། །དེ་ཅིའི་ཕྱིར་ཞེ་ན། ཀེ་ཤེ་ལས་རིང་དུ་བྲལ་བའི་ཕྱིར་རོ། ཞེས་འབྱུང་པས་རྣལ་འབྱོར་བ་དག་མདོ་སྡེ་གླིག་ཅིང་ཉན་པ་ལ་སྟོགས་པ་ཡང་དོན་གྱི་སྒོ་ནས་རྟོག་པའི་ཕྱིར་གླིག་ལྟ་ཞིང་གླིག་པར་ཟད་ཀྱི་བསོད་ནམས་ཀྱི་ཚོགས་སུ་གཅེས་པར་བྱེད་པ་ཡིན། རྡོ་རྗེ་གཅོད་པའི་མདོ་ལས། ཆོས་ཀྱི་རྣམས་གྲངས་གཟིངས་ལྟ་བུར་ཤེས་པ་རྣམས་ཀྱིས། ཆོས་རྣམས་ཀྱང་སྤང་བར་བྱ་ན། ཆོས་མ་ཡིན་པ་རྣམས་ལྟ་ཅི་སྨོས་ཞེས་གསུངས་པས། འདི་གླིག་མང་པོ་དགས་ལས། དང་པོའི་རྣལ་འབྱོར་གྱི་བར་ཅན་དུ་འགྱུར་བས། དོན་གྱི་སྒོ་ཡིད་ཆེས་ནས་སྒོམ་པ་ནི། སྤྱོད་པའི་མཆོག་ཡིན་པར་མངོན་ནོ། ཡང་ཁ་ཅིག་ན་རེ་དགེ་བའི་བྱ་བ་ཅི་སྤྱད་པ་ཐམས་ཅད་ཆད་མྱིགས་པའི་ཚུལ་གྱིས་བྱང་ཆུབ་དུ་རྒྱུ་བསྔོར་མྱི་རུང་ཞེས་ན། དེ་ལ་བཤད་པའི་སྟུད་པའི་ཚིགས་སུ་བཅད་པའམ་མདོ་ལས་ཆོས་གི་ཆོས་ལ་ནམས་ཀྱང་མྱི་བསྔོ་ཞེས་འགྱུར་ན། དེ་ལྟར་རབ་དུ་ཤེས་པས་ཡོངས་སུ་བསྔོས་པ་ཡིན། གལ་ཏེ་མཚན་མར་བྱེད་ནའ། དེ་ནི་བསྔོ་མ་ཡིན། ཆེ་སྟེ་མཚན་མ་མྱེད་ན་བྱང་ཆུབ་བསྔོས་པ་ཡིན་ཞེས་གསུངས་པས། མཚན་མ་མྱེད་པར་ཆུང་བ་ཉིད། བྱང་ཆུབ་དུ་བསྔོས་པ་ཡིན་པར་མངོན་ལ། གལ་ཏེ་དམྱིགས་པའི་ཚུལ་གྱིས་བསྔོས་ནའ་ཉེས་པའི་སྐྱོན་དུ་ཡང་འགྱུར་ཏེ། སྟུད་པ་ཚིགས་སུ་བཅད་པའི་མདོ་ལས། ཅི་ལྟར་དུག་དང་འདྲེས་པའི་ཁ་ཟས་བཟང་ཟ་ཡང་། དཀར་པོའི་ཆོས་ལ་དམྱིགས་པ་ཡང་དེ་འདྲ་རྒྱལ་བས་གསུངས་ཞེས་འབྱུང་བས་ན། དམྱིགས་པའི་ཚུལ་གྱིས་བསྔོ་བ་ན་དོན་མྱི་ཆེ་བར་མངོན་ནོ། ཡང་ཁ་ཅིག་ན་རེ། དང་པོ་སེམས་བསྐྱེད་ནས། རྣམ་པར་མྱི་རྟོག་པ་ལ་ཅིག་ཅར་བསྒོམ་དུ་མྱི་རུང་ངོ་ཞེ་ན། དེ་ལ་བཤད་པའ། ཤེས་རབ་ཀྱི་ཕ་རོལ་ཏུ་ཕྱིན་པའི་མདོ་ལས། དང་པོ་སེམས་བསྐྱེད་ནས་རྣམ་པ་ཐམས་བཅད་མཁྱེན་པའ་ཉིད། ཡིད་ལ་བྱའོ་ཞེས་འབྱུང་། གཙུག་ཏོར་ཆེན་པོའི་མདོ་ལས་ཀྱང་། དོན་ཅིག་ཅར་གོ་མ་ཐག་ཏུ་ཅིག་ཅར་ཐམས་ཅད་འབྱུང་ངོ་། །དངོས་པོ་ཅན་ནི་ཅིག་ཅར་ཟད་པ་མ་ཡིན་གྱི་རིམས་ཀྱིས་འབྱུང་ངོ་ཞེས་འབྱུང་། །ཡེ་ཤེས་སྣང་པའི་རྒྱན་གྱི་མདོ་ལས་ཀྱང་། རྒྱུ་རྐྱེན་རྟེན་འབྲེལ་བཤད་པ་དང་རིམ་པར་འཇུག་པར་བསྟེན་པ་ཡང་རྨོངས་པ་རྣམས་ལ་ཐབས་ཀྱིས་གསུངས་། ལྷུན་གྱིས་གྲུབ་པའི་ཆོས་འདི་ལ་རིམས་སུ་སྦྱང་བ་ཅི་ཞིག་ཡོད། མཐའ་ལས་འདས་པའི་རང་བཞིན་ལ་གོང་བུར་འདུ་ཤེས་ཅི་ལྟར་བལྟ། ཚུང་ཟད་ཙམ་ཡང་ཁས་བླང་མྱེད། དེ་ཚེ་སེམས་ནི་ནམ་ཀ་སེ། སངས་རྒྱས་དང་ནི་སྤྱོད་ཡུལ་གཅིག་ཅེས་འབྱུང་། ཡང་དག་པའི་ཡེ་ཤེས་གྱི་ཡོན་ཏན་བསམ་གྱིས་མྱི་ཁྱབ་པའི་མདོ་ལས་ཀྱང་། སེམས་ཅན་རྣམས་ཅི་ལྟ་བུས་འདུལ་བའ་དེ་ལྟ་བུས

མཐོང་། །ཇི་ལྟ་བུས་འདུལ་བའི་དེ་ལྟ་བུས་ཐོས་སོ་ཞེས་འབྱུང་། ལང་ཀར་གཤེགས་པའི་མདོ་ལས། བློ་གྲོས་ཆེན་པོ་འདི་ལྟ་སྟེ། སྒྱུ་ཕྲུག་གི་ངན་དུ་གཟུགས་ཀྱི་གཟུགས་སུ་སྣང་བ་ཐམས་ཅད་རྣམ་པར་རྟོག་པའ་མེད་པར་ཅིག་ཅར་སྣང་ངོ་། །དེ་བཞིན་དུ་བློ་གྲོས་ཆེན་པོ་དེ་བཞིན་གཤེགས་པ་ཡང་། སེམས་ཅན་ཐམས་ཅད་ཀྱིར་བགི་སེམས་སྣང་བའི་རྒྱུད་རྣམ་པར་མི་རྟོག་ཅིང་སྣང་བ་མེད་པའི་སྤྱོད་ཡུལ་རྣམས་ཅིག་ཅར་སྦྱོང་བའོ། །ཞེས་གསུངས་པས། དང་པོ་ནས་རྣམ་པར་མི་རྟོག་པར་བསྒོམ་དུ་རུང་ངོ་བར་མངོན་ལ། གལ་ཏེ་ཕྱི་ཞིག་ན་མི་རྟོག་པའི་རིན་ཐོབ་པར་འགྱུར་རོ་ཞེས་སེམས་པ་ནའ། ལེ་ལོར་གྱུར་པ་ཡིན་ཏེ། སྡུད་པའི་ཚིགས་སུ་བཅད་པའི་མདོ་ལས། གལ་ཏེ་འགའ་ཞིག་འདི་སྐད་རི་རབ་བཤིག་པའི་རྗེས་ལ་བྱང་ཆུབ་མཆོག་ཐོབ་པར་འགྱུར་ཞེས་སྨྲ་བ་ལས། ཇི་སྲི་སྐྱེ་བོའི་བློ་སྐྱེད་ཚད་ཀྱང་སེམས་བྱེད་ན། དེ་ཚེ་བྱང་ཆུབ་སེམས་དཔའ་ལེ་ལོར་འགྱུར་པའ་ཡིན། ཞེས་གསུངས་པས། དང་པོ་ནས་རྣམ་པར་མི་རྟོག་པར་བསྒོམ་དུ་མི་རུང་ངོ་ཞེས་འཆད་པ་ནི། བན་གླང་ལ་བརྟེག་པའི་དབྱུག་པས་བོང་བུ་ལ་མི་བཟོད་པ་བཞིན་ཏེ། སྤྱོད་པ་དམན་པ་ཡིན་པར་མངོན་ནོ། །ཡང་ཁ་ཅིག་ན་རེ། སྟོང་པ་ཉིད་ཀྱི་ཏིང་ངེ་འཛིན་ལ་གནས་པས་སེམས་ཅན་གྱི་དོན་བྱེད་པར་མི་ནུས་སོ་ཞེ་ན། །དེ་ལ་བཤད་པའ། ཤེས་རབ་ཀྱི་ཕ་རོལ་ཏུ་ཕྱིན་པའི་མདོ་ལས། །རབ་འབྱོར་འདི་ལ་བྱང་ཆུབ་སེམས་དཔའ་སེམས་པའ་ཆེན་པོ། །ཏིང་ངེ་འཛིན་གསུམ་པོ་ལ་གནས་ཤིང་སེམས་ཅན་གང་རྣམ་རྟོག་པའི་འདུ་ཤེས་ལ་སྤྱོད་པ་དེ་དག་ནི། སྟོང་པ་ཉིད་ལ་རབ་ཏུ་དགོད་དོ། །སེམས་ཅན་གང་མཚན་མ་ལ་སྤྱོད་པ་དེ་དག་ནི་མཚན་མ་མེད་པ་ལ་རབ་ཏུ་དགོད་དོ། །སེམས་ཅན་གང་སྨོན་པ་ལམ་ལ་སྦྱོར་བ་དེ་དག་ནི། སྨོན་པ་མེད་པ་ལ་སྦྱོར་རོ། །རབ་འབྱོར་དེ་ལྟར་བྱང་ཆུབ་སེམས་དཔའ་སེམས་དཔའ་ཆེན་པོ་ཤེས་རབ་ཀྱི་ཕ་རོལ་ཏུ་ཕྱིན་པ་ལ་སྤྱོད་ཅིང་ཏིང་ངེ་འཛིན་གསུམ་པོ་ལ་གནས་ཤིང་། སེམས་ཅན་རྣམས་ཡོངས་སུ་སྨིན་པར་བྱེད་དོ། །ཞེས་གསུངས་པས། ཆོས་ཟབ་མོའི་སྒོ་ནས་སེམས་ཅན་གྱི་དོན་རྒྱ་ཆེན་པོར་བྱེད་པར་མངོན་ལ། གལ་ཏེ་མཚན་མའི་སྒོ་ནས་ཆོས་སྟོན་པ་ནི་སྡིག་པ་འཕེལ་བར་བྱེད་པ་ཡིན་ཏེ། ཤེས་རབ་ཀྱི་ཕ་རོལ་ཏུ་ཕྱིན་པའི་མདོ་ལས་ཐམས་ཅད་དམིགས་པའི་ཚུལ་གྱིས་བསྟན་པ་ནི་སྡིགས་པའི་གྲོགས་པའོ། །ཞེས་གསུངས་པས། མཚན་མའི་སྒོ་ནས་སེམས་ཅན་རྣམས་ལ་ཆོས་སྟོན་པའ་ནི་ལམ་ལོག་པར་འཆད་པ་ཡིན་པར་མངོན་ནོ། །ཡང་ཁ་ཅིག་ན་རེ། དཀོན་མཆོག་གསུམ་དྲན་པར་མི་བྱར་མི་རུང་ངོ་ཞེ་ན་དེ་ལ་བཤད་པའ། ཤེས་རབ་ཀྱི་ཕ་རོལ་ཏུ་ཕྱིན་པའི་མདོ་ལས། ཆོས་ཐམས་ཅད་དངོས་པོ་མེད་པའི་ངོ་བོ་ཉིད་དུ་རྟོགས་པར་བྱེད་དེ། སངས་རྒྱས་རྗེས་སུ་དྲན་པར་བསྒོམ་མོ། དྲན་པ་མེད་ཅིང་ཡིད་ལ་བྱ་བ་མེད་པ་ནི་སངས་རྒྱས་

རྗེས་སུ་དྲན་པའོ། །དེ་ཉིད་ཆོས་རྗེས་སུ་དྲན་པའོ། །དེ་ཉིད་དགེ་འདུན་རྗེས་སུ་དྲན་པའོ། །[1]

ཡིག་ཆ་འདི་གཉིས་བསྡུར་ན་སྤྱི་སྡོམ་འདི་འདྲ་ཞིག་བཀོད་ཆོག་སྟེ།

༡ ཡིག་ཆ་གཉིས་ཀྱི་ནང་དོན་དང་རྩོམ་གཤིས། གོ་རིམ་སོགས་ཀུང་གཅིག་འདྲ་འདུག་ལ། དྲིས་ལན་སྙིང་པ་(旧问)སོགས་ཀྱི་རྟགས་བོད་ཡིག་ཏུ་བཀོད་མེད་པས་རྒྱ་ཡིག་གི《顿悟大乘正理决》རྩོམ་སྒྲིག་བྱེད་མཁན་གྱིས་ཁ་བསྣན་པར་སྙམ།

༢ བོད་ཡིག་གི་འགྱུར་གྱི་སྟེང་ཆེས་མཐའ་མཇུག་གི་དྲི་བ་དང་དྲིས་ལན་ལ་དེ་དང་གཅིག་མཚུངས་ཀྱི་རྒྱ་ཡིག་གི་མ་ཕྱི་མེད།

༣ བོད་ཡིག་གི་འགྱུར་ལ་ཆེས་གནའ་བོའི་དུས་སྐབས་ཀྱི་ཁྱད་ཆོས་ལྡན་པས། རྩོད་གླེང་དང་དུས་མཉམ་དུ་བྱུང་བའི་ཡིག་ཆ་ཞིག་ཡིན་ཤས་ཆེ། དེ་བས་གོང་གི་ཁྱད་ཆོས་འདི་དག་ལ་བལྟས་ཚེ། བོད་ཡིག་གི་འགྱུར་གྱི་སྟེང་རྩོམ་སྒྲིག་པས་ཁ་སྣོན་སོགས་གང་ཡང་བྱས་མེད་པའི་དྲི་བ་དྲིས་ལན་སྐོར་གྱི་ཟིན་བྲིས་ཡིན་པ་ཚོད་དཔག་བྱེད་ཐུབ། དེ་བས། རྩོད་གླེང་དོན་རྐྱེན་ནི་རྒྱ་གར་སྐད་བཤད་བཞིན་པའི་བཙུན་པ་དང་རྒྱ་ནག་གི་སྐད་བཤད་བཞིན་པའི་ཧྭ་ཤང་མ་ཧཱ་ཡན་གཉིས་བར་བྱུང་ལ། ཤན་འབྱེད་མཁན་ནི་བོད་ཀྱི་བཙན་པོ་སོགས་ཞུགས་ཡོད་པའི་རྣམ་པ་ཅན་ཞིག་ཡིན་པས། འདི་འདྲའི་སྐད་རིགས་མི་འདྲ་བ་མང་པོ་ཞིག་གིས་རྩོད་གླེང་བྱེད་བཞིན་ཡོད་པའི་སྐབས་སུ་དྲི་བ་དང་དོགས་གཞི་མང་པོ་ཞིག་ལ་ངག་ཐོག་ཏུ་ལན་འདེབས་མི་སྲིད་ལ། ལྷག་པར་དུ་སངས་རྒྱས་ཆོས་ལུགས་ཀྱི་མ་འོངས་པ་དང་འབྲེལ་བ་ཡོད་པའི་དོན་ཆེན་ཞིག་རྩོད་གླེང་བྱེད་བཞིན་པའི་སྐབས་ཡིན་པས་ངག་ཐོག་ཏུ་བརྗེ་རེས་བྱེད་པ་ནི་དཔེ་མི་སྲིད་པ་ཞིག་ཡིན་པས། ངེས་པར་དུ་ཡིག་ཐོག་ཏུ་བརྗེ་རེས་བྱེད་དགོས་ཏེ། འདི་འདྲའི་ཁོར་ཡུག་ཅིག་གི་ཁྲོད། རྒྱ་གར་སྐད་དང་རྒྱ་ནག་གི་སྐད་དང་བོད་སྐད་གསུམ་གྱིས་བཀོད་འབྲི་བྱས་ཡོད་པའི་ནང་དོན་གཅིག་ཅན་གྱི་ཡིག་ཆ་ཞིག་ངེས་པར་དུ་མཁོ་ལ། བོད་ཡིག་གི་སྟེང་སྙིད་ཟིན་པའི་ཡིག་ཆP.T.823ནི་མཇུག་ཏུ་ཡིག་ཆ་ཞིག་མཐུད་ནས་བཀོད་ཡོད་པའི་རྣམ་པ་ཅན་ཞིག་ཡིན་ལ། རྒྱ་གར་སྐད་ཀྱི་ཟིན་བྲིས་ཡིག་ཆ་ཞིག་ད་ལྟ་སྙིད་སོན་མ་བྱུང་། རྒྱ་ཡིག་གི་ཡིག་ཆ་ནི་གོང་དུ་སྨོས་པ་ཇི་བཞིནPch4623སྙིད་སོན་བྱུང་བ་དེའི་བདེན་དཔང་བྱེད་ཐུབ། ཡིག་ཆ་གཉིས་བསྡུར་ཏེ་དཔྱད་ན། རྒྱ་ཡིག་གི་སྟེང་དུ་རྩོམ་སྒྲིག་པས་དྲིས་ལན་གསར་པ་སོགས་ཁ་སྣོན་དང་བར་བཅུག་བྱས་ཡོད་པ་དང་། བོད་ཡིག་གི་སྟེང་དུ་བཀོད་

[1] ཧྲ་རན་སིའི་རྒྱལ་གཉེར་དཔེ་མཛོད་ཁང་དུ་ཉར་བའི་ཏུན་ཧོང་བོད་ཡིག་ཡིག་ཚགས། ཧྲང་ཧེ་དཔེ་སྙིང་དཔེ་སྐྲུན་ཁང་། 2006ལོ།

ཡོད་པའི་ཚེས་མཐའ་མཇུག་གི་ནང་དོན་རྒྱ་ཡིག་གི་སྟེང་དུ་བཀོད་མེད་པས་རྒྱ་ཡིག་གི་རྩོམ་སྒྲིག་པས་བླང་དོར་གྱི་བྱེད་ཐབས་བེད་སྤྱད་ནས་བཀོད་འབྲི་གནང་ཡོད་པའང་ཤེས་ཐུབ། བོད་ཡིག་གི་ཡིག་ཆའི་སྟེང་མགོ་ཙ་རུ་ཚད་སྒྲོན་ཤོར་ཡོད་ལ། ནང་དོན་ག་འདྲ་ཞིག་ཚད་ཡོད་པ་དེ་ཚོད་དཔག་བྱེད་ཐབས་བྲལ་མེད། འོན་ཀྱང་ཡིག་ཆའི་མགོ་རུ་ཚེས་ཐོག་མའི་དྲིས་ལན་ནི་དྲིས་ལན་རྙིང་པ་གསུམ་པ་དང་འདྲ་མཚུངས་ཡིན་པས། དེའི་སྔོན་དུ་དྲིས་ལན་གཉིས་ཡོད་པ་ཚོད་དཔག་བྱེད་ཐུབ་ལ། སྔོན་གྱི་དྲི་བ་གཉིས་རྒྱ་ཡིག་གི་མ་ཕྱིའི་སྟེང་བོད་ཡིག་ཏུ་བསྒྱུར་ན།

ཀ དྲི་བ། སེམས་ལ་བལྟས་ཏེ་བག་ཆགས་སྤྱངས་པ་ནི་ཆོས་ཀྱི་གཞུང་གང་ལས་བྱུང་།

ཁ། དྲི་བ། འདུ་ཤེས་ཐམས་ཅད་དང་བྲལ་ན་སངས་རྒྱས་སོ་ཞེས་པ་ནི་ཆོས་ཀྱི་གཞུང་གང་ལས་བྱུང་ཞེས་པའི་དྲི་བ་གཉིས་ཡིན་ལ། དྲི་བ་དང་དྲིས་ལན་འདི་གཉིས་བོད་ཡིག་གི་མ་ཕྱིའི་སྟེང་བོར་བརླག་ཏུ་སོང་ཡོད། ཡིག་ཆ་འདིའི་མཇུག་ཏུའང་ནང་དོན་ག་འདྲ་ཞིག་ཚད་སྒྲོན་ཤོར་ཡོད་པ་གསལ་པོ་ཤེས་ཐབས་བྲལ་མེད།། གོང་གི་འདི་དག་སྨོས་ན་དྲིས་ལན་རྙིང་པར་གཏོགས་པའི་ཡིག་ཆ་ནི་ཚེས་ཞུང་ནའང་པལ་ཆེར་དྲིས་ལན་སྐོར་ཁག་བཅོ་ལྔ་ཡོད་པར་སྣམ། དྲི་བ་དང་ལན་གཉིས་གཤིབ་བསྡུར་བྱས་ཚེ། ཚེས་ཐོག་མར་རྨང་གཞིའི་སྐོར་གྱི་དྲི་བ་དང་དྲིས་ལན་སོགས་བཀོད་ཡོད་ལ། རྒྱ་ཡིག་གི་སྟེང་དུ་དེ་ལ་དྲི་བ་རྙིང་པ་ཞེས་མིང་བཏགས་ཡོད་པ་དང་། དེ་དང་འབྲེལ་ནས་དྲི་བ་གསར་པ་ཞེས་པ་ཞིག་ཀྱང་མཇུག་ཏུ་བཀོད་ཡོད། གོང་གི་དེ་དག་ཁྲིད་ཆོས་ཀྱི་གཞུང་མང་པོ་ཞིག་ལས་ལུང་དྲངས་ཡོད་ལ། ལུང་དྲངས་པ་ཅུང་མང་བའི་ཆོས་ཀྱི་གཞུང་ནི་གཤམ་གྱི་འདི་དག་ཡིན་ཏེ།

༡ ལང་ཀར་གཤེགས་པའི་མདོ། 《楞伽经》 ༢ སྟུག་པོ་བཀོད་པའི་མདོ། 《密严经》 ༣ ཕན་སེམས་དཔའ་ཀྱི་མདོ། 《思议经》 ༤ གཙུག་ཏོར་ཆེན་པོའི་མདོ། 《佛顶经》 ༥ ཡེ་ཤེས་སྣང་བརྒྱན་གྱི་མདོ། 《如来庄严智慧光明入一切佛境界经》 ༦ དཀོན་མཆོག་བརྩེགས་པའི་མདོ། 《宝积经》

གོང་གི་ཆོས་ཀྱི་གཞུང་འདི་དག་ལས་ལང་ཀར་གཤེགས་པའི་མདོ་ལས་ཐེངས་བཅུ་བཞི་དང་། སྟུག་པོ་བཀོད་པའི་མདོ་ལས་ཐེངས་བརྒྱད། ཕན་སེམས་དཔའ་ཀྱི་མདོ་ལས་ཐེངས་ལྔ། གཙུག་ཏོར་ཆེན་པོའི་མདོ་ལས་ཐེངས་བཞི་ཙམ་ལུངས་དྲངས་ཡོད་པ་དག་ལ་བལྟས་ན། གོང་གི་ཆོས་གཞུང་འདི་དག་ནི《རིག་པ་ཡང་དག་པར་ངེས་པ་》ཡི་ཁུངས་གཏུག་ས་ཡིན་པ་ཤེས་ཐུབ་ལ། རྒྱ་བོད་འགྱུར་གཉིས་ཀྱི་ཡིག་ཆའང་རིགས་གཅིག་ལ་གཏོགས་པ་ཤེས་ཐུབ།

བཞི་པ། 《རིག་པ་ཡང་དག་པར་ངེས་པ་》ལས་བསམ་གཏན་པའི་ལུགས་གྲུབ་ཚུལ་ལ་བལྟ་བ།

མ་ཧཱ་ཡན་གྱི་བསམ་བློའི་ལྟ་བ་ནི་《རིག་པ་ཡང་དག་པར་ངེས་པ་》ལས་དཔེ་མཚོན་ཙམ་དྲངས་ནས་བཤད་ན། "禅、禅法、禅教、禅宗、禅门" སོགས་འབོད་སྟངས་མི་འདྲ་བ་མང་པོ་ཡོད་ལ། ད་དུང་"二乘禅、大乘禅、大乘禅门、大乘无观禅" སོགས་འབོད་སྟངས་མི་འདྲ་བའང་ཡོད། ཁོའི་ལྟ་གྲུབ་ཀྱི་ཁྱད་ཆོས་སྙིང་བསྡུས་ན། "顿门、顿悟、顿悟禅宗" སོགས་ཀྱང་ཟེར། སྟོན་མིན་དང་རྩེན་མིན་གྱི་མི་འདྲ་ས་གང་ཡིན་ཞེ་ན། PCH4623ཁྲོད་འདི་ལྟར་བཀོད་ཡོད་དེ། "若有人初发心。学法性理。通达法性理。是名顿门。若学三教者。是名渐门" ཞེས་བཀོད་ཡོད་ལ། བོད་ཡིག་གི་ཡིག་ཚང་དག་ན་ལུས་ངག་གི་ཆོས་སྤྱོད་མི་དགོས། ལུས་ངག་གི་དགེ་བས་འཚང་མི་རྒྱ། དྲན་པ་མེད་ཅིང་ཡིད་ལ་བྱར་མེད་པ་བསྒོམས་པས་འཚང་རྒྱ[1]ཞེས་བཀོད་ཡོད་པ་དང་། སངས་རྒྱས་པ་ལའང་རྡོ་རྗེ་ཤེས་རབ་ཀྱི་ཕ་རོལ་ཏུ་ཕྱིན་པ་ལས་འདི་ལྟར་ལུང་དྲངས་ཡོད་དེ། འདུ་ཤེས་ཐམས་ཅད་དང་བྲལ་ན་སངས་རྒྱས་སོ་ཞེས་ཟེར། ལུང་ཚིག་འདི་ནི་ཐེངས་གཉིས་ལ་དྲངས་ཡོད་པ་དང་། ཤེས་རབ་ཀྱི་ཕ་རོལ་ཏུ་ཕྱིན་པ་དང་། འཕགས་པ་སྡོང་པོ་བཀོད་པའི་མདོ། ལང་ཀར་གཤེགས་པའི་མདོ་སོགས་ལས་ཀྱང་ཡོད་ཅེས་གསུངས་ལ། རྡོ་རྗེ་གཅོད་པ་དང་ཐེག་ཆེན་གྱི་ཆོས་གཞུང་མང་པོ་ཞིག་གི་ནང་དུ་འདུ་ཤེས་ཐམས་ཅད་དང་བྲལ་ན་སངས་རྒྱས་སོ་ཞེས་འབྱུང་བས། དབང་པོ་རྣོ་རྟུལ་ལས་འདི་བཞིན་བསྒོམས་ཏེ། མི་བདེན་པའི་འདུ་ཤེས་དང་། བག་ཆགས་ཐམས་ཅད་དང་བྲལ་མ་ཐག་ཏུ་གྲོལ་ཐར་ཐོབ་བོ། འདུ་ཤེས་ཀྱི་ཉེས་པ་ནི་སེམས་ཅན་ཐམས་ཅད་ལ་ཐམས་ཅད་མཁྱེན་པའི་ཡེ་ཤེས་ཡོང་ནས་ཡོད་པ། ངན་སོང་གསུམ་དང་། ཡུན་རིང་པོར་འཁོར་བའི་རྒྱུར་གྱུར་པ་ལ་སྐྱོགས་པས་ཉེས་དེ། རྡོ་རྗེ་གཅོད་པ་ལས་ཀྱང་། འདུ་ཤེས་སྟོང་ཤིག་ཅེས་འབྱུང་བ་ཡིན། ཐམས་ཅད་ལ་སངས་རྒྱས་ཀྱི་སེམས་ནི་གདོད་མ་ཉིད་ནས་ཡོད་ལ། འདུ་ཤེས་ལ་འདི་འདྲའི་ཉེས་པ་ཡོད་པས་སངས་རྒྱས་པའི་ཆེད་དུ་སྤངས་དགོས་པ་ཡིན་ལ། འདུ་ཤེས་སྤངས་ཚེ་མི་སེམས་མི་རྟོགས་པ་ནས་ཐམས་ཅད་མཁྱེན་པའི་ཡེ་ཤེས་འབྱུང་ལ། མི་བདེན་པའི་སེམས་མ་གཡོས་ཏེ་འདུ་ཤེས་ཐམས་ཅད་སྤྲངས་ན། ཡང་དག་པའི་རང་བཞིན་ཡེ་ནས་ཡོད་པ། ཡེ་ཤེས་ཀྱིས་ལྷུན་གྱིས་འབྱུང་བ་ནི། སྡོང་པོ་བརྒྱན་པ་དང་ལང་ཀར་གཤེགས་པ་ལས་སྐྱོགས་པའི་ནང་ནས་

① བུ་སྟོན་རིན་ཆེན་གྲུབ། བུ་སྟོན་ཆོས་འབྱུང་། མི་རིགས་དཔེ་སྐྲུན་ཁང་། 1986ལོ། ཤོག་ངོས་382-396

ཀྱང་། ཉི་མ་སྤྲིན་གྱི་ནང་ནས་འབྱུང་བ་དང་། ཆུ་རྙོག་པ་དྭངས་པ་དང་། མེ་ལོང་དག་པ་དང་། སྟོང་ཐིལ་ལས་དངུལ་འབྱུང་བ་དང་འདྲའོ་ཞེས་བཤད་དོ། །དེའི་བྱེད་ཐབས་གཙོ་བོ་ནི་སེམས་ལ་བལྟ་དགོས་ཏེ། སེམས་ལ་བལྟ་ཞེས་བྱ་བ་ནི་བྱེ་བྲག་གི་ཇི་ལྟ་བུ་ཡིན་ཞེ་ན། སྒོ་ནུས་བཟློགས་སྟེ་སྔར་སེམས་ལ་བལྟ་སྟེ་འདུ་ཤེས་གཡོས་ན། ཡོད་པ་དང་མེད་པ་དང་གཙང་བ་དང་མི་གཙང་བ་དང་། སྟོང་བ་དང་མི་སྟོང་བ་ལ་སོགས་ཅི་ཡང་མི་བསམས། མི་རྟོག་མི་བསམ་པར་ཡང་མི་བསམ་སྟེ། བྱེ་མའི་གློང་དེའི་ནང་ནས་ཀྱང་མི་རྟོག་པ་ནི་བྱང་ཆུབ་ཆེས་འབྱུང་ངོ་ཞེས་པོའི་བསམ་བློའི་མ་ལག་ནི་དཔེར་ན་ཕ་རོལ་ཏུ་ཕྱིན་པ་དྲུག་སྤྱངས་ཚུལ་སོགས་གནད་དོན་གྱིས་གྲུར་ཡོད་དེ། 《རིག་པ་ཡང་དག་པར་ངེས་པ་》ཞེས་པ་ལས་ཐོག་མར་ཕ་རོལ་ཏུ་ཕྱིན་པ་དྲུག་དང་བྱང་ཕྱོགས་སོ་བདུན་སོགས་ངེས་པར་དུ་སྤྱངས་དགོས་མིན་གྱི་གནད་དོན་ཐད་ནས་མ་ཧཱ་ཡན་གྱིས་སྤྱི་བདེན་པའི་སེམས་མ་གཡོས་ཏེ་འདུ་ཤེས་ཐམས་ཅད་སྤངས་ན་བྱང་ཕྱོགས་སོ་བདུན་རང་བཞིན་གྱིས་འགྲུབ་ལ། བསོད་ནམས་ཡོད་ཚད་ནི་ཡོངས་སུ་འགྲུབ་ངེས་ཞེས་བཤད་ལ། སྤྱི་སེམས་སྤྱི་རྟོགས་པ་ནང་དུ་ཕ་རོལ་ཏུ་ཕྱིན་པ་དྲུག་སོགས་འདུ་ལ། སྤྱངས་པ་ནི་སངས་རྒྱས་པའི་ཆ་རྐྱེན་གཙོ་བོ་མ་ཡིན་ཞེས་བཤད་ཡོད་པ་དང་། འདུ་ཤེས་ཐམས་ཅད་དང་བྲལ་ན་ཐམས་ཅད་མཁྱེན་པའི་ཡེ་ཤེས་ཐོབ་པའི་བསམ་བློ་ཞིག་ཆགས་འདུག་ལ། སེམས་ཅན་གྱི་དོན་མཛད་པ་སོགས་ཀྱང་ནང་དུ་འདུ། དེ་ནི་ཉི་མ་དང་ཟླ་བས་ཐམས་ཅད་སྣང་བ་དང་འདྲ་བར་སྤྱི་སེམས་སྤྱི་རྟོགས་པའི་ན་ཐམས་ཅད་མཁྱེན་པའི་ཡེ་ཤེས་འབྱུང་ལྟ་བུའོ། །ཡང་དེ་ནི་ཆོས་གཞུང་དུ་བཤད་པའི་ཕ་རོལ་ཏུ་ཕྱིན་པ་དྲུག་སོགས་ཁས་མ་བླངས་པ་ཞིག་མིན་པར། ཀུན་རྫོབ་ལྟར་ཕ་རོལ་ཏུ་ཕྱིན་པ་ལས་སྟོགས་པ་ནི་ཆོས་ཀྱི་ཐབས་ཤིག་བྱས་ནས་ཁས་ལེན་དགོས་ལ། དོན་དམ་ལྟར་ན་ཕ་རོལ་ཏུ་ཕྱིན་པ་ལས་སྟོགས་པ་ཆོས་ཀྱི་སྒོ་གཞན་དག་དགོས་སམ་མི་དགོས་ཤེས་སྨོས་སུ་ཡང་མེད་པས། དོན་དམ་གྱི་ལངས་ཕྱོགས་སྟེང་བཤད་ན་དགོས་སམ་མི་དགོས་སོགས་ཤེས་སྨོས་སུ་མེད་པས་ངེས་པར་དུ་མཁོ་བ་ཞིག་མ་ཡིན་པར་འདོད་སོད། འོན་ཀྱང་དབང་པོ་རྟུལ་པོ་ལས་དོན་དམ་ལྟར་བསྒོམས་ཏེ། དབང་པོ་རྣོན་པོའི་རིགས་ལ་དགོས་མི་དགོས་བཤད་མེད་པས་ཐབས་མི་འདྲ་བ་ཡིན་པ་ཁས་ལེན་དགོས། དེ་བས་སེམས་ཅན་ནི་སྟོང་མི་འདྲ་བ་ཡིན་པས། སངས་རྒྱས་མི་རྒྱས་ཀྱི་ནང་དོན་དང་འབྲེལ་ནས་སྤྱི་བདེན་པའི་སེམས་མ་གཡོས་ཏེ་འདུ་ཤེས་ཐམས་ཅད་སྤྱངས་ན། ཡང་དག་པའི་རང་བཞིན་ཡེ་ནས་ཡོད་པ། ཡེ་ཤེས་ཀྱིས་ལྷུན་གྱིས་འབྱུང་ལ། སངས་རྒྱས་ཀྱི་སེམས་ནི་སེམས་ཅན་ཐམས་ཅད་ལ་ཡོད་པས། སྤྱི་བདེན་པའི་སེམས་མ་གཡོས་ཏེ་འདུ་ཤེས་ཐམས་ཅད་སྤྱངས་ན་སངས་རྒྱས་པའི་གོ་འཕང་ཐོབ་ཐུབ་པ་ནི་པོའི་ཆེས་རྩ་བའི་ལྟ་ཚུལ་

ཡིན། གཞན་ཡང་དབང་པོ་རྣོ་རྟུལ་ལས་ཀྱང་འདུ་ཤེས་ཐམས་ཅད་དང་བྲལ་ན་སངས་རྒྱས་སོ་ཞེས་ཟེར་བ་བཞིན་བསྒོམས་ཏེ། ཕྱི་བདེན་པའི་འདུ་ཤེས་དང་། བག་ཆགས་ཐམས་ཅད་དང་བྲལ་མ་ཐག་ཏུ་གྲོལ་ཐར་ཐོབ་པོ་ཟེར་བ་བཞིན་དབང་པོ་དང་བསྟུན་ནས་བསྒོམས་པའི་ཐབས་ཡོད་པ་ཁས་ལེན་བཞིན་ཡོད་པའང་ཀུན་རྫོབ་ཀྱི་ལྟ་བ་ཡིན།

ལྔ་པ། མ་ཧཱ་ཡན་གྱི་སློབ་བརྒྱུད་ཀྱི་མ་ལག

མ་ཧཱ་ཡན་གྱིས་བསམ་གཏན་པའི་བསམ་བློའི་མ་ལག་ཇི་ལྟ་བུ་ཞིག་བཟུང་ཡོད་ཅེ་ན། རྒྱ་ནག་དཀྱིལ་རྒྱུད་དུ་བསམ་གཏན་བྱང་མའི་ལུགས་དང་ལྷོ་མའི་ལུགས་གཉིས་སུ་གྲུབ་ཡོད་པའི་ཁྲོད་ཀྱི་གང་དུ་གཏོགས་པ་ནི་གསལ་པོ་ཞིག་བཤད་དཀའ་མོད། ཆེད་ལས་མཁས་པ་དག་གིས་བཤད་པ་ལྟར་ན། ཁོང་ནི་རེ་ཞིག་ལ་བསམ་གཏན་བྱང་མའི་ལུགས་སུ་གཏོགས་ཟེར་ལ། བསམ་གཏན་ལྷོ་མའི་ལུགས་ཀྱི་བསམ་བློ་ཡང་ཁོའི་སྙིང་དུ་མཐོང་ཐུབ་ཟེར། སེམས་ལ་བལྟ་ཞེས་བྱ་བའི་བསམ་བློ་ནི་བསམ་གཏན་བྱང་མའི་ལུགས་སུ་གཏོགས་ལ། རྡོ་རྗེ་ཤེས་རབ་ཀྱི་ཕ་རོལ་ཏུ་ཕྱིན་པའི་བསམ་བློ་ཟབ་པར་བཟུང་ཡོད་ས་མང་བ་དང་། མི་སེམས་མི་རྟོགས་པ་སོགས་མི་དྲན་པའི་བསམ་བློ་ནི་བསམ་གཏན་ལྷོ་མའི་ལུགས་ཀྱི་བསམ་བློ་དང་ཐག་ཉེ་བ་ཡིན་ཟེར། ལྷག་པར་དུ་ལང་ཀར་གཤེགས་པ་ལས་ལུང་གི་རྒྱབ་རྟེན་མང་པོ་དྲངས་པ་ཡོད་ལ། མ་ཧཱ་ཡན་གྱི་སློབ་བརྒྱུད་ཀྱི་ཁྱད་ཆོས་ནི་བསམ་གཏན་པའི་ལྷོ་བྱང་གཉིས་ཀྱི་ལུགས་གང་རུང་ཞིག་ལ་གཏན་ཁེལ་ཟིན་པ་ཞིག་མ་ཡིན་པར། སྐབས་འགར་ལྷོ་མ་དང་སྐབས་འགར་བྱང་མ་ཡིན་པ་འདྲ། བསམ་གཏན་པའི་ལུགས་འཛིན་པའི་མ་ཧཱ་ཡན་ལ་མི་ཚེའི་ལོ་རྒྱུས་ཀྱི་བརྒྱུད་རིམ་ག་འདྲ་ཞིག་ཡོད་ཅེ་ན། རིག་པ་ཡང་དག་པར་ངེས་པའི་ཆེས་མཐའ་མཇུག་གི་ཞུ་ཡིག་ཁྲོད་གཤམ་གྱི་འདི་ལྟར་བཀོད་ཡོད་དེ། མ་ཧཱ་ཡན་གྱིས་བསྟེན་པའི་སློབ་དཔོན་གྱི་ཆོས་མིང་ལ་“降魔、小福、张和上、准仰、六和上” སོགས་ཟེར་ལ། ཡོད་ཚད་ཐེག་ཆེན་བསམ་གཏན་པའི་ཆོས་སྐོར་ཞུགས་པའི་སློབ་དཔོན་ཡིན་ཞིང་། ཁོ་རང་ཆོས་སྐོར་ཞུགས་པ་ལོ་འཁོར་ལྔ་བཅུ་དྲུག་ཙམ་ལྷག་འགོར་ལ། གནས་ངེས་མེད་དུ་འགྲིམས་ནས་རི་དང་ནགས་ཚལ་གྱི་ཁྲོད་དུ་གནས་བཅས། རབ་ཏུ་བྱུང་ནས་ཐོབ་པའི་དད་རྫས་ཡོད་ཚད་གསོག་འཇོག་མ་བྱས་པར་སེམས་ཅན་ལ་སྦྱིན་གཏོང་བྱེད་བཞིན་ཡོད་པ་དང་། ཉིན་རེར་ཞོགས་པར་དད་ལྡན་ཡོན་བདག་དང་སེམས་ཅན་ཐམས་ཅད་ཀྱི་ཆེད་དུ་ཐེག་པ་ཆེན་པོའི་ཆོས་ཚར་གཅིག་ཀློག་བཞིན་ཡོད་ལ། འཇིག་རྟེན་གྱི་ཆོས་དང་དགོན་

མཚོག་ལ་བསང་དུད་རྒྱུན་མི་ཆད་པར་རྒྱལ་ཁམས་བདེ་བ་དང་འབངས་མི་སྐྱིད་པའི་ཆེད་དུ་སྐྱབས་འཇུག་བྱས་ནས་སྨྲ་མོ་ནས་ཐར་བ་དང་ཐམས་ཅད་མཁྱེན་པའི་གོ་འཕང་ཐོབ་པར་སྨོན་ལམ་འདེབས་བཞིན་ཡོད། ཆོས་སྒོ་ཞུགས་པ་ནས་བཟུང་ཁྲང་ཨན་གཙོ་བོ་ཡིན་པའི་ས་གནས་དག་ན་བུ་སློབ་ལྔ་སྟོང་ལྷག་བསྐྱངས་ཞེས་ལོ་རྒྱུས་དེབ་ཐེར་དག་ན་བཀོད་ཡོད།① 《རིག་པ་ཡང་དག་པར་ངེས་པ་》ལས་བཀོད་འབྲི་བྱས་པ་ལྟར་ན། རྩོད་གླེང་དོན་རྐྱེན་ནི་སྤྱི་ལོ་794ལོར་མཇུག་རྫོགས་པ་ཡིན་ལ། གོང་དུ་བཤད་པའི་ལོ་ལྔ་བཅུའི་ཡར་སྔོན་ནི་སྤྱི་ལོ་744ཡིན། སྐབས་དེར་མཚོན་ན་མ་ཧཱ་ཡན་ནི་ལང་ཚོ་དར་ལ་བབས་པའི་ན་གཞོན་ཞིག་ཡིན་ལ། ཁྲང་ཨན་ས་ཆར་སྤྱི་ལོ་755ལོར་ཨན་ཧི་ཞི་ཧྲེང་འཁྲུག་གི་དོན་རྐྱེན་བྱུང་ནས་སྤྱི་ཚོགས་བདེ་འཇགས་མིན་པས། མ་ཧཱ་ཡན་ཐན་ཀུང་ཡོད་སའི་ཧི་ཞི་ས་ཆར་སོང་བ་དང་། ཁོ་རང་ཡང་ཐན་ཀུང་དང་འདྲ་བར་ཏུན་ཧོང་ས་ཆར་མིང་དུ་གྲགས་པའི་གྲྭ་བཙུན་ཞིག་ཡིན་པའང་ལོ་རྒྱུས་ཡིག་ཚང་དག་ནས་ཤེས་ཐུབ། ཁོ་རང་ལའང་བོད་ཀྱི་བཙན་པོས་ཆོས་ཀྱི་གནས་ལུགས་སྐོར་དྲི་བ་དྲིས་པའི་རྒྱ་ནག་གི་གྲྭ་བཙུན་གྱི་གྲས་ཤིག་ཡིན་ལ། བོད་ཀྱི་ས་ཆར་དངོས་སུ་གདན་དྲངས་ནས་སོང་བ་ཡིན་པའང་ཤེས་ཐུབ། བོད་ཀྱི་ས་ཆ་སོ་སོར་སོང་རྗེས་སྤྱི་ལོ་794ལོར་རྒྱ་གར་གྱི་བཙུན་པ་དང་སྟོན་རྩེན་གྱི་རྩོད་གླེང་བྱུང་རྗེས་སྤྱི་ལོ་796ལོར་ཕྱིར་ཏུན་ཧོང་ས་ཆར་ལོག་སོང་། བོད་དུ་ཡོང་དུས་རྒྱ་ནག་གི་བསམ་གཏན་མཁན་པོ་མ་ཧཱ་ཡན་སོགས་མི་གསུམ་ཡོང་ཞེས་བཤད་ཡོད་པའི་ཁྲིད་ཀྱི་གཞན་གཉིས་ནི་སུ་ཡིན་པ་ཤེས་ཐབས་བྲལ་ལ། གཞན་ཡང་ཏུན་ཧོང་བོད་ཡིག་གི་ཡིག་རྙིང་ཁྲོད་མ་ཧ་ཡན་གྱི་ཡིག་ཆའི་སྐོར་མང་པོ་ཞིག་འདུག་སྟེ། དེ་དག་ནིP.T.117v.5–7དངP.T.812.6–8ཞེས་པའི་ཡིག་ཆ་དངstib468སོགས་ཡིན་ལ། ཡིག་ཆ་དེ་དག་ལས་ཀྱང་མ་ཧཱ་ཡན་གྱི་བསམ་བློའི་གནད་ཇི་འདྲ་ཡིན་པ་ཤེས་ཐུབ།

དྲུག་པ། རྒྱ་གར་གྱི་བཙུན་པ་དང་ཁོའི་བསམ་བློ།

མ་ཧཱ་ཡན་གྱི་བསམ་བློའི་དགོངས་དོན་ཇི་འདྲ་ཞིག་ཡིན་པ་ནི་གོང་དུ་བཤད་པ་ཇི་བཞིན་ཡིན་ལ། དེ་དང་ཁ་གཏད་དུ་ལངས་ཡོད་པའི་རྒྱ་གར་གྱི་བཙུན་པ་སུམ་ཅུ་ལྷག་ནི་ཇི་འདྲའི་མི་དག་ཡིན་པ་དང་། ཁོ་ཚོའི་བསམ་བློའི་དགོངས་དོན་དང་སློབ་ཁྲིད་ཀྱི་མ་ལག་ནི་ཇི་འདྲ་ཡིན་པའི་སྐོར་ལ་ང་ཚོས་

---

① 杨福学、李吉和辑校：《敦煌汉文吐蕃史料辑校》（第一辑），兰州：甘肃人民出版社，1999年，第57页。

ཞིབ་འཇུག་མི་བྱེད་ཀ་མེད་བྱུང་། 《རིག་པ་ཡང་དག་པར་ངེས་པས་》ལོ་རྒྱུས་དེབ་ཐེར་སོགས་ལས་བཤད་པའི་རྩོད་གླེང་སྐོར་ལ་བདེན་དཔང་བྱས་པ་ཡིན་ལ། རྒྱ་གར་གྱི་བཙུན་པ་སུམ་ཙུ་ལྷག་ནི་ཀ་མ་ལ་ཤཱི་ལ་སོགས་ཡིན་པ་ནི་སྨོས་མ་དགོས་པ་ཞིག་ཡིན་མོད། འོན་ཀྱང་འདི་གར་དོགས་གཞི་ཞིག་ཡོད་པ་ནི《རིག་པ་ཡང་དག་པར་ངེས་པ་》ལས་ཀ་མ་ལ་ཤཱི་ལའི་མིང་ཙམ་ཡང་བྱུང་མེད་ལ། ཀ་མ་ལ་ཤཱི་ལ་ནི་མི་སྣ་ག་འདྲ་ཞིག་ཡིན་པ་སོགས་དེབ་དེ་གར་བཀོད་འབྲི་བྱས་མེད། རྩོད་གླེང་གི་མཇུག་འབྲས་ནི《རིག་པ་ཡང་དག་པར་ངེས་པ་》ལས་མ་ཧཱ་ཡན་རྒྱལ་སོང་བ་ལྟར་བྲིས་ཡོད་ལ། བོད་ཀྱི་ལོ་རྒྱུས་དེབ་ཐེར་སོགས་སུ་ཀ་མ་ལ་ཤཱི་ལ་རྒྱལ་སོང་བ་ལྟར་བཀོད་ཡོད་པ་དང་གཅིག་མཚུངས་མིན། དེ་བས་འཇར་པན་གྱི་ཞིབ་འཇུག་པ་ཆེན་མོ་ཨོའུ་ཨད་ཡ་མ་ཧྲ་ཡིའུ་ཞུང་ལགས་ཀྱིས་ཕལ་ཆེར་གནད་དོན་འདི་དག་ཐག་གཅོད་པའི་ཆེད་དུ《རིག་པ་ཡང་དག་པར་ངེས་པ་》ལས་བཀོད་པའི་དོན་རྐྱེན་དེ་དག་གི་རྗེས་སུ་བྱུང་བའི་མི་སྣ་ཞིག་ཨེ་ཡིན་སྙམ་ཞེས་བཀོད་ཡོད་ལ།① ལྷག་པར་དུ་འཇར་པན་གྱི་ཡ་མ་ཨད་ཧྲ་ཡོ་ཞིས་ཨོས་བཙན་པོའི་མདུན་སར་རྩོད་གླེང་བྱས་པའི་དོན་རྐྱེན་དེ་ནི་བོད་ཀྱི་ལོ་རྒྱུས་མཁན་པོ་ཚོས་རྩོག་བཟོ་བྱས་པ་ཡིན་ཞེས་བཀོད་ཡོད།② འདི་ལྟར་རྒྱ་གར་གྱི་བཙུན་པའི་ཁྲིད་ཀ་མ་ལ་ཤཱི་ལ་ཡོད་མེད་ཀྱི་དོགས་གཞི་ཞིག་བཟུང་ནས་ང་ཚོས་རྒྱ་གར་གྱི་བཙུན་པའི་ཁྲིད་ཀ་མ་ལ་ཤཱི་ལ་ཡོད་མེད་ཀྱི་གནས་ཚུལ་དེ་དང་གཞོལ་ནས《རིག་པ་ཡང་དག་པར་ངེས་པ་》ལས་རྒྱ་གར་གྱི་བཙུན་པའི་རིགས་ཀྱི་བསམ་བློ་ག་འདྲ་ཡིན་པ་དང་ལྷག་པར་དུ་ཀ་མ་ལ་ཤཱི་ལའི་བསམ་བློ་དང་ཧ་ཤང་མ་ཧ་ཡན་གཉིས་ཀྱི་བསམ་བློའི་འདྲ་མིན་ལ་བསྡུར་ནས་དཔྱད་པ་གཏོང་རྒྱུ་དེ་ཡིན།

《རིག་པ་ཡང་དག་པར་ངེས་པ་》ལས་རྒྱ་གར་གྱི་བཙུན་པའི་རིགས་ཀྱི་བསམ་བློ་ནི་འདི་ཡིན་ཞེས་བཤད་དཀའ་མོད། མ་ཧ་ཡན་གྱི་བསམ་བློ་ལ་དགག་རྒྱག་བྱས་ཡོད་པའི་ཁྲིད་རིགས་འགྲེ་བྱས་ནས་བཤད་ན།

༡ ཕ་རོལ་ཏུ་ཕྱིན་པ་དྲུག་གི་ཉམས་ལེན་གྱི་ཁྲིད་སངས་རྒྱས་ཀྱི་གོ་འཕང་ཐོབ་པ།

༢ བསོད་ནམས་དང་ཤེས་རབ་གཉིས་ཁས་ལེན་པ།

༣ ཐེག་པ་གསུམ་གྱི་ཁྱད་པར་ཁས་ལེན་པ།

༤ སངས་རྒྱས་པ་ནི་སྒྲིབ་སྦྱོང་དང་བསོད་ནམས་ཀྱི་ཚོགས་བསགས་ནས་གྲུབ་པ།

① 上山大峻：《敦煌佛教の研究》，株式会社法藏管，1990年，第304页。

② Y.Imaeda:Documents tibetanins de touen-huang concernant le concile du tibet，JA(1975)pp. 125-146

༥ སེམས་ཅན་ཐམས་ཅད་ཀྱི་རྒྱུད་ན་སངས་རྒྱས་ཡོད་ཅེས་པར་དགག་པ་རྒྱག་པ།

༦ སངས་རྒྱས་པའི་གོ་རིམ་ནི་རིམ་ཅན་ཡིན་པ་ལས་ཅིག་ཅར་མིན་པ།

༧ དགེ་བ་སྣ་མང་བསགས་ནས་ཐར་བ་ཐོབ་པ།

༨ ཤེས་རབ་ལས་གཞན་ཐབས་ངེས་པར་དུ་དགོས་པ།

༩ ཆོས་གཞུང་གི་ཁུངས་ངེས་པར་དུ་མཁོ་བ་སོགས་ནི་བསམ་བློའི་སྙིང་པོ་ཡིན།

བོད་ཀྱི་ལོ་རྒྱུས་དེབ་ཐེར《རྦ་བཞེད་》དུ་འང་ཀ་མ་ལ་ཤཱི་ལའི་བསམ་བློའི་སྐོར་འདི་ལྟར་བཀོད་ཡོད་དེ། ཧ་ཤང་གི་ཅི་ཡང་མི་སེམས་ཟེར་བ་ནི་སོ་སོར་རྟོག་པའི་ཤེས་རབ་སྤངས་པ་ཡིན་ནོ། །ཡང་དག་པའི་ཡེ་ཤེས་ཀྱི་རྩ་བ་ནི་སོ་སོར་རྟོག་པའི་ཤེས་རབ་ཡིན་པས། དེ་སྤངས་པའི་འཇིག་རྟེན་ལས་འདས་པའི་ཤེས་རབ་ཀྱང་སྤངས་པ་ཡིན་ནོ་ཞེས་ཧ་ཤང་གི་ཅི་ཡང་མི་སེམས་པ་དང་ཅི་ཡང་མི་བྱེད་པའི་བསམ་བློ་ལ་དགག་ཡོད་པ་དང་། ཁོས་བསམ་བློའི་གནད་ནི་སྟོང་པ་ཉིད་མ་རྟོགས་ཀྱང་དྲན་པ་མེད་པར་ཐར་པར་འགྱུར་ན། ཁམས་གོང་མའི་ལྷ་ཐམས་ཅད་ཐར་བར་འགྱུར་བ་དང་། དེ་ནི་གླེན་པ་གཉིད་ལོག་པ་དང་འདྲ་བས་ཡང་དག་པའི་སོ་སོར་རྟོག་པའི་ཤེས་རབ་ཀྱི་དོན་ངེས་པར་དུ་རྟོགས་དགོས་པ་དང་། ཡང་དཔེར་ན་དེ་ནི་རི་ལ་འཛེག་དཀའ་བ་དང་འདྲ་ལ། རི་ལ་འཛེག་པ་ཡང་གོམ་པ་རེ་རེ་ནས་འཛེག་དགོས་ཏེ་གོམ་པ་གཅིག་གིས་བགྲོད་མི་ནུས་པ་ལྟར་ས་དང་པོ་ཐོབ་པ་ཡང་དཀའ་ན་ཐམས་ཅད་མཁྱེན་པ་ལྟ་ཅི་སྨོས། ཅི་ཡང་མ་བྱས་པར་འཚང་རྒྱ་བ་ལ་བསྟན་པའི་ཁུངས་དགོས་པ་དང་། ཐོས་བསམ་སྒོམ་གསུམ་གྱི་ཤེས་རབ་རྣམ་གསུམ་ལ་བརྟེན་ནས་དོན་མ་ནོར་བར་ཤེས་ནས་ཆོས་སྤྱོད་བཅུ་ལས་བསླབས་ཏེ་བསྒོམས་པས་ས་དང་པོ་ནས་བཅུ་བའི་བར་རིམ་པ་བཞིན་དུ་སྦྱངས་དགོས་པ་དང་། རྒྱུད་སྦྱངས་ཚོགས་གཉིས་རྫོགས་ནས་སངས་རྒྱས་བརྙེས་དགོས་ཏེ། བསོད་ནམས་ཀྱི་ཚོགས་བསགས་ཏེ་ཤེས་བྱ་ཐམས་ཅད་ལ་མཁས་པར་བསླབས། ཤེས་རབ་གསུམ་བློ་སྦྱངས་ཏེ་ཡེ་ཤེས་ཀྱི་ཚོགས་བསགས། སྒྲིབ་གཉིས་སྦྱངས། བློའི་དྲི་མ་ཐམས་ཅད་སྤངས་ནས་མཐུ་རྫོགས་པ་དང་སངས་རྒྱས་ནས་སེམས་ཅན་ཐམས་ཅད་སངས་རྒྱས་ཀྱི་ས་ལ་འགོད་པར་མཛད་པའི་འཕྲིན་ལས་འཁོར་བ་མ་སྟོངས་ཀྱི་བར་དུ་འབྱུང་བ་ལྷུན་གྱིས་གྲུབ་པ་ཡིན་པར་ལུང་དུ་མ་ནས་གསུངས་ཡོད་པ་ནི་ཁོའི་ལྟ་བའི་གནད་གཙོ་བོ་ཡིན།[1]

① བདེ་སྐྱིད་ཀྱིས་བསྒྲིགས། རྦ་བཞེད། མི་རིགས་དཔེ་སྐྲུན་ཁང་། 2009ལོ། ཤོག་ངོས་51-55

བདུན་པ། ཀ་མ་ལ་ཤཱི་ལ་དང་ཁོའི་བརྩམས་ཆོས།

སྟོད་གླིང་དང་འབྲེལ་བའི་ལོ་རྒྱུས་དེབ་ཐེར་སོགས་ན་ཀ་མ་ལ་ཤཱི་ལ་དངོས་སུ་ཞུགས་ཡོད་ཚུལ་གླིང་ཡོད་ལ། དོན་དངོས་སུ་ཀ་མ་ལ་ཤཱི་ལ་བོད་ཡུལ་དུ་བསྙད་སྐྱོང་པ་དང་། ཁོའི་བསམ་བློའི་དགོངས་དོན་ཇི་འདྲ་ཞིག་ཡིན་པ། སྟོད་གླིང་དང་འབྲེལ་བ་ག་འདྲ་ཡོད་ཚུལ་སོགས་ལ་དཔྱད་ན། ལོ་རྒྱུས་དེབ་ཐེར་སོགས་ན་ཀ་མ་ལ་ཤཱི་ལས་སྟོད་གླིང་གི་རྗེས་སུ་རྒྱལ་པོའི་བཀའ་བཞིན་སྒོམ་རིམ་དང་པོ། སྒོམ་རིམ་བར་པ། སྒོམ་རིམ་ཐ་མ་གསུམ་བརྩམས་པར་གྲགས་ལ། སྒོམ་རིམ་ཐ་མའི་ཁྲོད་ཁོའི་མིང་སོགས་བཀོད་མེད་མོད། བསམ་གཏན་པའི་ལུགས་ལ་ཁ་གཏད་ནས་བྲིས་པ་ནི་ནང་དོན་སྟེང་ཤེས་ཐུབ། དེ་ནི་སྟོད་གླིང་གི་དོན་རྐྱེན་དང་འབྲེལ་བ་ཡོད་མེད་བདེན་དཔང་བྱེད་སྒྲུད་ཅིག་བྱས་ནས་སྟོད་གླིང་ལ་དོན་དངོས་སུ་ཀ་མ་ལ་ཤཱི་ལ་ཞུགས་ཡོད་མེད་ཤེས་ཐུབ། སྤྱིར་དེ་དང་འབྲེལ་ཡོད་ཀྱི་ཡིག་ཆ་མང་པོ་ཞིག་བྱུང་བ་ལས། ལོ་རྒྱུས་དེབ་ཐེར་ལས་ཆེས་སྔ་བར་གྲགས་པའི་《སྦ་བཞེད་》ལས་འདི་ལྟར་བཀོད་ཡོད་དེ།

དེ་ནས་ཏ་ཤང་མ་ཧཱ་ཡ་ན་གཙུག་ལག་ཁང་གཅིག་བཞེངས་ནས་སླར་རྒྱ་ནག་ཏུ་གཤེགས། བཙན་པོའི་ཐུགས་དགོངས་གྲུབ་ནས། ཚོང་དུས་སུ་བད་རྫམ་པའི་ལྷ་ཁང་བཞེངས་ནས་དགའ་སྟོན་མཛད་པའི་དུས་སུ་བོད་འབངས་ཐམས་ཅད་ཚོགས་པ་དང་། འབངས་ཐམས་ཅད་ཆོས་ལ་བཙུད་ཅིང་ཆོས་མི་བྱ་མི་རུང་བའི་ཕྱིར། དབུས་མཐའ་ཐམས་ཅད་སློབ་དཔོན་བསྐོས། ཞང་བློན་གྱི་བུ་ཚ་དང་བཙུན་མོ་ཐམས་ཅད་ཀ་པ་ལི་ཐོགས་ནས་རྟར་མ་བསླབ་ཏུ་བཅུག །སློབ་དཔོན་ཀ་མ་ལ་ཤི་ལ་ལ་ཆོས་ཐམས་ཅད་ཐོས་བསམ་གྱིས་བདག་མེད་པར་གཏན་ལ་ཕབ་པའི་ཆོས་དེ་ཇི་ལྟར་ལགས་པ་ཅིག་ཡི་གེར་བཀོད་པ་ཞུས་པས། སྒོམ་རིམ་དང་པོ་བརྩམས་ནས་བཙན་པོ་ལ་གནང་། བཙན་པོས་གཟིགས་པས་དོན་དགོངས་ནས་དགེས་ཏེ། དེའི་དོན་གཅིག་གི་ཐོག་ཏུ་སྒོམ་ན་ཇི་ལྟར་སྒོམ་ཞུས་པས། སྒོམ་རིམ་བར་པ་རྩོམ་ནས་གནང་། དེ་ལྟར་སྒོམ་པས་དེ་ལ་འབྲས་བུ་ཇི་ལྟ་བུ་མཆི་ཞུས་པས། སྒོམ་རིམ་ཐ་མ་བརྩམས་ནས། འབྲས་བུ་བསྟན་པའི་ཞར་ལ་ཏ་ཤང་གི་ལྟ་བ་ནོར་བ་དེ་སུན་ཕྱུང་ནས་གནང་བ་དེ་ལ་ཤིན་ཏུ་ནས་དགེས་པས། དེའི་དོན་འགྲེལ་དུ་བོ་རྗེ་ས་ཏྭའི་དགོངས་པ་ལ་སྟོད་པ་རྩོལ་བར་དོགས་པས་དོན་དུ་ལུང་དང་རིགས་པ་འབྲེལ་བར་དབུ་མ་སྣང་བ་བརྩམས་ནས་གནང་།[①] ཞེས་བཀོད་ཡོད་ལ། དེ་དག་གི་ཁྲོད་སྒོམ

① 上山大峻：《敦煌佛教の研究》，株式会社法藏管，1990年，第51–55页。

རིམ་དང་པོ་དང་ཐ་མ་གཉིས་ལ་ལེགས་སྦྱར་སྐད་ཀྱི་དཔེ་ཆ་ཞིག་ཀྱང་རྙེད་ལ། སྒོམ་རིམ་དང་པོ་ལ་རྒྱ་ཡིག་གི་འགྱུར་ཞིག་ཀྱང་རྙེད་པ་དང་། རྒྱ་ཡིག་གི་བསྟན་བཅོས་《广释菩提心论》དེབ་བཞི་པའི་ནང་དུ་ཡོད་ལ། རྩོམ་པ་པོ་ནི་རྒྱ་ཡིག་གིས"莲花戒菩萨著" ཞེས་བཀོད་ཡོད་ལ།① སྒོམ་རིམ་ཐ་མའི་བོད་ཡིག་དང་ལེགས་སྦྱར་སྐད་གཉིས་བསྡུར་ན་ཡོངས་སུ་འདྲ་བས་ཀ་མ་ལ་ཤཱི་ལའི་བརྩམས་ཆོས་ཡིན་པ་ནི་སྨོས་མེད་ཡིན་པ་ཤེས་ཐུབ། གཞན་ཡང་ཏུན་ཧོང་ནས་རྙེད་པའི་བོད་ཡིག་གི་བྲིས་མའི་ཁྲིད་སྒོམ་རིམ་དང་པོའི་དུམ་བུ་ཞིག་རྙེད་སོན་བྱུང་བ་དང་། དེ་ནི་དེང་གི་པར་གཞི་དང་བསྡུར་ན་འགྱུར་མི་འདྲ་བ་ཡིན་པ་ཤེས་ཐུབ་པར་མ་ཟད། གནའ་བོའི་རྣམ་པ་ཅན་གྱི་ཡིག་ཆ་ཞིག་ཡིན་པའང་ཤེས་ཐུབ།② དེ་ལས་གཞན་ཀ་མ་ལ་ཤཱི་ལས་ད་དུང་འཕགས་པ་ས་ལུ་ལྗང་པའི་མདོའི་འགྲེལ་ཞིག་བརྩམས་གནང་མཛད་ཡོད་པ་དང་། ཆོས་གྲུབ་ཀྱིས་བསྒྱུར་གནང་མཛད་ཡོད་པའང་ལོ་རྒྱུས་ཡིག་ཆ་དག་ལས་བདེན་དཔང་བྱེད་ཐུབ། གང་ལྟར་རྩོད་གླེང་གི་དོན་རྐྱེན་མཇུག་བསྡུ་བའི་ཆེད་དུ་བོད་དུ་འོངས་མིན་གསལ་པོ་མི་ཤེས་སོད། འོན་ཀྱང་ཁོ་རང་བོད་དུ་ཡོང་བ་དང་སྐབས་དེའི་བོད་བརྒྱུད་སངས་རྒྱས་ཆོས་ལུགས་ལ་བྱས་རྗེས་བླ་ན་མེད་པ་བཞག་པ་ནི་དངོས་དོན་ཞིག་ཡིན་སྙམ།

ཀ་མ་ལ་ཤཱི་ལའི་སྒོམ་རིམ་ཁྲིད་ཇི་འདྲའི་བསམ་བློ་ཞིག་བཟུང་ཡོད་པ་གཤམ་དུ་བཀོད་ན།

ཐམས་ཅད་མཁྱེན་པ་ཉིད་མྱུར་དུ་ཐོབ་པར་འདོད་པས་མདོར་ན་སྙིང་རྗེ་དང་། བྱང་ཆུབ་ཀྱི་སེམས་དང་། སྒྲུབ་པ་དང་། གནས་འདི་གསུམ་ལ་འབད་པར་བྱའོ། །དེ་ལ་སངས་རྒྱས་ཀྱི་ཆོས་མ་ལུས་པའི་རྒྱུའི་རྩ་བ་ནི་སྙིང་རྗེ་ཁོ་ན་ཡིན་པར་ཤེས་པར་བྱས་ལ། དེ་ཉིད་ལ་ཐོག་མ་ཁོ་ནར་བསྒོམ་པ་དང་། སྙིང་རྗེ་ནི་ཆེས་ཐོག་མར་ངེས་པར་དུ་བསྒོམ་དགོས་ལ། སྙིང་རྗེ་ཆེན་པོས་ཡོངས་སུ་ཟིན་པས་ན་སངས་རྒྱས་བཅོམ་ལྡན་འདས་ཀྱིས་ཐམས་ཅད་མཁྱེན་པའི་ཡེ་ཤེས་གོ་འཕང་བརྙེས་ནས་འགྲོ་བ་མ་ལུས་པའི་དོན་མཛད་ཅིང་བཞུགས་ལ། དེ་ལྟར་སྙིང་རྗེ་གོམས་པའི་སྟོབས་ཀྱིས་སེམས་ཅན་མ་ལུས་པ་དྲང་བར་དམ་བཅས་ན་བླ་ན་མེད་པ་ཡང་དག་པར་རྫོགས་པའི་བྱང་ཆུབ་ཏུ་སྨོན་པའི་རང་བཞིན་གྱིས་བྱང་ཆུབ་ཀྱི་སེམས་སྒྲིམ་མི་དགོས་པ་ཁོ་ནར་སྐྱེ་སྟེ། བྱང་ཆུབ་སེམས་དཔའི་སྤྱོད་པ་དེའང་མདོར་ན་ཐབས་དང་ཤེས་རབ་ཀྱི་ངོ་བོ་ཡིན་ཏེ། ཤེས་རབ་འབའ་ཞིག་ཀྱང་མ་ཡིན་ཏེ། ཐབས་འབའ་ཞིག་ཀྱང་མ་ཡིན་ནོ། །དེ་ལ་ཤེས་རབ་

① 《大正藏》日本，1664号。

② རྡ་རན་སིའི་རྒྱལ་གཉེར་དཔེ་མཛོད་ཁང་དུ་ཉར་བའི་ཏུན་ཧོང་བོད་ཡིག་ཡིག་ཚགས། རྡང་ཧེ་དཔེ་སྙིང་དཔེ་སྐྲུན་ཁང་། 2006ལོ།

ཀྱི་ཕ་རོལ་ཏུ་ཕྱིན་པ་མ་གཏོགས་པར་སྦྱིན་པ་ལ་སོགས་པའི་ཕ་རོལ་ཏུ་ཕྱིན་པ་དང་། བརྟུ་བའི་དངོས་པོ་ལ་སོགས་པ་དང་ཞིང་ཡོངས་སུ་དག་པ་དང་ལོངས་སྤྱོད་ཆེན་པོ་དང་། གཡོག་འཁོར་མང་པོ་ཕུན་སུམ་ཚོགས་པ་ལ་སོགས་པ་དག་སེམས་ཅན་ཡོངས་སུ་སྨིན་པར་བྱེད་པ་དང་། སྤྲུལ་བ་ལ་སོགས་པ་མངོན་པར་མཐོ་བའི་ཆོས་སྟུད་པའི་དགེ་བ་ཐམས་ཅད་ནི་ཐབས་ཡིན་ལ། ཤེས་རབ་ནི་ཐོས་པ་ལས་བྱུང་བའི་ཤེས་རབ་བསྐྱེད་པར་བྱ་སྟེ། དེས་རེ་ཞིག་ལུང་གི་དོན་ཀུན་ཏུ་འཛིན་པར་བྱེད་དོ། །དེ་ནས་བསམ་པ་ལས་བྱུང་བའི་ཤེས་རབ་ཀྱིས་ངེས་པ་དང་དྲང་བའི་དོན་རྣམ་པར་འབྱེད་པར་བྱེད་དོ། །དེ་ནས་དེའི་བྱེ་བྲག་ཕྱེད་པའི་དོན་ལ་བརྟེན་ནས་ཡང་དག་པ་ཁོ་ནའི་དོན་བསྒོམ་པར་བྱའོ། །དེ་ལྟར་བསྒོམ་ན་ས་བཅུ་དང་སངས་རྒྱས་པའི་ས་སོགས་བྱང་ཆུབ་ཀྱི་ལམ་གྱི་རིམ་པ་བཞིན་དུ་སྒོམ་ན་མངོན་འགྱུར་བྱེད་ངེས།

《ཀྲུང་གོའི་བོད་རིག་པ་》2011ལོའི་དེབ་བཞི་པ་ལས་བདམས།

༄༅། །ཧྲ་རན་སིར་ཞར་བའི་ཏུན་ཧོང་ཡིག་རྙིངP.T.0017ལས་《དཔང་སྐོང་ཕྱག་བརྒྱ་པ་》ལ་དཔྱད་པ།

རྡོག་རུ་གནམ་ལྷ་ཚེ་རིང་།

[ནང་དོན་གནད་བསྡུས།] འདིར་ཧྲ་རན་སིར་ཞར་བའི་ཏུན་ཧོང་ཡིག་ཆ་གཞིར་བཟུང་ནས་བོད་དུ་ཐོག་མར་བྱུང་བའི་ཆོས་ཚན་དཔང་སྐོང་ཕྱག་བརྒྱ་པ་ནི་རྒྱལ་རབས་ཉེར་བདུན་པ་ལྷ་ཐོ་ཐོ་རི་གཉན་བཙན་གྱི་སྐབས་སུ་ཡུལ་གང་ཞིག་ནས་སྤྱན་དྲངས་པ་ཡིན་པའི་ཐད་ཀྱི་སྔོན་བྱོན་མཁས་པའི་བཞེད་ཚུལ་མི་འདྲ་བ་བཀོད་པ་མ་ཟད། ཚུར་བོད་ལ་བསྒྱུར་མཁན་གྱི་ལོ་ཙྪ་བ་ནི་སུ་ཡིན་པ་དང་། ཧྲ་རན་སིར་ཞར་བའི་ཏུན་ཧོང་ཡིག་ཆP.T.0017ལས་དཔང་སྐོང་ཕྱག་བརྒྱ་པ་ཞེས་པའི་ཆོས་ཚན་འདིའི་སྐད་བརྡའི་ཐུན་མོང་མ་ཡིན་པའི་ཁྱད་ཆོས་སོགས་བརྗོད་ཡོད།

[གནད་ཚིག] ཏུན་ཧོང་ཡིག་ཆ། དཔང་སྐོང་ཕྱག་བརྒྱ་པ། ལྷ་ཐོ་ཐོ་རི་གཉན་བཙན། ཐོན་མི།

གླེང་གཞི།

བོད་ཀྱི་རྒྱལ་རབས་ཉེར་བདུན་པ་ལྷ་ཐོ་ཐོ་རི་གཉན་བཙན་གྱི་སྐབས་སུ་གཉན་པོ་གསང་བ་ཞེས་དཔང་སྐོང་ཕྱག་བརྒྱ་པ་དང་། མདོ་སྡེ་ཟ་མ་ཏོག སྙིང་པོ་ཡི་གེ་དྲུག་མ། གསེར་གྱི་མཆོད་རྟེན་ཁྲུ་གང་བ། ཙིན་ཏ་མ་ཎིའི་སྐོས་ཕོར། མུ་དྲའི་ཕྱག་རྒྱ་རྣམས་བོད་དུ་བྱུང་བ་དང་། རྒྱལ་པོས་དེ་ལ་མཆོད་པ་དང་ཕྱག་དང་བསྐོར་བ་བྱས་པས་བོད་ཀྱི་ཡུལ་གྲུ་འདིར་དམ་པའི་ཆོས་ཀྱི་དགུ་བརྙེས་པར་བཤད་ལ། རྒྱལ་པོ་སྲོང་བཙན་སྒམ་པོའི་སྐུ་རིང་ལ་སློབ་དཔོན་ཐོན་མིས་དཔང་སྐོང་ཕྱག་བརྒྱ་སོགས་ལེགས་སྦྱར་གྱི་སྐད་ལས་བོད་སྐད་དུ་བསྒྱུར་ཏེ། བསྟན་པ་དར་བའི་མགོ་བརྩམས་པ་དང་ཆོས་རྒྱལ་ཁྲི་སྲོང་ལྡེ་བཙན་སྐབས་སུ་སློབ་དཔོན་པདྨ་འབྱུང་གནས་དང་། མཁན་ཆེན་ཞི་བ་འཚོ་གཉིས་གདན་དྲངས་ཏེ་བསམ་ཡས་གཙུག་ལག་ཁང་བཞེངས་པ་མ་ཟད། སད་མི་བདུན་ལ་སོགས་པ་རབ་ཏུ་བྱུང་བ་མང་དུ་འཕེལ་བས་བོད་དུ་བསྟན་པ་དར་རྒྱས་ཆེན་པོ་བྱུང་། དེ་བས། དཔང་སྐོང་ཕྱག་བརྒྱ་པས་བོད་ཀྱི་ལོ་རྒྱུས་སྟེང་གི་གནས་གལ་ཆེན་བཟུང་ཡོད་པ་མཚོན། ཧྲ་རན་སིར་ཞར་བའི་ཏུན་ཧོང་ནས་ཐོན་པའི་བོད་ཀྱི་ཡིག་ཆའི་ཁྲོད་དུ། སྤང་སྐོང་ཕྱག་བརྒྱ་པ་བཀོད་ཡོད་པའི་ཡིག་ཆ་ནིP.T.0017དངP.T.0019དངP.T.0020VདངP.T.0021དང

P.T.0022དང་P.T.32BVསོགས་མང་དུ་ཡོད་མོད། དེ་དག་ལསP.T.0017ནི་ཡིག་ཆ་གཞན་དག་དང་བསྡུར་ན་ཁ་ཚང་དུ་སྣང་ཕྱིར། གཤམ་ནས་ཆེད་དུ་ཡིག་ཆ་འདིའི་སྐོར་ལ་དཔྱད་པར་བྱའོ། །

དང་པོ། བསྟན་བཅོས་ངོ་སྤྲོད་མདོར་བསྡུས།

རང་རེའི་སྔོན་བྱོན་མཁས་གྲུབ་རྣམས་ཀྱིས་རྒྱ་གར་འཕགས་པའི་ཡུལ་གྱི་ལེགས་སྦྱར་སྐད་ལ་ཐོས་བསམ་དང་འཆད་རྩོད་རྩོམ་གསུམ་མཛད་པའི་སྐུ་དྲིན་ལས། བོད་ལ་བཀའ་འགྱུར་དང་བསྟན་འགྱུར་གྱི་གླེགས་བམ་མང་པོ་མཛད་ཡོད། དེ་དག་ལས་དཔང་སྐོང་ཕྱག་བརྒྱ་པ་ཞེས་པའི་བསྟན་བཅོས་འདི་ནི། བོད་ལ་འགྱུར་བའི་བསྟན་བཅོས་ཀུན་གྱི་ཐོག་མའི་གྲས་ཡིན་ཞིང་། ཏུན་ཧོང་ནས་ཐོན་པའི་བོད་ཀྱི་ཡིག་རྙིང་དག་ནའང་། བསྟན་བཅོས་འདི་ཐེངས་གང་མང་དུ་བྱུང་ཡོད། ཧྲ་རན་སིར་ཞར་བའི་ཏུན་ཧོང་ཡིག་རྙིང་P.T.0017ནང་ཆོས་ཚན་སྣ་ཁ་གཉིས་བཞུགས་ཡོད་དེ། དང་པོ་ནི་འགྱོད་ཚངས་སྨོན་ལམ་དང་། གཉིས་པ་ནི་དཔང་སྐོང་ཕྱག་བརྒྱ་པ་ཡིན། འདིའི་ཁྲོད་ཀྱི་དཔང་སྐོང་ཕྱག་བརྒྱ་པ་ཞེས་པའི་ཆོས་ཚན་འདིར། ཁྱོན་བསྡོམས་ཐིག་ཕྲེང་141ཡོད་ཅིང་། སྐད་བརྡའི་ཕྱོགས་ནས་གི་གུ་ཕྱིར་ལོག་ཅན་མང་དུ་ཡོད་པ་དང་སྔེ་པ་གཅིག་པའི་མིང་གཞིའི་ཡི་གེ་ཕན་ཚུན་བརྗེ་བ་སོགས་མང་དུ་ཡོད་པས། གཏེར་ཡིག་གི་ཤན་སྦྱུག་ཅིང་། འདིའི་སྐོར་འོག་ཏུ་རེ་རེ་བཞིན་ཞིབ་ཏུ་བརྗོད་པར་བྱེད། ད་དུང་དཔུར་དབུ་ཕྱུད་དང་མཇུག་ཏུ་བཤུ་མཁན་གྱི་མིང་ལ་ཁང་ཅན་ཏ་དང་ཞུ་དག་བྱེད་མཁན་ལ་ཉིང་སྟག་བརྟན་ཟེར་བ་སོགས་གསལ་པོར་བསྟན་ཡོད། ཏུན་ཧོང་ནས་ཐོན་པའི་བོད་ཀྱི་ཡིག་ཆ་ཕལ་ཆེ་བ་ལ། བཤུ་འབྲི་བྱེད་མཁན་དང་ཞུ་དག་བྱེད་མཁན། བདག་ཉར་བྱེད་མཁན་སོགས་རིམ་པ་མང་པོ་ཁ་གསལ་དུ་ཐོན་ཡོད་ཅིང་། དེ་དག་གི་ཁྲོད་ན་བོད་བཙན་པོའི་བཙུན་མོ་དང་བློན་རིགས་ཆེ་གྲས། ས་གནས་རྗེ་རྗེ། ཆོས་ཀྱི་དཔོན་སྣ། འབངས་ཕལ་བ་བཅས་ཡོད་པ་མ་ཟད། མི་རིགས་གཞན་གྱི་ལས་ཐོབ་རིམ་པ་མི་འདྲ་བའི་མིའང་མང་དུ་སྣང་། དེ་བས་ཧྲ་རན་སིར་ཞར་བའི་ཏུན་ཧོང་ཡིག་རྙིང་P.T.0017བཤུ་འབྲི་བྱེད་མཁན་ཁང་ཅན་ཏ་ཟེར་བ་ནི་ཕལ་ཆེར་རྒྱའམ། ཡང་ན་མི་རིགས་གཞན་ཞིག་ཡིན་འདུག་ལ། ཞུ་དག་བྱེད་མཁན་ཉིང་སྟག་བརྟན་ཞེས་པའི་ཉིང་ནི་རྒྱའི་ཡི་གེ王ཞེས་པའི་སྒྲ་ཡིན་པ་དང་སྟག་བརྟན་ནི་སྟག་བཙན་ཏེ་དཔེར་ན་རྒྱལ་པོ་ཁྲི་ལྡེ་གཙུག་བཙན་ལ་སྐབས་ལ་ལར་ཁྲི་ལྡེ་གཙུག་བརྟན་ཞེས་བྲིས་པ་ལྟར་ཡིན་ནམ་སྙམ་ཞིང་། དེ་བས་ཞུ་དག་བྱེད་མཁན་འདི་ནི་ས་གནས་དེ་གའི་བོད་རིགས་དཔོན་པོ་ཞིག་མ་ཡིན་ནམ་འདོད་དོ། །

གཉིས་པ། ལྷ་ཐོ་ཐོ་རྣུའི་སྐབས་སུ་དཔང་སྐོང་ཕྱག་བརྒྱ་པ་ཐོག་མར་བྱུང་ཚུལ།

བོད་ཀྱི་རྒྱལ་རབས་ཉེར་བདུན་པ་ལྷ་ཐོ་ཐོ་རི་གཉན་བཙན་གྱི་མཚན་ལ་ལོ་རྒྱུས་དེབ་ཐེར་དག་ན་འབྲི་སྟངས་མི་འདྲ་བ་དུ་མ་ཞིག་མཆིས། ནེའུ་པཎྜི་ཏ་གྲགས་པ་སྨོན་ལམ་བློ་གྲོས་ཀྱིས་མཛད་པའི་སྔོན་གྱི་གཏམ་མེ་ཏོག་ཕྲེང་བ་ན་ལྷ་ཐོ་ཐོ་རི་གཉའ་བཙན[1]དང་། ས་སྐྱ་བསོད་ནམས་རྒྱལ་མཚན་གྱིས་མཛད་པའི་རྒྱལ་རབས་གསལ་བའི་མེ་ལོང་ན་ལྷ་ཐོ་ཐོ་རི་སྙན་ཤལ།[2] ཀ་ཐོག་རིག་འཛིན་ཚེ་དབང་ནོར་བུས་མཛད་པའི་བོད་ཀྱི་རྒྱལ་རབས་གསེར་གྱི་ཕྲེང་བ་ན་ལྷ་ཐོ་ཐོ་རི་སྙན་བཤལ།[3] སུ་བསྟན་རྒྱལ་བཟང་པོས་མཛད་པའི་བསྟན་པའི་རྣམ་བཤད་དར་རྒྱས་གསལ་བའི་སྒྲོན་མེ་ན་ལྷ་རི་སྙན་བཙན།[4] ཉང་ཉི་མ་འོད་ཟེར་གྱིས་མཛད་པའི་ཆོས་འབྱུང་མེ་ཏོག་སྙིང་པོ་སྦྲང་རྩིའི་བཅུད་ན་ལྷ་ཐོ་ཐོ་རི།[5] མཁས་པ་ལྡེའུས་མཛད་པའི་རྒྱ་བོད་ཀྱི་ཆོས་འབྱུང་རྒྱས་པ་ན་ཐོ་ཐོ་རི་བཙན[6]ཞེས་པ་དང་ཏུན་ཧོང་ནས་ཐོན་པའི་བོད་ཀྱི་ལོ་རྒྱུས་ཡིག་ཆP.T.1286ལས་འོ་ལྡེ་སྤུ་རྒྱལ་བའི་གདུང་རབས་རིམ་བྱོན་ན་བཙན་པོ་འདི་བའི་མཚན་ལ་ལྷ་ཐོ་དོ་སྙན་བརྩན[7]ཞེས་ཡོད། ད་དུང་དེབ་ཐེར་གཞན་དང་གཞན་ནའང་འབྲི་ཚུལ་མི་འདྲ་བ་ཡོད་མོད། ཡིག་ཚོགས་ལ་འཛེམ་ནས་འདིར་དེ་ཙམ་གྱིས་འཁྱུས་པར་བྱས། དེ་ཡང་མིང་གི་རྣམ་གྲངས་འདྲ་མིན་མང་དུ་བྱུང་བ་མ་གཏོགས་དོན་ལ་བོད་ཀྱི་རྒྱལ་རབས་ཉེར་བདུན་པའི་མཚན་ཁོ་ན་ཡིན། བཙན་པོ་འདི་བའི་མཚན་དངོས་གང་ཡིན་དང་། ཐོག་མའི་མཚན་ལ་ཅི་ཟེར་བ་སོགས་ནི་ད་དུང་མུ་མཐུད་

---

① བོད་ཀྱི་ལོ་རྒྱུས་དེབ་ཐེར་ཁག་ལྔ། བོད་ལྗོངས་བོད་ཡིག་དཔེ་རྙིང་དཔེ་སྐྲུན་ཁང་། 2011ལོ། ཤོག་ངོས་6

② ས་སྐྱ་བསོད་ནམས་རྒྱལ་མཚན། རྒྱལ་རབས་གསལ་བའི་མེ་ལོང་། མི་རིགས་དཔེ་སྐྲུན་ཁང་། 2011ལོ། ཤོག་ངོས་75

③ བོད་ཀྱི་ལོ་རྒྱུས་དེབ་ཐེར་ཁག་ལྔ། བོད་ལྗོངས་བོད་ཡིག་དཔེ་རྙིང་དཔེ་སྐྲུན་ཁང་། 2011ལོ། ཤོག་ངོས་172

④ སུ་བསྟན་རྒྱལ་བཟང་པོ། བསྟན་འབྱུང་དར་རྒྱས་གསལ་སྒྲོན། ཀྲུང་གོའི་བོད་ཀྱི་ཤེས་རིག་དཔེ་སྐྲུན་ཁང་། 1991ལོ། ཤོག་ངོས་158

⑤ ཉང་ཉི་མ་འོད་ཟེར། ཆོས་འབྱུང་མེ་ཏོག་སྙིང་པོ་སྦྲང་རྩིའི་བཅུད། བོད་ལྗོངས་བོད་ཡིག་དཔེ་རྙིང་དཔེ་སྐྲུན་ཁང་། 2010ལོ། ཤོག་ངོས་151

⑥ མཁས་པ་ལྡེའུ། རྒྱ་བོད་ཀྱི་ཆོས་འབྱུང་རྒྱས་པ། བོད་ལྗོངས་བོད་ཡིག་དཔེ་རྙིང་དཔེ་སྐྲུན་ཁང་། 2010ལོ། ཤོག་ངོས་236

⑦ ཕྲ་རན་སིར་ཉར་བའི་ཏུན་ཧོང་བོད་ཡིག་ཤོག་དྲིལ་ཨང་རྟགས་1286

ཏུ་ཡིག་ཆ་མང་པོ་གུང་བསྒྲིགས་ཏེ་དཔྱད་དགོས་པ་ལས། འདིར་གྱི་ཚོམ་དུ་ཁ་ཚོན་གཅོད་མི་ནུས་སོད། དེང་འདིར་ཆེད་མཁས་པ་ཚོས་བྲིས་པའི་ལོ་རྒྱུས་ཀྱི་དཔེ་དེབ་རྣམས་སུ་ལྷ་ཐོ་ཐོ་རི་གཉན་བཙན་ཞེས་པ་རྒྱུན་འབྱམས་སུ་སོང་ཡོད་པས། གཤམ་དུའང་དེ་ལྟར་འབོད་རྒྱུ་ཡིན།

གཅིག དཔང་སྐོང་ཕྱག་བརྒྱ་པ་གནམ་ནས་བབས་པའི་བཞེད་ཚུལ་འགོད་པ། བོད་ཀྱི་ལོ་རྒྱུས་ཡིག་ཚང་ཕལ་མོ་ཆེ་ན་དཔང་སྐང་ཕྱག་བརྒྱ་པ་འདི་མདོ་སྡེ་ཟ་མ་ཏོག་དང་སྙིང་པོ་ཡི་གེ་དྲུག་མ། གསེར་གྱི་མཆོད་རྟེན་ཁྲུ་གང་བ། ཙིན་ཏ་མ་ཎིའི་སྐོས་ཕོར། མུ་དྲའི་ཕྱག་རྒྱ་རྣམས་དང་ལྷན་དུ་གནམ་ནས་ཕོ་བྲང་ཡུམ་བུ་བླ་མཁར་གྱི་སྟེང་དུ་བབས་པར་བཤད་ཅིང་། ཡར་ལུང་ཇོ་རྒྱུད་ཤཱཀྱ་རིན་ཆེན་སྡེས་སྤྱི་ལོ1376ལོར་བརྩམས་པའི་ཡར་ལུང་ཇོ་བོའི་ཆོས་འབྱུང་ནང་། རྒྱལ་པོ་ལྷ་ཐོ་ཐོ་སྙན་བཙན་གླིང་སྐབས། "ཕོ་བྲང་སྐུ་མཁར་ཡུམ་བུ་བླ་སྒང་གི་སྟེང་དུ་སྤང་སྐོང་ཕྱག་བརྒྱ་པ་དང་། གསེར་གྱི་མཆོད་རྟེན་ཁྲུ་གང་བ་གཅིག མདོ་སྡེ་ཟ་མ་ཏོག་གི་སྙིང་པོ་ཡི་གེ་འབྲུ་དྲུག་པ། ཙིན་ཏ་མ་ཎིའི་རྐོས་ཕོར། མུ་དྲའི་ཕྱག་རྒྱ་རྣམས་ནམ་མཁའ་ལ་བྱོན།" [1]ཞེས་པ་དང་། ཉང་ཉི་མ་འོད་ཟེར་གྱི་ཆོས་འབྱུང་མེ་ཏོག་སྙིང་པོ་སྦྲང་རྩིའི་བཅུད་དུ། "རྒྱལ་པོ་དེའི་སྐུ་རིང་ལ་དམ་པའི་ཆོས་ཀྱི་དབུ་བརྙེས་པ་ལགས་ཏེ། ཕོ་བྲང་ཡུན་བུ་ལྷ་སྒང་གི་སྐུ་མཁར་གྱི་སྟེང་ན། དགུང་ལོ་དྲུག་ཅུ་བཞེས་པ། ཉུ་འགྲམ་སོ་སོང་བ་ཞིག་གདུགས་ལ་བཞུགས་པ་ལ། ནམ་མཁའ་ནས་ཚུར་ལ་ཉི་མའི་ཟེར་དང་འགྲོགས་ནས་འོད་ཟེར་སྣ་ལྔའི་སྣ་ལ། རིན་པོ་ཆེའི་ཟ་མ་ཏོག་གི་ནང་དུ་གསེར་གྱི་སྒྲགས་བམ་མུ་དྲའི་ཕྱག་རྒྱ་དང་བཅས་པ་ཞིག་ཐོག་བབས་སུ་བྱོན་པ་ལས།" [2]ཞེས་ཡོད། མཁས་པ་ལྡེའུས་མཛད་པའི་རྒྱ་བོད་ཀྱི་ཆོས་འབྱུང་རྒྱས་པ་ན། "སྐུ་མཁར་ཡུན་བུ་བླ་སྒང་ན་བཞུགས་པའི་དུས་སུ་གསེར་གྱི་སྤང་སྐོང་ཕྱག་རྒྱ་པ་དང་། གཡུའི་མཆོད་རྟེན་བང་རིམ་བཞི་པ་ནམ་མཁའ་ནས་ཕྱག་ཏུ་བབས་ཏེ།" [3]ཞེས་སངས་རྒྱས་ཆོས་ལུགས་ཀྱི་བྱུང་བ་བརྗོད་པའི་ལོ་རྒྱུས་ཡིག་ཚང་འདི་དག་མ་ཟད། ཀ་ཐོག་རིག་འཛིན་ཚེ་དབང་ནོར་བུའི་བོད་ཀྱི་རྒྱལ་རབས་གསེར་གྱི་ཕྲེང་

---

① ཤཱཀྱ་རིན་ཆེན་སྡེ། ཡར་ལུང་ཇོ་བོའི་ཆོས་འབྱུང་། བོད་ལྗོངས་མི་དམངས་དཔེ་སྐྲུན་ཁང་། 2012ལོ། ཤོག་ངོས་42

② ཉང་ཉི་མ་འོད་ཟེར། ཆོས་འབྱུང་མེ་ཏོག་སྙིང་པོ་སྦྲང་རྩིའི་བཅུད། བོད་ལྗོངས་བོད་ཡིག་དཔེ་རྙིང་དཔེ་སྐྲུན་ཁང་། 2010ལོ། ཤོག་ངོས་151

③ མཁས་པ་ལྡེའུ། རྒྱ་བོད་ཀྱི་ཆོས་འབྱུང་རྒྱས་པ། བོད་ལྗོངས་བོད་ཡིག་དཔེ་རྙིང་དཔེ་སྐྲུན་ཁང་། 2010ལོ། ཤོག་ངོས་236

བ[1]དང་། ས་སྐྱ་བསོད་ནམས་རྒྱལ་མཚན་གྱི་རྒྱལ་རབས་གསལ་བའི་མེ་ལོང[2]དང་། དཔའ་བོ་གཙུག་ལག་ཕྲེང་བས་མཛད་པའི་ཆོས་འབྱུང་མཁས་པའི་དགའ་སྟོན[3]སོགས་ཕྱིས་ཀྱི་དེབ་ཐེར་མང་པོ་ན། སྤྱང་སྐོང་ཕྱག་རྒྱ་བ་དང་བཅས་པའི་རྟེན་འདི་དག་ནམ་མཁའ་ནས་བྱུང་བར་བཤད་པ་མ་ཟད། ད་དུང་བོན་ཕྱོགས་ཀྱི་བསྟན་འབྱུང་ལའང་ལྟ་བ་འདིའི་ཤུགས་རྐྱེན་ཐེབས་ཏེ། སྤ་བསྟན་རྒྱལ་བཟང་པོས་མཛད་པའི་བསྟན་འབྱུང་དར་རྒྱས་གསལ་སྒྲོན་ན། "ཁྲི་ཐོག་རྗེ་བཙན་དང་། རྒྱུ་ཡང་ཟ་སྟོང་རྒྱལ་ནམ་མཆེའི་སྲས་ལྷ་ལྷ་རི་སྙན་བཙན། དེའི་རིང་ལ་བསྟན་འཕྲན་དུ་གནམ་བབས་སུ་བྱུང་བ་བྱམས་མ་ནས་གསུངས་པ་ལ། ཟ་མ་ཏོག་བཀོད་པ་དང་། སྤྱང་སྐོང་ཕྱག་རྒྱ་དང་གསེར་གྱི་མཆོད་རྟེན་ཅིག་བྱུང་སྟེ།" [4]ཞེས་ཡོད་པ་དང་། ད་དུང་བྱམས་མ་ལ་སོགས་བོན་གྱི་ལོ་རྒྱུས་དེབ་ཐེར་གལ་ཆེན་དག་ལའང་ལྟ་བ་འདིས་ཤུགས་རྐྱེན་ཐེབས་ཡོད་པ་ནི། ད་ལྟ་མཐོང་ཐོས་ཀྱི་ཡུལ་དུ་མང་དུ་སྣང་ངོ་། །

གཉིས། དཔང་སྐོང་ཕྱག་རྒྱ་བ་རྒྱ་གར་ནས་སྤྱན་དྲངས་པའི་བཞེད་ཚུལ་འགོད་པ། ས་སྐྱའི་དཔོན་ཆེན་དཔོན་རབས་དྲུག་པ་ཀུན་གཞོན་དང་དུས་མཉམ་པའི་ནེའུ་པཎྜི་ཏ་གྲགས་པ་སྨོན་ལམ་བློ་གྲོས་ཀྱིས་མཛད་པའི་སྔོན་གྱི་གཏམ་མེ་ཏོག་ཕྲེང་བ་ཞེས་པའི་ཆོས་འབྱུང་འདིར། བོད་ཀྱི་རྒྱལ་རབས་ཉེར་བདུན་པ་ལྷ་ཐོ་ཐོ་རི་གཉན་བཙན་བཤད་དུས། "སྐྱེས་བུ་དམ་པ་དེས་རྒྱལ་སྲིད་འཛིན་པའི་ཚེ། ལི་ཐེ་སེ་དང་ཐོ་གར་གྱི་ལོ་ཙཱ་བ་བློ་བསམ་འཚོ་གཉིས་ཀྱིས། རྒྱ་གར་པཎྜི་ཏ་མཁས་པ་ལེགས་བྱིན་སྤྱན་དྲངས་ནས་ཕྱིན་ཏེ། རྒྱལ་པོ་ལ་ཆོས་གསུངས་པས། བོད་ན་ཡི་གེ་མེད་པས་སྟབས་ཀྱིས་བསླབ་ཏུ་མ་བཏུབ་ནས། ཟ་མ་ཏོག་སྐོད་པ། སྙིང་པོ་ཡི་གེ་དྲུག་མ་གསེར་གྱིས་བྲིས་པ་གཅིག་ལ་མུ་ཏྲའི་ཕྱག་རྒྱས་བཏབ་ནས་རྒྱལ་པོ་ལ་ཕུལ་ཏེ། འདི་ལ་ཕྱག་དང་བསྐོར་བ་དང་། མཆོད་པ་བགྱིས་ལ་གསོལ་བ་ཐོབ། གང་འདོད་པའི་བྱིན་རླབས་འབྱུང་གིས། ངས་བོད་དུ་གདད་ཅིང་ཕན་མི་ཐོགས་པར་འདུག་པས་གསུངས་ནས་རྒྱ་གར་

① བོད་ཀྱི་ལོ་རྒྱུས་དེབ་ཐེར་ཁག་ལྔ། བོད་ལྗོངས་བོད་ཡིག་དཔེ་རྙིང་དཔེ་སྐྲུན་ཁང་། 2011ལོ། ཤོག་ངོས་173

② ས་སྐྱ་བསོད་ནམས་རྒྱལ་མཚན། རྒྱལ་རབས་གསལ་བའི་མེ་ལོང་། མི་རིགས་དཔེ་སྐྲུན་ཁང་། 2011ལོ། ཤོག་ངོས་75

③ དཔའ་བོ་གཙུག་ལག་ཕྲེང་བ། ཆོས་འབྱུང་མཁས་པའི་དགའ་སྟོན། མི་རིགས་དཔེ་སྐྲུན་ཁང་། 2011ལོ། ཤོག་ངོས་90-91

④ སྤ་བསྟན་རྒྱལ་བཟང་པོ། བསྟན་འབྱུང་དར་རྒྱས་གསལ་སྒྲོན། ཀྲུང་གོའི་བོད་ཀྱི་ཤེས་རིག་དཔེ་སྐྲུན་ཁང་། 1991ལོ། ཤོག་ངོས་158-189

ཏུ་བཞུད་དོ། །"[1]ཞེས་སྤྱང་སྐོང་ཕྱག་རྒྱ་བ་དང་བཅས་པའི་མཆོད་པའི་རྟེན་རྣམས་ལི་ཐེ་སི་དང་ཐོ་གར་གྱི་ལོ་ཙྪ་བ་བློ་སེམས་འཚོ་གཉིས་ཀྱིས་འཕགས་ཡུལ་གྱི་པཎྜི་ཏ་ལེགས་བྱིན་དང་ལྷན་དུ་རྒྱ་གར་ནས་བོད་ལ་སྤྱན་དྲངས་པར་བཤད། ཡང་འགོས་ལོ་ཙྪ་བ་གཞོན་ནུ་དཔལ་གྱི་དེབ་ཐེར་སྔོན་པོའི་ནང་། "དོན་ལ་པཎྜི་ཏ་བློ་སེམས་འཚོ་དང་། ལོ་ཙྪ་བ་ལི་ཐེ་སེས་ཆོས་དེ་དག་ཁྱེར་འོངས་པ་ལ། རྒྱལ་པོས་ཡི་གེ་མི་ཤེས་ཤིང་དོན་མི་གོ་བས་པཎྜི་ཏ་དང་ལོ་ཙྪ་བ་ཕྱིར་ལོག་ཟེར་བ་འདི་དག་པ་འདྲ་སྟེ།" [2]ཞེས་པཎྜི་ཏ་དང་ལོ་ཙྪ་བའི་ངོས་འཛིན་གྱི་ཕྱོགས་ནས་ནེའུ་པཎྜི་ཏ་དང་མི་འདྲ་བ་མ་གཏོགས། སྤྱང་སྐོང་ཕྱག་རྒྱ་པ་ལ་སོགས་པའི་རྟེན་རྣམས་རྒྱ་གར་ནས་བྱུང་བ་ལ་བཞེད་པ་གཅིག་མཐུན་ཡིན། ལྟ་བ་འདི་རིགས་ཀྱིས་བོན་གྱི་ཡིག་ཆ་ལའང་ཤུགས་རྐྱེན་ཐེབས་ཡོད། དཔེར་ན། གཡུང་དྲུང་བོན་གྱི་སྒྲ་བསྒྲགས་རིན་པོ་ཆེའི་སྒྲིང་གྲགས་ཞེས་པའི་ནང་།

"རྒྱལ་པོ་འདིའི་རིང་ལ་རྒྱ་གར་ནས་བོད་དུ་གསེར་གྱི་མཆོད་རྟེན་ལ་དམུ་ཏྲའི་རྒྱས་བཏབ་པ་ཞིག་འདི་ཆོས་ཀྱི་མཆོད་རྟེན་ཡིན་ཟེར་ནས་སྟོན་པ་ཞིག་བྱུང་། རྒྱལ་པོས་ཀྱང་མཆོད་རྟེན་སྟོན་པ་དེ་ལ་མ་བཀག་པས། ཆོས་ཞེས་བྱ་བ་ཡང་ཡོད་པར་འདུག་ཟེར་བ་བྱུང་"[3]ཞེས་བཀོད་ཡོད། དེ་ཡང་ལྟ་བ་འདིའི་རིགས་ཀྱིས་སངས་རྒྱས་ཀྱི་རྟེན་རྣམས་གནམ་ལས་བྱུང་བར་འདོད་པ་ལ་མི་འཐད་པའི་དགག་བཞག་མཛད་ཡོད་པ་ནེའུ་པཎྜི་ཏས། "སྤྱང་ཀོང་ཕྱག་བརྒྱ་པ་ཉི་ཟེར་ལས་བཅིངས་ཏེ་ཕོ་བྲང་གི་ཡང་ཐོག་ཏུ་བྱུན་ནོ་ཞེས་གནམ་ལས་བབས་པར་སྨྲ་བ་ནི་བོན་པོས་ལྐད་བཙུག་པ་ཡིན་ནོ"[4]ཞེས་གནམ་ལས་བབས་པར་འདོད་པ་ནི་ཆོས་ལུགས་ཀྱི་ཕྱོགས་ཞེན་པོ་ནའི་དབང་གིས་གཞན་གྱིས་ལྐད་བཙུག་པ་ཡིན་པར་གསུངས་ཡོད། ལོ་རྒྱུས་སྨྲ་བ་ཆབ་སྤེལ་ཚེ་བརྟན་ཕུན་ཚོགས་སོགས་ཀྱིས་བརྩམས་པའི་བོད་ཀྱི་ལོ་རྒྱུས་རགས་རིམ་གཡུ་ཡི་ཕྲེང་བ་དང་། དགེ་རྒན་ཆེན་མོ་ཐུབ་བསྟན་ཕུན་ཚོགས་ཀྱིས་བརྩམས་པའི་བོད་ཀྱི་ལོ་རྒྱུས་སྤྱི་དོན་པདྨ་ར་གའི་ལྡེ་མིག་སོགས་ཀྱིས་མཚོན་པའི་དེང་གི་ལོ་རྒྱུས་ཆེད་མཁས་དག་གིས་བརྩམས་པའི་དཔེ་དེབ་ནང་དུའང་ལྟ་བ་འདི་བདེན་པར་འཛིན་གྱིན་ཡོད།

གསུམ། དཔང་སྐོང་ཕྱག་རྒྱ་བ་རྒྱ་ནག་ནས་སྤྱན་དྲངས་པའི་བཞེད་ཚུལ་འགོད་པ། ཀུན་མཁྱེན་ཀློང་

[1] བོད་ཀྱི་ལོ་རྒྱུས་དེབ་ཐེར་ཁག་ལྔ། བོད་ལྗོངས་བོད་ཡིག་དཔེ་རྙིང་དཔེ་སྐྲུན་ཁང་། 2011ལོ། ཤོག་ངོས་14-15
[2] འགོས་ལོ་ཙྪ་བ་གཞོན་ནུ་དཔལ། དེབ་ཐེར་སྔོན་པོ། སི་ཁྲོན་མི་རིགས་དཔེ་སྐྲུན་ཁང་། 1984ལོ། ཤོག་ངོས་64
[3] བོན་གྱི་ལོ་རྒྱུས་ཡིག་ཆ་ཕྱོགས་སྒྲིག བོད་ལྗོངས་བོད་ཡིག་དཔེ་རྙིང་དཔེ་སྐྲུན་ཁང་། 2010ལོ། ཤོག་ངོས་167
[4] བོད་ཀྱི་ལོ་རྒྱུས་དེབ་ཐེར་ཁག་ལྔ། བོད་ལྗོངས་བོད་ཡིག་དཔེ་རྙིང་དཔེ་སྐྲུན་ཁང་། 2011ལོ། ཤོག་ངོས་15

ཆེན་རབ་འབྱམས་པ་དྲི་མེད་འོད་ཟེར་གྱིས་མཛད་པའི་གླིང་ཆེན་ཆོས་འབྱུང་ནང་དུ། ཁ་ཅིག་གི་འདོད་པ་བཀོད་དུས་ཆོས་ལུགས་ཀྱི་ལོ་རྒྱུས་སུམ་ཟུར་བཞི་སྡེངས་རྙིང་པ་ཞེས་པའི་ལུང་དྲངས་པ་ལས། "རྒྱལ་པོ་དེའི་རིང་ལ་ཐོ་གར་དང་། ལིའི་ལོ་ཙྰ་བ་གཉིས་ཀྱིས་རྒྱ་ནག་གི་མཁན་པོ་ལི་བྱིན་གདན་དྲངས་ཏེ་ཕྱིན་ནས། རྒྱལ་པོ་ཆོས་བཤད་ཀྱང་བོད་ལ་ཡི་གེ་མེད་པས། བསླབ་ཏུ་མ་བཏུབ་ཅིང་དར་བར་མ་ནུས་ནས། སྐུའི་རྟེན་དུ་རིགས་ལྔའི་ལུགས་སྐུ་ཚད་གཅིག་གསུང་གི་རྟེན་དུ་སྤང་ཀོང་དང་གཙུག་ཏོར་དྲི་མེད། ཐུགས་ཀྱི་རྟེན་དུ་གསེར་གྱི་མཆོད་རྟེན་བང་རིམ་ལྔ་པ་དང་། དེ་རྣམས་ལ་རིགས་ལྔའི་ཕྱག་རྒྱས་བཏབ་ནས་འདི་ལ་མཆོད་པ་གྱིས་གསུངས་ནས་མཁན་པོ་རྒྱ་ནག་ཏུ་བཞུད་"[①]ཅེས་མཁན་པོ་ལི་བྱིན་ནི་རྒྱ་ནག་གི་ཡིན་པ་དང་། ལོ་ཙྰ་བ་གཉིས་ཀྱང་ཐོ་གར་དང་ལི་ཡུལ་ནས་ཡིན་པ་གསལ་པོར་བཤད་འདུག འདི་ལ་དཔག་ན་སྤང་སྐོང་ཕྱག་རྒྱ་བ་ལ་སོགས་བོད་དུ་ཐོག་མར་བྱུང་བའི་སངས་རྒྱས་ཆོས་ལུགས་ཀྱི་རྟེན་རྣམས་རྒྱ་ནག་ནས་སྤྱན་དྲངས་པ་ཡིན་པར་མངོན་འདུག འདིའི་སྐོར་ནུབ་བྱང་མི་རིགས་སློབ་གྲྭ་ཆེན་མོའི་དགེ་རྒན་ཆེན་མོ་ཚ་རིས་སྐལ་བཟང་ཐོགས་མེད་ལགས་ཀྱིས་སྤང་སྐོང་ཕྱག་བརྒྱ་པ་ཞེས་པའི་མཚན་བྱང་འདི་ནི་རྒྱ་ནག་གི་སྐད་ལས་སྒྲ་བསྒྱུར་བྱས་ནས་བྱུང་སྙམ་པ་དང་། དེ་མིན་མཁན་པོ་ལི་བྱིན་ནི"罗什" ཞེས་པ་དང་སྒྲ་ཉེ་བས་རྒྱ་ནག་ཏུ་ནང་པའི་བསྟན་པ་སྤེལ་བར་བྱས་རྗེས་ཆེ་ཞིང་ཀྲུང་གོའི་ལོ་རྒྱུས་སྟེང་ནང་པའི་ཆོས་ལུགས་ཀྱི་ལོ་ཆེན་བཞིའི་ཡ་གྱལ་དུ་བགྲང་བ་སྟེ། རིག་འཛིན་ཀུ་མ་ར་ཛཱི་ལ་རྒྱ་ནག་གི་ཡིག་ཚང་དུ"鸠摩罗什" ཟེར་བ་མིན་ནམ་ལ་སོགས་དཔྱད་པ་མང་དུ་བཏང་ཡོད་པས། ཤེས་འདོད་ཅན་ཆོས་ཁོང་གིས་ཉིས་སྟོང་དགུ་ལོའི་ཀྲུང་གོ་བོད་རིག་པའི་དེབ་དང་པོའི་སྟེང་སྤེལ་བའི་ཏུན་ཧོང་བོད་ཡིག་ཆོས་གཞུང་ཡིག་ཚགས་དཔང་སྐོང་ཕྱག་བརྒྱ་པ་དང་འབྲེལ་ནས་གཉན་པོ་གསང་བའི་སྐོར་རགས་ཙམ་གླེང་བ་ཞེས་པར་གཟིགས་པར་འཚལ། བཞེད་ཚུལ་འདིར་སྒྲུབ་བྱེད་ཀྱི་ལུང་གི་ཕྱོགས་ནས་དེ་འདྲའི་འཛོམས་པོ་མེད་ཀྱེན། ཟུ་མཐུད་དུ་དཔྱད་གཞིའི་ཡིག་ཆ་འཚོལ་ཞིབ་བྱས་ན་མ་གཏོགས། ད་ཐར་ལྟ་བ་འདི་ལ་བདེན་ཁ་སྐྱེར་མཁན་མང་པོ་བྱུང་མེད།

① ཀུན་མཁྱེན་ཀློང་ཆེན་རབ་འབྱམས་པ་དྲི་མེད་འོད་ཟེར། ཀློང་ཆེན་ཆོས་འབྱུང་། བོད་ལྗོངས་བོད་ཡིག་དཔེ་རྙིང་དཔེ་སྐྲུན་ཁང་། 1991ལོ། ཤོག་ངོས་221

གསུམ་པ། སློབ་དཔོན་ཐོན་མིས་དཔང་སྐོང་ཕྱག་བརྒྱ་པ་བོད་དུ་ཐོག་མར་བསྒྱུར་ཚུལ།

རང་ཅག་བོད་ཀྱི་ཡི་གེ་བྱེད་པོའམ་རྒྱལ་པོ་སྲོང་བཙན་སྒམ་པོའི་བློན་པོ་ཐོན་མི་སམྦྷོ་ཊ་ཞེས་པ་དེའི་མཚན་དང་འཁྲུངས་ཡུལ་གྱི་སྐོར་ལ། སྔོན་བྱོན་མཁས་དབང་དག་ལ་བཞེད་ཚུལ་མི་མཐུན་པ་མང་དུ་བྱུང་ཡོད་དེ། ས་སྐྱ་བསོད་ནམས་རྒྱལ་མཚན་གྱིས་མཛད་པའི་རྒྱལ་རབས་གསལ་བའི་མེ་ལོང་ནང་། "སྐྱེ་མོ་ཐོན་གྱི་ལུག་ར་ག་བ་ནས་ཡིན་པ་ཐོན་མི་ཨ་ནུའི་བུ་སམྦྷོ་ཊ་"①ཞེས་པ་དང་། རྒྱལ་དབང་ལྔ་པའི་དེབ་ཐེར་དཔྱིད་ཀྱི་རྒྱལ་མོའི་གླུ་དབྱངས་སུ། "འཁྲུངས་ཡུལ་གཉལ་ནས་ཡིན་པ་ཐོན་མི་ཨ་ནུའི་བུ་སམྦྷོ་ཊ་"②ཞེས་དང་། སྐྱོགས་སྟོན་རིན་ཆེན་བཀྲ་ཤིས་ཀྱིས་མཛད་པའི་བརྡ་གསར་རྙིང་གི་རྣམ་གཞག་དེབ་ཐེར་ལི་ཤིའི་གུར་ཁང་ན། "སྔོ་གཉལ་གྱི་ཐུ་མི་སྣང་གྲགས་ཀྱི་བུ་ཨ་ནུ་སྡེ་ས་འདོ་ར་"③ཞེས་པ་ལྟ་བུའོ། །སམྦྷོ་ཊ་ཞེས་པ་ནི་བོད་ཡང་དག་གམ་བོད་བསྡུགས་པའི་དོན་ཡིན་ཞེས་ཕྱིས་ཀྱི་མཁས་དབང་མང་པོས་འགྲེལ་ཡོད་ཀྱང་། སྔ་རབས་ཀྱི་དེབ་ཐེར་རྩ་ཆེན་དབའ་བཞེད་ནང་། "རྒྱ་གར་གྱི་ཆོས་དང་ཡི་གེའི་དཔེ་ལེན་པར་འཐོན་མི་གསམ་པོ་ར་ལ་བཀའ་སྩལ་ཏེ་བཏང་ནས་"④ཞེས་རང་རེའི་ཡི་གེའི་བྱེད་པོ་སློབ་དཔོན་ཐོན་མིའི་མཚན་ལ་དང་ཐོག་འཐོན་མི་གསམ་པོ་ར་ཟེར་བ་གསལ།

ཏུན་ཧོང་ནས་ཐོན་པའི་བོད་ཀྱི་ཡིག་ཆP.T.1287ལས་འོ་ལྡེ་སྤུ་རྒྱལ་པའི་བློན་པོ་རྩལ་ཅན་རིམ་བྱུང་ནང་། "དེ་འི་འོག་དུ་མཐོན་མྱི་འབྲིང་པོ་རྒྱལ་བཙན་ནུས་བྱས་ཏེ་"⑤ཞེས་པ་ལས་མཐོན་མི་ནི་སྤུ་རྒྱལ་དུས་སུ་བློན་ཆེན་པོ་བྱས་མྱོང་བའི་རུས་རྒྱུད་གྲགས་ཅན་མཐོན་མྱི་ཞེས་པ་ཡིན་པ་ཡིག་རྙིང་དག་ལས་ངོ་འཕྲོད། ཕྱིས་སུ་རིམ་བཞིན་ཐོན་མིའང་ཐུ་མི་སམྦྷོ་ཊ་ཞེས་པའི་འབྲི་སྲོལ་ཆགས་པར་སྣང་། སི་ཏུ་ཆོས་ཀྱི་འབྱུང་གནས་ཀྱིས་མཛད་པའི་སྡེ་དགེའི་བཀའ་འགྱུར་དཀར་ཆག་ལས། "དཔང་སྐོང་ཕྱག་བརྒྱ་པ་ཐུ་

① ས་སྐྱ་བསོད་ནམས་རྒྱལ་མཚན། རྒྱལ་རབས་གསལ་བའི་མེ་ལོང་། མི་རིགས་དཔེ་སྐྲུན་ཁང་། 1981ལོ། ཤོག་ངོས་74

② རྒྱལ་དབང་ལྔ་པ། དེབ་ཐེར་དཔྱིད་ཀྱི་རྒྱལ་མོའི་གླུ་དབྱངས། མི་རིགས་དཔེ་སྐྲུན་ཁང་། 1981ལོ། ཤོག་ངོས་20

③ སྐྱོགས་སྟོན་རིན་ཆེན་བཀྲ་ཤིས། ལི་ཤིའི་གུར་ཁང་། མི་རིགས་དཔེ་སྐྲུན་ཁང་། 1981ལོ། ཤོག་ངོས་1

④ དབའ་བཞེད་བཞུགས་སོ། །བོད་ལྗོངས་བོད་ཡིག་དཔེ་རྙིང་དཔེ་སྐྲུན་ཁང་། 2010ལོ། ཤོག་ངོས་2

⑤ ཧྥ་རན་སིར་ཉར་བའི་ཏུན་ཧོང་བོད་ཡིག་ཤོག་དྲིལ་ཨང་རྟགསP.T.1287

མི་སམ་བྷོ་ཊའི་འགྱུར་”[1]ཞེས་རྒྱལ་རབས་ཉེར་བདུན་པ་ལྷ་ཐོ་ཐོ་རི་གཉན་བཙན་གྱི་སྐབས་སུ་ཆོས་ཀྱི་དཔྱ་བརྙེས་པའི་མཚོན་བྱེད་ཀྱི་གྲས་སུ་དཔང་སྐོང་ཕྱག་བརྒྱ་པ་ནི། བོད་ཀྱི་ལོ་ཙཱ་བ་ཐོག་མ་ཐོན་མི་སམྦྷོ་ཊས་བསྒྱུར་ཚུལ་གསལ་པོར་བསྟན་ཡོད། དེ་བཞིན་དུ་སྣར་ཐང་དང་སྡེ་དགེའི་བཀའ་འགྱུར་ནང་སྤང་སྐོང་ཕྱག་བརྒྱ་པ་འདི་ཐོན་མིས་བསྒྱུར་བ་ཡིན་ཚུལ་ལ། བཀའ་འགྱུར་དབུས་དཔར་གྱི་དཀར་ཆག་ལེགས་བཤད་འཕྲུལ་གྱི་ལྡེ་མིག་ཏུ། “སྤང་སྐོང་ཕྱག་བརྒྱ་པ་ཐུ་མི་སམ་བྷོ་ཊའི་འགྱུར་”[2]ཞེས་བཀོད་ཡོད་ལ། བུ་སྟོན་རིན་ཆེན་གྲུབ་ཀྱིས་མཛད་པའི་བུ་སྟོན་ཆོས་འབྱུང་ན་ཐོན་མིའི་མཛད་རྗེས་ཀྱི་སྐོར་ཙུང་ཙ་ཚང་ཞིག་བཀོད་ཡོད་པ་ལ། “ཐོན་མི་ཨ་ནུའི་བུ་ལ་འཁོར་བཅུ་དྲུག་དང་བཅས་པ་ཡི་གེ་སློབ་ཏུ་བཏང་བས་པཎྜི་ཏ་ལྷ་རིག་པའི་སེང་གེ་ལས་སྒྲ་བསླབས་ཏེ་བོད་ཀྱི་སྐད་དང་བསྟུན་ནས་གསལ་བྱེད་སུམ་ཅུ། ཨཱ་ལི་བཞིར་བསྡུས་ཏེ་གཟུགས་ཁ་ཆེའི་ཡི་གེ་དང་བསྟུན་ནས་ལྷ་སའི་སྐུ་མཁར་མ་རུར་བཅོས་ནས་ཡི་གེ་དང་སྒྲའི་བསྟན་བཅོས་བརྒྱད་མཛད་དེ་རྒྱལ་པོས་ལོ་བཞི་རུ་མཚམས་བཅད་དེ་བསླབས་སོ། མདོ་སྡེ་ཟ་མ་ཏོག་བཀོད་པ་དང་། དཔང་སྐོང་དང་། མདོ་སྡེ་དཀོན་མཆོག་སྤྲིན་ལ་སོགས་པ་བསྒྱུར་རོ། །”[3]ཞེས་པའོ། །འདི་ལས་ཐོན་མིའི་མཛད་རྗེས་གཙོ་བོ་ནི་ཡི་གེ་བཟོས་པ་དང་། སྒྲའི་བསྟན་བཅོས་བརྒྱད་མཛད་པ་དང་། རྒྱལ་པོ་སྲོང་བཙན་སྒམ་པོར་ཡི་གེ་བསླབས་པ། མདོ་སྡེ་ཟ་མ་ཏོག་བཀོད་པ་དང་དཔང་སྐོང་ཕྱག་བརྒྱ་པ། མདོ་སྡེ་དཀོན་མཆོག་སྤྲིན་ལ་སོགས་པ་ལེགས་སྦྱར་སྐད་ལས་བོད་དུ་བསྒྱུར་བ་བཅས་ཡིན་པ་གསལ་པོར་ཤེས་ཐུབ། དེང་རབས་བོད་ཀྱི་མཁས་པའི་དབང་པོ་ཚེ་ཏན་ཞབས་དྲུང་མཆོག་གིས་ཀྱང་ཡིག་ཆ་འདི་དག་ལ་གཞི་བཅོལ་ཐོག ཐོན་མིའི་ཞལ་ལུང་དུ། “སྲོང་བཙན་ལས་རྒྱལ་རབས་ལྔས་སྔ་བའི་བོད་རྒྱལ་ལྷ་ཐོ་ཐོ་རི་སྙན་བཙན་གྱི་ཕྱག་ཏུ་བྱུང་བའི་ཐུགས་དམ་གྱི་རྟེན་གཉན་པོ་གསང་བའི་གྲས་ནས། ལེགས་སྦྱར་སྐད་དུ་ཡོད་པའི་དཔང་སྐོང་ཕྱག་བརྒྱ་པ། མདོ་སྡེ་ཟ་མ་ཏོག ཙིན་ཏ་མ་ཎིའི་གཟུངས། མདོ་སྡེ་ལས་རྣམ་འབྱེད་ཀྱང་བསྒྱུར་བར་མཛད་”[4]ཅེས་སློབ་དཔོན་ཐོན་མི་ལགས་ཀྱིས་དཔང་སྐོང་ཕྱག་བརྒྱ་པ་མ་ཟད། མདོ་སྡེ་ཟ་མ་ཏོག་དང་ཙིན་ཏ་མ་ཎིའི་གཟུངས། མདོ་སྡེ་ལས་རྣམ་འབྱེད་

① སི་ཏུ་པཎ་ཆེན་ཆོས་ཀྱི་འབྱུང་གནས། སྡེ་དགེའི་བཀའ་འགྱུར་དཀར་ཆག སི་ཁྲོན་མི་རིགས་དཔེ་སྐྲུན་ཁང་། 1989ལོ། ཤོག་གྲངས་375

② དཀར་ཆག་ལེགས་བཤད་འཕྲུལ་གྱི་ལྡེ་མིག ལྷ་སའི་ཞོལ་པར་ཁང་གི་ཤིང་དཔར། ཤོག་གྲངས་454

③ བུ་སྟོན་རིན་ཆེན་གྲུབ། བུ་སྟོན་ཆོས་འབྱུང་། ཀྲུང་གོའི་བོད་ཀྱི་ཤེས་རིག་དཔེ་སྐྲུན་ཁང་། 1988ལོ། ཤོག་གྲངས་182

④ ཚེ་ཏན་ཞབས་དྲུང་། ཐོན་མིའི་ཞལ་ལུང་། ཀན་སུའུ་མི་རིགས་དཔེ་སྐྲུན་ཁང་། 2005ལོ། ཤོག་གྲངས་37

སོགས་ཀྱང་ལེགས་སྦྱར་གྱི་སྐད་ལས་ཚུར་བོད་ལ་བསྒྱུར་བར་གསུངས་སོ། །

བཞི་པ། ཏུན་ཧོང་ཡིག་རྙིང P.T.0017ལས་བྱུང་བའི་དཔང་སྐོང་ཕྱག་བརྒྱ་པའི་སྐད་བརྡའི་ཁྱད་ཆོས།

ཧྥ་རན་སིར་ཉར་བའི P.T.0017ལས་བྱུང་བའི་དཔང་སྐོང་ཕྱག་བརྒྱ་པ་ཞེས་པའི་ཆོས་ཚན་འདི་ནི་ཏུན་ཧོང་ཡིག་རྙིང་ཁྲོད་ཀྱི་ཕྱང་སྐོང་ཕྱག་རྒྱ་བ་གཞན་དག་དང་བསྡུར་ཆེ། བོད་ཀྱི་གནའ་བོའི་ཡི་གེའི་ཁྱད་ཆོས་མང་དུ་སྣང་ཞིང་། ཁྱད་ཆོས་འདི་དག་ལ་གཞིགས་ན། ཡིག་ཆ་འདི་ནི་མ་མཐའ་ཡང་དུས་རབས་བཅུ་བའི་ཡན་གྱི་ཡིག་ཆ་ཡིན་པ་གསལ་པོར་ཤེས་ཐུབ། གཤམ་དུ་ཡིག་ཆ་འདིའི་སྐད་བརྡའི་ཁྱད་ཆོས་དག་ཞིབ་ཏུ་བརྗོད་པར་བྱེད་དོ། །

གཅིག དབྱངས་ཀྱི་སྐོར། གི་གུ་ཕྱིར་ལོག་ནི་བཙན་པོའི་སྐབས་ཀྱི་ཡིག་རྙིང་སྤྱིར་ཁྱབ་ཆེར་སྣང་བ་དང་། ཡིག་རྙིང་ཡིན་མིན་གྱི་ཁྱད་པར་འབྱེད་པའི་རྟགས་མཚན་གཙོ་བོ་ཞིག་ཏུའང་སོང་ཡོད། ཡིག་ཆ་འདིར་ཡང་གི་གུ་ཕྱིར་ལོག་གི་གྲངས་ཀ་བརྒྱ་དང་ཉེར་ལྔ་ལྷག་ཡོད་ཅིང་། དེ་ཡང་བོད་ཀྱི་ཡིག་རྙིང་ལ་ཞིབ་འཇུག་བྱེད་མཁན་རྣམས་ཀྱིས་གི་གུ་ཕྱིར་ལོག་གི་ཐད་ནས་བཞེད་ཚུལ་མི་འདྲ་བར་བཀོན་འདུག མཁས་དབང་ཚེ་ཏན་ཞབས་དྲུང་མཆོག(1910–1985)གིས་མཛད་པའི་ཐོན་མིའི་ཞལ་ལུང་དུ། “བོད་ཀྱི་དབྱངས་ཨྀ་རིང་ལ་གི་གུ་ཕར་ལོག་ཚུར་ལོག་ཅམ་གྱིས་བྱ་བ་དེ་མི་འགྲུབ་པས་ཡི་གེའི་གཤམ་དུ་འ་ཆུང་འདོགས་དགོས་པར་བཟོས་པ་དཔེར་ན་ཀཱི་འདི་ལྟ་བུ་སྟེ། གནད་དམ་པ་འདིའི་དབང་གིས་རིམ་གྱིས་བོད་ཡིག་ལ་གི་གུ་ཕྱིར་ལོག་ཅན་མགོ་མེད་དུ་གྱུར་”[1]ཞེས་གི་གུ་ཕྱིར་ལོག་ཡོད་མེད་གཉིས་ལ་ཁྱད་པར་ཅི་ཡང་མེད་པར་གསུངས་འདུག་པ་དང་། ནུབ་ཕྱོགས་མི་རིགས་སློབ་གྲྭ་ཆེན་མོའི་དགེ་རྒན་ཚེ་ར་པདྨ་དབང་ཆེན་ལགས་ཀྱིས་སྒྲ་སྒོའི་བཞེད་པ་ལྟར་གདངས་ཀྱི་ཆ་ནས་གོ་བ་བླངས་ཏེ་ཞིབ་ཏུ་དཔྱད་བསྡུར་བགྱིས་ཤིང་། མཐར་གི་གུ་ཕྱིར་ལོག་དེ་སྒྲ་སྒོར་བཀོད་པའི་བཀུག་པའི་ང་རོ་རིང་དང་ཡི་སྟེ། བསྒྲིམ་དང་སློད་པའི་གདངས་ཀྱི་རྣམ་པ་གསལ་བྱེད་ཅིག་ཡིན་པ་ལ། བོད་པའི་སྐད་ཀྱི་གདངས་གང་ཞིག་མཚོན་བྱེད་དུ་སྦྱོར་སྲོལ་བྱུང་བ་ཡིན་ཚུལ་དགོངས་པའོ། །

དེ་དག་ལས་དཔེར་མཚོན་ཙམ་ཞིག་འདིར་བཀོད་ན། ཡིག་ཆ་འདིའི་ཐིག་ཕྲེང་83ན་ཕྱོགས་བཙུའི་

[1] པ་ཚབ་པ་སངས་དབང་འདུས། སུ་རྒྱལ་བོད་ཀྱི་རྗེ་བཙས་ཡི་གེ་ཕྱོགས་བསྒྲིགས་ཀྱི་མ་ཡིག་དག་བཤེར་དང་དེའི་ཚིག་འགྲེལ་དྭངས་སང་གངས་རྒྱ། བོད་ལྗོངས་མི་དམངས་དཔེ་སྐྲུན་ཁང་། 2011ལོ། ཤོག་ངོས་9

སངས་རྒྱས་དང་། ཐིག་ཕྲེང་88ན་ཤར་ཕྱོའི་ཕྱོགས་མཚམས་ཀྱི་སངས་རྒྱས། ཐིག་ཕྲེང་90ན་ནུབ་ཕྱོགས་ཀྱི་ཕྱོགས་མཚམས་ཞེས་པ་དང་། ཐིག་ཕྲེང་96ན་བྱང་ཕྱོགས་ཀྱི་སངས་རྒྱས་ལྟ་བུའོ། །རྩ་རན་སིར་ཉར་བའི་ཏུན་ཧོང་ཡིག་རྙིང་ལས་བྱུང་བའི་དཔང་སྐོང་ཕྱག་བརྒྱ་པའི་པར་གཞི་གཞན་པP.T.0019དང་P.T.0020Vདང་P.T.0021དང་P.T.0022དང་P.T.32BVབཅས་དང་བསྡུར་ན་སྐབས་བབ་ཀྱི་གླེང་བྱར་བཟུང་བའི་ཡིག་ཆP.T.0017ནང་ན་གི་གུ་ཕྱིར་ལོག་ཅན་ཆེས་མང་བ་རེད།

གཉིས། མིང་གཞིའི་ཡི་གེའི་སྐོར། སྔ་པ་གཅིག་པའི་མིང་གཞིའི་ཡི་གེ་ཕན་ཚུན་བརྗེ་བ་ལ། ཡིག་ཆ་འདིའི་ཐིག་ཕྲེང་83དང་132དང་133དང་134དང་135དང་136དང་144དང་147དང་173དང་174དང་188དང་190དང་193དང་206སོགས་ན་ཐམས་ཅད་ལ་ཐམས་ཆད་ཅེས་ཅའི་དོད་དུ་ཆ་བྲིས་ཡོད། ཡང་ཐིག་ཕྲེང་85ན་རིན་ཆེན་ལ་རིན་ཅེན་ཞེས་ཆའི་དོད་དུ་ཅ་བྲིས་ཡོད། ཐིག་ཕྲེང་90དང་92ན་དཔལ་དེ་བཞིན་གཤེགས་པ་ལ་དཔལ་དེ་བཞིན་གཤེགས་པ་ཞེས་པའི་དོད་དུ་ཕ་ཡིག་བྲིས་ཡོད། ཐིག་ཕྲེང་88དང་117དང་118དང་120དང་121དང་123དང་125དང་126དང་127དང་128དང་129དང་132དང་133དང་134དང་135དང་137དང་138དང་139དང་140དང་141དང་146དང་147དང་148དང་157སོགས་ན་ཕྱག་འཚལ་ལ་ཕྱག་འཙལ་ཞེས་ཚའི་དོད་དུ་ཙ་བྲིས་ཡོད། ཐིག་ཕྲེང་133དང་150དང་151དང་152དང་153དང་154དང་155དང་156དང་157དང་158དང་159དང་160དང་161དང་162དང་163དང་164དང་165དང་197དང་200དང་205དང་208དང་209དང་218སོགས་ན་བྱང་ཆུབ་ལ་བྱང་ཅུབ་དང་། ཐིག་ཕྲེང་199ན་སེམས་ཅན་ལ་སེམས་ཆན། ཐིག་ཕྲེང་200ན་ཉག་ཅིག་ལ་ཉག་ཆིག ཐིག་ཕྲེང་219ན་ཚོགས་ཆེན་ལ་ཚོགས་ཅེན་སོགས་སུ་བྲིས་ཡོད་པ་ལྟ་བུའོ། །

སྔ་པ་གཅིག་པའི་མིང་གཞིའི་ཡི་གེ་ཕན་ཚུན་བརྗེ་བ་ནི་བོད་ཀྱི་ཡིག་རྙིང་གི་ཁྱད་ཆོས་གཙོ་བོའི་གྲས་ཡིན་པས། ཏུན་ཧོང་ལས་བྱུང་བའི་བོད་ཀྱི་ཡིག་རྙིང་ལས་གཞན་རྡོ་རིང་ལ་སོགས་ནའང་མང་དུ་ཡོད། དཔེར་ན། བཙན་པོ་ཁྲི་སྲོང་ལྡེ་བཙན་གྱིས་རྒྱལ་སྲིད་བཞེས་པའི་རིང་གི་ཆུ་མོ་ཡོས་ཏེ། སྤྱི་ལོ་763ལོའི་རྗེས་ཙམ་ཞིག་ལ་བློན་སྟག་སྒྲ་ཀླུ་གོང་གི་མཛད་རྗེས་ལ་གཟིགས་སུ་བསྐོད་ཆེད་བཞེངས་པའི་ཞོལ་རྡོ་རིང་གི་བྱང་ངོས་ཀྱི་ཡི་གེར། "ནང་ཀོར་ཡན་ཅད་དུ༔"[①]ཞེས་ཡན་ཆད་ལ་ཡན་ཅད་དང་། ཁྲི་སྲོང་ལྡེ་བཙན་སྐུ་དུས་སུ་བཙན་མོ་འབྲོ་བཟའ་རྒྱལ་མོ་བཙན་རབ་ཏུ་བྱུང་རྗེས་ཀྱི་མཚན་ཐོག

① པ་ཚབ་པ་སངས་དབང་འདུས། སྤུ་རྒྱལ་བོད་ཀྱི་རྡོ་བརྐོས་ཡི་གེ་ཕྱོགས་བསྒྲིགས་ཀྱི་མ་ཡིག་དག་བཤེར་དང་དེའི་ཚིག་འགྲེལ་དྭངས་སང་གངས་ཆུ། བོད་ལྗོངས་མི་དམངས་དཔེ་སྐྲུན་ཁང་། 2011ལོ། ཤོག་ངོས་225

ནས་བཞེངས་པའི་ཁྲ་འབྲུག་གཙུག་ལག་ཁང་གི་དྲིལ་བུའི་སྟེང་གི་ཡི་གེར། "རིན་ཅེན་གྱིས་བླུགས་སོ"[1] ཞེས་རིན་ཆེན་ལ་རིན་ཅེན་ཞེས་ཡོད་པ་ལྟ་བུའོ། །

གསུམ། སྔོན་འཇུག་གི་སྐོར། དེང་དུས་སྔོན་འཇུག་མེད་པའི་ཡི་གེར་ཡིག་ཆ་འདིར་སྔོན་འཇུག་སྦྱར་ཟིན་པ་ལ་ཐིག་ཕྲེང་113དང་115དང་148དག་ན་འོད་ཟེར་ལ་འོད་གཟེར་དང་། ཐིག་ཕྲེང་198ན་ཆད་པ་ལ་འཆད་པ་ཞེས་ཡོད། དེང་གི་སྔོན་འཇུག་ཅན་ལ་སྔོན་འཇུག་སྦྱར་མེད་པ་ནི་ཐིག་ཕྲེང་197ན་དགེ་བ་བཅུ་ལ་དགེ་བ་ཅུ་ཞེས་ཡོད། ཐིག་ཕྲེང་217ན་མཐུན་པ་ལ་འཐུན་པ་ཞེས་སྔོན་འཇུག་མའི་དོད་དུ་འ་ཡིག་བྲིས་ཡོད་པ་ལྟ་བུ། ཁ་ཁེར་ལས་དེང་གི་བརྡ་སྤྲོད་ཀྱི་སྦྱོར་ལུགས་དང་མི་འདྲ་ས་ཆེར་བྱུང་མེད་དོ། །

བཞི། རྗེས་འཇུག་གི་སྐོར། ཧྥ་རན་སིར་ཤར་བའི་ཏུན་ཧོང་གི་གནའ་ཡིག་ཡིག་ཆP.T.0017ཁྲོད་ཀྱི་དཔང་སྐོང་ཕྱག་བརྒྱ་པ་ཞེས་པའི་ཡིག་ཆ་འདིའི་རྗེས་འཇུག་ཡི་གེའི་ཐད་ནས་དེང་གི་བརྡ་སྤྲོད་ཀྱི་སྒྲི་འགྲོས་དང་ཕལ་ཆེར་མཐུན། དེ་ཡང་ཡིག་ཆ་འདིའི་ཐིག་ཕྲེང་101ན་མེ་ཏོག་ལ་མེན་ཏོག ཐིག་ཕྲེང་180ན་ཀུ་ནོམ་པ་ལ་ཀུན་ནོམ་པ་ཞེས་རྗེས་འཇུག་གི་ཡི་གེ་ན་སྦྱར་བ་དང་། ཐིག་ཕྲེང་159ན་སེལ་བ་ལ་སེར་བ་ཞེས་རྗེས་འཇུག་ལའི་དོད་དུ་ར་བྲིས་ཡོད། མིང་གཞིའི་ཡི་གེ་རྗེས་སུ་འ་བཞག་ཡོད་པ་ལ་ཐིག་ཕྲེང་164ན་མཐུའ་ཆེན་པ། ཐིག་ཕྲེང་207མ་སྐྱེས་པའ། ཐིག་ཕྲེང་208ན་བགྱིའ་དང་ཐིག་ཕྲེང་210ན་དོའ་ཞེས་པ་ལྟ་བུ་ལས་མང་པོ་མེད་པ་དང་། དེ་ནི་སྔོན་སྐད་གསར་བཅད་སྐབས་ཚིག་ཚོགས་སྐྱུང་སླད་དུ་མིང་གཞིའི་ཡི་གེའི་རྗེས་སུ་འ་འཇོག་པ་དོར་བར་བཤད་པས་ཡིག་ཆ་འདི་ལའང་དེའི་ཤུགས་རྐྱེན་ཐེབས་པ་ཡིན་ཚུལ་གསལ་པོར་འདུག

ལྔ། མགོ་ཅན་དང་འདོགས་ཅན་གྱི་སྐོར། སྤྱིར་ཏུན་ཧོང་ནས་ཐོན་པའི་བོད་ཡིག་ཤོག་དྲིལ་དག་ན། སངས་རྒྱས་ལ་སངས་སྒྱས་དང་རྟོད་པ་ལ་སྟོད་པ་ལྟ་བུའི་ར་མགོའི་དོད་དུ་ས་མགོ་སྦྱར་བ་མང་དུ་ཡོད། ཡིག་ཆ་འདིའི་ཡང་ཐིག་ཕྲེང་133ན་རྒྱས་པ་ལ་སྒྱས་པ་ཞེས་ར་མགོའི་དོད་དུ་ས་མགོ་བྲིས་ཡོད། དེ་མིན་ཐིག་ཕྲེང་99དང་107དང་108དང་181དང་182དང་183དང་186དང་187དང་190དང་193དང་194དང་195དང་196དང་198དང་211སོགས་ན་མི་ལ་མྱི་ཞེས་ཡོད་པ་དང་། ཡང་ཐིག་ཕྲེང་109དང་135དང་149དང་164དང་200དང་217དང་218བཅས་ན་མེད་པ་ལ་མྱེད་པ་ཞེས་ཡོད། ཐིག་ཕྲེང་116ན་མེ་ལོང་ལ་མྱེ་ལོང་ཞེས་ཡོད། མི་དང་མེ་མེད་ལ་སོགས་པར་མྱི་དང་མྱེ་མྱེད་ལ་སོགས་པ་བཞིན་འབྲི་བ

[1] པ་ཚབ་པ་སངས་དབང་འདུས། སྤུ་རྒྱལ་བོད་ཀྱི་རྡོ་བརྐོས་ཡི་གེ་ཕྱོགས་བསྒྲིགས་ཀྱི་མ་ཡིག་དག་བཤེར་དང་དེའི་ཚིག་འགྲེལ་དྭངས་སང་གངས་རྒྱ། བོད་ལྗོངས་མི་དམངས་དཔེ་སྐྲུན་ཁང་། 2011ལོ། ཤོག་ངོས་225

ནི། བོད་ཀྱི་ཡིག་རྙིང་གི་སྤྱིའི་ཁྱད་ཆོས་ཤིག་ཡིན་པ་མ་ཟད། ད་ལྟའི་བོད་ཀྱི་ཨ་མདོའི་སྐད་དུ་ད་དུང་མི་ལ་མྱི་དང་མེ་ལ་མྱེ་ཟེར།

ཏྲུག ནམ་དབྱེའི་སྐོར། ༡ ལ་དོན་བཤད་པ། ད་དང་ཏ་གཉིས་ཀྱི་རྐྱེན་གནས་ནི་ལྡེ་རྩེའི་དཀྱིལ་མ་ཡིན་ཞིང་། སྒྲའི་འདོན་སྟངས་ཀྱི་ཆ་ནས་འགག་སྒྲ་དང་སྒྲོག་ཆུང་ཡིན་པ་གཅིག་འདྲ་ཡིན་པའི་རྒྱུ་མཚན་གྱིས། བོད་ཀྱི་ཡིག་རྙིང་དག་ན་ལ་དོན་གྱི་ཕྲད་ཏུའི་དོད་དུ་ཕྲད་དུ་བཞག་པ་མང་པོ་ཡོད། ཡིག་ཆ་འདིའི་ཐིག་ཕྲེང་114ན་རབ་ཏུ་བཟང་པོ་ལ་རབ་དུ་བཟང་པོ་དང་། ཐིག་ཕྲེང་118ན་རབ་ཏུ་མཛེས་པ་ལ་རབ་དུ་མཛེས་པ། ཐིག་ཕྲེང་204ན་རྟག་ཏུ་བཞེས་ལ་རྟག་དུ་བཞེས་ཞེས་བྲིས་ཡོད། ལ་དོན་གྱི་ཕྲད་ཏུ་ནི་སུམ་ཅུ་པའི་རྩ་བར་དངོས་སུ་བསྟན་མེད་པ་དང་། འགྲེལ་བྱེད་མཁན་པོ་རྣམས་ཀྱིས་ཤུགས་བསྟན་དུ་གསུང་ལ། རྒྱལ་པོ་ཁྲི་སྲོང་ལྡེ་བཙན་གྱིས་སློབ་སྟག་སྒྲ་ཀླུ་ཁོང་གི་མཛད་རྗེས་ལ་གཟེངས་སུ་བསྟོད་པའི་ཆེད་དུ་བཞེངས་པའི་ཞོལ་རྡོ་རིང་དང་། ཏུན་ཧོང་ནས་ཐོན་པའི་ལོ་རྒྱུས་དོན་ཆེན་གནད་བསྡུས་སོགས་སུ་ཕལ་ཆེར་ཏུ་སྒྲ་མཐོང་དུ་མེད་པར་མངོན། དེ་བས་ལ་དོན་གྱི་ཕྲད་ཏུ་ཡིག་ནི་རྗེས་སུ་རིམ་གྱིས་རང་རེའི་བོད་ཡིག་བཀོད་སྒྲིག་རྒྱ་ཆེ་རུ་ཕྱིན་ནས་ཚད་ལྡན་ཅན་གྱི་ཕྱོགས་སུ་སོང་བ་དང་། ཡི་གེའི་ཕོ་མོའི་དབྱེ་བ་ཇེ་གསལ་དུ་སོང་ནས། སྒྲའི་འཇུག་ཚུལ་གྱི་དགོས་མཁོ་ལྟར་བྱུང་བར་སྙམ། དེ་བཞིན་དུ་ཐིག་ཕྲེང་101དང་104དང་124བཅས་སུ་ཀུན་ཏུ་ལ་ཀུན་དུ་དང་། ཐིག་ཕྲེང་124ན་ཤིན་ཏུ་ལ་ཤིན་དུ་ཞེས་ཡོད། དེང་སང་གི་དག་ཆ་ལྟར་ན་ཀུན་དང་ཤིན་སོགས་ནི་ད་དྲག་ཅན་གྱི་ཡི་གེ་ཡིན་ལ། ད་དྲག་ཅན་གྱི་མཐར་ལ་དོན་གྱི་ཕྲད་ཏུ་ཡིག་སྦྱར་ནས་ཀུན་ཏུ་དང་ཤིན་ཏུ་ལྟ་བུར་འབྲི་དགོས། ༢ བྱེད་སྒྲ་དང་འབྲེལ་སྒྲ་བཤད་པ། ག་དང་ག་གཉིས་ཀྱི་རྐྱེན་གནས་ནི་དོག་པའི་མགྲིན་པ་དང་ཡངས་པའི་ལྕེ་རྩེ་ཡིན་ལ། དེ་གཉིས་ཕན་ཚུན་བརྗེ་རེས་བྱེད་ཚུལ་ནི། བོད་ཀྱི་རྡོ་རིང་དང་ཅོང་ཡིག་མ་ཟད། ཏུན་ཧོང་ནས་ཐོན་པའི་བོད་ཀྱི་ཡིག་ཆ་འདིའི་ཡང་ཐིག་ཕྲེང་89ན་ལྷོ་ནུབ་ཀྱི་ཕྱོགས་མཚམས་ཀྱི་ཞེས་དགོས་པ་ལ། ལྷོ་ནུབ་གྱི་ཕྱོགས་མཚམས་གྱི་ཞེས་དང་། ཐིག་ཕྲེང་90ན་ཕྱོགས་མཚམས་ཀྱི་སངས་རྒྱས་ལ་ཕྱོགས་མཚམས་གྱི་སངས་རྒྱས། ཐིག་ཕྲེང་93ན་ཤར་ཕྱོགས་ཀྱི་སངས་རྒྱས་ལ་ཤར་ཕྱོགས་གྱི་སངས་རྒྱས། ཐིག་ཕྲེང་95ན་ནུབ་ཕྱོགས་ཀྱི་ལ་ནུབ་ཕྱོགས་གྱི་དང་། ཐིག་ཕྲེང་134ན་ཆོས་ཀྱི་སྐུ་ལ་ཆོས་གྱི་སྐུ། ཐིག་ཕྲེང་146ན་ཤེས་རབ་ཀྱི་ཕ་རོལ་དུ་ལ་ཤེས་རབ་གྱི་ཕ་རོལ་དུ། ཐིག་ཕྲེང་204ན་ཐུགས་རྗེས་ཆེན་པོ་རྣམས་ཀྱིས་ལ་ཐུགས་རྗེས་ཆེན་པོ་རྣམས་གྱིས་ལྟ་བུ། དེ་བཞིན་དུ་ཐིག་ཕྲེང་208དང་218ན་བྱང་ཆུབ་ཀྱི་སེམས་ལ་བྱང་ཆུབ་གྱི་སེམས། ཐིག་ཕྲེང་209ན་བྱང་ཆུབ་ཀྱི་སྙིང་པོ་ལ་བྱང་ཆུབ་གྱི་སྙིང་པོ། ཐིག་ཕྲེང་212ན་བསོད་ནམས་ཀྱི་ལ་

བསོད་ནམས་ཀྱི་ལྷ་བུའི་བྱེད་འབྲེལ་གྱི་སྦྱད་ཀྱི་དང་ཀྱིས་དོད་དུ་གྱི་དང་གྱིས་བཞག་པ་མང་པོ་ཡོད། ཡང་ཐིག་ཕྲེང་87ན་བྱང་ཤར་གྱི་ཕྱོགས་ལ་བྱང་ཤར་ཀྱི་ཕྱོགས་དང་ཧིང་ངེ་འཛིན་གྱི་ལ་ཧིང་ངེ་འཛིན་ཀྱི་ཞེས་འབྲེལ་སྒྲའི་སྦྱད་གྱིའི་དོད་དུ་ཀྱི་བཞག་ཡོད། ཐིག་ཕྲེང་90ན་ནུབ་བྱང་གི་ཕྱོགས་ལ་ནུབ་བྱང་གྱི་ཕྱོགས། ཐིག་ཕྲེང་200ན་ཉག་ཅིག་གིས་ལ་ཉག་ཆིག་གྱིས་ཞེས་བྱེད་འབྲེལ་གྱི་སྦྱད་གི་དང་གིས་དོད་དུ་གྱི་དང་གྱིས་སྦྱར་ཡོད་དོ། །

བདུན། སྐུང་ཡིག་གི་སྐོར། བོད་ལ་སྐུང་ཡིག་འབྲི་སྲོལ་གྱི་དུས་ཡུན་རིང་པོ་ཞིག་ཡོད་ལ་ཡིག་ཆ་འདིའི་ཐིག་ཕྲེང་95ན་ནུབ་ཕྱོགས་ཀྱི་ལ་ནུབ་ཕྱོགསྐྱི། ཐིག་ཕྲེང་138ན་ཚོགས་སུ་ལ་ཚོགསུ། ཐིག་ཕྲེང་209ན་མཆིས་ཀྱི་ལ་མཆིསྐྱི། ཐིག་ཕྲེང་211ན་གསུམ་ལ་གསུཾ། ཐིག་ཕྲེང་212ན་རྗེས་སུ་ལ་རྗེསུ། ཐིག་ཕྲེང་216ན་བརྒྱངས་ཏེ་ལ་བརྒྱངསྟེ། ཐིག་ཕྲེང་220ན་རྫོགས་ཏེ་ལ་རྫོགསྟེ་ཞེས་པ་ལྟ་བུའི་སྐུང་ཡིག་མང་པོ་ཡོད། དེ་ཡང་ཐིག་ཕྲེང་130ན་ཕྱག་འཚལ་ལ་ཕྱག་འཚྭལ། ཐིག་ཕྲེང་146ན་མཐའ་ལ་མཐྭ། ཐིག་ཕྲེང་157ན་སེམས་དཔའ་ལ་སེམས་དཔྭ་ལྟ་བུ་ནི་དེང་གི་སྐུང་ཡིག་དང་མི་འདྲ་ཡང་། འདི་དག་ནི་རང་རེའི་སྐུང་ཡིག་གི་ཐོག་མའི་རྣམ་པ་ཡིན་པ་ནི་གོར་མ་ཆག བོད་ཀྱི་གནའ་རབས་ཡིག་ཆ་དག་ལས་རང་རེའི་བོད་ཀྱི་སྐུང་ཡིག་འབྲི་བའི་སྲོལ་ནི་དར་ཁྱབ་ཏ་ཅང་ཆེ་བ་ཤེས་ཐུབ། དེ་ལ་ཡང་རྒྱུ་མཚན་གཙོ་བོ་ཕྱོགས་ནས་གཉིས་མཆིས་ཏེ། གཅིག་ནི་གནའ་དུས་སུ་ཤོག་བུ་ཧ་ཅང་དཀོན་པ་དང་རྗེ་དང་ཅོང་གི་ངོས་ཀྱི་ཆེ་ཆུང་ལ་ཚད་ཡོད་པས། ཡི་གེ་མང་པོ་འབྲི་མ་ཤོང་བས་བྱུང་བ། གཞན་ཞིག་ནི་སྟབས་བདེ་དང་མགྱོགས་པོར་འབྲི་བའི་ཆེད་དུ་བྱུང་བ་ཡིན། དེ་ཡང་སྔ་མ་ནི་སྐུང་ཡིག་བྱུང་བའི་ཐད་ཀའི་རྐྱེན་ཡིན་པ་དང་ཕྱི་མ་ནི་སྐུང་ཡིག་དར་རྒྱས་སུ་སོང་རྗེས་ཀྱི་རྣམ་པར་སྣང་ངོ་། །

མཇུག་གི་གཏམ།

དཔང་སྐོང་ཕྱག་རྒྱ་བ་ནི་གནམ་མཁའ་ནས་བབས་ཞེས་པའི་ལྟ་བ་ནི་སྔོན་ཆད་ཅུང་ཤུགས་ཆེ་བར་སྣང་ལ། དེ་ནི་བཙན་པོ་གནམ་རིམ་པ་བཅུ་གསུམ་གྱི་སྟེང་ནས་དམུ་ཐག་ལ་འཛུས་ནས་མར་ས་དོག་སོར་མི་རྗེ་མེད་ཀྱི་རྗེ་དང་དུད་བདག་མེད་ཀྱི་བདག་ལ་བྱོན་ཟེར་བ་དང་མཐུན་པས་ཡིན། ཕྱིས་སུ་རིམ་བཞིན་ནེའུ་པཎྜི་ཏ་ལ་སོགས་པ་གཙོ་བྱས་ལོ་རྒྱུས་མཁན་པོ་འགའ་རེས་རྒྱ་གར་ནས་བོད་དུ་སྤྱན་དྲངས་པ་ཡིན་པར་གསུངས་པས། ད་ལྟ་ཕལ་ཆེ་བས་དེ་བདེན་པ་ཁོ་ན་འཛིན་གྱིན་ཡོད། དེ་མིན་ད་དུང་རྒྱ་ནག་ནས་ཚུར་བོད་ལ་བྱུང་བ་ཡིན་པའི་བཞེད་ཚུལ་ཡང་ལོ་རྒྱུས་ཡིག་ཚང་དག་ན་མཐོང་རྒྱུ་ཡོད། རྡྷ་

རན་སིར་ཉར་བའི་ཏུན་ཧོང་ཡིག་ཆP.T.0017ལས་དཔང་སྐོང་ཕྱག་བརྒྱ་པ་ཞེས་པའི་ཆོས་ཚན་འདིར་གི་གུ་ཕྱིར་ལོག་ཅན་བརྒྱ་དང་ཉི་ཤུ་ལྷག་ཡོད་པ་དང་། སྡེ་པ་གཅིག་པའི་མིང་གཞིའི་ཡི་གེ་ཕན་ཚུན་བརྗེ་བ། སྔོན་འཇུག་དང་རྗེས་འཇུག་གི་སྦྱོར་སྟོལ་དེང་གི་དག་ཆ་བཞིན་མེད་པ། མགོ་ཅན་དང་འདོགས་ཅན་གྱི་སྦྱོར་སྟོལ་ཁྱད་པར་ཅན། རྣམ་དབྱེ་ལས་ལ་དོན་དང་བྱེད་འབྲེལ་གྱི་ཐོབ་ཐང་སྦྱོར་སྟངས་སོགས་སུམ་རྟགས་ཀྱི་གཞུང་དང་མི་མཐུན་པར་བཙན་པོའི་སྐབས་ཀྱི་ཞོལ་རྗོ་རིང་སོགས་དང་ཅུང་མཐུན་པར་འདུག འོན་ཀྱང་ཡིག་ཆ་འདི་ཞོལ་རྗོ་རིང་དང་བསྡུར་ན་དུས་ཀྱི་ཆ་ནས་ཅུང་འཕྱི་བ་ཤེས། གལ་ཆེ་བ་ཞིག་ནི་ཡིག་ཆ་འདིར་བྱུང་བའི་སྐྲུང་ཡིག་ལས་བོད་ཀྱི་སྐྲུང་ཡིག་འབྲི་སྟོལ་གྱི་ཐོག་མའི་རྣམ་པ་ཇི་ལྟ་བུ་ཡིན་པ་ལ་གསལ་ཁ་བྱས་ཡོད་པས། སྐྲུང་ཡིག་གི་སྐོར་ལ་དཔྱད་པ་བྱེད་ན་རིན་ཐང་གཞལ་དུ་མེད་པའི་རྒྱུ་ཆ་ཞིག་ཏུ་མཐོང་།

《ནུབ་བྱང་མི་རིགས་སློབ་གྲྭ་ཆེན་མོའི་རིག་གཞུང་དུས་དེབ་》2015ལོའི་དེབ་དང་པོ་ལས་བདམས།

༄། །ཏུན་ཧོང་གཏེར་ཡིག《འཕགས་པ་དགོངས་པ་ངེས་པར་འགྲེལ་པའི་མདོ་》ཡི་གླེང་གཞིའི་ལེའུར་རགས་ཙམ་དཔྱད་པ།

མཆོག་ལྷུན་ཚེ་རིང་།

[ནང་དོན་གནད་བསྡུས།] དཔྱད་རྩོམ་འདིར་ཏུན་ཧོང་གཏེར་ཡིག་ལས་བྱུང་བའི་ཡིག་ཆP.T.1257དང་། I.T.J.194དང་། P.T.615བཅས་གསུམ་ཕན་ཚུན་དཔྱད་བསྡུར་གྱིས་སྔ་མ་གཉིས་ནི་རྒྱ་ནག་གི་སྐད་ཀྱི་འགྲོས་ཅུང་ཟད་བསྲེས་པའི་ཕྱུང་པོར་སྣང་ཚུལ་དང་། ཕྱི་མ་ནི་ལེགས་སྦྱར་ནས་ཐད་ཀར་བོད་ལ་འགྱུར་བའི་དཔེ་གཞན་དང་མ་འདྲེས་པ་ཞིག་ཡིན་པ་མ་ཟད། བསྟན་པ་སྔ་དར་སྐབས་སུ་འཕྲིན་ལས་ཁྱབ་གདལ་ཤིན་ཏུ་ཆེ་བ་ཞིག་ཡིན་ཚུལ་བརྗོད་ཅིང་། དེ་བཞིན་གཏེར་ཡིག་དེ་གསུམ་དང་《བཀའ་འགྱུར་》ལས་བྱུང་བའི་《དགོངས་པ་ངེས་པར་འགྲེལ་པའི་མདོ་》བསྡུར་བ་བྱས་མཐར། གཏེར་ཡིགP.T.615ནི་《བཀའ་འགྱུར་》གྱི་དཔེ་དང་རྩ་བའི་གཞི་འགྱུར་གཅིག་ཡིན་པ་ལ་སྐྱོན་མར་འགྱུར་བཅོས་རིམ་པ་གཉིས་བྱས་ཚུལ་དང་། ཡང་བསྟན་པ་ཕྱི་དར་ཚུན་གྱི་རྒྱལ་བའི་བཀའ་འགྱུར་རོ་ཅོག་གི་དཀར་ཆག་རྣམས་སུ་“འཕགས་པ་དགོངས་པ་ངེས་པར་འགྲེལ་པ་ཞེས་བྱ་བའི་མདོ་ལེའུ་བཅུ་པ་སྐད་གསར་བཅད་ཀྱིས་བཅོས་ནས་གཏན་ལ་ཕབ་པ་”ཞེས་བསྟན་པ་དེ་《བཀའ་འགྱུར་》གྱི་དཔེ་དང་P.T.615གཉིས་ཀར་གོ་ཡང་། ཡང་སླེང“སྐད་གསར་བཅད་ཀྱིས་བཅོས་ནས་གཏན་ལ་ཕབ་པ་”ཞེས་པར་གྲགས་པའི་《མདོ་སྡེ་དགོངས་འགྲེལ་》དེ་ཉིད་དེ་གཉིས་ལས་གང་ཡིན་སྐྲོ་འདོགས་མི་ཆོད་ཚུལ་སོགས་གླེང་བརྗོད་བྱས་ཡོད།

[གནད་ཚིག] ཏུན་ཧོང་གཏེར་ཡིག མདོའི་གླེང་གཞི། གསུང་རབ། དཀར་ཆག

《འཕགས་པ་དགོངས་པ་ངེས་པར་འགྲེལ་པའི་མདོ་》འམ་ཡོངས་གྲགས་སུ་《མདོ་སྡེ་དགོངས་འགྲེལ་》ཞེས་པ་འདི་ཉིད་ལ་ཡི་གེ་མི་མཐུན་པ་དང་འགྱུར་བཅོས་ཅི་རིགས་མཛད་པའི་ཚུལ་རྣམས་སྔར་གྱི་མདོ་བསྟན་བཅོས་རྣམས་སུ་གསལ་པོར་བསྟན་མེད་པས། འདིར་མདོ་སྡེའི་གླེང་གཞི་གཅིག་

ཕྱུ་སྟེ། ཕྲ་རན་སིའི་རྒྱལ་གཉེར་དཔེ་མཛོད་ཁང་དུ་ཉར་བའི་ཏུན་ཧོང་གཏེར་ཡིག P.T.1257[①]དང་P.T.615[②]དང་། དབྱིན་ཇིའི་བཞམས་མཛོད་ཁང་དུ་ཉར་བའི་ཏུན་ཧོང་གཏེར་ཡིགI.T.J.194[③]བཅས་དཔེ་གསུམ་བྱུང་བ་རྣམས་ཐོག་མར་ཕན་ཚུན་བསྡུར་བ་དང་། དེ་ནས་《བཀའ་འགྱུར་》གྱི་དཔེ་དང་བསྡུར་ནས་རགས་ཙམ་དཔྱད་པར་བྱ་བ་ལ།

དང་པོ། ཏུན་ཧོང་གཏེར་ཡིག་ལས་བྱུང་བའི་གླེང་གཞིའི་ལེའུ།

གཅིག གཏེར་ཡིག་གསུམ་མཚམས་སྦྱོར་བ། ཏུན་ཧོང་གཏེར་ཡིག་ཅིག་ཡིན་ཕྱིན། དེ་ལ་གོ་གུ་ཕྱིར་ལོག་ཅན་དང་། སྡེ་པ་གཅིག་གི་མིང་གཞི་ཕན་ཚུན་བརྗེ་བ། དགག་སྒྲའི་མ་དང་མིང་གི་མ་ལ་སོགས་པར་ཡ་བཏགས་འདོགས་པ། གུག་འགྲེང་ཅན་ལ་འ་མཐའ་སྦྱོར་བ་སོགས་ཀྱི་ཁྱད་ཆོས་ཡོད། དེས་ན་རྒྱུན་ལྡན་གྱི་གཏེར་ཡིག་གཞན་རྣམས་དང་གཏན་ནས་མི་མཚུངས་པའི་ཆོས་ཤིག་གཏེར་ཡིག་འདི་གསུམ་ལའང་མ་མཆིས་ལ། སྔོན་འཇུག་དང་རྗེས་འཇུག་གཞན་དུ་སྣང་བའམ་ཡང་ན་དེ་གཉིས་གང་རུང་ཆད་དེ་ཚིག་དོན་འགྲོལ་བར་དཀའ་བ་སོགས་ཀྱང་གཏེར་ཡིག་འདི་གསུམ་ནང་མཐོན་ཚབས་མི་ཆེ། དེ་བཞིན་ཡིག་ནོར་ཡིན་ངེས་པ་དང་། མིང་བརྡ་ཐེ་ཚོམ་ཅན། སྦྱོར་ཀློག་སྐྱོན་ཅན་བཅས་ནི་བཟོད་བྱ་འཛིག་རྟེན་པའི་སོ་ནམ་འཚོ་ཆོས་ཡིན་པ་དག་དང་བསྡུར་ན་ཉིན་མོའི་སྐར་མའི་དཔེ་ཏུ་སོང་བས། འདི་རུ་དེའི་སྐོར་དམིགས་སུ་བཀར་ནས་བརྗོད་དགོས་མི་འདུག་ཅིང་། གཞན་གཏེར་ཡིག་སོ་སོའི་ཐུན་མིན་གྱི་ཁྱད་ཆོས་མཚོན་པ་ཁ་ཅིག་ཞོར་དུ་གླེང་བར་བྱའོ། །

༡ P.T.615ལྡེབ་རིང་ཤོག་ངོས་གཉིས་ཙམ་ལས་མི་སྣང་བའི་གཏེར་ཡིག་འདི་ནི་ཡོངས་གྲགས་སུ་སྟོན་པ་བཅོམ་ལྡན་འདས་ཀྱིས་ཡུལ་ཡངས་པ་ཅན་དུ་གསུངས་པར་འདོད་པའི་《མདོ་སྡེ་དགོངས་འགྲེལ་》གྱི་གླེང་གཞིའི་ལེའུའི་སྟོད་ཀྱི་ཆ་ཡིན། ཤོག་ངོས་གཅིག་ལ་ཐིག་ཕྲེང་དྲུག་རེ་ཡོད་ཅིང་། ཐིག་ཕྲེང་རེ་ལ་ཡིག་འབྲུ་ཚེག་བར་བཞི་བཅུ་ཙམ་ཡོད་ལ། ཡི་གེའི་སྡེབ་སྦྱོར་ལུགས་ལ་ཤོག་ངོས་གཙང་ཞིང་བྲིས་ལ་རལ་སྐྱོན་སོགས་གང་ཡང་མ་བྱུང་བར་བཞུགས་ཡོད། གཏེར་ཡིག་འདིར《མདོ་སྡེ་དགོངས་འགྲེལ་》གྱི་གླེང་

① 国际敦煌项目:http://idp.nlc.gov.cn

② ཕྲ་རན་སིའི་རྒྱལ་གཉེར་དཔེ་མཛོད་ཁང་དུ་ཉར་བའི་ཏུན་ཧོང་བོད་ཡིག་ཡིག་ཚགས། ཧྲང་ཧེ་དཔེ་སྐྲུན་དཔེ་སྐྲུན་ཁང་། 2007ལོ།

③ 国际敦煌项目:http://idp.nlc.gov.cn

གཞིའི་ལེའུའི་གསུམ་ཆ་གཉིས་ཙམ་མ་གཏོགས་མི་ཚང་ཡང་། ཡི་གེའི་རྣམ་པ་དང་ཚིག་འགྲོས་སོགས་ནི་འོག་ནས་གླེང་བར་བྱ་བའི《བཀའ་འགྱུར་》གྱི་དཔེ་དང་ཆེས་ཉེ་བར་སྣང་ལ། ཆོས་གཞུང་གི་ཐ་སྙད་རྣམས་ཀྱང་ཆེས་མཐུན་པར་བྱུང་ཞིང་། རྒྱ་ནག་སྐད་ཀྱི་མིང་བརྡ་སོགས་ཀྱིས་ཤན་ཅི་ཡང་མ་ཤོར་བར་བཞུགས་པས། ཐད་ཀར་ལེགས་སྦྱར་ནས་བོད་ཡིག་ལ་བསྒྱུར་བའི་གཏེར་ཡིག་ཅིག་ཡིན་པའི་ངེས་ཤེས་འདྲོང་ཐུབ།

༢ I.T.J.194ལྡེབ་འབྲིང་ཤོག་ངོས་གོ་བརྒྱད་མངའ་བའི་གཏེར་ཡིག་འདིའང《མདོ་སྡེ་དགོངས་འགྲེལ་》གྱི་བྲིས་དཔེ་ཞིག་ཡིན། འདིར་བྱང་ཆུབ་སེམས་དཔའ་སེམས་དཔའ་ཆེན་པོ་ཆོས་འཕགས་ཀྱི་ལེའུ་དང་རབ་འབྱོར་གྱི་ལེའུ་གཉིས་མ་གཏོགས་ལེའུ་གཞན་བརྒྱད་པོ་རེ་རེ་བཞིན་བཞུགས་ཡོད་ཅིང་། ཐམས་ཅད་ཐ་རེ་ཐོ་རེར་གནས་པ་ལས་སྟོད་སྨད་ཆ་ཚང་བ་གཅིག་ཀྱང་མི་སྣང་། སྐབས་དོན་གླེང་གཞིའི་ལེའུ་འདི་ཉིད་ཀྱང་དེ་ལས་མ་འདས་པར། ལྡེབ་ངོས་གོ་བརྒྱད་ཅན་གྱི་གཏེར་ཡིག་འདིའི་ཁྲོད་དུ་གླེང་གཞིའི་ལེའུ་འདིས་ཤོག་ངོས་ཕྱེད་དང་གཉིས་ཙམ་ལས་ཟིན་མེད་ཅིང་། ཤོག་ངོས་རེ་རེར་ཐིག་ཕྲེང་ལྔ་རེ་དང་། ཡིག་འབྲུ་ཚིག་བར་སོ་གསུམ་ནས་སོ་བརྒྱད་ངེས་མེད་དུ་སྣང་། རལ་སྐྱོན་དང་བསྒྲིབས་པ་སོགས་གང་ཡང་མིན་འདུག གླེང་གཞིའི་ལེའུར་དབུ་ཞབས་བར་གསུམ་དུ་ཕྱེས་ན། གཏེར་ཡིག་འདིའི་ཁྲོད་ཀྱི་གླེང་གཞིའི་ལེའུ་འདི་ནི་ཞབས་ཀྱི་ཆར་གཏོགས་པ་ཡིན།

༣ P.T.1257ཧྲྀ་རན་སིར་ཉར་བའི་གཏེར་ཡིག་འདིར། ནང་པ་སངས་རྒྱས་པའི་ལུགས་ཀྱི་བརྡ་ཆད་འགའ་ཞིག་རྒྱ་བོད་ཤན་སྦྱར་གྱི་ཚུལ་དུ་སྣང་ཞིང་། ཤོག་ངོས་ཉེར་གསུམ་བཞུགས་པའི་གཏེར་ཡིག་འདིར་མདོ་གཞུང་མི་འདྲ་བའི་ཐ་སྙད་ཅི་རིགས་བསྡུས་འདུག་ལ། རྣམ་པའང་ཆོས་ཀྱི་རྣམ་གྲངས་ཀྱི་སྡེ་ཚན་གཉིས་པ་ནས་བཞི་པའི་བར་དང་། གཞུང་ལུགས་སྐོར་གྱི་མིང་བརྡ་ཁ་ཡར་དང་། མདོ་དང་བསྟན་བཅོས་ཀྱི་མཚན་བྱང་སྐོར་ཅིག་བཅས་སྤྱོད་སྒོ་ཡན་གར་བར་སོང་བ་ཁ་ཤས་ཤིག་བཞུགས་ཡོད། དེ་དག་གི་གསེབ་ཏུ《མདོ་སྡེ་དགོངས་འགྲེལ་》གྱི་གླེང་གཞིའི་ལེའུ་ཡི་ཆེ་ཆུང་ཡང་དེང་སང་གི་ཤོག་ལྷེA4དང་ཉ་ལམ་འདྲ་བའི་ཤོག་དྲིལ་གཅིག་གི་སྟེང་བྲིས་ཤིང་། ཡི་གེ་རྣམས་ངོས་གཙང་བས། མི་གསལ་བའི་སྐྱོན་སོགས་གང་ཡང་མི་སྣང་། སྤྱ་ཕྱིར་མིང་ཚིག་བཞི་བཅུ་ཞེ་དྲུག་བཅུག་ཡོད་པ་ལས། བཞི་ལ་རྒྱ་ཡིག་མ་བྲིས་པར་སྟོང་པར་བསྒྱུར་འདུག གཏེར་ཡིག་འདི་ནི་འཇར་པན་གྱི་བོད་རིག་པའི་ཞིབ་འཇུག་པ་འགས་རྒྱའི་བསམ་གཏན་གྱི་གཞུང་བོད་དུ་བསྒྱུར་བ་རྣམས་ལ་ཞིབ་འཇུག་བྱེད་སྐབས་ཏུན་ཧོང་གཏེར་

ཡིག་གི་གསེབ་ནས་ཐོག་མར་རྙེད་པར་བཤད་ལ།[①] 《སྒྲ་བྱེ་བྲག་རྟོགས་བྱེད་ཆེན་མོ་》ལ་བལྟས་ནས་འདི་ལ"མིང་མཛོད་རྙིང་པ"[②]ཞེས་པའི་ཐ་སྙད་ཅིག་འཛར་པན་གྱི་མཁས་པའི་ཁྲོད་དུ་ཡོངས་སུ་གྲགས་སྐད། གང་ལྟར་གཏེར་ཡིག་འདི་དང་P.T.1261གཉིས་ནི་ཏུན་ཧོང་ཡིག་ཆའི་ཁྲོད་ལས་བྱུང་བའི་རྒྱ་བོད་ལོ་ཙྪའི་ཐད་ཀྱི་མིང་མཛོད་སྐད་གྲགས་ཆེ་བ་གཉིས་རེད་འདུག

གཉིས། གཏེར་ཡིག་ཕན་ཚུན་བསྡུར་བ། གཏེར་ཡིག་འདི་གསུམ་ག་གླེང་གཞིའི་ལེའུར་གཏོགས་ཀྱང་། དེ་དག་སོ་སོའི《མདོ་སྡེ་དགོངས་འགྲེལ་》གྱི་གླེང་གཞིའི་ལེའུ་སྟོད་སྨད་བར་གསུམ་གྱི་ཕྱོགས་རེ་རེ་འཛིན་པས་ཕན་ཚུན་བསྡུར་རུང་བའི་ཆ་ཤིན་ཏུ་ཉུང་། དེ་ལྟར་ནའང་རེ་གཉིས་ཡོད་པ་དག་གཤམ་དུ་བརྗོད་པར་བྱའོ། །གཤམ་ལP.T.1257ཞེས་སྨོས་པ་རྣམས་ནི་གཏེར་ཡིག་འདིའི་ཁྲོད་ཀྱི《མདོ་སྡེ་དགོངས་འགྲེལ་》གྱི་གླེང་གཞིའི་ལེའུའི་ཤོག་ངོས་ཕྱེད་དང་གསུམ་པོ་ནར་གོ་བར་བྱའོ། །

༡ སྟོན་པ་བཅོམ་ལྡན་འདས་ཀྱི་མཚན་གྱི་རྣམ་གྲངས་གཅིག་ལ་འགྱུར་ཐ་དད་པར་ཐོན་པ། P.T.615ཏུ། "དེ་བཞིན་གཤེགས་པ"ཞེས་བྱུང་བ་དང་། I.T.J.194ཏུ"ཡང་དག་པར་གཤེགས་པ"ཞེས་བྱུང་ཡང་། P.T.1257དུ་དེ་གཉིས་སྤྱིལ་མར་ཡང་བྱུང་ངོ་། །

༢ ཚིག་གི་སྡེབ་སྦྱོར་མི་འདྲ་བ། P.T.615ཡི"ཆོས་ཀྱི་རོའི་དགའ་བ་དང་། བདེ་བ་ཆེན་པོས་བརྟན་པ"ཞེས་པ་ལ། I.T.J.194ཏུ། "ཆོས་ཆེན་པོའི་རོའི་དགའ་བ་དང་བདེ་བས་བརྟནད་པ"ཞེས་བྱུང་བ། P.T.1257དུ། "ཆོས་ཀྱི་རོའི་དགའ་བ་དང་བདེ་བས་བརྟན་པ"ཞེས་བྱུང་ངོ་། ཡངP.T.615ཡི"དྲན་པ་དང་། བློ་གྲོས། ཚོགས་པའ་ཆེན་པོས་ངེས་པར་བྱུང་བ"ཞེས་པ་ལ། P.T.1257དུ། "དྲན་པའི་བློ་གྲོས"ཞེས་དྲུག་སྒྲས་སྦྱིལ་འདུག

༣ ཐ་སྙད་འབྲི་ཚུལ་མི་འདྲ་བ། P.T.615ཡི"ནམ་མཁའི་ཁམས་ཀྱི་མཐས"ཞེས་པར། P.T.1257དུ། "ནམ་ཀའི་དབྱིངས་ཀྱི་མཐའ"ཞེས་དང་། ཡངP.T.1257ནང"དཀྱིལ་འཁོར"ཞེས་བྱུང་བ་ལ། P.T.615ཏུ"རྒྱ"ཞེས་ཐོན་ཏེ། "དཀྱིལ་འཁོར་ཡོངས་སུ་མ་ཆད་པ"ཞེས་དང"རྒྱ་ཡོངས་སུ་མ་ཆད་པ"ཞེས་སོ་སོར་བྱུང་བ་ལྟ་བུ་ཡིན། འདིའི་རྒྱ་ནི་ཀུན་ནས་ཁྱོན་ཆེ་བ་ཡིན་ནོ་ཞེས་སློབ་དཔོན་ངང་ཚུལ་བཟང་

---

① 郑炳林主编、耿昇译：《法国藏学精粹》（第四卷），兰州：甘肃人民出版社，2013年，第1370页。

② 郑炳林主编、耿昇译：《法国藏学精粹》（第四卷），兰州：甘肃人民出版社，2013年，第1370页。

པོས་《སངས་རྒྱས་ཀྱི་སའི་རྣམ་བཤད་》①ནང་གསུངས་སོ། དེ་བཞིན་དུP.T.615ནྟ། "རིན་པོ་ཆེ་སྣ་བདུན་མཆོག་ཏུ་འབར་བ"ཞེས་བྱུང་བ་ལ། P.T.1257དུ་"རིན་པོ་ཆེ་བདུན་གྱི་རྒྱན་མཆོག་ཏུ་འཆེར་བ" ཞེས་བྲིས་པ་། ཡངP.T.615ནྟ། བྱང་ཆུབ་སེམས་དཔའ་དཔག་ཏུ་མྱེད་པའི་"དགེ་འདུན་དང་ལྡན་པའ" ཞེས་བྱུང་བར། P.T.1257དུ། "དགེ་འདུན་རྗེས་སུ་དོང་བ"ཞེས་བྱུང་ངོ་། །

༤ སྒྲ་དོན་ལྷག་ཆད་བྱུང་བ། P.T.1257དུ། "དགེ་སློང་ཆེན་པོའི་དགེ་འདུན་དང་ལྷན་ཅིག"ཅེས་བྱུང་ནའང་། P.T.615ནྟ་ནི་དེ་འདྲའི་དོན་གཏན་ནས་མི་སྣང་བ་དང་། P.T.1257དུ། "རྟག་ཏུ་རྗེས་སུ་སྨྱོད་པ"ཞེས་བྱུང་བ་ལ། P.T.615ནྟ་ནི་དེ་དོན་འདི་གང་ཡང་མ་བྲིས་པ། དེ་བཞིནI.T.J.194ནྟ། "ཆོས་ཀྱི་འཕགས་པ་བྱང་ཆུབ་སེམས་དཔའ་སེམས་དཔའ་ཆེན་པོ་དང་། འཇམ་དཔལ་བྱང་ཆུབ་སེམས་དཔའ་སེམས་དཔའ་ཆེན་པོ"ཞེས་བྱུང་ནའང་། གཏེར་ཡིག་གཞན་གཉིས་སུ་དེའི་སྐོར་ཆད་འདུག

༥ ཡི་གེའི་སྒྲིག་གི་ཁྱད་པར། I.T.J.194ནྟ་ཡི་གེའི་འབྲུའི་དབར་གཏེར་ཚེག་ལྟ་བུའི་ཉིས་ཚེག་བྲིས་ལ། ཤད་རྣམས་ཀྱི་སྔུན་དུའང་དེ་ཉིད་ངེས་ཅན་དུ་འཇོག་པའི་ཚུལ་ཞིག་མངོན་སོད། P.T.615ནྟ་ནི་དེ་དང་མི་འདྲ་བར་རྐྱང་ཚེག་བྲིས་པ་དང་། ཤད་རྣམས་ཀྱི་རྒྱབ་ཕྱོགས་སུའམ་ཚེག་ཐྲ་ཕྲེ་གཉིས་ཀྱི་ཕྲེ་མའི་སྔུན་ལ་ཚེག་རེ་ངེས་ཅན་དུ་འཇོག་དགོས་པ་ལྟ་བུ་ཞིག་ཀྱང་མངོན་འདུག ཡངI.T.J.194ནྟ་ཡི་གེ་འ་གཅིག་པོ་ནར་ཙ་རྟགས་བྲིས་པ་ལས། གཞན་རྣམས་རང་སོར་བཞག་ལ། P.T.1257དངP.T.615གཉིས་སུ་ནི་འ་ལ་ཙ་རྟགས་བྲིས་པ་གཅིག་ཀྱང་མི་སྣང་ངོ་། །

༦ ཡི་གེའི་རྣམ་པའི་ཁྱད་པར། གཏེར་ཡིག་འདི་གསུམ་ལས་རྣམ་དབྱེ་དྲུག་པའི་སྦྱོར་ཚུལ་ལྟར་མ་བྲིས་པ་ནིP.T.1257དངI.T.J.194གཉིས་ཡིན་ཞིང་། P.T.615ནྟ་ད་ལྟའི་སྦྱོར་ཚུལ་ཁོ་ན་ལྟར་བྱུང་ལ། གསལ་བྱེད་སྔེ་པའི་ནང་ཕན་ཚུན་བརྗེས་པའང་གཅིག་ཁོ་ན་སྟེ། ཐ་ཆོམ་ལ་ཐ་ཙོམ་དུ་ཐོན་པ་ལས། I.T.J.194ལྟར་ག་ས་གང་དུ་མངོན་པ་ཞིག་མ་ཡིན། དེས་ན་གི་གུ་ཕྱིར་ལོག་ཏུ་བྲིས་པ་དང་མཐའ་མེད་ལ་འ་མཐའ་སྦྱོར་བ་ནི། གཞན་གཉིས་དང་ཆོས་མཚུངས་པར་བྱུང་ངོ་། །

༧ ཐ་སྙད་མཐུན་པའི་སྐོར། P.T.615ནྟ། "འཕགས་པ་དགོངས་པའ་ངེས་པར་འགྲེལད་པའ"ཞེས་བྱུང་ལ། P.T.1257དུ་ཡང་དེ་ཁོ་ན་བཞིན་བྱུང་ཞིང་། I.T.J.194ནྟ་ནི་དགོངས་འགྲེལ་གྱི་མཚན་དངོས་སུ་ཐོན་མེད། གང་ལྟར་འདི་ལྟ་བུའི་མཐུན་པའི་ཆ་མང་དུ་མཆིས་པས་འདིར་ས་བཅད་མ་སྟོང་ཙམ་དུ་བྲིས་པའོ། །

① སློབ་དཔོན་དང་ཚུལ་བཟང་པོ། འཕགས་པ་སངས་རྒྱས་ཀྱི་སའི་རྣམ་པར་བཤད་པ། ཀྲུང་གོའི་བོད་ཀྱི་ཤེས་རིག་དཔེ་སྐྲུན་ཁང་། ཤོག་ངོས་1349

༤ བྱེད་ལས་མི་འདྲ་བ། P.T.1257ནི་རྒྱ་བོད་ཤན་སྦྱར་གྱི་མིང་མཛོད་ཀྱི་ཚུལ་དུ་མཐོང་བས། རྒྱལ་བའི་བཀའ་ཡང་དག་པར་བཞུགས་པ་རྣམས་དང་། བསམ་གཏན་གྱི་གཞུང་དང་། མདོ་ལྟར་སྣང་ཁ་ཤས་རྒྱ་ནས་བོད་ལ་ལེགས་པར་བསྒྱུར་བར་ཆ་རྐྱེན་བསྐྲུན་ཡོད། འོན་ཀྱང་P.T.615དང་I.T.J.194གཉིས་ལ་དེ་ལྟར་མིང་མཛོད་བསྡེབས་པ་ནི་མི་སྣང་བས། བྱ་བའི་ཆ་ལ་ཧེ་བག་ཆེན་པོ་འདུག

གསུམ། གཏེར་ཡིག་གསུམ་གྱི་བསྡུར་འབྲས། གཏེར་ཡིག་ཚིག་མཛོད་ཅན་P.T.1257ནང་དུP.T.615ཡི་མིང་གི་རྣམ་གྲངས་ཁ་ཤས་མངོན་པ་ལས་ཚིག་མཛོད་འདི་ཉིདP.T.615ལྟ་བུའི་《མདོ་སྡེ་དགོངས་འགྲེལ་》བོད་ལ་བསྒྱུར་ཟིན་པ་ཞིག་གཞིར་བཟུང་ནས་བསྒྱུར་བ་ཞིག་ཡིན་པ་ནི་རྗེས་སུ་དཔོག་ནུས། དེ་ལྟར་བཤད་དོན་ཡང་《མདོ་སྡེ་དགོངས་འགྲེལ་》ལ་རྒྱ་ནག་ཏུ《ཟབ་མོ་རྣམ་པར་དགྲོལ་བའི་མདོ་》ཞེས་དང་། 《དགོངས་པ་ཟབ་མོ་ངེས་པར་འགྲེལ་པ་》《མཚམས་སྦྱོར་བར་རྣམ་པར་དགྲོལ་བའི་མདོ་》《ཚིགས་ངེས་པར་འགྲེལ་པའི་མདོ་》ཞེས་པ་བཅས[1]སྔ་ཕྱིར་འགྱུར་མི་འདྲ་བ་བཞི་བྱུང་བར་མཚན་ཡང་མི་འདྲ་བ་བཞི་ཙམ་བྱུང་ཡང་། རང་རེའི་《དཀར་ཆག་འཕང་ཐང་མ་》[2]དང་《ལྡན་དཀར་མ་》[3]《བུ་སྟོན་ཆོས་འབྱུང་》[4]སོགས་སུ། "འཕགས་པ་དགོངས་པ་ངེས་པར་འགྲེལ་པ་ཞེས་བྱ་བ་ཐེག་པ་ཆེན་པོའི་མདོ་"ཞེས་པ་ལས་མི་སྣང་བས་ཡིན། དེས་ན་དེ་ལྟར་རྒྱ་བོད་གཉིས་ལ་འགྱུར་མི་འདྲ་བ་བྱུང་བའི་རྒྱུ་བ་ནི་ལེགས་སྦྱར་གྱི་སྐད་རང་ངོས་ལ་འཇུག་ཚུལ་དུ་མ་ཡོད་པ་དཔེར་ན། 《མདོ་སྡེ་དགོངས་འགྲེལ་》ལ་སན་དྷི་ནི་ར་མོ་ཙ་ན་ཞེས་གྲགས་པའི"སན་དྷི"ནི་དབྱིག་གཉེན་གྱི་བསྟན་བཅོས་སྒྲོལ་མར[5]"དངོས་པོ་གཉིས་མཚམས་སྦྱོར་བ་དང་། ཏུས་པའི་ཚིགས་འབྲེལ་བ། ལམ་ཟབ་མོར་འཇུག་པ་བཅས"དོན་གསུམ་ལ་གོ་བར་གསུངས་པ་འདི་ཉིད་ལ་ཐུག་ཡོད། ཏུན་ཧོང་གཏེར་ཡིག P.T.615རུ། "འཕགས་པ་དགོངས་པའ་ངེས་པར་འགྲེལད་པའ་ཞེས་བྱ་བ་ཐེག་པ་ཆེན་པོའི་མདོ་"

---

① 赵国森导读：《解深密经》，《佛学经论导读》，中国书店，2009年，第13页。

② བོད་ལྗོངས་རྟེན་རྫས་བཤམས་སྟོན་ཁང་གིས་བསྒྲིགས། དཀར་ཆག་འཕང་ཐང་མ། སྒྲ་སྦྱོར་བམ་གཉིས། མི་རིགས་དཔེ་སྐྲུན་ཁང་། 2006ལོ། ཤོག་ངོས་9

③ ཚེ་དབང་ཐར་དང་ཁྲི་བསམ་གཏན། སྐད་གཉིས་སྨྲ་བའི་སྒྲོན་མེ། ཀན་སུའུ་མི་རིགས་དཔེ་སྐྲུན་ཁང་། 2002ལོ། ཤོག་ངོས་10

④ བུ་སྟོན་རིན་ཆེན་གྲུབ། བུ་སྟོན་ཆོས་འབྱུང་། ཀྲུང་གོའི་བོད་ཀྱི་ཤེས་རིག་དཔེ་སྐྲུན་ཁང་། 1988ལོ། ཤོག་ངོས་219

⑤ ཝེན་ཚེག རྒྱ་ནག་འགྲེལ་ཆེན་ནམ་འཕགས་པ་དགོངས་པ་ཟབ་མོ་ངེས་པར་འགྲེལ་པའི་མདོའི་རྒྱ་ཆེར་འགྲེལ་པ་བཞུགས་སོ། །ཀྲུང་གོའི་བོད་ཀྱི་ཤེས་རིག་དཔེ་སྐྲུན་ཁང་། ཤོག་ངོས་88

ཞེས་བྱུང་བ་འདི་ནི《མདོ་སྡེ་དགོངས་འགྲེལ་》བོད་ལ་བསྒྱུར་བའི་ཕྱི་མོའི་གྲས་ཤིག་ཡིན་པ་ཐག་གིས་ཆོད། དེ་བཞིན་དུ་གཏེར་ཡིག་རྒྱ་བོད་ཤན་སྦྱར་མP.T.1257དུའང་འདི་ཁོ་ན་ལྟར་བྱུང་བ་ལས་རྒྱ་ཡིག་རང་གི་སྒྱུར་སྲོལ་ལྟར་མ་ཐོན་པས་ན། P.T.1257ནི《མདོ་སྡེ་དགོངས་འགྲེལ་》སྔར་བོད་ལ་བསྒྱུར་ཟིན་པ་ཞིག་གཞིར་བཟུང་ནས་རྒྱ་བོད་ཤན་སྦྱར་གྱི་ཚུལ་དུ་བསྒྲིགས་པ་དེ་བས་ཀྱང་ངེས་ཤེས་རྙེད་ཐུབ་པ་ཡིན། འོན་ཀྱང་ཆོག་མཛོད་འདིའི་དཔེ་མཛད་ས་ནི་གཏེར་ཡིགP.T.615མ་ཡིན་པ་ཐག་གིས་ཆོད་དེ། P.T.615ཏུ། "བྱང་ཆུབ་སེམས་དཔའ་དཔག་ཏུ་མེད་པའི་དགེ་འདུན་དང་ལྡན་པའ"ཞེས་བྱུང་ཡང་། P.T.1257ན"དགེ་འདུན་རྗེས་སུ་དོང་བ"ཞེས་དང་། P.T.615ཡི་"ནམ་མཁའི་ཁམས་ཀྱི་མཐས་"ཞེས་པརP.T.1257དུ་"ནམ་ཀའི་དབྱིངས་ཀྱི་མཐའ"ཞེས་པ་སོགས་འདི་གཉིས་དབར་ཁྱད་པར་ཆེན་པོ་ཡོད་ཚུལ་གོང་དུ་པན་ཚུན་བསྡུར་ཟིན་པ་རྣམས་ལས་དཔོག་ནུས་པས་ཡིན།

འོ་ན་ཆོག་མཛོདP.T.1257དུ་བསྡུས་པའི《མདོ་སྡེ་དགོངས་འགྲེལ་》གྱི་རྒྱ་ཡིག་གི་མ་དཔེ་གང་ཡིན་ནམ་ཞེ་ན། གཏེར་ཡིགP.T.1257རང་གི་ཆོག་དོན་གོང་འོག་ལ་བལྟས་ཆོ། ཐང་ཙང་གི་འགྱུར①ལ་གཏུགས་པར་ཐེ་ཚོམ་མི་དགོས་ཀྱང་། P.T.1257ཏུ། "དགེ་སློང་ཆེན་པོའི་དགེ་འདུན་དང་ལྡན་གཅིག"དང་"与大比丘众俱"ཞེས་རྒྱ་བོད་ཤན་སྦྱར་གྱི་ཆོག་དུམ་ཞིག་བྱུང་བ་དེ་རེ་ཞིག་སོམ་ཉིའི་དྲ་ཏུ་ཚུད། རྒྱུ་མཚན་ནི་དགོངས་འགྲེལ་ཐང་ཙང་གི་རྒྱ་འགྱུར་དང་། བྱང་ཆུབ་སྲིད་པའམ་བོ་ཌྷི་ལི་ཙུ་ཡི་རྒྱ་འགྱུར②གཉིས་ན་དེ་འདྲའི་ཆོག་དུམ་ཞིག་གཏན་ནས་མི་སྣང་ལ། ད་ལྟའི་བོད་ཀྱི《བཀའ་འགྱུར་》དང་། ཏུན་ཧོང་གཏེར་ཡིག P.T.615ལྟ་བུ་ནའང་དེ་འདྲ་ཞིག་རྩ་བ་ནས་མི་སྣང་བས་ཡིན། འོ་ན་དེ་ནི་ཆོག་མཛོདP.T.1257བཞེངས་པ་པོས་བློ་བཟོ་བྱས་པ་མིན་ནམ་ཞེ་ན། དེ་ཡང་མ་ཡིན་ཏེ། རྒྱ་གར་གྱི་སློབ་དཔོན་ཡང་དག་བདེན་པའི་རྒྱ་ནག་གི་འགྱུར་ན་"དགེ་སློང་ཆེན་པོའི་དགེ་འདུན་དང་ལྡན་ཅིག"ལ་"与大比丘众俱"③ཞེས་གསལ་པོར་ཐོན་པའི་ཕྱིར། འོ་ན་སློབ་དཔོན་ཡང་དག་བདེན་པའི་འགྱུར་ལ་གཏུགས་པ་མིན་ནམ་ཞེ་ན། ཆོག་མཛོདP.T.1257རང་གི་མིང་ཆོག་གཞན་རྣམས་དེ་དང་མི་མཐུན་པར་ཐང་ཙང་གི་འགྱུར་དང་ཡོངས་སུ་མཐུན་པར་སྣང་བས། ཆོག་འདི་གཅིག་པུས་འདི་ཉིད་སློབ་དཔོན་ཡང་དག་བདེན་པའི་གསུང་བསྒྱུར་ཏེ་བསྒྲིགས་པར་བརྗོད་མི་ཉུང་། དེས་ན་ཁོ་བོས་བསམ་པར་ཆོག

① 玄奘译：《解深密经》，《大藏经》第十七册。

② 菩提流支译：《深密解脱经》，《大藏经》第十六册。

③ 真谛译：《解节经》不可言无二品第一，《大正藏》16卷，第713页。

མཛོད་P.T.1257སྒྲིག་བསྒྱུར་བྱེད་སྐབས་འགྱུར་དེ་གཉིས་ཀར་གཏུགས་པ་ཡིན་སྙམ། གཞན་གཏེར་ཡིག I.T.J.194ནི་ཡང་དག་པར་གཤེགས་པ[1]ལྟ་བུ་རྒྱ་ནག་གི་སྐད་ལས་བྱུང་བའི་མིང་བརྡ་ཁ་ཤས་བསྲེས་པའི་ཕྱུང་པོར་གྲུབ་ཀྱང་། གཏེར་ཡིག་སྤྱི་ཐོག་ནས་བཤད་ན། རྒྱ་ནག་གི་སྐད་ནས་བོད་ལ་ཆ་ཚང་བར་བསྒྱུར་བར་བརྗོད་མི་ཉུང་ངོ་། །

གཏེར་ཡིགP.T.1257གྱི་ཤོག་ངོས་བདུན་པའི་སྟེང་དུ"དཔལ་དབྱངས་བྲིས་ཏེ་ཞུས"ཞེས་པའི་ཚིག་དུམ་གཅིག་ཀྱང་སྣང་པའི"དཔལ་དབྱངས"ཞེས་པ་དེ་ནི་བཙན་པོ་ཁྲི་སྲོང་ལྡེའུ་བཙན་རིང་གི་སྔ་དཔལ་དབྱངས་ཡིན་པ་གཞིར་བྱས་ཏེ། ཡ་མ་དགུ་ཆི་(山口瑞风)ཡིས་ཚིག་མཛོད་འདི་ནི་སྤྱི་ལོ་750ལོའི་ཡས་མས་སུ་རྒྱའི་ཡིག་སྣ་བོད་དུ་བསྒྱུར་བའི་ཆ་རྐྱེན་དུ་བསྡེབས་པར་གསུངས[2]ཀྱང་། ཧྲ་རན་སིའི་ཧྲི་ཐེ་ཨན་(石泰安)གྱིས་དེ་ནི་སྔ་དཔལ་དབྱངས་ཡིན་པ་ལྟ་ཞོག མིང་མཛོད་འདི་ཉིད་གསར་དུ་སྒྲིག་མཁན་ཡང་མ་ཡིན་པར་བྲིས་བཤུས་ཁོ་ན་བྱེད་མཁན་ཙམ་ཞིག་ཡིན་པར་བཤད།[3] དེ་ལྟར"དཔལ་དབྱངས"ཞེས་པར་བརྟགས་ན། ལོ་རྒྱུས་ཀྱི་དོན་གནད་མི་ཉུང་བ་ཞིག་འགྲོལ་བར་ངེས་ཀྱང་འདིར་འབྲེལ་བ་ཆེན་པོ་མི་འདུག་སྟེ། རྒྱུ་མཚན་ནི་དཔལ་དབྱངས་ཀྱིས་བྲིས་ཤིང་ཞུས་པ་ནི་གཏེར་ཡིག་འདིའི་བར་གྱི་ཤོག་ངོས་བཞི་ཁོ་ན་ཡིན་པ་ལས་རྫིལ་པོ་མ་ཡིན་པའི་ཕྱིར། དེ་ཡང་འདིའི《མདོ་སྡེ་དགོངས་འགྲེལ་》གྱི་སྙིང་གཞིའི་ལེའུར་གཏོགས་པ་རྣམས་ནི་ཡི་གེའི་རྣམ་པ་དང་ཆེ་ཆུང་གང་ལ་བལྟས་ཀྱང་དཔལ་དབྱངས་ཀྱིས་བྲིས་པ་དང་ཁྱད་པར་ཤིན་ཏུ་ཆེ་བར་མ་ཟད། དེའི་རྒྱ་ཡིག་རྣམས་ནི་གྱེན་ཐུར་དུ་ཀློག་དགོས་ཤིང་། སྙིང་གཞིའི་ལེའུའི་རྒྱ་ཡིག་རྣམས་ནི་བོད་ཡིག་དང་འདྲ་བར་གཡོན་ནས་གཡས་སུ་ཀློག་དགོས་པའི་དབང་གིས་ཡིན། དེས་ནP.T.1257གྱི་སྙིང་གཞིའི་ལེའུ་འདི་འབྲི་མཁན་དང་ཞུས་མཁན་སུ་ཡིན་པ་སྐོར་འདིར་རེ་ཞིག་འཆད་ཐབས་བྲལ་ལ། གཏེར་ཡིགI.T.J.194དང་P.T.615གཉིས་ཀྱང་སུས་བྲིས་འདིས་བྲིས་ཀྱི་གཏམ་སྙིང་བྱེད་ཐབས་བྲལ་ལོ། །

བྲིས་ཀྱི་བབ་ཙམ་ལ་བལྟས་ན་ལེགས་སྦྱར་ནས་རྒྱ་ནག དེ་ནས་ཡང་བོད་ཡིག་ཏུ་འགྱུར་

① 郑炳林主编、耿昇译：《法国藏学精粹》（第四卷），兰州：甘肃人民出版社，2013年，第1264页。

② 郑炳林主编、耿昇译：《法国藏学精粹》（第四卷），兰州：甘肃人民出版社，2013年，第1322页。

③ 郑炳林主编、耿昇译：《法国藏学精粹》（第四卷），兰州：甘肃人民出版社，2013年，第1322页。

བའི་“ཡང་འགྱུར་མ་”P.T.1257དང་I.T.J.194གཉིས་དུས་ནམ་བྱུང་བའི་ལོ་ཚིགས་ཁ་གསལ་མེད་ཀྱང་། P.T.615ནི་སྤྱི་ལོ་814ཡི་ཕྱིས་ཀྱི་བྲིས་ཞིག་མིན་ནམ་སྙམ་སྟེ། རྒྱུ་མཚན་ནི་འདིའི་ཡི་གེའི་རྣམ་པ་དང་སྦྱོར་ཚུལ་གང་ལ་བལྟས་ཀྱང་རལ་པ་ཅན་གྱི་སྐུ་རིང་གི་བཀས་བཅད་དང་ཁ་ངོ་འཕྲོད་ཐུབ་པས་ཡིན། དེ་ལྟར་ན་《བུ་སྟོན་ཆོས་འབྱུང་》ལས། “དགོངས་པ་ངེས་པར་འགྲེལ་པ་བམ་པོ་བཞི་དང་ཤུ་ལོག་ཉི་ཤུ་སྐད་གསར་བཅད་ཀྱིས་བཅོས་པ་”[1]ཞེས་དང་། 《སི་ཏུའི་བཀའ་འགྱུར་དཀར་ཆག་》ཏུ་“འཕགས་པ་དགོངས་པ་ངེས་པར་འགྲེལ་པ་ཞེས་བྱ་བའི་མདོ་ལེའུ་བཅུ་པ་སྐད་གསར་བཅད་ཀྱིས་བཅོས་ནས་གཏན་ལ་ཕབ་པ་”[2]ཞེས་པ་སོགས་གསུང་པ་ནི། གཏེར་ཡིག་འདི་ལྟ་བུར་ཟིན་བ་ཡིན་ནམ་ཡང་ན་གཞན་དག་ལ་གོ་བ་ཡིན་པ་འོག་ནས་འཆད་པར་བྱའོ། །

གཉིས་པ། གཏེར་ཡིག་གསུམ་པོ་《བཀའ་འགྱུར་》[3]དང་བསྡུར་བ།

གཅིག གཏེར་ཡིག་གསུམ་པོའི་ཚིག་དོན་ཕན་ཚུན་མི་མཐུན་པ་རྣམས་《བཀའ་འགྱུར་》དང་བསྡུར་བ། གཏེར་ཡིག་གསུམ་པོ་སོ་སོས་གླེང་གཞིའི་ལེའུའི་སྟོད་སྨད་བར་གསུམ་གྱི་ཕྱོགས་རེ་རེ་འཛིན་པས་འདི་རྣམས་ལ་《བཀའ་འགྱུར་》དང་བསྡུར་བའི་ཆའང་རང་བཞིན་གྱིས་ཉུང་བར་གྱུར་མོད། འདིར་སྔར་བསྡུར་ཟིན་པའི་གཏེར་ཡིག་གསུམ་གྱི་ཚིག་དོན་མི་མཐུན་པ་རྣམས་གཙོ་བོར་《བཀའ་འགྱུར་》དང་བསྡུར་བར་འདོད་དེ།

༡ སྟོན་པ་བཅོམ་ལྡན་འདས་ཀྱི་མཚན་གྱི་རྣམ་གྲངས་སྐོར། P.T.615རུ། “དེ་བཞིན་གཤེགས་པ་”ཞེས་འབྱུང་བ་དེ་ལྟར་《བཀའ་འགྱུར་》ལས་ཀྱང་དེ་བཞིན་ནོ། །I.T.J.194ལས་ནི་《བཀའ་འགྱུར་》དང་མི་མཚུངས་པར་“ཡང་དག་པར་གཤེགས་པ་”ཞེས་འབྱུང་ལ། P.T.1257ལས་ནི་འཕྲི་སྣོན་འདི་གཉིས་ཀ་བྱུང་ངོ་། །

༢ ཚིག་གི་སྡེབ་སྦྱོར་གྱི་སྐོར། P.T.615རུ། “ཆོས་ཀྱི་རོའི་དགའ་བ་དང་། བདེ་བ་ཆེན་པོས་བརྟན་པ་”ཞེས་བྱུང་བ་《བཀའ་འགྱུར་》ལས་ཀྱང་དེ་ལྟར་དུ་བྱུང་། I.T.J.194དང་P.T.1257གཉིས་ནི་《བཀའ་

① བུ་སྟོན་རིན་ཆེན་གྲུབ། བུ་སྟོན་ཆོས་འབྱུང་། ཀྲུང་གོའི་བོད་ཀྱི་ཤེས་རིག་དཔེ་སྐྲུན་ཁང་། 1988ལོ། ཤོག་ངོས་219

② སི་ཏུ་པཎ་ཆེན་ཆོས་ཀྱི་འབྱུང་གནས། སྡེ་དགེ་བཀའ་འགྱུར་དཀར་ཆག་ཟླ་འོད་གཞོན་ནུའི་འཕྲི་ཤིང་། སི་ཁྲོན་མི་རིགས་དཔེ་སྐྲུན་ཁང་། 2008ལོ། ཤོག་ངོས་441

③ འཕགས་པ་དགོངས་པ་ངེས་པར་འགྲེལ་པ་ཞེས་བྱ་བ་ཐེག་པ་ཆེན་པོའི་མདོ། ཀྲུང་གོའི་བོད་ཀྱི་ཤེས་རིག་དཔེ་སྐྲུན་ཁང་། ཤོག་ངོས་4-5

འགྱུར་》དང་མི་མཐུན་པར་"ཆོས་ཆེན་པོའི་རོའི་དགའ་བ་དང་བདེ་བས་བརྟནད་པ་"ཞེས་བྱུང་། ཡང་《བཀའ་འགྱུར་》གྱི་"དྲན་པ་དང་། བློ་གྲོས། རྟོགས་པ་ཆེན་པོ"ཞེས་པP.T.615ན། "དྲན་པ་དང་། བློ་གྲོས། ཚོགས་པའ་ཆེན་པོ་"ཞེས་མི་གཅིག་པར་བྱུང་ལ། P.T.1257དུ་ནི་ཚིག་ཙམ་མ་ཟད་རྣམ་དབྱེའི་སྦྱོར་ཚུལ་ཡང་མི་གཅིག་པར་ཐོན་ཏེ། "དྲན་པའི་བློ་གྲོས་"ཞེས་བྱུང་བ་ལྟ་བུའོ། །གཞན་ཡང་། 《བཀའ་འགྱུར་》ལས་"བྱང་ཆུབ་སེམས་དཔའ་སེམས་དཔའ་ཆེན་པོ་ཆོས་ཀྱི་འཕགས་པ་"དང་། "བྱང་ཆུབ་སེམས་དཔའ་སེམས་དཔའ་ཆེན་པོ་འཇམ་དཔལ་"ཞེས་བྱུང་ཡང་། I.T.J.194ན། "ཆོས་ཀྱི་འཕགས་པ་བྱང་ཆུབ་སེམས་དཔའ་སེམས་དཔའ་ཆེན་པོ་"དང་། "འཇམ་དཔལ་བྱང་ཆུབ་སེམས་དཔའ་སེམས་དཔའ་ཆེན་པོ་"ཞེས་ཚིག་གི་སྡེབ་སྦྱོར་རྒྱ་ནག་གི་འགྲོས་དང་མཐུན་པར་ཡང་བྱུང་ངོ་། །

༣ ཐ་སྙད་འབྲི་ཚུལ་མི་འདྲ་བ། P.T.615ཡི་"ནམ་མཁའི་ཁམས་ཀྱི་མཐས་"ཞེས་པ་《བཀའ་འགྱུར་》དང་ཡོངས་སུ་མཐུན་ལ། ཅིག་ཤོསP.T.1257དུའང་"ནམ་ཀའི་དབྱིངས་ཀྱི་མཐའ་"ཞེས་བྱུང་སོང་། འདིའི་"དཀྱིལ་འཁོར་ཡོངས་སུ་མ་ཆད་པ་"ཞེས་པ་《བཀའ་འགྱུར་》དང་མཐུན་ལ། P.T.615ན་ནི་《བཀའ་འགྱུར་》དང་མི་མཐུན་པར་"རྒྱ་ཡོངས་སུ་མ་ཆད་པ་"ཞེས་བྱུང་ངོ་། །"རིན་པོ་ཆེ་སྣ་བདུན་མཆོག་ཏུ་འབར་བ་"ཞེསP.T.615ན་བྱུང་བ་དེ་《བཀའ་འགྱུར་》དང་མཐུན་ལ། P.T.1257དུ་"རིན་པོ་ཆེ་བདུན་གྱི་རྒྱན་མཆོག་ཏུ་འཆེར་བ་"ཞེས་བྱུང་ངོ་། །《བཀའ་འགྱུར་》དུ་"བྱང་ཆུབ་སེམས་དཔའ་སེམས་དཔའ་ཆེན་པོ་ཚུལ་བཞིན་ཀུན་འདྲི་"དང་། "བློ་གྲོས་ཤིན་ཏུ་རྣམ་དག བློ་གྲོས་ཡངས་པ། དོན་དམ་ཡང་དག་འཕགས་"ཞེས་བྱུང་ཡང་། I.T.J.194ན། "རིགས་པར་ཀུན་འདྲི་བ་བྱང་ཆུབ་སེམས་དཔའ་སེམས་དཔའ་ཆེན་པོ་དང་། ཤིན་དུ་རྣམ་པར་དག་པ་བྱེ་བྲག་ཕྱེད་པ་དྷ་"། "ཡངས་པ་བྱེ་བྲག་ཕྱེད་པ་དྷ། དོན་དམ་གཡུང་དྲུང་འཕགས་"ཞེས་བྱུང་ངོ་། །

༤ སྦྲ་དོན་ལྷག་ཆད་ཀྱི་ཁྱད་པར། P.T.1257དུ་"དགེ་སློང་ཆེན་པོའི་དགེ་འདུན་དང་ལྷན་ཅིག་"ཅེས་དང་། "རྟག་ཏུ་རྗེས་སུ་སྤྱོད་པ་"ཞེས་བྱུང་བ་དགP.T.615ན་མི་སྣང་བ་ལ་《བཀའ་འགྱུར་》དུའང་མི་སྣང་ངོ་། །

གོང་ནས་བརྗུར་བ་རགས་ཙམ་བྱས་འབྲས་སུ་མིང་བརྡའི་ཐད་ནས་《བཀའ་འགྱུར་》གྱི་"ཚུལ་བཞིན་ཀུན་འདྲི་"ལ་གཏེར་ཡིགI.T.J.194ལས་"རིགས་པར་ཀུན་འདྲི་"ཞེས་ཐོན་པའི་"རིགས་པར་"ནི་མི་བསླུ་བ་དང་བདེན་པའི་དོན་ཏེ། གང་དག་ཇི་ལྟ་བ་བཞིན་འདྲི་བར་ནུས་པ་ཞིག་ལ་"རིགས་པར་ཀུན་འདྲི་བ་"ཞེས་བརྗོད་པས་ན། དེ་གཉིས་དོན་གྱི་ཆ་ལ་འགལ་བ་ཆེར་མི་སྣང་བར་སེམས་ཤིང་། ཡང་《བཀའ་འགྱུར་》གྱི་"བློ་གྲོས་ཤིན་ཏུ་རྣམ་དག་"དང་"བློ་གྲོས་ཡངས་པའི་"ཚབ་ལ། I.T.J.194ལས་"ཤིན་

ཏུ་རྣམ་པར་དག་པ་བྱེ་བྲག་ཕྱེད་པ་ཏྲ། ཡངས་པ་བྱེ་བྲག་ཕྱེད་པ་"ཞེས་བྲིས་པའི་ཚིག་འགྲོས་ལ་རྒྱ་ནག་སྐད་ཀྱི་ཤན་ཞུགས་པ་གསལ་པོར་མཐོང་ཐུབ་མོད། དོན་ལ་ནི་དེ་འདྲའི་འགལ་བ་ཆེན་པོ་མེད་པར་འདོད་དེ། བདེ་ཆེན་ལྷོ་བྲག་བློ་བཟང་ཆོས་འཕེལ་གྱི《བྱང་ཆུབ་ལམ་རིམ་ཟིན་བྲིས》ལས། "ས་སྡེར་བྱེ་བྲག་ཕྱེད་པ་སྣ་ཚེ་ལུས་དང་། རྣམ་པར་ཤེས་པ་ཡིད། མཛོད་ལྟར་ན་བྱེ་བྲག་ཕྱེད་པ་ཡིད་དང་། སྣ་ཚེ་ལུས་ཀྱི་རྣམ་ཤེས་ཀྱིས་གང་སྤྱོང་བ་དེ་རྟོག་པ་ཡིན་ཞེས་གསུངས་ཡོད་"[①]ཅེས"བྱེ་བྲག་ཕྱེད་པ་"ནི་རང་ཡུལ་ལ་བྱེ་བྲག་འབྱེད་པའི་ཡིད་དམ་བློ་གང་རུང་ལ《མངོན་པ་མཛོད》ནས་གསུངས་པར་བསྟན་པས་ན། གཏེར་ཡིགI.T.J.194ལྟར་དེ་དུས་ཙམ་ན"བློ་གྲོས"ལ"བྱེ་བྲག་ཕྱེད་པར"འབྲི་སྲོལ་དར་བ་ཤུགས་ཀྱིས་རྟོགས་ཐུབ། ཡང《བཀའ་འགྱུར》གྱི"དོན་དམ་ཡང་དག་འཕགས"ཞེས་པ་ལ"དོན་དམ་གཡུང་དྲུང་འཕགས"སུ་བྲིས་པ་ནི་སྔར་བོད་ལ་བསྒྱུར་བའི་གསུང་རབ་བསྟན་བཅོས་ཕལ་ཆེར་ལེགས་སྦྱར་ནས་ཚུར་བསྒྱུར་བ་ཡིན་པས། གཏེར་ཡིག་འདི་དང་འདིའི་རིགས་ཀྱིས་དེ་དག་དང་ཁྱད་པར་འབྱེད་པའི་ཕྱིར་དང་། སྐྱེ་བོ་བྱིངས་ལ་ནམ་རྒྱུན་ཁ་ལོབས་སུ་གྱུར་པའི་བརྗོད་ཚད་རེ་ཟུང་བདམས་ནས་བསྒྱུར་བར་ཧྥ་རན་སིའི་མཁས་པ་སི་ཐེན་ཨེན་གྱིས་གསུངས།[②] དེ་ཡང་བདེན་ཏེ། "དོན་དམ་ཡང་དག་འཕགས"ལ"དོན་དམ་གཡུང་དྲུང་འཕགས"ཞེས་པ་དང་། "བླ་ན་མེད་པར་ཡང་དག་པར་རྫོགས་པའི་སངས་རྒྱས"ལ"བླ་ན་མེད་པ་གཡུང་དྲུང་རྫོགས་པའི་སངས་རྒྱས"ཞེས་པ་ལྟ་བུ། 《འཕགས་པ་རྣམ་པར་མི་རྟོག་པར་འཇུག་པའི་གཟུངས》ལ་སོགས་པའི་ཏུན་ཧོང་གཏེར་ཡིག་ན་མང་དུ་མཐོང་རྒྱུ་ཡོད་པའི་ཕྱིར། གང་ལྟརP.T.1257དངI.T.J.194གཉིས་ནི་ཚིག་དོན་གང་གི་ཐད་ནས་ཕན་ཚུན་ཉེ་བར་སྣང་ཞིང་། P.T.615ནི《བཀའ་འགྱུར》དང་མཐུན་ཤས་ཆེ་བར་མངོན་ནོ། །

གཉིས། ཏུན་ཧོང་གཏེར་ཡིགP.T.615དམིགས་སུ་བཀར་ཏེ་རེའུ་མིག་གི་ལམ་ནས《བཀའ་འགྱུར》དང་བསྡུར་བ། གཏེར་ཡིག་འདི་གསུམ་ལས《བཀའ་འགྱུར》དང་ཚུང་མཐུན་ཤས་ཆེ་བ་ནིP.T.615ཡིན་ཚུལ་གོང་གི་བསྡུར་བ་ལས་རྟོགས་སླ། གཤམ་དུ་གཏེར་ཡིག་རེའུ་མིག་ཏུ་བཀོད་ནས《བཀའ་འགྱུར》དང་བསྡུར་ན་འདི་ལྟར།

① ཆོས་རྗེ་བློ་བཟང་ཆོས་འཕེལ། བྱང་ཆུབ་ལམ་རིམ་ཟིན་བྲིས་གསུང་ཟབ་རིན་ཆེན་གཏེར་མཛོད། རེབ་གོང་བདེ་ཆེན་དགོན་པས་དཔར། ཤོག་ངོས120

② 郑炳林主编、耿昇译：《法国藏学精粹》（第四卷），兰州：甘肃人民出版社，2013年，第1310页。

༧ ཚིག་རིས་གཅིག་པའི་སྐོར།

ཏུན་ཧོང་གི་འགྱུར།	སྡེ་དགེའི་བཀའ་འགྱུར།
འཕགས་པ་དགོངས་པའ་ངེས་པར་འགྲེལད་པ།	འཕགས་པ་དགོངས་པ་ངེས་པར་འགྲེལ་པ།
གཞལ་མྱེད་ཁང་ཆེན་པོ།	གཞལ་མེད་ཁང་།
འཛིག་རྟེན་གྱི་ཁམས་དཔག་ཏུ་མྱེད་པའ་རྒྱས་པར་འགེངས་པའི།	འཛིག་རྟེན་གྱི་ཁམས་དཔག་ཏུ་མེད་པ་རྒྱས་པར་འགེངས་པའི།
ཆོས་ཀྱི་རོའི་དགའ་བ་དང་། བདེ་བ་ཆེན་པོས་བརྟན་པའ།	ཆོས་ཀྱི་རོའི་དགའ་བ་དང་། བདེ་བ་ཆེན་པོས་བརྟན་པ།
ཉོན་མོངས་པའི་དྲི་མའི་གནོད་པའ་ཐམས་ཅད་བྲལ་བའ།	ཉོན་མོངས་པའི་དྲི་མའི་གནོད་པའ་ཐམས་ཅད་དང་བྲལ་བ།
ཞི་གནས་དང་ལྷག་མཐོང་ཆེན་པོ་བཞོན་པ་ཡིན་པའ།	ཞི་གནས་དང་ལྷག་མཐོང་ཆེན་པོ་བཞོན་པ་ཡིན་པ།
རྣམ་པར་ཐར་པའི་སྒོ་ཆེན་པོ། སྟོང་པའ་ཉིད་དང་མཚན་མ་མྱེད་པའ་དང་། སྨོན་པ་མྱེད་པའ་ནས་འཇུག་པའ།	རྣམ་པར་ཐར་པའི་སྒོ་ཆེན་པོ་སྟོང་པ་ཉིད་དང་མཚན་མ་མེད་པ་དང་། སྨོན་པ་མེད་པ་ནས་འཇུག་པ།
རིན་པོ་ཆེའི་པད་མའི་རྒྱལ་པོ་ཆེན་པོ་ཡོན་ཏན་མཐའ་ཡས་པས། བརྒྱན་པའི་བཀོད་པ་ལ་རྟེན་པ་ན་བཞུགས་ཏེ།	རིན་པོ་ཆེའི་པད་མའི་རྒྱལ་པོ་ཆེན་པོ་ཡོན་ཏན་མཐའ་ཡས་པས་བརྒྱན་པ་བཀོད་པ་ལ་རྟེན་པ་ན་བཞུགས་ཏེ།
སྒྲིབ་པ་མྱེད་པའི་རྟོགས་པའ་ཐུགས་སུ་ཆུད་པ།	སྒྲིབ་པ་མེད་པའི་རྟོགས་པ་ཐུགས་སུ་ཆུད་པ།
བསམ་གྱིས་མྱི་ཁྱབ་པའ་རྣམ་པར་འཇོག་པའ།	བསམ་གྱིས་མི་ཁྱབ་པ་རྣམ་པར་འཇོག་པ།
དུས་གསུམ་ལ་མཉམ་པའ་ཉིད་ཚར་ཕྱིནད་པའ།	དུས་གསུམ་ལ་མཉམ་པ་ཉིད་ཚར་ཕྱིན་པ།
ཆོས་ཐམས་ཅད་ལ་ཐེ་ཚོམ་མྱི་མངའ་བ་མཁྱེན་པའ་མངའ་བ།	ཆོས་ཐམས་ཅད་ལ་ཐེ་ཚོམ་མྱི་མངའ་བ་མཁྱེན་པའ་མངའ་བ།
སྤྱོད་པ་ཐམས་ཅད་དང་ལྡན་པའི་བློ་མངའ་བ་ཆོས་ཤེས་པ་ལ་ནེམ་ནུར་མྱི་མངའ་བ།	སྤྱོད་པ་ཐམས་ཅད་དང་ལྡན་པའི་བློ་མངའ་བ། ཆོས་ཤེས་པ་ལ་ནེམ་ནུར་མི་མངའ་བ།
བྱང་ཙུབ་སེམས་དཔའ་ཐམས་ཅད་ཀྱིས་ཡེ་ཤེས་ཡང་དག་པར་བླངས་པའ།	བྱང་ཆུབ་སེམས་དཔའ་ཐམས་ཅད་ཀྱིས་ཡེ་ཤེས་ཡང་དག་པར་བླངས་པ།
སངས་རྒྱས་ཀྱི་གནས་པའ་གཉིས་སུ་མྱེད་པའ། དམ་པའི་ཕ་རོལ་ཏུ་ཕྱིན་པ།	སངས་རྒྱས་ཀྱི་གནས་པ་གཉིས་སུ་མེད་པ། དམ་པའི་ཕ་རོལ་ཏུ་ཕྱིན་པ།
དེ་བཞིན་གཤེགས་པའ་མ་འདྲེས་པའི་རྣམ་པར་ཐར་པར་མཛད་པའི་ཡེ་ཤེས་ཀྱི་མཐར་ཕྱིན་པའ།	དེ་བཞིན་གཤེགས་པའ་མ་འདྲེས་པའི་རྣམ་པར་ཐར་པར་མཛད་པའི་ཡེ་ཤེས་ཀྱི་མཐར་ཕྱིན་པ།
མཐའ་དང་དབུས་མྱེད་པའི་སངས་རྒྱས་ཀྱི་ས་མཉམ་པ་ཉིད་ཐུགས་སུ་ཆུད་པ།	མཐའ་དང་དབུས་མེད་པའི་སངས་རྒྱས་ཀྱི་ས་མཉམ་པ་ཉིད་ཐུགས་སུ་ཆུད་པ།
ཆོས་ཀྱིས་དབྱིངས་ཀྱིས་ཀླས་པའ། །ནམ་མཁའི་ཁམས་ཀྱི་མཐས་གཏུགས་པའ་དེ།	ཆོས་ཀྱི་དབྱིངས་ཀྱིས་ཀླས་པའ། ནམ་མཁའི་ཁམས་ཀྱི་མཐས་གཏུག་པ་དེ།

ཉན་ཐོས་ཀྱི་དགེ་འདུན་ཚད་མྱིད་པའ། ཐམས་ཅད་ཀྱང་། ཅང་ཤེས་པ།	ཉན་ཐོས་ཀྱི་དགེ་འདུན་ཚད་མེད་པ་ཐམས་ཅད་ཀྱང་། ཅང་ཤེས་པ།

༢ ཚིག་རིས་མི་མཐུན་པའི་སྐོར།

ཏུན་ཧོང་གི་འགྱུར།	སྡེ་དགེའི་བཀའ་འགྱུར།
འོད་གཟེར་ཆེན་པོ་རབ་ཏུ་འབྱུང་བའ།	འོད་ཟེར་ཆེན་པོ་རབ་ཏུ་མངའ་བ།
གནས་ཐ་དད་པ་ཤིན་ཏུ་རྣམ་པར་ཕྱེ་བ་མཐའ་ཡས་པར་རྣམ་པར་གནས་པའ།	གནས་ཀྱི་བྱེ་བྲག་ཤིན་ཏུ་རྣམ་པར་ཕྱེ་བ། མཐའ་ཡས་པ་རྣམ་པར་གཞག་པ།
བྱང་ཆུབ་སེམས་དཔའ་དཔག་ཏུ་མྱིད་པའྀ་དགེ་འདུན་དང་ལྡན་པའ།	བྱང་ཆུབ་སེམས་དཔའ་དཔག་ཏུ་མེད་པའི་དགེ་འདུན་རྗེས་སུ་དོང་བ།
དེ་བཞིན་གཤེགས་པའྀ་བཀོད་པའྀ་གནས།	དེ་བཞིན་གཤེགས་པའི་བྱིན་གྱིས་རླབས་ཀྱིས་བཀོད་པ།
དྲན་པ་དང་། བློ་གྲོས་དང་། ཚོགས་པའ་ཆེན་པོས་ངེས་པར་འབྱུང་བ།	དྲན་པ་དང་། བློ་གྲོས་དང་། རྟོགས་པ་ཆེན་པོས་ངེས་པར་འབྱུང་བ།
བཅོམ་ལྡན་འདས་ལེགས་པར་ཐུགསུ་ཐེ་ཆུད་པའྀ་བློ་དང་ལྡན་པ།	བཅོམ་ལྡན་འདས་ལེགས་པར་ཐུགས་སུ་ཆུད་པའི་བློ་དང་ལྡན་པ།

༣ ཚིག་སྣ་ཕྱི་ཐ་དད་པ་གཉིས་དང་དོན་མི་མཐུན་པ་གཅིག་གི་སྐོར།

ཏུན་ཧོང་གི་འགྱུར།	སྡེ་དགེ་བཀའ་འགྱུར།
ཤིན་ཏུ་རྣམ་པར་དག་ཅིང་དབང་སྒྱུར་བའྀ་རྣམ་པར་རིག་པའི་མཚན་ཉིད་།	དབང་སྒྱུར་བའི་རྣམ་པར་རིག་པ་ཤིན་ཏུ་རྣམ་པར་རིག་པའི་མཚན་ཉིད།
སེམས་ཅན་ཐམས་ཅད་ཀྱི་དོན་ཐམས་ཅད་ཡང་དག་པར་ཐོབ་པར་བྱེད་པར་ཉེ་བར་གནས་པའ།	སེམས་ཅན་ཐམས་ཅད་ཀྱི་དོན་ཐམས་ཅད་ཡང་དག་པར་ཐོབ་པར་མཛད་པས་ཉེ་བར་གནས་པ།
འཛིག་རྟེན་གྱི་ཁམས་ཐམས་ཅད་དུ་ཞུགས་པའྀ་སྐུ་དང་ལྡན་པའ།	འཇིག་རྟེན་གྱི་ཁམས་ཐམས་ཅད་དུ་ཞུགས་པའི་སྐུ་ལྷ་དང་ལྡན་པ།

གོང་དུ་གཏེར་ཡིགP.T.615འདི་ཚིག་གི་གྲུབ་ཆ་ཉེར་བརྒྱད་དུ་བགོས་ནས་《བཀའ་འགྱུར་》ལས་བྱུང་བའི་《མདོ་སྡེ་དགོངས་འགྲེལ་》གྱི་སྙིང་གཞི་དང་བསྡུར་བ་རགས་ཙམ་བྱས་པར། ཚིག་ཡོངས་སུ་མཐུན་པ་བཅུ་དགུ་དང་། ཚིག་རིས་མི་མཐུན་པ་དྲུག ཚིག་སྣ་ཕྱི་ཐ་དད་པ་གཉིས་དང་དོན་མི་མཐུན་པ་གཅིག་བཅས་བྱུང་། དེས་ན་བརྗོད་བྱ་ཙམ་མ་ཟད། ཚིག་རིས་རྣམས་ཀྱང་ཕལ་ཆེར་ཡོངས་སུ་མཐུན་པ་དེས་གཏེར་ཡིག་འདི་དང་《བཀའ་འགྱུར་》གྱི་དཔེ་གཉིས་འགྱུར་མི་གཅིག་པ་ཞིག་གཏན་ནས་མ་

ཡིན་པར་མཐོང་ཐུབ། འོ་ན་ཚིག་མི་མཐུན་པ་ཁ་ཤས་སྣང་བ་དེ་ཅི་ཞིག་ཡིན་ནམ་ཞེ་ན། དེ་ལ་རྒྱུ་མཚན་གཉིས་ཡོད་པར་འདོད་དེ། འགྱུར་གཅིག་ཡིན་ཡང་སྔོན་གྱི་གཞི་འགྱུར་ལ་སླད་མར་འགྱུར་བཅོས་མཛད་པ་གཅིག་དང་འགྱུར་བཅོས་མ་མཛད་པ་གཅིག་སྟེ། དཔེར་ན་སྔ་མ་གཏེར་ཡིག་གི་ཚིག་དང་། ཕྱི་མ《བཀའ་འགྱུར་》གྱི་ཚིག་ཡིན་པར་ངེས་པ་ལྟ་བུས་མཚོན། དཔེ་གཉིས་ལ་ཚིག་རིས་ཙུང་ཟད་མི་འདྲ་བ་རེ་གཉིས་སྣང་བ་ཡིན། གཞན་དེ་གཉིས་ཀའང་སྔར་གྱི་གཞི་འགྱུར་གང་ལ་འགྱུར་བཅོས་རིམ་པ་གཉིས་མཛད་པའི་རྣམ་པ་སོ་སོར་སོང་བས་ན། དེ་ལྟར་ཚིག་དོན་རེ་ཟུང་མི་མཐུན་པ་བྱུང་བ་ཡིན།

འདིར་ངེས་པར་དུ་གནད་འདི་འདྲ་ཞིག་མཁྱེན་དགོས། དེ་ཡང《སངས་རྒྱས་ཀྱི་སའི་མདོ་》[①] དང་། ངང་ཚུལ་བཟང་པོས་མཛད་པའི་དེའི་རྣམ་བཤད།[②] 《བྱང་ཆུབ་ཟླ་འཕྲུལ་གྱི་དགོངས་འགྲེལ་རྣམ་བཤད་》[③]《འགོས་ཆོས་གྲུབ་ཀྱི་འགྱུར་རྒྱ་ནག་འགྲེལ་ཆེན་》[④]སོགས་སུའང་ཏུན་ཧོང་གཏེར་ཡིག་གི་ཚིག"ཤིན་ཏུ་རྣམ་པར་དག་ཅིང་དབང་སྒྱུར་བའི་རྣམ་པར་རིག་པའི་མཚན་ཉིད་"ཅེས་པ་ཇི་ལྟ་བ་བཞིན་བྱུང་བ་ལས། 《བཀའ་འགྱུར་》གྱི་"དབང་སྒྱུར་བའི་རྣམ་པར་རིག་པ་ཤིན་ཏུ་རྣམ་པར་རིག་པའི་མཚན་ཉིད་"ཅེས་པ[⑤]ལྟར་མི་སྣང་བ་དང་། ཡང《བྱང་ཆུབ་ཟླ་འཕྲུལ་གྱི་དགོངས་འགྲེལ་རྣམ་བཤད་》དང《འགོས་ཆོས་གྲུབ་ཀྱི་འགྱུར་རྒྱ་ནག་འགྲེལ་ཆེན་》[⑥]དག་ཏུ་གཏེར་ཡིག་གི་ཚིག"སེམས་ཅན་ཐམས་ཅད་ཀྱི་དོན་ཐམས་ཅད་ཡང་དག་པར་ཐོབ་པར་བྱེད་པར་ཉེ་བར་གནས་པའ"ཞེས་ཇི་མ་ཇི་བཞིན་དུ་མངོན་པ་ལས། 《བཀའ་འགྱུར་》གྱི་"སེམས་ཅན་ཐམས་ཅད་ཀྱི་དོན་ཐམས་ཅད་ཡང་དག་པར་ཐོབ་པར་མཛད་པས་ཉེ་བར་གནས་པ་"ཞེས་པ་ལྟ་བུ་གཏན་ནས་མི་སྣང་བ་དང་། ཡང《སངས་རྒྱས་ཀྱི་སའི་

---

① འཕགས་པ་སངས་རྒྱས་ཀྱི་ས་ཞེས་བྱ་བ་ཐེག་པ་ཆེན་པོའི་མདོ། སྡེ་དགེ་བཀའ་འགྱུར། ཡ་པོད། ཤོག་ངོས་36

② སློབ་དཔོན་ངང་ཚུལ་བཟང་པོ། འཕགས་པ་སངས་རྒྱས་ཀྱི་སའི་རྣམ་པར་བཤད་པ། ཀྲུང་གོའི་བོད་ཀྱི་ཤེས་རིག་དཔེ་སྐྲུན་ཁང་། ཤོག་ངོས་1347

③ བྱང་ཆུབ་ཟླ་འཕྲུལ། འཕགས་པ་དགོངས་པ་ངེས་པར་འགྲེལ་པའི་མདོའི་རྣམ་པར་བཤད་པ། སྡེ་དགེ་བསྟན་འགྱུར། སྣ་ཚོགས། ཆོ་པོད། ཤོག་ངོས་1-2

④ ཕྱིན་ཚིག རྒྱ་ནག་འགྲེལ་ཆེན་ནམ་འཕགས་པ་དགོངས་པ་ཟབ་མོ་ངེས་པར་འགྲེལ་པའི་མདོའི་རྒྱ་ཆེར་འགྲེལ་བཞུགས་སོ། །ཀྲུང་གོའི་བོད་ཀྱི་ཤེས་རིག་དཔེ་སྐྲུན་ཁང་། ཤོག་ངོས་141

⑤ འཕགས་པ་དགོངས་པ་ངེས་པར་འགྲེལ་པ་ཞེས་བྱ་བ་ཐེག་པ་ཆེན་པོའི་མདོ། བཀའ་འགྱུར་དཔེ་བསྡུར་མ། མདོ་སྡེ། ཙ་པོད། ཀྲུང་གོའི་བོད་ཀྱི་ཤེས་རིག་དཔེ་སྐྲུན་ཁང་། ཤོག་ངོས་4-5

⑥ ཕྱིན་ཚིག རྒྱ་ནག་འགྲེལ་ཆེན་ནམ་འཕགས་པ་དགོངས་པ་ཟབ་མོ་ངེས་པར་འགྲེལ་བའི་མདོའི་རྒྱ་ཆེར་འགྲེལ་བཞུགས་སོ། །ཀྲུང་གོའི་བོད་ཀྱི་ཤེས་རིག་དཔེ་སྐྲུན་ཁང་། ཤོག་ངོས་154

མདོ་》དང་ངང་ཚུལ་བཟང་པོས་མཛད་པའི་དེའི་རྣམ་བཤད། དེ་བཞིན་དུ《ཐེག་བསྡུས་རྩ་བ་》[1]དང་དབྱིག་གཉེན་གྱིས་མཛད་པའི་དེའི་འགྲེལ་པ།[2] ཐོགས་མེད་ཀྱིས་མཛད་པར་གྲགས་པའི《དགོངས་འགྲེལ་རྣམ་བཤད་བསྡུས་པ་》[3]བྱང་ཆུབ་རྫུ་འཕྲུལ་གྱིས་མཛད་པའི《དགོངས་འགྲེལ་འགྲེལ་ཆེན་》ལེན་ཚོག་གི《རྒྱ་ནག་འགྲེལ་ཆེན་》ལ་སོགས་པར་གཏེར་ཡིག་གི་ཚིག"འཇིག་རྟེན་གྱི་ཁམས་ཐམས་ཅད་དུ་ཞུགས་པའི་སྐུ་དང་ལྡན་པ་"ཞེས་པ་ཇི་ལྟ་བ་བཞིན་བྱུང་བ་ལས། 《བཀའ་འགྱུར་》གྱི"འཇིག་རྟེན་གྱི་ཁམས་ཐམས་ཅད་དུ་ཞུགས་པའི་སྐུ་ལྷ་དང་ལྡན་པ་"ཞེས་པ་གཏན་ནས་མ་བྱུང་བས། དེ་དག་གི་ཐོག་ནས་གཏེར་ཡིགP.T.615ནི་སྐབས་དེ་ཤད་ཙམ་ནས་ཁུངས་ཐུབ་ཚད་ལྡན་དང་། འཕྲིན་ལས་ཁྱབ་གདལ་ཤིན་ཏུ་ཆེ་བ་ཞིག་ཡིན་པར་ཐེ་ཚོམ་སྣ་ཙམ་ཡང་མི་དགོས། མདོར་ན། 《བུ་སྟོན་ཆོས་འབྱུང་》ལས"དགོངས་པ་ངེས་པར་འགྲེལ་པ་བམ་པོ་བཞི་དང་ཤུ་ལོག་ཉི་ཤུ་སྐད་གསར་བཅད་ཀྱིས་བཅོས་པ་"ཞེས་དང་། 《སི་ཏུའི་བཀའ་འགྱུར་དཀར་ཆག་》ལས"འཕགས་པ་དགོངས་པ་ངེས་པར་འགྲེལ་པ་ཞེས་བྱ་བའི་མདོ་ལེའུ་བཅུ་པ་སྐད་གསར་བཅད་ཀྱིས་བཅོས་ནས་གཏན་ལ་ཕབ་པ་"ཞེས"སྐད་གསར་བཅད་ཀྱིས་བཅོས་ནས་གཏན་ལ་ཕབ་པའི་"《འཕགས་པ་དགོངས་པ་ངེས་པར་འགྲེལ་པ་》ཞིག་བྱུང་ཡོད་པ་དེའང་དོན་ངོ་མ་གཏེར་ཡིག་འདི་དང་འདི་ལྟ་བུ་ཞིག་ལ་གོ་ནའང་མི་འགྲིག་པ་མེད། ཡིན་ནའང་། གཅིག་ནས་པཎྜི་ཏ་ཛཱི་ན་མི་ཏྲ་དང་། ཤཱི་ལེནྡྲ་བོ་དྷི་དང་བན་དེ་ཡེ་ཤེས་སྡེས་བསྒྱུར་བའི《ཐེག་བསྡུས་》[4]ནི《བཀའ་འགྱུར་》དང་ཕལ་ཆེར་མཐུན་པ་དང་། གཉིས་ནས"དགེ་འདུན་རྗེས་སུ་དྲོང་བ"ལྟ་བུ་ཏུན་ཧོང་ལས་བྱུང་བའི་ཚིག་མཛོདP.T.1257གྱི་ཡི་གེ་ཁ་ཅིག་གཏེར་ཡིགP.T.615དང་མི་མཐུན་པར། དེ་ལས་ལྡོག་སྟེ《བཀའ་འགྱུར་》དང་ཡོངས་སུ་མཐུན་པ་དེས《བཀའ་འགྱུར་》གྱི་དཔེ་དེ་ཉིད་དེའི་སྐབས་སུས་ཀྱང་ཁུངས་མཛད་སའི་དཔེ་འབབ་ཞིག་ཏུ་མཐོང་བ། གསུམ་ནས《བཀའ་འགྱུར་》དུ"སྐད་གསར་བཅད་ཀྱིས་བཅོས་ནས་གཏན་ལ་ཕབ"ཟིན་པ་ཞིག་བསྡུས་པ་ལས་དེ་ལྟར་མ་ཡིན་པ་ཞིག་རྨི་ལམ་དུའང་བརྫུ་མི་སྲིད་པས་ན། བུ་སྟོན་ཐམས་ཅད་མཁྱེན་པ་སོགས་ཀྱིས་མཛད་པའི《རྒྱལ་

① སློབ་དཔོན་ཐོགས་མེད། ཐེག་པ་ཆེན་པོ་བསྡུས་པ། ཀྲུང་གོའི་བོད་ཀྱི་ཤེས་རིག་དཔེ་སྐྲུན་ཁང་། ཤོག་ངོས་52

② སློབ་དཔོན་དབྱིག་གཉེན། ཐེག་པ་ཆེན་པོའི་བསྡུས་པའི་འགྲེལ་པ། ཀྲུང་གོའི་བོད་ཀྱི་ཤེས་རིག་དཔེ་སྐྲུན་ཁང་། ཤོག་ངོས་478

③ སློབ་དཔོན་ཐོགས་མེད། འཕགས་པ་དགོངས་པ་ངེས་པར་འགྲེལ་པའི་རྣམ་པར་བཤད་པ། ཀྲུང་གོའི་བོད་ཀྱི་ཤེས་རིག་དཔེ་སྐྲུན་ཁང་།

④ སློབ་དཔོན་ཐོགས་མེད། ཐེག་པ་ཆེན་པོ་བསྡུས་པ། ཀྲུང་གོའི་བོད་ཀྱི་ཤེས་རིག་དཔེ་སྐྲུན་ཁང་། ཤོག་ངོས་53

བའི་གསུང་རབ་ཀྱི་དཀར་ཆག་》དག་ལས། “སྐད་གསར་བཅད་ཀྱིས་བཅོས་ནས་གཏན་ལ་ཕབ་”ཅེས་བསྟན་པ་ནི་བཀའ་འགྱུར་གྱི་དཔེ་འདི་མ་ཡིན་པར་གཏན་ནས་མི་འགྲུབ་པ་སོགས། མདོར་ན་“སྐད་གསར་བཅད་ཀྱིས་བཅོས་ནས་གཏན་ལ་ཕབ་”ཅེས་གྲགས་པའི་《མདོ་སྡེ་དགོངས་འགྲེལ་》ནི་《བཀའ་འགྱུར་》གྱི་དཔེ་དེ་ཡིན་ནམ། ཡང་ན་གཏེར་ཡིགP.T.615ཏུ་སྣང་བའི་དཔེ་འདི་ཡིན། བློ་དམན་བདག་ལྟ་བུས་རེ་ཞིག་ཁ་ཚོན་གཅོད་མ་ནུས་ཤིང་། ཅུང་ཟད་ཡ་མཚན་པ་ཞིག་ནི་“སྐད་གསར་བཅད་ཀྱིས་བཅོས་ནས་གཏན་ལ་ཕབ་”ཅེས་པའི་ཚིག་དུམ་འདི་ཆོས་རྗེ་བུ་སྟོན་ཞབས་དང་སི་ཏུ་པཎ་ཆེན་སོགས་ཀྱིས་མཛད་པ་སྟེ། བསྟན་པ་ཕྱི་དར་ཚུན་གྱི་དཀར་ཆག་དག་ལས་བྱུང་བ་ལས། སྔ་དར་སྐབས་ཀྱི་《དཀར་ཆག་འཕང་ཐང་མ་》དང་《ལྡན་དཀར་མ་》གཉིས་སུ་ཟུར་ཙམ་ཡང་མི་སྣང་བ་དེ་ཡིན་ལ། ཏུན་ཧོང་གཏེར་ཡིག་ཁྲོད་ན་འདི་འདྲའི་ཚིག་དུམ་བགྲང་གིས་མི་ལང་བ་མོད། 《དགོངས་པ་ངེར་འགྲེལ་པའི་མདོ་》འདིའི་དབུ་ཞབས་ཚང་བ་ཞིག་དེ་སྔ་མ་མཐོང་བས་ཚིག་དུམ་འདི་ལྟ་བུ་ཡང་རང་བཞིན་གྱིས་སྙིག་ཆོས་སུ་གྱུར་ཏོ། །

མདོར་ན། གཏེར་ཡིགP.T.615འདི་དང་《བཀའ་འགྱུར་》ལས་བྱུང་བའི་《མདོ་སྡེ་དགོངས་འགྲེལ་》གྱི་དཔེ་གཉིས་སྔོན་གྱི་གཞི་འགྱུར་གཅིག་ཡིན་པ་ལ་ཡང་བསྐྱར་ཞིགས་སྒྱུར་མའི་དཔེ་དང་བསྒྱུར་ནས་འགྱུར་བཅོས་རིམ་པ་གཉིས་མཛད་པའི་རྣམ་པ་སོ་སོར་སྣང་བ་རྟོགས་ཐུབ་ཅིང་། དེའི་ཞར་ལ་ཁ་ཅིག་གིས་སྨྲ་བ་ལྟར་《བཀའ་འགྱུར་》གྱི་ཚིག་ཅིག་ཡིན་ཕྱིན། གཅིག་ནས་བསྟན་པ་ཕྱི་དར་ཚུན་ནས་བཅོས་ཅི་རིགས་བྱས་པར་ངེས་པ་དང་། གཉིས་ནས་ཞིགས་སྒྱུར་གྱི་མ་དཔེ་སོགས་ལ་སྨོ་ཅི་ཡང་མ་བསྟུན་པར་འགྲིག་འགྲིག་ལྟར་བཅོས་པར་འདོད་པ་རྣམས་ལ་ནི་ཁྲབ་པ་གཏན་ནས་མེད་པ་དང་། ཡང་ཏུན་ཧོང་གཏེར་ཡིག་ཏུ་སྣང་ཚད་《བཀའ་འགྱུར་》དུ་བཞུགས་པ་གང་དེའི་མ་ཡིག་ཡིན་ཐག་ཆོད་དུ་ཊློམ་པ་ནི་འབྲུལ་གཞི་ཆེ་བར་མཐོང་སྟེ། དཔེར་ན་འདིར་གླེང་བར་བྱ་བའི་ཏུན་ཧོང་གཏེར་ཡིག P.T.615ནི《བཀའ་འགྱུར་》དུ་བཞུགས་པའི་《མདོ་སྡེ་དགོངས་འགྲེལ་》གྱི་དཔེ་དེའི་ཁུངས་དཔོན་དེ་མ་ཡིན་པར་མངོན་པ་ལྟ་བུའོ། །

《བོད་ལྗོངས་ཞིབ་འཇུག་》2015ལོའི་དེབ་གཉིས་པ་ལས་བཏུས།

༄། །ཏུན་ཧོང་ཡིག་རྙིང་ཁྲོད་ཀྱི《བཟང་སྤྱོད་སྨོན་ལམ་》བྲིས་མ་ཁག་གཞིར་བཟུང་ནས་དེའི་འཕྲིན་ལས་སྐོར་གླེང་བ།

མདོ་དགེ་བསོད་ནམས་ལྷུན་གྲུབ།

[ནང་དོན་གནད་བསྡུས།] དཔྱད་རྩོམ་འདིར་ཏུན་ཧོང་ཡིག་རྙིང་ཁྲོད་ཀྱི་བཟང་སྤྱོད་བྲིས་མ་ཁག་ངོ་སྤྲོད་དང་དེའི་ཁྱད་ཆོས་སོགས་ལ་དཔྱད་པ་བརྒྱད། གཙུག་ལག་འདི་དག་དང་དུས་སྐབས་མཉམ་པའི་འབྲེལ་ཡོད་ཡིག་ཆ་ཁག་ཅིག་དཔྱད་གཞིར་བཟུང་སྟེ། སྨོན་ལམ་འདི་བོད་བཙན་པའི་དུས་སྐབས་སུ་འཕྲིན་ལས་ཤིན་ཏུ་རྒྱས་ཤིང་། བོད་ཡུལ་སྟོད་སྨད་ཀུན་དང་ལྷག་དོན་ཏུན་ཧོང་ས་ཆར་དར་ཁྱབ་ཏུ་ཕྱིན་ཏེ་སྤྱི་ཚོགས་ཀྱི་ཕྱོགས་མང་པོར་ཤུགས་རྐྱེན་ཟབ་མོ་ཐེབས་ཡོད་པའི་སྐོར་རགས་ཙམ་གླེང་ཡོད།

[གནད་ཚིག] ཏུན་ཧོང་ཡིག་རྙིང་། བཟང་སྤྱོད་སྨོན་ལམ། བཙན་པོའི་རྒྱལ་རབས། ཤུགས་རྐྱེན།

གླེང་གཞི།

ལྕང་ལུང་པཎྜི་ཏ་ངག་དབང་བློ་བཟང་བསྟན་པའི་རྒྱལ་མཚན་མཆོག་གིས། "བཅོམ་ལྡན་འདས་ཀྱི་མདོ་དང་འཕགས་བོད་མཁས་གྲུབ་རྣམས་ཀྱི་བསྟན་བཅོས་ལས་སྨོན་ལམ་ཇི་སྙེད་ཅིག་གསུངས་པ་ཐམས་ཅད་ཀྱི་ནང་ནས་བརྗོད་བྱ་ཟབ་ཅིང་རྒྱ་ཆེ་ལ་ཡོངས་སུ་རྫོགས་པས་སྨོན་ལམ་གཞན་ལས་མཆོག་ཏུ་གྱུར་པས་ན། སྨོན་ལམ་གྱི་རྒྱལ་པོར་གྲགས་པ་བཟང་པོ་སྤྱོད་པའི་སྨོན་ལམ་གྱི་རྒྱལ་པོ་འདི་ཉིད་"[①]ཅེས་དང་། ཡང་ན"བྱང་ཆུབ་སེམས་དཔའ་ཀུན་ཏུ་བཟང་པོས་རྒྱལ་སྲས་ཀྱི་སྤྱོད་པ་རླབས་པོ་ཆེ་མཐའ་དག་ཡོངས་སུ་རྫོགས་པ་ཕྱོགས་གཅིག་ཏུ་བསྡུས་ནས་སྨོན་ལམ་དུ་མཛད་ཅིང་། སྨོན་ལམ་

① ལྕང་ལུང་པཎྜི་ཏ་ངག་དབང་བློ་བཟང་བསྟན་པའི་རྒྱལ་མཚན། འཕགས་པ་བཟང་པོ་སྤྱོད་པའི་སྨོན་ལམ་གྱི་གཞུང་དོན་བཤད་པ་རྒྱལ་སྲས་སྤྱོད་པའི་འཇུག་ངོགས། སེར་གཙུག་ནང་བསྟན་དཔེ་རྙིང་འཚོལ་བསྡུ་ཕྱོགས་སྒྲིག་ཁང་། ཤོག་ངོས་1

གཞན་ཐམས་ཅད་ལས་མཆོག་ཏུ་གྱུར་པའི་བརྗོད་བྱ་རྒྱ་ཆེ་བས་ན་རྒྱལ་པོ་ཞེས་བྱའོ"[1]ཞེས་གསུངས་པ་ལྟར། བཟང་པོ་སྤྱོད་པའི་སྨོན་ལམ་འདི་ནི་འཕགས་བོད་སྨོན་ལམ་ཐམས་ཅད་ཀྱི་རྒྱལ་པོར་བསྔགས།

དེ་ཡང་སྨོན་ལམ་འདི་ཉིད་འབྱུང་སའི་ཁུངས་ནི། མདོ་ཕལ་པོ་ཆེའམ། བརྡ་སྙིང་དུ་སངས་རྒྱས་ཛ་ག་ཆད་དུ་གྲགས་པ། ཡང་ན་སྟན་གྱི་གོང་རྒྱན་ཞེས་བསྒྱུར་བའང་ཡོད་པའི་མདོ་དེའི་ཆ་ཤས་སྡོང་པོ་བཀོད་པའི་མདོ་ལས་ནོར་བཟང་གི་ལེའུ་ཡིན་ཞིང་། སངས་རྒྱས་བཅོམ་ལྡན་འདས་ཀྱི་ཉེ་བའི་སྲས་ཆེན་བརྒྱད་ལས་འཕགས་པ་ཀུན་ཏུ་བཟང་པོས་རྒྱལ་བའི་སྲས་པོ་གཞོན་ནུ་ནོར་བཟང་ལ་སྨོན་ལམ་འདི་གསུངས་པར་གསུངས་ཤིང་། གཞུང་འདི་ཉིད་ཐོག་མར་བོད་རྒྱལ་ཁྲི་སྲོང་ལྡེ་བཙན་གྱི་དུས་སྐབས་སུ་བོད་དུ་བསྒྱུར། དེ་རྗེས་སྤྱི་ཕྱིར་རྒྱ་འགྲེལ་གྲགས་ཆེ་བ་ཁག་ལྔ་བོད་དུ་བསྒྱུར་བ་བསྟན་འགྱུར་ཁྲོད་དུ་བཞུགས།

བསྟན་པ་ཕྱི་དར་གྱི་སྐབས་སུ་རྗེ་བཙུན་ཏཱ་ར་ནཱ་ཐ་དང་ལྕང་སྐྱ་རོལ་པའི་རྡོ་རྗེ། ཅོ་ནེ་གྲགས་པ་བཤད་སྒྲུབ་སོགས་བོད་རང་གི་མཁས་པ་མང་པོས་རྒྱ་འགྲེལ་གཞིར་བཟུང་སྟེ་གཞུང་འདི་ལ་འགྲེལ་པ་འགྲེལ་བཤད་མང་དུ་མཛད་གནང་ཡོད་དོ། །འདི་ལྟ་བུའི་གཞུང་རྩ་ཆེན་འདི་ཉིད་ཏུན་ཧོང་ཡིག་རྙིང་ཁྲོད་དུ་བྲིས་མ་མི་འདྲ་བ་ཁག་མང་པོ་བཞུགས་པར་མ་ཟད་གཞུང་འདི་དང་འབྲེལ་བ་དམ་ཟབ་ཡོད་པའི་སྨོན་ལམ་ཤོག་དྲིལ་ཁག་ཅིག་ཀྱང་བྱུང་ཡོད། དེ་བཞིན་གཙུག་ལག་འདི་དག་དང་དུས་མཉམ་པའི་བྲག་བཀོས་ཡི་གེ ། དྲིལ་བུའི་ཁ་བྱང་བཅས་འབྲེལ་ཡོད་ཡིག་ཆའི་ཁྲོད་དུའང་གཞུང་འདི་ཐོན་ཡོད་པ་བཅས་དཔྱད་གཞིར་བཟུང་སྟེ། བོད་བཙན་པོའི་དུས་སྐབས་ཀྱི་སྨོན་ལམ་འདིའི་འཕྲིན་ལས་སྐོར་གླེང་བར་བྱ་བ་ལ།

དང་པོ། ཏུན་ཧོང་ཡིག་རྙིང་ཁྲོད་ཀྱི་བཟང་སྤྱོད་བྲིས་མ་ཁག་ངོ་སྤྲོད།

ཏུན་ཧོང་ཡིག་རྙིང་ལས་བོད་ཡིག་གཙུག་ལག་གྲངས་འབོར་མང་ཤོས་ནི་ཧྲ་རན་སིའི་རྒྱལ་གཉེར་དཔེ་མཛོད་ཁང་དང་དབྱིན་ཇིའི་རྒྱལ་གཉེར་དཔེ་མཛོད་ཁང་དུ་བཞུགས་ཡོད། དེ་མིན་རང་རྒྱལ་གྱི་

[1] ལྕང་ལུང་པཎྜི་ཏ་ངག་དབང་བློ་བཟང་བསྟན་པའི་རྒྱལ་མཚན། འཕགས་པ་བཟང་པོ་སྤྱོད་པའི་སྨོན་ལམ་གྱི་གཞུང་དོན་བཤད་པ་རྒྱལ་སྲས་སྤྱོད་པའི་འཇུག་ངོགས། སེར་གཙུག་ནང་བསྟན་དཔེ་རྙིང་འཚོལ་བསྡུ་ཕྱོགས་སྒྲིག་ཁང་། ཤོག་ངོས་2

ཀན་སུའུ་ཞིང་ཆེན་གྱི་ཏུན་ཧོང་ཞིབ་འཇུག་གླིང་སོགས་འབྲེལ་ཡོད་ལས་ཁུངས་ཁག་དང་རྒྱལ་ཁབ་དཔེ་མཛོད་ཁང་དུ་གྲངས་འབོར་གང་འཚམ་ཞིག་ཉར་ཡོད་ལ། ཨུ་རུ་སུ་དང་འཇར་པན་སོགས་འཛམ་གླིང་ཡུལ་གྲུ་མང་པོའི་འབྲེལ་ཡོད་སྒེ་ཚན་ཁག་ཏུའང་འགའ་ཤས་ཉར་ཚགས་བྱས་ཡོད།

ཏུན་ཧོང་ཡིག་རྙིང་ཉར་ཚགས་བྱས་ཡོད་པའི་འབྲེལ་ཡོད་དཔེ་མཛོད་ཁང་ལས་ད་སྔ་མཐོང་ཐུབ་པའི་བཟང་སྤྱོད་བྲིས་མ་ཁག་ནི་ཕྲ་རན་སིའི་རྒྱལ་གཉེར་དཔེ་མཛོད་ཁང་དང་དབྱིན་ཇིའི་རྒྱལ་གཉེར་དཔེ་མཛོད་ཁང་གཉིས་ལས་ཐོན་པ་ཡིན། དེ་ཡང་དཔེ་མཛོད་ཁང་དེ་གཉིས་ཀྱི་ཏུན་ཧོང་བོད་ཡིག་ལ་ཨང་རྟགས་བཀོད་ཡོད་རིགས་ལྟར་གོ་རིམ་བཞིན་འགོད་པ་ལ།

གཅིག ཕྲ་རན་སིར་ཉར་ཡོད་རིགས་སྐོར་ལ། P.T.7A P.T.8 P.T.9 P.T.9V P.T.10 P.T.11 P.T.12 P.T.14.2 P.T.34.2 P.T.35V P.T.45.7 P.T.46AV P.T.46BV P.T46CV P.T.138 P.T.139 P.T.140 P.T.141 P.T.142 P.T.143 P.T.144 P.T.145 P.T.146 P.T.147 P.T. 148 P.T.149བཅས་བསྡོམས་ན་གཙུག་ལག་ཨང་རྟགས་མི་འདྲ་བ་25བཞུགས་ཡོད།

གཉིས། དབྱིན་ཇིར་ཉར་ཡོད་རིགས་སྐོར་ལ། I.T.J.103.Ⅱ I.T.J.103.Ⅵ I.T.J.103.Ⅶ I.T.J.134.Ⅱ I0L.TIB.J.137 I.T.J.138 I.T.J.139 I.T.J.140.I I.T.J.141 I I.T.J.142 I.T.J.143.I I.T.J.140.I I.T.J.311.I I.T.J.366.Ⅳ I.T.J.426.Ⅱ I.T.J.491.III I.T.J.496.I I.T.J.1474བཅས་བསྡོམས་ན་གཙུག་ལག་ཨང་རྟགས་མི་འདྲ་བ་18བཞུགས་ཡོད།

དེ་བཞིན་འབྲེལ་ཡོད་བཟང་སྤྱོད་ཀྱི་འགྲེལ་པ་བྲིས་མའི་སྐོར་ལ། P.T.150 P.T.151 I.T.J. 143 II I.T.J.144 I.T.J.145.I I.T.J.146 I.T.J.147 I.T.J.148བཅས་གཙུག་ལག་ཨང་རྟགས་མི་འདྲ་བ་8བཞུགས་ཡོད་པ་བཅས་ཁྱོན་སྡོམ་བཟང་སྤྱོད་དང་བཟང་སྤྱོད་འགྲེལ་པ་བྲིས་དཔེ་ཨང་རྟགས་མི་འདྲ་བ་ལྔ་བཅུ་ཙམ་ཞིག་ཏུན་ཧོང་ཡིག་རྙིང་ལས་ཐོན་པ[1]འདིས་སྨོན་ལམ་འདི་སྐབས་དེའི་སྤྱི་ཚོགས་ཁྲོད་དུ་དར་ཁྱབ་ཤིན་ཏུ་ཆེ་བ་རྟོགས་ཐུབ།

---

① བཟང་སྤྱོད་དང་དེའི་འགྲེལ་པ་ཨང་རྟགས་བཀོད་ཡོད་རིགས་འདི་དག་ནི་འབྲེལ་ཡོད་དཀར་ཆག་ཁག་དང་མིག་སྔར་རང་རྒྱལ་ཧྲང་ཧེ་དཔེ་རྙིང་དཔེ་སྐྲུན་ཁང་ནས་བྱུང་བའི་ཕྲ་རན་སི་དང་དབྱིན་ཇིར་ཉར་བའི་བོད་ཡིག་གཙུག་ལག་ནག་གཟུགས་པར་མ་ཁག་ལ་ཞིབ་ལྟ་གང་ལེགས་བྱས་ཏེ་ཕྱོགས་བསྡོམས་བྱས་པ་ཡིན།

གཉིས་པ། ཏུན་ཧོང་ཡིག་རྙིང་ཁྲོད་ཀྱི་བཟང་སྤྱོད་བྲིས་མ་ཁག་གི་གཙུག་ལག་ཁྱད་ཆོས།

ཏུན་ཧོང་ཡིག་རྙིང་ཁྲོད་དུ་བཞུགས་པའི་བོད་བརྒྱུད་ནང་པའི་ཆོས་གཞུང་གིས་ཡིག་རྙིང་སྤྱིའི་གྲངས་འབོར་གྱི་ཟིན་ཚད་བརྒྱ་ཆའི་བརྒྱད་ཅུ་ཡན་རེད། ཡིན་ནའང་དེ་ལ་ཞིབ་འཇུག་གནང་མཁན་ཕལ་མོ་ཆེས་ཆོས་གཞུང་ཕུད་པའི་བརྒྱ་ཆའི་བཅུ་ལྷག་ཙམ་གྱི་ལོ་རྒྱུས་དང་། སྐད་ཡིག གཏམ་རྒྱུད་སོགས་ཙུང་གོ་སླ་བའི་རིགས་ལ་ཞིབ་འཇུག་བྱ་བ་ལས། བོད་ཀྱི་ནང་ཆོས་ཀྱི་གཞུང་ལུགས་དང་འབྲེལ་བའི་ཡིག་ཆར་དཔྱད་བརྗོད་མཁན་ཤིན་ཏུ་ཉུང་། དེ་བས་འདི་འདྲའི་རིན་ཐང་བྲལ་ཞིང་ཕོན་ཆེ་བའི་གཙུག་ལག་ཁག་ལ་གཅེས་སྲུས་དང་མཐོང་ཆེན་བྱ་རྒྱུའང་གལ་ཆེན་པོར་ཆགས་ཡོད།

ཏུན་ཧོང་ཆོས་གཞུང་ཞིབ་འཇུག་གི་སྤྱིའི་ངོས་ཐད་ནས་བཤད་ན་ཨ་རི་དང་འཛར་པན་ལ་སོགས་ཀྱི་མཁས་པས་དཔྱད་འབྲས་གཡུར་དུ་ཟ་བ་བླངས་ཡོད་ཅིང་། རང་རྒྱལ་གྱི་མཁས་པ་དབང་རྒྱལ་དང་བསོད་ནམས་རྒྱ་མཚོ་མཆོག་སོགས་གཙོ་བྱས་པའི་ཞིབ་འཇུག་པ་རྣམ་གྲངས་ཁག་ཅིག་གི་གྲུབ་འབྲས་ཀྱང་ཡག་པོ་བླངས་ཡོད། ཡིན་ནའང་ཏུན་ཧོང་བཟང་སྤྱོད་ཀྱི་ངོས་ནས་ཞིབ་འཇུག་ཙུང་གནད་སྨིན་གནང་མཁན་ནི་ནུབ་བྱང་མི་རིགས་སློབ་གྲྭ་ཆེན་མོའི་དགེ་རྒན་ཚ་རིས་སྐལ་བཟང་ཐོགས་མེད་མཆོག་རེད། ཁོང་གིས་ སྔ་རྗེས་སུ《གྲུང་གོའི་བོད་རིག་པ་》《བོད་ལྗོངས་ཞིབ་འཇུག་》《བོད་ལྗོངས་སློབ་གྲྭ་ཆེན་མོའི་རིག་དེབ་》སོགས་ཀྱི་སྟེང་དུ། ཧྥ་རན་སིའི་རྒྱལ་གཉེར་དཔེ་མཛོད་ཁང་དུ་ཉར་པའི་ཏུན་ཧོང་ནས་ཐོན་པའི་བཟང་སྤྱོད་སྨོན་ལམ་གྱི་ཤོག་དྲིལ་ཕྲུག་བྲིས་མའི་སྐོར་རགས་ཙམ་གླེང་བ་(《གྲུང་གོའི་བོད་རིག་པ་》2007ལོའི་དེབ་གསུམ་པ་)ཞེས་པ་དང་། ཧྥ་རན་སིར་ཉར་བའི་ཏུན་ཧོང་གི་བོད་ཡིག་ཡིག་ཚགས P.T.150སློབ་དཔོན་རྒྱན་བཟང་པོས་མཛད་པའི་བཟང་སྨོན་རྒྱ་ཆེར་འགྲེལ་པ་ཁ་ཐོར་ལ་དཔྱད་པ་(《གྲུང་གོའི་བོད་རིག་པ་》2008ལོའི་དེབ་དང་པོ་)ཞེས་པ། ཏུན་ཧོང་གི་བོད་ཡིག་ཡིག་ཚགས P.T.150སྒྱུར་པ་པོ་ལོ་ཙྪ་བ་སྐ་བ་དཔལ་བརྩེགས་ཀྱི་སྐོར་རགས་ཙམ་གླེང་བ་(《བོད་ལྗོངས་ཞིབ་འཇུག་》2008ལོའི་དེབ་དང་པོ་)ཞེས་པ། ཧྥ་རན་སིའི་རྒྱལ་གཉེར་དཔེ་མཛོད་ཁང་དུ་ཉར་བའི་ཏུན་ཧོང་གི་བོད་ཡིག་ཡིག་ཚགས་ཨང་རྟགས P.T.151བཟང་སྨོན་འགྲེལ་པ་ཁ་ཐོར་ལ་རོབ་ཙམ་དཔྱད་པ་(《བོད་ལྗོངས་ཞིབ་འཇུག་》2009ལོའི་དེབ་གཉིས་པ་)ཞེས་པ། བོད་ཡུལ་དུ་དར་བའི་བཟང་པོ་སྤྱོད་པའི་སྨོན་ལམ་གྱི་རྒྱལ་པོའི་སྐོར་རགས་ཙམ་གླེང་བ་(《བོད་ལྗོངས་སློབ་གྲྭ་ཆེན་མོའི་རིག་དེབ་》2010ལོའི་དེབ་

གསུམ་པ་)ཞེས་པ་བཅས་དཔྱད་རྩོམ་ལྔ་སྤེལ་ཡོད། གཞན་འབྲེལ་ཡོད་རྒྱ་ཡིག་གི་དཔྱད་འབྲས་ཀྱི་སྐོར་ལ། ཏུན་ཧོང་གཙུག་ལག་ཨང་རྟགས P.T.3568 སྒྱུར་པ་པོ་བོད་ཀྱི་དགེ་སློང་རྣམ་པར་མི་རྟོག་པའི་སྐོར་ལ་དཔྱད་པ《ཏུན་ཧོང་ཞིབ་འཇུག་》2008ལོའི་དེབ་གཉིས་པ་)ཞེས་པའི་དཔྱད་རྩོམ་ཞིག་དང་། དུས་རབས་8ནས་9དུས་ཀྱི་བོད་ཡིག་བསྡོ་སྨོན་གཙུག་ལག་ཞིབ་འཇུག་ཅེས་པའི་དེབ་ལས་ཀྱང་ངོ་སྤྲོད་ཙམ་ཟད་བྱས་ཡོད་པ་བཅས་དཔྱད་གཞིར་ཉུང་བ་ཙམ་ཞིག་འདུག ཡིན་ནའང་མིག་སྔར་ཏུན་ཧོང་ཡིག་རྙིང་ཁྲོད་ཀྱི་བཟང་སྤྱོད་བྲིས་མ་ཁག་དང་འགྲེལ་པ། དེ་བཞིན་འབྲེལ་ཡོད་ཡིག་ཆ་ཁག་ཕྱོགས་གཅིག་ཏུ་བསྒྲིལ་ནས་བཟང་སྤྱོད་སྨོན་ལམ་གྱིས་བོད་བཙན་པོའི་རྒྱལ་རབས་སམ་བོད་དུ་ནང་ཆོས་ཐོག་མར་དར་བའི་དུས་སྐབས་སུ་འཕྲིན་ལས་ཅི་ལྟ་བུ་ཞིག་བྱུང་ཡོད་མིན་གྱི་སྐོར་ལ་དཔྱད་པ་གནང་མཁན་མེད་པས་ཞིབ་འཇུག་གི་ཁྱབ་ཁོངས་ཆེན་པོ་ཞིག་ལྷག་ལུས་བྱུང་ཡོད། དེ་བས་བདག་གིས་སློབ་དཔོན་ཆེན་མོ་ཆ་རིས་སྐལ་བཟང་ཐོགས་མེད་མཆོག་གི་དཔྱད་འབྲས་དང་འབྲེལ་ཡོད་མཁས་པ་ཁག་ཅིག་གི་དཔྱད་འབྲས་གཞིར་བཟུང་སྟེ། རང་ཉིད་ཀྱིས་མཐོང་བའི་ཏུན་ཧོང་བཟང་སྤྱོད་བྲིས་མ་ཁག་དང་། བོད་བཙན་པོ་སྐབས་ཀྱི་བྲག་བརྐོས་ཡི་གེ་དང་དྲིལ་བུའི་ཁ་བྱང་བཅས་ལ་གཞིར་བྱས་རྫོངས་བློར་འཆར་ཚུལ་ཙུང་ཟད་གླེང་སློང་བར་བྱའོ། །

གཅིག ཏུན་ཧོང་བཟང་སྤྱོད་ཀྱི་པར་གཞིའི་སྐོར། ཏུན་ཧོང་བཟང་སྤྱོད་བྲིས་མ་ཨང་རྟགས་མི་འདྲ་བ་བཞི་བཅུ་ལྷག་བྱུང་བ་རྩ་བའི་ཆ་ནས་པར་གཞི་གཅིག་པར་མཐོང་། དེ་མ་ཟད་བཀའ་འགྱུར་ཁྲོད་ཀྱི་འགྱུར་དང་ཡང་སྐད་གསར་བཅད་ཀྱིས་བཅོས་མ་བཅོས་ལས་རྩ་བའི་ཆ་ནས་མཐུན། ཡིན་ནའང་གཙུག་ལག་རིག་པའི་འགྲོ་སྟངས་ལྟར་ཙུང་ཞིབ་ཙམ་དབྱེ་ན།

པར་གཞིའི་ཁྱད་ཆོས་དང་པོ། ཏུན་ཧོང་བཟང་སྤྱོད་བྲིས་མ་ཁག་ལ་རྩ་བའི་ཆ་ནས་པར་གཞི་རིགས་མི་འདྲ་བ་གཉིས་འདུག དེ་ཡང་གཙུག་ལག་ཨང་རྟགས I.T.J.311. Ⅱ དང་ I.T.J.426. Ⅱ གཉིས་ནི་རིགས་དང་པོ་དང་། དེ་མིན་གྱི་གཙུག་ལག་ཨང་རྟགས་ཆ་ཚང་ནི་རིགས་གཉིས་པའོ། །

རིགས་མི་འདྲ་བ་འདི་གཉིས་ཀྱི་ཁྱད་ཆོས་གཙོ་བོ་ནི་འགྱུར་ཕྱག་གི་སྙིང་ནས་མངོན་ཡོད་དེ། གཙུག་ལག་ཨང་རྟགས I.T.J.311. Ⅱ དང་ I.T.J.426. Ⅱ གཉིས་ལ་དམིགས་བསལ་གྱི་ཁྱད་ཆོས་ཤིག་ཡོད་པ་ནི་ནམ་རྒྱུན་མཐོང་ཐུབ་པའི་བཟང་སྤྱོད་ཀྱི་འགྱུར་ཕྱག་སྟེ། “འཇམ་དཔལ་གཞོན་ནུར་གྱུར་པ་ལ་ཕྱག་འཚལ་ལོ།” ཞེས་པ་དང་མི་མཚུངས་པར། “འཇམ་དཔལ་གཞོ་ནུ་རབས་ཀྱི་ཡོན་ཏན་མཆོག་མངའ་པ།། །།བསོད་ནམས་ཡེ་ཤེས་ཤིན་དུ་དཀའ་སྤྱད་བསྒོམས་པས་ན།། །།མཚན་དང་དཔེ་བྱད་སྟོབས་བཅུ་མ་འདྲེས་རྫོགས་མངའ་པ།། །།གཞོ་ནུ་ཚུལ་གྱིས་འགྲོ་བ་འདུལ་ཞིང་ཤེས་རབ་ལྡན།། །།ཆོས་ཀྱི་རྒྱལ་བུ་ཐབས་

ལྡན་བརྩོན་ལ་ཕྱག་འཚལ་ལོ།། །།"ཞེས་འབྱུང་བས་སོ། །འགྱུར་ཕྱག་འདི་ནི་ཡི་གེ་པའམ་བཤུ་འབྲི་མཁན་གྱིས་བསམ་བཞིན་བྲིས་པ་ཞིག་མ་ཡིན་པར་གཙུག་ལག་ཨང་རྟགས་འདི་གཉིས་ཀྱི་དམིགས་བསལ་ཁྱད་ཆོས་སམ་པར་གཞིའི་ཁྱད་པར་འབྱེད་ཆོས་གཙོ་བོ་ཞིག་རེད་སྙམ་ཞིང་། ཁྱད་ཆོས་འདི་ལ་གཞིགས་ནས་བྲིས་མ་ཨང་རྟགས་འདི་གཉིས་ནི་བྲིས་མ་གཞན་དག་ལས་བྱུང་སྟེ་བའམ། མ་མཐའ་ཡང་བྲིས་མ་འདི་གཉིས་ཀྱིས་གཞི་འཛིན་སའི་མ་དཔེ་དེ་ནི་བཟང་སྤྱོད་ཀྱི་འགྱུར་ཐོག་མའི་གྲས་ཡིན་པ་རྟོགས་ཐུབ། རྒྱུ་མཚན་ནི་སྔ་འགྱུར་མདོ་ཕྱོགས་ཀྱི་བསྟན་བཅོས་ལ་ལོ་པཎ་གདན་འཛོམས་ཐོག འདུལ་བའི་གཞུང་གི་འགྱུར་ཕྱག་ལ་ཐམས་ཅད་མཁྱེན་པ་ལ་ཕྱག་འཚལ་ལོ་ཞེས་དང་། མངོན་པའི་སྡེ་སྣོད་ཀྱི་གཞུང་གི་འགྱུར་ཕྱག་ལ་འཇམ་པའི་དབྱངས་ལ་ཕྱག་འཚལ་ལོ། མདོ་སྡེའི་སྡེ་སྣོད་ཀྱི་འགྱུར་ཕྱག་ལ་སངས་རྒྱས་དང་བྱང་ཆུབ་སེམས་དཔའ་ཐམས་ཅད་ལ་ཕྱག་འཚལ་ལོ་ཞེས་བཀས་བཅད་གནང་པའི་ཕྱིར།

པར་གཞིའི་ཁྱད་ཆོས་གཉིས་པ། ཏུན་ཧོང་བཟང་སྤྱོད་བྲིས་མ་ཁག་དང་བཀའ་བསྟན་པར་མ་ཁག་ལས་བྱུང་བའི་བཟང་སྤྱོད་པར་མ་གཉིས་བསྡུར་ན། ཏུན་ཧོང་བཟང་སྤྱོད་བྲིས་མར་གཞུང་སྤྱི་ལ་ཤློ་ལོ་ཀའི་གྲངས་60ཏག་ཏག་ལས་མེད། ཏུན་ཧོང་བོད་ཡིག་གི་ཁྱད་ཆོས་འདི་བཞིན་ཏུན་ཧོང་ཡིག་རྙིང་ཁྲོད་ཀྱི་བཟང་སྤྱོད་རྒྱ་ནག་འགྱུར་མར་ཡང་ཤློ་ལོ་ཀ་དྲུག་ཅུ་ཏག་ཏག་ལས་མེད། དེས་ན་དཀར་ཆག་འཕང་ཐང་མར་བྱུང་བའི་"འཕགས་པ་བཟང་པོ་སྤྱོད་པ་སྨོན་ལམ་གྱི་རྒྱལ་པོ། ཤུ་ལོག་དགུ་བཅུ་རྩ་བདུན།"[①]ཞེས་བྱུང་བ་ཆོས་ཚན་གཞན་ཞིག་དང་མཉམ་དུ་བསྡེབས་ནས་བརྩིས་པའི་ཤློ་ལོ་ཀའི་གྲངས་ལ་ངོས་འཛིན་དགོས་པའམ་ཡང་ན་ཡི་གེ་བས་བྲིས་ནོར་ཐེབས་པ་གང་རུང་ཞིག་གོ །དེ་བཞིན་བཟང་སྤྱོད་ཀྱི་གཞུང་དང་པོར་བོད་ལ་འགྱུར་བ་དེ་ལ་རྗེས་སུ་རྒྱ་གར་མཁས་པའི་འགྲེལ་པ་གཞིར་བཟུང་ནས་ཤློ་ལོ་ཀ་གཉིས[②]ཁ་

① བོད་ལྗོངས་རྟེན་རྫས་བཤམས་སྟོན་ཁང་གིས་བསྒྲིགས། དཀར་ཆག་འཕང་ཐང་མ། སྒྲ་སྦྱོར་བམ་གཉིས། མི་རིགས་དཔེ་སྐྲུན་ཁང་། 2006ལོ། ཤོག་ངོས་33

② གང་གིས་བཟང་པོ་སྤྱོད་པ་སྟོན་པ་ཡིས། །དགེ་བ་ཅུང་ཟད་བདག་གིས་ཅི་བསྒྲུབས་པ། །དེས་ནི་འགྲོ་བའི་སྨོན་ལམ་དགེ་བ་རྣམས། །སྐད་ཅིག་གཅིག་གིས་ཐམས་ཅད་འབྱོར་བར་ཤོག །གང་ཡང་བཟང་པོ་སྤྱོད་པ་བསྔོས་པ་ཡིས། །བསོད་ནམས་མཐའ་ཡས་དམ་པ་ཐོབ་པ་དེས། །འགྲོ་བ་སྡུག་བསྔལ་ཆུ་བོར་བྱིང་བ་རྣམས། །འོད་དཔག་མེད་པའི་གནས་རབ་འགྲོ་བར་ཤོག། ཅེས་པའོ། །ཤློ་ལོ་ཀ་འདི་གཉིས་ཏུན་ཧོང་གི་འགྱུར་མར་ཐོན་མེད་པ་ཇི་བཞིན་སློབ་དཔོན་ཀླུ་སྒྲུབ་དང་ཕྱོགས་གླང་། སློབ་དཔོན་དབྱིག་གཉེན། སློབ་དཔོན་རྒྱན་བཟང་པོ་བཅས་ཀྱི་བཟང་སྤྱོད་འགྲེལ་པའི་ཁྲོད་དུའང་ཐོན་མེད་སོང་། སློབ་དཔོན་ཤཱཀྱ་བཤེས་གཉེན་གྱི་བཟང་སྤྱོད་འགྲེལ་པར་ཐོན་ཡོད་པས། ཐོག་མའི་མ་དཔེ་ལ་རྗེས་སུ་རིམ་བཞིན་ཁ་སྐོན་བརྒྱབ་པར་ངོས་འཛིན་བྱ་དགོས་སྙམ།

སྨོན་བརྒྱབ་པ་དང་། ལུགས་དེ་བཞིན་བོད་ཀྱི་ལོ་ཙཱ་བའམ་ཡང་ན་བཀའ་བསྟན་ཕྱོགས་སྒྲིག་མཛད་མཁན་གྱིས་ཀྱང་བཟང་སྨོན་འདི་སྨོན་ལམ་དུ་བྱས་པའི་དགེ་མཚན་ལ་དམིགས་ནས་ཤོ་ལོ་ཀ་གཅིག[1]ཁ་སྨོན་མཛད་པའོ། །

བཟང་སྤྱོད་ཡིས་མ་ཨང་རྟགས P.T.14.2ཤོག་ལྷེབ་གཅིག་ཙམ་དེའི་མཇུག་ཏུ། "ཞི་བར་གྱུར་གཅིག་བདུད་ཀྱི་བསྡེ། བསྟོངས་པར་གྱུར་གཅིག་ངན་གཙོང་གསུམ། རྒྱས་པར་གྱུར་གཅིག་དམ་པའི་ཆོས། བྱང་ཆུབ་སེམས་དཔའ་གང་དག་སུ་བཞུགས་པ། ཀུན་གྱི་སྨོན་ལམ་ཏེ་བཞིན་གྲུབ་པར་ཤོག། །།"ཅེས་བཤུ་འབྲི་མཁན་གྱི་སྨོན་ལམ་བཏབ་པ་ཞིག་ཡོད་ཅིང་། འདི་ལ་གཞིགས་ན། རྒྱ་གར་དང་བོད་ཡུལ་དུ་ལོ་པཎ་རྣམས་ཀྱིས་སྨོན་ལམ་འདི་གསུངས་ཚར་བའི་རྗེས་སུ་གསུངས་མཁན་གང་དེས་སྨོན་ལམ་འདི་ལ་གཞིར་བྱས་པའི་རང་རང་གི་བསྔོ་སྨོན་བྱ་སྲོལ་ཡོད་པའང་རྟོགས་ཐུབ་ལ། སྲོལ་འདི་འདྲ་ཞིག་ལ་བརྟེན་ནས་བཟང་སྤྱོད་ཀྱི་ཐོག་མའི་མ་དཔེ་དེ་ལ་རིམ་བཞིན་མཇུག་ཏུ་ཤོ་ལོ་ཀ་གསུམ་ལྷག་མ་བྱུང་བ་མིན་ནམ་སྙམ།

པར་གཞིའི་ཁྱད་ཆོས་གསུམ་པ། གཞུང་འདིའི་མཚན་བྱང་སྟགས་ཡིག་ཏུ་བཀོད་པ་ད་ལྟའི་བཀའ་བསྟན་པར་གཞི་དང་བསྡུར་ན། མཐུག་པོའི་ཡི་གེའི་འབྲི་སྲོལ་རྩ་བ་ནས་བེད་སྤྱོད་བཏང་མེད་དེ"ཨ་རྱ་པད་ཏྲ་ཙ་རྱ་པྲ་ནི་ད་ན་ར་ཛ"ཞེས་བྱུང་བ་བཀའ་བསྟན་པར་མ་ལས། "ཨཱརྱ་བྷ་དྲ་ཙརྱ་པྲ་ཎི་དྷ་ན་རཱ་ཛ"ཞེས་འབྱུང་བ་དང་བསྡུར་ཆེ་རྟོགས་སླ།

ཏུན་ཧོང་ཡིག་རྙིང་ཞིབ་འཇུག་པ་ཁ་སྐད་བཀྲ་ཤིས་ཚེ་རིང་ལགས་ཀྱིས་ཏུན་ཧོང་ཡིག་རྙིང་ཁྲོད་ཀྱི་ལེགས་སྦྱར་གྱི་དབྱངས་ཡིག་འགོད་སྟངས་ཀྱི་རྣམ་པར་དཔྱད་པ་གནང་སྟེ། "མཁས་དབང་སི་ཏུས། མདོ་ཕྱོགས་ལ་སྔོན་གྱི་ལོ་ཙཱ་བ་དག་གིས་བོད་ཀྱིས་སྒྲ་ཇི་བཞིན་ཀློག་བདེ་བའི་ཁྱད་ཀྱིས། ཀཱ་ཏ་མ་ལ་འགོཨུ་ཏ་

---

[1] སྨོན་ལམ་རྒྱལ་པོ་འདི་དག་མཆོག་གི་གཙོ། །མཐའ་ཡས་འགྲོ་བ་ཀུན་ལ་ཕན་བྱེད་ཅིང་། །ཀུན་ཏུ་བཟང་པོས་བརྒྱན་པའི་གཞུང་གྲུབ་སྟེ། །ངན་སོང་རྒྱ་རྣམས་མ་ལུས་སྟོངས་པར་ཤོག །ཅེས་པའོ། །ལྕང་ལུས་པཎྜི་ཏས་ཚིགས་བཅད་འདི་ལོ་ཆེན་བཻ་རོ་ཙ་ནའི་འགྱུར་གྱི་སྨོན་ལམ་དུ་མཛད་པ་ཡིན་གྱི། མདོ་ཚིག་དངོས་མིན་ཞིང་། ཞེས་གསུངས་ཡོད། དོན་དུ་ད་དུང་ཞིབ་འཇུག་བྱ་དགོས་ཏེ། སྡེ་དགེ་བཀའ་འགྱུར་དཀར་ཆག་སོགས་སུ་མདོ་ཕལ་པོ་ཆེ་ལ་བཻ་རོ་ཙ་ནས་ཞུས་དག་བཏང་བར་གསུངས་ཡོད། བཀའ་འགྱུར་རང་གི་འགྱུར་བྱང་དངོས་སུ་ལོ་ཆེན་བཻ་རོ་ཙ་ནའམ་ཡང་ན་ལོ་ཆེན་གཞན་སུས་འགྱུར་ཞུས་བཏང་བ་གསལ་པོར་བཀོད་མེད། མདོ་ཕལ་པོ་ཆེ་བོད་དུ་སྒྱུར་མཁན་ནི་བོད་ཀྱི་ལོ་ཙཱ་བ་ཆེན་པོ་ཞང་ཡེ་ཤེས་སྡེ་ཡིན་པ་ནི་བཀའ་བསྟན་དཀར་ཆག་རྣམས་མཐུན་པས་ཤོ་ལོ་ཀ་ལྷག་མ་འདི་ཁ་སྨོན་མཛད་མཁན་ལོ་ཆེན་ཁོ་རང་ཡིན་དགོས་པ་འདྲ། ཡིན་ནའང་ཁོང་གིས་མཛད་པའི་བཟང་སྨོན་འགྲེལ་པ་བཞིའི་དོན་བསྡུས་བརྗེད་བྱང་ཞེས་པའི་ཁྲོད་དུ་ཤོ་ལོ་ཀ་ལྷག་མ་འདི་མ་བྱུང་ལ། སྡེ་དགེའི་བཀའ་འགྱུར་གྱི་བཟང་སྨོན་ཁྲོད་དུའང་ཤོ་ལོ་ཀ་འདི་བྱུང་མེད། དེ་བས་བསྟན་པ་ཕྱི་དར་སྐབས་ཀྱི་བོད་ཀྱི་མཁས་པ་ཆེན་མོ་གང་རུང་ཞིག་གིས་ཤོ་ལོ་ཀ་འདི་ཁ་སྨོན་མཛད་པ་མིན་ནམ་སྙམ།

མ་སོགས་བྲིས་པ་དང་ལེགས་སྦྱར་ཉིད་དང་མི་མཐུན་པ་སོགས་ཅི་རིགས་པར་སྣང་བས་དེ་ལྟར་དུ་སོར་བཞག་ལ། ཞེས་སྔར་གྱི་ལེགས་སྦྱར་ཡི་གེར་འགོའུ་ཏ་མའི་འགོའུ་སོགས་གདངས་ཇི་ལྟ་བ་བཞིན་གྱི་འབྲི་ཚུལ་བྱུང་བ་ནི་སྔོན་གྱི་ལོ་ཙཱ་བ་དག་གིས་བོད་ཀྱིས་སྒྲ་ཇི་བཞིན་སྒྲོག་བདེ་བའི་ཁྱད་ཀྱིས་བྲིས་པ་གསུངས་ཀྱང་སྐབས་དེར་དེ་ལས་གཞན་པའི་དེང་སང་གི་སྔགས་བརླགས་ཐབས་ཀྱི་གཞུང་ནས་བསྟན་པའི་བརླག་ཚུལ་ལམ་འབྲི་ཚུལ་མེད་པའི་དུས་ཡིན་པས་རྣམ་པ་དེ་ནི་སྔ་དར་ལེགས་སྦྱར་གྱི་དབྱངས་གསལ་འབྲི་སྲོལ་ཞིག་ཏུ་ངོས་འཛིན་དགོས་ཏེ། དཔེར་ན། ཏུན་ཧོང་ནས་ཐོན་པའི་ཤོག་དྲིལP.T.849ནང་དུ། རྣམ་པ་གཅིག་ཏུ། །ན་མོ་འབུ་ཐ་ཡཱ། ན་མོ་དར་མ་ཡཱ། ན་མོ་སང་ག་ཡཱ། །ན་མོ་རཏ་ན་ཡཱ། །ཞེས་པ་རྣམས་དེང་སང་ལྟར་ན། ན་མོ་བུདྡྷཡ། ན་མོ་དྷརྨ་ཡ། ན་མོ་སངྒྷཡཱ། །ན་མོ་རཏྣ་ཡཱ་ཞེས་འབྲི་ཞིང་། སྔར་གྱི་འབྲི་ཚུལ་དེ་དག་ད་ལྟ་བལྟས་ན་སྒྲོག་བདེའི་ཁྱད་ཀྱིས་བྱས་པ་ལྟ་བུར་ཡོད་ཀྱང་སྐབས་དེའི་ལེགས་སྦྱར་གྱི་ཡི་གེ་འབྲི་ཚུལ་འཁྲུལ་མེད་བྱེ་འོག་ནས་ལོ་སྟོང་ལ་ཉེ་བར་ལུས་པའི་ཤོག་དྲིལ་ལས་རྙེད་པ་དག་ལས་བྱུང་ཞིང་། ཤོག་དྲིལ་འདི་དག་མ་མཐོང་བ་རྣམས་ཀྱིས་འགོའུ་ཏ་མ་སོགས་ཀྱི་འབྲི་ཚུལ་འདི་དག་ནི་སྔར་གྱི་ལོ་ཙཱ་བས་སྒྲོག་བདེའི་ཁྱད་ཀྱིས་བྱས་པར་འདོད་པའི་ངོས་འཛིན་སྐྱེས་པ་ནི་རྒྱུན་ལྡན་གྱི་གནས་ཚུལ་ཅིག་རེད།"[①]ཅེས་གསུངས་ཏེ་སི་ཏུ་པཎ་ཆེན་གྱི་བཞེད་པར་མི་འདོད་པའི་རྣམ་འགྱུར་བསྟན་ཡོད་མོད། དོན་དུ་སི་ཏུ་པཎ་ཆེན་གྱིས་གསུངས་པ་ནང་བཞིན་བོད་སྐད་ཀྱི་བརྗོད་པ་དང་བདེ་ཐབས་ཀྱིས་འབྲི་ཚུལ་ཞིག་བཀོལ་བ་ལས་བོད་ཡིག་ཁྲིད་དུ་མེད་པའི་མཐུག་པོའི་ཡི་གེ་སོགས་བེད་སྤྱོད་བཏང་མེད་པའང་ཏུན་ཧོང་ཡིག་རྙིང་གམ་བོད་སྔ་རབས་པའི་སྔགས་ཡིག་ཕལ་ཐབས་ཀྱི་ཁྱད་ཆོས་ཤིག་ཏུ་མཐོང་།

གཞན་ཡི་གེའི་ཁྱད་ཆོས་སོགས་བཤད་དགོས་མོད། ཏུན་ཧོང་བཟང་སྤྱོད་ལ་ཏུན་ཧོང་ཡིག་རྙིང་གྱི་ལ་མངའ་བའི་བོད་སྔ་རབས་ཀྱི་བརྡ་རྙིང་པའི་འབྲི་ཚུལ་གྱི་ཁྱད་ཆོས་མང་པོ་ཞིག་ལྡན་པ་ཕལ་ཆེར་གཅིག་མཚུངས་སུ་ཡོད་ཕྱིར་དང་དེའི་སྐོར་ལ་མཁས་པ་མང་པོས་འགྲེལ་བརྗོད་གནང་ཟིན་པས་འདིར་བསྐྱར་ཟློས་ཀྱི་དགོས་པ་མ་མཐོང་ངོ་། །

གཉིས། ཏུན་ཧོང་བཟང་སྤྱོད་ཀྱི་ཡི་གེ་བའམ་བཤུ་འབྲི་མཁན་དང་སྦྱིན་བདག་གི་སྐོར། ཏུན་ཧོང་ཡིག་རྙིང་ལས་བོད་ཡིག་གཙུག་ལག་ལ་བོད་རང་གི་ཡིག་རྙིང་གི་ཁྱད་ཆོས་ཡོད་པ་ཕུད། རྒྱ་བོད་སོགས་གཙོ་བྱས་པའི་མི་རིགས་སྣ་མང་འདྲེས་སྡོད་ཀྱི་ས་ཁུལ་དུ་བྱུང་བའི་དམིགས་བསལ་གྱི་ཡིག་ཆ་

① ཁ་སྐད་བཀྲ་ཤིས་ཚེ་རིང་། ཏུན་ཧོང་ནས་ཐོན་པའི་བོད་ཀྱི་སྔ་དར་ལེགས་སྦྱར་གྱི་དབྱངས་ཡིག་འགོད་ཚུལ་གྱི་རྣམ་པར་དཔྱད་པ། ཀྲུང་གོའི་བོད་རིག་པ། 2012ལོའི་དེབ་དང་པོ།

ཞིག་ཡིན་ཕྱིར་དམིགས་བསལ་གྱི་ཁྱད་ཆོས་ཀྱང་གང་མང་ལྡན། དེ་ལས་དམིགས་བསལ་དོད་ཤོས་ཤིག་ནི། གཙུག་ལག་འདི་དག་བཤུ་འབྲི་མཁན་གྱི་མི་སྣ་ནི་མི་རིགས་སྣ་མང་ལས་གྲུབ་པ་དེ་རེད། དེ་ཡང་ཀན་སུའུ་ས་ཁུལ་དུ་ཤུལ་ལྷག་བྱུང་བའི་ཏུན་ཧོང་བོད་ཡིག་ཡིག་རྙིང་ལ་ཞིབ་འཇུག་མཛད་མཁན་སྔ་རབས་པ་སྐྱ་ཞབས་ཧྭང་ཝེན་ཧྭན་གྱིས། "བྱས་མིང་ལ་བརྟགས་ཆེ། ཡི་གེ་བཤུ་འབྲི་མཁན་ནི་བོད་རིགས་ཕུད། མི་རིགས་དང་བྱས་རྒྱུད་མི་འདྲ་བའི་མི་སྣ་སུམ་བརྒྱ་ལྷག་འདུག་སྟེ། བྱང་ཀྲང་དང་། ཝང་། ཀོའུ། ལིས། ཀྭག སུང་། ལིན་ཧྭ་ཅན་གྱི་རྒྱ་རིགས་དང་། མཚན་སྔར་'ཁམས་'སྦྱར་བའི་ཁམས་མི་དང་། 'ཨན་'སྦྱར་བའི་ཨན་ཞིའི་མི། 'པ་'སྦྱར་བའི་ཆིག་ཚེའི་མི། 'ཧྲི་'དང་'ཧུ་'སྦྱར་བའི་ཧྲི་རྒྱལ་གྱི་མི་དང་ཧུ་རྒྱལ་གྱི་མི། 'ལ་'སྦྱར་བའི་ལི་ཡུལ་བ་སོགས་དང་། གཞན་ཡང་། 'ཀྲྀ་'གུ་གེ་མོ་ཞེས་སྦྱར་བའི་ཀོ་ཁྲང་གི་མི་སོགས་ཡོད་དོ། །"[1]ཞེས་གསུངས་ཡོད་པ་ལྟར། བཟང་སྤྱོད་ཀྱི་བྲིས་མ་གཙུག་ལག་མི་འདྲ་བ་མང་པོ་ཐོན་པའང་དེ་ལས་མ་འདས་ཏེ། མིག་སྔར་ང་ཚོས་མཐོང་ཐུབ་པའི་ཡིག་ཆ་ལས་སྤྱིན་བདག་དང་བཤུ་འབྲི་མཁན་གྱི་སྐོར་གསལ་བ་རྣམས་ངོ་སྤྲོད་ཙམ་ཞུས་ན།

གཙུག་ལག་ཨང་རྟགས།I.T.J.311. Ⅱ འདི་ནི། འཕགས་པ་ཤེས་རབ་ཀྱི་ཕ་རོལ་ཏུ་ཕྱིན་པའི་སྙིང་པོའི་རྒྱ་ཆེར་འགྲེལ་པ་དང་། རྗེར་གཅོད། དོན་ཡོད་ཞགས་པའི་སྙིང་པོའི་གཟུངས། བཟང་སྤྱོད། སྤྱན་རས་གཟིགས་དབང་ཕྱུག་ཡིད་བཞིན་འཁོར་ལོ་ལ་བསྟོད་པ། འདུ་ཤེས་བཅུ་བསྟན་པའི་མདོ་བཅས་མཉམ་དུ་བྲིས་ཡོད་པའི་གཙུག་ལག་ཅིག་རེད། ཡིག་གཟུགས་དང་ལྡེབ་གྲངས(ཀ ང་བདུན་ནས། ཀ དོན་བདུན།) འགོད་སྟངས་སོགས་གང་ཅིའི་ཆ་ནས་འབྲི་མཁན་མི་སྣ་གཅིག་པ་ཡིན་པ་རྟོགས། དེ་བས་ཤོག་དྲིལ་འདིའི་མཇུག་ཏུ། "ཀྭག་དར་མ་འི་ཡི་དམ། །ལགས་སྙོ། །ཕྱང་བཙུན་ཤེས་རབ་དཔལ་གྱི་གཡར་དམ་ལགས་སོ།། །།"ཞེས་པ་གོང་གི་ཆོས་ཚན་ཁག་དང་བྲིས་གཟུགས་གཅིག་པ་གཅིག་རྐྱང་ཆགས་ཡོད་ཅིང་། དབུ་ཅན་བྲིས་ལེགས་ཤིག་རེད། ཡིན་ནའང་། ཀྭག་དར་མ་འི་ཡི་དམ་།། །།ལགས་སྙོ། །"ཞེས་བྱུང་བ་ལས"ཕྱང་བཙུན་ཤེས་རབ་དཔལ་གྱི་གཡར་དམ་ལགས་སོ།། །།"ཞེས་པ་ནི་དབུ་མེད་ཀྱི་རྣམ་པ་

① "除吐蕃人名外，从姓名看，还有三百余人分别属于不同民族、种族。如有姓张、周、王、李、郭、宋、令狐的汉族人，有名前冠以'康'字的康居人，冠以'安"'字的安息人，冠以'白'字的龟兹人，冠以'石'字、'何'字的石国人，何国人，冠以'里'字的于阗人，还有取名'支某'的月氏僧人，标名"伊吾''高昌'某某的高昌人。"黄文焕：《河西吐蕃文书简述》，《文物》，1978年第2期。

ཙུང་ཟད་ཐོན་པའི་བྲིས་གཟུགས་ཙུང་སི་ལེགས་པ་ཞིག་དང་། མ་ཡིག་དང་རྩ་བ་ནས་མི་མཐུན་པ་ཞིག་རེད། དེས་ན་བདག་གི་བསམ་ཚུལ་ལྟར་ན་ཆོས་ཚན་འདི་དག་དངོས་སུ་ཡི་གེར་ཕབ་མཁན་ནི་ཕང་བཙུན་ཤེས་རབ་དཔལ་ཞེས་པ་དེ་དང་། ཀྭག་དར་མ་ཞེས་པ་ནི་ཡི་གེ་བ་འདིའི་སྦྱིན་བདག་རེད་སྙམ་སྟེ། ཀྭག་དར་མས་ཡི་གེ་བཤུ་འབྲིའི་ལས་འདི་དངོས་སུ་མ་སྒྲུབ་ཀྱང་སྦྱོར་བྱང་དུ་ཁོང་གི་ཡི་དམ་མམ་དམ་བཅའ་ཁས་ལེན་ཀྱང་ཡིན་ཚུལ་གསལ་པོར་བཀོད་པ་ལས་ཁོང་དང་རྩ་བ་ནས་འབྲེལ་མེད་ཅིག་མ་ཡིན་པར་ཁོང་གིས་ལས་འདི་ལ་རྩོལ་བའམ་ཡང་ན་རྒྱུ་འབྱོར་གྱི་ཆ་རྐྱེན་བསྐྲུན་པ་རིགས་འདེད་བྱ་ཐུབ་སྙམ། དེ་མ་ཟད་ཁོང་གཉིས་ཀྱང་རྒྱ་རིགས་རབ་བྱུང་བ་ཡིན་པ་ཐག་གིས་གཅོད་ཐུབ།

གཞན་གཙུག་ལག་ཨང་རྟགསI.T.J.754.VIམཇུག་ཏུ། "༄། །སྟག་གི་ལོ་འི་དབྱར། །གིར་གིས་ཡུལ་དུ་ཏ་སེ་ཧོ་ཨབ་འག་དེན་ཚུང་ཤི་འགི། །ཁང་དེ་ཨན་གྱི་ས། ཐེའུ་གྲིག་ཤི་ཆོ་ར་ལྷ་འཙོ་འི་ཡིད་དམ་དུ་བསྔོས་ཏེ། །ཨ་མི་འད་ཀྱི་བམ་པོ་གཅིག་དང་། པར་ཡོད་ཀྱི་བམ་པོ་གཅིག་དང་། །ཕྱོགས་བཅུ་འི་མཐ་ཡས་བམ་པོ་གཅིག་དང་། །བཀྲ་ཤིས་བམ་པོ་གཅིག་དང་། །དེ་འབུར་དེ་ཅི་ཞུ་བམ་པོ་གཅིག་དང་། །འད་ལ་འཛི་ཅི་ཞུ་བམ་པོ་གཅིག་དང་། བཟང་པོ་སྤྱོད་པའི་སྨོན་ལམ་དང་། འཁོར་པ་བཤགས་ལ་སྟོགས་ཏེ། སོ་པ་འདི་རྣམས། ཡི་དམ་དུ་བྲིས་པ་འདི། །གདུགས་གཅིག་སླག་ཆིང་། །སངས་རྒྱས་དང་། ལྷ་ཀླུ་ལ་བརྒྱད་དང་། ཕྱོགས་བཞི་འི་མགོན་པོ་ལ་མཆོད་ཅིང་། ཡི་དམ་དུ་བཅས་ཏེ། །ལྷ་འཚོ་ཆེ་ལུས་ལ་བསམས་པ་ཐམས་ཅད་གྲུབ་ཆིག་ཡུལ་དུ་ཐར་ཕྱིན་པ་དང་། ཚེ་སྨད་མ་གར་སྐྱེ་འ་ཀྱང་། །སྡུག་བསྔལ་དང་བྲལ་ཅིག །ན་རག་ཏུ་མི་ལྟུང་བར་བྱིན་གྱིས་རླབས་ཏེ། ལྷ་ཡུལ་དུ་སྐྱེ་བར་ཤོག་ཤིག"ཅེས་ཐོན་ཡོད་པ་ལས། ཛེ་དཔོན་ཐེའུ་གྲིག་ཤི་ཆོ་ར་ལྷ་འཙོ་ཞེས་བྱ་བ་དེའི་བསྔོ་སྨོན་དུ་ཏ་སེ་ཧོ་ཨབ་འག་དེན་ཚུང་ཤི་འགི་ཞེས་པའི་ཚོ་ལོ་མཁན་ཁང་དེ་ཨན་ཞེས་པའི་རྒྱ་རིགས་དཔོན་པོ་འདིས་སྦྱིན་བདག་མཛད་དེ་རྒྱལ་བའི་གསུང་རབ་མང་པོ་འབྲི་བཤུས་བྱས་པ་རྟོགས་ཐུབ། དེ་ཡང་འདིའི་ཁྲོད་དུ་བཟང་སྤྱོད་འབྲི་བཤུ་མཁན་ཞིག་ཡོད་པ་ནི་མཚན་ལ་འད་ལ་འཛི་ཅི་ཞུ་ཞེས་བྱ་ཞིང་། གོང་དུ་སྐུ་ཞབས་རྡང་ལྷན་རྡན་གྱི་གསུངས་དྲངས་པ་ལས། "མཚན་སྔར་ཁམས་སྦྱར་བའི་ཁམས་མི་དང་། 'ཨན་'སྦྱར་བའི་ཨན་ཞིའི་མི། 'པ་'སྦྱར་བའི་ཆིག་ཚོའི་མི། 'ཧྥ་'དང་'ཧྥུ་'སྦྱར་བའི་ཧྥི་རྒྱལ་མི་དང་ཧྥུ་རྒྱལ་གྱི་མི། 'ལི་'སྦྱར་བའི་ལི་ཡུལ་བ་སོགས་དང་། གཞན་ཡང་། 'ཀྲ་'ག་གེ་མོ་ཞེས་སྦྱར་བའི་ཀོ་ཁྲང་གི་མི་སོགས་ཡོད་དོ། །"ཞེས་གསུངས་པ་ལྟར། འད་ལ་འཛི་ཅི་ཞུ་བྱ་བའི་ཡི་གེ་བ་འདི་ནི་རྒྱ་རིགས་མ་ཡིན་པའི་ཤིན་ཅང་ཕྱོགས་ཀྱི་རིགས་རྒྱུད་ཅིག་གི་མི་ཞིག་རེད་སྙམ།

དེ་བཞིན། P.T.45.7བཟང་སྤྱོད་ཕྱིས་མ་ཆ་ཚང་འདིའི་མཇུག་ཏུ། "༄ །འཕགས་པ་བཟང་པོ་སྤྱོད་པའི་སྨོན་ལམ་རྫོགས་སྷོ། །འགྲོ་དོན་གྲུབ་གིས་ཕྲུལ་ལོ། །"ཞེས་བྱུང་བས། གཙུག་ལག་འདི་འབྲི་བཤུའི་སྦྱིན་བདག་ནི་བཙན་པོའི་དུས་སྐབས་སུ་སྐད་གྲགས་ཆེ་བའི་འགྲོའི་རིགས་རྒྱུད་ཀྱི་དམག་དཔོན་ཞིག་གམ་ས་གནས་དཔོན་པོ་དོན་གྲུབ་ཅེས་ཞུ་བ་ཞིག་ཡིན་པ་རྟོགས་ཐུབ།

མདོར་ན་ཏུན་ཧོང་ཡིག་རྙིང་ཁྲོད་ཀྱི་བཟང་སྤྱོད་ཕྱིས་མ་ཁག་མི་འདྲ་བ་མང་དུ་ཐོན་པ་ནི་འགྲོ་དོན་གྲུབ་གསོས་པའི་བོད་རིགས་ཁག་ཅིག་དང་ཕང་བཙུན་ཤེས་རབ་དཔལ་གསོས་པའི་རྒྱ་རིགས་ཁག་ཅིག འད་ལ་འཛི་ཅི་ཝུ་བྲུ་བའི་ཤིན་ཅང་ཕྱོགས་ཀྱི་རིགས་རྒྱུད་གང་ཟུང་ཞིག་གི་མི་སྣ་བཅས་མི་རིགས་དང་ས་གནས་མི་འདྲ་བའི་དད་ལྡན་མང་ཚོགས་དང་སྦྱིན་བདག་མང་པོས་རང་རང་གི་དད་སྤོབས་དང་བགེགས་བར་ཆད་སེལ་བའི་འདུ་ཤེས་ལས་ཡི་གེར་ཕབ་པ་ཞིག་ཏུ་མཐོང་ཞིང་མི་རིགས་མང་པོ་མཐུན་སྒྲིལ་མཉམ་གནས་དང་ཕན་ཚུན་གཞོགས་འདེགས་ཀྱིས་ནང་ཆོས་དར་སྤེལ་བཏང་བའི་ཐུན་མོང་གི་མཛད་འཕྲིན་ཞིག་ཀྱང་ལགས་སོ། །

གསུམ་པ། བོད་བཙན་པོའི་དུས་སྐབས་ཀྱི་བཟང་སྤྱོད་ཀྱི་འཕྲིན་ལས་ཀྱི་སྐོར།

བོད་ཀྱི་བཙན་པོ་ཁྲི་སྲོང་ལྡེ་བཙན་གྱི་དུས་སྐབས་སུ་སྨོན་ལམ་འདི་བོད་དུ་བསྒྱུར་ཟིན་པ་ནིP.T.149འཕགས་པ་བཟང་པོ་སྤྱོད་པའི་སྨོན་ལམ་གྱི་རྒྱལ་པོ་འདི་དང་པོར་བཤད་པའི་གླེང་གཞི་ཞེས་པའི་གཙུག་ལག་འདིའི་ཁྲོད་དུ། "དེའི་འོག་ཏུ་སྐྲ་བའི་དཔལ་སྤྱུགས་དང་། ཅོག་རོ་ཀླུའི་རྒྱལ་མཚན་དང་། སྤྲ་རད་ན་ཨ་ཀྲ་ལས་བསོགས་པས་བསྒྱུར་ནས། བཙན་པོ་ཁྲི་སྲོང་ལྡེ་བརྩན་གི་སྐུ་རིང་ལ། བཙན་པོ་ཐུགས་དམ་བའི་དཔལ་བྱམས་ཞེས་བྱ་བ་ཞིག་གི་ཐུགས་དམ་དུ་བཞེས་ནས།" ཞེས་སོགས་བྱུང་བ་ལས་ཀྱང་རྟོགས་ཐུབ། དེ་བཞིན་གཙུག་ལག་འདི་ལས་དབའ་དཔལ་བྱམས་ཀྱིས་བཟང་པོ་སྤྱོད་པའི་སྨོན་ལམ་འདི་ཐུགས་དམ་དུ་བཞེས་ནས་ཉམས་རྟོགས་ཁྱད་པར་ཅན་འཁྲུངས་ཤིང་། དེ་ལ་མཁན་ཆེན་ཞི་བ་འཚོ་མཆོག་གིས་ཀྱང་བསྟོད་བསྔགས་མཛད་པ་དང་མཐར་དབའ་དཔལ་བྱམས་མཆོག་འཇའ་ཚོན་དང་བཅས་ཏེ་སྐུ་གཤེགས་ཤིང་དགའ་ལྡན་དུ་ཕེབས་པར་བསྟན་པ་སོགས་ཀྱིས། བཟང་པོ་སྤྱོད་པའི་སྨོན་ལམ་འདི་བོད་ཀྱི་རྒྱལ་བློན་གསོས་མཐོ་རིམ་མི་སྣའི་ཁྲོད་དུ་ཁྱབ་གདལ་ཆེན་པོ་བྱུང་བ་གསལ་པོར་མཚོན་ཐུབ་པར་མ་ཟད། དབའ་དཔལ་བྱམས་དང་ཁོང་གིས་བཟང་སྤྱོད་ཉམས་ལེན་བྱས་པ་དེ་བོད་དུ་ནང་བསྟན་ཐོག་མར་དར་བའི་དུས་སྐབས་ཀྱི་དཔེ་མཚོན་རང་བཞིན་གྱི་དོན་ཆེན་ཞིག་ཏུ་གྱུར་ཏེ་སྐད་གྲགས་ཤིན་ཏུ

ཆེ་བའང་ཤུགས་ལ་རྟོགས་ནུས། དེ་བཞིན་ནང་ཆོས་རིག་གནས་རིམ་བཞིན་བཙན་པོའི་རྒྱལ་ཁམས་ནས་དར་རྒྱས་ཆེན་པོ་བྱུང་བ་དང་བསྟུན་བཟང་སྤྱོད་ཀྱང་འབངས་བྱིངས་ཀྱིས་ནང་ཆོས་ཉམས་ལེན་བྱེད་པའི་ཆ་ཤས་གཙོ་བོ་ཞིག་ཏུ་ཆགས་པ་གཤམ་གྱི་ཕྱོགས་ཁ་ཤས་ནས་རྟོགས་ཐུབ་སྙམ།

གཅིག བོད་བཙན་པོས་བོད་སྤྱི་འབངས་ཁྲོད་དུ་ནང་པ་སངས་རྒྱས་ཀྱི་ཆོས་ལུགས་དར་སྤེལ་ཡོང་ཆེད་བཟང་པོ་སྤྱོད་པའི་སྨོན་ལམ་འདི་བགས་གནང་སྟེ་རྒྱ་ཆེར་བསྒྲགས་པ།

༡ བྲག་ལྷེབས་སུ་བརྐོ་རུ་བཙུག་པ། བོད་བཙན་པོ་ཁྲི་ལྡེ་སྲོང་བཙན་གྱིས་ཡབ་བཙན་པོ་ཁྲི་སྲོང་ལྡེ་བཙན་གྱི་ནང་ཆོས་དར་སྤེལ་གཏོང་བའི་བྱ་བཞག་གི་རྒྱུན་བསྐྱངས་ཏེ་བོད་ཡུལ་གང་སར་རྗེ་རིང་སློང་བ་དང་བྲག་ངོས་སུ་འཕགས་པ་བྱང་སེམས་ཀྱི་སྐུ་བཞེངས་པ་སོགས་མཛད་པ་རྒྱ་ཆེར་སྤེལ་བའི་དུས་སྐབས་སུ། ལོ་ཆེན་ཡེ་ཤེས་དབྱངས་ལ་བཀའ་གནང་སྟེ། སྤྱི་ལོ་804སྤྲེལ་ལོར་ཆབ་མདོ་བྲག་གཡབ་རི་མདའ་ས་ཆའི་བྲག་ལྷེབས་ཤིག་ཏུ་ཉེ་བའི་སྲས་ཆེན་བརྒྱད་ཀྱི་སྐུ་བརྙན་བརྐོ་བཞེངས་བྱེད་དུ་བཙུག་པར་མ་ཟད། བྲག་ལྷེབས་དེར་བཟང་པོ་སྤྱོད་པའི་སྨོན་ལམ་གྱི་རྒྱལ་པོའང་བརྐོ་བཞེངས་བྱེད་དུ་བཙུག་པ་དང་། སྤྱི་ལོ་806ལོར་ཡུལ་ཤུལ་བཱི་ཁོག་གི་བྲག་ལྷེབས་སུ་རྣམ་པར་སྣང་མཛད་དང་བྱང་སེམས་བརྒྱད་ཀྱི་སྐུ་བརྐོ་བཞེངས་བྱེད་དུ་བཙུག་ཅིང་། གོང་མཚུངས་བཟང་པོ་སྤྱོད་པའི་སྨོན་ལམ་གྱི་རྒྱལ་པོའང་བྲག་ངོས་སུ་བརྐོ་རུ་བཙུག་པ་དུས་ད་ལྟའང་ཡིག་འབྲི་མང་ཤོས་མཇལ་དུ་ཡོད་ཅིང་། དེ་ལྟར་དུ་རྐོ་བའི་དགོས་པའང་བྲག་བརྐོས་རི་མོ་དང་ཡི་གེའི་སྦྱར་བྱང་ལས།

"༄༅། །ཁྲིའི་ལོ་ལ་སྐུགཟུགསའབུརདུབརྐོསཔདང་ དརམཀུནཕྱིསཔའིསྨོནལམལསོགསཔབཙནཔོཁྲིལྡེ སྲོངབཙནགྱིསྐུརིངལཇེནྡྲཡོནབདགདང་སེམསཅནཐམསཅདཀྱིདོནགྱིཕྱིརདགེསློངལོཆེནཡེཤེསདབྱངསཀྱིས བགྱི སྟེ། བཟོབོདགེསློངརིནཆེནསྣངམཛདདང་། རྒྱལབཟངདང་དཔལལྷུནདང་ལགདཔོནཐམསཅདདགེཞིགསསུབྱེདཔ གཙུགནསབླལ་མིསྟོབསལྡནནམསྟེ། བྲགལསྐུགཟུགསདང་ དརམའདིརྣམསབྲིསཔདང་ དཀོནམཆོགགསུམགྱིརྟེནགྱི རྣམཔསེམས་ཅནགངདགགིསམཐོངབདང་ རེགཔདང་ཕྱགའཚལབདང་ཐོསཔདང་དྲནཔའིབསོདནམསདང་ཡེཤེཀྱིས བཙནཔོཡབསྲསདང་སེམས ཅནཐམསཅདབླནམེདཔའིབྱངཆུབདུསྒྲུབཔརསྨོནཏོ། །"ཞེས་བསྟན་པ་ལྟར་སྤྱིར་སེམས་ཅན་ཐམས་ཅད་དང་སྒོས་བོད་ཀྱི་བཙན་པོ་དང་མི་སེར་རྣམས་བླ་མེད་བྱང་ཆུབ་ཐོབ་པར་སྨོན་པ་བཞིན་སངས་རྒྱས་ཆོས་ལུགས་འདི་བཞིན་བོད་གངས་ཅན་གྱི་ལྗོངས་སུ་དར་ཁྱབ་ཆེན་པོར་བྱུང་བར་དམིགས་ནས་བཞེངས་པ་གསལ་པོ་རེད་དོ། །

༢ དྲིལ་བུའི་ངོས་སུ་བླུག་ཏུ་བཅུག་པ། བྲག་ཡེར་པའི་ལྷ་ཁང་གི་དྲིལ་བུ་དེ་རིག་གསར་སྐབས་སུ་མེད་པར་བཏང་ནའང་། དུས་རབས་ཉི་ཤུའི་ལོ་རབས་བཞི་བཅུ་པའི་ནང་དུ་བོད་དུ་སྡོད་མཁན་ཕྱི་གླིང་པ་ཏའ་རས་ཀྱི་སྐུ་དྲིན་ལ་བརྟེན་ནས་དྲིལ་བུའི་སྟེང་བླུག་ཏུ་ཕབ་པའི་ཡི་གེ་དེ་ཅི་ཡིན་ང་ཚོས་རྟོགས་ཐུབ་ཀྱིན་ཡོད་པ་རེད། དྲིལ་བུ་འདི་བླུགས་སུ་ཕབ་པའི་ལོ་ཚིགས་ལ་ད་དུང་ཐག་ཆོད་བྱུང་མེད་མོད། བོད་བཙན་པོའི་དུས་སྐབས་ཡིན་པ་བསྙོན་དུ་མེད། དྲིལ་བུ་དེའི་ངོས་སུ་བླུག་པའི་ཡི་གེའང་། བཟང་པོ་སྤྱོད་པའི་སྨོན་ལམ་གྱི་རྒྱལ་པོ་ལས་ཤློ་ཀ་གཅིག་ཡིན་འདུག་པ་ནི་འདི་ལྟར། "རྒྱལ་བ་རྣམས་ཀྱི་དམ་པའི་ཆོས་འཛིན་ཅིང་། །བྱང་ཆུབ་སྤྱོད་པ་ཀུན་ཏུ་སྣང་བར་བྱེད། །བཟང་པོ་སྤྱོད་པ་རྣམ་པར་སྦྱང་བ་ཡང་། །མ་འོངས་བསྐལ་པ་ཀུན་ཏུ་སྤྱད་པར་བགྱི། །"མཁས་པའི་འགྲེལ་བཤད་ལ་གཞིགས་ན། ཤློ་ཀ་འདི་ནི་སོས་པའི་སྤྱོད་པའི་སའི་སྨོན་ལམ་གྱི་རིམ་པ་ལས་དམ་པའི་ཆོས་ཡོངས་སུ་འཛིན་པར་སྨོན་པ་སྟེ། ཚིག་གི་རྐང་པ་དང་པོས་ཆོས་ཀྱི་ཚིག་དོན་རང་གིས་འཛིན་པ་དང་། རྐང་བ་གཉིས་པས་ལུང་གི་ཆོས་གཞན་ལ་སྟོན་པ། རྐང་པ་གསུམ་པས་རྟོགས་པའི་ཆོས་རྒྱུད་ལ་བསྐྱེད་པ་སྟོན་པར་གསུངས་པས་ན་དེ་ཡང་བོད་འབངས་ལ་དམ་པའི་ཆོས་ལ་སློབ་སྦྱོང་དང་དེའི་དོན་མི་གཞན་ལ་སློབ་པ་དང་རང་རྒྱུད་ལ་སྦྱོར་བ་བཅས་བསྐུལ་བའི་དམིགས་པ་གཞིར་བཟུང་ནས་དྲིལ་བུ་དེ་བླུགས་པ་རྟོགས་ཐུབ།

༣ བཙན་པོའི་བཀས་བཟང་སྤྱོད་ཀྱི་འགྲེལ་པ་གྲགས་ཆེན་ཁག་ཅིག་སྔ་ཕྱིར་བོད་དུ་བསྒྱུར་ཏུ་བཅུག་པར་མ་ཟད། བོད་ཀྱི་ལོ་ཆེན་ལ་འགྲེལ་པ་མཛད་དུ་བཅུག་ཚུལ།

དེ་ཡང་རྒྱ་གར་ན་བཟང་སྤྱོད་ཀྱི་འགྲེལ་པ་གྲགས་ཆེན་ཁག་ཅིག་བཞུགས་པ་ལས། སློབ་དཔོན་ཀླུ་སྒྲུབ་ཀྱི་འགྲེལ་པ། སློབ་དཔོན་ཕྱོགས་གླང་གི་འགྲེལ་པ་དང་། སློབ་དཔོན་རྒྱན་བཟང་པའི་འགྲེལ་པ། ཤཱཀྱ་བཤེས་གཉེན་གྱི་འགྲེལ་པ། སློབ་དཔོན་དབྱིག་གཉེན་གྱིས་མཛད་པའི་འགྲེལ་པ་སོགས་བཙན་པོའི་བཀས་བོད་དུ་བསྒྱུར་དུ་བཅུག་པར་མ་ཟད། ལོ་ཆེན་ཡེ་ཤེས་སྡེ་ལ་བཟང་སྨོན་འགྲེལ་པ་བཞིའི་དོན་བསྡུས་བརྗེད་བྱང་ཞེས་པ་ཞིག་མཛད་དུ་བཅུག་པ་བཅས་ད་ལྟ་བསྟན་འགྱུར་ཁྲོད་དུ་བཞུགས་པ་མཇལ་དུ་ཡོད་དོ། །

༤ བཙན་པོས་བཀས་བསྐུལ་ཏེ་བོད་ཡིག་གི་བཟང་སྤྱོད་རྒྱ་ཡིག་ཏུ་བསྒྱུར་ཏུ་བཅུག་པ། ཏུན་ཧོང་བོད་ཡིག་ཡིག་རྙིང་ཁྲོད་དུ་བཟང་སྤྱོད་བྲིས་མ་མང་དུ་ཐོན་པ་ཇི་བཞིན་ཏུན་ཧོང་རྒྱ་ཡིག་བྲིས་མའི་ཁྲོད་དུའང་བཟང་སྤྱོད་ཡིག་ཆ་མི་འདྲ་བ北芥56དང་། S.2324 P.3568 S.709 S.2384སོགས་ཨང་རྟགས་མི་འདྲ་བ་20ལྷག་བཞུགས་པ་དང་། དེ་དག་ལས་འདིར་གླེང་དགོས་པ་ཞིག་ནིP.3568སྟེ། གཙུག་ལག་ཨང་རྟགས་འདི་ནི་བོད་བཙན་པོས་བཀས་སྐུལ་ཏེ་བོད་ཀྱི་ལོ་ཙཱ་བ་ཆེན་པོ་རྣམ་པར་མི་རྟོག་པས་བོད་འགྱུར་

བཟང་སྤྱོད་གཞིར་བཟུང་སྟེ་རྒྱའི་སྐད་དུ་བསྒྱུར་བ་དེ་རེད། དེ་ཡང་གཙུག་ལག་འདིའི་འགྱུར་བྱང་ནི་འདི་ལྟ་སྟེ། བོད་ཆེན་པོའི་དགེ་སློང་རྣམ་པར་མི་རྟོག་པས་ལྷ་བཙན་པོའི་བཀའ་བཞིན་བསྒྱུར་བའོ། །[1]ཞིབ་འཇུག་པས་ལྷ་བཙན་པོ་འདི་བ་ནི་ཁྲི་སྲོང་ལྡེ་བཙན་ཡིན་པར་ངོས་འཛིན་བྱས་ཡོད།[2]

གཉིས། བཟང་སྤྱོད་སྨོན་ལམ་གྱིས་དུས་སྐབས་དེའི་བསྔོ་སྨོན་རིག་གནས་སྤྱི་ལ་ཐེབས་པའི་ཤུགས་རྐྱེན། ཏུན་ཧོང་ཡིག་རྙིང་ཁྲོད་དུ་མཆན་གསལ་པོར་བཀོད་ཡོད་པའི་སྨོན་ལམ་གྱི་གཙུག་ལག་ཉི་ཤུ་ལྷག་ཐོན་པར་བཤད་ཅིང་། དེའི་ཁྲོད་དུ་མིག་སྔར་ཞིབ་འཇུག་པས་དོ་སྣང་ཆེན་པོ་བྱུང་བའི་བོད་ཀྱི་བཙན་པོ་མཐའ་མ་འུ་དུམ་བཙན་དང་འབྲེལ་བའི་སྨོན་ལམ་སྟེ། "བཙན་པོ་ལྷ་སྲས་ཕྱུའི་དུན་བརྟན་གྱི་སྐུ་ཡོན་དུ་བསྔོ་བའི་སྨོན་ལམ་དུ་གསོལ་པའ།" ཞེས་པའང་འདུས། སྨོན་ལམ་འདིའི་ཁྲོད་དུ་ཚིག་ཟིན་དུའང་། "ཕུང་པོ་གསུམ་པ་དང་། །བཟང་པོ་སྤྱོད་པའི་སྨོན་ལམ་ཀྱི་རྒྱལ་པོའི་མདོ་ལས། །བསོད་ནམས་ཀྱི་རྗེསུ་ཡི་རང་བ་དང་། །ཆོས་ཀྱི་ཁོར་ལོ་བསྐོར་བར་བསྐུལ་བ་དང་། མྱ་ངན་ལས་མྱི་འདའ་བར་བཞུགས་པར་གསོལ་བ་དང་། བྱང་ཆུབ་ཀྱི་སེམས་བསྐྱེད་པར་འབྱུང་བ་བཞིན། །བཙན་པོ་ཕྱུའི་དུན་བརྟན་གྱི་ཞ་སྔ་ནས་དང་། །བདག་ཅག་རྣམས་ཀྱང་དགེ་བའི་ཕྱོགས་ཐམས་ཅད་ལ་སོས་པ་ཆེན་པོས་རྗེསུ་ཡི་རང་ངོ་། །ཆོས་ཀྱི་འཁོར་ལོ་བསྐོར་བར་བསྐུལ་ཞིང་གསོལ་ལོ། །མྱ་ངན་ལས་མྱི་འདའ་ཞིང་འཇིག་རྟེན་ན་བཞུགས་པར་གསོལ་ལོ། །བྱང་ཆུབ་མཆོག་གི་སེམས་བསྐྱེད་པར་བགྱིའོ།" ཞེས་སོགས་ཐོན་ཡོད། སྨོན་ལམ་འདི་ལ་འབྲེལ་ཡོད་མཁས་པ་ཞེ་ཝོ་ཞེས་པ་ཞིག་གིས་ཞིབ་འཇུག་བྱས་ཏེ། སྨོན་ལམ་འདིའི་འབྲི་སྟངས་བཟང་པོ་སྤྱོད་པའི་སྨོན་ལམ་གྱི་རྒྱལ་པོ་ལ་ལད་ཟློས་བྱས་པར་བརྗོད་འདུག་པ་དུས་རབས་8ནས་9པའི་བོད་ཡིག་སྨོན་ལམ་ཞིབ་འཇུག་ཅེས་པའི་དེབ་ཁྲོད་དུ་བཀོད་འདུག་ལ།[3] གོང་གི་མཁས་པའི་

---

① "大蕃国沙门无分别奉诏译"

② 陆离：敦煌文书P.3568《普贤菩萨行愿王经》译者吐蕃沙门无分别考，《敦煌研究》，2008年第2期。

③ "谢萧在PPUA中对P.T.134'赞普神子吾东丹功德回向愿文'作了个文转写和详细考论，尤重对历史史实的考证。谢萧认为这种在特定公共场合敬献的发愿文，尽管有一套固定的格式，但在程式化的语句中，仍塞入了一些史实，而这对我们了解吐蕃的历史具有重要的价值。他将P.T.134和P.T.16、P.T.131、P.T.230等同时期的其他藏文文书以及P.2149汉文发愿文等汉藏史料做了对比，指出这件进呈给吾东丹的愿文在形式上模仿了《普贤菩萨行愿赞》，其目的是为了隐晦地劝诫吾东丹改变灭佛的政策，重新支持佛教。"黄维忠:《8–9世纪藏文发愿文研究》，北京：民族出版社，2006年，第23页。

བཞེད་སྲོལ་ལྟར། དེབ་འདིའི་རྩོམ་པ་པོས་ཀྱང་། དུས་རབས་8ནས་9པའི་བོད་ཡིག་གི་སྨོན་ལམ་ཡོངས་ཀྱི་འབྲི་སྟངས་ལ་རྩ་བའི་ཆ་ནས་བཟང་པོ་སྤྱོད་པའི་སྨོན་ལམ་གྱི་རྒྱལ་པོས་ཤུགས་རྐྱེན་ཆེན་པོ་ཐེབས་ཡོད་པར་བསྟན།[①]

མདོར་ན་དུས་སྐབས་དེར་བྱུང་བའི་སྨོན་ལམ་ཅི་རིགས་ཤིག་བྱུང་བ་སྒྲིག་གཞི་དང་ནང་དོན་སོགས་གང་ཅིའི་ཐད་ནས་བཟང་སྤྱོད་དང་འབྲེལ་བ་དམ་པར་མ་ཟད། ཕྱིས་བྱུང་རྗེས་རབས་པས་བརྩམས་པའི་སྨོན་ལམ་ཅི་རིགས་དང་ཐ་ན་བསང་དཔེ་ལ་སོགས་པ་ལའང་སྨོན་ལམ་འདིས་ཤུགས་རྐྱེན་ཟབ་མོ་ཐེབས་ཡོད་པ་ནི་མཇལ་བ་ཙམ་གྱིས་རྟོགས་ཐུབ་སྙམ་མོ། །

གསུམ། སྨོན་ལམ་འདིས་སྐབས་དེའི་སྤྱི་ཚོགས་བདེ་འཇགས་དང་མི་རིགས་མཐུན་སྒྲིལ་ཐད་ནུས་པ་ཆེན་པོ་ཐོན་ཡོད། བཟང་སྨོན་འདི་བོད་བཙན་པོའི་དུས་སྐབས་སུ་ཁྱབ་གདལ་ཆེན་པོ་བྱུང་ཡོད་པ་ནི་གོང་ནས་བརྗོད་ཟིན་ལྟར་དང་། དེ་དང་མཉམ་དུ་སྤྱི་ཚོགས་བདེ་འཇགས་ཐད་ལའང་བྱེད་ནུས་མི་དམན་པ་ཐོན་པ་སྨོས་མེད་རེད་དེ། "བོད་ཀྱི་བཙན་པོ་ཁྲི་སྲོང་ལྡེ་བཙན་གྱིས་དགེ་སློང་རྣམ་པར་མི་རྟོག་པར་བཀས་བསྐུལ་ཏེ་བཟང་སྤྱོད་རྒྱ་ཡིག་ཏུ་བསྒྱུར་ཏེ་བོད་ཀྱིས་དབང་བསྒྱུར་བའི་རྨ་ནུབ་ས་ཆར་བསྒྲགས། བོད་ཀྱིས་གཞུང་ཕྱོགས་ནས་ཞུས་གཏན་གནང་བའི་བོད་ཡིག་དང་རྒྱ་ཡིག་གི་བཟང་སྤྱོད་ལ་བརྟེན་ནས་རྒྱལ་ནང་གི་མི་རིགས་ཁག་དང་གྲལ་རིམ་ཁག་ལ་མི་ཆོས་བསླབ་བྱ་གཏོང་བ་དང་ནང་ཆོས་དར་སྤེལ་གཏོང་བ་རེད།"[②]ཅེས་ཆེད་ཚིག་བཞག་ཡོད་པའང་དོན་ལ་གནས་པར་སྙམ་ཞིང་།

ལོ་ངོ་ཉིས་བརྒྱ་ལ་མ་ཟིན་ཙམ་གྱི་ལོ་རྒྱུས་ཁྲོད་བོད་མིས་ནང་པ་སངས་རྒྱས་ཀྱི་ཆོས་ལུགས་ཡོངས་སུ་དང་ལེན་བྱེད་ཐུབ་པ་བྱུང་ཡོད་པར་མ་ཟད། འཕེལ་རྒྱས་ཀྱང་གང་འཚམ་ཞིག་བྱུང་ཡོད་པ་ནི་གཞུང་གི་རྒྱབ་སྐྱོར་དང་ཁྱབ་བསྒྲགས་ལ་འབྲེལ་བ་དམ་ཞིང་། བོད་མི་རིགས་ནང་ཁུལ་གྱི་མཐུན་སྒྲིལ་དང་འཕེལ་རྒྱས་ལའང་ནུས་པ་ཆེན་པོ་ཐོན་ཡོད། དེ་བཞིན་ལོ་ངོ་བརྒྱ་ལ་མ་ཟིན་ཙམ་དུ་བོད་ཀྱིས་ཏུན་ཧོང་ས་ཆར་

---

① "通过第五章对藏汉文发愿文的初步比较，我们已经知道藏文发愿文既有鉴汉文发愿文之处，也有其独特性，如以普贤七支为代表性的结构显示出吐蕃佛教自流行之始便有其自身的特点"，黄维忠：《8-9世纪藏文发愿文研究》，北京：民族出版社，2006年，第201-202页。

② 赤松德赞又命吐蕃僧人朗巴弥垛巴(rnam par mi rto ba，无分别)将其译为汉文，颁行于吐蕃占领下的河陇西域地区。吐蕃用官方勘定的藏汉文译本《普贤菩萨行愿王经》对国内各民族、各阶层进行教化，宣扬佛法。陆离:敦煌文书P.3568《普贤菩萨行愿王经》译者吐蕃沙门无分别考，《敦煌研究》，2008年第2期。

དབང་སྒྱུར་བྱེད་སྐབས་ནང་ཆོས་རིག་གནས་ལ་བརྟེན་ནས་ས་གནས་འདི་ལ་དབང་བསྒྱུར་པས་རྩ་བའི་ཆ་ནས་མི་རིགས་འདྲ་མཉམ་དང་། སྣ་མང་རིག་གནས་མཉམ་གནས་དང་ཕན་ཚུན་སློབ་སྦྱོང་དང་སྐྱུལ་འདེད་ཀྱི་དུས་བབ་བཟང་པོ་ཞིག་བྱུང་ཡོད་པའང་ནང་ཆོས་ཀྱི་བསམ་བློའི་དགེ་མཚན་དང་བོད་ཀྱི་རྒྱལ་བློན་རྣམས་ཀྱི་རྣམ་བྱུང་གི་ཐུགས་དགོངས་བཟང་པོ་ལས་བྱུང་བ་ཞིག་རེད་སྙམ་མོ། །

མཇུག་གི་གཏམ།

ནང་ཆོས་དར་སྤེལ་དང་ཆོས་ལུགས་ལ་བརྟེན་ནས་མི་སེམས་འདུལ་ཐབས། རྒྱལ་ཁམས་སྐྱོང་ཐབས་སུ་འཕགས་པ་བཟང་པོ་སྤྱོད་པའི་སྔོན་ལམ་གྱི་རྒྱལ་པོ་འདི་བོད་བཙན་པོའི་དུས་སྐབས་སུ་རྒྱ་ཆེར་དར་ཁྱབ་ཏུ་བཏང་བ་ནི་གོང་གི་ཡིག་ཆ་ཁག་ངོ་སྤྲོད་དང་དེ་འབྲེལ་གྱི་བརྗོད་བྱ་ཁག་ཅིག་ལ་དཔྱད་པ་ཙུང་ཟད་བགྱིས་ཁུལ་བྱས་པ་ལས་རྫོགས་ཐུབ། ཡིན་ནའང་བོད་རང་ལ་ནང་ཆོས་དར་རྒྱས་བྱུང་ནས་ལོ་ངོ་སྟོང་ཕྲག་གཅིག་ལྷག་འདས་པའི་དེང་གི་དུས་སུ་ང་ཚོས་ད་དུང་གསོལ་བ་སྨོན་ལམ་བཏབ་ཙམ་དང་། བཟང་སྤྱོད་ཁ་ཏོན་བྱས་པ་ཙམ་གྱིས་ཐར་མུས་བཞིན་བསྡད་པས་ཅི་ལ་ཆོག

ང་ཚོ་བོད་མི་རེ་རེས་བཟང་སྔོན་ལས་བསྟན་པ་ལྟར་བདག་ལས་གཞན་གཅེས་ཀྱི་བྱང་ཆུབ་སེམས་དཔའི་སྤྱོད་པ་རླབས་ཆེན་རྣམས་སྔོན་ཡུལ་དུ་བྱ་དགོས་པར་མ་ཟད། ཉམས་ལེན་དུ་བསྟར་ཅི་ཐུབ་ལ་འབད་པ་བྱས་ཤིང་། ལས་རྒྱུ་འབྲས་ལ་ཡིད་ཆེས་ཡོད་པའི་སྒོ་ནས་བོད་མི་དྲང་བཞག་བདེན་ཐུབ་ཅན་ཞིག་བྱས་ཏེ་བོད་ཀྱི་རིག་གནས་རྒྱུན་འཛིན་དང་འཕེལ་ཐབས། རིག་གནས་དེ་སྲོག་རྩར་བཟུང་སྟེ་དེང་རབས་ཀྱི་ཚོགས་ཡར་རྒྱས་ལ་ཁ་ཞེ་གཉིས་མེད་ཀྱི་བྱ་བ་བསྒྲུབ་རྒྱུ་ནི་གནད་ཀྱི་དམ་པ་དང་དུས་བབ་ཀྱི་བླང་བྱ་ཉག་ཅིག་རེད་སྙམ་མོ། །

《མཚོ་སྔོན་མི་རིགས་སློབ་ཆེན་རིག་དེབ་》2015ལོའི་དེབ་གསུམ་པ་ལས་བདམས།

༄༅། །ཏུན་ཧོང་དང་བསྟན་འགྱུར་ཁྲོད་ཀྱི་《རྒྱུད་གཞན་གྲུབ་པའི་》པར་གཞི་ཞིབ་བསྡུར་དང་མཆན་བུ།

ཀཱ་འབུམ།

[ནང་དོན་གནད་བསྡུས།] དཔྱད་རྩོམ་འདིའི་ནང་ཏུན་ཧོང་ཡིག་རྙིང་ནང་འཁོད་པའི་ཚད་མའི་བསྟན་བཅོས་ལས་རྒྱུད་གཞན་གྲུབ་པའི་ནང་དོན་དང་། བསྟན་འགྱུར་ནང་འཁོད་པའི་ཚད་མའི་བསྟན་བཅོས་ལས་རྒྱུད་གཞན་གྲུབ་པའི་ནང་དོན་གཉིས་ཕན་ཚུན་གཤིབ་བསྡུར་བྱས་ཏེ། པར་གཞི་དེ་གཉིས་ཀྱི་འདྲ་བའི་ཆ་དང་མི་འདྲ་བའི་ཆ་སོ་སོར་གླེང་བ་མ་ཟད། གནད་འགག་རེའི་སར་རྩོམ་པ་པོ་རང་ཉིད་ནས་དཔྱད་གླེང་དང་སྦྲགས་མཆན་ཡང་བཀོད་འདུག

[གནད་ཚིག] ཏུན་ཧོང་ཡིག་རྙིང་། བསྟན་འགྱུར། རྒྱུད་གཞན་གྲུབ་པ། གཤིབ་བསྡུར།

དང་པོ། ཏུན་ཧོང་ཤོག་གྲུར་དང་བསྟན་འགྱུར་གྱི་པར་གཞི་ཞིབ་བསྡུར།

གཅིག གསལ་བཤད།

༡ སྤྱིར་བསྡུར་བྱ་ཏུན་ཧོང་གཏེར་ཡིག་དང་སྡུར་བྱེད་བཀའ་བསྟན་དཔེ་སྡུར་མ་བྱས་ཡོད་ཅིང་། གཏེར་ཡིག་གི་ལྡེབ་ངོས་རེར་ཐིག་ཕྲེང་དྲུག་ཏུ་གྲངས་ངེས་པས། གཏེར་ཡིག་ལ་1ནས་6བར་དུ་ཨང་བསྒྲིགས་ཤིང་། བསྟན་འགྱུར་ལ(1)ནས(6)བར་བསྒྲིགས་ཡོད། གཏེར་ཡིག་གི་མ་ཡིག་ནི། ཕྲ་རན་སིའི་རྒྱལ་གཉེར་དཔེ་མཛོད་ཁང་དུ་ཉར་ཡོད་ཅིང་། པོ་ཞི་ཧྲའེ་ནས་བརྡུ་རུབ་བྱས་པའི་ཡིག་ཚགས་ཨང་P.T.0123ཡིན་ལ། ཉེ་ལམ་ནུབ་བྱང་མི་རིགས་སློབ་ཆེན་དང་། ཧྲང་ཧེ་གནའ་དཔེ་དཔེ་སྐྲུན་ཁང་། ཕྲ་རན་སིའི་རྒྱལ་གཉེར་དཔེ་མཛོད་ཁང་བཅས་ཀྱིས་མཉམ་དུ་བསྐྲུབས་ཤིང་། བརྙན་ཤོག་ཏུ་བྱས་ཏེ་2007ལོའི་ཟླ7པར་ཧྲང་ཧེ་དཔེ་རྙིང་དཔེ་སྐྲུན་ཁང་ནས་དཔར་དུ་བཏབ་པའི་《ཕྲ་རན་སིའི་རྒྱལ་གཉེར་དཔེ་མཛོད་ཁང་དུ་ཉར་བའི་ཏུན་ཧོང་བོད་ཡིག་ཡིག་ཚགས་》ཞེས་པའི་དེབ་ཕྲེང་གསུམ་པའི་ཤོག་ངོས་309ནས་310སྟེང་ཡོད་པ་དེ་ཡིན།

༢ དུལ་བ་ལྷ་དང་བསྟན་དར་ལྷ་རམས་པའི་འགྲེལ་པ་གཉིས་གཙོ་བོར་བྱས་ཁར། དགེ་བཤེས་བརྩོན་འགྲུས་ལགས་ཀྱི་གསུང་ཁྲིད་ལ་གཞིར་བཅོལ་ཏེ་ཡིག་ཕྲེང་རེ་རེ་བཞིན་ཚིག་འགྲེལ་མ་སྨིན་ཙམ་

རྗེང་མཆན་དུ་བཏབ་ཡོད།

༣ ཏུན་ཧོང་གཏེར་ཡིག་གི་བྲིས་ཀྱི་ཁྱད་ཆོས་མངོན་པར་གསལ་བ་དག་ལ་མཆན་འགྲེལ་བཀོད་ཡོད་ཅིང་། ཕྱིས་ཀྱི་ཆ་འདྲ་བ་དག་སྔ་མའི་ཁོངས་སུ་བསྡུས་ཏེ་རྟགས། "༶"འདི་ལྟ་བུར་བྱས་པ་ལས་བསྐྱར་བཟློས་ཀྱི་མཆན་བཏབ་མེད། གི་གུ་ཕྱིར་ལོག་དང་། མི་ལ་མྱི་དང་རྨི་ལ་རྨྱི། དམིགས་ལ་དམྱིགས་བྲིས་ནས་འཇུས་པའི་སྤྱིར་བཏང་གི་ཏུན་ཧོང་གཏེར་ཡིག་གི་འབྲི་ཚུལ་དེ་དག་ལ་གསལ་བཤད་གང་ཡང་བྱས་མེད། གཞན་ཤིན་ཏུ་ཁྱད་པར་ཅན་གྱི་འབྲི་ཚུལ་འདྲ་བྱུང་ན་རྟགས"༶"དང་ཧྲི་རྟགས་གཉིས་ཀ་བཀོད་ནས་གཤམ་མཆན་བཏབ་ཡོད།

༤ ཚིག་རིས་སམ་ཡི་གེ་ན་གཅིག་ཚུན་ཆད་མི་འདྲ་བ་དག་ལའང་པར་གཉིས་ཀའི་མཚམས་སུ་འོག་ཐིག་འདི་ལྟར་བཀོད་ཡོད་ལ། དེའི་ཐད་ལ་རང་བློས་འཆུན་ཚོད་ཀྱིས་ལྟ་བ་མ་སླེབ་པའི་རྩོད་འཆར་འགའ་རྗེང་མཆན་དུ་བཏབ་ཡོད།

༥ གཏེར་ཡིག་ཏུ་མེད་ཅིང་བསྟན་འགྱུར་དུ་ཡོད་པའི་ཚིག་གམ་མིང་བྱུང་ཚེ་གཏེར་ཡིག་ཏུ་རྟགས(˙)བཙུད་ཅིང་། བསྟན་འགྱུར་དུ་འོག་ཐིག་བཀོད་པའི་རྗེས་ལ་རྟགས་(བསྣན་)བཀོད་ཡོད།

༦ གཏེར་ཡིག་ཏུ་ཡོད་ཅིང་བསྟན་འགྱུར་ནང་མེད་པའི་ཚིག་གམ་མིང་བྱུང་ཚེ་གཏེར་ཡིག་ཏུ་གསེག་ཡིག་འོག་ཐིག་ཅན་འདི་ལྟ་བུ་དང་། བསྟན་འགྱུར་དུ་དེའི་མཚམས་སུ་(བསུབ་)བཀོད་ཡོད།

༧ ཞིག་རལ་དུ་སོང་ནས་ཡི་གེ་མི་མཐོང་བའམ་མི་གསལ་བར་ཡི་གེ་རེ་ལ་རྟགས£རེ་བཀོད་ཅིང་བསྟན་འགྱུར་གྱི་པར་དུ་དེའི་མཚམས་སུ་འོག་ཐིག་གི་རྟགས་བཀོད་ཡོད།

༨ ཚིག་མཚམས་གཅོད་སྟངས་མི་འདྲ་བའི་མཚམས་སུ་བསྡུར་བྱ་ཏུན་ཧོང་གཏེར་ཡིག་གི་ཤད་དམ་ཚེག་ལ་འོག་ཐིག་གི་རྟགས་དང་། སྡུར་བྱེད་བསྟན་འགྱུར་གྱི་ཚེག་དང་ཤད་ཀྱི་རྗེས་སུ་(མཐུད་)ཡང་ན་(བཅད་)ཅེས་པ་བཙུག་ཡོད།

༩ ཚིག་ཤད་དང་ཉིས་ཤད་ཕན་ཚུན་འགྱུར་བ་ཡིན་ན་སོ་སོའི་བར་དུ་ཉིས་ཤད་ལ་འོག་ཐིག་སྟེ་རྟགས(2)དང་ཚིག་ཤད་ལ་འོག་ཐིག་སྟེ(1)གི་རྟགས་བཏབ་ཡོད།

༡༠ བསྟན་འགྱུར་དང་ཏུན་ཧོང་གཉིས་ཀར་ཆ་མཐུན་ཡང་ཐོབ་ཐང་ད་ལྟའི་སྦྱོར་ལུགས་དང་མི་མཐུན་པ་བྱུང་ཚེ་རྟགས( )འདིའི་ནང་དུ་ད་ལྟའི་འབྲི་སྟངས་ལྟར་བཀོད་དེ་དཔྱད་ཅེས་པའི་རྗེས་ལ། བསྟན་འགྱུར་གྱི་པར་གཞིའི་མིང་དང་པོ་ཏི། ཉིན་ངོས་དང་སྲིབ་ངོས། ཐིག་ཕྲེང་བཅས་ཀྱི་ལུང་ཁུངས་བཀོད་ཡོད། དཔེར་ན། མངོན་བ་(མངོན་པ། དཔྱད། མངོན་པ། ཐེ་བསྟན། པ་175། ད་

398ས། ཐ4)ལྟ་བུར་མཚོན་ན། སྡེ་བསྟན་ཞེས་པས་སྡེ་དགེ་བསྟན་འགྱུར་དང་། པ་175ཡིས་པོ་ཏི་175དང་། ད་398ས་ཞེས་པས་ལྡེབ་གྲངས་398པའི་སྤྱིབ་ངོས་དང་། ཐ་4ཞེས་པས་ཐིག་ཕྲེང་4པའི་སྟེང་ཡོད་པ་མཚོན་ནོ། །

༡༡ གལ་ཏེ་ཏུན་ཧོང་གི་པར་དེ་བསྟན་འགྱུར་གྱི་པར་གཅིག་གམ་གཉིས་དང་ཚིག་རིས་མཐུན་ཞིང་། གཞན་དག་དང་མ་མཐུན་པ་བྱུང་ཚེ། རྗེང་མཆན་དུ་གསལ་བཤད་བྱས་ཡོད། སྣར་བསྟན་དང་། ཅོ་བསྟན། པེ་བསྟན་བཅས་ནི་བཀའ་བསྟན་དཔེ་སྡུར་ཁང་གིས་བསྒྲིགས་པའི་དཔེ་སྡུར་མ་ལས་ཇི་བཞིན་དྲངས་པ་ལས་རེ་རེ་བཞིན་སོ་སོའི་ཤོག་པར་དང་བསྡུར་ནས་དག་བཅོས་ཞུ་ཐུབ་མེད།

༡༢ རྒྱུད་གཞན་གྲུབ་པའི་རྩ་ཚིག་ལ་ས་བཅད་ལེན་དུས་ཚིག་ཆང་སོ་སོའི་མཇུག་ཏུ་རྗེས་གྲངས་བླངས་པའི་ཨང་རིམ་བཀོད་པ་དེ་ནི། སིར་པ་སི་ཙེStch-erbatskyལགས་ཀྱིས1916ལོར་ཨུ་རུ་སུར་བསྒྲིགས་པའི་རྒྱུད་གཞན་གྲུབ་པའི་རྩ་འགྲེལ་མཉམ་གཅིག་ཏུ་བསྡུས་པའི་དེབ་དེ་དང་བསྟུན་ཡོད།

གཉིས། དངོས་གཞིའི་ཞིབ་བསྡུར།

ལྡེབ་མ་དང་པོ་གཉིས།

ཉིན་ངོས། ཀ

༡ ། །①རྒྱ་གར་སྐད་དུ། །② སན་ཏཱ་ནཱན་ཏ་ར་སིད་དྷིར་ན་མ་པྲ་ཀ་ར་ན༔ [1] (་)། [2] བོད་སྐད་དུ་རྒྱུད་གཞན་གྲུབ་པ་ཞེས་བྱ་བའི་རབ་ཏུ་བྱེད་པ༔ །[3]རང་ལུས་བློ་སྔོན་འགྲོ་བ་ཡི༔ །བྱ་བ་མཐོང་ནས་གཞན་ལ་དེ③༔ །འཛིན་ཕྱིར་གལ་ཏེ་བློ་ཤེས་འགྱུར༔ །[4]

(༡) ༄༅། །རྒྱ་གར་སྐད་དུ། སནྟཱ་ནཱནྟ་ར་སིདྡྷིརྣ་མ་པྲ་ཀ་ར་ན། བོད་སྐད་དུ། རྒྱུད་གཞན་གྲུབ་པ་ཞེས་བྱ་བའི་རབ་ཏུ་བྱེད་པ། འཇམ་དཔལ་གཞོན་ནུར་གྱུར་པ་ལ་ཕྱག་འཚལ་ལོ། །(བསྟན་)རང་ལུས་བློ་སྔོན་འགྲོ་བ་ཡི། །བྱ་བ་མཐོང་ནས་གཞན་ལ་དེ། །འཛིན་ཕྱིར་གལ་ཏེ་བློ་ཤེས་འགྱུར། །

༢ སེམས་ཅན་ལ་ཡང་ཚུལ་འདི་མཚུངས༔ །གལ་ཏེ་བདག་ཉིད་ལ་བྱ་བ་དང་༔ བརྗོད་པ་སེམས་

---

① དབུ་ཁྱུད་ལ་རྣམ་པ་ཐམས་ཅད་དུ་འོག་མེད་མ་ཞབས་ཀྱུ་དང་འདྲ་བ་འདྲིས་ཁྱབ་ཅིང་། རྗེས་ལ་ཉིས་ཤད་ཀྱིས་ཁྱབ།

② ཤད་ཀྱི་གོང་དུ་སྦྱིར་རྣམ་པ་ཐམས་ཅད་དུ་ཉིས་ཚེག་ཡོད།

③ འགྲེང་བུ་ཤད་ཀྱི་དྲང་ཐད་དུ་མི་འཇོག་པར་ཡིག་མགོའི་དཀྱིལ་དམ་སྔོན་དུ་བཞག་པས་འདིར་ལ་དེ་ཞེས་པ་ལེ་ད་ལྟར་དུ་འབྲུལ་འགྲོ།

ཀྱི་གཡོ་བ་སྡོན་དུ་འགྲོ་བ་ཅན་དག་མཐོང་ནས༔། གཞན་ལ་དེ་དག་མཐོང་བས་གཡོ་བ་རྗེས་སུ་དཔོག་པར་བྱེད་ན༔། ཚུལ་དེ་ནི་སེམས①ཅམ་ལ་ཡང་མཚུངས་པས༔། སེམས་ཅམ་དུ་སྨྲ་བས་ཀྱང༔། གཞན་གྱི[5]

(༢) སེམས་ཅམ་ལ་ཡང་ཚུལ་འདི་མཚུངས། །གལ་ཏེ་བདག་ཉིད་ལ་བྱ་བ་དང་། བརྗོད་པ་སེམས་ཀྱི་གཡོ་བ་སྔོན་དུ་འགྲོ་བ་ཅན་དག་མཐོང་ནས། གཞན་ལ་དེ་དག་མཐོང་བས་གཡོ་བ་རྗེས་སུ་དཔོག་པར་བྱེད་ན། ཚུལ་འདི་ནི་སེམས་ཅམ་ལ་ཡང་མཚུངས་པས། སེམས་ཅམ་དུ་སྨྲ་བས་ཀྱང་(མཐུད་)གཞན་གྱི

༣ སེམས་རྗེས་སུ་དཔག་པར(་)[6]ནུས་ཏེ༔། དེ་ཡང་ཤེས་པ་གཞན་གྱི་གཡོ་བའི་ཁྱད་བར་སྐྱེད་པར[7]ལུས་དང་༔། ངག་གི་རྣམ་པར་རིག་བྱེད་དུ་སྣང་བའི་ཤེས་པ་དེ་ལྟ་བུ་དག་ཡོད་པར་ནི[8]སྨྲི་འདོད་དོ༔། །གལ་ཏེ་གཞན་གྱི[9]ཤེས་པའི་བྱེད་པ་མ་དམྱིགས་པའི་ཕྱིར༔། གཞན་རྗེས་སུ་དཔག་པར་སྨྲི་ནུང་ངོ་ཞེ་ན༔། [10]

(༣) སེམས་རྗེས་སུ་དཔག་པར་བྱ་(བསྣན་)ནུས་ཏེ། དེ་ཡང་ཤེས་པ་གཞན་གྱིས་གཡོ་བའི་ཁྱད་པར་མེད་པར་ལུས་དང་(མཐུད་)ངག་གི་རྣམ་པར་རིག་བྱེད་དུ་སྣང་བའི་ཤེས་པ་དེ་ལྟ་བུ་དག་ཡོད་པར་(བསུབ་)མི་འདོད་དོ། །གལ་ཏེ་གཞན་གྱི་ཤེས་པའི་བྱེད་པ་མ་དམིགས་པའི་ཕྱིར་(མཐུད་)གཞན་གྱི་རྗེས་སུ་དཔག་པར་མི་ནུང་ངོ་ཞེ་ན།

༤ འདྲའ་བའི་ཕྱིར་མ་ཡིན་ཏེ༔། ཕ་རོལ་པོས་ཀྱང་གཞན་གྱི་ཤེས་པ་སྔོན་དུ་འགྲོ་བ་ཅན[11]དེ་དག་ནམ་ཡང་མ་མཐོང་བས༔། དེས་ཀྱང་དེ་ཤེས་པར་སྨྲི་འགྱུར་རོ༔། གལ་ཏེ་བདག་ཉིད་ཀྱི་སེམས་གཞན་ལ་ཡོད་པ་དག་གི་རྒྱུ་མཚན་ཉིད་དུ་སྨྲི་ནུང་བའི་ཕྱིར༔(་)། གཞན་གྱི་སེམས་ཤེས་པར་འགྱུར་རོ༔[12]

(༤) འདྲ་བའི་ཕྱིར་མ་ཡིན་ཏེ། ཕ་རོལ་པོས་ཀྱང་གཞན་གྱི་ཤེས་པ་སྔོན་དུ་འགྲོ་བ་ཅན་དེ་དག་ནམ་ཡང་མ་མཐོང་བས་(མཐུད་)དེས་ཀྱང་དེ་ཤེས་པར་མི་འགྱུར་རོ། །གལ་ཏེ་བདག་ཉིད་ཀྱི་སེམས་གཞན་ལ་ཡོད་པ་དག་གི་རྒྱུ་མཚན་ཉིད་དུ་མི་ནུང་བའི་ཕྱིར་རོ་(བསྣན)། །གཞན་གྱི་སེམས་ཤེས་པར་འགྱུར་རོ་

༥ ཞེ་ན།② ཇི་ལྟར་སྨྲི་ནུང༔། །(2)རང་གི་ཀུན་ནས་སློང་བར་བྱེད་པའི་སེམས་སོ་སོ་ཡང་དག་པར་སྨྲོང་བ་སྐྱེད་པའི་ཕྱིར་ལ༔། བདག་ཉིད་ཀྱི་སེམས་ཀྱི་རྟེན་ཅན་ཡང༔། བདག་ཉིད་ལ་མཐོང་བའི་ཕྱིར་ཏེ༔། དེ་དག་ཀྱང་དེ་ལྟ་བུ་ཡིན་ན་ནི༔། དེ་དང་འདྲ་བར་དམྱིགས་པར་འགྱུར་བ་ཞིག་ན༔། དེ་ལྟ་མ་ཡིན་བར་མཐོང་བས༔། [13]

---

① གོང་མཐུན།

② འདིའི་ཤད་ཀྱི་སྔོན་ལ་ཉིས་ཚེག་ཡོད་པར་སྣང་ཡང་ཚེག་འོག་མ་ལས་གོང་མ་མཐོང་མ་ཐུབ།

(༥)ཞེ་ན། ཇི་ལྟར་མི་རུང་། (1)རང་གི་ཀུན་ནས་སློང་བ་(བསྒྲུབ་)འི་སེམས་སོ་སོར་ཡང་དག་པར་སྤྱོད་པ་མེད་པའི་ཕྱིར་དང་། བདག་ཉིད་ཀྱི་སེམས་ཀྱི་རྗེན་ཅན་ཡང་(མཐུད་)བདག་ཉིད་ལ་མཐོང་བའི་ཕྱིར་ཏེ། དེ་དག་ཀྱང་དེ་ལྟ་བུ་ཡིན་ན་ནི་(མཐུད་)དེ་དང་འདྲ་བར་དམིགས་པར་འགྱུར་བ་ཞིག་ན། དེ་ལྟ་མ་ཡིན་པར་མཐོང་བས།

༦ རྒྱུ་མཚན་གཞན་གྲུབ་པ་ཡིན་ནོ་ཞེ་ན:། གཞན་ལ་ཡང་རང་གི་ཀུན་ནས་སློང་བར་བྱེད①པའི་སེམས་ཡང་དག་པར་སྤྱོད་བ་མྱེད②པས་འདྲ(་)ལ:། རྣམ་པར་ག་བྱེད་དུ་སྣང་བའི་ཤེས་པ་རང་གི་སེམས་ཀྱི་གཡོ་བའི་རྒྱུ་མཚན་ཅན་དག་ཀྱང་ཁ་ནང་དུ་ལྟས་པའི་སྣང་བ[14]ཡིན་བར་རྟོགས་པའི་ཕྱིར:། [15]

(༦)རྒྱུ་མཚན་གཞན་གྲུབ་པ་ཡིན་ནོ་ཞེ་ན། གཞན་ལ་ཡང་རང་གི་ཀུན་ནས་སློང་བར་བྱེད་པའི་སེམས་ཡང་དག་པར་སྤྱོད་བ་མེད་པས་འདྲ་(བསྟན་)ལ། རྣམ་པར་རིག་བྱེད་དུ་སྣང་བའི་ཤེས་པ་རང་གི་སེམས་ཀྱི་གཡོ་བའི་རྒྱུ་མཚན་ཅན་དག་ཀྱང་ཁ་ནང་དུ་བལྟས་པའི་སྣང་བས་ཡིན་པར་རྟོགས་པའི་ཕྱིར

(མཐུད་)

སྦྱིབ་ངོས། ཀ

༧ ཁ་ཕྱིར་ལྟས་པའི་སྣང་བ་དག་རྒྱུ་མཚན(་)ལས་སྐྱེ་བར་འགྱུར་རོ:། །ཁ་ཕྱིར་ལྟས་པའི་སྣང་བ་དག་རྒྱུ་མཚན་མྱེད་པ་ཁོ་ནར་ཅི་སྟེ་མྱི□□ད་ཅེ་ན:། རྒྱུ་མཚན་མྱེད་པ་ཉིད་ཡིན་ན:། [16]ཐམས་ཅད་རྒྱུ་མཚན་མྱེད་པ་ཉིད་དུ་ཐལ་བར་འགྱུར་རོ:། །རྣམ་པར་ཆད་པ་དང་:། རྣམ་པར་མ་ཆད་པར་སྣང་བས[17]

(༧)ཁ་ཕྱིར་བལྟས་པའི་སྣང་བ་དག་རྒྱུ་མཚན་གཞན་(བསྟན་)ལས་སྐྱེ་བར་འགྱུར་རོ། །ཁ་ཕྱིར་བལྟས་པའི་སྣང་བ་དག་རྒྱུ་མཚན་མེད་པ་ཁོ་ནར་ཅི་སྟེ་མི་འདོད་ཅེ་ན། རྒྱུ་མཚན་མེད་པ་ཉིད་ཡིན་ན་(མཐུད་)ཐམས་ཅད་རྒྱུ་མཚན་(བསྒྲུབ་)ཉིད་དུ་ཐལ་བར་འགྱུར་རོ། །རྣམ་པར་ཆད་པར་དང་(མཐུད་)རྣམ་པར་མ་ཆད་པ་སྣང་བས་

༢ བྱས་པའི་ཁྱད་བར་ནི:། ཤེས་པ་དག་གི[18]རྒྱུ་མཚན་གཡོ་བ་ཉིད་ཐ་དད་པར་རྣམ་པར་འབྱེད་པ་མ་ཡིན་ནོ:། དེས[19]ན་རྣམ་པར་མ་ཆད་པར་སྣང་བ་དག་ཀྱང་:། རྒྱུ་མཚན་མྱེད་པ་ཉིད་དུ་འགྱུར་ཏེ:། ཁྱད་བར་མྱེད་བའི་ཕྱིར་རོ:། །དེ་ལྟ་བས་ན་སྣང་བའི་ཁྱད་བར་རྣམ་པ་ར་མ་ཆད་པའི་ཁྱད་བར་ཅན[20]ནི་གཡོ[21]

① འགྲེང་བུ་གོང་གི་ཚིག་གི་སྟེང་ལ་བྲིས་འདུག

② གོང་མཐུན། འགྲེང་བུ་གོང་གི་ཚིག་གི་སྟེང་ལ་བྲིས་འདུག

(༢) བྱས་པའི་ཁྱད་པར་ནི་(མཐུད་)ཤེས་པ་དག་པའི་རྒྱུ་མཚན་གཡོ་བ་ཉིད་ཐ་དད་པར་རྣམ་པར་འབྱེད་པ་མ་ཡིན་ནོ། །དེས་ན་རྣམ་པར་མ་ཆད་པར་སྣང་བ་དག་ཀྱང་(མཐུད་)རྒྱུ་མཚན་མེད་པ་ཉིད་དུ་འགྱུར་ཏེ། ཁྱད་པར་མེད་པའི་ཕྱིར་རོ། །དེ་ལྟ་བས་ན་སྣང་བའི་ཁྱད་པར་རྣམ་པ་(བསྒྱུབ་)ར་མ་ཆད་པའི་ཁྱད་པར་ཅན་ནི་གཡོ་

༣ བ་སྟོན་དུ་འགྲོ་བ་ཅན་མ་ཡིན་ནོ:། །འོ་ན་ཅི་ཞེ་ན:། རྣམ་པ་ཆད་པ་ལ་ཡང་བྱ་བའི་ཁྱད་བར་དུ་སྣང་བ་ཁོ་ན་ཡིན་ནོ:། །མདའ་དང་:། རྡོ་འཕངས་པ[22]དང་:། སྒྲོགས[23]དང་:། (་)གཞན་གྱིས་རབ་དུ་བསྐྱོད་པའི་ཁྱད་བར་ལས་སྒྱོགས་པའི་བྱ་བའི་ཁྱད་བར་དུ་སྣང་བ་ཅན་རྣམས་ཡུལ་ཆད་པར[24]

(༣) བ་སྟོན་དུ་འགྲོ་བ་ཅན་མ་ཡིན་ནོ། །འོ་ན་ཅི་ཞེ་ན། རྣམ་པར་ཆད་པ་ལ།(བཅད་) ཡང་བྱ་བའི་ཁྱད་པར་དུ་སྣང་བ་ཁོ་ན་ཡིན་ནོ། །མདའ་དང་(མཐུད་)རྡོ་འཕངས་པ་དང་། སྒྲོགས་དང་(མཐུད་)སྤྱིལ་པ་དང་།(བསྣན་) གཞན་གྱིས་རབ་ཏུ་བསྐྱོད་པ་(བསྒྱུབ་)ལ་སོགས་པའི་བྱ་བའི་ཁྱད་པར་དུ་སྣང་བ་ཅན་རྣམས། (བཅད་)ཡུལ་ཆད་པར་

༤ སྣང[25]ཡང:། གཡོ་བ་སྟོན་དུ་འགྲོ་བ་ཅན་ཡིན་བའི་ཕྱིར(་)ལ:། གཞན་གྱིས་བྱས་པའི་གཡོ་བ་ལས་སྒྱོགས①པ་རྣམ་པར་མ་ཆད་པ་ཡིན་ཡང:།(་) སྟོན་དུ་འགྲོ་བ་ཅན(་)ཡིན་བའི་ཕྱིར་རོ:། །དེ་ལྟ་བས་ན་འདིར་བྱ་བའི་ཁྱད་བར་ཙམ་གྱིས་གཡོ་བ་རྟོགས་པ་ཡིན་བར་གས་སོ:། །དེ་ལ་འགའ་ཞིག་དེ[26]

(༤) སྣང་ཡང་(མཐུད་)གཡོ་བ་སྟོན་དུ་འགྲོ་བ་ཅན་ཡིན་པའི་ཕྱིར་(བསྣན་)ལ། གཞན་གྱིས་བྱས་པའི་གཡོ་བ་ལ་སོགས་པ་རྣམ་པར་མ་ཆད་པ་ཡིན་ཡང་(མཐུད་)དེ་(བསྣན་)སྟོན་དུ་འགྲོ་བ་ཅན་མ[27](བསྣན་)ཡིན་པའི་ཕྱིར་རོ། །དེ་ལྟ་བས་ན་འདིར་བྱ་བའི་ཁྱད་པར་ཙམ་གྱིས་གཡོ་བ་རྟོགས་པ་ཡིན་པར་རིགས་སོ། །དེ་ལ་འགའ་ཞིག་(བསྒྱུབ་)

༥ སྟོན་དུ་འགྲོ་བ(་)མ་ཡིན་བ་ཉིད་ཡིན་ན:། འགའ་ཡང་དེ་སྟོན་དུ་འགྲོ་བ་ཅན་དུ་མི་འགྱུར་ཏེ:། ཁྱད་བར་མེད་པའི་ཕྱིར་རོ:། །[28]དེ་ལྟ་བས་ན་བྱ་བའི་ཁྱད་བར་གྱི་སྤྱི②ནི་གཡོ་བ་སྤྱི[29]རྟོགས་པར་བྱེད་པ་ཡིན་ནོ:། །དེ་ལ་ཇི་ལྟར[30]བྱ་བ[31]དམིགས་ལ:། བདག་ཉིད་ལ( )མི་དམིགས་པའི་ཕྱིར་གཞན་ལ་གཡོ་བ་རྟོགས་པ:[32]

① ཙ་ལ་སའི་མགོ་ཅན།

② པ་ལ་ས་མགོ་སྤྱར་ཚེ་ས་མགོ་དང་མིང་གཞིའི་ཡི་གེ་སྟེང་འོག་ཏུ་བརྩེགས་པ་མིན་པ་སྤ་རྗེས་སུ་གསེག་བྲིས་སུ་ཡོད། གལ་ཏེ་ལྷག་པར་པ་དང་ཏའི་མགོ་ལ་འདོགས་དུས་ཕལ་ཆེར་སྤ་རྗེས་སུ་བྲིས་འདུག

(༥)སྔོན་དུ་འགྲོ་བ་ཅན་(བསྣན་)མ་ཡིན་བ་(ཡིན་པ། དཔྱད། སྡེ་བསྟན། པ175། ད356ས། ཐ2) ཉིད་ཡིན་ན། འགའ་ཡང་དེ་སྔོན་དུ་འགྲོ་བ་ཅན་དུ་མི་འགྱུར་ཏེ། ཁྱད་པར་མེད་པའི་ཕྱིར་རོ། །དེ་ལྟ་བས་ན་བྱ་བའི་ཁྱད་པར་གྱི་སྤྱི་ནི་གཡོ་བའི་སྤྱི་རྟོགས་པར་བྱེད་པ་ཡིན་ནོ། །དེ་ལ་ཇི་ལྟར་བྱ་བ་དམིགས་ལ་(མཐུད་)བདག་ཉིད་ལ་གཡོ་བ[33](བསྣུབ་)མི་དམིགས་པའི་ཕྱིར།(བཅད་) གཞན་ལ་གཡོ་བ་རྟོགས་པ

༦ ལྟར་བྱ་བར①སྣང་བ་དམྱིགས་པ་སྣང་བ་ལ་ཡང་དེ་དང་འདྲའོ:། །ཕ་རོལ་པོ་དང་ཡང་གཞན་ཀྱི་རྗོད་པ་དང་:། བྱ་བ་དག་རྒྱུ་མཚན་མྱེད་པར་ཅི་སྟེ②[34]མྱི་འདོད་དེ:། འདི་ནི་མཚུངས་སོ:། །དེས་ན་གདོན་མྱི་ཟ་བར་དེ་གཉིས་ནི:། གཡོ་བའི་རྒྱུ་མཚན་ཅན་ཡིན་བའི་ཕྱིར:། དེ་མྱེད་ན་མྱི་རུང་ངོ་ཞེས་བྱ་བ་འདི་བརྗོད[35]

(༦)ལྟར།(བཅད་) བྱ་བར་སྣང་བ་དམིགས་པ་(བསྣུབ་)ལ་ཡང་དེ་དང་འདྲའོ། །ཕ་རོལ་པོ་ཡང་གཞན་གྱི་བརྗོད་པ་དང་(མཐུད་)བྱ་བ་དག་རྒྱུ་མཚན་མེད་པར་ཅི་སྟེ་མི་འདོད་དེ་(མཐུད་)འདི་ནི་མཚུངས་སོ། །དེས་ན་གདོན་མི་ཟ་བར་དེ་གཉིས་ནི་(མཐུད་)གཡོ་བའི་རྒྱུ་མཚན་ཅན་ཡིན་པའི་ཕྱིར་(མཐུད་)དེ་མེད་ན་མི་འབྱུང་ངོ་ཞེས་བྱ་བ་འདི་བརྗོད།

ཉིན་ངོས། ཁ།

༧ ། :། དགོས་སོ:། །ཕ་རོལ་པོ་ཡང་དེར་སྣང་བ་དག་ལ་དེ་དང་འདྲའ་བར་སྨྲ་བར[36]འགྱུར་བས:། འདི་དག་ནི[37]ཕན་ཚུན་ཁྱད(་)མྱེད་དོ:། །གལ་ཏེ་དེར་སྣང་བ་དག་གཡོ་བའི་རྒྱུ་མཚན་ཅན་ཉིད་ཡིན་བར་སྨྲ་བ(་)ཀྱི་ལམ་གྱི་ལ་ཡང་ཡིན་བར[38]ཅིའི་ཕྱིར་མྱི་སྨྲ③ཞེ་ན:། ཐམས་ཅད་མཚུངས་ཏེ:། ཕ་རོལ་པོ་ཡང[39]

(༧)དགོས་སོ། །ཕ་རོལ་པོ་ཡང་དེར་སྣང་བ་དག་ལ་དེ་དང་འདྲ་(བསྣུབ་)བར་སྨྲ་བར་འགྱུར་བས་(མཐུད་)འདི་དག་ནི་ཕན་ཚུན་ཁྱད་པར་(བསྣན་)མེད་དོ། །གལ་ཏེ་དེར་སྣང་བ་དག་གཡོ་བའི་རྒྱུ་མཚན་ཅན་ཉིད་ཡིན་པར་སྨྲ་བ་ན་(བསྣན)། (བཅད་)ཀྱི་ལམ་གྱི་ལ་ཡང་(བསྣུབ་)ཅིའི་ཕྱིར་མི་སྨྲ་ཞེ་ན། ཐམས་ཅད་མཚུངས་ཏེ། ཕ་རོལ་པོ་ཡང་

① རྗེས་འཇུག་མིང་གཞིའི་འོག་ཏུ་བྲིས་པ།

② གོང་མཐུན། པ་ལ་ས་མགོ་སྦྲུར་ཚེ་ས་མགོ་དང་མིང་གཞིའི་ཡི་གེ་སྟེང་འོག་ཏུ་བརྩེགས་པ་མིན་པ་སྔ་རྗེས་སུ་གསེག་བྲིས་སུ་ཡོད། གལ་ཏེ་ལྷག་པར་པ་དང་ཏའི་མགོ་ལ་འདོགས་དུས་ཕལ་ཆེར་སྔ་རྗེས་སུ་བྲིས་འདུག

③ གོང་མཐུན། མགོ་ཅན་ས་དང་མིང་གཞི་མ་གོང་འོག་རྩེག་པ་མིན་པར་གསེག་པར་རྩེག་བྲིས་སུ་འདུག

༢ རྨྱི་ལམ་ན་གཞན་གྱི་བྱ་བ་དང་༌། ཚིག་དམྱིགས་པ་དག་གཡོ་བའི་རྒྱུ་མཚན་ཡིན་བར་ཇི་སྟེ་མྱི་སྨྲ།། །(2)གལ་ཏེ་དེ་དག་མྱེད་པའི་ཕྱིར་རོ་ཞེ་ན༑། །(2)དེ་བཞིན(་)དམྱིགས་པར་མཚུངས་ན་ཇི་སྟེ་མྱེད༑། །(2)གལ་ཏེ་མྱི་གཉིད་ཀྱིས་ཟིལ་ཀྱིས་ནོན་པའི་ཕྱིར༑། །དོན་ཀྱིས[40]སྟོང་བའི་རྣམ་པར་ཤེས་པ་འབྱུང་ངོ་ཞེ་ན༑། །ཕ་རོལ་པོའི[41]

(༢)རྨི་ལམ་ན་གཞན་གྱི་བྱ་བ་དང་(མཐུད་)ཚིག་དམིགས་པ་དག་གཡོ་བའི་རྒྱུ་མཚན་ཅན་ཡིན་པར་ཅི་སྟེ་མི་སྨྲ། (1)གལ་ཏེ་དེ་དག་མེད་པའི་ཕྱིར་རོ་ཞེ་ན། (1)དེ་བཞིན་དུ་(བསྣན་)དམིགས་པ་དང་མཚུངས་ན་ཅི་སྟེ་མེད། (1)གལ་ཏེ་མི་གཉིད་ཀྱིས་ཟིལ་གྱིས་ནོན་པའི་ཕྱིར། དོན་གྱིས་སྟོང་པའི་རྣམ་པར་ཤེས་པ་འབྱུང་ངོ་ཞེ་ན། ཕ་རོལ་པོའི་

༣ ལྟར་ན་ཡང་དེ་ཁོ་ནའི་ཕྱིར་གཞན་གྱི་དབང་གིས[42]སྟོང་བའི་རྣམ་པར་ཤེས་པ་འབྱུང་བར་འགྱུར་རོ༑། །གལ་ཏེ་རྨྱི་ལམ་ན་ཡང་ཤེས་པ་དོན་དང་ལྡན་པ་ཡིན་ལ༑། དེའི་ཚེ་དམྱིགས་པ་རྣམས་ཀྱང་རྒྱུད་གཞན་ཉིད་ཡིན་ནོ་ཞེ་ན༑། གལ་ཏེ་ཕ་རོལ་པོ་ལ་བསྙོ་བའི[43]ཕྱིར་ལུང[44]དང་རིགས་པ[45]དང་བྲལ:①[46]

(༣) ལྟར་ན་ཡང་། (བཅད་)དེ་ཁོ་ནའི་ཕྱིར་གཞན་གྱི་དབང་གིས་སྟོང་པའི་རྣམ་པར་ཤེས་པ་འབྱུང་བར་འགྱུར་རོ། །གལ་ཏེ་རྨི་ལམ་ན་ཡང་ཤེས་པ་དོན་དང་ལྡན་བ(ལྡན་པ། དཔྱད། ལྡན་བ། སྡེ་བསྟན། པ175། ད356ས། ཐ7)ཡིན་ལ། དེའི་ཚེ་དམིགས་པ་རྣམས་ཀྱང་རྒྱུད་གཞན་ཉིད་ཡིན་ནོ་ཞེ་ན། གལ་ཏེ་ཕ་རོལ་པོ་ལ་བསྙོ་བའི་ཕྱིར། ལུང་དང་རིགས་པ་དང་བྲལ:

༤ བའི(་)ཚོལ་བ་དམ་བ་མ་ཡིན་པ་དེ་ལྟ་བུ་ལ་རྟེན་པར་བྱེད་ན་ནི༑། ཕ་རོལ་པོ་ཡང་དེ་གཞན་གྱི་དབང་ཅན་དུ་འདོད་པ་ལ་སུ་ཡང་ཟློག[47]པར་མྱི་བྱེད་དོ༑། །འདི་འབའ་ཤིག་གི་ལྟར་ན་དེ་ལྟ་བུའི་ཤེས་པ་□□ས་ཅད་རྒྱུད་གཞན་གྱི་དབང་ཅན་ཡོད་པ་ཁོ་ན་ཡིན་ཏེ༑། ཁྱད་པར་ནི་མངོན་སུམ་དང་བརྒྱུད་པ་འདི་ཡོད་དོ༑། །[48]

(༤) བའི་ཕྱིར་(བསྣན་)ཚོལ་བ་དམ་པ་མ་ཡིན་པ་དེ་ལྟ་བུ་ལ་རྟེན་པར་བྱེད་ན་ནི། ཕ་རོལ་པོ་ཡང་དེ་གཞན་གྱི་དབང་ཅན་དུ་འདོད་པ་ལ་སུ་ཡང་ཟློག་པར་མི་བྱེད་དོ། །འདི་འབའ་ཞིག་གི་ལྟར་ན་དེ་ལྟ་བུའི་ཤེས་པ་ཐམས་ཅད་རྒྱུད་གཞན་(བསུབ་)དབང་ཅན་ཡོད་པ་ཁོ་ན་ཡིན་ཏེ། ཁྱད་པར་ནི་མངོན་སུམ་

① ཉིས་ཚིག་ལྟ་བུ་འདི་ཤོག་གྲུར་འདྲིར་འདི་ལས་གཞན་མ་བྱུང་།

དང་བརྒྱུད་པ་འདི་ཡོད་དོ། །

༥ རེས་འགའ་ནི་སྐྱི་ལམ་ན་ཡང་:། (་)མངོན་སུམ་དུ[49](་)གཞན་གྱི་དབང་ཅན་དུ་འདོད་པ་ཁོ་ན་སྟེ:། ལྷ་ལས་སྐྱོགས་པའི[50]བྱིན་གྱི་རླབས[51]ཀྱིས་རྒྱ་ལམ[52]མཐོང་བའི་ཕྱིར་རོ:། །དེ་ལྟ་བས་ན་འདིའི་འདི་ནི:། □□□□མ་བ་མ་ཡིན་བ་ལ་རྟེན་པ་མ་ཡིན་ནོ:། །རེ་ཤིག་བྱ་བ་དེ་ཉིད་ཀྱིས་ཀྱང་སེམས་དེ་ཇི་སྟེ་རྟོགས་པར[53]

(༥) རེས་འགའ་ནི་རྨི་ལམ་ན་ཡང་(མཐུད་)ཡོད་པ་(བསྣན་)མངོན་སུམ་དེ་རྒྱུད་(བསྣན་)གཞན་གྱི་དབང་ཅན་དུ་འདོད་པ་ཁོ་ན་སྟེ། ལྷ་ལ་སོགས་པའི་བྱིན་གྱི་རླབས་ཀྱིས་རྨི་ལམ[54]མཐོང་བའི་ཕྱིར་རོ། །དེ་བས་ན་འདིའི་འདི་ནི་(མཐུད་)གྲོལ་བ་དམ་པ་མ་ཡིན་པ་ལ་བརྟེན་པ་མ་ཡིན་ནོ། །རེ་ཞིག་བྱ་བ་དེ་ཉིད་ཀྱིས་ཀྱང་སེམས་དེ་ཅི་སྟེ་རྟོགས་པར་

༨ བྱེད:། སེམས་ཀྱི་འབྲས་བུ་ཡིན་བའི་ཕྱིར་རོ:། །དེའི་འབྲས་བུ་ཉིད[55]ཡིན་པ་ནི:། སེམས་གཞན་ལ་ཡང་འདྲའ་བས་དེ་ཇི་སྟེ་རྟོགས་པར་མྱི་བྱེད:། །(2)གཞན་ཡང་གལ་ཏེ:། བྱ་བ་དེ་རང་ཡོད་པ་ཙམ་གྱིས་□□□རྒྱུ་རྟོགས་པར་བྱེད་ན་ནི:། མ་དམྱིགས་པས་ཀྱང་:། དེ་ལྟ་བུ་རྟོགས་པར་འགྱུར་རོ:། །གལ་ཏེ[56]

(༨)བྱེད། སེམས་ཀྱི་(གྱི་)སྡེ་བསྡུན། 357ཀ། ཐ7)འབྲས་བུ་(བསུབ་)ཡིན་པའི་ཕྱིར་རོ། །དེའི་འབྲས་བུ་(བསུབ་)ཡིན་པ་ནི་(མཐུད་)སེམས་གཞན་ལ་ཡང་འདྲ་བས་ཅི་སྟེ་རྟོགས་པར་མི་བྱེད། (1)གཞན་ཡང་གལ་ཏེ་(མཐུད་)བྱ་བ་དེ་རང་ཡོད་པ་ཙམ་གྱིས་རང་གི་རྒྱུད་རྟོགས་པར་བྱེད་ན་ནི། མི་དམིགས་པས་ཀྱང་(མཐུད་)དེ་ལྟ་བུ་རྟོགས་པར་འགྱུར་རོ། །

སྒྲིབ་ངོས།

༧ རྟགས་ནི་ཤེས་པ་ལ་ལྟོས་པའི་ཕྱིར་མྱི་འགྱུར་རོ་ཞེ་ན:། དེ་ལ་དེའི་ཚེ་གཞན་གྱི[57]སེམས་ལས་ནི་བྱ་བའོ:། །བྱ་བ་ལས་ནི་ཤེས་པའོ:། །(1)ཤེས་པ□□་ནི་དེ་རྟོགས་པའོ་ཞེས་བྱ་བ་བརྒྱུད་པ་འདོས་ཇི་ཞིག་བྱ:། བྱ་བར་སྣང་བ་གཞན་གྱི་སེམས་ལས་རབ་དུ་སྐྱེ་བའི་ཆོས་ཅན་གྱི[58]ཤེས་པ་ཁོ་ན་འདི་རྟོགས[59]

(༧) རྟགས་ནི་ཤེས་པ་ལ་ལྟོས་པའི་ཕྱིར་མི་འགྱུར་རོ་ཞེ་ན། དེ་ལ་དེའི་ཚེ་གཞན་གྱི་སེམས་ལས་ནི་བྱ་བའོ། །བྱ་བ་ལས་ནི་ཤེས་པའོ། །(2)ཤེས་པ་ལས་ནི་དེ་རྟོགས་པའོ་ཞེས་བྱ་བ་བརྒྱུད་པ་འདིས་ཅི་ཞིག་བྱ། བྱ་བར་སྣང་བ་གཞན་གྱི་སེམས་ལས་རབ་ཏུ་སྐྱེ་བའི་ཆོས་ཅན་གྱི་ཤེས་པ་ཁོ་ན་འདི་རྟོགས་

༢ པར་བྱེད་པ་ཡིན་པར་འགྱུར་ཏེ:། དེ་རྟོགས་པ་ནི་ཐ་མར་ཡང་དེ་ལ་རྟེན་པའི་ཕྱིར་རོ:། །གཡོ་བ་ཙམ[60](་)[61]སྐྱོ་ནི་བྱ་བ་དང་:། རྗོད་པའི་ཤེས་པ་སྐྱོའི[62]རྒྱུ་ཡིན་བས:། འབྲས་བུས[63]རྒྱུ་རྟོགས་

པའ་ཡིན་ནོ་། (1)དེ་ལ་བདག□□གཡོ་བའི་རྒྱུ་མཚན་ཅན་ནི་ཁ་ནང་དུ་ལྟས་པར་འཇུག་ལ་། གཞན་ནི་གཞན་དུ་ཡིན་ཏེ་། ཁྱད(་)[64]

(༢) པར་བྱེད་པ་ཡིན་པར་འགྱུར་ཏེ། དེ་རྟོགས་པ་ནི་ཐ་མར་ཡང་དེ་ལ་བརྟེན་པའི་ཕྱིར་རོ། །གཡོ་བ་ཙམ་གྱིས་(བསྟན་) སྤྱི་ནི་བྱ་བ་དང་(མཐུད་)བརྗོད་པའི་ཤེས་པ་སྤྱིའི་རྒྱུ་ཡིན་པས་(མཐུད་)འབྲས་བུའི་རྒྱུ་རྟོགས་པ་ཡིན་ནོ་(2)དེ་ལ་བདག་ཉིད་ཀྱི་གཡོ་བའི་རྒྱུ་མཚན་ནི་ཁ་ནང་བལྟས་པར་འཇུག་ལ། གཞན་ནི་གཞན་དུ་ཡིན་ཏེ། ཁྱད་(བསྟན་)

༣ བར་འདི[65]ནི་ཕལ་ཆེ་བའི་དབང་དུ་བྱས་བ[66]ཡིན་ནོ་། (1)འདི་དག་གི་རྒྱུ་དང་འབྲས་བུའི་ངོ་བོ་དེ་ནི་། གཉིད་ལོག་པ་ལས་སྩོགས་པའི[67]གནས་སྐབས་དང་གཞན་ན[68]ཡང་མཚུངས་སོ་། །□□□པའི་གནས་སྐབས་ན་ནི་། བདག་ཉིད་ཇི་ལྟ་བ་བཞིན་གྱི་རྐྱེན་ཀྱི་ཁྱད་བར་ལ[69]ཉེ་བར་རྟེན་པའི་ཕྱིར། [70]

(༣) པར་འདི་ནི་ཕལ་ཆེ་བའི་དབང་དུ་བྱས་པ་ཡིན་ཡིན་ནོ། །(2)འདི་དག་གི་རྒྱུ་དང་འབྲས་བུའི་ངོ་བོ་དེ་ནི་(མཐུད་)གཉིད་ལོག་པ་ལ་སོགས་པའི་གནས་སྐབས་དང་གཞན་ན་ཡང་མཚུངས་སོ་འཁྲུལ་པའི་གནས་སྐབས་ན་ནི་(མཐུད་)བདག་ཉིད་ཇི་ལྟབ་བཞིན་གྱི་རྐྱེན་གྱི་ཁྱད་པར་ལ་ཉེ་བར་བརྟེན་པའི་ཕྱིར་མཐུད[71]

༤ གཞན་གྱི་གཡོ་བ་ལས་སྩོགས་པའི་རྒྱུ་མཚན་གྱིས་འབྱུང་བའི་རྣམ་པར་ཤེས་པ་བག་ཆགས་པ་དེ་དག་ཁོ་ན་རེས་འགའ་གཞན་གྱི་ཉེ་བར་སྦྱོར་བ[72]ལས་སྩོགས་པ[73]བར་དུ་ཆོད་ཀྱང་། འཇུག་པ་རྐྱེད་པར་འགྱུར་གྱི་། ཉེ་བར་སྦྱོར་བ་གཏན་མྱེད་ན་ནི་མ་ཡིན་ནོ་། །དེའི་ཕྱིར(་)གནས་སྐབས[74]

(༤) གཞན་གྱི་གཡོ་བ་ལ་སོགས་པའི་རྒྱུ་མཚན་གྱིས་འབྱུང་བའི་རྣམ་པར་ཤེས་པའི་བག་ཆགས་(བསྐུབ་)དེ་དག་ཁོ་ན་རེས་འགའ་གཞན་གྱིས་ཉེ་བར་སྦྱོར་བ་ལ་སོགས་པས་བར་དུ་ཆོད་ཀྱང་(མཐུད་)འཇུག་པ་རྐྱེད་པར་འགྱུར་གྱི། ཉེ་བར་སྦྱོར་བ་གཏན་མེད་བ་(མེད་པ། དཔྱད། མེད་བ། སྡེ་བསྟན། པ་175། ད་357ས། ཐ་1)ནི་མ་ཡིན་ནོ། །དེའི་ཕྱིར་ན་བསྟན་)གནས་སྐབས་

༥ ཐམས་ཅད་དུ་བྱ་བ་ལས་སྩོགས་པའི[75]རྣམ་པར་རིག་བྱེད་ཀྱིས་། སེམས་ཀྱི་གཡོ་བ་རྗེས་སུ་དཔག་པར་བྱ་བ་ཁོ་ན་ཡིན་ནོ་། །བྱ་བས་གཡོ་བ་རྟོགས་ན་ནི་། གཉིད་ལོག་པ་དང་གཞན་ཡང་རྟོགས་པར་འགྱུར་རོ་། །ཡང་ན་ནི་ནམ་ཡང་མྱི་འགྱུར་ཏེ་། གཞན་གྱི་གཡོའ་མྱེད་པར(་)བྱ་བ་དམིགས་པ་འབྱུང[76]

(༥) ཐམས་ཅད་དུ་བྱ་བ་ལ་སོགས་པའི་རྣམ་པར་རིག་བྱེད་ཀྱིས་(མཐུད་)སེམས་ཀྱི་གཡོ་བ་རྗེས་སུ་དཔག་པར་བྱ་བ་ཁོ་ན་ཡིན་ནོ། །བྱ་བས་གཡོ་བ་རྟོགས་ན་ནི། གཉིད་ལོག་པ་དང་།(བཅད་) གཞན་ན་རྟོགས་པར་འགྱུར་རོ། །ཡང་ན་ནི་ནམ་ཡང་མི་འགྱུར་ཏེ། གཞན་གྱི་གཡོ་(བསྒུབ་)བ་མེད་པར་ཡང་(བསྣན་)བྱ་བ་དམིགས་པ་འབྱུང་

༤ བའི་ཕྱིར་རོ་། །དམྱིགས་པ་འབྱུང་བར་འགྱུར[77]ཀྱི་། བྱ་བ་ནི་མྱི་འབྱུང་ངོ་། །བྱ་བས་ནི་གཡོ་བ་རྟོགས་པར་བྱེད་ན་། འཁྲུལ་བའི་གནས་སྐབས་ནི་ནི་བྱ་བ་ཡང་མྱེད་དེ་[78]། དོན་ཀྱིས་སྟོང་པ(་)འབྱུང་བའི་ཕྱིར་། ཞེས་པ[79]མྱེད་དོ་། །རྣམ་པ་ཐམས་ཅད་དུ་ཐ་སྙད་གདགས་པ་མཚུངས་པ་ལས་ ། རེས[80]

(༤)བའི་ཕྱིར་རོ། །དམིགས་པ་འབྱུང་པར(འབྱུང་བར། དཔྱད། འབྱུང་པར། སྡེ་བསྟན། པ་175 ། ད་357ས། ཐ་3)འགྱུར་གྱི་(མཐུད་)བྱ་བ་ནི་མ་ཡིན་ནོ། །བྱ་བས་ནི་གཡོ་བ་རྟོགས་པར་བྱེད་ན་(མཐུད་)འཁྲུལ་པའི་གནས་སྐབས་ན་ནི་བྱ་བ་ཡང་མེད་དོ། །དོན་གྱིས་སྟོང་པའི་ཤེས་པ་(བསྣན་)འབྱུང་བའི་ཕྱིར་(མཐུད་)ཞེས་པ་མེད་དོ། །རྣམ་པ་ཐམས་ཅད་དུ་ཐ་སྙད་གདགས་པ་མཚུངས་པ་ལས་(མཐུད་)རེས་

ལེབ་མ་གསུམ་པ།

ཉིན་ངོས།

༡ ། ་། སྐྱེས་པ་ཡང་། མྱི་ལས་སྩོགས་པའི་རང་གི་ངོ་བོའི[81]ယུལ་ཅན་མ་ཡིན་ཏེ་། མཐོང་བ་དང་ཁྱད་པར་མྱེད་པར་ཐལ་འགྱུར་བའི་ཕྱིར[82]རོ་། །རྗེས་སུ་དཔག་པ་འདས་པ་ལས་སྩོགས་པ་དང་། ངོ་བོ་ཉིད་མྱེད་པ་དག་ལ་ཡང་འཇུག་པར་མྱི་འགྱུར་པའི་ཕྱིར་དང་་། དོན་མྱེད་པར[83]

(༡)སྐྱེས་པ་ཡང་(མཐུད་)མེ་ལ་སོགས་པའི་རང་གི་ངོ་བོའི་ཡུལ་ཅན་མ་ཡིན་ཏེ། མཐོང་བ་དང་ཁྱད་པར་མེད་པར་ཐལ་བར་འགྱུར་བའི་ཕྱིར་རོ། །རྗེས་སུ་དཔག་པ་འདས་པ་ལ་སོགས་པ་དང་། ངོ་བོ་ཉིད་མེད་པ་དག་ལ་ཡང་འཇུག་པར་མི་འགྱུར་ཕྱིར་དང་། དོན་བྱེད་པར་ཐལ་བར

༢ འགྱུར་བ་ཐལ་བར་འགྱུར་བའི་ཡང་ཕྱིར་རོ་[84]། །གཞན་གྱི་སེམས་རྗེས་སུ་དཔག་པ་ལ་ཡང་མངོན་པར་འདོད་པའི་དོན་ལ་མྱི་སླུ་བ་ཡོད་པ་ཁོ་ན་སྟེ་། འཇུག་པར་བྱེད་པས[85]དེའི་སྒོ་ནས་སྤྱོག་ཆགས་གཞན་ཡོད་པར་རྟོགས་ནས་། ཡང་དང་ཡང་དུ་ཐ་སྙད་དག་ལ་འཇུག་ན་དེའི་དབང་གིས་། [86]

(༢) འགྱུར་བའི་ཡང་ཕྱིར་རོ། །གཞན་གྱི་སེམས་རྗེས་སུ་དཔག་པ་ལ་ཡང་མངོན་པར་(མངོན་

པར། དཔྱད། མངོན་པར། སྡེ་བསྟན། པ175། ད་358ས། ཐ་4)འདོད་པའི་དོན་ལ་མི་སླུ་བ་ཡོད་པ་ཁོ་ན་སྟེ། འཇུག་པར་བྱེད་པ་(བསྒྱུར་)དེའི་སྒོ་ནས་ཕྱོག་ཆགས་གཞན་ཡོད་པར་རྟོགས་ནས་(མཐུད་)ཡང་ནས་ཡང་དུ་ཐ་སྙད་དག་ལ་འཇུག་ན།(མཐུད་) དེའི་དབང་གིས་(མཐུད་)

༣ འབྱུང་བའི་དོན་འཐོབ་པའི་ཕྱིར་རོ༑ །འཇིག་རྟེན་ནི་འབྲས་བུ་དེ་ཙམ་ལ་སེམས་ཤིང་༑ ཕྱོག་ཆགས་གཞན་རྗེས་སུ་དཔག་པ་ལ་འཇུག་པའི་ཡང་ཕྱིར་ཏེ༑ སྐྱེས་བུ་ནི་དོན་ཕྱི་མའི་ཁྱད་པར་དུ་སྣང་བའི་ཤེས་པ་སྒྱོང་བ་སྐྱེས་པ[87]ཙ□□□རེ་བ་མྱེད་པ་ཉིད་ཀྱི་ཕྱིར་རོ༑ །ཤེས་པ[88]

(༣)འབྱུང་བའི་དོན་ཐོབ་པའི་ཕྱིར་རོ། །འཇིག་རྟེན་ནི་འབྲས་བུ་དེ་ཙམ་ལ་སེམས་ཤིང་(མཐུད་)ཕྱོག་ཆགས་གཞན་རྗེས་སུ་དཔག་པ་ལ་འཇུག་པའི་ཡང་ཕྱིར་ཏེ། སྐྱེས་བུ་(བསྒྱུར་)དོན་ཕྱི་མའི་ཁྱད་པར་དུ་སྣང་བའི་ཤེས་པ་སྒྱོང་བ་(བསྒྱུར་)ཙམ་གྱིས་རེ་བ་མེད་པ་ཉིད་ཀྱི་ཕྱིར་རོ། །ཤེས་པ

༤ སྤྱ་མ་ནི་ཐ་སྙད་ཇོགས་པས༑ དོན་བྱས་པ་ཉིད་ཀྱིས་ཚད[89]མ་ཉིད་དུ་གྲུབ་པའི་ཕྱིར་རོ༑ །ཀྱི་ལམ་ན་ཡང་ཤེས་པ་སྤྱ་མ་ལས་དོན་ཕྱི་མར་སྣང་བའི་ཤེས་པ་སྐྱེ(·)མ་ཡིན་ནམ༑ དེ་ཙམ་གྱིས་ནི་ཤེས་པ་སྤྱ་མ་དེ་ཚད་མ་ཡིན་བར་འོས་པ□ཡིན་ཏེ༑ དེའི་ཚེ་ཤེས་པ་ཐམས[90]

(༤) སྔ་མས་ཐ་སྙད་ཇོགས་པས་(མཐུད་)དོན་བྱས་པ་ཉིད་(བསྒྱུར་)ཚད་མ་ཉིད་དུ་གྲུབ་པའི་ཕྱིར་རོ། །རྨི་ལམ་ན་ཡང་ཤེས་པ་སྔ་མ་ལས་དོན་ཕྱི་མར་སྣང་བའི་ཤེས་པ་སྐྱེ་བ་(བསྣན་)མ་ཡིན་ནམ། དེ་ཙམ་གྱིས་ནི་ཤེས་པ་སྔ་མ་ཚད་མ་ཡིན་པར་འོས་པ་མ་ཡིན་ཏེ། དེའི་ཚེ་ཤེས་པ་ཐམས

༥ ཅད་འབྲུལ་པ་ཡིན་བའི་ཕྱིར་རོ་ཞེ་ན༑ འདིར་རྣམ་པར་རིག་བྱེད་ཀྱི་ཤེས་པ་ནི་ནམ་ཡང་སེམས་ཀྱི་གཡོ་བའི་དབང་མྱེད་པར་མྱི་འབྱུང་བས༑ དེ་དག་གིས་ཀྱང་དེ་དག་རྗེས་སུ་དཔོག་པར་བྱེད་དོ༑ །འབྲུལ་བའི་དབང་གིས་ནི༑ རེས་འགའ་དབང[91]བར་དུ་ཆོད་ཀྱ□□བྱུང་སྟེ༑ དེ་དག་(·)དབང་གིས[92]

(༥)ཅད་འཁྲུལ་བ་(འཁྲུལ་པ། དཔྱད། འཁྲུལ་བ། སྡེ་བསྟན། པ་175། ད་358 ས། ཐ་6)ཡིན་པའི་ཕྱིར་རོ་ཞེ་ན། འདིར་རྣམ་པར་རིག་བྱེད་ཀྱི་ཤེས་པ་ནི་ནམ་ཡང་སེམས་ཀྱི་གཡོ་བའི་དབང་མེད་པར་མི་འབྱུང་བས། དེ་དག་གིས་ཀྱང་དེ་དག་རྗེས་སུ་དཔོག་པར་བྱེད་དོ༔འཁྲུལ་པའི་དབང་གིས་ནི་(མཐུད་)རེས་འགའ་(བསྒྱུར་)བར་དུ་ཆོད་ཀྱང་འབྱུང་སྟེ། དེ་དག་གི་(བསྣན་)དབང་གིས

༦ སྟོང་བ་ནི་མ་ཡིན་གྱི༑ མངོན་སུམ་དང་བརྒྱུད་པ་ཞེས་བྱ་བའི་ཁྱད་པར་འདི་ནི་ཡོད་དོ་ཞེས་བཤད་ཟིན་ཏོ༑ །དེ་ལ་ཇི་ལྟར་རྣམ་པར་རིག་པའི་ཤེས་པ་སྔ་མ་རྣམས་བརྒྱུད་དེ༑ གཡོ་བའི་དབང་གིས་སྐྱེ་བ་ལྟར༑ དེའི་འོག་རོལ་གྱི་གནས་སྐབས་ན་ཡོད་པ་དག་ཀྱང་དེ་དང་འདྲའོ། །[93]

(༦) སྟོང་པ་ནི་མ་ཡིན་གྱི་(བཅད་)མངོན་སུམ་དང་བརྒྱུད་པ་ཞེས་(བསྣུབ་)པའི་ཁྱད་པར་འདི་ནི་ཡོད་དོ་ཞེས་བཤད་ཟིན་ཏོ། །དེ་ལ་ཇི་ལྟར་རྣམ་པར་རིག་བྱེད་ཀྱི་ཤེས་པ་སྔ་མ་རྣམས་བརྒྱུད་དེ་(མཐུད་)གཡོ་བའི་དབང་གིས་སྐྱེ་བ་ལྟར། དེའི་འོག་རོལ་གྱི་གནས་སྐབས་ན་ཡོད་པ་དག་ཀྱང་དེ་དང་འདྲའོ། །

སྦྱིབ་ངོས།

༡ རྣམ་པར་ག་བྱེད་ཀྱི་ཤེས་པའི་རྟེན་གཡོ་བའི་གནས་སྐབས་ཕྱི་མ་པའི་སེམས་ཀྱི་རྒྱུད་[94]ཁོ་ན་ལས་བརྒྱུད་དེ་སྐྱེའོ། །དེ་ན་ཡང་རྗེས་སུ་དཔག་པ་ཇི་འདྲ་དེ་ལྟ་བུའི་མྱི་སྲུ་བ་དང་། ཐ་སྙད་ཀྱང་□□པ་ཁོ་ན་(་)བས་ཇོས་ཀྱང་མྱི་བཟང་ངོ་། །གཞན་གྱི་སེམས་ཀྱི་རྗེས་སུ་དཔག་པ་ནི། [95]

(༡) རྣམ་པར་རིག་བྱེད་ཀྱི་ཤེས་པའི་རྟེན་གཡོ་བའི་གནས་སྐབས་ཕྱི་མ་(བསྣུབ་)འི་སེམས་རྒྱུད་ཁོ་ན་ལས་བརྒྱུད་དེ་སྐྱེའོ། །དེ་ཡང་རྗེས་སུ་དཔག་པ་ཅི་འདྲ་བ་དེ་ལྟ་བུའི་མི་སྲུ་བ་དང་། ཐ་སྙད་ཀྱང་ཡོད་པ་ཁོ་ན་ཡིན་པས་ཅིས་ཀྱང་མི་གཟུང་ངོ་། །གཞན་གྱི་སེམས་ཀྱི་རྗེས་སུ་དཔག་པ་ནི་

༢ དེའི་རང་གི་ངོ་བོ་མྱི་འཛིན་ཡང་། མྱི་སྲུ་བའི་ཕྱིརདེ་ལྟར་ཚད་མ་ཉིད་ཡིན་དུ་ཆུག་ན། གཞན་གྱི་སེམསམངོན་སུམ་དུ[96]ཤེས་པ་རྣམས་ཀྱི[97]གོ་ཇི་ལྟར། །(2)གལ་ཏེ་གཞན་གྱི་སེམས་ཀྱི་(་)[98]རང་གི་ངོ་བོ་མངོན་སུམ་དུ་ཤེས་པར་གྱུརན①ན་ནི། འདིའི་གཟུང་བ་དོན་ག□□ཡིན་བར་འགྱུར་རོ། །[99]

(༢)དེའི་རང་གི་ངོ་བོ་མི་ཡཛིན་ཀྱང་(མཐུད་)མི་སྲུ་བའི་ཕྱིར་དེ་ལྟར་ཚད་མ་ཉིད་ཡིན་དུ་ཆུག་ན་(མཐུད་)གཞན་གྱི་སེམས་མངོན་སུམ་དུ་ཤེས་རྣམས་ཀྱིས་གོ། །(བཅད་)ཇི་ལྟར། (1)གལ་ཏེ་གཞན་གྱི་སེམས་ཀྱིས་(བསྣན་)རང་གི་ངོ་བོ་མངོན་སུམ་དུ་ཤེས་པར་གྱུར་ན་ནི་(མཐུད་)དེའི་གཟུང་བ་དོན་གཞན་ཡིན་པར་འགྱུར་རོ། །

༣ མྱི་ཤེས་ན་ནི་དེ་དག་ཇི་ལྟར་མངོན་སུམ་དུ་ཤེས་པ་ཡིན། །(2)ཇི་ལྟར་ན་མངོན་སུམ་གྱིས[100]དོན་ཀྱི་རང་གི་ངོ་བོ་མྱི་འཛིན་པར་ཡང་འགྱུར། །(2)འོན་ཏེ[101]མྱི་འཛིན་ན་ནི་ཇི་ལྟར་ཚད་མ་ཡིན་ཞེ་ན། གནས་མ་གྱུརད②པའི[102]ཕྱིར། རྣལ་འབྱོར་□□□ང་བ་དང་། འཛིན་པའི་རྣམ[103]

(༣) མི་ཤེས་ན་ནི་དེ་དག་ཇི་ལྟར་མངོན་སུམ་དུ་ཤེས་པ་ཡིན། (1)ཇི་ལྟར་(བསྣུབ་)མངོན་སུམ་གྱི་(བསྣུབ་)དོན་གྱི་རང་གི་ངོ་བོ་མི་འཛིན་པར་ཡང་འགྱུར། (1)འོན་ཏེ་མི་འཛིན་ན་ནི་ཇི་ལྟར་ཚད་མ་ཡིན་ཞེ་ན། གནས་མ་གྱུར་པའི་ཕྱིར་(མཐུད་)རྣལ་འབྱོར་བ་གཟུང་བ་དང་(མཐུད་)འཛིན་པའི་རྣམ་

① རྗེས་འཇུག་ནའི་རྗེས་སུ་ཡང་འཇུག་ན་ཅན་གྱི་དཔེ།

② དའི་ཡང་འཇུག་དངོས་སུ་ཐོན་པའི་དཔེ།

༤ པར་རྟོག་པ་མ་སྤངས་བཔ་རྣམས་ཀྱི་(་)གཞན་གྱི་སེམས་ཤེས་པ་ཡང་ཐ་སྙད་ལ་སྨྲི་སླུ་བ་ཉིད་ཀྱིས། །གཟུགས་ལས་སྔོགས་པ་མཐོང་(་)བཞིན་དུ་ཚད་མ་ཉིད་ཡིན་ནོ། །རྣལ་འབྱོར་གྱི་སྟོབས་ཀྱིས་ནི། དེ་དག་ལ་ཤེས་པ་གཞན་གྱི་སེམས་ཀྱི་རྣམ་པའི་བྱེ་བྲག་གི་རྗེས[104]

(༤) པར་རྟོག་པ་སྤངས་པ་རྣམས་ཀྱིས་(བསྣན་)གཞན་གྱི་སེམས་ཤེས་པ་ཡང་། (བཅད་)ཐ་སྙད་ལ་མི་སླུ་བ་ཉིད་ཀྱིས་(མཐུད་)གཟུགས་ལ་སོགས་པ་མཐོང་བ་(བསྣན་)བཞིན་དུ་ཚད་མ་ཉིད་ཡིན་ནོ། །རྣལ་འབྱོར་གྱི་སྟོབས་ཀྱིས་ནི་(མཐུད་)དེ་དག་ལ་ཤེས་པ་གཞན་གྱི་སེམས་ཀྱི་རྣམ་པའི་བྱེ་བྲག་གི། (བཅད་)རྗེས་

༥ སུ་བྱེད་པ་གསལ་བར་སྣང་བ་འབྱུང་བར་འགྱུར་ཏེ། ལས་དང་། ལྷ་ལས་སྔོགས་པའི་བྱིན་གྱི་རླབས་ཀྱི[105]སྟོབས་ཀྱིས། རྨི་ལམ་བདེན་བ་མཐོང་བ་བཞིན་ནོ། །དེ་དག་ལ་ཡང་གཞན་གྱི་སེམས་ཀྱི་(བསྣན་)ཡུལ་ཅན་ཉིད་ཀྱི་ཤེས་པ་འབྱུང་བ་ནི་མ་ཡིན་ཏེ། དེ་དག་ཀྱང་རང་གི་སེམས་སྣང་བ་དེ་དང་རྣམ་པ[106]

(༥) སུ་བྱེད་པ་གསལ་བར་སྣང་བ་འབྱུང་བོར་འགྱུར་ཏེ། ལས་དང་(མཐུད་)ལྷ་ལ་སོགས་པའི་བྱིན་གྱི་རླབས་ཀྱི་སྟོབས་ཀྱིས་(མཐུད་)རྨི་ལམ་བདེན་པ་མཐོང་བ་བཞིན་ནོ། དེ་དག་ལ་ཡང་གཞན་གྱི་སེམས་ཀྱི་(བསྣན་)ཡུལ་ཅན་ཉིད་ཀྱི་ཤེས་པ་འབྱུང་བ་ནི་མ་ཡིན་ཏེ། དེ་དག་ཀྱང་རང་གི་སེམས་སྣང་བ་དེ་དང་།(བཅད་) རྣམ་པ་

༦ མཚུངས་པ་ཁོ་ན་(་)[107]ཤེས་པ་ལས། གཞན་གྱི་སེམས་ཤེས་པ་ཞེས་བྱ་བར་ངེས་པར་བཟུང་ནས[108]ཐ་སྙད་འདོགས་སོ། །མངོན་སུམ་དེ་ནི་དེའི[109]རྣམ་བའི་རྗེས་སུ་བྱེད་པ་གསལ་བར་ས□□འི་ཕྱིར་དང་། སྨྲི་སླུ་བའི་ཕྱིར་ཚད་མའོ་ཞེས་བྱ་བར་འདོད་དོ། །[110]

(༦) མཚུངས་པ་ཁོ་ན་ཉིད་(བསྣན་)ཤེས་པ་ལས། གཞན་གྱི་སེམས་ཤེས་པ་ཞེས་བྱ་བ་ངེས་པར་གཟུང་བས་ཐ་སྙད་འདོགས་སོ། །མངོན་སུམ་དུ་ནི་དེའི་རྣམ་པའི་རྗེས་སུ་བྱེད་པ་གསལ་བར་སྣང་བའི་ཕྱིར་དང་། མི་སླུ་བའི་(བསུབ་)ཚད་མ་(བསུབ་)ཞེས་བྱ་བར་འདོད་དོ། །

གཉིས་པ། རྒྱུད་གཞན་གྲུབ་པའི་ས་བཅད་ལེན་སྟངས་དང་ཏུན་ཧོང་གི་ཤོག་གྲུར་པར་གཞིའི་གནས་སྟངས།

གཞུང་འདི་ནི་ཕྱི་དོན་ཁས་ལེན་མཁན་རྣམས་ཀྱིས་སེམས་ཙམ་པ་ཁྱོད་ལྟར་ན་ཁྱོད་རང་ལས་རྒྱུད་ཐ་དད་པའི་གང་ཟག་མེད་དོ་ཞེས་པའི་རྩོད་པ་ལ་ལན་སློག་པ་ཞིག་ཡིན་ཕྱིན། མདུན་གྱི་འགྱུར་ཕྱུག་དང་

བསྒྱུར་མཆན།

[1] སམསྐྲྀ་ཏའི་སྐད་འདི་སྐར་ཐང་དང་། ཙ་ན། པེ་ཅིན། སྡེ་དགེ་བཞི་གའི་པར་དང་མཐུན་པོ་མི་འདུག ཅོ་ནེ་བྲག་ཏུ། སྣར་བསྟན་དང་པེ་བསྟན་ན། ཤྲ་ཀ་ར་ན་ཞེས་པའི་ན་ཡིག་མི་འདུག གཞན་རྣམས་འདྲ། ཏུན་ཧོང་ཏུ་ཧྥ་ལྷ་བུའི་ཡི་གེ་ཆུང་པ་ལས་གཞན་རྣམས་ཉིས་རྩེག་བྱས་མི་འདུག་མོད། བསྟན་འགྱུར་དུ། སནྡྷ་དང་། སིདྡྷི་ལྷ་བུ་རྩེག་འདུག འདི་ནི་སྐབས་དེའི་བོད་ཡིག་གིས་སམ་གཟུགས་འབྲི་ཚུལ་ཐུན་མོང་མ་ཡིན་པ་ཞིག་མིན་འགྲོ། ཕྱིས་སུ་རིམ་གྱིས་གོམ་འོག་རྩེག་པའི་ཡི་གེ་མང་དུ་ཕྱིན་པར་སྣང་སྙམ།

[2] འདུལ་བའི་དབུར་ཐམས་ཅད་མཁྱེན་པ་ལ་ཕྱག་འཚལ་བ་དང་། མདོ་སྡེའི་དབུར་སངས་རྒྱས་བྱང་སེམས་དང་། མངོན་པའི་དབུར་འཇམ་དཔལ་གཞོན་ནུ་གྱུར་པ་ལ་ཕྱག་འཚལ་བའི་སྡེ་སྣོད་ངོས་འཛིན་གྱི་ཕྱག་འདི། བོད་རྒྱ་ཚིག་མཛོད་ཆེན་མོ་ན་ཕྱི་རབས་པ་རྣམས་ནས་ལོ་པཎ་རྣམས་ཀྱིས་རང་གི་ལྷག་པའི་ལྷ་ལ་ཕྱག་འཚལ་བས་མ་ངེས་པར་གསུང་ཡང་། སྔོན་བསྒྱུར་བའི་སྡེ་སྣོད་ཕལ་མོ་ཆེ་ལ་ངེས་ཅན་དུ་སྨོས་འདུག་པས། ཕྱིས་སུ་དེ་ལྟར་མ་ངེས་ཀྱང་། དང་པོའི་ཆོས་རྒྱལ་རྣམས་ཀྱི་དུས་སུ་དེ་ལྟར་བཀས་བཅད་པར་ངེས་སོ་གསུང་།(བོད་རྒྱ་ཚིག་མཛོད་ཆེན་མོ། ཤོག་ངོས། 1473) འོན་ཀྱང་། དགེ་ཆོས་ལགས་ཀྱི་སྔ་མོའི་དུས་སུ་དེ་ལྟ་མི་འདུག་པའི་གཏམ་ཞིག་གསུང་འདུག་པས། གང་ལྟར། གལ་སྲིད། དང་པོ་ལྟར་ན། ཏུན་ཧོང་གི་རྒྱུད་གཞན་གྲུབ་པའི་པར་འདི་ནི་ཆོས་རྒྱལ་རྣམས་ཀྱི་དུས་སུ་བྱུང་བ་མ་ཡིན་དགོས་པར་འདུག་མོད། ཏུན་ཧོང་གི་ཤོག་གྲུར་འདི་ལ་མཇུག་བྱང་མི་འདུག་ཕྱིན། ལོ་རྒྱ་བ་སུ་ཡིན་མི་གསལ་བ་བདེན་ནའང་། རྒྱུད་རྩ་འདི་ལ་རྒྱ་གར་གྱི་མཁན་པོ་བིཤུདྡྷ་སིམྷ་དང་། ཞུས་ཆེན་གྱི་ལོ་ཙྪ་བ་སྣ་བ་དཔལ་བརྩེགས་ཀྱི་འགྱུར་འདི་ལས་གཞན་ཡོད་པར་མ་གྲགས་ལ། ཁྲི་བཙན་པོའི་དུས་སྐབས་ཀྱི་ཚད་མའི་བསྟན་བཅོས་འདི་དག་གི་འགྱུར་ལ་ལོ་ཙྪ་པ་གཞན་ཞིག་གིས་བསྐྱར་དུ་བསྒྱུར་བ་མ་མཐོང་། འདིའང་ཕལ་ཆེར་ཆོས་རྒྱལ་གྱི་བཀས་བཅད་ཡོད་པས་མིན་ནམ་སྙམ། གང་ལྟར། གཅིག་བྱས་ན་བཙན་པོའི་དུས་སུ་སྡེ་སྣོད་གསུམ་གྱི་ཕྱག་ངེས་ཅན་དུ་མིན། གཅིག་བྱས་ན་འདི་ཕྱིས་ཀྱི་འགྱུར་མ་ཡང་ན་ཕྱི་དར་གྱི་སྐབས་སུ་འགྱུར་ལ་ཞུ་དག་མཛད་པ་ཞིག་ཡིན་དགོས་པས་དཔྱད།

[3] ཏུ་ཡིག་ལ་རྣམ་པ་ཐམས་ཅད་དུ་ཏུ་འདི་བྲིས་འདུག སྐབས་དེར་དེ་ཉིད་ཀྱི་ཐྲད་ལ་དུ་ལས་ཏུ་འབྲི་སྲོལ་མེད་པ་འདྲ།

[4] རྒྱ་གར་སྐད་དུ། སནྟ་ན་ཞེས་པ་རྒྱུད་དང་། ཏ་ཞེས་པ་གཞན་པ། ཏ་ར་སིདྡྷི་ཞེས་པ་གྲུབ་པ། ནཱ་མ་ཞེས་པ་ཅེས་བྱ་བ། པྲ་ཀ་ར་ན་ཞེས་པ་རབ་ཏུ་བྱེད་པའི་དོན་ཡིན་པས། བོད་སྐད་དུ་བསྒྲིགས་ན་རྒྱུད་གཞན་གྲུབ་པ་ཞེས་བྱ་བའི་རབ་ཏུ་བྱེད་པ། ཞེས་པའོ། །རང་གི་ལུས་དང་ངག་གིས་བྱ་བ་བྱེད་པ་སྟེ་ལག་པ་སྒྲིང་བ་དང་ངག་སྨྲ་བ་ལྟ་བུའི་ཚེ་ན། ལག་པ་བསྒྲིང་ངོ་དང་ངག་སྨྲའོ་སྙམ་པའི་བློ་སྔོན་དུ་འགྲོ་དགོས་པ་མྱོང་བས་གྲུབ་པ་འདི་ལ་བརྟེན་ནས། མི་གཞན་གྱི་བྱ་བྱེད་ལའང་འདི་དང་འདི་བྱའོ་སྙམ་པའི་བློ་སྔོན་དུ་འགྲོ་དགོས་པ་འདྲ་བས། གཞན་གྱི་བྱ་བྱེད་ལ་བརྟེན་ནས་གཞན་གྱི་བློ་ཤེས་

པར་འགྱུར་རོ་ཞེ་ན།

[5] འདི་ཙམ་ནི་ངེད་སེམས་ཙམ་ལ་ཡང་མཚུངས་སོ། །ཞེས་པ་ནི་རྩ་བ་དང་། རྩ་བ་ཨ་ཊཱི་ཀ་འདི་ནི་གཞུང་འདིའི་གནད་གའང་ཡིན། འདིའི་མན་ཆད་ནི་འགྲེལ་པའོ། །གལ་ཏེ་རང་གིས་བྱ་བ་བྱེད་པ་དང་ངག་བརྗོད་པ་དག་ནི། དེའི་གོང་རོལ་ཏུ་རང་གི་སེམས་ལ་དེ་ལྟར་དུ་དྲན་དགོས་པའམ་བྱེད་པར་འདོད་པ་ཅན་ཡིན་པའི་རྒྱུ་མཚན་གྱིས། གཞན་གྱི་སྐད་ཆ་བཤད་པ་དང་བྱ་བ་བྱེད་པ་མཐོང་ནས་གཞན་གྱི་སེམས་རྗེས་སུ་དཔོག་ཐུབ་ཅེ་ན། ཚུལ་དེ་ནི་ངེད་སེམས་ཙམ་པ་ལ་ཡང་ཆ་འདྲ་བས། སེམས་ཙམ་པར་ཁས་འཆེ་མཁན་ངེད་ཀྱིས་ཀྱང་གཞན་གྱི་

[6] བྱ་(སྣར་བསྟན་དང་པེ་བསྟན་ན་ཏུན་ཧོང་དང་མཐུན་མོད། སྡེ་བསྟན་ན་བསྟན་ཡོད། དེབ་98 པ། ཤ་941)

[7] མེད་པར་(བསྐུབ། སྣར། པེ། གོང་མཐུན།)

[8] ནི་(སྣར་བསྟན་དང་པེ་བསྟན་ན་ཏུན་ཧོང་དང་མཐུན་མོད། སྡེ་བསྟན་ན་བསུབ་ཡོད། གོང་མཐུན།)

[9] བློ་(བསྟན། སྣར། པེ། གོང་མཐུན།)

[10] སེམས་ཤེས་ནུས་མོད། འོན་ཀྱང་། གཞན་གྱི་ལུས་ངག་གི་བྱ་བྱེད་དང་ཁྱད་པར་མེད་པར་རྣམ་པ་ཇི་བཞིན་དུ་འཆར་བའི་ཤེས་པ་ཞིག་རང་རྒྱུད་ལ་ཡོད་པར་ནི་སེམས་ཙམ་པས་ཁས་མི་ལེན་ནོ། ཞེས་པ་ནི་རྩ་བའི་ཨ་ཊཱི་ཀ་དེའི་འགྲེལ་པའོ། །གལ་ཏེ་མདོ་སྡེ་པས་གསུང་རྒྱུར། སེམས་ཙམ་པ་ཁྱོད་ལྟར་ན་གཞན་གྱི་ལུས་ངག་གི་བྱ་བྱེད་ནི་ནམ་ཡང་མཐོང་དུ་མེད་པའི་ཕྱིར་ན་གཞན་གྱི་སེམས་རྟོགས་པར་མི་ནུས་སོ་ཞེ་ན།

[11] ཅན་(བསུབ། པེ། སྣར། ཤ942)

[12] དེ་ན་མི་འདྲ། འོ་ན་ཕ་རོལ་པོ་སྟེ་མདོ་སྡེ་པ་ཁྱོད་ཀྱིས་ཀྱང་གཞན་གྱི་ལུས་ངག་གི་བྱ་བྱེད་མཐོང་བ་ལས་དེའི་ཕ་རོལ་གྱི་བྱེད་པར་འདོད་པའི་སེམས་ནམ་ཡང་མ་མཐོང་། དེས་ན། མདོ་སྡེ་བས་ཀྱང་གཞན་སེམས་ཤེས་པར་མི་འགྱུར་རོ། །ཡང་གལ་ཏེ་མདོ་སྡེ་བས་གསུང་རྒྱུར། རང་རྒྱུད་ཀྱི་ཤེས་པ་དེ་གཞན་རྒྱུད་ཀྱི་ཤེས་པའི་རྟགས་དང་རྒྱུ་མཚན་དུ་མི་རུང་ལ། གཞན་རྒྱུད་ཀྱི་སེམས་ནི་རྒྱུ་མཚན་གཞན་ལ་བརྟེན་ནས་ཤེས་པར་འགྱུར་རོ། །

[13] ཞེ་ན། ཇི་ལྟར་མི་རུང་ཞེས་འདྲི་ལ། མདོ་སྡེ་བས་གསུང་རྒྱུར། རང་རྒྱུད་ལ་གཞན་གྱི་ལུས་ངག་གི་ཀུན་ནས་སློང་བའི་སེམས་སོ་སོར་ཡང་དག་པར་སྤྱོང་བ་མེད་པ་དང་། ང་འགྲོའི་དང་ང་སླྡོའི་ཞེས་པ་ལ་སོགས་པའི་རང་གི་སེམས་ཀྱི་རྗེན་ཅན་དུ་གྱུར་པའི་ལུས་ངག་གི་བྱ་བྱེད་ཀྱང་རང་ཉིད་ཁོ་ན་ལ་འབྲེལ་བར་སྣང་བའི་ཕྱིར་ཏེ། གལ་ཏེ་གཞན་གྱི་ལུས་ངག་གི་བྱ་བྱེད་དེ་དག་ཀྱང་རང་ཉིད་ཀྱི་སེམས་ཀྱི་རྟགས་ལ་བརྟེན་ནས་དཔག་དགོས་པ་ཡིན་ན་ནི། གཞན་ཕ་རོལ་པོ་འགྲོ་བ་དང་སླྡ་བ་དག་ལའང་ང་འགྲོའོ་དང་ང་སླྡོའོ་ཞེས་དགོས་པར་ཐལ་ལ། དེ་ལྟ་མ་ཡིན་པར་དེ་འགྲོའོ་དེ་སླྡོའོ་ཞེས་གཞན་དང་འབྲེལ་བར་མཐོང་བས་ན།

[14] སྣང་བ་(སྣར་བསྟན་དང་པེ་བསྟན་ན་ཏུན་ཧོང་དང་མཐུན་མོད། སྡེ་བསྟན་དང་ཅོ་བསྟན་ན་ས་བསྣན་ཡོད། གོང་མཐུན།)

[15] གཞན་སེམས་ཤེས་པའི་རྒྱུ་མཚན་ནི་གཞན་ཡོད་དོ། །ཞེ་ན། སེམས་ཙམ་པས་གསུང་རྒྱུར། གཞན་གྱི་ལུས་ངག་གི་བྱ་བྱེད་ཀྱི་ཀུན་སློང་སྔེ་སེམས་ནི་རང་ཉིད་ཕར་ཞོག་གཞན་ཕ་རོལ་པོས་ཀྱང་ཡང་ཡང་དག་པར་སྤྱོད་བ་སྔེ་མངོན་སུམ་ཚད་མས་རྟོགས་མི་ཐུབ་པས། རང་དང་གཞན་གྱི་དབྱེ་བ་མེད་པར་འདྲ་ལ། གཞན་གྱི་སེམས་ཤེས་སོ་ལོ་སྐམ་པའང་ཁ་ནང་བལྟས་ཀྱི་རང་གི་བྱ་བྱེད་རྒྱུ་མཚན་དུ་བྱས་ནས་རང་སེམས་མཐོང་བ་ལ་བརྟེན་ནས།

[16] ན་(སྣར་བསྟན་དང་པེ་བསྟན་ན་ཏུན་ཧོན་དང་མཐུན་མོན། སྡེ་བསྟན་དང་ཅོ་བསྟན་ན་ན་བསུབ་ཡོད། གོང་མཐུན)

[17] ཁ་ཕྱིར་བལྟས་པའི་གཞན་གྱི་བྱ་བྱེད་དུ་སྣང་བ་དག་ཀྱང་རང་གི་སེམས་ཀྱི་རྒྱུ་མཚན་ལས་སྐྱེས་པ་ཡིན་ཡང་གཞན་གྱི་སེམས་རྒྱུ་མཚན་ལས་མཐོང་བོར་སྒྲོ་བཏགས་སོ། །མདོ་སྡེ་པས་གསུང་རྒྱུར། ཁ་ཕྱིར་བལྟས་པའི་གཞན་གྱི་ལུས་ངག་གི་བྱ་བྱེད་དུ་སྣང་བ་དག་རང་གི་བྱ་བྱེད་དུ་སྣང་བའི་རྒྱུ་མཚན་ལ་ལྟོས་པ་མེད་པ་པོ་ན་ཡིན་པར་ཅིའི་ཕྱིར་མི་འདོད་ཅེ་ན། སེམས་ཙམ་པའི་ལན་ནི། གལ་ཏེ་དེ་ལྟ་ན། རང་གི་ལུས་ངག་གི་བྱ་བྱེད་དུ་སྣང་བ་ཡང་ནང་སེམས་ཀྱི་བྱ་འདོད་དང་ལྟོས་མེད་དུ་ཐལ་བར་འགྱུར་རོ། །རྨ་པར་ཆད་པ་དེ་སྨྲ་བར་སྣང་བ་དང་། རྨ་པར་མ་མ་ཆད་པ་ང་འགྲོ་དང་ང་སྨྲ་བར་སྣང་བ

[18] དག་པའི་(སྣར་བསྟན་དང་པེ་བསྟན་ན་ཏུན་ཧོང་དང་མཐུན་པར་དག་གི་ཞེས་འདུག་ཀྱང་། སྡེ་བསྟན་དང་ཅོ་བསྟན་ན་དག་པའི་ཞེས་སུ་ཡོད། གོང་མཐུན།)

[19] འདིར་སྣར་བསྟན་ན་དེ་བས་ན་ཞེས་འདུག་ཀྱང་། གཞན་རྣམས་སུ་ཏུན་ཧོང་དང་མཐུན།(གོང་མཐུན།)

[20] ཁོ་ན་(བསྣན། སྣར། པེ། གོང་མཐུན།)

[21] དབང་གིས་གཞན་སེམས་དཔོག་པའི་རྒྱུ་མཚན་ཡོད་ཅིང་རང་སེམས་དཔོག་པའི་རྒྱུ་མཚན་མེད་པའི་ཁྱད་པར་དེ་འདྲ་ནི། རང་གཞན་གྱི་སེམས་གཡོ་བའི་རྒྱུ་མཚན་རྣམ་པར་འབྱེད་པ་མ་ཡིན་ནོ། དེའི་ཕྱིར། རྣམ་པར་མ་ཆད་པ་སྟེ་ང་འགྲོ་དང་ང་སྨྲ་བར་སྣང་བ་དག་ཀྱང་རྒྱུ་མཚན་མེད་པ་ཉིད་དུ་འགྱུར་ཏེ། རང་སེམས་དཔོག་པའི་རྟགས་ཡོད་ཅིང་གཞན་སེམས་དཔོག་པའི་རྟགས་མེད་པའི་ཁྱད་པར་གཏན་ནས་མེད་པའི་ཕྱིར། དེས་ན། རང་དང་གཞན་གྱི་སེམས་དཔོག་པའི་ཚུལ་མཚུངས་པ་དེ་སྣང་བའི་ཁྱད་པར་རྣམ་པར་མ་ཆད་པ་སྟེ་ང་སྨྲ་དང་ང་འགྲོ་བར་སྣང་བ་ཁོ་ན་ལ་སེམས་གཡོ་

[22] འཕངས་པ་(འཕང་བ། སྣར། པེ། གོང་མཐུན།)

[23] སྒྲོགས།(རྒྱོགས། སྣར། པེ། གོང་མཐུན།)

[24] བ་སྟོན་དུ་འགྲོ་བ་མ་ཡིན། འོ་ན་ཅི་ཡིན་ཞེ་ན། རྣམ་པར་ཆད་པ་སྟེ་དེ་འགྲོ་དང་དེ་སྨྲ་བར་སྣང་བ་ཡང་

སེམས་གཡོ་བ་ཁོ་ན་ཡིན། རང་དང་གཞན་གྱི་ལས་སུ་སྣང་བའི་ཁྱད་པར་མེད་པར། ལུག་ངག་གི་བྱ་བྱེད་ཙམ་ནི་རང་གཞན་གྱི་སེམས་གཡོ་བའི་རྟགས་དང་རྒྱུ་མཚན་ཡིན་ཏེ། དཔེར་ན་མདའ་དང་རྡོ། སྒྲོགས་འཕེན་པ་དང་། སྒྱུལ་བ་ལྟ་བུའང་། གཞན་གྱིས་རབ་ཏུ་བྱེད་པར་སྣང་བ་དག་རང་དང་ཡུལ་རྒྱང་ཆད་དུ

[25] བ།(བསྟན། པེ། སྣར། གོང་མཐུན་ཤོག་ངོས་943)

[26] སྣང་ཡང་། སེམས་གཡོ་བ་སྐྱེ་བྱེད་པར་འདོད་པའི་སེམས་ཀྱི་རྒྱུ་ཀུན་སློང་ལས་བྱུང་ཞིང་། དེ་བཞིན་དུ་གང་ཟག་གཞན་གྱིས་བྱས་པའི་ལུས་ངག་གི་ལས་ཀྱང་གཞན་དེ་ཉིད་ལ་ལྟོས་ཏེ་རྣམ་པ་མ་ཆད་པ་ཡིན་ཡང་། བདག་ཉིད་ཀྱི་སེམས་གཡོ་བ་སྔོན་དུ་འགྲོ་བ་མ་ཡིན་པའི་ཕྱིར། དེས་ན། ལུས་ངག་གི་ལས་སུ་སྣང་བའི་ཁྱད་པར་ཙམ་ལ་བརྟེན་ནས་གཞན་སེམས་རྟོགས་པར་རིགས། དེ་ལ་ནི་འགའ་ཞིག

[27] ཏུན་ཧོང་གི་ཅ་ཚིག་ན་དགག་སྒྲའི་མ་ཡིག་འདི་མེད་མོད། བསྟན་འགྱུར་ན་མ་ཡིག་བསྟན་འདུག་ལ། དེ་བཞིན་བསྟན་འགྱུར་ན་བཞུགས་སུ་གསོལ་བའི་དུལ་བ་ལྷའི་འགྲེལ་པ་དང་། དེ་ལ་གཞི་བཅོལ་ཏེ་མཛད་པའི་བསྟན་དར་ལྷ་རམས་པའི་འགྲེལ་དུའང་། མ་ཡིག་ཡོད་པ་ལྟར་འགྲེལ་འདུག ཕྱིར་བཏང་ཡི་གེ་གཅིག་གི་ཁྱད་པར་ལ་དེ་འདྲའི་དོན་སྙིང་གི་འགྱུར་བ་ཆེན་པོ་མི་འབྱུང་ནའང་། དགག་སྒྲ་ལ་ནི་དེ་ལྟ་མ་ཡིན་ཏེ།

གཞན་གྱིས་བྱས་པའི་གཡོ་བ་ལས་སྐྱོགས་པ་རྣམ་པར་མ་ཆད་པ་ཡིན་ཡང༑ །སྔོན་དུ་འགྲོ་བ་ཅན་ཡིན་པའི་ཕྱིར་རོ༑ ། །

གཞན་གྱིས་བྱས་པའི་གཡོ་བ་ལས་སོགས་པ་རྣམ་པར་མ་ཆད་པ་ཡིན་ཡང་དེ་སྔོན་དུ་འགྲོ་བ་ཅན་མ་ཡིན་པའི་ཕྱིར་རོ། །

གཞན་གྱིས་བྱས་པའི་གཡོ་བ་ལ་སོགས་པ་རྣམ་པར་མ་ཆད་པར་སྣང་བ་དག་ཀྱང་བདག་ཉིད་ཀྱི་གཡོ་བ་སྔོན་དུ་འགྲོ་བ་ཅན་ཉིད་ཡིན་པར་མ་མཐོང་ངོ་། །(ཤ17)

གང་ཟག་གཞན་གྱིས་བྱས་པའི་ལུས་གཡོ་བ་ལ་སོགས་པ་དེ་དག་ཀྱང་རྒྱུད་མ་ཕ་རོལ་པོ་ལ་ལྟོས་ཏེ་རྣམ་པར་མ་ཆད་པ་ཡིན་ཡང་། དེ་དག་བདག་གི་སེམས་གཡོ་བ་སྔོན་དུ་འགྲོ་བ་ཅན་ཡང་མ་ཡིན་པའི་ཕྱིར་རོ། །(ཤ87)

[28] བསྟན་དར་ལྷ་རམས་པས། འདིར་འགའ་ཞིག་ཅེས་པ་ནི་སེམས་རྣལ་དུ་གནས་ཤིང་གསོང་པོར་སྨྲ་བ་འགའ་ཞིག་ལ་གོ་སྟེ། འགའ་ཞིག་ལྟ་བུའི་ལུས་ངག་གི་རྣམ་རིག་དེ་ཉིད་སེམས་སྔོན་དུ་འགྲོ་བའི་རྒྱུ་མཚན་ཅན་མ་ཡིན་པ་ཉིད་དུ་འདོད་པ་ཡིན་ན། དེའི་ཚེ་གང་ཟག་འགའ་ཡི་ཡང་རྣམ་རིག་སེམས་སྔོན་དུ་འགྲོ་བ་ཅན་དུ་མི་འགྱུར་ཏེ། ཁྱད་པར་མེད་པའི་ཕྱིར་རོ། །ཞེས་བཀྲལ་འདུག

[29] ནི་གཡོ་བའི་སྒྲོ་(བསྒུབ། སྣར། པེ། གོང་མཐུད།)

[30] ལྟ།(ལྟར། སྣར། པེ། གོང་མཐུད།)

[31] བྱ་བ་དང་བྱ་བར་སྣང་བ་ཞེས་པ་ནི་མདོ་སྡེ་པ་དང་སེམས་ཙམ་པའི་བཞེད་དགོངས་མི་འདྲ་བའི་ཐ་སྙད

གཉིས་ཡིན། མདོ་སྡེ་བས་བྱ་བ་དམིགས་དང་། སེམས་ཙམ་པར་བྱ་བར་སྣང་བ་ཙམ་དམིགས་ཟེར། མདོ་སྡེ་བས་ནི་གཟུགས་སོགས་ཕ་རོལ་གྱི་ལུས་ངག་གི་བྱ་བ་དངོས་སུ་སྣང་ལ་སྣང་བ་ལྟར་དུ་གྲུབ་པར་འདོད་པ་དང་། སེམས་ཙམ་པས་ནི་གཟུགས་ལ་སོགས་པའི་ཕ་རོལ་པོའི་ལུས་ངག་གི་བྱ་བ་ནི་དངོས་སུ་ནི་བདག་ཉིད་ལ་མི་སྣང་ཡང་། རང་རྒྱུད་ཀྱི་ཤེས་པའི་གཟུང་ཡུལ་གྱི་ཆ་གཅིག་རང་གི་ལུས་ངག་གི་རྣམ་རིག་དང་། ཆ་གཅིག་གཞན་གྱི་རྣམ་རིག་ལྟ་བུར་སྣང་བ་དེ་ལ་གཞན་གྱི་ལུས་ངག་གི་བྱ་བ་དམིགས་ཞེས་ཐ་སྙད་དུ་བཏགས་པ་ལས། དོན་ལ་ཆོས་ཐམས་ཅད་སེམས་ཀྱི་སྣང་ཆ་ཙམ་དུ་ཟད་པར་འདོད་དོ། །

[32] སེམས་སྔོན་དུ་འགྲོ་བ་ཅན་མ་ཡིན་ན། གཞན་འགའ་ཡང་སེམས་སྔོན་དུ་འགྲོ་བ་ཅན་དུ་མི་འགྱུར་ཏེ། དེ་གཉིས་ལ་ཁྱད་པར་མེད་པའི་ཕྱིར་རོ། །རྒྱུ་མཚན་དེའི་ཕྱིར་ན། ལུས་ངག་གི་བྱ་བའི་ཁྱད་པར་སྤྱི་ཙམ་གྱིས་དེའི་བྱེད་འདོད་ཀྱི་ཀུན་སློང་སྤྱི་ཙམ་ཞིག་རྟོགས་པར་བྱེད་པ་ཡིན་ནོ། །ཕྱི་དོན་སྨྲ་པ་ཁྱོད་ཀྱི་ལུགས་ལ་ཇི་ལྟར་གཞན་གྱི་ལུས་ངག་གི་བྱ་བ་དངོས་སུ་དམིགས་ལ། དེའི་ལུས་ངག་གི་བྱ་བའི་ཕྱི་རོལ་དུ་སོང་བའི་ཀུན་སློང་དངོས་སུ་མི་དམིགས་པས། ཤུགས་སུ་དམིགས་པའི་ཕྱིར་ན། ཤེས་བྱ་ནང་གིར་ཞུགས་པ་ངེད་ཀྱིས་ཀྱང་། གཞན་གྱི་ལུས་ངག་གི་བྱ་བར་སྣང་བ་དམིགས་ལ།

[33] གཡོ་བ་ཞེས་པའི་ཐ་སྙད་འདི་ཏུན་ཧོང་ན་མི་བཞུགས་ཀྱང་། བསྟན་འགྱུར་གྱི་པར་དང་། དེ་བཞིན་དུ་དུལ་བ་ལྷའི་འགྲེལ་པ་དང་བསྟན་དར་ལྷ་རམས་པའི་འགྲེལ་གསུམ་ག་ནའང་བསྟན་འདུག

[34] འདི་(བསྟན། སྣར། པེ། གོང་མཚུད།)

[35] དེའི་སྔོན་དུ་སོང་བའི་ཀུན་སློང་མི་དམིགས་པས་ཤུགས་ལ་དམིགས་པའི་ཕྱིར། ཁྱོད་དང་འདྲའོ། །འདི་ན་དུལ་བ་ལྷའི་ལུགས་བཞིན་བཀྲལ་བ་ཡིན་ཞིང་། བསྟན་དར་གྱིས་ན། མདོ་སྡེ་པ་ཁྱོད་ཀྱི་ལུགས་ལ་ཇི་ལྟར་ཕ་རོལ་པོའི་ལུས་ངག་གི་བྱ་བ་དངོས་སུ་དམིགས་ལ། བདག་ཉིད་ལ་ཕ་རོལ་པོའི་སེམས་གཡོ་བའི་སྤྱི་ཙམ་མ་གཏོགས་ཁྱད་པར་ཇི་བཞིན་མི་དམིགས་པའི་ཕྱིར། འོན་ཀྱང་གཞན་ལ་སེམས་གཡོ་བའི་སྤྱི་ཙམ་རྟོགས་པ་ལྟར། སེམས་ཙམ་པ་ལ་ཡང་ཕ་རོལ་པོའི་ལུས་ངག་གི་བྱ་བ་དངོས་སུ་མི་དམིགས་ཀྱང་བྱ་བར་སྣང་བ་དམིགས་པར་འདོད་པའི་ངེད་ཀྱི་ཕྱོགས་ལ་ཡང་དེ་དང་འདྲའོ། །ཤ༤༤ན་གསལ། ཕྱི་དོན་སྨྲ་བས་ནི་གང་ཟག་གཞན་གྱི་ལུས་ངག་གི་བྱ་བྱེད་དག་ལ་རྒྱུ་སྔོན་དུ་སོང་བའི་ཀུན་སློང་མེད་པ་ཅི་ལ་མི་འདོད། ཁྱོད་ཀྱིས་གོང་དུ་རྣམ་པར་ཆད་པར་སྣང་བ་ལ་རྒྱུ་མཚན་མེད་པར་འདོད་པ་དེ་དང་འདི་ནི་མཚུངས་སོ། །འདོད་ན། ཁྱོད་ཀྱིས་རྒྱུད་གཞན་གྱི་ལུས་དང་ངག་གི་བྱ་བ་གཉིས་ནི་རྒྱུའི་ཀུན་སློང་སོང་བ་ཙམ་ཡིན་པའི་ཕྱིར་ཏེ། དེ་ནི་མེད་ན་མི་འབྱུང་གི་འབྲེལ་བ་སྟེ་རྒྱུའི་ཀུན་སློང་སྔོན་དུ་སོང་བ་མེད་ན་ལུས་དང་ངག་གི་བྱ་བ་མེད་ཅེས་ཁས་ལེན་བཟློད་པར་གདོན་མི་ཟ།

[36] སྨྲ་བར།(སྣང་བར། སྣར། བསུབ། པེ། གོང་མཚུད།)

[37] ཉིབསུབ།(སྣར། པེ། གོང་མ་ཐུད།)

[38] ཡིན་བར།(ཡིན་པར། སྣར། པེ། གོང་མ་ཐུད།)

[39] རྒྱུ་མཚན་དེའི་ཕྱིར་ན། རྒྱུད་གཞན་གྱི་ལུས་ངག་གི་བྱ་བྱེད་ལ་དེའི་ཀུན་སློང་གཡོ་བ་སྔོན་དུ་འགྲོ་དགོས་པར་ནི་ཁྱོད་དང་ངེད་གཉིས་ཁྱད་པར་མེད་པར་མཐུན་ནོ། །གལ་ཏེ་མདོ་སྡེ་བས། འོ་ན་རྨི་ལམ་ན་རྒྱུད་གཞན་གྱི་ལུས་ངག་གི་བྱ་བྱེད་ལ་དེའི་ཀུན་སློང་གཡོ་བ་སྔོན་དུ་འགྲོ་དགོས་པར་ཇི་ལྟར་མི་སྨྲ་ཞེ་ན། སེམས་ཙམ་པས་ནི་རྨི་ལམ་ནའང་མཚུངས་ཏེ། ཁྱད་པར་མེད་པའི་ཕྱིར། འོན་ན་མདོ་སྡེ་པ་ཁྱོད་ཀྱིས།

[40] ཀྱིས་(ཀྱི། སྣར། པེ། གོང་མ་ཐུད།)

[41] རྨི་ལམ་ན་རྒྱུད་གཞན་གྱི་ལུས་ངག་གི་བྱ་བར་སྣང་བ་དག་སེམས་ཀྱི་ཀུན་སློང་སྔོན་དུ་འགྲོ་བར་ཇི་ལྟར་མི་འདོད། ཞེས་འདྲི་ལ། གལ་ཏེ། མདོ་སྡེ་བས་རྨི་ལམ་ན་གཞན་གྱི་ལུས་ངག་གི་བྱ་བ་དེ་དག་མེད་དོ་ཞེ་ན། གཉིད་མ་ལོག་པའི་གནས་སྐབས་ན་བྱ་བ་དང་ངག་བརྗོད་པ་སོགས་ཇི་ལྟར་དམིགས་པ་དེ་བཞིན་དུ་རྨི་ལམ་ནའང་དེ་ལྟར་དམིགས་པ་མཚུངས་པས་ན། རྨི་ལམ་ན་ལུས་ངག་གི་བྱ་བྱེད་ཇི་ལྟར་མེད། ཅེས་འདྲི། གལ་ཏེ། མདོ་སྡེ་བས་གཉིད་ཀྱི་ཐིབ་ཀྱིས་ནོན་པའི་ཕྱིར་ན་ཕྱི་རོལ་དོན་གྱིས་སྟོང་བའི་རྣམ་པར་ཤེས་པ་འབྱུང་ངོ་། །ཞེ་ན། ཕ་རོལ་པོ་སྨྲ།

[42] གིས་(གི། སྣར། པེ། གོང་མ་ཐུད། ཤ944)

[43] འདིའི་བསྒོ་བ་ནི་འགྲན་པའི་དོན་ལ་འཇུག

[44] ལུང་དང་འགལ་ཚུལ་དུལ་བ་ལྟས། འགའ་ལས་ཀྱང་རྨི་ལམ་དུ་རྨིས་པའི་གཟུགས་ཡོད་པར་མི་འབྱུང་ངོ་། །ཞེས་དང་།(ཤ266ན་གསལ།) བསྟན་དར་ལྷ་རམས་པས། རྨི་ལམ་གྱི་སེམས་ཅན་རྒྱུད་གཞན་དངོས་ཡིན་པར་འདོད་ན། སྤྲུལ་བའང་སེམས་ཅན་ཡིན་པར་འདོད་དགོས་ཤིང་། སྤྲུལ་བ་སེམས་ཅན་ཡིན་ན་འཁོར་བ་ན་སྔོན་མེད་པའི་སེམས་ཅན་གསར་དུ་འབྱུང་བར་འགྱུར་ཞིང་དེ་ལྟ་ན་སེམས་ཅན་འཕེལ་འགྲིབ་ཅན་དུ་ཡང་འགྱུར་བས་བྱེ་བྲག་སྨྲ་བའི་གྲུབ་མཐའ་དང་འགལ་བར་དོགས་སོ། །ཞེས་ཡོད་ལ།(ཤ92)སྤྲུལ་བ་སེམས་ཅན་མིན་ཚུལ་ནི་མངོན་པ་མཛོད་ཀྱི་ལུང་དོན་ཡིན།

[45] རིགས་པ་དང་འགལ་ཚུལ་ནི་རྨི་ལམ་ནས་རྨི་ལམ་བཏང་བ་རྨིས་ཚེ་གལ་ཏེ་དེ་གཉིས་ཀ་ལ་རྨ་པར་ཤེས་པ་ཡོད་ཚེ་རྒྱུད་གཉིས་སུ་ཐལ་ཞིང་། དེ་མིན་ན་མལ་དུ་གནས་པ་དེའི་ལུས་སེམས་རྒྱུད་ཀྱིས་མ་བསྡུས་པའི་སྐྱོན་འབབ།

[46] སེམས་ཙམ་པའི་ལུགས་ལའང་། གཉིད་ཀྱིས་མནན་པ་དེ་ཁོ་ནའི་ཕྱིར་ཕྱི་རོལ་གྱི་དོན་གཞན་དབང་གིས་སྟོང་བའི་རྣམ་པར་ཤེས་པ་འབྱུང་བར་འགྱུར་རོ། །ཞེས་འདོད། གལ་ཏེ། རྨི་ལམ་ནའང་ཤེས་པ་དོན་དང་ལྡན་ཞིང་། དེའི་ཚེ་རྨི་ལམ་གྱི་དམིགས་པར་གྱུར་པའི་སེམས་ཅན་གཞན་དེ་རྣམས་ཀྱང་དོན་དམ་པར་གྲུབ་པ་ཡིན་ནོ། །ཞེས་བྱ་བ་འདི་ནི་བྱེ་བྲག་སྨྲ་བའི་དོགས་པ་ཡིན། དེ་ལ་སེམས་ཙམ་པས་གསུང་རྒྱུར། གལ་ཏེ་ཕ་རོལ་པོ་སྟེ་སེམས་ཙམ་ལ་འགྲན་འཛུགས་པའི་ཕྱིར་

དེ་ལྟར་ཁས་བླངས་པ་ཡིན་ན་ནི་ལུང་དང་རིགས་པ་མི་ལྡན་པས།

[47] ཟློག (བཟློག སྣར། བསློག པ། གོང་མཐུན།)

[48] རྒོལ་བ་དམ་པ་ཡིན་ན་དེ་ལྟ་བུ་ལ་བརྟེན་པ་ཡིན་ན་ནི། ཕ་རོལ་པོ་སེམས་ཅམ་པ་ཡང་། རྣལ་འབྱོར་གྱི་སེམས་ཅན་དེ་རྒྱུད་རྒྱུད་གཞན་གྱི་དབང་ཅན་དུ་འདོད་པ་ལ་སུས་ཀྱང་ཟློག་པར་མི་བྱེད་དོ། །སེམས་ཅམ་པ་འབའ་ཞིག་གི་ལྟ་ཚུལ་ལྟར་ན་གཉིད་མ་ལོག་པའི་གནས་སྐབས་ནང་བཞིན་རྣལ་འབྱོར་ན་ཡང་གཞན་གྱི་ལུས་དག་གི་བྱ་བ་དེ་དག་རྒྱུད་གཞན་གྱི་དབང་ཅན་ཁོ་ན་ཡིན་པ་ཡོད་ཅིང་། དེ་གཉིས་ཀྱི་ཁྱད་པར་ནི་གཉིད་མ་ལོག་པའི་གནས་སྐབས་ན་ནི་མངོན་སུམ་དང་རྣལ་འབྱོར་གྱི་གནས་སྐབས་ན་ནི་བརྒྱུད་ནས་མཐོང་བ་དེ་རེད་དོ། །

[49] དུ་(བསྟན། སྣར། པ། གོང་མཐུན།)

[50] སོགས་པ་ཞེས་པའི་སོགས་ཁོངས་ནས་རྣལ་འབྱོར་བ་དང་། སྔིན་པ་སོགས་པའི་བྱིན་གྱིས་བརླབས་པ་བསྡུས་པར་དུལ་བ་ལྷས་བཤད། ཤ29

[51] གྱི་རླབས་(གྱིས་རླབས། སྣར། པ།)

[52] མཚམས་འདིར་དུལ་བ་ལྷ་དང་། སེར་པ་སི་ཅིའི་རྩ་འགྲེལ་མཉམ་སྦྲགས། བསྟན་དར་གྱི་འགྲེལ་པ་བཅས་ན། རྣལ་འབྱོར་བདེན་པ་མཐོང་བ་ཞེས་འདུག ཤ28དང་94

[53] འོན་ཀྱང་ཁྱབ་པ་མེད་དེ། རེས་འགའ་ནི་རྣལ་འབྱོར་ན་ཡང་རྒྱུད་གཞན་ཡོད་པ་མངོན་སུམ་དུ་མཐོང་ཞིང་དེ་ནི་རྒྱུད་གཞན་གྱི་དབང་ཅན་དུ་འདོད་པ་ཁོ་ན་སྟེ། ལྷ་ལ་སོགས་པས་བྱིན་གྱིས་རྣལ་འབྱོར་བདེན་པ་མཐོང་བ་ཡོད་པའི་ཕྱིར་རོ། །སེམས་ཅམ་པ་འདིའི་ལུགས་ལ་བྱེ་བྲག་སྨྲ་བ་འདི་རྒོལ་བ་དམ་པ་མ་ཡིན་པ་ལ་བརྟེན་པ་མ་ཡིན་ཞེས་པའི་དོན། ད་ནི་རེ་ཞིག་མདོ་སྡེ་པ་ཁྱེད་ལྟར་ན། གཞན་གྱི་ལུས་ངག་གི་བྱ་བར་སྣང་བ་དེ་ཉིད་ཀྱིས་ཀྱང་གཞན་གྱི་སེམས་ཇི་ལྟར་རྟོགས་པར་འགྱུར་ཞེ་ན།

[54] མཚམས་འདིར་དུལ་བ་ལྷ་དང་། སེར་པ་སི་ཅིའི་རྩ་འགྲེལ་མཉམ་སྦྲགས། བསྟན་དར་གྱི་འགྲེལ་བཅས་ན། རྣལ་འབྱོར་བདེན་པ་མཐོང་བ་ཞེས་འདུག ཤ28དང་94

[55] ཉིད་(གཉིད། སྣར། པ། གོང་མཐུན།)

[56] མདོ་སྡེ་བའི་ལན་ནི། དེ་ནི་སེམས་ཀྱི་འབྲས་བུ་ཡིན་པའི་ཕྱིར་ན་འབྲས་རྟགས་ལས་རྗེས་སུ་དཔག་པའི་ཕྱིར། དེ་ལ་སེམས་ཅམ་པས་ན་རེ། འོ་ན་འབྲས་བུ་ཡིན་པའི་རྟགས་ལས་གཞན་སེམས་གཡོ་བ་རྗེས་སུ་དཔོག་པ་ནང་བཞིན། ཕ་རོལ་པོའི་ལུས་ངག་གི་བྱ་བ་དངོས་སུ་མ་དམིགས་ཀྱང་བྱ་བར་སྣང་བའི་རང་གི་ཤེས་པ་ལས་ཕ་རོལ་པོའི་སེམས་གཞན་རྗེས་སུ་དཔག་པ་ལ་ཡང་ཚུལ་མཚུངས་པས་ཅིའི་ཕྱིར་རྟོགས་པར་མི་བྱེད། གཞན་ཡང་། མདོ་སྡེ་པ་ལྟར་ན་ཕ་རོལ་

པོའི་ལུས་ངག་གི་བྱ་བ་ཁོ་རང་ཡོད་པ་ཙམ་གྱིས། ཕ་རོལ་པོའི་སེམས་རྒྱུད་རྟོགས་ན། ཕ་རོལ་པོའི་ལུས་ངག་གི་བྱ་བ་མ་དམིགས་ཀྱང་ཕ་རོལ་པོའི་སེམས་རྒྱུད་ཡོད་པ་རྟོགས་དགོས་ཏེ། ཕ་རོལ་པོའི་སེམས་རྒྱུད་དེ་རང་ཉིད་ཡོད་པ་ཡིན་པའི་ཕྱིར། གལ་ཏེ།

[57]ཀྱི་(བསྒུབ། སྣར། པེ། གོང་མཐུན།)

[58]ཀྱི་(ཀྱིས། པེ། གོང་མཐུན།)

[59]མདོ་སྡེ་པས། རྟགས་སུ་སོང་བའི་དོན་ནི་ལེགས་པར་ཤེས་པ་ལ་ལྟོས་དགོས་ཀྱི་ཡོད་པ་ཙམ་གྱིས་རྟོགས་པར་མི་འགྱུར་བས་དེ་ལྟར་མི་འགྱུར་རོ་ཞེ་ན། དེས་ན། གཞན་གྱི་སེམས་ཀྱི་ཀུན་སློང་ལ་བརྟེན་ནས་ལུས་ངག་གི་བྱ་བ་དང་། འདི་ལུས་ངག་གི་བྱ་བའོ་ཞེས་རང་གིས་ཤེས་དགོས་པ་དང་། ཤེས་པ་དེ་ལས་ནི་གཞན་སེམས་རྟོགས་པའི་རིམ་པ་འདི་བརྒྱུད་པ་ལ་དགོས་པ་མེད་པས་ཅི་བྱ། འདི་ནས་སེམས་ཙམ་པ་རང་གི་ལུགས་ལ་རྒྱུད་གཞན་སྒྲུབ་ཚུལ་བསྟན་པའོ། །གཞན་གྱི་སེམས་གཡོ་བ་སྟེ་ཀུན་སློང་ལས་རབ་ཏུ་སྐྱེས་པའི་གཞན་གྱི་ལུས་ངག་གི་བྱ་བར་སྣང་བ་འདི་ཁོ་ན་རྟོགས་པར་

[60]ཙམ་སྨྲས་ནི་སེམས་གཡོ་བ་སྟེ་ཀུན་སློང་ཙམ་ལས་བྱེ་བྲག་གི་དགེ་མི་དགེ་ལ་སོགས་པ་གཅོད་པར་བསྟན་དར་བཞེད། ཤ97འདོད་ཆགས་ལ་སོགས་པ་བྱས་པའི་ཁྱད་པར་ཅན་གྱི་གཡོ་བ་བསལ་བར་དུལ་བ་ལྷས་བཞེད། ཤ33

[61]ཀྱི་(བསྟན། སྣར། པེ། གོང་མཐུན།)

[62]སྤྱི་ཞེས་པས་ནི་གཞན་གྱི་སེམས་རང་མཚན་དུ་སྣང་དུ་མི་རུང་ཡང་གཞན་གྱི་སེམས་དེའི་སྤྱི་དོན་དཔོག་ཅེས་པའི་དོན་དུ་གོ་བར་བསྟན་དར་བཞེད། ཤ97སྤྱི་སྨྲས་རྣམ་པར་ཆད་པ་དང་ཆད་པར་སྣང་བས་བྱས་པའི་ཁྱད་པར་བསལ་བ་དུལ་བ་ལྷས་བཞེད། ཤ98

[63]བྱས་(བྱ། སྣར། པེ། གོང་མཐུན།)

[64]པར་བྱེད་པ་ཡིན་པར་འགྱུར་ཏེ། མདོ་སྡེ་པས་འདོད་པའི་ལུས་ངག་གི་བྱ་བ་ཡིན་ཡང་རུང་། སེམས་ཙམ་པས་འདོད་པའི་བྱ་བ་སྣང་བ་ཡིན་ཡང་རུང་། གཞན་སེམས་དེ་རྟོགས་པར་བྱེད་པ་ལ་ནི་ཐ་མར་ལུས་ངག་གི་བྱ་བར་སྣང་བའི་ཤེས་པ་དེ་ལ་བརྟེན་དགོས་པའི་ཕྱིར། རྟགས་དེ་ཡང་གཞན་གྱི་ལུས་ངག་གི་བྱ་བ་དང་ངག་བརྗོད་པར་སྣང་བའི་རང་རྒྱུད་ཀྱི་ཤེས་པ་སྤྱི་ཙམ་པོ་དེའི་རྒྱུ་ཡིན་ཕྱིར། ཚུལ་འདི་ནི་འབྲས་བུས་རྒྱུ་རྟོགས་པའི་འབྲས་རྟགས་ཡིན། དེ་ལ་བདག་ཉིད་ཀྱི་ཀུན་སློང་གཡོ་བའི་རྒྱུ་མཚན་ཅན་ནི་དམིགས་པ་ཁ་ནང་དུ་བལྟས་པ་དང་། བདག་ཉིད་ལས་གཞན་པའི་ཕ་རོལ་པོའི་ཀུན་སློང་གཡོ་བ་ནི་ཁ་ཕྱིར་བལྟས་པ་ཡིན། ཁྱད་པར་

[65]འདི་(བསྒུབ། སྣར། པེ། གོང་མཐུན།)

[66]ཕལ་ཆ་བའི་དབང་དུ་བྱས་ཞེས་པའི་དོན་ནི། བྱེ་བྲག་ལ་མི་ཁྱབ་པ་སྟེ། དཔེར་ན། རང་གིས་འཕངས་པའི་

མདའ་རྒྱང་རིང་དུ་སོང་བའི་བྱ་བར་སྣང་བ་ལྟ་བུ་ནི་བདག་ཉིད་ཀྱི་སེམས་གཡོ་བའི་ཀུན་སློང་སྔོན་དུ་སོང་བ་ཡིན་མོད་ཀྱང་། དམིགས་པ་ཁ་ཕྱིར་བལྟས་པའི་སྣང་བ་ཡིན་པ་བསྟན།

[67] སོགས་པ་ཞེས་སྨོས་པས་འདོད་པ་དང་མྱ་ངན་ལ་སོགས་པས་ཉམས་པའི་གནས་སྐབས་ཡོངས་སུ་བསྡུ་བར། དུལ་བ་ལྷ་དང་བསྟན་དར་གྱིས་གསུངས། ཤ35དང་98

[68] ན་(བསུབ། སྣར། པེ། གོང་མཐུན།)

[69] ལ་(བསུབ། སྣར། པེ། གོང་མཐུན།)

[70] འདི་ནི་ཕལ་མོ་ཆེའི་དབང་དུ་བྱས་པ་ཡིན། འདི་དག་ནི་རྒྱུ་དང་འབྲས་བུའི་ངོ་བོར་གྲུབ་པ་དེ་ནི་སད་པ་དང་རྨི་ལམ་གྱི་གནས་སྐབས་ཀུན་ལ་ལ་མཚུངས་སོ། །གལ་ཏེ་རྨི་ལམ་ན་ཀུན་ནས་སློང་བར་བྱེད་པའི་གཡོ་བ་ཉིད་མེད་པ་ཡིན་ནམ། དེ་ཅི་ལྟར་ན་རྒྱུ་དང་འབྲས་བུའི་ངོ་བོ་མཚུངས་ཞེ་ན། དེའི་རྐྱེན་གྱིས་གཉིད་ཀྱིས་འཐུལ་བའི་གནས་སྐབས་ན་བདག་ཉིད་འགྲོ་འོང་སོགས་ཇི་ལྟ་བ་བཞིན་གྱི་སྣང་བ་འཆར་བ་ནི་གཉིད་དེའི་རྐྱེན་གྱི་ཁྱད་པར་ལ་བརྟེན་པས་ཡིན་ལ།

[71] བསྟན་དར་ལྷ་རམས་པས་དུལ་བ་ལྷའི་འགྲེལ་པ་ལ་གཞིགས་ཏེ་མཚམས་འདོར། རྩ་བའི་ཚིག་གཅིག་པར་འདོད་དེ། ཁོང་གིས་བཙུད་པའི་ཚིག་ནི་(དམྱལ་བ་བས་སྤྱལ་བསྡལ་མྱོང་བར་སྣང་བ་ལས་ཀྱི་ཁྱད་པར་ལ་ཉེ་བར་བརྟེན་པའི་ཕྱིར།) ཞེས་པ་དེ་ཡིན།(ཤ99)ལ་ལས་མཁས་པས་གསུང་ན་ཅི་ཡང་བདེན། སྐྱན་ངག་མཁན་ལ་ཅི་ཡང་རྒྱན། །ཟེར་མོད་ཀྱང་གཅིག་བྱས་ན་པཎྜི་ཏས་ཐུགས་མཉམ་མ་བཞག་པའི་གཏམ་ཞིག་ཏུའང་འདོད་དེ། དུལ་བ་ལྷའི་འགྲེལ་པར། འཐུལ་བའི་གནས་སྐབས་ན་ནི་ཞེས་བྱ་བ་ལ་སོགས་པ་སྨོས་ཏེ། འཐུལ་བའི་གནས་སྐབས་ན་ནི་གཉིད་ཀྱིས་ཉམས་པ་ལ་སོགས་པའི་གནས་སྐབས་སོ། །བདག་ཉིད་ཇི་ལྟ་བ་བཞིན་གྱི་ཞེས་བྱ་བ་འདིས་ནི་རྨི་ལམ་གྱི་གཉིད་ཀྱི་ཁྱད་པར་རོ། །དམྱལ་བ་ལ་སོགས་པ་ནི་ལས་ཀྱི་རྣམ་པར་སྨིན་པའི་གནས་སྐབས་ཡོངས་སུ་བསྡུ་བའོ། །རྐྱེན་གྱི་ཁྱད་པར་ནི་གཉིད་ལ་སོགས་པའོ། །ཉེ་བར་བརྟེན་པ་ནི་ཉེ་བར་བརྟེན་པའོ། །རྐྱེན་གྱི་ཁྱད་པར་ལ་ཉེ་བར་བརྟེན་པ་ནི་རྐྱེན་གྱི་ཁྱད་པར་ལ་ཉེ་བར་བརྟེན་པ་སྟེ། རྐྱེན་གྱི་ཁྱད་པར་ཉེ་བར་བརྟེན་ཞེས་བྱ་བའི་ཐ་ཚིག་གོ །གཞན་གྱི་གཡོ་བ་ནི་གཞན་གྱི་སེམས་དང་མཚུངས་པར་ལྡན་པས་གཡོ་བའོ། །(ཤ36)ན་གསལ། ཞེས་པའི་ཚིག་འདི་ལས། དམྱལ་བ་ལ་སོགས་པ་ནི་ལས་ཀྱི་རྣམ་པར་སྨིན་པའི་གནས་སྐབས་ཡོངས་སུ་བསྡུ་བའོ། །ཞེས་པ་འདི་ལས་བསྟན་དར་གྱིས་བསྟན་པའི་དམྱལ་བའི་སྐོར་གྱི་འགྲེལ་བཤད་ཅིག་མི་འདུག་ལ། ཚིག་འདིའང་ཚིག་རྐང་གོང་མ་བདག་ཉིད་ཇི་ལྟ་བ་བཞིན་གྱི་ཞེས་པའི་ཚིག་འགྲེལ་ལ་དུལ་བ་ལྷས་དམྱལ་བ་ལ་སོགས་པའི་ཚིག་འདི་བཙུག་པ་ཡིན་གྱི། དཔལ་ཆོས་ཀྱི་གྲགས་པའི་རྩ་ཚིག་ན་འདི་བཞུགས་ཀྱང་སྐྲ་བ་དཔལ་བརྩེགས་ཀྱིས་འགྱུར་དུ་ཆད་པའམ། ལེགས་སྦྱར་གྱི་མ་ཡིག་རང་ན་ཆད་ལྷག་བྱུང་བ་ལྟ་བུའི་ཉམས་མི་འདུག་ཅིང་། ས་མཐའ་ཡང་ང་ཚོས་དུལ་བ་ལྷའི་འགྲེལ་པ་ལས་ཚིག་རྐང་གཅིག་ཆད་ནོར་བྱུང་བའི་གནས་ཚུལ་དེ་མཐོང་ཐུབ་

ཀྱི་མི་འདུག གཞན་ཡང་། བརྒྱ་ལ་དུལ་བ་ལྷའི་འགྲེལ་ན་དམྱལ་བ་སོགས་པ་ནི་ཞེས་པའི་ཚིག་འདི་ནི་གཞུང་ཚིག་གི་འགྲེལ་པ་ཡིན་པའི་དབང་དུ་བཏང་ནའང་།(བདག་ཉིད་ཇི་ལྟ་བ་བཞིན་གྱི་)ཞེས་པ་དང་(རྒྱུན་གྱི་ཁྱད་པར་)ཞེས་པའི་བར་དུ་འཇུག་དགོས་པ་ཡིན་གྱི། འོག་གི་(གཞན་གྱི་གཡོ་བ་ལ་སོགས་པའི་)ཞེས་པའི་སྔོན་དུ་ཡིན་སྲོལ་མི་འདུག གལ་སྲིད་བསྟན་དར་གྱིས་རྒྱ་འགྲེལ་གཞན་དུ་བསྒྱུར་པ་ཡིན་ན་ནི་གཞན་དུ་གྱིས་མོད། ཁོང་གིས་མཇུགས་བྱང་དུ་(སློབ་དཔོན་དུལ་བ་ལྷའི་འགྲེག་བའི་རྗེས་སུ་འབྲང་ནས་རྒྱུད་གཞན་གྲུབ་བའི་དོན་རང་བློས་ལྷོགས་ཚོད་ཀྱིས་བཤད་ཟིན་ཏོ། །ཤ117)ཞེས་པར་གཞིགས་ན། རྒྱ་གཞུང་འདི་ལ་བརྟེན་པ་ཡིན་པར་འདུག་ཀྱང་དཔྱད། གཞན་གསལ་བཤད་ཞུ་དགོས་པ་ཞིག་ལ། དུལ་བ་ལྷའི་འགྲེལ་པའི་ལྡེབ་མ་ཤོག་གྲུར་འགའ་ཡོད་པའི་ནང་ཏག་ཏག་མཚམས་འདི་ལ་འཕེལ་ཡོད་པས། སྔ་བ་ཡོད་ཚེ་ལེའུ་འོག་མའི་མཚམས་དེར་ཚིག་གི་སྔ་ཕྱི་ལ་གཞིགས་ཏེ་དཔྱད་ན་ལྷག་ཏུ་གསལ་སྙམ།

[72] གཞན་གྱི་ཉེ་བར་སྤྱོར་བ་ནི་གཞན་གྱི་སེམས་ཀྱི་བྱེད་པ་ལ་གོ

[73] སོགས་པ་སྨོས་པས་ནི་དེ་ལས་དེ་ལས་གཞན་པའི་རྒྱུན་དེའི་དུས་ན་ཡོད་པ་དག་ཡོངས་སུ་བསྡུའོ། །

[74] གནས་སྐབས་དེ་ན་ནི་གཞན་གྱི་ཀུན་སློང་གཡོ་བའི་རྒྱུ་ལས་བྱུང་བའི་གཞན་གྱི་ལུས་ངག་གི་བག་བྱ་བར་སྣང་བའི་རྣམ་པར་ཤེས་པ་ནི་དེའི་བག་ཆགས་དེ་དག་ཁོ་ནའི་དབང་གིས་རེས་གཞན་གྱི་སེམས་ཀྱིས་བྱེད་པས་བར་དུ་ཆོད་ཀྱང་། འཇུག་པ་ཉེད་པར་འགྱུར་རོ། གང་ལ་གཞན་གྱི་འཇུག་པ་གཏན་མེད་པ་ལ་ནི་དེ་དག་འཇུག་པ་ཉེད་པ་མ་ཡིན་ནོ། །དེའི་རྒྱུན་གྱིས་སད་པ་དང་རྨི་ལམ་གྱི་གནས་སྐབས

[75] སོགས་ཁོངས་ནས་བརྗོད་པ་དང་ཁྲག་ལ་སོགས་པའི་རྣམ་པར་རིག་བྱེད་ཡོངས་སུ་བསྡུའོ། །ཤ37

[76] གཉིས་ཀ་ན་ཡང་ལུས་ངག་གི་བྱ་བར་སྣང་བ་ལས་ཀུན་སློང་གཡོ་བ་རྗེས་སུ་དཔག་པ་ཁོ་ན་ཡིན་ནོ། །གཞན་ལུགས་ཀྱི་རྒྱུད་གཞན་སྒྲུབ་ཚུལ་མི་འཐད་པར་བསྟན་པ་ནི། མདོ་སྡེ་བའི་ལུགས་སུ། ལུས་ངག་གི་བྱ་བའི་རྟགས་ལས་ཀུན་སློང་གཡོ་བ་རྟོགས་པར་འདོད་ན་ནི་གཉིད་པའི་གནས་སྐབས་དང་སད་པའི་གནས་སྐབས་གང་ནའང་སེམས་གཡོ་བ་རྟོགས་དགོས་ལ། གལ་ཏེ་མི་རྟོགས་ན་ནི་སད་པ་དང་གཉིད་ལོག་པའི་དུས་སྐབས་གང་དུའང་ནམ་ཡང་རྟོགས་པར་མི་འགྱུར་ལ། ཁྱོད་ལྟར་ན། རྨི་ལམ་ན་གཞན་གྱི་ཀུན་སློང་གཡོ་བ་མེད་ཀྱང་གཞན་གྱི་ལུས་ངག་གི་བྱ་བ་དམིགས་པའི་ཕྱིར་རོ། །

[77] དམིགས་པ་འབྱུང་བར་འགྱུར་ཞེས་པ་འདི་འགྲེལ་དུས། བསྟན་དར་ལྷ་རམས་པས། དམིགས་པ་ནི་ཡུལ་མེད་པར་ཡང་འབྱུང་།(ཤ99ན་གསལ) ཞེས་ཀྱང་། ཙ་བར། དམིགས་པ་འབྱུང་བར་འགྱུར་གྱི་བྱ་བ་ནི་མི་འབྱུང་ངོ་། །ཞེས་པའི་ཚིག་འགྲོས་ལ་གཞིགས་ན། དམིགས་པ་དང་བྱ་བ་འབྱུང་མི་འབྱུང་ནི་སེམས་ཀྱི་གཡོ་བ་སྔོན་དུ་འགྲོ་མི་འགྲོ་ལ་བཤད་པ་འདྲ་སྙེ། དཔྱད། དུལ་བ་ལྷ་ལྟར་ན་གཡོ་བ་སྔོན་དུ་སོང་མ་སོང་ལ་གོ་འདུག་(ཤ39ན་གསལ)

[78] དེ་(དེ། སྣར། གོང་མཐུན།) གཞན་གསུམ་ག་ན་དོ་བྲིས་འདུག་ཀྱང་། སྣར་བསྟན་འདིར་ཏུན་ཧོང་ནང་བཞིན་འདུག

[79] ཉེས་པ།(ཉེ་བར། པེ། གོང་མཚུན།)

[80] ཞེ་ན། མདོ་སྡེ་པ་ན་རེ། དེ་ལ་ཉེས་པ་མེད་དེ། ༼སྐྱོན༽ དམིགས་པ་ནི་སེམས་གཡོ་བ་མེད་པ་ལའང་འབྱུང་ཚོག་ཅིང་། ལུས་ངག་གི་བྱ་བ་ནི་སེམས་གཡོ་བ་སྔོན་དུ་མ་སོང་བར་འབྱུང་སྲོལ་མེད། ཁོ་བོ་ཅག་གི་ལུགས་ལ་ལུས་ངག་གི་བྱ་བ་ལས་ཀུན་སློང་གཡོ་བ་རྫོགས་པར་འདོད་པས། འགྲུལ་བའི་གནས་སྐབས་དེ་ན་ལུས་ངག་གི་བྱ་བ་མེད། དེའི་གནས་སྐབས་ན་ཕྱི་རོལ་དོན་གྱིས་སྟོང་བའི་ཤེས་པ་འབྱུང་བ་ཁས་ལེན་པས་སྐྱོན་མེད་དོ། ཟེར་ན། སེམས་ཅམ་པས་གསུང་རྒྱུར། སད་པ་དང་རྨི་ལམ་གྱི་གནས་སྐབས་ཐམས་ཅད་དུ་ཐ་སྙད་བཏགས་པ་གཅིག་པ་གཅིག་མཚུངས་ཡིན་ཀྱང་། དེ་བོར་ནས་རེས་འགའ་(ཤེས་པ་དོན་གྱིས་སྟོང་ངོ་དང་རེས་འགའ་དོན་དང་ལྡན་ཞེས་པའི་དབང་ཡོད་ཆེན་པོ་འདི་ཁྱོད་ལ་ག་ནས་ཐོབ། ཅེས་སྨྲས་སོ། །)

[81] མི་འཛིན་ཀྱང་མངོན་པར་འདོད་པའི་དོན་ལ་མི་བསླུ་ནས། ཚད་མ་ཉིད་ཡིན་པའི་ཕྱིར་རོ། །དུ་བ་ལ་སོགས་པའི་རྟགས་ལས་སྐྱེས་པ་ཡང་མེ་ལ་སོགས་པའི་རང་གི་ངོ་བོའི་(བསྒྱུར། སྣར། པེ། གོང་མཚུན། ཤ947)

[82] བའི་ཕྱིར་(བསྒྱུར། སྣར། པེ། གོང་མཚུན།)

[83] (དུ་བ་ལ་སོགས་པའི་རྟགས་ལས་)སྐྱེས་པའི་རྗེས་སུ་དཔག་པ་ཡང་། མེ་ལ་སོགས་པས་རང་གི་མཚན་ཉིད་འཛིན་པ་མ་ཡིན་ཏེ། གལ་ཏེ་བཟུང་ན་མངོན་སུམ་དང་འདྲ་བར་ཐལ་བའི་ཕྱིར་རོ། །གཞན་རྗེས་དཔག་ནི་འདས་པ་དང་མ་འོངས་པ། དངོས་པོའི་ངོ་བོ་ཉིད་མེད་པ་དག་ལ་འཇུག་པར་མི་འགྱུར་བའི་ཕྱིར་དང་།

[84] ཚིག་འདིའི་བསྟན་འགྱུར་དུ་(དོན་བྱེད་པར་ཐལ་བར་འགྱུར་བའི་ཕྱིར་)ཞེས་བཅོས་འདུག་ལ། དུལ་བ་ལྷ་དང་། བསྟན་དར་ལྷ་རམས་པས་ཀྱང་བསྟན་འགྱུར་དང་མཐུན་པར་བཀྲལ་འདུག དོན་ལ་རྗེས་དཔག་གིས་རྫོགས་པའི་མེ་ལ་མེའི་མཚན་ཉིད་ཡོངས་སུ་རྫོགས་ན་མེའི་དོན་བྱེད་པར་ཐལ་བར་འགྱུར་བའི་ཕྱིར་རོ་ཞེས་ཏུན་ཧོང་གི་པར་གཞི་ལྟར་འགྲེལ་ན་བློ་ངོར་བདེ་བ་ཞིག་མི་འདུག གཞན་དུ་ན། རྒྱུད་རྩའི་རྒྱ་དཔེ་ནི་ད་ཆ་ང་ཚོའི་མཐོང་སྣང་དུ་མེད་ཅིང་། འཛམ་བུ་གླིང་དུ་ཞིབ་འཇུག་བྱ་མཁན་ཚོས་བོད་ཡིག་གི་དེ་ལ་གཞི་བཅོལ་བ་ལས་འོས་མེད་ཅིང་། གཞན་དུལ་བ་ལྷའི་འགྲེལ་པ་ནི་རྩ་བ་ལས་གཞན་པའི་ཁུངས་གཏུགས་ས་དེར་སོང་ཙམ། དེའང་བསྟན་འགྱུར་དང་མཐུན་པར་འདུག་ལ། འདིའི་རྒྱ་དཔེའང་པོ་ཏ་ལ་རུ་བཞུགས་སུ་གསོལ་བས་དེ་དང་། ལྷེ་ཡེ་ནར་ཡོད་པའི་ཀྲུའུ་ཅིན་ཅེ褚浚杰ཡིས་གསུངས་པ་ལྟར་ན། པོ་ཏ་ལ་རུ་མཛད་པ་པོ་མི་གསལ་བའི་རྒྱུད་གཞན་གྲུབ་པའི་འགྲེལ་པའི་རྒྱ་དཔེ་ལྡེབ་མ5ཙན་ཞིག་འདུག་སྐད།(རྒྱ་ཡིག་གི་ཀྲུང་གོ་བོད་རིག་པ། 2012ལོའི་དུས་དེབ་གཉིས་པ་) རྗེས་ཆར་རྒྱ་དཔེ་དེ་དག་རང་ལ་གཏུགས་ཐུབ་པ་བྱུང་ཚེ་རབ་ཡིན་ལ། མ་ཐུབ་ནའང་། བསྟན་འགྱུར་དག་པར་མཐོང་། དེས་ན། ཏུན་ཧོང་གི་ལག་བྲིས་འདིའི་པར་གཞིའི་ལོ་ཚིགས་ཀྱང་ཅུང་སྔ་མོ་ཙམ་ལ་གཏུགས་ཐུབ་པ་རང་ཤུགས་ཀྱིས་གྲུབ།

[85] པ་(པས། སྣར། པེ། གོང་མཐུན། འདི་ཏུན་ཧོང་དང་མཐུན།)

[86] རྗེས་དཔག་གིས་གཞན་སེམས་རྟོགས་པ་ལའང་མངོན་པར་འདོད་པའི་དོན་ལ་རྣམ་པར་མི་བསླུ་བ་པོ་ནས་ཁྲབ་སྟེ། རྗེས་དཔག་གི་འཇུག་པ་དེ་ལ་བརྟེན་ནས་སྲོག་ཆགས་གཞན་ཡོད་པ་རྟོགས་ཤིང་།

[87] སྐྱེས་པ་(བསྣན། སྣར། པེ། གོང་མཐུན། འདི་ཏུན་ཧོང་དང་མཐུན་ནོ། །)

[88] དེ་འགོད་པ་དང་། སྟན་འདིང་བ། གླིང་སོལ་བྱེད་པ་སོགས་ཐ་སྙད་ཇི་བཞིན་དོན་དེ་ལྟར་འགྲུབ་བོ། །འཇིག་རྟེན་ན་སྲོག་ཆགས་གཞན་རྗེས་སུ་དཔོག་པའི་དགོས་པ་དང་འབྲས་བུ་ནི་དེ་ལྟ་ཙམ་ལ་ཟད་ཅིང་། དེ་ལ་རེ་བའི་སྒོ་ནས་སྲོག་ཆགས་གཞན་རྗེས་སུ་དཔོག་པའང་ཡིན། དཔེར་ན······སྐྱེས་བུས་མི་དམིགས་པའི་ཚེ་སྲིག་པ་དང་ཚ་བ་སོགས་པའི་མི་མངོན་སུམ་དུ་སྣང་བ་ན་རེ་བ་གྲུབ་ཟིན་པས་མེད་པར་འགྱུར་རོ། །ཞེས་པ

[89] ཀྱིས་ཚད་(ཀྱིས། ཚད། སྣར། པེ། གོང་མཐུན། འདིར་ཏུན་ཧོང་དང་ཆ་མཐུན་པར་ཀྱིས་ཡིན་བསྣན་ཡོད་ནའང་ཚིག་གི་མཚམས་བཅད་འདུག)

[90] སྤྱ་མ་སྟེ་རྗེས་དཔག་གི་ཤེས་པས་ཐ་སྙད་ཡོངས་སུ་རྫོགས་པར་དོན་བྱས་པས་ན་ཚད་མར་རྣམ་པར་གཞག་གོ། །ཞེ་ན། མདོ་སྡེ་བས། འོ་ན་རྨི་ལམ་ནའང་སོགས་སྣང་བའི་ཤེས་པ་སྤྱ་མ་དེ་ལས་དོན་ཕྱི་མ་སྲིག་པ་ལ་སོགས་པའི་ཤེས་པ་སྐྱེ་བ་མ་ཡིན་ནམ། དེས་ན། དེ་ཙམ་གྱིས་ཤེས་པ་སྔ་མ་ཚད་མར་བཞག་འོས་པ་མ་ཡིན་ཏེ། རྨི་ལམ་གྱི་གནས་སྐབས་ན་ཤེས་པ་ཐམས་

[91] དབང་(བསྣན། སྣར། གོང་མཐུན། འདིར་ཏུན་ཧོང་དང་མཐུན་ནོ།)

[92] ཅད་འཁྲུལ་བས་འཇུག་པ་ཡིན་ནོ། ཞེ་ན། སེམས་ཙམ་པ་ན། ངེད་ཀྱི་ལུགས་ལ་རྣམ་རིག་ནི་སེམས་ཀྱི་དབང་མེད་པར་ནམ་ཡང་མི་འབྱུང་བས། རྨི་ལམ་ན་མི་སྣང་བའི་ཤེས་པ་དེ་དག་གིས་ཀྱང་མི་རྗེས་སུ་དཔོག་ནུས་སོད། ཁྱད་པར་ནི་འཁྲུལ་བའི་དབང་གིས་གཉིད་ཀྱིས་བར་དུ་ཆོད་ཀྱང་། སད་པའི་ཚེ་ན་དངོས་སུ་སྣང་བ་འབྱུང་སྟེ། གཉིད་ཀྱི་འཁྲུལ་བ་དེ་དག་གིས

[93] སྣང་ཡུལ་གྱིས་སྟོང་བ་མ་ཡིན་གྱི། མངོན་སུམ་དང་བརྒྱུད་པ་ཞེས་བྱའི་ཁྱད་པར་ཡོད་པ་གོང་དུ་བཤད་ཟིན་ཏོ། །རྨི་ལམ་གྱི་གནས་སྐབས་ན་སད་པའི་གནས་སྐབས་ཀྱི་ཤེས་པ་སྔ་མ་རྣམས་བརྒྱུད་དེ་སེམས་གཡོ་བའི་དབང་གིས་བྱུང་བ་དེ་བཞིན་དུ། རྨི་ལམ་དེ་སད་པའི་རྗེས་སུ་ཡོད་པའི་རྣམ་རིག་གི་ཤེས་པ་དག་ཀྱང་དེ་དང་འདྲ།

[94] རྒྱུད།(རྒྱུན། སྣར། པེ། གོང་མཐུན། བསྟན་དར་གྱིས་ཀྱང་རྒྱུད་ཡིན་པ་ལྟར་འགྲེལ་འདུག དོན་ལ་རྒྱུན་ཞེ་ན་འགྲེལ་པ་དེ་བ་ལྟ་བུ་ཡང་སྣང་།

[95] འདྲ་ཚུལ་ནི། གཉིད་མ་ལོག་གོང་རོལ་རྣམ་རིག་གི་ཤེས་པ་རྟེན་དང་དེ་བརྟེན་ནས་རྨི་ལམ་གྱི་གནས་སྐབས་

གྱི་སེམས་རྒྱུད་སྐྱེས་ཤིང་། དེ་ཕོ་ན་ལ་བརྟེན་ནས་གཉིད་སད་རྗེས་ཀྱི་རྣམ་རིག་ཏུ་བརྒྱུད་པ་ཡིན། མཚམས་འདིར་བསྟན་དར་ལགས་ཀྱིས་དུལ་བ་ལྷའི་འགྲེལ་ལ་གཞི་བཅོལ་ཏེ། སད་པ་ནས་རྨི་ལམ་དང་། དེ་ནས་ཡང་སད་པའི་བརྒྱུད་ལུགས་འདི་ལྟར་བཀྲལ་འདུག། ལྷས་སྦྱིན་ལྟ་བུ་དངོས་སུ་འཕྲད་པའི་ཚེ་དང་པོར་ལྷས་སྦྱིན་གྱི་རྒྱུད་ལ་ངག་སྨྲ་འདོད་ཀྱི་ཀུན་སློང་གཡོས། དེ་ནས་ངག་སྨྲས་ཏེ་ཐོས། དེ་ནས་རང་ཉིད་གཉིད་ལོག་པའི་རྗེས་སུ་ཉིན་པར་ལྷས་སྦྱིན་གྱིས་གཏམ་སྨྲ་བ་ཐོས་པའི་བག་ཆགས་སད་ནས་ཡང་ལྷས་སྦྱིན་གྱིས་གཏམ་སྨྲ་བ་རྨིས། ཡང་གཉིད་སད་པའི་ཚེ་ལྷས་སྦྱིན་དང་དངོས་སུ་ཕྲད་པ་ལྟ་བུའི་བརྒྱུད་ལུགས་ཡིན་ནོ། །(ཤ109)དེའི་ཕྱིར་ན་རྨི་ལམ་གྱི་གནས་སྐབས་ན་གཞན་གྱི་ལུས་ངག་གི་བྱ་བའི་ཀུན་སློང་སྔོན་དུ་འགྲོ་བའི་རྗེས་དཔག་མ་བསླུ་ཡིན་ལ། རྨི་ལམ་གྱི་མི་དེ་རྨི་ལམ་ན་མི་མཚན་ཉིད་པ་ཡོད་པས་བྱ་བ་སོགས་བྱེད་ན། མཐའ་གཅིག་ཏུ་འཁྲུལ་བ་ཡིན་པར་མི་གཟུང་ངོ་། །མདོ་སྡེ་པས་གཞན་སེམས་མངོན་སུམ་གྱི་རྟོགས་ཚུལ་ལ་དོགས་ནས་གསུང་རྒྱུར། གཞན་སེམས་རྗེས་སུ་དཔག་པ་ནི།

[96] དུ་(འདུ། སྣར། ཤ949)

[97] ཀྱིས་(ཀྱི། སྣར། པེ། གོང་མཐུན། འདི་ཏུན་ཧོང་དང་མཐུན་ནོ། །)

[98] ཀྱིས་(ཀྱི། སྣར། པེ། གོང་མཐུན། འདི་ཏུན་ཧོང་དང་མཐུན་ནོ། །)

[99] གཞན་གྱི་སེམས་དེའི་ངོ་བོ་ཇི་བཞིན་མི་འཛིན་མོད་ཀྱང་། གཞན་སེམས་དེའི་དོན་ལ་མི་བསླུ་བའི་ཕྱིར་ན་ཚད་མ་ཡིན་དུ་ཆུག་ན། གཞན་སེམས་ཤེས་པའི་མངོན་སུམ་གྱིས་ནི་ཇི་ལྟར་རྟོགས། གལ་སྲིད་དེས་ནི་གཞན་སེམས་ཀྱི་ངོ་བོ་མངོན་སུམ་དུ་རྟོགས་ན་ནི་གཟུང་འཛིན་རྣམ་གཞན་དུ་འགྱུར་ཏེ། གཟུང་བ་སྟེ་གཞན་སེམས་ནི་འཛིན་པ་སྟེ་མངོན་སུམ་དང་རྣམ་གཞན་དུ་ཐལ་བར་འགྱུར་རོ། །དེ་ལྟར་ན། སེམས་ཙམ་པའི་གཟུང་འཛིན་རྣམ་གཞན་གྱི་སྟོང་བའི་ལྟ་བ་དང་འགལ

[100] ཀྱིས་(ཀྱི། སྣར། པེ། གོང་མཐུན། འདི་ཏུན་ཧོང་དང་མཐུན་ནོ། །)

[101] འོན་ཏེ་(འོ་ན། སྣར། པེ། གོང་མཐུན།)

[102] གནས་མ་འགྱུར་བ་ནི་ཀུན་གཞི་རྣམ་པར་ཤེས་པའི་མཚན་ཉིད་མ་གྱུར་པ་དང་། ཀུན་གཞིའི་རྣམ་ཤེས་གྱུར་པ་རྣམས་ཀྱིས་གཟུང་འཛིན་གྱི་རྣམ་རྟོག་སྤངས་པར་དུལ་བ་ལྷའི་འགྲེལ་པ་ན་གསུང་འདུག(ཤ69)

[103] གལ་ཏེ་གཞན་སེམས་མངོན་སུམ་དུ་མི་རྟོགས་ན་ནི་རྣལ་འབྱོར་བ་དེ་དག་གིས་ནི་མངོན་སུམ་དུ་ཇི་ལྟར་རྟོགས་པ་ཡིན། དེ་ལྟ་ན་མངོན་སུམ་གྱིས་ཡུལ་རང་གི་ངོ་བོ་མི་འཛིན་པར་ཡང་ཐལ་བར་འགྱུར་བས། འོ་ན། དེ་མངོན་སུམ་ཚད་མ་ཇི་ལྟར་ཡིན་ཞེ་ན། སེམས་ཙམ་པས། གནས་མ་གྱུར་པའི་ཕྱིར་གཟུང་འཛིན་གྱི་རྣམ་རྟོག

[104] མ་སྤངས་པའི་རྣལ་འབྱོར་བ་ཡོད་པ་དེ་དག་ལ་ནི་དེ་སྐད་ཅེས་བྱ་སྟེ། དེ་དག་གིས་གཞན་སེམས་ཤེས་པ་གང་ཡིན་པ་དེ་དག་ནི་དོན་ལའང་མི་བསླུ་བ་ཡིན། དཔེར་ན་རང་ཅག་དང་འབྲེལ་བའི་གཟུགས་སོགས་མཐོང་བ་ནང་བཞིན་

ཚད་མ་ཡིན། འོན་ཀྱང་། རང་གི་ངོ་བོ་འཛིན་པ་མ་ཡིན། དེ་ཡང་ཉིད་དེ་འཛིན་གྱི་སྟོབས་ཀྱིས་གཞན་སེམས་ཤེས་པ་བྱུང་ཞིང་། ཤེས་པ་དེའི་ངོར་གཞན་གྱི་སེམས་ཀྱི་རྣམ་པའི་ཁྱད་པར་དང་འདྲ་བའི་རྣམ་པ་

[105] ཀྱི་(ཀྱིས། སྣར། པེ། གོང་མཐུན།)

[106] ཉིད་ཀྱི་(བསྒུབ། སྣར། པེ། གོང་མཐུན།)

[107] གསལ་བར་འབྱུང་སྟེ། དཔེར་ན། ལས་ཀྱི་དབང་གིས་དང་། ལྷ་ལ་སོགས་པའི་བྱིན་རླབས་ཀྱིས་རྨི་ལམ་བདེན་པ་མཐོང་བ་དང་། དོན་གྱི་རྣམ་པ་གསལ་པོར་མཐོང་། འོན་ཀྱང་། རྣལ་འབྱོར་བ་དེ་དག་ལ་གཞན་སེམས་ཤེས་པའི་མངོན་ཤེས་ཡོད་ཀྱང་། གཞན་ཕ་རོལ་པོའི་ཡུལ་ཅན་དེ་ཉིད་ཀྱི་ཤེས་པ་འབྱུང་བ་ནི་མ་ཡིན་ཏེ། རྣལ་འབྱོར་བ་དེ་དག་གིས་ཀྱང་རང་གི་སེམས་སྣང་བ་གཞན་གྱི་སེམས་དང་རྣམ་པ་

[108] ཉིད་(བསྒུབ། སྣར། པེ། གོང་མཐུན། འདི་ཏུན་ཧོང་དང་མཐུན་ནོ། །)

[109] བྱ་བར་ངེས་པར་བཟུང་ནས་(བྱ་བར་ངེས་པ་གཟུང་ནས། སྣར། པེ། གོང་མཐུན།)

[110] དེའི་(འདི། སྣར། པེ། གོང་མཐུན།)

[111] མཚུངས་པ་ཁོ་ན་ཉིད་ལ་བརྟེན་ནས་གཞན་གྱི་སེམས་ཤེས་སོ་ཞེས་བྱ་ལ་ཐ་སྙད་ཀྱང་དེ་ལྟར་འདོགས། གང་གི་ཕྱིར་གཞན་གྱི་སེམས་ཀྱི་རྣམ་པ་གསལ་བར་བྱེད་པ་དེའི་ཕྱིར་མངོན་སུམ་ཡིན་པར་འདོད་ལ། གང་གི་ཕྱིར་མི་བསླུ་བ་ཡིན་པའི་ཕྱིར་ན་ཚད་མ་ཡིན་པར་འདོད་དོ། །

《བོད་ལྗོངས་སློབ་གྲྭ་ཆེན་མོའི་རིག་དེབ་》2015ལོའི་དེབ་གསུམ་པ་ལས་བདམས།

༄། །ཏུན་ཧོང་རྒྱུད་གཞུང་《འཕགས་པ་ཐབས་ཀྱི་ཞགས་པ་ཞེས་བྱ་བ། པད་མ་འཕྲེང་གི་དོན་བསྡུས་པའི་འགྲེལ་པ་》ཡི་དཔར་གཞིའི་བསྡུར་དཔྱད།

པདྨ་ཚེ་རིང་།

[ནང་དོན་གནད་བསྡུས།] དཔྱད་རྩོམ་འདིར་དབྱིན་ཇིའི་དཔེ་མཛོད་ཁང་གི་ཏུན་ཧོང་ཡིག་རྙིང་ཤོག་དྲིལ་ཁྲོད་དུ་རྒྱུད་གཞུང་《འཕགས་པ་ཐབས་ཀྱི་ཞགས་པ་པད་མ་འཕྲེང་གི་དོན་བསྡུས་པའི་འགྲེལ་པ་》ཞེས་པ་ཡིག་ཚང་ཨང་རྟགས I.T.J.321བཀོད་པ་ཞིག་བཞུགས་པ་དེ་རྩ་ཆེན་པོར་མཐོང་ནས་བཀའ་བསྟན་ཁྲོད་ཀྱི་རྒྱུད་གཞུང་དང་དེའི་འགྲེལ་པ། གཏིང་སྐྱེས་རྙིང་མ་རྒྱུད་འབུམ། མཚམས་བྲག་རྙིང་མ་རྒྱུད་འབུམ་སོགས་དང་ཞིབ་བསྡུར་གྱིས་འབྲེལ་ཡོད་དཔར་གཞིའི་མཚན་བྱང་དང་། མཛད་མཁན། དཔར་གཞི་མི་འདྲ་བའི་དབར་གྱི་འབྲེལ་བ་སོགས་ལ་དཔྱད་པ་བཏང་ཡོད།

[གནད་ཚིག] ཏུན་ཧོང་ཡིག་རྙིང་། འཕགས་པ་ཐབས་ཀྱི་ཞགས་པ་པད་མ་འཕྲེང་། འགྲེལ་པ།

སངས་རྒྱས་ཀྱི་མདོ་དང་འཕགས་ཡུལ་གྱི་བསྟན་བཅོས་བོད་ལ་འགྱུར་བ་གང་ཞིག་ཡིན་རུང་། ད་ལྟ་བཀའ་བསྟན་ཁྲོད་དུ་བཞུགས་སུ་གསོལ་བའི་དཔར་གཞི་རེ་རེའི་རྒྱབ་ལོགས་ན་ལོ་རྒྱུས་ཀྱི་འདས་དོན་ཇི་སྙེད་ཅིག་བསྐུངས་ཡོད་པ་གོར་མ་ཆག དེ་ཡང་བཙན་པོ་ཁྲི་སྲོང་ལྡེ་བཙན་(742–797)གྱིས་མཁན་ཆེན་ཞི་བ་འཚོ་དང་སློབ་དཔོན་པདྨ་སམ་བྷ་བ་གདན་དྲངས་ཏེ་སངས་རྒྱས་ཆོས་ལུགས་ཀྱི་མདོ་དཔེ་མང་པོ་བསྒྱུར་པའི་འགོ་ཚུགས་པ་དང་ཆབས་ཅིག་བསམ་ཡས་གཙུག་ལག་ཁང་བཞེངས་(776–779)ཏེ་གསང་སྔགས་གཞི་རྒྱ་ཆེན་པོའི་སྒོ་ནས་སྤེལ། བོད་དུ་གསང་སྔགས་ཐོག་མར་སྤེལ་བའི་སྐྱེས་ཆེན་ནི་སློབ་དཔོན་པདྨ་སམ་བྷ་བ་ཡིན་ལ། གསང་སྔགས་དར་བའི་བརྒྱུད་རིམ་ནི་《ལྡེའུ་ཆོས་འབྱུང་རྒྱས་པ་》(དུས་རབས་12པའི་དཀྱིལ་དུ་བརྩམས་)ཡི་ནང་དུ་སྐབས་དེའི་ལོ་རྒྱུས་བཤད་ཚུལ་གྲགས་ཆེ་བ་ཞིག་ལ་བརྟེན་ནས་བརྗོད་ཡོད་པ་དང་། བཤད་ཚུལ་དེའི་མིང་ལ་“གསང་སྔགས་འགྱུར་བཅུ་འཆད་ཚུལ་བཞི། ཡོངས་སུ་རྫོགས་དང་ལྔ”[1]ཞེས་བརྗོད་ཀྱི་ཡོད། དེ་

① མཁས་པ་ལྡེའུ། རྒྱ་བོད་ཀྱི་ཆོས་འབྱུང་རྒྱས་པ། བོད་ལྗོངས་བོད་ཡིག་དཔེ་རྙིང་དཔེ་སྐྲུན་ཁང་། 2010ལོ། ཤོག་ངོས་286

ལས་འགྱུར་བཅུ་ནི་སློབ་དཔོན་པདྨ་སམ་བྷ་བ་ནས་སྤུབས་(གནུབས་)སངས་རྒྱས་ཡེ་ཤེས་རིན་ཆེན་བར་དུ་རྒྱུད་གཞུང་ཇི་ལྟར་བསྒྱུར་པའམ་ཡང་ན་བབ་ལུགས་ཇི་ལྟར་ཡིན་ཚུལ་བསྟན་པ་ཞིག་དང་། འཆད་ཚུལ་བཞི[1]ནི་འགྱུར་ཟིན་པའི་ཆོས་རྣམས་ཇི་ལྟར་འཆད་དགོས་པའི་ཚུལ་བསྟན་པ་ཞིག་སྟེ། རྒྱུད་གཞུང་བསྒྱུར་འགྲེལ་རྣམས་སློབ་དཔོན་གྱིས་སློབ་མ་རྣམས་ལ་ཇི་ལྟར་བརྒྱུད་ལུགས་བརྗོད་པ་ཞིག་ཡིན། འགྱུར་བཅུ་ལས་འགྱུར་དང་པོ་ནི་སློབ་དཔོན་པདྨ་སམ་བྷ་བ་ལས་བྱུང་བ་ཡིན་ཏེ། མཁས་པ་ལྡེའུས་འགྱུར་རིམ་དང་པོའི་སྐོར་གླེང་སྐབས《རྒྱུད་གསང་བ་སྙིང་པོ་》དང《ཐབས་ཀྱི་ཞགས་པ་པད་མོ་འཕྲེང་》གཉིས་ལ་བརྟེན་ནས་རྩ་བའི་དཀྱིལ་འཁོར་བཞིར་དབྱེ[2]ཚུལ་དང་། དེ་དག་ལས་འཕྲིན་ལས་བཞི་བརྒྱ་རྩ་བཞི་བོད་དུ་དར་བར་གླེང་ཡོད། དེ་ལས《རྒྱུད་གསང་བ་སྙིང་པོ་》དང《ཐབས་ཀྱི་ཞགས་པ་པད་མོ་འཕྲེང་》གཉིས་ནི་སྐབས་དེར་གསང་སྔགས་ཀྱི་གཞུང་ལུགས་སྟོན་པའི་རྒྱུད་གལ་ཆེན་གཉིས་ཡིན་པ་མ་ཟད། བོད་དུ་གསང་སྔགས་ཐོག་མར་དར་སྐབས་ཀྱི་ལོ་རྒྱུས་དཔྱད་གཞི་འགངས་ཆེན་ཞིག་ཀྱང་ཡིན། བཀའ་འགྱུར་རྒྱུད་གཞུང་ཁྲོད་དུ་དེའི་མཚན་བྱང་ལ《རྒྱུད་གསང་བ་སྙིང་པོ་དེ་ཁོ་ན་ཉིད་》ཅེས་འཁོད། རྙིང་ཆེན་རབ་འབྱམས་པའི་རྒྱུད་གཞུང་ཁྲོད་དུ་མཚན་རྒྱས་པ་ལ《རྒྱུད་ཐམས་ཅད་ཀྱི་རྒྱལ་པོ་དཔལ་སྒྱུ་འཕྲུལ་རྩ་བའི་རྒྱུད་གསང་བ་སྙིང་པོ་བཞུགས་》[3]ཞེས་འཁོད་

---

[1] 《ལྡེའུ་ཆོས་འབྱུང་རྒྱས་པ་》ལས། འཆད་ཚུལ་བཞི་ནི། བཀའ་ལུང་ཏུ་ཚུགས་སུ་འཆད་པ། ཡོངས་གྲགས་རྟོགས་ཆོས་སུ་འཆད་པ། འགྲེལ་པ་རྒྱུད་གཞུང་ལྡེམས་པའི་དགོར་དུ་འཆད་པ། གཞན་རྒྱུད་ཐོར་བུར་འཆད་པ་བཅས་བཞི་ཡིན། ཤོག་ངོས་304

[2] 《ལྡེའུ་ཆོས་འབྱུང་རྒྱས་པ་》ལས། རྩ་བའི་དཀྱིལ་འཁོར་བཞི་ནི། ཞི་བ་ལྷ་བཞི་བཅུ་རྩ་གཉིས་ཀྱི་དཀྱིལ་འཁོར། རྡོར་དབྱིངས་ཀྱི་དཀྱིལ་འཁོར། ཁྲོ་བོ་ཁྲག་འཐུང་གི་དཀྱིལ་འཁོར། རྡོ་རྗེ་སྲིན་པོ་ཁྲོ་བོ་བཅུའི་དཀྱིལ་འཁོར་བཅས་བཞི་ཡིན། ཤོག་ངོས་287

[3] རྒྱུད་གསང་བ་སྙིང་པོའི་རྩ་བ། དྲི་མེད་འོད་ཟེར་གྱི་གསུང་འབུམ། དཔལ་བརྩེགས། མེས་པོའི་ཤུལ་བཞག པོད་གྲངས་23པ། ཤོག་ངོས་27-78སྡེ་དགེའི་བཀའ་འགྱུར་དཀར་ཆག《རྒྱལ་བའི་བཀའ་ལ་བདེ་བླག་ཏུ་འཇུག་པའི་དཀར་ཆག་གསལ་བའི་མེ་ལོང་》ཞེས་པའི་ལེ་ཚན་835པར། 《གསང་བའི་སྙིང་པོ་དེ་ཁོ་ན་ཉིད་ངེས་པ་》ལ་བོད་དུ་འགྱུར་བྱང་མ་འཁོད་པ་ཞེས་བཀོད་ཡོད་མོད། འོན་ཀྱང་། རྙིང་ཆེན་གྱི་མཇུག་བྱང་དུ"རྒྱ་གར་གྱི་མཁན་པོ་བི་མ་ལ་མི་ཏྲའི་ཞལ་སྔ་ནས་དང་། བོད་ཀྱི་ལོ་ཙྪ་བ་གཉགས་ཛྙཱ་ན་ཀུ་མཱ་ར་དང་། རྨ་ཨཱ་ཙརྱ་རིན་ཆེན་མཆོག་གིས་བསྒྱུར་ཅིང་ཞུས་ཏེ་གཏན་ལ་ཕབ་པའོ། །སྐྱེར་རྩ་རྒྱུད་འདི་ལ་བོད་དུ་ལོ་པཎ་བསྡེབས་པའི་གཞི་འགྱུར་གསུམ་དང་། པཎྜི་ཏ་མེད་པའི་རྩལ་འགྱུར་གཉིས་ཏེ་འགྱུར་ལྔ་བྱུང་བར་གྲགས་པ་ལས། གཞི་འགྱུར་གསུམ་ནི། སློབ་དཔོན་སངས་རྒྱས་གསང་བ་དང་བཻ་རོ་ཙ་ནའི་སྔ་འགྱུར། སློབ་དཔོན་པདྨ་འབྱུང་གནས་དང་གཉགས་ཛྙཱ་ནའི་བར་འགྱུར། བི་མ་ལ་དང་རྨ་གཉགས་ཐུན་མོང་གི་ཕྱི་འགྱུར་དང་གསུམ་ལས། འདི་ནི་ཕྱི་མ་སྟེ་འཕྲོང་ཅན་ཡིན་ལ། སྔ་མ་གཉིས་ལ་འཕྲོང་མེད་པར་གྲགས་སོ། །རྩལ་འགྱུར་གཉིས་ནི། བསྟན་པ་ཕྱི་དར་གྱི་ཚེ་ཡོངས་རྫོགས་བསྟན་པའི་མངའ་བདག་ཐར་ལོ་ཉི་མ་རྒྱལ་མཚན་གྱི་འགྱུར་དང་། འགོས་ལོ་ཙྪ་བ་གཞོན་ནུ་དཔལ་གྱིས་འགྱུར་བཅོས་མཛད་པ་གཉིས་སུ་གྲགས"ཞེས་གསལ།

ཡོད་ལ། གསང་སྔགས་དར་བའི་བརྒྱུད་རིམ་ནང་སྒྲུབ་བརྒྱུད་ཀྱི་གདམས་པ་ཟམ་མ་ཆད་པར་བྱུང་ཡོད་ཚུལ་བསྟན་ཡོད། བཀའ་བསྟན་དཔེ་བསྡུར་མ་དང་། མཚམས་བྲག་རྙིང་རྒྱུད། གཏེར་སྐྱེས་རྙིང་རྒྱུད་བཅས་ཀྱི་ཁྲོད་ནས《ཐབས་ཀྱི་ཞགས་པ་པད་མོ་འཕྲེང་》ཞེས་པའི་རྒྱུད་གཞུང་འདི་ཡི་འབྲེལ་ཡོད་ཡིག་ཚང་རྙེད་ཐུབ། དཔར་གཞི་དེ་དག་ཕྲོག་དུས་མཚན་བྱང་འདོགས་ལུགས་མི་འདྲ་བ་དང་། ལེའུའི་གྲངས་ཀ་མང་ཉུང་མི་འདྲ་བ། མཛད་བྱང་ཡོད་མེད་མི་འདྲ་བ། སྔགས་ཡིག་འགོད་ཚུལ་མི་འདྲ་བ་སོགས་ཀྱི་དབང་གིས་རྒྱུད་གཞུང་མི་འདྲ་བར་ཕན་ཚུན་འབྲུལ་ཉེན་ཆེ། 《ཐབས་ཀྱི་ཞགས་པ་པད་མོ་འཕྲེང་གི་འགྲེལ་པ་》ལྟ་བུར་མཚོན་ན། སྣར་ཐང་དཔར་མ་དང་པེ་ཅིན་དཔར་མ་གཉིས་ལས་བསྡུར་གཞིར་འཛིན་ས་གཞན་མེད་ཅིང་། དཔར་གཞི་དེ་གཉིས་ལའང་མི་འདྲ་བའི་ཆ་དང་དོགས་གནས་མང་དུ་མཆིས། དེ་ལྟར་སོམ་ཉི་དང་དོགས་པའི་ཀློང་དུ་ཚུད་པའི་སྐབས་སུ་སྟབས་ལེགས་པ་ཞིག་ལ་ཏུན་ཧོང་ཡིག་རྙིང་ཁྲོད་ནས《འཕགས་པ་ཐབས་ཀྱི་ཞགས་པ་ཞེས་བྱ་བ། པད་མ་འཕྲེང་གི་དོན་བསྡུས་པའི་འགྲེལ་པ་》(གཤམ་དུ"འགྲེལ་པ་"ཞེས་བསྡུ་རྒྱུ)ཞེས་པའི་མཚན་བྱང་བཀོད་པའི་ཡིག་ཚང་ཞིག་མཐོང་བྱུང་། ཞིབ་ཏུ་བལྟ་དུས་ཡིག་ཚང་འདི་ནི་བཀའ་འགྱུར་ཁྲོད་ཀྱི་རྒྱུད་གཞུང་དེའི་འགྲེལ་པ་དཔེ་ལེགས་པོ་ཞིག་ཡིན་པའི་ངེས་ཤེས་རྙེད།

དང་པོ། ཡིག་རྙིང་ཁྲོད་ཀྱི"འགྲེལ་པ་"མཚམས་སྦྱོར།

གཅིག "འགྲེལ་པ་"ལས་རྩ་བའང་མཐོང་ཐུབ་པ། ཏུན་ཧོང་ཡིག་རྙིང་ཁྲོད་དུ་གསང་སྔགས་ཀྱི་བསྟན་བཅོས་མང་པོ་ཡོད་ཅིང་། དེ་ལས་དབྱིན་ཇིའི་དཔེ་མཛོད་ཁང་དུ་བཞུགས་པའི《འཕགས་པ་ཐབས་ཀྱི་ཞགས་པ་ཞེས་བྱ་བ། པད་མ་འཕྲེང་གི་དོན་བསྡུས་པའི་འགྲེལ་པ་》ཞེས་པ་ནི་གསང་སྔགས་རྒྱུད་འགྲེལ་གྱི་བསྟན་བཅོས་ཤིག་ཡིན། དེ་ལ་སི་ཐེན་དབྱིན་(M.Aurel Stien)(1862–1943)གྱིས་དཀར་ཆག་བཀོད་པའི་ཨང་རྟགས་ལ་Ch.73.III.8ཅེས་བྲིས་ཡོད་པ་དང་། རྒྱལ་སྤྱིའི་ཏུན་ཧོང་ལས་གཞིའི་(IDP)ཁྲོད་དུ་ཡང་བསྐྱར་ཨང་རྟགས་བཀོད་པ་ནིI.T.J.321ཡིན། ཡིག་ཚང་གི་ཆེ་ཆུང་ནི་8x31cmཅན་ གླེགས་བམ་གྱི་དབྱིབས་ལྟར་ཡོད་པ་ལྡེབ་གྲངས་ཉིན་སྲིབ་གཉིས་ལྟར་1–84བར་བྲིས་ཡོད། གསང་སྔགས་ཀྱི་ཡིག་ཚང་འདི་ནི་མགོ་མཇུག་བར་གསུམ་ལ་རལ་སྐྱོན་བྱུང་མེད་པའི་ཡིག་ཚང་ཆ་ཚང་བ་ཞིག་རེད། "འགྲེལ་པ་"ཡི་ཐིག་ཕྲེང་གི་བར་མཚམས་སུ་ཞབས་མཆན་མང་པོ་བཀོད་ཡོད་པ་དང་། ཞབས་མཆན་རྣམས་ནི"འགྲེལ་པ་"ཡི་གཞུང་དངོས་ཀྱི་གོ་དོན་ལ་གནད་འགག་ཏུ་གྱུར་པའི་མིང་བརྡ་དང་རྗོད་ཚིག་ལ་ཡང་འགྲེལ་མཛད་པ་ལྟ་བུར་ངེས། དེས་ན་ཞབས་མཆན་འགོད་པའི་སྲོལ་ནི་ཏུན་ཧོང་ཡིག་

སྙིང་ཁྲོད་དུ་འང་དར[1]ཞིང་། དེ་ལ་མངའ་བདག་ཉང་ཉི་མ་འོད་ཟེར་གྱིས། "ཞབས་ན་ཡོད་པ་ལ་དམ་པ་ཡི་ཆོས་ཁུངས་བཙུན་པ་དང་རྒྱལ་པོ་བཀའ་རྟགས་ཀྱི་ཕྱག་རྒྱ་ཡིན་པ་དང་། དམ་པ་ཆོས་ཀྱི་སྐབས་ངོས་བཟུང་བ་དང་། སྐབས་བཅལ་སླ་བའི་མཚན་ཆེད་སྨོས་པ་དང་། གོ་སླ་བའི་དགོས་པ་ཡོད་པའི་སླད་དུ་བསྟན་པ་ལགས་སྐད་"[2]ཅེས་གསུངས་པས། ཡིག་ཚང་འདིའི་ཞབས་མཆན་གྱི་ནང་དོན་ལ་བརྟགས་ཚེ། དེའི་བྱེད་ནུས་གཙོ་བོ་ནི་ཆོས་ཁུངས་བཙུན་པར་བྱས་པ་དང་། སྐབས་བཅལ་སླ་བའི་མཚན་ཆེད་སྨོས་པ་དང་། གོ་སླ་བའི་དགོས་པ་ཡོད་པ་བཅས་ཡིན་པ་མངོན་གསལ་རེད། "འགྲེལ་པ"ཡི་ཁྲོད་དུ་བཀའ་འགྱུར"འཕགས་པ་ཐབས་ཀྱི་ཞགས་པ་པདྨ་ཕྲེང་གི་དོན་བསྡུས་པ"ཡི་རྩ་བའི་ཚིག་རྣམས་ལ་ནག་ཁྲིབ་བཀྲིས་ཡོད་པས་ན"འགྲེལ་པ"ལས་རྩ་བའང་མཐོང་ཐུབ།

གཉིས། "འགྲེལ་པ"ཡི་ཡིག་གཟུགས་དང་འབྲི་མཁན་ཡི་གེ་པ། ཡིག་གཟུགས་ཀྱི་ངོས་ནས་ཡིག་ཚང་འདི་དབུ་མེད་ཀྱི་སྒྱུག་ཁ་གསལ་པོར་བྲིས་ཡོད་པ་དང་། ཐིག་ཕྲེང་གི་བར་སྟོང་དུ་གཞུང་གི་ཡིག་ཞབས་མཆན་བཏབ་པ་རྣམས་ཀྱང་དབུ་མེད་ཀྱི་ཡི་གེ་ཆུང་ངུས་བྲིས་ཡོད་ལ། ཞབས་མཆན་དང་"འགྲེལ་པ"ཡི་ཡིག་གཟུགས་གཉིས་ནི་ཡོངས་སུ་མཚུངས། སྒྱུག་རིམ་ལ་བརྟགས་ན། ཡི་གེ་པ་གཅིག་གིས་བྲིས་པའི་ངེས་ཤེས་སྐྱེད་ཐུབ། ཡི་གེའི་སུག་ཤང་དང་དབྱངས་ཡིག་གི་འབྲི་སྟོལ་རྣམས་ལ་བོད་སིལ་བུའི་སྐབས་ཀྱི་ཡི་གེའི་ཁྱད་ཆོས་མངོན་གསལ་ལྡན་ཞིང་། གི་གུ་ཕྱིར་ལོག་ཅན་ཡང་ཞུགས། བོད་སིལ་བུའི་སྐབས་ཀྱི་ཏུན་ཧོང་ཡིག་ཆ་ཇི་སྙེད་ཅིག་ངོས་འཛིན་བྱུང་ཡོད་པའི་ཁྲོད་ནས་བྲིས་དཔེ་འདི་ནི་དུས་རབས་བཅུ་པའི་ནང་ཏུན་ཧོང་དང་དེའི་ཉེ་འཁྲམ་ས་ཁུལ་གྱི་རབ་བྱུང་བའི་ཆོས་དཔེ་འབྲི་སྟོལ་གྱི་དཔེར་བརྗོད་ལེགས་པོ་ཞིག་ཡིན་པ[3]བོད་ཀྱི་ཡིག་སྙིང་བྲིས་དཔེ་ལ་སྔ་དར་ཡི་གེ་རིག་པས་(Paleography)ལོ་ཚིགས་དཔྱད་ཐབས་སྤྱད་དེ་འཐོབ་པའི་སྨོམ་ཚིག་ཅིག་ཡིན།

"འགྲེལ་པ"ཡི་མཇུག་ཤོག་གི་མཛད་བྱང་དུ"ཀམ་ཙུ་པ་བོའུ་ཀོ་གིས་བྲིས"ཞེས་གསལ་ཞིང་། ཚིག་དོན་འདིས་ཐོག་མར་ཡི་གེ་པ་བོའུ་ཀོ་ཡི་ཕ་ཡུལ་ནི་ཀམ་ཙུའི་(甘州)ཕྱོགས་ནས་ཡིན་པ་གསལ་བཤད་བྱེད་

① འདིའི་དཔེ་བརྗོད་ལེགས་པོ་ནིP.T.94དང་། P.T.332 I.T.J.129 I.T.J.341ལྟ་བུ་མང་།

② ཉང་ཉི་མ་འོད་ཟེར། ཆོས་འབྱུང་མེ་ཏོག་སྙིང་པོ་སྦྲང་རྩིའི་བཅུད། བོད་ལྗོངས་བོད་ཡིག་དཔེ་སྙིང་དཔེ་སྐྲུན་ཁང་། 2010ལོ། ཤོག་ངོས་364

③ Sam van Schaik: Dating Early Tibetan ManuscriP.T.s–A Paleographical Method, 2013a.Jacob Dalton, Sam van Schaik: Tibetan Tantric ManuscriP.T.s From Dunhuang, Brill Leiden, Boston, 2006, pp51–52.

ཐུབ་པ་དང་། དེ་རྗེས་ཁོང་ཉིད་ཏུན་ཧོང་དུ་བཞུགས་ཏེ"འགྲེལ་པ་"འདི་ཉིད་སུག་འབྲི་མཛད་པ་རྫོགས་ཐུབ་པ་ཡིན། དེ་ཡང་དུས་རབས་དགུ་པའི་དུས་སྟོད་དུ་བོད་ཀྱི་བཙན་པོས་བཀས་བསྐུལ་བ་ལྟར་ཏུན་ཧོང་དུ་སངས་རྒྱས་ཆོས་ལུགས་ཀྱི་མདོ་དཔེ་སྟོང་ཕྲག་དུ་མ་བཞེངས་པ་དང་། དུས་རབས་ཕྱེད་ཀའི་རིང་ལ་ཆོས་བསྒྱུར་ལམ་ལུགས་ཀྱི་མ་ལག་རྒྱ་ཆེན་པོ་ཞིག་བཙུགས་ཡོད་པས། དེའི་སྟོབས་ཀྱིས་བཙན་པོའི་རྒྱལ་རབས་འཇིག་རྗེས་སུའང་བོད་ཡིག་ནི་ཡ་གླིང་དབུས་མར་སྤྱོད་རྒྱུག་ཆེ་བའི་ཡི་གེའི་གྲས་ཤིག་ཏུ་གྱུར་ཡོད་ལ། ལྷག་པར་དུ་སངས་རྒྱས་ཆོས་དཔེ་ནི་བསྟན་བཅོས་རྣམས་ལས་ཡི་གེ་འབྲི་བྱ་མཆོག་ཏུ་གྱུར་པ་ཞིག་ཡིན་པར་ངོས་འཛིན་བྱས་ཏེ་བོད་པ་མ་ཡིན་པ་འགོར་ཆེན་ཞིག་གིས་བོད་ཡིག་གི་ལམ་ནས་ཆོས་དཔེ་བསྒྱུ་འབྲི[①]བྱས། དུས་སྐབས་དེ་དག་གི་རིང་ལ་ཏུན་ཧོང་ས་ཁུལ་གྱི་གསང་སྔགས་ཀྱང་ཐང་རྒྱལ་རབས་ཀྱི་གསང་སྔགས་དང་བོད་དབུས་ནས་དར་བའི་གསང་སྔགས་ཀྱི་ཤུགས་རྐྱེན་འོག་དར་རྒྱས་ཆེན་པོ་བྱུང་ཡོད།[②]

གསུམ། "འགྲེལ་པ་"མཛད་མཁན་སློབ་དཔོན་པདྨ་སམ་བྷ་བ་ཡིན་པ། I.T.J.321གི་ལྡེབ་ངོས་དང་པོའི་ཐིག་ཕྲེང་དང་པོར"འཕགས་པ་ཐབས་ཀྱི་ཞགས་པ་ཞེས་བྱ་བ། པད་མ་འཕྲེང་གི་དོན་བསྡུས་པའི"འགྲེལ་པ་"ཞེས་མཚན་བྱང་བརྗོད་ཡོད་པ་དང་། འཕྲེད་ཐིག་ཅན་གྱི་ཡི་གེའི་ཞབས་མཆན་དུ"སམ་བ་ཧྲས་བྱས"ཞེས་བྲིས་ཡོད། དེས་ན"བྱས"ཞེས་པའི་བྱ་ཚིག་འདི་ལ་བརྩམས་པའམ་གསར་གཏོད་བྱས་པའི་དོན[③]ཡང་ཡོད་སྟབས། "འགྲེལ་པ་"འདི་ནི་སློབ་དཔོན་པདྨ་སམ་བྷ་བས་བརྩམས་གནང་བ་ཞིག་ཡིན་ཞེས་འགྲེལ་དགོས། སམ་བ་ཧྲ་ནི་སློབ་དཔོན་པདྨ་འབྱུང་གནས་ཀྱི་མཚན་གྱི་རྣམ་གྲངས་ཤིག་ཡིན་ཏེ། ཇོ་ནང་ཏཱ་ར་ནཱ་ཐས(1575–1634)《རྣམ་ཐར་ཡིད་ཆེས་གསུམ་ལྡན་》དུ། "རབ་ཏུ་བྱུང་བའི་མཚན་པདྨ་ཨཱ་ཀ་ར་སྡེ་པདྨ་འབྱུང་གནས། དཀྱིལ་འཁོར་དུ་དབང་བསྐུར་བའི་གསང་མཚན། པདྨ་སཾ་བྷ་ཝ་སྡེ་པདྨ་འབྱུང་ལྡན་"[④]ཞེས་གསུངས་ཡོད་པའི་ཕྱིར། སློབ་དཔོན་གྱི་མཚན་འདི་ནི་གསང་སྔགས་དཀྱིལ་

① Tsuguhito Takeuchi: Formation and Transformation of Old Tibetan, Journal of Research Institute, Vol.49, P12.

② སྔོན་གྱི་ཡི་གེ་རྣམས་སུ་སློབ་དཔོན་ཐོན་མིས་བོད་ཀྱི་ཡི་གེ་བརྩམས་པའམ་གསར་གཏོད་མཛད་པ་ལ་བོད་ཀྱི་ཡི་གེ་ཐོན་མིས་བྱས་ཞེས་སོགས་མང་བའི་ཕྱིར།

③ ཉང་ཉི་མ་འོད་ཟེར་གྱིས་གཏེར་ནས་བཏོན། སློབ་དཔོན་པདྨའི་རྣམ་ཐར་ཟངས་གླིང་མ་བཞུགས་སོ། །སི་ཁྲོན་མི་རིགས་དཔེ་སྐྲུན་ཁང་། 1987ལོ། ཤོག་ངོས་252

④ ཁ་སྐྱང་བཀྲ་ཤིས་ཚེ་རིང་། ཏུན་ཧོང་ཡིག་རྙིང་ཁྲོད་རྙེད་པའི་སློབ་དཔོན་པད་འབྱུང་གི་རྣམ་ཐར་ཐོག་མའི་བརྗོད་དོན་ལ་རྣམ་པར་དཔྱད་པ། ཀྲུང་གོའི་བོད་རིག་པ། 2009ལོའི་དེབ་དང་པོ། ཤོག་ངོས་39-59

འཁོར་ལ་དབང་བསྒྱུར་བ་ལས་བྱུང་བའི་མཚན་ཞིག་ཡིན་པ་ཤེས་ཐུབ། འོན་ཀྱང་སམ་བྷ་བ་ཞེས་པ་བོད་སྐད་དུ་པདྨ་འབྱུང་ལྡན་ཞེས་གོ་ན་མི་འོས་སྙམ་སྟེ། རྒྱུ་མཚན་ནི། "འགྲེལ་པ"ཡི་སྔགས་ཀྱི་ལེའུར་རྒྱ་གར་སྐད་དོད"བ་ཛྲ་རད་ན་སམ་བྷ་བ་ཧཱུྃ"ཞེས་པ"རྡོ་རྗེ་རིན་ཆེན་འབྱུང་གནས"སུ་བསྒྱུར(གཤམ་གྱི་སྔགས་ཀྱི་རེའུ་མིག་ཏུ་གསལ)བས"སམ་བྷ་བ"ཡང"འབྱུང་གནས"ཞེས་བསྒྱུར་དགོས་སྙམ། ཨཱ་ག་ར་ཞེས་པ"ཨཱ་ཀཱ་རཿ"[①]ཡི་འབྲི་ཚུལ་ཡིན་ཞིང་། དེའི་དོན་ནི། དགོངས་པ་ལེན་པ། འབྱུང་གནས་སམ་འབྱུང་ཁུངས་ཞེས་པར་འཇུག་པ་ཡིན། མཚན་འདི་གཉིས་ནི་སློབ་དཔོན་གྱི་མཚན་གྱི་ནང་དོན"འབྱུང་གནས"ཞེས་པ་མི་འགྱུར་བར་བྱས་ཏེ་བཏགས་པ་ཞིག་ཡིན་པ་ངེས་ཐུབ། འོན་ཀྱང་ཏུན་ཧོང་གསང་སྔགས་ཡིག་ཚང་དུ"སམ་བྷ་བ"ཟེ་ན་བྱུང་བ་ནི་སློབ་དཔོན་གྱི་གསང་མཚན་གྱི་ཆ་ནས་སྨྲས་པ་ཡིན་ལ། བོད་སིལ་བུའི་དུས་སྐབས་ཀྱི་ཡིག་ཚང་ཁྲོད་དུ"པདྨ་འབྱུང་གནས"ཞེས་བྱུང་བའང"སམ་བྷ་བ"ལས་བསྒྱུར་པ་ཡིན་པ་ལས"ཨཱ་ཀཱ་རཿ"ལས་བསྒྱུར་བ་མ་ཡིན། འདི་ནི་སློབ་དཔོན་བོད་དུ་ཕེབས་རྗེས་གསང་སྔགས་ཀྱི་འཕྲིན་ལས་གཙོ་བོ་བསྐྱངས[②]པ་དང་འབྲེལ་བ་ཆེའོ་སྙམ། ཏུན་ཧོང་ཡིག་རྙིང་ཁྲོད་དུ་སློབ་དཔོན་གྱི་མཚན་བྱུང་རིགས་རྣམས་རེའུ་མིག་ཏུ་བཀོད་ན་གཤམ་གསལ་ལྟར་ཡིན།

ཡིག་ཚང་ཨང་རྟགས།	ཤོག་ངོས།	ཐིག་ཕྲེང་།	འབྲི་སྟངས།
I.T.J.321	1/83/84	1–[1]/83–[6]/84–[5]	སམ་བ་ཧྭ། པད་མ་སམ་བ་ཧྭ། པདྨ་རྒྱལ་པོ།
P.T.44	2/6/8/9	2–[14]/6–[45]/8–[63]/9–[77]	པད་མ་སམ་བ་བ། ཨཾ་ཙ་ཀྲ་སམ་བ་བ། པད་མ་སམ་བ། བ། ཨ་ཙ་ཏྲ་སམ་བ་བ།
P.T.307	1	1–[30]	རྒྱ་གར་གྱི་མཁན་པོ་པད་མ་སཾ་བ་བ།

---

① བསྟན་འགྱུར། པེ་ཅིན་དཔར་མ། པོད་རྟགས། བུ། ཚན་གྲངས། གཉིས། ལྡེབ་ངོས་101-129བསྟན་འགྱུར། སྣར་ཐང་དཔར་མ། པོད་རྟགས། བུ། ཚན་གྲངས། གཉིས། ལྡེབ་ངོས་88-114སྡེ་འགྱུར་བཀའ་མ་ཤིན་ཏུ་རྒྱས་པ། སི་ཁྲོན་དཔེ་སྐྲུན་ཚོགས་པ། སི་ཁྲོན་མི་རིགས་དཔེ་སྐྲུན་ཁང་། 2009ལོ། དེ་དག་ལས་ཐབས་ཀྱི་ཞགས་པ་པདྨོའི་འཕྲེང་བའི་འགྲེལ་པའི་དཔར་གཞི་ནི"རྒྱ་ནག་པེ་ཅིན་བསྟན་འགྱུར་ལས་ཞལ་བཤུས་པ"ཞེས་བྱུང་། དེ་བཞིན་དུ་བཀའ་མ་ཤིན་ཏུ་རྒྱས་པ། ཀཿཐོག པོད་གྲངས། 80ལྡེབ་གྲངས་127–238བར་གྱི་འགྲེལ་པ་ལའང"པེ་ཅིན་བསྟན་འགྱུར་ལས་བཤུས"ཞེས་བྱུང་། འདི་དག་ནི་པར་གཞི་གཅིག་རྐྱང་དུ་ངེས།

② སྤྱི་ལོ་1730ལོར་མི་དབང་པོ་ལྷ་བ་བསོད་ནམས་སྟོབས་རྒྱལ་གྱིས་ཞལ་དཀར་ཆོས་སྡེའི་ཉེ་འདབས་སུ་པར་ཁང་བདེན་བཞིའི་ཆོས་འཁོར་ཁང་བཙུགས་ནས་སྣར་ཐང་གི་བཀའ་བསྟན་འགྱུར་པར་དུ་བརྐོས། སྤྱི་ལོ་1741ལོར་ལེགས་པར་གྲུབ་ནས་དཔར་ཤིང་རྣམས་སྣར་ཐང་དུ་གདན་དྲངས་པས་སྣར་ཐང་པར་མར་གྲགས། ཤེལ་དཀར་ཆོས་འབྱུང་། བོད་ལྗོངས་མི་དམངས་དཔེ་སྐྲུན་ཁང་། 2012ལོ། ཤོག་ངོས་6

I.T.J.644	1	1–[30]	སློབས་པོན་པད་མ་སམ་བ་བ།
P.T.849	1	1–[189]	དེ་བ་ཕུ་ཏྲ།[④]

གཉིས་པ། ཡིག་སྙིང་ཁྲོད་ཀྱི“འགྲེལ་སྣ”དང་བཀའ་འགྱུར་ཁྲོད་ཀྱི་རྩ་བ་བསྡུར་དཔྱད།

གཅིག བཀའ་འགྱུར་ཁྲོད་ཀྱི་རྩ་བའི་དཔར་གཞི་ཁག་གི་འབྲེལ་བ། ཀྲུང་གོའི་བོད་རིག་པ་ཞིབ་འཇུག་ལྟེ་གནས་ཀྱི་བཀའ་བསྟན་དཔེ་བསྡུར་ཁང་གིས་2006–2009ལོའི་བར་དཔེ་བསྡུར་ཞུས་པའི་བཀའ་འགྱུར་ཁྲོད་དུ་སྔོན་རབས་ཀྱི་ཕྱག་སྒྲོལ་ལྟར་སྙིང་རྒྱུད་ཀྱི་ཆོས་ཚན་རྣམས་སོར་འཇོག་བྱས་ཡོད་ལ། དེའི་དེབ་ཨང་102པའི་ཤོག་ངོས་810–841བར་དུ《འཕགས་པ་ཐབས་ཀྱི་ཞགས་པ་པདྨོའི་ཕྲེང་ཞེས་བྱ་བ་》ཞེས་པ་ཞིག་བཀོད་ཡོད་པ་མ་ཟད། ཤོག་ངོས་842–850བར་དུ་བསྡུར་མཆན་དང་བསྡུར་འབྲས་རེའུ་མིག་ཏུ་བཀོད་ཡོད། དེར་དཔྱད་ཚེ་བསྡུར་མཆན་ཤོག་ངོས་8ལྷག་ཡོད་པ་གཙོ་བོ་ནི་བཟ་དག་གི་ཆ་ནས་བྱུང་བ་དང་། དེ་བཞིན་དུ་བསྡུར་འབྲས་སུའང་ཚིག་ཁྲིམ་གྱི་མང་ཉུང་མི་འདྲ་བ[①]བྱུང་ཡོད།

བཀའ་འགྱུར་དཔེ་བསྡུར་མའི་དཔར་གཞིར་དཔེ་བསྡུར་བྱེད་སྐབས་གཞི་འཛིན་ས་གཙོ་བོ་ནི་དུས་རབས་དང་ས་ཁུལ་མི་འདྲ་བར་བྱུང་བའི་བཀའ་འགྱུར་གྱི་དཔར་གཞི་རྣམས་ཡིན། ཏུན་ཧོང་ཡིག་སྙིང་ཁྲོད་ཀྱི“འགྲེལ་སྣ”ཡི་ཁྲོད་ནས་མཐོང་ཐུབ་པའི་རྩ་བ་དང་བར་ཐག་ཆེས་ཉེ་བ་ནི་བཀའ་འགྱུར་གྱི་དཔར་གཞི་མིན་པར་སྣིང་མ་རྒྱུད་འབུམ་ཁྲོད་ཀྱི་དཔར་གཞི་དེ་རེད། སྙིང་མ་རྒྱུད་འབུམ་གྱི་ཆེས་སྔ་མའི་དཔར་གཞི་ནི་རཏྣ་གླིང་པའི[②](1403–1497)སྐབས་སུ་གྲུབ་སྟེ་བདུད་འདུལ་གླིང་པ[③](1646–1714)

---

① བུ་སྟོན་རིན་ཆེན་གྲུབ། བུ་སྟོན་ཆོས་འབྱུང་། ཀྲུང་གོའི་བོད་ཀྱི་ཤེས་རིག་དཔེ་སྐྲུན་ཁང་། 1988ལོ། ཤོག་ངོས་206

② ཉང་ཉི་མ་འོད་ཟེར་གྱིས་གཏེར་ནས་བཏོན། སློབ་དཔོན་པདྨའི་རྣམ་ཐར་ཟངས་གླིང་མ་བཞུགས་སོ། །སི་ཁྲོན་མི་རིགས་དཔེ་སྐྲུན་ཁང་། 1987ལོ། ཤོག་ངོས་24

③ དཔར་གཞི་འདིའི“ཐབས་ཀྱི་ཞགས་པ་པད་མོ་འཕྲེང་བའི་འགྲེལ་པ་བཞུགས”ཞེས་པའི་ཁ་བྱང་ནི་མཆན་བཏབ་པའི་ཚུལ་དུ་སྣང་། ཐབས་ཀྱི་ཞགས་པ་པད་མའི་འཕྲེང་བའི་འགྲེལ་པ། བསྟན་འགྱུར། སྣར་ཐང་དཔར་མ། པོད་གྲངས། 77ཤྲེབ་གྲངས། 232-180

④ སྐབས་འདིའི་དབུ་འབྲུད་ནི་སློབ་དཔོན་པདྨ་སམ་བྷ་བས་འགྲེལ་པ་ཡོངས་སུ་རྫོགས་ཏེ་སློབ་དཔོན་ཤན་ཏི་བའི་བསྟོད་པའི་འགོ་ཚུགས་པ་མཚོན་བྱེད་དུ་བཀོད་པ་ཡིན་སྙམ། དབུ་འབྲུད་ཀྱི་བྱེད་ནུས་འདི་ནི་ཏུན་ཧོང་ཡིག་སྙིང་གི་འབྲིན་ཡིག་ཡིག་ཚང་དུ་མཐོང་མང་བ་ཞིག་ཡིན།

དང་ཛྙཱ་ཤྲཱི་(1654–1712)སོགས་ཀྱིས་མུ་མཐུད་ཁ་གསབ་གནང་བར་འདོད་ཀྱི་ཡོད། དེ་ཡང་ས་སྐྱ་རྗེ་བཙུན་གྲགས་པ་རྒྱལ་མཚན་(1147–1216)གྱིས་《ཀྱཻ་རྡོ་རྗེའི་རྒྱུད་འབུམ་གྱི་དཀར་ཆག་》ནང་དུ། "གསང་སྔགས་སྔ་འགྱུར་ལ། གསང་བའི་སྙིང་པོ་སྒྱུ་འཕྲུལ་བརྒྱད་ཅུ་པ། སྒྱུ་འཕྲུལ་བླ་མ། ལྷ་མོ་སྒྱུ་འཕྲུལ། ཐབས་ཀྱི་ཞགས་པ། དེ་རྣམས་ཡང་དག་པ་འདྲ"①ཞེས་གསུངས་པར་གཞིགས་ན། བཀའ་འགྱུར་ཁྲོད་ཀྱི་རྩ་བའི་དཔར་གཞི་ནི་དཔལ་ས་སྐྱའི་དུས་སྐབས་སུ་མཐོང་ཡུལ་དུ་གྱུར་ཡོད་གཤིས། རྙིང་མ་རྒྱུད་འབུམ་ཁྲོད་ལའང་སྔོན་བསྒྲིགས་སྔ་བའི་རྒྱུད་གཞུང་ཞིག་ཡིན་པར་སྣང་། གཤིབ་བསྡུར་བྱས་ཚེ་དཔར་གཞི་གཞན་དག་དབར་གྱི་འབྲེལ་བའི་ཉེ་རིང་ནི། ཏུན་ཧོང་"འགྲེལ་པ"ཡི་ཁྲོད་ཀྱི་དཔར་གཞི། —རྙིང་རྒྱུད་དཔར་གཞི།② —བཀའ་འགྱུར་གྱི་དཔར་གཞི་སྣ་ཚོགས། —བཀའ་འགྱུར་དཔེ་བསྡུར་མའི་དཔར་གཞི་བཅས་ཀྱི་རིམ་པ་ཞིག་གྲུབ་ཡོད།

གཉིས། བཀའ་འགྱུར་ཁྲོད་ཀྱི་རྩ་བའི་མཚན་བྱང་དང་རྒྱ་གར་སྐད་དོད། བཀའ་འགྱུར་ཁྲོད་ཀྱི་རྩ་བའི་མཚན་འདོགས་ཚུལ་ནི་བཀའ་འགྱུར་དཔེ་བསྡུར་མར། "མཚན་བྱང་འདི་ཆོས་མཚན་འདིའི་དབུའི་མཚན་སྨོས་པ་ལྟར་བཀོད"ཅེས་མཆན་བཏབ་ཡོད། རེའུ་མིག་ཏུ་གོ་བདེར་བྱས་ན་འདི་ལྟ་སྟེ།

མཚན་བྱང་།	དབུར་བཀོད་པའི་མཚན་བྱང་།	མཇུག་ཏུ་བཀོད་པའི་མཚན་བྱང་།
I.T.J.321	འཕགས་པ་ཐབས་ཀྱི་ཞགས་པ་ཞེས་བྱ་བ། །པད་མ་འཕྲེང་གི་དོན་བསྡུས་པ།	འཕགས་པ་ཐབས་ཀྱིས་ཞགས་པ་པད་མ་འཕྲེང་ལས་རྟོག་པའི་རྒྱལ་པོ་འི་དོན་བསྡུས་པ།
གཏིང་སྐྱེས་རྙིང་རྒྱུད།	འཕགས་པ་ཐབས་ཀྱི་ཞགས་པ་པདྨ་ཕྲེང་གི་དོན་བསྡུས་པ་ཞེས་བྱ་བའི་རྒྱུད།	འཕགས་པ་ཐབས་ཀྱི་ཞགས་པ་ལེའུ་ཁྲི་དྲུག་སྟོང་བ་ལས། པད་མོ་འཕྲེང་ཞེས་བྱ་བ། སྟོགས་པའི་རྒྱལ་པོ་དོན་བསྡུས་པའི་རྒྱུད།
མཚམས་བྲག་རྙིང་རྒྱུད།	འཕགས་པ་ཐབས་ཀྱི་ཞགས་པ་པད་མོའ་ཕྲེང་གི་དོན་བསྡུས་པ།	འཕགས་པ་ཐབས་ཀྱི་ཞགས་པ་པད་མོའ་ཕྲེང་བ་ལས། རྟོག་པའི་རྒྱལ་པོའི་དོན་བསྡུས་པ་ཞེས་བྱ་བ།
བཀའ་འགྱུར་དཔེ་བསྡུར་མ།	འཕགས་པ་ཐབས་ཀྱི་ཞགས་པ་པདྨོའི་ཕྲེང་ཞེས་བྱ་བ།	འཕགས་པ་ཐབས་ཀྱི་ཞགས་པ་པདྨོ་ཕྲེང་།

གོང་གསལ་རེའུ་མིག་ལས་མཚན་བྱང་གི་མི་འདྲ་ས་གཙོ་བོ་ནི་དབུར་བཀོད་པའི་མཚན་བྱང་ཁྲོད་ཀྱི་"དོན་བསྡུས་པ"ཞེས་པ་དང་། མཇུག་ཏུ་བཀོད་པའི་མཚན་བྱང་ཁྲོད་ཀྱི་"རྟོག་པའི་རྒྱལ་པོའི་དོན་བསྡུས་པ"ཞེས་པ་གཉིས་བཀའ་འགྱུར་དཔེ་བསྡུར་མའི་མཚན་བྱང་ཁྲོད་མེད་པ་དེ་ཡིན་པ་རྟོགས་

① བསྟན་འགྱུར་དཔེ་བསྡུར་མ་ལས། "བསྡུར་མཆན། མཚན་བྱང་འདི་《པེ་》《སྣར་》ལྟར་བཀོད"ཅེས་གསལ།

② དེ་ལས I.T.J.322 ནི་དཔེ་མཚོན་ལེགས་པོ་ཞིག་རེད་སྙམ།

ཐུབ། དོན་ལ་དེ་ལྟར་ཡོད་དགོས་སྙམ་སྟེ། ཐོག་མར་“དོན་བསྡུས་པ་”ཞེས་པའི་ཚིག་དོན་ནི I.T.J.321ཁྲོད་ཀྱི་ལྟེབ་ངོས་གཉིས་པའི་ཉིན་སྲིབ་ཏུ་ཁ་བྱང་ལ་འགྲེལ་པ་བྱེད་སྐབས་“དོན་བསྡུས་པ་ནི། གསུང་རབས་བཅུ་གཉིས་དང་། ཏན་ཏྲ་སྡེ་བཅོ་བརྒྱད[1]ལ་སྩོགས་པ་ལ[2]བསྡུས་པའོ་”ཞེས་བསྟན་ཡོད་པ་དང་། ཡིག་རྙིང་ཁྲོད་ཀྱི་“དོན་བསྡུས་པ་”ཞེས་པའི་ཞབས་མཆན་དུ་“ཡི་གེ་འགྲེལ་པ་རབས་གཅིག་ལས་འདི་ལ་བམ་པོ་བཅོ་བརྒྱད་ཡོད་པ་ལས་བསྡུས་”ཞེས་བསྡུ་ཚུལ་གཞན་ཞིག་བསྟན་ཡོད། དེ་ནི་རྒྱུད་གཞུང་འདིའི་འཕྲིན་ལས་ཏུན་ཧོང་ཁུལ་དུ་དར་སྐབས་ཡང་འགྲེལ་མཛད་པ་ཞིག་ཡིན་ངེས། དེ་ལས་ཏན་ཏྲ་སྡེ་བཅོ་བརྒྱད་དང་བམ་པོ་བཅོ་བརྒྱད་ཅེས་པ་ནི་སྔ་འགྱུར་གསང་སྔགས་ཀྱི་མ་ཧཱ་ཡོ་གའི་རྒྱུད་བཅོ་བརྒྱད་ཀྱི་དཔེ་ཆ་ཡིན་ལ། དུས་ཕྱིས་རྩ་བའི་རྒྱུད་འགྲེལ་གྱི་དཔར་གཞི་གཞན་དག་ཏུ་ཞབས་མཆན་དུ་བྱུང་བའི་བརྗོད་ཚུལ་དེ་མཐོང་རྒྱུ་མེད། “དོན་བསྡུས་པ་”ཞེས་པའི་བསྡུ་མཁན་ནི་སྟོན་པ་ཡིན་དགོས་ཏེ། I.T.J.321ལྟེབ་ངོས་དང་པོར་“འབུ་ཏས་བསྡུས་”ཞེས་བྲིས་ཡོད་པས། འབུ་ཏ་ནི་ལེགས་སྦྱར་སྐད་དོད་བུདྡྷཿཡིན་ཏེ། ཏུན་ཧོང་ཡིག་རྙིང་ཁྲོད་དུ་སྟོན་པའི་མཚན་གྱི་རྣམ་གྲངས་ཇི་སྙེད་ཅིག་བྱུང[3]པའི་ཁྲོད་ཀྱི་“འབུ་ཐ”འམ་“བུད་ཏྭ” “འབོ་ཐ”བཅས་ཀྱི་འབྲི་ཚུལ་བྱུང་བ་དེས་ཀྱང་བདེན་དཔང་བྱེད་ཐུབ། “འབུ་ཏས་བསྡུས་”ཞེས་པའི་དོན་ནི་“དོན་བསྡུས་པ་”འདི་ཡང་སྟོན་པ་བཅོམ་ལྡན་འདས་ཀྱིས་བསྡུས་པ་ཡིན་ཞེས་པ་སྟེ། དེང་སྐབས་ངེད་ཅག་གི་མཐོང་ཡུལ་དུ་གྱུར་པའི་བཀའ་འགྱུར་ཁྲོད་ཀྱི་རྩ་བ་དེ་ནི་སྟོན་པས་མཛད་པ་ཡིན་ཞེས་པ་དང་གཅིག་མཚུངས་ཡིན།

“རྟོག་པའི་རྒྱལ་པོ་འི་དོན་བསྡུས་པ་”ཞེས་པ་ནི་མཚན་བྱང་ལ་བསྟགས་པའི་ཚིག་ཅིག་ཡིན་པ་སྟེ། I.T.J.321ལས། “བཅོམ་ལྡན་འདས་ཀྱིས་གསུངས་པ་ཐམས་ཅད་ཀྱི་ནང་ན་ཡང་བཀྲི་བའི་དོན་མ་ཡིན་གྱི། ངེས་པའི་དོན་གཏན་ལ་ཕབ་པ་དང་། རྨད་དུ་བྱུང་བའི་སྡེ[4]ལས་བཏུས་ཏེ་བསྟན་པས་ན་ཀུན་

---

① སྔགས་ཡིག་འབྲི་ཚུལ་འདི་ནི P.T.23ཁྲོད་དུ་བྱུང་ཡོད།

② ཁ་སྐད་བཀྲ་ཤིས་ཚེ་རིང་། ཏུན་ཧོང་ནས་ཐོན་པའི་བོད་ཀྱི་སྔ་དར་སྔགས་ཡིག“ཨ་སིད་ཧི་བྱེ་འཛ་ན”དང་“ཨོཾ”སོགས་ཀྱི་རྣམ་པར་དཔྱད་པ། བོད་ལྗོངས་ཞིབ་འཇུག 2011ལོ། ཤོག་ངོས་7

③ འདི་ལ་དཔེ་བརྗོད་མང་ཞིང་ཟུར་ཙམ་བཀོད་ན་ཏུན་ཧོང་ཡིག་རྙིང་ཡིག་ཆ་ཨང་རྟགས P.T.69དང་། P.T.283 P.T.288 I.T.J.329 I.T.J.369སོགས་ལྟ་བུ།

④ མཚམས་བྲག་རྙིང་རྒྱུད། འབྲུག་པའི་དཔར་མ། གླེགས་བམ་གཉིས་མ། ལྟེབ་ངོས་774-856བྱང་ཆུབ་སེམས་རྨད་དུ་བྱུང་བའི་ལེའུ་འམ་མཚམས་གཞན་ལ་རྨད་དུ་བྱུང་བ་ཞེས་ཀྱང་ཞུ། མཛད་བྱང་དུ་རྒྱ་གར་གྱི་མཁན་པོ་བི་མ་ལ་མི་ཏྲ་དང་། ལོ་ཙཱ་བ་གཉགས་ཛྙཱ་ན་ཀུ་མ་རས་བསྒྱུར་ནས་གཏན་ལ་ཕབ་པའོ། །ཤྲཱི་སིངྷ་དང་དང་པོ་ཙ་ནས་སྤར་ཡང་བསྒྱུར་ཞེས་བྱུང་།

ཀྱིས་བསྡུགས་པ"ཞེས་དང་། འཕྲེད་ཐིག་ཅན་གྱི་ཡི་གེའི་ཞབས་མཆན་དུ"སངས་རྒྱས་དང་བྱང་ཆུབ་སེམས་དཔའ་ཐམས་ཅད་ཀྱིས་ཤིན་དུ་སྡུགས"ཞེས་པ་སོགས་ལས"རྟོག་པའི་རྒྱལ་པོ"ཞེས་པའི་མཚན་བྱུར་བྱུང་བར་སྣམ། དེས་ན་བསྡུགས་བརྗོད་ཀྱི་མཚན་འདོགས་སྲོལ་འདི་ནི་རྒྱུད་གཞུང་བསྟན་བཅོས་ཀྱི་མིང་འདོགས་སྟངས་གལ་ཆེན་ཞིག་ཏུ་གྱུར་ཡོད་པ་དཔེར་ན། "བྱང་ཆུབ་སེམས་རྨད་དུ་བྱུང་བ"ཞེས་པའི་རྒྱུད་གཞུང་གི་མཚན་ལས"རྨད་དུ་བྱུང་བ"ནི་རྒྱུད་གཞུང་"བྱང་ཆུབ་སེམས"ཞེས་པར་བསྡུགས་པ་མཛད་པའི་མཚན་བྱུར་ཞིག་ཡིན་པ་ལྟ་བུ་སོགས་མང་བའི་ཕྱིར། དེ་བས་ན་བཀའ་འགྱུར་ཁྲིད་ཀྱི་རྩ་བའི་མཚན་བྱང་ཆ་ཚང་ནི"འཕགས་པ་ཐབས་ཀྱིས་ཞགས་པ་པད་མ་འཕྲེང་ལས་རྟོག་པའི་རྒྱལ་པོ་འི་དོན་བསྡུས་པ"ཞེས་ཡིན་པ་དཔག་ནུས་སོ། །

རྒྱུད་གཞུང་འདིའི་རྒྱ་གར་སྐད་དོད་མིག་སྔར་མཐོང་བ་ནི་མཚམས་བྲག་རྙིང་རྒྱུད་ཁྲིད་དུ"ཨ་ཙ་ཀ་ལ་པ་ཤ་པདྨ་སྣ་ལི་སང་ཀྲ་ཧ"ཞེས་བྲིས་ཡོད་པ་དེ་ཕོ་ན་ལས་ཡིག་རྙིང་ཤོག་དྲིལI.T.J.321ཁྲིད་དང་། གཏིང་སྐྱེས་རྙིང་མ་རྒྱུད་འབུམ། བཀའ་འགྱུར་དཔེ་བསྡུར་མ་སོགས་སུ་མི་སྣང་། དེང་སྐབས་ཏུན་ཧོང་ཡིག་རྙིང་ཁྲིད་ཀྱི་རྒྱུད་གཞུང་ཕྱོགས་བསྒྲིགས[1]བྱེད་བཞིན་པའི་ནང་དུའང་རྩ་བ་རྙེད་མེད་པས་བསྡུར་ཐབས་བྲལ།

གསུམ། བཀའ་འགྱུར་ཁྲིད་ཀྱི་རྩ་བ་བསྒྱུར་མཁན། བཀའ་འགྱུར་དཔེ་བསྡུར་མའི་ཁྲིད་དུ་བཞུགས་པའི་རྩ་བའི་རྒྱུད་གཞུང་གི་མཇུག་ཏུ་འགྱུར་བྱང་བཀོད་མེད་ཅིང་། དེ་ལ《སྡེ་དགེའི་བཀའ་འགྱུར་དཀར་ཆག》གི་ལེ་ཚན་836པར། "བོད་ཡིག་འགྱུར་བྱང་མ་འཕོད་པ། ཤོག་ངོས་299–311བར། རྒྱ་ཡིག་ལ་འགྱུར་མེད"[2]ཅེས་བྱུང་ཡོད་སོད། འོན་ཀྱང་མཚམས་བྲག་རྙིང་མ་རྒྱུད་འབུམ་གྱི་མཇུག་བྱང་དུ"པཎྜི་ཏ་བི་མ་ལ་མི་ཏྲ་དང་། ལོ་ཙ་བ་གཉགས་ཛྙ་ནས་བསྒྱུར"ཅེས་བཀོད་ཡོད། བཀའ་འགྱུར་དཔེ་བསྡུར་མའི་ཁྲིད་ཀྱི་དཔར་གཞི་དེའི་ལོ་རྒྱུའི་ཚིག་འགྲོས་སོགས་ལ་གཞིགས་ན། དེ་ནི་མཚམས་བྲག་དང་གཏིང་སྐྱེས་ཀྱི་དཔར་གཞི་དང་དག་ཡིག་ངོས་ནས་ཁྱད་པར་བྱུང་བ་ཙམ་ལས་ཚིག་འགྲོས་ཧ་ཅང་མཐུན་པས་བསྒྱུར་མཁན་གཅིག་པ་ཡིན་དགོས་སྣམ། དེ་ཡང་ལོ་རྒྱུས་ཐོག་བསམ་ཡས་སྒྲ་བསྒྱུར་གླིང་དུ"སློབ་དཔོན་

---

① ལས་ཀ་དེ་སམ་ཕན་སི་ཀ (sam van Schaik)དེང་། དོལ་ཏོན་(Jacob Dalton)ཀཱ་མེ་མོ་རི་སོན་(Kammie Momrison)ཀབ་སེ་ཊི (Matthew T.Kapstein)བཅས་ཀྱིས་སྒྲུབ་བཞིན་ཡོད།

② འདོ་བ་རྡོ་རྗེ། རྒྱལ་བའི་བཀའ་འགྱུར་ལ་བདེ་བླག་ཏུ་འཇུག་པའི་དཀར་ཆག་གསལ་བའི་མེ་ལོང་། མཚོ་སྔོན་མི་རིགས་དཔེ་སྐྲུན་ཁང་། 2004ལོ། ཤོག་ངོས་298

བི་མ་ལ་མི་ཏྲ་དང་༔ལོ་ཙྪ་བ་གཉག་ཛྙཱ་ན་ཀུ་མཱ་ར་དང་གཉིས་ཀྱིས་གསང་སྔགས་ཕྱི་ནང་མང་པོ་བསྒྱུར་རོ···”[①] ཞེས་ལོ་པཎ་རྣམ་པ་དེ་གཉིས་ཀྱིས་གསང་སྔགས་ཀྱི་རྒྱུད་གཞུང་མང་དུ་བསྒྱུར་བ་དང་། དེ་ལས་གཉགས་ཛྙཱ་ན་ཀུ་མ་ར་ནི་སློབ་དཔོན་པདྨ་སམ་བྷ་བ་དང་མཁན་ཆེན་པཎ་ཆེན་བི་མ་ལ་མི་ཏྲའི་ཐུན་མོང་གི་སློབ་མ་ཞིག་ཡིན།

གསུམ་པ། ཡིག་རྙིང་ཁྲོད་ཀྱི་“འགྲེལ་པཱ”དང་བསྟན་འགྱུར་ཁྲོད་ཀྱི་འགྲེལ་པ་བསྡུར་དཔྱད།

གཅིག སློབ་དཔོན་པདྨ་སམ་བྷ་བས་བཀོད་པའི་མཛོད་བྱང་དང་སློབ་དཔོན་ཤཱནྟི་གརྦྷས་བཀོད་པའི་མཛོད་བྱང་།

༡ སློབ་དཔོན་པདྨ་སམ་བྷ་བས་“འགྲེལ་པཱ”ལ་མཛོད་བྱང་བྲིས་པ། “འགྲེལ་པཱ”འདི་ནི་སློབ་དཔོན་པདྨ་སམ་བྷ་བས་མཛད་པ་ཡིན་མོད། འོན་ཀྱང་སྡེ་དགེའི་བསྟན་འགྱུར་དང་། ཅོ་ནེའི་བསྟན་འགྱུར་གྱི་ཁྲོད་དུ་འགྲེལ་པའི་དཔར་གཞི་མི་བཞུགས་པར་ད་ལྟ་མཐོང་ཡུལ་དུ་གྱུར་པ་ནི་པེ་ཅིན་དཔར་མ[②]དང་། སྣར་ཐང་དཔར་མའི[③]ཁྲོད་ཀྱི་འགྲེལ་པ་དེ་དང་། དེ་གཉིས་དཔེ་བསྡུར་བྱས་པའི་བསྟན་འགྱུར་དཔེ་བསྡུར་མའི་ཁྲོད་ཀྱི་འགྲེལ་པ་དེ་ཡིན། དཔར་གཞི་དེ་དག་ལ་ལོ་རྒྱུས་མཚོན་པའི་མཛོད་བྱང་ཅི་ཡང་བཀོད་མེད། ཏུན་ཧོང་ཡིག་རྙིང་གི་དཔར་གཞི་ལྟར་ན། མཇུག་མཐའི་ལེའུ་སྟེ། “མཐར་ཕྱིན་པའི་ལེའུ”ཡི་ཚིག་རྗེས་མ“ཉིད་ཀྱི་ཐུགས་ཀར་ཞུགས་ནས་མྱི་སྣང་བར་གྱུརད་ཏོ”ཞེས་རྩ་བ་ཡོངས་སུ་འགྲེལ་ཚར་རྗེས། སློབ་དཔོན་པདྨ་སམ་བྷ་བས་རྒྱུད་འགྲེལ་གྱི་མཇུག་སྨོས་ལ་རང་ཉིད་ཀྱིས་ཚིགས་བཅད་ཤོ་ལོ་ཀ་

① ཉང་ཉི་མ་འོད་ཟེར་གྱིས་གཏེར་ནས་བཏོན། སློབ་དཔོན་པདྨའི་རྣམ་ཐར་ཟངས་གླིང་མ་བཞུགས་སོ། །སི་ཁྲོན་དཔེ་སྐྲུན་ཁང་། 1987ལོ། ཤོག་ངོས་106

② བསྟན་འགྱུར། པེ་ཅིན་དཔར་མ། བོད་རྟགས། ཐུ། ཚན་གྲངས། གཉིས། ལྡེབ་ངོས་101-129བསྟན་འགྱུར། སྣར་ཐང་དཔར་མ། བོད་རྟགས། ཐུ། ཚན་གྲངས། གཉིས། ལྡེབ་ངོས་88-144སྔ་འགྱུར་བཀའ་མ་ཤིན་ཏུ་རྒྱས་པ། སི་ཁྲིན་དཔེ་སྐྲུན་ཚོགས་པ། སི་ཁྲོན་མི་རིགས་དཔེ་སྐྲུན་ཁང་། 2009ལོ། དེ་དག་ལས་ཐབས་ཀྱི་ཞགས་པ་པདྨའི་འཕྲེང་བའི་གྲེལ་པའི་དཔར་གཞི་ནི་རྒྱ་ནག་པེ་ཅིན་བསྟན་འགྱུར་ལས་ཞལ་བཤུས་པ་ཞེས་བྱུང་། དེ་བཞིན་དུ་བཀའ་མ་ཤིན་ཏུ་རྒྱས་པ། ཀ ཐོག པོད་གྲངས་། 80 ལྡེབས་གྲངས་127-238བར་གྱི་འགྲེལ་པ་ལའང་པེ་ཅིན་བསྟན་འགྱུར་ལས་བཤུས་ཞེས་བྱུང་། དེ་དག་ནི་དཔར་གཞི་གཅིག་རྐྱང་དུ་ངེས།

③ ངག་དབང་སྐལ་ལྡན་རྒྱ་མཚོ། ཤེལ་དཀར་ཆོས་འབྱུང་། བོད་ལྗོངས་མི་དམངས་དཔེ་སྐྲུན་ཁང་། 2012ལོ། ཤོག་ངོས་6

གསུམ་མཛད་དེ་རྒྱུད་འགྲེལ་བརྩམས་པའི་ཀུན་སློང་གསུངས་ཡོད། ཤྲཱི་ཡོ་ག་དེ་གསུམ་ཏུན་ཧོང་ཡིག་སྙིང་ཁྲིད་ཀྱི་"འགྲེལ་པཱ"དང་བསྟན་འགྱུར་ཁྲིད་ཀྱི་འགྲེལ་པ་ལས་བྱུང་བ་ལྟར་གཤིབ་བསྡུར་བྱས་ནས་རེའུ་མིག་ཏུ་བཀོད་ན་གཤམ་ལྟར།

ཏུན་ཧོང་ཡིག་སྙིང་ཁྲིད་ཀྱི་"འགྲེལ་པཱ"	བསྟན་འགྱུར་ཁྲིད་ཀྱི་འགྲེལ་པ།
མཉམ་ལས་འཕྲོས་ཏེ་བྱུང་བའི་དོན། །	མཉམ་ལས་སྤྲོས་ཏེ་འབྱུང་བའི་ལས།
སྐྱེས་བུ་གང་གིས་རིག་པ་སྟེ། །	སྐྱེས་བུ་གང་ཞིག་རིག་པ་དེས། །
ངག་གིས་ཅི་སྐད་བརྗོད་པའི་སྒྲ། །	གང་ཞིག་ཇི་སྐད་བརྗོད་པའི་སྒྲ། །
ཐམས་ཅད་མ་ལུས་ཏན་ཏྲ་ཞེས། །	ཐམས་ཅད་ཏན་ཏྲ་ཞེས་པ་ནི། །
འོག་མྱིན་ལྷ་མྱིད་གནས་མཆོག་ཏུ། །	འོག་མིན་ལྷ་མེད་གནས་མཆོག་ཏུ། །
མགོན་པོ་བདག་ཉིད་ཆེན་པོ་ཡིས། །	མགོན་པོ་བདག་ཉིད་ཆེན་པོ་ཡིས། །
རྡོ་རྗེ་འཁོར་ལོ་བསྐོར་པ་ན། །	རྡོ་རྗེ་འཁོར་ལོ་བསྐོར་བ་ན། །
ལྷུགས་ཀྱི་དབང་པོ་བཀྲམ་ལས་གསུངས། །	ལྷུགས་ཀྱི་དབང་པོ་བཀྲམ་པས་གསུངས། །
དེ་ལས་བརྟེན་ཏེ་མགོན་པོ་འི། །	དེ་ལས་བརྟེན་ཏེ་མགོན་པོ་ཡིས། །
སྐུ་གསུང་ཐུགས་ཀྱི་གསང་བ་རྣམས། །	སྐུ་གསུང་ཐུགས་ཀྱི་གསང་བ་རྣམས། །
རྣལ་འབྱོར་སྒྲུབ་པས་རྟོག་བྱ་འི་ཕྱིར། །	རྣལ་འབྱོར་བསྒྲུབ་པ་རྟོགས་བྱའི་ཕྱིར། །
མ་ནོར་ཙམ་དུ་བཤད་པ་ཡིན། །	མ་ནོར་ཙམ་དུ་བཤད་པ་ཡིན། །

དེས་ན་གོང་གསལ་རེའུ་མིག་གི་ཐིག་ཕྲེང་དགུ་པའི་"མགོན་པོའི"ཞེས་པའི་འབྲེལ་སྒྲས་སྟོན་པ་བཅོམ་ལྡན་འདས་ཀྱི་སྐུ་གསུང་ཐུགས་ཀྱི་གསང་བ་ཞེས་བསྟན་པ་དང་། བསྟན་འགྱུར་དཔེ་བསྡུར་མའི་ཁྲིད་ཀྱི་འགྲེལ་པར་"མགོན་པོ་ཡིས"ཞེས་བྱེད་སྒྲ་སྦྱར་བས་སྟོན་པ་བཅོམ་ལྡན་འདས་ཀྱིས་སྐུ་གསུང་ཐུགས་ཀྱི་གསང་བ་རྣམས་རང་ཉིད་ཀྱིས་གསུངས་པ་ལྟ་བུར་ཆགས་ཡོད། འོན་ཀྱང་མཛད་བྱང་དེ་ནི་སྟོན་པས་གསུངས་པ་ཡིན་ཞེས་སྨྲར་ན་ཤྲཱི་ཡོ་ག་འདིའི་དགོངས་དོན་དང་འགལ་ཡོད་སྙམ། ད་དུང་གོང་གི་རེའུ་མིག་གི་ཐིག་ཕྲེང་བརྒྱད་པའི་འབྱུང་ཁུངས་ཀྱི་སྒྲ་དེའང་བསྟན་འགྱུར་དཔེ་བསྡུར་མའི་ཁྲིད་དུ་བསྟན་བྱེད་སྒྲར་བསྒྱུར་པ་ལས་འགྲེལ་པ་དེ་བསྟན་འགྱུར་དུ་བསྒྲིགས་སྐབས་ཚིགས་བཅད་འདི་ནི་སྟོན་པའི་གསུངས་ཡིན་པ་གཞིར་བཞག་ལྟར་བཅོས་པ་ཞིག་ཡིན་པ་གསལ་པོ་ཡིན། ཏུན་ཧོང་ཡིག་སྙིང་ཁྲིད་ཀྱི་"འགྲེལ་པཱ"ལྟར་ན། རེའུ་མིག་ཁྲིད་ཀྱི་ཐིག་ཕྲེང་དང་པོའི་"མཉམ་ལས་འཕྲོས་ཏེ"ཞེས་པའི་ཞབས་མཆན་དུ་"པད་མ་སམ་བ་ཛྷས་རང་གཟོར་བྱས་པ་མ་ཡིན་པར་སྟོན"ཞེས་བཀོད་ཡོད། དེ་ནི་སྟོན་པ་

བཅོམ་ལྡན་འདས་ཀྱིས་གསང་སྔགས་རྡོ་རྗེ་ཐེག་པའི་འཁོར་ལོ་སྐོར་སྐབས་བཀའ་འགྱུར་ཁྲོད་ཀྱི་རྩ་བ་དེ་གསུངས་པ་དང་། དེའི་དགོངས་དོན་ཇི་བཞིན་རྣལ་འབྱོར་སྒྲུབ་པའི་རྟོག་པ་འཕེལ་ཕྱིར་སློབ་དཔོན་པདྨ་སམ་བྷ་བ་རང་ཉིད་ཀྱིས་རང་བཟོ་བྱས་པ་མ་ཡིན་པར་ཁོང་གི་སློབ་དཔོན་སྔ་རབས་ནས་བརྒྱུད་པའི་གསུང་ལ་ཁུངས་བཙལ་ནས་འགྲེལ་པ་བྱས་པ་ཡིན་ཞེས་པ་མཆོན་པས། མཛད་བྱང་དེ་ལས་སློབ་དཔོན་པདྨ་སམ་བྷ་བས་"འགྲེལ་པ"དེ་ཇི་ལྟར་བརྩམས་གནང་ཚུལ་གསལ་པོར་རྟོགས་ཐུབ།

༢ སློབ་དཔོན་ཤཱནྟི་གརྦྷས་སློབ་དཔོན་པདྨ་སམ་བྷ་བས་"འགྲེལ་པ"མཛད་པར་བསྟོད་པ། སློབ་དཔོན་པདྨ་སམ་བྷ་བས་མཇུག་སྡོམ་གྱི་ཚིགས་བཅད་དེ་མཛད་ཚར་རྗེས་ཕྱིར་ན་"འགྲེལ་པ"ཡི་ནང་དོན་ཡོངས་སུ་མཇུག་རྫོགས་པ་ཡིན་མོད། འོན་ཀྱང་ཚིགས་བཅད་ཤོ་ལོ་ཀ་གཅིག་བསྣན་ཡོད་དེ། ཚིགས་བཅད་དེ་ནི་ཏུན་ཧོང་ཡིག་རྙིང་ཁྲོད་ཀྱི་"འགྲེལ་པ"ཡི་ལྡེབ་ངོས་84པར། "༄[1]། །དངོས་གྲུབ་མཆོག་བརྙེས་ཡ་མཚན་ཆེན་པོ་འི། །འཇིག་རྟེན་ངམ་གྱུར་པད་མ་རྒྱལ་པོ་ཡིས། །དེ་བཞིན་བཤེགས་པའི་མན་ངག་གསང་ཆེན་རྣམས། །སྙིང་ནས་བཀྲོལ་མཛད་དེ་ལ་ཕྱག་འཚལ་ལོ། །"ཞེས་བཀོད་ཡོད་པ་དང་། བསྟན་འགྱུར་དཔེ་བསྡུར་མ(རྒྱུད། ཐུ། 83 ཤོག་ངོས་264པ་)རུའང་ཚིགས་བཅད་དེ་བཀོད་ཡོད་ཀྱང་ཅུང་ཙམ་མི་འདྲ་བྱུང་སྟེ། དེ་ཡང་"དངོས་གྲུབ་མཆོག་བརྙེས་ཡ་མཚན་ཆེན་པོ་ཡིས། །འཇིག་རྟེན་མ་འགྱུར་པདྨའི་རྒྱལ་པོ་ལས། །དེ་བཞིན་གཤེགས་པའི་མན་ངག་གསང་ཆེན་རྣམས། །སྙིང་ནས་བཀྲོལ་མཛད་དེ་ལ་ཕྱག་འཚལ་ལོ། །"ཞེས་པ་ལྟ་བུའོ། །དེ་ཡང་ཚིག་རྐང་གཉིས་པ་"འཇིག་རྟེན་ངམ་གྱུར་པད་མ་རྒྱལ་པོ་ཡིས"ཞེས་སློབ་དཔོན་པདྨ་སམ་བྷ་བས་"འགྲེལ་པ"མཛད་པ་སྟོན་བྱེད་དུ་གཙོ་བོ་བྱེད་སྒྲའི་ཕྲད་སྦྱར་ཡོད་པ་དེ་བསྟན་འགྱུར་དཔེ་བསྡུར་མའི་ཁྲོད་དུ་འབྱུང་ཁུངས་ཀྱི་སྒྲ་རུ་བསྒྱུར་ཡོད། དེ་ལྟར་ན"འགྲེལ་པ"མཛད་མཁན་ནི་སློབ་དཔོན་པདྨ་སམ་བྷ་བ་མ་ཡིན་པས་ལོགས་ཤིག་ཏུ་གང་ཟག་ཅིག་ཡོད་དགོས་པར་ཐལ། དེ་བཞིན་བསྟན་འགྱུར་དཔེ་བསྡུར་མ་རུ་ཚིགས་བཅད་དེ་སློབ་དཔོན་གྱི་མཛད་བྱང་གི་རྗེས་སུ་མ་ཐུད་དེ་བྲིས་ཡོད་མོད། འོན་ཀྱང་མཛད་བྱང་ཚིགས་བཅད་དེའི་ནང་བསྟོད་མཁན་སུ་ཡིན་པ་གསལ་མེད་པས། སློབ་དཔོན་པདྨ་སམ་བྷ་བས་རང་ཉིད་ལ་"པདྨ་རྒྱལ་པོ"ཞེས་བསྟོད་པ་དང་འདྲ་བས། གཞུང་དོན་ལ་ནང་འགལ་བྱུང་ཡོད། དོན་དམ་པར་ཚིགས་བཅད་དེ་ནི་"སློབས་དཔོན་ཤན་ཏིང་

[1] སྐབས་འདིའི་དབུ་འབྲུད་ནི་སློབ་དཔོན་པདྨ་སམ་བྷ་བས་འགྲེལ་ཡོངས་སུ་རྫོགས་ཏེ་ཤན་ཏི་བའི་བསྟོད་པའི་འགོ་རྟགས་པ་མཚོན་བྱེད་དུ་བཀོད་པ་ཡིན་སྙམ། དབུ་འབྲུད་ཀྱི་བྱེད་ནུས་འདི་ནི་ཏུན་ཧོང་ཡིག་རྙིང་འཕྲིན་ཡིག་ཡིག་ཚང་དུ་མཐོང་མང་བ་ཞིག་ཡིན།

གར་བ་(ཤཱནྟི་གརྦྷ་སྟེ་ཞི་བ་སྙིང་པོའི་འབྲི་ཚུལ་)”ཡིས་སློབ་དཔོན་པདྨ་སམ་བྷ་བས“འགྲེལ་པ་”བརྩམས་རྗེས་བརྟགས་ནས་འགྲེལ་དག་པར་མཁྱེན་ཏེ་བསྟོད་བསྔགས་མཛད་པ་ཞིག་ཡིན། ཏུན་ཧོང་ཡིག་རྙིང་ཁྲོད་ཀྱི་“འགྲེལ་པ་”ཡི་ལྡེབ་ངོས་84པའི་ཐིག་ཕྲེང་ལྔ་པར་ཚིགས་བཅད་དེའི་ཞབས་མཆན་ལ་“སློབས་དཔོན་ཤན་ཏིང་གར་བས་བརྟགས་ནས་མ་ནོར་ནས། སམ་བ་བྷ་ལ་སྟོད་པའོ”ཞེས་བྲིས་པས། དེ་ལས་ཁ་གསལ་བ་ཞིག་ཅི་ནས་དགོས། སློབ་དཔོན་ཤཱནྟི་གརྦྷ་ནི་བལ་ཡུལ་ནས་ཡིན་ཞིང་། ཁོང་གིས་བསམ་ཡས་དགོན་པར་རབ་གནས་མཛད་པར་ཕེབས[1]ཏེ་ཨཱ་ཙཪྻ་བོ་དྷི་ས་ཏྭ་དང་། སློབ་དཔོན་པདྨ་སམ་བྷ་བ་བཅས་དང་མཉམ་དུ་རབ་གནས་གནང་བ་སོགས། བོད་དུ་གསང་སྔགས་སྤེལ་བའི་བྱ་གཞག་ཁྲོད་ནུས་པ་གལ་ཆེན་འདོན་གནང་མྱོང་ཡོད།

སློབ་དཔོན་ཤཱནྟི་གརྦྷས་སློབ་དཔོན་པདྨ་སམ་བྷ་བ་ལ་བསྟོད་པ་མཛད་པའི་ཚིགས་བཅད་དེའི་ཁུངས་ནི་སློབ་དཔོན་གྱི་སྐྱེས་རབས་དང་འབྲེལ་བ་ཡོད་དེ། སྔོན་སློབ་དཔོན་པདྨ་སམ་བྷ་བས་ཨུ་རྒྱན་གྱི་ཡུལ་ཁམས་ཐམས་ཅད་ཆོས་ལ་བཙུད་སྐབས་ཡུལ་དེའི་རྒྱལ་པོའི་སྲས་མཛད་པས་མཚན་ལ་“པདྨའི་རྒྱལ་པོ་”ཞེས་ཐོགས་པ་དང་། སྐབས་དེར་རྒྱལ་པོས་ཚིགས་བཅད་ཀྱིས་སློབ་དཔོན་ལ་བསྟོད་པ་ཕུལ་བ་སྟེ། “ཧཱུཾ༔ དངོས་གྲུབ་མཆོག་བརྙེས་ཡ་མཚན་ཆེ་བའི་སྐུ༔ རྟོགས་པ་བླ་མེད་མཆོག་ཏུ་གྱུར་པ་ཡིས༔ དེ་བཞིན་གཤེགས་པའི་མན་ངག་གསང་ཆེན་རྣམས༔ གླིང་ནས་གྲོལ་མཛད་ཁྱོད་ལ་ཕྱག་འཚལ་བསྟོད༔”[2]ཅེས་བསྔགས་པ་ཕུལ་བ་འདི་ལ་གཞི་བཅོལ་ཏེ་ཤཱནྟི་གརྦྷས་ཀྱང་སློབ་དཔོན་པདྨ་སམ་བྷ་བའི་“འགྲེལ་པ་”མཛད་པའི་འཕྲིན་ལས་རྣམས་བསྡུས་ཏེ་ཚིག་ཟུར་མཐུན་པར་བཀོད་པ་ཞིག་གོ །

གཉིས། ཡིག་རྙིང་ཁྲོད་ཀྱི་“འགྲེལ་པ་”དང་བསྟན་འགྱུར་དཔེ་བསྡུར་མའི་ཁྲོད་ཀྱི་འགྲེལ་པ་གཉིས་ཀྱི་མཚན་བྱང་བསྡུར་བ། པེ་ཅིན་དཔར་མ་དང་། སྣར་ཐང་དཔར་མའི[3]འགྲེལ་པ་གཉིས་གཞིར་བཟུང་བའི་བསྟན་འགྱུར་དཔེ་བསྡུར་མའི་ནང་དུ། “ཐབས་ཀྱི་ཞགས་པ་པད་མོའི་འཕྲེང་བའི་འགྲེལ་པ་བཞུགས་”[4]

① བྱ་སྟོན་རིན་ཆེན་གྲུབ། བུ་སྟོན་ཆོས་འབྱུང་། ཀྲུང་གོའི་བོད་ཀྱི་ཤེས་རིག་དཔེ་སྐྲུན་ཁང་། 1988ལོ། ཤོག་ངོས་24

② ཉང་ཉི་མ་འོད་ཟེར་གྱིས་གཏེར་ནས་བཏོན། སློབ་དཔོན་པདྨའི་རྣམ་ཐར་ཟངས་གླིང་མ་བཞུགས་སོ། །སི་ཁྲོན་མི་རིགས་དཔེ་སྐྲུན་ཁང་། 1987ལོ། ཤོག་ངོས་24

③ དཔར་གཞི་འདིའི་ཐབས་ཀྱི་ཞགས་པ་པད་མོ་འཕྲེང་བའི་འགྲེལ་པ་བཞུགས་ཞེས་པའི་ཁ་བྱང་ནི་མཆན་བཏབ་པའི་ཚུལ་དུ་སྣང་། ཐབས་ཀྱི་ཞགས་པ་པད་མའི་འཕྲེང་པའི་འགྲེལ་པ། བསྟན་འགྱུར། སྣར་ཐང་མ། པོད་གྲངས། 77 ལྡེབས་གྲངས། 180-232

④ བསྟན་འགྱུར་དཔེ་བསྡུར་མ་ལས། བསྡུར་མཆན། མཚན་བྱང་འདི《པེ་》《སྣར་》ལྟར་བཀོད་ཅེས་གསལ།

ཞེས་བྲིས་པའི་མཚན་བྱང་དེ་ཏུན་ཧོང་ཡིག་རྙིང་ཁྲོད་ཀྱི་"འཕགས་པ་ཐབས་ཀྱིས་ཞགས་པ་པད་མ་འཕྲེང་ལས་རྟོག་པའི་རྒྱལ་པོ་འི་དོན་བསྡུས་པའི་འགྲེལ་པ་"ཞེས་པ་དང་བསྡུར་ན་བསྡུས་སྐྱོན་ཡོད་དེ། དང་པོ་ལ་"འཕགས་པ་"ཞེས་པའི་ཡི་གེ་མེད་པ་དང་གཉིས་པ་ལ་ཡོད་པས་ཡིན། དེ་ཡང་འཕགས་པ་ཞེས་པའི་ཐ་སྙད་ཡོད་མེད་ལ་ཁྱད་པར་ཆེ་སྟེ། "འགྲེལ་པ་"ཡི་ལྡེབ་ངོས་དང་པོའི་ཐིག་ཕྲེང་བཞི་པར་"འཕགས་པ་ནི། ཉན་ཐོས་དག་ཀུང་འཇིག་རྟེན་ལས་འཕགས་མོད་ཀྱི། སྐབས་འདིར་དེ་ལ་སྒྱི་བྱ་ཡི་། ཐེག་པ་ཆེན་པོ་ཡང་ཆེན་པོ་ཉན་ཐོས་དང་ཡུན་རིང་པོ་འི་གྲུབ་པ་ལས་འཕགས་པ་སྟེ། ཚེ་འདི་ཉིད་ལས་འགྲུབ་པ་དང་། སངས་རྒྱས་བཅོམ་ལྡན་འདས་ཆེན་པོ་ལ་བྱའོ་"ཞེས་གསལ་ཡོད་པའི་ཕྱིར། ཡང་"ཐབས་ཀྱི་ཞགས་པ"དང་"ཐབས་ཀྱིས་ཞགས་པ་"ཞེས་འབྲེལ་སྒྲ་དང་བྱེད་སྒྲའི་འབྲི་སྟངས་གཉིས་བྱུང་བའང་ཁྱད་པར་ཆེ་སྟེ། འགྲེལ་པའི་གཞུང་ལས་"ཐབས་"ཞེས་པ་ནི་སྙིང་རྗེ་ཆེན་པོས་དོན་ཡིན་པ་དང་། "ཞགས་པ་"ཞེས་པ་ནི་མི་གཏོང་བའི་དོན་ཡིན་པས་འདི་ལ་སྙིང་རྗེ་ཆེན་པོས་མི་གཏོང་བ་ཞེས་བྱེད་སྒྲ་སྦྱོར་འོས་པ་མ་ཟད། ཏུན་ཧོང་ཡིག་རྙིང་ཁྲོད་ཀྱི་"འགྲེལ་པ་"ཡི་མཚན་བྱང་དེའང་འགྲེལ་པའི་གཞུང་དོན་དང་ཡོངས་སུ་མཐུན་པ་ཞིག་ཡིན།

གསུམ། ཡིག་རྙིང་ཁྲོད་ཀྱི་"འགྲེལ་པ་"དང་བསྟན་འགྱུར་དཔེ་བསྡུར་མའི་ཁྲོད་ཀྱི་འགྲེལ་པའི་ལེའུ་བསྡུར་བ། ཏུན་ཧོང་ཡིག་རྙིང་གི་དཔར་གཞིའི་ཁྲོད་དུ་ལེའུར་བགྲང་བ་38ཡོད་ཅིང་། "དཀྱིལ་འཁོར་གྱི་མཚན་ཉིད་"ཅེས་པ་(I.T.J.321ལྡེབ་ངོས་79པ་)ནས་བཟུང་སྟེ་ལེའུ་ཡི་དབྱེ་བ་བཀར་མེད། བསྟན་འགྱུར་དཔེ་བསྡུར་མར་རྒྱུད་གཞུང་འདི་ལ་ལེའུ་བཞི་ཅུ་རྩ་གཉིས་ཡོད་ཅེས་གསལ་ཡང་། ལེའུ་དྲུག་པ་ནས་ལེའུ་བཅུ་བར་གྱི་ལེའུ་ལྔ་ཚད་ཡོད། སྡེ་དགེ་དང་ཅོ་ནེ་དཔར་མའི་ཁྲོད་དུ་མ་བཅུག་པའི་རྒྱུ་མཚན་ཡང་འདིར་ཐུག་པ་ཡིན་ནམ་སྙམ། ལེའུ་དེ་དག་(I.T.J.321ལྡེབ་ངོས་17–38བར་)ཏུན་ཧོང་གི་དཔར་གཞིར་ཁ་གསལ་པོར་བཀོད་ཡོད། ལེའུ་དེ་དག་གི་མཚན་བྱང་ནི་རིམ་པ་ལྟར། གཟུགས་བརྙན་གྱི་དཀྱིལ་འཁོར་ཏེ་ལེའུ་དྲུག་པ། ལྷ་འི་མཚན་ཉིད་དང་དཀྱིལ་འཁོར་བཀོད་པའི་རིམ་པ་བསྟན་པ་སྟེ་ལེའུ་བདུན་པ། དངོས་གྲུབ་སྒྲུབ་པ་སྟེ་ལེའུ་བརྒྱད་པ། སྔགས་ཏེ་ལེའུ་དགུ་པ། ཕྱག་རྒྱ་སྟེ་ལེའུ་བཅུ་པ་བཅས་ཡིན། བསྟན་འགྱུར་དཔེ་བསྡུར་མའི་འགྲེལ་པའི་ཁྲོད་དུ་ད་དུང་ལེའུ་བཅུ་བཞི་ནས་བཅུ་དྲུག་བར་གྱི་ལེའུ་གསུམ་ཚད་ཡོད་པ་དེ་དག་གི་མཚན་བྱང་ནི་རིམ་པ་ལྟར། ཕྱག་རྒྱའི་ལེའུ་སྟེ་བཅུ་བཞི་པ། རྡོ་རྗེ་སྲིན་མོའི་སྔགས་ཀྱི་ལེའུ་སྟེ་བཅོ་ལྔ་པ། ཁྲོ་བོ་བཅུ་དང་ལས་ཀྱི་སྔགས་རིལ་འདུས་པའི་ལེའུ་སྟེ་བཅུ་དྲུག་པ་བཅས་ཡིན།

ཏུན་ཧོང་ཡིག་རྙིང་ཁྲོད་ཀྱི་"འགྲེལ་པ་"དང་བསྟན་འགྱུར་དཔེ་བསྡུར་མའི་ཁྲོད་ཀྱི་འགྲེལ་པའི་ལེའུ་

གཞན་པ་པན་ཚུན་ཐོད་གཏུགས་ཐུབ་པ་ཡིན་མོད། ཚིག་འགྲོས་ཐད་ཅུང་ཟད་མི་མཐུན་པ་བྱུང་བ་ནི་གཙོ་བོ་བཟ་སྦྱོད་དང་ཡི་གེའི་ཕྱོགས་ནས་ཟོར་ཡང་ཞིང་གོ་བདེ་ལ་ཁ་གསལ་བར་བཏང་བ་ལས་བྱུང་བ་ཞིག་ཡིན། དཔེར་ན། སྐལ་བ་གསུམ–བསྐལ་བ་གྲངས་མེད་པ་གསུམ། སྦྱོད་ཡུལ–དཔྱོད་ཡུལ། ཁྱད–ཁྱད་པར། ཚ་ག–མཚོག སེམས་དཔའ་བཅུ་དྲུག་དང་། སེམས་མ་བཅུ་དྲུག་ཕྲག་གཉིས་ན་སུམ་བཅུ་རྩ་གཉིས་ཏེ། –སེམས་དཔའ་བཅུ་དྲུག་དང་། སེམས་མ་བཅུ་དྲུག་སྟེ། བཅུ་དྲུག་གཉིས་ནི་སུམ་ཅུ་རྩ་གཉིས་ཏེ། སེམས་མ་ལ་ཡང་དགུ་བརྒྱན་ཡོད་མོད་ཀྱི། –སེམས་མ་ལ་དགུ་རྒྱན་ཡོད་ཀྱི། བརླུག–བརླག་ལྟ་བུའོ། །

བཞི། ཡིག་རྙིང་ཁྲོད་ཀྱི“འགྲེལ་པྣ”དང་བསྟན་འགྱུར་དཔེ་བསྡུར་མའི་ཁྲོད་ཀྱི་འགྲེལ་པའི་སྔགས་ཀྱི་ལེའུ་ཡི་སྔགས་ཡིག་འབྲི་ཚུལ་བསྡུར་བ། ལེའུ་དགུ་པ་སྔགས་ཀྱི་ལེའུའི་ནང་དུ་བོད་བཙན་པོའི་དུས་སྐབས་ཀྱི་སྔགས་ཡིག་གི་འབྲི་ཚུལ་རྒྱུན་འཛིན་བྱས་ཡོད་ལ། སྔགས་ཡིག་གི་ཞབས་མཆན་དུ་སྔགས་ཀྱི་ཡི་གེ་གང་ཡིན་པ་དེ་བོད་སྐད་དུ་དོན་སྒྱུར་བྱས་ཡོད། བོད་སྐད་ཀྱི་ལམ་ནས་གཟུངས་སྔགས་བཟླ་བའང་བར་སྐབས་ཤིག་ལ་དར་ཁྱབ་བྱུང་བའམ་ཡང་ན་སྐབས་དེའི་གསང་སྔགས་ཁྲིད་རྒྱུན་གྱི་ཁྱད་ཆོས་ཤིག་ཀྱང་ཡིན་པར་འདོད་དེ། ཏུན་ཧོང་ཡིག་རྙིང་ཁྲོད་དུ་བོད་སྐད་དུ་བསྒྱུར་བའི་གཟུངས་སྔོར་ཞིག་མཐོང[①]ཐུབ་པའི་ཕྱིར། བསྟན་འགྱུར་དཔེ་བསྡུར་པར་མའི་ཁྲོད་དུ་སྔགས་རྣམས་བྲིས་མེད་མོད། ཏུན་ཧོང་དཔར་གཞི་དང་བཀའ་འགྱུར་དཔེ་བསྡུར་མའི་དཔར་གཞི་བསྡུར་བ་བྱས་ཚེ། སྐབས་དེའི་སྔགས་དེ་རྣམས་ཀྱི་འབྲི་ཚུལ་དང་འགྲེལ་པ་ཡོངས་སུ་རྟོགས་ཐུབ་པས། དེ་རྣམས་དཀྱུས་གཅིག་ཏུ་རེའུ་མིག་ལ་བཀོད་ན་འདི་ལྟ་སྟེ།

I.T.J.321སྔགས་ཀྱི་ལེའུའི་སྔགས་ཡིག	I.T.J.321སྔགས་ཡིག་གི་ཞབས་མཆན་དུ་བཀོད་པའི་སྔགས་འགྲེལ།	བསྟན་འགྱུར་དཔེ་བསྡུར་མའི་འགྲེལ་པའི་ཁྲོད་ཀྱི་སྔགས་ཡིག	བཀའ་འགྱུར་དཔེ་བསྡུར་མའི་རྩ་བའི་ཁྲོད་ཀྱི་སྔགས་ཡིག
ཨོྃ་བ་ཛྲ་བོ་རེ་ཙ་ན་ཨོྃ།	རྣམ་པར་སྣང་མཛད།	—	ཨོཾ་བ་ཛྲ་བཻ་རོ་ཙ་ན་ཨོཾ།
ཨོྃ་ས་ཏྭ་བ་ཛྲ་ཧཱུྃ།	སེམས་དཔའ་རྡོ་རྗེ།	—	ཨོཾ་སཏྭ་བ་ཛྲ་ཧཱུྃ།
ཨོྃ་རད་ན་བ་ཛྲ་ཏྲཾ།	རིན་ཅེན་རྡོ་རྗེ།	—	ཨོཾ་རཏྣ་བ་ཛྲ་ཏྲཾ།
ཨོཾ་དྷར་མ་བ་ཛྲ་ཧྲཱི།	ཆོས་ཀྱི་རྡོ་རྗེ།	—	ཨོཾ་དྷརྨ་བ་ཛྲ་ཧྲཱིཿ།
ཨོྃ་ཀར་མ་བ་ཛྲ་ཏ།	ལས་ཀྱི་རྡོ་རྗེ།	—	ཨོཾ་ཀརྨ་བཛྲ་ཨཱཿ།
ཨོྃ་བ་ཛྲ་ཨ་ཀྲོ་དྷུ་ཧཱུྃ།	ཁྲོ་འབྲུག་པ།	—	ཨོཾ་བཛྲ་ཨ་ཀྲོ་དྷཿཧཱུྃ།

① དེ་ལས།I.T.J.322ནི་དཔེ་མཚོན་ལེགས་པོ་ཞིག་རེད་སྙམ།

ཨོཾ་བ་ཛྲ་ས་ཏྭ་ཧཱུྃ།	རྡོ་རྗེ་སེམས་དཔའ།	—	ཨོཾ་བཛྲ་སཏྭ་ཧཱུྃ།
ཨོཾ་བ་ཛྲ་རཱ་ཛཱ་ཧཱུྃ།	རྡོ་རྗེ་རྒྱལ་པོ།	—	ཨོཾ་བཛྲ་རཱ་ཛ་ཧཱུྃ།
ཨོཾ་བ་ཛྲ་ར་ག་ཧཱུྃ།	རྡོ་རྗེ་འདོད་པ།	—	ཨོཾ་བ་ཛྲ་རཱ་ག་ཧཱུྃ།
ཨོཾ་བ་ཛྲ་ས་དྷུ་ཧཱུྃ།	རྡོ་རྗེ་ལེགས་པ།	—	ཨོཾ་བཛྲ་སཱ་དྷུ་ཧཱུྃ།
ཨོཾ་བ་ཛྲ་རད་ན་སམ་བྷ་བ་ཧཱུྃ།	རྡོ་རྗེ་རིན་ཆེན་འབྱུང་གནས།	—	ཨོཾ་བཛྲ་རཏྣ་སཾ་བྷ་བ་ཧཱུྃ།
ཨོཾ་བ་ཛྲ་རད་ན་ཧཱུྃ།	རྡོ་རྗེ་རིན་ཅེན།	—	ཨོཾ་བཛྲ་རཏྣ་ཧཱུྃ།
ཨོཾ་བ་ཛྲ་སུ་རྱ་ཧཱུྃ།	རྡོ་རྗེ་ཉི་མ།	—	ཨོཾ་བཛྲ་སཱུ་རྱ་ཧཱུྃ།
ཨོཾ་བ་ཛྲ་ཀེ་ཏུ་རེ་ཧཱུྃ།	རྡོ་རྗེ་རྒྱལ་མཚན།	—	—
ཨོཾ་བ་ཛྲ་ཧ་ས་ཧཱུྃ།	རྡོ་རྗེ་བཞད་པ།	—	ཨོཾ་བཛྲ་ཧཱ་ས་ཧཱུྃ།
ཨོཾ་བ་ཛྲ་ཨ་མྲི་ཏ་བ་ཧྲི།	རྡོ་རྗེ་སྣང་བ་མཐའ་ཡས།	—	ཨོཾ་བཛྲ་ཨ་མི་ཏཱ་བྷ་ཧྲཱིཿ།
ཨོཾ་བ་ཛྲ་དྷར་མ་ཧྲི།	རྡོ་རྗེ་ཆོས།	—	—
ཨོཾ་བ་ཛྲ་ཏིག་ག་ཀྵ་ཧྲི།	རྡོ་རྗེ་རྣོན་པོ།	—	ཨོཾ་བཛྲཿཏཱིཀྵྞ་ཧྲཱིཿ།
ཨོཾ་བ་ཛྲ་ཙག་ཀྲ་ཧྲི།	རྡོ་རྗེ་འཁོར་ལོ།	—	ཨོཾ་བཛྲཿཙ་ཀྲ་ཧྲཱིཿ།
ཨོཾ་བ་ཛྲ་པ་ཤེ་ཧྲི།	རྡོ་རྗེ་སྨྲ་བ།	—	ཨོཾ་བཛྲ་བྷཱ་ཥ་ཧྲཱིཿ།
ཨོཾ་བ་ཛྲ་ཀར་མ་ཏ།	རྡོ་རྗེ་ལས།	—	ཨོཾ་བཛྲ་ཀརྨ་ཏྣ།
ཨོཾ་བ་ཛྲ་ར་ཀྵ་ཏ།	རྡོ་རྗེ་སྲུང་བ།	—	ཨོཾ་བཛྲ་རཀྵ་ཏྣ།
ཨོཾ་བ་ཛྲ་ཡ་ཀྵ་ཏ།	རྡོ་རྗེ་གནོད་སྦྱིན།	—	ཨོཾ་བཛྲ་ཡ་ཀྵ་ཏྣ།
ཨོཾ་བ་ཛྲ་སན་དྷི་ཏ།	རྡོ་རྗེ་ཁུ་ཚུར།	—	—
ཨོཾ་བ་ཛྲ་ཨ་མོ་གྷ་སིད་དི་ཏ།	རྡོ་རྗེ་དོན་ཡོད་གྲུབ་པ།	—	ཨོཾ་བཛྲ་ཨ་མོ་གྷ་སིདྡྷི་ཏྣ།
ཨོཾ་བ་ཛྲ་ཤྭ་ར་དྷ་ཏུ་ཨོཾ།	ཐམས་ཅད་བདག་ཉིད།	—	བཛྲེ་ཤྭ་ར་དྷཱ་ཏུ་ཨོཾ།
ཨོཾ་བ་ཛྲ་འབུ་ཏ་ལོ་ཙ་ན་ཧཱུྃ།	ཡངས་པའི་སྤྱན།	—	ཨོཾ་བཛྲ་བུདྡྷཱ་ལོ་ཙ་ན་ཧཱུྃ།
ཨོཾ་བ་ཛྲ་མ་མ་ཀི་ཧཱུྃ།	རིན་ཅེན་སྤྱན།	—	ཨོཾ་བཛྲ་མཱ་མ་ཀཱི་ཧཱུྃ།
ཨོཾ་བ་ཛྲ་པན་ཏ་ར་བ་སི་ནི་ཧྲི།	གོས་དཀར་པོ།	—	ཨོཾ་བཛྲཿཔཎྜ་རཱ་བ་སིཿནི་ཧྣཱ།
ཨོཾ་བ་ཛྲ་ས་མ་ཡ་ཏ་ར་ཏྣ།	དམ་ཚིག་སྒྲོལ་མ།	—	ཨོཾ་བཛྲ་ས་མ་ཡ་ཏཱ་རཱ་ཏྣ།
ཨོཾ་བ་ཛྲ་ལ་སྱེ་ཧཱུྃ།	རྡོ་རྗེ་སྒེག་མོ།	—	ཨོཾ་བཛྲ་ལཱ་སྱེ་ཧཱུྃ།
ཨོཾ་བ་ཛྲ་དུ་སི་ཧཱུྃ།	རྡོ་རྗེ་བདུགས་མ།	—	ཨོཾ་བཛྲ་དྷཱུ་པེ་ཧཱུྃ།
ཨོཾ་བ་ཛྲ་ཨང་སྐུ་ཤ་ཧཱུྃ།	རྡོ་རྗེ་ལྕགས་ཀྱུ་མ།	—	ཨོཾ་བཛྲ་ཨཾ་ཀུ་ཤ་ཧཱུྃ།
ཨོཾ་བ་ཛྲ་དྷ་ཏི་ཤ་ར་ཧཱུྃ།	རྡོ་རྗེ་སྒྲོལ་མ།	—	ཨོཾ་བཛྲ་དེ་ཤྭ་རེ་སྤྱཿདེ་ཧཱུྃ།
ཨོཾ་བ་ཛྲ་མ་ལེ་ཧཱུྃ།	རྡོ་རྗེ་འཕྲེང་མ།	—	ཨོཾ་བཛྲ་མཱཿལེམ་ཧཱུྃ།

རེའུ་མིག་ལས་མཐོང་བ་ལྟར། ཏུན་ཧོང་ཡིག་རྙིང་གི"འགྲེལ་པ"ཡི་ཁྲོད་དུ་འ་ཆུང་དང་རྗེས་སུ་ང་རོ་བཏགས་པའི"ཨཱོཾ"ཁོ་ནའི་འབྲི་སྟངས་བྱུང་། སྤྱིར་བཏང་ཏུན་ཧོང་ཡིག་རྙིང་གི་སྔགས་ཡིག་ཁྲོད་དུ"ཨཱོཾ"དང་། "ཨོཾམ" "ཨཱོཾ"[1]"བཅས་འབྲི་ཚུལ་གསུམ་བྱུང་ཡོད་པ་དང་། ཨོཾ་ལ་འ་ཆུང་བཏགས་པ་ནི་བཙན་པོའི་དུས་སྐབས་ཀྱི་སྔགས་ཡིག་གི་ཐུན་མོང་དུ་སྤྱོད་པའི་ཁྱད་ཆོས་ཤིག་ཡིན་ནའང་བསྟན་པ་ཕྱི་དར་སྐབས་འཕགས་ཡུལ་གྱི་པཎྜི་ཏ་མང་པོ་བོད་དུ་ཕེབས་པ་དང་བསྟུན་ནས་སྒྲ་སྦྱོར་ཚུལ་དེ་ནི་ནོར་འཁྲུལ་ཅན་ཞིག་ཡིན་པར་གསུངས་ཡོད་པ་དཔེར་ན། ས་པཎ(1182–1246)གྱིས། "རྒྱ་དཔེ་ཨོཾ་ལ་རིང་ཆ་མེད། །འ(ཨཱོཾ)བཏགས་ནོར་ཅེས་བླ་མས(པཎ་ཆེན་ཤཱཀྱ་ཤྲཱི)གསུངས"[2]ཞེས་གསུངས་པ་དང་། དེའི་རྗེས་སུའང་སྣར་ཐང་བ་དང་སྟག་ཚང་བ་སོགས་ཀྱིས་ཀྱང་དེ་ལ་དགག་གཞག་མཛད་པས་རིམ་བཞིན"ཨོཾ"ཡིག་ལྟར་ལུགས་སྲོལ་ཅན་དུ་གྱུར་ཏེ་སྔོན་གྱི་རྙིང་མ་རྒྱུད་འབུམ་དང་། བཀའ་འགྱུར་དཔར་གཞི་སོ་སོའི་ཁྲོད་དུ་འབྲི་སྲོལ་དེ་ཁོ་ན་བྱུང་། ཡིན་ཡང་ད་ལྟའི་བཀའ་འགྱུར་དཔེ་བསྡུར་མའི་ཁྲོད་དུ་ཡོངས་སུ"ཨཱོཾ"ཞེས་བྲིས་འདུག་ལ། བསྡུར་མཆན་དུ་གང་ཡང་བཀོད་མེད། རེའུ་མིག་ལས་གསལ་བའི་སྔགས་ཡིག་གི་ཁྱད་པར་གཞན་དག་ནི་གཙོ་བོ་བཙན་པོའི་དུས་སྐབས་ཀྱི་སྔགས་རྣམས་ལེགས་སྦྱར་གྱི་སྒྲ་གདངས་གཙོ་བོ་བྱས་ཏེ་བོད་ཡིག་གི་ལམ་ནས་བྲིས[3]ཡོད་པས་དེའི་ཤུགས་རྐྱེན་ལས་བྱུང་བ་ཡིན་ཞིང་། བསྟན་པ་ཕྱི་དར་ནས་རིམ་བཞིན་ལེགས་སྦྱར་གྱི་ཡི་གེ་དེ་སྒྲ་མདོ་ཇི་བཞིན་བོད་སྐད་དུ་ཕབ་བསྒྱུར་བྱས་པ་ལ་བརྟེན། ད་ལྟའི་སྔགས་ཡིག་གི་འབྲི་ཚུལ་རྣམས་བྱུང་བ་ཡིན་ནོ། །

མཇུག་གི་གཏམ།

ཏུན་ཧོང་ཡིག་རྙིང་ཁྲོད་ཀྱི་གསང་སྔགས་ཀྱི་ཡིག་ཚང་ནི་ཆོས་འབྱུང་ལོ་རྒྱུས་རྩད་གཅོད་པའི་སྒྲུབ་བྱེད་གལ་ཆེན་ཞིག་ཡིན་པས། བོད་ཀྱི་ཆོས་འབྱུང་དང་ལོ་རྒྱུས་དེབ་ཐེར་སོ་སོའི་ནང་དུ་གསང་སྔགས་ཀྱི་ལོ་རྒྱུས་ལ་བཤད་ཚུལ་མི་འདྲ་བ་མང་དུ་བྱུང་བ་ལ་དཔྱད་ཞིབ་བྱེད་པར་ཕན་ནུས་ཆེ། ཡིག་ཚང་ཨང་

---

[1] སྔགས་ཡིག་འབྲི་ཚུལ་འདི་ནིP.T.23ཁྲོད་དུ་བྱུང་ཡོད།

[2] ཁ་སྐད་བཀྲ་ཤིས་ཚེ་རིང་། ཏུན་ཧོང་ནས་ཐོན་པའི་བོད་ཀྱི་སྔ་དར་སྔགས་ཡིག"ཨ་སིད་ཧི་བྱེ་འཛ་ན"དང"ཨོཾམ"སོགས་ཀྱི་རྣམ་པར་དཔྱད་པ། བོད་ལྗོངས་ཞིབ་འཇུག 2011ལོ། ཤོག་ངོས་7

[3] འདི་ལ་དཔེ་བརྗོད་མང་ཞིང་ཟུར་ཙམ་བཀོད་ན་ཏུན་ཧོང་ཡིག་རྙིང་ཡིག་ཆ་ཨང་རྟགསP.T.69དང་། P.T.283 P.T.288 I.T.J.329 I.T.J.369སོགས་ལྟ་བུ།

རྟགས་I.T.J.321འདི་ལ་མཚོན་ན་འཇང་བོད་དུ་གསང་སྔགས་སྤེལ་གནང་མཁན་གྱི་མི་སྣ་གལ་ཆེན་སློབ་དཔོན་པདྨ་སམ་བྷ་བ་དང་། པཎ་ཆེན་བི་མ་ལ་མི་ཏྲ། གཉགས་ཛྙཱ་ན་ཀུ་མ་ར། སློབ་དཔོན་ཤཱནྟིགརྦྷ་སོགས་དང་འབྲེལ་བ་ཡོད་པས། རིན་ཐང་གལ་ཆེ་བ་རྟོགས་ཐུབ། གཤིབ་བསྡུར་ལས་ཤེས་གསལ་ལྟར། "འཕགས་པ་ཐབས་ཀྱི་ཞགས་པ་པད་མ་འཕྲེང་ལས་རྟོག་པའི་རྒྱལ་པོ་འི་དོན་བསྡུས་པ་"ཞེས་པ་ནི་"ཐབས་ཀྱི་ཞགས་པ་པདྨོ་འཕྲེང་"གི་མཚན་བྱང་སྔ་ཤོས་དང་ཆ་ཚང་ཤོས་དེ་ཡིན་ལ། དེའི་འགྲེལ་པའི་མིང་ཆ་ཚང་ལ"འཕགས་པ་ཐབས་ཀྱིས་ཞགས་པ་པད་མ་འཕྲེང་ལས་རྟོག་པའི་རྒྱལ་པོ་འི་དོན་བསྡུས་པའི་འགྲེལ་པ་"ཞེས་ཟེར། རྒྱུད་འགྲེལ་འདི་ནི་སློབ་དཔོན་པདྨ་སམ་བྷ་བས་མཛད་པ་ཡིན་ཞེས་མ་མཐར་ཡང་དུས་རབས་བཅུ་པའི་སྔོན་ནས་ཤོད་རྒྱུན་བྱུང་ཡོད་པ་དང་། ཆོས་འབྱུང་དང་རྒྱུད་གཞུང་དཀར་ཆག་སོགས་ལ་བཀོད་པའི་གནས་ཚུལ་ལ་གཞིགས་ཚེ། དེ་ནི་དོན་དངོས་ཤིག་ཡིན་པའི་བདེན་ཁ་སྐྱེར་ཐུབ། གཞན་ཡང་འགྲེལ་པ་འདིའི་ཀུག་ཀྱོག་གི་འགྱུར་རིམ་ལས། དཔར་གཞི་ཇི་ལྟར་སྔ་ཚེ་དེའི་ནང་དོན་ཏུན་ཧོང་ཡིག་རྙིང་ཁྲོད་ཀྱི་དཔར་གཞི་ལ་ཐད་གཏུག་ཐུབ་ཅིང་། དེའི་ཕྱིས་སུ་བྱུང་བའི་དཔར་གཞི་རྣམས་ནི་སྔར་ཡོད་ནང་དོན་ལ་འགྱུར་ལྡོག་ཆེར་མ་བྱུང་བའི་ཆ་རྐྱེན་འོག་བཟོ་བཅོས་བརྒྱབ་པ་ཞིག་ཡིན་པ་གསལ་བཤད་བྱས་ཡོད། འབྲེལ་ཡོད་དཔར་གཞི་སོ་སོའི་ཁྲོད་ནས་སྔགས་ཀྱི་སྐབས་ནི་འགྱུར་ལྡོག་ཆེ་ཤོས་ཡིན་ལ། འགྱུར་ལྡོག་གི་བརྒྱུད་རིམ་ཁྲོད་དུ་ནོར་འཁྲུལ་ཡང་བྱུང་ཡོད་པ་སྟེ། དཔེར་ན། "ཨྃ་བ་ཛྲ་ར་ག་ར་ཏི་ཧི"(རྡོ་རྗེ་གསལ་བཀྲ་མ་)ཞེས་པར"ཨོཾ་བཛྲ་རཏྣ་ར་ཏི་ཧཱུྃ"ཞེས་བྲིས་པས། སྔར་གྱི་སྔགས་ཡིག་གི་ནང་དོན་སྟོན་ཐུབ་མེད་པ་ལྟ་བུའོ། །དེས་ན་ཁོ་བོ་ནི་གསང་སྔགས་ཕྱོགས་ཀྱི་ཤེས་བྱས་དབེན་པ་ཞིག་ཡིན་མོད་དཔྱད་རྩོམ་འདིའི་ནང་དོན་གྱི་དཔྱད་གཞི་ཁག་གཅིག་གལ་ཆེན་དུ་མཐོང་ནས། དཔྱོད་ལྡན་ཀུན་གྱི་ཞིབ་འཇུག་བྱ་བར་སྔར་ལས་ལྷག་པའི་སྐབས་བདེ་བསྐྲུན་ཕྱིར་སྤྱན་སྔར་བསྟབས་པ་ཡིན་ལ། ཀུན་སློང་ནི་སོ་ཕག་འཕངས་ཏེ་གཡང་ཏི་ལེན་པའི་བགྱི་བ་ཙམ་ཡིན་པས། དཔྱོད་ལྡན་མཁས་པས་ཟུ་མཐུད་དུ་བློ་གྲོས་བདར་ཏེ་དཔྱད་འབྲས་སྔར་བས་ལེགས་པོ་འབྱུང་བར་རེ་ལྟོས་ཆེན་པོ་ཡོད་དོ། །

《བོད་ལྗོངས་ཞིབ་འཇུག》2016ལོའི་དེབ་གསུམ་པ་ལས་བདམས།

༄། །ཧྲ་རན་སིར་ཤར་བའི་ཏུན་ཧོང་ཡིག་རྙིང་ལས་《དགོངས་ལྡེམ་དགོངས་ཀྱི་རྣམ་གཞག་》ཅེས་པར་དཔྱད་པ།

བླ་ནག་པ་ཡེ་ཤེས་བཟང་པོ།

[ནང་དོན་གནད་བསྡུས།] དཔྱད་རྩོམ་འདིའི་ནང་ཧྲ་རན་སིར་ཤར་བའི་ཏུན་ཧོང་བོད་ཡིག་ཡིག་ཚགས་ཁྲོད་ཀྱི་《དགོངས་ལྡེམ་དགོངས་ཀྱི་རྣམ་གཞག་》ཅེས་པ་དེ་བཀའ་དང་བསྟན་བཅོས་གཉིས་ལས་བསྟན་བཅོས་ཀྱི་ཁོངས་སུ་གཏོགས་ཚུལ་དང་། དེའི་རྩོམ་པ་པོ་ནི་ཞང་ཡེ་ཤེས་སྡེ་ཡིན་ཚུལ། དེ་བཞིན་དེའི་བརྗོད་བྱའི་དོན་དང་རྗོད་བྱེད་ཚིག་གི་དཀའ་གནད་དང་ཁྱད་ཆོས་སོགས་འབྲེལ་ཡོད་ཁུངས་བཙན་དཔྱད་ཡིག་ལ་གཞི་བཅོལ་ཏེ་རང་གི་འདོད་ཚུལ་གླེང་ཡོད།

[གནད་ཚིག] དགོངས་ལྡེམ་དགོངས་ཀྱི་རྣམ་གཞག ཞང་ཡེ་ཤེས་སྡེ། བརྗོད་བྱ། རྗོད་བྱེད།

གླེང་སློང་བ།

དེ་ཡང་བགྲང་བྱ་བརྒྱ་ལྷག་གི་ཡར་སྔོན་དུ། ལི་ཡུལ་གྱི་ཤར་མཐའ་ཏུན་ཧོང་ནས་རྙེད་པའི་བོད་ཀྱི་གནའ་བོའི་ཡིག་རྙིང་དང་ཤོག་དྲིལ་རྣམས་ནི། བོད་བཙན་པོའི་སྐབས་ཀྱི་སྐད་ཡིག་དང་རིག་གནས། ཆོས་ལུགས། ལོ་རྒྱུས། ཆབ་སྲིད། དམག་དོན། དཔལ་འབྱོར་སོགས་ཀྱི་གནས་སྟངས་ལ་ཞིབ་འཇུག་བྱེད་པར་དཔྱད་གཞིའི་རིན་ཐང་བྲལ་བ་ཤ་སྟག་ཡིན་ཞིང་། དེས་ཕྱིས་བྱུང་བོད་ཀྱི་ཆོས་འབྱུང་དེབ་ཐེར་དང་ཡིག་ཚང་སོགས་རིག་གནས་ལོ་རྒྱུས་སྐོར་གྱི་དཔྱད་གཞིའི་རྒྱུ་ཆ་མང་པོ་ཞིག་ལ་ཡོ་བསྲང་དང་ཁ་སྐོང་། འཕྲུས་ཚང་བཅས་བྱུང་ཡོད་པ་མ་ཟད། རང་རེའི་མེས་པོ་དག་གི་འགྲན་ཟླ་བྲལ་བའི་རྣམ་དཔྱོད་དང་སྙིང་སྟོབས། སྤོབས་པ། གཟིགས་རྒྱང་སོགས་ཀྱང་ཞར་ལ་མངོན་གྱི་ཡོད།

ཏུན་ཧོང་གི་ཕུག་པ་དེ་དག་ནི་ཆིན་རྒྱལ་རབས་སྔ་མའི་ཅན་ཡོན་ཁྲི་ལོ་གཉིས་པར་(སྤྱི་ལོ366་)བཙུན་པ་ལི་ཙུན་(乐僔)གྱིས་ཕུག་པ་དང་པོ་བརྐོས་པ་ནས་བཟུང་། སྤྱི་ཕྱིར་ལོ་ངོ་བཞི་བརྒྱ་ལྷག་ཙམ་བརྐོས་ཤིང་། བསྡོམས་པས་ཕུག་པ་ཆིག་སྟོང་ལྷག་ཙམ་ཡོད་པར་གྲགས། རྒྱ་ཡིག་གི་འབྲེལ་ཡོད་དཔྱད་གཞིའི་ཡིག་ཆ་ལྟར་ན། སྤྱི་ལོ་782ནས་སྤྱི་ལོ་848ལོ་སྟེ། ལོ་ངོ་དྲུག་ཅུ་རེ་དྲུག་ཙམ་ལ་བོད་ཀྱི་བཙན་པོས་ཏུན་ཧོང་ས་ཆར་དབང་བསྒྱུར་བ་དང་། མཁར་རྙེའུ་བསམ་གཏན་ལགས་ཀྱིས། སྤྱི་ལོ་787ལོ་ནས་སྤྱི་ལོ་

848ལོ་སྟེ། ལོ་ངོ་དྲུག་ཅུ་རེ་གཅིག་ཙམ་དབང་བསྒྱུར་བར་འདོད། ཕྱི་གླིང་པ་སི་ཐེན་གྱི《གསང་ཕུག་རྙེད་པ་》ཞེས་པ་ལས། བོད་ཀྱིས་ཏུན་ཧོང་ས་ཆར་དུས་རབས་གཉིས་ཡས་མས་ཤིག་དབང་བསྒྱུར་བར་བཤད་པ་བཅས་མདོར་ན། ཏུན་ཧོང་གི་ཕུག་པ་དེ་དག་ལས་ཆེས་གལ་ཆེ་བ་ནི་ཕུག་པ་ཨང་17པ་དེ་ཡིན་པར་འདོད་ཅིང་། དེ་ནི་བཙན་པོའི་སྐབས་ཀྱི་སྤྱི་ལོ་851ལོར་བཀོས་པ་དང་། བོད་སིལ་བུའི་དུས་འགོ་ཙམ་སྟེ། མི་ཉག་གིས་དབང་བསྒྱུར་མ་བྱས་པའི་གོང་ཙམ་ལ་དམག་འཁྲུག་གིས་བརླག་པར་དོགས་ནས་བཀའ་བསྟན་དང་ཡིག་ཚགས། ཐང་ག་ལ་སོགས་པའི་རིག་དངོས་མང་པོ་ཞིག་བྲག་ཕུག་དེའི་ནང་གཏེར་དུ་སྦས་ནས་སྒོ་ལ་ཞལ་བ་བརྒྱབ་པར་གྲགས། དེ་བས་བྲག་ཕུག་ཨང་17པའི་ནང་ཡིག་རྙིང་སོགས་གཏེར་དུ་སྦས་པའི་དུས་ནི། ཆེས་སྔ་ཤོས་ནི་སྤྱི་ལོ་851ལོ་ནས་ཆེས་ཕྱི་ཤོས་ནི་སྤྱི་ལོ་1038ལོའི་ཡས་མས་སུ་ཡིན་པར་སྣམ།

ཏུན་ཧོང་ཡིག་རྙིང་སོགས་སུ་ཏུན་ཧོང་གི་ས་ཆ་དེར"ཤ་ཅུའི་ཡུལ"(རྒྱ་ཡིག་གི沙洲ཞེས་པ་ཟུར་ཆག་)ཞེས་འབོད་ཅིང་། ཆེས་གནའ་བོའི་དུས་སུ་བོད་ཀྱི་རུས་ཆེན་སྟོང་སོགས་ཀྱིས་དབང་བསྒྱུར་བར་བཤད། ཏུན་ཧོང་ཞེས་པའི་མིང་དེ་མ་ཐོགས་སྔོན་ལ་རྒྱའི་སྐད་དུ་ཡུལ་དེའི་མིང་ལ་རི་བོ་རྩེ་གསུམ(三危山)ཞེས་འབོད། དེ་ནི་དེའི་ཉེ་འཁོར་ན་རི་བོ་རྩེ་གསུམ་ཞེས་པའི་རི་བོ་གྲགས་ཅན་ཞིག་ཡོད་པ་དེའི་མིང་གནས་དེ་ལ་ཐོགས་པར་མངོན། དེ་ཡང་རི་བོ་རྩེ་གསུམ་ཞེས་པ་ནི་སྔོན་ཆད་རྒྱའི་གོང་མ་ཧྲུན(舜)གྱིས"སན་མོ"(三苗)སོགས་གདུག་པ་ཅན་བཞི(四凶)རི་བོ་རྩེ་གསུམ་ལ་གནས་དབྱུང་བཏང་ཞེས་པའི་རི་བོ་རྩེ་གསུམ་དེ་ཡིན།

དུས་རབས་སྔོན་མའི་དུས་འགོ་སྟེ། སྤྱི་ལོ་1907ལོ་དང་སྤྱི་ལོ་1908ལོ་སོ་སོར་དབྱིན་ཇི་བ་སི་ཐན་དབྱིན་བྱ་བ་དང་ཕྷ་རན་སེའི་མི་པོ་ཞེས་ཏེ་བྱ་བ་གཉིས་ཀྱིས་སྐབས་དེའི་ཏུན་ཧོང་མོ་གོ་ཁུའུ་བྲག་ཕུག་གི་དཀོར་གཉེར་རྒྱ་ནག་ཏའོ་ཙའོ་ཆོས་ལུགས་ཀྱི་ཆོས་པ་ཝང་ཡོན་ལུའུ་ཟེར་བ་ཞིག་ལ་དངུལ་ལོར་མང་པོ་བྱིན་ནས་ཡིག་རྙིང་དང་ཤོག་དྲིལ། རི་མོ་སོགས་སྣམ་དང་ཐུམ་སྒྲིལ་དུ་མ་ཞིག་བླུ་ཉོ་བྱས་ཏེ་ཕྱི་རྒྱལ་དུ་ཁྱེར་ཡོད་ཅིང་།《ཕྷ་རན་སིར་ཉར་བའི་ཏུན་ཧོང་ཡིག་རྙིང་ཤོག་དྲིལ་》ཞེས་པ་ནི་ཕལ་ཆེར་པོ་ཞེས་ཏེ་ཡིས་སྤྱི་ལོ་1908ལོར་ཏུན་ཧོང་བྲག་ཕུག་ནས་ཁྱེར་བའི་གྲས་ཡིན་ལ། ཕལ་ཆེ་བ་ཡང་སྡེ་སྣོད་ཕུག་པ(藏经洞)སྟེ། བྲག་ཕུག་ཨང་17པ་ནས་ཐོན་པར་བཤད། རྩོམ་ཡིག་འདིར་བརྗོད་པར་འདོད་པའི《དགོངས་ལྡེམ་དགོངས་ཀྱི་རྣམ་གཞག་》ཅེས་པ་འདི་ཡང་དེའི་ཁྲོད་ཀྱི་གཅིག་ཡིན་ལ། དེ་སྔ་ཡན་ལ་ཕལ་ཆེར་ཞིབ་འཇུག་བྱེད་མཁན་མེད་པར་བཏང་སྙོམས་སུ་ལུས་ཡོད་པས། གཞུང་འདི་ལ་རང་གི་རྣམ་དཔྱོད་མི་སྟུག་ཕྲ་མོའི་ནུས་ཤོད་ཀྱིས་ཅུང་ཟད་དཔྱོད་པའི་ངལ་བ་ལྷུར་དུ་བླངས་པ་ཡིན།

དང་པོ། 《དགོངས་ལྡེམ་དགོངས་ཀྱི་རྣམ་གཞག》ཅེས་པ་འདི་བཀའ་དང་བསྟན་བཅོས་གང་ཡིན་ལ་དཔྱད་པ།

སྤྱིར་བཀའ་ཞེས་པ་ནི་སྤྱོབས་པ་བཞི་ལྡན་གྱི་རྒྱལ་བའི་གསུང་རབ་ཅིག་ལ་བྱ་སྟེ། "ལྷག་བསམ་བསྐུལ་བའི་མདོ་ལས། བྱམས་པ། གཞན་ཡང་རྒྱུ་བཞིས་ན་སྤྱོབས་པ་ཐམས་ཅད་སངས་རྒྱས་ཀྱི་གསུང་ཡིན་པར་རིག་པར་བྱའོ། །བཞི་གང་ཞེ་ན། བྱམས་པ་འདི་སྤྱོབས་པ་དོན་དང་ལྡན་པ་ཡིན་གྱི་དོན་དང་མི་ལྡན་པ་མ་ཡིན་པ་དང་། ཆོས་དང་ལྡན་པ་ཡིན་གྱི་ཆོས་དང་མི་ལྡན་པ་མ་ཡིན་པ་དང་། ཉོན་མོངས་པ་ཟད་པར་བྱེད་པ་ཡིན་གྱི་ཉོན་མོངས་པ་འཕེལ་བར་བྱེད་པ་མ་ཡིན་པ་དང་། མྱ་ངན་ལས་འདས་པའི་ཡོན་ཏན་དང་ཕན་ཡོན་སྟོན་པར་བྱེད་པ་ཡིན་གྱི་འཁོར་བའི་ཉེས་པ་འཕེལ་བར་བྱེད་པ་མ་ཡིན་པ་སྟེ"[1] ཞེས་གསུངས་པ་བཞིན། བརྗོད་བྱའི་ཞེན་དོན་དང་ལྡན་པ་དང་། རྗོད་བྱེད་སྐྱོན་མེད་པས་འབྲེལ་ཆགས་པ། བྱེད་ལས་ཉོན་མོངས་སྤོང་ཕྱིར་དུ་གསུངས་པ། ཕན་ཡོན་ཞི་བ་མྱང་འདས་སྟོན་པ་བཅས་ཀྱི་ཁྱད་པར་བཞི་ལྡན་གྱི་རྒྱལ་བའི་གསུང་རབ་ཅིག་ལ་བྱ་ཞིང་། གསུངས་པ་པོ་སྟོན་པ་སངས་རྒྱས་ཀྱིས་གསུངས་པ་ཞིག་ངེས་པར་དགོས་སོ། །བཀའ་ལ་དབྱེ་ན། བརྗོད་བྱའི་སྒོ་ནས་དྲང་ངེས་གཉིས་དང་སྡེ་སྣོད་གསུམ་དང་། ཆེད་དུ་བྱ་བའི་གདུལ་བྱའི་སྒོ་ནས་ཐེག་པ་ཆེ་ཆུང་གི་སྡེ་སྣོད་གཉིས་དང་། གཉེན་པོའི་སྒོ་ནས་ཆོས་ཀྱི་ཕུང་པོ་བརྒྱད་ཁྲི་བཞི་སྟོང་དང་། ཡན་ལག་གི་སྒོ་ནས་གསུང་དབྱངས་ཡན་ལག་དྲུག་ཅུ་དང་། ངོ་བོ་དང་བྱེད་ལས་ཅི་རིགས་ཀྱི་སྒོ་ནས་གསུང་རབ་ཡན་ལག་དྲུག་ཅུ་གཉིས་སམ་ཡན་ལག་དགུ་ཡོད།[2] ཡང་བཀའ་ལ་དབྱེ་ན། མདོ་སྡུད་པ་ལྟ་བུ་ཞལ་ནས་གསུངས་པའི་བཀའ་དང་། འདི་སྐད་བདག་ཐོས་སོགས་གླེང་གཞིའི་ལེའུ་ལྟ་བུ་རྗེས་སུ་གནང་བའི་བཀའ་དང་། བྱིན་གྱིས་བརླབས་པའི་བཀའ་ལ་གསུམ་ཡོད་དེ། སྐུས་བྱིན་གྱིས་བརླབས་པ་མདོ་སྡེ་ས་བཅུ་པ་ལྟ་བུ་དང་། གསུང་གིས་བྱིན་གྱིས་བརླབས་པ་མ་སྐྱེས་དགྲའི་འགྱོད་པ་བསལ་བའི་མདོ་ལྟ་བུ་དང་། ཐུགས་ཀྱིས་བྱིན་གྱིས་བརླབས་པ་ལ་གསུམ་

---

① ཀུན་མཁྱེན་འཇམ་དབྱངས་བཞད་པ། ཕར་ཕྱིན་མཐའ་དཔྱོད། འབྲས་སྤུངས་སྒོ་མང་དཔེ་མཛོད་ཁང་། ཤོག་ངོས་150

② ཀུན་མཁྱེན་འཇམ་དབྱངས་བཞད་པ། ཕར་ཕྱིན་མཐའ་དཔྱོད། འབྲས་སྤུངས་སྒོ་མང་དཔེ་མཛོད་ཁང་། ཤོག་ངོས་150

ལས། ཐུགས་རྗེས་བྱིན་གྱིས་བརླབས་པ་གནོད་སྦྱིན་དང་ལྷ་ཀླུ་སོགས་རང་རང་གི་སྤོབས་སྟོབས་པ་སངས་རྒྱས་ཀྱི་ཐུགས་རྗེས་ནུས་པ་ཁྱད་པར་ཅན་དུ་བྱིན་གྱིས་བརླབས་པ་ལྟ་བུ། ཐུགས་བདེན་པས་བྱིན་གྱིས་བརླབས་པ་དེའི་མཐུས་རི་དང་ཤིང་དང་འོད་ཟེར་སོགས་ལས་ཆོས་ཀྱི་ཚིག"བརྩམ་པར་བྱ་ཞིང་དབྱུང་བར་བྱ"[1]ཞེས་སོགས་བྱུང་བ་ལྟ་བུའོ། །

བསྟན་བཅོས་ཞེས་པ་ནི《རྣམ་བཤད་རིག་པ་》ལས། "ཉོན་མོངས་དགྲ་རྣམས་མ་ལུས་འཆོས་པ་དང་། །ངན་འགྲོའི་སྲིད་ལས་སྐྱོབ་བྱེད་གང་ཡིན་པ། །འཆོས་སྐྱོབ་ཡོན་ཏན་ཕྱིར་ན་བསྟན་བཅོས་ཏེ། །གཉིས་པོ་འདི་དག་གཞན་གྱི་ལུགས་ལ་མེད། །"[2]ཅེས་གསུངས་པ་ལྟར། འཆོས་སྐྱོབ་ཀྱི་ཡོན་ཏན་གཉིས་དང་ལྡན་པའི་རྗོད་བྱེད་རྣམ་དག་ཅིག་ལ་ཟེར་ཞིང་། བསྟན་བཅོས་ལ་བྱེད་ལས་ཀྱི་སྒོ་ནས་དབྱེ་ན། 《ཚད་མ་ཀུན་བཏུས་》ལྟ་བུ་འཁོར་བ་སྤྱད་པའི་བསྟན་བཅོས་དང་། 《འདུལ་བ་》《མདོ་》《རྒྱ་བ་》དང་《མདོ་སྡེ་རྒྱན་》ལྟ་བུ་འཁྲུག་པ་བསྙེབས་པའི་བསྟན་བཅོས་དང་། 《མངོན་རྟོགས་རྒྱན་》དང་《བརྒྱད་སྟོང་དོན་བསྡུས་》ལྟ་བུ་རྒྱ་ཆེ་བ་སྡུད་པའི་བསྟན་བཅོས་དང་། 《དབུ་མ་རིན་ཆེན་ཕྲེང་བ་》དང་《དབུ་མ་སྙིང་པོ་》ལྟ་བུ་མ་ཚང་བ་ཁ་སྐོང་བའི་བསྟན་བཅོས་དང་བཅས་བཞི་ཡོད།[3]

 སྤྱིར་བཀའ་དང་བསྟན་བཅོས་གཉིས་མི་འགལ་ཏེ། རྒྱལ་བའི་བཀའ་ཐམས་ཅད་ཀྱང་འཆོས་སྐྱོབ་ཀྱི་ཡོན་ཏན་གཉིས་དང་ལྡན་པའི་རྗོད་བྱེད་རྣམ་དག་ཅིག་ཡིན་པའི་ཕྱིར། ཡིན་ན་ཡང་། བཀའ་དང་བསྟན་བཅོས་གཉིས་སུ་ཕྱེ་བའི་བཀའ་དང་དེ་གཉིས་སུ་ཕྱེ་བའི་བསྟན་བཅོས་གཉིས་འགལ་བ་ཡིན་ཏེ། བཀའ་དང་བསྟན་བཅོས་གཉིས་སུ་ཕྱེ་བའི་བསྟན་བཅོས་ཡིན་ན། འཆོས་སྐྱོབ་ཀྱི་ཡོན་ཏན་གཉིས་དང་ལྡན་ཞིང་སེམས་ཅན་གྱིས་བརྩམས་པའི་རྗོད་བྱེད་རྣམ་དག་ཡིན་པས་ཁྱབ་པའི་ཕྱིར་རོ། །འོ་ན《དགོངས་ལྡེམ་དགོངས་ཀྱི་རྣམ་གཞག་》ཅེས་པ་འདི་བཀའ་དང་བསྟན་བཅོས་གཉིས་ལས་གང་ཡིན་ཞེ་ན། ཁོ་བོས་བལྟས་ན། བསྟན་བཅོས་ཡིན་པ་ལས་བཀའ་མ་ཡིན་པར་སྙམ་སྟེ། གཅིག་ནས་གཞུང་འདིའི་ནང

---

① ཀུན་མཁྱེན་འཇམ་དབྱངས་བཞད་པ། ཕར་ཕྱིན་མཐའ་དཔྱོད། འབྲས་སྤུངས་སྒོ་མང་དཔེ་མཛོད་ཁང་། ཤོག་ངོས་152

② ཀུན་མཁྱེན་འཇམ་དབྱངས་བཞད་པ། ཕར་ཕྱིན་མཐའ་དཔྱོད། འབྲས་སྤུངས་སྒོ་མང་དཔེ་མཛོད་ཁང་། ཤོག་ངོས་150

③ ཀུན་མཁྱེན་འཇམ་དབྱངས་བཞད་པ། ཕར་ཕྱིན་མཐའ་དཔྱོད། འབྲས་སྤུངས་སྒོ་མང་དཔེ་མཛོད་ཁང་། ཤོག་ངོས་152

ཏུ། "བཅོམ་ལྡན་འདས་ཀྱིས་དཔལ་གྱི་མགུར་ནས་"[1]ཞེས་ཞེ་ཚིག་སྨྲ་ཡོད་པ་གང་ཞིག་སངས་རྒྱས་ཀྱིས་རང་གིས་རང་ལ་ཞེ་ཚིག་སྦྱོར་མི་སྲིད་པའི་ཕྱིར་དང་། གཉིས་ནས་གཞུང་འདིའི་ནང་། "འཚལ་བ་ཐམས་ཅད་ནི་ལྡེམ་པོ་ངག་རྣམ་བཞི་དང་། །དགོངས་པ་རྣམ་བཞིའི་དབང་དུ་མཛད་ཅིང་འཆད་དོ། །དེ་ཡང་བཅོམ་ལྡན་འདས་ཉིད་དེ་ལྟར་བཞེད་པ་མ་ལགས་སྟེ"[2]ཞེས་བྱུང་བ་ལས། སངས་རྒྱས་ཀྱིས་རང་གིས་རང་ལ"བཅོམ་ལྡན་འདས་ཉིད་དེ་ལྟར་བཞེད་པ་མ་ལགས་སྟེ"ཞེས་གསུངས་མི་སྲིད་པའི་ཕྱིར་དང་། གསུམ་ནས《དཀར་ཆག་འཕང་ཐང་མ་》སོགས་ལས་འདི་ནི་བོད་ཀྱི་སློབ་དཔོན་ཞིག་གིས་མཛད་པར་གསུངས་ཏེ། ཞིབ་ཕྲ་གཤམ་དུ་འཆད་པར་བྱའོ། །

གཉིས་པ། 《དགོངས་ལྡེམ་དགོངས་ཀྱི་རྣམ་གཞག་》ཅེས་པ་འདིའི་རྩོམ་པ་པོ་སུ་ཡིན་ལ་དཔྱད་པ།

དེ་ཡང་ཟླ་རན་སེར་ཤར་བའི་ཏུན་ཧོང་ཡིག་རྙིང་ཁྲོད་ཀྱི《དགོངས་ལྡེམ་དགོངས་ཀྱི་རྣམ་གཞག་》ཅེས་པ་འདིའི་འགོ་ཏུ་ཁ་བྱང་བྲིས་མེད་ལ་མཇུག་ཀྱང་མི་ཚང་བས། རྩོམ་པ་པོ་སུ་ཞིག་གིས་གནས་གང་ཞིག་ཏུ་བྲིས་པ་སོགས་དེ་བས་ཤེས་ཐབས་བྲལ། ཡིན་ན་ཡང་གོང་དུ་བཤད་པ་བཞིན་བཀའ་དང་བསྟན་བཅོས་གཉིས་ལས་བསྟན་བཅོས་ཀྱི་གྲས་སུ་གཏོགས་པས། ཕོ་བོས་བོད་བཙན་པོའི་སྐབས་ཀྱི《བསྟན་འགྱུར་དཀར་ཆག་》སོགས་སུ་འཚོལ་སྐབས། དུས་རབས་དགུ་པའི་འགོ་ཙམ་ལ་ཁྲི་གཙུག་ལྡེ་བཙན་རལ་པ་ཅན་གྱི་དུས་སུ་བསྒྲིགས་པའི《དཀར་ཆག་འཕང་ཐང་མ》ཡི་ནང་དུ། "ལྡེམ་དགོངས་བརྒྱད་ཀྱི་བརྗེད་བྱང་། ཤུ་ལོག"[3]ཅེས་པ་ཞིག་རྙེད་པ་དང་དེའི་ནང་ད་དུང་། "འདི་རྣམས་ནི་བོད་ཀྱི་སློབ་དཔོན་དག་གིས་མཛད་པ་སྟེ། ཆུང་བ་རྣམས་མ་བྲིས"[4]ཞེས་གསལ་བས། "དགོངས་ལྡེམ་དགོངས་བརྒྱད་ཀྱི་བརྗེད་བྱང་"[5]ཞེས་པ་དེའི་རྩོམ་

---

① སྟོབས་ལྡན། ཁ་སྐད་བཀྲ་ཤིས་ཚེ་རིང་། ཟླ་རན་སེར་ཤར་བའི་ཏུན་ཧོང་ཤོག་དྲིལ་ཡིག་རྙིང་གི་བཤུས་ཡིག་ཕྱོགས་བསྒྲིགས། བོད་ལྗོངས་མི་དམངས་དཔེ་སྐྲུན་ཁང་། ཤོག་ངོས་35

② སྟོབས་ལྡན། ཁ་སྐད་བཀྲ་ཤིས་ཚེ་རིང་། ཟླ་རན་སེར་ཤར་བའི་ཏུན་ཧོང་ཤོག་དྲིལ་ཡིག་རྙིང་གི་བཤུས་ཡིག་ཕྱོགས་བསྒྲིགས། བོད་ལྗོངས་མི་དམངས་དཔེ་སྐྲུན་ཁང་། ཤོག་ངོས་35

③ བོད་ལྗོངས་རྙིང་ཟས་བཤམས་སྟོན་ཁང་གིས་བསྒྲིགས། དཀར་ཆག་འཕང་ཐང་མ། སྒྲ་སྦྱོར་བམ་གཉིས། མི་རིགས་དཔེ་སྐྲུན་ཁང་། 2006ལོ། ཤོག་ངོས་59

④ བོད་ལྗོངས་རྙིང་ཟས་བཤམས་སྟོན་ཁང་གིས་བསྒྲིགས། དཀར་ཆག་འཕང་ཐང་མ། སྒྲ་སྦྱོར་བམ་གཉིས། མི་རིགས་དཔེ་སྐྲུན་ཁང་། 2006ལོ། ཤོག་ངོས་60

⑤ འདི་ལ་སྐབས་འགར《ལྡེམ་དགོངས་བརྒྱད་ཀྱི་བརྗེད་བྱང་》ཞེས་བྲིས་འདུག

པ་པོ་མི་གསལ་ཡང་གོང་གི་ཚིག་ཐུང་དེ་ལས་མཛད་པ་པོ་ནི་བོད་ཀྱི་སློབ་དཔོན་ཞིག་ཡིན་པ་ཐག་གིས་ཆོད། དེ་བཞིན་བོད་ཀྱི་ལོ་རྒྱུས་དེབ་ཐེར་《བུ་སྟོན་ཆོས་འབྱུང་》ཁྲོད་ཀྱི་“བོད་ཀྱི་སྟོད་པ་པོ། འཇིག་རྟེན་གྱི་མིག་ཏུ་གྱུར་པའི་ཆོས་རྒྱལ་དམ་པ་རྣམས་དང་ལོ་ཙཱ་བ་ཆེན་པོ་རྣམས་ཀྱི་མཛད་བྱང་ལ་”ཞེས་པའི་ནང་དུ། “མཁན་པོ་ཡེ་ཤེས་སྡེས་མཛད་པ་ལ། ལྟ་བའི་ཁྱད་པར་(བམ་པོ་ཕྱེད་དང་གཉིས་)དེའི་དྲན་བྱེད་བཟང་པོ་སྤྱོད་པའི་འགྲེལ་པ་བཞིའི་དོན་བསྡུས་པ། བམ་པོ་གཉིས། འཇིག་རྟེན་ཕ་རོལ་སྒྲུབ་པ། ཤོ་ལོ་ཀ་སུམ་ཅུ། དགོངས་པ་བཞི་དང་ལྡེམ་དགོངས་བཞིའི་བརྗེད་བྱང་། ཤོ་ལོ་ཀ་ཉིས་བརྒྱའོ་”[①]ཞེས་བྱུང་བ་དང་། 《ཆོས་འབྱུང་མཁས་པའི་དགའ་སྟོན་》ནང་དུའང་། “ཞང་ཡེ་ཤེས་སྡེས་ལྟ་བའི་ཁྱད་པར། བཟང་སྤྱོད་ཀྱི་འགྲེལ་པ་བཞིའི་དོན་བསྡུས། འཇིག་རྟེན་ཕ་རོལ་སྒྲུབ་པ། དགོངས་ལྡེམ་དགོངས་བཞིའི་བརྗེད་བྱང་”[②]ཞེས་གསལ་པོར་འཁོད་འདུག་པས། ད་གཟོད་ཧྭ་རན་སིའི་ཏུན་ཧོང་ཡིག་རྙིང་ཤོག་དྲིལ་ཁྲོད་ཀྱི་《དགོངས་ལྡེམ་དགོངས་ཀྱི་རྣམ་གཞག་》ཅེས་པ་འདི་ནི། ལོ་ཙཱ་བ་ཆེན་པོ་ཞང་ཡེ་ཤེས་སྡེས་མཛད་པའི་“དགོངས་པ་བཞི་དང་ལྡེམ་དགོངས་བཞིའི་བརྗེད་བྱང་”ངམ་“དགོངས་ལྡེམ་དགོངས་བཞིའི་བརྗེད་བྱང་”ཞེས་པ་དེ་ཡིན་པའི་ཡིད་ཆེས་རྙེད་པར་གྱུར་ལ། ད་ལྟའི་“དགོངས་ལྡེམ་དགོངས་ཀྱི་རྣམ་གཞག་”ཅེས་པའི་ཁ་བྱང་འདི་ནི་སྒྲིག་པ་པོས་གསར་དུ་བསྣན་པར་འདོད།[③] དེ་ཡང་ལོ་ཙཱ་བ་ཞང་ཡེ་ཤེས་སྡེའི་མཚན་ཆ་ཚང་ལ་ཞང་སྣ་ནམ་ཡེ་ཤེས་སྡེ་ཞེས་བྱ་ཞིང་། “ཞང་”ཞེས་པས་ཁོང་ནི་བཙན་པོའི་ཞང་པོའི་ཁྱིམ་རྒྱུད་དུ་གཏོགས་པ་མཚོན་པ་དང་། “སྣ་ནམ་”ཞེས་པས་ཁོང་གི་རིགས་རུས་མཚོན་པ། “ཡེ་ཤེས་སྡེ་”ཞེས་པ་ནི་ཁོང་གི་རབ་བྱུང་གི་མཚན་ཡིན་པ་བཅས་དང་། 《དབའ་བཞེད་》ཁྲོད་དུ་ཡོད་པའི་ཡིག་རྙིང་གི་ཁྱད་ཆོས་མངའ་བའི་ཟས་གཏད་ཀྱི་ལོ་རྒྱུས་ཞེས་པ་ལས། “རིང་ལུགས་ཀྱི་བན་དེ་རྣམས་དང་། ལྷ་ལུང་ལྷུན་གྱི་དཔལ་དང་། ལོ་ཙཱ་བ་འཆིམས་ཤཱཀྱ་དང་། ཨ་ཙ་ར་པ་གོར་བེ་རོ་ཙ་ན་དང་། སྣ་

① བུ་སྟོན་རིན་ཆེན་གྲུབ། བུ་སྟོན་ཆོས་འབྱུང་། ཀྲུང་གོའི་བོད་རིག་པ་དཔེ་སྐྲུན་ཁང་། ཤོག་ངོས་309

② དཔའ་བོ་གཙུག་ལག་ཕྲེང་བ། ཆོས་འབྱུང་མཁས་པའི་དགའ་སྟོན། མི་རིགས་དཔེ་སྐྲུན་ཁང་། ཤོག་ངོས་402

③ ཁོ་བོས་མདོ་དབུས་གཉིས་ཀར་ལན་དུ་མ་རྩད་གཅོད་བྱས་ཀྱང་《བུ་སྟོན་ཆོས་འབྱུང་》དུ་བཤད་པའི་ཞང་ཡེ་ཤེས་སྡེའི་《དགོངས་ལྡེམ་དགོངས་ཀྱི་བརྗེད་བྱང་》ཞེས་པ་དེའི་དཔེ་དངོས་ལག་ཏུ་མ་སོན་པས། ཏུན་ཧོང་ཡིག་རྙིང་ཁྲོད་ཀྱི་《དགོངས་ལྡེམ་དགོངས་ཀྱི་རྣམ་གཞག་》ཅེས་པ་འདི་དང་དངོས་སུ་གཤིབ་སྡུར་བྱེད་མ་ཐུབ། གལ་ཏེ་ཕྱིས་སུ་གཞན་གྱིས་ལག་སོན་བྱུང་ནས་ཁོ་བོས་བཤད་པ་འདི་དང་མི་མཐུན་པའི་སྨྲ་ཚིག་རྙེད་ཚེ་ཁོ་བོས་ལག་ཟུང་སྙིམ་པར་བཟུང་ནས་དང་ལེན་བྱ་རྒྱུ་སྨོས་མེད་ཡིན།

ནམ་ཡེ་ཤེས་སྡེ་ལ་མཆིད་གྲོས་སུ་འཚལ་བ་ལས"①ཞེས་བྱུང་བ་ལྟར་ན། ཞང་ཡེ་ཤེས་སྡེས་རྒྱལ་པོ་ཁྲི་སྲོང་ལྡེ་བཙན་འདས་ནས་ལྷ་སྲས་མུ་ནེ་བཙན་པོ་སྐུ་ན་ཆུང་དུས་ཀྱི་ལོ་ཙཱ་བའི་གྲས་སུ་བཞུགས་ཡོད་ལ།《གྲུབ་མཐའ་ཐུབ་བསྟན་ལྷུན་པོའི་མཛེས་རྒྱན》ལས་ཀྱང་། "མཁན་སློབ་གཉིས་ཀའི་སློབ་མ་ལོ་ཙཱ་བ་ཆེན་པོ་ཡེ་ཤེས་སྡེ"②ཞེས། ཞང་ཡེ་ཤེས་སྡེ་ནི་ཁྲི་སྲོང་ལྡེ་བཙན་གྱི་སྐུ་དུས་སུ་ཡོད་ཅིང་། མཁན་པོ་བོ་དྷི་ས་ཏྭ་དང་སློབ་དཔོན་པད་མ་འབྱུང་གནས་གཉིས་ཀའི་སློབ་མ་ཡིན་པར་བསྟན་ཡོད། ཡིན་ན་ཡང་། ས་སྐྱ་བསོད་ནམས་རྩེ་མོས་མཛད་པའི《ཆོས་ལ་འཇུག་པའི་སྒོ》ཞེས་པ་ལས། "ཁྲི་ལྡེ་སྲོང་བཙན་ཞེས་བྱ་བའི་སྐུ་རིང་ལ་སྐར་ཆུང་ལ་སོགས་པའི་གཙུག་ལག་ཁང་བཞེངས། རྒྱ་གར་གྱི་མཁན་པོ་ཛྙཱ་ན་སེ་ན་ལ་སོགས་པ་སྤྱན་དྲངས། སྒྱུར་བྱེད་དམ་པ་ཡེ་ཤེས་སྡེ་ལ་སོགས་པས་སྔར་མ་བསྒྱུར་བ་རྣམས་ཀྱང་བསྒྱུར། བསྒྱུར་བ་རྣམས་ཀྱང་སྐད་གསར་བཅད་ཀྱིས་དག་པར་བྱས་ཏེ་རྒྱས་པར་མཛད་དོ"③ཞེས་ཞང་ཡེ་ཤེས་སྡེ་ནི། ཁྲི་ལྡེ་སྲོང་བཙན་དུས་ཀྱི་ལོ་ཙཱ་བ་ཞིག་ཡིན་པར་གསུངས་འདུག དེས་ན་ཁོ་བོའི་བསམ་པར། ཞང་ཡེ་ཤེས་སྡེ་ནི་ཁྲི་སྲོང་ལྡེ་བཙན་གྱི་སྐུ་ཚེའི་སྨད་དང་ཁྲི་ལྡེ་སྲོང་བཙན་གྱི་སྐུ་ཚེའི་སྟོད་ཀྱི་དུས་སུ་འཚོ་བཞིས་གནང་མྱོང་བའི་ལོ་ཙཱ་བ་ཆེན་པོ་ཞིག་མིན་ནམ་སྙམ་མོ། གཞན་ཡང《དཀར་ཆག་འཕང་ཐང་མ》ཡི་མཇུག་ཏུ། "དོན་སྒྱུར་གྱི་ལོ་ཚ་བ་ཆེན་པོ་ཅོག་ཀྲུ(རོ)ཀླུའི་རྒྱལ་མཚན"ཞེས་དང་། "སྒྲ་སྒྱུར་གྱི་ལོ་ཚ་བ་ཆེན་པོ་སྐ་བ་དཔལ་བརྩེགས"ཞེས་དང་། "ཞུ་ཆེན་གྱི་ལོ་ཚ་བ་ཆེན་པོ་བན་དྷེ་ཡེ་ཤེས་སྡེ"④ཞེས་བཅས་འཀོད་པ་ལས། ཞང་ཡེ་ཤེས་སྡེ་ལ་ལོ་ཙཱ་བའི་ཁྲིད་ཀྱི་ཆེས་མཐོ་བའི་ཞུ་ཆེན་ལོ་ཙཱ་བའི་ཐོབ་ཐང་ཡོད་པ་ཤེས་ནུས།

གསུམ་པ། 《དགོངས་ལྡེམ་དགོངས་ཀྱི་རྣམ་གཞག》ཅེས་པའི་གཞུང་དོན་ལ་དཔྱད་པ།

《གྲུབ་མཐའ་ཆེན་མོ》ལས། "དབུ་སེམས་ཀྱི་ཤིང་རྟ་ཆེན་པོ་དག་གིས་རྟོན་པ་དང་རིགས་པ་བཞིས་

① སྒྲ་གསལ་སྣང་སོགས། དཔའ་བཞེད། མི་རིགས་དཔེ་སྐྲུན་ཁང་། ཤོག་ངོས་51

② ཐུའུ་བཀྭན་རོལ་བའི་རྡོ་རྗེ། གྲུབ་མཐའ་ཐུབ་བསྟན་ལྷུན་པོའི་མཛེས་རྒྱན། ཀྲུང་གོའི་བོད་རིག་པ་དཔེ་སྐྲུན་ཁང་། ཤོག་ངོས་200

③ ཁང་དཀར་ཚུལ་ཁྲིམས་སྐལ་བཟང་གི་གསུང་རྩོམ་ཕྱོགས་བསྒྲིགས། ཀྲུང་གོའི་བོད་རིག་པ་དཔེ་སྐྲུན་ཁང་། ཤོག་ངོས་845

④ བོད་ལྗོངས་རྟེན་རྫས་བཤམས་སྟོན་ཁང་གིས་བསྒྲིགས། དཀར་ཆག་འཕང་ཐང་མ། སྒྲ་སྦྱོར་བམ་གཉིས། མི་རིགས་དཔེ་སྐྲུན་ཁང་། 2006ལོ། ཤོག་ངོས་66

ཚིག་དོན་གཉིས་ཀ་ལ་དྲང་ངེས་འབྱེད། དགོངས་ཅན་བཞི་དང་ལྡེམ་དགོངས་བཞིས་ཐུབ་པའི་བཀའ་ལ་དྲང་ངེས་འབྱེད་པས། འདི་དག་གོ་ན་གསུང་རབ་ལ་ནང་བྱན་ཆུད་པ་སོགས་ཤིན་ཏུ་གལ་ཆེ"[①]ཞེས་གསུངས་པ་ལྟར། གང་ཟག་ལ་མི་རྟོན་པར་ཆོས་ལ་རྟོན་པ་དང་། ཚིག་འབྲུ་ལ་མི་རྟོན་པར་དོན་ལ་རྟོན་པ་དང་། དྲང་དོན་ལ་མི་རྟོན་པར་ངེས་དོན་ལ་རྟོན་པ་དང་། རྣམ་ཤེས་ལ་མི་རྟོན་པར་ཡེ་ཤེས་ལ་རྟོན་པ་སྟེ་རྟོན་པ་བཞི་དང་། ལྟོས་པའི་རིགས་པ་དང་། བྱ་བ་བྱེད་པའི་རིགས་པ་དང་། འཐད་པ་སྒྲུབ་པའི་རིགས་པ་དང་། ཆོས་ཉིད་ཀྱི་རིགས་པ་སྟེ་རིགས་པ་བཞི། དེ་བཞིན་དགོངས་པ་ཅན་གྱི་མདོ་བཞི་དང་ལྡེམ་དགོངས་ཀྱི་མདོ་བཞིའི་ངོ་བོ་དང་གནད་བཅས་རྟོགས་ན། ཐུབ་པ་སངས་རྒྱས་ཀྱི་ཟབ་ཅིང་རྒྱ་ཆེ་བའི་གསུང་རབ་དག་གི་དགོངས་དོན་ཇི་བཞིན་རྟོགས་ནས། དེ་དག་ལ་དྲང་ངེས་འབྱེད་པ་དང་གསུང་རབ་ཐམས་ཅད་གདམས་ངག་ཏུ་གོ་ཞིང་རྒྱལ་བའི་དགོངས་པ་བདེ་བླག་ཏུ་རྙེད་ནུས་པ་སོགས་དགོས་པ་ཤིན་ཏུ་ཆེ་བར་སྣང་ལ། 《གྲུབ་མཐའི་ཟིན་བྲིས་》ལས། "ཀུན་བཏུས་ཀྱི་རིགས་པ་བཞི་དང་རྒྱན་དང་ཐེག་བསྡུས་སུ་དགོངས་ལྡེམ་དགོངས་བཞི་གསུངས་པ་རྣམས་རྟོན་པ་བཞི་དང་གནད་འདྲ"[②]ཞེས་གསུངས་པ་བཞིན། དགོངས་ལྡེམ་དགོངས་བརྒྱད་ཀྱང་རྟོན་པ་བཞི་དང་འདྲ་བར་རྒྱལ་བའི་དྲང་ངེས་ཀྱི་མདོ་སྡེ་རྣམས་དང་གདུལ་བྱ་སོ་སོའི་དགོས་དབང་གིས་ཚིག་ཟིན་འདྲ་མིན་སྣ་ཚོགས་ཤིག་གསུངས་པ་རྣམས་ཀྱི་དགོངས་པ་ལེན་པའི་ཐབས་མཆོག་ཏུ་གྱུར་པ་ཞིག་ཡིན་པས། འདིར་《དགོངས་ལྡེམ་དགོངས་ཀྱི་རྣམ་གཞག་》ཅེས་པའི་ཡིག་རྙིང་འདིའི་བརྗོད་བྱ་དོན་གྱི་ཆ་དང་རྗོད་བྱེད་ཚིག་གི་ཆ་ལ་ཅུང་ཙམ་དཔྱད་ན།

གཅིག བརྗོད་བྱ་དོན་གྱི་ཆ་ལ་དཔྱད་པ། 《ཐེག་བསྡུས་》ལས། "དགོངས་པ་བཞི་དང་ལྡེམ་པོར་དགོངས་པ་བཞིས་སངས་རྒྱས་ཀྱི་གསུང་རབ་ཐམས་ཅད་ཁོང་དུ་ཆུད་པར་བྱའོ"[③]ཞེས་གསུངས་པ་བཞིན། དགོངས་ལྡེམ་དགོངས་ནི། སངས་རྒྱས་ཀྱི་གསུང་རབ་ཀྱི་དོན་ཁོང་དུ་ཆུད་པར་བྱེད་པའི་ཐབས་དང་སྟོན་པའི་བཀའ་ལ་དྲང་ངེས་འབྱེད་པ་དང་ཞིབ་འཇུག་བྱེད་པའི་སྒོ་མོ་ཉག་ཅིག་ཡིན། དགོངས་ལྡེམ་དགོངས་གང་ལས་འཕྲོས་པའི་ཁུངས་ནི། 《ཡུམ་གྱི་མདོ་》ལས། "བཅོམ་ལྡན་འདས་བྱང་ཆུབ་སེམས་དཔའ་ཞེས་བགྱི་བའི་ཚིག་འདིའི་དོན་གང་ལགས།" ཞེས་པ་ནས། "མཚན་ཉིད་གཅིག་པ་འདི་

① ཀུན་མཁྱེན་འཇམ་དབྱངས་བཞད་པ། གྲུབ་མཐའ་ཆེན་མོ། ཀན་སུའུ་མི་རིགས་དཔེ་སྐྲུན་ཁང་། ཤོག་ངོས་363

② ཀུན་མཁྱེན་འཇམ་དབྱངས་བཞད་པ། ཕར་ཕྱིན་མཐའ་དཔྱོད། འབྲས་སྤུངས་སྒོ་མང་དཔེ་མཛོད་ཁང་། ཤོག་ངོས་306

③ ཀུན་མཁྱེན་འཇམ་དབྱངས་བཞད་པ། གྲུབ་མཐའ་ཆེན་མོ། ཀན་སུའུ་མི་རིགས་དཔེ་སྐྲུན་ཁང་། ཤོག་ངོས་106

ལྟ་སྟེ། མཚན་ཉིད་མེད་པའོ།”[1]ཞེས་པའི་ཚིག་འདི་ལས་འཕྲོས་ཤིང་། འདིའི་སྐབས་སུ་ཐེག་ཆེན་སྒྲུབ་པ་བཅུ་གསུམ་གྱི་རྟེན་རང་བཞིན་གནས་རིགས་བཅུ་གསུམ་གཙོ་བོར་བསྟན་ཞིང་། ཞར་ལ་ཐེག་ཆེན་གྱི་སྒྲུབ་པ་བཅུ་གསུམ་བསྟན་ཏེ། སྦྱོར་ལམ་བཞི་མཐོང་སྒོམ་གཉིས་ཏེ་རྟོག་པའི་ཚོས་དྲུག་དང་། གཉེན་པོའི་སྒྲུབ་པ་དང་། སྤྱངས་པའི་སྒྲུབ་པ་དང་། ཤེས་རབ་ཀྱི་སྒྲུབ་པ་དང་། སྙིང་བརྩེ་བའི་སྒྲུབ་པ་དང་། ས་དགུ་པའི་ཐུན་མོང་མ་ཡིན་པའི་སྒྲུབ་པ་དང་། ས་བཅུ་པའི་གཞན་དོན་གོ་རིམ་དུ་བྱེད་པའི་སྒྲུབ་པ་དང་། ཡེ་ཤེས་རྩོལ་བ་མི་མངའ་བར་འཇུག་པའི་སྒྲུབ་པ་དང་བཅས་ཡིན་ལ། དགོངས་ལྡེམ་དགོངས་ནི་ས་བཅུ་བའི་གཞན་དོན་གོ་རིམ་དུ་བྱེད་པའི་སྒྲུབ་པའི་སྐབས་སུ་བཤད་དེ། 《ཕར་ཕྱིན་མཐའ་དཔྱོད་》ལས། “སྦྱོར་བ་ནི། ས་བཅུ་པ་ཆོས་ཅན། གཞན་དོན་གོ་རིམ་དུ་བྱེད་པའི་སྒྲུབ་པ་དང་ལྡན་ཏེ། རང་གི་གདུལ་བྱའི་བསམ་པ་དང་ཁམས་མོ་དམན་དང་མཐུན་པར་དྲང་དོན་དང་ངེས་དོན་གྱི་སྒོ་ནས་ཐེག་པ་གསུམ་ལ་འགོད་པར་མཛད་པའི་སྒྲུབ་པ་དང་ལྡན་པའི་ཕྱིར་”[2]ཞེས་དང་། 《འགྲེལ་པ་དོན་གསལ་》ལས། “དེའི་འོག་ཏུ་བསམ་པ་ཇི་ལྟ་བ་བཞིན་དུ་གཞུག་པ་ལ་སོགས་པ་ལ་ལྡེམ་པོར་དགོངས་པའི་སྒོ་ནས་ཐེག་པ་གསུམ་གྱི་ལམ་ལ་འགོད་པའི་མཚན་ཉིད་ཀྱིས་གཞན་གྱི་དོན་གྱི་གོ་རིམ་གྱིས་ཡིན་ནོ་”[3]ཞེས་གསུངས་པ་སོགས་ཀྱིས་ཤེས་ཐུབ།

《དགོངས་ལྡེམ་དགོངས་ཀྱི་རྣམ་གཞག་》ནི་《ལང་ཀར་གཤེགས་པའི་མདོ་》ལས། “ཇི་ལྟར་ནད་པ་ན་བ་ལ། །སྨན་པས་སྨན་ནི་སྟེར་བ་བཞིན། །དེ་བཞིན་སངས་རྒྱས་སེམས་ཅན་ལ། །ཅི་ཙམ་བཟོད་པའི་ཆོས་སྟོན་ཏོ། །”[4]ཞེས་གསུངས་པ་ལྟར། བདག་ཅག་གི་སྟོན་པས་གདུལ་བྱའི་རྒྱུད་ཚོད་དང་བསྟུན་ནས་གང་ཟག་ལ་ལ་ཞིག་ལ་བདག་ཡོད་ཅེས་གསུངས་པ་དང་། གང་ཟག་ལ་ལ་ཞིག་ལ་བདག་མེད་ཅེས་གསུངས་པ་སོགས་དྲང་དོན་དང་ངེས་དོན་གྱི་མདོ་སྣ་ཚོགས་ཤིག་གསུངས་པ་རྣམས་ཀྱི་གསང་བ་འགྲོལ་བའི་མན་ངག་གི་ལྡེ་མིག་ལྟ་བུ་ཡིན་པ་མ་ཟད། ད་དུང་གདུལ་བྱའི་རྒྱུད་ཀྱི་བཀའི་ཚིག་ཟིན་ལྟར་

[1] ཀུན་མཁྱེན་འཇམ་དབྱངས་བཞད་པ། ཕར་ཕྱིན་མཐའ་དཔྱོད། འབྲས་སྤུངས་སྒོ་མང་དཔེ་མཛོད་ཁང་། ཤོག་ངོས་306

[2] ཀུན་མཁྱེན་འཇམ་དབྱངས་བཞད་པ། ཕར་ཕྱིན་མཐའ་དཔྱོད། འབྲས་སྤུངས་སྒོ་མང་དཔེ་མཛོད་ཁང་། ཤོག་ངོས་306

[3] ཀུན་མཁྱེན་འཇམ་དབྱངས་བཞད་པ། ཕར་ཕྱིན་མཐའ་དཔྱོད། འབྲས་སྤུངས་སྒོ་མང་དཔེ་མཛོད་ཁང་། ཤོག་ངོས་306

[4] ཀུན་མཁྱེན་འཇམ་དབྱངས་བཞད་པ། གྲུབ་མཐའ་ཆེན་མོ། ཀན་སུའུ་མི་རིགས་དཔེ་སྐྲུན་ཁང་། ཤོག་ངོས་346

གོ་བ་བླངས་པའི་ལོག་རྟོག་གི་ནད་བརྒྱ་དྲུངས་ནས་འབྱིན་པའི་བདུད་རྩི་སྨན་མཆོག་ལྟ་བུ་ཞིག་ཀྱང་ཡིན་པས། ལོ་ཙཱ་བ་ཆེན་པོ་ཞང་ཡེ་ཤེས་སྡེ་ཡིས་ཀྱང་འདིའི་སྐོར་ལ་ཆེད་མངགས་ཟིན་བྲིས་དང་བརྗེད་བྱང་བཀོད་པར་གོར་མ་ཆག

སྟོན་པ་ཤཱཀྱ་ཐུབ་པ་ནི་ངེས་དོན་གྱི་སངས་རྒྱས་ཤིག་ཡིན་པ་མ་ཟད། ཕྱུལ་དུ་ཕྱུང་བའི་སློབ་གསོ་བ་ཆེན་མོ་ཞིག་ཀྱང་ཡིན་པས། གང་ཤེས་ལྷུག་པོར་འཆད་པ་དེ་ལྟ་བུ་མ་ཡིན་པར་གདུལ་བྱ་སོ་སོའི་ཁམས་དང་མོས་པ། བག་ལ་ཉལ་བ་ཇི་ལྟ་བ་བཞིན་གཟིགས་ནས་བདེན་བཞིའི་ཆོས་འཁོར་གྱི་ནང་དུ་གཟུགས་ནས་རྣམ་མཁྱེན་བར་གྱི་ཆོས་ཐམས་ཅད་བདེན་པར་གྲུབ་ཅེས་གསུངས་ཤིང་། མཚན་ཉིད་མེད་པའི་ཆོས་འཁོར་གྱི་ནང་དུ་ཆོས་ཐམས་ཅད་བདེན་པར་མ་གྲུབ་ཅེས་གསུངས་པ་དང་། ལེགས་ཕྱེའི་ཆོས་འཁོར་གྱི་ནང་དུ་གཞན་དབང་ཡོངས་གྲུབ་བདེན་པར་གྲུབ་ཀྱང་ཀུན་བཏགས་བདེན་པར་མ་གྲུབ་ཅེས་གསུངས་པ་སོགས་ཐབས་ཚུལ་དང་རིག་པ་སྣ་ཚོགས་ཀྱི་སྒོ་ནས་རིགས་ཅན་སོ་སོའི་གདུལ་བྱ་མང་པོ་སྨིན་གྲོལ་གྱི་ལམ་ལ་འགོད་པར་མཛད། དེ་ནི་དཔེར་ན་རྒྱ་ནག་ཁྲུན་ཆིའུ་(春秋)དུས་སྐབས་ཀྱི་སློབ་གསོ་བ་ཆེན་མོ་ཁུང་ཙི་ལྟ་བུ་སྟེ། ཐེངས་ཤིག་ཁུང་ཙི་ཉིད་རང་གི་དཔེ་མཛོད་ཁང་ནང་ན་ཡོད་པ་ལ། སློབ་མ་ཀུང་ཞི་ཧྭ་ཁུང་ཙི་ལ་ཟ་མ་འདྲེན་གྱིན་ཡོད་པའི་སྐབས། སློབ་མ་ཙི་ལུའུ་འཚབ་འཚུབ་ཀྱིས་རྒྱུག་ཡོང་ནས་སྐད་གདངས་མཐོན་པོས། "རྒན་ལགས། གལ་ཏེ་ཡང་དག་པའི་ལྟ་ཚུལ་ཞིག་ཐོས་ན། མྱུར་དུ་ལག་བསྟར་བྱས་ན་ཨེ་ཆོག"ཅེས་དྲིས་པར། ཁུང་ཙིས་ཙི་ལུའུ་ལ་བལྟ་ཙམ་བྱས་ནས་ངག་དལ་པོས། "རྒན་པ་དང་དགེ་རྒན་ལ་འདྲི་མི་དགོས་སམ། ཐོས་མ་ཐག་ཏུ་སུས་ལག་ཏུ་བསྟར་གྱིན་ཡོད"ཅེས་གསུངས། ཙི་ལུའུ་སྐོར་བུད་མ་ཐག་སློབ་མ་རན་ཡིའུ་ཡིས་དལ་མོའི་གོམ་པ་སྤོས་ཏེ་ཁུང་ཙིའི་མདུན་ལ་ཡོང་ནས་ངག་འཇམ་པོས། "རྒན་ལགས། གལ་ཏེ་ངས་ཡང་དག་པའི་ལྟ་ཚུལ་ཞིག་ཐོས་ན། མྱུར་དུ་ལག་བསྟར་བྱས་ན་ཨེ་ཆོག"ཅེས་དྲིས་པར། ཁུང་ཙི་ཡིས་ཐེ་ཚོམ་མེད་པར། "ཆོག མྱུར་དུ་ལག་བསྟར་བྱས་ན་ཆོག "ཅེས་གསུངས། རན་ཡིའུ་སྒོ་ནས་ཐོན་རྗེས། ཀུང་ཞི་ཧྭ་ཅང་ཡ་མཚར་བའི་ངང་ནས"རྒན་ལགས། སློབ་མ་གཉིས་ཀྱིས་ཁྱེད་ལ་དྲི་བ་གཅིག་མཚུངས་དྲིས་སོང་། ཁྱེད་ཀྱིས་ཅིའི་ཕྱིར་ལན་མི་འདྲ་བ་གཉིས་མཛད་པ་ཡིན། "ཞེས་དྲིས་པར། ཁུང་ཙི་ཡིས་དགོད་བཞིན་དུ། "རན་ཡིའུ་ནི་ཁེངས་སྐྱུང་དང་ཐེ་ཚོམ་བྱེད་རྒྱུ་མང་དྲགས་པས། ངས་མྱུར་དུ་བྱ་བ་ཐག་གཅོད་དགོས་པའི་སྐུལ་མ་བཏང་བ་ཡིན་ལ། བྱ་བ་བསྒྲུབ་ཐོད་ན་མཇུག་འབྲས་འགྱུར་ཐོད་པའི་དཔའ་ངར་ཡང་དགོས་པ་བསྟན་པ་ཡིན། ཙི་ལུའུ་ནི་ནམ་ཡང་རྒོད་པོ་བྱེད་རྒྱུར་དགའ་ལ་བྱ་བ་གང་བསྒྲུབས་ཀྱང་མཇུག་ཡག་པོ་སྐྱོང་མི་ཐུབ་པས། ངས་ཁོ་ལ་གཞན་དང་གྲོས་བྱེད་

པ་དང་། བྱ་བ་སྒྲུབ་སྐབས་བསམ་བློ་ཡག་པོ་གཏོང་དགོས་ཟེར་བ་ཡིན།" [1]ཞེས་གསུངས་པ་བཞིན་នོ། །

དེ་ཡང་དགོངས་ལྡེམ་དགོངས་ཞེས་པ་ནི་རྒྱལ་པོའི་དྲང་དོན་གྱི་མདོ་སྡེ་བརྒྱད་དེ། དགོངས་པ་ཅན་གྱི་མདོ་བཞི་དང་ལྡེམ་དགོངས་ཀྱི་མདོ་བཞིའི་བསྡུས་མིང་ཡིན་ལ། དགོངས་པ་ཅན་གྱི་མདོ་བཞི་ནི། 《མདོ་སྡེ་རྒྱན་》ལས། "མཉམ་པ་ཉིད་དང་དོན་གཞན་དང་། །དེ་བཞིན་དུ་ནི་དུས་གཞན་དང་། །གང་ཟག་གི་ནི་བསམ་པ་ལ། །དགོངས་པ་རྣམ་པ་བཞིར་ཤེས་བྱ། །"[2]ཞེས་གསུངས་པ་ལྟར། མཉམ་པ་ཉིད་ལ་དགོངས་པ་དང་དོན་གཞན་ལ་དགོངས་པ། དུས་གཞན་ལ་དགོངས་པ། སེམས་ཅན་གྱི་བསམ་པ་ལ་དགོངས་པའི་མདོ་སྡེ་བཞི་པོ་འདི་ཡིན་ཏེ། ཡིག་རྙིང་འདི་ཉིད་ལས། "དགོངས་པ་རྣམ་པ་བཞི་ནི། །མཉམ་པ་ཉིད་ལ་དགོངས་པའོ། །དོན་གཞན་ལ་དགོངས་པ་དང་། །དུས་གཞན་ལ་དགོངས་པ་དང་། །གང་ཟག་གྱི་སེམས་ཀྱི་རྒྱུད་ལ་གནས་པའོ་"[3]ཞེས་འབྱུང་བ་དེའོ། །ལྡེམ་དགོངས་ཀྱི་མདོ་བཞི་ནི། 《མདོ་སྡེ་རྒྱན་》ལས།" གཞུག་པ་ལྡེམ་པོར་དགོངས་པ་དང་། །མཚན་ཉིད་ལྡེམ་པོར་དགོངས་པ་གཞན། །གཉེན་པོ་ལྡེམ་པོར་དགོངས་པ་དང་། །བསྒྱུར་པ་ལྡེམ་པོར་དགོངས་པ་སྟེ། །"[4]ཞེས་གསུངས་པ་ལྟར། གཞུག་པ་ལྡེམ་དགོངས་དང་མཚན་ཉིད་ལྡེམ་དགོངས། གཉེན་པོ་ལྡེམ་དགོངས། བསྒྱུར་པ་ལྡེམ་དགོངས་ཏེ་བཞི་པོ་དེ་ཡིན་ལ། ཡིག་རྙིང་འདི་ཉིད་ལས། "དེ་ལ་ལྡེམ་པོ་ངག་རྣམ་བཞི་ནི། །འཇུག་པ་ལ་ལྡེམ་པོར་དགོངས་པ་དང་། །མཚན་ཉིད་ལ་ལྡེམ་པོ་ངག་ཏུ་དགོངས་པ་དང་། །བསྒྱུར་པ་ལ་ལྡེམ་པོ་ངག་ཏུ་དགོངས་པ་དང་། །གཉེན་པོ་ལ་ལྡེམ་པོར་དགོངས་པའོ། །"[5]ཞེས་བྱུང་བ་ལྟར་རོ། །

དགོངས་པ་ཅན་གྱི་མདོ་བཞི་སོ་སོའི་མཚན་གཞི་ནི་《ལེགས་བཤད་གསེར་ཕྲེང་》ལས། མཉམ་པ་ཉིད་ལ་དགོངས་པ་ནི། ང་ཉིད་དེའི་ཚེ་ཡང་དག་པར་རྫོགས་པའི་སངས་རྒྱས་རྣམ་གཟིགས་སུ་གྱུར་ཏོ་ཞེས་གསུངས་པ་ལྟ་བུ་སྟེ་ཆོས་ཀྱི་སྐུ་མཉམ་པའོ། །དོན་གཞན་ལ་དགོངས་པ་ནི། ཆོས་ཐམས་ཅད་ནི་ངོ་

---

① ཨ་སྟག་ཚེ་རིང་བཀྲ་ཤིས་དང་དཔལ་ལྡན་ཉི་མ། འཛམ་གླིང་མི་སྣ་གྲགས་ཅན་གྱི་བྱུང་བ་བརྗོད་པ། སི་ཁྲོན་མི་རིགས་དཔེ་སྐྲུན་ཁང་། ཤོག་ངོས་42-43

② རྗེ་ཙོང་ཁ་པ་ཆེན་མོ། ལེགས་བཤད་གསེར་ཕྲེང་། མཚོ་སྔོན་མི་རིགས་སྐྲུན་ཁང་། ཤོག་ངོས་348-342

③ སྟོབས་ལྡན། ཁ་སྐྱང་བཀྲ་ཤིས་ཚེ་རིང་། ཐྲ་རན་སིར་ཉར་བའི་ཏུན་ཧོང་ཤོག་དྲིལ་ཡིག་རྙིང་གི་བཤུས་ཡིག་ཕྱོགས་བསྒྲིགས། བོད་ལྗོངས་མི་དམངས་དཔེ་སྐྲུན་ཁང་། ཤོག་ངོས་35

④ རྗེ་ཙོང་ཁ་པ་ཆེན་མོ། ལེགས་བཤད་གསེར་ཕྲེང་། མཚོ་སྔོན་མི་རིགས་སྐྲུན་ཁང་། ཤོག་ངོས་348-342

⑤ སྟོབས་ལྡན། ཁ་སྐྱང་བཀྲ་ཤིས་ཚེ་རིང་། ཐྲ་རན་སིར་ཉར་བའི་ཏུན་ཧོང་ཤོག་དྲིལ་ཡིག་རྙིང་གི་བཤུས་ཡིག་ཕྱོགས་བསྒྲིགས། བོད་ལྗོངས་མི་དམངས་དཔེ་སྐྲུན་ཁང་། ཤོག་ངོས་35

པོ་ཉིད་མེད་པ་མ་སྐྱེས་པའོ་ཞེས་སོགས་གསུངས་པ་ལྟ་བུ་སྟེ་སྒྲ་ཇི་བཞིན་པ་མ་ཡིན་པས་སོ། །དུས་གཞན་ལ་དགོངས་པ་ནི། གང་དག་བདེ་བ་ཅན་དུ་སྐྱེ་བར་སྨོན་ལམ་འདེབས་པ་དེ་དག་དེར་སྐྱེ་བར་འགྱུར་རོ་ཞེས་གསུངས་པ་ལྟ་བུ་སྟེ་ཤི་འཕོས་མ་ཐག་མི་སྐྱེ་ཡང་དུས་གཞན་ནའོ་སྙམ་དུ་དགོངས་པའོ། །གང་ཟག་གི་བསམ་པ་ལ་དགོངས་པ་ནི། དགེ་རྩ་འགའ་ཞིག་ཁ་ཅིག་ལ་ནི་བསྔགས་ལ། ཆུང་ངུས་ཆོག་ཤེས་པ་ཁ་ཅིག་ལ་ནི་སྨད་པ་ལྟ་བུའོ[1]ཞེས་གསུངས་པ་ལྟར་དང་། ལྡེམ་དགོངས་བཞིའི་མཚན་གཞི་ནི། རིམ་པ་བཞིན་《ལེགས་བཤད་གསེར་ཕྲེང་》ལས། དང་པོ་ནི། ཉན་ཐོས་རྣམས་བསྟན་པ་ལ་གཞུག་པའི་དོན་དུ་སྐྲག་པ་སྤངས་པའི་ཕྱིར་གཟུགས་སོགས་ཡོད་པར་བསྟན་པ། གཉིས་པ་ནི། མཚན་ཉིད་གསུམ་ལ་དགོངས་ནས་ཆོས་ཐམས་ཅད་ངོ་བོ་ཉིད་མེད་པ་སོགས་སུ་བསྟན་པ། གསུམ་པ་ནི། སངས་རྒྱས་ཆོས་ལ་བརྙས་པ་དང་། ལེ་ལོ་ཅུང་ཟད་ཆོག་འཛིན་དང་། ང་རྒྱལ་འདོད་ཆགས་སྤྱོད་པ་དང་། འགྱོད་དང་མ་ངེས་ལྡོག་པ་ནི། སེམས་ཅན་རྣམས་ཀྱི་སྒྲིབ་པ་སྟེ། དེ་ཡི་གཉེན་པོར་ཐེག་མཆོག་གསུངས། ཞེས་པ་ལྟར། ཉེས་པ་བརྒྱད་འདུལ་བའི་ཕྱིར་དུ་བསྟན་པ་དང་། བཞི་པ་ནི། བརྗོད་བྱ་ཟབ་མོ་གཞན་དུ་འདྲེན་པ་ལ་བལྟ་སྟེ། ཇི་སྐད་དུ། སྙིང་པོ་མེད་ལ་སྙིང་པོར་ཤེས། ཕྱིན་ཅི་ལོག་ལ་ལེགས་པར་གནས། ཉོན་མོངས་པས་ནི་རབ་ཉོན་མོངས། བྱང་ཆུབ་དམ་པ་འཐོབ་པར་འགྱུར། །ཞེས་སྙིང་པོ་ནི་སེམས་ཀྱི་རྣམ་གཡེང་དང་། དེ་མེད་ནི་སྙིང་པོ་མེད་པ། ཕྱིན་ཅི་ལོག་ནི་གཙང་བདེ་རྟག་བདག་ལས་ལོག་པ། ཉོན་མོངས་པ་ནི་ཡུན་རིང་པོར་དཀའ་སྤྱད་ཀྱིས་ངལ་བ[2]ཞེས་སོགས་གསུངས་པ་ལྟར་ཡིན། ཡིག་རྙིང་འདི་ལས་དགོངས་པ་ཅན་བཞི་དང་ལྡེམ་དགོངས་བཞིའི་མཚན་གཞི་བཞག་པ་རྣམས་གོང་ཞུས་དང་ཅུང་མི་འདྲ་ཡང་དོན་གྱི་གནད་ཕལ་ཆེར་གཅིག་ལ་བབས་ཡོད། དགོངས་པ་ཅན་གྱི་མདོ་དང་ལྡེམ་དགོངས་ཀྱི་མདོ་གཉིས་ཀྱི་ཁྱད་པར་གང་ཞེ་ན། 《ཐེག་བསྡུས་བཤད་སྦྱར་》ལས། “དགོངས་པ་ནི་ཡིད་ལ་བཞག་པ་ཙམ་ཡིན་གྱི་ཕ་རོལ་ལ་ལྟོས་པར་ནི་ཁས་མི་ལེན་ནོ། །ལྡེམ་པོར་དགོངས་པ་ནི་དེ་ཉིད་ཕ་རོལ་གཟུང་བ་ལ་ལྟོས་པའོ། །”[3]ཞེས་གསུངས་ཤིང་། དེའི་དོན་ནི《ལེགས་བཤད་གསེར་ཕྲེང་》ལས། “འོ་ན་ལུང་དོན་གང་ཞེ་ན། སྒྲས་ཟིན་ཚོད་དེ་ཚིག་དེའི་དགོངས་པ་མིན་པར་ལོགས་སུ་བཤད་ནས་འདི་ལ་བསམས་ཏེ་གསུངས་སོ་ཞེས་སྨྲ་བ་པོའི་བསམ་པ་སྟོན་པའི་ཆ་ནས་དགོངས་པ་ཡིན་ལ། ཐད་ཀར་མི་སྟོན་པར་འཁྱོག་

① རྗེ་ཙོང་ཁ་པ་ཆེན་པོ། ལེགས་བཤད་གསེར་ཕྲེང་། མཚོ་སྔོན་མི་རིགས་དཔེ་སྐྲུན་ཁང་། ཤོག་ངོས་342-348

② རྗེ་ཙོང་ཁ་པ་ཆེན་པོ། ལེགས་བཤད་གསེར་ཕྲེང་། མཚོ་སྔོན་མི་རིགས་དཔེ་སྐྲུན་ཁང་། ཤོག་ངོས་342-348

③ རྗེ་ཙོང་ཁ་པ་ཆེན་པོ། ལེགས་བཤད་གསེར་ཕྲེང་། མཚོ་སྔོན་མི་རིགས་དཔེ་སྐྲུན་ཁང་། ཤོག་ངོས་342-348

པོའི་ངག་གིས་བསྟན་པའི་དགོས་པ་འདིའོ་ཞེས་དགོས་པ་སྟོན་པའི་ཚ་ནས་ལྡེམ་པོར་དགོངས་པ་སྟེ་"[①] ཞེས་གསུངས་པས། སྨྲ་བ་པོའི་ཡིད་ལ་བསམས་པའི་དགོངས་པ་གཙོ་བོ་ཡིན་གྱི། ཕ་རོལ་པོ་གདུལ་བྱ་ལ་ལྟོས་པའི་སྐབས་ཟིན་ཁས་མི་ལེན་པ་དགོངས་པ་ཅན་གྱི་མདོ་དང་། གདུལ་བྱ་ཕ་རོལ་པོས་དགོས་པ་དེ་གཟུང་བའི་ཆེད་དུ་འཁྱོག་པོའི་ཚིག་གིས་སྟོན་པ་དེ་ལྡེམ་དགོངས་ཀྱི་མདོ་ཡིན། དེས་ན《ཐེག་བསྡུས་བཤད་སྦྱར་》ལས་དེ་གཉིས་དོན་གཅིག་པར་བཤད་པ་དང་། ཤཱཀྱ་བས་དགོངས་གཞི་བརྗོད་པས་དགོངས་པ་ཅན་དང་དགོས་པ་བརྗོད་པས་ལྡེམ་དགོངས་ཞེས་གསུངས་ཡོད།

《རྣམ་བཤད་》ལས། "གཉེན་པོ་ལ་ལྡེམ་པོར་དགོངས་པ་ནི་དགོངས་པ་ཅན་བཞི་སྟེ་"[②] ཞེས་དང་། 《ཕར་ཕྱིན་མཐའ་དཔྱོད་》ལས། "གཉེན་པོ་ལ་ལྡེམ་དགོངས་ཀྱི་མདོ་ཡིན་པའི་ཕྱིར། དེར་ཐལ། དགོངས་པ་ཅན་གྱི་མདོ་བཞི་པོ་གང་རུང་ཡིན་པའི་ཕྱིར། ཁྱབ་སྟེ། གཉེན་པོ་ལྡེམ་དགོངས་ལ་དགོངས་པ་ཅན་བཞིར་འབྱེད་པ་གང་ཞིག་དགོངས་པ་ཅན་བཞིའི་དང་པོ་ཡིན་པའི་ཕྱིར་"[③] ཞེས་གསུངས་པས། དགོངས་པ་ཅན་གྱི་མདོ་ཡིན་ན། གཉེན་པོ་ལྡེམ་དགོངས་ཡིན་དགོས་ལ། ཡང་《ཕར་ཕྱིན་མཐའ་དཔྱོད་》ལས། "གཞན་ཡང་དེ་གཉིས་མི་འགལ་བར་ཐལ། ལྡེམ་དགོངས་ཀྱི་མདོ་ཡིན་ན། དགོངས་པ་ཅན་གྱི་མདོ་ཡིན་པས་ཁྱབ་པའི་ཕྱིར། དེར་ཐལ། དེ་ཡིན་ན་དགོངས་གཞི་དགོས་པ་དངོས་ལ་གནོད་བྱེད་གསུམ་ཚང་བའི་སྒོ་ནས་དྲང་དོན་དུ་བཤད་པས་ཁྱབ་པའི་ཕྱིར་"[④] ཞེས་གསུངས་པས། དགོངས་ལྡེམ་དགོངས་ཀྱི་མདོ་གཉིས་མི་འགལ་བ་མ་ཟད། ལྡེམ་དགོངས་ཀྱི་མདོ་ཡིན་ན། དགོངས་པ་ཅན་གྱི་མདོ་ཡིན་པས་ཁྱབ་བོ། །《ལེགས་བཤད་གསེར་ཕྲེང་》ལས།" ཐམས་ཅད་བསྒྱུར་བ་ལྡེམ་དགོངས་སུ་འགྱུར་ཞེ་ན། འདོད་པ་ཡིན་ནོ"[⑤] ཞེས་གསུངས་པས། ལྡེམ་དགོངས་ཀྱི་མདོ་ཡིན་ན་བསྒྱུར་བ་ལྡེམ་དགོངས་ཀྱི་མདོ་ཡིན་དགོས་སོ། །《རྒྱན་འགྲེལ་སྤྱི་དོན་རོལ་མཚོ་》ལས། "དགོངས་པ་ཅན་གྱི་མདོ་དང་ལྡེམ་དགོངས་ཀྱི་

---

① རྗེ་ཙོང་ཁ་པ་ཆེན་པོ། ལེགས་བཤད་གསེར་ཕྲེང་། མཚོ་སྔོན་མི་རིགས་སྐྲུན་ཁང་། ཤོག་ངོས་342-348

② གུང་ཐང་བློ་གྲོས་རྒྱ་མཚོ། འགྲེལ་པ་དོན་གསལ་གྱི་མཆན་འགྲེལ། དགེ་ལྡན་ལེགས་བཤད་གསུང་རབ་འགྲེམས་སྤེལ་ཁང་། ཤོག་ངོས་285

③ ཀུན་མཁྱེན་འཇམ་དབྱངས་བཞད་པ། ཕར་ཕྱིན་མཐའ་དཔྱོད། འབྲས་སྤུངས་སྒོ་མང་དཔེ་མཛོད་ཁང་། ཤོག་ངོས་307

④ ཀུན་མཁྱེན་འཇམ་དབྱངས་བཞད་པ། ཕར་ཕྱིན་མཐའ་དཔྱོད། འབྲས་སྤུངས་སྒོ་མང་དཔེ་མཛོད་ཁང་། ཤོག་ངོས་307

⑤ རྗེ་ཙོང་ཁ་པ་ཆེན་པོ། ལེགས་བཤད་གསེར་ཕྲེང་། མཚོ་སྔོན་མི་རིགས་སྐྲུན་ཁང་། ཤོག་ངོས་348-342

མདོ་གཉིས་ཡིན་ཁྱབ་མཉམ་ཡིན་ནོ་”[①]ཞེས་གསུངས་ཡོད།

གཞན་ཡང་《ལེགས་བཤད་གསེར་ཕྲེང་》ལས། འདི་དང་དགོངས་པ་དང་ལྡེམ་དགོངས་གཉིས་པ་རྣམས་སེམས་ཅམ་པོ་ནའི་འདོད་པའོ[②]ཞེས་མ་ངེས་པ་ལྡོག་པའི་གཉེན་པོར་ཉན་ཐོས་རྣམས་ལུང་བསྟན་པ་དང་ཐེག་པ་གཅིག་ཏུ་བཤད་པ་དང་དོན་གཞན་ལ་དགོངས་པ་དང་མཚན་ཉིད་ལྡེམ་དགོངས་རྣམས་སེམས་ཅམ་པ་པོ་ནའི་འདོད་པར་གསུངས་པ་ནི《མདོ་སྡེ་རྒྱན་》གྱི་དངོས་བསྟན་པོ་ནར་དགོངས་པ་ལས། མདོ་དེ་དག་ལ་སེམས་ཅམ་པའི་ལུགས་ཀྱི་དེ་པོ་ནས་མ་ཁྱབ་སྟེ། མཚན་ཉིད་ལྡེམ་དགོངས་ལ། སེམས་ཅམ་པ་ལྟར་ན། འདིར་བསྟན་འཁོར་ལོ་བར་པ(མཚན་ཉིད་མེད་པའི་ཆོས་འཁོར་)དང་། རྣམ་འགྱུར་སྤྱོད་པ་བ་ཞི་འཚོའི་ལུགས་ལ། ཡོན་ཏན་འབྱུང་གནས་ཀྱི་ལེའུ་དང་། འཕགས་སེང་དང་ཐལ་འགྱུར་བ་ལྟར་ན། མདོ་སྡེ་དགོངས་འགྲེལ་རང་ཉིད་འཇོག་ལ། མདོ་སྡེ་སྤྱོད་པའི་དབུ་མ་རང་རྒྱུད་པའམ་ལེགས་ལྡན་གྱི་ལུགས་ལ་གཞན་དབང་ཡོངས་གྲུབ་བདེན་གྲུབ་དང་ཀུན་བཏགས་བདེན་མེད་དུ་སྟོན་པའི་མདོ་མེད་པར་འདོད་པས། དེའི་ལུགས་ལ་མཚན་ཉིད་ལྡེམ་དགོངས་ལ་གང་འཇོག་པ་དང་། 《མདོ་སྡེ་རྒྱན་》གྱི་ལུང་དོན་ཇི་ལྟར་འགྲེལ་ཚུལ་སོགས་ལ་དཔྱད་དགོས་སོ། །《འགྲེལ་པ་དོན་གསལ་གྱི་མཆན་འགྲེལ་》ལས། “གསེར་ཕྲེང་ལས། འདི་དང་དགོངས་པ་དང་ལྡེམ་དགོངས་གཉིས་པ་རྣམས་སེམས་ཅམ་པོ་ནའི་འདོད་པའོ་ཞེས་པ་གོང་གི་མཚན་གཞི་རྣམས་ཡིན་ལ་”[③]ཞེས་གསེར་ཕྲེང་གི་དེ་ནི་གོང་གི་ཚད་གཞིའི་མདོ་དེ་དག་ལ་དགོངས་པར་གསུངས་འདུག ཡང་ཡིག་རྙིང་འདི་ཉིད་ལས། “མཚན་ཉིད་ལ་ལྡེམ་པོར་དགོངས་པ་ནི། །གཞན་དབང་དང་ཀུན་རྟགས་ལ་དངོས་པོར་བཞེད་དེ། །ཡོད་པར་ལྟ་བའི་རྣམས་སྤང་བའི་ཕྱིར། །སྐབས་ཁ་ཅིག་ཏུ་མྱེད་དོ། །སྟོང་པ་ཞེས་གསུངསོ། །ཡོངས་སུ་གྲུབ་པའི་མཚན་ཉིད་དུ་ཆོས་ཉིད་ཡོད་པ་ལས་དགོངས་ནས། །ཆད་པར་ལྟ་བ་སྤང་བའི་ཕྱིར། །ཡོད་དོ་ཞེས་གསུངས་པ་ལྟ་བུ་ནི། །མཚན་ཉིད་ལ་ལྡེམ་པོར་དགོངས་པ་འོ། །”[④]ཞེས་མཚན་ཉིད་ལྡེམ་དགོངས

---

① རྗེ་བཙུན་ཆོས་ཀྱི་རྒྱལ་མཚན། རྒྱན་འགྲེལ་སྤྱི་དོན་རོལ་མཚོ། ཀྲུང་གོའི་བོད་ཀྱི་ཤེས་རིག་དཔེ་སྐྲུན་ཁང་། ཤོག་ངོས་368

② རྗེ་ཙོང་ཁ་པ་ཆེན་པོ། ལེགས་བཤད་གསེར་ཕྲེང་། མཚོ་སྔོན་མི་རིགས་སྐྲུན་ཁང་། ཤོག་ངོས་348-342

③ གུང་ཐང་བློ་གྲོས་རྒྱ་མཚོ། འགྲེལ་པ་དོན་གསལ་གྱི་མཆན་འགྲེལ། དགེ་ལྡན་ལེགས་བཤད་གསུང་རབ་འགྲེམས་སྤེལ་ཁང་། ཤོག་ངོས་285

④ སྟོབས་ལྡན། ཁ་སྐྱང་བཀྲ་ཤིས་ཚེ་རིང་། རྩ་རན་སེར་ཉར་བའི་ཏུན་ཧོང་ཤོག་དྲིལ་ཡིག་རྙིང་གི་བཤུས་ཡིག་ཕྱོགས་བསྒྲིགས། བོད་ལྗོངས་མི་དམངས་དཔེ་སྐྲུན་ཁང་། ཤོག་ངོས་36

ཀྱི་མཚན་གཞི་ལ་གཞན་དབང་དང་ཀུན་བཏགས་གཉིས་དངོས་པོར་མེད་ཅིང་། ཡོངས་གྲུབ་དངོས་པོར་ཡོད་པར་གསུངས་པའི་མདོ་ལྟ་བུ་ཞིག་འཇོག་པ་ནི། གྲུབ་མཐའ་སྨྲ་བ་སེམས་ཙམ་པ་དང་མདོ་སྡེ་སྤྱོད་པ་དང་རྣལ་འབྱོར་སྤྱོད་པའི་དབུ་མ་རང་རྒྱུད་པ་གཉིས་ཀ་དང་ཐལ་འགྱུར་བ་གང་གི་ལུགས་དང་ཡང་མི་མཐུན་ཏེ། གལ་ཏེ་རྣལ་འབྱོར་སྤྱོད་པའི་དབུ་མ་རང་རྒྱུད་པ་ལྟར་ཡིན་ན། ཡོངས་གྲུགས་ལྟར་ཀུན་བཏགས་དངོས་པོར་(བདེན་དངོས་)མེད་ཅིང་། གཞན་དབང་དང་ཡོངས་གྲུབ་གཉིས་དངོས་པོར་ཡོད་པར་གསུངས་པའི་མདོ་ཞིག་འཇོག་(ཡོན་ཏན་འབྱུང་གནས་ཀྱི་ལེའུ་ལྟ་བུ་)དགོས་ཀྱང་། འདིར་དེ་དག་དང་མི་མཐུན་པར་ཡོངས་གྲུབ་བདེན་པར་གྲུབ་ཀྱང་ཀུན་བཏགས་དང་གཞན་དབང་གཉིས་བདེན་པར་མ་གྲུབ་པར་གསུངས་པའི་མདོ་ལྟ་བུ་ཞིག་བཞག་པའི་ཕྱིར། སེམས་ཙམ་པ་ལྟར་ན། གཞན་དབང་དང་ཀུན་བཏགས་ཡོངས་གྲུབ་གསུམ་སྟེ་མཚན་ཉིད་གསུམ་ག་བདེན་པར་མ་གྲུབ་པར་སྟོན་པའི་མདོ་སྟེ། དཔེར་ན་འདིར་བསྟན་འཁོར་ལོ་བར་པ་ལྟ་བུ་ཞིག་འཇོག་དགོས་སོད། འདིར་དེ་དང་ཡང་མི་མཐུན་པའི་ཕྱིར། ཐལ་འགྱུར་བ་དང་འཕགས་སེང་གི་ལུགས་ལ་མཚན་ཉིད་ལྡེམ་དགོངས་ལ་མདོ་སྡེ་དགོངས་འགྲེལ་ལྟ་བུ་འཇོག་དགོས་ཀྱང་འདི་དེ་དང་ཡང་མི་འགྲིག་པས་ཞིབ་ཏུ་དཔྱད་དགོས་སོ། །

《གྲུབ་མཐའ་ཐུབ་བསྟན་ལྷུན་པོའི་མཛེས་རྒྱན་》ལས། "མཁན་སློབ་གཉིས་ཀའི་སློབ་མ་ལོ་ཙྪ་བ་ཆེན་པོ་ཡེ་ཤེས་སྡེའི་ལྟ་བའི་བརྗེད་བྱང་ལས་ཀྱང་ཀླུ་སྒྲུབ་ལུགས་གཙོ་བོར་མཛད་ཅིང་དེ་ལས་ཀྱང་རྣལ་འབྱོར་སྤྱོད་པའི་དབུ་མ་རང་རྒྱུད་པའི་ལུགས་ཇི་ལྟ་བ་བཞིན་བྱས་སྣང་ངོ་"[①]ཞེས་གསུངས་ལ། ཁོ་བོས་ཀྱང་《སྡེ་དགེའི་བསྟན་འགྱུར་》(སྣ་ཚོགས་)ཇོ་ཏུམ་པའི་ནང་དུ་ཡོད་པའི་ཞང་ཡེ་ཤེས་སྡེའི་《ལྟ་བའི་ཁྱད་པར་》རམ《ལྟ་བའི་བརྗེད་བྱང་》ཞིབ་ཏུ་གློག་སྐབས། དེའི་ནང་དུ་མདོ་སྡེ་སྤྱོད་པའི་དབུ་མ་རང་རྒྱུད་པས་ཕྱི་དོན་འདོད་ཚུལ་དང་དེའི་སྒྲུབ་བྱེད། རྣལ་འབྱོར་སྤྱོད་པའི་དབུ་མ་རང་རྒྱུད་པས་ཕྱི་དོན་མི་འདོད་ཚུལ་དང་དེའི་སྒྲུབ་བྱེད། དེ་བཞིན་སློབ་དཔོན་ཀ་མ་ལ་ཤཱི་ལས། "དབུ་མ་འདི་གཉིས་ཀུན་རྫོབ་ཏུ་ཅུང་ཟད་མི་མཐུན་ཡང་། དོན་དམ་པར་ཕྱི་ནང་གི་དངོས་པོ་ཐམས་ཅད་རང་བཞིན་མེད་པར་འདོད་དུ་འདྲ་བས་ན་འགལ་བ་མེད་དོ་"[②]ཞེས་སོགས་བཀོད་པ་མ་གཏོགས། ལོ་ཙྪ་བ་ཁོང་གི་ལྟ་བ་རྣལ་འབྱོར་

① ལྕང་སྐྱ་རོལ་པའི་རྡོ་རྗེ། གྲུབ་མཐའ་ཐུབ་བསྟན་ལྷུན་པོའི་མཛེས་རྒྱན། ཀྲུང་གོའི་བོད་རིག་པ་དཔེ་སྐྲུན་ཁང་། ཤོག་ངོས་200

② སློབ་དཔོན་ཀླུ་སྒྲུབ་སོགས། སྡེ་དགེའི་བསྟན་འགྱུར།(སྣ་ཚོགས་) ཇོ་ཏུམ་པ། ཤར་དུང་རི་དཔེ་སྐྲུན་ཁང་། ཤོག་ངོས་15

སྤྱོད་པའི་དབུ་མ་རང་རྒྱུད་པ་ཡིན་པའི་གསལ་ཁ་མ་མཐོང་ལ། ཡང་ན་དེའི་ནང་དུ་སེ་ལོང་ཡེ་ཤེས་བཤད་པའི་སྐབས་སུ་ཀུན་གཞིའི་སྐོར་ཅུང་རྒྱལ་དུ་བཏོན་ནས་བཤད་འདུག་པས། སྔ་ཚེ་སྟོད་ཀྱི་སློབ་དཔོན་ཨ་ཙྪ་ཀ་ར་བཞིན་དུ་ལོ་ཙྪ་བ་ཁོང་གིས་ཀྱང་ཀུན་གཞི་བཞེད་པ་དང་། གལ་ཏེ་ཀུན་གཞི་བཞེད་ན། ཕྱི་དོན་མི་འདོད་དགོས་པས། ལོ་ཙྪ་བ་ཁོང་གིས་ཕྱི་དོན་མེད་པའི་དབུ་མ་སྟེ། རྣལ་འབྱོར་སྤྱོད་པའི་དབུ་མ་རང་རྒྱུད་པའི་ལྟ་བ་ཁས་ལེན་པ་ཡིན་ནམ་སྙམ་དཔྱད་དགོས་སོ། །

འདིར་ལྡེམ་པོར་དགོངས་པ་ཞེས་པའི་ལྡེམ་པོའི་དོན་ནི། 《ལེགས་བཤད་གསེར་ཕྲེང་》ལས། "ལྡེམ་པོའམ་ལྡེའུའི་ངག་ནི་འཁྱོག་པོ་ཡིན་པས་སོ"[①]ཞེས་གསུངས་པ་དང་། 《ཕར་ཕྱིན་མཐའ་དཔྱོད་》ལས། "ལྡེམ་པོའི་ངག་ནི་དྲང་པོ་མ་ཡིན་པའི་ངག་གི་མིང་ཡིན་པའི་ཕྱིར"[②]ཞེས་གསུངས་པ་བཞིན། ལྡེམ་པོ་ནི་ལྡེའུའི་ངག་གི་མིང་ཡིན་ལ། ལྡེའུའི་ངག་ནི་དྲང་པོ་མ་ཡིན་པ་སྟེ། བརྗོད་བྱ་ཐད་ཀར་མི་སྟོན་པར་འཁྱོག་པོའི་ངག་གི་སྒྱུར་བ་ལ་བརྟེན་ནས་ཟུར་གྱིས་སམ་ཡང་ན་གབ་པའི་སྒོ་ནས་སྟོན་པའི་ངག་གི་མིང་ཡིན་པ་དཔེར་ན། "ཕ་དང་མ་ནི་བསད་བྱ་ཞིང་། །དེ་བཞིན་ཉེ་དུ་ཐམས་ཅད་དང་། །རྒྱལ་པོ་ཡུལ་འཁོར་བཅས་བཅོམས་ན། །མི་དེ་དག་པ་ཉིད་དུ་འགྱུར། །"[③]ཞེས་པ་ལྟ་བུ་དང་། ཡང་ན། "སྙིང་པོ་མེད་ལ་སྙིང་པོར་ཤེས། །ཕྱིན་ཅི་ལོག་ལ་ལེགས་པར་གནས། །ཉོན་མོངས་པས་ནི་རབ་ཉོན་མོངས། །བྱང་ཆུབ་དམ་པ་འཐོབ་པར་འགྱུར། །"[④]ཞེས་པ་ལྟ་བུའོ། །

གཉིས། རྗོད་བྱེད་ཚིག་གི་ཆ་ལ་དཔྱད་པ།

༡ བརྡ་འགྲེལ། 《དགོངས་ལྡེམ་དགོངས་ཀྱི་རྣམ་གཞག་》ཅེས་པའི་ཡིག་རྙིང་འདི་ལས། "དེ་ཡང་བཅོམ་ལྡན་འདས་ཉིད་དེ་ལྟར་བཞེད་པ་མ་ལགས་སྟེ། །དཔེར་ན་འཛིག་རྟེན་གྱི་ལྡེ་བུ་དང་འདྲ་

① རྗེ་ཙོང་ཁ་པ་ཆེན་པོ། ལེགས་བཤད་གསེར་ཕྲེང་། མཚོ་སྔོན་མི་རིགས་སྐྲུན་ཁང་། ཤོག་ངོས་348-342

② ཀུན་མཁྱེན་འཇམ་དབྱངས་བཞད་པ། ཕར་ཕྱིན་མཐའ་དཔྱོད། འབྲས་སྤུངས་སྒོ་མང་དཔེ་མཛོད་ཁང་། ཤོག་ངོས་308

③ རྗེ་བཙུན་ཆོས་ཀྱི་རྒྱལ་མཚན། རྒྱན་འགྲེལ་སྤྱི་དོན་རོལ་མཚོ། ཀྲུང་གོའི་བོད་ཀྱི་ཤེས་རིག་དཔེ་སྐྲུན་ཁང་། ཤོག་ངོས་366

④ རྗེ་བཙུན་ཆོས་ཀྱི་རྒྱལ་མཚན། རྒྱན་འགྲེལ་སྤྱི་དོན་རོལ་མཚོ། ཀྲུང་གོའི་བོད་ཀྱི་ཤེས་རིག་དཔེ་སྐྲུན་ཁང་། ཤོག་ངོས་367

སྟེ། །ཐེལ་གྱིས་མྱི་སྟོན་ཟུར་གྱིས་འཆད་དོ། །"[①]ཞེས་པའི་སྐབས་ཀྱི་འཇིག་རྟེན་གྱི་ལྟེ་བུ་ནི་འཇིག་རྟེན་གྱི་ལྟེ་བུ་སྟེ་ལྟེའུའི་མིང་ཡིན་ཏེ། དེ་ལྟར་ཡིན་པ་ཚིག་དེའི་འགྲོ་དེ་མ་ཐག་ཏུ་ཐེལ་གྱིས་མྱི་སྟོན་ཟུར་གྱིས་འཆད་དོ་ཞེས་པའི་ཚིག་འདི་ལ་བརྟེན་ནས་ཀྱང་ཤེས་ཐུབ་པ་དང་། ཡང་ཐེལ་གྱིས་མྱི་སྟོན་ཞེས་པ་ནི་ཐད་ཀར་རམ་དྲང་བའི་སྒོ་ནས་མི་སྟོན་ཞེས་པའི་དོན་ནོ། །

ཡིག་རྙིང་འདི་ནང་གི་"བྲམ་ཛེ"ཞེས་པ་ནི། བྲམ་ཟེ་སྟེ། སྤྱིར་བྲམ་ཟེ་ལ་མིང་བྲམ་ཟེ་དང་རིགས་བྲམ་ཟེ། སྒྲུབ་པ་བྲམ་ཟེ་སོགས་ཡོད་ཅིང་། འདིའི་སྐབས་ཀྱི་བྲམ་ཟེ་འདི་ནི་ཡིག་རྙིང་འདི་ཉིད་ལས། "སངས་རྒྱས་བཅོམ་ལྡན་འདས་ཀྱི་ཆོས་འདི་སྟོང་བར་སྟོན་ན་ནི་བདག་རབ་དུ་མྱི་འབྱུང་། །གལ་ཏེ་བདག་ཡོད་པར་འཆད་ན་ནི་སྐྱབས་སུ་འགྲོ་ཞིང་རབ་དུ་འབྱུང་ངོ་སྙམ"[②]ཞེས་བྱུང་བ་ལ་བརྟགས་ན། ཕལ་ཆེར་བྲམ་ཟེའི་ཆོས་ལུགས་ལ་དད་ཅིང་ཉམས་སུ་ལེན་པ་དང་སྒྲུབ་པ་བྱེད་མཁན་ཞིག་ཡིན་སྙམ།

"འགེའུ་ཏ་མ"ཞེས་པ་ནི་གོ་ཏ་མ་སྟེ། ལེགས་སྦྱར་དངོས་ལ་གོ་ཏ་མ་ཞེས་ཟེར་ཞིང་། རིགས་ཀྱི་སྒོ་ནས་བཏགས་པའི་བདག་ཅག་གི་སྟོན་པའི་མཚན་གྱི་རྣམ་གྲངས་ཤིག་གོ །"སྤོས་ཀྱི་བན་གླང"ཞེས་པ་ནི། སྤོས་ཀྱི་གླང་པོ་སྟེ། 《བརྡ་དག་མིང་ཚིག་གསལ་བ》ལས། "གླང་ཆེན་ཕལ་པ་བཅུའི་སྟོབས་དང་ལྡན་པའི་གླང་པོ་ཆེ"[③]ཞེས་པ་ལྟར། སྟོབས་རྩལ་ཏ་ཅང་ཆེ་བའི་གླང་པོ་ཆེ་ཞིག་གོ །

"འག་འག་གླུང"ཞེས་པ་ནི་གང་གཱའི་ཀླུང་སྟེ། གང་གཱ་ནི་ག་ག་ཞེས་པའི་སྒྲ་ལ། མོ་རྐྱེན་ཨཱ་པ་བྱིན། པ་ཕྱིས། གའི་ཨ་དང་ཨཱ་གཉིས་འདྲ་རིང་བྱས་ཏེ། ག་ཡིག་ཨཱ་རིང་པོ་དེ་ལ་དྲངས། དེ་ལ་དང་པོའི་སི་བྱིན། ཨཱ་པ་ལས་སོ་ཞེས་པས་སི་ཕྱིས། ཡ་པ་ལ་ཡ་མ་ཡང་ནའོ་ཞེས་པས་གའི་རྗེས་སུ་ང་རོ་ང་ཏུ་བསྒྱུར་ཏེ། ག་ཐོག་ཏུ་དྲངས་པས་གང་ག་ཞེས་གྲུབ་པ་དེ་ལ་ཀླུང་ཞེས་པ་བླ་ཐབས་སུ་བསྣན་པས་གང་གའི་ཀླུང་ཞེས་གྲུབ་པའོ། །འོ་ན་འདིར་"འག་འག་ཀླུང"ཞེས་འབྲི་དོན་ཅི་ཡིན་ཞེ་ན། 《སུམ་ཀྱི་བཀླག་ཐབས》ལས། "མིང་གི་ཐོག་མར་སྔེ་པ་ཡི། །གསུམ་པ་འས་འཕུལ་བཞིན་དུ་བཀླག །"[④]ཅེས་གསུངས་པ་ལྟར། གང་གའི་ཀླུང་ཞེས་པ་དེ་བོད་ཀྱི་ཀློག་སྟངས་ལྟར་ན་"འགང་འགའི་ཀླུང"ཞེས་ཀློག་ཅིང་། འདིར་

① སྟོབས་ལྡན། ཁ་སྐད་བཀྲ་ཤིས་ཚེ་རིང་། ཕྱ་རན་སེར་ཞར་བའི་ཏུན་ཧོང་ཤོག་དྲིལ་ཡིག་རྙིང་གི་བཤུས་ཡིག་ཕྱོགས་བསྒྲིགས། བོད་ལྗོངས་མི་དམངས་དཔེ་སྐྲུན་ཁང་། ཤོག་ངོས་35

② སྟོབས་ལྡན། ཁ་སྐད་བཀྲ་ཤིས་ཚེ་རིང་། ཕྱ་རན་སེར་ཞར་བའི་ཏུན་ཧོང་ཤོག་དྲིལ་ཡིག་རྙིང་གི་བཤུས་ཡིག་ཕྱོགས་བསྒྲིགས། བོད་ལྗོངས་མི་དམངས་དཔེ་སྐྲུན་ཁང་། ཤོག་ངོས་35-36

③ དགེ་བཤེས་ཆོས་གྲགས། བརྡ་དག་མིང་ཚིག་གསལ་བ། མི་རིགས་དཔེ་སྐྲུན་ཁང་། ཤོག་ངོས་510

④ སྣར་ཐང་ལོ་ཙཱ་བ། སུམ་ཀྱི་བཀླག་ཐབས་རྩ་འགྲེལ། ཀན་སུའུ་མི་རིགས་དཔེ་སྐྲུན་ཁང་། ཤོག་ངོས་6

བོད་ཀྱི་གློག་སྟངས་ལྟར་ཡིག་ཐོག་ཏུ་ཕབ་ཅིང་འ་མཐའ་བསྣུས་པ་དང་། འགའ་རྗེས་མའི་རིང་ཆ་དང་རྗེས་ཀྱི་འབྲེལ་སྒྲ་ཆད་པ་ཡིན་ལ། སྤྱིར་གང་གཱའི་ཀླུང་ཞེས་པ་ནི་ག་ག་ལ་མོ་རྒྱེན་ཤཱཔ་ཕྱིན་ཏེ་གྲུབ་པ་ཡིན་པས་བོད་སྐད་དུ་བསྒྱུར་ན་འགྲོ་ལྡན་མ་ཞེས་པའོ། །"མེན་ཧོག"ཅེས་པ་ནི་མེ་ཧོག་སྟེ། ཏུན་ཧོང་ཡིག་རྙིང་ཁྲིད་ཀྱི《ནྲ་མ་ཊའི་གཏམ་རྒྱུད་》དུ། "མེན་ཧོག་གཅིག་བསྐུར་ཏེ། བཙན་པོ་ལ་ཕྱིན་ཅིག་དང་། སྲུས་ཡོད་པར་འགྱུར་རོ་ཞེས་གསུངས་ནས"①ཞེས་པ་ལྟ་བུའོ། །

"ཨ་མྲི་ད་ཕུར"ཞེས་པ་ནི་ཨ་མི་ཏ་བྷ་ཞེས་པ་ཟུར་ཆག་པ་སྟེ། བོད་སྐད་དུ་འོད་དཔག་མེད་ཅེས་པའོ། །

༢ འ་ཡིག་ཙ་རྟགས་(ཙ་ལག་)ཅན། ཡིག་རྙིང་འདིའི་ནང་དུ་བསྡོམས་པས་འ་ཡིག་ལྡེ་བཙུ་ང་བཞི་ཡོད་ཅིང་། དེའི་ནང་གི་གཅིག་ལ་མ་གཏོགས་ལྡེ་བཙུ་ང་གསུམ་ལ་ཙ་རྟགས་ཡོད། འདིའི་སྐོར་ལ་ལོ་ཙཱ་བ་དགེ་འདུན་ཆོས་འཕེལ་གྱིས། "འོ་ན་ཁྱོད་ཀྱིས་ཙ་ཚ་ཛ་སོགས་རྒྱ་སྐད་ལ་མེད་པའི་རྒྱུ་མཚན་ཅི་མཐོང་ཟེར་ན། རྒྱ་གར་ཡུལ་གང་པོའི་སྐད་གདངས་ལ་མེད་ཅིང་། རྒྱ་གར་བའི་ལྕེས་ཀྱང་ཙ་སོགས་མི་འགྱུར་བ་དེ་རྒྱུ་མཚན་དང་པོ་ཡིན། རྒྱུ་མཚན་གཞན་ནི་ཐུ་མིས་ཡི་གེ་ཕྱི་མོ་བསྒྲིགས་ཚེ། རྒྱ་སྐད་ཀྱི་སྡེ་པ་གསུམ་པ་ཧིལ་གྱིས་དོར། དེས་ན་ཙྷ་ཛྷ་ཚྷ་ཛྷ་རྣམས་ཀྱང་དོར་ཆེ་ཤུལ་ན་ཀ་ཁ་ག་ང་། ཙ་ཚ་ཛ་ཉ། ཏ་ཐ་ད་ན། པ་ཕ་བ་མ་རྣམས་ལུས་པ་གོ་རིམ་དེ་གར་བཞག་ཆོག་པ་བཞིན་དུ་ཙ་ཚ་ཛ་གསུམ་རང་གནས་ན་མ་བཞག་པར་སྣང་དུ་བཏོན། ཞ་གཅིག་ཕུ་ཤུལ་དུ་བཞག་པར་དེ་ལ་བོད་ཡིག་གསར་པ་གསུམ་བཙུད་དགོས་པའི་རྒྱུ་མཚན་ཀྱང་མེད་པས་སོ། །དེས་ན་རྒྱ་སྐད་ཀྱི་སྡེ་པ་གཉིས་པ་ཡང་ཙ་ཚ་ཛ་ཛྷ་ཉ་ཡིན་པས་ཛྷ་དོར་ནས་ལྷག་མ་བཞི་རང་གི་གོ་སར་བཞག་པ་ཤིན་ཏུ་གསལ་ལོ"②ཞེས་དང་། "གཞན་ཁྱེད་ཅག་གི་བློ་ངོར་ཆེས་འཐད་དཀའ་མོད། རིག་པས་བརྟག་ན་ཤིན་ཏུ་ཡང་འཐད་པ་འདི་སྨྲ་བར་བྱ་སྟེ། དེ་ཡང་ཙ་ཚ་ཛ་སོགས་བསྟན་པར་མ་ཟད། བསྟན་པའི་རྟགས་ཀྱང་ཐུ་མིས་བཏབ་ནས་ཡོད་དོ། །རྟགས་ཅི་འདྲ་ཞིག་མཐོང་ཞེ་ན། གསར་པ་ཅི་ཡང་མ་མཐོང་གི་ཙ་ལག་གམ་ཙ་རྟགས་སུ་གྲགས་པ་དེ་དག་གསར་དུ་བསྟན་པའི་ཡི་གེ་དག་ལ་རྟགས་བཏབ་པ་ཡིན་ནོ"③ཞེས་དང་། "དཔེ་རྙིང་ཐམས་ཅད་ལ་འ་ཡིག་ལ་ཡང་འ་རྟགས་འདི་

① དབང་རྒྱལ་དང་བསོད་ནམས་སྐྱིད། ཏུན་ཧོང་ནས་ཐོན་པའི་གནའ་བོའི་བོད་ཡིག་ཤོག་དྲིལ། མི་རིགས་དཔེ་སྐྲུན་ཁང་། ཤོག་ངོས་151

② དགེ་འདུན་ཆོས་འཕེལ་གྱི་གསུང་རྩོམ། བོད་ལྗོངས་བོད་ཡིག་དཔེ་རྙིང་དཔེ་སྐྲུན་ཁང་། ཤོག་ངོས་266-270

③ དབང་རྒྱལ་དང་བསོད་ནམས་སྐྱིད། ཏུན་ཧོང་ནས་ཐོན་པའི་གནའ་བོའི་བོད་ཡིག་ཤོག་དྲིལ། མི་རིགས་དཔེ་སྐྲུན་ཁང་། ཤོག་ངོས་151

བཞིན་དབུས་གཙང་ན་ཨེ་པ་རྣམས་ད་དུང་ཡང་དེ་ལྟར་འབྲི་བཞིན་པ་དང་། དེ་བཞིན་ཞ་ཡིག་ལ་ཡང་ཞ་འདི་བཞིན་སྣང་ཞིང་། ཟ་གཅིག་པུ་ལ་མི་སྣང་སོད། དེ་ལ་ཡང་སྔོན་གྱི་ཚེ་ངེས་པར་ཡོད་སྙམ་པས་དེ་ལྟར་ན་གསར་དུ་བསྣན་པའི་ཡི་གེ་ཐམས་ཅད་ཀྱི་སྟེང་དུ་རྟགས་དེ་ཕྱུང་བས་སོ།"[1]ཞེས་སོགས་གསུངས་འདུག་འདི་དག་ནི་མཁས་པའི་རྣམ་དཔྱོད་ཀྱི་རྩལ་ལས་ཐོན་པའི་སྟེར་མེད་གསར་གཏོད་ཀྱི་གཏམ་ཞིག་ཏུ་གོར་མ་ཆག་ཅིང་། ཞིབ་འཇུག་པ་མི་ཉུང་བ་ཞིག་གིས་ཀྱང་གནའ་བོའི་ཡིག་རྙིང་ཁྲོད་ཀྱི་འ་ཡིག་ཙ་རྟགས་ཅན་ལ་འགྲེལ་བཤད་རྒྱག་དུས། དགེ་ཆོས་ཀྱི་གསུང་དེ་ཁོ་ན་འཐད་ཕྱོགས་སུ་བཅིས་ནས་ཤ་གཟུགས་ཟ་རྒྱང་བྱེད། ཡིན་ན་ཡང་གང་ཟག་ལ་མི་རྟོན་ཆོས་ལ་རྟོན་པའི་རྩ་དོན་ལྟར། རིགས་པ་ཁོ་ན་དབང་བཙན་པར་བྱས་ཏེ་དགེ་ཆོས་ཀྱི་བཞེད་ཚུལ་དེར་ཅུང་ཙམ་དཔྱད་ན། གཤམ་གྱི་གནད་དོན་འདི་དག་མཆིས་ཏེ། གལ་ཏེ་ཙ་ཚ་ཛ་གསུམ་གྱི་སྟེང་གི་ཙ་རྟགས་དེ་ཡི་གེ་དེ་དག་གསར་དུ་བསྣན་པའི་རྟགས་ཡིན་ན། རྟགས་དེ་མ་བཏབ་གོང་ནས་ཡི་གེ་དེ་དག་གསར་དུ་བཟོས་ཟིན་དགོས། ཡིན་ན་ཡང་རྟགས་མ་བཏབ་གོང་དུ་ཡི་གེ་དེ་དག་ཙ་ཚ་ཛ་གསུམ་ཡིན་པས། དེ་ལྟར་ན་གོང་གི་ཙ་ཚ་ཛ་གསུམ་དང་བསྒྱུར་ཟློས་སུ་མ་གྱུར་རམ། དེས་ན་ཙ་ཚ་ཛ་གསུམ་གྱི་སྟེང་དུ་ཡོད་པའི་ཙ་རྟགས་དེ་དག་ནི་ཐོན་མིས་ཡི་གེ་དེ་དག་གསར་དུ་བསྣན་པའི་རྟགས་མ་ཡིན་གྱི། ཡི་གེ་དེ་དག་གི་གྲུབ་ཆ་དངོས་ཡིན་ནོ། ། གལ་ཏེ་ཡི་གེ་དེ་དག་གསར་དུ་བཟོས་མ་ཐག་པའི་དུས་སུ་ཙ་རྟགས་དེ་དག་མེད་ཚེ། ཡི་གེ་དེ་དག་ལ"ཙ་ཚ་ཛ"ཞེས་བསྣུག་དགོས་པ་ལས་ཙ་ཚ་ཛ་ཞེས་མི་བསྣུག་པའི་ཕྱིར། ཡང་དགེ་ཆོས་ལགས་ཀྱིས། "ད་དུང་ཡང་བྲི་རྒྱུན་མང་པོར་ཕ་ཡིག་ལྟ་འདི་བཞིན་བྲི་བ་ཙ་རྟགས་ཁོ་ནར་གསལ་ཞིང་"[2]ཞེས་གསུངས། བྲི་རྒྱུན་མང་པོར་ལྟ་འདི་བཞིན་བྲི་བ་བདེན་སོད། ཕ་ཡིག་སྟེང་གི་རི་མོ་ཀྱོག་པོ་དེ་ནི་ཙ་རྟགས་མ་ཡིན་པར་ཕ་ཡིག་རང་གི་གྲུབ་ཆ་ཁོ་ནར་ངེས་ཏེ། སྔོན་གྱི་བྲིས་རྒྱུན་ཁུངས་དག་མང་པོ་དང་མདོ་སྨད་བླ་བྲང་བཀྲ་ཤིས་འཁྱིལ་གྱི་དཔང་ལོ་ཟླ་བའི་ཕྱག་རྒྱུན་དུ་གྲགས་པའི་དྲུང་ཡིག་ཆེན་མོ་སློབ་ལམ་རྒྱ་མཚོའི་བྲིས་གཟུགས། དེ་བཞིན་མཚོ་སྔོན་ཞབས་དྲུང་དཀར་པོའི་ཡོངས་འཛིན་རིན་པོ་ཆེ་རྫེ་བློ་བཟང་མཁས་གྲུབ་རྒྱ་མཚོའི་ཕྱག་བྲིས་སོགས་དུ་མར་ཡང་ཕ་ཡིག་གི་གཟུགས་ལྟ་འདི་འདྲར་སྣང་བས་སོ། །

---

① དཔང་རྒྱལ་དང་བསོད་ནམས་སྐྱིད། ཏུན་ཧོང་ནས་ཐོན་པའི་གནའ་བོའི་བོད་ཡིག་ཤོག་དྲིལ། མི་རིགས་དཔེ་སྐྲུན་ཁང་། ཤོག་ངོས་151

② དཔང་རྒྱལ་དང་བསོད་ནམས་སྐྱིད། ཏུན་ཧོང་ནས་ཐོན་པའི་གནའ་བོའི་བོད་ཡིག་ཤོག་དྲིལ། མི་རིགས་དཔེ་སྐྲུན་ཁང་། ཤོག་ངོས་151

ཞ་ཡིག་སྟེང་གི་ཙ་རྟགས་ལྟ་བུ་དེ་ད་དུང་ཅི་ཡིན་ཐག་མ་ཆོད་པས་མུ་མཐུད་དཔྱད་དགོས་ཀྱང་། འ་ཡིག་སྟེང་གི་ཙ་རྟགས་ལྟ་བུ་དེ་ནི། གསར་དུ་བསྣན་པའི་རྟགས་མ་ཡིན་པར་འ་ཡིག་གི་སྒྲ་གདངས་དེ་ཕ་ཡིག་གི་སྒྲ་གདངས་དང་ཉེ་བའི་རྟགས་ཡིན་སྙམ། དགེ་ཆོས་ལགས་ཀྱིས། "ཁམས་ཕྱོགས་པ་ཕལ་ཆེར་གྱི་སྐད་ལ་འ་དང་ཕ་གཉིས་ཕན་ཚུན་ནོར་འགྲོ་བ་ཙམ་དུ་ཟློག་ཅིང་འ་དང་ཕ་གཉིས་སྒྲ་བསྲེས་པས་དགེ་ཕྲུག་རྣམས་ལ་ཡང་འགྲམ་ལྩུག་མང་པོ་འོང་བ་ཞིག་ཡོད་"①ཅེས་གསུངས་པ་ཤིན་ཏུ་བདེན་ཏེ། ཁམས་ཕྱོགས་སུ་འོ་མ་ལ་"ཕོ་མ"དང་། ཞུར་ཚ་ལ་"ཕུར་ཚ"ལེའུ་ལ་"ལེ་ཕུ"ལྟ་བུར་ཟློག་པ་མངོན་སུམ་དུ་ཐོས་པས། དེ་གཉིས་སྒྲ་གདངས་ཧ་ཅང་ཉེ་བ་ཤེས་ཐུབ་ཅིང་། ད་ལྟ་ང་ཚོས་འ་ཡིག་དང་ཨ་ཡིག་གཉིས་སྒྲ་གདངས་འདྲ་མཚུངས་སུ་ཟློག་པ་ནི་རྒྱ་བ་ནས་ནོར་བ་ཡིན་ཏེ། ཨ་ཡིག་ནི་མགྲིན་པ་དམ་ཞིང་དབུགས་སྟོབས་ཆེན་པོས་བཏླག་དགོས་ལ། འ་ཡིག་ནི་དེ་ལས་ལྡོག་སྟེ་མགྲིན་པ་ལྷོད་ཅིང་དབུགས་སྟོབས་ཆུང་ངུས་བཏླག་དགོས་པས་སོ། །དེ་ན་འ་ཡིག་སྟེང་གི་ཙ་རྟགས་ལྟ་བུ་དེ་ནི་འ་ཡིག་གི་སྒྲ་གདངས་དེ་ཕ་ཡིག་གི་སྒྲ་གདངས་དང་ཉེ་བ་ཤེས་པའི་ཆེད་དུ་སྟོན་གྱི་བྲི་རྒྱུན་མང་པོར་ཕྲ་ཡིག་གི་སྟེང་དུ་ཙ་རྟགས་ལྟ་བུ་ཞིག་ཡོད་པ་དེ་དང་ཚུལ་མཚུངས་པར། ཙ་རྟགས་ལྟ་བུ་དེ་བྲིས་པར་འདོད། ཡིན་ནའང་། རྟགས་དེ་གསར་དུ་འདེབས་མཁན་ནི་བོན་མི་ཡིན་མིན་ལ་ད་དུང་བརྟག་དགོས་ཏེ། དབུས་ཀྱི་བཙུན་མོ་ཚལ་དགོན་པར་ཡོད་པའི་བོན་མིའི་ཡིག་ཕུད་དུ་གྲགས་པའི་རྗེ་བཙོས་མ་དང་ཁྲི་སྲོང་ལྡེའུ་བཙན་སྐབས་ཀྱི་བྲག་ཡེར་པའི་ཅོང་ཡིག དེ་བཞིན་དབུ་སྟོད་ཞྭ་ལྷ་ཁང་གི་རྗེ་རིང་ཡི་གེ་སོགས་མང་པོ་ཞིག་ཏུ་འ་ཡིག་འདི་མཐོང་རྒྱུ་མེད་པས་སོ། །

༣ གི་གུ་ཕྱིར་ལོག་ཅན། 《དགོངས་ལྡེམ་དགོངས་ཀྱི་རྣམ་གཞག་》ཅེས་པ་འདི་ཡང་ཏུན་ཧོང་ནས་ཐོན་པའི་ཡིག་ཆིང་ཤོག་དྲིལ་གཞན་དག་དང་འདྲ་བར་འདིར་གི་གུ་ཕྱིར་ལོག་ཅན་མང་པོ་ཡོད་ཅིང་། ཡིག་ཆིང་འདིའི་ནང་དབྱངས་ཨི་མཚོན་བྱེད་ཀྱི་གི་གུ་བརྒྱ་དང་སོ་གཉིས་ཡོད་པའི་ནང་། གི་གུ་ཕྱིར་ལོག་ཅན་བདུན་ཅུ་དོན་དགུ་ཡོད། དེ་ཡང་གི་གུ་ཕྱིར་ལོག་ཅན་དེ་རྣམས་ཡོངས་གྲགས་ཀྱི་གི་གུ་དང་མི་འདྲ་བའི་གདངས་དང་ང་རོ་སོགས་ཅི་ཡང་མེད་པར་ཡིག་མཁན་གྱིས་གང་འདོད་དང་ཅི་བདེར་བྲིས་པ་ཞིག་ཡིན་པ་ཧ་ཅང་གསལ། གནའ་བོའི་གི་གུ་ཕྱིར་ལོག་ཅན་དེ་དག་གི་ཁུངས་ནི་རྒྱ་གར་གུཔྟའི་རྒྱལ་རབས་ཀྱི་ཡི་གེ་ཡིན་སྙམ་སྟེ། དགེ་འདུན་ཆོས་འཕེལ་གྱིས《དེབ་དཀར་》དུ་རྒྱ་གར་གུཔྟའི་རྒྱལ་

① དབང་རྒྱལ་དང་བསོད་ནམས་སྐྱིད། ཏུན་ཧོང་ནས་ཐོན་པའི་གནའ་བོའི་བོད་ཡིག་ཤོག་དྲིལ། མི་རིགས་དཔེ་སྐྲུན་ཁང་། ཤོག་ངོས་151

རབས་སྐབས་ཀྱི་གཞོན་ནུ་སྨས་པ་སོགས་ཀྱི་དུས་སུ་བྱུང་བའི་ཟངས་ཀྱི་གླེགས་བུའི་ངོས་ཀྱི་ཡི་གེ་བཀོད་པའི་ནང་དུ། ཤྲིཙནྡྲ་(ཤྲཱིཙནྡྲ་)བིཛཡ་(བིཛྫ་ཡ་)[1]ཞེས་པ་ལྟ་བུའི་གུཎྜའི་ཡི་གེའི་ཀླད་ངོས་སུ་གི་གུ་ཕྱིར་ལོག་ཅན་གྱི་དཔྱིབས་ལྟ་བུ་ཞིག་ཡོད་པ་དེ་ཡིན་སྙམ།

༤ འབྲེལ་སྒྲ། ཡིག་རྙིང་འདིའི་ནང་དུ་འབྲེལ་སྒྲའི་སྦྱོར་སྟངས《སུམ་ཅུ་པའི་རྩ་བ》དང་མི་མཐུན་པ་མང་དུ་སྣང་སྟེ་དཔེར་ན། "དབྱངས་གྱི"ཞེས་པ་དང་། "སེམས་གྱི"ཞེས་པ། "བཅོམ་ལྡན་འདས་གྱི"ཞེས་པ། "སྤྱོས་གྱི"ཞེས་པ། "ཚུལ་ཁྲིམས་གྱི"ཞེས་པ་སོགས་ལྟ་བུ་རྗེས་འཇུག་དང་ཡང་འཇུག་སའི་རྗེས་སུ་འབྲེལ་སྒྲའི་ཕྲད"གྱི"བྲིས་པ་དང་། "གང་ཟག་གྱི"དང་། "ཁ་ཅིག་གི"ཞེས་པ་ལྟ་བུ་རྗེས་འཇུག་གའི་རྗེས་སུ་འབྲེལ་སྒྲའི་ཕྲད་གི་བྲིས་པ། ཡང་"མོད་གི"ལྟ་བུ་རྗེས་འཇུག་དའི་རྗེས་སུ་འབྲེལ་སྒྲའི་ཕྲད"གི"བྲིས་པ། "ཀླུང་གི"ལྟ་བུ་རྗེས་འཇུག་ངའི་རྗེས་སུ"གི"བྲིས་པ་སོགས་འབྲེལ་སྒྲའི་སྦྱོར་ཚུལ་གྱི་ཐོབ་ཐང་དང་མི་མཐུན་པ་མང་པོ་ཡོད་པ་ལྟ་བུ་ཡིན། དེ་ནི་ཏུན་ཧོང་ཡིག་རྙིང་སྤྱི་ལ་ཁྱབ་པའི་གནད་དོན་ཞིག་ཡིན་པས། ཁ་ཅིག་གིས་སྣང་ཚུལ་དེ་གཞིར་བཟུང་ནས《སུམ་ཅུ་པའི་རྩ་བ》ཡོད་མེད། འོན་ཀྱང་ཐོན་མིའི་མ་ཡིན་པར་བཤད། ཁྱབ་པ་གཏན་ནས་མ་ངེས་ཏེ། ཏུན་ཧོང་ཡིག་རྙིང་བཤུ་འབྲི་བྱེད་མཁན་གྱི་གྲས་སུ་རྒྱ་དང་ཧོར། ཡུ་གུར་སོགས་ཀྱི་མི་རིགས་མང་པོ་ཡོད་པ་དང་། བཤུ་འབྲི་བྱེད་མཁན་གྱི་ཡོན་ཚད་ལའང་མཐོ་དམའ་བར་གསུམ་མང་པོ་ཡོད་པས་འབྲི་ནོར་ཤོར་བ་ནི་སྲིད་དེ། ཏུན་ཧོང་ཞིབ་འཇུག་གླིང་དུ་ཕྱག་ལས་གནང་བཞིན་པའི་ཁམས་འཚོ་སྐྱིད་ཀྱིས། "2003ལོར་ང་ཚོས་རྟོག་དཔྱོད་བྱེད་སྐབས་ཆོས་དཔེ་སྣོར་ཞིག་གི་ཐོག་ཏུ་སྣག་ཚ་དམར་པོའི་སྣོར་ཐིག་བརྒྱབ་པ་དང་། སྒྱུར་རྟགས་བརྒྱབ་པ། ཤོག་བུ་དྲས་ནས་ཡོད་པ། ད་དུང་"རོ་ཏུ་ཕྱུང་"ཞེས་ཀྱང་བྲིས་འདུག་པས། དེར་བལྟས་ན་ཆོས་དཔེ་དེ་དག་ནི་འབྲི་སྐབས་ནོར་འཁྲུག་བྱུང་བ་དང་ཡང་ན་བྲིས་བརླགས་སུ་སོང་བས་ཆོས་དཔེ་དངོས་སུ་མི་རྩིས་པར་ལྷག་རོའམ་ཕན་མེད་དུ་རྩིས་པ་ཡིན་པར་འདོད། དེ་ལས་སྐབས་དེའི་འབྲི་མཁན་ཚོའི་བོད་ཡིག་གི་ཚད་མི་མཐོ་བ་དང་ལ་ལས་བོད་ཡིག་ཀྱང་མི་ཤེས་པ་མངོན་ཐུབ"[2]ཅེས་གསུངས་པ་ལྟར་རོ། །

༥ བྱེད་སྒྲ། ཡིག་རྙིང་འདིའི་ནང་བྱེད་སྒྲའི་ཕྲད《སུམ་ཅུ་པའི་རྩ་བ》དང་མི་མཐུན་པ་དཔེར་ན། "བཅོམ་ལྡན་འདས་གྱིས"ལྟ་བུ་དང་"བྲམ་ཟེ་ཞིག་གྱིས"ལྟ་བུ་རྗེས་འཇུག་སའི་རྗེས་སུ་བྱེད་སྒྲ"གྱིས"སྦྱར་བ་དང་རྗེས་འཇུག་གའི་རྗེས་སུ་བྱེད་སྒྲ"གྱིས"ལྟ་བུ་རྩ་བའི་ཐོབ་ཐང་དང་འགལ་ཏེ་བྲིས་ཡོད་

① དགེ་འདུན་ཆོས་འཕེལ། དེབ་ཐེར་དཀར་པོ། མི་རིགས་དཔེ་སྐྲུན་ཁང་། ཤོག་ངོས་77

② བོད་ལྗོངས་ཞིབ་འཇུག 2009ལོའི་དེབ་བཞི་པ། ཤོག་ངོས་126

ཅིང་། འདི་ཡང་ཡིག་མཁན་གྱི་གནད་དོན་ཡིན་པ་ལས། སྐབས་དེར་དེ་འདྲའི་བརྡ་སྤྲོད་ཀྱི་གཞུང་ལུགས་ཞིག་ཡོད་པའམ་ཡང་ན། བོད་ཡོངས་སུ་དེ་འདྲའི་གཅིག་གྱུར་གྱི་འབྲི་སྟངས་དར་མེད་པ་ནི། ང་ཚོས་བཙན་པོའི་བཀའ་གཙིགས་ཀྱི་ཡི་གེ་རྣམས་དང་ལྷ་སའི་རྡོ་རིང་གི་ཡི་གེ་དག་ལ་བལྟས་ན་ར་སྤྲོད་གསལ་པོ་བྱེ་ཐུབ།

༨ ལ་དོན། ཡིག་སྙིང་འདིའི་ནང་། ལ་དོན་གྱི་ཕྲད་སྦྱོར་ཚུལ་རྩ་བ་དང་མི་མཐུན་པ་དཔེར་ན། "ངག་དུ"ཞེས་པ་དང་། "རབ་དུ"ཞེས་པ། "ཁ་ཅིག་དུ"ཞེས་པ་ལྟ་བུ་རྗེས་འཇུག་ག་དང་བའི་རྗེས་སུ་ལ་དོན་གྱི་ཕྲད་"དུ"ཡིག་སྦྱར་ཡོད་པ་ལྟ་བུ་ཡིན། ཕྱིར་ན་བཙན་པོའི་སྐབས་ཀྱི་ཡིག་སྙིང་མང་པོར་ལ་དོན་གྱི་ཕྲད་"ཏུ"ཡིག་གི་ཚབ་ཏུ་"དུ"ཡིག་སྦྱར་བ་ཏ་ཅང་མང་པོ་ཡོད་མོད། ཡིན་ན་ཡང་"ཏུ"ཡིག་འདི་གཏན་ནས་མེད་པ་ནི་མ་ཡིན་ཏེ་དཔེར་ན། ཁྲི་སྲོང་ལྡེ་བཙན་གྱི་སྐབས་སུ་བཞེངས་པའི་བྲག་ཡེར་བ་དགོན་པའི་དྲིལ་བུའི་ཁ་བྱང་ལས། "རྒྱལ་བ་རྣམས་ཀྱི་དམ་པའི་ཆོས་འཛིན་ཅིང་། །བྱང་ཆུབ་སྤྱོད་པ་ཀུན་ཏུ་སྣང་བར་བྱེད། །བཟང་པོ་སྤྱོད་པ་རྣམས་པར་སྦྱངས་པ་ཡང་། །མ་འོངས་བསྐལ་བ་ཀུན་ཏུ་སྤྱད་པར་བགྱི། །"[①]ཞེས་ཤོ་ལོ་ཀ་གཅིག་གི་ནང་དུ་ལ་དོན་གྱི་ཕྲད་"ཏུ"ཡིག་གཉིས་བྱུང་ཡོད་པ་ལྟ་བུ་ཡིན། དེས་ཁྲི་ལྡེ་སྲོང་བཙན་གྱི་སྐབས་སུ་བཀས་བཅད་ཆེན་པོ་བྱས་པའི་ཡར་སྔོན་དུ་ཡང་ལ་དོན་གྱི་ཕྲད་"ཏུ"ཡིག་འདི་བེད་སྤྱོད་བྱེད་བཞིན་པ་ཤེས་ཐུབ། ཡིན་ན་ཡང་། ཡིག་སྙིང་མང་པོ་ཞིག་ཏུ་ལ་དོན་གྱི་ཕྲད་"ཏུ"འདི་མཐོང་རྒྱུ་མེད་པ་ནི་ཡིག་མཁན་དེ་དག་ལ་སུམ་ཅུ་པའི་རྩ་བའི་ཁྲིད་རྒྱུན་ཁུངས་ལྡན་མེད་སྟབས། རྩ་བའི་ནང་དུ་"ཏུ"ཡིག་ཤུགས་ལ་བསྟན་པ་མ་གོ་བར་རྩ་བའི་དངོས་བསྟན་ཁོ་ནར་བསྟུན་ཏེ་བྲིས་པས། ད་གཟོད་ཡིག་སྙིང་དེ་དག་གི་ནང་དུ་"ཏུ"ཡིག་ཅུང་མཐོང་རྒྱུ་མེད་པར་གྱུར་པར་སྙམ་མོ། །

མཇུག་བསྡུའི་གཏམ།

《དགོངས་ལྡེམ་དགོངས་ཀྱི་རྣམ་གཞག་》ཅེས་པ་ནི་ཐུབ་པ་སངས་རྒྱས་ཀྱི་གསུང་གི་གསང་བའི་སྒོ་མོ་འབྱེད་པའི་ལྡེ་མིག་ལྟ་བུ་ཞིག་ཡིན་པར་མ་ཟད། རྒྱལ་བའི་དྲུང་ངེས་ཀྱི་མདོ་སྡེ་རྣམས་ཀྱི་དགོངས་དོན་གསལ་བའི་སྒྲོན་མེ་ལྟ་བུ་ཞིག་ཀྱང་ཡིན་ལ། གསུང་རབ་མ་ལུས་གདམས་ངག་ཏུ་འཆར་བའི་ཐབས་མཆོག་ཅིག་ཀྱང་ཡིན་པས། ཁོ་བོས་ད་ཐེངས་ཧྲ་རན་སིར་ཤར་བའི་ཏུན་ཧོང་བོད་ཡིག་ཤོག་དྲིལ་ཁྲོད་ཀྱི་

① བསོད་ནམས་སྐྱིད། བོད་ཀྱི་རྡོ་རིང་ཡི་གེ་དང་དྲིལ་བུའི་ཁ་བྱང་། མི་རིགས་དཔེ་སྐྲུན་ཁང་། ཤོག་ངོས་127

ཡིག་ཚང་འདིར་རང་ བློས་གང་དཔོག་གིས་དཔྱད་པ་རགས་ཙམ་བྱེད་ཁུལ་ཡིན་མོད། སྐྱོན་ནོར་ངེས་པར་ཡོད་སྲིད་པས། རིག་གཞུང་དང་ཡིག་རྙིང་ལ་མཁྱེན་རྒྱ་ཡངས་པའི་དྲན་དབང་དག་གིས་མཛུབ་སྟོན་དང་སྐྱོན་སེལ་གནང་བར་ཞུ་ཞུ། །

《བོད་ལྗོངས་ཞིབ་འཇུག་》2017ལོའི་དེབ་དང་པོ་ལས་བདམས།

༄༅། །ཏུན་ཧོང་ཡིག་རྙིང་ལས་《དེ་བཞིན་གཤེགས་པ་ཚེ་དཔག་མེད་ཀྱི་བཀོད་པ་བསྟན་པའི་མདོའི་》P.T.ཡིག་ཆ་ཁ་འཐོར་རྣམས་ཀྱི་དག་བསྡྲིགས་དང་དཔྱད་པ།

བསེ་ཚང་སངས་རྒྱས་དོན་གྲུབ།

[ནང་དོན་གནད་བསྡུས།] དཔྱད་རྩོམ་འདི་རུ་ཕྲ་རན་སིར་ཉར་བའི་ཏུན་ཧོང་བོད་ཡིག་ཡིག་ཆP.T.96དང་། P.T.556 P.T.557 P.T.561 P.T.562 P.T.563 P.T.564བཅས་པན་ཚུན་དཔྱད་བསྡུར་བྱས་ཏེ། དེ་དག་ཏུན་ཧོང་ཡིག་རྙིང་ཁོ་ནའི་ཁྲོད་བཞུགས་པའི་《དེ་བཞིན་གཤེགས་པ་ཚེ་དཔག་མེད་ཀྱི་བཀོད་པ་བསྟན་པའི་མདོའི་》གཞུང་དོན་གྱི་སྨད་ཀྱི་ཆ་ཡིན་པའི་ལྟ་ཚུལ་བཏོན་ཡོད་ཅིང་། འབྲེལ་ཡོད་དཀར་ཆག་དང་དཔེ་དེབ་དག་གིས་གོང་གི་ཡིག་ཆ་བདུན་གྱི་ནང་དོན་ངོས་འཛིན་དང་མཚན་བྱང་འགོད་སྟངས་ལ་དག་ཆ་ཐོན་མེད་པར་གྲོས་ཀྱང་བཏབ་ཡོད།

[གནད་ཚིག] ཏུན་ཧོང་ཡིག་རྙིང་། དེ་བཞིན་གཤེགས་པ་ཚེ་དཔག་མེད་ཀྱི་བཀོད་པ་བསྟན་པའི་མདོ། ཞིབ་བསྡུར།

ཏུན་ཧོང་ནས་ཐོན་པའི་བོད་ཡིག་གི་ཡིག་ཆ་རྣམས་ལས། ལོ་རྒྱུས་དང་། ཆབ་སྲིད། རྩོམ་རིག སྐད་ཡིག དཔལ་འབྱོར། ལམ་ལུགས་སོགས་ཀྱི་ཡིག་ཆའི་སྐོར་ལ་ཞིབ་འཇུག་བྱས་པའི་དཔྱད་རྩོམ་དང་ཆེད་དེབ་ཕོན་ཆེན་པོ་ཐོན་ཏུ་ཐུང་བ་མཆིས་ཀྱང་། ནང་བསྟན་ཆོས་ལུགས་ཀྱི་ཡིག་ཆར་དཔྱད་ཞིབ་བགྱིས་པའི་གནས་བབ་ལྷོས་བཅོས་ཀྱི་ཚུང་ཞན་སར་ཆགས་ཡོད། ནང་བསྟན་གྱི་ཡིག་ཆ་དེ་དག་ལ་དག་བསྡྲིགས་དང་། རིགས་དབྱེ། ཞིབ་འཇུག་སོགས་བྱས་པ་ཡང་། ཏུན་ཧོང་རིག་པའི་ཞིབ་འཇུག་གི་ནང་དོན་གལ་ཆེན་ལྷགས་པར་མ་ཟད། ད་དུང་བོད་བཙན་པོའི་སྐབས་ཀྱི་ནང་བསྟན་གྱི་གནས་ཚུལ་སོགས་ལ་དཔྱད་པ་གཏོང་བར་དཔྱད་གཞིའི་རིན་ཐང་གཞལ་དུ་བྲལ། 《དེ་བཞིན་གཤེགས་པ་ཚེ་དཔག་མེད་ཀྱི་བཀོད་པ་བསྟན་པའི་མདོ་》[1]ལ་མཚོན་ན་མིག་སྔའི་བར་དུ་ཞིབ་འཇུག་གི་དཔྱད་འབྲས་

① ཏུན་ཧོང་ཡིག་རྙིང་ཁྲོད་དུ་《དེ་བཞིན་གཤེགས་པ་ཚེ་དཔའ་མྱེད་ཀི་བཀོད་པ་བསྟན་པའི་མདོ་》ཞེས་བྲིས་ཡོད་མོད། གཤམ་ནས་བརྗ་རྙིང་དང་བཤུས་ནོར་སོགས་ཀྱི་རྣམ་པ་བཅོས་ཏེ་དེང་གི་འབྲི་ལུགས་བཞིན་དུ་《དེ་བཞིན་གཤེགས་པ་ཚེ་དཔག་མེད་ཀྱི་བཀོད་པ་བསྟན་པའི་མདོ་》ཞེས་སུ་བྲིས་ཡོད།

གང་ཡང་མེད་ཅིང་། དེ་ཉིད་ཀྱིP.T.ཡིག་ཆ་ཁ་འཐོར་རྣམས་ལ་ངོས་འཛིན་དང་དཀར་ཆག་སོགས་སུ་མཚན་བྱང་བཀོད་པའང་དག་ཆ་ཐོན་མེད། བོད་ཡིག་གི་རྒྱལ་བའི་《བཀའ་འགྱུར་》དང་དགོངས་འགྲེལ་《བསྟན་འགྱུར་》དང་། འབྲེལ་ཡོད་ཀྱི་དཀར་ཆག་སྣ་ཚོགས། ཆོས་འབྱུང་ལོ་རྒྱུས་སོགས་ཀྱི་ཁྲོད་《དེ་བཞིན་གཤེགས་པ་ཚེ་དཔག་མེད་ཀྱི་བཀོད་པ་བསྟན་པའི་མདོ་》ཡི་མཚན་བྱང་བཀོད་པ་ཙམ་ཡང་རྙེད་དུ་མེད་པས། 《དེ་བཞིན་གཤེགས་པ་ཚེ་དཔག་མེད་ཀྱི་བཀོད་པ་བསྟན་པའི་མདོ་》ནི་ཏུན་ཧོང་ཡིག་རྙིང་ཁོ་ནའི་ཁྲོད་བཞུགས་པའི་མདོ་ཞིག་ཡིན་སྟབས་ཧ་ཅང་དཀོན་པོ་དང་གལ་ཆེན་དུ་འདོད་པས་དཔྱད་པའི་ལས་སུ་ཞུགས་པ་ཡིན།

དང་པོ། ཧྥ་རན་སིར་ཉར་བའི་ཡིག་ཆ་ཁག་བདུན་གྱི་རྣམ་པ་སྤྱི་བཤད།

གཅིག P.T.96ཧྥ་རན་སིར་ཉར་བའི་ཏུན་ཧོང་བོད་ཡིག་ཡིག་ཆP.T.96ཁྲོད་ཤོག་བུ་སྣ་རིང་ལྷེབ་མ་ཆེན་པོ་གསུམ་(ངོས་དྲུག་)ཡོད་ཅིང་རལ་སྐྱོན་བྱུང་མེད། ཆེ་ཆུང་ལ་21.5x79cmཡོད་པ་དང་། དབུ་འབྲུད་གི་གུ་འདྲ་བ་རྗེས་སུ་ཉིས་ཤད་དང་དེའི་རྗེས་སུ་ཚེག་བཞག་ཡོད། ཤོག་ལྷེབ་དཀྱིལ་གྱི་ཁུང་བུ་གཉིས་ནི་དེ་རུ་ཐ་གུ་བརྒྱུས་ཏེ་ཤོག་ལྷེབ་དག་གཅིག་ཏུ་སྡོམ་པའི་ཆེད་དུ་བརྩོལ་བ་རེད། ཡིག་གཟུགས་ཆུང་ཞིང་དབུ་ཅན་དབུ་མེད་བསྲེས་པའི་ཁྱད་ཆོས་ལྡན་ལ། པར་བལྟས་ཚོད་དུ་སྨྱུག་གུའི་རྩེ་ཕྲ་མོས་ཙུང་མགྱོགས་པོར་བྲིས་པའི་སྣང་བ་སྟེར། བྲིས་གཟུགས་དང་ཤོག་ངོས་སྤྱིའི་ཆ་ནས་ཙུང་ཟད་གྲལ་དག་པོར་སྣང་།

ཤོག་ལྷེབ་དང་པོའི་མདུན་ངོས་ལ་ཡིག་ཕྲེང་བཅོ་བརྒྱད་དང་རྒྱབ་ངོས་ལ་བཅུ་བདུན་ཡོད། མདུན་ངོས་ཀྱི་གཡོན་མཐའ་རུ“ཀ”ཞེས་པའི་ཡི་གེ་གཅིག་བྲིས་ཡོད་པ་ནི་ཤོག་གྲངས་ཀྱི་རྟགས་ཡིན་ངེས། གལ་སྲིད་དེ་ཤོག་གྲངས་ཀྱི་རྟགས་སུ་བཀོད་པ་ཡིན་ཚེ། ཤོག་གྲངས་འགོད་སྟངས་འདི་ཏུན་ཧོང་ཡིག་རྙིང་ཁྲོད་ཀྱི་ཆོས་དཔེ་གཞན་གྱི་ཡི་གེ་ལམ་ནས་གྲངས་ཀ་འབྲི་བ་དཔེར་ན་གཅིག་དང་གཉིས་སོགས་ཀྱི་ཤོག་གྲངས་འགོད་སྟངས་དང་ཙུང་ཟད་ཁྱད་པར་ཕྱེ་བས། བཙན་པོའི་དུས་སུ་ཆོས་དཔེའི་ཤོག་གྲངས་འབྲི་ཚུལ་ཡང་སྣ་མང་དུ་མཆིས་པ་དཔག་ནུས། ལྷེབ་འདིའི་མདུན་ངོས་ཀྱི་ཡིག་ཕྲེང་དང་པོ་དང་། གཉིས་པ། གསུམ་པའི་ཕྱེད་ཙམ་ལ་གུག་རྟགས་ཀྱིས་བསྐོར་ཡོད་ཅིང་། དེའི་ནང་དོན་དང་འོག་གི་ཡིག་ཕྲེང་དང་རྒྱབ་ངོས་ཀྱི་ནང་དོན་རྣམས་དང་གཅིག་ཏུ་མི་འགྲོ་བས། ཆོས་གཞུང་བཤུ་འབྲི་བྱེད་མཁན་ནམ་ཞུས་གཏན་གཏོང་མཁན་གྱིས་ཀྱང་ཆོས་ཚན་གཉིས་ཀྱི་གཞུང་དོན་མི་བསྲེས་པའི་ཆེད་དུ་གོང་གི་ཡིག་ཕྲེང་གཉིས་དང་ཕྱེད་ཙམ་ལ་གུག་རྟགས་བཀོད་པར་འདོད། གུག་རྟགས་བཀོད་པའི་ཡིག་ཕྲེང་དག་གི

ནང་དོན་ལ་བརྟགས་ཚེ། 《དེ་བཞིན་གཤེགས་པ་ཚེ་དཔག་མེད་ཀྱི་བཀོད་པ་བསྟན་པའི་མདོ་》ཡི་དོན་ཚན་ཞིག་ཡིན་པར་སེམས་མོད་ཁ་ཚོན་གཅོད་མི་ནུས། དེ་མ་གཏོགས་པའི་ཡིག་ཕྲེང་གཞན་རྣམས་ཀྱི་ནང་དོན་གང་ཡིན་ད་དུང་ཐག་མ་ཆོད་པས་མུ་མཐུད་དུ་དཔྱད་པའི་གནས་སུ་གྱུར་ཡོད།

ཤོག་ལྷེབ་གཉིས་པའི་མདུན་ངོས་དང་རྒྱབ་ངོས་གཉིས་ལ་ཡིག་ཕྲེང་བཅུ་དགུ་རེ་ཡོད། མདུན་ངོས་ཀྱི་གཡོན་མཐའི་སྟོད་དུ"བཅུ་བཞི"ཞེས་ཤོག་གྲངས་བཀོད་འདུག ཤོག་ལྷེབ་གསུམ་པའི་མདུན་ངོས་སུ་ཡིག་ཕྲེང་བཅོ་བརྒྱད་ཡོད་ཅིང་ངོས་དེའི་གཡོན་མཐའི་སྟོད་དུ"བཅོ་ལྔ"ཞེས་ཤོག་གྲངས་བཀོད་ཡོད། རྒྱབ་ངོས་སུ་ཡིག་ཕྲེང་ཁྲིན་བསྡོམས་པའི་བཅོ་བརྒྱད་མཆིས་པ་ལས་སྟོད་ཀྱི་ཡིག་ཕྲེང་བཞི་དང་ཕྱེད་ཙམ་གྱི་མཚམས་སུ"དེ་བཞིན་གཤེགས་པ་ཚེ་དཔའ་མྱེད་ཀི་བཀོད་པ་བསྟན་པའི་མདོ་རྫོགས་སོ།" དང"འདི་མན་ཅད་མ་ཡིན"ཞེས་བྲིས་པ་ལས། ཤོག་གྲངས"བཅུ་བཞི"དང"བཅོ་ལྔ"བཀོད་པ་ཅན་གཉིས་ནི《དེ་བཞིན་གཤེགས་པ་ཚེ་དཔག་མེད་ཀྱི་བཀོད་པ་བསྟན་པའི་མདོ་》ཡི་ཆེས་མཇུག་གི་དོན་ཚན་ཡིན་ངེས་ཤིང་དེའི་མན་ཆད་ཆོས་ཚན་གཞན་ཞིག་ཡིན་པ་རྟོགས་ཐུབ།

གཉིས། P.T.556ཧྥ་རན་སིར་ཉར་བའི་ཏུན་ཧོང་བོད་ཡིག་ཡིག་ཆP.T.556ལ་ཤོག་བུ་སྣ་རིང་ལྷེབ་གཅིག་(ངོས་གཉིས་)ཡོད་ཅིང་རལ་སྐྱོན་བྱུང་མེད། ཆེ་ཆུང་ལ་8.2x43.4cmཡོད་པ་དང་། དབུ་འབྲུད་ཀྱི་གུ་འདྲ་བ་རྗེས་སུ་ཉིས་ཤད་བཞག་ཡོད། ཤོག་ལྷེབ་ཀྱི་གཡས་ངོས་སུ་ཁུང་བུ་ཞིག་བརྟོལ་ཅིང་ཏུན་ཧོང་བོད་ཡིག་གི་བྲིས་དཔེ་སྣ་རིང་གཞན་དང་མི་འདྲ་བར་ཁུང་བུ་དེར་མཚལ་མདོག་གི་སྐོར་ཐིག་བརྒྱབ་མེད། མཐའ་གཉིས་སུ་མཚལ་མདོག་གི་སྣེ་ཐིག་བྲིས་འདུག་མོད། ཡི་གེ་རྣམས་སྣེ་ཐིག་གི་ནང་ངོས་ནས་ཕར་ལ་བརྐྱལ་ཏེ་བྲིས་པ་ནི་ཕལ་ཆེར་ཤོག་བུ་དཀོན་པས་གྲོན་ཆུང་བྱས་པའི་རྟགས་སུ་འགྱུར་རམ། བྲིས་གཟུགས་ཅུང་ཆུང་ཞིང་དབུ་ཅན་དབུ་མེད་བསྲེས་པའི་ཁྱད་ཆོས་ལྡན་ལ་ཅུང་མགྱོགས་པོར་བྲིས་པའི་སྣང་བ་སྟེར། བྲིས་གཟུགས་དང་ཤོག་ངོས་སྤྱིའི་ཆ་ནས་ཅུང་ཟད་གྲལ་དག་པོར་སྣང་། མདུན་ངོས་དང་རྒྱབ་ངོས་ཟུང་ལ་ཡིག་ཕྲེང་བརྒྱད་རེ་ཡོད། མདུན་ངོས་ཀྱི་གཡོན་མཐའི་སྟོད་ཕྱོགས་སུ"བཅུ་གསུམ"ཞེས་པའི་ཤོག་གྲངས་བཀོད་འདུག

གསུམ། P.T.557ཧྥ་རན་སིར་ཉར་བའི་ཏུན་ཧོང་བོད་ཡིག་ཡིག་ཆP.T.557ལ་ཤོག་བུ་སྣ་རིང་ལྷེབ་གཅིག་(ངོས་གཉིས་)ཡོད་ཅིང་རལ་སྐྱོན་བྱུང་མེད། ཆེ་ཆུང་ལ་9x44cmཡོད་པ་དང་། དབུ་འབྲུད་ཀྱི་གུ་མགོ་ཐུར་དུ་གསེག་པ་འདྲ་བ་རྗེས་སུ་ཉིས་ཤད་བཞག་ཡོད། ཤོག་ལྷེབ་ཀྱི་གཡོན་ངོས་སུ་ཁུང་བུ་ཞིག་བརྟོལ་ཞིང་དེར་མཚལ་མདོག་གི་སྐོར་ཐིག་བརྒྱབ་ཡོད། མཐའ་གཉིས་སུ་མཚལ་མདོག་གི་སྣེ་ཐིག་བརྒྱབ་

འདུག་མོད། ཡི་གེ་རྣམས་སྡེ་ཚིག་གི་ནང་དོན་ནས་ཕར་ལ་བཀལ་ཏེ་བྲིས་འདུག་པ་ནི་ཕལ་ཆེར་ཤོག་བུ་དཀོན་པས་གྲོན་ཆུང་བྱས་པའི་རྟགས་སུ་འགྲོ། ཚིག་ཤར་གསལ་པོ་དྭང་མོར་བྲིས་ཡོད། བྲིས་གཟུགས་ཅུང་ཆུང་ཞིང་དབུ་ཅན་དབུ་མེད་བསྲེས་པའི་ཁྱད་ཆོས་ལྡན་ལ་ཅུང་མགྱོགས་པོར་བྲིས་པའི་སྣང་བ་སྟེར། བྲིས་གཟུགས་དང་ཤོག་དོས་སྤྱིའི་ཆ་ནས་ཅུང་ཟད་གྲུལ་དག་པོར་སྣང་། ཡིག་ཕྲེང་ལ་མདུན་དོས་སུ་བདུན་དང་རྒྱབ་དོས་སུ་བརྒྱད་མཆིས། མདུན་དོས་ཀྱི་གཡོན་མཐའི་སྟོད་ཕྱོགས་སུ་"ཀ གཅིག"ཞེས་པའི་ཤོག་གྲངས་བཀོད་ཡོད།

བཞི། P.T.561རྫ་རན་སིར་ཉར་བའི་ཏུན་ཧོང་བོད་ཡིག་ཡིག་ཆP.T.561ལ་ཤོག་བུ་སྣ་རིང་ལྷེབ་བཞི(དོས་བརྒྱད་)ཡོད་ཅིང་རལ་སྐྱོན་བྱུང་མེད། ཆེ་ཆུང་ལ་9.2x50cmཡོད་པ་དང་། དབུ་འཁྱུད་གི་གུ་དང་འདྲ་བ་རྗེས་སུ་ཉིས་ཤད་བཞག་ཡོད། ཤོག་ལྷེབ་ཀྱི་དོས་སུ་ཁུང་བུ་བརྡོལ་བའི་ཤུལ་དང་མཚལ་མདོག་གི་སྟོར་ཐིག་དང་མཐའ་གཉིས་ཀྱི་མཚལ་མདོག་གི་སྡེ་ཐིག་སོགས་གང་ཡང་མེད། ཡི་གེ་རྣམས་ཤོག་དོས་སུ་བར་སྟོང་གང་ཡང་བསྐྱུར་མེད་པར་བཀང་དུ་བཙུག་ཏེ་བྲིས་པའང་ཤོག་བུར་གྲོན་ཆུང་བྱས་པའི་རྟགས་སུ་འཁུམས། བྲིས་གཟུགས་ཅུང་ཆུང་ཞིང་དབུ་ཅན་དབུ་མེད་བསྲེས་པའི་ཁྱད་ཆོས་ལྡན་ལ་ཅུང་མགྱོགས་པོར་བྲིས་པའི་སྣང་བ་སྟེར། བྲིས་གཟུགས་དང་ཤོག་དོས་སྤྱིའི་ཆ་ནས་ཅུང་ཟད་གྲུལ་དག་པོར་སྣང་། ཤོག་ལྷེབ་དོས་དང་པོའི་གཡོན་མཐའི་སྟོད་དུ"དགུ"ཞེས་པའི་ཤོག་གྲངས་བཀོད་ཅིང་དོས་དེར་ཡིག་ཕྲེང་དགུ་དང་རྒྱབ་དོས་སུ་ཡིག་ཕྲེང་བརྒྱད་ཡོད། ཤོག་ལྷེབ་དོས་གཉིས་པའི་གཡོན་མཐའི་སྟོད་དུ"བཅུ"ཞེས་པའི་ཤོག་གྲངས་བཀོད་ཅིང་ཡིག་ཕྲེང་ལ་མདུན་དོས་དང་རྒྱབ་དོས་གཉིས་སུ་དགུ་རེ་མཆིས། ཤོག་ལྷེབ་དོས་གསུམ་པའི་གཡོན་མཐའི་སྟོད་དུ"བཅུ་གཅིག"ཅེས་པའི་ཤོག་གྲངས་བཀོད་ཅིང་ཡིག་ཕྲེང་ལ་མདུན་དོས་དང་རྒྱབ་དོས་གཉིས་སུ་དགུ་རེ་མཆིས། ཤོག་ལྷེབ་དོས་བཞི་པའི་གཡོན་མཐའི་སྟོད་དུ"བཅུ་གཉིས"ཞེས་པའི་ཤོག་གྲངས་བཀོད་ཅིང་ཡིག་ཕྲེང་ལ་མདུན་དོས་སུ་དགུ་དང་རྒྱབ་དོས་སུ་བརྒྱད་ཡོད།

ལྔ། P.T.562རྫ་རན་སིར་ཉར་བའི་ཏུན་ཧོང་བོད་ཡིག་ཡིག་ཆP.T.562ལ་ཤོག་བུ་སྣ་རིང་ལྷེབ་དྲུག (དོས་བཅུ་གཉིས་)ཡོད་ཅིང་རལ་སྐྱོན་བྱུང་མེད། ཤོག་ལྷེབ་གྲངས་ཀ་གསུམ་ཅན་བཀོད་པའི་ཆེ་ཆུང་ལ་7x30.6cmཡོད་པ་དང་གཞན་དག་གི་ཆེ་ཆུང་ལ་7.9x32.4cmཡོད། དབུ་འཁྱུད་གི་གུ་དང་འདྲ་བ་རྗེས་སུ་ཉིས་ཤད་བཞག་ཡོད། ཤོག་ལྷེབ་ཀྱི་དོས་སུ་ཁུང་བུ་བརྡོལ་བའི་ཤུལ་དང་མཚལ་མདོག་གི་སྟོར་ཐིག་དང་མཐའ་གཉིས་ཀྱི་མཚལ་མདོག་གི་སྡེ་ཐིག་སོགས་གང་ཡང་མེད། ཚིག་ཤར་གསལ་ལ་མི་གསལ་བ་ཅུང་འཚྲོག་པོ་བྲིས་མི་ལེགས་པ་ཞིག་བྲིས་འདུག ཡི་གེ་རྣམས་ཤོག་དོས་སུ་བར་སྟོང་གང་

ཡང་བསྒྱུར་མེད་པར་བཀང་དུ་བཙུག་སྟེ་བྲིས་པའང་ཤོག་བུར་གྲོན་ཆུང་བྱས་པའི་རྟགས་ཡིན་ངེས། བྲིས་གཟུགས་ཅུང་ཆུང་ཞིང་དབུ་ཅན་དབུ་མེད་བསྲེས་པའི་ཁྱད་ཆོས་ལྡན་ཞིང་ཅུང་མགྱོགས་པོར་བྲིས་པའི་སྣང་བ་སྟེར། བྲིས་གཟུགས་དང་ཤོག་ངོས་སྤྱིའི་ཆ་ནས་ཅུང་ཟད་གྲལ་དག་པོ་རེད། ཤོག་ལྷེབ་དང་པོའི་མདུན་ངོས་ཀྱི་གཡོན་མཐའི་སྨད་དུ"གསུམ"ཞེས་པའི་ཤོག་གྲངས་བཀོད་ཅིང་མདུན་ངོས་དེ་དང་རྒྱབ་ངོས་གཉིས་སུ་ཡིག་ཕྲེང་བདུན་རེ་ཡོད། ཤོག་ལྷེབ་གཉིས་པའི་མདུན་ངོས་ཀྱི་གཡོན་མཐའི་སྟོད་དུ"བཞི"ཞེས་པའི་ཤོག་གྲངས་བཀོད་ཅིང་ཡིག་ཕྲེང་ལ་མདུན་ངོས་དང་རྒྱབ་ངོས་གཉིས་སུ་བརྒྱད་རེ་མཆིས། ཤོག་ལྷེབ་གསུམ་པའི་མདུན་ངོས་ཀྱི་གཡོན་མཐའི་སྨད་དུ"ལྔ"ཞེས་པའི་ཤོག་གྲངས་བཀོད་ཅིང་ཡིག་ཕྲེང་ལ་མདུན་ངོས་སུ་བདུན་དང་རྒྱབ་ངོས་སུ་བརྒྱད་མཆིས། ཤོག་ལྷེབ་བཞི་པའི་མདུན་ངོས་ཀྱི་གཡོན་མཐའི་སྨད་དུ"དྲུག"ཅེས་པའི་ཤོག་གྲངས་བཀོད་ཅིང་ཡིག་ཕྲེང་ལ་མདུན་ངོས་སུ་བརྒྱད་དང་རྒྱབ་ངོས་སུ་བདུན་ཡོད། ཤོག་ལྷེབ་ལྔ་པའི་མདུན་ངོས་ཀྱི་གཡོན་མཐའི་སྨད་དུ"བདུན"ཞེས་པའི་ཤོག་གྲངས་བཀོད་ཅིང་ཡིག་ཕྲེང་ལ་མདུན་ངོས་དང་རྒྱབ་ངོས་གཉིས་སུ་བརྒྱད་རེ་ཡོད། ཤོག་ལྷེབ་དྲུག་པའི་མདུན་ངོས་ཀྱི་གཡོན་མཐའི་སྨད་དུ"བརྒྱད"ཅེས་པའི་ཤོག་གྲངས་བཀོད་ཅིང་ཡིག་ཕྲེང་ལ་མདུན་ངོས་དང་རྒྱབ་ངོས་གཉིས་སུ་བརྒྱད་རེ་ཡོད།

དྲུག P.T.563ཟྭ་རན་སིར་ཉར་བའི་ཏུན་ཧོང་བོད་ཡིག་ཡིག་ཆP.T.563ལ་ཤོག་བུ་སྣ་རིང་ལྷེབ་གཅིག་(ངོས་གཉིས་)ཡོད་ཅིང་རལ་སྐྱོན་བྱུང་མེད། ཆེ་ཆུང་ལ་8x42cmཡོད་པ་དང་། དབུ་འབྲུད་གི་གུ་འདྲ་བ་རྗེས་སུ་ཉིས་ཤད་དང་དེའི་རྗེས་སུ་དབུ་མེད་ཀྱི་ཡི་གེ"དེ"དང་ཉེ་མཚུངས་ཅན་ཞིག་བྲིས་ཡོད། ཤོག་ལྷེབ་ཀྱི་དཀྱིལ་དུ་ཁུང་བུ་ཞིག་བརྟོལ་ཅིང་དེར་མཚལ་མདོག་གི་སྐོར་ཐིག་བྲིས་ཡོད། ཐིག་ཤར་གསལ་པོ་ཅུང་འཁྱོག་པོ་མཛེས་པར་མི་སྣང་བ་ཞིག་བརྒྱབ་ཡོད་པར་མ་ཟད་མཐའ་གཉིས་སུ་མཚལ་མདོག་གི་སྣེ་ཐིག་བྲིས་འདུག་མོད། ཡི་གེ་རྣམས་སྣེ་ཐིག་གི་ནང་ངོས་ལས་ཕར་བརྒལ་ཏེ་བྲིས་པའང་ཤོག་བུའི་གྲོན་ཆུང་དང་ཡི་གེ་མང་པོ་ཆུད་པའི་རྒྱུ་མཚན་དུ་འགྲོ་ངེས། བྲིས་གཟུགས་ཅུང་ཆུང་ཞིང་དབུ་ཅན་དབུ་མེད་བསྲེས་པའི་ཁྱད་ཆོས་ལྡན་ལ་ཅུང་མགྱོགས་པོར་བྲིས་པའི་སྣང་བ་སྟེར། བྲིས་གཟུགས་དང་ཤོག་ངོས་སྤྱིའི་ཆ་ནས་ཅུང་ཟད་གྲལ་དག་པོར་འདུག ཤོག་ལྷེབ་ཀྱི་མདུན་ངོས་ཀྱི་གཡོན་མཐའི་སྟོད་ཕྱོགས་སུ"གཉིས"ཞེས་པའི་ཤོག་གྲངས་བཀོད་འདུག ཡིག་ཕྲེང་ལ་མདུན་ངོས་དང་རྒྱབ་ངོས་གཉིས་སུ་བདུན་རེ་ཡོད།

བདུན། P.T.564ཟྭ་རན་སིར་ཉར་བའི་ཏུན་ཧོང་བོད་ཡིག་ཡིག་ཆP.T.564ལ་ཤོག་བུ་སྣ་རིང་ལྷེབ་གཅིག་(ངོས་གཉིས་)ཡོད་ཅིང་རལ་སྐྱོན་བྱུང་མེད། ཆེ་ཆུང་ལ་13x59cmཡོད་པ་དང་། དབུ་འབྲུད་ཞབས་

ཀྱུ་འདྲ་བ་རྗེས་སུ་ཉིས་ཤད་བཞག་ཡོད། ཤོག་ལྡེབ་ཀྱི་དཀྱིལ་དུ་ཁུང་བུ་ཞིག་བརྟོལ་ཅིང་དེར་མཚལ་མདོག་གི་སྐོར་ཐིག་བྲིས་ཡོད། ཐིག་ཤར་གསལ་ལ་མི་གསལ་བ་དྲང་མོར་བརྒྱབ་ཡོད། མཐའ་གཉིས་སུ་མཚལ་མདོག་གི་སྡེ་ཐིག་བྲིས་ཤིང་ཡི་གེ་རྣམས་སྡེ་ཐིག་གི་ནང་ངོས་སུ་གྲལ་དག་པོར་བྲིས་ཡོད། བྲིས་གཟུགས་ཆེ་ཞིང་དབུ་ཅན་གྱི་རྣམ་པའི་ནན་མོས་བྲིས་པའི་སྣང་བ་སྟེར། རྗེས་འཇུག་ཕལ་ཆེར་མིང་གཞིའི་ཡི་གེའི་འོག་ཏུ་བཏགས་པ་དང་རྗེས་འཇུག་མ་ཀླད་ཀོར་དུ་བསྒྱུར་ནས་བྲིས་ཡོད་པ་ནི་བྲིས་དཔེ་འདིའི་ཁྱད་ཆོས་སུ་འགྲོ། བྲིས་ལེགས་ཤིང་གྲལ་དག་པོར་སྣང་། ཤོག་གྲངས་བཀོད་མེད་ཅིང་རྒྱབ་ངོས་ཀྱི་མཇུག་གི་ཡིག་ཕྲེང་དེ་བྲིས་མ་ཚར་བར་བསྐྱུར་ཡོད། ཡིག་ཕྲེང་ལ་མདུན་ངོས་དང་རྒྱབ་ངོས་གཉིས་སུ་བདུན་རེ་ཡོད།

གཉིས་པ། ཧྥ་རན་སིར་ཉར་བའི་ཡིག་ཆ་ཁག་བདུན་བར་གྱི་འབྲེལ་བར་དཔྱད་པ།

གཅིག འབྲེལ་ཡོད་དཀར་ཆག་ཁྲོད་ཀྱི་ངོས་འཛིན་དང་མཚན་གྱི་འདོགས་སྟངས། P.T.96ལ་《ཧྥ་རན་སིའི་ཏུན་ཧོང་བོད་ཡིག་ཡིག་ཆ་ཞིབ་གསལ་དཀར་ཆག་》ཅེས་པ་ཏུ་"《大乘无量寿宗要经》另据拉露：《大宝积经》残卷？"[①]ཞེས་བྲིས་ཡོད། 《大乘无量寿宗要经》ནི་ཏུན་ཧོང་བོད་ཡིག་ཡིག་ཆའི་ཁྲོད་གྲངས་ཚད་ཆེས་མང་པོར་གཏོགས་པའི་《ཚེ་དཔག་ཏུ་མྱེད་པ་ཞེས་བྱ་བ་ཐེག་པ་ཆེན་པོའི་མདོ་》ཡིན་པ་དང་། མདོ་དེའི་མཇུག་ཏུ་དཔེར་ན་ཧྥ་རན་སིར་ཉར་བའི་ཏུན་ཧོང་བོད་ཡིག་ཡིག་ཆP.T.3585ལ་མཚོན་ན་"ཚེ་དཔག་དུ་མྱེད་པ་ཞེས་བྱ་བ་ཐེག་པ་ཆེན་པོའི་མདོ་རྫོགས་སོ། །"ཞེས་བྲིས་ཤིང་། དབྱིན་ཇིར་ཉར་བའི་ཏུན་ཧོང་བོད་ཡིག་ཡིག་ཆI.T.J.308ལ་མཚོན་ན་"ཚེ་ཚད་མྱེད་པ་ཞེས་བྱ་བའ་ཐེག་པ་ཆེན་པོའི་མདོའ། □རྫོགས་སོ། །"ཞེས་བྲིས་ཡོད་པས། P.T.96"དེ་བཞིན་གཤེགས་པ་ཚེ་དཔའ་མྱེད་ཀི་བཀོད་པ་བསྟན་པའི་མདོ་རྫོགས་སོ།" ཞེས་པ་དང་མི་མཚུངས་པ་མངོན་གསལ་ཡིན་ལ། གཞན་གཞུང་དོན་ལ་མཇལ་ཚེ་ཡང་དེ་གཉིས་ནི་ཆོས་ཚན་སོ་སོ་བ་ཡིན།[②] ལྡུམ་ལྷ་ཚེའུ་ལགས་ཀྱིས་དེ་ནི་《དཀོན་མཆོག་

① 王尧主编：《法藏敦煌藏文文献解题目录》，北京：民族出版社，1999年，第18页。

② ཏུན་ཧོང་བོད་ཡིག་ཡིག་ཆའི་ཁྲོད་གྲངས་ཚད་ཆེས་མང་པོར་གཏོགས་པའི་《ཚེ་དཔག་ཏུ་མྱེད་པ་ཞེས་བྱ་བ་ཐེག་པ་ཆེན་པོའི་མདོ་》ཡི་སྐོར་ལ་རྒྱུས་ལོན་བྱེད་པར་མོས་པ་ལྡན་ཚེ། ཁོ་བོའི་གཤམ་གྱི་དཔྱད་རྩོམ་དེར་གཟིགས་པར་འཚལ། བསེ་ཆང་སངས་རྒྱས་དོན་གྲུབ། ཏུན་ཧོང་བོད་ཡིག་གི་རྒྱུད་གཞུང་ཡིག་ཚེ་དཔག་ཏུ་མྱེད་པ་ཞེས་བྱ་བ་ཐེག་པ་ཆེན་པོའི་མདོ་ལ་དཔྱད་པ། མཚོ་སྔོན་མི་རིགས་སློབ་ཆེན་རིག་དེབ། 2016ལོའི་དེབ་དང་པོ། ཤོག་ངོས་58-73

བརྩེགས་པ་》ཡི་ཆོས་ཚན་ཞིག་ཡིན་པར་དོགས་འདྲི་བྱས་པ་ཙམ་ལས་ཞིབ་ཏུ་ཅི་ཡིན་པའི་སྐོར་བརྗོད་མེད། 《ཧྥ་རན་སིའི་རྒྱལ་གཉེར་དཔེ་མཛོད་ཁང་དུ་ཉར་བའི་ཏུན་ཧོང་བོད་ཡིག་ཡིག་ཚགས་》ཞེས་པའི་ཁྲོད་དུ་བོད་ཡིག་གི་མཚན་བྱང་འགོད་སྟངས་ཡིག་ཆ་རང་དང་བསྟུན་ནས་《དེ་བཞིན་གཤེགས་པ་ཚེ་དཔག་མེད་ཀྱི་བཀོད་པ་བསྟན་པའི་མདོ་》ཞེས་བཀོད་པས་དག་པར་འགྲོ་མོད། རྒྱ་ཡིག་གི་མཚན་བྱང་འགོད་སྐབས་སུ་《ཚེ་དཔག་ཏུ་མེད་པ་ཞེས་བྱ་བ་ཐེག་པ་ཆེན་པོའི་མདོ་》ཡི་རྒྱ་ཡིག་གི་མཚན་བྱང་གང་དེ“《大乘无量寿宗要经》”①ཞེས་བྲིས་པ་དག་པར་མི་སྣང་། གང་ལྟརP.T.96ནི་《དེ་བཞིན་གཤེགས་པ་ཚེ་དཔག་མེད་ཀྱི་བཀོད་པ་བསྟན་པའི་མདོ་》ཞེས་པ་ཡིན་པ་ཕོ་ཐག་ཆོད། 《ཧྥ་རན་སིའི་ཏུན་ཧོང་བོད་ཡིག་ཡིག་ཆ་ཞིབ་གསལ་དཀར་ཆག་》ཏུP.T.556ལ་“有关宇宙观之说教”②ཞེས་འཇིག་རྟེན་ཆགས་ལུགས་ཀྱི་བཤད་པ་ཞིག་ཡིན་ཙམ་ལས་ཅི་བྲག་གང་ཡིན་བསྟན་མེད། ཡང་དཀར་ཆག་དེ་རུP.T.557ལ་“《佛说阿弥陀经》”③ཞེས་ལོ་ཆེན་ཀུ་མ་ར་ཞྣིས་(鸠摩罗什350–409)ཀྱི་ལོ་402ལོར④རྒྱ་ནག་སྐད་དུ་བསྒྱུར་བའི《佛说阿弥陀经》⑤ཞེས་པ་དེ་བོད་ཡིག་གི་《བཀའ་འགྱུར་》ཁྲོད་ཀྱི་རྒྱ་གར་གྱི་མཁན་པོ་དཱ་ན་ཤཱི་ལ་དང་།

ཞུ་ཆེན་གྱི་ལོ་ཙཱ་བ་བན་དེ་ཡེ་ཤེས་སྡེ་ལ་སོགས་པས་བསྒྱུར་ཅིང་གཏན་ལ་ཕབ་པའི་《འཕགས་པ་བདེ་བ་ཅན་གྱི་བཀོད་པ་ཞེས་བྱ་བ་ཐེག་པ་ཆེན་པོའི་མདོ་》⑥ཡིན་པར་ངོས་བཟུང་ཡོད། འོན་ཀྱང་། གཞུང་དོན་ཕན་ཚུན་ཞིབ་བསྡུར་བྱས་ཚེP.T.557ནི་《འཕགས་པ་བདེ་བ་ཅན་གྱི་བཀོད་པ་ཞེས་བྱ་བ་ཐེག་པ་ཆེན་པོའི་མདོ་》ཡི་ནང་དོན་དང་ཅུང་ཙམ་འདྲ་ས་ཡོད་མོད་ཀྱང་མདོ་དེ་མ་ཡིན། 《ཧྥ་རན་སིའི་རྒྱལ་གཉེར་དཔེ་མཛོད་ཁང་དུ་ཉར་བའི་ཏུན་ཧོང་བོད་ཡིག་ཡིག་ཚགས་》ཁྲོད་དུP.T.556དང་

---

① ཧྥ་རན་སིའི་རྒྱལ་གཉེར་དཔེ་མཛོད་ཁང་དུ་ཉར་བའི་ཏུན་ཧོང་བོད་ཡིག་ཡིག་ཚགས། ཧྲང་ཧེ་དཔེ་རྙིང་དཔེ་སྐྲུན་ཁང་། 2006ལོ། ཤོག་གྲངས་372-374

② 王尧主编：《法藏敦煌藏文文献解题目录》，北京：民族出版社，1999年，第74页。

③ 王尧主编：《法藏敦煌藏文文献解题目录》，北京：民族出版社，1999年，第74页。

④ Jan Nattier，The Names of Amitābha/Amitāyus in Early Chinese Buddhist Translations(1)，Annual Report of The International Research Institute for Advanced Buddhology at Soka University for the Academic Year 2005，vol.IX，March2006.P.183

⑤ 姚秦龟兹三藏鸠摩罗什译：《佛说阿弥陀经》，《大正新修大藏经》，第12册，No.0366。

⑥ སྡེ་དགེ་བཀའ་འགྱུར། མདོ་སྡེའི་ཇ་པོད། འཕགས་པ་བདེ་བ་ཅན་གྱི་བཀོད་པ་ཞེས་བྱ་བ་ཐེག་པ་ཆེན་པོའི་མདོ། ཞིང་དཔར། ཤོག་གྲངས་སྦྱིན195-ཤོག་གྲངས་ཉིན་200

P.T.557གཉིས་ནི་"འོད་དཔག་མེད་ཀྱི་ཞིང་བཀོད་པ་བསྟན་པ། 大宝积经第五无量光刹土庄严经"[①]ཞེས་མཚན་བྱང་བཏགས་ཡོད། ཡིན་ན་ཡང་། ཡིག་ཆ་དེ་གཉིས་དང་བོད་ཡིག་《བཀའ་འགྱུར་》གྱི་དཀོན་བརྩེགས་ལས་རྒྱ་གར་གྱི་མཁན་པོ་ཛཱི་ན་མི་ཏྲ་དང་། དཱ་ན་ཤཱི་ལ་དང་། ཞུ་ཆེན་གྱི་ལོ་ཙྪ་བ་བན་དེ་ཡེ་ཤེས་སྡེས་བསྒྱུར་ཅིང་ཞུས་པའི་《འཕགས་པ་འོད་དཔག་མེད་ཀྱི་བཀོད་པ་ཞེས་བྱ་བ་ཐེག་པ་ཆེན་པོའི་མདོ་》[②]ཞེས་པ་གཉིས་བསྡུར་ཚེ་འགྱུར་ཡིག་གཅིག་ཏུ་མི་འགྲོ་བས། མཚན་བྱང་དེ་ལྟར་དུ་བཏགས་པའང་དག་ཆ་དེ་འདྲ་ཐོན་མེད། 《ཧྥ་རན་སིའི་ཏུན་ཧོང་བོད་ཡིག་ཡིག་ཆ་ཞིབ་གསལ་དཀར་ཆག་》ཏུP.T.561ལ་"关于བདེ་བ་ཅན的文献"[③]ཞེས་བདེ་བ་ཅན་དང་འབྲེལ་བ་ཡོད་པའི་ཡིག་ཆ་ཞིག་ཡིན་པར་བསྟན་འདུག་ཅིང་། P.T.562དང་P.T.563ལ་"《佛说阿弥陀经》"[④]ཞེས་ལོ་ཆེན་ཀུ་མཱ་ར་ཤྲཱིས་འགྱུར་ཡིག《佛说阿弥陀经》ཞེས་པ་སྟེ་བོད་ཡིག་གི་《བཀའ་འགྱུར་》ཁྲོད་ཀྱི་《འཕགས་པ་བདེ་བ་ཅན་གྱི་བཀོད་པ་ཞེས་བྱ་བ་ཐེག་པ་ཆེན་པོའི་མདོ་》ཡིན་པར་ངོས་བཟུང་སོང་། ཞིབ་བསྡུར་བྱས་ཚེ་ཡིག་ཆ་དེ་གཉིས་དང་མདོ་དེའི་བརྗོད་དོན་ཕན་ཚུན་དབར་འདྲ་ས་མཆིས་ཀྱང་མདོ་དེའི་གཞུང་དོན་དུ་མི་གཏོགས། P.T.564ལ་"佛陀向阿难陀讲བདེ་བ་ཅན་"[⑤]ཞེས་ཡིག་ཆ་འདི་བདེ་བ་ཅན་དང་འབྲེལ་བ་མཆིས་ཚུལ་ཙམ་བསྟན་ཡོད། 《ཧྥ་རན་སིའི་རྒྱལ་གཉེར་དཔེ་མཛོད་ཁང་དུ་ཉར་བའི་ཏུན་ཧོང་བོད་ཡིག་ཡིག་ཚགས་》སུP.T.561དང་། P.T.562 P.T.563 P.T.564བཅས་ལ་"འོད་དཔག་མེད་ཀྱི་ཞིང་བཀོད་པ་བསྟན་པ།(大宝积经第五无量光刹土庄严经)"[⑥] ཞེས་མཚན་བྱང་བཏགས་ཀྱང་ཡིག་ཆ་དེ་དག་དང་བོད་ཡིག་《བཀའ་འགྱུར་》གྱི་དཀོན་བརྩེགས་ལས་《འཕགས་པ་འོད་དཔག་མེད་ཀྱི་བཀོད་པ་ཞེས་བྱ་བ་ཐེག་པ་ཆེན་པོའི་མདོ་》ལ་བསྡུར་ཚེ། མདོ་འདི་དང་ཡིག་ཆ་དེ་དག་གི་བར་དུ་ནང་དོན་གྱི་ཐད་ནས་འདྲ་ས

---

① ཧྥ་རན་སིའི་རྒྱལ་གཉེར་དཔེ་མཛོད་ཁང་དུ་ཉར་བའི་ཏུན་ཧོང་བོད་ཡིག་ཡིག་ཚགས། ཧྲང་ཧེ་དཔེ་རྙིང་དཔེ་སྐྲུན་ཁང་། 2006ལོ། ཤོག་ངོས་280-281

② འཕགས་པ་འོད་དཔག་མེད་ཀྱི་བཀོད་པ་ཞེས་བྱ་བ་ཐེག་པ་ཆེན་པོའི་མདོ། ཞིང་དཔར། སྡེ་དགེ་བཀའ་འགྱུར། དཀོན་བརྩེགས། ཀ་པོད། ཤོག་ངོས་སྒྲིབ་237-ཉིན270

③ 王尧主编：《法藏敦煌藏文文献解题目录》，北京：民族出版社，1999年，第75页。

④ 王尧主编：《法藏敦煌藏文文献解题目录》，北京：民族出版社，1999年，第75页。

⑤ 王尧主编：《法藏敦煌藏文文献解题目录》，北京：民族出版社，1999年，第75页。

⑥ ཧྥ་རན་སིའི་རྒྱལ་གཉེར་དཔེ་མཛོད་ཁང་དུ་ཉར་བའི་ཏུན་ཧོང་བོད་ཡིག་ཡིག་ཚགས། ཧྲང་ཧེ་དཔེ་རྙིང་དཔེ་སྐྲུན་ཁང་། 2008ལོ། ཤོག་ངོས་291-299

དང་མཚུངས་ཆོས་ཡོད་མོད། ཡིག་ཆ་དེ་དག་《འཕགས་པ་འོད་དཔག་མེད་ཀྱི་བཀོད་པ་ཞེས་བྱ་བ་ཐེག་པ་ཆེན་པོའི་མདོ་》མ་ཡིན་པས་མཚན་བྱང་དེ་ལྟར་དུ་བཏགས་པའང་དག་ཆ་ཐོན་མེད།

གཉིས། ཡིག་གཟུགས་དང་ཤོག་གྲངས་གཞིར་བཟུང་ནས་འབྲེལ་བར་དཔྱད་པ། གོང་གི་དོན་ཚན་དུ་ཁོ་བོས་འབྲེལ་ཡོད་དཀར་ཆག་དང་དཔེ་དེབ་ཏུ་ཡིག་ཆP.T.96དང་། P.T.556 P.T.557 P.T.561 P.T.562 P.T.563 P.T.564བཅས་ཀྱི་ངོས་འཛིན་དང་མཚན་བྱང་འདོགས་ལུགས་ལ་ད་དུང་དག་ཆ་དེ་འདྲ་ཐོན་མེད་པ་གླེང་ཟིན། འདི་རུ་གོམ་གང་མདུན་སྤོས་ཀྱི་སྒོ་ནས་ཡིག་ཆ་དེ་དག་པན་ཚུན་བར་འབྲེལ་བ་ཅི་འདྲ་ཞིག་གི་ངོར་གྲུབ་པར་དཔྱད་པར་བྱ།

ཡིག་ཆ་བདུན་གྱི་ཡིག་གཟུགས་ལ་བརྟགས་ཞིང་དཔྱད་ཚེP.T.564ཁོ་ན་མ་གཏོགས། P.T.96དང་། P.T.556 P.T.557 P.T.561 P.T.562 P.T.563བཅས་དྲུག་གི་ཡིག་གཟུགས་སྤྱིའི་ཆ་ནས་ཐུང་ཆུང་ཞིང་དབུ་ཅན་དབུ་མེད་བསྲེས་པའི་ཁྱད་ཆོས་ལྡན་ལ་ཐུང་མགྱོགས་པོར་བྲིས་པའི་སྣང་བ་སྟེར། ཡི་གེ་འབྲི་སྟངས་སམ་སྨྱུག་ཁ་བསྐོར་ཕྱོགས་ལ་བལྟས་ན་དེ་དག་བཤུ་འབྲི་བྱེད་མཁན་གྱི་མི་གཅིག་ཡིན་ངེས། ཡིག་ཆ་དྲུག་གི་མ་ཡིག་གི་འདྲ་པར་སོ་སོ་ལས"སངས་རྒྱས"དང་། "ཆོས" "སེམས་ཅན"བཅས་ཀྱི་བྲིས་གཟུགས་གང་རུང་རེ་དྲུས་ནས་ཚུར་ཕྱུང་སྟེ་མཉམ་དུ་བཀོད་ཚེ། ཡིག་ཆ་དྲུག་པོ་མི་གཅིག་གི་ཕྱག་བྲིས་ཡིན་པའི་དོན་དེ་ར་སྤྲོད་བྱེད་ཐུབ། ཞིབ་ཏུ་གཤམ་གྱི་རེའུ་མིག་ཏུ་གསལ།

ཡིག་ཆའི་ཨང་རྟགས།	སངས་རྒྱས་ཀྱི་འབྲི་སྟངས།	ཆོས་ཀྱི་འབྲི་སྟངས།	སེམས་ཅན་གྱི་འབྲི་སྟངས།
P.T.96	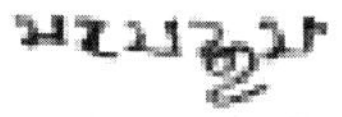		
P.T.556	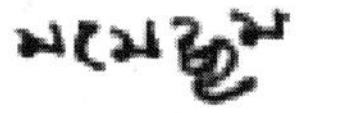		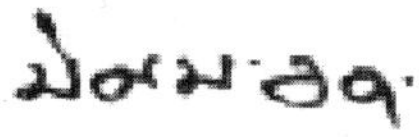
P.T.557	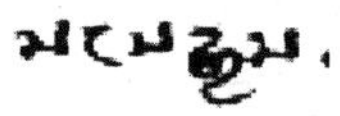		
P.T.561	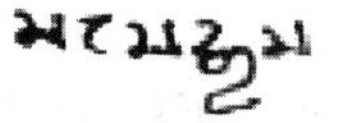		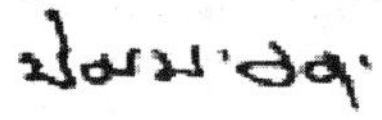
P.T.562	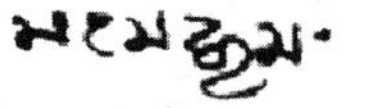		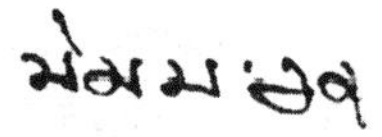
P.T.563	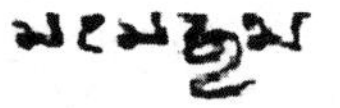		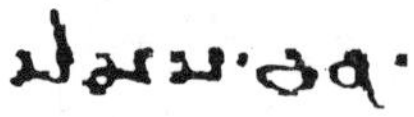

གོང་གི་རེའུ་མིག་ནང་གི"སངས་རྒྱས"དང་། "ཆོས" "སེམས་ཅན"བཅས་ཐ་སྙད་གསུམ་གྱི་

ཡི་གེ་“ས་”ཡི་འབྲི་སྟངས་དང་། “ང་”ཡི་འབྲི་སྟངས། ཡི་གེ་བརྩེགས་མ་“རྒྱ་”ཡི་འབྲི་སྟངས། “ཆ་”ཡི་འབྲི་སྟངས། “མ་”ཡི་འབྲི་སྟངས། “ཙ་”ཡི་འབྲི་སྟངས། “ན་”ཡི་འབྲི་སྟངས། དབྱངས་ཡིག་“ན་རོ་”དང་“འགྲེང་བུ་”ཡི་འབྲི་སྟངས་བཅས་གཅིག་པ་གཅིག་རྐྱང་ཡིན་པས། ང་ཚོས་ཡིག་ཆ་དྲུག་པོ་མི་གཅིག་གི་ཕྱག་བྲིས་ཡིན་པ་ཤེས་ཐུབ་པ་ལས་གཞན། ད་དུང་ཡིག་ཆ་དེ་དག་ཕན་ཚུན་དབར་དུ་འབྲེལ་བ་ངེས་ཅན་ཞིག་མཆིས་པའང་རིགས་པས་དཔགས་ཐུབ།

ཐོག་མར་ཡིག་ཆ་དེ་དག་གི་ཤོག་ལྷེབ་ཀྱི་གྲངས་ཀ་འགོད་སྟངས་ལ་གཞིགས་ན། ཡིག་ཆ་དེ་རྣམས་སུ་བཀོད་པའི་གྲངས་ཀ་རྣམས་གཅིག་ནས་བཅོ་ལྔའི་བར་གུང་བསྒྲིགས་ཚོག་སྟེ། དཔེར་ན། P.T.557ཁྲོད་དུ་ཤོག་ལྷེབ་གྲངས་ཀ་“ཀ གཅིག་”བཀོད་པ་དང་། P.T.563ཁྲོད་དུ་ཤོག་ལྷེབ་གྲངས་ཀ་“གཉིས་”བཀོད་ཡོད། P.T.562ཁྲོད་དུ་ཤོག་ལྷེབ་གྲངས་ཀ་“གསུམ་”དང་། “བཞི་” “ལྔ་” “དྲུག་” “བདུན་” “བརྒྱད་”བཅས་བཀོད་ཅིང་། P.T.561ཁྲོད་དུ་ཤོག་ལྷེབ་གྲངས་ཀ་“དགུ་”དང་། “བཅུ་” “བཅུ་གཅིག་” “བཅུ་གཉིས་”བཅས་བཀོད་པ་དང་། P.T.556ཁྲོད་དུ་ཤོག་ལྷེབ་གྲངས་ཀ་“བཅུ་གསུམ་”བཀོད་པ་དང་། P.T.96ཁྲོད་དུ་ཤོག་ལྷེབ་གྲངས་ཀ་“བཅུ་བཞི་”དང་“བཅོ་ལྔ་”ཞེས་བཀོད་ཡོད། ཞིབ་ཏུ་གཤམ་གསལ་གྱི་རེའུ་མིག་ཏུ་གཟིགས་པར་འཚལ།

ཡིག་ཆའི་ཨང་རྟགས།	ཤོག་ལྷེབ་ཀྱི་གྲངས་ཀ་འགོད་སྟངས།	ཕབ་བཤུས།
P.T.557		ཀ གཅིག
P.T.563		གཉིས།
P.T.562	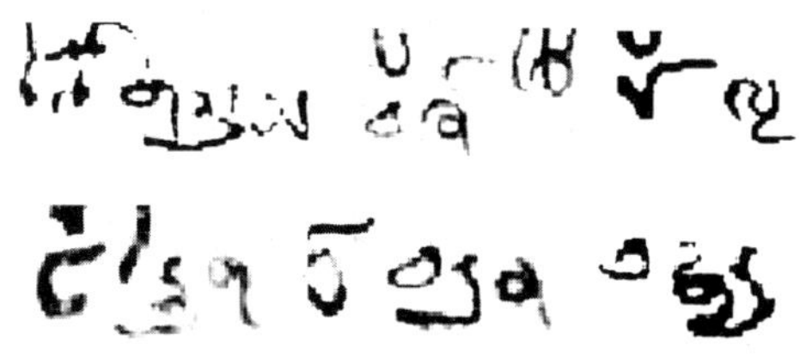	གསུམ། བཞི། ལྔ། དྲུག བདུན། བརྒྱད།
P.T.561	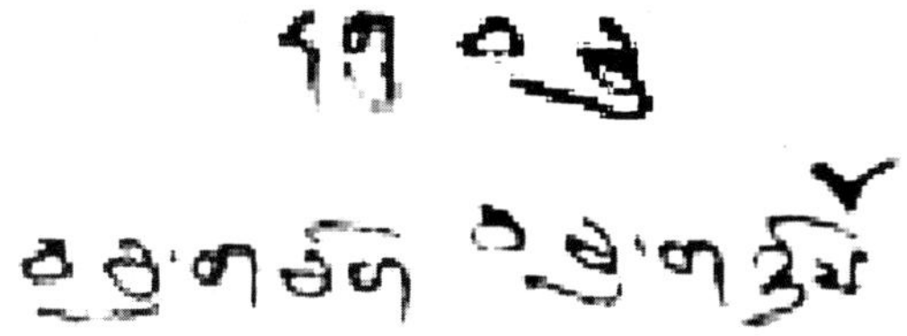	དགུ། བཅུ། བཅུ་གཅིག བཅུ་གཉིས།

P.T.556		བཅུ་གསུམ།
P.T.96	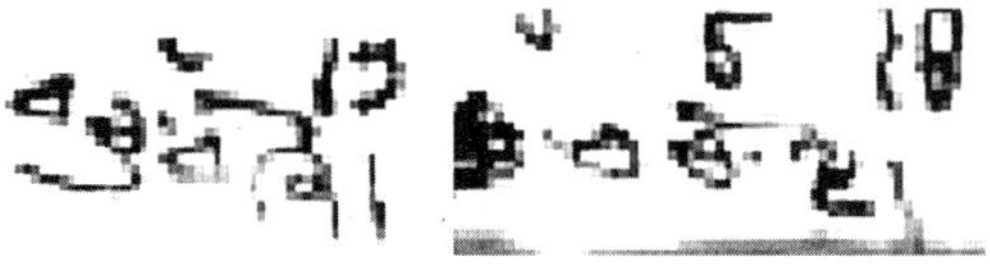	བཅུ་བཞི། བཅོ་ལྔ།

ཡིག་ཆ་འདི་དྲུག་གི་བྲིས་གཟུགས་ལ་བརྟག་དཔྱད་བཏང་ཚེ། དེ་དག་ཆོས་གཞུང་བཤུ་འབྲི་བྱེད་མཁན་གཅིག་གི་ཕྱག་བྲིས་སུ་ངེས་ཤིང་། ཡིག་ཆ་རྣམས་ཀྱི་ཤོག་ལྷེབ་ཀྱི་གྲངས་ཀ་འགོད་ལུགས་ཀྱང་གཅིག་ནས་བཅོ་ལྔའི་བར་གོ་རིམ་གསལ་པོར་གྲུང་བསྒྲིགས་སུ་རུང་བས། ཡིག་ཆ་འདི་དག་ཆོས་གཞུང་བཤུ་འབྲི་བྱེད་མཁན་གཅིག་གིས་བཤུ་འབྲི་བྱས་པའི་ཆོས་གཞུང་གཅིག་རྒྱུ་རྐྱེན་དུ་མའི་དབང་གིས་ཁ་འཐོར་དུ་སོང་ཞིང་། ཕྱིས་སུའང་P.T.ཨང་རྟགས་སོ་སོར་བཀོད་ནས་བརྩུ་ཉར་བྱས་པར་འདོད། ཆོས་གཞུང་དེ་ནིP.T.96པར་གཞུང་དེ་ཉིད་རྫོགས་པར་བསྟན་པའི་"དེ་བཞིན་གཤེགས་པ་ཚེ་དཔའ་མྱེད་གི་བཀོད་པ་བསྟན་པའི་མདོ་རྫོགས་སོ།" ཞེས་པའི་《དེ་བཞིན་གཤེགས་པ་ཚེ་དཔག་མེད་ཀྱི་བཀོད་པ་བསྟན་པའི་མདོ་》ཡིན་ངེས།

གསུམ། ནང་དོན་གྱི་གོ་རིམ་གཞིར་བཟུང་ནས་འབྲེལ་བར་དཔྱད་པ། དེ་ཡང་《དེ་བཞིན་གཤེགས་པ་ཚེ་དཔག་མེད་ཀྱི་བཀོད་པ་བསྟན་པའི་མདོ་》ཡི་ཡིག་ཆ་ཁ་འཐོར་རྣམས་ཡིག་གཟུགས་ཀྱི་ཁྱད་ཆོས་དང་ཤོག་གྲངས་ཀྱི་འགོད་སྟངས་གཞིར་བཟུང་ནས་ཕྱོགས་གཅིག་ཏུ་བསྡུས་ཏེ། གོ་རིམ་འཁྲུགས་པ་རྣམས་བསྒྱུར་དུ་བསྡེབས་ནས་གཞུང་དོན་ལ་མཇལ་ཚེ། མདོ་དེ་ཉིད་མགོན་པོ་འོད་དཔག་མེད་ཀྱི་ནུབ་ཕྱོགས་བདེ་བ་ཅན་གྱི་ཞིང་གི་བཀོད་པ་བསྟན་པའི་མདོ་ཡི་རིགས་སུ་གཏོགས་ཤིང་། སྔོས་སུ་བོད་ཡིག་གི《བཀའ་འགྱུར་》ཁྲོད་བཞུགས་པའི《འཕགས་པ་འོད་དཔག་མེད་ཀྱི་བཀོད་པ་ཞེས་བྱ་བ་ཐེག་པ་ཆེན་པོའི་མདོ་》དང་ཞིབ་མོར་བསྡུར་ནས་ཀློག་སྐབས་སུ། 《དེ་བཞིན་གཤེགས་པ་ཚེ་དཔག་མེད་ཀྱི་བཀོད་པ་བསྟན་པའི་མདོ་》ཡིP.T.557ཏེ་ཤོག་ལྷེབ་གྲངས་ཀ་"ཀ གཅིག"བཀོད་པ་ནསP.T.96ཤོག་ལྷེབ་གྲངས་ཀ་"བཅོ་ལྔ"ཞེས་བཀོད་པའི་བར་གྱི་གཞུང་དོན་ཉིད་ནི་ཏག་ཏག《འཕགས་པ་འོད་དཔག་མེད་ཀྱི་བཀོད་པ་ཞེས་བྱ་བ་ཐེག་པ་ཆེན་པོའི་མདོ་》ཡི་བམ་པོ་གཉིས་པའི་"ཀུན་དགའ་བོ་སངས་རྒྱས་ཀྱི་ཞིང་དེ་ན་རི་

ནག་པོ་རྣམས་ཡེ་མེད་དོ། །"[1]ཞེས་པ་ནས་ཆེས་མཇུག་གི་མདོ་རྫོགས་པར་བསྟན་པའི་བར་དུ་ཡིན།

དཔེར་ན། 《དེ་བཞིན་གཤེགས་པ་ཚེ་དཔག་མེད་ཀྱི་བཀོད་པ་བསྟན་པའི་མདོ་》ཡིP.T.557ཏེ་ཤོག་ལྡེབ་གྲངས་ཀ"ཀ གཅིག"བཀོད་པ་ཏུ"གཞན་ཡང་ཀུན་དགའ་བོ་འཇིག་རྟེན་གྱི་ཁམས་བདེ་བ་ཅན་དེ་ན་རི་ནག་པོ་རྣམས་དང་། ལྟགས་རི་ཁོར་ཡུག་དང་། ཁོར་ཡུག་ཆེན་པོ་དང་། རི་འི་རྒྱལ་པོ་རི་རབ་ལས་སྟོགས་པ་ཡང་མྱེད་དོ། དེ་སྐད་ཅེས་བཀའ་སྩལ་པ་དང་། བཅོམ་ལྡན་འདས་ལ་ཚེ་དང་ལྡན་བ་ཀུན་དགའ་བོས་འདི་སྐད་ཅེས་གསོལ་ཏོ། །བཅོམ་ལྡན་འདས་གལ་ཏེ་རི་རྣམས་མ་མཆིས་ན། རྒྱལ་ཆེན་བཞི་འི་རི་གྱི་ལྷ་རྣམས་དང་། སུམ་ཅུ་རྩ་གསུམ་པའི་ལྷ་རྣམས་ཅི་ལ་བརྟེན་ཏེ་གནས་ལགས། བཅོམ་ལྡན་འདས་ཀྱིས་བཀའ་སྩལ་པ། ཀུན་དགའ་བོ་འདི་ཅི་སྙམ་དུ་སེམས། རིའི་རྒྱལ་པོ་རི་རབ་ཀྱི་གོང་ན་འཐབ་བྲལ་གི་ལྷ་རྣམས་ནས་གཞན་འཕྲུལ་དབང་བྱེད་ཀྱི་ལྷ་རྣམས་དང་། གཟུགས་ཀྱི་ཁམས་ཀྱི་ལྷ་ལས་སྟོགས་པའི་བར་དུ་དེ་དག་ཅི་ལ་བརྟེན་དེ་གནས། བཅོམ་ལྡན་འདས་ལ་ཀུན་དགའ་བོས་གསོལ་པ། བཅོམ་ལྡན་འདས་ལས་ཀྱི་མཐུས་བསམ་གྱིས་མྱི་ཁྱབ་པས་དེ་ལྟར་གྱུར་པ་ལགས་སོ།"[2] ཞེས་པ་ནི་ཏག་ཏག《འཕགས་པ་འོད་དཔག་མེད་ཀྱི་བཀོད་པ་ཞེས་བྱ་བ་ཐེག་པ་ཆེན་པོའི་མདོ་》ཡི་བམ་པོ་གཉིས་པའི་"ཀུན་དགའ་བོ་སངས་རྒྱས་ཀྱི་ཞིང་དེ་ན་རི་ནག་པོ་རྣམས་ཡེ་མེད་དོ། །རི་ཐམས་ཅད་ཀྱང་རིན་པོ་ཆེའི་རི་ཤ་སྟག་གོ །རིའི་རྒྱལ་པོ་རི་རབ་ཐམས་ཅད་དང་། ཁོར་ཡུག་དང་། རིའི་རྒྱལ་པོ་ཁོར་ཡུག་ཆེན་པོ་ཐམས་ཅད་དང་། རྒྱ་མཚོ་ཆེན་པོ་རྣམས་མེད་དོ། །སངས་རྒྱས་ཀྱི་ཞིང་དེ་ནི་ཀུན་ཏུ་མཉམ་པ། ཉམས་དགའ་བ་ལག་མཐིལ་ལྟར་མཉམ་པ། ས་ཕྱོགས་རིན་པོ་ཆེ་རྣམ་པ་སྣ་ཚོགས་ཀྱི་ཐྲས་པའོ། །དེ་སྐད་ཅེས་བཀའ་སྩལ་པ་དང་། བཅོམ་ལྡན་འདས་ལ་ཚེ་དང་ལྡན་པ་ཀུན་དགའ་བོས་འདི་སྐད་ཅེས་གསོལ་ཏོ། །བཅོམ་ལྡན་འདས་རྒྱལ་ཆེན་བཞིའི་རིས་ཀྱི་ལྷ་རི་རབ་ཀྱི་ངོས་ལ་གནས་པ་དང་། སུམ་ཅུ་རྩ་གསུམ་པའི་ལྷ་རི་རབ་ཀྱི་རྩེ་མོ་ལ་གནས་པ་དེ་དག་གང་ན་གནས། བཅོམ་ལྡན་འདས་ཀྱིས་བཀའ་སྩལ་པ། ཀུན་དགའ་བོ་འདི་ཇི་སྙམ་དུ་སེམས། འདི་ན་རིའི་རྒྱལ་པོ་རི་རབ་ཀྱི་གོང་མ་ཡང་འཐབ་བྲལ་གྱི་ལྷ་རྣམས་དང་། དགའ་ལྡན་དང་། འཕྲུལ་དགའ་དང་། གཞན་འཕྲུལ་དབང་བྱེད་དང་། ཚངས་རིས་དང་། ཚངས་

① འཕགས་པ་འོད་དཔག་མེད་ཀྱི་བཀོད་པ་ཞེས་བྱ་བ་ཐེག་པ་ཆེན་པོའི་མདོ། ཤིང་དཔར། སྡེ་དགེ་བཀའ་འགྱུར། དཀོན་བརྩེགས། ཀ་པོད། ཤོག་ངོས་སྤྱིབ་254

② ཆྭ་རན་སིའི་རྒྱལ་གཉེར་དཔེ་མཛོད་ཁང་དུ་ཉར་བའི་ཏུན་ཧོང་བོད་ཡིག་ཡིག་ཚགས། ཧྲང་ཧེ་དཔེ་རྙིང་དཔེ་སྐྲུན་ཁང་། 2008ལོ། ཤོག་ངོས་281

པའི་མདུན་ན་འདོན་དང་། ཚངས་ཆེན་ནས་འོག་མིན་གྱི་བར་གྱི་ལྷ་རྣམས་གང་ན་གནས། གསོལ་པ། བཅོམ་ལྡན་འདས་ལས་ཀྱི་རྣམ་པར་སྨིན་པ་དང་། ལས་མངོན་པར་འདུ་བགྱིད་པ་བསམ་གྱིས་མི་ཁྱབ་བོ། །"①ཞེས་པའི་ནང་དོན་དང་གཅིག་ཏུ་སོང་ཡོད།

ཡང་《དེ་བཞིན་གཤེགས་པ་ཚེ་དཔག་མེད་ཀྱི་བཀོད་པ་བསྟན་པའི་མདོ་》ཡི་ཆེས་མཇུག་གི་ཤོག་ལྷེབ་གྲངས་ཀ"བཅོ་ལྔ"ཞེས་བཀོད་པ་རུ"དེའི་ཚེ་སྟོང་གསུམ་གྱི་སྟོང་ཆེན་པོ་འི་འཇིག་རྟེན་གྱི་ཁམས་འདི་རྣམ་པ་དྲུག་དུ་གཡོས་ཏེ། ཪ་མཚར་གྱི་ཆོ་འཕྲུལ་རྣམ་པ་སྣ་ཚོགས་ཀྱང་ཀུན་དུ་སྣང་བར་གྱུར་ཏོ། འོད་གཟེར་ཆེན་པོ་བཀེ་བས། འཇིག་རྟེན་གི་ཁམས་ཀུན་སྣང་བར་གྱུར་ཏོ། ལྷ་དང་མྱི་བྱེ་བ་ཁྲག་ཁྲིག་རྒྱ་སྟོང་ཕྲག་མང་པོ་དུས་གཅིག་དུ་རོལ་མོ་བྱས་སོ། རོལ་མོའི་ཆ་སྒྱུད་དག་ཀྱང་མ་བཀྲོལ་བར་རང་སྒྲ་བྱུང་ངོ། ལྷའི་མེ་ཏོག་མན་ད་ར་འི་ཆར་མངོན་བར་ཕབ་པས་ཕུས་མོ་ནུབ་པ་ཙམ་དུ་བཀྲམ་བར་གྱུར་ཏོ། འོག་མྱིན་གྱི་ལྷ་རྣམས་ཀྱིས་ཀྱང་མཆོད་པ་རྣམ་པ་སྣ་ཚོགས་ཁྱད་བར་དུ་འཕགས་པ་བཤམས་ཏེ། མཆོད་པ་བྱས་སོ། བཅོམ་ལྡན་འདས་ཀྱིས་དེ་སྐད་ཅེས་བཀའ་སྩལ་ནས། བྱང་ཆུབ་སེམས་དཔའ་བྱམས་པ་དང་། ཚེ་དང་ལྡན་ཀུན་དགའ་བོ་དང་། ཐམས་ཅད་དང་ལྡན་བའི་འཁོར་རྣམས་བཅོམ་ལྡན་འདས་ཀྱིས་གསུངས་པ་ལ་མངོན་བར་བསྟོད་དོ། དེ་བཞིན་གཤེགས་པ་ཚེ་དཔའ་མྱེད་ཀི་བཀོད་པ་བསྟན་པའི་མདོ་རྫོགས་སོ"②ཞེས་པ་དང་། 《འཕགས་པ་འོད་དཔག་མེད་ཀྱི་བཀོད་པ་ཞེས་བྱ་བ་ཐེག་པ་ཆེན་པོའི་མདོ་》ཡི"དེའི་ཚེ་སྟོང་གསུམ་གྱི་སྟོང་ཆེན་པོའི་འཇིག་རྟེན་གྱི་ཁམས་འདི་རྣམ་པ་དྲུག་ཏུ་གཡོས་ཏེ། ཚེ་འཕྲུལ་རྣམ་པ་སྣ་ཚོགས་ཀྱང་ཀུན་ཏུ་སྣང་ངོ་། །མེ་ཏོག་མན་དཱ་ར་བ་དག་ཀྱང་ས་ལ་པུས་མོ་ནུབ་ཙམ་དུ་བཀྲམ་པར་གྱུར་ཏོ། །ལྷ་དང་མིའི་སིལ་སྙན་རྣམས་ཀྱང་རབ་ཏུ་གྲག་པར་གྱུར་ཏོ། །འོག་མིན་གྱི་གནས་ཀྱི་བར་དུ་ཡང་རྗེས་སུ་ཡི་རང་ངོ་ཞེས་བྱ་བའི་སྒྲ་གྲག་པར་གྱུར་ཏོ། །བཅོམ་ལྡན་འདས་ཀྱིས་དེ་སྐད་ཅེས་བཀའ་སྩལ་ནས། བྱང་ཆུབ་སེམས་དཔའ་སེམས་དཔའ་ཆེན་པོ་མ་ཕམ་པ་དང་། ཚེ་དང་ལྡན་པ་ཀུན་དགའ་བོ་དང་། ཐམས་ཅད་དང་ལྡན་པའི་འཁོར་དེ་དང་། ལྷ་དང་། མི་དང་། ལྷ་མ་ཡིན་དང་། དྲི་ཟར་བཅས་པའི་འཇིག་རྟེན་ཡི་རངས་ཏེ། བཅོམ་

① འཕགས་པ་འོད་དཔག་མེད་ཀྱི་བཀོད་པ་ཞེས་བྱ་བ་ཐེག་པ་ཆེན་པོའི་མདོ། སྡེ་དགེ་བཀའ་འགྱུར། དཀོན་བརྩེགས། ཀ་པོད། ཤིང་དཔར། ཤོག་ངོས་སྦྱིབ་254

② ཐྰ་རན་སིའི་རྒྱལ་གཉེར་དཔེ་མཛོད་ཁང་དུ་ཉར་བའི་ཏུན་ཧོང་བོད་ཡིག་ཡིག་ཚགས། རྡང་ཧེ་དཔེ་རྙིང་དཔེ་སྐྲུན་ཁང་། 2006ལོ། ཤོག་ངོས་374

ལྡན་འདས་ཀྱིས་གསུངས་པ་ལ་མངོན་པར་བསྟོད་དོ།། །།འཕགས་པ་དཀོན་མཆོག་བརྩེགས་པ་ཆེན་པོའི་ཆོས་ཀྱི་རྣམ་གྲངས་ལེའུ་སྟོང་ཕྲག་བརྒྱ་པ་ལས། དེ་བཞིན་གཤེགས་པ་འོད་དཔག་ཏུ་མེད་པའི་སངས་རྒྱས་ཀྱི་ཞིང་གི་ཡོན་ཏན་བཀོད་པ་ཞེས་བྱ་བ་སྟེ། ལེའུ་ལྔ་པ་རྫོགས་སོ།། །།"[1]ཞེས་པའི་ནང་དོན་གཅིག་ཏུ་སོང་བ་ཤིན་ཏུ་གསལ། དེ་བས་ད་སྔ་ལག་སོན་བྱུང་བའི་ཏུན་ཧོང་བོད་ཡིག་གི་ཡིག་ཆ (P.T.557དང་། P.T.563 P.T.562 P.T.561 P.T.556 P.T.96)ཁྲོད་ཀྱི་《དེ་བཞིན་གཤེགས་པ་ཚེ་དཔག་མེད་ཀྱི་བཀོད་པ་བསྟན་པའི་མདོ་》ཡི་གཞུང་དོན་ནི་བོད་ཡིག་གི་《བཀའ་འགྱུར་》ཁྲོད་ཀྱི་《འཕགས་པ་འོད་དཔག་མེད་ཀྱི་བཀོད་པ་ཞེས་བྱ་བ་ཐེག་པ་ཆེན་པོའི་མདོ་》ལྟ་བུ་ལ་ཆ་མཚོན་ན། བམ་པོ་གཉིས་པའི་"ཀུན་དགའ་བོ་སངས་རྒྱས་ཀྱི་ཞིང་དེ་ན་རི་ནག་པོ་རྣམས་ཡེ་མེད་དོ། །"ཞེས་པ་ནས་མདོ་རྫོགས་པའི་བར་གྱི་ནང་དོན་ཡིན་པ་གསལ་ཐག་གཅོད་ཐུབ་ཅིང་། 《འཕགས་པ་འོད་དཔག་མེད་ཀྱི་བཀོད་པ་ཞེས་བྱ་བ་ཐེག་པ་ཆེན་པོའི་མདོ་》ཡི་གཞུང་ཚད་ལ་བམ་པོ་གསུམ་ཡོད་པར་གཞིགས་ཚེ《དེ་བཞིན་གཤེགས་པ་ཚེ་དཔག་མེད་ཀྱི་བཀོད་པ་བསྟན་པའི་མདོ་》ལ་བམ་གྲངས་དུ་ངེས་པར་ཤེས་དཀའ་ཡང་ད་ལྟ་ལག་སོན་བྱུང་བའི་གཞུང་དོན་ནི་མདོ་དེའི་སྨད་ཀྱི་ཆ་ཡིན་པའི་དབང་དུ་བྱས་ན་སྟོད་ཀྱི་ཆའང་ཡོད་པ་རིག་འདེད་བྱེད་ཆོག འོན་ཀྱང་སྟོད་ཀྱི་ཆའི་གཞུང་དོན་སྐོར་གྱི་གནས་ཚུལ་ད་དུང་རྩད་མ་ཆོད། གཞན་ཡང་《ཧྥ་རན་སིའི་ཏུན་ཧོང་བོད་ཡིག་ཡིག་ཆ་ཞིབ་གསལ་དཀར་ཆ་》དང་《ཧྥ་རན་སིའི་རྒྱལ་གཉེར་དཔེ་མཛོད་ཁང་དུ་ཉར་བའི་ཏུན་ཧོང་བོད་ཡིག་ཡིག་ཚགས་》གཉིས་ཀྱིསP.T.557དང་། P.T.563 P.T.562 P.T.561 P.T.556 P.T.96བཅས་ནི་《དེ་བཞིན་གཤེགས་པ་ཚེ་དཔག་མེད་ཀྱི་བཀོད་པ་བསྟན་པའི་མདོ་》ཡི་ནང་དོན་དུ་ངོས་འཛིན་བྱས་མི་འདུག་པས་མཚན་བྱང་འདོགས་ཚུལ་ལ་དག་ཆ་ཐོན་མེད་པའང་མངོན་པར་གསལ་ལོ། །

ཡིག་ཆP.T.564ཞེས་པར་དེ་གཞུང་དོན་གང་དུ་གཏོགས་པའི་མཚན་བྱང་དང་ཤོག་ལྡེབ་ཀྱི་གྲངས་ཀ་སོགས་ཅི་ཡང་བཀོད་མེད་པ་མ་ཟད། ཡིག་གཟུགས་ཀྱང་གོང་དུ་བརྗོད་པའིP.T.557དང་། P.T.563 P.T.562 P.T.561 P.T.556 P.T.96བཅས་པ་དང་མི་འདྲ་བས། ཡིག་ཆ་དེའི་ཁུངས་རྩད་འཚོལ་བྱེད་པ་ཤིན་ཏུ་དཀའ། འོན་ཀྱང་། ཡིག་ཆ་དེ་ཏུ"། །འཇིག་རྟེན་གི་ཁམས་བདེ་བ་ཅན་ཞེས་བྱ་བ་དེ་ནི་ཕྱུ་ཏན

[1] འཕགས་པ་འོད་དཔག་མེད་ཀྱི་བཀོད་པ་ཞེས་བྱ་བ་ཐེག་པ་ཆེན་པོའི་མདོ། སྡེ་དགེ་བཀའ་འགྱུར། དཀོན་བརྩེགས། ཀ་པོད། ཤིང་དཔར། ཤོག་ངོས་སྦྱིབ་270

ཕུན་སུམ་ཚོགས་པ་”[1]ཞེས་པ་ལས་འཇིག་རྟེན་ཁམས་བདེ་བ་ཅན་ནི་སྤྱིར་བཏང་མགོན་པོ་འོད་དཔག་མེད་ཀྱི་ཞིང་ཁམས་ནུབ་ཕྱོགས་བདེ་བ་ཅན་དུ་གོ་དགོས་ཤིང་། བོད་ཡིག་གི་《བཀའ་འགྱུར་》ཁྲོད་ཆེད་དུ་མགོན་པོ་འོད་དཔག་མེད་ཀྱི་ཞིང་གི་བཀོད་པ་བསྟན་པའི་མདོ་ནི་《དཀོན་བརྩེགས་》ལས་《འོད་དཔག་མེད་ཀྱི་བཀོད་པ་ཞེས་བྱ་བ་ཐེག་པ་ཆེན་པོའི་མདོ་》དང་མདོ་སྡེ་ལས་《འཕགས་པ་བདེ་བ་ཅན་གྱི་བཀོད་པ་ཞེས་བྱ་བ་ཐེག་པ་ཆེན་པོའི་མདོ་》གཉིས་མ་གཏོགས་མི་བཞུགས། ཕོ་བོས་ཡིག་ཆP.T.564དང་ཐེག་ཆེན་གྱི་མདོ་དེ་གཉིས་སོ་སོར་ཞིབ་བསྡུར་བྱེད་སྐབས། P.T.564ཡི་ནང་དོན་ནི་《འཕགས་པ་འོད་དཔག་མེད་ཀྱི་བཀོད་པ་ཞེས་བྱ་བ་ཐེག་པ་ཆེན་པོའི་མདོ་》ལ་ཆ་མཚོན་ན་བམ་པོ་གཉིས་པའི་བདེ་བ་ཅན་གྱི་ཞིང་གི་བཀོད་པ་ལས་བཙུད་ཀྱི་སེམས་ཅན་ལ་ངན་སོང་གསུམ་གྱི་ཡུལ་མེད་པ་དང་རིན་པོ་ཆེ་སྣ་བདུན་གྱིས་གྲུབ་པའི་ལྗོན་ཤིང་གི་ཆེ་བ་བརྗོད་པའི་སྐབས་ཀྱི་ནང་དོན་དང་གཅིག་མཚུངས་སུ་ཡོད་པ་ཤེས། དཔེར་ན། ཡིག་ཆP.T.564མདུན་ངོས་ཀྱི་སྟོད་ཀྱི་ཐིག་ཕྲེང་དུ་“འཇིག་རྟེན་གི་ཁམས་བདེ་བ་ཛྭ་ཞེས་བྱ་བ་དེ་ནི་ཕྱུ་ཏན་ཕུན་སུམ་ཚོགས་པ། དཔག་དུ་མྱེད་པི་བཀོད་བ་དང་ལྡན་བ། འཁྱོར་ང་སྒྲོ་པ་ལོ་ལེགས་པ་ལྷ་དྲ་མྱིས་བྲ་དུ་རྒྱས་པ་རྟ་བཞིན་ནྡི་པ་རྟག་དུ་བདེ་བ་སེཾས་ཛྭ་དམྱལ་བ་དང་དུད་འགྲོ་དང་ཡི་དགས་ཀི་ཡུལ་མྱེད་པ་”[2]ཞེས་པ་དང་། 《འཕགས་པ་འོད་དཔག་མེད་ཀྱི་བཀོད་པ་ཞེས་བྱ་བ་ཐེག་པ་ཆེན་པོའི་མདོ་》ཡི་“ཀུན་དགའ་བོ་བཅོམ་ལྡན་འདས་འོད་དཔག་མེད་ཀྱི་འཇིག་རྟེན་གྱི་ཁམས་བདེ་བ་ཅན་ཞེས་བྱ་བ་ནི་འབྱོར་བ་མོད་པ། བདེ་བ་ལོ་ལེགས་པ། ཉམས་དགའ་བ། ལྷ་དང་མི་མང་པོས་གང་བའོ། །ཀུན་དགའ་བོ་འཇིག་རྟེན་གྱི་ཁམས་དེ་ན་སེམས་ཅན་དམྱལ་བ་མེད་དོ། །དུད་འགྲོའི་སྐྱེ་གནས་མེད་དོ། །ཡི་དགས་ཀྱི་ཡུལ་མེད་དོ། །ལྷ་མ་ཡིན་གྱི་རིས་མེད་དོ། །མི་ཁོམ་པར་སྐྱེ་བ་མེད་དོ། །”[3]ཞེས་པ་གཉིས་འདྲ་ཞིང་། ཡངP.T.564མཇུག་གི་འབྲི་འཕྲོར་ལུས་པའི་དོན་ཚན་“གཞན་ཡང་ཡིད་བཞིན་གི་ནོར་བུ་རིན་པོ་ཆེ་ལས་བསོགས་པས་བརྒྱན་པི་ཤིང་ལྗོན་པ་དག་གིས་ཞིང་དེ་ཀུན་དུ་ཁྱབ་པར་གང་བ་ཡང་ཡོད་དེ། །རིན་པོ་ཆེ་འི་ཤིང་ལྗོན་པ་དེ་དག་ཀྱང་འོད་རབ་དུ་འབར་བས། འཇིག་རྟེན་ན་དཔེ་བྱར་རུང་བ་མྱེད་ལ།

① ཧྥ་རན་སིའི་རྒྱལ་གཉེར་དཔེ་མཛོད་ཁང་དུ་ཉར་བའི་ཏུན་ཧོང་བོད་ཡིག་ཡིག་ཚགས། ཧྲང་ཧེ་དཔེ་རྙིང་དཔེ་སྐྲུན་ཁང་། 2008ལོ། ཤོག་ངོས་299

② ཧྥ་རན་སིའི་རྒྱལ་གཉེར་དཔེ་མཛོད་ཁང་དུ་ཉར་བའི་ཏུན་ཧོང་བོད་ཡིག་ཡིག་ཚགས། ཧྲང་ཧེ་དཔེ་རྙིང་དཔེ་སྐྲུན་ཁང་། 2008ལོ། ཤོག་ངོས་299

③ འཕགས་པ་འོད་དཔག་མེད་ཀྱི་བཀོད་པ་ཞེས་བྱ་བ་ཐེག་པ་ཆེན་པོའི་མདོ། སྡེ་དགེ་བཀའ་འགྱུར། དཀོན་བརྩེགས། ཀ་པོད། ཤིང་དཔར། ཤོག་ངོས་སྦྱིབ་252

རིན་པོ་ཆེ་སྣ་བདུན་གྱི་དྲ་བས་སྟེང་དུ་གཡོགས་ཤིང་། །དྲ་བ་དེ་ཡང་སྲིན་བལ་བཞིན་དུ་ཤིན་དུ་མཉེན་བ་ཡིན་ནོ། །གཞན་ཡང་ཀུན་དགའ་བོ་དེ་བཞིན་གཤེགས་པ་ཚེ་དཔག"[1]ཞེས་པ་དང་《འཕགས་པ་འོད་དཔག་མེད་ཀྱི་བཀོད་པ་ཞེས་བྱ་བ་ཐེག་པ་ཆེན་པོའི་མདོ་》ཡི"ཀུན་དགའ་བོ་སངས་རྒྱས་ཀྱི་ཞིང་དེ་ནི་རིན་པོ་ཆེ་སྣ་བདུན་གྱི་ཤིང་ལྗོན་པ་རྣམ་པ་དེ་ལྟ་བུ་དག་གིས་གང་སྟེ། མཐའ་ན་རིན་པོ་ཆེ་སྣ་བདུན་གྱི་ཆུ་ཤིང་གི་སྡོང་པོ་དང་། རིན་པོ་ཆེའི་ཤིང་ཏ་ལའི་ཕྲེང་གིས་ཡོངས་སུ་བསྐོར་ཏོ། །ཐམས་ཅད་ཀྱང་གསེར་གྱི་དྲ་བས་ཁེབས་པའོ། །"[2]ཞེས་པ་གཉིས་ཀྱང་མཚུངས་པ་གསལ་པོ་རེད། ནང་དོན་དང་ཚིག་འགྲོས་ཀྱི་ཁྱད་ཆོས་ལ་ཞིབ་ཏུ་བརྟགས་ཚེP.T.564ནི《དེ་བཞིན་གཤེགས་པ་ཚེ་དཔག་མེད་ཀྱི་བཀོད་པ་བསྟན་པའི་མདོ་》ཡི་གཞུང་དོན་གྱི་ཆ་ཤས་ཤིག་ཡིན་པར་འདོད། གལ་སྲིད་དེ་ལྟར་ཡིན་ཚེ། ཏུན་ཧོང་བོད་ཡིག་ཡིག་ཆའི་ཁྲོད《དེ་བཞིན་གཤེགས་པ་ཚེ་དཔག་མེད་ཀྱི་བཀོད་པ་བསྟན་པའི་མདོ་》ལ་ལག་བྲིས་མ་རིགས་གཉིས་བྱུང་བ་ཤེས་ནུས་པར་མ་ཟད། ད་དུང་བཙན་པོའི་དུས་སྐབས་སུ་མདོ་འདིའི་འཕྲིན་ལས་ཀྱང་རྒྱས་ཡོད་པ་རྟོགས་ཐུབ་པོ། །

དཔྱད་སྡོམ།

ཧྲ་རན་སིར་ཉར་བའི་ཏུན་ཧོང་བོད་ཡིག་ཡིག་ཆP.T.96དངP.T.556 P.T.557 P.T.561 P.T.562 P.T.563 P.T.564བཅས་ཀྱི་ཕྱིའི་རྣམ་པ་དང་སྒྲོས་སུ་ཡིག་གཟུགས་དང་ཤོག་གྲངས་འགོད་སྟངས་ཀྱི་ཁྱད་ཆོས་ལ་བརྟག་དཔྱད་བྱས་པ་བརྒྱུད་དེP.T.96དང་། P.T.556 P.T.557 P.T.561 P.T.562 P.T.563 བཅས་ནི་ཆོས་གཞུང་བཤུ་འབྲི་བྱེད་མཁན་གཅིག་གིས་བཤུ་འབྲི་བྱས་པའི《དེ་བཞིན་གཤེགས་པ་ཚེ་དཔག་མེད་ཀྱི་བཀོད་པ་བསྟན་པའི་མདོ་》ཡི་གཞུང་དོན་གྱི་སྐད་ཀྱི་ཆའི་ཡིག་ཆ་ཁ་འཐོར་རྣམས་ཡིན་པ་དང་། ཤོག་གྲངས་གཅིག་ནས་བཅོ་ལྔའི་བར་གྱི་ནང་དོན《འཕགས་པ་འོད་དཔག་མེད་ཀྱི་བཀོད་པ་ཞེས་བྱ་བ་ཐེག་པ་ཆེན་པོའི་མདོ་》ལ་ཆ་མཚོན་ན་བམ་པོ་གཉིས་པའི"ཀུན་དགའ་བོ་སངས་རྒྱས་ཀྱི་ཞིང་དེ་ན་རི་ནག་པོ་རྣམས་ཡེ་མེད་དོ། །"ཞེས་པ་ནས་ཆེས་མཇུག་གི་མདོ་རྫོགས་པར་བསྟན་པའི་བར་དུ

---

① ཧྲ་རན་སིའི་རྒྱལ་གཉེར་དཔེ་མཛོད་ཁང་དུ་ཉར་བའི་ཏུན་ཧོང་བོད་ཡིག་ཡིག་ཚགས། ཧྲང་ཧེ་དཔེ་རྙིང་དཔེ་སྐྲུན་ཁང་། 2008ལོ། ཤོག་ངོས་299

② འཕགས་པ་འོད་དཔག་མེད་ཀྱི་བཀོད་པ་ཞེས་བྱ་བ་ཐེག་པ་ཆེན་པོའི་མདོ། སྡེ་དགེ་བཀའ་འགྱུར། དཀོན་བརྩེགས། ཀ་པོད། ཤིང་དཔར། ཤོག་ངོས་སྲིབ་254

ཡིན། P.T.564ཡང་《དེ་བཞིན་གཤེགས་པ་ཚེ་དཔག་མེད་ཀྱི་བཀོད་པ་བསྟན་པའི་མདོ་》ཡི་གཞུང་དོན་གྱི་ཆ་ཤས་ཤིག་ཡིན་ངེས་པས། ཏུན་ཧོང་བོད་ཡིག་ཡིག་ཆའི་ཁྲོད་《དེ་བཞིན་གཤེགས་པ་ཚེ་དཔག་མེད་ཀྱི་བཀོད་པ་བསྟན་པའི་མདོ་》ལག་བྲིས་མ་རིགས་གཉིས་བྱུང་བ་ཤེས་ནུས་པ་མ་ཟད། ད་དུང་བཙན་པོའི་དུས་སྐབས་སུ་མདོ་འདིའི་འཕྲིན་ལས་ཀྱང་རྒྱས་ཡོད་པ་རྟོགས་ཐུབ།

གཞན་ཡང་། ཕྱིས་སུ་ཧྲ་རན་སིར་ཉར་བའི་ཏུན་ཧོང་བོད་ཡིག་ཡིག་ཆའི་དཀར་ཆག་སོགས་འབྲེལ་ཡོད་དཔེ་དེབ་ལ་དག་བཅོས་གཏོང་བའམ་ཡང་བསྐྱར་དཀར་ཆག་བསྒྲིགས་སྐབསP.T.96དང་། P.T.556 P.T.557 P.T.561 P.T.562 P.T.563 P.T.564བཅས་ལ་《དེ་བཞིན་གཤེགས་པ་ཚེ་དཔག་མེད་ཀྱི་བཀོད་པ་བསྟན་པའི་མདོ་》ཞེས་པའི་མཚན་བྱང་འགོད་དགོས་པར་གལ་ཆེན་དུ་མཐོང་བས་གྲོས་སུ་བཏབ་པ་ལགས། 《དེ་བཞིན་གཤེགས་པ་ཚེ་དཔག་མེད་ཀྱི་བཀོད་པ་བསྟན་པའི་མདོ་》ཡི་འགྱུར་གྱི་ཁུངས་གང་ཡིན་པ་དང་། བོད་སྐད་དུ་བསྒྱུར་དུས། བསྒྱུར་མཁན་གྱི་ཐོབ་ཐང་སོགས་ཀྱི་གནས་ཚུལ་གྱི་སྙོར་ལ་འབྲེལ་ཡོད་ཀྱི་ཡིག་ཆ་དཀོན་པའི་དབང་གིས་ད་དུང་ཐག་མ་ཆོད་སྟབས་ཕྱིས་སུ་དཔྱད་གཞི་རེ་རྙེད་ཚེ་དཔྱད་པ་ཁ་སྐོང་བྱའོ། །

《མཚོ་སྔོན་མི་རིགས་སློབ་ཆེན་རིག་དེབ་》2017ལོའི་དེབ་དང་པོ་ལས་བདམས།

༄༅། །ཏུན་ཧོང་བོད་ཡིག་ཡིག་རྙིང་ཁྲོད་བཞུགས་པའི་《ཤེས་རབ་སྙིང་པོའི་》ཤོག་དྲིལ་སྐོར་ལ་ཞིབ་ཕྲ་ཙམ་དུ་དཔྱད་པ།

ནོར་བུ་དབང་ལྡན།

[ནང་དོན་གནད་བསྡུས།] དཔྱད་རྩོམ་འདིར་ཏུན་ཧོང་བོད་ཡིག་ཡིག་རྙིང་དུ་བཞུགས་པའི་ཤེར་རབ་སྙིང་པོའི་ཤོག་དྲིལ་ཅི་བཞུགས་ཀྱི་པར་གཞི་དང་འགྱུར་ཡིག ས་བཅད་གྲུབ་ཚུལ། འགྱུར་ཕྱག་གི་དགོངས་དོན་བཅས་ལ་བཀའ་བསྟན་དུ་བཞུགས་པའི་རྒྱ་བོད་ཀྱི་ཤེར་སྙིང་གི་དགོངས་འགྲེལ་དག་དང་བསྡུར་ནས་དཔྱད་ཞིབ་བྱས་ཡོད་པར་མ་ཟད། ལེགས་སྦྱར་དང་རྒྱ་ནག་དང་བོད་ཀྱི་བཀའ་འགྱུར་ཁྲོད་ཀྱི་ཤེར་སྙིང་གི་ཁྱད་པར་དང་། སྔོས་སུ་བོད་བཙན་པོའི་སྐབས་ཀྱི་ཏུན་ཧོང་བོད་ཡིག་ཤེར་སྙིང་ཤོག་དྲིལ་དེ་དག་དང་འགོས་ཆོས་གྲུབ་ཀྱི་ཤེར་སྙིང་རྒྱ་འགྱུར། བོད་ཀྱི་བཀའ་འགྱུར་པར་མའི་ཤེར་སྙིང་ཁག་བདུན་གའི་འགྱུར་ཁུངས་བཅས་ཞིབ་ཏུ་བརྗོད་དེ། པར་མ་མི་འདྲ་བ་དེ་དག་གི་རིགས་དང་དབྱེ་བའི་ཁྱད་པར། སྐབས་དེའི་ཐུན་མོང་མ་ཡིན་པའི་མིང་གི་སྤྱོད་སྟངས་ཇི་ལྟར་བྱུང་ཚུལ་བཅས་དམིགས་སུ་བཟུང་ནས་དཔྱད་ཡོད།

[གནད་ཚིག] ཏུན་ཧོང་བོད་ཡིག་ཤེར་སྙིང་ཤོག་དྲིལ། པར་གཞི། མིང་གི་སྤྱོད་སྟངས། འགྱུར་ཕྱག

གླེང་གཞི།

སྔར་ཏུན་ཧོང་བོད་ཡིག་ཡིག་རྙིང་དུ་བཞུགས་པའི་ཤེས་རབ་སྙིང་པོའི་སྐོར་གྱི་ཆོས་གཞུང་གི་ཤོག་དྲིལ་ལ་ཞིབ་འཇུག་བྱས་པའི་ཡིག་ཆ[①]མང་པོ་མེད་ལ། སྔོས་སུ་བོད་ཡིག་གི་ལམ་ནས་ཤེར་སྙིང་གི་ཤོག

① ཀྲུའུ་ཙུན་ཛེ་(褚俊杰)ཡིས་མཛད་པའི་《ཏུན་ཧོང་བོད་ཡིག་ཤེར་སྙིང་ཞིབ་འཇུག་》《敦煌古藏文本般若心经研究》(同藏文大藏经本、梵文本和汉文本的语词比较)དང་། ཁྲིན་ལིས་ཧྭ་(陈立华)ཡིས་མཛད་པའི་《ཏུན་ཧོང་བོད་ཡིག་ཤེར་སྙིང་གི་སྐོར་གྱི་ཊཱིཀ་བཀྲོལ་》(关于敦煌本古藏文般若波罗蜜多心经的解读)དགེ་རྒན་ཆེན་མོ་ཚེ་རིང་གིས་མཛད་པའི་《ཕྲ་རན་སིར་ཉར་བའི་ཨང་རྟགས་P.T.449པ་ཤེར་སྙིང་》ཞིབ་འཇུག (法藏敦煌藏文本P.T.449号般若心经研究)ཡྭང་ཧྥུ་ཞོས་(杨福学)ཀྱིས་ཏུན་ཧོང་ཡིག་ཚའི་ཁྲོད་ཀྱི་མཆོད་རྟེན་དབྱིབས་ཅན་དུ་བྲིས་པའི་ཤེར་སྙིང་ལ་དཔྱད་པ།(敦煌文献中的宝塔型般若波罗蜜多心经) དགེ་རྒན་ཆེན་མོ་ཚ་རིས་སྐལ་བཟང་ཐོགས་མེད་ཀྱིས་མཛད་པའི་ཏུན་ཧོང་བོད་ཡིག་ཆོས་གཞུང་ཨང་རྟགས་P.T.449ཤེས་རབ་ཀྱི་ཕ་རོལ་ཏུ་ཕྱིན་པའི་སྙིང་པོ་སྒྲ་འགྱུར་མའི་སྐོར་རགས་ཙམ་གླེང་བ་སོགས་ལས་རྒྱལ་ནང་དུ་བོད་ཡིག་ཤེར་སྙིང་གི་སྐོར་ལ་ཞིབ་འཇུག་བྱས་པ་ཤིན་ཏུ་ཉུང་།

དྲིལ་རྣམས་ལ་དཀྲུས་གཅིག་ཏུ་ཞིབ་འཇུག་བྱས་པ་ནི་ད་ལམ་མེད། ཤེར་སྙིང་གི་ཤོག་དྲིལ་རྣམས་ལ་ཞིབ་འཇུག་བྱེད་པར་གཞུང་ཤེར་ཕྱིན་གྱི་གོ་བ་ཟབ་མོ་ཞིག་དང་ཡིག་རྙིང་གི་གཞུང་ལུགས་བརྟན་པོ་ཞིག་ཅིས་ཀྱང་དགོས་པས་ན། དགེ་བའི་བཤེས་གཉེན་བཀའ་དྲིན་ཅན་དག་ལ་བཀའ་འདྲི་ཡང་ཡང་དུ་ཞུས་པ་དང་སློས་སུ་བཀའ་བསྟན་དུ་བཞུགས་པའི་འཕགས་བོད་ཀྱི་ཤེར་སྙིང་གི་རྒྱ་འགྲེལ་དག་ལ་ཡང་ཁུངས་གཏུགས་ཅི་ཐུབ་བྱས་ཏེ། མདོ་དངོས་ནི་སྡེ་དགེའི་བཀའ་འགྱུར་གྱི་ཤེར་ཕྱིན་གྱི་སྐོར་ཚུར་བསྡུས་པའི་འབུམ་དང་ཉི་ཁྲི། ཁྲི་བརྒྱད་སྟོང་པ། ཁྲི་པ། བརྒྱད་སྟོང་པ། ཤེས་རབ་སྣ་ཚོགས་བཅས་སྡེ་ཚན་དྲུག་ཏུ་ཕྱེས་ཡོད་པ་ལས། ཤེས་རབ་སྣ་ཚོགས་སྡེ་ཚན་གྱི་ཀ་པོད་ལྡེབ་144པའི་རྒྱབ་ངོས་ནས་ལྡེབ་146མདུན་ངོས་སུ་ཡོད་པའི་ཤེར་སྙིང་ལ་གཞིར་མཛད་ནས། ཕྲ་རན་སི་དང་དབྱིན་ཇིར་ཉར་བའི་ཤེར་སྙིང་གི་ཤོག་དྲིལ་ཅི་བཞུགས་ཀྱི་པར་གཞི་དང་འགྱུར་ཡིག ས་བཅད་གྲུབ་ཚུལ། དགོངས་དོན་བཅས་ལ་དཔྱད་ཞིབ་བྱས་པ་ན་ཤོག་དྲིལ་ཕོན་ཆེན་པོ་དེ་དག་གི་འགྱུར་ཡིག་ནི་རྒྱ་གར་ལེགས་སྦྱར་གྱི་ཡི་གེར་ཡོད་པའི་པར་གཞི་མི་འདྲ་བ་གཉིས་ལས་བྱུང་བ་ཤེས་པར་གྱུར་ལ། རྒྱ་ནག་གི་བཀའ་བསྟན་ཁྲོད་བཞུགས་པའི་ཤེར་སྙིང་གི་འགྱུར་མི་འདྲ་བ་བདུན་ཙམ་ལའང་དཔྱད་བསྡུར་བྱས་ནས་ལྟ་ཚུལ་ཙམ་འགོད་པར་བྱ་བ་ལ་བོད་ཕྱི་མའི་ཤེར་སྙིང་གི་དགོངས་འགྲེལ་གཙོར་འཛིན་ནས་ཤོག་དྲིལ་ཁག་ལ་དཔྱད་པའང་ཞོར་ནས་བཀོད་ཡོད་དོ། །

དང་པོ། ཤེར་སྙིང་གི་ཤོག་དྲིལ་ཁག་ངོ་སྤྲོད།

ཏུན་ཧོང་ཡིག་རྙིང་ཁྲོད་ནས་ཕྲ་རན་སིར་ཉར་བའི་ཤེར་སྙིང་གི་ཤོག་དྲིལ་མི་འདྲ་བ་བསྡོམས་པས་54ལྷག་ཡོད་ལ་དེ་དག་གི་ཁྲོད་ཀྱི་ཤོག་དྲིལ་བཞི་མ་གཏོགས་ཚང་མ་ཤོག་དྲིལ་ཁ་ཚང་ཅན་ཡིན་ཞིང་། དབྱིན་ཇིར་ཉར་བའི་ཤོག་དྲིལ་མང་པོ་མེད་ལ། ཕྲ་དབྱིན་གཉིས་ཀའི་ཤེར་སྙིང་གི་ཤོག་དྲིལ་དག་གི་མཚན་བྱང་གི་སྐད་དོད་ཤན་སྦྱར་དང་འགྱུར་ཕྱག གླེང་བསླང་བ། དོན་གཏན་ལ་དབབ་པ། རྗེས་སུ་ཡི་རང་གི་ལེའུ་བཅས་ཀྱི་རིམ་པས་རིགས་མི་འདྲ་བ་དགུ་ཙམ་དུ་བགར་ཆོག དེ་ཡང་ཤེས་རབ་ཀྱི་ཕ་རོལ་ཏུ་ཕྱིན་པའི་སྙིང་པོ་འབུམ་འགྱུར་དུ་འགྲོ་བའི་གཟུངས་ཀྱི་ཤོག་དྲིལP.T.49དང་། ཤེར་སྙིང་གི་འགྲེལ་པའི་སྐོར་གྱི་ཤོག་དྲིལP.T.494འཕྲོ་ཅནP.T.495 P.T.496 I.T.J.4 I.T.J.21འཕྲོ་ཅནI.T.J.25འཕྲོ་ཅན་བཅས་ནི་ཤེར་སྙིང་གི་འགྲེལ་གྱི་སྐོར་ཡིན་པ་ལས་ཤེར་སྙིང་གི་མདོ་དངོས་ནི་མིན་ནོ། །ཤོག་དྲིལ་དངོས་དག་ལ་སྡེ་དགེའི་བཀའ་འགྱུར་གྱི་ཤེས་རབ་སྣ་ཚོགས་སྡེ་ཚན་གྱི་ཀ་པོད་དུ་བཞུགས་པའི་ཤེས་རབ་ཀྱི་ཕ་རོལ་ཏུ་ཕྱིན་པའི་སྙིང་པོའི་མདོ་ལ་གཞི་མཛད་ནས“འདི་སྐད་བདག་གིས་ཐོས་པ་དུས་གཅིག་ན་”

ཞེས་པ་ནས་“ཤེས་རབ་ཀྱི་ཕ་རོལ་ཏུ་ཕྱིན་པ་ཟབ་མོ་སྤྱོད་པ་སྤྱད་པར་འདོད་པ་དེས་ཇི་ལྟར་བསླབ་པར་བྱ། དེ་སྐད་ཅེས་སྨྲས་པ་དང་”ཞེས་པའི་བར་གླེང་བསླང་བ། “བྱང་ཆུབ་སེམས་དཔའ་སེམས་དཔའ་ཆེན་པོ་འཕགས་པ་སྤྱན་རས་གཟིགས་དབང་ཕྱུག་གིས་ཚེ་དང་ལྡན་པ་ཤ་ར་དྭ་ཏིའི་བུ་ལ་”ཞེས་པ་ནས་“སྡུགས་སྨྲས་ཏེ་དེ་ལྟར་ཤེས་རབ་ཀྱི་ཕ་རོལ་ཏུ་ཕྱིན་པ་ཟབ་མོ་ལ་བསླབ་པར་བྱའོ་”ཞེས་པའི་བར་དུ་དོན་གཏན་ལ་དབབ་པ། “དེ་ནས་བཅོམ་ལྡན་འདས་ཏིང་ངེ་འཛིན་དེ་ལས་བཞེངས་ཏེ་”ཞེས་པ་ནས་“མངོན་པར་བསྟོད་དོའི་”བར་དུ་རྗེས་སུ་ཡི་རང་མཛད་པའི་ལེའུ་བཅས་དོན་ཆེན་པོ་གསུམ་དུ་ཡོད་པ་དག་དང་ཕན་ཚུན་ཞིབ་བསྡུར་དང་བཅས་ངོ་སྤྲོད་བྱས་ན།

གཅིག མདོའི་མཚན་བྱང་འཕགས་པ་ཤེས་རབ་ཀྱི་ཕ་རོལ་ཏུ་ཕྱིན་པའི་སྙིང་པོ་ལ་འཕགས་བོད་ཀྱི་སྐད་དོད་ཤན་སྦྱར་ཡོད་པ་དང་ལོ་ཙཱ་བའི་འགྱུར་ཕྱག་བཀོད་པ། དེ་ནས་གཞུང་གི་མགོར་གླེང་བསླང་བ་དང་བར་དུ་དོན་གཏན་ལ་དབབ་པ། མཇུག་ཏུ་ཡི་རང་མངོན་པར་བསྟོད་པའི་ལེའུ་བཅས་ཡོད་པའི་ཤོག་དྲིལ་ཁ་ཚང་ཅན P.T.449གཅིག་པུ་ལས་ཏུན་ཧོང་ཡིག་རྙིང་དུ་ཁ་ཚང་མོ་ཞིག་ཏ་ལམ་མཐོང་དཀོན། གཉིས། འཕགས་བོད་ཀྱི་སྐད་གཉིས་ཤན་སྦྱར་དང་ལོ་ཙཱ་བའི་འགྱུར་ཕྱག་མེད་ལ། རྫོང་བྱེད་ཀྱི་ཚིག་སྦྱོར་དང་མིང་གི་སྡེ་ཕྱི། འབྲུགས་པ་སྡེབ་སྟངས། བརྗོད་བྱ་དོན་སོགས་སྡེ་དགེའི་བཀའ་འགྱུར་གྱི་ཤེར་སྙིང་དང་ཇི་བཞིན་དུ་མཚུངས་པའི་ཤོག་དྲིལ P.T.457 གསུམ། འཕགས་བོད་ཀྱི་སྐད་དོད་ཤན་སྦྱར་མེད་པའི་ཤོག་དྲིལ I.T.J.32 བཞི། ཡི་རང་མངོན་པར་བསྟོད་པའི་ལེའུ་མེད་པའི་ཤོག་དྲིལ P.T.0022 ལྔ། འགྱུར་ཕྱག་དང་དོན་གཏན་ལ་དབབ་པ་ཁོ་ན་འབྱུང་པའི་ཤོག་དྲིལ P.T.483 དྲུག གླེང་བསླང་བ་དང་ཡི་རང་མངོན་པར་བསྟོད་པའི་ལེའུ་མེད་པའི་ཤོག་དྲིལ། P.T.450 P.T.463 P.T.464 P.T.465 P.T.466 P.T.467 P.T.468 P.T.469 P.T.470 P.T.471 P.T.472 P.T.473 P.T.474 P.T.475 P.T.476 P.T.477 P.T.478 P.T.479 P.T.480 P.T.481 P.T.482 P.T.484 P.T.485 P.T.486 P.T.487 P.T.492 P.T.1265 P.T.1266 P.T.1267 P.T.1268 P.T.1269 P.T.1270 P.T.1271 P.T.1272 P.T.1273 P.T.1274 P.T.1276 P.T.1277 P.T.1278 P.T.1279 P.T.1280 P.T.1281 P.T.1282 བཅས་ཞེ་གསུམ་ཡོད། བདུན། འཕྲོ་ཅན་དུ་ལུས་པའི་ཤོག་དྲིལ། P.T.0087 P.T.101 P.T.1275 P.T.1264 བརྒྱད། རྒྱ་ཅང་གི་ཤེར་སྙིང་གི་འགྱུར་སྒྲ་བསྒྱུར་བྱས་པའི་ཤོག་དྲིལ། P.T.448 P.T.1259ཤོག་དྲིལ་འདི་ཐོར་བུ་ལས་མེད། དགུ། ལིགས་སྦྱར་གྱི་ཡི་གེར་བྲིས་པའི་ཤོག་དྲིལpel.sogd.16བཅས་ཡོད་པ་དག་ལས་བོད་བཙན་པོའི་སྐབས་སུ་ཤེར་སྙིང་ནི་ཆོས་སྤྱོད་ཀྱི་གཙོ་ཤོས་ཤིག་ཡིན་པ་གོ་ནུས་ལ། རྒྱ་རན་སིར་ཞར་བའི་ཏུན་

ཧོང་བོད་ཡིག་ཡིག་ཚགས་པོད་བཅུ་གཉིས་ནས་བཅོ་ལྔ་བར་གྱི་ཤོག་དྲིལ་ལ་ཧ་ལམ་ཤེར་ཕྱིན་སྟོང་ཕྲག་བརྒྱ་ཙམ་ཟིན་ཡོད་པ་དག་ནི། གོང་འཁོད་ཤེར་སྙིང་གི་ཤོག་དྲིལ་མང་པོ་དག་གི་ཁུངས་སུ་ཤེས་པར་འགྱུར་ལ། ཤེར་སྙིང་ནི་སྟག་ཚང་ལོ་ཙཱ་བས་བརྒྱད་ཁྲི་བཞི་སྟོང་རྒྱལ་བའི་བརྗོད་ཚོགས་ཀྱི། །རབ་དང་ཕུལ་བྱུང་རྒྱལ་ཡུམ་མ་ལུས་པའི། །སྙིང་པོ་བསྡུས་པའི་བསྡུས་དོན། །[1]ཞེས་ཡུམ་རྒྱས་འབྲིང་བསྡུས་གསུམ་གྱི་དོན་གྱི་སྙིང་པོར་བསྟན་པ་ལྟར་ཆོས་ཀྱི་ཕུང་པོ་བརྒྱད་ཁྲི་བཞི་སྟོང་གི་སྙིང་པོ་བསྡུས་པ་ཤེར་མདོ་དང་། ཤེར་ཕྱིན་སྟོང་ཕྲག་བརྒྱ་པ་སོགས་ཀྱི་སྙིང་པོ་བསྡུས་པ་ཤེར་སྙིང་ཡིན་པས་ན། ཆོས་རྒྱལ་རྣམས་ཀྱི་རིམ་གྲོ་དང་བསྔོ་སྨོན་གྱི་གྲས་སུའང་ཤེར་སྙིང་གི་མདོ་བཞག་ནས་ཆོས་སྤྱོད་མཛད་པ་ནི་རྒྱལ་པོའི་མདོ་ལྔ་སྡེ་ལྔ་བའི་མདོ་ཤེས་རབ་སྙིང་པོ་དང་། སྤྱོད་པའི་མདོ་འདའ་ཀ་ཡེ་ཤེས། གཟུངས་ཀྱི་མདོ་རྗེ་རྗེ་རྣམ་འཇོམས། སྨོན་ལམ་གྱི་མདོ་བཟང་སྤྱོད་སྨོན་ལམ། བཤགས་པའི་མདོ་ལྟུང་བཤགས་བཅས་ཀྱི་དང་པོར་བགྲངས་པའི་སྲོལ་འདིས་ཤེས་ལ། གྲུབ་བརྒྱའི་སྐྱེ་མེས་སློབ་དཔོན་པདྨའི་རྣམ་ཐར་ཟངས་གླིང་མ་ལས་ཀྱང་"ལོ་པཎ་རྣམས་ཀྱི་རྗེའི་སྐུ་རིམ་ལ་ངན་པ་གང་ཆེ་བ་བཀའ་བགྲོས་ཏེ ༔ ཕྱི་སྐོང་དུ་རྒྱལ་པོའི་ཐུགས་དམ་མདོ་བཅུ་བསྒྱུར་ཏེ ༔ ཤེས་རབ་སྙིང་པོ་ལྔ་བའི་མདོ ༔ འདའ་ཀ་ཡེ་ཤེས་སྤྱོད་པའི་མདོ༔.....ཡི་གེ་གཅིག་མ་སྙིང་པོའི་མདོ༔ དེ་རྣམས་བསྒྱུར་ནས་རྒྱལ་པོའི་ཐུགས་དམ་དུ་ཕོག་གོ༔"[2]ཞེས་འབྱུང་བ་དག་གིས་སྐབས་དེར་བཙན་པོ་ནས་འབངས་ཐ་མའི་བར་དུ་ཆོས་སྤྱོད་དང་རིམ་གྲོ་ལ་ཤེར་སྙིང་གཙོ་བོར་བྱེད་པ་གོ་སྟེ་གོང་གི་ཤེར་སྙིང་ཤོག་དྲིལP.T.464 P.T.465 P.T.466གསུམ་གྱི་མཇུག་བྱང་དུ་གཤིན་འགྲོ་ཟ་ལྷ་མོ་དང་། གཤིན་དབའས་ཟ་གཡུ་མོ་དཔལ། ×××དོ་སྦྲ་བཅས་ཤི་བོ་འགའི་མིང་བཀོད་པའི་མཇུག་ཏུ་བསོད་ནམསུ་བསྔོསྟེ་བྲིས་པ་ཞེས་གཅིག་མཐུན་དུ་ཡོད་པས་གཤིན་པོ་ལ་བསྔོ་བའི་ཆེད་དུ་བྲིས་པའི་ཤོག་དྲིལ་ཁག་ཅིག་ཡོད་པ་དང་། ཤོག་དྲིལ་འདི་རྣམས་དང་གོང་འཁོད་ཤོག་དྲིལ་དེ་དག་འབྲི་སྐབས་སུ་ལྟ་དགོངས་ཀྱི་ཐད་ཁོ་ནར་དོ་སྣང་བྱས་པ་ལས་ད་ལྟའི་ཡི་གེའི་དག་ཆ་དང་ཐོང་ཐང་གི་རྣམ་པ་ལྟ་བུ་མ་ཡིན་པ་ནི་བགས་བཅད་མ་མཛད་པའི་སྔོན་དུའམ་བགས་བཅད་དང་པོའི་ཕྱིས་སུ་བྲིས་པའི་རྟགས་སུ་ཤེས་ཤིང་། འགྱུར་ཕྲུག་དང་གླིང་བསླང་བ། བསྔོ་བ་ཡི་རངས་ཀྱི་ལེའུ་བཅས་ཡོད་མེད་ཀྱིས་རིགས་མི་

[1] སྟག་ཚང་ལོ་ཙཱ་བ་ཤེས་རབ་རིན་ཆེན་གྱི་གསུང་འབུམ། ཀྲུང་གོའི་བོད་རིག་པ་དཔེ་སྐྲུན་ཁང་། 2007ལོ། ཤོག་ངོས་180

[2] ཇོ་མོ་མཚོ་རྒྱལ། སློབ་དཔོན་པདྨ་འབྱུང་གནས་ཀྱི་སྐྱེས་རབས་ཆོས་འབྱུང་ནོར་བུའི་ཕྲེང་བ་བཞུགས་སོ། །མི་རིགས་དཔེ་སྐྲུན་ཁང་། 2008ལོ། ཤོག་ངོས་84

འདྲ་བ་བྱུང་བ་ཡང་ལེགས་སྦྱར་གྱི་མ་ཕྱི་མི་འདྲ་བ་གཉིས་ལས་འགྱུར་ཏེ་འབྲི་བཤུས་བྱེད་དུས་ཆད་ལྷག་ཏུ་སོང་སྟེ་ཤོག་དྲིལ་མི་འདྲ་བར་གྱུར་པ་རྟོགས་ནུས་སོ། །

གཉིས་པ། ཤེར་སྙིང་ཤོག་དྲིལ་ཁག་གི་པར་གཞི་དབྱེ་ཞིབ།

ཏུན་ཧོང་ཡིག་རྙིང་དུ་བཞུགས་པའི་ཤེར་སྙིང་གི་ཤོག་དྲིལ་རིགས་མི་འདྲ་བ་དག་གི་འགྱུར་ཡིག་དང་གཞུང་དངོས་བསྡུར་བའི་ཁྲོད་དུ་པར་གཞི་མི་འདྲ་བ་བཞི་ཙམ་ལས་མེད། I.T.J.32དང་P.T.0457 P.T.0022བཅས་ནི་སྡེ་དགེའི་ཤེར་སྙིང་གི་པར་གཞི་དང་འདྲ་ལ། ཤོག་དྲིལP.T.0457པའི་འཕགས་བོད་ཀྱི་སྐད་དོད་ཤན་སྦྱར་དང་འགྱུར་ཕྱག་ཆད། ཤོག་དྲིལP.T.0022པའི་ཡི་རང་མངོན་པར་བསྟོད་པའི་ལེའུ་ཆད་པ་ཙམ་དང་། I.T.J.32ཤོག་དྲིལ་དུ་བྱ་རྒོད་ཕུང་པོའི་རི་ལ་“དགེ་སློང་བརྒྱ་ཕྲག་ཕྱེ་དང་བཅུ་གསུམ་གྱི་”ཞེས་ཚིག་ལྷག་བྱུང་བ་དང་། “ཆོས་ཀྱི་རྣམ་གྲངས་ཟབ་མོ་སྣང་བ་ཞེས་བྱ་བའི་ཏིང་ངེ་འཛིན་”ཞེས་དང་། “ཚེ་དང་ལྡན་པ་ཤ་རིའི་བུ་སངས་རྒྱས་ཀྱི་མཐུས་”ཞེས་དང་། “སེམས་ལ་སྒྲིག་པ་མེད་པས་སྒྲིབ་པ་མེད་”ཅེས་པ་རྣམས་ཀྱི་ཚིག་གི་མགོ་ཟ་བརྗེ་ཡོད་ལ། སྔགས་ཡིག་ཀྱང་ཤོག་དྲིལ་གཞན་དག་དང་མི་འདྲ་བར་ཏད་ཏྱ་ཐཱ། ག་ཏེ་ག་ཏེ། པ་ར་ག་ཏེ་ཞེས་ག་ལ་འགའ་ཞེས་སྔགས་གདངས་ཀློག་སྟངས་ལྟར་བྲིས་མེད་པར་སྔགས་ཡིག་སོ་ན་བཞག་འདུག་པ་སོགས་པན་ཚུན་ཅུང་ཙམ་མི་འདྲ་ཡང་། ཤོག་དྲིལ་དེ་དག་ཏུ་བཀོད་པ་ནི་མ་ཕྱི་གཅིག་ལས་བྱུང་སྟེ་འགྱུར་ཡིག་ལ་ལྷག་ཆད་ཀྱི་ཁྱད་པར་བྱུང་བ་ཙམ་ལས་དོན་གྱི་གཅིག་ཏུ་མཐོང་བས་པར་གཞིའི་རིགས་གཅིག་ཏུ་བཞག་པ་ཡིན།

རིགས་གཉིས་པ་ནི་ཤོག་དྲིལP.T.449ཡིན་ལ། ཤོག་དྲིལ་འདིར་“སྡུག་བསྔལ་ཐམས་ཅད་ལ་འདས་ཏེ་”ཞེས་ཤེར་སྙིང་གི་ཤོག་དྲིལ་གཞན་པ་ལྔ་བཅུ་ལྷག་ལ་མེད་པའི་ཚིག་ལྷག་ཅིག་སྟེ། དེ་ནི་བོད་ཀྱི་བཀའ་འགྱུར་གྱི་པར་གཞི་གང་ལ་ཡང་མི་འབྱུང་བའི་ཚིག་ཅིག་ཡིན་ལ། ཉེ་སྔོན་རྒྱ་ནག་བཀའ་འགྱུར་གྱི་ཤེར་ཕྱིན་ཁོངས་བསམ་ཀློག་བྱེད་སྐབས་སུ་རྒྱ་ནག་ལ་ཤེར་སྙིང་གི་འགྱུར་བཅུ་བཞི་སྟེ་དགེ་བསྙེན་ཊི་ཁིའན་གྱི་འགྱུར་དང་རིག་འཛིན་ཀུ་མ་ར་ཛཱིའི་འགྱུར། ཧྱན་ཙང་གི་འགྱུར། པོ་རྙི་ཏ་ཅིའི་འགྱུར། ཀླི་ཀྱིང་གི་འགྱུར། ཤེཀྵ་ནནྡའི་འགྱུར། ཨ་མོ་གྷའི་འགྱུར། ཧཀྵ་ཙནྡྲའི་འགྱུར། ཁ་ཆེའི་པཎྜི་ཏ་པྲཛྙ་དང་ལི་ཡན་སོགས་ཀྱི་འགྱུར། པྲཛྙ་ཙཀྲའི་འགྱུར། འགོས་ཆོས་འགྲུབ་ཀྱི་འགྱུར། མ་ག་དྷའི་བྱམས་བཟང་གི་འགྱུར། དཱ་ནཱ་ཤི

ལའི་འགྱུར། ཧྭཱ་ཤང་ལཀྵ་ཊའི་འགྱུར[1]བཅས་བྱུང་བ་ལས་ད་ལྟའི་རྒྱ་ནག་གི་བཀའ་འགྱུར་ཁྲོད་མཇལ་དུ་ཡོད་པའི་ཤེར་སྙིང་གི་འགྱུར་ནི་བདུན་ཙམ་ལས་མི་བཞུགས། དེ་དག་ལས"སྡུག་བསྔལ་ཐམས་ཅད་ལ་འདས་ཏེ"ཞེས་པའི་ཚིག་ནི་རིག་འཛིན་ཀུ་མ་ར་ཤྲི་དང་ཧྭན་ཙང་གི་འགྱུར། ཁ་ཆེའི་པཎྜི་ཏ་པྲཛྙཱ་དང་ལི་ཡན་སོགས་ཀྱིས་བསྒྱུར་བའི་འགྱུར་གསུམ་དུ་འབྱུང་ན་ཡང་། ཤོག་དྲིལ་འདིའི་ཤེར་སྙིང་གི་གཞུང་དངོས་ཀྱི་དོན་གཏན་ལ་དབབ་པ་སྟེ་ཤ་རིའི་བུས་དྲི་བ་བྱས་པ་དང་། དེ་ལ་སྤྱན་རས་གཟིགས་ཀྱིས་དྲིས་ལན་གནང་བ། འབྲས་བུ་སྔགས་སུ་སྨྲས་ནས་བསྡུས་ཤིང་རྫོགས་པའི་ལེའུ་ནི་ཧྭན་ཙང་གི་ཤེར་སྙིང་འགྱུར[2]ཁོ་ན་ལ་ཇི་བཞིན་དུ་ཐོད་གཏུག་ཐུབ་པ་མ་ཟད། ཧྭན་ཙང་གི་ཤེར་སྙིང་འགྱུར་བོད་སྐད་དུ་ཕབ་པའི་སྒྲ་བསྒྱུར་མའི་ཤོག་དྲིལP.T.448[3]ལྟར་ཚིག་རིས་ཙམ་ཡང་མ་ཆད་པར་ཕན་ཚུན་ངོ་འཕྲོད་པར་འགྱུར་བས་ཤོག་དྲིལ་འདི་ནི་མ་གཞི་རྒྱ་ནག་ནས་བོད་ཀྱི་ཡི་གེར་ཕབ་པ་ཞིག་ཡིན་པའི་ངེས་ཤེས་སྐྱེས་ལ། ཤོག་དྲིལ་གྱི་མཛད་བྱང་དུ"༄༅། ཧོ་སེང་ཕྱོགས་དགེ་སློང་མྱིང་ཆོས་ཀྱི་རྒྱལ་མཆོས། རྒྱལ་གྱི་དཔེ་ལས་བསྒྱུར་སྟེ་འགོ་

① རྒྱ་ནག་སྐད་དུ་རིམ་པ་བཞིན"支谦、姚鸠摩罗什、唐玄奘、菩提流志、义净、实叉难陀、不空、法月、罽宾国般若共利言等、智慧轮、大蕃国法成、契丹慈贤、宋施护、元达里麻剌恒那"བཅས་ཡིན་ལ་དེ་དག་གི་འགྱུར་མིང་ནི་བསྟན་འགྱུར་དང་རྒྱ་ནག་ཆོས་འབྱུང་གཉིས་ལས་ཇི་སྐད་འབྱུང་བ་བཞིན་བཀོད་པའོ། །

② འགྱུར་འདིའི་མ་ཕྱི་བྲིས་མ་ནི་ཧྲ་རན་སིར་ཉར་བའི་ཏུན་ཧོང་རྒྱ་ཡིག་གི་ཡིག་ཚགས་སུ་ཡོད་པའི་ཤོག་དྲིལp.2731ཡིན་ལ། དེ་ནི་ཤེར་སྙིང་གི་ཡི་གེ་ཐམས་ཅད་མཆོད་རྟེན་གྱི་གཟུགས་དབྱིབས་སུ་འབྲི་བཤུས་བྱས་པ་ཞིག་ཡིན་ལ། མཆོད་རྟེན་གྱི་དབུས་སུ་སྤྱན་རས་གཟིགས་ཀྱི་སྐུ་འདྲ་ཡར་ཀྲོང་ངེར་བཞེངས་པའི་རྣམ་པ་ཞིག་བྲིས་ཡོད་པ་མ་ཟད། ཤེར་སྙིང་གི་དབུ་ཡང་འཕགས་པའི་ཞབས་གཡས་པ་ནས་བཙུག་སྟེ་འདོན་དགོས་ཤིང་། མཐའ་བྱང་ནི་མཆོད་རྟེན་གྱི་རྩེ་མོར་གདུགས་ཀྱིས་རྣམ་པས་ཡོད་པ་ཞིག་འབྲི་བཤུས་བྱས་པ་དེས་ཧྭན་ཙང་གི་འགྱུར་འདི་ནི་ཆེན་པོ་ཐང་གི་སྐབས་སུ་རྒྱུགས་ཆེ་བ་མ་ཟད་ཤེར་སྙིང་གི་རྒྱ་འགྱུར་ཐམས་ཅད་ལས་རབ་དང་ཕུལ་དུ་མངོན་པའང་རྟོགས་ནུས་ཤིང་། ཕྱིས་སུ་རྒྱ་ནག་གི་བཀའ་འགྱུར《大正藏》པོད་བརྒྱད་པའི་ཤོག་ངོས་0848པའི་ཆོས་གཞུང་ཨང་རྟགས་0251པར་བཞུགས་པའང་p.2731དང་ཡོངས་སུ་མཐུན། གཞནp.2168 s.5410 s.4289རྣམས་ཀྱང་འདི་ལྟའི་རྣམ་པར་བྲིས་པའི་ཤོག་དྲིལ་ཡིན། ང་ཚོ་བོད་ཀྱི་བསྟན་བཅོས་ཁྲོད་ནས་ཤེས་རབ་སྙིང་པོ་ཐུགས་ཀྱི་འབུམ་ཞེས་རྒྱལ་བའི་བཀའ་ཐུགས་རྟེན་དུ་ཉར་བའི་དགོངས་བཞེད་ཆགས་པ་ལས་བཀའ་དང་བསྟན་བཅོས་ཀྱི་ཡི་གེ་མཆོད་རྟེན་གྱི་གཟུགས་དབྱིབས་སུ་འབྲི་བཞེངས་བྱེད་པའི་སྲོལ་ནི་དུས་སྔ་མོ་ནས་ད་ལྟའི་བར་དུ་མེད།

③ ཤོག་དྲིལ་འདི་ནི་བོད་བཙན་པོའི་སྐབས་ཀྱི་ཏུན་ཧོང་ཤ་ཙུ་ཕྱོགས་ཀྱི་ཡུལ་སྐད་བོད་སྐད་ཀྱི་གདངས་སུ་ཕབ་པའི་སྒྲ་བསྒྱུར་གྱི་ཤོག་དྲིལ་ཞིག་ཡིན་ལ། ཀྲིའུ་ཅི་ཝུན"周季文"ལགས་ཀྱིས་ཐང་ཏེ་ཙུང་གི་པའོ་ཡུན་ཁྲི་ལོ་གཉིས་པ763ལོ་ནས་ཐང་ཝེན་ཙུང་གི་ཏ་ཀྲུང་ཁྲི་ལོ་ལྔ་པ་851ལོའི་བར་གྱི་ཡིག་ཆ་ཞིག་ཡིན་ཞེས་ཁོང་གིས་བྲིས་པའི་རྒྱའི་སྐད་ལས་བོད་སྐད་དུ་བསྒྱུར་བའི་ཤེས་རབ་ཀྱི་ཕ་རོལ་ཏུ་ཕྱིན་པའི་སྙིང་པོའི་བསྡུར་འགྲེལ་དུ་བཤད།

མཇུག་བསྡུན་བའོ། བདག་འོ་སུ་པ་བྲིས་པ་འོ།” ཞེས་རྒྱ་ནག་གི“都僧侣” ཐོབ་ཐང་ཅན་གྱི་བཙུན་པ་སྒྱེང་ཆོས་ཀྱི་རྒྱ་མཚོས་མགོ་ཡི་གླེང་བསླང་བ་དང་། མཇུག་གི་ཡི་རང་མངོན་པར་བསྟོད་པའི་ལེའུ་གཉིས་ནི་རྒྱ་གར་ལེགས་སྦྱར་གྱི་དཔེ་ལས་བསྒྱུར་ཏེ་ཤོག་དྲིལ་འདིར་བསྡུན་པ་ཤེས་ལ། མགོ་མཇུག་དེ་གཉིས་ནི་བོད་ཀྱི་བཀའ་འགྱུར་ཁྲོད་ཀྱི་ཤེར་སྙིང་དང་ཆ་ལ་ཆ་བཞག་ལྟར་མཐུན་པའི་ཤོག་དྲིལP.T.457ལས་འབྱུང་བའི་ཚིག་འགྲོས་དང་མཐུན་པར་བཀོད་ཡོད་པ་མ་ཟད། ཤོག་དྲིལP.T.449འདིའི་མགོ་ཏུ་ཆོས་ཁུངས་བཙུན་པར་སྟོན་བྱེད་དུ་རྒྱ་གར་སྐད་ཨ་ཊ××ཉ་པ་ར××ཏཱ་ཧྲིད་དྷཱ་ཡཱ། ཞེས་བསྒྱུར་བྱའི་ཆོས་ཁུངས་རྩོད་མེད་རྣམ་དག་གི་ཁུངས་སུ་མཛད་ལུགས་ནི་འཇམ་དབྱངས་བློ་གཏེར་དབང་པོས”ཐོག་མར་མཚན་རྒྱ་སྐད་དུ་སྨོས་པའི་དགོས་པ་ཆོས་ཁུངས་བཙུན་པར་བསྟན་པ་སོགས་དང་། བོད་སྐད་དུ་སྨོས་པ་ལོ་པཎ་རྣམས་ལ་བྱས་ཤེས་དྲིན་གཟོའི་ཆེད་དང་། གཉིས་ཀར་སྨོས་པ་སྐད་གཉིས་ཤན་སྦྱར་གྱི་རྣམ་དབྱེ་རྟོགས་པའི་ཆེད་དོ་”[①] ཞེས་དང་། རྗེ་རིན་པོ་ཆེའི་ལེགས་བཤད་གསེར་ཕྲེང་ལས། “ཆོས་ལ་ཡིད་ཆེས་སྐྱེ། སྐད་ལ་བག་ཆགས་འཇོག རྒྱུད་ལ་བྱིན་རླབས་འབྱུང་ཞེས་ཐོ་མ་རྣམས་འཆད་ཅིང་། ཕྱི་མ་རྣམས་དེ་འགོག་མོད། འོན་ཀྱང་དང་པོ་ལྷ་ནས་བཀའ་སྩལ་བ་མ་གཏོགས་བསྒྱུར་དུ་མེད་པ་དང་། བོད་ཀྱི་བསྟན་བཅོས་ཀྱི་མགོར་ཡང་རང་གང་འདོད་ཀྱི་རྒྱ་གར་སྐད་བྱ་ས་མེད་པའི་དུས་སུ། ཆོས་ཁུངས་མར་མཚོན་བྱེད་དུ་མཛད་”[②]ཅེས་གསུངས་པ་ལྟར་བོད་ཀྱི་བཙན་པོ་ཁྲི་སྲོང་གི་རིང་ལ་ལོ་ཙཱ་བ་རྣམས་དགོངས་མཐུན་གྱི་སྒོ་ནས་བསྒྱུར་རྩོམ་གང་གི་ཆ་ལའང་ལྡའམ་གོང་ནས་བཀས་བཅད་པའི་སྲོལ་ག་ཞིག་བཙུགས་པ་དེ་མ་ཉམས་པར་ཡོད་པའི་དུས་སུ་བསྟན་བཅོས་རྩོམ་པའི་དབུར་ཡང་རང་རང་གང་འདོད་ཀྱིས་སྐད་ཤན་སྦྱར་སོགས་འགོད་མི་ཉུང[③]བ་གསལ་ཐག་ཆོད་ཅིང་། ཤོག་དྲིལ་འདིའི་མཚན་བྱང་ཤན་སྦྱར་ཡང་དེ་ལྟར་བཀས་བཅད་རིམ་པ་གསུམ་དུ་མཛད་ནས་ད་ལྟའི་བོད་ཀྱི་བཀའ་བསྟན་དུ་བཞུགས་སོ་ཅོག་གི་བསྟན་བཅོས་བྱིངས་དང་ཇི་བཞིན་མཚུངས་པ་མ་ཟད། བསྟན་པ་ཕྱི་དར་གྱི་རྗེས་ནས་བསྒྱུར་བའི་འགྲེམ་དང་མར་པ། ཆོས་རྗེ་ས་པཎ་ཚུན་ཆད་རྣམས་སུའང་དེ་བཞིན་ཆོས་ཁུངས་བཙུན་བྱེད་དུ་མཚན་བྱང་འཕགས་བོད་སྐད་དོད་ཤན་སྦྱར་

---

① སློབ་དཔོན་དབྱིག་གཉེན་གྱིས་རྩ་བ་དང་འཇམ་དབྱངས་བློ་གཏེར་དབང་པོས་འགྲེལ་པ་མཛད། མངོན་པ་མཛོད་རྩ་འགྲེལ་བཞུགས་སོ། །སི་ཁྲོན་མི་རིགས་དཔེ་སྐྲུན་ཁང་། 2006ལོ། ཤོག་ངོས་55

② རྗེ་ཙོང་ཁ་པ། ལེགས་བཤད་གསེར་གྱི་ཕྲེང་བ་བཞུགས་སོ། །མཚོ་སྔོན་མི་རིགས་དཔེ་སྐྲུན་ཁང་། 2004ལོ། ཤོག་ངོས་11

③ ཚེ་ཏན་ཞབས་དྲུང་། རྗེ་བཙུན་འཇིགས་མེད་རིགས་པའི་བློ་གྲོས་མཆོག་གི་གསུང་འབུམ། མི་རིགས་དཔེ་སྐྲུན་ཁང་། 2007ལོ། ཤོག་ངོས་134

ཏུ་བཀོད་པ་དང་གཅིག་མཐུན་ཡིན་ལ། ཤན་ཤུགས་འདིས་ས་དགེ་བཀའ་ཆིང་གི་གདུང་འཚོབ་འཛིན་པ་དག་གི་དགོངས་འགྲེལ་དང་བསྟོད་རྩོམ་སོགས་ནའང་དེ་ལྟར་ཡོད་ཅིང་། སློས་སུ་ས་པཎ་གྱི་ལེགས་པར་བཤད་པ་རིན་པོའི་གཏེར[①]ལ་ཡང་རྒྱ་གར་སྐད་དུ་སུ་བྷཱ་ཥི་ཏ་རཏྣ་ནི་དྷི་ནཱ་མ་ཤཱསྟྲཾ་ཞེས་སློས་ནས་བསྟན་བཅོས་ཀྱི་ཁུངས་དག་པར་སྟོན་པ་སོགས་ཀྱིས་མཚོན་ཉེ་རབས་ཀྱི་མ་ཧཱ་པཎ་ཆེན་ཀུན་མཁྱེན་མི་ཕམ་རྒྱ་མཚོའི་བཀའ་འབུམ་གྱི་ཙ་པོད་སྟོད་ཆར་བཞུགས་པའི་མཁས་པའི་ཚུལ་ལ་འཇུག་པའི་སྒོ་ཞེས་པའམ་པཎྜི་ཏ་སྱ་ན་ཡཾ་ཨ་བ་ཏཱ་ར་མུ་ཁཿནཱ་མ་ཤཱསྟྲཾ་ཞེས་བྱ་བའི་བསྟན་བཅོས་ཚད་ལྡན་རྣམས་ཀྱི་ཀླད་དུ་ཐོག་མར་ལེགས་སྦྱར་བཀོད་ནས་སྐད་གཉིས་ཤན་སྦྱར་དུ་བཞག་པ་ནི་དུས་ད་ལྟའི་བར་དུ་མ་ཉམས་པར་ཡོད་པ་འདིས་གོ་བར་ནུས་པས། ཤོག་དྲིལ་འདིར་རྒྱའ་ཀྱི་དཔེ་ལས་བསྒྱུར་ཏེ་འགོ་མཇུག་བསྣན་ཞེས་པ་ནི་རིགས་པའི་དཔྱད་བཟོད་ཕྲ་མོས་དེད་དེ་གོང་ལྟར་བློ་ལ་བླངས་ན་འགལ་བ་མེད་པར་སེམས་སོ། །

རིགས་གསུམ་པའི་པར་གཞི་ནི་ཤོག་དྲིལP.T.485 P.T.487 P.T.486 P.T.492 P.T.1278 P.T.1279 P.T.1280 P.T.1281 P.T.1282བཅས་ཀྱི་ཚིག་ཐམས་ཅད་ཡི་གེའི་དཀྱིལ་དུ་བཞག་ཡོད་པ་མ་ཟད། ཤོག་དྲིལ་གཞན་ལ་འདུ་ཤེས་ཀྱང་མེད། འདུ་བྱེད་ཀྱང་མེད་ཞེས་ཡོད་པ་ལ་ཤོག་དྲིལ་འདི་དག་ཏུ་མྱིང་ཡང་མྱེད། བྱེད་པའང་མྱེད་ཅེས་བྱུང་བ་དང་། དེ་བཞིན་དུ་དྲི་ལ་བསུང་། རོ་ལ་བྲོ། སྡུག་བསྔལ་ལ་ཉོན་མོངས། དུས་གསུམ་ལ་རབས་གསུམ། དེ་བས་ན་ཤེས་རབ་ཀྱི་ཕ་རོལ་ཏུ་ཕྱིན་པ་ཆེན་པོའི་སྔགས་ལ་དེ་བས་ན་ཤེས་པར་བྱས་སྟེ། ཤེས་རབ་ཀྱི་ཕ་རོལ་ཏུ་ཕྱིན་པ་ལྷ་ཆེན་པོའི་སྔགས་སོ། །ཞེས་གཅིག་མཐུན་དུ་བྱུང་བ་ནི་ཤོག་དྲིལ་གཞན་དུ་ཚིག་ཙམ་ཡང་མི་འབྱུང་པས་ན་དེ་རྣམས་དཔེ་གཅིག་པའི་ཤོག་དྲིལ་ལོ། །

རིགས་བཞི་པ་སྒྲ་བསྒྱུར་མའི་ཤོག་དྲིལP.T.448དང་གོང་གི་ཤོག་དྲིལ་འདི་དག་ཏུ་མ་ཚུད་པའི་ལྷག་མ་བཞི་བཅུ་ཡོད་པ་རྣམས་ཏེ་ས་བཅད་གོང་མའི་ཤོག་དྲིལ་ངོ་སྤྲོད་ཀྱི་སྐབས་སུ་ཡོད་པའི་གྲངས་ནས་ངོས་ཟིན་ཐུབ་པས་བསྐྱར་དུ་མ་བཟློས་སོ། །

དེ་ཡང་གོང་གི་པར་གཞི་དག་ལ་དཔྱད་པར་བྱ་བ་འདི་ལྟར་ཡོད་དེ། རྒྱ་ནག་གི་བཀའ་འགྱུར་གྱི་ཤེར་ཕྱིན་སྐོར་ཚན་དུ་བཞུགས་པའི་ཆོས་གཞུང་ཨང་རྟགས་0256པ་སཾ་སྐྲི་ཏ་དང་རྒྱ་ནག་གི་སྐད་ཤན་སྦྱར་ནས་བཀོད་པའི་ཤེར་སྙིང[②]གི་གསལ་བྱེད་དུ་དབྱིན་ཇིར་ཉར་བའི་ཏུན་ཧོང་ཡིག་ཆིང་གི་ཤོག

---

① ས་སྐྱ་གོང་མ་རྣམ་ལྔའི་གསུང་འབུམ་དཔེ་བསྡུར་མ་ལས་ས་པཎ་ཀུན་དགའ་རྒྱལ་མཚན་གྱི་གསུང་འབུམ། ཀྲུང་གོའི་བོད་རིག་པ་དཔེ་སྐྲུན་ཁང་། 2007ལོ། ཤོག་ངོས་196

② 《大正藏》经号0256、08卷、第0851页、唐梵翻对字音般若波罗蜜多心经(1卷)

དྲིལs.700པའི་ཨང་རྟགས་འདི་བཀོད་ཡོད་པར་བརྟག་ན་ཏུན་ཧོང་གི་ཤོག་དྲིལ་འདི་ལས་བཀའ་འགྱུར་དུ་བསྡུས་པ་གསལ་ཞིང་། ཆོས་གཞུང་ཤོག་དྲིལ་དེ་ཏུ་ལེགས་སྦྱར་གྱི་སྒྲ་གདངས་ཀློག་ཚུལ་སྟོན་དང་ནང་དོན་ཤན་སྦྱར་སྒྲ་གདངས་ཀྱི་གམ་དུ་བྲིས་པ་ནི阿哩也{二合}(圣)般若……恒你也{二合}他(曰)ཞེས་པ་ལྟར་འབྱུང་། དེ་ནི་དོན་གཏན་ལ་དབབ་པའི་གཞུང་དངོས་ཀྱི་ས་བཅད་ཅན་གྱི་ཤེར་སྙིང་གི་འགྱུར་ཁུངས་གསལ་པོར་སྟོན་བྱེད་ཀྱི་དཔེ་ཞིག་ཡིན་པ་མ་ཟད། སཾསྐྲྀཏའི་སྐད་དུ་བྲིས་པའི་ལེགས་སྦྱར་གྱི་ཤེར་སྙིང་དང་རྒྱ་ནག་གི་ཤེར་སྙིང་གི་འགྱུར་ཐོད་གཏུག་བྱེད་ཀྱི་ཡིག་རྙིང་རིན་ཐང་བྲལ་བ་ཞིག་ཀྱང་ཡིན། གཞན་ཡང་ཏུན་ཧོང་ཡིག་ཚགས་སུ་ལེགས་སྦྱར་གྱི་ཡི་གེར་བྲིས་པའི་ཤོག་དྲིལpel.sogd.16པ་དང་ཡང་ཀུན་ནས་མཐུན་པས། ཧྱུན་ཅང་དང་རིག་འཛིན་ཀུ་མ་ར་ཤྲིའི་འགྱུར་དང་མཐུན་པའི་ལེགས་སྦྱར་གྱི་པར་གཞི་དང་མཐུན་པ་ཞིག་ཡིན་པའང་ངོ་འཕྲོད་པར་འགྱུར། སཾ་བོད་ཤན་སྦྱར་གྱི་མཚན་བྱང་བཀོད་ནས་གླེང་བསླང་བ་དང་ཡི་རང་མངོན་པར་བསྟོད་པའི་ལེའུ་མེད་པའི་བོད་ཡིག་ཤོག་དྲིལ་དག་གི་པར་གཞི་ཡི་ཁུངས་སྟོན་བྱེད་ཀྱི་ཤོག་དྲིལ་ཞིག་ཏུའང་སྣང་ཆོག་གོ །འདི་དང་མི་མཐུན་པའི་པར་གཞི་ནི་ཧྭང་པའོ་ཧྲིང་གིས་བསྒྲིགས་པའི་ལེགས་སྦྱར་གྱི་ཆོས་གཞུང་བཀླག་དེབ་ཏུ་ལེགས་སྦྱར་སཾ་སྐྲི་ཏའི་ཡི་གེ་ཅན་གྱི་ཤེར་སྙིང་གི་ཕྱི་མོ①ཞིག་བཀོད་ཡོད་པ་དེ་ནི་པཎ་ཆེན་བི་མ་ལ་མི་ཏྲ་དང་ལོ་ཙཱ་བ་དགེ་སློང་རིན་ཆེན་སྡེ་གཉིས་ཀྱིས་བསྒྱུར་བའི་ཤེར་སྙིང་གི་འགྱུར②ལྟར་གླེང་གཞི་དང་ཡི་རང་མངོན་པར་བསྟོད་པའི་ལེའུ་དང་བཅས་པ་ཡོད་པ་མ་ཟད། མཆོད་བརྗོད་དུའང་ཨོཾ་བྱིན་འབར་བླ་ན་མེད་པའི་ཤེས་རབ་ཀྱི་ཕ་རོལ་ཏུ་ཕྱིན་མ་ལ་ཕྱག་འཚལ་ལོ་ཞེས་སྡེ་དགེའི་བཀའ་འགྱུར་དུ་བཞུགས་པའི་ཤེར་སྙིང་དང་ཇི་བཞིན་མཚུངས་པ་མ་ཟད། ཤོག་དྲིལI.T.J.32དང་P.T.0457.P.T.0022བཅས་ཀྱི་ཁུངས་ལྟ་བུ་དང་། དེ་དག་ཕན་ཚུན་བསྡུར་བྱེད་ཀྱི་མ་ཡིག་ཚད་ལྡན་ཞིག་ཏུའང་གྲུབ་འདུག་སྟེ། སྡེ་དགེའི་བསྟན་འགྱུར་མ་པོད་ཀྱི་ཤེར་ཕྱིན་གྱི་ཁོངས་སུ་ལྡེབ་267པའི་རྒྱབ་ངོས་ནས་ལྡེབ་ངོས་280པའི་རྒྱབ་ངོས་བར་བཞུགས་པའི་བི་མ་ལ་མི་ཏྲའམ་དྲི་མེད་བཤེས་གཉེན་གྱིས་ཤེར་སྙིང་གི་ཚིག་སྡུ་རེ་རེར་འབྲུ་འགྲེལ་རྒྱ་ཆེར་མཛད་པའི་འཕགས་པ་ཤེས་རབ་ཀྱི་ཕ་རོལ་ཏུ་ཕྱིན་པའི་སྙིང་པོའི་རྒྱ་ཆེར་བཤད་པ་ཏུ་ཡོད་པའི་མདོ་དངོས་ཀྲང་གི་ཚིག་འབྲུ་རྣམས་ལ་ཡང་ཕན་ཚུན་མཐུན་པར་འགྱུར་བས། བོད་འགྱུར་འདི་ནི་ལེགས་སྦྱར་ཤེར་སྙིང་གི་པར་གཞི་ཆ་ཚང་ཅན་རིགས་དེ་ལྟ་བུ་ལས་བསྒྱུར་བ་རྟོགས་ཤིང་། ཤེར་སྙིང་གི་མ་ཕྱི་གཉིས་ཀྱི་དབྱེ་བ་ཡང་

① 黄宝生主编:《梵语佛经读本》，北京：中国社会科学出版社，2014年，第1页。

② སྡེ་དགེའི་བཀའ་འགྱུར། ཤེར་ཕྱིན་གྱི་ཁོངས་ཤེས་རབ་སྣ་ཚོགས་སྡེ་ཚན། ཀ་པོད། ལྡེབ་144-146

དེ་ལྟར་མགོ་འཇུག་གི་སྙིང་གཞི་དང་ཡི་རང་མངོན་པར་བསྟོད་པའི་ཚན་པ་གཉིས་ཡོད་མེད་ལ་རག་ལས་པ་ཡིན་ཏེ། དེ་ཡང་རྒྱལ་བའི་བཀའ་ལ་བདག་རྐྱེན་གྱི་སྒོ་ནས་ཞལ་ནས་གསུངས་པ་དང་། བྱིན་གྱིས་བརླབས་པ། རྗེས་སུ་གནང་བའི་བཀའ་བཅས་གསུམ་དུ་དབྱེ་ལ། དེ་ལས་བྱིན་གྱིས་བརླབས་པའི་བཀའ་ལ་རགས་པའི་ཚུལ་དུ་སྐུས་བྱིན་གྱིས་བརླབས་པ་དང་གསུང་གིས་བྱིན་གྱིས་བརླབས་པ། ཐུགས་ཀྱིས་བྱིན་གྱིས་བརླབས་པའི་བཀའ་བཅས་གསུམ་དུ་དབྱེ་ཞིང་། དེ་ལས་ཐུགས་ཀྱིས་བྱིན་གྱིས་བརླབས་པའི་བཀའ་དེ་ལའང་ནང་གསེས་སུ་ཐུགས་ཐུགས་རྗེས་བྱིན་གྱིས་བརླབས་པ། ཐུགས་ཏིང་ངེ་འཛིན་གྱིས་བྱིན་གྱིས་བརླབས་པ། ཐུགས་བདེན་པས་བྱིན་གྱིས་བརླབས་པའི་བཀའ་བཅས་ཕྲ་མོས་ཚུལ་གྱིས་གསུམ་དུ་ཡོད་པའི་ཐུགས་ཐུགས་རྗེས་བྱིན་གྱིས་བརླབས་པ་ལ་ཤེས་རབ་སྙིང་པོ་འདི་མཚན་གཞིར་འཛུག་གནང་ཡོད་པ་དེ་ལ་གཞིར་བཅས་ནས་སྙིང་གཞི་དང་ཡི་རང་གི་ཚན་པ་མ་བཀོད་པར་བྱིན་གྱིས་བརླབས་པའི་བཀའ་པོ་ནའི་དབང་དུ་བྱས་ཏེ་གྲུབ་པའི་མདོ་གཅིག་དང་། ཅིག་ཤོས་ནི་སྙིང་གཞི་དང་མཚམས་སྦྱོར་དང་། མཇུག་འགྱུར་ཡི་རངས་རྣམས་དང་བཅས་པ་སྟེ། མཁས་གྲུབ་རྗེའི་རྒྱུད་སྡེ་སྤྱི་རྣམ་ལས"རྗེས་སུ་གནང་བའི་བཀའ་ནི། བཅོམ་ལྡན་འདས་ཀྱིས་ཆོས་ཡང་དག་པར་སྡུད་པའི་མདོ་ལས། དགེ་སློང་དག་པའི་གསུང་རབ་རྣམས་ཀྱི་ཐོག་མར་འདི་སྐད་བདག་གིས་ཐོས་པ་དུས་གཅིག་ན། ཞེས་བྱ་བ་ལ་སོགས་པ་དང་། བར་བར་དུ་མཚམས་སྦྱོར་ལ་ཚིག་རྣམས་ཆུག་ལ་བསྡུས་ཤིག་ཅེས་གསུངས་པས། བཅོམ་ལྡན་འདས་མྱ་ངན་ལས་འདས་པའི་ཚུལ་བསྟན་པའི་རྗེས་ལ། ཉན་ཐོས་རྣམས་ཀྱིས་ཐོག་མར་འདི་སྐད་བདག་གིས་ཐོས་པ་དུས་གཅིག་ན། ཞེས་བྱ་བ་ལ་སོགས་པ་དང་། བར་བར་དུ་མཚམས་སྦྱོར་ལ་སོགས་པ་གསུང་རབ་ལ་བཅུག་པ་ལྟ་བུའོ"[1]ཞེས་ཡུམ་རྒྱས་པ་རྣམས་ཀྱི་དོན་མཐའ་དག་བསྡུས་ཏེ་བསྟན་པའི་མདོ་སྡུད་པའི་གཞུང་ལ་གཏུགས་ནས་གསུངས་པ་ལ་གཞིགས་ན་ཕྱིས་སུ་བཀའ་བསྡུ་བ་པོའམ་སངས་རྒྱས་ཀྱི་འཁོར་རྣམས་ཀྱིས་མདོ་ཡི་སྙིང་བསྣང་བ་དང་ཡི་རང་མངོན་པར་བསྟོད་པ་སོགས་བསྣན་ནས་བཀའ་གསུམ་ག་ཚང་བར་བྱས་ཏེ་འཁོར་རྣམས་ཡིད་ཆེས་སུ་གཞུག་པ་དང་མདོ་འདི་བཀའ་ཚད་མ་ཡིན་པར་ངེས་ཤེས་བསྐྱེད་ཕྱིར་ཡིན་ནོ། །དེ་བས་གོང་དུ་པར་གཞི་མི་འདྲ་བ་བཞི་བཀོད་པའི་རིགས་དང་པོ་དང་གཉིས་པ་ནི་བསྒྱུར་བྱ་ལེགས་སྦྱར་གྱི་ཡི་གེར་ཡོད་པའི་ཤེར་སྙིང་གི་པར་གཞི་ཕྱི་མ་དང་མཐུན་ལ། གསུམ་པ་དང་བཞི་པ་ནི་པར་གཞི་སྔ་མ་དང་མཐུན་པས་ན། རྒྱའི་མཁས་པ་ཀོྀ་ཀྱི་ཨན་གྱིས་མཛད་པའི་ཤེས་རབ་ཀྱི་

[1] མཁས་གྲུབ་དགེ་ལེགས་དཔལ་བཟང་གི་གསུང་འབུམ། ཀྲུང་གོའི་བོད་རིག་པ་དཔེ་སྐྲུན་ཁང་། 2014ལོ། ཤོག་ངོས་391

པ་རོལ་ཏུ་ཕྱིན་པའི་སྙིང་པོའི་རྒྱས་འགྲེལ[1]དུ་ཡང་པར་གཞི་སྔ་ཕྱི་འདི་གཉིས་ལ་པར་གཞི་ཆེ་ཆུང་གི་ཐ་སྙད་བཀོལ་ཡོད་པ་ལ་དཔག་ན་ཁོང་གིས་ཀྱང་དེ་ལྟར་ཞལ་བཞེས་གནང་ཡོད་པ་ཤེས་སོ། །

གསུམ་པ། ཤེར་སྙིང་ཤོག་དྲིལ་ཁག་གི་སྔོན་གྱི་མིང་བརྡ་སྤྱོད་སྟངས་དང་དེའི་ཁྱད་ཆོས།

༡ ད་ལྟའི་སྡེ་དགེ་སོགས་བཀའ་འགྱུར་གྱི་ཤེར་སྙིང་དུ་མ་བྱུང་བའི་མིང་བརྡ་སྤྱོད་ཚུལ། ཤོག་དྲིལ་འདི་དག་ཏུ་སྤྱད་པའི་མིང་དང་ཕྲད་རྣམ་དབྱེ་སོགས་ནི་གནའ་བོའི་ཡིག་རྙིང་གི་ཁྱད་ཆོས་ལྟར་ཡོད་པ་མ་ཟད། དུས་ཕྱིས་ཀྱི་བཀའ་བསྟན་ཁྲོད་དུ་མ་བྱུང་བའམ་སྐད་གསར་བཅད་སྔོན་གྱི་མིང་གི་སྤྱོད་སྟངས་ལྟར་བྲིས་ཡོད་དེ། དྲི་ཟར་བཅས་པའི་འཇིག་རྟེན་ལ་དྲི་ཟར་བཅས་པའི་འཁོར་ཐམས་ཅད། རྣམ་པར་ལྷ་ཞིང་ཞེས་པ་ལ་རྣམ་པར་རྟོག་ཅིང་། བྱང་ཆུབ་སེམས་དཔའི་དགེ་འདུན་ཆེན་པོ་ལ་བྱང་ཆུབ་སེམས་དཔའ་སེམས་དཔའ་ཆེན་པོ། བྱང་ཆུབ་སེམས་དཔའ་ལ་བྱང་ཆུབ་སེམས་པ་སེམས་ཆེན་པོ། དེ་བཞིན་གཤེགས་པ་རྣམས་ལ་སངས་རྒྱས་ཐམས་ཅད། ཡང་དག་པ་ལ་གཡུང་དྲུང་། མངོན་པར་བཞུགས་པ་ལ་རྣམ་པར་བཞུགས་པ། ཡེ་ཤེས་ལ་ཤེས་པ། སྡུག་བསྔལ་ལ་ཉོན་མོངས། ཀུན་འབྱུང་ལ་འདུས་པ། དྲི་ལ་བསུང་། རོ་ལ་བྲོ། དུས་གསུམ་ལ་རབས་གསུམ། དེ་ལྟ་བས་ན་ལ་དེ་ལྟར་ཞེས་པ་སོགས་དུས་སྐབས་དེ་ལ་བཀོལ་སྤྱོད་བྱེད་པའི་ཐ་སྙད་འདི་རིགས་ནི་བཙན་པོ་ཁྲི་སྲོང་ལྡེ་བཙན་གྱི་དུས་དང་པོར་བྱས་པའི་བཀས་བཅད་ཀྱིས་འགྱུར་རྣམས་དང་སྐད་གསར་བཅད་ཀྱིས་གཏན་ལ་མ་ཕབ་པ་རྣམས་སུ་དེ་བཞིན་འབྱུང་ལ། དེ་དག་ཏུ་ད་དྲག་དང་། མིང་རྐྱང་ལ་སྐབས་ཐོབ་ཀྱིས་དབང་གིས་འ་ཡིག་མཐའ་རྟེན་དུ་སྦྱོར་བ་དང་འ་ལ་ཙ་རྟགས་འདེབས་པ། ཕ་ཚབ་བ་ཡིག་འབྲི་བ། གི་གུ་ཕྱིར་ལོག་ཏུ་འབྲི་བ། མ་ལ་ཡ་དང་ས་ལ་ཙ་འདོགས་པ་སོགས་ནི་སུམ་རྟགས་ཀྱི་དགོངས་པ་མིན་ཡང་དོན་ལ་ཐོབ་པ་གཞིར་བཅས་ནས་འབྲི་སྲོལ་བྱུང་། གོང་དུ་བཀོད་པ་རྣམས་ཡིག་ཚོར་དུ་འདོད་པ་ནི་ཡིག་རྙིང་གི་སྣོད་དུ་ཆུང་བའི་སྐྱོན་ལས་གཞན་མ་ཡིན་ཏེ། ལྷག་པར་སྡུག་བསྔལ་ལ་ཉོན་མོངས་དང་། ཀུན་འབྱུང་ལ་འདུས་པ་ཞེས་བྲིས་པ་ནི་བོད་རྒྱ་ཆོས་གཞུང་ཐ་སྙད་ཤན་སྦྱར་མའི་ཤོག་དྲིལP.T.1257པའི་ཤོག་ངོས་5པ་ཐིག་ཕྲེང་4པར་བདེན་བཞི་ནི་སྡུག་བསྔལ། འདུས་པ། འགོག་པ། ལམ་ཞེས་དྲངས་པས་ཤེས། གཞན་ཡང་ཤེར་སྙིང་གི་སྟོང་ཉིད་བཞི་སྐོར“གཟུགས་སྟོང་པའོ། །སྟོང་པ་ཉིད་གཟུགས་སོ། །གཟུགས་ལས་སྟོང་པ་ཉིད་གཞན་

---

① 周止庵居士：《般若波罗蜜多心经诠注》(电子版)，第16页。

མ་ཡིན། སྟོང་པ་ཉིད་ལས་ཀྱང་གཟུགས་གཞན་མ་ཡིན་ནོ། །”ཞེས་པ་ལ་“གཟུགས་སྟོང་པ་ཉིད་དེ། སྟོང་པ་ཉིད་ཀྱང་གཟུགས་སོ། །གཟུགས་དང་སྟོང་པ་ཉིད་ཐ་དད་པ་ཡང་མ་ཡིན། གཟུགས་དང་ཡང་ཐ་མི་དད་དོ། །གག་གཟུགས་པ་དེ་སྟོང་པ་ཉིད། གག་སྟོང་པ་ཉིད་པ་ནི་གཟུགས་སྟེ”ཞེས་གཟུགས་སོགས་གཟུགས་སུ་སྣང་བའི་དུས་ཉིད་ནས་གཟུགས་རང་གི་ངོ་བོས་སྟོང་པ་དང་། ངོ་བོས་སྟོང་བཞིན་དུ་ཐ་སྙད་ཀུན་རྫོབ་ལ་གཟུགས་ཀྱི་སྣང་བ་མ་འགག་པར་བློ་ལ་སྣང་བ་དེ་ལ་གཟུགས་སྟོང་པ་ཉིད་དེ། སྟོང་པ་ཉིད་ཀྱང་གཟུགས་སོ། །ཞེས་བཀོད་པ་དང་། གཟུགས་སུ་སྣང་བ་དེ་ལས་ལོགས་སུ་གཟུགས་ཀྱི་སྟོང་ཉིད་བཙལ་དུ་མེད་པས་ན་གཟུགས་དང་སྟོང་པ་ཉིད་ཐ་དད་པ་ཡང་མ་ཡིན། གཟུགས་དང་ཡང་ཐ་མི་དད་དོ། །གག་གཟུགས་པ་དེ་སྟོང་པ་ཉིད། གག་སྟོང་པ་ཉིད་པ་ནི་གཟུགས་ཏེ་ཞེས་བཀོད་དེ་འཕགས་པའི་མཉམ་བཞག་གི་ཡེ་ཤེས་ཀྱི་ངོ་ལ་གཟུགས་འདི་ཡེ་ནས་མ་གྲུབ་པས་སྟོང་པ་དང་། དེ་ལྟར་མ་གྲུབ་བཞིན་དུ་སོ་སྐྱེས་ཀྱི་ངོར་གཟུགས་སུ་སྣང་བ་ལ་གོ་དགོས་པས་ཤེར་སྙིང་ཤོག་དྲིལ་འདིའི་སྟོང་ཉིད་བཞི་སྐོར་ཀྱང་“ཚིག་སྔ་མ་གཉིས་འཕགས་པའི་རྗེས་ཐོབ་ཀྱི་ལྟ་བ་དང་ཕྱི་མ་གཉིས་ནི་འཕགས་པའི་མཉམ་བཞག་གི་ལྟ་བ་”①དང་སྦྱར་ནས་དཔྱད་ཆོག་ལ། དེ་བཞིན་དུ་བདེན་གཉིས་དང་གནས་སྣང་གི་དབང་དུ་བྱས་ན་ཡང་དེ་ལྟར་སྦྱོར་རུང་བའོ། །ཡང་སྟོང་ཉིད་ཀྱི་ཟབ་མོའི་མཚན་ཉིད་རྣམ་པ་བརྒྱད་ཀྱི་སྒོ་ནས་རང་བཞིན་ཤེར་ཕྱིན་གཏན་ལ་ཕབ་པ་ལས་དྲི་མ་མེད་པ་ལ་མི་གཙང་། དྲི་མ་དང་བྲལ་བ་མེད་པ་ལ་མི་རྟོག བྲི་བ་མེད་པ་ལ་མི་འཕེལ། གང་བ་མེད་པ་ལ་མི་འབྲི་ཞེས་དོན་འདུས་ཤིང་ཡིག་ཚོགས་སྐྱུང་ནས་རྣམ་པར་ཐར་བའི་སྒོ་མཚན་མ་མེད་པ་དང་སྨོན་པ་མེད་པའི་རང་བཞིན་ཟབ་མོ་དེ་ཚིག་བསྡུ་རང་བཞིན་གྱིས་བསྟན་ཡོད། ཟབ་མོ་སྤྱོད་པ་སྤྱད་པར་འདོད་པ་ལ་ཟབ་མོ་སྤྱད་པ་སྤྱོད་པར་འདོད་པ་ཞེས་དང་། ཡེ་ཤེས་ལ་ཤེས་པ་ཞེས་པ་གཉིས་ནི་བཀའ་འགྱུར་གྱི་པར་མ་ཆེན་པོ་བདུན་དུ་གྲགས་པའི་གྲས་ཀྱི་དཔལ་སྣར་ཐང་གི་བཀའ་འགྱུར་པར་མར②ཚིག་དེ་གཉིས་མ་བཅོས་རང་མཐུན་དུ་འབྱུང་ཞིང་། ཏུན་ཧོང་ཤོག་དྲིལP.T.0457དང་P.T.002གཉིས་སུ་མ་གཏོགས་ཤོག་དྲིལ་གཞན་ཚང་མར་སྣར་ཐང་བཀའ་

---

① མཁན་ཆེན་འཆི་མེད་རིག་འཛིན་གྱི་གསུང་འབུམ། གསེར་རྟ་བླ་རུང་ལྔ་རིག་ནང་བསྟན་སློབ་གླིང་། ཤོག་ངོས་241

② སྣར་ཐར་བཀའ་འགྱུར། ཤེར་དཔར། མདོའི་ཁོངས། ཤེས་རབ་སྣ་ཚོགས་ཀྱི་སྡེ་ཚན། ཀ་པོད། ལྡེབ་262པ། སྡེ་དགེ་པར་མ་དང་གཡུང་ལོ་པར་མ། ལི་ཐང་པར་མ། པེ་ཅིན་པར་མ། ཅོ་ནེ་པར་མ། ཁུ་རེ་པར་མ། ཞོལ་པར་མ་བཅས་བཀའ་འགྱུར་གྱི་པར་མ་ཆེན་པོ་རྣམས་སུ་ཤེས་པ་དང་སྤྱད་པ་སྤྱོད་པར་འདོད་པ་ཞེས་པའི་ཚིག་འགྲོས་མི་འབྱུང་བར་ཚིག་ཚབ་ཏུ་ཡེ་ཤེས་དང་སྤྱོད་པ་སྤྱད་པར་འདོད་པ་ཞེས་སུ་མཛད་ཡོད།

འགྱུར་གྱི་མདོ་ཁོངས་སུ་བཞུགས་པའི་ཤེས་རབ་ཀྱི་ཕ་རོལ་ཏུ་ཕྱིན་པའི་སྙིང་པོ་ལྟར་འབྱུང་བ་ནི་ངོ་མཚར། ཀླུ་ན་མི་ཏྲའི་ཤེས་རབ་སྙིང་པོའི་རྒྱ་འགྲེལ་དུའང་"ཤཱ་རིའི་བུ་རིགས་ཀྱི་བུའམ་རིགས་ཀྱི་བུ་མོ་གང་ལ་ལ་ཤེས་རབ་ཀྱི་ཕ་རོལ་ཏུ་ཕྱིན་པ་ཟབ་མོ་སྤྱད་པ་སྤྱོད་པར་འདོད་པ་དེས་འདི་ལྟར་བརྟག་པར་བྱ་སྟེ་"[1]ཞེས་སྤྱད་པ་སྤྱོད་པར་འདོད་པའི་ཚིག་འདི་བཞིན་འབྱུང་བ་མ་ཟད། ཇོ་བོ་རྗེ་དཱི་པཾ་ཀ་ར་ཤྲཱི་ཛྙཱ་ནའི་ཤེར་སྙིང་གི་རྣམ་བཤད་ལས་ཀྱང་"ཤེས་རབ་ཀྱི་ཕ་རོལ་ཏུ་ཕྱིན་པ་ཟབ་མོ་ཞེས་བྱ་བ་དང་། སྤྱད་པ་སྤྱོད་པར་འདོད་པ་ཞེས་བྱ་བ་གཉིས་ཀྱིས་དམིགས་པར་བྱ་བའི་ཡུལ་དང་། འདུན་པའི་མཚན་ཉིད་ཀྱི་སེམས་བསྐྱེད་པ་གཉིས་བཤད་དེ་གོ་རིམས་བཞིན་ནོ། །"[2]ཞེས་ཚིག་ཟུར་གསལ་པོར་བསྟན་པས་སྤྱད་པ་སྤྱོད་པར་འདོད་པའི་ཚིག་འདི་འབྱུང་པའི་སྣར་ཐང་གི་པར་མ་འདིའི་ནང་གི་ཤེར་སྙིང་ལ་སྔོན་གྱི་བཀས་བཅད་བྱས་རྗེས་བཅོས་བསྒྱུར་སོགས་མང་པོ་མ་བྱས་པའི་པར་མ་ཞིག་ཡིན་པ་ལ་ངེས་ཤེས་ཟབ་མོ་སྐྱེས་ལ། འགོས་ཆོས་འགྲུབ་ཀྱིས་རྒྱ་ནག་ཏུ་སྒྱུར་བའི་ཤེར་སྙིང་དོན་བསྒྱུར་མP.ch4882དང་s.1251ཡང་ཀུན་ནས་མཚུངས་པས། ཏུན་ཧོང་ཤེར་སྙིང་ཁག་ལ་བྱུང་བའི་ཚིག་སྣ་དང་སྣར་ཐང་གི་པར་མར་འབྱུང་བའི་སྤྱད་པ་སྤྱོད་པར་འདོད་པའི་ཚིག་ཉིད་ལ་སླར་ཡང་ཞིབ་ཏུ་དཔྱད་པ་ན། ཉམས་སུ་བླངས་བྱ་ཤེར་ཕྱིན་ལ། ཉམས་སུ་ལེན་པའི་ཐབས་ཁྱད་པར་བ་བཀོལ་ནས་ཚུལ་ཇི་ལྟར་ཉམས་སུ་ལེན་པར་འདོད་པ་དེར་སྤྱད་པ་སྤྱོད་པར་འདོད་པའི་དོན་དུ་འཇུག་ལ། རྒྱ་མཚན་ནི་ཀུན་མཁྱེན་ཆེན་པོ་ཇོ་ནང་ཀུན་དགའ་སྙིང་པོས[3]སྤྱད་པ་ནི་བྱ་བའི་ཚིག་དང་སྤྱོད་པ་ནི་བྱེད་པའི་ཚིག་ཡིན་པས་སྤྱད་བྱ་ཤེར་ཕྱིན་དེ་ལ་སྤྱོད་ལུགས་ཇི་ལྟ་བུ་ཞེས་པ་ལ་གོ་དགོས་པར་གསུངས་པ་ནི་ཐུགས་ཤིན་ཏུ་མད་ཅིང་། སྤྱོད་པ་ཞེས་བྱ་བ་ནི་སྐབས་འདིར། ཡི་གེ་འབྲི་མཆོད་སྦྱིན་པ་དང་། །ཉན་དང་ཀློག་དང་ལེན་པ་དང་། །འཆད་དང་ཁ་ཏོན་བྱེད་པ་དང་། །དེ་སེམས་པ་དང་བསྒོམ་པའོ། །ཞེས་ལུས་དང་ངག་དང་ཡིད་ཀྱིས་བྱ་བས་བསྡུས་པའི་ཆོས་སྤྱོད་ཀྱི་སྒོ་ནས་སྤྱོད་པར་འདོད་པའོ། །[4]ཞེས་རྒྱ་འགྲེལ་ལས་གསུངས་པ་དང་ཡང་ཤིན་ཏུ་མཐུན་པ་མ་ཟད། སློབ་དཔོན་བྲ་ཤཱཀྱ་སེ་ནས་སྤྱོད་པ་ནི་གང་ཟག་སྟེ་བྱང་ཆུབ་སེམས་དཔའོ། །སྤྱད་པ་ནི་ཆོས་ཏེ་

① སྡེ་དགེའི་བསྟན་འགྱུར། ཤིང་དཔར། ཤེར་ཕྱིན་གྱི་ཁོངས། མ་པོད། ལྡེབ་283ན།

② སྡེ་དགེའི་བསྟན་འགྱུར། ཤིང་དཔར། ཤེར་ཕྱིན་གྱི་ཁོངས། མ་པོད། ལྡེབ་315ལྡེབ་297བཅས་སུ་གསལ།

③ སྡེ་དགེའི་བསྟན་འགྱུར། ཤིང་དཔར། ཤེར་ཕྱིན་གྱི་ཁོངས། མ་པོད། ལྡེབ་308ན།

④ སྡེ་དགེའི་བསྟན་འགྱུར། ཤིང་དཔར། ཤེར་ཕྱིན་གྱི་ཁོངས། མ་པོད། ལྡེབ་297པ།

ཤེས་རབ་ཀྱི་ཕ་རོལ་ཏུ་ཕྱིན་པའོ། །[①]ཞེས་དང༌། བསྟན་དར་ལྷ་རམས་པས་དེང་སང་གི་དཔེ་ཕལ་ཆེ་བ་ལས་སྤྱོད་པ་སྤྱད་པར་འདོད་ཅེས་བྱུང་བ་ནི་མ་དག་པ་ཡིན་པས་སྤྱད་པ་སྤྱོད་པར་འདོད་ཅེས་འདོན་དགོས་ཏེ། སྤྱད་པ་དང་སྤྱོད་པ་ནི་བསྒྲུབ་བྱ་དང་སྒྲུབ་བྱེད་ཅེས་པའམ་ཉམས་སུ་བླང་བྱ་དང་ཉམས་སུ་ལེན་པ་པོ་ལ་བྱེད་པའི་ཕྱིར་རོ་ཞེས་གསུངས་པ་ལྟར་གོ་བ་བླངས་ན་འགལ་བ་མེད་པར་མ་ཟད་གཞུང་གི་དགོངས་འགྲེལ་དང་ཡང་མཐུན་པར་འགྱུར། ཡང་བཀའ་འགྱུར་པར་མ་གཞན་དག་ཏུ་འབྱུང་བའི་སྤྱོད་པ་སྤྱད་པར་འདོད་པའི་ཚིག་ལྟར་འབྲི་བའི་ལུགས་ཤིག་ཀྱང་སྐབས་ཐོག་དེར་བྱུང་བ་གོང་དུ་དྲངས་པའི་ཏུན་ཧོང་བོད་ཡིག་ཤེར་སྙིང་ཤོག་དྲིལ་གཉིས་པོ་དེ་ལས་ཤེས་པར་འགྱུར་བས་དེ་ལུགས་བཞིན་ཐུགས་སུ་འཇགས་པར་འཚལ།

༢ སྒྲ་ཟུར་ཆག་པའི་རྣམ་པ། ཟླ་ག་བན་ལ་བག་གྷ་ནྣམ། ཨརྦྷ་ལ་ཨ་རྒྱ་དང་ཨ་ཡ། ཟླ་ག་ཕྱ་ཏི་ལ་བ་ཟྲ་བ་ཏི། པྲ་རྨ་ལ་པྲད་ཉ།

༣ ལེགས་སྦྱར་གྱི་མ་ཡིག་རྗེས་སུ་ང་རོ་ལྟར་བྲིས་པའི་སྔོན་ཡིག་གི་རྣམ་པ། དུས་གསུཾ། རབས་གསུཾ

༤ རྗེས་འཇུག་འདོགས་སུ་བྱས་པ། སྨྱེད་པཱ སེམས་དཔཱ ཕྱག་འཚཱལ། ཕ་ཉཱོ མི་འཕྲཱི རྣམ་པཱ ཐཱ

༥ བྲད་བསྡུས་པའི་རྣམ་པ། གྱིུ ཁམསུ ཕྱག་འཚལོ

༦ མིང་གཞི་དང་རྗེས་འཇུག་སོགས་ཕན་ཚུན་བརྗེ་བ། ལྷ་ཕུང་ལ་ལྷ་ཕུང༌། མི་དྭ་ལ་མྱི་ཐ། ཁ་དོག་ལ་ག་དོག གང་ལ་གག མཚན་མ་མཙན་མ། ཏད་ཏྲ་ཐ་ལ་ཏད་ཐྲ་ཐ། ཕྱག་འཚལ་ལ་ཕྱག་འཙལ། མྱེད་ལ་མྱེན། གཅིག་ལ་གཆིག འཕགས་པ་ལ་འཕགས་པ། ལྟེ་ལ་ལྷེ ཐམས་ཅད་ལ་ཐམས་ཆད། པྲད་ཉ་ལ་ཕྲད་ཉ།

༧ ར་བཏགས་དང་ར་མགོ་གཉིས་ཁྱད་མེད་དུ་བྲིས་པའི་རྣམ་པ་དང༌། ཕ་བཏགས་ན་རོར་གླག་ཚུལ་ཏེ་ཤུགས་ལ་ཕ་སྒྲ་ལྡན་པ་སྟོན་ཆེད་ཕ་དོད་ཏ་ཡིག་བཏགས་པའི་རྣམ་པ། ཏྲི་ཏ་ཡ་ལ་རྟི་ད་ཡཱ སྦྲ་ཏྭ་ལ་སྦྲ་ཏྭ

༨ མིང་གཞིའི་ད་དང་ནའི་མཐའ་རྟེན་ལ་རྗེས་འཇུག་ཞུགས་ཀྱང་འ་མཐའ་སྦྱར་པའི་རྣམ་པ། ཤེས་རབ་ཀྱི་ཕ་རོལ་ཏུ་ཕྱིན་པ་ལ་གནའཕྱེ། དེ་ལྟར་བྱེད་པ་ལ་གནའས་པ། སྔའ་དང༌། མྱ་ངན་ལས་འདའཕྱེ། ཞེས་པ་ལྟ་བུའོ། འདི་ལྟའི་དཔེ་ནི་ཤེར་སྙིང་གི་ཤོག་དྲིལ་མ་ཡིན་པའིP.T.1288དུའང་བཙན་པོ་

① རྫོ་ནང་ཏྭ་ར་ན་ཐའི་གསུང་འབུམ་པོད་སོ་ལྔ་པ། ཀྲུང་གོའི་བོད་རིག་པ་དཔེ་སྐྲུན་ཁང༌། 2008ལོ། ཤོག་གྲངས་171

མྱེས་ཁྲི་སྲོང་རྩན་གྱི་མདའད་བཏང་བ། ཞེས་དང་། L.O.737Aནུ་སྔོན་གྱི་ཕ་མ་གནའ་འདའས་ཕྱད་ཆེང་རྒྱིས་པ་བཞིན། ཞེས་དང་། P.T.1287དུ་འདའར་ལྟ་བུ་སོགས་མང་དུ་འབྱུང་བ་ལས་སྐད་གསར་བཅད་ཀྱི་གཏན་ལ་མ་ཕབ་པའི་སྐབས་སུ་དེ་བཞིན་སྤྱོད་པ་ཤེས།

༨ ད་དང་སའི་རྗེས་སུ་ཀྱི་དང་གྱི། ཀྱང་དང་གྱང་ཁྱད་མེད་དུ་སྤྱོད་པ་མ་ཟད། རང་བཞིན་གིས། ཡིད་ཀྱི་ཁམས། ཤ་རི་བུ་དང་ཤ་ཤིང་སོགས་སུ་བྲིས་པ་ལས་ད་ལྟའི་སུམ་རྟགས་ཀྱི་དགོངས་པ་དང་མི་མཐུན་པའི་རྣམ་པ་ལྟར་འབྱུང་།

༡༠ ཤོག་དྲིལ་ཕལ་ཆེ་བ་འབྲི་བཤུས་བྱེད་དུས་དགོངས་དོན་ནམ་སྒྲ་འགོད་ཚུལ་གཙོར་བྱས་པའི་རྣམ་པ། དབང་ཕྱུག་ལ་དབང་འཕྱུག་དང་གབང་ཕྱུག་ཅེས་དང་། རྣམ་པར་ཤེས་པ་ལ་རྣམས་པར་ཤེས་པ། རིག་བྱ་ལ་རིག་བྱེ གཟིགས་ལ་གཟིག རིགས་ཀྱི་བུ་ལ་རིག་ཀྱི་བུ། མྱ་ངན་ལ་མྱིང་ངན་དང་མྱི་ངན། མྱེ་ངན། སྤྱད་པར་བྱ་སྟེ་ལ་སྤྱད་པར་བྱེས་ཏེ། ཐམས་ཅད་ལ་ཐམ་ཅད་དང་མཐམ་ཐད། ཀྱི་ལ་སྐྱི འཇིག་རྟེན་ལ་འཇིགས་རྟེན། རྒྱལ་པོ་ལ་བརྒྱལ་པོ། མྱི་རྟོག་ལ་མྱི་རྟོགས་དང་མྱི་གརྟོག མྱི་བརྟོག མཉམ་པ་ལ་ཉམ་པ། ཕྱིན་ཅི་ལོག་ལ་ཕྱིན་བཙུ་ལོག སྡུག་བསྔལ་ལ་སྡུག་སྔལ་དང་སྡུགས་བསྔལ། ལས་ལ་ལེས། མྱི་སྐྱེས་ལ་མྱིང་སྐྱེས། མྱིག་གི་ཁམས་ལ་མྱིག་གི་འཁམས་དང་མྱིག་གི་ཁམ། ཐོབ་པ་ལ་འཐོབ་པ། སྨྲུན་རས་ལ་སྨྲུན་ར། ཆེན་པོ་ལ་འཆེན་པོ། དུ་ལ་འདུ། སེམས་དཔའ་ལ་སེམས་པ། སྒྲ་ལ་གྲ རྫུན་པ་ལ་བརྫུན་པ་དང་མརྫུན་པ། གཡུང་དྲུང་ལ་གཡུང་དྲུག་དང་གཡུང་དུང་། འདུ་ཤེས་ལ་འདུས་ཤེས། འདུ་བྱེད་ལ་འདུས་བྱེད། འདུས་པ་ལ་འདུས་ས་དང་དུས་པ། རེག་ལ་རེག སྔགས་ལ་སྔག སྨྲས་ལ་སྨྲས། མྱི་བྲི་ལ་མྱི་འབྲི། རིག་པ་ལ་རེག་པ། སྙིང་པོ་ལ་བསྙིང་པོ། ཞེས་སོགས་བཀོད་པ་དག་ནི་ཡིག་ནོར་དུ་གོ་མི་ཉུང་བར་སྐབས་དེའི་ཡིག་རྙིང་གི་འབྲི་ཚུལ་ལྟར་ཤོག་དྲིལ་ངོར་བྲིས་པ་ཞིག་ཡིན་ལ། སྐབས་དེའི་བོད་རང་སའི་སྐད་ཀྱི་གདངས་ལྟར་སློག་ཟུར་ཕྱིན་པའི་སྒོ་ནས་ཡིག་ཐོག་ཏུ་ཕབ་པའང་ཡིན་པས། ཡིག་རྙིང་དེ་དག་ནི་ཤེར་སྙིང་སོགས་དགོངས་དོན་གྱི་སྒྲ་འགོད་ཚུལ་ལམ་བོད་བཙན་པོའི་སྐབས་ཀྱི་ཕྱུག་བྲིས་གཏེར་མའི་འབྲི་ཚུལ་གྱི་རྣམ་པ་ཞིག་ཡིན་པའང་དེ་ལྟའི་འབྲི་ཚུལ་གྱིས་ཤེས་པར་འགྱུར། དེ་བས་ཕྱིས་སུ་གཏན་ལ་ཕབ་པའི་སུམ་རྟགས་ཀྱི་དགོངས་པ་དང་ད་ལྟའི་རྟོག་གེའི་རིགས་ལམ་གྱིས་དཔྱད་ན་ཡིག་རྙིང་གི་དགོངས་པ་ལས་ལོག་པར་འགྱུར་བ་མ་ཟད། བསྟན་དོན་ཡང་ཡལ་བར་འགྱུར་ཏེ། སྔོན་གྱི་མིང་བརྗ་ཁག་ཅིག་ནི་སྐབས་དེའི་ཡིག་རྙིང་གི་བྱེ་བྲག་གོ་དོན་དང་གནའ་བོའི་སྤྱི་ཚོགས་ཀྱི་གནས་བབ། སྐད་བརྡ་དང་ལེགས་སྦྱར་བཅས་ཀྱི་གཞུང་ལུགས་ཀྱིས་དཔྱད་པར་མ་གཞུག

ན་གོ་དོན་ཤེས་མཁན་ཡང་ཤིན་ཏུ་དཀོན་པར་འགྱུར་བ་ཡང་མཐར་དེད་ན་དེ་ལྟའི་ཡིག་རྙིང་གི་སྒྲ་འགོད་ཀྱི་ཁྱད་ཆོས་སམ་གནའ་བོའི་མིང་གི་བརྡ་དོན་མ་རྟོགས་པས་རྐྱེན་དུ་ཟད་དོ། །ཡང་ཤེར་སྙིང་གི་ཤོག་དྲིལ་ལས་ཁམས་ལ་མཁས་དང་ཁསམ་ཅེས་འབྱུང་བ་དང་། འདུ་བྱེད་མེད་ལ་འབྱེད་མེད་ཅེས་འ་དང་བྱེད་ཀྱི་བར་དུ་དུ་ཡིག་ཆད་པའི་རྣམ་པ། འདུ་ཤེས་མྱེད་ལ་མྱིང་ཡང་མྱེད། འདུ་བྱེད་ཀྱང་མྱེད་ལ་བྱེད་པའང་མྱེད་བཅས་འབྱུང་བ་ནི་ཕབ་ནོར་དུ་ངོས་འཛིན་དགོས་པ་ལས་ཁྱད་ཆོས་སུ་མི་འཛིན་པ་དམིགས་གསལ་གྱིས་ཤེས་དགོས་པའང་རེ་གཉིས་ཡོད། དེ་ལྟར་མིན་པར་གོང་འཁོད་ཚང་མ་ཡིག་ནོར་དུ་བཟུང་ན་གོ་འཛོལ་ཆེན་པོར་འགྱུར་བའི་རྒྱུ་ཙམ་ལས་གཞན་ཅི་ཡང་མིན་ཞེས་པ་ནི་འཕྲོས་བཤད་ཙམ་མོ། །

བཞི་པ། ཤོག་དྲིལ་ཁག་གི་འགྱུར་ཕྱག་འགོད་ཚུལ་ཐད་ཀྱི་ལྟ་ཚུལ་རེ་ཟུང་།

ཏུན་ཧོང་བོད་ཡིག་ཡིག་ཚགས་ཤོག་དྲིལI.T.J.32དང་P.T.0022གཉིས་ལས་ལོ་ཙཱ་བའི་འགྱུར་ཕྱག་བཀོད་པ"བཅོམ་ལྡན་འདས་མ་ཤེས་རབ་ཀྱི་ཕ་རོལ་ཏུ་ཕྱིན་པ་ལ་ཕྱག་འཚལ་ལོ"ཞེས་པ་ནི་སྡེ་དགེ་དང་གཡུང་ལོ། ལི་ཐང་། པེ་ཅིན། ཅོ་ནེ། ཁུ་རེ། ཞོལ་པར་མ་བཅས་བཀའ་འགྱུར་གྱི་པར་མ་ཆེན་པོ་དྲུག་ཏུ་འབྱུང་བ་དང་མཐུན་ཡང་། ལོ་པཎ་བཀས་བཅད་ཀྱི་ཕྱག་གམ་སྡེ་སྣོད་ངོས་འཛིན་གྱི་ཕྱག་གི་འགྱུར་ཕྱག་འགོད་ཚུལ་དང་མི་མཐུན། སྐབས་དེའི་འགྱུར་ཕྱག་ནི་ལོ་པཎ་དག་གིས་སྡེ་སྣོད་གསུམ་ག་ངོས་འཛིན་སླ་བ་དང་རང་རང་གི་བརྗོད་བྱ་ལྟར་སྡེ་ཚན་ཕན་ཚུན་མི་འདྲུགས་པའི་ཕྱིར་གཏན་ལ་ཕབ་པ་ཡང་ཡིན་པས། སྡེ་སྣོད་ངོས་འཛིན་གྱི་ཕྱག་དེ་གང་འདོད་ལྟར་གཞུང་གང་དེའི་དབུ་རུ་འགོད་མི་ཆོག་པའང་ཤེས་པར་འགྱུར། སྣར་ཐང་བཀའ་འགྱུར་པར་མའི་ཤེར་སྙིང་གི་འགྱུར་ཕྱག་ཏུ"སངས་རྒྱས་དང་། བྱང་ཆུབ་སེམས་དཔའ་ཐམས་ཅད་ལ་ཕྱག་འཚལ་ལོ། །"[①]ཞེས་འབྱུང་བ་ནི་གོང་འཁོད་བཀའ་འགྱུར་གྱི་པར་མ་ཁག་དྲུག་གི་འགྱུར་ཕྱག་དང་མི་མཐུན་པར་ལོ་པཎ་བཀས་བཅད་ཀྱི་ཕྱག་འགོད་ཚུལ་དང་བསྟུན་ནས་བཞག་པ་ལ་གཞིགས་ན། སྡེ་སྣོད་ངོས་འཛིན་གྱི་བཀས་བཅད་གཏན་ལ་ཕབ་ཟིན་པའི་རྗེས་ནས་བཀས་བཅད་ཀྱི་དགོངས་པ་ལྟར་བཀོད་དེ་ད་ལྟའི་བར་བཅོས་བསྒྱུར་མ་ཐེབས་པར་ཡོད་པ་འགོས་ཆོས་འགྲུབ་ཀྱི་ཤེར་

---

① སྣར་ཐར་བཀའ་འགྱུར། ཤེང་དཔར། མདོའི་ཁོངས། ཤེས་རབ་སྣ་ཚོགས་ཀྱི་སྡེ་ཚན། ཀ་པོད། ལྡེབ་262

སྙིང་རྒྱ་འགྱུར་ལས་ཤེས།[1] རྒྱུ་མཚན་ནི་ལེའུ་སྔོན་མར་ཡང་ཞུས་ཟིན་ལ། ལྷག་པར་དུ་སློབ་དཔོན་ཐོན་མི་ནས་བཟུང་སྔོན་བྱུང་ལོ་ཙཱ་བ་རྣམས་ཀྱིས་སྐད་རིགས་གཞན་གྱི་སྟེང་ནས་རྒྱལ་བའི་སྡེ་སྣོད་གསུམ་སོགས་བོད་སྐད་དུ་བསྒྱུར་བར་མཛད་དུས། འགྱུར་ལེགས་པར་མཐར་ཕྱིན་པའི་དོན་དུ་རང་གི་ལྷག་པའི་ལྷ་ལ་ཕྱག་འཚལ་བའི་མིང་མང་ཉུང་ཅི་རིགས་བཀོད་ཡོད་པ་ནི་ལོ་ཙཱ་བ་སོ་སོས་བར་དུ་བཙུག་པ་ཡིན་གྱི་བསྒྱུར་བྱའི་གཞུང་རང་ན་མེད[2]པས་དུས་སྐབས་སོ་སོའི་ལོ་ཙཱ་བ་རྣམ་པས་གཞུང་རང་གི་དགོངས་པ་ལྟར་དང་འགྱུར་མཐར་ཕྱིན་པའི་ཆེད་དུ་ལྷག་པའི་ལྷ་ལ་ཕྱག་འཚལ་བའི་ཕྱོགས་སུ་རིམ་གྱིས་འཕོས་པ་རྟོགས། འོན་ཀྱང་ཧྭན་ཙང་བོད་ཡིག་ཤེར་སྙིང་ཤོག་དྲིལ་གཞན་ཐམས་ཅད་ཀྱི་དབུ་རུ"ཐམས་ཅད་མཁྱེན་པ་ལ་ཕྱག་འཚལ་ལོ"ཞེས་པའི་འགྱུར་ཕྱག་བཀོད་ཡོད་པ་དེ་ནི་བཀའ་གསུངས་པ་པོའམ་ཤེར་སྙིང་གི་མདོ་བྱིན་གྱིས་བརླབས་མཁན་སྟོན་པ་བཅོམ་ལྡན་འདས་ལ་ཕྱག་འཚལ་བར་གོ་བ་ལེན་པ་ཞིག་དང་། གཞུང་རང་གི་བརྗོད་བྱ་ལ་ཕྱག་མཛད་པ་གཉིས་ཡོད་པ་ལས། ཕྱི་མ་གཞུང་རང་གི་བརྗོད་བྱ་ཤེས་རབ་ཀྱི་ཕ་རོལ་ཏུ་ཕྱིན་པའམ་ཟབ་མོ་སྟོང་ཉིད་དབྱིངས་དེ་ལ་ཕྱག་འཚལ་བ་ཡིན་པར་བསམ་སྟེ། ཤེར་ཕྱིན་ལ་རང་བཞིན་ཤེར་ཕྱིན་དང་གཞུང་ཤེར་ཕྱིན། ལམ་ཤེར་ཕྱིན། འབྲས་བུ་ཤེར་ཕྱིན་བཅས་བཞི་རུ་ཕྱེས་པའི་འབྲས་བུ་ཤེར་ཕྱིན་ཏེ་དག་པ་གཉིས་ལྡན་གྱི་སངས་རྒྱས་ཆོས་སྐུའི་རྣམ་མཁྱེན་ལ་ཕྱག་བྱས་པ་ཡིན་ཏེ། དྲི་མེད་བཤེས་གཉེན་གྱི་རྒྱ་འགྲེལ་ལས"རྣམ་པ་ཐམས་ཅད་མཁྱེན་པ་ནི་ཤེས་རབ་ཀྱི་ཕ་རོལ་ཏུ་ཕྱིན་པ་ཡིན་ཏེ། ཤེས་རབ་ཀྱི་ཕ་རོལ་ཏུ་ཕྱིན་པ་ལ་ཞེས་འབྱུང་བ་ནི་དེ་བཞིན་གཤེགས་པའི་ཡེ་ཤེས་ཀུན་འབྱུང་བ་བདེན་པའི་བདག་ཉིད་ལ་ཡིན་ཏེ། རྣམ་པ་ཐམས་ཅད་མཁྱེན་པ་ཉིད་ཅེས་བརྗོད་པ་གང་ཡིན་པ་ལ་བྱའོ། །ཤེས་རབ་ཀྱི་ཕ་རོལ་ཏུ་ཕྱིན་པ་ལ་བརྟེན་ནས་ཞེས་འབྱུང་བ་འདི་ཡང་དག་པར་རྫོགས་པའི་བྱང་ཆུབ་ལས་དུས་སྔ་མའི་ཕྱིར་

① སྣར་ཐང་བཀའ་འགྱུར་པར་མའི་ཤེས་རབ་སྣ་ཚོགས་ཀྱི་ཀ་པོད་ཤོག་ངོས་263པར"མ་ལོག་པའི་ཕྱིར་ཤེས་རབ་ཀྱི་ཕ་རོལ་ཏུ་ཕྱིན་པ་ནི། གསང་སྔགས་བདེན་ཞིང་། རིགས་པ་ཡིན་པར་ཤེས་པར་བྱའོ།" ཞེས་པ་ལ་སྡེ་དགེ་སོགས་བཀའ་འགྱུར་པར་མ་གཞན་དུ"མི་རྫུན་པས་ན་བདེན་པར་ཤེས་པར་བྱ་སྟེ།" ཞེས་ཚིག་མི་མཐུན་པར་འབྱུང་ཡང་། ཧྭན་ཙང་གི་འགོས་ཆོས་འགྲུབ་ཀྱི་རྒྱ་འགྱུར་ལ"真实无倒，故知般若波罗蜜多，是秘密咒" ཞེས་འབྱུང་བ་སྣར་ཐང་ལྟར་མཐུན་པ་མ་ཟད། འགྱུར་ཕྱག་ཡང་རྗེའི་གསེར་ཕྲེང་དུ་སྔོན་བསྒྱུར་བའི་འདུལ་བ་དང་མངོན་པ་དང་། མདོ་སྡེ་ཕལ་མོ་ཆེ་ལ་ལོ་པཎ་བཀས་བཅད་ལྟར་ངེས་པ་ཅན་དུ་སྨོས་འདུག་པས། ཕྱིས་མ་ངེས་ཀྱང་དང་པོའི་ཆོས་རྒྱལ་རྣམས་ཀྱི་དུས་སུ་བཀས་བཅད་པའོ་ཞེས་གསུངས་པའི་སྡེ་སྣོད་གསུམ་ངོས་འཛིན་གྱི་ཕྱག་བཅས་ལ་ཡང་ཤིན་ཏུ་མཐུན་པས་ཡིན།

② ཚེ་ཏན་ཞབས་དྲུང་། རྗེ་བཙུན་འཇིགས་མེད་རིགས་པའི་བློ་གྲོས་མཆོག་གི་གསུང་འབུམ། མི་རིགས་དཔེ་སྐྲུན་ཁང་། 2007ལོ། ཤོག་ངོས་136

རོ། །རྣམ་པ་ཐམས་ཅད་མཁྱེན་པ་ཉིད་འདི་ནི་བར་ཆད་མེད་པའི་ཏིང་ངེ་འཛིན་ཡིན་པར་བལྟ་བར་བྱ་སྟེ། ཤེས་རབ་ཀྱི་ཕ་རོལ་ཏུ་ཕྱིན་པ་ཉི་ཁྲི་ལྔ་སྟོང་པ་དང་། དེའི་མན་ངག་མངོན་པར་རྟོགས་པའི་རྒྱན་ལས་ཇི་སྐད་དུ། སངས་རྒྱས་ཉིད་འཐོབ་བར་ཆད་མེད། །བར་ཆད་མེད་པའི་ཏིང་འཛིན་ཏེ། །རྣམ་པ་ཐམས་ཅད་མཁྱེན་པ་ཡིན། །"[①]ཞེས་གསུངས་པ་ལྟར་བརྗོད་བྱ་དོན་གྱི་ཤེར་ཕྱིན་དངོས་ནི་སྟོང་ཉིད་རྟོགས་པའི་ཡེ་ཤེས་ལ་བྱེད་པ་མ་ཟད། རྗོར་གཅོད་ལས་ཀྱང་དུས་གསུམ་གྱི་རྒྱུད་དུ་ཞུགས་པ་ནས་སངས་རྒྱས་ཀྱི་བར་ཐམས་ཅད་ཤེར་ཕྱིན་ལ་བརྟེན་ནས་ཐོབ་པར་གསུངས་པ་ནི་སྟོང་ཉིད་རྟོགས་པའི་ཡེ་ཤེས་ལ་དགོངས་པར་ཁུངས་བཙལ་ནའང་། སྐབས་འདིའི་ཐམས་ཅད་མཁྱེན་པ་ནི་རགས་པའི་དབང་དུ་ཤེས་རབ་ཀྱི་ཕ་རོལ་ཏུ་ཕྱིན་པ་ལ་གོ་དགོས་ཤིང་། དེ་ལས་ཀྱང་འདིའི་སྐབས་སུ་ཐམས་ཅད་མཁྱེན་པས་འབྲས་བུ་ཤེར་ཕྱིན་གྱི་ངོ་བོ་རྣམ་མཁྱེན་སྟོན་པའི་དོན་དུའང་གོང་ནས་ཞུས་པ་བཞིན་བསྟན་འདུག་པས་ན། འགྱུར་ཕྱག་ཐམས་ཅད་མཁྱེན་པ་ལ་ཕྱག་འཚལ་བ་དང་བཅོམ་ལྡན་འདས་མ་ཤེས་རབ་ཀྱི་ཕ་རོལ་ཏུ་ཕྱིན་པ་ལ་ཕྱག་འཚལ་བ་གཉིས་ནི་དོན་གྱི་དགོངས་པ་གཅིག་ཏུ་གྱུར་འདུག་པ་དེ་ལྟར་རྟོགས་པར་འགྱུར། ཡིན་ཡང་འབྲས་བུ་ཤེར་ཕྱིན་གྱི་བསྟན་བྱ་མཚོན་པ་གོང་ལས་གཞན། དངོས་བསྟན་དྲང་དོན་ནས་ལྷག་པའི་ལྷ་ཆེན་པོ་སྟོན་པ་བཅོམ་ལྡན་འདས་ལ་འགྱུར་ཕྱག་འགོད་ཚུལ་གྱི་དབང་དུ་བྱས་ན་སྡེ་སྣོད་ངོས་འཛིན་གྱི་ཕྱག་གིས་དགོངས་པ་དང་ལོག་པར་འགྱུར་བས་ཤེར་སྙིང་མདོ་སྡེ་མིན་པ་དང་འགལ་བར་འགྱུར། དེ་ན་ཐམས་ཅད་མཁྱེན་པ་ལ་ཕྱག་འཚལ་བའི་འགྱུར་ཕྱག་མཛད་ལུགས་ནི་བསྟན་པ་ཕྱི་དར་གྱི་པཎ་ཆེན་ཤཱཀྱ་མཆོག་ལྡན་གྱི་ཆོས་ལ་འཇུག་པའི་སྒོ་ལས་ཀྱང་སྨྲ་བ་རྣམས་ཀྱི་མཆོག་ཐམས་ཅད་མཁྱེན་པ་ལ་ཕྱག་འཚལ་ལོ། །ཞེས་གཞུང་རང་གི་བརྗོད་བྱའི་བསྟན་བྱ་ལ་སྔོན་གྱི་འགྱུར་ཕྱག་མཛད་སྲོལ་བཞིན་ཤན་ཤུགས་ཐེབས་ཏེ་སྟོན་པ་ལ་ཕྱག་མཛད་པ་ཡོད་པ་འདྲའོ་ཞེ་ན། མ་ཡིན་ཏེ་བསྟན་པ་ཕྱི་དར་ནས་རིམ་གྱིས་བསྟན་བཅོས་རྩོམ་པའི་དབུ་རུ་འགྱུར་ཕྱག་འགོད་ཚུལ་ལ་ངེས་པ་མེད་པར་རང་གིས་གང་བསྙེན་པའི་ལྷག་པའི་ལྷ་ཆེ་གེ་མོ་ལ་ཕྱག་འགོད་པའི་སྲོལ་སོགས་ལ་རིམ་གྱིས་འགྱུར་པ་ལས་དུས་སྐབས་དེར་ལོ་པཎ་བཀས་བཅད་ཀྱི་ཕྱག་རྒྱུན་ལྟར་ཏ་ལམ་མེད་པ་རེད། ཕྱིར་གོང་དུ་ཞུས་པ་བཞིན་ཐམས་ཅད་མཁྱེན་པའི་འགྱུར་ཕྱག་དེ་ནི་ལོ་པཎ་བཀས་བཅད་ཀྱི་འགྱུར་ཕྱག་འགོད་ཚུལ་ལྟར་འདུལ་བའི་སྡེ་སྣོད་ཀྱི་ཁོངས་སུ་གཏོགས་པའི་གཞུང་ལ་འགོད་དགོས་མོད། སྐབས་ཐོག་དེར་དེ་ལྟར་མ་བཀོད་པ་ནི་འགྱུར་ཕྱག་བཅོམ་ལྡན་འདས་མ་ཤེས་རབ་ཀྱི་ཕ་རོལ་ཏུ་ཕྱིན་པ་ལ་ཕྱག་འཚལ་

① 《སྡེ་དགེའི་བསྟན་འགྱུར》ཤིང་དཔར། ཤེར་ཕྱིན་གྱི་ཁོངས། ཀ་པོད། ལྡེབ་278

ལོ་ཞེས་པར་མཚོན་ན་ཡང་བཅོམ་ལྡན་འདས་མ་ནི་ཤེས་ཕྱིན་ཉིད་ལ་དགག་སྒྲ་སྦྱར་བ་ཡིན་གྱི་གང་ཟག་ཞིག་ལ་མི་བཟུང་ངོ་ཞེས་ཤེར་སྙིང་གི་རྣམ་བཤད་ཟབ་མོའི་དེ་ཁོ་ན་ཉིད་གསལ་བར་བྱེད་པའི་ཉི་མ[1]ལས་གསུངས་པས་ཐམས་ཅད་མཁྱེན་པ་དང་ཤེས་རབ་ཀྱི་ཕ་རོལ་ཏུ་ཕྱིན་པ། བཅོམ་ལྡན་འདས་མ་བཅས་ནི་དགོངས་པ་ཤུགས་ནས་འདྲ་བར་གོ་བ་ལེན་རྒྱུ་ཡོད་པའང་ཤེས་དགོས་སོ། །གང་ལྟར་ཤེར་སྙིང་གི་འགྱུར་ཕྱག་འདི་གསུམ་ལས་ཏུན་ཧོང་གི་འགྱུར་ཕྱག་ཐམས་ཅད་མཁྱེན་པའི་ཕྱག་དེ་ནི་ལོ་པཎ་བཀས་བཅད་ཀྱི་ཕྱག་མ་མཛད་པའི་སྔོན་གྱི་གཞུང་གི་བརྗོད་བྱ་ལ་ཕྱག་མཛད་ཚུལ་ཞིག་ཡིན་པར་སྙམ་ལ། སྣར་ཐང་གི་བཀའ་འགྱུར་གྱི་ཕྱག་དེ་ནི་སྡེ་སྣོད་ངོས་འཛིན་གྱི་ཕྱག་གཏན་ལ་ཕབ་ཟིན་པའི་རྗེས་ནས་དེ་ལུགས་བཞིན་མཛད་ཡོད་པ་ཞིག་རེད་འདོད་དོ། །

མཇུག་བསྡུ་བའི་གཏམ།

ཏུན་ཧོང་བོད་ཡིག་ཡིག་ཚགས་སུ་ཡོད་པའི་ཤེར་སྙིང་ཅི་བཞུགས་ཀྱི་པར་གཞི་དང་འགྱུར་ཡིག མིང་གི་སྦྱོད་སྟངས། འགྱུར་ཕྱག་སོགས་ལ་རྒྱ་བོད་ཀྱི་བཀའ་བསྟན་དག་ལ་ཁུངས་བཙོལ་ནས་དཔྱད་པ་རགས་ཙམ་བཏང་ཟིན་ནས། འཕགས་པ་ཤེས་རབ་ཀྱི་ཕ་རོལ་ཏུ་ཕྱིན་པའི་སྙིང་པོ་འདི་ལ་ཐོས་བསམ་གྱི་བག་ཆགས་ཙམ་བཞག་ན་ཡང་ཕན་ཡོན་རྒྱ་ཆེན་འབྱུང་བ་རྗེར་གཙོད་སོགས་སུ་གསུངས་པ་ལ་ཡང་དམིགས་ནས། ཤེར་སྙིང་འདོན་པ་ཐམས་ཅད་གནོད་པ་ཟློག་པ་དང་ཞི་བའི་ཆེད་ཙམ་དུ་དམིགས་ནས་ཁ་ཏོན་བྱེད་པ་ནི་དགོས་པ་གཙོ་བོ་ཕྱིན་ཅི་ལོག་ཏུ་སོང་བ་ཡིན་ཏེ། བདག་མེད་རྟོགས་པའི་ལྟ་བ་རྒྱུད་ལ་བསྐྱེད་པའི་ཆེད་དུ་ཡིན་པར་ཙོ་ནེ་གྲགས་པ་བཤད་སྒྲུབ་ཀྱིས་བཞེད་པ་ལྟར། དེ་ལྟ་བུའི་བདག་མེད་ཀྱི་ལྟ་བ་ལ་གོ་བ་ཟབ་མོ་ལོན་རྒྱུར་ཐོས་བསམ་སྒོམ་གསུམ་ཡ་མ་བྲལ་བ་ཞིག་གིས་མ་གཏོགས་ཤིན་ཏུ་ཁག་པོ་ཡིན་ཡང་། ཏུན་ཧོང་ཤོག་དྲིལ་ཁག་གི་ཤེར་སྙིང་གི་དཔྱད་པ་འདི་ག་ཙམ་ལ་ཡང་མངོན་པར་གཞུག་ན་བསྟན་པའི་ཟུར་འདེགས་ཙམ་དང་ཕ་ཡོག་གཅེས་འཛིན་གྱི་རེ་བས་ཀུན་ནས་སླངས་ཏེ་ལས་འདི་ལ་ཞུགས་པར་འགལ་བའི་ཆ་དང་མ་རྟོགས་པའི་ཆ་ཀུན་ལ་སྨོམ་བརྩོན་སྡེ་སྣོད་འཛིན་པ་དག་གི་སྤྱན་སྔར་སྙིང་ནས་འཆགས་སོ། །

《ཀྲུང་གོའི་བོད་རིག་པ་》2017ལོའི་དེབ་གཉིས་པ་ལས་བདམས།

[1] ཙོ་ནེ་གྲགས་པ་བཤད་སྒྲུབ་ཀྱི་གསུང་འབུམ། ཀྲུང་གོའི་བོད་རིག་པ་དཔེ་སྐྲུན་ཁང་། 2009ལོ། ཤོག་ངོས་217

༄། །ཕྲ་རན་སིར་ཉར་བའི་ཏུན་ཧོང་ཡིག་རྙིང་ལས་བྱུང་བའི་《གསེར་འོད་ཇ་སྒྲའི་》ཤོག་རྩལ་ལ་དཔྱད་པ།

རྟ་མགྲིན།

[ནང་དོན་གནད་བསྡུས།] དཔྱད་རྩོམ་འདིར་ཕྲ་རན་སིའི་རྒྱལ་གཉེར་དཔེ་མཛོད་ཁང་དུ་ཉར་བའི་ཏུན་ཧོང་བོད་ཡིག་ཡིག་རྙིང་དག་ད་ལྟ་ཧྲང་ཧེ་དཔེ་རྙིང་དཔེ་སྐྲུན་ཁང་ནས་པར་བསྐྲུན་བྱས་པའི་དེབ་གཉིས་པ་དང་དྲུག་པའི་ནང་གསེར་འོད་ཇ་སྒྲའི་ཤོག་རྩལ་འགའ་ཤས་འདུག་པར་བྲིས་ཤོག་དང་བྲིས་ཡིག་ནང་དོན་བཅས་ལ་ཁྱད་ཆོས་ཅི་འདུག་དཔྱད་པ་བཏང་བ་མ་ཟད། དེ་དང་གཟུངས་འདུས་ཁྲོད་ཀྱི་གསེར་འོད་ཇ་སྒྲའི་ནང་དོན་ལ་གཤིབ་བསྡུར་བྱས་ཡོད།

[གནད་ཚིག] ཏུན་ཧོང་ཡིག་རྙིང་། གསེར་འོད་ཇ་སྒྲ། ཁྱད་ཆོས།

དང་པོ། ཤོག་རྩལ་གྱི་གནས་ཚུལ་མཚམས་སྦྱོར།

གསེར་འོད་ཇ་སྒྲའི་སྐོར་གྱི་ཤོག་རྩལ་ལ་དེབ་གཉིས་པ་རུP.T.0063RV P.T.0064A P.T.0064B P.T.0064BV P.T.0064C P.T.0064CV P.T.0064D P.T.0064DV P.T.0065B P.T.0065BV P.T.0066 P.T.0067(12–1) (12–2) (12–3)(12–4)(12–5)(12–6)(12–7)(12–8)བཅས་དང་དེབ་དྲུག་པ་རུ P.T.0511(2–1)(2–2) P.T.0516B P.T.0520 P.T.0521 P.T.0522 P.T.0522V P.T.0523A(3–1) P.T.0523A(3–2)P.T.0523A(3–3) P.T.0523AV(3–1) P.T.0523AV(3–2) P.T.0523AV(3–3) P.T.0524V(2–1) P.T.0524V(2–2) P.T.0526(4–1) P.T.0524V(4–2) P.T.0524V(4–3) P.T.0524V(4–4)བཅས་འདུག དེ་དག་ལསP.T.0063RV[1]ནི་ཤོག་བུ་སྣ་རིང་གཅིག་གི་ལྡེབ་ངོས་གཉིས་ལ་བྲིས་པའི་ཡི་གེར་པར་བརྒྱབ་པ་ཞིག་སྟེ། བྲིས་པའི་ཡི་གེ་ཆུང་ལ་ཐིག་ཕྲེང་མང་ཞིང་བྲིས་ཀྱང་ལེགས། མགོ་རུ་རྒྱ་གར་གྱི་སྐད་དུ་ཞེས་ཡོད་ལ་མཇུག་ཏུ་འདི་ནི་གསེར་འོད་དམ་པའི་སྨོན་ལམ་

① ཕྲ་རན་སིའི་རྒྱལ་གཉེར་དཔེ་མཛོད་ཁང་དུ་ཉར་བའི་ཏུན་ཧོང་བོད་ཡིག་ཡིག་ཚགས།(དེབ་གཉིས་པ) ཧྲང་ཧེ་དཔེ་རྙིང་དཔེ་སྐྲུན་ཁང་། 2006ལོ། ཤོག་ངོས147

རྫོགས་སོ་ཞེས་ཡོད་པས་མགོ་མཇུག་ལ་བལྟས་ན་ཁ་ཚང་བ་ལྟར་འདུག་པ་མ་ཟད་འོག་ཏུ་ཨིམ་ལྷ་ལེགས་བྲིས། ཤང་བེན་ཞུས། ཏ་སྟག་སླེབས་ཡང་ཞུས། བླ་མ་མྱེད་པ་སུམ་ཞུས། ཞེས་ཞུ་དག་ཀྱང་ཐེངས་མང་བྱས་པར་འདྲ་མོད་དོན་ལ་བར་དུ་ཆད་ཤོར་འདུག ཆེས་འོག་ཏུ་སྨོན་ལམ་གྱི་ སྔགས་བྲིས་ཡོད་ལ་དེར་མཐུད་ནས་སྨོན་ལམ་གྱི་སྔགས་རྫོགས་སོ་ཞེས་བྲིས་ཡོད་དོ། །འདི་ལ་ཧྲང་ཧེ་དཔེ་རྙིང་དཔེ་སྐྲུན་ཁང་ནས་པར་དུ་བསྐྲུན་པའི་དེབ་ཏྲུག་པར་གསེར་འོད་དམ་པའི་མདོ་ཞེས་མིང་བཏགས་ཡོད། P.T.0064A[①]ནི་སྣ་རིང་ལྤེབས་མ་གཉིས་ལ་པར་བརྒྱབ་པ་སྟེ་ལྤེབས་ངོས་རེ་ལ་ཡི་གེ་ཐིག་ཕྲེང་བཞི་རེ་ཡོད་ལ་ལྤེབས་ངོས་ཐོག་མའི་ཐིག་ཕྲེང་གསུམ་གསེར་འོད་ཛ་སླྲ་མིན། འདི་ལ་ཧྲང་ཧེ་དཔེ་རྙིང་དཔེ་སྐྲུན་ཁང་ནས་པར་དུ་བསྐྲུན་པའི་དེབ་ཏྲུག་པར་གསེར་འོད་དམ་པའི་མདོ་ཞེས་མིང་བཏགས་ཡོད། P.T.0064B[②]ནི་སྣ་རིང་ལྤེབས་མ་གཉིས་ལ་ལྷན་དུ་པར་བརྒྱབ་པ་ཞིག་སྟེ། ལྤེབས་ངོས་རེ་ལ་ཡི་གེ་ཐིག་ཕྲེང་ལྔ་རེ་འདུག འདི་ལ་ཧྲང་ཧེ་དཔེ་རྙིང་དཔེ་སྐྲུན་ཁང་ནས་པར་དུ་བསྐྲུན་པའི་དེབ་ཏྲུག་པར་གསེར་འོད་དམ་པའི་མདོ་ཞེས་མིང་བཏགས་ཡོད། P.T.0064BV[③]ནི་སྣ་རིང་ལྤེབས་མ་གཉིས་ལ་པར་བརྒྱབ་པ་ཅན་ཡིན་ལ། ལྤེབས་ངོས་རེ་རེར་ཡི་གེ་ཐིག་ཕྲེང་བཞི་རེ་ཡོད། འདི་ལ་ཧྲང་ཧེ་དཔེ་རྙིང་དཔེ་སྐྲུན་ཁང་ནས་པར་དུ་བསྐྲུན་པའི་དེབ་ཏྲུག་པར་གསེར་འོད་དམ་པའི་མདོ་ཞེས་མིང་བཏགས་ཡོད། P.T.0064Cདང་P.T.0064CV[④]དང་P.T.0064Dདང་P.T.0064DV[⑤]བཞི་ནི་སྣ་རིང་ལྤེབས་མ་རི་ལ་པར་བརྒྱབ་པ་ཅན་ཡིན་ལ་ལྤེབས་ངོས་རེར་ཡི་གེ་ཐིག་ཕྲེང་བཞི་རེ་ཡོད། འདི་དག་ལ་ཧྲང་ཧེ་དཔེ་རྙིང་དཔེ་སྐྲུན་ཁང་ནས་པར་དུ་བསྐྲུན་པའི་དེབ་ཏྲུག་པར་གསེར་འོད་དམ་པའི་མདོ་ཞེས་མིང་བཏགས་

---

① ཧྥ་རན་སིའི་རྒྱལ་གཉེར་དཔེ་མཛོད་ཁང་དུ་ཉར་བའི་ཏུན་ཧོང་བོད་ཡིག་ཡིག་ཚགས།(དེབ་གཉིས་པ) ཧྲང་ཧེ་དཔེ་རྙིང་དཔེ་སྐྲུན་ཁང་། 2006ལོ། ཤོག་ངོས་148

② ཧྥ་རན་སིའི་རྒྱལ་གཉེར་དཔེ་མཛོད་ཁང་དུ་ཉར་བའི་ཏུན་ཧོང་བོད་ཡིག་ཡིག་ཚགས།(དེབ་གཉིས་པ) ཧྲང་ཧེ་དཔེ་རྙིང་དཔེ་སྐྲུན་ཁང་། 2006ལོ། ཤོག་ངོས་149

③ ཧྥ་རན་སིའི་རྒྱལ་གཉེར་དཔེ་མཛོད་ཁང་དུ་ཉར་བའི་ཏུན་ཧོང་བོད་ཡིག་ཡིག་ཚགས།(དེབ་གཉིས་པ) ཧྲང་ཧེ་དཔེ་རྙིང་དཔེ་སྐྲུན་ཁང་། 2006ལོ། ཤོག་ངོས་149

④ ཧྥ་རན་སིའི་རྒྱལ་གཉེར་དཔེ་མཛོད་ཁང་དུ་ཉར་བའི་ཏུན་ཧོང་བོད་ཡིག་ཡིག་ཚགས།(དེབ་གཉིས་པ) ཧྲང་ཧེ་དཔེ་རྙིང་དཔེ་སྐྲུན་ཁང་། 2006ལོ། ཤོག་ངོས་150

⑤ ཧྥ་རན་སིའི་རྒྱལ་གཉེར་དཔེ་མཛོད་ཁང་དུ་ཉར་བའི་ཏུན་ཧོང་བོད་ཡིག་ཡིག་ཚགས།(དེབ་གཉིས་པ) ཧྲང་ཧེ་དཔེ་རྙིང་དཔེ་སྐྲུན་ཁང་། 2006ལོ། ཤོག་ངོས་151

ཡོད། P.T.0065Bདང་P.T.0065BV[①]ནི་སྣ་རིང་ཤོག་བུ་གཅིག་གི་ལྡེབས་ངོས་ཉིན་སྲིབ་གཉིས་ཀར་ཡི་གེ་བྲིས་པ་སོ་སོར་པར་བརྐྱབ་པ་སྟེ། ཡི་གེ་ཆུང་ལ་ཐིག་ཕྲེང་མང་བ་དང་སོ་སོའི་སྟེང་འོག་གཉིས་ཀའི་ཐིག་ཕྲེང་རེའི་ཡིག་གཟུགས་མི་ལེགས། འདི་གཉིས་ལ་ཧྲང་ཧེ་དཔེ་སྐྲུན་དཔེ་སྐྲུན་ཁང་ནས་པར་དུ་བསྐྲུན་པའི་དེབ་དྲུག་པར་གསེར་འོད་དམ་པའི་མདོ་ཞེས་མིང་བཏགས་ཡོད། P.T.0066[②]ནི་རྒྱ་ཤོག་ཡུག་རིང་སྟེང་ཡི་གེ་འཕྲེད་དུ་བྲིས་ཡོད་པ་ཞིག་ཡིན་ལ་དེའི་ཐོག་ཏུ་ཚོས་སྣ་གཉིས་ཡོད་པའི་མང་ཤོས་ནི་གསེར་འོད་ཛ་སྨྲའི་ཁག་ཕྱི་མ་ཡིན་ལ་ཉུང་ཤས་ཤིག་ནི་ཤེས་རབ་བརྒྱ་པ་རེད། P.T.0067(12–1) P.T.0067(12–2) P.T.0067(12–3) P.T.0067(12–4) P.T.0067(12–5) P.T.0067(12–6) P.T.0067(12–7) P.T.0067(12–8)[③]རྣམས་ནི་སྣ་རིང་ལྡེབས་ངོས་གསུམ་རེར་ལྷན་དུ་པར་བརྐྱབ་པ་ཅན་ཡིན་ལ་ལྡེབས་ངོས་རེ་རེར་ཡི་གེ་ཐིག་ཕྲེང་ལྔ་རེ་འདུག་ཅིང་བྲིས་ཀྱང་ལེགས། འདི་དག་ལ་ཧྲང་ཧེ་དཔེ་སྐྲུན་དཔེ་སྐྲུན་ཁང་ནས་པར་དུ་བསྐྲུན་པའི་དེབ་དྲུག་པར་གསེར་འོད་དམ་པ་ཞེས་བྱ་བའི་མདོ་ཞེས་མིང་བཏགས་ཡོད། P.T.0511(2–1) P.T.0511(2–2)[④]ནི་མ་གཞིར་ཤོག་བུ་ལྡེབས་མ་གསུམ་འདུག་པ་གཤིབ་སྟེ་དེ་ལ་པར་བརྐྱབ་པའི་པར་གཉིས་ཏེ། ཤོག་ལྡེབས་དང་པོར་གདོང་སྐྱོན་ཐེབས་པ་ཚབས་ཆེ་ཡང་ཐིག་ཕྲེང་དང་པོར་གསལ་བའི་ཡི་གེར་བལྟས་ན་གསེར་འོད་ཛ་སྨྲའི་མགོ་ཡིན་པ་རྟོགས་ནུས་ལ། ཤོག་ལྡེབས་མཐའ་མའི་མཇུག་ཏུ་གསེར་འོད་དམ་པའི་སྨོན་ལམ་རྫོགས་སོ་ཞེས་བྲིས་ཡོད། ཧྲང་ཧེ་དཔེ་སྐྲུན་དཔེ་སྐྲུན་ཁང་ནས་པར་དུ་བསྐྲུན་པའི་དེབ་དྲུག་པར་གསེར་འོད་དམ་པའི་སྨོན་ལམ་ཞེས་མིང་བཏགས་ཡོད། P.T.0516B[⑤]ནི་སྣ་རིང་ཤོག་ལྡེབས་ལ་པར་བརྐྱབ་པ་ཞིག་སྟེ། དེར་ཤོག་ངོས་གཅིག་ཏུ་ཚོས་སྣ་གཉིས་ཡོད་ཅིང་སྟོད་ཀྱི་ཐིག་ཕྲེང་བཞི་གསེར་འོད་ཛ་སྨྲ་ཡིན་ལ་དེར་མཐུད་དེ་གསེར་འོད་དམ་པའི་

---

① ཙྪ་རན་སིའི་རྒྱལ་གཉེར་དཔེ་མཛོད་ཁང་དུ་ཉར་བའི་ཏུན་ཧོང་བོད་ཡིག་ཡིག་ཚགས།(དེབ་གཉིས་པ) ཧྲང་ཧེ་དཔེ་སྐྲུན་དཔེ་སྐྲུན་ཁང་། 2006ལོ། ཤོག་ངོས་154-155

② ཙྪ་རན་སིའི་རྒྱལ་གཉེར་དཔེ་མཛོད་ཁང་དུ་ཉར་བའི་ཏུན་ཧོང་བོད་ཡིག་ཡིག་ཚགས།(དེབ་གཉིས་པ) ཧྲང་ཧེ་དཔེ་སྐྲུན་དཔེ་སྐྲུན་ཁང་། 2006ལོ། ཤོག་ངོས་156

③ ཙྪ་རན་སིའི་རྒྱལ་གཉེར་དཔེ་མཛོད་ཁང་དུ་ཉར་བའི་ཏུན་ཧོང་བོད་ཡིག་ཡིག་ཚགས།(དེབ་གཉིས་པ) ཧྲང་ཧེ་དཔེ་སྐྲུན་དཔེ་སྐྲུན་ཁང་། 2006ལོ། ཤོག་ངོས་162-165

④ ཙྪ་རན་སིའི་རྒྱལ་གཉེར་དཔེ་མཛོད་ཁང་དུ་ཉར་བའི་ཏུན་ཧོང་བོད་ཡིག་ཡིག་ཚགས།(དེབ་གཉིས་པ) ཧྲང་ཧེ་དཔེ་སྐྲུན་དཔེ་སྐྲུན་ཁང་། 2006ལོ། ཤོག་ངོས་114-115

⑤ ཙྪ་རན་སིའི་རྒྱལ་གཉེར་དཔེ་མཛོད་ཁང་དུ་ཉར་བའི་ཏུན་ཧོང་བོད་ཡིག་ཡིག་ཚགས།(དེབ་གཉིས་པ) ཧྲང་ཧེ་དཔེ་སྐྲུན་དཔེ་སྐྲུན་ཁང་། 2006ལོ། ཤོག་ངོས་120

མདོ་རྫོགས་སོ་ཞེས་བྲིས་ཡོད། ཡི་གེ་བྲིས་པ་ལེགས། རྟང་ཧེ་དཔེ་རྙིང་དཔེ་སྐྲུན་ཁང་ནས་པར་དུ་བསྐྲུན་པའི་དེབ་དྲུག་པར་གསེར་འོད་དམ་པའི་མདོ་ཞེས་མིང་བཏགས་ཡོད། P.T.0520[①]ནི་ཤོག་བུ་སྣ་རིང་གི་ལྡེབས་ངོས་གསུམ་ལ་ལྷན་དུ་པར་བརྒྱབ་པ་ཞིག་སྟེ། ཤོག་བུ་དང་པོར་ཡི་གེ་ཐིག་ཕྲེང་བཞི་དང་གཞན་གཉིས་ལ་ཡི་གེ་ཐིག་ཕྲེང་ལྔ་རེ་ཡོད། ཡི་གེ་བྲིས་པ་ཡག་ཀྱང་གནོད་སྐྱོན་ཐེབས་ཡོད། རྟང་ཧེ་དཔེ་རྙིང་དཔེ་སྐྲུན་ཁང་ནས་པར་དུ་བསྐྲུན་པའི་དེབ་དྲུག་པར་གསེར་འོད་དམ་པའི་ཐ་སྙ་བསྙགས་པའི་ཡི་གེ་ཞེས་མིང་བཏགས་ཡོད། P.T.0521[②]ནི་ཤོག་ལེབ་གསུམ་ལ་ལྷན་དུ་པར་བརྒྱབ་པ་ཞིག་སྟེ། ཤོག་ངོས་རེར་ཡི་གེ་ཐིག་ཕྲེང་དྲུག་རེ་ཡོད་ཀྱང་ཞེང་ཆུང་ལ་ཡི་གེ་ཆེ་བས་ཐིག་ཕྲེང་རེར་ཚིག་ཁྲིམ་བརྒྱད་དགུ་ལས་མེད། རྟང་ཧེ་དཔེ་རྙིང་དཔེ་སྐྲུན་ཁང་ནས་པར་དུ་བསྐྲུན་པའི་དེབ་དྲུག་པར་གསེར་འོད་དམ་པའི་ཐ་སྙ་བསྙགས་པའི་ཡི་གེ་ཞེས་མིང་བཏགས་ཡོད། P.T.0522[③]ནི་ཤོག་ལྡེབས་གསུམ་ལ་ལྷན་དུ་པར་བརྒྱབ་པ་ཞིག་སྟེ། ཤོག་ངོས་རེར་ཡི་གེ་ཐིག་ཕྲེང་ལྔ་རེ་ཡོད་ཀྱང་ཞེང་ཆུང་ལ་ཡི་གེ་ཆེ་བས་ཐིག་ཕྲེང་རེར་ཚིག་ཁྲིམ་བཅུ་ཡས་མས་ལས་མེད་པ་དང་ཤོག་བུར་རལ་སྐྱོན་བྱུང་ཡོད། རྟང་ཧེ་དཔེ་རྙིང་དཔེ་སྐྲུན་ཁང་ནས་པར་དུ་བསྐྲུན་པའི་དེབ་དྲུག་པར་གསེར་འོད་དམ་པའི་ཐ་སྙ་བསྙགས་པའི་ཡི་གེ་ཞེས་མིང་བཏགས་ཡོད། P.T.0522Vནི་ཤོག་ལྡེབས་གསུམ་ལ་ལྷན་དུ་པར་བརྒྱབ་པ་ཞིག་སྟེ། ཤོག་ངོས་རེར་ཡི་གེ་ཐིག་ཕྲེང་ལྔ་རེ་ཡོད་ཀྱང་ཞེང་ཆུང་ལ་ཡི་གེ་ཆེ་བས་ཐིག་ཕྲེང་རེར་ཚིག་ཁྲིམ་བཅུ་ཡས་མས་ལས་མེད་པ་དང་ཤོག་བུར་རལ་སྐྱོན་བྱུང་ཡོད། རྟང་ཧེ་དཔེ་རྙིང་དཔེ་སྐྲུན་ཁང་ནས་པར་དུ་བསྐྲུན་པའི་དེབ་དྲུག་པར་གསེར་འོད་དམ་པའི་ཐ་སྙ་བསྙགས་པའི་ཡི་གེ་ཞེས་མིང་བཏགས་ཡོད། P.T.0523A(3–1)[④]ནི་ཤོག་ལྡེབས་ལྔ་དང་ཕྱེད་ལ་ལྷན་དུ་པར་བརྒྱབ་པ་ཞིག་སྟེ། ཤོག་ངོས་རེར་ཡི་གེ་ཐིག་ཕྲེང་ལྔ་རེ་ཡོད་ཀྱང་ཞེང་ཆུང་ལ་ཡི་གེ་ཆེ་བས་ཐིག་ཕྲེང་རེར་ཚིག་ཁྲིམ་བརྒྱད་དགུ་ལས་མེད། རྟང་ཧེ་དཔེ་རྙིང་དཔེ་སྐྲུན་ཁང་ནས

---

① ཧྥ་རན་སིའི་རྒྱལ་གཉེར་དཔེ་མཛོད་ཁང་དུ་ཉར་བའི་ཏུན་ཧོང་བོད་ཡིག་ཡིག་ཚགས།(དེབ་གཉིས་པ) རྟང་ཧེ་དཔེ་རྙིང་དཔེ་སྐྲུན་ཁང་། 2006ལོ། ཤོག་ངོས་129

② ཧྥ་རན་སིའི་རྒྱལ་གཉེར་དཔེ་མཛོད་ཁང་དུ་ཉར་བའི་ཏུན་ཧོང་བོད་ཡིག་ཡིག་ཚགས།(དེབ་གཉིས་པ) རྟང་ཧེ་དཔེ་རྙིང་དཔེ་སྐྲུན་ཁང་། 2006ལོ། ཤོག་ངོས་130

③ ཧྥ་རན་སིའི་རྒྱལ་གཉེར་དཔེ་མཛོད་ཁང་དུ་ཉར་བའི་ཏུན་ཧོང་བོད་ཡིག་ཡིག་ཚགས།(དེབ་གཉིས་པ) རྟང་ཧེ་དཔེ་རྙིང་དཔེ་སྐྲུན་ཁང་། 2006ལོ། ཤོག་ངོས་131

④ ཧྥ་རན་སིའི་རྒྱལ་གཉེར་དཔེ་མཛོད་ཁང་དུ་ཉར་བའི་ཏུན་ཧོང་བོད་ཡིག་ཡིག་ཚགས།(དེབ་གཉིས་པ) རྟང་ཧེ་དཔེ་རྙིང་དཔེ་སྐྲུན་ཁང་། 2006ལོ། ཤོག་ངོས་133

པར་དུ་བསྐྲུན་པའི་དེབ་དྲུག་པར་གསེར་འོད་དམ་པའི་ཛ་སྒྲ་བསྒྲགས་པའི་ཡི་གེ་ཞེས་མིང་བཏགས་ཡོད། P.T.052 3A(3–2)[1]ནི་ཤོག་ལྷེབས་ལྔ་དང་སྙིང་འོག་གཉིས་སུ་ངོས་ཕྱེད་གཉིས་བཅས་ལྷན་དུ་པར་བརྒྱབ་པ་ཞིག་སྟེ། ཤོག་ངོས་རེར་ཡི་གེ་ཐིག་ཕྲེང་ལྔ་རེ་ཡོད་ཀྱང་ཞེང་ཆུང་ལ་ཡི་གེ་ཆེ་བས་ཐིག་ཕྲེང་རེར་ཚིག་ཁྱིམ་བརྒྱད་དགུ་ལས་མེད། ཧྲང་ཧེ་དཔེ་རྙིང་དཔེ་སྐྲུན་ཁང་ནས་པར་དུ་བསྐྲུན་པའི་དེབ་དྲུག་པར་གསེར་འོད་དམ་པའི་ཛ་སྒྲ་བསྒྲགས་པའི་ཡི་གེ་ཞེས་མིང་བཏགས་ཡོད། P.T.0523A(3–3)[2]ནི་ཤོག་ལྷེབས་མ་གསུམ་དང་ཕྱེད་ལ་ལྷན་དུ་པར་བརྒྱབ་པ་ཞིག་སྟེ། ཤོག་བུ་དང་ཡི་གེའི་ཁྱད་ཆོས་གོང་མ་གཉིས་དང་མཚུངས། ཧྲང་ཧེ་དཔེ་རྙིང་དཔེར་སྐྲུན་ཁང་ནས་པར་དུ་བསྐྲུན་པའི་དེབ་དྲུག་པར་གསེར་འོད་དམ་པའི་ཛ་སྒྲ་བསྒྲགས་པའི་ཡི་གེ་ཞེས་མིང་བཏགས་ཡོད། P.T.0523AV(3–1)[3]ནིP.T.0523A(3–1)དང་འདྲ། P.T.0523AV(3–2)[4]ནིP.T.0523A(3–2)དང་འདྲ། P.T.0523AV(3–3)[5]ནིP.T.0523A(3–3)དང་འདྲ། འདི་དག་ལ་ཧྲང་ཧེ་དཔེ་རྙིང་དཔེ་སྐྲུན་ཁང་ནས་པར་དུ་བསྐྲུན་པའི་དེབ་དྲུག་པར་གསེར་འོད་དམ་པའི་ཛ་སྒྲ་བསྒྲགས་པའི་ཡི་གེ་ཞེས་མིང་བཏགས་ཡོད། P.T.0524V(2–1)[6]ནི་སྣ་རིང་ལྷེབས་མ་བཞི་ལ་པར་བརྒྱབ་པ་ཞིག་ཡིན་ཡང་རྗེས་མ་དེའི་ཐིག་ཕྲེང་གཉིས་ལས་མི་འདུག་སྟེ། ལྷེབས་ངོས་རེ་རེའི་ཐིག་ཕྲེང་གི་གྲངས་མི་མཉམ་ལ་ཡི་གེ་བྲིས་པའང་མི་ལེགས། ལྷེབས་ངོས་ཐོག་མ་ལ་རལ་སྐྱོན་ཅུང་ཙམ་ཡང་ཤོར་ཡོད། ཧྲང་ཧེ་དཔེ་རྙིང་དཔེ་སྐྲུན་ཁང་ནས་པར་དུ་བསྐྲུན་པའི་དེབ་དྲུག་པར་གསེར་འོད་དམ་

---

① ཕྲ་རན་སིའི་རྒྱལ་གཉེར་དཔེ་མཛོད་ཁང་དུ་ཉར་བའི་ཏུན་ཧོང་བོད་ཡིག་ཡིག་ཚགས།(དེབ་གཉིས་པ) ཧྲང་ཧེ་དཔེ་རྙིང་དཔེ་སྐྲུན་ཁང་། 2006ལོ། ཤོག་ངོས134

② ཕྲ་རན་སིའི་རྒྱལ་གཉེར་དཔེ་མཛོད་ཁང་དུ་ཉར་བའི་ཏུན་ཧོང་བོད་ཡིག་ཡིག་ཚགས།(དེབ་གཉིས་པ) ཧྲང་ཧེ་དཔེ་རྙིང་དཔེ་སྐྲུན་ཁང་། 2006ལོ། ཤོག་ངོས135

③ ཕྲ་རན་སིའི་རྒྱལ་གཉེར་དཔེ་མཛོད་ཁང་དུ་ཉར་བའི་ཏུན་ཧོང་བོད་ཡིག་ཡིག་ཚགས།(དེབ་གཉིས་པ) ཧྲང་ཧེ་དཔེ་རྙིང་དཔེ་སྐྲུན་ཁང་། 2006ལོ། ཤོག་ངོས136

④ ཕྲ་རན་སིའི་རྒྱལ་གཉེར་དཔེ་མཛོད་ཁང་དུ་ཉར་བའི་ཏུན་ཧོང་བོད་ཡིག་ཡིག་ཚགས།(དེབ་གཉིས་པ) ཧྲང་ཧེ་དཔེ་རྙིང་དཔེ་སྐྲུན་ཁང་། 2006ལོ། ཤོག་ངོས137

⑤ ཕྲ་རན་སིའི་རྒྱལ་གཉེར་དཔེ་མཛོད་ཁང་དུ་ཉར་བའི་ཏུན་ཧོང་བོད་ཡིག་ཡིག་ཚགས།(དེབ་གཉིས་པ) ཧྲང་ཧེ་དཔེ་རྙིང་དཔེ་སྐྲུན་ཁང་། 2006ལོ། ཤོག་ངོས138

⑥ ཕྲ་རན་སིའི་རྒྱལ་གཉེར་དཔེ་མཛོད་ཁང་དུ་ཉར་བའི་ཏུན་ཧོང་བོད་ཡིག་ཡིག་ཚགས།(དེབ་གཉིས་པ) ཧྲང་ཧེ་དཔེ་རྙིང་དཔེ་སྐྲུན་ཁང་། 2006ལོ། ཤོག་ངོས142

པའི་ཛ་སྒྲ་བསྒྲགས་པའི་ཡི་གེ་ཞེས་མིང་བཏགས་ཡོད། P.T.0524V(2–2)[①]ནི་སྣ་རིང་ལྷེབས་གསུམ་ལ་པར་བརྒྱབ་པ་ཞིག་སྟེ། ལྷེབས་ངོས་གཞུག་མ་གཉིས་ལ་ཡི་གེ་ཐིག་ཕྲེང་ལྔ་རེ་ཡོད་ཀྱང་ལྷེབས་ངོས་སྔོན་མའི་ཡི་གེ་ཐིག་ཕྲེང་རྗེས་མ་གསུམ་ལས་མེད། རྟང་ཏེ་དཔེ་རྙིང་པར་སྐྲུན་ཁང་ནས་པར་དུ་བསྐྲུན་པའི་དེབ་ཏྲུག་པར་གསེར་འོད་དམ་པའི་ཛ་སྒྲ་བསྒྲགས་པའི་ཡི་གེ་ཞེས་མིང་བཏགས་ཡོད། P.T.0526(4–1)[②]ནི་སྣ་རིང་ལྷེབས་མ་གསུམ་ལ་ལྷན་དུ་པར་བརྒྱབ་པ་ཞིག་སྟེ། ལྷེབས་མ་དང་པོར་ཡི་གེ་ཐིག་ཕྲེང་གསུམ་ལས་མེད་ལ་མགོར་བོད་སྐད་དུ་ཞེས་ཡོད་པས་མགོ་ཡིན་པ་ཤེས་ལ། ལྷེབས་མ་གཉིས་པ་ཤོག་སྟོང་ཡིན། ལྷེབས་གསུམ་པར་ཡི་གེ་ཐིག་ཕྲེང་བཞི་ཡོད། བྲིས་མི་ལེགས། རྟང་ཏེ་དཔེ་རྙིང་དཔེ་སྐྲུན་ཁང་ནས་པར་དུ་བསྐྲུན་པའི་དེབ་ཏྲུག་པར་གསེར་འོད་དམ་པའི་སྨོན་ལམ་གྱི་མདོ་ཞེས་མིང་བཏགས་ཡོད། P.T.0526(4–2)[③]དང་P.T.0526(4–3)[④]ནི་སྣ་རིང་ལྷེབས་མ་གསུམ་ལ་ལྷན་དུ་པར་བརྒྱབ་པ་ཅན་ཡིན་ལ་ལྷེབས་མ་རེར་ཡི་གེ་ཐིག་ཕྲེང་བཞི་རེ་ཡོད་ལ་བྲིས་མི་ལེགས། རྟང་ཏེ་དཔེ་རྙིང་དཔེ་སྐྲུན་ཁང་ནས་པར་དུ་བསྐྲུན་པའི་དེབ་ཏྲུག་པར་གསེར་འོད་དམ་པའི་སྨོན་ལམ་གྱི་མདོ་ཞེས་མིང་བཏགས་ཡོད། P.T.0526(4–4)[⑤]སྣ་རིང་ལྷེབས་མ་གསུམ་ལ་ལྷན་དུ་པར་བརྒྱབ་པ་སྟེ། ལྷེབས་ངོས་དང་པོ་གཉིས་ལ་ཡི་གེ་ཐིག་ཕྲེང་གསུམ་རེ་ལས་མེད་ལ་ལྷེབས་མ་རྗེས་མ་དེ་ཤོག་སྟོང་རེད། རྟང་ཏེ་དཔེ་རྙིང་དཔེ་སྐྲུན་ཁང་ནས་དཔར་དུ་བསྐྲུན་པའི་དེབ་ཏྲུག་པར་གསེར་འོད་དམ་པའི་སྨོན་ལམ་གྱི་མདོ་ཞེས་མིང་བཏགས་ཡོད།

---

① ཧྥ་རན་སིའི་རྒྱལ་གཉེར་དཔེ་མཛོད་ཁང་དུ་ཉར་བའི་ཏུན་ཧོང་བོད་ཡིག་ཡིག་ཚགས།(དེབ་གཉིས་པ) རྟང་ཏེ་དཔེ་རྙིང་དཔེ་སྐྲུན་ཁང་། 2006ལོ། ཤོག་ངོས་143

② ཧྥ་རན་སིའི་རྒྱལ་གཉེར་དཔེ་མཛོད་ཁང་དུ་ཉར་བའི་ཏུན་ཧོང་བོད་ཡིག་ཡིག་ཚགས།(དེབ་གཉིས་པ) རྟང་ཏེ་དཔེ་རྙིང་དཔེ་སྐྲུན་ཁང་། 2006ལོ། ཤོག་ངོས་145

③ ཧྥ་རན་སིའི་རྒྱལ་གཉེར་དཔེ་མཛོད་ཁང་དུ་ཉར་བའི་ཏུན་ཧོང་བོད་ཡིག་ཡིག་ཚགས།(དེབ་གཉིས་པ) རྟང་ཏེ་དཔེ་རྙིང་དཔེ་སྐྲུན་ཁང་། 2006ལོ། ཤོག་ངོས་146

④ ཧྥ་རན་སིའི་རྒྱལ་གཉེར་དཔེ་མཛོད་ཁང་དུ་ཉར་བའི་ཏུན་ཧོང་བོད་ཡིག་ཡིག་ཚགས།(དེབ་གཉིས་པ) རྟང་ཏེ་དཔེ་རྙིང་དཔེ་སྐྲུན་ཁང་། 2006ལོ། ཤོག་ངོས་147

⑤ ཧྥ་རན་སིའི་རྒྱལ་གཉེར་དཔེ་མཛོད་ཁང་དུ་ཉར་བའི་ཏུན་ཧོང་བོད་ཡིག་ཡིག་ཚགས།(དེབ་གཉིས་པ) རྟང་ཏེ་དཔེ་རྙིང་དཔེ་སྐྲུན་ཁང་། 2006ལོ། ཤོག་ངོས་148

གཉིས་པ། ཤོག་རྒྱུད་དག་གི་ནང་དོན་ཁ་ཚང་།

ཏུན་ཧོང་གཏེར་ཡིག་ཁྲོད་ཀྱི་གསེར་འོད་ཛ་སྒྲའི་ཤོག་རྒྱུད་དག་ཏུ་ནང་དོན་ཁ་ཚང་བ་ཞིག་མི་འདུག་ཀྱང་ཤོག་དྲིལ་ཨང་རྟགས P.T.0067དང་ཨང་རྟགས P.T.0066གཉིས་ནི་གསེར་འོད་ཛ་སྒྲའི་སྟོད་དང་སྨད་དུ་འདུག་པས་དེ་གཉིས་ལྷན་དུ་བསྒྲིགས་ན་ཕལ་ཆེར་ཁ་ཚང་བ་འདྲ་བས་འདིར་ཨང་རྟགས P.T.0067དང་ཨང་རྟགས P.T.0066གཉིས་གཞིར་བཟུང་ཞིང་ད་དུང་ཆད་ཤོར་བྱུང་བP.T.oo63Avདང་P.T.0064Bདང་P.T.0523བཅས་ལས་ཁ་སྐོང་བྱས་ན་འདི་ལྟར།

གསེར་འོད་དམ་པ་ཞེས་བྱ་བ་འི་མདོ། རྒྱ་གར་སྐད་སུ་བ་ར་ན་པྲ་བྷ་ས་དང་གླ། །བོད་སྐད་དུ། གསེར་འོད་དམ་པ་ཞེས་བྱ་བ་འི་མདོ། །ཐུབ་ཅིག་བདག་གི་ཐོ་ལམ་ན། །སྟོང་ཁམས་ཐམས་ཅད་ཛ་འི་ས་གང་། །དེ་དག་ཐམས་ཅད་གསེར་ཛ་སྟེ། །ཀུན་ཀྱང་རང་རྟུང་དར་དར་དེར། །①ཛ་སྒྲ་དེ་ལས་ཕར་མཉན་ན། །ཛ་དབྱངས་སྣ་ཚོགས་འགྱུར་ཞིང་འབོད། །ཛ་འོད་འབར་པ་གཉི་བཞིན་ཤར། །ཛ་སྒྲ་ཆེན་པོས་སྟོང་གསུམ་གཡོས། །གནམ་ས་ཀུན་ཀྱང་འགྱུར་ཞིང་ལྡེག། །མཚོ་ཆེན་ཀུན་ཀྱང་འཁྲུག་ཅིང་རྙོག། །རི་རབ་ཀུན་ཀྱང་རྙིལ་ཞིང་འཇིག། །ཀླུ་འབྲུག་ཀུན་ཀྱང་ཉམས་སྨོ་དགའ། །བར་སྣང་ཀུན་ཀྱང་དེ་བཞི་གཡོས། །དེ་ལྟར་འོད་སྣང་སྒྲ་སྙན་པ། །དེ་ལྟར་མཐུ་ཆེ་སུ་འི་གཡོ། །འཇིག་རྟེན་མགོན་པོ་སུ་འི་མཐུ། །ཕྱོགས་རྩ་ཁམས་སུ་ཕར་བལྟས་ན། །ཁམས་གསུམ་དེ་དག་ཐམས་ཅད་ན། །ས་ལེ་འི་ཤིང་དྲུང་རེ་རེ་ན། །རིན་ཅེན་སྟེགས་བུ་མཐོ་གཙང་ལ། །བཙུན་པའི་སངས་རྒྱས་རེ་རེ་བཞུགས། །དེ་བཞི་ས་ལའི་ཡལ་ག་ལ། །བཙན་པའི་སངས་རེ་རེ་བཞུགས། །②སངས་རྒྱས་དེ་དག་ཞམ་འཁྲིང་ན། །བྱང་ཆུབ་སེམས་དཔའ་འཁོར་དང་བཅས། །གནམ་གི་མེན་དོག་ཆར་བཞིན་འབེབས། །གནམ་ས་རོམ་པའི་ལྷ་ཀུན་ཀྱིས། །ཚིག་བཟང་སྙན་པ་དུ་མས་བསྟོད། །དེ་དག་སངས་རྒྱས་ཐམས་ཅད་ཀྱིང་། །གཅིག་བཞིན་མཚུངས་པར་གསུང་ཕྱུང་བ། །གསེར་འོད་དམ་པའི་ཛ་སྒྲ་འདིས། །སྟོང་གསུམ་ཀུན་ཀྱིས་སེམས་ཅན་དང་། །དེ་བཞིན་མཐའ་མྱེད་ཐམས་ཅན་དང་། །གཤིན་རྗེ་ཁམས་ཀྱི་མྱ་ངན་དང་། །ངན་པར་འགྲོ་བའི་མྱ་ངན་དང་། །དབུལ་པོར་འགྲོ་བའི་མྱ་ངན། །འཇིག་རྟེན་ཁམས་ཀུན་ཞི་བར་ཤོག །གསེར་འོད་དམ་པའི་ཛ་སྒྲ་འདིས། །སེམས་ཅན་

① ཚིག་རྐང་འདི་གཉིས P.T.0523ལས་བསྣན།

② ཚིག་རྐང་འདི་གཉིས P.T.0523ལས་བསྣན།

འཛོགས་པའི་སྐབས་བྱས་དེ། །ཁམས་གསུམ་ནང་ན་གདུང་བ་དག །བྱང་ཆུབ་སངས་རྒྱས་ཐུགས་རྗེས་འིས། །ཟིལ་ངར་མཉམ་པའི་ཆར་བབ་སྟེ། །ཉོན་མོངས་ཀུན་ཀྱང་བདེ་བར་ཤོག། །གསེར་འོད་དམ་པའི་ཛ་སྒྲ་འིས། །བགེགས་བརྒྱད་སྤྱོད་པའི་སེམས་ཅན་དག། །སངས་རྒྱ་བྱང་ཆུབ་མྱུར་མཐོང་སྟེ། །མགོན་པོ་ཆོས་ཀུན་ཐོབ་པར་ཤོག །གསེར་འོད་དམ་པའི་ཛ་སྒྲ་འིས། །མཐའ་འཁོབ་སྐྱེས་པའི་མི་དག་ཀུན། །ཡུལ་གི་དབུས་སུ་སྐྱེས་ཟིན་ཏེ། །ཆོས་བྱེད་རྒྱལ་དང་ཕྲད་པར་ཤོག །ཕྱོག་བྱང་སྙིང་རྗེ་འི་ཕྲུ་མོ་ཐོབ། །གསེར་འོད་དམ་པའི་ཛ་སྒྲ་འིས། །འོན་ལྐུགས་གླེན་བའི་སེམས་ཅན་དག། །དེ་དག་བགེགག་ཡུལ་གར་སྐྱེས་ཀྱང་། །ཤེས་རབ་བྱང་ཆུབ་སེམས་ཐོབ་སྟེ། །བླ་མེད་བྱང་ཆུབ་གནས་སུ་ཤོག། །གསེར་འོད་དམ་པའི་ཛ་སྒྲ་འིས། །དམུ་ལོང་མདོངས་པའི་རྒྱུན་བཅད་དེ། །སྣང་ཤར་ཆོས་ཀྱི་ལམ་བསྒྲུབས་ནས། །ཆོས་དམིག་གཙང་མ་ཐོབ་པར་ཤོག །གསེར་འོད་དམ་པའི་ཛ་སྒྲ་འིས། །ཡོན་པོར་ལྟ་བའི་མི་དག་ཀུན། །རང་སེམས་རང་གིས་ཕས་གཡོས་དེ། །བཤེས་ཉེན་བྱང་ཆུབ་སེམས་དཔས་བཟུང་། །དོན་དུ་དགེ་བཤེས་བྱེད་པར་ཤོག །གསེར་འོད་དམ་པའི་ཛ་སྒྲ་འིས། །མཐོ་རིས་བྱང་ཆུབ་སྒྲ་སྐྱེས་པས། །མཐོ་བཙུན་སླེམས་པའི་སེམས་ཅན་དག །བསྒྲིབ་པ་དེ་དག་ཀུན་བསལ་དེ། །བླ་མེད་ཆོས་ཀྱི་གཞི་ཐོབ་པས། །སྙིང་རྗེ་ཀུན་དང་ལྡན་པར་ཤོག། །གསེར་འོད་དམ་པའི་ཛ་སྒྲ་འིས། །ཁམས་གསུམ་བཙོན་ར་ཡོངས་བྲལ་དེ། །འཁོར་བའི་མྱ་ངན་རྒྱུན་བཤིག་ནས། །བདུད་ཀྱི་སྡེ་ཀུན་བཤིག་དྲལ་དེ། །བླ་མེད་ཡང་དག་གནས་སུ་ཤོག །གསེར་འོད་དམ་པའི་ཛ་སྒྲ་འིས། །འཁོར་བ་ཐམས་ཅད་རྒྱུན་བཅད་དེ། །བྱང་སེམས་ཀྱི་སྨྱུ་གུ་སྐྱེས། །སངས་རྒྱས་ཐམས་ཅད་ས་ཀུན་ཐོབ། །བྱང་ཆུབ་ཤིང་དྲུང་འདུག་པར་ཤོག། །གསེར་འོད་དམ་པའི་ཛ་སྒྲ་འིས། །སེམས་ཅན་ཐམས་ཅད་ཐོས་སོ་ཚོག། །སྨོན་ལམ་ཐོས་པའི་སར་བཞུགས་དེ། །སྡུག་བསྔལ་ཆེན་པོ་ཀུན་སྤངས་ནས། །སེང་འགེ་སྟབས་སུ་འགྲོ་བར་ཤོག། །གསེར་འོད་དམ་པའི་ཛ་སྒྲ་འིས། །སེམས་ཅན་ཐམས་ཅད་ཐོས་སོ་ཚོག། །བྱང་ཆུབ་སྙིང་རྗེ་ཕས་གཡོས་དེ། །ཀུན་ཀྱི་ར་མདའ་བདག་སྤྱོད་པས། །འཛིག་རྟེན་ཕ་མས་ཐོས་པར་ཤོག། །གསེར་འོད་དམ་པའི་ཛ་སྒྲ་འིས། །སེམས་ཅན་ཐམས་ཅད་ཐོས་སོ་ཚོག། །ཚངས་པའི་སྐད་སྒྲ་སྐད་ཟེར་བ་དང་། །སེང་འགེ་འི་དཔྱངས་ངོ་འཕྱིན་པར་ཤོག། །གསེར་འོད་དམ་པའི་ཛ་སྒྲ་འིས། །སེམས་ཅན་ཐམས་ཅད་ཐོས་སོ་ཚོག། །གྲངས་མེད་ཕྲིག་ལྷོ་འི་ཚོགས་བསྐུགས་པ། །ཐང་ཅིག་ཐོས་པས་ཀུན་བྱང་སྟེ། །བླ་མེད་ཡང་དག་གནས་སུ་ཤོག། །གསེར་འོད་དམ་པའི་ཛ་སྒྲ་འིས། །དུག་གསུམ་སྤྱོད་པའི་སེམས་ཅན་དག། །བྱང་ཆུབ་སེམས་དཔའི་ཐབས་སྤྱོད་སྟེ། །ཁམས་གསུམ་སྙིང་རྗེ་ཆར་བཞིན་འབེབས། །[3]མགོན་པོའི། །ཆོས་ཀུན་ཡང་ཐོབ་པར་ཤོག། །གསེར་འོད་དམ་པའི་ཛ་སྒྲ་འིས། །ལྷ་བྲན་ཁམས་ཀྱི་སེམས་ཅན་

ཀུན། །རྒྱགས་དྲེགས་བསྙེམས་པའི་སེམས་པོར་དེ། །ང་རྒྱལ་འདུལ་བའི་མཐའ་བརྙེས་ནས། །རྟག་པར་དེང་འཛིན་མྱི་གཡོ་སྤྱོད། །གསེར་འོད་དམ་པའི་ཛ་སྦྲ་འིས། །མྱི་འི་ཁམས་ཀྱི་བཙན་ཕྱུག་ཀུན། །འདོད་པ་ལྷ་འི་སེམས་པོར་དེ། །ཐུབ་པ་གསུམ་གི་ཆོས་ལམ་སྤྱོད། །མྱ་ངན་རྒྱ་མཚོ་བཤིག་པར་ཤོག། །གསེར་འོད་དམ་པའི་ཛ་སྦྲ་འིས། །ཡུལ་སོང་ཁམས་ཀྱི་གླིན་བ་དག། །མྱི་དྲན་ངན་པའི་སེམས་པོར་དེ། །ཤེས་རབ་ཉི་མ་ཤར་པར་ཤོག། །གསེར་འོད་དམ་པའི་ཛ་སྦྲ་འིས། །ཡི་དགས་ཁམས་ཀྱི་སེམས་ཅན་ཀུན། །བཀྲེས་སྐོམས་ཉོན་མོངས་ཀུན་བྲལ་དེ། །བདེ་སྐྱིད་ས་ཏུ་སྐྱེ་བར་ཤོག། །གསེར་འོད་དམ་པའི་ཛ་སྦྲ་འིས། །དམྱལ་ཁམས་ཀུན་གྱི་སེམས་ཅན་དག། །ཉོན་མོངས་སྡུ་ཚོགས་བྱེད་པ་ཀུན། །ཡིད་བཞིན་འདྲ་བའི་རྫི་ཐོབ་ཤོག། །གསེར་འོད་དམ་པའི་ཛ་སྦྲ་འིས། །བསྲེག་ཅིང་བཙོས་པའི་སེམས་ཅན་དག། །ཟིལ་ངར་མཉམ་བའི་ཚར་བབ་སྟེ། །ཉོན་མོངས་དེ་ཀུན་རང་ཞི་ནས། །ལྷ་མྱེད་གནས་སུ་ཕྱིན་པར་ཤོག །གསེར་འོད་དམ་པའི་ཛ་སྦྲ་འིས། །གཙོང་རོང་ཡུལ་དུ་སྦྱུལ་པ་ཀུན། །ཤེས་རབ་ཉི་མའི་འོད་བྱུང་སྟེ། །ཉོན་མོངས་ཐམས་ཅད་ཞུ་བར་ཤོག། །གསེར་འོད་དམཔའི་ཛ་སྦྲ་འིས། །གཏུབ་ཅིང་དམྱལ་བའི་སེམས་ཅན་དག། །བཅད་གཏུབ་ཐམས་ཅད་རྩིར་འགྱུར་དེ། །བདུད་རྩིས་བཏབ་བཞིན་སོས་པར་ཤོག། །གསེར་འོད་དམ་པའི་ཛ་སྦྲ་འིས། །ཐིག་ནག་འདྲེན་པའི་སེམས་ཅན་ཀུན། །ཉོན་མོངས་སྡུ་ཚོགས་རང་ཞི་སྟེ། །ལྷ་མྱེད་རྒྱལ་པའི་སྐྱིད་འཐོབ་ཤོག། །གསེར་འོད་དམ་པའི་ཛ་སྦྲ་འིས། །མུན་ནག་འཁོར་བའི་སེམས་ཅན་དག། །རིན་ཅེན་ཡིད་བཞིན་འོད་བྱུང་སྟེ། །ངན་སྡོག་ཉེས་ལམ་མ་མཐོང་པས། །གསེར་འོད་དམ་པའི་ཛ་སྦྲ་འིས། །ལྕགས་སྟོང་འཇིག་པའི་སེམས་ཅན་དག། །མྱི་བདེ་ཐམས་ཅད་ཡོངས་བྲལ་དེ། །བྱང་ཆུབ་ཤིང་ལ་འཛེག་པར་ཤོག། །གསེར་འོད་དམ་པའི་ཛ་སྦྲ་འིས། །མཆོན་གི་ཚར་འབེབས་སེམས་ཅན་ཀུན། །སྤྱོས་ཡུལ་ཁམས་སུ་སྐྱེ་ཟིན་དེ། །ཟིལ་ངར་ཆོས་ཀྱིས་བསྒྲུམས་པར་ཤོག། །P.T.0063 Avགསེར་འོད་དམ་པའི་ཛ་སྦྲ་འདིས། །ལྕགས་སྟོང་འཇིག་པའི་སེམས་ཅན་དག། །མྱི་བདེ་ཐམས་ཅད་ཡོང་བྲལ་ཏེ། །བྱང་ཆུབ་ཤིང་ལ་འཛེག་པར་ཤོག། །གསེར་འོད་དམ་པའི་ཛ་སྦྲ་འིས། །མཆོན་གི་ཚར་ཀུན་རྒྱུན་བཅད་ནས། །ཀུན་ཀྱང་འཇིག་རྟེན་ཟླ་འདས་པས། །ཁམས་གསུམ་ནང་ན་བཙུན་བར་ཤོག། །གསེར་འོད་དམ་པའི་ཛ་སྦྲ་འིས། །སེམས་ཀྱི་ཉེས་པ་ཕྱོད་པོར་བས། །བྱང་ཆུབ་སེམས་དང་ལྡན་འགྱུར་སྟེ། །[①]P.T.0066གསེར་འོད་དམ་པའི་ཛ་སྦྲ་འདིས། །སེམས་ཀྱི་ཉེས་པ་ཕྱོད་ཀྱིས་པོར། །དེ་ཕྱིར་བསམ་ཡས་དཔེ་དང་བྲལ། །འཇིགས་

① ཤོག་ཏུལ་ཨང་རྟགས་P.T.0067

རྟེན་མཚན་མར་མར་དཔེ་བྱར་མྱེད། །དེ་ཕྱིར་མཚམས་མྱེད་ཁྱོད་ལ་བསྟོད། །གསེར་འོད་དམ་པའི་ཛ་སྒྲ་འདྲེས། །མྱིང་གཟུགས་གདགས་ལས་ཁྱོད་བྲལ་བས། །ཁ་དོག་གཟུགས་དང་སྦྱིབས་བྱར་མྱེད། །དཔེ་མྱེད་ཁྱོད་ལ་ཕྱག་འཚལ་ལོ། །གསེར་འོད་དམ་པའི་ཛ་སྒྲ་འདྲེས། །གཟུགས་མཐོང་བ་དཔལ་ལས་ཁྱོད་བྲལ་ཏེ། །མཐའ་ཡས་གར་ཡང་ཁྱབ་པའི་སྐུ། །བལྟར་མྱེད་ཁྱོད་ལ་ཕྱག་འཚལ་བསྟོད། །གསེར་འོད་དམ་པའི་ཛ་སྒྲ་འདྲེས། །ལྷ་ཕུང་གཟུགས་ཀུན་ཁྱོད་ཀྱིས་བར། །རྟག་མྱེད་ཁྱོད་ལ་ཕྱག་འཚལ་བསྟོད། །ཆོས་ཀྱི་རང་བཞིན་སྦྱིབས་མྱེད་པས། །ཆོས་སོ་ཆོག་ལ་དབྱིབས་མྱེད་དེ། །[①]ཆོས་སོ་ཆོག་ལ་བཤད་པ་མྱེད། །གསེར་འོད་དམ་པའི་ཛ་སྒྲ་འདྲེས། །དཔེ་བརྟགས་ཀུན་དང་ཁྱོད་བྲལ་བས། །རྟག་མྱེད་ཀུན་ཀྱང་ཁྱོད་ཀྱི་ལུས། །གསེར་འོད་དམ་པའི་ཛ་སྒྲའདྲེས། །ཆོས་ཀྱི་ས་བོན་བཏབ་མྱེད་དེ། །ཆོས་སོ་ཅོག་ལ་སྐྱེ་བ་མྱེད། །[②]གསེར་འོད་དམ་པའི་ཛ་སྒྲ་འདྲེས། །ཆོས་ཀྱི་ས་བོན་བཏབ་མྱེད་དེ། །ཆོས་སོ་ཆོག་ལ་སྐྱེ་བ་མྱེད། །གསེར་འོད་དམ་པའི་ཛ་སྒྲ་འདྲེས། །ཉོན་མོངས་ཐམ་ཅད་མྱེད་པར་བྱས། །སྡུག་བསྔལ་གསུམ་གྱི་འདུད་པ་བཅད། །ཁམས་གསུམ་བཙོན་ར་དྲལ་བས་ན། །དེ་ཕྱིར་ཁྱོད་མྱིང་འཇིགས་རྟེན་མགོན། །གསེར་འོད་དམ་པའི་ཛ་སྒྲ་འདྲེས། །མྱི་སྣང་མུན་པ་ཁྱོད་ཀྱིས་བསལ། །ཁམས་གསུམ་ནང་ན་སྒྲོན་མ་བཞིན། །དེ་ཕྱིར་ཁྱོད་མྱིང་མར་མྱེ་མཛད། །གསེར་འོད་དམ་པའི་ཛ་སྒྲ་འདྲེས། །བརྡུད་སྡེ་ལོག་པའི་ཁམས་ཀུན་བཤིག །ལྷ་ཕུང་བུམ་པ་ཁྱོད་ཀྱིས་བཤིག །དེ་ཕྱིར་ཁྱོད་མྱིང་བཅོམ་ལྡན་འདས། །གསེར་འོད་དམ་པའི་ཛ་སྒྲ་འདྲེས། །ཁྱོད་ཀྱི་མྱེ་ལོང་ཡེ་ཤེས་ཀྱིས། །མྱི་མཐོང་མྱི་ཤེས་ཡོང་ཡེ་མྱེད། །དེ་ཕྱིར་ཁྱོད་མྱིང་ཐམས་ཅད་མཁྱེན། །གསེར་འོད་དམ་པའི་ཛ་སྒྲ་འདྲེས། །ཁྱོད་ལ་མྱི་ཤེས་ཡོང་ཡེ་མྱེད། །ཐོས་སོ་ཆོག་གིས་བསོད་ནམས་ཐོབ། །ཁྱེད་དགུ་ཀུན་ནི་རྒྱལ་བའི་ཆོས། །དེ་ཕྱིར་ཁྱོད་མྱིང་རྒྱལ་བའི་བུ། །ཤིང་དྲུང་རྒྱལ་པོར་ཁྱོད་འདུག་སྟེ། །བརྡུད་བཞི་སྡེད་བཅས་ཐམས་ཅད་བཏུལ། །དཔའ་བོར་འགྲོ་བའ་ཁྱོད་ཡིན་ཏེ། །དེ་ཕྱིར་ཁྱོད་མྱིང་རྒྱལ་བ་ཡིན། །གསེར་འོད་དམ་པའི་ཛ་སྒྲ་འདྲེས། །སེམས་ཅན་མང་པོ་ཁྱོད་ཀྱིས་དྲངས། །སྙིང་རྗེ་པ་མ་ཀུན་བྱམས་དེ་ཕྱིར་ཁྱོད་མྱིང་འཇིགས་རྟེན་མགོན། །གསེར་འོད་དམ་པའི་ཛ་སྒྲ་འདྲེས། །ཁྱོད་ཀྱིས་ཁམས་གསུམ་ཀུན་བཏུལ་པས། །སྡུག་བསྔལ་རམ་འདར་ཁྱོད་ཆེ་སྟེ། །དེ་ཕྱིར་ཁྱོད་མྱིང་སེམས་ཆེན་པ་ཞེས་བྱ། །[③]

① ཚིག་རྐང་འདི་P.T.0064Bལས་བསྣན།

② ཚིག་རྐང་འདི་གསུམP.T.0064Bལས་བསྣན།

③ ཤོག་རྒྱུལ་ཨང་རྟགསP.T.0066ལས་བསྣན།

གསུམ་པ། གཏེར་ཡིག་ལས་བྱུང་བའི་གསེར་འོད་ཛ་སླྀའི་ཁྱད་ཆོས།

གཅིག ཤོག་སྒྲིལ་ལས་བྱུང་བའི་མཚན་བྱང་མི་འདྲ་བ། གོང་གསལ་ཤོག་སྒྲིལ་དག་ལས་མཚན་བྱང་གསལ་པོར་བཀོད་པའི་ཤོག་སྒྲིལ་དང་མཇུག་ཏུ་མཚན་བཀོད་པའི་ཤོག་སྒྲིལ་འགའ་ཡོད་ཀྱང་དེ་དག་གི་མཚན་བཀོད་པར་ཁྱད་པར་ཅུང་ཙམ་འདུག་པ་རེའུ་མིག་ཏུ་བཀོད་ན་གཤམ་གསལ་ལྟར་རོ། །

ཤོག་དྲིལ་གྱི་ཨང་རྟགས།	མཚན་བྱང་།
P.T.003RV	གསེར་འོད་དམ་པའི་མདོའ།
P.T.0064A	གསེར་འོད་དམ་པ་བསྒྲགས་པའི་ཡི་གེ།
P.T.0067(12-1)	གསེར་འོད་དམ་པའི་ཛ་སླྀ་གྲགས་བའི་ཡི་གེ་འོ
P.T.0067(12-2)	གསེར་འོད་དམ་པ་ཞེས་བྱ་བ་འི་མདོ། ।
P.T.003RVམཇུག་དུ་	གསེར་འོད་དམ་པའི་སྨོན་ལམ་རྫོགས་སོ། ।
P.T.0511མཇུག་དུ་	གསེར་འོད་དམ་པའི་སྨོན་ལམ་རྫོགས་སོ། ।
P.T.0516Bམཇུག་དུ་	གསེར་འོད་དམ་པའི་མདོ་རྫོགས་སོ། ।

གཉིས། ཤོག་བུ་དང་ཡི་གེ་ནང་དོན་བཅས་ལས་མངོན་པའི་ཁྱད་ཆོས།

༡ བྲི་གཞིའི་ཤོག་བུ་མི་འདྲ་བ། ཤོག་སྒྲིལ་འདི་དག་ལསP.T.0063RV P.T.0065B P.T.0065 BVགསུམ་གྱི་བྲིས་ཤོག་སྣ་རིང་ལ་ཞེང་ཡང་ཅུང་ཆེ་བ་དབྱིབས་བོད་དཔེ་དང་མཚུངས། P.T.0066 P.T.0511 (2–1)(2–2)གསུམ་གྱི་བྲིས་གཞི་འཕྲེད་ཐུང་ལ་གཞུང་རིང་བ་རྒྱ་ཤོག་སྟེ་རྒྱ་ཡིག་འབྲི་སའི་ཤོག་དབྱིབས་ཅན་ཡིན། གཞན་དག་གི་བྲིས་གཞི་བོད་དཔེ་སྣ་རིང་གི་དབྱིབས་ཡིན་ཡང་དོན་ལ་སྣ་མི་རིང་ལ་ཞེང་ཡང་ཆུང་བས་བོད་དཔེ་སྣ་རིང་གི་ཤོག་བུ་གཞུང་གཤེགས་བྱས་པའི་ཕྱེད་ཙམ་དུ་འདུག

༢ ཡི་གེའི་འབྲི་ཚུལ་ལ་གཅིག་གྱུར་གྱི་གཏན་སྲོལ་ཆེར་མེད་པ། ཤོག་སྒྲིལ་དག་ལས་རེ་གཉིས་ཙམ་ལས་ཡི་གེའི་བྲིས་མི་ལེགས་པ་དང་། ཤུབ་གཅིག་བདག་གི་ཐྀ་ལམ་ན། ཞེས་པའི་ཐྀ་དེ P.T.0063Rvཊ་རྨྀ་བྲིས་ཡོད་པ་དང་། P.T.0067ཊ་རྨྀ་དང་རྨཱི་གཉིས་ཀ་བྲིས་ཡོད་པ་དང་། P.T.0064Aཊ་ཉྀ་བྲིས་ཡོད། ཡང་། ཛ་སླྀ་ཆེན་པོས་སྟོང་གསུམ་གཡོས། ཞེས་པའི་གསུམ་དེP.T.0067ཊ་གསུམ་དང་། P.T.0063Rvཊ་སུམ་དང་། P.T.00 64Aཊ་སུཾ་བཅས་བྲིས་ཡོད་པ་སོགས་ཡི་གེ་ལ་གཅིག་ཤོག་སྒྲིལ་གཅིག་གམ་སོ་སོར་འབྲི་ཚུལ་མི་འདྲ་བ་དང་། P.T.0063Rvཊ་མཐའ་ཁོབ་སྐྱེས་པའི་མྀ་དག་ཀུན། །ཅེས་

པ་དང་། P.T.0064BVདུ་ཐང་ཁོབ་སྐྱེ་བའི་སེམས་ཅན་ཀུན། །ཅེས་མྱི་དག་དང་སེམས་ཅན་མི་འདྲ་བ་དང་། ཡང་། P.T.0063Rvདུ་བསམ་ཡས་གར་ཡང་ཁྱབ་པའི་ལུས་། ཞེས་དང་། P.T.0064Bདུ་མཐའ་ཡས་གར་ཡང་ཁྱབ་པའི་ལུས། ཞེས་བསམ་ཡས་དང་མཐའ་ཡས་མི་འདྲ་བ་སོགས་དོན་འདྲ་བ་སྟོན་པར་བརྗ་མི་འདྲ་བ་སྲུད་ཡོད་པ་དང་། ད་དུང་མིང་གཞི་ཙ་ཆ་དང་ཏ་ཐ་ཙ་ཚ་ནང་ཕན་ཚུན་བརྗེས་པ་དང་གི་གུ་ཁྱིར་ལོག་ཡོད་མེད་སོགས་ཀྱང་ཤོག་ཧྲུལ་གཅིག་དང་སོ་སོར་སྣ་ཚོགས་སུ་སྲུད་ཡོད།

༣ ཤོག་ལྡེབས་གཅིག་ཏུ་ཚིག་བསྒྱུར་བྲིས་བྱས་པ་དང་ཆོས་སྣ་གཉིས་བྲིས་པ་ཡོད་པ། ཤོག་ཧྲུལ་དག་ལས་P.T.0064Aདུ་ཆོས་སྣ་གཞན་ཞིག་བྲིས་པའི་མཇུག་ཏུ་མཐུད་དེ་གསེར་འོད་ཛ་སླཱ་བྲིས་ཡོད་པ་དང་P.T.0066དུ་གསེར་འོད་ཛ་སླཱ་བྲིས་པའི་མཇུག་ཏུ་ཆོས་སྣ་གཞན་ཅིག་བྲིས་ཡོད་པ། P.T.0067དུ་གསེར་འོད་ཛ་སླཱའི་མགོ་ནས་ཚིག་ཉི་ཤུ་བྲིས་རྗེས་ཡང་བསྐྱར་མགོ་ནས་བྲིས་ཡོད་པ། དེ་མིན་ཤོག་ཧྲུལ་ལས་གསེར་འོད་ཛ་སླཱའི་མགོ་ནས་བྲིས་པ་ཙུང་མང་བཅས་འདུག

གསུམ། གཟུངས་འདུས་ཁྲོད་ཀྱི་གསེར་འོད་ཛ་སླཱ་དང་བསྡུར་བ་ལས་མངོན་པའི་ཁྱད་ཆོས།[1]

༡ ཚིག་ལ་ཆད་ལྷག་ཡོད་པ། གཟུངས་འདུས་ཁྲོད་དུ་བཞུགས་པའི་གསེར་འོད་ཛ་སླཱ་ལ་མཚོན་ན་རྙི་ལམ་དུ་ཛ་སླཱ་བྱུང་བའི་ཚུལ་བཤད་པའི་རྗེས་སུ་ཛའི་སླཱ་ལས་བྱུང་བའི་གཟུངས་སྔགས་ཡི་གེར་བཀོད་ཡོད་ཀྱང་ཏུན་ཧོང་ཡིག་རྙིང་ལས་བྱུང་བའི་གསེར་འོད་ཛ་སླཱར་གཟུངས་སྔགས་ཀྱི་ཡི་གེ་རྣམས་མི་འདུག་པ་དང་། ཤོག་ཧྲུལ་ཨང་རྟགསP.T.0067ལས། གསེར་འོད་དམ་པའི་ཛ་སླཱ་འིས། །ཁྱོལ་སོང་ཁམས་ཀྱི་སྒྲིབ་པ་དག། །མྱི་དྲན་ངན་པའི་སེམས་བོར་དེ། །ཤེས་རབ་ཉི་མ་ཤར་པར་ཤོག། །ཅེས་པ་དང་། P.T.oo63Rvསྟོང་པ་ཐམས་ཅད་མཁྱེན་པ་ཉིད་ཅེས་པ་གཟུངས་འདུས་ཛ་སླཱ་ན་མེད་པ་རེད།

༢ གོ་རིམ་འཁྲུགས་པ། གཟུངས་སྔགས་མན་ནས་བཟུང་གསེར་འོད་དམ་པའི་ཛ་སླཱ་འདིས། ཞེས་པའི་མཚམས་དོན་ཚན་རེར་བརྩིས་ན་དོན་ཚན་གྱི་གོ་རིམ་ནི་ཏུན་ཧོང་གཏེར་ཡིག་དེ་གཟུངས་འདུས་ཁྲོད་ཀྱི་གསེར་འོད་ཛ་སླཱ་དང་མི་མཐུན་པར་འཁྲུགས་ཡོད་དེ། གཟུངས་འདུས་ཛ་སླཱའི་ཚན་པ་དང་པོ་ནས་བཅུ་བའི་བར་དེ་གཏེར་ཡིག་ཛ་སླཱའི་ཚན་པ་བཅོ་བརྒྱད་པ་ནས་ཉེར་བརྒྱད་བར་ཡིན་པ་དང་། གཟུངས་འདུས་ཛ་སླཱའི་ཚན་པ་བཅུ་གཅིག་པ་ནས་བཅུ་དགུ་པར་གཏེར་ཡིག་ཛ་སླཱའི་ཚན་པ་གཅིག་ནས་དགུ་པར་ཡིན། གཟུངས་འདུས་ཛ་སླཱའི་ཚན་པ་ཉི་ཤུ་པ་ནས་ཉེར་ལྔ་པར་གཏེར་ཡིག་ཛ་སླཱའི་

[1] མཚོ་སྔོན་མི་རིགས་དཔེ་སྐྲུན་ཁང་། བཀྲ་ཤིས་བརྩེགས་པ། 2013ལོ། ཤོག་གྲངས་252

ཚན་པ་བཅུ་གཉིས་ནས་བཅུ་བདུན་བར་ཡིན། གཟུངས་འདུས་ཟ་སྒྲའི་ཚན་པ་ཉེར་དྲུག་པ་ནས་ཉེར་དགུ་པར་གཏེར་ཡིག་ཟ་སྒྲའི་ཚན་པ་སུམ་ཅུ་སོ་ལྔ་ནས་བཞི་བཅུ་བར་ཡིན་ལ་སུམ་ཅུ་སོ་ལྔ་དང་སོ་དྲུག་གཉིས་བསྲེས་ན་གཟུངས་འདུས་ཟ་སྒྲའི་ཉེར་བདུན་ཡིན། གཟུངས་འདུས་ཟ་སྒྲའི་ཚན་པ་སུམ་ཅུ་སོ་གཉིས་པ་ནས་སོ་གསུམ་པ་ནི་གཏེར་ཡིག་ཟ་སྒྲའི་ཚན་པ་སུམ་ཅུ་སོ་གསུམ་པ་དང་སོ་བཞི་པ་ཡིན། གཟུངས་འདུས་ཟ་སྒྲའི་ཚན་པ་སོ་བཞི་པ་ནི་གཏེར་ཡིག་ཟ་སྒྲའི་ཚན་པ་བཞི་བཅུ་ཞེ་གཅིག་པ་བཅས་ཡིན།

མཇུག་བསྡུ་བའི་གཏམ།

ཧྲ་རན་སིར་ཉར་བའི་ཏུན་ཧོང་བོད་ཡིག་ཡིག་རྙིང་ལས་བྱུང་བའི་གསེར་འོད་ཟ་སྒྲའི་ཤོག་རྒྱུན་འདི་དག་ལ་ཞིབ་ཏུ་བལྟས་ཤིང་བསམ་བློ་བཏང་ན། དེ་དག་གི་བྲིས་མི་ལེགས་ལ་བྲིས་ཤོག་གི་ཚད་གཞི་གཅིག་ཏུ་མེད་པ་དང་ནང་དོན་ཡང་ཆ་ཚང་མིན་ལ་བསྒྱུར་བྲིས་མང་བར་བལྟས་ན་ཤོག་རྒྱུན་འདི་དག་ཆོས་འབྲི་མཁན་གྱིས་སྦྱོང་འབྲི་བྱས་པའི་ཤོག་བུ་ཡིན་པར་འདྲ་བ་དང་། ཡང་ཧྲ་རན་སིར་ཉར་བའི་ཏུན་ཧོང་བོད་ཡིག་ཡིག་རྙིང་ལས་བྱུང་བའི་གསེར་འོད་ཟ་སྒྲའི་ཤོག་རྒྱུན་འདི་དག་དང་གཟུངས་འདུས་ཁྲིད་ཀྱི་གསེར་འོད་ཟ་སྒྲ་ཕན་ཚུན་བསྡུར་ན་གོ་རིམ་འཁྲུགས་པ་ཙམ་ལས་ཆད་ལྷག་ཆེར་མེད་པས་འདི་གཉིས་བསྒྱུར་གཞི་གཅིག་ལས་བསྒྱུར་བར་འདྲ་ཡང་གཟུངས་འདུས་ཁྲིད་ཀྱི་གསེར་འོད་ཟ་སྒྲའི་སྒྱུར་བྱང་དུ་ཨུ་རྒྱན་གྱི་སློབ་དཔོན་པདྨ་འབྱུང་གནས་ཀྱིས་སྙིགས་མའི་དུས་སུ་སེམས་ཅན་རྣམས་ལ་ཕན་པར་བྱ་བའི་ཕྱིར་དང་། ལྷ་སྲིན་སྡེ་བརྒྱད་གནོད་འཚེ་བྱེད་པ་དང་ཁྱད་པར་སྙིགས་མའི་དུས་སུ་རྒྱལ་པོ་གདོན་དུ་ལྷུང་བས་དེའི་གཉའ་གནོན་དུ་མཛད་དོ། །བསམ་ཡས་ཀྱི་དབུ་རྩེ་ཁམས་གསུམ་ཟངས་གླིང་གི་སྒོ་ཁང་བྱང་ངོས་སུ་གཏེར་དུ་སྦས་པ། དུས་ཕྱིས་མངའ་བདག་ཉང་རལ་པ་ཅན་གྱིས་གཏེར་ནས་བཏོན་ཏེ། སྡེ་བརྒྱད་དང་རྒྱལ་པོས་ཉེན་པ་རྣམས་ལ་འགྲོ་དོན་དུ་སྤེལ་བ་ལེགས་སོ། །[1]ཞེས་སློབ་དཔོན་པདྨ་འབྱུང་གནས་ཀྱིས་མཛད་པར་བཤད་ཡོད་པས་དོན་ལ་འདི་གཉིས་བར་གྱི་འབྲེལ་བ་ཅི་ཡིན་དང་གསེར་འོད་ཟ་སྒྲ་འདི་ཇི་ལྟར་བྱུང་བ་ད་དུང་དཔྱད་དགོས། གལ་ཏེ་དེ་རྩར་ཆོད་ཚེ་ཏུན་ཧོང་ནས་རྙེད་པའི་ཆོས་ཡིག་དང་བོད་ཡུལ་དབུས་སུ་བསྒྱུར་བའི་ཆོས་ཡིག་བར་འབྲེལ་བ་ཅི་ཡོད་ལ་གསལ་ཁ་འབྱེད་ནུས་ཀྱང་སྲིད།

《ཀྲུང་གོའི་བོད་རིག་པ་》2017ལོའི་དེབ་གཉིས་པ་ལས་བདམས།

① མཚོ་སྔོན་མི་རིགས་དཔེ་སྐྲུན་ཁང་། བཀྲ་ཤིས་བརྩེགས་པ། 2013ལོ། ཤོག་ངོས་261-263

༄༅། །ཏུན་ཧོང་ཡིག་རྙིང་ལས《འཕགས་པ་དྲི་མ་མེད་པར་གྲགས་པས་བསྟན་པའི་མདོ་》ལ་དཔྱད་པ།

བདུད་འདུལ་རྡོ་རྗེ།

[ནང་དོན་གནད་བསྡུས།] དཔྱད་རྩོམ་འདིར་ཏུན་ཧོང་ནས་ཐོན་པའི་བོད་ཡིག་གི་འཕགས་པ་དྲི་མ་མེད་པར་གྲགས་པས་བསྟན་པའི་མདོ་དང་འབྲེལ་བའི་ཡིག་ཆ་སོ་སོའི་གནས་བབ་དང་ཁྱད་ཆོས་ངོ་སྤྲོད་དེ། ཡིག་ཆ་སོ་སོར་གནས་པའི་གནད་དོན་ལ་དབྱེ་ཞིབ་དང་དག་ཐེར་བྱས་ཡོད་པ་དང་། ཡིག་ཚང་རིག་པའི་ཐབས་ལམ་སྤྱད་ནས་ཡིག་ཆ་ཁག་གི་འབྲེལ་བ་དང་། པར་གཞི། མདོ་འདིའི་གནའ་དེང་གི་འཕྲིན་ལས་བཅས་ཀྱི་ཆ་ལ་དཔྱད་པ་བཏང་ཡོད།

[གནད་ཚིག] དྲི་མེད་གྲགས་པའི་མདོ། པར་གཞི། འཕྲིན་ལས། ཏུན་ཧོང་ཡིག་རྙིང་།

མདོ་སྡེ་སྤྱིའི་རྣམ་གཞག་ལྟར་ན། འཕགས་པ་དྲི་མ་མེད་པར་གྲགས་པས་བསྟན་པ་ཞེས་བྱ་བ་ཐེག་པ་ཆེན་པོའི་མདོ[1]འདི་ནི"སངས་རྒྱས་ཀྱི་བཀའ་འཁོར་ལོ་ཐ་མར་གཏོགས་པ་དང་"[2]ཐེག་ཆེན་པ་རྣམས་ཀྱིས་བཅོམ་ལྡན་འདས་ཀྱི་ཞལ་ནས་དངོས་སུ་མ་གསུངས་ཀྱང་བྱིན་གྱིས་བརླབས་པའི་བཀའ་ཡིན་པས་རྒྱལ་བའི་བཀའ་ཡི་ཁོངས་སུ་བསྡུ་བར་བྱེད། "ཁྱིམ་པའི་རྟེན་ལ་ཉམས་སུ་བླངས་ནས་ཐར་པ་དང་ཐམས་ཅད་མཁྱེན་པའི་གོ་འཕང་སྒྲུབ་ནུས་པར་སྟོན་པའི་མདོའི་ནང་ནས་ཀྱང་རྒྱལ་པོ་ལྟ་བུ་གལ་ཆེ་ཤོས་སུ"[3]བརྩི་བ་དང་། རྒྱ་ནག་དང་ཉི་ཧོང་། བོད། ཀོ་རི་ཡའི་གླིང་སོགས་ཐེག་ཆེན་གྱི་བསྟན་པ་དར་བའི་ཡུལ་གྲུ་ཀུན་ལ་མདོ་འདིའི་འཕྲིན་ལས་ཤིན་ཏུ་རྒྱས་པར་གྱུར་པས། སོ་སོའི་བསམ་བློ་དང་རིག་གནས་ཀྱི་ཕྱོགས་ལ་ཤུགས་རྐྱེན་ཆེན་པོ་ཐེབས་སྐྱོང་། "རྒྱ་ནག་གི་སྐད་ཁོ་ནར་འགྱུར་བདུན་ཙམ་བྱུང་བ་དང་། དེ་དག་ལས་གྲགས་ཆེ་ཤོས་ནི་ལོ་ཆེན་གཞོན་ནུའི་སྒྲོག་གི་འགྱུར་དང་ཐང་ཟན་བླ་མའི་འགྱུར་གཉིས་ཡིན་

---

① གཤམ་དུ་བརྗོད་བདེའི་དབང་གིས་མདོ་འདི་ལ་ཡོངས་གྲགས་ལྟར་དྲི་མེད་གྲགས་པའི་མདོ་ཞེས་འབྲི་རྒྱུ་ཡིན།

② པད་མ་དཀར་པོ། མདོ་སྡེ་སྤྱིའི་རྣམ་གཞག མི་རིགས་དཔེ་སྐྲུན་ཁང་། 2006ལོ། ཤོག་ངོས་239

③ ཁང་དཀར་ཚུལ་ཁྲིམས་སྐལ་བཟང་། ཁང་དཀར་ཚུལ་ཁྲིམས་བསྐལ་བཟང་མཆོག་གི་གསུང་འབུམ་པོད་ལྔ་པ་བཞུགས་སོ། །སི་ཁྲོན་མི་རིགས་དཔེ་སྐྲུན་ཁང་། 2013ལོ། ཤོག་ངོས་136

ལ། དེ་གཉིས་ལས་ཀུང་ལོ་ཆེན་གཞོན་ནུའི་སྒྲོག་གི་འགྱུར་གྱི་འཕྲིན་ལས་ཤིན་ཏུ་རྒྱས་པས།” [1]ཉི་ཧོང་སྐད་དུ་འགྱུར་བའི་མདོའི་ཕྱི་མོ་ཡང་ལོ་ཆེན་འདིའི་འགྱུར་ཡིན་པར་གསུངས། རང་རེའི་བོད་ལ་མཚོན་ན། སྤྱི་ལོའི་དུས་རབས་བརྒྱད་པ་སྟེ་བོད་རྒྱལ་ཁྲི་ལྡེ་སྲོང་བཙན་གྱི་སྐབས་སུ་ལོ་ཙྪ་བ་ཆོས་ཉིད་ཚུལ་ཁྲིམས་ཀྱིས་ལེགས་སྦྱར་གྱི་སྐད་ནས་བོད་སྐད་དུ་བསྒྱུར་བ་དང་། བཀའ་འགྱུར་གྱི་མདོ་སྡེའི་སྡེ་སྣོད་ལས་མ་དུམ་པའི་ཁུངས་སུ་བཞུགས་ཡོད། ཕྱི་གླིང་གི་ཞིབ་འཇུག་པ་ལ་ལས་བོད་དུ་མདོ་འདིའི་འཕྲིན་ལས་མ་རྒྱས་པར་བཤད་པ་ནི་བོད་ཀྱི་ཡིག་ཆ་སྤྱི་ལ་རྒྱུས་མེད་པར་འོལ་ཚོད་ཀྱིས་བཤད་པའི་གཏམ་དུ་སྣང་ལ། བཙན་པོའི་སྐབས་ཀྱི་ཏུན་ཧོང་གི་ལྡེབས་རིས་དང་ཤོག་དྲིལ་རི་མོ་སྐོར་ཞིག་གི་ངོས་སུ་མདོ་འདིའི་བརྗོད་བྱའི་བྱུང་བ་དང་འབྲེལ་ཏེ་བོད་ཀྱི་བཙན་པོའི་སྐུ་གཟུགས་བྲིས་ཡོད་པ་དང་། བཙན་པོའི་སྐུ་གཟུགས་ཕལ་ཆེ་བ་ཡང་མདོ་འདི་དང་མྱང་འདས་ཀྱི་མདོའི་ནང་དོན་གསོར་བྱས་པའི་ལྡེབས་རིས་འབའ་ཞིག་གི་སྟེང་དུ་ཡོད། གཞན་ཡང་དབྱིན་ཇི་དང་རྒྱ་རན་སིར་ཉར་བའི་ཏུན་ཧོང་ཡིག་ཆ་ཁག་གི་ཁྲོད་དུ་མདོ་འདིའི་བྲིས་མའི་ཆ་ཤས་སུ་གྱུར་པའི་བོད་ཡིག་གི་ཡིག་ཆ་ཨང་རྟགས་མི་འདྲ་བ་དགུ་ཡོད་པ་དང་། བསྟན་པ་ཕྱི་དར་གྱི་གྲུབ་མཐའ་ཁག་གི་ཡིག་ཆའི་ཁྲོད་དུ་མདོ་འདི་དང་འབྲེལ་བའི་ཡིག་ཆ་ཤིན་ཏུ་མང་།[2] ད་ལྟའི་ཆར་དབྱིན་ཇིའི་སྐད་དུ་འགྱུར་ལྔ་ཡོད་པ་ལས་འགྱུར་གསུམ་གྱི་ཕྱི་མོ་བོད་ཡིག་ཡིན་པ་དང་། “དེ་བཞིན་ཉི་ཧོང་གི་ནང་པའི་མཁས་པ་ཆེན་པོ་གྲགས་པ་ན་ཊ་ཨོས་བོད་འགྱུར་ནས་ཉི་ཧོང་གི་སྐད་དུ་བསྒྱུར་ཡོད། མདོ་འདིའི་ལེགས་སྦྱར་གྱི་ཕྱི་མོ་ཆ་ཚང་པོ་བྲང་པོ་ཏ་ལར་བཞུགས་པ་དེ་ཉེ་ཆར་ཉི་ཧོང་དུ་པར་སྐྲུན་བྱས་པ་”[3]སོགས་མདོར་ན་བཙན་པོའི་དུས་སྐབས་ནས་ད་ལྟའི་བར་དུ་མདོ་འདིའི་འཕྲིན་ལས་ཀྱི་རྒྱུན་མ་ཉམས་པར་འཛམ་གླིང་གི་ཤར་ནུབ་མང་པོར་རྒྱས་བཞིན་པ་འདི་ལགས།

དེང་གི་དུས་འདིར་འཛམ་གླིང་ཤར་ནུབ་ཀྱི་ནང་པའི་རྗེས་འཇུག་པ་མང་པོས་ཨུ་མཐུད་དུ་མདོ་འདིའི་འགྱུར་མི་འདྲ་བ་ཁག་ལ་སློབ་སྦྱོང་བྱེད་མུས་སུ་ཡོད་པ་དང་། སྤྱི་ལོ་1900ནས་2011ལོའི་བར་དུ་རྒྱ་ཡིག་དང་དབྱིན་ཇིའི་སྐད་ནས་མདོ་འདིའི་རྒྱ་ཡིག་གི་འགྱུར་དང་བསམ་བློའི་སྐོར་ལ་ཞིབ་འཇུག

① Boin，Sara，trans.The Teaching of Vimalakirti.London: Pali Text Society，1976 pp 8

② བོད་ཀྱི་ནང་བསྟན་དཔེ་ཚོགས་ལྟེ་གནས་ཀྱི་དྲ་ངོས་སུ་མདོ་འདི་ལས་ལུང་འདྲེན་བྱས་པའི་ཡིག་ཆ་97ལྷག་ཡོད།

③ ཁང་དཀར་ཚུལ་ཁྲིམས་སྐལ་བཟང་། ཁང་དཀར་ཚུལ་ཁྲིམས་བསྐལ་བཟང་མཆོག་གི་གསུང་འབུམ་པོད་ལྔ་པ་བཞུགས་སོ། །སི་ཁྲོན་མི་རིགས་དཔེ་སྐྲུན་ཁང་། 2013ལོ། ཤོག་ངོས་136

བྱས་པའི་རིག་གཞུང་དཔྱད་རྩོམ་256ལྷག་ཡོད་མོད།[①] ཧྲུན་རྩོང་ནས་ཐོན་པའི་བོད་ཡིག་གི་མདོ་འདིའི་འགྱུར་དང་པར་གཞི། འཕྲིན་ལས་སོགས་ཀྱི་ཐད་ལ་ད་ལྟའི་བར་དུ་རིག་གཞུང་གི་སྒོ་ནས་ཞིབ་འཇུག་བྱས་པ་ཤིན་ཏུ་ཉུང་བས། དཔྱད་རྩོམ་འདིར་ཆེད་དུ་ཧྲུན་རྩོང་ནས་ཐོན་པའི་བོད་ཡིག་གི་མདོ་འདིའི་པར་གཞི་མི་འདྲ་བ་ཁག་ལ་ཞིབ་བསྡུར་སྒྲོས་ཡིག་ཆ་སོ་སོའི་འབྲེལ་བ་དང་ལྡེབ་ཀྱི་གོང་འོག་གི་རིམ་པ་སྒྲིག་ཚུལ། པར་གཞིའི་ཁྱད་ཆོས། མདོ་འདིའི་འཕྲིན་ལས་ཀྱི་སྐོར་ལ་ཞིབ་ཏུ་དཔྱད་ཁུལ་བྱས་ཡོད་པ་དང་། ཚུལ་འདི་ལེགས་པར་རྟོགས་ན་བོད་བཙན་པོའི་དུས་སྐབས་ཀྱི་ཆོས་ལུགས་དད་མོས་དང་རིག་གནས་རྒྱ་འགྲུལ་གྱི་འབྲེལ་བ། སྐད་གསར་བཅད་ཀྱི་འགྱུར་བ། བཙན་པོའི་དུས་སྐབས་ཀྱི་རིག་གནས་ཀྱི་རྒྱུན་སོགས་ལ་རྒྱུས་ལོན་རྟོག་ཙམ་བྱ་ཐུབ་པར་སྙམ་མོ། །

དང་པོ། དྲི་མེད་གྲགས་པའི་མདོ་བོད་ཡིག་ཏུ་བསྒྱུར་མཁན།

བཀའ་འགྱུར་དུ་བཞུགས་པའི་དྲི་མེད་གྲགས་པའི་མདོའི་འགྱུར་བྱང་ཁག་ཏུ། "ལོ་ཙཱ་བ་བན་དེ་ཆོས་ཉིད་ཚུལ་ཁྲིམས་ཀྱིས་བསྒྱུར་ཅིང་ཞུས་ཏེ་གཏན་ལ་ཕབ་པ་"[②]ཞེས་གསལ་བ་དང་། ཞུ་ཆེན་གྱི་ལོ་ཙཱ་བ་ཆོས་ཉིད་ཚུལ་ཁྲིམས་སམ་ཛྙཱ་ན་ཤི་ལ་ནི་བཙན་པོ་ཁྲི་སྲོང་ལྡེ་བཙན་དང་ཁྲི་ལྡེ་སྲོང་བཙན་ཡབ་སྲས་གཉིས་ཀྱི་རིང་ལ་འཚོ་ཞིང་བཞུགས་པའི་ཞུ་ཆེན་གྱི་ལོ་ཙཱ་བ་གྲགས་ཅན་གྱི་གྲས་ཡིན་ལ། སྦྲ་སྦྱོར་བམ་གཉིས་སུ"བོད་ཀྱི་མཁན་པོ་རཏྣ་རཀྵིཏ་དང་། ཛྙཱ་ན་ཤཱི་ལ་དང་། ལོ་ཚཱ་བ་མཁས་པར་ཆུད་པ་ཛྙཱ་ན་སེ་ན་དང་། ཛ་ཡ་རཀྵི་ཏ་ད། མཉྫུ་ཤྲཱི་ལ་ཝརྨ་དང་། རཏྣ་ཤྲཱི་ལ་སོགས་པས་ཐེག་པ་ཆེ་ཆུང་ལས་འབྱུང་བའི་རྒྱ་གར་སྐད་ལས་བོད་སྐད་དུ་བསྒྱུར་ཞིང་མིང་དུ་བཏགས་པ་རྣམས་དཀར་ཆག་ཏུ་བྲིས་ཏེ།"[③]ཞེས་པ་ནང་བཞིན་ཐེག་པ་ཆེ་ཆུང་གི་མདོ་དང་བསྟན་བཅོས་མང་པོ་བོད་སྐད་དུ་བསྒྱུར་ཅིང་། སྐབས་དེའི་ཞུ་ཆེན་གྱི་ལོ་ཙཱ་བ་གྲགས་ཅན་དང་ལོ་ཙཱའི་བྱང་ཚད་ཤིན་ཏུ་མཐོ་བའི་གྲས་ཡིན་པས། ལོ་ཙཱ་བ་མཁས་པའི་གྲལ་དུ་བཞུགས་ཏེ། "ཛེ་ན་མིན་གདན་འཛོམས་པ་ལ་ཞུས་ནས། ཛྙཱ་བསྒྱུར་བའི་ཐབས་དང་། རྒྱ་གར་གྱི་

---

① Fung Kei Cheng, Samson Tse Thematic Research on the Vimalakīrti Nirdeśa Sūtra: An Integrative Review –Vol 31, No 1 (2014)– Buddhist Studies Review 2014 pp 1

② སྡེ་དགེའི་བཀའ་འགྱུར་ལས་མདོ་སྡེ་མ་དུམ་པ། ཤིང་དཔར། ལྡེབ་185

③ བོད་ལྗོངས་རྟེན་རྫས་བཤམས་སྟོན་ཁང་གིས་བསྒྲིགས། དཀར་ཆག་འཕང་ཐང་མ། སྒྲ་སྦྱོར་བམ་གཉིས། མི་རིགས་དཔེ་སྐྲུན་ཁང་། 2006ལོ། ཤོག་ངོས་70

སྐད་ལ་བོད་ཀྱི་སྐད་དུ་མིང་བཏགས་པ་རྣམས་གཏན་ལ་ཕབ་སྟེ། བཀས་བཅད་པའི་”[1]ལས་ལ་ཞུགས་པ་དང་། ཁོང་གིས་རྒྱ་གར་གྱི་ནང་བསྟན་ཡིག་ཆ་ལས་མདོ་གལ་ཆེན་སྐོར་ཞིག་བོད་སྐད་དུ་བསྒྱུར་ཅིང་འགྱུར་རྙིང་སྐོར་ཞིག་སྐད་གསར་བཅད་ཀྱིས་ཀྱང་བཅོས་ནས་གཏན་ལ་ཕབ་སྟེ་བཀའ་འགྱུར་དུ་བཞུགས། དེ་རྣམས་ཀྱི་མཚན་བྱང་དང་འགྱུར་བྱང་སོགས་རེ་རེ་བཞིན་ཞིབ་ཏུ་བགྲང་ན།

གཅིག འཕགས་པ་ཆོས་ཐམས་ཅད་ཀྱི་རང་བཞིན་མཉམ་པ་ཉིད་རྣམ་པར་སྤྲོས་པ་ཏིང་ངེ་འཛིན་གྱི་རྒྱལ་པོ་ཞེས་བྱ་བ་ཐེག་པ་ཆེན་པོའི་མདོ། རྒྱ་གར་གྱི་མཁན་པོ་ཤཱི་ལེནྡྲ་བོ་དྷི་དང་། ཞུས་ཆེན་གྱི་ལོ་ཙཱ་བ་བནྡེ་ཛྙཱ་ཏཱ་ཤཱི་ལས་བསྒྱུར་ཅིང་ཞུས་ཏེ། སྐད་གསར་བཅད་ཀྱིས་ཀྱང་བཅོས་ནས་གཏན་ལ་ཕབ་པའོ། །[2]

གཉིས། འཕགས་པ་ཤེས་རབ་ཀྱི་ཕ་རོལ་ཏུ་ཕྱིན་པ་བརྒྱད་སྟོང་པ་བཞུགས་སོ། །རྒྱ་གར་གྱི་མཁན་པོ་ཤཱཀྱ་སེ་ན་དང་ཛྙཱ་ན་སིདྡྷི་དང་ཞུ་ཆེན་གྱི་ལོ་ཙཱ་བ་བན་དེ་ཛྙཱ་ཏཱ་ཤཱི་ལ་ལ་སོགས་པས་བསྒྱུར་ཅིང་ཞུས་ཏེ་གཏན་ལ་ཕབ།[3]

གསུམ། འཕགས་པ་ཀུན་རྫོབ་དང་དོན་དམ་པའི་བདེན་པ་བསྟན་པ་ཞེས་བྱ་བ་ཐེག་པ་ཆེན་པོའི་མདོ། རྒྱ་གར་གྱི་མཁན་པོ་ཤཱཀྱ་པྲ་བྷ་དང་། ཛི་ན་མི་ཏྲ་དང་། ཞུ་ཆེན་གྱི་ལོ་ཙཱ་བ་བན་དེ་ཛྙཱ་ཏཱ་ཤཱི་ལ་ལ་སོགས་པས་བསྒྱུར་ཅིང་ཞུས་ཏེ་གཏན་ལ་ཕབ་པ། །[4]

བཞི། འཕགས་པ་དཀོན་མཆོག་བརྩེགས་པ་ཆེན་པོའི་ཆོས་ཀྱི་རྣམ་གྲངས་ལེའུ་སྟོང་ཕྲག་བརྒྱ་པ་ལས། གཙུག་ན་རིན་པོ་ཆེས་ཞུས་པའི་ལེའུ་ཞེས་བྱ་བ་སྟེ་བཞི་བཅུ་རྩ་བདུན་པ། རྒྱ་གར་གྱི་མཁན་པོ་ཀ་མ་ལ་ཤཱི་ལ་དང་། ཞུ་ཆེན་གྱི་ལོ་ཙཱ་བ་བནྡེ་ཛྙཱ་ཏཱ་ཤཱི་ལས་བསྒྱུར་ཅིང་ཞུས་ཏེ་སྐད་གསར་ཆད་ཀྱིས་ཀྱང་བཅོས་ནས་གཏན་ལ་ཕབ་པ། །[5]

ལྔ། འཕགས་པ་དཀོན་མཆོག་བརྩེགས་པ་ཆེན་པོའི་ཆོས་ཀྱི་རྣམ་གྲངས་ལེའུ་སྟོང་ཕྲག་བརྒྱ་པ་ལས། བྱང་ཆུབ་སེམས་དཔའི་སྡེ་སྣོད་ཀྱི་ལེའུ་ཞེས་བྱ་བ་སྟེ་བཅུ་གཉིས་པ། རྒྱ་གར་གྱི་མཁན་པོ་ཛཱ་ཙནྡྲ་སུ་རེམ་དྲ་དང་། ཤཱི་ལེན་དྲ་དང་། ཛཱ་ཙནྡྲ་ཛྙཱ་ཏ་ཤཱི་ལས་བསྒྱུར་ཅིང་ཞུས་ཏེ། སྐད་གསར་ཆད་ཀྱིས་ཀྱང་

---

① བོད་ལྗོངས་རྟེན་རྫས་བཤམས་སྟོན་ཁང་གིས་བསྒྲིགས། དཀར་ཆག་འཕང་ཐང་མ། སྒྲ་སྦྱོར་བམ་གཉིས། མི་རིགས་དཔེ་སྐྲུན་ཁང་། 2006ལོ། ཤོག་ངོས་71

② སྡེ་དགེའི་བཀའ་འགྱུར་ལས་མདོ་སྡེ་ད་བ་དུམ་པ། ཤིང་དཔར། ལྡེབ་170

③ སྡེ་དགེའི་བཀའ་འགྱུར་ལས་བརྒྱད་སྟོང་པའི་ཀ་དུམ་པ། ཤིང་དཔར་ལྡེབ་286དུ་གསལ།

④ སྡེ་དགེའི་བཀའ་འགྱུར་ལས་དཀོན་བརྩེགས་ཀ་དུམ་པ། ཤིང་དཔར། ལྡེབ་203

⑤ སྡེ་དགེའི་བཀའ་འགྱུར་ལས་དཀོན་བརྩེགས་ཆ་དུམ་པ། ཤིང་དཔར། ལྡེབ་254

བཅོས་ནས་གཏན་ལ་ཕབ་པ། །[1]

དྲུག འཕགས་པ་དཀོན་མཆོག་བརྩེགས་པ་ཆེན་པོའི་ཆོས་ཀྱི་རྣམ་གྲངས་ལེའུ་སྟོང་ཕྲག་བརྒྱ་པ་ལས་བློ་གྲོས་མི་ཟད་པས་ཞུས་པའི་ལེའུ་ཞེས་བྱ་བ་སྟེ་བཞི་བཅུ་རྩ་ལྔ་པ། རྒྱ་གར་མཁན་པོ་སུ་རེན་དྲ་བོ་དྷི་དང་། ཞུ་ཆེན་གྱི་ལོ་ཙཱ་བ་བན་དེ་ཡེ་ཤེས་སྡེས་བསྒྱུར་ཅིང་ཞུས་ཏེ་གཏན་ལ་ཕབ་པ། །[2]

བདུན། འཕགས་པ་མེ་ཏོག་གི་ཚོགས་ཞེས་བྱ་བ་ཐེག་པ་ཆེན་པོའི་མདོ། རྒྱ་གར་གྱི་མཁན་པོ་ཛྙཱན་སིད་དྷི་དང་། ཞུ་ཆེན་གྱི་ལོ་ཙཱ་བ་བན་དེ་དྷརྨ་ཏཱ་ཤཱི་ལ་སོགས་པས་ཞུ་ཆེན་བགྱིས་ཏེ་གཏན་ལ་ཕབ་པ། །[3]

བརྒྱད། འཕགས་པ་ཚངས་པ་ཁྱད་པར་སེམས་ཀྱིས་ཞུས་པ་ཞེས་བྱ་བ་ཐེག་པ་ཆེན་པོའི་མདོ། རྒྱ་གར་གྱི་མཁན་པོ་ཤཱཀྱ་པྲ་བྷ་དང་། རཏྣ་པཱ་ལ་དང་། ཛི་ན་མི་ཏྲ་དང་། ཞུ་ཆེན་གྱི་ལོ་ཙཱ་བ་བནྡེ་དྷརྨ་ཏཱ་ཤཱི་ལ་དང་། པར་ཞུས་ཀྱི་ལོ་ཙཱ་བ་བནྡེ་བེན་དྲ་རཀྵི་ཏ་ལ་སོགས་པས་ཞུས་ཤིང་གཏན་ལ་ཕབ་པ། །[4]

དགུ། འཕགས་པ་སོར་མོའི་ཕྲེང་བ་ལ་ཕན་པ་ཞེས་བྱ་བ་ཐེག་པ་ཆེན་པོའི་མདོ། རྒྱ་གར་གྱི་མཁན་པོ་ཤཱཀྱ་པྲ་བྷ་དང་། ཞུ་ཆེན་གྱི་ལོ་ཙཱ་བ་བན་དེ་དྷརྨ་ཏཱ་ཤཱི་ལ་དང་། རྒྱའི་ལོ་ཙཱ་བ་བན་དེ་ཧོང་ཨཱ་ཙརྱ་ལ་སོགས་པས་བསྒྱུར་ཅིང་ཞུས་ཏེ་གཏན་ལ་ཕབ་པ། །[5]

བཅུ། འཕགས་པ་དྲི་མ་མེད་པར་གྲགས་པས་བསྟན་པ་ཞེས་བྱ་བ་ཐེག་པ་ཆེན་པོའི་མདོ། ལོ་ཙཱ་བ་བན་དེ་ཆོས་ཉིད་ཚུལ་ཁྲིམས་ཀྱིས་བསྒྱུར་ཅིང་ཞུས་ཏེ་གཏན་ལ་ཕབ་པ[6]སོགས་བཞུགས་སོ། །

གཉིས་པ། ཏུན་ཧོང་ནས་ཐོན་པའི་དྲི་མེད་གྲགས་པའི་མདོའི་པར་གཞི་ཁག་གི་ངོ་སྤྲོད།

རྒྱལ་སྤྱིའི་ཏུན་ཧོང་ཞིབ་འཇུག་གི་དྲ་བ་ཐོག ཏུན་ཧོང་ནས་ཐོན་པའི་བོད་ཡིག་གི་དྲི་མ་མེད་པར་གྲགས་པས་བསྟན་པའི་མདོ་ལ་ཁྱོན་བསྡོམས་ཡིག་ཆའི་ཨང་རྟགས་མི་འདྲ་བ་དགུ་ཡོད་པ་དང་། དེ་དག་ལས་ཡིག་ཆ་དྲུག་དབྱིན་ཇིའི་རྒྱལ་གཉེར་དཔེ་མཛོད་ཁང་དུ་ཉར་ཡོད་པ་དང་། ཡིག་ཆ་གསུམ་ཧྥ

① སྡེ་དགེའི་བཀའ་འགྱུར་ལས་དཀོན་བརྩེགས་ཁ་དུམ་པ། ཤིང་དཔར། ལྡེབ་294

② སྡེ་དགེའི་བཀའ་འགྱུར་ལས་དཀོན་བརྩེགས་ཆ་དུམ་པ། ཤིང་དཔར། ལྡེབ་182

③ སྡེ་དགེའི་བཀའ་འགྱུར་ལས་མདོ་སྡེ་ད་འ་དུམ་པ། ཤིང་དཔར། ལྡེབ་391

④ སྡེ་དགེའི་བཀའ་འགྱུར་ལས་མདོ་སྡེ་བ་དུམ་པ། ཤིང་དཔར། ལྡེབ་100

⑤ སྡེ་དགེའི་བཀའ་འགྱུར་ལས་མདོ་སྡེ་ཚ་དུམ་པ། ཤིང་དཔར། ལྡེབ་206

⑥ སྡེ་དགེའི་བཀའ་འགྱུར་ལས་མདོ་སྡེ་མ་དུམ་པ། ཤིང་དཔར། ལྡེབ་185

རན་སིའི་རྒྱལ་གཉེར་དཔེ་མཛོད་ཁང་དུ་ཉར་ཡོད། སྤྱིར་བཏང་ད་ལྟ“ཏུན་ཧོང་དང་ནུབ་ལྗོངས་ནས་རྙེད་པའི་བོད་ཀྱི་ཡིག་རྙིང་གི་སྤྱི་འབོར་དེ་ཆེས་ཉུང་ནའང་ཁག་18234ལས་བརྒལ་ཡོད་”[①]པར་བརྗོད་པས། ཡུལ་གཞན་དུ་ཉར་བའི་ཏུན་ཧོང་བོད་ཡིག་ཡིག་ཚང་གི་ཁྲོད་དུ་མདོ་འདིའི་པར་གཞི་མི་འདྲ་བ་གཞན་ཡང་ཡོད་པར་ངེས་མོད་མཐོང་བའི་བསྐལ་བ་མ་བྱུང་བས། མཐོང་ལམ་དུ་གྱུར་པའི་ཡིག་ཆ་འདི་རྣམས་དཀྱུས་སུ་བཟུང་སྟེ་དཔྱད་པར་བྱ་བ་ལ།

གཅིག དབྱིན་ཇིའི་རྒྱལ་གཉེར་དཔེ་མཛོད་ཁང་དུ་ཉར་བའི་ཡིག་ཆ་ཁག དབྱིན་ཇིའི་རྒྱལ་གཉེར་དཔེ་མཛོད་ཁང་དུ་ཨང་རྟགས་མི་འདྲ་བའི་ཡིག་ཆ་དྲུག་ཡོད་པ་དང་། དེ་དག་ནི་སོ་སོI.T.J.169དང་I.T.J.180 I.T.J.181 I.T.J.182 I.T.J.183 I.T.J.273བཅས་ཡིན་ལ། རེ་རེ་བཞིན་ངོ་སྤྲོད་མདོར་ཙམ་ཞུས་ན། I.T.J.169འདི་ཆོས་དཔེ་སྣ་རིང་གི་གཟུགས་སུ་ཡོད་པར་སྣང་ཡང་། ལྡེབ་གཅིག་སྟེ་ངོས་གཉིས་ལས་མེད་པ་དང་། ཤོག་བུའི་སྣེ་གཉིས་ལ་རལ་སྐྱོན་ཤིན་ཏུ་ཆེ་བས་བར་གྱི་ཡི་གེ་ཙམ་མ་གཏོགས་ལུས་མི་འདུག འདིའི་དཀྱུས་ལ་ལི་སྨི་22ཙམ་དང་ཞེང་ལ་ལི་སྨི་9ཡོད། ལྡེབ་མ་འདིའི་ཞེང་ཚད་སྤྱིར་བཏང་གི་སྣ་རིང་ལས་ཆེ་ཙམ་ཡོད་པས་ངོས་སོ་སོར་ཐིག་ཕྲེང་བརྒྱད་རེ་ཤོངས་ཡོད་པས་ཡིག་འབྲུ་ཡང་མང་ཙམ་ཤོངས་ཡོད། ཡིག་གཟུགས་ལྟོས་བཅས་ཀྱིས་ཆེ་ཞིང་བྲིས་པར་བྱང་ཆ་ལྡན་ལ། ནོར་བསུབ་ཀྱི་ཆ་ཤིན་ཏུ་ཉུང་། ལྡེབ་མ་འདི་པར་ལེན་སྐབས་ཤོག་ངོས་ཀྱི་མདུན་རྒྱབ་ནོར་བས་རྒྱལ་སྤྱིའི་ཏུན་ཧོང་ཞིབ་འཇུག་གི་དྲ་ངོས་སུ་ཤོག་ངོས་ཀྱི་གོང་འོག་ལྡོག་སྟེ་བཀོད་ཡོད་པ་དང་། སྤྱི་ལོ་2015ལོར་ནུབ་བྱང་མི་རིགས་སློབ་ཆེན་དང་དབྱིན་ཇི་རྒྱལ་གཉེར་དཔེ་མཛོད་ཁང་གཉིས་ཀྱིས་མཉམ་འབྲེལ་སྒྲོས་དཔར་སྐྲུན་བྱས་པའི་《དབྱིན་ཇིའི་རྒྱལ་གཉེར་དཔེ་མཛོད་ཁང་དུ་ཉར་བའི་ཏུན་ཧོང་དང་ནུབ་ལྗོངས་ཀྱི་བོད་ཡིག་ཡིག་ཚགས་》སུ་ཡང་གོང་འོག་ནོར་ཏེ་བཀོད་འདུག ལྡེབ་འདིའི་ནང་དོན་ཡོངས་རྫོགས་སྡེ་དགེའི་བཀའ་འགྱུར་གྱི་མ་དུམ་པའི་ལྡེབ་177ཀྱི་ཐིག་ཕྲེང་དྲུག་པའི་ཐུབ་པའི་པད་མས་སྟོང་པ་ཉིད་ནི་ངེས་པར་བསྒོམས་ཞེས་པ་ནས་ལྡེབ་179ཐིག་ཕྲེང་བདུན་པའི་བརྩོན་འགྲུས་ཀྱི་ཞིང་ནི་བྱང་ཆུབ་སེམས་དཔའ་ཞེས་པའི་བར་དུ་ཡོད། འགྱུར་དང་བརྗོད་སྤྲོད་ཀྱི་ཆ་ནས་ད་ལྟའི་བཀའ་འགྱུར་དུ་བཞུགས་པ་དང་མི་མཐུན་ས་མང་པོ་ཡོད། དཀོན་མཆོག་འབྱུང་གནས་ལ་རིན་ཆེན་ཁུང་ཞེས་བསྒྱུར་ཡོད་པ་དང་། ཡང་དག་པ་ལ་གཙང་མ་ཞེས་བསྒྱུར་ཡོད་པས། འགྱུར་གྱི་ཕྱི་མོ་གང་ཡིན་ལ་ཡང་ཞིབ་ཏུ་བརྟག་དགོས།

---

① རྡོ་རུ་ཡུལ་ལྷ་ཐར། བོད་ཀྱི་ཡིག་རྙིང་རིག་པའི་རྣམ་གཞག་རབ་གསལ་བཙན་པོའི་ལམ་ཡིག ཀྲུང་གོའི་བོད་རིག་པ་དཔེ་སྐྲུན་ཁང་། 2016ལོ། ཤོག་ངོས་148

I.T.J.180འདི་ཆོས་དཔེ་སྣ་ཐུང་གི་གཟུགས་སུ་ཡོད་པ་དང་། ཁྱོན་བསྡོམས་ལྷེབ་མ་30སྟེ་ངོས་60ཐམ་པ་ཡོད། ལྷེབ་རེའི་དཀྱུས་ལ་ཡི་སྦྱི་32དང་ཞེང་ལ་ཡི་སྦྱི་7ཡོད། ངོས་སོ་སོར་ཐིག་ཕྲེང་ལྔ་རེ་དང་། མཚལ་དམར་པོས་ཐིག་དང་སྣེ་ཐིག་བརྒྱབ་ཡོད་པ་དང་། སྤྱན་འཕྱིར་རྒྱའི་ཚུལ་དུ་གཡོན་ཕྱོགས་ཀྱི་དབུ་ལ་ལྷེབ་གྲངས་ཀྱང་བཀོད་འདུག་པས་ལྷེབ་གོང་འོག་མི་འཁྲུགས་པར་ཕན་ཐོགས་ཆེན་པོ་ཐོན་ཡོད། རྒྱ་གར་གྱི་ལེགས་སྦྱར་དཔེ་རྙིང་གི་ལུགས་ལྟར་ལུང་རྒྱུན་གྱི་གནས་དཀྱིལ་དུ་བཞག་སྟེ་མཚལ་གྱིས་སྐོར་ཐིག་བྲིས་ཡོད་པ་དང་། ཡིག་གཟུགས་དེ་འདྲ་ཡག་རྒྱུ་མེད་པར་རྒྱུགས་བྲིས་བྱས་ཡོད་ལ། ལྷེབ་གྲངས་མཐུན་ཡང་ངོས་རེ་གཉིས་སྟོང་བར་བསྐྱུར་འདུག་པ་དང་། ཡི་གེ་ཆད་གསབ་བྱས་པ་ཡང་མང་ཙམ་འདུག ཡིག་ཆ་འདིའི་ལྷེབ་མ་དང་པོའི་སྟེང་དུ་ཁ་དྲུག་ཅེས་བཀོད་ཡོད་པ་དང་། དེ་ནས་ཁ་བཅུ་བཞིའི་བར་དུ་དྲི་མ་མེད་པར་གྲགས་པས་བསྟན་པའི་མདོ་ལས་ལེའུ་བརྒྱད་པ་ཕོ་ན་བྲིས་ཡོད་པ་དང་། ཡང་ཁ་བཅོ་ལྔ་ནས་ཁ་སུམ་ཅུ་གཉིས་ཀྱི་བར་དུ་འཕགས་པ་ས་ལུ་ལྗང་པ་ཞེས་བྱ་བ་ཐེག་པ་ཆེན་པོའི་མདོ་བྲིས་ཡོད། རྗེས་སུ་ཡང་དྲི་མེད་གྲགས་པའི་མདོའི་ལེའུ་བརྒྱད་པ་ལས་ཁ་འཐོར་ཙམ་བྲིས་ཡོད་པས། མ་གཞི་ནས་ཡིག་ཆ་ཁ་ཚང་ཞིག་མིན་པར་མདོ་སོ་སོ་ནས་དུམ་བུ་འགའ་རེ་བསྡུས་ཏེ་གཞི་གཅིག་ཏུ་བྲིས་པ་རྟོགས་ཐུབ། དེ་ལས་གཞན་ཡིག་ཆ་འདིའི་ལྷེབ་གྲངས་ཚང་མའི་སྟེང་དུ་གི་གུ་ཕྱིར་ལོག་གཅིག་ཀྱང་མེད་པ་དང་། བྱེད་འབྲེལ་གྱི་ཕྲད་ལའང་སྒྲིག་ལམ་ངེས་ཅན་ལྡན། གཞན་སྤྱན་འཕྱིར་རྒྱའི་རྣམ་པ་ལྟར་ལྷེབ་གྲངས་བཀོད་ཡོད་པ་དང་ཡིག་འབྲུ་རེ་གཉིས་ཙམ་ལས་སྡེ་དགེའི་བཀའ་འགྱུར་དུ་བཞུགས་པ་དང་ཡོངས་སུ་མཐུན་པ་སོགས་ལ་གཞིགས་ན་དྲི་མེད་གྲགས་པའི་མདོའི་ཡིག་ཆ་ཀུན་ལས་ཆེས་འཕྱི་ཤས་སུ་སྣང་། ནང་དོན་ནི་དྲི་མེད་གྲགས་པའི་མདོའི་ལེའུ་བརྒྱད་པ་སྟེ། གཉིས་སུ་མེད་པའི་ཆོས་ཀྱི་སྒོར་འཇུག་པའི་ལེའུ་ཁ་ཚང་ཡིན། དེ་ཡང་སྡེ་དགེའི་བཀའ་འགྱུར་ལས་མདོ་སྡེ་མ་དུམ་པའི་ལྷེབ་217རྒྱབ་ངོས་ཀྱི་ཐིག་ཕྲེང་དྲུག་པ་ནས་ལྷེབ་221ཐིག་ཕྲེང་གཉིས་པའི་བར་དུ་ཡོད།

I.T.J.181འདི་ཡང་ཆོས་དཔེ་སྣ་རིང་གི་གཟུགས་སུ་ཡོད་པ་དང་། ཁྱོན་བསྡོམས་ལྷེབ་26སྟེ་ངོས་52ཡོད། ངོས་སོ་སོར་ཐིག་ཕྲེང་བཞི་རེ་ཡོད། དཀྱུས་ལ་ཡི་སྦྱི་47དང་ཞེང་ལ་ཡི་སྦྱི་7ཡོད། ལུང་རྒྱུན་གྱི་གནས་སུ་ཁུང་བུ་གཉིས་བསྐྱུར་འདུག་པ་དང་མཚལ་གྱིས་སྐོར་ཐིག་རེ་བྲིས་འདུག འདི་ནི་བོད་ཡིག་གི་དྲི་མེད་གྲགས་པའི་མདོའི་པར་གཞི་ཀུན་ལས་ལྷེབ་མ་ཆེས་མང་ཤོས་དང་། ཡིག་གཟུགས་ཆེས་གསལ་བ་དེ་ཡིན་ལ། སྤྱན་འཕྱིར་རྒྱ་མེད་པ་དང་ཤོག་གྲངས་བྲིས་མེད་པས་པར་ལེན་སྐབས་ལྷེབ་ཀྱི་སྔ་ཕྱི་ནོར་བ་ཆེས་མང་བའང་འདི་ཡིན། ཡིག་ཆ་ཁ་འཐོར་ཡིན་པ་ལས་རལ་སྐྱོན་གྱི་ཆ་ཅི་ཡང་བྱུང་མེད་

པ་དང་། ཡིག་གཟུགས་མཛེས་ཤིང་བྲིས་པ་ཞིབ་ཚགས་ཡིན་པ་དང་། ནོར་བསུབ་ཀྱི་ཆ་ཤིན་ཏུ་ཉུང་བས་ཏུན་ཧོང་ནས་བྱུང་བའི་དྲི་མ་མེད་པར་གྲགས་པའི་མདོའི་ཡིག་ཆ་ཀུན་ལས་ སྨུས་དག་ཏུ་བརྩིས་ཆོག ཡིག་ཆ་འདིའི་ནང་དོན་ཡོངས་རྫོགས་མདོའི་ལེའུ་དང་པོ་ནས་ལེའུ་བཞི་པའི་ཁོངས་སུ་ཡོད་པ་དང་། སྡེ་དགེའི་བཀའ་འགྱུར་གྱི་མ་དྲུམ་པའི་ལྡེབ་175དབུ་ནས་བཙམས་ཏེ་ལྡེབ་201རྒྱབ་ངོས་ཀྱི་ཐིག་ཕྲེང་དང་པོའི་བར་དུ་ཡོད། ཡིག་ཆ་འདི་དང་ཏྲ་རན་སིའི་རྒྱལ་གཉེར་དཔེ་མཛོད་ཁང་དུ་ཉར་བའི་ཡིག་ཆ་ཨང་རྟགས་P.T613གཉིས་ཀྱང་དཔེ་ཆ་གཅིག་གི་ལྡེབ་གྲངས་སུ་ངེས། རྒྱལ་སྤྱིའི་ཏུན་ཧོང་ཞིབ་འཇུག་གི་དྲ་བར་ཡིག་ཆ་འདིའི་ལྡེབ་ཀྱི་གོང་འོག་གི་རིམ་པ་ནོར་བ་ཇི་བཞིན་《དབྱིན་ཇིའི་རྒྱལ་གཉེར་དཔེ་མཛོད་ཁང་དུ་ཉར་བའི་ཏུན་ཧོང་དང་ནུབ་ལྗོངས་ཀྱི་བོད་ཡིག་ཡིག་ཚགས་》སུ་ཡང་སོར་བཞག་བྱས་ཡོད་པས། གཤམ་དུ་ཡིག་ཆ་འདིའི་ལྡེབ་མ་རེ་རེ་བཞིན་བཀའ་འགྱུར་དུ་བཞུགས་པའི་དྲི་མེད་གྲགས་པའི་མདོ་དང་བསྡུར་ཏེ་གོང་འོག་གི་རིམ་པ་དག་པར་བསྒྲིགས་ཏེ་རེའུ་མིག་ཏུ་བཀོད་ཡོད།

གོ་རིམ།	ཡིག་ཆའི་ལྡེབ་གྲངས།	གོ་རིམ།	ཡིག་ཆའི་ལྡེབ་གྲངས།
1	I.T.J.181 ལྡེབ་1	12	I.T.J.181 ལྡེབ་24
2	I.T.J.181ལྡེབ་17	13	I.T.J.181ལྡེབ་8-9
3	I.T.J.181 ལྡེབ་18	14	I.T.J.181 ལྡེབ་15
4	I.T.J.181 ལྡེབ་11	15	I.T.J.181 ལྡེབ་22
5	I.T.J.181 ལྡེབ་10	16	I.T.J.181 ལྡེབ་4
6	I.T.J.181ལྡེབ་13	17	I.T.J.181 ལྡེབ་3
7	I.T.J.181ལྡེབ་12	18	I.T.J.181 ལྡེབ་19
8	I.T.J.181 ལྡེབ་5	19	I.T.J.181 ལྡེབ་25-26
9	I.T.J.181 ལྡེབ་20-21	20	I.T.J.181 ལྡེབ་23
10	I.T.J.181 ལྡེབ་6-7	21	I.T.J.181 ལྡེབ་14
11	I.T.J.181ལྡེབ་16	22	I.T.J.181 ལྡེབ་2

I.T.J.182འདིར་ལྡེབ་གཅིག་སྟེ་ངོས་གཉིས་ཡོད། ངོས་སོ་སོར་ཐིག་ཕྲེང་དྲུག་རེ་ཡོད་པ་དང་། དཀྱུས་ལ་ལི་སྨི་64དང་ཞེང་ལ་ལི་སྨི་9.7ཡོད། ངོས་གཉིས་སུ་ལུང་རྒྱུན་གྱི་གནས་ཏེ་སྐོར་ཐིག་འབྲིས་པའི་སྟོང་ཆ་བསྐྱུར་མེད་པ་དང་། སྣེ་གཉིས་ལ་རལ་སྐྱོན་ཅི་ཡང་བྱུང་མེད་པས་ཡིག་གཟུགས་གསལ་ཞིང་ཆད་སྐྱོན་ཤིན་ཏུ་ཉུང་། ཡིག་གཟུགས་མཛེས་ཤིང་བྲིས་པར་བྱུང་ཆ་ལྡན་ལ། ཡིག་ཆ་གཞན་དང་བསྡུར་ན་ངོས་རེར་ཡི་གེ་མང་པོ་ཤོང་ཡོད། འདི་ལ་སྤྱན་འབྱེར་རྒྱ་དང་ཤོག་གྲངས་འདུག་པས་པར་

ཞིན་སྐབས་ལྷེབ་ཀྱི་མདུན་རྒྱབ་ནོར་ཏེ་རྒྱབ་ཤོག་སྔོན་དང་མདུན་ཤོག་རྗེས་སུ་བཞག་ཡོད་པས་གོང་འོག་གི་རིམ་པ་ནོར་འདུག ཕྱིར་བཏང་བཙན་པོའི་དུས་སྐབས་ཀྱི་སྤྱ་མའི་ཆོས་དཔེ་སྣ་རིང་རྣམས་ལ་སྦྱིན་འཁོར་རྒྱ་དང་ཤོག་གྲངས་མེད་ཀྱང་མདུན་རྒྱབ་མི་ནོར་བའི་ཆེད་དུ་མདུན་ཤོག་གི་དབུ་ལ་ནམ་ཡང་དབུ་ཁྲུད་ཕྱེད་ཀ་ཞིག་འབྲི་བའི་སྲོལ་ཡོད་པ་དང་། དབུ་ཁྲུད་ཀྱི་ཆེས་ཐོག་མའི་རྣམ་པའང་ཡིན། པར་ཞིན་པས་ད་ལྟའི་གནས་སྟངས་ལྟར་སྦྱིན་འཁོར་རྒྱ་དང་ཤོག་གྲངས་བཀོད་ཡོད་པ་དེ་མདུན་ངོས་ཡིན་ཤག་བྱས་ཏེ་པར་བླངས་པས་མདུན་རྒྱབ་ལ་ནོར་བ་བྱུང་འདུག ཡིག་ཆ་འདིའི་ནང་དོན་གྱི་ཆ་ནས་མདོའི་ལེའུ་གཉིས་པའི་མཇུག་དང་གསུམ་པའི་སྟོད་ཀྱི་ཆ་ཤས་སུ་འདུག་པ་དང་། བཀའ་འགྱུར་སྡེ་དགེའི་པར་མའི་མ་དུམ་པའི་ལྷེབ་183ཐིག་ཕྲེང་བདུན་པ་ནས་ལྷེབ་184ཐིག་ཕྲེང་དྲུག་པའི་བར་དུ་ཡོད། བརྡ་སྒྱུར་ཀྱི་ཆ་ནས་ད་ལྟ་བཀའ་འགྱུར་དུ་བཞུགས་པའི་མདོ་དང་ཕལ་ཆེར་འདྲ་མོད། ཚིག་གི་སྦྱ་ཕྱི་བརྗེ་བ་ཙུང་མང་བ་དང་འགྱུར་གྱི་ཐ་སྙད་ཀྱི་ཆ་ནས་བཀའ་འགྱུར་དུ་བཞུགས་པའི་མདོ་དང་ཤིན་ཏུ་ཉེ།

I.T.J.183འདིར་ལྷེབ་གཅིག་སྟེ་ངོས་གཉིས་ལས་མེད་པ་དང་། དཀྱུས་ལ་ལི་སྨི་41དང་ཞེང་ལ་ལི་སྨི་8ཡོད། ངོས་སོ་སོར་ཐིག་ཕྲེང་དྲུག་རེ་དང་དཀྱིལ་གྱི་ལུང་རྒྱུན་རྒྱུ་སའི་ཆ་དེར་སྟོར་ཐིག་བྲིས་མེད་པར་བར་སྟོང་དུ་བསྐྱུར་ཡོད་པ་དང་། རལ་སྐྱོན་སོགས་ཆེར་བྱུང་མེད་པས་ཡིག་གཟུགས་ཤིན་ཏུ་གསལ། ཡིགེའི་ཆེ་ཆུང་སྙོམས་ཞིང་སྨྱུག་རིམ་ལ་བྱུང་ཆ་ལྡན་པ་དང་། ནོར་བསྲུབ་ཀྱི་ཆའང་ཤིན་ཏུ་ཉུང་། མཚལ་གྱིས་ཐིག་གསལ་ལ་མི་གསལ་བ་ཞིག་བརྒྱབ་ཡོད་པ་དང་། ཡིག་རྙིང་ཕལ་ཆེར་དང་མཐུན་པར་མདུན་ཤོག་གི་དབུ་ལ་དབུ་ཁྲུད་ཕྱེད་ཙམ་དང་ཉིས་ཤད་བྲིས་ཡོད། བརྡ་སྒྱུར་ཀྱི་ཆ་ནས་ད་དྲག་བཞག་པ་ཙུང་མང་ལ། སྔོནད་དང་བསྟནད། ཤིནད་ཏུ། མྱི་བསྒྱུརད་སོགས་ཡོད་པ་དང་། འ་ལ་ཙ་རྟགས་བཞག་པ། སྡེ་པ་གཅིག་གི་ཐ་སྙད་ཕན་ཚུན་བརྗེ་བ། བྱེད་འབྲེལ་གྱི་ཕྲད་གང་བདེར་སྦྱོད་པ། ཚིག་དྲག་མང་བ། གི་གུ་ཕྱིར་ལོག་མང་བ། ངོས་འདི་གཉིས་ཁོ་ནར་ཡང་གི་གུ་ཕྱིར་ལོག་པ་ཉེར་ལྔ་ཙམ་གྱིས་མི་ཚད་པ་སོགས་ཡིག་རྙིང་གི་ཁྱད་ཆོས་མང་པོ་ཞིག་འཛོམས་ཡོད། འགྱུར་གྱི་ཐ་སྙད་ཀྱི་ཆ་ནས་ཡང་དག་པར་རྫོགས་པ་ལ་གཡུང་དྲུང་རྫོགས་པ་བཀོལ་བ་སོགས་འགྱུར་རྙིང་གི་ཁྱད་ཆོས་དུ་མ་ལྡན། ནང་དོན་གྱི་ཆ་ནས་མདོའི་ཟད་པ་མེད་པའི་ལེའུ་སྟེ་ལེའུ་བཅུ་པའི་ཆ་ཤས་ཤིག་ཡིན་པ་དང་། སྡེ་དགེའི་བཀའ་འགྱུར་གྱི་མ་དུམ་པའི་ལྷེབ་228ཐིག་ཕྲེང་བདུན་པ་ནས་རྒྱབ་ངོས་ཀྱི་ཐིག་ཕྲེང་བདུན་པའི་བར་དུ་ཡོད།

I.T.J.273འདི་ལ་ལྷེབ་གཅིག་སྟེ་ངོས་གཉིས་ལས་མེད་པ་དང་། ངོས་སོ་སོར་ཐིག་ཕྲེང་དྲུག་རེ་ཡོད། དཀྱུས་ལ་ལི་སྨི་41.2དང་ཞེང་ལ་ལི་སྨི་8ཡོད། ལྷེབ་ཀྱི་དཀྱིལ་དུ་ལུང་རྒྱུན་རྒྱུ་སའི་ཆ་དེར་སྟོར་

ཐིག་ཁྲིས་མེད་པར་བར་སྟོང་དུ་བསྒྱུར་བ། ནང་དུ་ཚེག་དྲག་ཙུང་མང་བ་དང་འ་ལ་ཙ་རྟགས་བཞག་པ། ད་དྲག་མང་བ། བྱེད་འབྲེལ་གྱི་ཕྲད་གང་བདེར་སྦྱོད་པ་སོགས་གོང་གི་ཡིག་ཆI.T.J.183དང་ཤིན་ཏུ་འདྲ། ནང་དོན་གྱི་ཆ་ནས་ཆོས་གཏད་པའི་ལེའུ་སྟེ་བཅུ་གཉིས་པའི་མཇུག་གི་ཆ་ཤས་ཤིག་ཡིན་པ་དང་། ལྡེབ་འདིའི་ནང་དོན་གྱི་ཆ་ནི་བཀའ་འགྱུར་སྡེ་དགེའི་པར་མའི་མ་དུམ་པའི་ལྡེབ་238ཐིག་ཕྲེང་བདུན་པའི་མཇུག་ནས་ལྡེབ་239རྒྱབ་ངོས་ཀྱི་ཐིག་ཕྲེང་དང་པོའི་བར་དུ་ཡོད།

གཉིས། རྡུ་རན་སིའི་རྒྱལ་གཉེར་དཔེ་མཛོད་ཁང་དུ་ཉར་བའི་ཡིག་ཆ་ཁག་གསུམ། P.T.610འདིར་ལྡེབ་གཉིས་ཏེ་ངོས་བཞི་ཡོད་པ་དང་། ལྡེབ་རེའི་དཀྱུས་ལ་ལི་སྨི་41དང་ཞེང་ལ་ལི་སྨི་8ཡོད། ངོས་སོ་སོར་ཐིག་ཕྲེང་བཞི་རེ་དང་ལྡེབ་མ་དང་པོ་ལ་རལ་སྐྱོན་ཙུང་ཆེ་བས་ཡིག་འབྲུ་མང་པོ་ཞིག་གསལ་པོར་མཐོང་མི་ཐུབ་སོད། ལྡེབ་གཉིས་པ་ལ་རལ་སྐྱོན་ཙུང་ཟད་ཀྱང་བྱུང་མེད་པས་ཡིག་འབྲུ་ཐམས་ཅད་ཤིན་ཏུ་གསལ་བ་དང་། གོང་གིI.T.J.183དང་I.T.J.273ནང་བཞིན་ཙུང་ཙམ་རྒྱུགས་འབྲི་བྱས་ཡོད་ཀྱང་ཡི་གེའི་ཆེ་ཆུང་སྙོམས་ཞིང་སྒྲུག་རིམ་ལ་བྱུང་ཆ་ལྡན་པ་དང་། ནོར་བསུབ་ཙུང་བ། མཚལ་གྱིས་ཐིག་བརྒྱབ་ཡོད་པ། ལྡེབ་རེ་རེའི་མདུན་ཤོག་གི་དབུ་ཕྲུད་འབྲི་སྟངས། ནང་དུ་ཚེག་དྲག་ཙུང་མང་བ། འ་ལ་ཙ་རྟགས་བཞག་པ། ད་དྲག་མང་བ། བྱེད་འབྲེལ་གྱི་ཕྲད་གང་བདེར་སྦྱོད་པ། འགྱུར་གྱི་ཐ་སྙད་ཀྱི་ཆ་ནས་ཡང་དག་པར་རྫོགས་པ་ལ་གཡུང་དྲུང་རྫོགས་པ་བཀོལ་བ་སོགས་ཐམས་ཅད་འདྲ་མཚུངས་སུ་སྣང་། ལྡེབ་མ་འདི་གཉིས་ཀའི་ནང་དོན་མདོའི་ལེའུ་བཅུ་གཅིག་པའི་མཇུག་དང་ལེའུ་བཅུ་གཉིས་པའི་དབུའི་ཆ་ཤས་ཤིག་ཡིན་ལ། སྡེ་དགེའི་བཀའ་འགྱུར་གྱི་མ་དུམ་པའི་ལྡེབས་234རྒྱབ་ངོས་ཀྱི་ཐིག་ཕྲེང་དང་པོའི་མཇུག་ནས་ལྡེབས་236རྒྱབ་ངོས་ཀྱི་ཐིག་ཕྲེང་གསུམ་པའི་བར་དུ་ཡོད།

P.T611འདིར་ལྡེབ་མ་གཅིག་སྟེ་ངོས་གཉིས་ལས་མེད་པ་དང་། ཆོས་དཔེ་སྣ་ཐུང་གི་གཟུགས་སུ་ཡོད། དཀྱུས་ལ་ལི་སྨི་27.5དང་ཞེང་ལ་ལི་སྨི་7.4ཡོད། དཀྱིལ་གྱི་ལུང་རྒྱུན་གྱི་གནས་སུ་སྟོང་ཆ་གཅིག་བསྒྱུར་འདུག་པ་དང་ངོས་སོ་སོར་ཐིག་ཕྲེང་ལྔ་རེ་དང་ཡིག་གཟུགས་དེ་འདྲ་ཡག་རྒྱུ་མེད། ལྡེབ་འདིའི་གཡོན་ཕྱོགས་ཀྱི་སྣེ་ལ་རལ་སྐྱོན་ཙུང་ཙམ་བྱུང་བས། མདུན་རྒྱབ་ནོར་ཏེ་པར་བླངས་པ་དང་ཤོག་ངོས་ཀྱི་གོང་འོག་ནོར་འདུག ཕྱིར་བཏང་མདུན་ཤོག་གི་དབུའི་དབུ་ཕྲུད་ཕྱེད་ཀ་ལ་བརྟེན་ནས་མདུན་རྒྱབ་ནོར་མི་སྲིད་ཀྱང་། འདིའི་སྣེ་ལ་རལ་སྐྱོན་བྱུང་བས་སྤྱན་འཁྱེར་རྒྱའི་གནས་སུ་ཉིས་བརྒྱ་ཞེས་ཤོག་ངོས་བཀོད་པ་གཞིགས་ཏེ་རྒྱལ་སྤྱིའི་ཏུན་ཧོང་ཞིབ་འཇུག་གི་དྲ་ངོས་དང《དབྱིན་ཇིའི་རྒྱལ་གཉེར་དཔེ་མཛོད་ཁང་དུ་ཉར་བའི་ཏུན་ཧོང་དང་ནུབ་ལྗོངས་ཀྱི་བོད་ཡིག་ཡིག་ཚགས》སུ་ཡང་གོང་འོག་ནོར་ཏེ་བཀོད་

འདུག བརྗོད་དང་འགྱུར་གྱི་ཆ་ནས་བཀའ་འགྱུར་དུ་བཞུགས་པའི་མདོ་དང་ཉེ་ཞིང་། ཁྱད་ཆོས་དམིགས་བསལ་བ་ཞིག་ནི་སྐུང་ཡིག་གཉིས་ཙམ་བྱུང་ཡོད་པ་དང་། གང་དག་ལ་གག་དང་། གཞོན་ནུ་ལ་གཞོན་ནུ་ཞེས་བྲིས་འདུག ནང་དོན་གྱི་ཆ་ནས་མདོའི་དེ་བཞིན་གཤེགས་པ་མི་འཁྲུགས་པ་བསྟན་པའི་ལེའུ་སྟེ་བཅུ་གཅིག་པའི་མཇུག་དང་དམ་པའི་ཆོས་གཏད་པའི་ལེའུ་སྟེ་བཅུ་གཉིས་པའི་དབུའི་ཆ་ཤས་ཤིག་ཡིན། སྡེ་དགེའི་བཀའ་འགྱུར་གྱི་མ་དུམ་པའི་ལྡེབ་234རྒྱབ་ངོས་ཀྱི་ཐིག་ཕྲེང་གསུམ་པའི་མཇུག་ནས་ལྡེབ་234རྒྱབ་ངོས་ཀྱི་ཐིག་ཕྲེང་བདུན་པའི་བར་དུ་ཡོད།

P.T.613འདིར་ལྡེབ་མ་བཅུ་དྲུག་སྟེ་ངོས་སོ་གཉིས་ཡོད་པས། ཧྥ་རན་སིའི་རྒྱལ་གཉེར་དཔེ་མཛོད་ཁང་དུ་ཉར་བའི་དྲི་མེད་གྲགས་པའི་མདོའི་ཡིག་ཆ་ལས་ལྡེབ་གྲངས་ཆེས་མང་ཤོས་དེ་ཡིན། སོ་སོའི་དཀྱུས་ལ་ལི་སྨི་48དང་ཞེང་ལ་ལི་སྨི་7.2ཡོད། ཡིག་ཆ་འདི་ལས་ལྡེབ་མ་བདུན་གྱི་ཕྱེད་ཀ་ལས་ལྷག་མི་འདུག་པས་ད་ལྟ་ང་ཚོའི་མཐོང་ལམ་དུ་ཐུར་པའི་ངོས་བཅུ་བཞི་ནི་ཕྱེད་ཀ་ཁོ་ན་ཡིན། དེ་མིན་གྱི་ལྡེབ་མ་ཚང་མའི་མགོ་མཇུག་ལ་རལ་སྐྱོན་སོགས་ཅི་ཡང་བྱུང་མེད་པས། པར་ངོས་ཡི་གེ་ཡོད་ཚད་ཤིན་ཏུ་གསལ། འདིར་ལྡེབ་མ་ཐམས་ཅད་དཔེ་ཆ་གཅིག་ལས་བྱུང་བའི་ཁ་འཐོར་ལྟར་ཐམས་ཅད་ལྷན་དུ་བཞག་ཡོད་མོད། ཞིབ་ཏུ་བརྟག་ན་ཡིག་ཆ་འདི་ཡང་པར་གཞི་མི་མཐུན་པ་གཉིས་ཡིན་ནམ་སྙམ། ཤོག་ངོས་གཅིག་ནས་བཅུ་བར་དང་། བཅུ་གཅིག་ནས་སོ་གཉིས་བར་གྱི་ཡིག་གཟུགས་མངོན་གསལ་གྱིས་མི་འདྲ་བ་དང་། ཁག་དང་པོར་ཚིག་ཕལ་ཆེ་བ་དཀྱིལ་ཚིག་གི་ཚུལ་དུ་ཡོད་པ་དང་། ཚིག་སྙོར་ཞིག་ཡི་གེའི་ཞབས་འོག་ཏུ་ཡོད། ཁག་གཉིས་པར་ཚིག་ཐམས་ཅད་དཀྱིལ་ཚིག་གི་ཚུལ་དུ་ཡོད་པས། ཡིག་གཟུགས་དང་ཚིག་འཇོག་སྟངས་ཀྱི་ཐད་ནས་ཁྱད་པར་ཆེན་པོ་ཡོད། ཡིན་ཡང་ནང་དོན་གྱི་ཆ་ནས་བསྐྱར་བཟློས་སུ་སོང་མེད་པ་དང་འགྱུར་གྱི་ཐ་སྙད་ཀྱི་ཆ་ནས་ཁྱད་པར་ཆེན་པོ་མེད་པས་དཔེ་ཆ་གཅིག་མི་གཉིས་ཀྱིས་འབྲི་བ་ཡང་སྲིད་པས་བརྟག་པར་བྱ། ནང་དོན་གྱི་ཆ་རྣམས་ལེའུ་དང་པོ་ནས་གསུམ་པའི་བར་དུ་ཡོད་ལ། སྡེ་དགེའི་བཀའ་འགྱུར་གྱི་མ་དུམ་པའི་ལྡེབ་176ཐིག་ཕྲེང་ལྔ་པ་ནས་ལྡེབ་189ཐིག་ཕྲེང་བདུན་པའི་བར་དུ་ཡོད།

གསུམ་པ། ཡིག་ཆ་ཁག་གི་འབྲེལ་བ།

ཀུན་གྱིས་ཤེས་གསལ་ལྟར་སི་ཐེན་དང་པད་ལི་ཨོ་གཉིས་སྤྱ་རྗེས་སུ་ཏུན་ཧོང་དུ་བསླེབས་ནས། བྲག་ཕུག་ཨང་བཅུ་བདུན་པ་ལས་ཡིག་ཚང་ཁག་སོ་སོར་ཁྱེར་བ་དང་། དབྱིན་ཇི་དང་ཧྥ་རན་སི་རྒྱལ་ཁབ་གཉིས་ཀྱི་རྒྱལ་གཉེར་དཔེ་མཛོད་ཁང་དུ་ཉར་བའི་ཡིག་ཚང་ཚང་མ་བྲག་ཕུག་གཅིག་ལས་

བྱུང་བས། རྒྱལ་ཁབ་འདི་གཉིས་གཙོ་བྱས་པའི་རྒྱལ་ཁབ་སོ་སོའི་ཡིག་ཚང་ཁག་གི་འབྲེལ་བ་ལ་དཔྱད་པ་བཏང་ན་ཡིག་ཚང་སྐོར་ཞིག་ཆ་ཇེ་ཚང་དུ་གཏོང་ཐུབ་པ་དང་། སྔ་མའི་བཞིན་རས་ཇེ་གསལ་དུ་གཏོང་ཐུབ། ཡིག་ཚང་སོ་སོས་ཕན་ཚུན་ལ་ཁ་སྐོང་དང་གཞོགས་འདེགས་ཀྱི་ནུས་པ་གལ་ཆེན་ཐོན་ཐུབ་སྟེ། དྲི་མེད་གྲགས་པའི་མདོ་ལྟ་བུར་མཚོན་ན། པར་གཞི་གཅིག་གི་ཆ་ཤས་ཤིག་ཧྥ་རན་སིའི་རྒྱལ་གཉེར་དཔེ་མཛོད་ཁང་དུ་ཉར་ཡོད་པ་དང་། ཆ་ཤས་གཞན་ཞིག་དབྱིན་ཇིའི་རྒྱལ་གཉེར་དཔེ་མཛོད་ཁང་དུ་ཉར་ཡོད་པས། སྔ་དུས་ཀྱི་ཡིག་ཚང་འདི་ཁ་འཐོར་གྱི་རྣམ་པར་བཏང་ཡོད་པ་དང་། ང་ཚོས་ཡིག་ཆའི་ཨང་རྟགས་གཅིག་ཁོ་ན་དཔྱད་གཞིར་བཟུང་སྟེ་དཔྱད་པ་བཏང་ན། ཞིབ་འཇུག་གི་འབྲས་བུར་གོ་འཛོལ་འབྱུང་ངེས་པ་དང་། འབྲས་བུ་ཡང་འབྱུས་ཚང་ཡག་པོ་ཞིག་ལོན་ཐབས་མེད་པས། ཡུལ་གྲུ་སོ་སོར་ཉར་བའི་འབྲེལ་ཡོད་ཡིག་ཆ་ཁ་འཐོར་རྣམས་ལྷན་དུ་བསྡུས་ཏེ་དཔྱད་ན་ཡིག་ཆའི་སྔར་ཡོད་ཀྱི་བཞིན་རས་ཇེ་གསལ་དུ་གཏོང་ཐུབ་པ་དང་། པར་གཞི་ཞིབ་འཇུག་དང་སྐབས་དེའི་འགྱུར་གྱི་གནས་ཚུལ་ལ་སྔར་ལས་ལྷག་པའི་དཔྱད་ཞིབ་ཡག་པོ་བྱ་ཐུབ། གཤམ་དུ་དབྱིན་ཇིའི་རྒྱལ་གཉེར་དཔེ་མཛོད་ཁང་དང་ཧྥ་རན་སིའི་རྒྱལ་གཉེར་དཔེ་མཛོད་ཁང་དུ་ཉར་བའི་དྲི་མེད་གྲགས་པའི་མདོའི་ཡིག་ཆ་ཁག་གི་འབྲེལ་བའི་ཆ་ནས་དཔྱད་པར་བྱ་བ།

གཅིག I.T.J.181དང་P.T.613ཡིག་ཆ་འདི་གཉིས་ཀ་ཆོས་དཔེ་སྣ་རིང་གི་གཟུགས་སུ་ཡོད་པ་དང་། ཆེ་ཆུང་གི་ཆ་ནསI.T.J.181གི་དཀྱུས་ལ་ལི་སྨི་47དང་ཞེང་ལ་ལི་སྨི7ཡོད་པ་དང་། P.T.613དཀྱུས་ལ་ལི་སྨི་48དང་ཞེང་ལ་ལི་སྨི་7.2ཙམ་ཡོད་པས་ཁྱད་པར་ཅུང་ཙམ་ཡོད་མོད། འདི་ཡང་དབྱིན་ཇི་དང་ཧྥ་རན་སིའི་ཚད་འཇལ་སྟངས་མི་མཐུན་པའམ་དཔེ་ཆའི་ཉར་ཚགས་ཀྱི་གནས་བབ་མི་འདྲ་བའི་དབང་གིས་ཡིན་ནམ་སྙམ། ཡིག་ཆ་འདི་གཉིས་ལྷན་དུ་བཞག་རྗེས་དེ་ཡང་ཁག་གཉིས་སུ་བགོས་ཆོག་སྟེ། I.T.J.181ལྡེབ་དང་པོ་དང་P.T.613ལྡེབ་དང་པོ་ནས་ལྔ་པའི་བར་གྱི་ཆ་རྣམས་ཁག་དང་པོ་དང་། I.T.J.181ལྡེབ་གཉིས་པ་ནས་ཉེར་ལྔའི་བར་དང་P.T.613གྱི་ལྡེབ་དྲུག་པ་ནས་བཅུ་དྲུག་པ་རྣམས་ཁག་གཉིས་པ་རུ་བཞག་ཆོག ཁག་དང་པོར་འདུས་པའི་ལྡེབ་རྣམས་ཀྱི་ཡིག་གཟུགས་དང་། སྣག་ཚ། ཐིག་ཕྲེང་། ཚིག་གི་འཛོག་སྟངས། འགྱུར་གྱི་ཁྱད་ཆོས་དང་སྐྱང་ཡིག་འབྲི་ཚུལ་སོགས་གང་གི་ཆ་ནས་བརྟག་ཀྱང་ཡིག་མཁན་གཅིག་གིས་བྲིས་པ་དང་། ཁག་དང་པོའི་ནང་དོན་ཡོངས་རྫོགས་མདོའི་ལེའུ་དང་པོའི་སྟོད་ཀྱི་ཆར་གཏོགས་པས་པར་གཞི་གཅིག་གི་དུམ་བུ་ལས་སོ་སོར་གྱེས་པ་ཤེས་ཐུབ། ཁག་གཉིས་པའི་ལྡེབ་རྣམས་ཀྱི་ཡིག་གཟུགས་དང་ཚིག་གི་འཛོག་སྟངས། དབུ་ཤད་འབྲི་སྟངས་སོགས་གང་

ཐད་ནས་བརྟག་ཀྱང་འབྲི་མཁན་གཅིག་གིས་བྲིས་པ་ཤེས་ཐུབ་པ་དང་། གཞན་ཡིག་ཆ་གཉིས་ཀྱི་ལྡེབ་མ་རྣམས་གོང་འོག་རིམ་པ་ལྟར་བསྒྲིགས་དུས་ཤོག་ངོས་ཀྱི་སྔ་ཕྱི་ཡང་ཏག་ཏག་འགྲིག་འགྲོ་བས། དཔེ་ཆ་གཅིག་ལས་དུམ་བུ་སོ་སོར་གྱེས་པ་ཤེས་སོ།། ཡིག་ཆ་གཉིས་ཀྱི་གོང་འོག་གི་རིམ་པ་དང་འབྲེལ་བ་ལེགས་པར་སྟོན་ཆེད་རེའུ་མིག་ཏུ་བཀོད་ན་གཤམ་གསལ་ལྟར་ཡིན་ནོ། །

ཁག	གོ་རིམ།	ཡིག་ཆའི་ལྡེབ་གྲངས།	མཆན།
ཁག་དང་པོ།	1	I.T.J.181 ལྡེབ/1-2	
	2	P.T.613 ལྡེབ1-5	
ཁག་གཉིས་པ།	3	I.T.J.181 ལྡེབ 17	འདི་གཉིས་ཀྱི་ལྡེབ་གོང་འོག་གི་བར་མཚམས་ཏག་ཏག་འགྲིག་འདུག
	4	P.T.613 ལྡེབ 6-12	
	5	I.T.J.181ལྡེབ 18	འདི་གཉིས་ཀྱི་ལྡེབ་གོང་འོག་གི་བར་མཚམས་ཏག་ཏག་འགྲིག་འདུག
	6	P.T.613 ལྡེབ 13-14	
	7	I.T.J.181ལྡེབ 11	
	8	I.T.J.181 ལྡེབ 10	
	9	I.T.J.181 ལྡེབ 13	འདི་གཉིས་ཀྱི་ལྡེབ་གོང་འོག་གི་བར་མཚམས་ཏག་ཏག་འགྲིག་འདུག
	10	P.T.613 ལྡེབ 15	
	11	I.T.J.181ལྡེབ 12	
	12	I.T.J.181ལྡེབ 5	འདི་གཉིས་ཀྱི་ལྡེབ་གོང་འོག་གི་བར་མཚམས་ཏག་ཏག་འགྲིག་འདུག
	13	P.T.613 ལྡེབ 16	
	14	I.T.J.181ལྡེབ20-21	
	15	I.T.J.181ལྡེབ 6-7	
	16	I.T.J.181ལྡེབ 16	
	17	I.T.J.181ལྡེབ 24	
	18	I.T.J.181ལྡེབ 8-9	
	19	I.T.J.181ལྡེབ 15	
	20	I.T.J.181ལྡེབ 22	
	21	I.T.J.181ལྡེབ 4	
	22	I.T.J.181ལྡེབ 3	
	23	I.T.J.181ལྡེབ 19	

	24	I.T.J.181ལྡེབ 25-26	
	25	I.T.J.181ལྡེབ 23	
	26	I.T.J.181ལྡེབ 14	
	27	I.T.J.181ལྡེབ 2	

གཉིས། I.T.J.183དང་P.T.610དང་I.T.J.273བཅས་ཡིག་ཆ་ཁག་འདི་གསུམ་ཡང་པར་གཞི་གཅིག་ལས་སོ་སོར་གྱེས་པར་འདོད། ཡིག་ཆ་འདི་གསུམ་ལསI.T.J.183དང་P.T.610གཉིས་ཀྱི་ཤོག་བུའི་ཆེ་ཆུང་ཡོངས་སུ་མཚུངས་པ་དང་། I.T.J.273དཀྱུས་ཀྱི་རིང་ཚད་གོང་གི་ཡིག་ཆ་གཉིས་དང་ཡོངས་སུ་མཚུངས་པ་དང་། ཞེང་གི་མཐོ་ཚད་གོང་གི་ཡིག་ཆ་གཉིས་ལས་ལི་སྨི་0.2ཙམ་གྱིས་ཆེ། འདི་ཡང་ཚད་སྣང་མི་འདྲ་བའམ་ཤོག་བུའི་ཉར་ཚགས་ཀྱི་ཆ་རྐྱེན་ལ་རག་ལས་པར་སྙམ། གཞན་ཡིག་ཆ་འདི་གསུམ་གྱི་ཡིག་གཟུགས་དང་སྣག་ཚ། ཐིག་ཕྲེང་། འགྱུར་དང་བརྡ་སྦྱོད་ཀྱི་ཁྱད་ཆོས། སྐྱུང་ཡིག་འབྲི་ཚུལ་སོགས་གང་ལ་བརྟག་ཀྱང་གཅིག་མཐུན་དུ་འགྲོ་བ་དང་། ཡིག་ཆ་འདི་གསུམ་པོ་ཡང་མདོ་འདིའི་ལེའུ་བཅུ་པ་དང་བཅུ་གཅིག་པ། བཅུ་གཉིས་པ་བཅས་ཀྱི་ཆ་ཤས་ཡིན་པས། མདོ་འདིའི་མཇུག་གི་ལེའུ་གསུམ་ལས་བྱུང་བ་དང་། གོང་གི་ཁྱད་ཆོས་ཁག་ལ་གཞིགས་ན་ཡིག་ཆ་འདི་གསུམ་པར་གཞི་གཅིག་གི་དཔེ་ལས་དུམ་བུ་སོ་སོར་གྱེས་པ་ཡང་ཤེས་ཐུབ།

གསུམ། I.T.J.169དང་I.T.J.180 I.T.J.182 P.T 611བཅས་ནི་པར་གཞི་མི་འདྲ་བ་འབའ་ཞིག་ལས་བྱུང་བས། སོ་སོའི་ཡིག་གཟུགས་དང་ཤོག་བུ། འགྱུར་ཡིག བརྡ་སྦྱོད་བཅས་ཀྱི་ཐད་སོ་སོར་ཐུན་མོང་མ་ཡིན་པའི་ཁྱད་ཆོས་ཡོད་པ་དང་། པར་གཞིའི་དུས་ཀྱི་སྔ་ཕྱི་ལས་པར་གཞི་རང་སྙིང་ནས་པན་ཚུན་བར་ལ་འབྲེལ་བ་ཆེར་མེད།

བཞི་པ། མདོ་འདིའི་འཕྲིན་ལས་དང་ཤུགས་རྐྱེན།

སྤྱིར་བཏང་སངས་རྒྱས་ཀྱི་བཀའ་དང་དགོངས་འགྲེལ་བསྟན་བཅོས་མང་པོར་འཁོར་བའི་ཉེས་དམིགས་དང་ཁྱིམ་ན་གནས་པའི་སྐྱོན་མང་པོ་བསྟན་ཏེ། རབ་ཏུ་བྱུང་བ་ལ་གཞོལ་བར་བྱ་བའི་བཀའ་མང་པོ་གསུངས་ཡོད་སོད། མདོ་འདིའི་ནང་གི་མི་སྣ་གཙོ་བོ་བྱང་ཆུབ་སེམས་དཔའ་དྲི་མ་མེད་པར་གྲགས་པ་ནི་ཁྱིམ་པའི་རྟེན་ལ་ནང་ཆོས་སུ་ཉམས་ལེན་མཁན་ཞིག་དང་། རྟེན་དེ་ལ་བརྟེན་ནས་ཐར་བ་

དང་ཐམས་ཅད་མཁྱེན་པའི་གོ་འཕང་སྒྲུབ་ནུས་པར་སྟོན་མཁན་ཞིག་ཡིན་པས། ནང་པའི་རྗེས་འཇུག་རྗེན་ཁྱིམ་པ་བ་རྣམས་ཀྱི་བློ་ལ་ཤིན་ཏུ་འཐྲོད་པར་གྱུར་པ་དང་། མདོའི་འཕྲིན་ལས་ཀྱང་ཕྱོགས་སྣ་མང་ནས་རྒྱ་ཆེར་འཕེལ་བར་གྱུར། རྒྱ་ནག་ལ་མཚོན་ན། ད་ལྟ་དཔེ་རྒྱུན་ཆད་པར་གྱུར་པའི་མདོ་འདིའི་རྒྱ་འགྱུར་ཐོག་མ་དེ་སྤྱི་ལོ་188ཡས་མས་སུ་བྱུང་བས། མདོ་འདི་སྤྱི་ལོའི་དུས་རབས་དང་པོ་ནས་བྱུང་བར་འདོད་པ་དང་།[1] སྔ་རྗེས་སུ་ཐེངས་བདུན་ལ་བསྒྱུར་བའི་ཁྲོད་དུ་ད་ལྟ་ང་ཚོས་མཐོང་དུ་ཡོད་པ་ནི། དགེ་བསྙེན་ཀྲི་ཆན་གྱི་འགྱུར་དང་། ལོ་ཆེན་གཞོན་ནུའི་སྲོག་གི་འགྱུར། ཐང་ཟེང་བླ་མའི་འགྱུར་གསུམ་ཡིན་ལ། དེ་དག་ལས་འགྱུར་ལེགས་པའི་ཚད་དུ་བྱེད་པ་ནི་ལོ་ཆེན་གཞོན་ནུའི་སྲོག་དང་ཐང་ཟེང་བླ་མའི་འགྱུར་གཉིས་ཡིན། དེ་གཉིས་ལས་ཀྱང་འཕྲིན་ལས་ཆེས་ཆེར་རྒྱས་པ་ནི་ལོ་ཆེན་གཞོན་ནུའི་སྲོག་གི་འགྱུར་རོ། །རྒྱ་ནག་གི་བསམ་གཏན་པའི་ཤིང་རྟའི་སྲོལ་འབྱེད་དུ་བརྩིགས་པའི་ཧྭ་ཤང་རས་ཆོས་སྤྱོད་ཐུན་བཞིའི་འགྲེལ་པའི་སྐབས་སུ་དྲི་མེད་གྲགས་པའི་མདོ་ལས་ལུང་འདྲེན་མཛད་ཡོད་པ་དང་།[2] རྗེས་ཀྱི་བསམ་གཏན་མཁན་པོ་རྣམས་ཀྱིས་ཀྱང་མདོ་འདི་ལས་ལུང་འདྲེན་མང་དུ་གནང་ཞིང་། བསམ་གཏན་པའི་མདོ་གསུམ་གྱི་ཡ་གྱལ་དུ་གྱུར་པས། བསམ་གཏན་པའི་ལྟ་བའི་ཕྱོགས་ལ་ཤན་ཤུགས་ཆེན་པོ་ཐེབས། ལྷག་པར་སེ་ཐང་རྒྱལ་རབས་གཉིས་ཀྱི་སྐབས་སུ་མདོ་འདིའི་འཆད་ཉན་ཤིན་ཏུ་རྒྱས་པར་གྱུར་པ་དང་། "ཐང་ཟེང་བླ་མས་ཀྱང་དགུང་ལོ་བཙུ་གཅིག་ནས་དྲི་མེད་གྲགས་པས་བསྟན་པ་དང་། དམ་ཆོས་པད་དཀར་གཉིས་ལ་རྒྱུན་གྱི་ཞལ་འདོན་གནང་ཞིང་"[3]མདོའི་འགྲེལ་པའང་སྐོར་ཞིག་བྱུང་། སྐབས་དེའི་རྒྱ་ནག་གི་རི་མོ་བ་དང་སྣན་ངག་པའི་སྡེ་ཡིས་ཀྱང་མདོ་འདི་གཙོགས་སུ་བཟུང་བས། མདོ་འདི་དང་འབྲེལ་བའི་རི་མོ་དང་སྙན་ངག་མང་པོ་ཞིག་བྱུང་ལ། མདོ་འདིས་རྒྱ་ནག་གི་རིག་གནས་དང་བསམ་བློ། སྒྱུ་རྩལ་སོགས་ལ་ཤན་ཆེན་པོ་ཐེབས་སྒྱོང་བ་མ་ཟད། རྒྱ་ནག་བརྒྱུད་ནས་ཉི་ཧོང་དང་ཀོ་རི་ཡའི་གླིང་ལ་ཡང་ཤུགས་རྐྱེན་ཆེན་པོ་ཐེབས་སོ། །

སེ་རྒྱལ་རབས་ཀྱི་སྐབས་སུ་བཞེངས་པའི་ཏུན་ཧོང་གི་བྲག་ཕུག་ཨང་420པར་དྲི་མེད་གྲགས་པའི་མདོ་དང་འབྲེལ་བའི་ལྡེབས་རིས་བྱུང་ཡོད་པ་དང་། སྔ་རྗེས་སུ་མདོ་འདི་དང་འབྲེལ་བའི་ལྡེབས་རིས་

① Watson, Burton, trans.The Vimalakīrti Sutra.New York: Columbia University Press, 1997.pp 1

② 何剑平：《中国中古维摩诘信仰研究》，成都：巴蜀书社，2009年，第188页。

③ མགོན་པོ་སྐྱབས་ཀྱིས་བརྩམས། བློ་བཟང་བསྟན་འཛིན་གྱིས་བསྒྱུར། རྒྱ་ནག་ཆོས་འབྱུང་། ཀྲུང་གོའི་བོད་རིག་པ་དཔེ་སྐྲུན་ཁང་། 2013ལོ། ཤོག་ངོས་270

30ལྷག་བྱུང་ཡོད། དེ་དག་ལས་སྐོར་ཞིག་བོད་ཀྱིས་ཏུན་ཧོང་བཟུང་རྗེས་བཞེངས་པ་དང་། བྲག་ཕུག་ཨང་103དང་133 138 159 186 213 237 359 360སོགས་སུ་དྲི་མེད་གྲགས་པར་ནད་འདྲིར་འགྲོ་བའི་རྗེ་བོའི་ཁྲོད་དུ་བོད་ཀྱི་བཙན་པོའི་སྐུ་གཟུགས་བྲིས་ཡོད་པར་མ་ཟད། རྗེ་བོ་རྣམས་ཀྱི་ཁྲོད་དུ་བཙན་པོ་ནི་ཀུན་གྱི་གྲལ་མགོར་འཁོར་གཡོག་དང་བཅས་ཏེ་ཕེབས་བཞིན་པའི་རྣམ་པ་ཡང་བྲིས་ཡོད། དེ་བས། བོད་བཙན་པོའི་དུས་སྐབས་སུ་ཡང་དྲི་མ་མེད་པར་གྲགས་པའི་སྐུ་གཟུགས་འབྲི་བའི་སྲོལ་སྔར་ལས་དར་ཡོད་པ་རྟོགས་ཐུབ། དེ་བཞིན་བཙན་པོ་ཁྲི་སྲོང་ལྡེ་བཙན་གྱི་སྐབས་སུ་བསམ་ཡས་དབུ་རྩེའི་གཙུག་ལག་ཁང་གི་འོག་ཁང་བོད་ལུགས་སུ་བཞེངས་པའི་བྱང་ངོས“གཡོན་གྲལ་ན་བྱང་ཆུབ་སེམས་དཔའ་ཀུན་ཏུ་བཟང་པོ་དང་། ཕྱག་ན་རྡོ་རྗེ་དང་། འཇམ་དཔལ་དང་། སྒྲིབ་པ་རྣམ་སེལ་དང་། དགེ་བསྙེན་ཆེན་པོ་དྲི་མ་མེད་པར་གྲགས་པ་དང་། ཁྲོ་བོ་མི་གཡོ་བ་དམར་པོ་དང་གཙོ་འཁོར་བཅུ་གསུམ”[①] བཞེངས་ཡོད་པ་དང་། “རྒྱ་ནག་པོའི་ལུགས་སུ་བཞེངས་པའི་བར་ཁང་དུ་སྟོན་པའི་སྐུའི་གཡས་གཡོན་ན་བྱང་ཆུབ་སེམས་དཔའ་འཁོར་ཉེ་བའི་སྲས་བརྒྱད། དགེ་བསྙེན་ཆེན་པོ་དྲི་མ་མེད་པར་གྲགས་པ། བྱང་ཆུབ་སེམས་དཔའ་དགའ་བའི་དཔལ”[②]སོགས་ཀྱི་སྐུ་བརྙན་བཞེངས་ཡོད་པ་དང་། མདོ་སྨད་ཕྱོགས་ཀྱི་རྒྱ་ནག་དང་ཡུལ་འབྲེལ་བའི་གནས་བྱམས་པ་འབུམ་གླིང་གི་བྲག་ཕུག་གི་ལྡེབས་རིས་སུ་ཡང་ཐང་རྒྱལ་རབས་སྐབས་ཀྱི་དྲི་མ་མེད་པར་གྲགས་པའི་ལྡེབས་རིས་ཡོད་པ་དང་། དུས་ཚོད་ཡང་བོད་ཀྱིས་ཏུན་ཧོང་བཟུང་བའི་སྐབས་ཡས་མས་ལ་འཁེལ་འདུག་པས་བཞེངས་མཁན་སུ་ཡིན་ཐད་ནས་ཀྱང་བརྟག་པར་བྱ།

ཡིག་ཚང་གི་སྐོར་ནས“ཏུན་ཧོང་ནས་ཐོན་པའི་རྒྱ་ཡིག་གི་ནང་བསྟན་དཔེ་རྙིང་དུ་མདོ་འདིའི་པར་གཞི་མི་འདྲ་བ་ཚར་821ལྷག”[③]དང་བོད་ཡིག་གི་མདོ་འདིའི་པར་གཞི་མི་འདྲ་བ་ཚར་དགུ་ཉིད་སོན་བྱུང་ཡོད། རང་རེའི་བཀའ་འགྱུར་གྱི་མ་དུམ་པར《འཕགས་པ་དྲི་མ་མེད་པར་གྲགས་པས་བསྟན་པ་ཞེས་བྱ་བ་ཐེག་པ་ཆེན་པོའི་མདོ་》ཞེས་བཞུགས་པ་དང་། བཀའ་འགྱུར་གྱི་པར་གཞི་མི་འདྲ་བ་ཚང་མའི་འགྱུར་བྱང་ཡོངས་སུ་མཐུན་པར་ལོ་ཙཱ་བ་བན་དེ་ཆོས་ཉིད་ཚུལ་ཁྲིམས་ཀྱིས་བསྒྱུར་ཅིང་ཞུས་ཏེ་གཏན་

① དབའ་གསལ་སྣང་། དབའ་བཞེད་བཞུགས་སོ། །བོད་ལྗོངས་བོད་ཡིག་དཔེ་རྙིང་དཔེ་སྐྲུན་ཁང་། 2010ལོ། ཤོག་ངོས་110

② དབའ་གསལ་སྣང་། དབའ་བཞེད་བཞུགས་སོ། །བོད་ལྗོངས་བོད་ཡིག་དཔེ་རྙིང་དཔེ་སྐྲུན་ཁང་། 2010ལོ། ཤོག་ངོས་111

③ 何剑平:《中国中古维摩诘信仰研究》，成都:巴蜀书社，2009年，第20页。

ལ་ཕབ་པ་ཞེས་བཀོད་ཡོད་པས། བཙན་པོ་ཁྲི་ལྡེ་སྲོང་བཙན་གྱི་སྐབས་ནས་བོད་དུ་འགྱུར་ཡོད་པ་དང་དཀར་ཆག་འཕང་ཐང་མ་རུའང་"འཕགས་པ་དྲི་མ་མེད་པར་གྲགས་པས་བསྟན་པ་"[①]ཞེས་བྱུང་། མདོ་འདིའི་ལེགས་སྦྱར་གྱི་དཔེ་རྙིང་ཞིག་ཕོ་བྲང་པོ་ཏ་ལར་ཉར་ཡོད་པ་དང་། སྤྱི་ལོ་2014ལོ་ཡས་མས་སུ་ཉེ་ཧོང་ནས་པར་སྐྲུན་བྱས་འདུག གཞན་ཡང་བསྟན་པ་ཕྱི་དར་གྱི་དུས་སུ་བྱུང་བའི་གྲུབ་མཐའ་སོ་སོའི་ལྟ་བ་དང་འབྲེལ་བའི་གཞུང་མང་པོ་ཞིག་ཏུ་མདོ་འདི་ལས་ལུང་འདྲེན་མང་དུ་མཛད་ཡོད་པ་དང་། གྲུབ་མཐའ་ཚང་མས་སོ་སོའི་ལྟ་བའི་ཁུངས་སྟོན་བྱེད་ཀྱི་མདོ་གལ་ཆེན་ཞིག་ལ་བརྩིས་ཡོད། གྲུབ་མཐའ་སོ་སོའི་སྐྱེས་ཆེན་མང་པོ་ཞིག་བྱང་ཆུབ་སེམས་དཔའ་དྲི་མ་མེད་པར་གྲགས་པའི་སྤྲུལ་པ་ཡིན་པར་གསུངས་པ་དང་། ཀུན་མཁྱེན་འཇམ་དབྱངས་བཞད་པའི་འཁྲུངས་རབས་གསོལ་འདེབས་སུ་ཡང་"རྒྱལ་བའི་མདུན་ན་རྒྱལ་སྲས་དྲི་མེད་གྲགས། །རྒྱ་གར་ཡུལ་ན་ཟླ་བ་གྲགས་པ་སོགས། །ལྗོངས་འདིར་ཀུན་མཁྱེན་འཇམ་དབྱངས་བཞད་པ་ཞེས། །འཁྲུངས་རབས་རིམ་བྱོན་རྣམས་ལ་གསོལ་བ་འདེབས། །"[②]ཞེས་ཡོད་པ་དང་། དབལ་མང་པཎྜི་ཏ་དཀོན་མཆོག་རྒྱལ་མཚན་གྱིས་མདོ་འདི་ལ་གཞི་བྱས་ཏེ་མཛད་པའི་《བྱང་ཆུབ་སེམས་དཔའ་ཆེན་པོ་དྲི་མ་མེད་པར་གྲགས་པའི་རྟོགས་པ་བརྗོད་པ་ཛྙ་ཧྣིའི་འཁྲི་ཤིང་》[③]ཞེས་བྱ་བ་ཡལ་འདབ་བཅུ་དྲུག་གི་བདག་ཉིད་ཅན་ཞིག་ཡོད་པ་སོགས་མདོ་འདི་དང་འབྲེལ་བའི་ཡིག་ཆ་ཤིན་ཏུ་མང་། རེ་རེ་བཞིན་བགྲང་ན་མང་དོགས་ཏེ་འདི་ཙམ་གྱིས་འཐུས་པར་བྱ།

དེང་གི་དུས་སུ་ཡང་མདོ་འདིའི་འཕྲིན་ལས་ཀྱི་རྒྱུན་མ་ཉམས་པར་འཛམ་གླིང་གི་ཤར་ནུབ་རྒྱལ་ཁབ་ཀུན་ལ་དར་བཞིན་ཡོད་དེ། དེ་ཡང་སྤྱི་ལོ་1962ལོར་ཧྥ་རན་སིའི་མཁས་པ་ཨེ་ཐིན་ནེ་ལ་མོ་ཏེ་(Etienne Lamotte)ཡིས་བཀའ་འགྱུར་དུ་བཞུགས་པའི་བོད་འགྱུར་ལ་གཞི་བྱས་ཏེ་ཧྥ་རན་སིའི་སྐད་དུ་བསྒྱུར་བ་ནས་སྤྱི་ལོ་2004ལོའི་བར་དུ་དབྱིན་ཇིའི་སྐད་དུ་འགྱུར་མི་འདྲ་བ་ལྔ་བྱུང་ཡོད། སྤྱི་ལོ་1976ལོར་ས་ར་བྷོན་(Sara Boin)གྱིས་ཧྥ་རན་སིའི་སྐད་ནས་དབྱིན་ཡིག་ཏུ་བསྒྱུར་བ་དང་། སྤྱི་ལོ་1972ལོར་ཆར་ལེས་སི་ལོ་ཁུCharles Luk)ཡིས་ལོ་ཆེན་གཞོན་ནུའི་སྲོག་གི་རྒྱ་འགྱུར་ལ་གཞི་བྱས་ཏེ་དབྱིན་ཡིག་ཏུ་

① བོད་ལྗོངས་རྟེན་རྫས་བཤམས་སྟོན་ཁང་གིས་བསྒྲིགས། དཀར་ཆག་འཕང་ཐང་མ། སྒྲ་སྦྱོར་བམ་གཉིས། མི་རིགས་དཔེ་སྐྲུན་ཁང་། 2006ལོ། ཤོག་ངོས་8

② གུང་ཐང་བསྟན་པའི་སྒྲོན་མེ། གུང་ཐང་བསྟན་པའི་སྒྲོན་མེའི་གསུང་འབུམ། པོད་བཅུ་གཅིག་པ། ཀན་སུའུ་མི་རིགས་དཔེ་སྐྲུན་ཁང་། 2000ལོ། ཤོག་ངོས་204

③ གུང་ཐང་བསྟན་པའི་སྒྲོན་མེ། གུང་ཐང་བསྟན་པའི་སྒྲོན་མེའི་གསུང་འབུམ། པོད་བཅུ་གཅིག་པ། ཀན་སུའུ་མི་རིགས་དཔེ་སྐྲུན་ཁང་། 2000ལོ། ཤོག་ངོས་203

བསྒྱུར། ཡང་སྤྱི་ལོ1976ཟྗེས་སུ་ཨ་མེ་རི་ཀའི་བོད་བརྒྱུད་ནང་བསྟན་ཆེད་མཁས་པ་རོ་པིར་ཐྲི་སིར་མན་(Robert Thurman)ལགས་ཀྱིས་བོད་འགྱུར་ནས་ཐད་ཀར་དབྱིན་ཇིའི་སྐད་དུ་བསྒྱུར་བ་དང་། སྤྱི་ལོ་1997ལོར་(Burton Watson)ལགས་ཀྱིས་ལོ་ཆེན་གཞོན་ནུའི་སྨྱུག་གི་རྒྱ་འགྱུར་དང་དབྱིན་འགྱུར་གཞན་དག་ལ་གཞི་བྱས་ཏེ་ཡང་བསྐྱར་དབྱིན་ཡིག་ཏུ་བསྒྱུར། སྤྱི་ལོ2004ལོར་ཇོན་མ་ཁུ་རེ་(John R.McRae) ལགས་ཀྱིས་སྔར་གྱི་དབྱིན་འགྱུར་དང་ཉི་ཧོང་གི་འགྱུར་རྣམས་ལ་གཞི་བྱས་ཏེ་ཡང་བསྐྱར་དབྱིན་ཡིག་ཏུ་བསྒྱུར་བས་བསྡོམས་པས་དབྱིན་འགྱུར་མི་འདྲ་བ་ལྔ་ཙམ་བྱུང་ཡོད་པ་དང་། དེ་བཞིན་ཉི་ཧོང་གི་མཁས་པ་ཆེན་པོ་གྲགས་པ་ན་ཀ་ཨོས་བོད་འགྱུར་ནས་ཉི་ཧོང་གི་སྐད་དུ་བསྒྱུར་ཡོད་པས། འཛམ་གླིང་གི་ཡུལ་གྲུ་སོ་སོར་མདོ་འདིའི་འཆད་ཉན་ཀུང་ཆེས་ཆེར་རྒྱས་བཞིན་ཡོད། ཕོ་བྲང་པོ་ཏ་ལར་ཉར་བའི་ལེགས་སྦྱར་དཔེ་རྙིང་དེ་ཉི་ཧོང་ནས་པར་སྐྲུན་བྱས་པས། ཉི་ཧོང་གི་མིས་མདོ་འདིའི་ལེགས་སྦྱར་གྱི་ཕྱི་མོར་ཞིབ་འཇུག་བྱས་པའི་གྲུབ་འབྲས་ཀྱང་མི་དམན་པ་བླངས་ཡོད། ཉེ་ལམ་དྭ་ངོས་ནས་ཇོང་གསར་རིན་པོ་ཆེས་མདོ་འདི་དང་འབྲེལ་བའི་འཆད་ཁྲིད་ཅིག་སྤེལ་བཞིན་པ་ཞིག་མཐོང་བས། ཆེད་དུ་འདྲི་རྩད་བྱས་པར་ཁོང་གི་མདུན་ནས་མདོ་འདིའི་ལུང་རྒྱུན་ཐོབ་མཁན་ཡང་འདུག བཙན་པོའི་དུས་སྐབས་ཀྱི་ཆོས་དང་རིག་གནས་ཀྱི་རྒྱུན་དེ་མ་ཉམས་པར་ད་ལྟའང་འཛམ་གླིང་གི་ཤར་ནུབ་ཀུན་ཏུ་དར་བཞིན་པ་འདིས་མེས་པོའི་གཅེས་ནོར་གྱི་རིན་ཐང་ཡང་མངོན་ཡོང་།

མཇུག་བསྡུ་བའི་གཏམ།

ཏུན་ཧོང་ནས་ཐོན་པའི་བོད་ཡིག་གི་ཡིག་ཆས་ཏུན་ཧོང་ཡིག་རྙིང་གི་སྤྱིའི་བསྡོམས་འབོར་གྱི་ཨང་གཉིས་པ་ཙམ་ཟིན་པ་དང་། གཞན་རྒྱལ་ཁབ་ཕྱི་ནང་ཀུན་ཏུ་ཉར་བའི་བོད་ཡིག་གི་ཡིག་ཆ་རྣམས་ལས་ཆེས་མང་བ་ཡང་ཆོས་ལུགས་ཡིག་ཆ་ཡིན། དེ་དག་ལས་ལོ་རྒྱུས་དང་སྤྱི་ཚོགས་ལ་འབྲེལ་བའི་ཡིག་ཆར་རྒྱལ་ཁབ་ཕྱི་ནང་གཉིས་ནས་ཞིབ་འཇུག་བྱས་ཏེ་གྲུབ་འབྲས་མི་དམན་པ་བླངས་ཡོད་མོད། ཆོས་ལུགས་ཡིག་ཆར་ཞིབ་འཇུག་བྱེད་མཁན་ཅུང་ཉུང་བའི་ཚུལ་དུ་སྣང་། ཆོས་ལུགས་ཡིག་ཆར་ཞིབ་འཇུག་བྱས་ན་བཙན་པོའི་དུས་སྐབས་ཀྱི་ཆོས་ལུགས་དར་སོས་དང་། ལོ་རྒྱའི་གནས་ཚུལ། ཆོས་ལུགས་ཁྱབ་སྤེལ་གྱི་གནས་ཚུལ་སོགས་ལ་རྒྱུས་ལོན་ཡག་པོ་བྱ་ཐུབ་པ་དང་། ཡིག་ཆ་རིག་པའི་ངོས་ཐད་ནས་སྐབས་དེའི་ཆོས་ལུགས་ཡིག་ཆ་ནི་བོད་ཀྱི་གཙུག་ལག་རིག་གནས་ཀུན་གྱི་རྨང་རྡོ་ལྟ་བུར་གྱུར་ཡོད་པས། བོད་ཀྱི་ཆོས་ལུགས་དང་རྩོམ་རིག སྐད་བརྡ། བརྡ་སྤྲོད་སོགས་ཀྱི་བྱུང་འཕེལ་ལོ་རྒྱུས་ལ་ཞིབ་འཇུག་བྱེད་པར་

མེད་དུ་མི་ཉུང་བའི་གལ་ཆེའི་རྒྱུ་ཆ་འབའ་ཞིག་ཏུ་མཐོང་། སྔོན་ཆད་ཐམས་ཅད་ཀྱིས་ལོ་རྒྱུས་དང་སྤྱི་ཚོགས་ལ་འབྲེལ་བའི་ཡིག་ཆར་དོ་སྣང་མང་ཙམ་བྱས་པས། ཆོས་ལུགས་ཡིག་ཆའི་དག་སྒྲིག་དང་ཞིབ་འཇུག་གི་ཐད་ནས་ད་དུང་མི་འདང་ས་མང་པོ་ཡོད། དཔེར་ན། རྒྱལ་སྤྱིའི་ཏུན་ཧོང་གི་ཞིབ་འཇུག་གི་ད་ངོས་སུ་ཡོད་པའི་དྲི་མེད་གྲགས་པའི་མདོ་ལྟ་བུར་མཚོན་ན། དཔྱད་རྩོམ་འདིར་ཞུས་པ་ནང་བཞིན་དབྱིན་ཇི་རྒྱལ་གཉེར་དཔེ་མཛོད་ཁང་དུ་ཉར་བའི་ཡིག་ཆའི་ལྷེབ་ཀྱི་གོ་རིམ་འཁྲུགས་ཡོད་པ་དང་། ལྷེབ་ཀྱི་མདུན་རྒྱབ་ནོར་ཏེ་པར་བླངས་པ་ཡང་མང་པོ་འདུག་པས། ཞིབ་འཇུག་པ་རྣམས་ཀྱིས་ཐོག་མར་ཡིག་ཆའི་ལྷེབ་གྲངས་དང་གོ་རིམ་ལ་ཞིབ་ཏུ་བརྟག་དགོས་པ་དང་། དེ་ནས་ཡུལ་གྲུ་སོ་སོར་ཉར་བའི་འབྲེལ་ཡོད་ཡིག་ཆ་ཚང་མའི་འབྲེལ་བར་ཡང་ཡག་པོ་བརྟག་དགོས། ལོ་རྒྱུས་ཀྱི་རྐྱེན་དབང་གིས་ཉར་ཚགས་ཀྱི་ཐད་ནས་པར་གཞི་གཅིག་གི་ལྷེབ་མ་ཡང་ཡུལ་གྲུ་སོ་སོར་ཉར་བའི་གནས་ཚུལ་ཡོད་པས། ཡུལ་གྲུ་སོ་སོར་ཉར་བའི་འབྲེལ་ཡོད་ཡིག་ཆའི་འབྲེལ་བར་ལེགས་པར་བརྟག་ན་ཞིབ་འཇུག་གི་དཔྱད་གཞི་སྔར་ལས་འཕྲུལ་ཚང་ཅན་དང་འབྲས་བུ་སྔར་ལས་རིན་ཐང་ཅན་དུ་འགྱུར།

མདོར་ན་དྲི་མེད་གྲགས་པའི་མདོ་ཡིས་ཡུལ་ལུང་དང་མི་རིགས་མི་འདྲ་བ་མང་པོའི་ཆོས་ལུགས་དང་རིག་གནས། སྒྱུ་རྩལ། རྩོམ་རིག བསམ་བློ་སོགས་ལ་ཕྱོགས་སྣ་མང་ནས་ཤན་ཤུགས་རྒྱ་ཆེར་ཐེབས་དང་ཐེབས་བཞིན་ཡོད་པ་དང་། བོད་ལ་མཚོན་ན་བཙན་པོའི་དུས་སྐབས་ནས་ད་ལྟའི་བར་མདོ་འདིའི་འཕྲིན་ལས་ཀྱི་རྒྱུན་ཆད་མ་མྱོང་བ་དང་། གྲུབ་མཐའ་སོ་སོའི་ལྟ་གྲུབ་ཀྱི་ཁུངས་སུ་གྱུར་པའི་ཐེག་ཆེན་གྱི་མདོ་ཡི་གྲས་སུ་གྱུར་ཡོད། མདོ་འདིའི་ལུང་རྒྱུན་ཟམ་མ་ཆད་པར་གནས་པ་ཡང་བོད་ཁོ་ན་ཙམ་དུ་འདུག་པས། མེས་པོའི་ཤུལ་བཞག་གི་རིན་ཐང་ལེགས་པར་རྟོགས་ནས་དེ་ལ་རྒྱུས་ལོན་དང་ཞིབ་འཇུག་བྱ་རྒྱུ་ནི་བདག་ཅག་གི་གཞོལ་དུ་མེད་པའི་འོས་འགན་དང་། ཡིག་ཆ་རིག་པའི་ངོས་ཐད་ནས་སྔོན་གྱི་པར་གཞི་རྙིང་པར་དཔྱད་ཞིབ་དང་དག་སྒྲིག་བྱ་རྒྱུ་ནི་ཞིབ་འཇུག་གི་ལམ་ཁ་ཀུན་ལ་འཇུག་པའི་སྔོན་འགྲོ་ལྟ་བུར་གྲུབ་པས། ཆེད་དུ་ཏུན་ཧོང་ནས་ཐོན་པའི་བཙན་པོའི་དུས་སྐབས་ཀྱི་མདོ་འདིའི་པར་གཞི་ཀུན་ལ་དཔྱད་ཞིབ་རགས་ཙམ་བགྱིས་པའོ། །

《ཀྲུང་གོའི་བོད་རིག་པ་》2017ལོའི་དེབ་བཞི་པ་ལས་བདམས།

༄། །ཉེ་བའི་ལོ་ངོ་བརྒྱའི་རིང་གི་ཏུན་ཧོང་ཡིག་སྙིང་《ཚེ་དཔག་ཏུ་མྱེད་པ་ཞེས་བྱ་བ་ཐེག་པ་ཆེན་པོའི་མདོ་》ཡི་ཞིབ་འཇུག་གི་གནས་ཚུལ་སྤྱི་བཤད།

བསེ་ཚང་སངས་རྒྱས་དོན་གྲུབ།

[ནང་དོན་གནད་བསྡུས།] དཔྱད་རྩོམ་འདིར་ཉེ་བའི་ལོ་ངོ་བརྒྱའི་(1916-2016)ཏུན་ཧོང་བོད་ཡིག་གི་《ཚེ་དཔག་ཏུ་མྱེད་པ་ཞེས་བྱ་བ་ཐེག་པ་ཆེན་པོའི་མདོའི་》ཡིག་ཆ་རྣམས་ཀྱི་རྒྱལ་ཁབ་ཕྱི་ནང་གི་ཞིབ་འཇུག་གནས་ཚུལ་དཔྱད་གླེང་དང་། མ་འོངས་པའི་ཞིབ་འཇུག་གི་ཁ་ཕྱོགས་དང་དེའི་བྱེད་ཐབས་ཀྱི་སྐོར་ལ་རང་ཉིད་ཀྱི་འདོད་ཚུལ་རགས་ཙམ་ཞིག་བརྗོད་ཡོད།

[གནད་ཚིག] 《ཚེ་དཔག་ཏུ་མྱེད་པ་ཞེས་བྱ་བ་ཐེག་པ་ཆེན་པོའི་མདོ་》རྒྱལ་ཁབ་ཕྱི་ནང་།

གླེང་གཞི།

《ཚེ་དཔག་ཏུ་མྱེད་པ་ཞེས་བྱ་བ་ཐེག་པ་ཆེན་པོའི་མདོ་》[1]ནི་རྒྱལ་བའི་གསུང་རབ་ཁྲོད་ཀྱི་ཆོས་ཚན་ཤིན་ཏུ་གལ་ཆེན་ཞིག་ཡིན་ཞིང་དེར་ཡིག་རིགས་མང་པོ་ཞིག་གི་པར་གཞི་ཡོད་དེ། ལེགས་སྦྱར་

① ཏུན་ཧོང་ཡིག་སྙིང་ཁྲོད་ཀྱི་《ཚེ་དཔག་ཏུ་མྱེད་པ་ཞེས་བྱ་བ་ཐེག་པ་ཆེན་པོའི་མདོ་》ལ་《བཀའ་འགྱུར་》གྱི་པར་གཞི་རྣམས་སུ་《འཕགས་པ་ཚེ་དང་ཡེ་ཤེས་དཔག་ཏུ་མྱེད་པ་ཞེས་བྱ་བ་ཐེག་པ་ཆེན་པོའི་མདོ་》ཞེས་མཚན་བྲིས་ཡོད་ཅིང་། ནམ་རྒྱུན་ངག་ལ་ཁྲིར་བདེ་བའི་ཆེད་དུ་མཚན་དེ་བསྡུས་ནས་《ཚེ་མདོ་》ཞེས་སུའང་འབོད་ཀྱིན་ཡོད། རྩོམ་འདི་རུ་གཅིག་གྱུར་དུ་ཏུན་ཧོང་ཡིག་སྙིང་གི་མཚན་བྱང་འབྲི་སྟངས་ལྟར་བྲིས་ཡོད།

སྐད་ཀྱི་པར་གཞི་ཡོད་པ①ལས། ད་དུང་བོད་ཡིག་གི་པར་གཞི་དང་། རྒྱ་ཡིག་གི་པར་གཞི།② ཡུའུ་ཐེན་ཡི་གེའི་(于阗文)པར་གཞི།③ སོག་དག་ཡི་གེའི་(粟特文)པར་གཞི།④ མི་ཉག་ཡི་གེའི་པར་གཞི།⑤ ཧུའེ་ཧུའུ་(回鹘)ཡི་གེའི་པར་གཞི།⑥ སོག་ཡིག་གི་པར་གཞི།⑦ མན་ཇུ་ཡི་གེའི་པར་གཞི།⑧ འཇར་མན་ཡི་

---

① བལ་པོ་ནས་རྙེད་པའི་《ཚེ་དཔག་ཏུ་མེད་པ་ཞེས་བྱ་བ་ཐེག་པ་ཆེན་པོའི་མདོ་》ཡི་ལེགས་སྦྱར་སྐད་ཀྱི་པར་གཞི་དེ་ད་ལྟ་ཧྥང་ག་ལ་རྒྱལ་ཁབ་ཀྱི་ཡ་གླིང་ཞིབ་འཇུག་ཁང་དང་དབྱིན་ཇིའི་ཁེམ་བྷི་རི་ཇི་(Cambridge)སློབ་ཆེན་གྱི་དཔེ་མཛོད་ཁང་དུ་ཉར་ཡོད། Sten konow，The Aparimitāyuh Sutra The old Khotanese Version together with the SansKrit Text and Tibetan Translation，A.F. Rudolf Hoernle，ManuscriP.T. Remains of Buddist Literature Found In Eastern Turkestan，Volume I，Reprint 1970 of the Edition Oxford1916，Printed in the Netherlands.1970:289–329 Max Walleser，AparimitāyurJnānanāmamahāyānasūtram，Nach einer nepalesischen SanskritHandschrift mit der tibetischen und chinesischen Version，Sitzungsberichte der Heidelberger Alkademie der Wissenschaften，philosophischhistorische Klasse，Vol.7 (Heidelberg:Carl Winter's Universitätsb uchhandlung，1916.)

② རྒྱ་ཡིག་ཏུ་འགྱུར་དཔེའི་རིགས་གཉིས་ཡོད་པ་ལས་སྔ་མ་《大乘无量寿宗要经》ཞེས་བྱ་བ་ཡིན་ཞིང་ཏུན་ཧོང་ཡིག་ཆ་ཁོ་ནའི་ཁྲོད་མ་གཏོགས་མི་བཞུགས། སྒྱུར་མཁན་དང་བསྒྱུར་དུས་ཀྱི་སྐོར་གསལ་པོ་ཤེས་ཀྱིན་མེད། 左丽萍：《敦煌〈大乘无量寿经〉写本考暨俗字汇辑》[D]，硕士学位论文，浙江师范大学，2014年。འགྱུར་དཔེའི་རིགས་གཉིས་པ་ནི་པེ་སོན་དུས་ཀྱི་ཧྥ་ཐན་གྱིས་བསྒྱུར་པའི《佛说大乘圣无量寿决定光明王如来陀罗尼经》ཞེས་པ་དེའོ། །西天中印度摩伽陀国那烂陀寺传教大师三藏赐紫沙门臣法天奉诏译《佛说大乘圣无量寿决定光明王如来陀罗尼经》，《大正新修大藏经》[Z]，第19册No.0937。

③ Sten konow，The Aparimitāyuh Sutra The old Khotanese Version together with the SansKrit Text and Tibetan Translation，A.F.Rudolf Hoernle，Manuscri P.T. Remains of Buddist Literature Found In Eastern Turkestan，VolumeI，Reprint 1970 of the Edition Oxford1916，Printed in the Netherlands.1970:296–329:289–329.

④ 王尧：《藏汉佛典对勘释读之三〈大乘无量寿宗要经〉》[J]，《西藏研究》，1990年第2期。"粟特文本:在中亚文书中有若干粟特文的片断《大乘无量寿宗要经》，见LitzD.A:'粟特佛典研究简介'1978年，TOkyo"103:"石滨纯太郎及芳村修基认为有满洲语文本及蒙古文译本存在，而蒙文本可能据藏文转译，满文本则可能依据汉文本译出者。"104:101–106.

⑤ 孙颖新：《西夏文〈大乘无量寿经〉考释》[J]，《宁夏社会科学》，2012年第1期。

⑥ 张铁山：《敦煌出土回鹘文〈大乘无量寿经〉残页研究》[J]，《民族语文》，2005年第5期。

⑦ 蒙文《甘珠尔》丛书编委会编译：《蒙文〈甘珠尔〉经总目录》[J]，《蒙古学信息》，1993年第1期。第47页。

⑧ 王尧：《藏汉佛典对勘释读之三〈大乘无量寿宗要经〉》[J]，《西藏研究》，1990年第2期。"粟特文本:在中亚文书中有若干粟特文的片断《大乘无量寿宗要经》，见LitzD.A:'粟特佛典研究简介'1978年，Tokyo."103:"石滨纯太郎及芳村修基认为有满洲语文本及蒙古文译本存在，而蒙文本可能据藏文转译，满文本则可能依据汉文本译出者。"104:101–106.

གེའི་པར་གཞི།[1] དབྱིན་ཡིག་གི་པར་གཞི[2]སོགས་ཡོད། མདོ་དེའི་ཡིག་རིགས་མི་འདྲ་བའི་པར་གཞི་དེ་དག་ལས་བོད་ཡིག་ལ་ཆ་མཚོན་ན། ཆེ་ཕྱོགས་ནས་ཏུན་ཧོང་ཡིག་རྙིང་གི་པར་གཞི་དང་། བྲག་བསྐོས་ཀྱི་པར་གཞི། [3]《བཀའ་འགྱུར་》གྱི་པར་གཞི[4]བཅས་རིགས་གསུམ་དུ་དབྱེ་ཆོག རྩོམ་འདི་རུ་ཉེ་བའི་ལོ་ངོ་བརྒྱའི་རིང་(1916–2016)གི་ཏུན་ཧོང་ཡིག་རྙིང་གི་པར་གཞི་དེའི་རྒྱལ་ཁབ་ཕྱི་ནང་གི་ཞིབ་འཇུག་གི་གནས་ཚུལ་དཔྱད་སྙིང་དང་། མ་འོངས་པའི་ཞིབ་འཇུག་གི་ཁ་ཕྱོགས་དང་དེའི་བྱེད་ཐབས་ཀྱི་སྐོར་ལ་

---

① "I found the publications of Max Walleser, including his study and translation of a text from nepal, the Aparimi– tāyuḥ–sūtra (an english translation of Walleser's german is appended here)." Richard K.Payne. Aparimitāyus: "Tantra" and "Pure land" in Medieval Indian Buddhism? Pecific World (Third Series)(2007) Issue: 9:273.

② དབྱིན་ཡིག་ལ་འགྱུར་རིགས་གསུམ་ཡོད། གཅིག སི་ཏེན་ཀོ་ནོའུ་ལགས་ཀྱིས་ཡུའུ་ཐིན་ཡི་གེ་ལས་བསྒྱུར་པའི་འགྱུར། Sten konow, The Aparimitāyuh Sutra The old Khotanese Version together with the SansKrit Text and Tibetan Translation, A.F.RudolfHoernle, ManuscriP.T.Remains of Buddist Literature Found In Eastern Turkestan, Volume I, Reprint 1970 of the Edition Oxford1916, Printed in the Netherlands.1970:296–329 གཉིས། རི་ཆ་ཏི་ཕེ་ནེས་འཇར་མན་ཡི་གེ་ལས་བསྒྱུར་པའི་འགྱུར། RichardK.Payne. Aparimitāyus: "Tantra" and "Pure land" in Medieval Indian Buddhism? Pecific World Third Series(2007) Issue: 9:290–299.གསུམ། ཇོར་ཇེས་ཧོལ་ཁིས་ཀྱིས་བོད་ཡིག་གི《བཀའ་འགྱུར》ལས་བསྒྱུར་པའི་འགྱུར་བཅས་སོ། །Georgios Halkias, Luminous Bliss: A Religious History of Pure Land Literature in Tibet.University of Hawaii Press, 2013:71–75

③ མཚོ་སྔོན་ཡུལ་ཤུལ་ལེབ་ཁོག་ཏུ་བྲག་བསྐོས་ཀྱི《ཚེ་དཔག་ཏུ་མེད་པའི་མདོ་》ཞེས་པ་ཡོད་ཅིང་དེ་གཤམ་གྱི་དེབ་གསུམ་དུ་ཕབ་བཤུས་བྱས་ཡོད། གཉའ་གོང་དཀོན་མཆོག་ཚེ་བརྟན། 《བརྡ་རྙིང་ཡིག་ཆའི་ཚིག་དོན་ཀུན་ཁྱབ་》ཀན་སུའུ་མི་རིགས་དཔེ་སྐྲུན་ཁང་། 2001ལོ། ཤོག་ངོས་187-189ཆབ་འགག་རྟ་མགྲིན།《བོད་ཡིག་རྗེ་རིང་ཞིབ་འཇུག་》བོད་ལྗོངས་མི་དམངས་དཔེ་སྐྲུན་ཁང་། 2012ལོ། ཤོག་ངོས་113པ་ཚབ་པ་སངས་དབང་འདུས། སྤུ་རྒྱལ་བོད་ཀྱི་རྗེ་བསྐོས་ཡི་གེ་ཕྱོགས་བསྒྲིགས་ཀྱི་མ་ཡིག་དག་བཤེར་དང་དེའི་ཚིག་འགྲེལ་དྭངས་སང་གངས་ཆུ། བོད་ལྗོངས་མི་དམངས་དཔེ་སྐྲུན་ཁང་། 2013ལོ། ཤོག་ངོས་122-123

④ 《སྡེ་དགེ་བཀའ་འགྱུར་》གྱི་རྒྱུད་སྡེ་པོད་《ཝ་》ཡི་ཁྲོད་དུ《འཕགས་པ་ཚེ་དང་ཡེ་ཤེས་དཔག་ཏུ་མེད་པ་ཞེས་བྱ་བ་ཐེག་པ་ཆེན་པོའི་མདོ་》ཚར་གཉིས་ཡོད་ཅིང་། སི་ཏུ་ཆོས་ཀྱི་འབྱུང་གནས་ཀྱིས་སྔ་མ་དེར་ཚེ་དང་ཡེ་ཤེས་དཔག་ཏུ་མེད་པའི་མདོ་ཨོཾ་གསུམ་མ་དང་། ཕྱི་མ་དེར་ཚེ་དང་ཡེ་ཤེས་དཔག་ཏུ་མེད་པའི་གཟུངས་ཨོཾ་གཉིས་པུཎྱེ་མེད་པ་ཞེས་སྔགས་ཡིག་ལ་བལྟས་ནས་ཁྱད་པར་ཕྱེ་ཡོད། གཟུངས་འདུས་པོད《ཨེ་》ཡི་ཁྲོད་དུ་ཚར་གཅིག་ཡོད་ཅིང་དེ་ནི་ཚེ་དང་ཡེ་ཤེས་དཔག་ཏུ་མེད་པའི་མདོ་ཨོཾ་གསུམ་མ་ཡིན། བསེ་ཆང་སངས་རྒྱས་དོན་གྲུབ། བཀའ་བསྟན་འགྱུར་ཁྲོད་བཞུགས་པའི་སངས་རྒྱས་འོད་དཔག་མེད་དང་ནུབ་ཕྱོགས་བདེ་བ་ཅན་ལ་དད་མོས་དང་འབྲེལ་བའི་ཡིག་ཆའི་སྐོར་མདོ་ཙམ་བརྗོད་《མདོ་སྨད་ཞིབ་འཇུག་》གླེགས་བམ་བཅུ་གཉིས་པ། ཀན་སུའུ་མི་རིགས་དཔེ་སྐྲུན་ཁང་། 2016ལོ། ཤོག་ངོས་43

རང་ཉིད་ཀྱི་འདོད་ཚུལ་རགས་ཙམ་ཞིག་བརྗོད་པར་བྱ།

དང་པོ། རྒྱལ་ནང་གི་ཞིབ་འཇུག་གནས་ཚུལ།

རྒྱལ་ནང་དུ་ཏུན་ཧོང་ཡིག་རྙིང་《ཚེ་དཔག་ཏུ་མེད་པ་ཞེས་བྱ་བ་ཐེག་པ་ཆེན་པོའི་མདོ་》ཡི་སྐོར་གྱི་དཔྱད་འབྲས་སྤྱི་ལོ1975ལོ་ནས2016བར་དུ་ཟམ་མ་ཆད་པར་བྱུང་ཡོད་ཅིང་། ཞིབ་འཇུག་བྱ་ཡུལ་གྱི་ཡིག་ཆ་ཕལ་ཆེ་བ་པེ་ཅིང་དང་ཀན་སུའུ་སོགས་རྒྱལ་ནང་གི་ས་ཆ་སོ་སོར་ཉར་བའི་ཡིག་ཆ་དག་རེད། ཞིབ་འཇུག་གི་དཔྱད་འབྲས་ལ་མཚོན་ན་རྒྱ་ཡིག་གིས་སྤེལ་བའི་དཔྱད་རྩོམ་ཙུང་མང་ལ། བོད་ཡིག་གིས་སྤེལ་བའི་དཔྱད་རྩོམ་གཅིག་ཙམ་ལས་མ་མཐོང་། དེ་ཡང་རྒྱལ་ནང་གི་ཞིབ་འཇུག་གི་དཔྱད་འབྲས་དེ་རིགས་གཉིས་སུ་དགར་ཟུང་སྟེ། གཅིག་ནི་གཙོ་བོ་ཡིག་ཆ་རྩད་གཅོད་དང་དཀར་ཆག་འགོད་པ་སྟེ་དག་སྒྲིག་གི་སྐོར་དང་། ཅིག་ཤོས་དེ་གཙོ་བོ་པར་གཞིའི་དཔྱད་བསྡུར་དང་ལོ་རྒྱུས་ཀྱི་ངོས་ནས(ཡིག་ཆའི་བྱུང་དུས་དང་འབྲི་མཁན་སོགས་)དཔྱད་པ་སྟེ་ཞིབ་འཇུག་གི་སྐོར་རེད།

གཅིག དག་སྒྲིག་གི་སྐོར། ལི་ཧྲོའུ་ཕེན་(李淑萍)དང་ཧོང་ཝེ་ཀྲུང་(黄伟忠)གཉིས་ཀྱི་དཔྱད་རྩོམ《ཏུན་ཧོང་གྲོང་ཁྱེར་ཡིག་ཚགས་ཁང་དུ་ཉར་བའི་ཏུན་ཧོང་བོད་ཀྱི་ཆོས་གཞུང་བྲིས་མར་མཚན་བྱང་འགོད་པ་》[1]ཞེས་པར། ཡིག་ཚགས་ཁང་དེ་གར་ཉར་བའི་ཏུན་ཧོང་བོད་ཡིག་གི་ཆོས་གཞུང་ཡིག་ཆ12ལ་མཚམས་སྦྱོར་གནད་བསྡུས་རེ་བྲིས་ཤིང་། དེའི་ཁྲོད《ཚེ་དཔག་ཏུ་མེད་པ་ཞེས་བྱ་བ་ཐེག་པ་ཆེན་པོའི་མདོ་》ཡི་ཡིག་ཆ3མཆིས། ཡིག་ཆ་དེ་དག་བོད་བཙན་པོས་ཏུན་ཧོང་ལ་དབང་སྒྱུར་སྐབས་ཀྱི་དུས་སྨད་(815–848)དུ་བྱུང་བར་བཤད། ཝང་ནན་ནན་(王南)དང་ཧོང་ཝེ་ཀྲུང་གཉིས་ཀྱི《ཀན་སུའུ་ཞིང་ཆེན་དངོས་མང་བཤམས་སྟོན་ཁང་དུ་ཉར་བའི་ཏུན་ཧོང་བོད་ཀྱི་ཡིག་ཆའི་མཚམས་སྦྱོར་གནད་བསྡུས》(སྟོད་)[2]ཞེས་པའི་དཔྱད་རྩོམ་དུ་དངོས་མང་བཤམས་སྟོན་ཁང་དེར་ཉར་བའི་ཏུན་ཧོང་བོད་ཀྱི་ཡིག་ཆ་24ལ་མཚམས་སྦྱོར་གནད་བསྡུས་རེ་བྲིས་ཡོད། དེའི་ཁྲོད་ཀྱི་ཡིག་ཆ19《ཚེ་དཔག་ཏུ་མེད་པ་ཞེས་བྱ་བ་ཐེག་པ་ཆེན་པོའི་མདོ་》ཡིན་ཞིང་། དེ་དག་བོད་བཙན་པོས་ཏུན་ཧོང་ལ་དབང་སྒྱུར་སྐབས་ཀྱི་དུས་

① 李淑萍、黄维忠：《敦煌市档案局所藏藏文写经定名》[J]，《敦煌学辑》，2002年第2期。

② 王南南、黄维忠：《甘肃省博物馆所藏敦煌藏文文献叙录(上)》[J]，《中国藏学》，2003年第4期。

སླད་(815–848)དུ་བྱུང་བར་གླེང་། དཔྱད་རྩོམ་གྱི་མཇུག་ཏུ་རྒྱལ་ནང་གི་འབྲེལ་ཡོད་ལས་ཁུངས་སྐོར་ཞིག་ཏུ་《ཚེ་དཔག་ཏུ་མེད་པ་ཞེས་བྱ་བ་ཐེག་པ་ཆེན་པོའི་མདོ་》ཡི་ཡིག་ཆ་ཉར་ཚགས་བྱེད་པའི་གནས་ཚུལ་བཀོད་འདུག ཙེང་ཞུའེ་མེ་(曾雪梅)དཔྱད་རྩོམ་《ཀན་སུའུ་ཞིང་ཆེན་དཔེ་མཛོད་ཁང་དུ་ཉར་བའི་ཏུན་ཧོང་བོད་ཀྱི་ཡིག་ཆའི་མཚམས་སྦྱོར་གནད་བསྡུས་》[1]ཁྲིད་དཔེ་མཛོད་ཁང་དེར་ཉར་བའི་ཏུན་ཧོང་བོད་ཡིག་གི་《ཚེ་དཔག་ཏུ་མེད་པ་ཞེས་བྱ་བ་ཐེག་པ་ཆེན་པོའི་མདོ་》ཡིག་ཆ་32ལ་མཚམས་སྦྱོར་གནད་བསྡུས་རེ་བྲིས་ཡོད།

ཧྥུ་ལི་ཁྲིན་(傅立诚)དང་དབྱང་ཙུན་(杨俊)གཉིས་ཀྱིས་སྤེལ་བའི་《ཏུན་ཧོང་གྲོང་ཁྱེར་དངོས་མང་བཤམས་སྟོན་ཁང་དུ་ཉར་བའི་ཏུན་ཧོང་བོད་ཀྱི་ཡིག་རྙིང〈ཚེ་དཔག་ཏུ་མེད་པ་ཞེས་བྱ་བ་ཐེག་པ་ཆེན་པོའི་མདོ〉ཡི་དཀར་ཆག་གཉིས་》[2]ཅེས་པར་དངོས་མང་བཤམས་སྟོན་ཁང་དེར་ཉར་བའི་ཏུན་ཧོང་བོད་ཡིག་གི་《ཚེ་དཔག་ཏུ་མེད་པ་ཞེས་བྱ་བ་ཐེག་པ་ཆེན་པོའི་མདོ་》ཡིག་ཆ་(00140–00221)ལ་མཚམས་སྦྱོར་གནད་བསྡུས་རེ་བྲིས་ཡོད་དེ་དག་སྤྱི་ལོ་830ཡས་མས་སུ་བྲིས་པར་བརྗོད། ཡང་ཁོང་གཉིས་ཀྱི་དཔྱད་རྩོམ་《ཏུན་ཧོང་གྲོང་ཁྱེར་དངོས་མང་བཤམས་སྟོན་ཁང་དུ་ཉར་བའི་ཏུན་ཧོང་བོད་ཀྱི་ཡིག་རྙིང་〈ཚེ་དཔག་ཏུ་མེད་པ་ཞེས་བྱ་བ་ཐེག་པ་ཆེན་པོའི་མདོ་〉ཡི་དཀར་ཆག་(གཉིས་)》[3]ཅེས་པར་དངོས་མང་བཤམས་སྟོན་ཁང་དེར་ཉར་བའི་ཏུན་ཧོང་བོད་ཡིག་གི་《ཚེ་དཔག་ཏུ་མེད་པ་ཞེས་བྱ་བ་ཐེག་པ་ཆེན་པོའི་མདོ་》ཡིག་ཆ་81(00140–00221)ལ་མཚམས་སྦྱོར་གནད་བསྡུས་རེ་བྲིས་ཡོད།

ཀྲང་ཡན་ཆིང་(张延清)སོགས་ཀྱི་《ཏུན་ཧོང་ཞིབ་འཇུག་གླིང་དུ་ཉར་བའི་ཏུན་ཧོང་བོད་ཀྱི་ཡིག་རྙིང་ཆོས་གཞུང་བྲིས་མའི་མཚམས་སྦྱོར་གནད་བསྡུས་》[4]ཞེས་པའི་དཔྱད་རྩོམ་དུ་ཞིབ་འཇུག་གླིང་དེར་ཉར་བའི་ཏུན་ཧོང་བོད་ཡིག་གི་ཆོས་གཞུང་བྲིས་མ་94ལ་མཚམས་སྦྱོར་གནད་བསྡུས་རེ་བྲིས་ཡོད། དེའི་ཁྲོད་ཀྱི་ཡིག་ཆ་72《ཚེ་དཔག་ཏུ་མེད་པ་ཞེས་བྱ་བ་ཐེག་པ་ཆེན་པོའི་མདོ་》ཡིན། ཨོ་ཙུན་(俄军)གྱི་དཔྱད་

① 曾雪梅：《甘肃省图书馆藏敦煌藏文文献叙录》[J]，《敦煌研究》，2003年第5期。

② 傅立诚、杨俊：《敦煌市博物馆藏古藏文〈大乘无量寿经〉目录(一)》[J]，《敦煌学辑刊》，2004年第2期。

③ 傅立诚、杨俊：《敦煌市博物馆藏古藏文〈大乘无量寿经〉目录(二)》[J]，《敦煌学辑刊》，2005年第3期。

④ 张延清、梁旭澍、勘措吉、郭俊叶：《敦煌研究院藏敦煌古藏文写经叙录》[J]，《敦煌研究》，2006年第3期。

རྩོམ་《ཀན་སུའུ་ཞིང་ཆེན་དངོས་མང་བཤམས་སྟོན་ཁང་དུ་ཉར་བའི་ཏུན་ཧོང་བོད་ཡིག་ཡིག་ཆའི་མཚམས་སྦྱོར་གནད་བསྡུས་ཁ་སྐོང་མ་》①ཞེས་པར་དངོས་མང་བཤམས་སྟོན་ཁང་དེར་ཉར་བའི་ཏུན་ཧོང་བོད་ཡིག་གི་ཡིག་ཆ་12ལ་མཚམས་སྦྱོར་གནད་བསྡུས་རེ་བྲིས་པ་དང་། དེའི་ཁྲོད་ཀྱི་ཡིག་ཆ་9《ཚེ་དཔག་ཏུ་མེད་པ་ཞེས་བྱ་བ་ཐེག་པ་ཆེན་པོའི་མདོ་》ཡིན། སུང་ཧུང་ཝུའུ་(孙宏武)དང་ཁོའུ་ཁོ་ཧུང་(寇克红)གཉིས་ཀྱི་《ཀྲང་ཡེ་ཀན་ཀྲུག་དང་ཀའོ་ཐེ་རྫོང་གཉིས་ཀྱི་དངོས་མང་བཤམས་སྟོན་ཁང་དུ་ཉར་བའི་ཏུན་ཧོང་བོད་ཡིག་གི›ཚེ་དཔག་ཏུ་མེད་པ་ཞེས་བྱ་བ་ཐེག་པ་ཆེན་པོའི་མདོ‹ངོ་སྤྲོད་མདོར་བསྡུས་》②ཞེས་པའི་དཔྱད་རྩོམ་དུ་རྫོང་དེ་གཉིས་ཀྱི་དངོས་མང་བཤམས་སྟོན་ཁང་དུ་ཉར་བའི་《ཚེ་དཔག་ཏུ་མེད་པ་ཞེས་བྱ་བ་ཐེག་པ་ཆེན་པོའི་མདོ་》ཡི་ཡིག་ཆ4ལ་ངོ་སྤྲོད་བསྡུས་པ་རེ་བྲིས་ཡོད།

ཀྲང་ཡའོ་ཀྲུང་(张耀中)གི་《ཅིག་ཁྲིན་དངོས་མང་བཤམས་སྟོན་ཁང་དུ་ཉར་བའི་བོད་ཀྱི་ཡིག་རྙིང་《ཚེ་དཔག་ཏུ་མེད་པ་ཞེས་བྱ་བ་ཐེག་པ་ཆེན་པོའི་མདོ་》ཡི་མཚམས་སྦྱོར་གནད་བསྡུས③ཞེས་པའི་དཔྱད་རྩོམ་དུ་དངོས་མང་བཤམས་སྟོན་ཁང་དེར་ཉར་བའི་ཏུན་ཧོང་བོད་ཡིག་གི་《ཚེ་དཔག་ཏུ་མེད་པ་ཞེས་བྱ་བ་ཐེག་པ་ཆེན་པོའི་མདོ་》ཡི་ཡིག་ཆ་19ལ་མཚམས་སྦྱོར་གནད་བསྡུས་རེ་བྲིས་ཡོད། ཐའེ་ཧུའེ་ལི་(邰惠莉)དང་ཧྥན་ཅུན་ཧྲུའུ་(范军澍)གཉིས་ཀྱི་《ལན་གྲུའི་སྐུ་ཞབས་ཧྥན་ལགས་ཀྱིས་ཉར་བའི་ཏུན་ཧོང་ཆོས་གཞུང་བྲིས་མའི་དཀར་ཆག་》④ཅེས་པར་ལན་གྲུའི་སྐུ་ཞབས་ཧྥན་ཀུན་ཆིག་གིས་སྒེར་དུ་ཉར་བའི་ཏུན་ཧོང་བོད་ཡིག་གི་《ཚེ་དཔག་ཏུ་མེད་པ་ཞེས་བྱ་བ་ཐེག་པ་ཆེན་པོའི་མདོ་》ཡི་ཡིག་ཆ་24ལ་ངོ་སྤྲོད་ཞིབ་མོ་ཞིག་བྱས་ཡོད། ཀྲང་ཡན་ཆེན་དང་ལི་ཞའོ་ཧུང་(李晓红)གཉིས་ཀྱི་དཔྱད་རྩོམ་《མཻ་ཅི་རི་བོའི་བྲག་ཕུག་སྒྱུ་རྩལ་ཞིབ་འཇུག་ཁང་དུ་ཉར་བའི་ཏུན་ཧོང་བོད་ཀྱི་ཡིག་རྙིང་ཆོས་གཞུང་བྲིས་མའི་རྟོག་ཞིབ་》⑤ཅེས་པར་ཞིབ་འཇུག་ཁང་དེར་ཉར་བའི་ཏུན་ཧོང་བོད་ཡིག་གི་《ཚེ་དཔག་ཏུ་མེད་པ་ཞེས་བྱ་བ་ཐེག་པ་ཆེན་པོའི་མདོ་》ཡི་ཡིག་ཆ་1མཚམས་སྦྱོར་བྱས་འདུག ཀྲང་ཡན་ཆེན་དང་ཀླུ་མོ་སྐྱིད་གཉིས་ཀྱི་དཔྱད་

---

① 俄军：《甘肃省博物馆藏敦煌藏文文献补录》[J]，《敦煌研究》，2006年第3期。

② 孙宏武、寇克红：《张掖甘州区、高台县两博物馆藏敦煌藏文〈大乘无量寿经〉简介》[J]，《敦煌研究》，2006年第3期。

③ 张耀中：《酒泉博物馆古藏文〈大乘无量寿宗要经〉叙录》[J]，《敦煌研究》，2006年第3期。

④ 邰惠莉、范军澍：《兰山范氏藏敦煌写经目录》[J]，《敦煌研究》，2006年第3期。

⑤ 张延清、李晓红：《麦积山石窟艺术研究所藏古藏文经卷考录》[J]，《敦煌研究》，2009年第5期。

རྩོམ་《ནུབ་བྱང་མི་རིགས་སློབ་ཆེན་དཔེ་མཛོད་ཁང་དུ་ཉར་བའི་ཏུན་ཧོང་བོད་ཀྱི་ཡིག་ཆའི་མཚམས་སྦྱོར་གནད་བསྡུས་》[1]ཞེས་པར་དཔེ་མཛོད་ཁང་དེ་རུ་ཉར་བའི་ཏུན་ཧོང་བོད་ཡིག་གི་《ཚེ་དཔག་ཏུ་མྱེད་པ་ཞེས་བྱ་བ་ཐེག་པ་ཆེན་པོའི་མདོ་》ཡི་ཡིག་ཆ་3ལ་མཚམས་སྦྱོར་གནད་བསྡུས་རེ་བྲིས་ཡོད།

གོང་གི་དཔྱད་རྩོམ་དེ་དག་གི་རྗང་གཞིའི་སྟེང་། སྐུ་ཞབས་མ་ཏེ་(马德)ཡིས་《ཀན་སུའུ་ཞིང་ཆེན་དུ་ཉར་བའི་ཏུན་ཧོང་བོད་ཀྱི་ཡིག་རྙིང་དཀར་ཆག་》[2]ཅེས་པའི་དཔེ་དེབ་ལ་གཙོ་སྒྲིག་གནང་སྟེ་པར་དུ་བསྐྲུན་ཡོད། དཀར་ཆག་གི་དེབ་དེ་རུ་ཀན་སུའུ་ཞིང་ཆེན་དུ་ཉར་བའི་ཏུན་ཧོང་བོད་ཡིག་གི་《ཚེ་དཔག་ཏུ་མྱེད་པ་ཞེས་བྱ་བ་ཐེག་པ་ཆེན་པོའི་མདོ་》དང་《ཤེས་རབ་ཀྱི་ཕ་རོལ་ཏུ་ཕྱིན་པ་སྟོང་ཕྲག་བརྒྱ་པ་》གཙོས་པའི་ཡིག་ཆ་རྣམས་ལ་ཉར་ཚགས་ལས་ཁུངས་ཀྱི་ཨང་རྟགས་ལྟར་དཀར་ཆག་ཞིབ་མོ་ཞིག་བཀོད་ཡོད།

ཧོང་ལེ་ཀྲོང་གི་དཔྱད་རྩོམ་《རྒྱལ་གཉེར་དཔེ་མཛོད་ཁང་དུ་ཉར་བའི་ཏུན་ཧོང་བོད་ཀྱི་ཡིག་ཆའི་ཨང་རྟགས་BD.14286–BD.14350ཡི་ཞིབ་གསལ་དཀར་ཆག་》[3]ཅེས་པར། 《རྒྱལ་གཉེར་དཔེ་མཛོད་ཁང་དུ་ཉར་བའི་ཏུན་ཧོང་བོད་ཀྱི་ཡིག་ཆ་》དཔེ་དེབ་སོ་སོའི་དཀར་ཆག་ཁྲོད་ཀྱི་བོད་ཡིག་གི་ལ་ཏིང་ཡི་གེར་ཕབ་སྒྱུར་བྱེད་སྟངས་ལ་གནད་དོན་མཆིས་པ་བརྗོད་དེ། 《ཚེ་དཔག་ཏུ་མྱེད་པ་ཞེས་བྱ་བ་ཐེག་པ་ཆེན་པོའི་མདོ་》ཡིག་ཆ་BD.14286–BD.14350བར་གྱི་ཡིག་ཆ་རེ་རེའི་དཀར་ཆག་ཁྲོད་ཀྱི་བོད་ཡིག་ལ་ཏིང་ཡི་གེར་ཕབ་སྒྱུར་བྱེད་སྟངས་ཡང་བསྐྱར་དག་པར་བཅོས་ཡོད།

མ་ཏེ་ཡི་《རྒྱལ་ནང་དུ་ཉར་བའི་ཏུན་ཧོང་ཡིག་ཆའི་རྟོག་ཞིབ་ཟིན་ཐོ་》[4]ཞེས་པའི་དཔྱད་རྩོམ་དུ་ཁྲིན་ཆེན་གྲོང་ཁྱེར་པོའོ་ལེ་དངོས་མང་བཤམས་སྟོན་ཁང་དུ་ཉར་བའི་《ཚེ་དཔག་ཏུ་མྱེད་པ་ཞེས་བྱ་བ་ཐེག་པ་ཆེན་པོའི་མདོ་》ཤོག་དྲིལ་ཅུང་རིང་པོ་ཞིག་ཡོད་པ་དེའི་བརྙུ་ཉར་གྱི་གོ་རིམ་དང་བཅས་པའི་འབྲེལ་ཡོད་གནས་ཚུལ་ངོ་སྤྲོད་གནང་འདུག་ཅིང་། དེ་ནི་ཏུན་ཧོང་ཡིག་རྙིང་གི་ཤོག་དྲིལ་དངོས་ཡིན་པར་མ་ཟད་འབྲི་དུས་ཀྱང་སྤྱི་ལོ825–836བར་ཡིན་པར་གླེང་། གཞན་ཁྲིན་ཆེན་གྲོང་ཁྱེར་གྱི་ཀྲུང་གོའི་སན་ཞ་དངོས་མང་བཤམས་སྟོན་ཁང་དུ་ཉར་བའི་ཏུན་ཧོང་བོད་ཡིག་གི་《ཚེ་དཔག་ཏུ་མྱེད་པ་ཞེས་བྱ་

① 张延清、李毛吉：《西北民族大学图书馆藏敦煌藏文文献叙录》[J]，《西藏民族学院学报》，2012年第2期。

② 马德主编：《甘肃藏敦煌藏文文献叙录》[Z]，兰州：甘肃民族出版社，2011年。

③ 黄维忠：《国家图书馆敦煌藏文遗书BD14286–BD14350号解题目录》[J]，《中国藏学》，2012年第S1期。

④ 马德：《国内散藏敦煌遗书的调查随笔》[J]，《敦煌研究》，2012年第5期。

བ་ཐེག་པ་ཆེན་པོའི་མདོ་》ཡི་ཡིག་ཆ་4ཡི་ཉར་ཚགས་ཀྱི་གནས་ཚུལ་ཡང་བརྗོད་ཡོད།

ལིའུ་ཞུའེ་ཕིང་(刘雪平)གྱི་དཔྱད་རྩོམ་《ཧོ་ནན་ཞིང་ཆེན་གྱི་དཔེ་མཛོད་ཁང་དུ་ཉར་བའི་ཏུན་ཧོང་ཆོས་གཞུང་བྲིས་མའི་མཚམས་སྦྱོར་གནད་བསྡུས་》①ཞེས་པར་དཔེ་མཛོད་ཁང་དེ་གར་ཉར་བའི་ཏུན་ཧོང་བོད་ཡིག་གི་《ཚེ་དཔག་ཏུ་མེད་པ་ཞེས་བྱ་བ་ཐེག་པ་ཆེན་པོའི་མདོ་》ཡི་ཡིག་ཆ་2མཚམས་སྦྱོར་བྱས་ཡོད། ཡུའུ་ཅིན་(于芹)གྱི་《ཧྲན་ཏོན་དངོས་མང་བཤམས་སྟོན་ཁང་དུ་ཉར་བའི་ཏུན་ཧོང་ཡིག་ཆའི་མཚམས་སྦྱོར་གནད་བསྡུས་》②ཞེས་པའི་དཔྱད་རྩོམ་དུ་བཤམས་སྟོན་ཁང་དེར་ཉར་བའི་ཏུན་ཧོང་བོད་ཡིག་གི་《ཚེ་དཔག་ཏུ་མེད་པ་ཞེས་བྱ་བ་ཐེག་པ་ཆེན་པོའི་མདོ་》ཡི་ཡིག་ཆ་1ངོ་སྤྲོད་དང་དེ་ནི་སྤྱི་ལོ་དུས་རབས་དགུ་པའི་སྐབས་བྲིས་པར་བཤད་ཡོད། ཁྲིན་པའོ་ལིན་(陈宝林)གྱི་《ཕོའོ་ལི་དངོས་མང་བཤམས་སྟོན་ཁང་དུ་ཉར་བའི་ཏུན་ཧོང་ཆོས་གཞུང་བྲིས་མ་》③ཞེས་པའི་དཔྱད་རྩོམ་གྱི་ཁྲོད་དངོས་མང་བཤམས་སྟོན་ཁང་དེར་ཉར་བའི་ཏུན་ཧོང་བོད་ཡིག་གི་《ཚེ་དཔག་ཏུ་མེད་པ་ཞེས་བྱ་བ་ཐེག་པ་ཆེན་པོའི་མདོ་》ཡི་ཡིག་ཆ་10མཚམས་སྦྱོར་བྱས་འདུག

《ཀྲུང་གོའི་བོད་རིག་པ་》ཡི་གསར་འགོད་པའི་རྩོམ་དུ་གསར་འགོད་པའི་མིང་བཀོད་མི་འདུག་) 《རྒྱལ་ཁབ་ཀྱི་གནའ་དཔེ་རྩ་ཆེན་ཁྲོད་ཀྱི་བོད་ཡིག་གི་གནའ་དཔེའི་མཚན་ཐོ་》④ཞེས་པའི་དཔྱད་རྩོམ་དུ་རྒྱལ་ནང་ན་ཉར་བའི་ཏུན་ཧོང་བོད་ཡིག་གི་《ཚེ་དཔག་ཏུ་མེད་པ་ཞེས་བྱ་བ་ཐེག་པ་ཆེན་པོའི་མདོ་》ཡི་ཡིག་ཆ་19ངོ་སྤྲོད་དང་དེ་དག་དུས་རབས་དགུ་པ་དང་བཅུ་པའི་སྐབས་སུ་བྲིས་པར་བཤད།

གཉིས། ཞིབ་འཇུག་གི་སྐོར། ཝུའུ་ཆི་ཡུས་(吴其昱)ལགས་ཀྱི་《ཐེ་པེ་ཀྲུང་དབྱང་དཔེ་མཛོད་ཁང་དུ་ཉར་བའི་ཏུན་ཧོང་བོད་ཡིག་གི་ཆོས་གཞུང་བྲིས་དཔེ་བཞིའི་དཔྱད་པ་》⑤ཞེས་པའི་དཔྱད་རྩོམ་དུ་དཔེ་མཛོད་ཁང་དེར་ཉར་བའི་《ཚེ་དཔག་ཏུ་མེད་པ་ཞེས་བྱ་བ་ཐེག་པ་ཆེན་པོའི་མདོ་》ཡིག་ཆ་3དང་《ཤེར་ཕྱིན་སྟོང་ཕྲག་བརྒྱ་པ་》ཡི་ཡིག་ཆ་1ལ་དཔྱད་པ་བཏང་ཡོད། 《ཚེ་དཔག་ཏུ་མེད་པ་ཞེས་བྱ་བ་ཐེག་པ་ཆེན་པོའི་མདོ་》ཡི་ཡིག་ཆ་གསུམ་ལས་ཨང་རྟགས་7521གཙོ་བོ་བཟུང་ནས་མདོ་དེའི་པར་གཞིའི་སྐོར་

① 刘雪平：《湖南省图书馆藏敦煌写经叙录》[J]，《敦煌研究》，2012年第3期。

② 于芹：《山东博物馆藏敦煌遗书叙录》[J]，《敦煌研究》，2012年第5期。

③ 陈宝林：《重庆宝林博物馆藏敦煌写经》[J]，《敦煌研究》，2012年第5期。

④ 《中国藏学》记者《国家珍贵古籍藏文古籍名录》[J]，《中国藏学》，2012年第S1期。

⑤ 吴其昱：《台北中央图书馆藏敦煌蕃文写本佛经四卷考》[J]，《敦煌学》，1975年第2期。

བརྗོད་ཅིང་། ཨང་རྟགས་7550དང་7549གཉིས་《ཚེ་དཔག་ཏུ་མེད་པ་ཞེས་བྱ་བ་ཐེག་པ་ཆེན་པོའི་མདོ་》ཡི་ཡིག་ཆ་རྙིལ་པོ་གཅིག་གི་སྟོད་ཀྱི་ཆ་དང་སྨད་ཀྱི་ཆ་ཡིན་ཚུལ་གླེང་འདུག གཞན་ཡང་མདོ་འདིའི་སུམ་བོད་རྒྱ་གསུམ་གྱི་སྦྱགས་ཡིག་ཤན་སྦྱར་གྱིས་རྩོམ་གྱི་ཟུར་བཀོད་དུ་བཞག་ཡོད།

ཧོང་ཝུན་ཧོན་(黄文焕)ནི་རྒྱལ་ནང་ནས་ཏུན་ཧོང་བོད་ཡིག་གི་《ཚེ་དཔག་ཏུ་མེད་པ་ཞེས་བྱ་བ་ཐེག་པ་ཆེན་པོའི་མདོ་》ཡི་ཡིག་ཆར་དག་སྒྲིག་དང་ཞིབ་འཇུག་གནང་མཁན་གྱི་མཁས་དབང་སྔ་མའི་གྲས་ཡིན། ཁོང་གི་《ཧ་སི་བོད་ཀྱི་ཡིག་ཆ་སྤྱི་བཤད་》[1]དང་《ཧ་སི་བོད་ཀྱི་ཆོས་གཞུང་ཤོག་དྲིལ་མའི་དཀར་ཆག་དང་མཇུག་བྱང་》[2]ཞེས་པའི་དཔྱད་རྩོམ་གཉིས་ཀྱི་ཁྲོད་ཏུན་ཧོང་བོད་ཡིག་གི་《ཚེ་དཔག་ཏུ་མེད་པ་ཞེས་བྱ་བ་ཐེག་པ་ཆེན་པོའི་མདོ་》ལ་ཆེད་དུ་དཔྱད་ཞིབ་བགྱིས་མེད་ནའང་། དཔྱད་རྩོམ་སྔ་མར་མདོ་དེ་ཉིད་རྒྱ་འགྱུར་གྱི་སྟེང་ནས་བོད་ཡིག་ཏུ་བསྒྱུར་པ་དང་། ཕྱི་མར་མདོ་དེའི་ཡིག་ཆ་འགའ་ཤས་ཤིག་རྒྱ་ཡིག་གི་པར་གཞི་ལས་བོད་ཡིག་ཏུ་བསྒྱུར་པའི་ལྟ་ཚུལ་བཏོན་ཡོད། ཁོང་གི་དཔྱད་རྩོམ་གཞན་ཞིག་སྟེ་《ཧ་སི་བོད་ཀྱི་ཤོག་དྲིལ་རྣམ་པ་ཅན་གྱི་ཆོས་གཞུང་བྲིས་མའི་དཀར་ཆག་དང་མཇུག་བྱང་》[3]ཞེས་པར། གན་སུའུ་ས་ཆར་ཉར་བའི་ཏུན་ཧོང་བོད་ཡིག་གི་《ཚེ་དཔག་ཏུ་མེད་པ་ཞེས་བྱ་བ་ཐེག་པ་ཆེན་པོའི་མདོ་》ཡི་ཡིག་ཆ་རྣམས་ལ་དཀར་ཆག་ཞིབ་མོ་ཞིག་བཀོད་ཡོད་པར་མ་ཟད། ཡིག་ཆ་རྣམས་ཀྱི་མཇུག་ཏུ་བྲིས་པའི་བཤུ་འབྲི་བྱེད་མཁན་དང་ཞུས་གཏན་གཏོང་མཁན་གྱི་མཚན་བྱོ་ལའང་དཔྱད་པ་བཏང་ཡོད།

ལི་པང་ཆིན་(李邦琴)གྱིས་《ཏུན་ཧོང་བོད་ཡིག་ཤོག་དྲིལ་〈ཚེ་དཔག་ཏུ་མེད་པ་ཞེས་བྱ་བ་ཐེག་པ་ཆེན་པོའི་མདོ་〉ཡི་དག་སྒྲིག་དང་ཡིག་བསྒྱུར་ཟིན་བྲོ་》[4]ཞེས་པའི་དཔྱད་རྩོམ་ཞིག་སྤེལ་ཡོད། ཝང་ཡའོ་(王尧)ལགས་ཀྱི་《བོད་རྒྱ་ཆོས་གཞུང་དཔེ་བསྡུར་དང་ཀློག་འགྲེལ་ཁག་གསུམ་པ་ཚེ་དཔག་ཏུ་མེད་པ་

① 黄文焕：《河西吐蕃文书简述》[J]，《文物》，1978年第12期。

② 黄文焕：《河西吐蕃经卷目录跋》[J]，《世界宗教研究》，1981年第2期。

③ 黄文焕：《河西吐蕃卷式写经目录并后记》[J]，《世界宗教研究》，1982年第1期。

④ 李邦琴：《敦煌写卷藏文〈大乘无量寿经〉校译记》[J]，国立政治大学，《边政研究所年报》，1988年第19期。

ཞེས་བྱ་བ་ཐེག་པ་ཆེན་པོའི་མདོ་》[①]ཞེས་པའི་དཔྱད་རྩོམ་དུ་མདོ་འདིའི་ནང་དོན་དང་། སྤྱིག་གཞིའི་ཁྱད་ཆོས། ལེགས་སྦྱར་གྱི་མ་དཔེ་དང་བཅས་པའི་ཡིག་རིགས་དུ་མའི་པར་གཞི། འབྲེལ་ཡོད་ཀྱི་ཞིབ་འཇུག་གི་གནས་ཚུལ་སོགས་བརྗོད་ཡོད།

ཀྲང་ཀོང་ཏ་(张广达)ཡི་《〈སུའུ་ལེན་སྤྱི་ཚོགས་ཚན་རིག་གླིང་ཤར་ཕྱོགས་རིག་པ་ཞིབ་འཇུག་ཁང་དུ་ཉར་བའི་ཏུན་ཧོང་བོད་ཡིག་ཤོག་དྲིལ་གྱི་དཀར་ཆག་〉གླེང་བ་》[②]ཞེས་པར། ས་ལེ་སུ་ཅི་ཡིས་བསྒྲིགས་པའི་དཀར་ཆག་གང་དེ་《སུའུ་ལེན་སྤྱི་ཚོགས་ཚན་རིག་གླིང་ཤར་ཕྱོགས་རིག་པ་ཞིབ་འཇུག་ཁང་དུ་ཉར་བའི་ཏུན་ཧོང་བོད་ཡིག་ཤོག་དྲིལ་གྱི་དཀར་ཆག་》ཅེས་པར་དཔྱད་འཇོག་བྱས་པ་དང་སྦྲགས་ནས། ཏུན་ཧོང་བོད་ཡིག་གི་《ཚེ་དཔག་ཏུ་མེད་པ་ཞེས་བྱ་བ་ཐེག་པ་ཆེན་པོའི་མདོ་》ཡི་ཡིག་ཆའི་གྲངས་དང་། བྱུང་བའི་དུས། ཤོག་བུའི་ཁྱད་ཆོས་སོགས་གླེང་ཡོད།

ཧོང་མིན་ཞིན་(黄明信)དང་དོན་གྲུབ་ཚེ་རིང་གཉིས་ཀྱི་དཔྱད་རྩོམ་《ཏུན་ཧོང་བོད་ཡིག་ཤོག་དྲིལ〈ཚེ་དཔག་ཏུ་མེད་པ་ཞེས་བྱ་བ་ཐེག་པ་ཆེན་པོའི་མདོ〉དང་དེའི་རྒྱ་ཡིག་གི་པར་གཞིར་དཔྱད་པ་》[③]ཞེས་པར། ཀྲུང་གོའི་རྒྱལ་གཉེར་དཔེ་མཛོད་ཁང་ན་ཉར་བའི་ཏུན་ཧོང་བོད་ཡིག་དང་རྒྱ་ཡིག་གི་《ཚེ་དཔག་ཏུ་མེད་པ་ཞེས་བྱ་བ་ཐེག་པ་ཆེན་པོའི་མདོ་》ཡི་ཡིག་ཆ་རྣམས་ཀྱི་ཤོག་བུའི་ཁྱད་ཆོས་དང་། བྱུང་དུས། ནང་དོན། པར་གཞི་སོགས་ཀྱི་སྐོར་ལ་དཔྱད་པ་ཞིབ་མོ་བཏང་ནས་ཏུན་ཧོང་ཡིག་རྙིང་ཁྲོད་བོད་ཡིག་གི་པར་གཞི་ལ་མ་མཐའ་ཡང་རིགས་གཉིས་དང་རྒྱ་ཡིག་ལ་རིགས་གསུམ་ཡོད་པར་མ་ཟད། བོད་ཡིག་དང་རྒྱ་ཡིག་གི་པར་གཞི་ཕན་ཚུན་བར་འབྲེལ་བ་དམ་ཟབ་ལྡན་པར་བཤད།

ཁྲིན་ནན་(陈楠)གྱི་《བོད་བཙན་པོས་ཏུན་ཧོང་དབང་སྒྱུར་སྐབས་ཀྱི་བོད་ཡིག་གི་ཆོས་གཞུང་བཤུ་

① 王尧：《藏汉佛典对勘释读之三〈大乘无量寿宗要经〉》[J]，《西藏研究》，1990年第2期。：“粟特文本:在中亚文书中有若干粟特文的片断《大乘无量寿宗要经》，见LitzD.A:‘粟特佛典研究简介’1978年，Tokyo”103:“石滨纯太郎及芳村修基认为有满洲语文本及蒙古文译本存在，而蒙文本可能据藏文转译，满文本则可能依据汉文本译出者。”104:101-106.

② 张广达：《评〈苏联科学院东方学研究所收藏敦煌藏文写卷注记目录〉》[J]，《汉学研究通讯》，1991年第3期。

③ 黄明信、东主才让：《敦煌藏文写卷〈大乘无量寿宗要经〉及其汉文本之研究》[J]，《中国藏学》，1994年第2期。

འབྲིའི་ལས་དོན་དཔྱད་ཞིབ་》[1]ཅེས་པར། 《ཀན་སུའུ་ཞིང་ཆེན་དུ་ཉར་བའི་ཏུན་ཧོང་བོད་ཀྱི་ཡིག་རྙིང་དཀར་ཆག་》ཅེས་པའི་དཔེ་ཆའི་ཁྲོད་ཀྱི《ཚེ་དཔག་ཏུ་མེད་པ་ཞེས་བྱ་བ་ཐེག་པ་ཆེན་པོའི་མདོ་》ཡི་ཡིག་ཆ་རྣམས་ཀྱི་མཇུག་ཏུ་བཀོད་པའི་བཤུ་འབྲི་བྱེད་མཁན་དང་ཞུས་གཏན་གཏོང་མཁན་གྱི་མཇུག་བྱང་དཔྱད་གཞི་གཙོ་བོར་བཟུང་ཞིང་ཧྥ་རན་སིར་ཉར་བའི་ཏུན་ཧོང་བོད་ཡིག་ཡིག་ཆP.T.999ཡི་ནང་དོན་དང་སྦྲགས་ཏེ། བོད་བཙན་པོས་ཏུན་ཧོང་ལ་དབང་སྒྱུར་སྐབས་བཤུ་འབྲི་བྱས་པའི་ཆོས་གཞུང་གི་ནང་དོན་དང་། བཤུ་འབྲིའི་གཞི་རྒྱ། བཤུ་འབྲི་བྱེད་མཁན་གྱི་ཐོབ་ཐང་། ཞུས་གཏན་གཏོང་བའི་ལུགས་སྲོལ་སོགས་ལ་དཔྱད་པ་བཏང་ཡོད།

མ་ཏེ་ཡི་《ཏུན་ཧོང་ཡིག་ཆར་བོར་སྟོར་བསྐྱར་དུ་བྱུང་བ་དང་རིམ་བཞིན་གསར་དུ་རྙེད་རྩལ་》[2]ཞེས་པའི་དཔྱད་རྩོམ་དུ། སྤྱི་ལོ་1920ལོར་ཏུན་ཧོང་ས་ཆ་ནས་ཏུན་ཧོང་བོད་ཡིག་གི་《ཚེ་དཔག་ཏུ་མེད་པ་ཞེས་བྱ་བ་ཐེག་པ་ཆེན་པོའི་མདོ་》ཡི་ཡིག་ཆ་བསྡམས་ལོག་93ཤོག་དྲིལ་3000ལ་ཉེ་བ་དང་《ཤེར་ཕྱིན་སྟོང་ཕྲག་བརྒྱ་པ་》ཡི་ཡིག་ཆ་བསྡམས་ལོག་10(ཤོག་ལྷེབ་10000–11000ལ་ཉེ་བ་)བོར་སྟོར་ཆེན་པོ་བྱུང་ཞིང་།ཕལ་ཆེར་སྐབས་དེའི་ཏུན་ཧོང་མའོ་གའོ་བྲག་ཕུག་གི་སྟོད་ཕྱོགས་ཀྱི་དགོན་པར་གཞིས་སྡོད་བྱས་པའི་བླ་མ་གཡུ་ཕྲེང་ནོར་(སྤྱི་ལོ་1898ལོར་མའོ་གའོ་བྲག་ཕུག་ཏུ་སླེབས། དུས་རབས་ཉི་ཤུའི་ལོ་རབས་དྲུག་ཅུའི་ནང་ས་དེ་ནས་སྐུ་གཤེགས་)བརྒྱུད་དེ་བོར་སྟོར་བྱུང་བར་གླེང་ཡོད། གཞན་ཡང་《ཤེར་ཕྱིན་སྟོང་ཕྲག་བརྒྱ་པ་》དང་《ཚེ་དཔག་ཏུ་མེད་པ་ཞེས་བྱ་བ་ཐེག་པ་ཆེན་པོའི་མདོ་》གཉིས་ཀྱི་བཤུ་འབྲིའི་དུས་ཚོད་ནི་སྤྱི་ལོ་830ཡས་མས་ཡིན་ཞིང་སྔ་མ་ནི་ཕྱི་མ་ལས་སྔ་བར་ཚོད་དཔག་བྱས་ཡོད།

བསེ་ཆང་སངས་རྒྱས་དོན་གྲུབ་ཀྱི་དཔྱད་རྩོམ་《ཏུན་ཧོང་བོད་ཡིག་གི་རྒྱུད་གཞུང་ཡིག་ཆ་〈ཚེ་

① 陈楠：《吐蕃统辖敦煌时期之藏文抄经活动考述》[J]，《中国藏学》，2013年第S2期。

② 马德：《敦煌遗书的再度流失与陆续面世》[J]，《敦煌学辑刊》，2015年第3期。第28–32页："如果按1920年那次清点后运到兰州的'1打66斤'推算，现存的8800多页实际上是'8打'。还有'2打'即2000多页，以及93梱卷式《大乘无量寿宗要经》则不知去向；而无论莫高窟寺院或民众教育馆，都没有后来向敦煌研究院或敦煌市政府移交这'2打'与'93梱'的任何记录。这就是说，这2000多页梵夹式《十万般若颂》和93梱《大乘无量寿宗要经》全部没有保存下来。这就是令人痛心疾首的1920年之后敦煌遗书的再度大规模流失！"

དཔག་ཏུ་མེད་པ་ཞེས་བྱ་བ་ཐེག་པ་ཆེན་པོའི་མདོ་〉ལ་དཔྱད་པ་》[1] ཞེས་པར་ཐོག་མར་སངས་རྒྱས་ཚེ་དཔག་མེད་ཀྱི་མཚན་དོན་ལ་དཔྱད་པ་ཙུང་ཙམ་བཏང་ཡོད་ཅིང་། དེ་ནས་ཏུན་ཧོང་ཡིག་རྙིང་《ཚེ་དཔག་ཏུ་མེད་པ་ཞེས་བྱ་བ་ཐེག་པ་ཆེན་པོའི་མདོ་》ཡི་ས་ཆ་སོ་སོའི་བསྡུ་ཉར་གྱི་གནས་ཚུལ་དང་། བསྒྱུར་དུས་སྤྱི་ལོ་དུས་རབས་བརྒྱད་པ་དང་སྒྱུར་མཁན་རྒྱ་གར་གྱི་མཁན་པོ་ཛཱི་ན་མི་ཏྲ་དང་། དཱ་ན་ཤཱི་ལ། བོད་ཀྱི་ཞུ་ཆེན་གྱི་ལོ་ཙཱ་བ་བན་དེ་ཡེ་ཤེས་སྡེ་གསུམ་ཡིན་པ། མིག་སྔར་རྩད་ཆོད་པའི་པར་གཞི་རིགས་བཞི་ཡོད་པ་སྟེ་ཏུན་ཧོང་ཡིག་རྙིང་གིP.T.98དང་I.T.J.308གཉིས་དང་བཀའ་འགྱུར་གྱི་པར་གཞི་གཉིས་བཅས་དང་། བོད་བཙན་པོའི་དུས་སུ་མདོ་འདི་ཉིད་ལ་རྒྱལ་བློན་འབངས་གསུམ་ཚང་མས་བཤུ་འབྲི་བྱས་པ་སོགས་ཀྱིས་དད་གུས་ཆེན་པོ་བྱས་པ་བཅས་ཀྱི་སྐོར་གླེང་ཡོད། ཁོའི་དཔྱད་རྩོམ་གཞན་ཞིག་སྟེ་《ཉེ་བའི་ལོ་ངོ་བརྒྱ་ལྷག་རིང་གི་ཏུན་ཧོང་ཡིག་རྙིང་ལས་ནུབ་ཕྱོགས་བདེ་བ་ཅན་དང་འབྲེལ་བའི་ཡིག་ཆའི་ཞིབ་འཇུག་གི་གནས་བབ་སྤྱི་བཤད་》[2] ཅེས་པར་ཏུན་ཧོང་ཡིག་རྙིང་《ཚེ་དཔག་ཏུ་མེད་པ་ཞེས་བྱ་བ་ཐེག་པ་ཆེན་པོའི་མདོ་》ཡི་རྒྱལ་ཁབ་ཕྱི་ནང་གི་ཞིབ་འཇུག་གནས་ཚུལ་རགས་ཙམ་ཞིག་ངོ་སྤྲོད་བྱས་ཡོད།

ཀྲང་ཡན་ཆེན་གྱི་《བོད་བཙན་པོས་ཏུན་ཧོང་ནས་ཆོས་གཞུང་བཤུ་འབྲི་བྱེད་པར་དཔྱད་པ་》ཞེས་པ་ནི་ཁོང་གི་འབུམ་རམས་པའི་བསླབ་གནས་དཔྱད་རྩོམ་ཡིན་ཞིང་། དེའི་ཁྲོད་དུ་ཏུན་ཧོང་ཡིག་རྙིང་《ཚེ་དཔག་ཏུ་མེད་པ་ཞེས་བྱ་བ་ཐེག་པ་ཆེན་པོའི་མདོ་》ཡི་བཤུ་འབྲི་དང་ལུས་གཏན་གཏོང་བའི་གནས་ཚུལ་དཔེ་བརྗོད་དང་བཅས་ཏེ་རིགས་དབྱེ་བའི་སྐོ་ནས་གླེང་ཡོད། ཡིན་ན་ཡང་དོན་ཚན་དེ་རུ་ཁོང་གིས "《大乘无量寿宗要经》也称《大无量寿经》《大经》《双卷经》，为净土三经之一。"[3] ཞེས《大乘无量寿宗要经》ནི་《ཚེ་དཔག་ཏུ་མེད་པ་ཞེས་བྱ་བ་ཐེག་པ་ཆེན་པོའི་མདོ་》ཡིན་པ་ལ《大无量寿经》《大经》《双卷经》བཅས་ལ་《འཕགས་པ་འོད་དཔག་མེད་ཀྱི་བཀོད་པ་ཞེས་བྱ་བ་ཐེག་པ་ཆེན་པོའི་མདོ་》ཡིན་པར་གོ་བ་བླངས་པ་ནོར་ཡོད་ལ། 《ཚེ་དཔག་ཏུ་མེད་པ་ཞེས་བྱ་བ་ཐེག་པ་ཆེན་པོའི་མདོ་》ནི་

---

① བསེ་ཆང་སངས་རྒྱས་དོན་གྲུབ། ཏུན་ཧོང་བོད་ཡིག་གི་རྒྱུད་གཞུང་ཡིག་ཆ་ཚེ་དཔག་ཏུ་མེད་པ་ཞེས་བྱ་བ་ཐེག་པ་ཆེན་པོའི་མདོ་ལ་དཔྱད་པ། མཚོ་སྔོན་མི་རིགས་སློབ་ཆེན་རིག་དེབ། 2016ལོ།

② 桑吉东知：《百余年敦煌藏文中与西方净土信仰相关文献之研究综述》，《青藏高原论坛》[J]，2016年第4期。

③ 张延清：《吐蕃敦煌抄经研究》[M]，北京：民族出版社，2016年，第210–214页。

རྒྱ་བརྒྱུད་ནང་བསྟན་གྱི་བདེ་ལྡན་ཞིང་སྐྱོང་བའི་གྲུབ་མཐའི་མདོ་གསུམ①གྱི་ཡ་གྱལ་ཡིན་པར་ངོས་བཟུང་བ་དེ་བས་ནོར་ཡོད། འདིར་ཁོ་བོས་བློ་གཟུར་བོས་ཡོ་བསྲང་བྱས་པ་ཙམ་ཡིན།

གཉིས་པ། རྒྱལ་ཕྱིའི་ཞིབ་འཇུག་གནས་ཚུལ།

ཕྱིའི་རྒྱལ་ཁབ་ལ་མཚོན་ན་སྤྱི་ལོ་1916ལོ་ནས་བཟུང་ཏུན་ཧོང་ཡིག་རྙིང་《ཚེ་དཔག་ཏུ་མེད་པ་ཞེས་

①　《འཕགས་པ་འོད་དཔག་མེད་ཀྱི་བཀོད་པ་ཞེས་བྱ་བ་ཐེག་པ་ཆེན་པོའི་མདོ་》(བོད་འགྱུར་མའི་མཚན་བྱང)ནི་རྒྱ་བརྒྱུད་ནང་བསྟན་གྱི་བདེ་ལྡན་ཞིང་སྐྱོང་བའི་གྲུབ་མཐའི་མདོ་གསུམ་ཞེས་པའི་གྲས་ལས་མདོ་རྒྱས་པ་དེ་ཡིན། རྒྱ་ཡིག་ཏུ་འགྱུར་དཔེའི་རིགས་12ཡོད་པར་གྲགས་ཤིང༌། དེ་དག་ལས་7བོར་བརླག་ཏུ་སོང་བ་དང་ད་ལྟ་དངོས་སུ་མཇལ་དུ་ཡོད་པ5ཡོད། ཧན་ཤར་མའི་དུས་སྐབས་ཀྱི་ལོ་ཆེན་ལོ་ཀ་སེ་མས་(支娄迦谶)འགྱུར《无量清净平等觉经》དང༌། རྒྱལ་ཁབ་གསུམ་དུས་སྐབས་ཀྱི་ལོ་ཆེན་ཀྲི་ཆན་(支谦)གྱིས《阿弥陀三耶三佛萨楼佛檀过度人道经》ཚོའོ་བེའི་དུས་ཀྱི་ལོ་ཆེན་སན་སྒ་བར་མན་(康僧铠)གྱི་འགྱུར《无量寿经》ཐང་རྒྱལ་རབས་སྐབས་ཀྱི་ལོ་ཆེན་བོ་དྷི་རུ་ཙིའི་(菩提流志)འགྱུར《大宝积经•无量寿如来会》པེ་སོན་དུས་ཀྱི་ལོ་ཆེན་དྷརྨ་ཧྲ་དྲ་(法贤)ཡི་འགྱུར《大乘无量寿庄严经》བཅས་སོ། །བདེ་ལྡན་ཞིང་སྐྱོང་བའི་གྲུབ་མཐའི་ཁྲོད་ཤུགས་རྐྱེན་དང་ཁྱབ་རྒྱ་ཆེས་ཆེ་བ་ནི་ལོ་ཆེན་སན་སྒ་བར་མན་གྱི་འགྱུར་ཡིན་ཞིང༌། དེར་བམ་གྲངས་གཉིས་ཡོད་པས་བམ་གྲངས་གཉིས་ཅན་(双卷经)ཞེས་ཀྱང་བརྗོད། 2.《ལུས་འཕགས་མོ་ལ་གསུངས་པ་བདེ་བ་ཅན་དུ་སྐྱེ་བའི་སྨོན་རིམ་བསྟན་པའི་མདོ་》《观无量寿经》ལ་བོད་ཡིག་གི་འགྱུར་མེད། དུས་རབས་ལྔ་པའི་ལེའུ་སོན་སྐབས་སུ宋元嘉年中(424–442)ལོ་ཙཱ་བ་ཀཱ་ལ་ཡ་ཤས་(畺良耶舍)ཞེས་པར། ཅན་ཡན་ཤ་ཆ་(建业)དེང་གི་ཅང་སུའུ་ནན་ཅིང་དུ་སེན་ཧན་(僧含)བྱ་བས་རྒྱ་ཡིག་ཏུ་བསྒྱུར་པར་བསྐུལ་ཏེ། ཁོང་གིས་ངག་ཐོག་ནས་གསུངས་ཤིང་སེན་ཧན་གྱིས་ཡི་གེར་བཀོད་པར་བཤད། ལེའུ་སོན་སྐབས་ཀྱི་ལོ་ཙཱ་བ་དྷརྨ་མི་ཏྲས་(昙摩蜜多)ཀྱང་བསྒྱུར་པར་གྲགས་མོད་དེར་དེང་གི་རིག་གཞུང་ཞིབ་འཇུག་པ་ཚོས་ཆ་འཛོག་ཆེན་པོ་བྱེད་ཀྱིན་མེད། གཞན་དྷརྨ་རཀྵ་(法护)(356–442)ཞེས་པ་མདོ་འདིའི་སྒྱུར་མཁན་དངོས་ཡིན་པའི་ལྟ་ཚུལ་འཛིན་མཁན་ཡང་ཡོད། མདོ་འདིའི་ལེགས་སྦྱར་སྐད་ཀྱི་པར་གཞི་རྙེད་དུ་མེད་ཅིང་ལེགས་སྦྱར་སྐད་ཀྱི་མདོ་གཞན་རྣམས་སུའང་མཚན་བཀོད་པ་མཐོང་དུ་མེད་པས་དེང་སང་གི་ཞིབ་འཇུག་པ་ཚོས་མདོ་འདི་རྒྱ་གར་ནས་བཀའ་སྩལ་མཛད་པའི་དོན་དེ་བཀག་ནས་ཨེ་ཤ་ཡ་དང་ཡང་ན་ཀྲུང་གོ་ནས་གྲུབ་པའི་ལྟ་ཚུལ་བརྗོད་ཡོད། 3.《འཕགས་པ་བདེ་བ་ཅན་གྱི་བཀོད་པ་ཞེས་བྱ་བ་ཐེག་པ་ཆེན་པོའི་མདོ་》(བོད་འགྱུར་མའི་མཚན་བྱང)ནི་བདེ་ལྡན་ཞིང་སྐྱོང་བའི་གྲུབ་མཐའི་མདོ་གསུམ་ཞེས་པའི་གྲས་ཀྱི་མདོ་བསྡུས་པ་དེ་ཡིན་ཞིང༌། རྒྱ་ཡིག་གི་འགྱུར་དཔེ་ལ་སྤྱིར་བཏང་གི་གྲགས་ཚོད་ལྟར་ན་རིགས་3ཡོད་པ་དང༌། ཡང་ཁ་ཅིག་གིས་རིགས་4ཡོད་པར་བརྗོད། ལོ་ཙཱ་བ་ཀུ་མ་ར་ཛཱིས་(鸠摩罗什)སྤྱི་ལོ་402ལོར་བསྒྱུར་པའི《阿弥陀经》དང༌། ལེའུ་སོན་དུས་ཀྱི་ལོ་ཙཱ་བ་གུ་ན་བྷ་དྲའི་(求那跋陀罗)འགྱུར《小无量寿经》ཐང་རྒྱལ་རབས་དུས་ཀྱི་ལོ་ཆེན་ཧྲུན་ཙང་(玄奘)གི་འགྱུར《称赞净土佛摄受经》ཆིན་ཕྱི་མའི་(后秦)དུས་སུ་བསྒྱུར་པར་གྲགས་པའི《阿弥陀经偈颂》བཅས་སོ། །འདི་དག་ལས་ད་ལྟ་བཞུགས་ཡོད་པ་ལོ་ཙཱ་བ་ཀུ་མ་ར་ཛཱིའི་འགྱུར་དང་ཧྲུན་ཙང་གི་འགྱུར་གཉིས་ཡིན་ཞིང༌། ལོ་ཙཱ་བ་ཀུ་མ་ར་ཛཱིའི་འགྱུར་དེ་ཚིག་ཉུང་དོན་བསྡུས་དང་ངག་ལ་ཀློག་བདེ་བ་སོགས་ཀྱིས་རྒྱ་བརྒྱུད་ནང་བསྟན་ཁྲོད་དར་ཁྱབ་ཆེ་ཞིང་འཕྲིན་ལས་ཆེན་པོ་རྒྱས་ཡོད།

བྱ་བ་ཐེག་པ་ཆེན་པོའི་མདོ་》ལ་ཞིབ་འཇུག་བྱས་ཡོད་ཅིང་། སྤྱི་ལོ་2016ལོར་ཡང་དབྱིན་ཡིག་གི་ལམ་ནས་བྲིས་པའི་དཔྱད་རྩོམ་གཅིག་སྤེལ་ཡོད། ཞིབ་འཇུག་བྱ་ཡུལ་གྱི་ཡིག་ཆ་ཕལ་ཆེ་བ་ཉི་ཧོང་དང་། ཨུ་རུ་སུ། ཧྥ་རན་སི། དབྱིན་ཇི་སོགས་ཕྱིའི་རྒྱལ་ཁབ་ཁག་ན་ཉར་བའི་ཡིག་ཆ་དག་རེད། དཔྱད་འབྲས་ལ་ཉི་ཧོང་གི་ཡི་གེ་ལམ་ནས་སྤེལ་བའི་དཔྱད་འབྲས་ཅུང་མང་ལ། གཞན་འཛར་མན་གྱི་ཡི་གེ་དང་དབྱིན་ཡིག་སོགས་ཀྱི་ལམ་ནས་སྤེལ་བའི་དཔྱད་རྩོམ་ཡང་མཐོང་དུ་ཡོད།

ཉི་ཧོང་གི་ཨེ་ཞི་ཧ་མ་ཛེན་ཐ་རོ་(石滨纯太郎)ཡི་《ཏུན་ཧོང་གི་གནའ་དཔེར་དཔྱད་པ་》[①]དང་《ཚེ་དཔག་ཏུ་མེད་པ་ཞེས་བྱ་བ་ཐེག་པ་ཆེན་པོའི་མདོ་ཡི་དཔྱད་པ་ཁ་སྐོང་མ་》[②]ཞེས་པའི་དཔྱད་རྩོམ་གཉིས་སུ་ཉི་ཧོང་གི་མི་སྒེར་གྱིས་ཉར་བའི་ཏུན་ཧོང་བོད་ཡིག་གི་《ཚེ་དཔག་ཏུ་མེད་པ་ཞེས་བྱ་བ་ཐེག་པ་ཆེན་པོའི་མདོ་》ཡིག་ཆ་འགའ་མཚམས་སྦྱོར་དང་དབྱེ་ཞིབ་བྱས་ཡོད། ཨེ་ཞི་ཧ་མ་ཛེན་ཐ་རོ་དང་ཡོ་ཞི་མུ་ར་ཞོ་ཁི་(芳村修基)གཉིས་ཀྱི་དཔྱད་རྩོམ་《སྤྱི་ལོ་822ལོ་རྨང་གཞི་བྱས་ཏེ་〈ཚེ་དཔག་ཏུ་མེད་པ་ཞེས་བྱ་བ་ཐེག་པ་ཆེན་པོའི་མདོ་〉དང་ཡིག་རིགས་གཞན་དག་གི་པར་གཞིར་དཔྱད་པ་》[③]ཞེས་པར་ཉི་ཧོང་གི་ལོན་ཀའོ་སློབ་ཆེན་དུ་ཉར་བའི་ཏུན་ཧོང་བོད་ཡིག་གི་《ཚེ་དཔག་ཏུ་མེད་པ་ཞེས་བྱ་བ་ཐེག་པ་ཆེན་པོའི་མདོ་》ཡིག་ཆ་ཞིབ་འཇུག་བྱ་ཡུལ་གཙོ་བོར་བཟུང་ཞིང་། མདོ་འདིའི་བོད་ཡིག་གི་པར་གཞི་དང་། མན་ཇུའི་ཡི་གེའི་པར་གཞི། སོག་ཡིག་གི་པར་གཞི། རྒྱ་ཡིག་གི་པར་གཞི་བཅས་བར་གྱི་འབྲེལ་བར་བརྟགས་ཏེ། སོག་ཡིག་གི་པར་གཞི་ནི་བོད་ཡིག་གི་པར་གཞི་ལས་བསྒྱུར་ཅིང་མན་ཇུའི་ཡི་གེའི་པར་གཞི་ནི་རྒྱ་ཡིག་གི་པར་གཞི་ལས་བསྒྱུར་པའི་ལྟ་ཚུལ་བཏོན་ཡོད།

ཧྥུ་ཇེ་ད་ཨ་ཁི་ར་(藤枝晃)དང་ཨུ་ཨེ་ཡ་མ་དའི་ཞུན་(上山大峻)གཉིས་ཀྱི་《ཏུན་ཧོང་ནས་བྱུང་བའི〈ཚེ་དཔག་ཏུ་མེད་པ་ཞེས་བྱ་བ་ཐེག་པ་ཆེན་པོའི་མདོ〉བོད་འགྱུར་མར་དཔྱད་པ་》[④]ཞེས་པར་ཉི་ཧོང་གི་ཐན་ལིན་དཔེ་མཛོད་ཁང་ན་ཉར་བའི་ཏུན་ཧོང་བོད་ཡིག་གི་《ཚེ་དཔག་ཏུ་མེད་པ་ཞེས་བྱ་བ་ཐེག་པ་ཆེན་པོའི་མདོ་》ཡི་ཡིག་ཆ་7ངོ་སྤྲོད་བྱས་པར་མ་ཟད། ཏུན་ཧོང་གི་པར་གཞི་དང་《བཀའ་འགྱུར་》

① [日]石滨纯太郎：《敦煌古书杂考》[J]，《东洋学报》，1926年第15期。

② [日]石滨纯太郎：《无量寿宗要经补考》[J]，《东洋学报》，1927年第16期。

③ [日]石滨纯太郎、芳村修基(Yosimura Shuki)：《〈无量寿宗要经〉与其它文字写本研讨–以公元822年为其基点》[J]，《西域文化研究》京都，1958年第1期。

④ [日]藤枝晃(Fujieda Akira)、上山大峻(Ueyama Daisyun)：《藏译〈无量寿宗要经〉之敦煌写本》[J]，《经典》，1962年第23期。

གྱི་པར་གཞི་གཉིས་བསྡུར་ཏེ། 《བཀའ་འགྱུར་》གྱི་པར་གཞིའི་གཞུང་དོན་དུམ་མཚམས29ཡིས་གྲུབ་པ་དང་། ཏུན་ཧོང་གི་པར་གཞི་ཏུ《བཀའ་འགྱུར་》གྱི་པར་གཞིའི་དུམ་མཚམས་4–7དང་15དང་27བཅས་དུམ་མཚམས་6ཆད་པས་དུམ་མཚམས་23མ་གཏོགས་མེད་པར་བརྗོད།

ནི་ཤི་ཨོ་ཁྭ་སོའོ་ཤིས་(西冈祖秀)ལགས་ཀྱི་དཔྱད་རྩོམ《པེའོ་ཤིས་ཧིས་བསྡུ་ཉར་བྱས་པའི་བོད་ཡིག་གི་〈ཚེ་དཔག་ཏུ་མེད་པ་ཞེས་བྱ་བ་ཐེག་པ་ཆེན་པོའི་མདོ་〉ཡི་ཡིག་ཆ་དག་གི་བཤུ་འབྲི་བྱེད་མཁན་དང་ཞུས་གཏན་གཏོང་མཁན་གྱི་མཚན་ཐོ་》[1]ཞེས་པར་རྒྱ་རན་སིར་ཉར་བའི་ཡིག་ཆP.T.3501ནས་4138བར་གྱི་ཏུན་ཧོང་བོད་ཡིག་གི《ཚེ་དཔག་ཏུ་མེད་པ་ཞེས་བྱ་བ་ཐེག་པ་ཆེན་པོའི་མདོ་》ཡི་ཡིག་ཆའི་བཤུ་འབྲི་བྱེད་མཁན་དང་ཞུས་གཏན་གཏོང་མཁན་གྱི་མཚན་ཐོ་ཀ་ཁྲིང་ལྟར་རེ་རེ་བཞིན་བཀོད་ཡོད། ཁོང་གི་དཔྱད་རྩོམ་གཞན《ཤ་ཅུ་ཡུལ་གྱི་ཆོས་གཞུང་བཤུ་འབྲིའི་ལས་དོན་གླེང་བ་〈ཚེ་དཔག་ཏུ་མེད་པ་ཞེས་བྱ་བ་ཐེག་པ་ཆེན་པོའི་མདོ〉ཡི་བཤུ་འབྲི་གཞིར་བཟུང་བ་》[2]ཞེས་པར། ཏུན་ཧོང་བོད་ཡིག་གི《ཚེ་དཔག་ཏུ་མེད་པ་ཞེས་བྱ་ཐེག་པ་ཆེན་པོའི་མདོ་》ཡི་འཛམ་གླིང་གི་ས་ཆ་སོ་སོའི་ཉར་ཚགས་ཀྱི་གནས་ཚུལ་དང་། མདོ་དེའི་ཡིག་ཆ་རེ་རེའི་མཇུག་གི་བཤུ་འབྲི་བྱེད་མཁན་དང་ཞུས་གཏན་གཏོང་མཁན་གྱི་མཚན་ཐོ་ལ་སྡོམ་རྩིས་བླངས་ཏེ་མདོ་འདིའི་བཤུ་འབྲིའི་ལས་དོན་གྱི་གཞི་རྒྱ་ཆེ་བར་བཤད་ཅིང་། སྐུ་ཞབས་ཐའོ་སྣ་སྲུས་བསྒྱུར་འགྲེལ་གནང་བའི《ཤེར་ཕྱིན་སྟོང་ཕྲག་བརྒྱ་པ་》ཡི་བཤུ་འབྲིའི་གནས་ཚུལ་བཀོད་པའི་ཡིག་ཆ་དེ་དང《ཚེ་དཔག་ཏུ་མེད་པ་ཞེས་བྱ་བ་ཐེག་པ་ཆེན་པོའི་མདོ་》ཡི་བཤུ་འབྲིའི་གནས་ཚུལ་བཀོད་པའི་ཡིག་ཆP.T.999གཉིས་ཀྱི་ནང་དོན་དང་སྦྲགས་ཏེ། ཆོས་གཞུང་བཤུ་འབྲི་བྱེད་མཁན་གྱི་ཐོབ་ཐང་དང་། བཤུ་འབྲིའི་ལམ་ལུགས། བཤུ་འབྲིའི་གཞི་རྒྱའི་གནས་ཚུལ་སོགས་ལ་དཔྱད་པ་བཏང་ཡོད། གཞན་ཡང་མུས་ནྭ་ཁའི་ཁྭ་ཚ་མུས་(御牧克已)ཀྱི《ཚེ་དཔག་ཏུ་མེད་པ་ཞེས་བྱ་བ་ཐེག་པ་ཆེན་པོའི་མདོ་》[3]དང་ཨ་ཁྭ་མ་ཚི་ཀོ་ཞོའོ་赤松孝章)ལགས་ཀྱི《ཏུན་ཧོང་བོད་ཡིག་ཡིག་ཆ་དང་བདེ་ལྡན་ཞིང་སྦྱོང་བའི་གྲུབ་

---

① [日]西冈祖秀(Nishioka Sosyu)：《伯希和搜集的藏文〈无量寿宗要经〉的写经生、校勘者一览》[J]，《印度佛学研究》，1984年第1期。

② [日]西冈祖秀著，李德龙、朴明姬译：《沙洲的写经事业–以藏文〈无量寿宗要经〉的写经为中心，《国外藏学研究译文集》(第十二集)[C]，拉萨：西藏人民出版社，1995年。

③ [日]御牧克已(Mimaki Katsumi)：《大乘无量寿宗要经》，牧田讲亮、福井文雅编：《讲座敦煌第7卷·敦煌与中国佛教》[C]，东京：大东出版社，1984年。

མཐའ་དང་འབྲེལ་བའི་སློབ་དེབ་》①དང་《ཏུན་ཧོང་བོད་ཡིག་ཡིག་ཆ་དང་བདེ་ལྡན་ཞིང་སྦྱོང་བའི་གྲུབ་མཐའ་དང་འབྲེལ་བའི་རྒྱུ་ཆ་》②གཉིས་སུ་ཏུན་ཧོང་བོད་ཡིག་གི་《ཚེ་དཔག་ཏུ་མེད་པ་ཞེས་བྱ་བ་ཐེག་པ་ཆེན་པོའི་མདོ་》དང་འབྲེལ་བའི་འབྲེལ་ཡོད་རྒྱུ་ཆའི་སྐོར་གླེང་ཡོད།

ཤུའུ་ལེན་ཀྱི་ཏྲ་ཕེ་ཐེག་སི་ཅི་(沙维特斯基)ཡི་དཔྱད་རྩོམ་《ལེ་ཉིན་གྲུ་ལེ་ཤར་ཕྱོགས་ཞིབ་འཇུག་གླིང་དུ་ཉར་བའི་ཏུན་ཧོང་བོད་ཀྱི་ཡིག་ཆ་》③ཞེས་པར་ཞིབ་འཇུག་གླིང་དེར་ཉར་བའི་ཏུན་ཧོང་བོད་ཡིག་གི་《ཚེ་དཔག་ཏུ་མེད་པ་ཞེས་བྱ་བ་ཐེག་པ་ཆེན་པོའི་མདོ་》ཡིག་ཆ་202ཀྱི་ཡིག་གཟུགས་དང་ཤོག་བུའི་ཁྱད་ཆོས་གླེང་ཡོད་པར་མ་ཟད། མདོ་དེ་བཤུ་འབྲི་བྱེད་མཁན་92དང་ཞུས་གཏན་གཏོང་མཁན་62ཀྱི་རུས་མིང་ཐོ་རུ་བཀོད་འདུག རུས་མིང་རེ་འགའི་མི་རིགས་དང་རུས་རྒྱུད་ཀྱི་སྐོར་ཡང་དཔྱད་གླེང་བགྲིས་ཡོད། ཡང་ཁོང་གི་《ཏུན་ཧོང་བོད་ཡིག་གི་བྲིས་དཔེ་སྔ་མའི་སྲོལ་རྒྱུན་》④ཞེས་པའི་དཔྱད་རྩོམ་དུ་ལེ་ཉིན་གྲུ་ལེ་ཤར་ཕྱོགས་ཞིབ་འཇུག་གླིང་དུ་ཉར་བའི་ཏུན་ཧོང་བོད་ཡིག་ཡིག་ཆ་རྣམས་ཀྱི་བསྡུ་ཉར་ཀྱི་གོ་རིམ་དང་ནང་དོན་མཚམས་སྦྱོར་བྱས་པ་བརྒྱུད་དེ། 《ཚེ་དཔག་ཏུ་མེད་པ་ཞེས་བྱ་བ་ཐེག་པ་ཆེན་པོའི་མདོ་》ཡི་ཡིག་ཆའི་ཕྱིའི་རྣམ་པ་དང་། ཤོག་བུའི་ཁྱད་ཆོས། མཇུག་བྱང་གི་ནང་དོན་སོགས་ལ་དབྱེ་ཞིབ་བྱས་འདུག ལྷག་པར་དུ་ཤོག་བུའི་ཁྱད་ཆོས་གཞིར་བཟུང་སྟེ་《ཚེ་དཔག་ཏུ་མེད་པ་ཞེས་བྱ་བ་ཐེག་པ་ཆེན་པོའི་མདོ་》ཡིག་ཆ་202ནི་སྤྱི་ལོ་དུས་རབས་བཅུ་པ་དང་བཅུ་གཅིག་གི་དུས་མགོར་བྲིས་པའི་ལྟ་ཚུལ་བརྗོད་འདུག

ནཱ་ཁི་སུ་ཕེ་ལེ་སེར་(Max Walleser)ཀྱི་དཔྱད་རྩོམ་《ཚེ་དཔག་ཏུ་མེད་པ་ཞེས་བྱ་བ་ཐེག་པ་ཆེན་པོའི་མདོ་ཡི་བལ་པོ་ནས་རྙེད་པའི་ལེགས་སྦྱར་སྐད་ཀྱི་བྲིས་དཔེ་དང་བོད་ཡིག་དང་རྒྱ་ཡིག་བཅས་ཀྱི་པར་གཞི་》⑤

---

① [日]赤松孝章(AkamatsuKosyo)：《敦煌藏文文献与净土教关系课本》[J]，《印度哲学佛教学》，1987年第3期。

② [日]赤松孝章：《敦煌藏文文献与净土教关系资料》[J]，《印度哲学佛教学》，1988年第3期。

③ [苏]沙维特斯基著，沈卫荣译：《列宁格勒东方研究院所藏敦煌吐蕃文献》，《国外敦煌吐蕃文书研究选译》[C]，兰州：甘肃人民出版社，1992年。

④ [苏]勒•斯•萨维茨基著，张云译：《敦煌藏文早期写本传统》，《国外藏学研究译文集》（第十三集）[C]，拉萨：西藏人民出版社，1997年。

⑤ Max Walleser，AparimitāyurJnānanāmamahāyānasūtram，Nach einer nepalesischen SanskritHandschrift mitdertibetischenundchinesischenVersion，SitzungsberichtederHeidelbergerAlkademiederWissenschaften，philosophisch historische Klasse，Vol.7(Heidelberg：Carl Winter's Universitätsbuchhandlung，1916.)

ཞེས་པ་ཏུ་《ཚེ་དཔག་ཏུ་མེད་པ་ཞེས་བྱ་བ་ཐེག་པ་ཆེན་པོའི་མདོ་》ཡི་བལ་པོ་ནས་རྙེད་པའི་ལེགས་སྦྱར་སྐད་ཀྱི་བྲིས་དཔེ་དང་བོད་ཡིག་གི་པར་གཞི་དང་རྒྱ་ཡིག་གི་པར་གཞི་གསུམ་ལ་དཔྱད་བསྡུར་བྱས་ཡོད།

ནོར་ལྷེའི་ཞིབ་འཇུག་པ་སི་ཏེན་ཁོ་ནོའུ་(Sten konow)ལགས་ཀྱི་《ཚེ་དཔག་ཏུ་མེད་པ་ཞེས་བྱ་བ་ཐེག་པ་ཆེན་པོའི་མདོ་ཡི་ཡུའུ་ཐེན་ཡི་གེའི་པར་གཞི་དང་ལེགས་སྦྱར་སྐད་ཀྱི་པར་གཞི་དང་བོད་ཡིག་གི་པར་གཞིའི་ཕྱོགས་བསྒྲིགས་》[1]ཞེས་པའི་དཔྱད་རྩོམ་དུ་《ཚེ་དཔག་ཏུ་མེད་པ་ཞེས་བྱ་བ་ཐེག་པ་ཆེན་པོའི་མདོ་》ཡི་ཡུའུ་ཐེན་ཡི་གེའི་པར་གཞི་དེ་དབྱིན་ཡིག་ཏུ་བསྒྱུར་ཡོད་ཅིང་། ཡུའུ་ཐེན་ཡི་གེའི་པར་གཞི་དང་ལེགས་སྦྱར་སྐད་ཀྱི་པར་གཞི་དང་བོད་ཡིག་གི་པར་གཞི་ཕན་ཚུན་དཔྱད་བསྡུར་བྱས་པར་མ་ཟད། མདོ་དེའི་ཏུན་ཧོང་བོད་ཡིག་གི་པར་གཞི་དང་དུས་རབས་བཅོ་བརྒྱད་པའི་ཤིང་དཔར་གཉིས་བསྡུར་ཏེ་ཕྱི་མའི་ཁྱད་ཀྱི་དོན་ཚན་བདུན་སྔ་མའི་ཁྱད་མཐོང་དུ་མེད་པ་ཡང་བརྗོད་ཡོད།

ཇོར་ཇིས་ཧལ་ཁིས་(Georgios Halkias)ཀྱི་《བོད་བརྒྱུད་ནང་བསྟན་ཁྲོད་ཀྱི་དག་ཞིང་གི་ཡིག་ཆའི་བྱུང་འཕེལ་གླེང་བ་》[2]ཞེས་པའི་དཔྱད་རྩོམ་དུ་བོད་བཙན་པོའི་དུས་སུ་ཤ་ཅུ་ཏུ་《ཚེ་དཔག་ཏུ་མེད་པ་ཞེས་བྱ་བ་ཐེག་པ་ཆེན་པོའི་མདོ་》བཤུ་འབྲི་དང་ཉར་ཚགས་ཀྱི་གནས་ཚུལ་གྱི་བཀོད་པའི་ཡིག་ཆP.T.999ཡི་ནང་དོན་མཚམས་སྦྱོར་དང་། སྐུ་ཞབས་ཨུ་རེལ་སི་ཏེན་གྱིས་(Aurel Stein)སྤྱི་ལོ་1906དང་1908གཉིས་སུ་ཏུན་ཧོང་ནས་བོད་ཡིག་གི་《ཚེ་དཔག་ཏུ་མེད་པ་ཞེས་བྱ་བ་ཐེག་པ་ཆེན་པོའི་མདོ་》དང་བཅས་པའི་ཡིག་ཆ་ཁྱེར་ཚུལ་གྱི་གནས་ཚུལ་སོགས་བརྗོད་པར་མ་ཟད། བོད་ཡིག་གི་《བཀའ་འགྱུར་》གྱི་རྒྱུད་ཀྱི་ཁྲོད་བཞུགས་པའི་པར་གཞི་དེ་དབྱིན་ཡིག་ཏུའང་བསྒྱུར་ཡོད།

བྷི་རན་ནྡོན་ཇོ་ཚོན་(Brandon Dotson)གྱི་དཔྱད་རྩོམ་《ཏུན་ཧོང་ནས་ཐོན་པའི་གཞུང་ཕྱོགས་ཀྱི་རྩ་འཛུགས་འོག་བྲིས་པའི་བོད་ཡིག་གི་〈ཚེ་དཔག་ཏུ་མེད་པ་ཞེས་བྱ་བ་ཐེག་པ་ཆེན་པོའི་མདོ་〉དང་

① Sten konow, The Aparimitāyuh Sutra The old Khotanese Version together with the SansKrit Text and Tibetan Translation, A.F.Rudolf Hoernle, ManuscriP.T. Remains of Buddist Literature Found In Eastern Turkestan, Volume I, Reprint 1970 of the Edition Oxford1916, Printed in the Netherlands.1970: 296–329; 289–329.

② Georgios Halkias, Luminous Bliss: A Religious History of Pure Land Literature in Tibet. University of Hawaii Press, 2013: 68–75.

བོད་གནའ་རབས་ཀྱི་དག་ཡིག་གི་སྐོར་ལ་དཔྱད་པ་》①ཞེས་པར། དབྱིན་ཇིའི་རྒྱལ་གཉེར་དཔེ་མཛོད་ཁང་དུ་ཉར་བའི་ཏུན་ཧོང་ནས་ཐོན་པའི་བོད་ཡིག་གི་ཡིག་ཆ《ཚེ་དཔག་ཏུ་མེད་པ་ཞེས་བྱ་བ་ཐེག་པ་ཆེན་པོའི་མདོ་》ཚར་གྲངས་1600བརྒལ་པ་གཞིར་བཟུང་སྟེ། ཡིག་ཆ་དེ་དག་གི་ཁྲོད་ཀྱི་མིང་བརྡ་ནང་དོན་གཅིག་པ་འབྲི་ཚུལ་མི་མཚུངས་པ་དང་ཕྲད་ཀྱི་སྦྱོར་སྟངས་ཁྱད་པར་བ་སོགས་ཀྱི་སྣང་ཚུལ་ཕྱོགས་བསྡོམས་བགྱིས་ཏེ་བོད་གནའ་རབས་དུས་ཀྱི་དག་ཡིག་གི་སྐོར་ལ་དཔྱད་པ་བཏང་ཡོད་ཅིང་། ཡིག་ཆ་དེ་དག་ནི་སྤྱི་ལོ་820ནས་840བར་གཞུང་ཕྱོགས་ཀྱིས་རྩ་འཛུགས་དང་འགྲོ་སྒྲོན་བཏང་བ་ལས་བྱུང་བའི་ལྟ་ཚུལ་བརྗོད་འདུག གཞན་ཡང་ཧྲི་རན་ཏོན་ཏོ་ཚོན་དང་ལེ་ཝིས་ཏོ་ནེ་(Lewis Doney)དང་ནུབ་བྱང་མི་རིགས་སློབ་ཆེན་གྱི་དགེ་རྒན་དོ་རྗེ་དོན་གྲུབ་གསུམ་གྱིས་བྲིས་པའི《དབྱིན་ཇིའི་རྒྱལ་གཉེར་དཔེ་མཛོད་ཁང་དུ་ཉར་བའི་ཚེ་དཔག་ཏུ་མེད་པ་ཞེས་བྱ་བ་ཐེག་པ་ཆེན་པོའི་མདོ་ལ་དཔྱད་པ་》②ཞེས་པའི་དཔེ་དེབ་དེ་མི་འགྱངས་པར་པར་བསྐྲུན་བྱེད་པར་གླེང་འདུག

གསུམ་པ། མ་འོངས་པའི་ཞིབ་འཇུག་ཐད་ཀྱི་བསམ་གཞིག

སྤྱིར་ཏུན་ཧོང་བོད་ཡིག་ཡིག་ཆའི་མ་འོངས་པའི་ཞིབ་འཇུག་གི་ཁ་ཕྱོགས་དང་དེའི་བྱེད་ཐབས་ཀྱི་སྐོར་ལ་ཁོ་བོས་སྤྱི་ལོ་2016ལོར་སྤེལ་བའི་དཔྱད་རྩོམ《ཏུན་ཧོང་བོད་ཡིག་ཡིག་ཆའི་ཞིབ་འཇུག་གི་གནས་ཚུལ–བོད་ཡིག་གི་དཔྱད་རྩོམ་གཞིར་བཟུང་བ་1982–2014》ཞེས་པར་རང་ཉིད་ཀྱི་ལྟ་ཚུལ་ཅུང་ཙམ་གླེང་ཡོད།③ འདིར་དེ་དང་གོང་དུ་བརྗོད་མ་ཐག་པའི་ཉེ་བའི་ལོ་ངོ་བརྒྱའི་རིང་གི་ཏུན་ཧོང་བོད་ཡིག་གི《ཚེ་དཔག་ཏུ་མེད་པ་ཞེས་བྱ་བ་ཐེག་པ་ཆེན་པོའི་མདོ་》ཡི་ཡིག་ཆའི་ཞིབ་འཇུག་གི་གནས་ཚུལ་གྱི་རྨང་གཞིའི་སྟེང་། ཏུན་ཧོང་བོད་ཡིག་གི《ཚེ་དཔག་ཏུ་མེད་པ་ཞེས་བྱ་བ་ཐེག་པ་ཆེན་པོའི་མདོ་》ཡི་

---

① Brandon Dotson.Misspelling "Buddha": The ofcially commissioned Tibetan Aparimitāyur-nāma mahāyāna- sūtras from Dunhuang and the study of Old Tibetan orthography, Bulletin of the School of Oriental and African Studies / Volume 79 / Issue 01 / February 2016: 129–151.

② Dotson, Brandon and Lewis Doney, in cooperation with Dongzhi Duojie.Forthcoming.A Study of the Aparim- itāyur-nāma mahāyāna-sūtras KeP.T. in the British Library.

③ 桑吉东知：《敦煌藏文文献研究综述–以藏文论文为中心(1982–2014)》[J]，《中国藏学》，2016年第3期。

ཡིག་ཆའི་མ་འོངས་པའི་ཞིབ་འཇུག་གི་ཁ་ཕྱོགས་དང་དེའི་བྱེད་ཐབས་ཀྱི་སྐོར་ལ་རང་ཉིད་ཀྱི་འདོད་ཚུལ་རགས་ཙམ་ཞིག་བཀོད་ན་འདི་ལྟ་སྟེ།

གཅིག བོར་སྟོར་བྱུང་བའི་ཡིག་ཆ་མུ་མཐུད་དུ་རྩད་གཅོད་བྱེད་པ། ཀན་སུའུ་ཞིང་ཆེན་ཏུན་ཧོང་ཞིབ་འཇུག་གླིང་གི་ཞིབ་འཇུག་པ་ཆེན་མོ་མ་ཏེ་ཡིས་སྤྱི་ལོ1920ལོར་ཏུན་ཧོང་བོད་ཡིག་གི《ཚེ་དཔག་ཏུ་མེད་པ་ཞེས་བྱ་བ་ཐེག་པ་ཆེན་པོའི་མདོ་》ཡི་ཡིག་ཆ་བསྡམས་ལོག་93ཤོག་དྲིལ་3000ལ་ཉེ་བ་དང《ཤེར་ཕྱིན་སྟོང་ཕྲག་བརྒྱ་པ་》ཡི་ཡིག་ཆ་བསྡམས་ལོག་10(ཤོག་ལྡེབ་10000–11000ལ་ཉེ་བ)ཏུན་ཧོང་མོ་ཀོའོ་བྲག་ཕུག་གི་དགོན་པ་དང་ཏུན་ཧོང་དམངས་ཚོགས་སློབ་གསོ་ཁང་(敦煌民众教育馆)དུ་ཉར་ཚགས་བྱས་ཡོད་ཅིང་རྗེས་སུ་དེ་དག་བོར་སྟོར་བྱུང་སྟེ་ད་ལྟ་རེ་གཉིས་ཙམ་ལས་མང་པོ་ཞིག་གར་སོང་ཆ་མེད་དུ་གྱུར་པར་གླེང་།① ཡིག་ཆ་དེ་དག་ད་ལྟ་གནས་ག་གེ་མོར་ཉར་ཚགས་བྱས་མེད་པའང་མི་ཤེས་པས། བོར་སྟོར་བྱུང་བའི་ཡིག་ཆ་དེ་དག་གི་ཞིབ་འཇུག་གི་རིན་ཐང་དང་རིག་དངོས་ཀྱི་རིན་ཐང་ལ་མཐོང་ཆེན་བྱེད་པའི་སྒོ་ནས་མུ་མཐུད་དུ་རྩད་གཅོད་བྱས་ཏེ་སླར་སྐྱབ་གང་ལེགས་བྱེད་པ་ལེགས་པར་མཐོང་།

གཉིས། ཡིག་ཆའི་མིང་ངོས་འཛིན་བྱེད་མེད་པ་དང་བྱས་པ་ནོར་བ་དག་ལ་ཡང་བསྐྱར་ངོས་འཛིན་བྱེད་པ། 《ཕྲ་རན་སིའི་ཏུན་ཧོང་བོད་ཡིག་ཡིག་ཆ་ཞིབ་གསལ་དཀར་ཆག་》དུP.T.3500ནསP.T.4168བར་གྱི་ཡིག་ཆ་ཡོད་དོ་ཅོག《ཚེ་དཔག་ཏུ་མེད་པ་ཞེས་བྱ་བ་ཐེག་པ་ཆེན་པོའི་མདོ་》རུ་ངོས་འཛིན་བྱས་སོང་།② འོན་ཀྱང་། P.T.3500ནསP.T.4168བར་གྱི་ཡིག་ཆ་668ལ་རེ་རེ་བཞིན་ཞིབ་ཏུ་བལྟས་ཚེ། དེ་དག་ལསP.T.3983ནསP.T.3990བར་གྱི་ཡིག་ཆ་བདུན་དང་P.T.4158བཅས་ནི《ཚེ་དཔག་ཏུ་མེད་པ་ཞེས་བྱ་བ་ཐེག་པ་ཆེན་པོའི་མདོ་》མིན་ཞིང་།③ P.T.96ལ"《大乘无量寿宗要经》另据拉露：《大宝积经》

---

① 马德：《敦煌遗书的再度流失与陆续面世》[J]，《敦煌学辑刊》，2015年第3期，第28–32页："如果按1920年那次清点后运到兰州的'1打66斤'推算，现存的8800多页实际上是'8打'。还有'2打'即2000多页，以及93梱卷式《大乘无量寿宗要经》则不知去向；而无论莫高窟寺院或民众教育馆，都没有后来向敦煌研究院或敦煌市政府移交这'2打'与'93梱'的任何记录。这就是说，这2000多页梵夹式《十万般若颂》和93梱《大乘无量寿宗要经》全部没有保存下来。这就是令人痛心疾首的1920年之后敦煌遗书的再度大规模流失！"

② 王尧主编：《法藏敦煌藏文文献解题目录》[Z]，北京：民族出版社，1999年，第276–277页。

③ P.T.3983ནསP.T.3990བར་གྱི་ཡིག་ཆ་བདུན་ནི་《འཕགས་པ་ཤེས་རབ་ཀྱི་ཕ་རོལ་ཏུ་ཕྱིན་པའི་སྙིང་པོ་》ཡིན། P.T.4158ཡིག་ཆ་འདིར་ངོས་འཛིན་བྱས་དཀའ་མོད། གང་ལྟར《ཚེ་མདོ་》མིན་པ་གཞུང་གི་ཚིག་ཐེང་དུ"ཀེའུ་ཤི་ཀ"ལྟ་བུའི་ཐ་སྙད་ཡོད་པས་སོ། །

残卷？"[1]ཞེས་《ཚེ་དཔག་ཏུ་མེད་པ་ཞེས་བྱ་བ་ཐེག་པ་ཆེན་པོའི་མདོ་》ཡིན་པར་ངོས་འཛིན་ཙམ་བྱས་མོད། P.T.96ནི་《ཚེ་དཔག་ཏུ་མེད་པ་ཞེས་བྱ་བ་ཐེག་པ་ཆེན་པོའི་མདོ་》མིན་པར་《དེ་བཞིན་གཤེགས་པ་ཚེ་དཔག་མེད་ཀྱི་བཀོད་པ་བསྟན་པའི་མདོ་》ཡིན་པར་ཕོ་ཐག་ཆོད་ཡོད།[2] P.T.965ནི་"《阿弥陀经》？"[3] ཞེས་《སྣང་བ་མཐའ་ཡས་ཀྱི་མདོ་》[4]ཡིན་པར་སྨྲས་པ་དང་ཡང་"佛经དམ་ཆོས་ཐོར་བུ་"[5]ཞེས་ཆོས་གཞུང་སྤྱི་ཙམ་ལས་བྱེ་བྲག་གི་ཆོས་ཚན་གང་ཞིག་ཡིན་པ་ངོས་བཟུང་མེད། དོན་དུ་ཡིག་ཆ་དེ་ནི་《ཚེ་དཔག་ཏུ་མེད་པ་ཞེས་བྱ་བ་ཐེག་པ་ཆེན་པོའི་མདོ་》ཡི་གཞུང་གི་དུམ་མཚམས་ཤིག་རེད། 1981ལོར་ཉི་ཧོང་ནས་བསྒྲིགས་པའི་《སྐུ་ཞབས་ཨུ་རེལ་སི་ཏེན་གྱིས་བསྡུ་ཉར་བྱས་པའི་བོད་ཡིག་གི་ཡིག་ཆ་བྲིས་མའི་ཞིབ་གསལ་དཀར་ཆག་དེབ་ལྔ་པའི་》[6]ཁྲིད་དབྱིན་ཇིར་ཉར་བའི་ཏུན་ཧོང་བོད་ཡིག་ཡིག་ཆI.T.J.478ལ་ངོས་འཛིན་བྱས་མེད་པར་ལུས་ཡོད། ཞིབ་ཏུ་བརྟགས་ན་ཡིག་ཆ་དེ་ནི་《ཚེ་དཔག་ཏུ་མེད་པ་ཞེས་བྱ་བ་ཐེག་པ་ཆེན་པོའི་མདོ་》ཡི་གཞུང་གི་དོན་ཚན་ཞིག་ཡིན། དེ་བས་《ཚེ་དཔག་ཏུ་མེད་པ་ཞེས་བྱ་བ་ཐེག་པ་ཆེན་པོའི་མདོ་》ཡི་ཡིག་ཆ་མིན་ཡང་ཡིན་པར་ངོས་འཛིན་བྱས་པ་དང་། ཡིན་ཡང་མིན་པར་ངོས་བཟུང་བ། གཏན་ནས་ངོས་བཟུང་མེད་པའི་རིགས་ཡང་བསྐྱར་ཡང་དག་པར་ངོས་འཛིན་བྱེད་དགོས་སྙམ།

གསུམ། གཞུང་གཅིག་གི་ཡིག་ཆ་ཁ་འཐོར་རྣམས་ཕྱོགས་གཅིག་ཏུ་འབྲུགས་པ་མེད་པར་བསྡེབས་པ། 1981ལོར་ཉི་ཧོང་ནས་བསྒྲིགས་པའི་《སྐུ་ཞབས་ཨུ་རེལ་སི་ཏེན་གྱིས་བསྡུ་ཉར་བྱས་པའི་བོད་ཡིག་གི་

---

① 王尧主编：《法藏敦煌藏文文献解题目录》[Z]，北京：民族出版社，1999年，第18页。

② བསེ་ཚང་སངས་རྒྱས་དོན་གྲུབ། ཏུན་ཧོང་ཡིག་རྙིང་ལས་དེ་བཞིན་གཤེགས་པ་ཚེ་དཔག་མེད་ཀྱི་བཀོད་པ་བསྟན་པའི་མདོའིP.T.ཡིག་ཆ་ཁ་འཐོར་རྣམས་ཀྱི་དག་བསྒྲིགས་དང་དཔྱད་པ། མཚོ་སྔོན་མི་རིགས་སློབ་ཆེན་རིག་དེབ། 2017ལོ།

③ 王尧主编：《法藏敦煌藏文文献解题目录》[Z]，北京：民族出版社，1999年，第125页。

④ ཏུན་ཧོང་ཡིག་རྙིང་ཁྲིད་དུ་རྒྱ་འགྱུར《阿弥陀经》ལ་བོད་ཡིག་ཏུ《སྣང་བ་མཐའ་ཡས་ཀྱི་མདོ་》ཞེས་བསྒྱུར་ཡོད་ཅིང་། དེ་ནི་བོད་ཡིག 《བཀའ་འགྱུར་》ལས《འཕགས་པ་བདེ་བ་ཅན་གྱི་བཀོད་པ་ཞེས་བྱ་བ་ཐེག་པ་ཆེན་པོའི་མདོ་》ཞེས་པ་དེ་ཡིན། 《སྡེ་དགེ་བཀའ་འགྱུར་》གྱི་མདོ་སྡེ་ཡི་པོད《ཇ་》ཡི་ཁྲོད་བཞུགས་ཡོད།

⑤ 嘎藏陀美、扎西当知：《〈法国国家图书馆藏敦煌藏文文献〉目录(1–15)》[J]，《中国藏学》，2014年第S1期，第197页。

⑥ Edited by the Seminar on Tibetan：A Catalogue of the Tibetan Manuscriots Collected by Sir Aurel Stein Part Five，The Toyo Bunko，1981：106：106.

ཡིག་ཆ་བྲིས་མའི་ཞིབ་གསལ་དཀར་ཆག་དེབ་ལྔ་པའི་》[①]ཁྲོད་དབྱིན་ཇིར་ཉར་བའི་ཏུན་ཧོང་བོད་ཡིག་ཡིག་ཆI.T.J.478ལ་ངོས་འཛིན་བྱས་མེད་པར་ལུས་ཡོད། ཞིབ་ཏུ་བརྟགས་ན་ཡིག་ཆ་དེ་ནི་《ཚེ་དཔག་ཏུ་མེད་པ་ཞེས་བྱ་བ་ཐེག་པ་ཆེན་པོའི་མདོ་》ཡི་གཞུང་གི་དོན་ཚན་ཞིག་ཡིན་པར་མ་ཟད། དབྱིན་ཇིར་ཉར་བའི་《ཚེ་དཔག་ཏུ་མེད་པ་ཞེས་བྱ་བ་ཐེག་པ་ཆེན་པོའི་མདོ་》ཡི་ཡིག་ཆI.T.J.308ལས་བོར་བརླག་ཏུ་སོང་བའི་ཤོག་ལྷེབ་ཅིག་ཡིན་སྟབས། ཡིག་ཆ་དེ་གཉིས་མ་གཞི་གཞུང་གཅིག་ཏུ་གཏོགས་པས། འདི་འདྲའི་གཞུང་གཅིག་གི་ཡིག་ཆ་ཁ་འཐོར་རྣམས་ཕྱོགས་གཅིག་ཏུ་འཁྲུགས་པ་མེད་པར་བསྡེབས་པ་གལ་ཆེན་ཡིན་པར་འདོད།

བཞི། འཛམ་གླིང་གི་ཉར་ཚགས་ལས་ཁུངས་སོ་སོར་ཉར་བའི་ཡིག་ཆ་རྣམས་གོ་རིམ་ཡོད་པའི་སྒོ་ནས་བརྙན་པར་གྱི་ལམ་ནས་པར་བསྐྲུན་བྱེད་པ། འཛམ་གླིང་གི་ས་ཆ་སོ་སོར་ཉར་བའི་ཏུན་ཧོང་བོད་ཡིག་གི་《ཚེ་དཔག་ཏུ་མེད་པ་ཞེས་བྱ་བ་ཐེག་པ་ཆེན་པོའི་མདོ་》ཡི་ཡིག་ཆ་ཉར་ཚགས་ཀྱི་ཨང་རྟགས་ལྟར་བརྩིས་ན་ཤོག་ངོས་ཁྱོན་བསྡོམས་གྲངས་2516ལྷག་ལ་སླེབས་ཡོད་ཅིང་། དབྱིན་ཇི་རུ་660ལྷག་ཉར་ཡོད་པ་དང་། ཕྷ་རན་སི་རུ་666ཨུ་རུ་སུ་རུ་202ཉི་ཧོང་དུ་8ཙམ་ཉར་འདུག ཀྲུང་གོའི་པེ་ཅིང་དཔེ་མཛོད་ཁང་དུ་240དང་ཀན་སུའུ་ཞིང་ཆེན་དུ་193ལྷག་ཉར་ཡོད་ལ། ཏུང་ཧེ་དང་། ཐེན་ཅིན། ཐེ་ཤན་སོགས་སུ་ཡང་སྐོར་ཞིག་ཉར་ཚགས་བྱས་ཡོད་མོད།[②] འོན་ཀྱང་ད་ལྟ་ཀྲུང་གོའི་པེ་ཅིང་དཔེ་མཛོད་ཁང་དུ་ཉར་བའི་ཏུན་ཧོང་བོད་ཡིག་གི་《ཚེ་དཔག་ཏུ་མེད་པ་ཞེས་བྱ་བ་ཐེག་པ་ཆེན་པོའི་མདོ་》ཡི་ཡིག་ཆ་དེ་དག་བརྙན་པར་(影印版)གྱི་ལམ་ནས་པར་བསྐྲུན་བྱས་ཡོད་པ་ལས།[③] ཉར་ཚགས་ལས་ཁུངས་གཞན་དག་གི་

---

① Edited by the Seminar on Tibetan：A Catalogue of the Tibetan Manuscriots Collected by Sir Aurel Stein Part Five，The Toyo Bunko，1981：106：106.

② ཞིབ་ཏུ་གཤམ་གསལ་གྱི་དཔེ་དེབ་གསུམ་ལ་གཟིགས་རོགས། 黄维忠：《8～9世纪藏文发愿文研究–以敦煌藏文发愿文为中心》[M]，北京：民族出版社，2007年，第179页。马德主编：《甘肃藏敦煌藏文文献叙录》[Z]，兰州：甘肃民族出版社，2011年，第885–887页。［苏］沙维特斯基著，沈卫荣译：《列宁格勒东方研究院所藏敦煌吐蕃文献》，《国外敦煌吐蕃文书研究选译》[C]，兰州：甘肃人民出版社，1992年，第390–399页。

③ 中国国家图书馆编、任继愈主编：《国家图书馆藏敦煌遗书・第一百二十四册》[Z]，北京：北京图书馆出版社，2010年。中国国家图书馆编、任继愈主编：《国家图书馆藏敦煌遗书・第一百二十五册》[Z]，北京：北京图书馆出版社，2010年。中国国家图书馆编、任继愈主编：《国家图书馆藏敦煌遗书・第一百二十六册》[Z]，北京：北京图书馆出版社，2010年。

ཏུན་ཧོང་བོད་ཡིག་གི་《ཚེ་དཔག་ཏུ་མྱེད་པ་ཞེས་བྱ་བ་ཐེག་པ་ཆེན་པོའི་མདོ་》ཡིག་ཆ་ད་ལྟ་ཆ་ཚང་པར་དུ་བསྒྲུན་མེད་པ་ཟླ་རབ་སི་དང་དབྱིན་ཇིར་ཉར་བའི་ཡིག་ཆ་ལྟ་བུ་དང་། གཏན་ནས་པར་བསྒྲུན་བྱས་མེད་པ་ཨུ་རུ་སུ་དང་ཉི་ཧོང་དང་ཀན་སུའུ་ཞིང་ཆེན་སོགས་ན་ཉར་བ་ལྟ་བུ་མཆིས། དེ་བས་འཛམ་གླིང་གི་ས་ཆ་སོ་སོ་ན་ཉར་བའི་ཏུན་ཧོང་བོད་ཡིག་གི་《ཚེ་དཔག་ཏུ་མྱེད་པ་ཞེས་བྱ་བ་ཐེག་པ་ཆེན་པོའི་མདོ་》ཡི་ཡིག་ཆ་ཡོད་དོ་ཅོག་གོ་རིམ་ལྡན་པར་བཀྲལ་པར་གྱི་ལམ་ནས་པར་བསྒྲུན་བྱེད་དགོས་པར་འདོད་དེ། དེ་ནི་ཡིག་ཆ་དེ་དག་གི་རིག་གཞུང་ཞིབ་འཇུག་གི་རྨང་གཞིའི་ལས་ཀ་གལ་ཆེན་ཞིག་ཡིན་པས་སོ། །

ལྔ། ཡིག་རིགས་མི་འདྲ་བའི་པར་གཞི་ཕྱོགས་བསྒྲིགས་དང་དཔེ་བསྡུར་གྱི་ལམ་ནས་དཔྱད་པ་གཏོང་བ། 《ཚེ་དཔག་ཏུ་མྱེད་པ་ཞེས་བྱ་བ་ཐེག་པ་ཆེན་པོའི་མདོ་》ལ་མཚོན་ན་ལེགས་སྦྱར་སྐད་ཀྱི་པར་གཞི་ཡོད་པ་ལས། ད་དུང་བོད་ཡིག་གི་པར་གཞི་དང་། རྒྱ་ཡིག་གི་པར་གཞི། ཡུའུ་ཐེན་ཡི་གེའི་པར་གཞི། སོག་དག་ཡི་གེའི་པར་གཞི། མི་ཉག་ཡི་གེའི་པར་གཞི། ཧུའི་ཧུའུ་ཡི་གེའི་པར་གཞི། སོག་ཡིག་གི་པར་གཞི། མན་ཇུ་ཡི་གེའི་པར་གཞི། འཇར་མན་ཡི་གེའི་པར་གཞི། དབྱིན་ཡིག་གི་པར་གཞི་སོགས་ཡོད་པས། ཡིག་རིགས་མི་འདྲ་བའི་པར་གཞི་དེ་དག་ཕྱོགས་གཅིག་ཏུ་བསྒྲིགས་ཆོག དཔེར་ན《ཚེ་དཔག་ཏུ་མྱེད་པ་ཞེས་བྱ་བ་ཐེག་པ་ཆེན་པོའི་མདོ་ཡི་ཡིག་རིགས་མི་འདྲ་བའི་པར་གཞི་ཕྱོགས་བསྒྲིགས་》པར་མ་ཟད། ད་དུང་དེ་དག་དཔེ་བསྡུར་གྱི་ལམ་ནས་དཔྱད་པ་བཏང་སྟེ། སྤྱིར་པར་གཞི་སོ་སོ་དང་བྱེ་བྲག་མིང་བརྡ་རེ་རེའི་འདྲ་ས་དང་མི་འདྲ་ས་སོགས་ཀྱི་གནད་དོན་སྐོར་ལ་རྣམ་པར་དཔྱད་ན་ལེགས་སོ་སྙམ།

དྲུག རིག་ཚན་སྣ་མང་གི་ཞིབ་འཇུག་གི་ཐབས་ལམ་སྤྱད་དེ་དཔྱད་པ་གཏོང་བ། ཏུན་ཧོང་བོད་ཡིག་གི་《ཚེ་དཔག་ཏུ་མྱེད་པ་ཞེས་བྱ་བ་ཐེག་པ་ཆེན་པོའི་མདོ་》ཡི་ཡིག་ཆར་ཡིག་ཚང་རིག་པ་དང་། ལོ་རྒྱུས་རིག་པ། སྐད་བརྡ་རིག་པ། གནའ་རྫས་རྟོག་དཔྱོད་རིག་པ་སོགས་ཀྱིས་མཚོན་པའི་རིག་ཚན་སྣ་མང་གི་ཞིབ་འཇུག་གི་ཐབས་ལམ་སྤྱད་ནས་དཔྱད་ན་ཞིབ་འཇུག་གཏིང་ཟབ་པ་དང་མཐའ་འཁྱོལ་བ་ཞིག་ཡོང་ངེས་ཏེ། དཔེར་ན། ཡིག་ཆར་དག་བསྒྲིགས་པར་བསྒྲུན་དང་པར་གཞི་དཔྱད་བསྡུར་དང་མཆན་འགྲེལ་འགོད་པ་སོགས་ཡིག་ཚང་རིག་པའི་ལམ་ནས་དཔྱད་ཞིབ་གནང་ཆོག་པ་ལས། ད་དུང་ལོ་རྒྱུས་རིག་པའི་ངོས་ནས་ཀྱང་ཉམས་ཞིབ་བྱེད་ཆོག་སྟེ། དཔེར་ན། ཏུན་ཧོང་བོད་ཡིག་ཡིག་ཆP.T.999 དུ་“༄། ༑ སྟོན་ལྷ་སྲས་ཁྲི་གཙུག་ལྡེ་བཙན་གྱི་སྐུ་ཡོན་དུ། །ཤ་ཙུར་རྒྱ་བོད་ཀྱི་དར་མ་ཚེ་དཔག་དུ་མྱེད་པ(བྲིས་)ཏེ། །འབངས་ཕྱོགས་སུ་ཆོས་ཀྱི་སྦྱིན་པ་ཆེད་པོ་ཁྱབ་པར་མཛད་པར་སྨྲར་ཏེ། །ལུང་ཧུང་སིའི་གཙུག་ལག[ཁང་གི]དར་མའི་བཙོད་དུ་བྲུབས…”ཞེས་དང་། ཡིག་ཆP.T.3597མཇུག་ཏུ་“༄། ༑ ཚེ་དཔག་དུ

མྱེད་པ་ཞེས་བྱ་བ་ཐེག་པ་ཆེན་པོ་འི་མདོ་རྫོགས་སོ། ༔། བཙན་པོ་ལྷ་སྲས་ཀྱི་སྐུ་ཡོན་དུ་བསྔོསྟེ། བྲིས་པའ། ༔། ༄། ༔། ཡམ་ལྷ་སྦྱིན་བྲིས་། ༔།” ཞེས་བྲིས་ཡོད་པ་དང་། ཡངP.T.98“༄། །ཚེ་དཔག་དུ་མྱེད་པ་ཞེས་བྱ་བ། །ཐེག་པ་ཆེན་པོ་འི་མདོ་རྫོགས་སོ། །༄། །ཡོན་བདག་ཆབ་སྲིད་ཀྱི་བློན་པོ་ཆེན་པོ་འབའ་ཅེ་སྤོང་གི་སྐུ་རིམ་གྲོར་བཞེངས་གསོལ་པ་ལགས། ཚེ་དབང་ཐམས་ཅད་ཕུན་སུམ་ཚོགས་པ་དང་ལྡན་བར་གྱུར་ཅིག།” ཅེས་བྲིས་ཡོད་པ་སོགས་བཙན་པོའི་དུས་སུ་བོད་ཀྱི་རྒྱལ་བློན་རྣམས་ཀྱི་སྐུ་ཡོན་ནམ་སྐུའི་རིམ་གྲོ་སྒྲུབ་ཆེད་དུ་ཆོས་གཞུང་《ཚེ་དཔག་ཏུ་མྱེད་པ་ཞེས་བྱ་བ་ཐེག་པ་ཆེན་པོའི་མདོ་》འབྲི་བཞེངས་གནང་ཞིང་། སྤྱིར་བཏང་ཏུན་ཧོང་བོད་ཡིག་གི《ཚེ་དཔག་ཏུ་མྱེད་པ་ཞེས་བྱ་བ་ཐེག་པ་ཆེན་པོའི་མདོ་》ཡི་ཡིག་ཆའི་མཇུག་བྱང་དུ་ཆོས་གཞུང་དེ་བཤུ་འབྲི་དང་དེར་ཞུས་གཏན་གཏོང་མཁན་གྱི་མཚན་ཐོ་བཀོད་ཡོད་ལ། དེའི་གྲས་སུ་བོད་དང་རྒྱ། སོག་དག་མི་རིགས་སོགས་མི་རིགས་མང་པོའི་མིའི་མཚན་ཐོ་མཐོང་རྒྱུ་ཡོད་པས། གོང་གི་ལོ་རྒྱུས་ཀྱི་ཆ་འཕྲིན་དེ་ལྟ་བུ་གཞིར་བཟུང་སྟེ་སྐབས་དེའི་ནང་བསྟན་དར་ཚུལ་གྱི་ལོ་རྒྱུས་དང་ནང་བསྟན་དང་སྤྱི་ཚོགས་བར་གྱི་འབྲེལ་བ་སོགས་ལ་དཔྱད་པ་གཏོང་ཆོག སྐད་བརྡ་རིག་པའི་ལམ་ནས་དཔྱད་པ་གཏོང་ཆོག་པ་དཔེར་ན། 《ཚེ་དཔག་ཏུ་མྱེད་པ་ཞེས་བྱ་བ་ཐེག་པ་ཆེན་པོའི་མདོ་》ཡི་བོད་ཡིག་གི་པར་གཞི་མི་འདྲ་བ་སོ་སོའི་བར་གྱི་ཡི་གེ་འབྲི་སྟངས་དང་། ཚིག་སྦྱོར་སྦྱིལ་ལུགས། བརྡ་སྤྲོད་ཀྱི་རྣམ་པ། ཐ་སྙད་ཀྱི་ནང་དོན་སོགས་ལ་ཞིབ་བསྡུར་བྱེད་ཆོག་པ་དང་། བོད་འགྱུར་མའི་པར་གཞི་དང་ཡིག་རིགས་གཞན་གྱི་པར་གཞིའི་དབར་དུའང་དེ་བཞིན་དུ་བསྡུར་ཆོག་པས་དེར་བོད་སྐད་ཡིག་ཞིབ་འཇུག་གི་རིན་ཐང་དང་ཆོས་གཞུང་སྐད་བརྡའི་ཞིབ་འཇུག་གི་རིན་ཐང་ཆེན་པོ་ལྡན། གནའ་རྫས་རྟོག་དཔྱོད་རིག་པའི་ཐབས་ལམ་སྤྱད་དེ་ཏུན་ཧོང་བོད་ཡིག་གི《ཚེ་དཔག་ཏུ་མྱེད་པ་ཞེས་བྱ་བ་ཐེག་པ་ཆེན་པོའི་མདོ་》ཡི་ཤོག་བུ་དང་སྣག་ཚའི་རྒྱུ་ཆ་སོགས་ཀྱི་ཁྱད་ཆོས་ལ་བརྟགས་ཏེ་ཤོག་བུའི་ཡོང་ཁུངས་དང་ལོ་ཚིགས་སོགས་ལ་དཔྱད་པ་བཏང་ཆོག་སྟེ། དཔེར་ན། སྦམ་བྷན་སུ་ཆི་ཁུ(Sam van Schaik)སོགས་ཀྱིས་བྲིས་པའི《ཏུན་ཧོང་གི་ཡིག་ཆ་བྲིས་མ་དང་མཆོན་ལྡན་རི་མོ་དང་སྒྲ་བྲིས་རི་མོ–དངོས་རྫས་དང་སྔ་རབས་བོད་ཀྱི་བྲིས་དཔེ་དང་ཚེ་གའི་མཆོད་རྫས་ལ་བརྟགས་པ་》ཞེས་པའི་དཔྱད་རྩོམ་དེ་ནི་གཙོ་བོ་དེང་རབས་ཚན་རིག་གི་འཕྲུལ་ཆས་སམ་ལག་ཆ་སྤྱད་དེ་ཏུན་ཧོང་བོད་ཡིག་གི་ཡིག་ཆའི་ཤོག་བུ་དང་སྣག་

ཚའི་རྒྱུ་ཆ་སོགས་ལ་གནའ་རྫས་རྟོག་དཔྱོད་རིག་པའི་ལམ་ནས་དཔྱད་པ་བཏང་ཡོད་པ་ལྟ་བུའོ། །[1]

མཇུག་སྡུད་པ།

གོང་ནས་ཉེ་བའི་ལོ་ངོ་བརྒྱའི་རིང་(1916–2016)གི་ཏུན་ཧོང་ཡིག་རྙིང་《ཚེ་དཔག་ཏུ་མེད་པ་ཞེས་བྱ་བ་ཐེག་པ་ཆེན་པོའི་མདོ་》ཡིག་ཆ་རྣམས་ཀྱི་རྒྱལ་ཁབ་ཕྱི་ནང་གི་ཞིབ་འཇུག་གི་གནས་ཚུལ་དཔྱད་གླེང་དང་། དེའི་རྒྱང་གཞིའི་སྙིང་མ་འོངས་པའི་ཞིབ་འཇུག་གི་ཁ་ཕྱོགས་དང་དེའི་བྱེད་ཐབས་ཀྱི་སྐོར་ལ་རང་ཉིད་ཀྱི་འདོད་ཚུལ་རགས་ཙམ་ཞིག་བརྗོད་སོང་། འོན་ཀྱང་། འབྲེལ་ཡོད་ཀྱི་དཔྱད་འབྲས་ལ་ལ་ཁོ་བོས་མ་མཐོང་ཡང་སྲིད་པ་དང་རྩོམ་འདིའི་དཔྱད་གཞིའི་གྲུས་སུའང་ཚད་མེད་པར་ངེས་པས། དེའི་རིགས་རྗེས་སོར་གོ་སྐབས་ལྡན་ཚེ་ཁ་གསབ་བྱེད་ངེས།

《མཚོ་སྔོན་མི་རིགས་སློབ་ཆེན་རིག་དེབ་》2018ལོའི་དེབ་དང་པོ་ལས་བདམས།

---

① Sam van Schaik, Agnieszka Helman-WaZny, Renate NÖller, Writing, painting and sketching at Dunhuang: assessing the materiality and function of early Tibetan manuscriP.T.s and ritual items, Journal of Archaeological Science 53 (2015): 110–132.

༄། །ཉི་ཧོང་ཁིའོ་དཔེ་ཁང་དུ་ཉར་བའི་ཏུན་ཧོང་བོད་ཡིག་གི་《ཚེ་མདོ་》ཡིག་ཆར་དཔྱད་པ།

—ཞོར་དུ་《ཚེ་མདོ་》ཁྲིས་དཔེའི་རིགས་དབྱེ་གླེང་བ།

བསེ་ཚང་སངས་རྒྱས་དོན་གྲུབ།

[ནང་དོན་གནད་བསྡུས] ཉི་ཧོང་ཁིའོ་དཔེ་ཁང་དུ་ཉར་བའི་ཏུན་ཧོང་བོད་ཡིག་ཡིག་ཆ་རྣམས་ནི་ཉི་ཧོང་གི་ཉེ་རབས་མཁས་པ་ཧྲ་ནེ་ཧྲ་ཐོ་རོ་ཡིས་སྤྱི་ལོ1935ནས་1942བར་དུ་བསྡུ་རུབ་མཛད་པ་ཡིན། ཉར་ཚགས་ཨང་རྟགས་མི་འདྲ་བ་ལྟར་བརྩིས་ན་ཡིག་ཆ་11ཉར་ཡོད་ཅིང་དེ་དག་ཐམས་ཅད་《ཚེ་མདོ་》ཡིག་ཆ་ཤ་སྟག་ཡིན། དེ་དག་གི་ཁྲོད་《ཚེ་མདོ་》ཚར་30ཡོད་ཅིང་ཆ་ཚང་བ་28དང་ཆ་མི་ཚང་བ་2ཡོད། དེ་དག་ཕན་ཚུན་གོ་བསྡུར་ན་ཁྲིས་དཔེ་རིགས་གསུམ་དུ་གཏོགས། རིགས་དེ་གསུམ་པོ་ཕྲ་རན་སིར་ཉར་བའི་ཏུན་ཧོང་བོད་ཡིག་གི་《ཚེ་མདོ་》ཡིག་ཆP.T.98དང་བསྡུར་ན་གཞུང་ཚད་བསྡུས་པར་ཡོད་པའི་ཁྱད་པར་འདུག་པས། མིག་སྔར་ཏུན་ཧོང་བོད་ཡིག་གི་《ཚེ་མདོ་》ཡིག་ཆ་ལ་ཁྲིས་དཔེ་རིགས་བཞི་རུ་དབྱེ་ཆོག

[གནད་ཚིག] ཉི་ཧོང་ཁིའོ་དཔེ་ཁང་། ཏུན་ཧོང་ཡིག་ཆ། 《ཚེ་མདོ་》ཁྲིས་དཔེའི་རིགས་དབྱེ།

གླེང་གཞི།

ཏུན་ཧོང་བོད་ཡིག་ཡིག་ཆ་མང་ཆེ་ཤོས་ཕྲ་རན་སི་དང་དབྱིན་ཇི་རུ་ཉར་ཡོད་ཅིང་། གྲུང་གོ་དང་། ཨུ་རུ་སུ། ཉི་ཧོང་སོགས་སུའང་སྙོར་ཞིག་ཉར་ཡོད། དེ་དག་ལས་ཉི་ཧོང་ལ་མཚོན་ན། ཉར་ཡུལ་

གཙོ་བོ་ལེའོ་ཁོ་ཁྲུ་སློབ་ཆེན་(龙谷大学)[①]དང་། ཐེན་ལི་དཔེ་མཛོད་ཁང་།(天理图书馆)[②] ཁྱོའོ་དཔེ་ཁང་(杏雨书屋)བཅས་ཡིན་ལ། ད་དུང་མི་སྒེར་གྱིས་ཉར་བཞང་ཡོད་པར་གྲགས།[③] དཔྱད་རྩོམ་འདིར་ཉི་ཧོང་ཁྱོའོ་དཔེ་ཁང་དུ་ཉར་བའི་ཏུན་ཧོང་ཡིག་ཆ་ངོ་སྤྲོད་རགས་ཙམ་བྱེད་པ་དང་སྦྲགས་ནས་གཙོ་བོ་དེའི་ཁྲོད་ཀྱི་བོད་ཡིག་ཡིག་ཆའི་སྐོར་དཔྱད་གླེང་དང་། དེའི་རྨང་གཞིའི་སྟེང་ནས་ཏུན་ཧོང་བོད་ཡིག་གི་《ཚེ་མདོ་》བྲིས་དཔེའི་རིགས་དབྱེ་སྐོར་གླེང་བར་བྱ།

དང་པོ། ཉི་ཧོང་ཁྱོའོ་དཔེ་ཁང་དུ་ཉར་བའི་ཏུན་ཧོང་ཡིག་ཆ།

ཉི་ཧོང་ཁྱོའོ་དཔེ་ཁང་གིས་སྤྱི་ལོ་2009ལོའི་ཟླ3པ་ནས་2013ལོའི་ཟླ་3པའི་བར་དུ་དཔེ་ཁང་དེ་གར་ཉར་ཚགས་བྱས་པའི་ཏུན་ཧོང་ཡིག་ཆ་རྣམས་ཕྱོགས་གཅིག་ཏུ་བསྒྲིགས་ནས་《ཏུན་ཧོང་དཔེ་དཀོན་

---

① ཉི་ཧོང་ལེའོ་ཁོ་ཁྲུ་སློབ་ཆེན་(龙谷大学)དུ་ཏུན་ཧོང་བོད་ཡིག་གི་《ཚེ་མདོ་》ཡིག་ཆ1ཉར་ཡོད། ཨི་ཤི་ཧ་མ་ཟེན་ཐཱ་རོ་(石滨纯太郎)དང་ཡོ་ཤི་མུ་ར་ཤོ་ཁྲུ་(芳村修基)གཉིས་ཀྱི་དཔྱད་རྩོམ་《སྤྱི་ལོ་822ལོ་རྨང་གཞིར་བྱས་ཏེ‹ཚེ་མདོ›དང་ཡིག་རིགས་གཞན་དག་གི་པར་གཞིར་དཔྱད་པ་》ཞེས་པར་ཉི་ཧོང་ལེའོ་ཁོ་ཁྲུ་སློབ་ཆེན་དུ་ཉར་བའི་ཏུན་ཧོང་བོད་ཡིག་གི་《ཚེ་མདོ་》ཡིག་ཆ་ཞིབ་འཇུག་བྱ་ཡུལ་གཙོ་བོར་བཟུང་ནས། མདོ་འདིའི་བོད་ཡིག་གི་པར་གཞི་དང་། མན་ཇུའི་ཡི་གེའི་པར་གཞི། སོག་ཡིག་གི་པར་གཞི། རྒྱ་ཡིག་གི་པར་གཞི་བཅས་བར་གྱི་འབྲེལ་བར་བརྟགས་ཏེ། སོག་ཡིག་གི་པར་གཞི་ནི་བོད་ཡིག་གི་པར་གཞི་ལས་བསྒྱུར་ཞིང་མན་ཇུའི་ཡི་གེའི་པར་གཞི་ནི་རྒྱ་ཡིག་གི་པར་གཞི་ལས་བསྒྱུར་པའི་ལྟ་ཚུལ་བཏོན་ཡོད། [日]石滨纯太郎、芳村修基：《〈无量寿宗要经〉与其它文字写本研讨–以公元822年为其基点》[J]，《西域文化研究》京都，1958年第1卷。

② ཉི་ཧོང་ཐེན་ལི་དཔེ་མཛོད་ཁང་(天理图书馆)དུ་ཏུན་ཧོང་བོད་ཡིག་གི་《ཚེ་མདོ་》ཡིག་ཆ་7ཉར་ཡོད། ཧྥུ་ཟེ་ད་ཨ་ཁི་ར་(藤枝晃)དང་ཨོ་ཨེ་ཡ་མ་ད་ཨེ་ཤོན་(上山大峻)གཉིས་ཀྱི་《ཏུན་ཧོང་ནས་བྱུང་བའི‹ཚེ་མདོ›བོད་འགྱུར་མར་དཔྱད་པ་》ཞེས་པའི་དཔྱད་རྩོམ་དུ་ཉི་ཧོང་ཐེན་ལི་དཔེ་མཛོད་ཁང་ན་ཉར་བའི་ཏུན་ཧོང་བོད་ཡིག་གི་《ཚེ་མདོ་》ཡིག་ཆ་7ངོ་སྤྲོད་བྱས་པར་མ་ཟད། ཏུན་ཧོང་གི་པར་གཞི་དང་《བཀའ་འགྱུར》གྱི་པར་གཞི་གཉིས་བསྡུར་ཏེ། 《བཀའ་འགྱུར་》གྱི་པར་གཞིའི་གཞུང་དོན་དུམ་མཚམས་29ཡིས་གྲུབ་པ་དང་། ཏུན་ཧོང་གི་པར་གཞི་ཏུ《བཀའ་འགྱུར་》གྱི་པར་གཞིའི་དུམ་མཚམས་4–7དང་15དང་27བཅས་དུམ་མཚམས་6ཆད་པས་དུམ་མཚམས་23མ་གཏོགས་མེད་པར་བརྗོད་ཡོད། [日]藤枝晃、上山大峻《藏译〈无量寿宗要经〉之敦煌写本》[J]，1962年《经典》23号。

③ ཉི་ཧོང་གི་ཞིབ་འཇུག་པ་ཨི་ཤི་ཧ་མ་ཟེན་ཐཱ་རོ་(石滨纯太郎)ཡི་《ཏུན་ཧོང་གི་གནའ་དཔེར་དཔྱད་པ་》དང་《〈ཚེ་མདོ〉ཡི་དཔྱད་པ་ཁ་སྐོང་མ་》ཞེས་པའི་དཔྱད་རྩོམ་གཉིས་སུ་ཉི་ཧོང་གི་མི་སྒེར་གྱིས་ཉར་བའི་ཏུན་ཧོང་བོད་ཡིག་གི་《ཚེ་མདོ་》ཡིག་ཆའི་སྐོར་བརྗོད་ཡོད། [日]石滨纯太郎：《敦煌古书杂考》[J],《东洋学报》，1926年第15卷。[日]石滨纯太郎：《无量寿宗要经补考》[J]，《东洋学报》，1927年第16卷。

བརྙན་པར་མ་》ཞེས་པའི་དེབ་གྲངས་པོད་དགུ་ཅན་ཞིག[1]དང་དེའི་དཀར་ཆག་གི་པོད་གཅིག[2]བཅས་དཔེ་ཚོགས་པོད་གྲངས་བཅུའི་བདག་ཉིད་ཅན་ཞིག་པར་བསྐྲུན་བྱས་ཡོད། 《ཏུན་ཧོང་དཔེ་དཀོན་བརྙན་པར་མ་》པོད་དགུའི་ཁྲོད་ཡིག་ཆ་1–775བར་བཀོད་ཡོད། དེ་ལས་486–500བར་ཨང་རྟགས་ཙམ་ལས་སྟོང་བ་ཡིན་པས་དོན་དངོས་སུ་ཡིག་ཆ་758བཀོད་འདུག[3]དེའི་ཁྲོད་དུ་ཉར་ཚགས་ཨང་རྟགས་མི་འདྲ་བའི་མི་ཉག་ཡི་གེའི་ཡིག་ཆ2[4]དང་བོད་ཡིག་གི་ཡིག་ཆ11ཡོད་པ་ལས་གཞན་ཐམས་ཅད་རྒྱ་ཡིག་གི་ཡིག་ཆ་ཡིན།

ཡིག་ཆ་དེ་དག་ནི་ཉི་ཧོང་གི་ཉེ་རབས་མཁས་པ་ཧ་ནེ་ཏྲ་ཐོ་རོ་(羽田亨Haneda Toru1882–1955)ཡིས་སྤྱི་ལོ་1935ནས་1942བར་ཏེ་མི་ལོ་བརྒྱད་ལྷག་གི་རིང་ལ་བསྡུ་རུབ་མཛད་པ་ཡིན་ཞིང་མང་ཤོས་མི་སྒེར་གྱི་ལག་ནས་ཉོས་པ་ཡིན་ལ་འགའ་ཤོས་མི་གཞན་གྱིས་སྦྱིན་པ་རེད། ཁོང་གིས་ཡིག་ཆ་བསྡུ་རུབ་ཀྱི་ཟིན་བྲིས་སུ་ཡིག་ཆ་དེ་དག་གི་མཚན་ལ་"ཏུན་ཧོང་དཔེ་དཀོན་(敦煌秘笈)"ཞེས་བྲིས་ཡོད་ཅིང་ཕྱིས་སུའང་མཚན་དེ་ལྟར་དུ་ཆགས་པ་རེད།[5] དེ་དག་ལས་1–432བར་གྱི་ཏུན་ཧོང་ཡིག་ཆ་རྣམས་ནི། སྤྱི་ལོ་1910ལོར་ཚིན་སྲིད་གཞུང་བཀའ་གྲོས་ལྟར། ཏུན་ཧོང་ཡིག་ཆ་རྣམས་ཏུན་ཧོང་ནས་ལན་གྲུ་དང་། དེ་ནས་པེ་ཅིན་དུ་དབོར་འདྲེན་བྱེད་པའི་སྐབས་ལི་ཧྲིན་ཧྲོ་(李盛铎1859–1934)ཞེས་པས་པེ་ཅིན་ནས་ཕྱག་ཉར་བྱས་པ་ཡིན་ཞིང་།[6] ཁོ་འདས་རྗེས་ཀྱི་ཕྱི་ལོ་སྔ་སྤྱི་ལོ་1935ལོར་ཁོའི་བུ་ལི་ཕང་(李滂1883–？)གིས་པེ་ཅན་(白坚1883–？)ཞེས་པའི་མི་དེ་བརྒྱུད་ནས་ཉི་ཧོང་གི་མཁས་པ་ཧ་ནེ་ཏྲ་ཐོ་རོ་ལ་བཙོངས་པ་རེད། ཧ་ནེ་ཏྲ་ཐོ་རོ་ཡིས་ལི་ཧྲིན་ཧྲོ་ཡིས་ཉར་བའི་ཏུན་ཧོང་ཡིག་ཆ་དེ་དག་ཉོས་རྗེས་མུ་མཐུད་དུ་ཚོང་

① 公益财团法人、武田科学振兴财团、杏雨书屋、吉川忠夫編：《敦煌秘笈影片册》第1–9册[G]，大阪.2009年–2013年。

② 公益财团法人、武田科学振兴财团、杏雨书屋、吉川忠夫編：《敦煌秘笈目录册》[G]，大阪,2009年。

③ 公益财团法人、武田科学振兴财团、杏雨书屋、吉川忠夫編：《敦煌秘笈影片册》第6册[G]，大阪.2012年，第286–287页。

④ ཉར་ཚགས་ཨང་རྟགས་མི་འདྲ་བའི་མི་ཉག་ཡི་གེའི་ཡིག་ཆ2གཉིས་ཡོད། དེ་ལས་ཡིག་ཆ་ཨང་རྟགས羽772ནི་པར་མ་ཡིན་ཞིང羽773ནི་ལག་བྲིས་མ་ཡིན།

⑤ 高田時雄著，牛源译：《羽田亨与敦煌写本》[J]，《敦煌研究》，2014年第3期，第185–187页。

⑥ 高田时雄著，马永平译：《日藏敦煌遗书的来源与真伪问题》[J]，《西南民族大学学报》(人文社会科学版)，2016年第11期，第186页。

ར་དང་ཡིག་ཆ་ཉར་མཁན་དག་བརྒྱུད་ནས་433–736བར་གྱི་ཏུན་ཧོང་ཡིག་ཆ་དག་བསྡུ་རུབ་བྱས་པ་རེད། ཡིན་ན་ཡང་737–775བར་གྱི་ཏུན་ཧོང་ཡིག་ཆ་རྣམས་ཁོང་གིས་བསྡུ་རུབ་བྱས་ཡོད་མེད་སྐོར་གྱི་གནས་ཚུལ་མིག་སྔར་ཤེས་ཐབས་བྲལ།[①]

ཉི་ཧོང་ཁེའོ་དཔེ་ཁང་དུ་ཉར་བའི་ཏུན་ཧོང་ཡིག་ཆའི་ཕྱོགས་ལ་ཞིབ་འཇུག་གནང་བའི་དཔྱད་འབྲས་མང་པོ་ཡོད། སྤྱི་ལོ་2014ལོའི་སྔོན་གྱི་ཞིབ་འཇུག་གནས་ཚུལ་སྐོར་ཁྲིན་ལི་ཕིན་(陈丽萍)དང་ཀྲོ་ཅིན་(赵晶)གཉིས་ཀྱིས་སྤྱི་ལོ་2014ལོར་སྤེལ་བའི་དཔྱད་རྩོམ《ཉི་ཧོང་ཁེའོ་དཔེ་ཁང་དུ་ཉར་བའི་ཏུན་ཧོང་ཐུར་ཕན་གྱི་ཡིག་ཆ་ཞིབ་འཇུག་གི་གནས་ཚུལ་སྤྱི་བཤད་》དང《ཉི་ཧོང་ཁེའོ་དཔེ་ཁང་དུ་ཉར་བའི་ཏུན་ཧོང་ཐུར་ཕན་གྱི་ཡིག་ཆ་ཞིབ་འཇུག་གི་དཔྱད་འབྲས་དཀར་ཆག་》[②]ཅེས་པ་གཉིས་སུ་གསལ་པོར་གླེང་ཡོད་ཅིང་། དེའི་རྗེས་ནས་ཀྱང་འབྲེལ་ཡོད་ཀྱི་དཔྱད་འབྲས་ཟམ་མ་ཆད་པར་བྱུང་དང་འབྱུང་བཞིན་ཡོད། ཡིན་ན་ཡང་བོད་ཡིག་ཡིག་ཆའི་སྐོར་ལ་ཨོ་ཆེ་ཡ་ཡེ་ནོ་རི་ཐོ་ཞི་(落合俊典)ཡིས་སྤྱི་ལོ་2004ལོར་སྤེལ་བའི་དཔྱད་རྩོམ《ཏུན་ཧོང་དཔེ་དཀོན་དཀར་ཆག་(ཨང་རྟགས་433ནས་670བར་)ལ་ཉུང་ཙམ་དཔྱད་པ་》ཞེས་པའི་ཁྲོད"ཨང་རྟགས་548 549 565 566སོགས་ནི་བོད་ཡིག་གི་ཡིག་ཆ་ཡིན་ཚོད་འདུག"[③]ཅེས་བསྟན་པ་ཙམ་ལས་འབྲེལ་ཡོད་ཀྱི་དཔྱད་འབྲས་གཅིག་ཀྱང་མཐོང་དུ་མེད།

གཉིས་པ། ཉི་ཧོང་ཁེའོ་དཔེ་ཁང་དུ་ཉར་བའི་ཏུན་ཧོང་བོད་ཡིག་གི《ཚེ་མདོ་》ཡིག་ཆ།

ཉི་ཧོང་ཁེའོ་དཔེ་ཁང་དུ་ཏུན་ཧོང་བོད་ཡིག་གི་ཡིག་ཆ་ཉར་ཚགས་ཨང་རྟགས་མི་འདྲ་བ་11ཉར་

① 陈丽萍、赵晶：《日本杏雨书屋敦煌吐鲁番文书研究综述》[C]，郝春文主编：《2014敦煌学国际联络委员会通讯》，上海：上海古籍出版社，2014年，第76页。

② 陈丽萍、赵晶：《日本杏雨书屋敦煌吐鲁番文书研究综述》[C]，《日本杏雨书屋藏敦煌吐鲁番文书研究论著目录(2009–2014)》[C]，郝春文主编：《2014敦煌学国际联络委员会通讯》上海：上海古籍出版社，2014年，第74–85页、第362–372页。

③ 落合俊典：《敦煌秘笈目录(第433号至第670号)略考》[C]，季羡林、饶宗颐主编：《敦煌吐鲁番研究》第七卷，北京：中华书局，2004年，第174–178页。

ཡོད་ཅིང་དེ་དག་ཐམས་ཅད་《ཚེ་མདོ་》[1]ཡི་ཡིག་ཆ་ཤ་སྟག་ཡིན། དྷ་ནེ་ཧྲ་ཐོ་རོ་ཡིས་ཡིག་ཆ་བརྩེ་ཟུབ་བྱས་པའི་དཀར་ཆག་སྟེ་《དཀར་ཆག་ཁ་སྐོང་གསར་མ་》ཟུ་བལྟས་ན། 《ཚེ་མདོ་》ཡིག་ཆ་ཨང་རྟགས་羽441 羽442 羽443 羽444 羽445བཅས་ནི་ཁོང་གིས་སྤྱི་ལོ་1936ལོའི་ཟླ་10པར་ཁེ་ཐྲོའོ་(北尾)ཞེས་པའི་ལག་ནས་ཉོས་ཤིང་། 羽447ནི་སྤྱི་ལོ་1936ལོའི་ཟླ་12པའི་ཚེས་3ཉིན་ཐྲ་ཁེ་ཧྲ་ཨེ་ཐྲ་རོ་(武田锐太郎)ཞེས་པའི་ལག་ནས་ཉོས་པ་རེད། 羽548 羽549གཉིས་ནི་ཐོ་མི་ཡོ་ཁྲ་(富冈)ཞེས་པའི་ལག་ནས་བརྩེ་ཟུབ་བྱས་པ་ཡིན་མོད། འོན་ཀྱང་བརྩེ་ཟུབ་ཀྱི་དུས་ཚོད་དང་ཉོས་པའམ་རིན་མེད་དུ་ལག་ཏུ་སོན་པའི་སྐོར་གསལ་པོར་བྲིས་མེད། 羽564 羽565 羽566བཅས་ནི་སྤྱི་ལོ་1939ལོའི་ཟླ་10པའི་ཚེས་27ཉིན་ཁེ་ཡོ་ནོ་(清野)ཞེས་པའི་ལག་ནས་བརྩེ་ཟུབ་བྱས་པ་ཡིན་མོད། དེའང་ཉོས་པའམ་རིན་མེད་དུ་ལག་ཏུ་སོན་པའི་སྐོར་

① ཏུན་ཧོང་ཡིག་རྙིང་ཁྲོད་ཀྱི་《ཚེ་དཔག་ཏུ་མྱེད་པ་ཞེས་བྱ་བ་ཐེག་པ་ཆེན་པོའི་མདོ་》ལ་《བཀའ་འགྱུར་》གྱི་པར་གཞི་རྣམས་སུ་《འཕགས་པ་ཚེ་དང་ཡེ་ཤེས་དཔག་ཏུ་མེད་པ་ཞེས་བྱ་བ་ཐེག་པ་ཆེན་པོའི་མདོ་》ཞེས་མཚན་བྲིས་ཡོད་ཅིང་། ནམ་རྒྱུན་ངག་ལ་ཁྱེར་བདེ་བའི་ཆེད་དུ་མཚན་དེ་བསྡུས་ནས་《ཚེ་མདོ་》ཞེས་སུའང་འབོད་ཀྱིན་ཡོད། རྩོམ་འདིར་གཅིག་གྱུར་དུ་《ཚེ་མདོ་》ཞེས་བྲིས་ཡོད། མདོ་འདིར་ལེགས་སྦྱར་སྐད་ཀྱི་པར་གཞི་ཡོད་པ་ལས། ད་དུང་བོད་ཡིག་གི་པར་གཞི་དང་། རྒྱ་ཡིག་གི་པར་གཞི། ཧི་ཡུལ་ཡི་གེའི་པར་གཞི། སོག་དག་ཡི་གེའི་པར་གཞི། མི་ཉག་ཡི་གེའི་པར་གཞི། ཧུའེ་ཧུའུ་ཡི་གེའི་པར་གཞི། སོག་ཡིག་གི་པར་གཞི། མན་ཇུ་ཡི་གེའི་པར་གཞི། འཛར་མན་ཡི་གེའི་པར་གཞི། དབྱིན་ཡིག་གི་པར་གཞི་སོགས་ཡོད། 《ཚེ་མདོ་》བོད་འགྱུར་མའི་པར་གཞི་ལ་སྤྱིའི་ཆ་ནས་ཏུན་ཧོང་ཡིག་རྙིང་གི་པར་གཞི་དང་། བྲག་བཀོས་ཀྱི་པར་གཞི། 《བཀའ་འགྱུར་》གྱི་པར་གཞི་བཅས་རིགས་ཆེན་པོ་གསུམ་དུ་དབྱེ་ཆོག དེ་དག་ལས་ཏུན་ཧོང་ཡིག་རྙིང་ཁྲོད་《ཚེ་མདོ་》ཡིག་ཆར་ཉར་ཚགས་ཨང་རྟགས་མི་འདྲ་བ་ལྟར་བརྩིས་ན་གྲངས་ཚད་2526ལྷག་ལ་སླེབས་ཡོད། བྲག་བཀོས་ལ་ཚར་གཅིག་ལས་མེད་ཅིང་གཞུང་ཚད་པར་གཞི་གཞན་དེ་གཉིས་དང་བསྡུར་ན་བསྡུས་པར་ཡོད། 《བཀའ་འགྱུར་》གྱི་ཁྲོད་པར་གཞི་རིགས་མི་འདྲ་བ་གཉིས་བཞུགས་ཡོད། འོན་ཀྱང་བོད་འགྱུར་མའི་པར་གཞི་མི་འདྲ་བ་རྣམས་དང་《བཀའ་འགྱུར་》གྱི་དཀར་ཆག་རྣམས་སུ་མདོ་འདི་ཉིད་ལོ་ཙཱ་བ་སུ་ཞིག་གིས་མ་དཔེ་གང་ལ་བལྟས་ནས་དུས་སྐབས་ནམ་ཞིག་ཏུ་བོད་སྐད་དུ་བསྒྱུར་པའི་འགྱུར་བྱང་བཀོད་མེད། ཁོ་བོས་ཞིབ་འཇུག་བྱས་པ་ལྟར་ན། ཕལ་ཆེར་སྤྱི་ལོ་དུས་རབས་བརྒྱད་པའི་ནང་དུ་རྒྱ་གར་གྱི་མཁན་པོ་ཛི་ན་མི་ཏྲ་དང་། དྷ་ན་ཤི་ལ། བོད་ཀྱི་ཞུ་ཆེན་གྱི་ལོ་ཙཱ་བ་བན་དེ་ཡེ་ཤེས་སྡེ་གསུམ་གྱིས་བཙན་པོ་ཁྲི་སྲོང་ལྡེ་བཙན་(742-797)གྱི་སྐུའི་རིམ་གྲོ་བསྒྲུབས་ཆེད་དུ་ལེགས་སྦྱར་སྐད་ནས་བོད་སྐད་དུ་བསྒྱུར་པར་འདོད། ཞིབ་ཏུ་ཁོ་བོའི་གཤམ་གྱི་དཔྱད་རྩོམ་གཉིས་ལ་གཟིགས་པར་འཚལ། བསེ་ཚང་སངས་རྒྱས་དོན་གྲུབ། ཏུན་ཧོང་བོད་ཡིག་གི་རྒྱུད་གཞུང་ཡིག་ཆ་ཚེ་དཔག་ཏུ་མྱེད་པ་ཞེས་བྱ་བ་ཐེག་པ་ཆེན་པོའི་མདོ་ལ་དཔྱད་པ། མཚོ་སྔོན་མི་རིགས་སློབ་ཆེན་རིག་དེབ། 2016ལོའི་དེབ་དང་པོ། ཤོག་ངོས་58-73བསེ་ཚང་སངས་རྒྱས་དོན་གྲུབ། ཉེ་བའི་ལོ་ངོ་བརྒྱའི་རིང་གི་ཏུན་ཧོང་ཡིག་རྙིང་ཚེ་དཔག་ཏུ་མྱེད་པ་ཞེས་བྱ་བ་ཐེག་པ་ཆེན་པོའི་མདོ་ཡི་ཞིབ་འཇུག་གི་གནས་ཚུལ་སྤྱི་བཤད། མཚོ་སྔོན་མི་རིགས་སློབ་ཆེན་རིག་དེབ། 2018ལོའི་དེབ་དང་པོ། ཤོག་ངོས་82-97

གསལ་པོར་བྲིས་མེད།[1] གཤམ་ནས་《ཚེ་མདོ་》ཡིག་ཆ་ཉར་ཚགས་ཨང་རྟགས་མི་འདྲ་བ་11ཡོད་པ་རེ་རེ་བཞིན་དུ་མཚམས་སྦྱོར་བར་བྱ།[2] ཡིག་ཆའི་ཨང་རྟགས་འགོད་སྟངས་ནི། 羽441–2.3.4ལྟ་བུར་མཚོན་ན། 羽441ནི་ཡིག་ཆ་སྤྱིའི་ཨང་རྟགས་ཡིན་པ་དང་། དེའི་གཞུག་གི–2.3.4ལྟ་བུས་ཡིག་ཆའི་འདྲ་པར་གྱི་ཨང་རིམ་དང་དེ་དག་《ཚེ་མདོ་》ཚར་གཅིག་ཡིན་པ་མཚོན་གྱིན་ཡོད།

གཅིག ཡིག་ཆ་ཨང་རྟགས་羽441པ། ཡིག་ཆ་ཨང་རྟགས་羽441པ་ནི་ཤོག་དྲིལ་གྱི་རྣམ་པ་ཡིན། 羽441–1ནི་《ཚེ་མདོ་》ཚར་ཞིག་གི་ཆེས་མཇུག་གི་ཤོག་གྲངས་དེ་ཡིན་ཞིང་དེའི་སྟེང་དུ་《ཚེ་མདོ་》རྫོགས་པར་བསྟན་པའི་མཚན་བྱང་དང་"ཕན་ཕན་བྲིས། །"ཞེས་པའི་ཆོས་གཞུང་འབྲི་མཁན་གྱི་མཚན་མ་གཏོགས་བྲིས་མེད། མགོ་མཇུག་ཆ་ཚང་བའི་《ཚེ་མདོ་》ཚར་བཞི་ཡོད་དེ羽441–2.3.4–5.6.7–8.9.10–10.11.12.13བཅས་ཡིན། དེ་ཡང་羽441–5.6.7དང་10.11.12.13ཚར་གཉིས་ཀྱི་མཇུག་ཏུ་མ་གཏོགས"ཕན་ཕན་བྲིས། །"ཞེས་ཆོས་གཞུང་འབྲི་མཁན་གྱི་མཚན་བྲིས་མེད་མོད། འོན་ཀྱང་ཡིག་གཟུགས་ལ་བརྟགས་ན《ཚེ་མདོ་》ཚར་ལྔ་པོ་འབྲི་མཁན་ཕན་ཕན་ཡིན་པར་འདོད།

གཉིས། ཡིག་ཆ་ཨང་རྟགས་羽442པ། ཡིག་ཆ་ཨང་རྟགས་羽442པ་ནི་ཤོག་དྲིལ་གྱི་རྣམ་པ་ཡིན། དེའི་ཁྲོད་དུ་མགོ་མཇུག་ཆ་ཚང་བའི་《ཚེ་མདོ་》ཚར་ལྔ་ཡོད། འོན་ཀྱང་ཚར་ལྔ་པོ《ཚེ་མདོ་》ཡིག་ཆ་གཞན་དག་དང་བསྡུར་ན་འབྲི་མཁན་གྱིས་འབྲི་ཆད་བྱུང་བའི་སྐྱོན་འདུག 羽442–1.2.3མཇུག་ཏུ"ཇེག་བརྟན་ཀོང་བྲིས། །"ཞེས་བྲིས་ཡོད། 羽442–4.5.6.7–7.8.9.10–10.11.12.13བཅས་ཚར་གསུམ་གྱི་སོ་སོའི་མཇུག་ཏུ"འབྲེ་ཧིང་ཙེ་བྲིས།" ཞེས་བྲིས་ཡོད་ཅིང་། ཡིག་གཟུགས་ལ་བརྟགས་ན羽442–13.14.15.16ཚར་དེ་འབྲི་མཁན་ཡང་འབྲེ་ཧིང་ཙེ་ཡིན་པར་སྙམ།

---

① “437～446右十卷，从北尾处购入(昭和11年10月)” “447右，武田锐太郎氏于奉天购入(昭和11年12月3日接收)” “501～550富冈氏收藏” “551～590敦煌出土清野藏书目录(40件)(昭和14年10月27日)”高田时雄著，马永平译：《日藏敦煌遗书的来源与真伪问题》[J]，《西南民族大学学报》(人文社会科学版)2016年第11期，第186–187页。落合俊典：《敦煌秘笈目录(第433号至第670号)略考》[C]，《敦煌吐鲁番研究》第七卷，北京：中华书局，2004年，第174–175页。

② “羽441、羽442、羽443、羽444、羽445” “羽447”公益财团法人、武田科学振兴财团、杏雨书屋、吉川忠夫編：《敦煌秘笈影片册》第5册[G]，大阪.2011年，第438–471页、第480–486页。“羽448、羽449” “羽564、羽565、羽566”公益财团法人、武田科学振兴财团、杏雨书屋、吉川忠夫編：《敦煌秘笈影片册》第7册[G]，大阪.2012年，第185–190页、第311–327页。

གསུམ། ཡིག་ཆ་ཨང་རྟགས་羽443པ། ཡིག་ཆ་ཨང་རྟགས་羽443པ་ནི་ཤོག་དྲིལ་གྱི་རྣམ་པ་ཡིན། དེའི་ཁྲོད་དུ་མགོ་མཇུག་ཆ་ཚང་བའི་《ཚེ་མདོ་》ཚར་བཞི་ཡོད། 羽443–1.2.3–4.5.6–7.8.9–10.11.12བཅས་ཡིན་ཞིང་ཚར་རེ་རེའི་མཇུག་ཏུ་"ལུ་ཛེ་ཤིང་བྲིས། །"ཞེས་ཆོས་གཞུང་བཤུ་འབྲི་བྱེད་མཁན་གྱི་མཚན་བྲིས་ཡོད།

བཞི། ཡིག་ཆ་ཨང་རྟགས་羽444པ། ཡིག་ཆ་ཨང་རྟགས་羽444–1.2.3ནི་ཤོག་དྲིལ་གྱི་རྣམ་པ་ཡིན། དེའི་ཁྲོད་དུ་མགོ་མཇུག་ཆ་ཚང་བའི་《ཚེ་མདོ་》ཚར་གཅིག་ཡོད། མཇུག་ཏུ་"ཤིང་ཅེས་བྲིས།" ཞེས་ཆོས་གཞུང་བཤུ་འབྲི་བྱེད་མཁན་གྱི་མཚན་བྲིས་ཡོད།

ལྔ། ཡིག་ཆ་ཨང་རྟགས་羽445པ། ཡིག་ཆ་ཨང་རྟགས་羽445པ་ནི་ཤོག་དྲིལ་གྱི་རྣམ་པ་ཡིན། དེའི་ཁྲོད་དུ་མགོ་མཇུག་ཆ་ཚང་བའི་《ཚེ་མདོ་》ཚར་གཉིས་ཡོད་ཅིང་། 羽445–1.2.3མཇུག་ཏུ་"ཅང་ཏྲེ་འགྭག་བྲིས། །"ཞེས་དང་羽445–4.5.6མཇུག་ཏུ་"ཅང་ཏྲེ་འགོག་བྲིས། །"ཞེས་བྲིས་ཡོད་ཅིང་། འགྭག་དང་འགོག་གཉིས་ནི་མ་ཡིག་གི་ཡི་གེ་གང་དེ་བོད་ཡིག་ཏུ་སྒྲ་ཇི་བཞིན་དུ་ཕབ་བསྒྱུར་བྱེད་ཚུལ་མི་འདྲ་བ་ཙམ་ལས་དོན་ལ་གཅིག་ཡིན།

དྲུག ཡིག་ཆ་ཨང་རྟགས་羽447པ། ཡིག་ཆ་ཨང་རྟགས་羽447པ་ནི་ཤོག་དྲིལ་གྱི་རྣམ་པ་ཡིན། 羽447–2ནི་《ཚེ་མདོ་》ཚར་ཞིག་གི་མཇུག་གི་ཤོག་གྲངས་དེ་ཡིན་ཞིང་། དེའི་སྟེང་དུ་《ཚེ་མདོ་》ཡི་གཞུང་དོན་ལས་མཇུག་གི་ཆ་ཤས་ཏེ་ཕར་ཕྱིན་དྲུག་གི་ནང་དོན་སྐོར་དང་སྔགས་ཡིག 《ཚེ་མདོ་》རྫོགས་པར་བསྟན་པའི་མཚན་བྱང་། "ཁང་བཙན་བཞེར་གྱིས་བྲིས།" ཞེས་ཆོས་གཞུང་བཤུ་འབྲི་བྱེད་མཁན་གྱི་མཚན་ཙམ་མ་གཏོགས་བྲིས་མེད། མགོ་མཇུག་ཆ་ཚང་བའི་《ཚེ་མདོ་》ཚར་གསུམ་ཡོད། 羽447–3.4.5མཇུག་ཏུ་"ཁང་བཙན་བཞེར་གྱི་བྲིས། །"ཞེས་དང་羽447–6.7.8མཇུག་ཏུ་"ཁང་བཙན་བཞྲེ་བྲིས།" ཞེས་བྲིས་ཡོད་ཅིང་། བཞེར་ཞེས་པ་བཞྲེ་ལྟར་བྲིས་ཡོད་པ་ནི་སྔ་མའི་རྗེས་འཇུག་ར་ནི་ཕྱི་མའི་ཁྲོད་ར་བཏགས་ཀྱི་ཚུལ་ལྟར་བསྐྱངས་འབྲི་བྱས་པ་རེད། 羽447–9.10.11མཇུག་ཏུ་"ཁང་ཀོག་ཀེན་གྱིས་བྲིས། :།" ཞེས་བྲིས་ཡོད།

བདུན། ཡིག་ཆ་ཨང་རྟགས་羽548པ། ཡིག་ཆ་ཨང་རྟགས་羽548–1.2.3པ་ནི་ཤོག་དྲིལ་གྱི་རྣམ་པ་ཡིན། དེའི་ཁྲོད་དུ་མགོ་མཇུག་ཆ་ཚང་བའི་《ཚེ་མདོ་》ཚར་གཅིག་ཡོད། མཇུག་ཏུ་"ཕན་ཕན་བྲིས་སོ།" དང་དེའི་རྗེས་སུ་མཚལ་མདོག་གི་"སྦྱིན་མས་ཞུས། ཅི་ཀེང་ཡང་ཞུས། ལེང་པེའུ་སུམ་ཞུས།" ཞེས་ཆོས་གཞུང་བཤུ་འབྲི་བྱེད་མཁན་དང་ཞུ་དག་གཏོང་མཁན་གྱི་མཚན་བྲིས་ཡོད། གོང་བཀོད་ཀྱི་ཡིག་ཆ་

ཨང་རྟགས་羽441པ་འབྲི་མཁན་ཡང་ཕན་ཕན་ཡིན།

བརྒྱད། ཡིག་ཆ་ཨང་རྟགས་羽549པ། ཡིག་ཆ་ཨང་རྟགས་羽549–1.2.3པ་ནི་ཤོག་དྲིལ་གྱི་རྣམ་པ་ཡིན། དེའི་ཁྲོད་དུ་མགོ་མཇུག་ཆ་ཚང་བའི་《ཚེ་མདོ་》ཚར་གཅིག་ཡོད། མཇུག་ཏུ"×××ཨིང་ཙེ་བྲིས"ཞེས་ཆོས་གཞུང་བཤུ་འབྲི་བྱེད་མཁན་གྱི་མཚན་བྲིས་ཡོད། གོང་བཀོད་ཀྱི་ཡིག་ཆ་ཨང་རྟགས་羽444པ་འབྲི་མཁན་ཡང་ཨིང་ཙེ་ཡིན།

དགུ། ཡིག་ཆ་ཨང་རྟགས་羽564པ། ཡིག་ཆ་ཨང་རྟགས་羽564པ་ནི་ཤོག་དྲིལ་གྱི་རྣམ་པ་ཡིན། དེའི་ཁྲོད་དུ་མགོ་མཇུག་ཆ་ཚང་བའི་《ཚེ་མདོ་》ཚར་ལྔ་ཡོད། འོན་ཀྱང་ཚར་ལྔ་པོ་《ཚེ་མདོ་》ཡིག་ཆ་གཞན་དག་དང་བསྡུར་ན་འབྲི་མཁན་གྱིས་འབྲི་ཆད་བྱུང་བའི་སྐྱོན་འདུག 羽564–1.2.3–4.5.6–7.8.9–10.11.12–13.14.15ཡིག་ཆ་དེ་དག་ལས羽564–13.14.15མཇུག་ཏུ"། ཙང་བ་ལགས། །"ཞེས་བྲིས་ཡོད་པ་ལས་ཆོས་གཞུང་བཤུ་འབྲི་བྱེད་མཁན་དང་ཞུ་དག་གཏོང་མཁན་གྱི་མཚན་གང་ཡང་བཀོད་མེད། "། ཙང་བ་ལགས། །"ཞེས་པའང་ཆོས་གཞུང་བཤུ་འབྲི་བྱེད་མཁན་དང་ཡང་ན་ཞུ་དག་གཏོང་མཁན་གྱི་མཚན་ཡིན་མིན་གསལ་ཐག་མི་ཆོད། འོན་ཀྱང་ཡིག་གཟུགས་ལ་བརྟགས་ན羽564དང་羽565གཉིས་ཀྱི་ཡིག་གཟུགས་གཅིག་མཚུངས་ཡིན་པས། 羽564འབྲི་མཁན་ཡང羽565འབྲི་མཁན་སག་ལྷུ་གཟིགས་ཡིན་པར་འདོད།

བཅུ། ཡིག་ཆ་ཨང་རྟགས་羽565པ། ཡིག་ཆ་ཨང་རྟགས་羽565–1.2.3ནི་ཤོག་དྲིལ་གྱི་རྣམ་པ་ཡིན། དེའི་ཁྲོད་དུ་མགོ་མཇུག་ཆ་ཚང་བའི་《ཚེ་མདོ་》ཚར་གཅིག་ཡོད། མཇུག་ཏུ"སག་ལྷུ་གཟིགས་བྲིས། །"དང་དེའི་རྗེས་སུ་མཚལ་མདོག་གི་"ཕུག་འགི་གྱིས་ཞུས། དཔལ་མཆོག་ཡང་ཞུས། ཇོ་ཨིན་སུམ་ཞུས།" ཞེས་ཆོས་གཞུང་བཤུ་འབྲི་བྱེད་མཁན་དང་ཞུ་དག་གཏོང་མཁན་གྱི་མཚན་བྲིས་ཡོད།

བཅུ་གཅིག ཡིག་ཆ羽566པ། ཡིག་ཆ་ཨང་རྟགས་羽566–1.2.3ནི་ཤོག་དྲིལ་གྱི་རྣམ་པ་ཡིན། དེའི་ཁྲོད་དུ་མགོ་མཇུག་ཆ་ཚང་བའི་《ཚེ་མདོ་》ཚར་གཅིག་ཡོད། མཇུག་ཏུ"ཙང་ཞུན་ཞུན་གྱིས་བྲིས། །"ཞེས་དང་དེའི་རྗེས་སུ་མཚལ་མདོག་གིས"ཞུས་སོ། །ཡང་ཞུས། །"ཞེས་ཆོས་གཞུང་བཤུ་འབྲི་བྱེད་མཁན་དང་ཞུ་དག་གཏོང་མཁན་གཉིས་ཀ་ཙང་ཞུན་ཞུན་ཡིན་པར་བསྟན་ཡོད།

གསུམ་པ། ཉེ་ཧྥོང་ཁེའོ་དཔེ་ཁང་དུ་ཉར་བའི་ཏུན་ཧོང་བོད་ཡིག་གི《ཚེ་མདོ་》ཡིག་ཆར་བྲིས་དཔེ་རིགས་གསུམ་ཡོད་པར་སྨྲ་བ།

འཛམ་གླིང་གི་ས་ཆ་སོ་སོར་ཉར་བའི་ཏུན་ཧོང་བོད་ཡིག་གི《ཚེ་མདོ་》ཡིག་ཆར་ཉར་ཚགས་ཀྱི་ཨང་རྟགས་མི་འདྲ་བ་ལྟར་བརྩིས་ན་གྲངས་ཚད་2526ལྷག་ལ་སླེབས་ཡོད།[1] འཛམ་གླིང་ཡོངས་ཀྱིས་ཞིབ་འཇུག་གི་ལོ་རྒྱུས་ལོ་ངོ་བརྒྱ་ལྷག་འགོར་ཡོད།[2] ཡིན་ན་ཡང་ཏུན་ཧོང་བོད་ཡིག་གི《ཚེ་མདོ་》ཡིག་ཆར་བྲིས་དཔེ་རིགས་ག་ཚོད་ཡོད་པའི་སྐོར་ལ་སྐུ་ཞབས་ཧོང་མིན་ཞིན(黄明信)དང་དོན་གྲུབ་ཚེ་རིང་གཉིས་ཀྱིས་སྤྱི་ལོ་1994ལོར་སྤེལ་བའི་དཔྱད་རྩོམ《ཏུན་ཧོང་བོད་ཡིག་ཤོག་དྲིལ‹ཚེ་མདོ›དང་དེའི་རྒྱ་ཡིག་གི་པར་གཞིར་དཔྱད་པ་》[3]ཞེས་པའི་ཁྲོད་ཀྲུང་གོའི་རྒྱལ་གཉེར་དཔེ་མཛོད་ཁང་དུ་ཉར་བའི་ཏུན་ཧོང་བོད་ཡིག་གི《ཚེ་མདོ་》ཡིག་ཆ་ཉར་ཚགས་ཨང་རྟགས་མི་འདྲ་བ209ཡོད་པའི་ཁྲོད་མ་མཐའ་ཡང་བྲིས་དཔེ་རིགས་གཉིས་ཡོད་པར་གླེང་བ་ལས་འབྲེལ་ཡོད་ཀྱི་དཔྱད་འབྲས་གང་ཡང་མེད། དེ་བས། ཉར་ཚགས་ཀྱི་ཨང་རྟགས་བསྡོམས་གྲངས་2526ལྷག་ལ་སླེབས་པའི་ཏུན་ཧོང་བོད་ཡིག་གི《ཚེ་མདོ་》ཡིག་ཆའི་ཁྲོད་བྲིས་དཔེ་རིགས་ག་ཚོད་ཡོད་པར་དཔྱད་པ་ནི་ཏུན་ཧོང་བོད་ཡིག་གི《ཚེ་མདོ་》ཡིག་ཆ་ཞིབ་

---

① དབྱིན་ཇི་རུ་660ལྷག་ཉར་ཡོད་པ་དང་། ཧྥ་རན་སི་རུ་666ཨུ་རུ་སུ་རུ་202ཉི་ཧྥོང་དུ་19(སྔོན་གྱི་ཡིག་ཆ་8སྟེང་དུ་ཁེའོ་དཔེ་ཁང་གི་ཡིག་ཆ་11བསྣན་ཡོད།) ཀྲུང་གོའི་རྒྱལ་གཉེར་དཔེ་མཛོད་ཁང་དུ་240དང་ཀན་སུའུ་ཞིང་ཆེན་དུ་193ལྷག་ཉར་ཡོད་ལ། ཧྲང་ཧེ་དང་། ཐེན་ཅིན། ཐེ་ཝན་སོགས་སུ་ཡང་སྐོར་ཞིག་ཉར་ཡོད། ཞིབ་ཏུ་གཤམ་གསལ་གྱི་དཔེ་དེབ་གསུམ་ལ་གཟིགས་རོགས། 黄维忠：《8～9世纪藏文发愿文研究–以敦煌藏文发愿文为中心》[M]，北京：民族出版社，2007年，第179页。马德主编：《甘肃藏敦煌藏文文献叙录》[Z]，兰州：甘肃民族出版社，2011年，第885–887页。［苏］沙维特斯基著，沈卫荣译《列宁格勒东方研究院所藏敦煌吐蕃文献》，《国外敦煌吐蕃文书研究选译》[C]，兰州：甘肃人民出版社，1992年，第390–399页。

② བསེ་ཚང་སངས་རྒྱས་དོན་གྲུབ། ཚེ་དཔག་ཏུ་མེད་པ་ཞེས་བྱ་བ་ཐེག་པ་ཆེན་པོའི་མདོ་ཡི་ཞིབ་འཇུག་གི་གནས་ཚུལ་སྤྱི་བཤད། མཚོ་སྔོན་མི་རིགས་སློབ་ཆེན་རིག་དེབ། 2018ལོ། ཤོག་ངོས་82-97

③ གཅིག་ནི"新466号(新450号同)"རིགས་སུ་གྱུར་པ་ཡིན་ཞིང་ཀྲུང་གོའི་རྒྱལ་གཉེར་དཔེ་མཛོད་ཁང་གི་ཨང་རྟགས་གསར་པ་ལྟར་ན་新466ནིBD.14266དང་新450ནིBD.14250ཡིན། ཅིག་ཤོས་ནི"新456号(新430号同)"རིགས་སུ་གྱུར་པ་ཡིན་ཞིང་ཀྲུང་གོའི་རྒྱལ་གཉེར་དཔེ་མཛོད་ཁང་གི་ཨང་རྟགས་གསར་པ་ལྟར་ན新456ནིBD.14256དང་新430ནིBD.14230ཡིན། 黄明信、东主才让：《敦煌藏文写卷〈大乘无量寿宗要经〉及其汉文本之研究》[J]，《中国藏学》，1994年第2期，第59–76页。

འཇུག་གི་ནང་དོན་གལ་ཆེན་ཞིག་ཏུ་གྱུར་ཡོད།

འདིར་ཉི་ཧྲོང་ཁེའོ་དཔེ་ཁང་དུ་ཉར་བའི་ཏུན་ཧོང་བོད་ཡིག་གི་《ཚེ་མདོ་》ཡིག་ཆར་བྲིས་དཔེ་རིགས་ག་ཚོད་ཡོད་པར་དཔྱད་དེ། ཉི་ཧྲོང་ཁེའོ་དཔེ་ཁང་དུ་ཉར་བའི་ཏུན་ཧོང་བོད་ཡིག་གི་《ཚེ་མདོ་》ཡིག་ཆ་ཉར་ཚགས་ཨང་རྟགས་མི་འདྲ་བ་11ཉར་ཡོད་པའི་ཁྲོད་《ཚེ་མདོ་》ཚར་30ཡོད་ཅིང་ཆ་ཚང་བ་28དང་ཆ་མི་ཚང་བ་2ཡོད། དེ་དག་ཕན་ཚུན་གོ་བསྡུར་ན་བྲིས་དཔེ་རིགས་གསུམ་དུ་གཏོགས། རིགས་དང་པོར་གཏོགས་པ་ནི་ཡིག་ཆ་ཨང་རྟགས羽443 羽564གཉིས་ཡིན། རིགས་གཉིས་པར་གཏོགས་པ་ནི་ཡིག་ཆ་ཨང་རྟགས羽441 羽442 羽444 羽445 羽447 羽549བཅས་དྲུག་ཡིན། རིགས་གསུམ་པར་གཏོགས་པ་ནི་ཡིག་ཆ་ཨང་རྟགས羽548 羽565 羽566བཅས་གསུམ་ཡིན།

རིགས་དེ་གསུམ་གྱི་ཁྱད་པར་གཙོ་བོ་ནི་གཞུང་ཚིག་ལ་མི་མཐུན་ས་དང་སྔགས་ཡིག་ལ་རིང་ཐུང་ཡོད་པའི་སྟེང་ན་ཡོད། ཞིབ་ཏུ་གཤམ་གྱི་རེའུ་མིག་ཏུ་བཀོད་པའི་དཔེར་བརྗོད་གཉིས་ལ་གཟིགས་པར་འཚལ།

གཅིག གཞུང་ཚིག་ལ་མི་མཐུན་ས་ཡོད་པའི་དཔེར་བརྗོད།

རིགས་དང་པོ། 羽 443-1.2.3	རིགས་གཉིས་པ། 羽 444-1.2.3	རིགས་གསུམ་པ། 羽 548-1.2.3
ཐིག་ཕྲེང་། 38-39གང་ཞིག་གི་ཚེ་དཔག་ཏུ་མེད་པའི་མདོ་འདི་འབྲིར་བཅུག་ན། དེ་ཚེ་ཟད་པ་ལས་ལོ་བརྒྱའ་ཐུབ་པར་འགྱུར་ཏེ་ཚེ་ཡང་རྣམ་པར་འཕེལ་བར་འགྱུར་རོ། ।	ཐིག་ཕྲེང་། 46-47གང་ལ་ལ་ཞིག་ཚེ་དཔག་ཏུ་མེད་པའི་མདོ་འདི་འབྲིར་བཅུག་ན། དེས་ཆོས་ཀྱི་ཕུང་པོ་སྟོང་ཕྲག་བརྒྱད་ཅུ་རྩ་བཞི་འབྲིར་བཅུག་པར་འགྱུར་རོ། ।	ཐིག་ཕྲེང་། 42-43གང་ལ་ལ་ཞིག་ཚེ་དཔག་ཏུ་མེད་པའི་མདོ་འདི་བྲིར་བཅུག་ན། དེས་ཆོས་ཀྱི་ཕུང་པོ་སྟོང་ཕྲག་བརྒྱད་བཅུ་རྩ་བཞི་འདྲར་བཅུག་པར་འགྱུར་རོ། ।

གཉིས། སྔགས་ཡིག་ལ་རིང་ཐུང་ཡོད་པའི་དཔེར་བརྗོད།

རིགས་དང་པོ། 羽 443-1.2.3 ཐིག་ཕྲེང་། 18-19	རིགས་གཉིས་པ། 羽 444-1.2.3 ཐིག་ཕྲེང་། 21-23	རིགས་གསུམ་པ། 羽 548-1.2.3 ཐིག་ཕྲེང་། 21-22
ཏད་ཐྱ་ཐ་	ཏད་ཏྱ་ཐ།	ཏད་ཐྱ་ཐ།
ན་མོ་བ་ག་བ་ཏེ།	ན་མོ་བ་ག་བ་ཏེ།	ན་མོ་བྷ་ག་བ་ཏེ།
ཨ་པ་རི་མི་ཏ།	ཨ་པ་རི་མི་ཏ།	ཨ་པ་རི་མི་ཏ།
ཨ་ཡུ་གཉ་ན	ཨ་ཡུ་གཉན།	ཨཡུ་གཉན་།
སུ་བི་ནི་ཤྩི་ཏ།	སུ་ནི་ནི་ཤྩིཏ།	སུ་བི་ནི་ཤྩིཏ།
ར་ཛ་ཡ་	ར་ཛྙ་ཡ།	ར་ཛྙ་ཡ་

ཏ་ཐ་ག་ཏ་ཡ་།	ཏ་ཐ་ག་ཏ་ཡ།	ཏ་ཐཱ་ག་ཏ་ཡ།
ཏད་ཐྱ་ཐ་ཨོཾ	ཏད་ཏྱ་ཐ། ཨོཾ་	ཨོཾ་
སཏྭ། སང་སྐ་ར་	ས་ཏྭ། སང་སྐ་ར།	ས་ཏྭ་སང་སྐར།
པ་རིཾ་ཤུད་ཏྲ།	པ་རིཾ་ཤུད་ད་།	པ་རིཾ་ཤུད་ཏྲ།
ཏྲར་མ་ཏེ་	དར་མ་ཏེ་	ཏྲར་མ་ཏེ།
ག་ག་ན་	ག་ག་ན་	
ས་མུ་དགའ་ཏེ།	ས་མུ་དགའ་ཏེ།	
སྭ་བྷ་བྷ་བིཾ་ཤུད་དེ།	སྭ་བ་བ་ཝི་ཤུདེ	
མ་ཧ་ན་ཡ་པ་རིཾ་བ་རེ་སྭ་ཧཱ། །	་མ་ཧནཡ། པ་རིཾ་བ་རེ་སྭ་ཧཱ།	མ་ཧ་ན་ཡ་པ་རིཾ་བ་རེ་སྭ་ཧཝཱ། །

གོང་གི་རེའུ་མིག་ལས་གསལ་བར་ལྟར། བྲིས་དཔེ་རིགས་དང་པོ་དེ་རིགས་གཉིས་པ་དང་བསྡུར་ན་གཞུང་ཚིག་ལ་མི་མཐུན་ས་ཡོད་པས་དེ་གཉིས་མི་འདྲ། རིགས་དང་པོ་དེ་རིགས་གསུམ་པ་དང་བསྡུར་ན་གཞུང་ཚིག་ལ་མི་མཐུན་ས་དང་སྔགས་ཡིག་ལ་རིང་ཐུང་ཡོད་པས་དེ་གཉིས་མི་འདྲ། རིགས་གཉིས་པ་དེ་རིགས་གསུམ་པ་དང་བསྡུར་ན་སྔགས་ཡིག་ལ་རིང་ཐུང་ཡོད་པས་དེ་གཉིས་མི་འདྲ། དེ་བས་ཉེ་ཧོང་ཁིའོ་དཔེ་ཁང་དུ་ཉར་བའི་ཏུན་ཧོང་བོད་ཡིག་གི་《ཚེ་མདོ་》ཡིག་ཆར་བྲིས་དཔེ་རིགས་མི་འདྲ་བ་གསུམ་དུ་དབྱེ་ཆོག གཞན་ཡང་། སྐུ་ཞབས་ཧོང་མེན་ཞིན་དང་དོན་གྲུབ་ཚེ་རིང་གཉིས་ཀྱིས་ཀྲུང་གོའི་རྒྱལ་གཉེར་དཔེ་མཛོད་ཁང་དུ་ཉར་བའི་ཏུན་ཧོང་བོད་ཡིག་གི་《ཚེ་མདོ་》ཡིག་ཆ་ཉར་ཚགས་ཨང་རྟགས་མི་འདྲ་བ་209ཡོད་པ་བྲིས་དཔེ་རིགས་གཉིས་སུ་ཕྱེས་པ་ལས新466号(BD.14266)རིགས་སུ་གྱུར་པ་ནི་ཉེ་ཧོང་ཁིའོ་དཔེ་ཁང་དུ་ཉར་བའི་རིགས་དང་པོར་གཏོགས་པ་དང་། ཅིག་ཤོས新456号(BD.14256)རིགས་སུ་གྱུར་པ་ནི་ཉེ་ཧོང་ཁིའོ་དཔེ་ཁང་དུ་ཉར་བའི་རིགས་གསུམ་པར་གཏོགས།

བཞི་པ། མིག་སྔར་ཏུན་ཧོང་བོད་ཡིག་གི་《ཚེ་མདོ་》ཡིག་ཆར་བྲིས་དཔེ་རིགས་བཞི་ཡོད་པར་གླེང་བ།

ཉེ་ཧོང་ཁིའོ་དཔེ་ཁང་དུ་ཉར་བའི་ཏུན་ཧོང་བོད་ཡིག་གི་《ཚེ་མདོ་》བྲིས་དཔེ་རིགས་གསུམ་དེ་ཧྥ་རན་སིར་ཉར་བའི་ཏུན་ཧོང་བོད་ཡིག་གི་《ཚེ་མདོ་》ཡིག་ཆP.T.98དང་བསྡུར་ན་གཞུང་ཚད་བསྡུས་པར་ཡོད་པའི་ཁྱད་པར་འདུག་པས། མིག་སྔར་ཏུན་ཧོང་བོད་ཡིག་གི་《ཚེ་མདོ་》ཡིག་ཆར་བྲིས་དཔེ་རིགས་བཞི་རུ་དབྱེ་ཆོག

གཅིག གཞུང་ཚད་ལ་རྒྱས་བསྡུས་ཡོད་པ། 《ཚེ་མདོ་》ཡིག་ཆP.T.98ཀྱི་"ཡང་དེ་འི་ཚེ་སངས་རྒྱས་བྱེ་བ་ཕྲག་དགུ་བཙུ་རྩ་དགུས་དགོངས་པ་གཅིག་དང་དབྱངས་གཅིག་གིས། ཚེ་དཔག་དུ་མྱེད་པའི་མདོ་འདི་གསུངས་སོ།" ཞེས་སངས་རྒྱས་བྱེ་བ་ཕྲག་"དགུ་བཙུ་རྩ་དགུ"ནས་"བརྒྱད་ཙུ་རྩ་བཞི"དང་། དེ་ནས་"བདུན་ཙུ་རྩ་བདུན།" "དྲུག་བཙུ་རྩ་ལྔ།" "ལྔ་བཙུ་རྩ་དྲུག" "བཞི་བཙུ་རྩ་ལྔ།" "སུམ་ཙུ་རྩ་དྲུག" "ཉི་ཤུ་རྩ་ལྔ།" "འོག་འོག་འི་གླུང་བཙུ་འི་བྱེ་མ་སྙེད"བཅས་རིམ་པ་བཞིན་དུ་དགོངས་པ་གཅིག་དང་དབྱངས་གཅིག་གིས་ཚེ་དཔག་དུ་མྱེད་པའི་མདོ་འདི་གསུངས་ཚུལ་དེ། ཉི་ཧྲོང་ཁིའོ་དཔེ་ཁང་དུ་ཉར་བའི་རིགས་གསུམ་པོའི་ཁྲོད་སངས་རྒྱས་བྱེ་བ་ཕྲག་"དགུ་བཙུ་རྩ་དགུ"ནས་ཐད་ཀར་དུ་"བཞི་བཙུ་རྩ་ལྔ"དང་། དེ་ནས་"སུམ་བཙུ་རྩ་དྲུག" "ཉི་ཤུ་རྩ་ལྔ།" "གང་འགའི་གླུང་གི་བྱེ་མ་སྙེད"ཅེས་པ་ལྟར་བཀོད་པས། 《ཚེ་མདོ་》ཡིག་ཆP.T.98ཁྲོད་ཀྱི་"བརྒྱད་ཙུ་རྩ་བཞི"དང་། "བདུན་ཙུ་རྩ་བདུན།" "དྲུག་བཙུ་རྩ་ལྔ།" "ལྔ་བཙུ་རྩ་དྲུག" དང་དེ་དག་གི་རྗེས་ཀྱི་སྔགས་ཡིག་རྣམས་ཉི་ཧྲོང་ཁིའོ་དཔེ་ཁང་དུ་ཉར་བའི་རིགས་གསུམ་པོའི་ཁྲོད་མཐོང་དུ་མེད་པ་དང་། ཡང་《ཚེ་མདོ་》ཡིག་ཆP.T.98ཁྲོད་ཀྱི་"འདི་ལྟ་སྟེ། རིན་པོ་ཆེ་འི་ཕུང་པོ་རི་འི་རྒྱལ་པོ་རི་རབ་ཙམ་དུ་སྤུངས་ཏེ། ……"ཞེས་པའི་དོན་མཚམས་དང་དེའི་རྗེས་ཀྱི་སྔགས་ཡིག་ཉི་ཧྲོང་ཁིའོ་དཔེ་ཁང་དུ་ཉར་བའི་རིགས་གསུམ་པོའི་ཁྲོད་མཐོང་དུ་མེད། དེ་བས། 《ཚེ་མདོ་》ཡིག་ཆP.T.98ནི་གཞུང་རྒྱས་པ་དང་ཉི་ཧྲོང་ཁིའོ་དཔེ་ཁང་དུ་ཉར་བའི《ཚེ་མདོ་》བྲིས་དཔེ་རིགས་གསུམ་ནི་གཞུང་བསྡུས་པར་ངེས་འཛིན་བྱེད་ཆོག ཞིབ་ཏུ་གཤམ་གྱི་རེའུ་མིག་ཏུ་བཀོད་པའི་དཔེར་བརྗོད་ལ་གཟིགས་པར་འཚལ།

གཞུང་ཚད་ལ་རྒྱས་བསྡུས་ཡོད་པའི་དཔེར་བརྗོད།

P.T.98	རིགས་དང་པོ། 羽 443-1.2.3	རིགས་གཉིས་པ། 羽 444-1.2.3	རིགས་གསུམ་པ། 羽 548-1.2.3
ཐིག་ཕྲེང་། 29-42.ཡང་དེ་འི་ཚེ་སངས་རྒྱས་བྱེ་བ་ཕྲག་བརྒྱད་ཙུ་རྩ་བཞིས་དགོངས་པ་གཅིག་དང་དབྱངས་གཅིག་གིས་ཚེ་དཔག་དུ་མྱེད་པའི་མདོ་འདི་གསུངས་སོ། །ན་མོ་རྷ་ག་བ་ཏེ། ཨ་པ་རི་མི་ཏ། ཨ་ཡུ་གཉའ་ན། སུ་བི་ནི་ཤྩི་ཏ། ར་ཛ་ཡ། ཏ་ཐ་ག་ཏ་ཡ། ཏད་ཊྱ་ཐ་ཨོྃ། ས་རྦ་སང་སྐ་ར། པ་རི་ཤུད་དྷེ། རྡར་མ་ཏེ། ག་ག་ན། ས་མུད་ག			

ཏེ་སྭ་ཛྙ་བ་བི་ཤུད་ཛྷེ་མ་ཧ་ན་ཡ། པ་རི་བ་རེ་སྭ་ཧཱ། །ཡང་དེ་འོ་ཚེ་སངས་རྒྱས་བྱེ་བ་ཕྲག་བདུན་ཅུ་རྩ་བདུན་གིས། དགོངས་པ་གཅིག་དང་། དབྱངས་གཅིག་གིས་ཚེ་དཔག་དུ་མྱེད་པའི་མདོ་འདི་གསུངས་སོ། །ན་མོ་བྷ་ག་བ་ཏེ། ཨ་པ་རི་མི་ཏ། ཨ་ཡུ་གྙཱན་ན། སུ་བི་ནི་ཤྩི་ཏ། །ར་ཛ་ཡ། ཏ་ཐ་ག་ཏ་ཡ། ཏད་ཡ་ཐ་ཨོཾ། ས་ཪ་སང་སྐ་ར། པ་རི་ཤུད་ཛྷེ། ཛྷར་མ་ཏེ། ག་ག་ན། ས་མུད་ག་ཏེ། སྭ་ཛྙ་བ་བི་ཤུད་ཛྷེ་མ་ཧ་ན་ཡ་པ་རི་བ་རེ་སྭ་ཧཱ། །ཡང་དེ་འོ་ཚེ་སངས་རྒྱས་བྱེ་བ་ཕྲག་དྲུག་བཅུ་རྩ་ལྔས་དགོངས་པ་གཅིག་དང་དབྱངས་གཅིག་གིས་ཚེ་དཔག་དུ་མྱེད་པའི་མདོ་ནི་གསུངས་སོ། །ན་མོ་བྷ་ག་བ་ཏེ། ཨ་པ་རི་མི་ཏ། ཨ་ཡུ་གྙཱན་ན། སུ་བི་ནི་ཤྩི་ཏ། ར་ཛ་ཡ། ཏ་ཐ་ག་ཏ་ཡ། ཏད་ཡ་ཐ། ཨོཾ་ས་ཪ་སང་སྐ་ར། པ་རི་ཤུད་ཛྷེ། ཛྷར་མ་ཏེ། ག་ག་ན། ས་མུད་ག་ཏེ། སྭ་ཛྙ་བ་བི་ཤུད་ཛྷེ། མ་ཧ་ན་ཡ་པ་རི་བ་རེ་སྭ་ཧཱ། །ཡང་དེ་འོ་ཚེ་སངས་རྒྱས་བྱེ་བ་ཕྲག་ལྔ་བཅུ་རྩ་དྲུག་གིས་དགོངས་པ་གཅིག་དང་། དབྱངས་གཅིག་གིས་ཚེ་དཔག་དུ་མྱེད་པའི་མདོ་འདི་གསུངས་སོ། །ན་མོ་བྷ་ག་བ་ཏེ། ཨ་པ་རི་མི་ཏ། ཨ་ཡུན་གྙཱན་ན། སུ་བི་ནི་ཤྩི་ཏ། ར་ཛ་ཡ། ཏ་ཐ་ག་ཏ་ཡ། ཏད་ཡ་ཐ་ཨོཾ་ས་ཪ་སང་སྐ་ར། པ་རི་ཤུད་ཛྷེ། ཛྷར་མ་ཏེ། ག་ག་ན། ས་མུད་ག་ཏེ། སྭ་ཛྙ་བ་བི་ཤུད་ཛྷེ། མ་ཧ་ན་ཡ་པ་རི་བ་རེ་སྭ་ཧཱ། །			
ཐིག་ཕྲེང་། 109-113.འདི་ལྟ་སྟེ། རིན་པོ་ཆེ་འི་ཕུང་པོ་རི་འོ་རྒྱལ་པོ་རི་རབ་ཙམ་དུ་སྤུངས་ཏེ། སྦྱིན་བ་བྱིན་བའི་བསོད་ནམས་ཀྱི་ཕུང་པོ་འི་ཚད་ནི་བགྲང་བར་ནུས་ཀྱི། ཚེ་དཔག་དུ་མྱེད་པ་འདི་འོ་བསོད་ནམས་ཀྱི་ཕུང་པོ་འི་ཚད་ནི་བགྲང་བར་མྱི་ནུས་སོ། །ན་མོ་བྷ་ག་བ་ཏེ། ཨ་པ་རི་མི་ཏ། ཨ་ཡུ་གྙཱན་ན། སུ་བི་ནི་ཤྩི་ཏ། ར་ཛ་ཡ། ཏ་ཐ་ག་ཏ་ཡ། ཏད་ཡ་ཐ་ཨོཾ་ས་ཪ་སང་སྐ་ར། པ་རི་ཤུད་ཛྷེ། ཛྷར་མ་ཏེ། ག་ག་ན། ས་མུད་ག་ཏེ། སྭ་ཛྙ་བ་བི་ཤུད་ཛྷེ། མ་ཧ་ན་ཡ་པ་རི་བ་རེ་སྭ་ཧཱ། །			

གཉིས། གཞུང་ཚིག་ལ་མི་མཐུན་ས་དང་ཐུགས་ཡིག་ལ་རིང་ཐུང་ཡོད་པ། 《ཚེ་མདོ་》ཡིག་ཆP.T.98ནི་ཉི་ཧོང་ཁེའོ་དཔེ་ཁང་དུ་ཉར་བའི་《ཚེ་མདོ་》གྲིས་དཔེ་རིགས་དང་པོ་དང་བསྡུར་ན་གཞུང་ཚད་ལ་རྒྱས་པར་ཡོད་པའི་ཁྱད་པར་མ་གཏོགས་གཞན་རྣམས་གཅིག་མཚུངས་ཡིན། རིགས་གཉིས་པ་

དང་བསྡུར་ན་གཞུང་ཚད་ལ་རྒྱས་པར་ཡོད་པ་མ་ཟད་ད་དུང་གཞུང་ཚིག་ལ་མི་མཐུན་སའི་ཁྱད་པར་ཡོད། རིགས་གསུམ་པ་དང་བསྡུར་ན་གཞུང་ཚད་ལ་རྒྱས་པར་ཡོད་པ་མ་ཟད་ད་དུང་གཞུང་ཚིག་ལ་མི་མཐུན་ས་དང་སྔགས་ཡིག་ལ་རིང་ཐུང་ཡོད་པ་བཅས་ཀྱི་ཁྱད་པར་ཡོད། དེ་བས། མིག་སྔར་གྱི་ཞིབ་འཇུག་གནས་ཚུལ་ལྟར་ན་ཏུན་ཧོང་བོད་ཡིག་གི《ཚེ་མདོ་》ཡིག་ཆར་བྲིས་དཔེ་རིགས་བཞི་རུ་དབྱེ་ཆོག ཞིབ་ཏུ་གཤམ་གྱི་རེའུ་མིག་ཏུ་བཀོད་པའི་དཔེར་བརྗོད་གཉིས་ལ་གཟིགས་པར་འཚལ།

གཞུང་ཚིག་ལ་མི་མཐུན་ས་ཡོད་པའི་དཔེར་བརྗོད།

P.T.98	རིགས་དང་པོ། 羽 443-1.2.3	རིགས་གཉིས་པ། 羽 444-1.2.3	རིགས་གསུམ་པ། 羽 548-1.2.3
ཐིག་ཕྲེང་། 55-56.གང་ཞིག་ཚེ་དཔག་དུ་མེད་པ་འི་མདོ་འདི་ཡི་གེར་འདྲི་འམ། འདྲིར་འཇུག་ན། དེ་ཚེ་ཟད་པ་ལས་ཚེ་ལོ་བརྒྱ་ཐུབ་པར་འགྱུར་རོ། །ཚེ་ཡང་རྣམ་པར་འཕེལ་བར་འགྱུར་རོ། །	ཐིག་ཕྲེང་། 38-39.གང་ཞིག་གི་ཚེ་དཔག་དུ་མེད་པའི་མདོ་འདི་འདྲིར་བཅུག་ན། དེ་ཚེ་ཟད་པ་ལས་ལོ་བརྒྱའ་ཐུབ་པར་འགྱུར་ཏེ་ཚེ་ཡང་རྣམ་པར་འཕེལ་བར་འགྱུར་རོ། །	ཐིག་ཕྲེང་། 46-47.གང་ལ་ལ་ཞིག་ཚེ་དཔག་དུ་མེད་པའི་མདོ་འདི་འདྲིར་བཅུག་ན་། དེས་ཆོས་ཀྱི་ཕུང་པོ་སྟོང་ཕྲག་བརྒྱད་ཅུ་རྩ་བཞི་འདྲིར་བཅུག་པར་འགྱུར་རོ།	ཐིག་ཕྲེང་། 42-43.གང་ལ་ལ་ཞིག་ཚེ་དཔག་དུ་མེད་པའི་མདོ་འདི་དྲིར་བཅུག་ན། དེས་ཆོས་ཀྱི་ཕུང་པོ་སྟོང་ཕྲག་བརྒྱད་བཅུ་རྩ་བཞི་འདྲར་བཅུག་པར་འགྱུར་རོ། །

སྔགས་ཡིག་ལ་རིང་ཐུང་ཡོད་པའི་དཔེར་བརྗོད།

P.T.98ཐིག་ཕྲེང་། 18-20	རིགས་དང་པོ། 羽 443-1.2.3 ཐིག་ཕྲེང་། 18-19	རིགས་གཉིས་པ། 羽 444-1.2.3ཐིག་ཕྲེང་། 21-23	རིགས་གསུམ་པ། 羽 548-1.2.3ཐིག་ཕྲེང་། 21-22
ཏད་ཐྱ་ཐ།	ཏད་ཐྱ་ཐ་	ཏད་ཐྱ་ཐ།	ཏད་ཐྱ་ཐ།
ན་མོ་བྷ་ག་བ་ཏེ།	ན་མོ་བ་ག་བ་ཏེ།	ན་མོ་བ་ག་བ་ཏེ།	ན་མོ་བྷ་ག་བ་ཏེ།
ཨ་པ་རི་མི་ཏ།	ཨ་པ་རི་མི་ཏ།	ཨ་པ་རི་མི་ཏ།	ཨ་པ་རི་མི་ཏ།
ཨ་ཡུ་གཉྙ་ན།	ཨ་ཡུ་གཉ་ན	ཨ་ཡུ་གཉན།	ཨཡུ་གཉན་།
སུ་བི་ནི་ཤྩི་ཏ།	སུ་བི་ནི་ཤྩི་ཏ།	སུ་སི་ནི་ཤྩིཏ།	སུ་བི་ནི་ཤྩིཏ།
ར་ཛ་ཡ།	ར་ཛ་ཡ་	ར་ཛྙ་ཡ།	ར་ཛྙ་ཡ་
ཏ་ཐ་ག་ཏ་ཡཱ།	ཏ་ཐ་ག་ཏ་ཡ་།	ཏ་ཐ་ག་ཏ་ཡ།	ཏ་ཐཱ་ག་ཏ་ཡ།
ཏད་ཐྱ་ཐ་ཨཱོཾ།	ཏད་ཐྱ་ཐ་ཨོམ	ཏད་ཐྱ་ཐ། ཨོམ་	ཨོམ་
ས་རྦ་སང་སྐ་ར།	སརྦ། སང་སྐ་ར་	ས་རྦ། སང་སྐ་ར།	ས་རྦ་སང་སྐར།

པ་རི་ཤུད་ཧྲི།	པ་རཱི་ཤུད་ཧྲ།	པ་རཱི་ཤུད་ད།	པ་རཱི་ཤུད་ཧྲ།
ཧྲར་མ་ཏེ།	ཧྲར་མ་ཏེ་	དར་མ་ཏེ་	ཧྲར་མ་ཏེ།
ག་ག་ན།	ག་ག་ན་	ག་ག་ན་	
ས་མུད་ག་ཏེ།	ས་མུ་དགའ་ཏེ།	ས་མུ་དགའ་ཏེ།	
སྭཱ་ཧྲ་བ་བི་ཤུད་ཧྲི།	སྭ་བྷཱ་བྷཱ་བཱི་ཤུད་དེ།	སྭ་བ་བ་ཙྪི་ཤུདེ	
མ་ཧ་ན་ཡ་པ་རི་བ་རེ་སྭཱ་ཧཱ།	མ་ཧ་ན་ཡ་པ་རཱི་བ་རེ་སྭ་ཧཱ།	མ་ཧནཡ། པ་རཱི་བ་རེ་སྭ་ཧཱ།	མ་ཧ་ན་ཡ་པ་རཱི་བ་རེ་སྭཧའཱ།

མཇུག་སྡུད་པ།

ཉི་ཧོང་ཁེའོ་དཔེ་ཁང་དུ་ཉར་བའི་ཏུན་ཧོང་བོད་ཡིག་ཡིག་ཆ་རྣམས་ནི་ཉི་ཧོང་གི་ཉི་རབས་མཁས་པ་ཧྭ་ནེ་ཏྲ་ཐོ་རོ་ཡིས་སྤྱི་ལོ་1935ནས་1942བར་དུ་བསྡུ་རུབ་མཛད་པ་ཡིན་ཞིང་། ཉར་ཚགས་ཨང་རྟགས་མི་འདྲ་བ་ལྟར་བརྩིས་ན་ཡིག་ཆ་11ཉར་ཡོད་ཅིང་དེ་དག་ཐམས་ཅད་《ཚེ་མདོ་》ཡིག་ཆ་ཤ་སྟག་ཡིན། ཡིག་ཆ་མང་ཆེ་བའི་མཇུག་ཏུ་ཆོས་གཞུང་བཤུ་འབྲི་བྱེད་མཁན་དང་རེ་གཉིས་ཤིག་གི་མཇུག་ཏུ་ཞུ་དག་གཏོང་མཁན་གྱི་མཚན་ཡང་བཀོད་ཡོད། 《ཚེ་མདོ་》ཡིག་ཆ་ཉར་ཚགས་ཨང་རྟགས་མི་འདྲ་བ་11ཡོད་པའི་ཁྲོད་《ཚེ་མདོ་》ཚར་30ཡོད་ཅིང་ཆ་ཚང་བ་28དང་ཆ་མི་ཚང་བ་2ཡོད། དེ་དག་ཕན་ཚུན་གོ་བསྡུར་ན་བྲིས་དཔེ་རིགས་གསུམ་དུ་གཏོགས། རིགས་དང་པོར་གཏོགས་པ་ནི་ཡིག་ཆ་ཨང་རྟགས羽443 羽564གཉིས་ཡིན། རིགས་གཉིས་པར་གཏོགས་པ་ནི་ཡིག་ཆ་ཨང་རྟགས་羽441 羽442 羽444 羽445 羽447 羽549བཅས་དྲུག་ཡིན། རིགས་གསུམ་པར་གཏོགས་པ་ནི་ཡིག་ཆ་ཨང་རྟགས羽548 羽565 羽566བཅས་གསུམ་ཡིན། རིགས་གསུམ་པོ་དེ་དག་ཕྲ་རན་སིར་ཉར་བའི་ཏུན་ཧོང་བོད་ཡིག་གི་《ཚེ་མདོ་》ཡིག་ཆP.T.98དང་བསྡུར་ན་གཞུང་ཚད་བསྡུས་པར་ཡོད་པའི་ཁྱད་པར་འདུག་པས། མིག་སྔར་ཏུན་ཧོང་བོད་ཡིག་གི་《ཚེ་མདོ་》ཡིག་ཆ་ལ་བྲིས་དཔེ་རིགས་བཞི་ཙམ་དབྱེ་ཆོག་གོ།(དཔྱད་རྩོམ་འདི་འབྲི་བར་ཀན་སུའུ་ཏུན་ཧོང་ཞིབ་འཇུག་གླིང་གི་གྲོགས་དམ་པ་གཡུ་རྗེག་པདྨ་དབང་རྒྱལ་གྱིས་འབྲེལ་ཡོད་རྒྱུ་ཆ་མགོ་སྐྲོད་གནང་བས་ཆེད་དུ་བཀའ་དྲིན་ཆེ་ཞུས་པ་ཡིན།)

《ཞུབ་བྱང་མི་རིགས་སློབ་གྲྭ་ཆེན་མོའི་རིག་གཞུང་དུས་དེབ་》2019ལོའི་དེབ་གཉིས་པ་ལས་བདམས།

༄༅། །དཔལ་དབྱངས་ཀྱིས་བྲིས་པའི་རྒྱལ་བའི་བཀའ་དང་བསྟན་བཅོས་འགའི་མཚན་བྱང་རྒྱ་བོད་ཤན་སྦྱར་ལ་དཔྱད་པ།

ཤ་བོ་རབ་བརྟན།

[ནང་དོན་གནད་བསྡུས།] ཏྲ་རན་སིར་ཉར་བའི་ཏུན་ཧོང་བོད་ཀྱི་ཡིག་རྙིངP.T.1257ལས་ཐེག་པ་ཆེ་ཆུང་གི་གཞུང་མཚན་རྒྱ་བོད་ཤན་སྦྱར་གྱི་ཚུལ་དུ་ཐོར་བཀོད་པ་དེར། ཤེས་རབ་འབུམ་པ་སོགས་མདོ་སྡེའི་སྐོར་དང་། ཤེས་རབ་འབུམ་པའི་འགྲེལ་པ་སོགས་དགོངས་འགྲེལ་བསྟན་བཅོས་སྐོར་གྱི་མཚན་བྱང་86མཆིས་པའི་མཇུག་བྱང་དུ། དཔལ་དབྱངས་བྲིས་སྟེ་ཞུས་། །ཞེས་གསལ་པོར་བཀོད་འདུག་པ་ལྟར། ཡིག་ཆ་འདིར་འཁོད་པའི་བཀའ་དང་བསྟན་བཅོས་སོ་སོའི་ཁུངས་གང་ལ་བརྟེན་པ་དང་། སྦྱར་བྱེད་ལོ་ཙཱ་བ་དང་བསྒྱུར་བའི་དུས། ད་ལྟར་ཚུལ་ཇི་ལྟར་བཞུགས་མིན་སོགས་ལ་དཔྱད་པ་རགས་ཙམ་བཏང་ཡོད་དོ། །

[གནད་ཚིག] དཔལ་དབྱངས། P.T.1257བཀའ་བསྟན་གྱི་མཚན་བྱང་། རྒྱ་བོད་ཤན་སྦྱར།

ཏྲ་རན་སིའི་ཏུན་ཧོང་བོད་ཀྱི་ཡིག་རྙིང་ལས་ཐེག་པ་ཆེ་ཆུང་གི་གཞུང་དང་ཆོས་ཀྱི་རྣམ་གྲངས་ཕྱོགས་གཅིག་ཏུ་བསྡེབས་པ་ཨང་རྟགསP.T.1257ཞེས་འཁོད་འདུག་པ་དེར་བྱེ་བྲག་ནང་དོན་ཚན་པ་གཉིས་ཀྱིས་གྲུབ་ཡོད། གཅིག་ནི་ཤེས་རབ་འབུམ་པ་དང་ཟླ་བ་སྒྲོན་མེའི་ཏིང་ངེ་འཛིན་གྱི་མདོ་སོགས་མདོ་སྡེའི་སྐོར་དང་། ཤེས་རབ་འབུམ་པའི་འགྲེལ་པ་དང་རྣལ་འབྱོར་སྤྱོད་པའི་ས། ཐེག་བསྡུས་སོགས་དགོངས་འགྲེལ་བསྟན་བཅོས་སྐོར་གྱི་མཚན་བྱང་ཁག་ཤན་སྦྱར་ཏུ་འཁོད་པ་དེ་ཉིད་དང་། ཅིག་ཤོས་ནི་ངོ་བོ་ཉིད་གསུམ་དང་མཚན་ཉིད་གསུམ་སོགས་ཆོས་ཀྱི་རྣམ་གྲངས་མང་པོ་ཕྱོགས་གཅིག་ཏུ་བཀོད་པའི་དོན་ཙན་ནོ། །དེ་ལ་ཐེག་པ་ཆེ་ཆུང་གི་བཀའ་དང་དགོངས་འགྲེལ་བསྟན་བཅོས་ཀྱི་མཚན་བྱང་86རྒྱ་བོད་སྙིང་འོག་ཤན་སྦྱར་དུ་འཁོད་པའི་ཤོག་དྲིལ་དེའི་མཇུག་ན། དཔལ་དབྱངས་བྲིས་སྟེ་ཞུས་། །ཞེས་གསལ་

པོར་བཀོད་འདུག་པས། དཔལ་དབྱངས[1]ཀྱིས་བྲིས་པའི་བཀའ་བསྟན་གྱི་མཚན་བྱང་འདི་དང་ཅིག་ཤོས་དེ་གཉིས་ཡིག་ཆའི་ཨང་རྟགས་གཅིག་ནའང་ཁག་མི་འདྲ་བ་གཉིས་ཡིན་པ་དོན་གྱིས་རྟོགས་ཐུབ་བོ། །

དང་པོ། ཐེག་པ་ཆུང་ངུའི་བཀའ་ལ་གཏོགས་པའི་སྐོར།

དེ་ཡང་སྟོན་པ་ཤཱཀྱ་ཐུབ་པས་ཆོས་ཀྱི་འཁོར་ལོ་རིམ་པ་གསུམ་བསྐོར་བ་ལས། དང་པོ་བདེན་པ་བཞིའི་ཆོས་འཁོར་བསྐོར་བའི་བཀའ་ལ་གཏོགས་པའི་མདོ་སྡེའི་སྐོར་ནས་དོན་གྱི་སྐབས་རིམ་པས་ཕྱེ་ན་འདི་ལྟར། འདུལ་བ་རྣམ་པར་འབྱེད་པའམ་ལུང་རྣམ་འབྱེད་ཅེས་པའི་བོད་མ་ལ། དགེ་སློང་ཕའི་རྣམ་འབྱེད་ཤོ་ལོ་ཀ་ཉི་ཁྲི་བཞི་སྟོང་དགུ་བརྒྱ་སྟེ། བམ་པོ་བརྒྱ་ཙུ་རྩ་གསུམ་པ་ཅིག་རེ་ཀླུའི་རྒྱལ་མཚན་གྱི་འགྱུར་དང་། དགེ་སློང་མའི་རྣམ་འབྱེད་བམ་པོ་ཉི་ཤུ་རྩ་བརྒྱད་པ་དཔལ་གྱི་ལྷུན་པོ་དང་སྐ་བ་དཔལ་བརྩེགས་ཀྱི་འགྱུར་བཞུགས། རྒྱ་ནག་གི་འགྱུར་ལ་བམ་པོ་དྲུག་བཙུ་རྩ་གཅིག་པ་ཀུ་མཱ་ར་ཤྲིའི་འགྱུར་རོ། །ཐེག་པ་ཆུང་ངུའི་མདོ་སྡེའི་སྐོར་ལ། གཟུགས་ཅན་སྙིང་པོས་དྲིས་པའམ་མདོ་ཆེན་པོ་གཟུགས་ཅན་སྙིང་པོས་ཞུས་པ་ཞེས་པའི་བོད་མ་བམ་པོ་ཕྱེད་ཡེ་ཤེས་སྡེ་ལ་སོགས་པའི་འགྱུར་དང་། རྒྱ་ནག་གི་འགྱུར་ལ་བམ་པོ་གཅིག་པ་ལྷོ་བྱང་རྒྱལ་རབས་ཀྱི་སྐབས་ལྷོ་མའི་དུས་སུ་བྱོན་པའི་ལོ་ཙཱ་བ་ཆོས་བཟང་(刘宋法贤)གི་འགྱུར་བཞུགས། དྲན་པ་ཉེ་བར་གཞག་པའི་མདོའམ་འཕགས་པ་དྲན་པ་ཉེ་བར་བཞག་པའི་བོད་མ་ནི་བུ་སྟོན་ཆོས་འབྱུང་དུ། འཕགས་པ་དྲན་པ་ཉེ་བར་གཞག་པ་བམ་པོ། པ་ཚབ་ཚུལ་ཁྲིམས་རྒྱལ་མཚན་གྱི་འགྱུར། འདི་ལོ་ཙཱ་བས་ཐེག་ཆེན་དུ་མཛད་དཀར་ཆག་ཆེན་པོ་དག་ལས་ཐེག་ཆུང་དུ་བཤད་དོ། །[2]ཞེས་འབྱུང་བ་དང་། བཀའ་འགྱུར་དཔེ་བསྡུར་མའི་དཀར་ཆག་གི་ཟུར་མཆན[3]ལྟར་ན། མདོ་འདི་ནི་བསྟན་པ་སྔ་དར་ལ་ཤོ་ལོ་ཀ་ཁྲི་ཉིས་སྟོང་དགུ་བརྒྱ་སྟེ་བམ་པོ་ཞེ་གསུམ་ལས་མ་འགྱུར་ལ་ཕྱིས་པ་ཚབ་ལོ་ཙཱས་བསྒྱུར་བ་བམ་པོ་བཞི་མ་ལོངས་ཙམ་བཞུགས་པར་གསལ་བས། བསྟན་པ་སྔ་དར་སྐབས་

① དཔལ་དབྱངས་ནི་བོད་ཀྱི་རབ་བྱུང་བའི་ཐོག་མ་ཡིན་པ་དང་། ཁོང་ནི་བཙན་པོ་ཁྲི་རལ་བ་ཅན་གྱི་སྐུ་རིང་བར་དུ་བཞུགས་ཡོད་ཚུལ་སོགས་ཁོ་བོས་ཏུན་ཧོང་ཡིག་རྙིང་P.T.1257ལས་བྱུང་བའི་དཔལ་དབྱངས་ཞེས་པར་དཔྱད་པ་ཞེས་པ། ཀྲུང་གོའི་བོད་རིག་པ། 2017ལོའི་དེབ་གཉིས་པར་བཀོད་ཡོད་པས་དེར་གཟིགས་ཆོག

② བུ་སྟོན་རིན་ཆེན་གྲུབ། བུ་སྟོན་ཆོས་འབྱུང་། ཀྲུང་གོའི་བོད་ཀྱི་ཤེས་རིག་དཔེ་སྐྲུན་ཁང་། 1988ལོ། ཤོག་ངོས་213

③ བཀའ་འགྱུར་དཔེ་བསྡུར་མའི་དཀར་ཆག་ཆེན་མོ་བླ་བ་ཇོར་བུའི་མེ་ལོང་ཞེས་བྱ་བ་བཞུགས་སོ། །ཀྲུང་གོའི་བོད་རིག་པ་དཔེ་སྐྲུན་ཁང་། 2006ལོ། ཤོག་ངོས་328

ལོ་ཙཱ་བ་སུའི་འགྱུར་ཡིན་པ་ངེས་དཀའ་བར་སྣང་། རྒྱ་ནག་གི་འགྱུར་ལ་བམ་པོ་བདུན་བཅུ་པ་གཽ་ཏམ་པ་རྒྱ་རུ་ཙི་(元魏婆罗门瞿昙般若流支)ཡིས་བསྒྱུར་བ་དེ་དང་། གཞན་ཡང་མདོ་སྡེ་སྣ་ཚོགས་ཀྱི་སྐོར་ན། འཕགས་པ་དམ་པའི་ཆོས་དྲན་པ་ཉེ་བར་བཞག་པ་ཞེས་བྱ་བ་ཐེག་པ་ཆེན་པོའི་མདོ་བམ་པོ་བརྒྱད་པ་རྒྱ་གར་གྱི་པཎྜི་ཏ་རྣ་ཙ་དྣེ་བའི་འགྱུར①ཞེས་དང་། རྒྱ་ནག་ཆོས་འབྱུང་དུ་མདོ་འདིའི་ཐད་ཟླ་གམ་གྱི་རྟགས་ནང་མཆན་བུ་བཏབ་པ་ལས། འདི་དཀོན་བརྩེགས་ཀྱི་དུམ་བུ་ཞེ་གསུམ་པ་དང་དོན་གཅིག་པར་གསུངས②ཞེས་གསལ་བ་ལྟར་ན། མདོ་འདི་གཉིས་མཚན་གཅིག་ཀྱང་མདོ་ཚན་སོ་སོ་བ་ཡིན་པ་རྟོགས་ཐུབ་སྟེ། སྐབས་འདིར་ནི་མདོ་སྔ་མ་གཞིར་མཛད་པར་མངོན། ཚངས་ལྷ་དྲ་བའམ་ཚངས་པའི་དྲ་བའི་མདོ་ཡི་བོད་མ་བམ་པོ་གཉིས་ཞང་ཡེ་ཤེས་སྡེ་སོགས་ཀྱི་འགྱུར་དང་། རྒྱ་ནག་གི་འགྱུར་ལ་བམ་པོ་གཉིས་པ་ཀུ་མཱ་ར་ཤྲིའི་འགྱུར་བཞུགས། ཕ་མའི་དྲིན་ལན་བསྟན་པ་ཞེས་པའི་བོད་མ་ཤོ་ལོ་ཀ་སུམ་བརྒྱ་འགྱུར་བྱང་མི་གསལ་ཡང་། ཡེ་ཤེས་སྡེ་ལ་སོགས་ཀྱིས་བསྒྱུར་བར་ངེས། བདེན་པ་བཞི་པའི་མདོའམ་བདེན་པ་བཞིའི་མདོ་ལ། བོད་མ་ཤོ་ལོ་ཀའི་གྲངས་དང་ལོ་ཙཱ་བ་གང་ཡིན་གྱི་གསལ་ཁ་བུ་སྟོན་ཆོས་འབྱུང་དང་སི་ཏུའི་བཀའ་འགྱུར་དཀར་ཆག་སོགས་སུ་མི་སྣང་མོད། དེ་ཡང་ཡེ་ཤེས་སྡེ་སོགས་ཀྱི་འགྱུར་དུ་ངེས་ཤིང་རྒྱ་ནག་གི་འགྱུར་ལ་གཉིས་ཙམ་མཆིས་ཏེ། དང་པོ་ལ་བམ་པོ་གཅིག་པ་ཏན་ནུབ་མའི་དུས་མཇུག་ཏུ་བྱོན་པའི་ལོ་ཙཱ་བ་ཆེན་མོ་ཨན་ཤྲི་གའོའི་(安世高)འགྱུར་དང་། ཅིག་ཤོས་བམ་པོ་གཅིག་པ་དེ། ཏན་ཤར་མའི་གོང་མ་ཏན་ཞན་ཏིའི་སྐུ་རིང་ལ་བྱོན་པའི་ལོ་ཙཱ་བ་ཁང་མེན་ཤང་(康孟祥)ལགས་ཀྱི་འགྱུར་ཏེ་སྔ་མ་དེ་ཉིད་དག་པའི་ཚད་དུ་རྩིས་པར་མངོན། འཛངས་བླུན་ནམ་མཛངས་བླུན་གྱི་མདོ་ལ་བོད་མ་བམ་པོ་བཅུ་གསུམ་པ་ལོ་ཙཱ་བ་འགོས་ཆོས་གྲུབ་ཀྱིས་རྒྱ་གར་ནག་གི་དཔེ་དང་བསྟུན་ནས་བསྒྱུར་བར་བཤད།③ དེའི་རྒྱ་ནག་གི་འགྱུར་བམ་པོ་བཅུ་གསུམ་མཆིས་པ། ཧྥོ་བྱང་རྒྱལ་རབས་ལས་བྱང་མའི་དུས་སུ་བྱོན་པའི་ལེང་ཇུའི་དགེ་སློང་ཧྭི་གྲོས་སད་པ་(元魏凉州沙门慧觉)སོགས་ཀྱིས་བསྒྱུར་བ་དང་། འགོས་ཆོས་གྲུབ་ཀྱིས་ཁུངས་གཏུགས་སའི་རྒྱ་ནག་གི་དཔེ་ཡང་འདི་ཉིད་ཡིན་ནོ། །གཞུང་རིང་པོའམ་ལུང་རིང་པོ། གཞུང་བར་མའམ་ལུང་བར་མ། གཞུང་བསྡུས་པའམ་ཡང་དག་པར་ལྡན་པའི་ལུང་བཅས་ཀྱི་བོད་མ་ལ་འགྱུར་ཁ་ཚང་ཞིག་མེད་པར་ངེས་ཤིང་། མདོ་ཚན་དེ་དག་ལས་ཁ་ཤས་མཆིས་པ་རྣམས་བཀའ་འགྱུར་གྱི་མདོ་

① 大正藏·经集部0722经017卷[OL]，佛教在线：www.fjnet.com

② ཀྲང་མགོན་པོ་སྐྱབས། རྒྱ་ནག་ཆོས་འབྱུང་། སི་ཁྲོན་མི་རིགས་དཔེ་སྐྲུན་ཁང་། 1983ལོ། ཤོག་ངོས་150

③ བུ་སྟོན་རིན་ཆེན་གྲུབ། བུ་སྟོན་ཆོས་འབྱུང་། ཀྲུང་གོའི་བོད་ཀྱི་ཤེས་རིག་དཔེ་སྐྲུན་ཁང་། 1988ལོ། ཤོག་ངོས་215

སྣ་ཚོགས་གྲུས་སུ་བཞུགས། དཔལ་བཞེད་ལས། ཉན་ཐོས་ཀྱི་མདོ་སྡེ་ལུང་རིང་པོ་དང་། གང་པོ་རྗོགས་པ་ཉུང་ངུ་ཞིག་བསྒྱུར། ཉན་ཐོས་ཀྱི་མངོན་པ་ཀོ་ཤ་བསྒྱུར་ཞེས་གསལ་བ་ལྟར།[1] ཁ་ཚང་ཞིག་འགྱུར་མེད་པ་དེས་ཀྱང་ཤེས་ནུས་པ་དང་། དེ་དག་ལས་གཅིག་ལས་བརྩེ་བའི་གཞུང་ངམ་གཅིག་ལས་འཕྲོས་པའི་ལུང་ལ་བོད་མ་བམ་པོ་བཅོ་བརྒྱད་པ་དཀར་ཆག་འཕང་ཐང་མར་ཐེག་པ་ཆུང་ངུའི་མདོ་སྡེའི་སྐོར་ན་བཞུགས་ཤིང་། འགྱུར་བྱང་གསལ་པོ་མེད་ཀྱང་ཕལ་ཆེར་ཡེ་ཤེས་སྡེ་སོགས་ཀྱི་འགྱུར་དུ་ངེས། མདོ་དེ་བཞི་པོའི་རྒྱ་ནག་གི་འགྱུར་ལ། གཞུང་བསྡུས་པ་བམ་པོ་ལྔ་བཅུ་པ་ལྷོ་བྱང་རྒྱལ་རབས་སྐབས་སུ་བྱོན་པའི་ཁ་ཆེའི་པཎྜི་ཏ་གུ་ན་བྷ་དྲའམ་ཡོན་ཏན་བཟང་པོ་(求那跋陀罗)ཡི་འགྱུར་དང་། གཞུང་བར་མ་བམ་པོ་དྲུག་བཅུ་པ་ཅིན་ཤར་མའི་སྡེ་སྣོད་གསུམ་པ་ཀོ་ཏམ་སངྒྷ་དེ་བའམ་གོ་ཏམ་དགེ་འདུན་ལྷ་(瞿昙僧伽提婆)ཡི་འགྱུར། གཞུང་རིང་པོ་བམ་པོ་ཉེར་གཉིས་པ་ཆིན་ཕྱི་མའི་ལོ་ཙཱ་བ་སངས་རྒྱས་ཡེ་ཤེས་(佛陀耶舍)དང་། སངས་རྒྱས་དྲན་ནམ་སངས་རྒྱས་སྲུང་(佛念)གི་འགྱུར། གཅིག་ལས་བརྩེ་བའི་གཞུང་བམ་པོ་ལྔ་བཅུ་ང་གཅིག་པ་ཡང་དགེ་འདུན་ལྷའི་འགྱུར་རོ། །

གཉིས་པ། ཐེག་པ་ཆེན་པོའི་བཀའ་ལ་གཏོགས་པའི་སྐོར།

གཅིག བཀའ་བར་ཐ་གཉིས་ཀྱི་མདོ་སྡེའི་སྐོར། དེ་ལ་རྒྱལ་བའི་གསུང་རབ་རིན་པོ་ཆེ་བོད་དུ་འགྱུར་རོ་ཅོག་གི་བཞུགས་བྱང་དཀར་ཆག་བུ་སྟོན་རིན་ཆེན་གྲུབ་ཀྱིས་མཛད་པ་ཆོས་འབྱུང་གསུང་རབ་རིན་པོ་ཆེའི་མཛོད་ཀྱི་དབྱེ་སྒོ་ལྟར་བྱས་ན། P.T.1257སྤྱི་མར་བྱུང་བའི་ཐེག་པ་ཆེ་ཆུང་གི་བཀའ་དང་དགོངས་འགྲེལ་བསྟན་བཅོས་ཀྱི་མཚན་བྱང་ལས་ཐེག་ཆེན་གྱི་མདོ་སྡེ་ལ་གཏོགས་པ་ནི། ཤེས་རབ་འབུམ་པ་བཀའ་བར་པ་མཚན་ཉིད་མེད་པའི་ཆོས་ཀྱི་འཁོར་ལོ་བསྐོར་བའི་བཀའ་ལ་གཏོགས་པ་དང་། དེའི་བོད་འགྱུར་མར་ཤོ་ལོ་ཀ་བམ་པོ་སུམ་བརྒྱ་བཞུགས་པ་བུ་སྟོན་ཆོས་འབྱུང་ལྟར་ན། ཉང་ཁམས་པ་གོ་ཆ་དང་། བཻ་རོ་ཙ་ན། ཀླུ་ཁྲི་འབྲུག ཞང་ཡེ་ཤེས་སྡེ་ལ་སོགས་པའི་འགྱུར་བྱང་དྲུག་ཡོད་པར་གྲགས།[2] རྒྱ་ནག་གི་འགྱུར་《大般若》ལ་བམ་པོ་དྲུག་བརྒྱ་མཆིས་ཏེ། ཐང་གུར་དུས་ཀྱི་ལོ་ཙཱ་བ་ཆེན་མོ་སྡེ་སྣོད་གསུམ་པ་ཧྭན་ཙང་(大唐三藏法师玄奘)གིས་བསྒྱུར་བ་དེ་ཉིད་ཡིན་ལ་བོད་འགྱུར་མི་བཞུགས་མོད་

① དཔལ་བཞེད་བཞུགས་སོ། །བོད་ལྗོངས་བོད་ཡིག་དཔེ་རྙིང་དཔེ་སྐྲུན་ཁང་། 2010ལོ། ཤོག་ངོས་47

② བུ་སྟོན་རིན་ཆེན་གྲུབ། བུ་སྟོན་ཆོས་འབྱུང་། ཀྲུང་གོའི་བོད་ཀྱི་ཤེས་རིག་དཔེ་སྐྲུན་ཁང་། 1988ལོ། ཤོག་ངོས་216

ཀྱང་། སྐབས་དེར་མདོ་སྡེའི་མཚན་བྱང་ཤན་སྦྱར་དུ་འགོད་པ་ན་དེ་ལྟར་འབྱུང་བ་ལས་འོས་མེད་དོ། །

འཕགས་པ་རབ་རྩལ་གྱིས་རྣམ་པར་གནོན་པའམ། ཤེས་རབ་ཀྱི་ཕ་རོལ་ཏུ་ཕྱིན་པ་རབ་ཀྱི་རྩལ་གྱིས་རྣམ་པར་གནོན་པས་ཞུས་པ་ཞེས་པའི་བོད་མ་ཤོ་ལོ་ཀ་ཉིས་སྟོང་ཆིག་བརྒྱ་དྲུག་ཅུ་སྟེ་བམ་པོ་བདུན་དང་ཤོ་ལོ་ཀ་དྲུག་ཅུ། རྒྱ་གར་གྱི་མཁན་པོ་ཤི་ལེནྡྲ་བོ་དྷི་དང་། ཇི་ན་མི་ཏྲ་དང་བན་དེ་ཡེ་ཤེས་སྡེ་སོགས་ཀྱིས་བསྒྱུར་བ་ཕྱིས་སུ་སྐད་གསར་བཅད་ཀྱིས་ཀྱང་བཅོས་པར་བཤད།[①] དེའི་རྒྱ་ནག་གི་འགྱུར་ལ་བམ་པོ་བདུན་པ་ཨོ་རྒྱན་གྱི་མཁན་པོ་ཨུ་པ་ས་ནས(陈优禅尼国王子月婆首那)བསྒྱུར་བ་བཞུགས་སོ། །

བཀའ་ཐམ་དོན་དམ་རྣམ་པར་ངེས་པའི་འཁོར་ལོ་བསྐོར་བའི་བཀའ་ལ། ཡོངས་སུ་རྒྱས་པ་སངས་རྒྱས་རྨད་བྱུང་ཉིད་ཅེས་པ་ནི། སངས་རྒྱས་ཕལ་པོ་ཆེ་སྟེ། སི་ཏུའི་བཀའ་འགྱུར་དཀར་ཆག་ཏུ། ཤིན་ཏུ་རྒྱས་པ་ཆེན་པོའི་མདོ་སྡེ་སངས་རྒྱས་ཕལ་པོ་ཆེ་ནི། བརྗོད་སྙིང་དུ་སངས་རྒྱས་རྨ་ག་ཆད་དུ་གྲགས་ཤིང་། ཡང་སྟན་གྱི་གོང་རྒྱན་དུའང་བསྒྱུར་བ་ཡོད་དེ། དེ་ལྟ་བུའི་མཚན་དེའང་བྱེ་བྲག་གི་མིང་གྱི་ལ་བཏགས་པར་གསལ་ཏེ། མདོ་འདིའི་ལེའུ་ཉི་ཤུ་རྩ་དགུའི་བར་དུ་ཕལ་པོ་ཆེ་ཞེས་དཀར་ཆག་ལྡན་དཀར་མ་སོགས་སུ་བཤད་པ་གང་ཞིག དེས་ལྷག་མ་རྣམས་ལའང་མཚན་དེ་ལྟར་གྲགས་པའི་ཕྱིར་རོ། །དེས་ན་མཚན་དེ་ལྟ་བུ་དང་ལྡན་པའི་མདོ་སྡེ་འདི་ལ་སྤྱིར་ཤོ་ལོ་ཀ་འབུམ་དང་ལེའུ་བརྒྱ་ཡོད་པ་ལས། སྔོན་ན་ལནྡྲ་བི་ཏ་ར་ལ་མེའི་དགྲ་བྱུང་བའི་རྐྱེན་གྱིས། མ་ཚང་བའི་འགྱུར་ཇི་ཙམ་བཞུགས་པ་བསྒྱུར་བའི་གླེགས་བམ་སྟེ།[②] ཞེས་འབྱུང་བ་ལྟར། དེའི་བམ་པོ་བརྒྱ་སུམ་ཅུ་ཐམ་པ་བཻ་རོ་ཙ་ནས་ཞུ་ཆེན་བགྱིས་པར་བྱུ་སྟོན་ཆོས་འབྱུང་དུ་གསུངས། ཤིན་ཏུ་རྒྱས་པའི་སྡེ་སྣོད་དང་། སྟན་གྱི་གོང་རྒྱན་དང་པདྨའི་རྒྱན་དང་ཤིན་ཏུ་རྒྱས་པའི་མདོ་ཞེས་མཚན་གྱི་རྣམ་གྲངས་བཞི་ཡི་སྒོ་ནས་འཆད་དོ། །རྒྱ་འགྱུར་ལ་གསུམ་མཆིས་ཏེ། འཕགས་པ་སངས་རྒྱས་ཕལ་པོ་ཆེ་སྟོང་པོ་བརྒྱན་པ་ཞེས་བྱ་བ་ཤིན་ཏུ་རྒྱས་པའི་མདོ་སྡེ་བམ་པོ་དྲུག་བཅུ་བ། ཅིན་ཤར་མའི་དུས་སུ་བྱོན་པའི་རྒྱ་གར་གྱི་ལོ་ཙྪ་བ་མཁས་པར་ཆུད་པ་བུདྡྷ་བྷ་དྲའམ་སངས་རྒྱས་བཟང་པོའི་འགྱུར་དང་། དེ་ལས་རྒྱས་པ་བམ་པོ་བརྒྱད་བཅུ་པ་ཐང་གུར་དུས་སུ་བྱོན་པའི་རྒྱ་གར་གྱི་པཎྜི་ཏ་ཤིཀྵ་ནནྡའི(实叉难陀)འགྱུར། བམ་པོ་བཞི་བཅུ་པ་ཐང་གུར་གྱི་ལོ་ཙྪ་བ་པ་རའམ་ཕ་རོལ(般若)ཞེས་

① སི་ཏུ་ཆོས་ཀྱི་འབྱུང་གནས། སྡེ་དགེ་བཀའ་འགྱུར་དཀར་ཆག སི་ཁྲོན་མི་རིགས་དཔེ་སྐྲུན་ཁང་། 1987ལོ། ཤོག་ངོས་338

② སི་ཏུ་ཆོས་ཀྱི་འབྱུང་གནས། སྡེ་དགེ་བཀའ་འགྱུར་དཀར་ཆག སི་ཁྲོན་མི་རིགས་དཔེ་སྐྲུན་ཁང་། 1987ལོ། ཤོག་ངོས་432

པའི་འགྱུར་བཅས་བཞུགས་པ་ལས། སྐབས་འདིར་བམ་པོ་བརྒྱད་བཅུ་ཅན་དེ་ཉིད་ཡིན་པར་མངོན་ནོ། །

འཕགས་པ་ཤིན་ཏུ་རྒྱས་པ་ཆེན་པོ་སངས་རྒྱས་ཕལ་པོ་ཆེ་ལས། བྱང་ཆུབ་ཀྱི་སའམ་འཕགས་པ་བྱང་ཆུབ་སེམས་དཔའི་ས་བཅུ་བམ་པོ་བདུན་དུ་བགྱིས་ཏེ་ཤུ་ལོག་ཉིས་སྟོང་ཉི་ཤུ་མཆིས་ཞེས་དཀར་ཆག་འཕང་ཐང་མར་གསལ་ལ། བུ་སྟོན་རིན་པོ་ཆེའི་ཆོས་འབྱུང་དུ་ས་བཅུ་པ་བམ་པོ་བརྒྱད་ཅེས་འབྱུང་བ་དེ་གཉིས་གཅིག་ཏུ་ངེས། དེ་ཉིད་ཀྱི་རྒྱ་ནག་གི་འགྱུར་ལ། གུང་མགོན་པོ་སྐྱབས་ཀྱིས་མཛད་པའི་རྒྱ་ནག་ཆོས་འབྱུང་དུ། ས་བཅུ་བའི་ལེའུ་མི་འདྲ་བ་གཉིས། ས་བཅུ་བའི་མདོ་འགྱུར་ཁྱད་མ་གཉིས། ཞེས་ལོ་ཙཱ་བ་སུ་ཡིན་གྱི་གསལ་ཁ་མེད་པ་གཉིས་དང་། གཞན་ཡང་དེ་ཉིད་ལས་ས་བཅུ་བའི་བམ་པོ་དགུ་པ་ཐང་གུར་གྱི་ལོ་ཙཱ་བ་རྒྱ་གར་གྱི་སློབ་དཔོན་ཤྲཱི་ལ་ཏྲ་ཛ་སྟེ་ཚུལ་ཁྲིམས་སམ་ཆོས་ཀྱི་ངང་ཚུལ་(唐尸罗达摩)གྱི་འགྱུར་བཞུགས་ཏེ། སློབ་དཔོན་འདི་བ་ལི་ཡུལ་གྱི་དགེ་སློང་ཞིག་སྟེ་གདན་དྲངས་པ་ལྟར་སྐབས་དེའི་པེ་ཐིན་(北庭)ད་ལྟའི་ཤིན་ཅང་གི་ཕུ་རྡ་མུ་ཆི་གྲོང་ཁྱེར་དང་ཉེ་བའི་སར་མདོ་འདི་བསྒྱུར་བ་འགྱུར་བྱང་དུ་གསལ། ཡིག་ཆ་ལས་བྱུང་བའི་ཁུངས་ནི་འགྱུར་ཕྱི་མ་འདི་རང་ཡིན་པར་ངེས།[1]

བྱང་ཆུབ་སེམས་ཀྱི་རྒྱན་ཞེས་བྱ་བའི་བོད་འགྱུར་མ་དཀར་ཆག་རྣམས་སུ་བཀོད་པ་མ་མཐོང་ཡང་། བུ་སྟོན་ཆོས་འབྱུང་ན། སངས་རྒྱས་ཕལ་པོ་ཆེ་འཇིག་རྟེན་གྱི་དབང་པོ་ཐམས་ཅད་ཀྱི་རྒྱན་གྱི་ལེའུ་ནས་སྟོང་པོ་བཀྲུན་པའི་ལེའུ་བཞི་བཅུ་རྩ་ལྔ་ཡན་ཆད་ལ་ཤྭ་ལོ་ཀ་སུམ་ཁྲི་དགུ་སྟོང་སུམ་ཅུ་སྟེ་བམ་པོ་བརྒྱ་སུམ་ཅུ་དང་ཤྭ་ལོ་ཀ་སུམ་ཅུ་པ་རི་ཙ་ན་རཏྣ་ཀྲ་ཞུས་ཆེན་བགྱིས་པ་ལ་ཞེས་སོགས་འབྱུང[2]བའི་དོན་ལ་བརྟགས་ན་དེའི་ཁོངས་སུ་ཡོད་པར་ངེས། དེའི་རྒྱ་ནག་གི་འགྱུར་བམ་པོ་གཅིག་པ་ཀུ་མཱ་ར་ཛཱིའི་འགྱུར་བཞུགས་སོ། །

གཉིས། དཀོན་མཆོག་བརྩེགས་པ་ཆེན་པོའི་ཆོས་སྐོར། དཀོན་མཆོགས་པ་ཆེན་པོ་ཞེས་འབྱུང་བ་ནི་དཀོན་མཆོག་བརྩེགས་པ་ཆེན་པོའི་འབྲི་ཚུལ་སྟེ། འདི་ལ་ལེའུ་སྟོང་ཕྲག་བརྒྱ་པ་སྟེ་ལེའུ་འབུམ་འབྱུང་བ་ཕལ་མོ་ཆེ་ཞུ་ཆེན་གྱི་ལོ་ཙཱ་བ་ཡེ་ཤེས་སྡེ་སོགས་ཀྱིས་བསྒྱུར། དེ་ལས་གཙུག་ན་རིན་པོ་ཆེས་ཞུས་པ་དང་ལྷའི་བུ་བློ་གྲོས་རབ་གནས་ཀྱིས་ཞུས་པ་སོགས་འགའ་ཞིག་ལོ་ཙཱ་བ་ཆོས་ཉིད་ཚུལ་ཁྲིམས་དང་ཅོག་རོ་ཀླུའི་རྒྱལ་མཚན་གཉིས་ཀྱི་འགྱུར་དུ་ངེས། དཀོན་མཆོག་བརྩེགས་པ་ཆེན་པོའི་ཆོས་ཀྱི་རྣམ་གྲངས་ལས། ཆོས་བཅུ་བའི་མདོ་བོད་མ་ཤློ་ཀ་ལྔ་བརྒྱ། བྱང་ཆུབ་སེམས་དཔའི་སྡེ་སྣོད་ལ་བམ་པོ་ཉི་

① གུང་མགོན་པོ་སྐྱབས། རྒྱ་ནག་ཆོས་འབྱུང་། སི་ཁྲོན་མི་རིགས་དཔེ་སྐྲུན་ཁང་། 1983ལོ། ཤོག་ངོས་139

② བུ་སྟོན་རིན་ཆེན་གྲུབ། བུ་སྟོན་ཆོས་འབྱུང་། ཀྲུང་གོའི་བོད་ཀྱི་ཤེས་རིག་དཔེ་སྐྲུན་ཁང་། 1988ལོ། ཤོག་ངོས་217

ཤྭ། འཕགས་པ་བྱམས་པས་དྲིས་པའི་མདོ་བམ་པོ་གཅིག་དང་ཤོ་ལོ་ཀ་བཅུ་བཅས་རྣམས་བོད་ཀྱི་ལོ་ཙཱ་བ་ཆེན་མོ་ཞང་ཡེ་ཤེས་སྡེ་སོགས་ཀྱི་འགྱུར་བཞུགས་ཤིང་། བྱང་ཆུབ་སེམས་དཔའི་སྡེ་སྣོད་ཕྱིས་སུ་སྐད་གསར་བཅད་ཀྱིས་བཅོས་པ་ཆོས་ཉིད་ཚུལ་ཁྲིམས་ཀྱི་འགྱུར་ཡིན་པར་བུ་སྟོན་བཞེད། དེ་དག་རྒྱ་ནག་གི་འགྱུར་ལ། ཡོ་བྱང་རྒྱལ་རབས་སྐབས་ཀྱི་ལོ་ཙཱ་བ་བུདྡྷ་སནྟོ(元魏佛陀扇多)ཀྱིས་བསྒྱུར་བའི་ཆོས་བཅུ་བའི་མདོ་བམ་པོ་གཅིག་དང་། ལེང་རྒྱལ་རབས་ཀྱི་གོང་མ་ལེང་ཝུ་ཏིའི་སྐབས་ཀྱི་ལོ་ཙཱ་བ་སངྒ་པཱ་ལའམ་དགེ་འདུན་བསྐྱངས(梁僧伽婆罗)ཀྱི་འགྱུར་བམ་པོ་གཅིག་ཅན། བྱང་ཆུབ་སེམས་དཔའི་སྡེ་སྣོད་དེ་ཉིད་ཀྱི་འགྱུར་བམ་པོ་གཅིག བྱམས་པས་དྲིས་པའི་མདོའམ་བྱམས་ཞུས་ལེའུ་དེ་བཞིན་དཀོན་བརྩེགས་ཀྱི་བམ་པོ་བརྒྱ་དང་བཅུ་གཅིག་པར་བཞུགས་པ་ཐང་གུར་གྱི་ལོ་ཙཱ་བ་ཆེན་མོ་བྱང་ཆུབ་སྲིད་པའམ་པོ་ཏྲི་རུ་ཙི་ཕྲི་མར(唐菩提流志)འབོད་པའི་འགྱུར་ཡིན་ལ། གཞན་ཡང་ལོ་ཙཱ་བ་ཞོན་ཙཱང་མཆོག་གིས་བསྒྱུར་བའི་བྱང་ཆུབ་སེམས་དཔའི་སྡེ་སྣོད་ཆེན་པོ་བམ་པོ་ཉི་ཤུ་པ་ཞིག་ཀྱང་བཞུགས་ཏེ། མདོ་འདི་ནི་ཞོན་ཙཱང་ཕྱིར་ལོག་ནས་བསྒྱུར་བའི་མདོ་ཆེས་ཐོག་མ་དེ་ཡིན། །ལེང་ཆུ་ཁྲའོ(梁启超)ཡིས་ཕྱི་མ་དང་། ཝང་ཐེས་ཅུན(王铁钧)གྱིས་སྔ་མར་ངོས་འཛིན་གནང་ཡོད་དེ་དོན་དུ་གང་ཡིན་བརྟག ཉེ་རྗེས་ཀྱི་བོད་རིག་པའི་མཁས་པ་ཁང་དཀར་ཚུལ་ཁྲིམས་སྐལ་བཟང་མཆོག་གིས། དེ་ཡང་བྱམས་ཞུས་ལེའུ་འདི་བཞིན་བོད་འགྱུར་ཉི་ཁྲི་ལེའུ་དོན་གཉིས་པ་དང་། ཁྲི་བརྒྱད་སྟོང་བ་ལེའུ་གྱ་གསུམ་པ་གཉིས་སུ་བཞུགས་ཀྱང་། རྒྱ་ནག་གི་འགྱུར་གྱི་ཤེར་ཕྱིན་གང་དུའང་ལེའུ་འདི་མ་བཞུགས་པས་ན་ལེའུ་དེ་བཞིན་རྗེས་སུ་ཤེར་མདོར་བཅུག་པར་དོགས་པ་མི་དགོས།① ཞེས་རྒྱ་གར་གྱི་ནང་པའི་ལྟ་གྲུབ་ཆོས་འབྱུང་ངམ་མཚན་གཞན་དེབ་སྔོན་གསར་མར་འབོད་པ་དེར་ཉི་ཁྲི་དང་བརྒྱད་སྟོང་བའི་ལེའུ་ནས་ཕྱུང་བའི་བྱམས་ཞུས་ལེའུ་བཞུགས་པ་དེ་ཉིད་ཕྱིས་སུ་བཅུག་པར་གསལ་པོར་བསྟན་འདུག་སྟེ། དེས་ན་དཀོན་བརྩེགས་ཆེན་མོའི་སྐབས་ན་འབྱུང་བའི་བྱམས་པས་ཞུས་པ་བམ་པོ་གཅིག་དང་ཤོ་ལོ་ཀ་བཅུ་ཅན་དང་། བྱམས་པས་ཞུས་པ་ཆོས་བརྒྱད་བམ་པོ་གཅིག་བཞུགས་པ་དེ་གཉིས་ནི། ཉི་ཁྲི་དང་ཁྲི་བརྒྱད་སྟོང་བར་བཞུགས་པ་དེ་དང་རྣམ་གྲངས་མི་གཅིག་པར་མ་ཟད། ཡིག་ཆའི་སྐབས་འདིར་བྱུང་བ་ཡང་དཀོན་བརྩེགས་ཀྱི་སྐབས་ན་འབྱུང་བ་དེ་ཉིད་ལ་གཞི་བྱས་པར་མངོན་ནོ། །

འདུལ་བ་རྣམ་པར་གནོན་མི་ཟ་བ་ཞེས་པ་བོད་མ་བམ་པོ་གཅིག་པ་སུའི་འགྱུར་མི་གསལ། རྒྱ་

① ཁང་དཀར་ཚུལ་ཁྲིམས་སྐལ་བཟང་གི་གསུང་རྩོམ་ཕྱོགས་བསྒྲིགས། ཀྲུང་གོའི་བོད་རིག་པ་དཔེ་སྐྲུན་ཁང་། 1999ལོ། ཤོག་ངོས་572

ནག་གི་འགྱུར་ལ་བམ་པོ་གཅིག་པ་ཅིན་ནུབ་མའི་དུས་ཀྱི་ལོ་ཙཱ་བ་ཏུན་ཧོང་སྡེ་སྣོད་གསུམ་པའི་(西晋炖煌三藏)འགྱུར་དཀོན་བརྩེགས་ཀྱི་གྲས་སུ་བཞུགས། ནང་རིག་པའི་ཚིག་མཛོད་ཆེན་མོར་འཁོད་པ་ལྟར་ན། ཏུན་ཧོང་སྡེ་སྣོད་གསུམ་པ་ནི་འཕགས་པ་ཏུན་ཧོང་བྱ་བ་དེ་ཡིན་པར་བཤད་མོད་རྣམ་ཐར་ཞིབ་གསལ་མ་རྙེས། ནམ་མཁའི་སྙིང་པོ་ཀུན་དྲིས་པ་ཞེས་པ་བོད་མ་མདོ་སྡེ་སྣ་ཚོགས་ཀྱི་སྐོར་ན། ནམ་མཁའི་སྙིང་པོ་ཞུས་པ་བམ་པོ་གཅིག་དང་ཤོ་ལོ་ཀ་བརྒྱ་བདུན་ཅུ་རྩ་ལྔ་མཆིས་པ་འགྱུར་བྱང་མི་གསལ་བ་དེ་དང་། སྣང་བ་མཐའ་ཡས་ཀྱི་མདོ་ཡི་བོད་མ་གཞན་དུ་བཙལ་དགོས་པར་སྣང་།[1] དེའི་རྒྱ་ནག་གི་འགྱུར་བམ་པོ་གཉིས་པ་ཏི་ཁྱིའན་(支谦)གྱི་འགྱུར་དང་། བམ་པོ་གཅིག་པ་ཀུ་མཱ་ར་ཛཱིའི་འགྱུར་ཏེ་གཉིས་བཞུགས། དཔུང་བཟང་གིས་དྲིས་པའི་མདོའམ་དཔུང་བཟང་གིས་ཞུས་པ་ནི་བོད་མའི་སྐབས། མི་རིགས་དཔེ་སྐྲུན་ཁང་གིས་ཉེ་ཆར་བསྒྲིགས་པའི་བསྟན་འགྱུར་ལས་སྒྲ་བྱེ་བྲག་རྟོགས་བྱེད་ཆེན་མོ་བོད་རྒྱ་ཤན་སྦྱར་མ་ཏུ། ལག་བཟང་གྱིས་ཞུས་པ་དང་གཅིག་པར་བྱས་པའི་བཟོ་འདུག་ཀྱང་།[2] དེ་གཉིས་མདོ་སོ་སོ་བ་སྟེ། ལག་བཟང་གིས་ཞུས་པ་ལ་བམ་པོ་གཉིས་དང་ཤོ་ལོ་ཀ་བརྒྱ་རྩ་བརྒྱད་མཆིས་པ་དཀར་ཆག་འཕང་ཐང་མ་སོགས་སུ་གསལ་ལ། ལོ་ཙཱ་བ་ཡེ་ཤེས་སྡེའི་འགྱུར་ཡིན། སྐབས་བབ་དཔུང་བཟང་གིས་ཞུས་པ་ནི་ཕྱིས་བྱུང་བོད་ཀྱི་མཁས་པའི་བསྟན་བཅོས་རྣམས་སུ་མང་དུ་དྲངས་ཡོད་པ་མཐོང་བས། མདོ་གལ་ཆེན་ཞིག་ཡིན་པ་ལྟ་ག་ལ་སྨོས་ཏེ། ལག་བཟངས་ཀྱིས་ཞུས་པ་དང་མི་གཅིག་པ་ནི། རྒྱ་ནག་གི་འགྱུར་བམ་པོ་གཉིས་པ་དཔུང་བཟང་གིས་ཞུས་པའི་མདོ་ཞེས་པ་ཀུ་མཱ་ར་ཛཱིས་བསྒྱུར་བ་དཀོན་བརྩེགས་ཀྱི་ཆོས་སྐོར་ན་བཞུགས་པར་མ་ཟད། སྤྱི་ལོ་973ལོར་སུང་གོང་མ་ཐའི་ཙུའུ་ཡི་སྐུ་རིང་ལ་རྒྱ་ནག་ཏུ་ཕྱོན་པའི་ན་ལེན་དྲའི་དགེ་སློང་ཆོས་ཀྱི་ལྷ་(法天)བྱ་བས་བསྒྱུར་བ་འཕགས་པ་དཔུང་བཟང་གིས་ཞུས་པའི་མདོ་བམ་པོ་བཞི་པ་ཞིག་རྒྱ་ནག་གི་བཀའ་འགྱུར་ཁྲོད་དུ་བཞུགས་པས་མདོ་དེ་གཉིས་གཅིག་མིན་པ་རྟོགས་ནུས་སོ་སྙམ།

① སྣང་བ་མཐའ་ཡས་ཀྱི་མདོ་འདིའི་བོད་འགྱུར་མ་སྐབས་དེར་མི་སྣང་མོད། མདོ་དེ་ཉིད་ཏུན་ཧོང་གི་ཡུལ་དུ་ཤིན་ཏུ་རྒྱུགས་ཆེ་ཕྱིར། ཏུན་ཧོང་བོད་ཡིག་གི་ཡིག་ཚང་ཁྲོད་མདོ་དེ་རྒྱ་ནག་གི་སྐད་ནས་བོད་སྐད་དུ་སྒྲ་སོར་བཞག་བྱས་པའི་ཤོག་དྲིལ་ཞིག་མཆིས་ཏེ། ཤོག་དྲིལ་དེའི་མཇུག་བྱང་དུ། སྣང་བ་མཐའ་ཡས་ཀྱི་མདོ་བམ་པོ་གཅིག་པ་རྫོགས་སྷོ་ཞེས་འབྱུང་བ་ལས། སྐབས་དེར་མདོ་མང་པོ་ཞིག་བོད་འགྱུར་མི་བཞུགས་ནའང་། རྒྱ་ནག་གི་སྐད་ལས་སྒྲ་སོར་བཞག་མཛད་པའི་དཔེ་མང་པོ་ཞིག་འབངས་ཀྱི་ཁྲོད་དུ་དར་ཆེ་བ་མཐོང་ཐུབ་པ་ཡིན། 敦煌写本ch.77.ii.3季羡林，敦煌学大辞典，上海：上海辞书出版社，1989年，第475页。

② བསྟན་འགྱུར་ལས་སྒྲ་བྱེ་བྲག་རྟོགས་བྱེད་ཆེན་མོ་བོད་རྒྱ་ཤན་སྦྱར་མར། ལག་བཟངས་ཀྱིས་ཞུས་པ། 妙手请问经;妙臂菩萨所问经;太子刷护经ཞེས་འབྱུང་ངོ་། །

གསུམ། ཐེག་པ་ཆེན་པོའི་མདོ་སྡེ་སྣ་ཚོགས་ཀྱི་སྐོར། ཐེག་པ་ཆེན་པོའི་མདོ་སྡེ་སྣ་ཚོགས་ལས། འཕགས་པ་བསྐལ་པ་བཟང་པོ་བོད་མ་བམ་པོ་ཉི་ཤུ་རྩ་དྲུག་པ་ལོ་ཙཱ་བ་དཔལ་དབྱངས་དང་སྐ་བ་དཔལ་བརྩེགས་ཀྱི་འགྱུར་བཞུགས། རྒྱ་ནག་གི་འགྱུར[1]ཅིན་ནུབ་མའི་སྐབས་ཀྱི་ལོ་ཙཱ་བ་སྡེ་སྣོད་གསུམ་པ་(西晋三藏竺法护)རྡ་རྨ་རཀྵཱིཏ་འམ་ཆོས་འཚོ་ཡིས་བསྒྱུར་བ་བམ་པོ་བརྒྱད་པ་ཞིག་མཆིས། དགོངས་པ་ངེས་པར་འགྲེལ་པ་བོད་མ་བམ་པོ་བཞི་དང་ཤློ་ཀ་ཉི་ཤུ་བཞུགས་པ་ཕྱིས་སྐད་གསར་བཅད་ཀྱིས་བཅོས་པར་བཤད་པ་ཙམ་ལས་ལོ་ཙཱ་བ་སུས་བསྒྱུར་བ་མི་གསལ།[2] དཀར་ཆག་འཕང་ཐང་མ་ལས་བམ་པོ་བཞིར་བཤད་ཀྱང་གཅིག་ཏུ་ངེས། དེའི་རྒྱ་ནག་གི་འགྱུར་ལ་མི་འདྲ་བ་བཞི་མཆིས་ཏེ། པོ་དྷི་རུ་ཙི་སྲུ་མའི་(元魏菩提流支)འགྱུར་བམ་པོ་ལྔ་པ་དང་། སྡེ་སྣོད་གསུམ་པ་ཐང་ཞོན་ཙང་གི་འགྱུར་བམ་པོ་ལྔ་པ་གཉིས་གྲགས་ཆེ་ཞིང་། དེ་གཉིས་ལས་ཀྱང་ཕྱི་མ་འདི་རྒྱུགས་ཆེ་བ་ད་ལྟ་འགྱུར་འདི་གོ་བདེར་བྱས་པའི་འགྲེལ་པ་ཡང་མང་དུ་སྣང་། ག་ཡ་གོ་རིའི་མདོ་བོད་མ་ཤློ་ཀ་བརྒྱ་བརྒྱད་ཅུ་རྩ་བརྒྱད་པ་ཞང་ཡེ་ཤེས་སྡེའི་འགྱུར་དང་། རྒྱ་ནག་གི་འགྱུར་བམ་པོ་གཅིག་པ་པོ་དྷི་རུ་ཙི་སྲུ་མའི་ཡིན། སྙིང་རྗེ་པུན་ཏ་རི་ཀའམ་སྙིང་རྗེ་ཆེན་པོ་པདྨ་དཀར་པོའི་བོད་མ་བམ་པོ་དྲུག་པ་ཞང་ཡེ་ཤེས་སྡེའི་འགྱུར། དཀར་ཆག་འཕང་ཐང་མ་ལས་འཕགས་པ་སྙིང་རྗེ་པདྨ་དཀར་པོ་བམ་པོ་བཅོ་ལྔ་ཙན་ཞིག་བཞུགས་པ་འགྱུར་བྱང་མི་གསལ་ཡོད། དཀར་ཆག་འཕང་ཐང་མ་འདི་ཉིད་བོད་ཀྱི་བཙན་པོ་ཁྲི་གཙུག་ལྡེ་བཙན་རལ་པ་ཅན་གྱི་སྐུ་རིང་ཆོས་རྒྱལ་པོ་པཧ་རྣམས་ཀྱིས་བསྒྲིགས་པ་དང་། ད་ལྟ་ཁོ་བོས་གཞི་བཅོལ་སའི་པར་མ་འདི་ཡང་བུ་སྟོན་

---

① མདོ་སྡེ་སྐལ་བ་བཟང་པོ་ཞེས་བྱ་བ་འདིའི་རྒྱ་ནག་གི་འགྱུར་ཏུན་ཧོང་ཡིག་རྙིང་དུ་ཡིག་སྣ་བཅོ་བརྒྱད་ལྷག་བྱུང་ཡོད་པ་རྣམས། དབྱིན་ཇི་དང་ཧྥ་རན་སི། ཉི་ཧོང་། ཨུ་རུ་སུ་སོགས་ཀྱི་དཔེ་མཛོད་ཁང་སོ་སོ་དང་། པེ་ཅིང་དང་དཔེ་མཛོད་ཁང་དུའང་ཉུས་ཉུང་ཅན་གྱིས་མཚན་བཏབ་པའི་ཡིག་ཆ་ཨང་རྟགས་དོན་ལྔ་བ་ཞིག་མཆིས་པ་ལས། འགྱུར་བ་པོའི་མཚན་འཁོད་པ་མི་སྣང་ཡང་། ཅིན་ནུབ་མའི་ལོ་ཙཱ་བ་ཆོས་འཚོས་བསྒྱུར་བ་དེ་རང་ཡིན་ངེས་སོ། །

② བུ་སྟོན་རིན་ཆེན་གྲུབ། བུ་སྟོན་ཆོས་འབྱུང་། ཤོག་ངོས་219ན་གསལ། གཞན་ཡང་ཞིབ་འཇུག་པ་ལི་ཏེ་ལུང་(李德龙)ལགས་ཀྱིས་ཞིབ་འཇུག་གནང་བ་ལྟར་ན། མདོ་སྡེ་དགོངས་པ་ངེས་འགྲེལ་གྱི་བོད་འགྱུར་མ་ཤོག་དྲིལ་ཅི་རིགས་ཤིག་ཏུན་ཧོང་ཡིག་རྙིང་དུ་བྱུང་དཔེར་ན། P.T.615 P.T.683 S.T.194བཅས་ཨང་རྟགས་མི་འདྲ་བ་རྣམས་མདོ་གང་དེའི་སྐབས་དོན་ལྟར་སྦྱར་བའི་ཚེ། ཕལ་ཆེར་མདོ་ཡིག་བརྗོད་བྱ་ཧྲིལ་པོ་ཞིག་བསྟན་ཡོད་པ་དེ་དང་སྡེ་དགེའི་བཀའ་འགྱུར་ཁྲོད་ཀྱི་མདོ་གཉིས་ཕན་ཚུན་བསྡུར་ན། ཚིག་དོན་ཉིས་ཆར་མི་འདྲ་ས་མང་བར་བཤད། དེ་གཉིས་འགྱུར་ཁྱད་ཤིན་ཏུ་ཆེ་བར་མ་ཟད། ཕལ་ཆེར་རྒྱ་ནག་གི་འགྱུར་ལས་ཐད་བསྒྱུར་གནང་བའི་ཤས་ཤིན་ཏུ་ཆེ་བས། མདོ་སྡེ་དེ་ལ་འགྱུར་མི་འདྲ་བ་གཉིས་ཤིག་བྱུང་ཡོད་པའི་ཁ་ཚོན་མི་ཆོད་མོད་ཀྱང་། ཐ་སྙད་དེ་དག་ནི་ལོ་ཙཱ་བ་ཆེན་མོ་འགོས་ཆོས་གྲུབ་མཆོག་གིས་སློབ་བུ་རྣམས་ལ་གཞུང་གི་འཆད་ཉན་གནང་སྐབས་བསྒྱུར་བ་མིན་ནམ་སྙམ།

གྱིས་མཐོང་བའི་དཀར་ཆག་དེ་ཉིད་དང་ཅུང་མི་འདྲ་བར་མ་ཟད། བུ་སྟོན་མཆོག་གིས་མཛད་པའི་ཆོས་འབྱུང་འདི་ལས་ལོ་བཅུ་ཤས་ཀྱིས་སྔ་བ་ཕལ་ཆེར་སྤྱི་ལོ1314ཡས་མས་སུ་རྙེད་སོན་བྱུང་ཡོད་ཕྱིར། བམ་གྲངས་བཅོ་ལྔ་པ་འདི་ཉིད་སྐབས་བབ་ཀྱི་ཡིག་ཆ་ལས་བྱུང་བ་དང་མཐུན་ཤས་ཆེ་སྙམ། དེའི་རྒྱ་ནག་གི་འགྱུར་ལ་གསུམ་ཙམ་བྱུང་ཡང་། སྡེ་སྣོད་གསུམ་པ་དྷ་རྨ་རཀྵི་ཏ་ཡི་འགྱུར་བམ་པོ་བཅུ་པ་དང་། ལིང་བྱང་མའི་ལོ་ཙཱ་བ་ཏམ་ཤུ་ཁྲིན་ནམ་ཆོས་བདེ(北凉昙无谶)དང་ཏའོ་ཀུང་(道龚)གཉིས་ཀྱི་འགྱུར་བམ་པོ་བཅུ[1]པ་གཉིས་རྒྱུགས་ཆེ་ཡང་། སྐབས་འདིར་ཕྱི་མ་སྟེ་སྔ་མར་རྒྱ་ནག་སྐད་དུ(《闲居经》)དང་ཕྱི་མར(《悲华经》)ཞེས་བསྒྱུར་ཡོད་པས་སོ། །

དཔང་བསྐུར་བའི་མདོ་ཡི་བོད་མ་ཤོ་ལོ་ཀ་སུམ་ཅུ་རྩ་གསུམ་པ་ཞིག་གསང་བ་སྔགས་ཀྱི་སྐོར་ལས་གཟུངས་ཕྲ་མོ་སྣ་ཚོགས་ཀྱི་གྲས་སུ་བྱུང་བ་ལོ་ཙཱ་བ་ཞང་ཡེ་ཤེས་སྡེའི་འགྱུར།[2] ཞེས་བུ་སྟོན་ཆོས་འབྱུང་དུ་གསལ་ཡང་། སྐབས་བབ་ཀྱི་ཡིག་ཆ་ལས་བྱུང་བ་ནི་འགྱུར་འདི་ཉིད་ལ་གཞིར་མཛད་པ་ཞེ་ཡིན་ནམ་སྙམ། དེའི་རྒྱ་ནག་གི་འགྱུར་ལ་གུང་མགོན་པོ་སྐྱབས་ཀྱིས་མཛད་པའི་རྒྱ་ནག་ཆོས་འབྱུང་དུ། དཔང་བསྐུར་ཆེན་པོའི་མདོ་བམ་པོ་བཅུ་གསུམ་པ་རྒྱ་གར་གྱི་པཎྜི་ཏ་སྡེ་སྣོད་གསུམ་པ་པཻ་ཤྲ་མི་ཏྲའི་འགྱུར(东晋帛尸梨蜜多罗)ཟེར་བ་ཐེ་ཚོམ་གྱི་གཞི[3]ཞེས་དོགས་པ་གནང་འདུག་ཀྱང་། འགྱུར་དེ་མདོ་སྡེ་སྣ་ཚོགས་ཀྱི་སྐོར་ལས། དྷ་རྨ་ཀེ་ཏུའི་འགྱུར་སྨན་གྱི་བླ་བཻ་ཌཱུརྱ་འོད་ཀྱི་རྒྱལ་པོའི་སྨོན་ལམ་བསྟན་པའི་མདོ་བམ་པོ་གཅིག་པའི་ཐོད་ཡིག་ཏུ། དཔང་བསྐུར་བའི་མདོ་ཡི་བམ་པོ་བཅུ་གཉིས་པ་ཞེས་དང་། ད་ལྟའི་རྒྱ་ནག་གི་བཀའ་འགྱུར་ཆེན་མོར་ཡང་པཻ་ཤྲ་མི་ཏྲའི་འགྱུར་བམ་པོ་བཅུ་གཉིས་པར་ངོས་འཛིན་གནང་ཡོད་པས་བཞེད་ཚུལ་དེ་རང་ཁུངས་དག་གམ་སྙམ།

སངས་རྒྱས་ཀྱི་མཛོད་བྱ་བའི་བོད་མ་བམ་པོ་ལྔ་རྒྱ་ནག་ལས་འགྱུར་བ་དཀར་ཆག་འཕང་ཐང་མ་དང་ལྡན་དཀར་མ་གཉིས་གར་འབྱུང་ཡང་འགྱུར་བྱང་མི་གསལ།[4] སྟུག་པོའི་རྒྱན་ནམ་ཕྱིས་སུ་རྒྱན་སྟུག

① ལོ་ཙཱ་བ་ཆོས་བདེས་བསྒྱུར་བ་འདི་ཏུན་ཧོང་ཡིག་རྙིང་དུ་ཡིག་སྣ་བཅུ་ཙམ་འབྱུང་བ་སོ་སོར་ཏུན་ཧོང་ཞིབ་འཇུག་གླིང་དང་། ཉི་ཧོང་། ཨུ་རུ་སི། དབྱིན་ཇི་སོགས་ཀྱིས་ཉར་ཚགས་གནང་ཡོད་ཅིང་། མདོ་འདི་གསོན་གཤིན་གྱི་དགེ་རྩར་བཞེངས་སྲོལ་ཏུན་ཧོང་སོགས་ཀ་སེ་ཕྱོགས་སུ་ཤིན་ཏུ་དར་ཆེ་བར་བྱུང་ཡོད།

② བུ་སྟོན་རིན་ཆེན་གྲུབ། བུ་སྟོན་ཆོས་འབྱུང་། ཀྲུང་གོའི་བོད་ཀྱི་ཤེས་རིག་དཔེ་སྐྲུན་ཁང་། 1988ལོ། ཤོག་ངོས་259

③ གུང་མགོན་པོ་སྐྱབས། རྒྱ་ནག་ཆོས་འབྱུང་། སི་ཁྲོན་མི་རིགས་དཔེ་སྐྲུན་ཁང་། 1983ལོ། ཤོག་ངོས་142

④ བུ་སྟོན་རིན་ཆེན་གྲུབ། བུ་སྟོན་ཆོས་འབྱུང་། སངས་རྒྱས་ཀྱི་མཛོད་བམ་པོ་ལྔ་བརྒྱ་ལས་བསྒྱུར་བ་འདི་དཀར་ཆག་ཆེན་མོ་གསུམ་དུ་མདོར་མཛད་ཁ་ཅིག་ཐེ་ཚོམ་གྱི་གཞིར་འཆད་དོ་ཞེས་འབྱུང་། ཤོག་ངོས་219

པོ་བཀོད་པ་ཞེས་བྱ་བའི་བོད་མ་བམ་པོ་བཞི་ཡན་ཆད་འགྱུར་ཞེས་བུ་སྟོན་གྱིས་བཞེད་པ་དཀར་ཆག་འཕང་ཐང་མར་ཡང་ཇི་བཞིན་འབྱུང་བས། མདོ་འདི་ཁ་ཚང་འགྱུར་མེད་པར་མངོན་ལ། སྡེ་དགེ་བཀའ་འགྱུར་དཀར་ཆག་ཏུ། ཞིའུ་དགུ་ཆ་མ་ཚང་བར་བཞེད་པ། ཛི་ན་མི་ཏྲ་དང་། ཤཱི་ལེནྡྲ་བོདྷི་དང་། བནྡེ་ཡེ་ཤེས་སྡེས་བསྒྱུར་བ།[1] ཞེས་འབྱུང་བར་དཔགས་ན། འགྱུར་འདི་ཆ་ཚང་བར་མ་འགྱུར་བར་ངེས། དེའི་རྒྱ་ནག་གི་འགྱུར་ལ་བཞི་ཙམ་བྱུང་ཡོད་པ་དེ་དག་གི་བམ་པོའི་གྲངས་ཚད་དང་མདོ་ཡི་མཚན་བྱང་ལ་ཁྱད་པར་ཕྲན་བུ་རེ་མཆིས་ཏེ་འགྱུར་སྔ་མ་གསུམ་ལས་དང་པོ་གཉིས་ལ་སོ་སོར་བམ་པོ་བརྒྱད་དང་། ཐ་མ་ལ་བམ་པོ་དྲུག་མ་གཏོགས་མི་བཞུགས། འགྱུར་བཞི་པའམ་ཐ་མ་སྟེ་ཐང་གུར་གྱི་ལོ་ཙཱ་བ་དེ་པཱ་ཀ་རའམ་ཉི་གྲགས་(地婆诃罗)ཀྱི་འགྱུར་ལ་བམ་པོ་བཅུ་གཉིས་མཆིས་ཤིང་འགྱུར་སྔ་མ་གསུམ་ལ་གཞིར་མཛད་དེ་བསྒྱུར་བ་ཡིན་གཤིས། འགྱུར་ལེགས་ལ་ཚང་བས་རྒྱུགས་ཆེ་བར་མཐོང་། སྐབས་འདིའི་མཚན་བྱང་དུ་གསལ་བ་ནི་འགྱུར་ཕྱི་མའོ། །ཤུ་རང་ག་མ་དཔའ་བར་འགྲོ་བའི་ཏིང་ངེ་འཛིན་ཏེ་ཡོངས་གྲགས་དཔའ་བར་འགྲོ་བའི་ཏིང་ངེ་འཛིན་ལ་བོད་མ་བམ་པོ་ལྔ་མཆིས་པ་ལོ་ཙཱ་བ་རཏྣ་རཀྵིཏའམ་རིན་ཆེན་འཚོའི་འགྱུར། རྒྱ་ནག་གི་འགྱུར་ལ་བསྡོམས་པས་དགུ་ཙམ་བྱུང་ཡང་སྔ་མ་བརྒྱད་འགྱུར་སྔ་ཞིང་གོ་དཀའ་བར་སྣང་ཕྱིར། ཀུ་མཱ་ར་བས་སླར་ཡང་བསྒྱུར་ཏེ་བམ་པོ་གསུམ་དུ་གྲངས་ངེས་པར་བྱས་པ་ཤིན་ཏུ་དར་ཆེ་བར་བྱུང་ཡོད། ཡུང་སྐྱ་རོལ་བའི་རྗོ་རྗེས་ཕྱིས་སུ་མདོ་ཉིད་བོད་དུ་ཁ་ཚང་བར་མི་སྣང་བས་གོང་མ་ཆན་ལུང་གི་བཀའ་ལྟར་རྒྱ་ནག་ནས་སོག་ཡིག་ཏུ་བསྒྱུར་བ་དེ་གཞིར་བཟུང་ནས་བོད་སྐད་དུ་བསྒྱུར་ཅིང་ཞུས་ཏེ། གོང་མ་ཆན་ལུང་གིས་འགྱུར་བྱང་མཛད་པ་ཞིག་པེ་ཅིང་གི་མི་རིགས་རིག་གནས་པོ་བྲང་དུ་བཞུགས་པ་དེར་གསལ་ཡང་། སི་ཏུའི་བཀའ་འགྱུར་དཀར་ཆག་ཏུའང་། འཕགས་པ་དཔའ་བར་འགྲོ་བའི་ཏིང་ངེ་འཛིན་གྱི་མདོ་བམ་པོ་ལྔ་དང་ཞིའུ་དགུ་པ། རྒྱ་གར་གྱི་མཁན་པོ་ཤཱཀྱ་པྲ་བྷ་དང་། ལོ་ཙཱ་བ་བནྡེ་རཏྣ་རཀྵིཏས་བསྒྱུར་ཅིང་སྐད་གསར་བཅད་ཀྱིས་བཅོས་པ[2]ཞེས་ཤིན་ཏུ་གསལ་བར་བྱུང་བས། བོད་ལ་སྔ་ན་མདོ་འདི་མེད་པར་གསུངས་པ་དེ་ཕལ་ཆེར་འཁྲུལ་བར་སྣང་ངོ། །

ཛོ་ཛེ་སྙིང་པོའི་གཟུངས་བོད་མར་བམ་པོ་གཅིག་དང་ཤྲཱ་ལོ་ཀ་ཉིས་བརྒྱ་བདུན་ཅུ་བ་ནི་ལོ་ཙཱ་བ

---

① བཀའ་འགྱུར་དཔེ་བསྡུར་མའི་དཀར་ཆག་ཆེན་མོ་ཟླ་བ་ནོར་བུའི་མེ་ལོང་ཞེས་བྱ་བ་བཞུགས་སོ། །ཀྲུང་གོའི་བོད་རིག་པ་དཔེ་སྐྲུན་ཁང་། 2006ལོ། ཤོག་ངོས་116

② སི་ཏུ་ཆོས་ཀྱི་འབྱུང་གནས། སྡེ་དགེ་བཀའ་འགྱུར་དཀར་ཆག སི་ཁྲོན་མི་རིགས་དཔེ་སྐྲུན་ཁང་། 1987ལོ། ཤོག་ངོས་444

ཞང་ཡེ་ཤེས་སྡེའི་འགྱུར་དང་། སྒོ་དྲུག་གི་གཟུངས་སམ་སྒོ་དྲུག་པའི་གཟུངས་བོད་མར་ཤོ་ལོ་ཀ་བཅོ་བརྒྱད་དང་། དེའི་འགྱུར་བྱང་མི་གསལ་ཡང་། ཕལ་ཆེར་སྐ་བ་དཔལ་བརྩེགས་ཀྱིས་བསྒྱུར་བ་ཡིན་པར་སེམས། བུ་སྟོན་ཆོས་འབྱུང་དུ། གཟུངས་འདི་དག་སློབ་དཔོན་དབྱིག་གཉེན་གྱིས་སྒོ་དྲུག་པ་མདོར་བཀྲལ་ཞིང[1]ཞེས་འཁོད་པ་ལྟར་ན། སྒོ་དྲུག་པ་འདི་ཉིད་རྒྱུད་དུ་འདོད་པའི་སློབ་དཔོན་ཡང་མཆིས་པ་ཤེས་ནུས། དབྱིན་ཇིར་ཉར་བའི་ཏུན་ཧོང་བོད་ཀྱི་ཡིག་ཚང་ལས་འཕགས་པ་སྒོ་དྲུག་པའི་གཞུང་གི་དོན[2]ཞེས་པའི་ཤོག་དྲིལ་དེར། དེའི་དོན་སྡུག་བསྔལ་གང་ལ་སྤྱོད་བ་དང་། འཇིག་རྟེན་པའི་བདེ་བ་ཕུན་སུམ་ཚོགས་པ་གང་ལ་སྤྱོད་བ། སྡིག་པ་མི་དགེ་བའི་ལས་ཀྱི་སྒྲིབ་པ་གང་མཆིས་པ། བདུད་ཀྱི་ལས་གང་དག་ཡོད་པ། ཕ་རོལ་ཏུ་ཕྱིན་པའི་དགེ་བའི་རྩ་བ་འཇིག་རྟེན་པ་དང་འཇིག་རྟེན་ལས་འདས་པ་གང་ཡོད་པ། རྣམ་པར་གྲོལ་བ་གང་ཡིན་པ་སྟེ་སྒོ་དྲུག་གི་སྒོ་ནས་སྟོན་པར་གསལ། རྒྱ་ནག་གི་འགྱུར་ལ་བམ་པོ་གཅིག་མཆིས་པ་ཐང་གུར་གྱི་ལོ་ཙཱ་བ་ཞོན་ཙང་གི་འགྱུར་དེ་ཉིད་ཡང་། རྒྱ་ནག་གི་བཀའ་འགྱུར་ལས་གསང་སྔགས་རྒྱུད་ཀྱི་གྲས་སུ་བཙུག་ཡོད་དེ། མདོ་དེ་ཉིད་སྤྱིར་གཟུངས་ཀྱི་ཁོངས་སུ་བསྡུ་བ་གྲགས་ཆེ་བར་མངོན། རྡོ་རྗེ་སྙིང་པོའི་གཟུངས་ཞེས་པ་བོད་མ་ཕལ་ཆེར་མི་བཞུགས་མོད། རྒྱ་ནག་གི་འགྱུར་ལ་སོས་རྒྱལ་རབས་སྐབས་ཀྱི་སྡེ་སྣོད་གསུམ་པ་ཡེ་ཤེས་སྦས་པའམ་ཛྙཱ་ན་གར་བྷ(隋北天竺三藏法师阇那崛多)ཡིས་བསྒྱུར་བ་བམ་པོ་གཅིག་བཞུགས་སོ། །

མ་དྲོས་རྒྱ་ཀླུའི་རྒྱལ་པོས་དྲིས་པའམ་མ་དྲོས་པས་ཞུས་པ་ཞེས་པའི་བོད་མ། བམ་པོ་བཞི་པ་ཞང་ཡེ་ཤེས་སྡེ་དང་ཡི་གེ་བ་དགོན་རྒྱ་གླིང་ལ་སོགས་པའི་འགྱུར་མཆིས་ཤིང་། རྒྱ་ནག་གི་འགྱུར་ལ་ཅིན་ནུབ་མའི་སྐབས་ཀྱི་ལོ་ཙཱ་བ་སྡེ་སྣོད་གསུམ་པ་དྷ་རྨ་རཀྵི་ཏ(西晋三藏竺法护)ཡིས་བསྒྱུར་བ་བམ་པོ་བཞི་པ་མཆིས་སོ། །

---

① བུ་སྟོན་རིན་ཆེན་གྲུབ། བུ་སྟོན་ཆོས་འབྱུང་། ཤོག་ངོས་221ན་གསལ། གཞན་ཡང་། སློབ་དཔོན་དབྱིག་གཉེན་གྱིས་མཛད་པའི་འཕགས་པ་སྒོ་དྲུག་པའི་གཟུགས་ཀྱི་འགྲེལ་བ་རྒྱ་འགྱུར་མ་རྒྱ་ནག་གི་བཀའ་འགྱུར་ཁྲོད་བཞུགས་པ་དེ་དང་། སློབ་དཔོན་ལྷ་དབང་བློའི་འགྲེལ་བ་གཉིས་བཞུགས་པ་དེ་གཉིས་ཀྱི་མཇུག་བྱང་དུ། "癸丑年十月上旬八日于沙州永康寺集译讫故口之也"ཞེས་འབྱུང་བ་ལས་དཔགས་ན། འགྱུར་དེ་རྣམས་སྐབས་དེའི་བོད་ཀྱི་ལོ་ཙཱ་བ་འགོས་ཆོས་གྲུབ་དང་འབྲེལ་བ་ཡོད་པ་མིན་ནམ་སྙམ། 大正藏经·密教部1361经021卷[0L]，中华佛教在线：http：//chatzfjnet.com，第878页。

② དབྱིན་ཇིའི་རྒྱལ་གཉེར་དཔེ་མཛོད་ཁང་དུ་ཉར་བའི་ཏུན་ཧོང་དང་ནུབ་ལྗོངས་ཀྱི་བོད་ཡིག་ཡིག་ཚགས། པོད་གཉིས་པ། ཧྲང་ཧེ་དཔེ་རྙིང་དཔེ་སྐྲུན་ཁང་། 2011ལོ། ཤོག་ངོས་40

ཚངས་པ་ཁྱད་པར་སེམས་སམ། ཚངས་པ་ཁྱད་པར་ཅན་གྱིས་ཞུས་པ་བོད་མ་བམ་པོ་བདུན་ལོ་ཙྪ་བ་ཆོས་ཉིད་ཚུལ་ཁྲིམས་དང་། བར་ཞུས་ལོ་ཙྪ་བ་ལྷའི་དབང་པོ་སྲུང་བ། གཞོན་ནུ་སྲུང་བ་སོགས་ཀྱི་འགྱུར་བཞུགས།[1] ཕྱིས་ཀྱི་སི་ཏུའི་བཀའ་འགྱུར་དཀར་ཆག་ཏུ། འཕགས་པ་ཚངས་པ་ཁྱད་པར་སེམས་ཀྱིས་ཞུས་པའི་མདོ་བམ་པོ་དྲུག་པ། རྒྱ་གར་གྱི་མཁན་པོ་ཤཱཀྱ་པྲ་བྷ་དང་། དྷ་རྨ་པཱ་ལ་དང་། ཛཱི་ན་མི་ཏྲ་དང་། ལོ་ཙྪ་བ་བནྡེ་དེ་ཝེནྡྲ་རཀྵིཏ་དང་། ཀུ་མཱ་ར་རཀྵིཏ་ལ་སོགས་པས་ཞུས་པ།[2] ཞེས་འབྱུང་བ་ལས། བམ་པོའི་གྲངས་མི་མཚུངས་པ་ཙམ་ལས་གཅིག་གོ །རྒྱ་ནག་གི་འགྱུར་ལ་གཙོ་བོར་གསུམ་ཙམ་མཆིས་པ་དྷ་རྨ་རཀྵིཏ་ཡི་འགྱུར་དང་། ལོ་ཙྪ་བ་ཀུ་མཱ་ར་ཇཱི་ཝའི་འགྱུར། བོ་དྷི་རུ་ཙི་སྔ་མའི་འགྱུར་བཅས་ལས། ཀུ་མཱ་ར་བའི་འགྱུར་བམ་པོ་བཞི་པ་དེ་གཞན་རྣམས་ལས་རྒྱུགས་ཆེ་བར་བཤད་ཅིང་དེང་སང་ཡང་འགྱུར་འདི་ཉིད་ཁུངས་མར་བྱེད། འཕགས་པ་བགྲེས་མོའི་མདོའམ་བགྲེས་མོས་ཞུས་པ་ཞེས་པའི་བོད་མ་ཤོ་ལོ་ཀ་བརྒྱ་དང་བཅོ་ལྔ་པ་ལོ་ཙྪ་བ་ཞང་ཡེ་ཤེས་སྡེའི་འགྱུར་དང་། རྒྱ་ནག་གི་འགྱུར་ལ་བམ་པོ་གཅིག་མཆིས་པ་འགྱུར་བྱང་མི་གསལ། འཇམ་དཔལ་གྱིས་ཀུན་དྲིས་པའི་མདོའམ་འཇམ་དཔལ་གྱིས་ཞུས་པ་ཞེས་པའི་བོད་མ་ཤོ་ལོ་ཀ་དགུ་བཅུ་བཞུགས་པ་འགྱུར་བ་པོ་མི་གསལ་ཡང་ཞང་ཡེ་ཤེས་སྡེ་སོགས་ཀྱིས་བསྒྱུར་བར་ངེས། རྒྱ་ནག་གི་འགྱུར་བམ་པོ་གཉིས་ཅན་ལོ་ཙྪ་བ་སང་གྷ་པཱ་ལའམ་དགེ་འདུན་སྐྱོང་གིས་བསྒྱུར་བ་བཞུགས། མདོ་འདིའི་རྒྱ་ནག་གི་འགྱུར་དང་བོད་འགྱུར་གཉིས་བམ་པོའི་གྲངས་ལ་མང་ཉུང་མཆིས་པ་རེ་ཞིག་རྒྱུ་མཚན་གང་ཡིན་མ་ངེས་སོ། སྡེ་དགེའི་བཀའ་འགྱུར་ལས་ཐེག་ཆེན་གྱི་མདོ་མང་མ་པ་ལ་བཞུགས་སོ། །

ཆོས་ཐམས་ཅད་འབྱེད་པ་མེད་པའི་མདོ་ཞེས་བྱ་བའི་བོད་མ་ཕལ་ཆེར་མི་སྣང་ལ། རྒྱ་ནག་གི་འགྱུར་ལ་བམ་པོ་གཉིས་པ་ཀུ་མཱ་ར་ཤྲཱིས་བསྒྱུར་བ་བཞུགས། རོལད་པས་ཆུབ་པ་ཞེས་བྱ་བའི་བོད་མ་ནི། བྱང་ཆུབ་སེམས་དཔའི་སྤྱོད་པ་བསྟན་པའི་མདོ་ཞེས་བྱ་བ་ཤོ་ལོ་ཀ་བརྒྱ་ཉི་ཤུ་པ། རྒྱ་གར་གྱི་མཁན་པོ་ཛཱི་ན་མི་ཏྲ་དང་། པྲ་ཛྙཱ་ཝ་རྨ་དང་། ལོ་ཙྪ་བ་བན་དེ་ཡེ་ཤེས་སྡེ་ལ་སོགས་པས་བསྒྱུར་བ་དེ་ཉིད་དུ་ངེས། གཞན་ཡང་། བྱང་ཆུབ་སེམས་དཔའི་སྤྱོད་པ་བསྟན་པའི་ཕྱོགས་སུ། བྱང་ཆུབ་སེམས་དཔའི་སྤྱོད་ཡུལ་གྱི་ཐབས་ཀྱི་ཡུལ་ལ་རྣམ་པར་འཕྲུལ་བ་བསྟན་པ་བམ་པོ་ལྔ་ཡེ་ཤེས་སྡེའི་འགྱུར་ཞིག་མདོ་སྡེ་སྣ་

① བུ་སྟོན་རིན་ཆེན་གྲུབ། བུ་སྟོན་ཆོས་འབྱུང་། ཀྲུང་གོའི་བོད་ཀྱི་ཤེས་རིག་དཔེ་སྐྲུན་ཁང་། 1988ལོ། ཤོག་ངོས་221

② སི་ཏུ་ཆོས་ཀྱི་འབྱུང་གནས། སྡེ་དགེ་བཀའ་འགྱུར་དཀར་ཆག སི་ཁྲོན་མི་རིགས་དཔེ་སྐྲུན་ཁང་། 1987ལོ། ཤོག་ངོས་446

ཚོགས་ཀྱི་སྐོར་དུ་བཞུགས་པ་དེའམ། ཡང་ན། བུ་སྟོན་གྱིས་སྔར་འགྱུར་ངེས་པ་དེང་སང་གི་བཀའ་འགྱུར་དུ་མ་ཚུད་ཅིང་མ་རྙེད་པའི་ཆོས་ཚན་འགའ་ལོགས་སུ་འཁོད་པ་ལས། བྱང་ཆུབ་སེམས་དཔའི་སྤྱོད་ཡུལ་ཡོངས་སུ་དག་པ་བམ་པོ་གཅིག་མཆིས་པ་ཞིག་དང་།① གཞན་རྒྱུད་སྡེའི་གཟུངས་ཕྲ་མོ་སྣ་ཚོགས་ཀྱི་སྐོར་ན། བྱང་ཆུབ་སྙིང་པོའི་འབུམ་གྱི་རྒྱན་ཆོ་ག་དང་བཅས་པ་ཤློ་ཀ་ཉིས་བརྒྱ་ལྔ་བཅུ་པ་ཞིག་བཞུགས་པ་འགྱུར་བྱང་མི་གསལ་བ་ཞིག་ཀྱང་བཞུགས། གོང་གི་གཟུངས་འདི་དང་བཅས་པའི་འགའ་ཞིག་ལི་ཡུལ་ནས་བསྒྱུར་བ་དཀར་ཆག་འཕང་ཐང་མ་ལས་བཀའ་ཡང་དག་ཏུ་འདོད་པ་ལ་དོགས་པ་མཛད་ཡོད། དེའི་རྒྱ་ནག་གི་འགྱུར་བམ་པོ་གསུམ་པ་ཅིན་ཤར་མའི་དུས་སུ་བསྒྱུར་ཞེས་པ་ཙམ་ལས་འགྱུར་བྱང་མ་འཁོད་པ་ཞིག་མདོ་སྡེའི་ཕུན་ཡོན་ཕུའུ་(本缘部)རུ་བཞུགས་པ། གོང་མ་ཆན་ལུང་སྐྱ་རིང་གི་བཀའ་འགྱུར་ལས་ཐེག་ཆེན་གྱི་མདོ་སྡེ་རྒྱུད་པའི་ཁོངས་སྡེ་ཚན་0428པར་མཆིས་པ་དེ་ཡིན། སྣ་ལུ་ལྷང་པའམ་སྣ་ལུ་ལྷང་པའི་མདོ་ཡི་བོད་མ་ཤློ་ཀ་ཉིས་བརྒྱ་ཏེ་ཤུ་རྩ་དྲུག་པ་ལོ་ཙཱ་བ་ཞང་ཡེ་ཤེས་སྡེ་སོགས་ཀྱི་འགྱུར་དང་། རྒྱ་ནག་གི་འགྱུར་ལ་གཉིས་མཆིས་པ་སོ་སོར་བམ་པོ་གཅིག་ཙན་དང་གཉིས་ཙན་འགྱུར་བྱང་མི་གསལ་ལ་དུས་གང་ཡིན་མ་ངེས་པས་ལོ་ཙཱ་བ་སུས་བསྒྱུར་ཤེས་དཀའ་མོད། བམ་པོའི་གྲངས་ཚད་སོགས་མ་ངེས་པའི་སྣ་ལུ་ལྷང་པའི་མདོ་ཨ་མོ་གྷ་བཛྲའི་འགྱུར་ཞིག་མཆིས་པས། གོང་གི་དེ་གཉིས་ཀྱང་ལོ་ཙཱ་བ་འདི་བའི་འགྱུར་ཡིན་པར་སེམས།② འཕགས་པ་རྟེན་ཅིང་འབྲེལད་པར་བྱུང་བ་བསྟན་པའི་མདོ་ཞེས་པ་ནི། འཕགས་པ་རྟེན་ཅིང་འབྲེལ་པར་འབྱུང་བ་བསྟན་པ་ཤློ་ཀ་བཅུ་གསུམ།③ ཞེས་བུ་སྟོན་ཆོས་འབྱུང་ལས་འབྱུང་བ་དང་། སི་ཏུའི་བཀའ་འགྱུར་དཀར་ཆག་ཏུ། འཕགས་པ་རྟེན་ཅིང་འབྲེལ་བར་འབྱུང་བའི་མདོ་ཤློ་ཀ་བཅུ་གསུམ་པ། པཎྜི་ཏ་སུ་རེནྡྲ་བོ་དྷི་དང་། ལོ་ཙཱ་བ་བན་དེ་ཡེ་ཤེས་སྡེའི་འགྱུར།④ ཞེས་འབྱུང་བ་འདི་གཉིས་མདོ་གཅིག་རང་ཡིན་པར་མངོན། མདོ་འདིའི་རྒྱ་ནག་གི་འགྱུར་ལ་བམ་པོ་གཅིག

① བུ་སྟོན་རིན་ཆེན་གྲུབ། བུ་སྟོན་ཆོས་འབྱུང་། ཀྲུང་གོའི་བོད་ཀྱི་ཤེས་རིག་དཔེ་སྐྲུན་ཁང་། 1988ལོ། ཤོག་ངོས་227

② ཀྲུང་མགོན་པོ་སྐྱབས་ཀྱི་རྒྱ་ནག་ཆོས་འབྱུང་དུ། ཡང་སྣ་ལུ་ལྷང་བའི་མདོ་ཨ་མོ་གྷའི་འགྱུར་ཞེས་འབྱུང་བ་ལ་རྒྱུ་མཚན་དེ་འདྲ་ཞིག་མཆིས་སྲིད། མདོ་འདིའི་ཕྱི་མོ་འགའ་ཞིག་ཏུན་ཧོང་ཡིག་རྙིང་དུ་བྱུང་བ་ལས་ཀྱང་འགྱུར་བྱང་སོགས་མི་གསལ་མོད། སྐུ་ཞབས་ཧྲང་ཀྲང་ཁྲང་(方广锠)ལགས་ཀྱིས། བོད་ཀྱི་ལོ་ཙཱ་བ་ཆེན་མོ་འགོས་ཆོས་གྲུབ་མཆོག་གིས་བསྒྱུར་བར་ངེས་ཞེས་གསུངས། 季羡林，敦煌学大辞典，上海：上海辞书出版社，1989年，第672页。

③ བུ་སྟོན་རིན་ཆེན་གྲུབ། བུ་སྟོན་ཆོས་འབྱུང་། ཀྲུང་གོའི་བོད་ཀྱི་ཤེས་རིག་དཔེ་སྐྲུན་ཁང་། 1988ལོ། ཤོག་ངོས་223

④ སི་ཏུ་ཆོས་ཀྱི་འབྱུང་གནས། སྡེ་དགེ་བཀའ་འགྱུར་དཀར་ཆག སི་ཁྲོན་མི་རིགས་དཔེ་སྐྲུན་ཁང་། 1987ལོ། ཤོག་ངོས་451

པ་ཏན་ཤར་མའི་དུས་མཇུག་ཏུ་བྱོན་པའི་ལོ་ཙཱ་བ་ཆེན་མོ་ཨན་ཤྲི་ཀའོའི(安世高)འགྱུར་མཆིས་པ་དེ་ཡིན།

སོར་མོའི་ཕྲེང་བའམ་འཕགས་པ་སོར་མོའི་ཕྲེང་བ་ལ་ཕན་པ་ཞེས་བྱ་བ་བོད་མ་བམ་པོ་བདུན་མཆིས་པ་ལོ་ཙཱ་བ་ཛྙཱ་ན་ཀ་ར་དང་ཤཱཀྱ་པྲ་བྷ་ཞེས་ཅིག་ཏུ་ལ་སོགས་པའི་འགྱུར་ཡིན། དེའི་རྒྱ་ནག་གི་འགྱུར་ལ་སྔ་ཕྱི་གཉིས་མཆིས་ཏེ། སྔ་མ་བམ་པོ་གཅིག་པ་ཅིན་ནུབ་མའི་སྐབས་ཀྱི་ལོ་ཙཱ་བ་ཛྙཱ་ན་རཀྵིཏ་ཡི་འགྱུར་བམ་པོ་གཅིག་པ་སྟེ། འདི་ཉིད་ཐེག་པ་ཆུང་ངུའི་མདོ་སྡེ་གཅིག་ལས་འཕྲོས་པའི་ལུང་ལས་ཁོལ་ཏུ་ཕྱུང་བར་ངེས་ཕྱིར། ཐེག་པ་ཆེ་ཆུང་ཐུན་མོང་གི་མདོ་སྡེ་ལ་བཞག་ཅོག ཕྱི་མ་བམ་པོ་བཞི་པ་ལྷོ་བྱང་རྒྱལ་རབས་དུས་ཀྱི་ལོ་ཙཱ་བ་གུ་ན་བྷ་དྲའམ་ཡོན་ཏན་བཟང་པོའི(求那跋陀罗)འགྱུར་དེ་ཡིན། ལས་ཀྱི་བསྒྲིབས་པ་རྣམ་པར་སྦྱོང་བ་ཞེས་པ་ནི་དཀར་ཆག་འཕང་ཐང་མར། འཕགས་པ་ལས་ཀྱི་སྒྲིབ་པ་ཐམས་ཅད་སྦྱོང་བའི་གཟུངས། ཤུ་ལོག་བཅུ།[①] ཞེས་འབྱུང་བ་དེ་མིན་ནམ་སྙམ་པ་གཟུངས་ཆེ་ཕྲ་སྣ་ཚོགས་ཀྱི་ཁོངས་སུ་བཙུག་ཡོད་ཅིང་། བཀའ་འགྱུར་དཔེ་བསྡུར་མར་འདི་ཉིད་གསང་བ་སྔགས་ཀྱི་རྒྱུད་ལས་རྫོ་རྗེའི་རིགས་ཀྱི་རྒྱུད་ཅེས་པའི་ཐོག་མར་བཞག་འདུག[②]རྒྱ་ནག་གི་འགྱུར་ལ་བམ་པོ་གཅིག་སྟེ་ལྷོ་བྱང་རྒྱལ་རབས་སྐབས་ཀྱི་ཅིན་སྔ་མ་དང་ཅིན་ནུབ་མའི(351–431)དུས་སུ་འགྱུར་བ་འགྱུར་བྱང་མི་གསལ་སྟེ། རྒྱ་ནག་བཀའ་འགྱུར་ཆེན་མོའི་པོད་ཉེར་བཞི་པའི་ཁྲོད་ན་བཞུགས། དེ་བཞིན་གཤེགས་པ་བསྔོངས་པའི་ཏིང་ངེ་འཛིན་ཞེས་པ་འདི་ཕལ་ཆེར་བོད་འགྱུར་དེ་བཞིན་གཤེགས་པ་བགྲོ་བ་ཞེས་པ་དང་གཅིག་པ་མིན་ནམ་སྙམ་མོད་ཁ་ཚོན་མི་ཆོད། དེ་བཞིན་གཤེགས་པ་བགྲོ་བ་ཞེས་བྱ་བ་ལ་བམ་པོ་གསུམ་དང་ཤོ་ལོ་ཀ་བདུན་ཙུ་རྩ་ལྔ་མཆིས་པ་དཔལ་དབྱངས་དང་དཔལ་བརྩེགས་ཀྱི་འགྱུར་ཞེས་བུ་སྟོན་ཆོས་འབྱུང་སོགས་སུ་གསལ། དེའི་རྒྱ་ནག་གི་འགྱུར་ནི་ཅིན་ཤར་མའི་དུས་སྐབས་སུ་བྱོན་པའི་རྒྱ་གར་གྱི་ལོ་ཙཱ་བ་སྡེ་སྣོད་གསུམ་པ་བུདྡྷ་བྷ་དྲའམ་སངས་རྒྱས་བཟང་པོ(东晋天竺三藏佛陀跋陀罗)བྱ་བའི་འགྱུར་བམ་པོ་བཅུ་པ་དེ་ཉིད་ཡིན་པར་མངོན། དཀོན་མཆོག་སྤྲིན་བོད་མ་བམ་པོ་བརྒྱད་པ་ལོ་ཙཱ་བ་རཏྣ་རཀྵི་ཏའམ་རིན་ཆེན་འཚོ་དང་ཛྙཱ་ན་ཀ་ར་ཤྲཱི་ལའམ་ཆོས་ཉིད་ཚུལ་ཁྲིམས་ཀྱི་འགྱུར་བཞུགས་ཏེ། འདིའི་གོང་ལ་ཐོན་མི་སམྦྷོ་ཊ་སོགས་ཀྱིས་བསྒྱུར་བ་ཡོད་དེ། བུ་སྟོན་ཆོས་འབྱུང་ལས་བསྟན་

① བོད་ལྗོངས་རྟེན་རྫས་བཤམས་མཛོད་ཁང་། གྲྭ་སྒྲོར་བམ་པོ་གཉིས་པ། མི་རིགས་དཔེ་སྐྲུན་ཁང་། 2003ལོ། ཤོག་ངོས་21

② བཀའ་འགྱུར་དཔེ་བསྡུར་མའི་དཀར་ཆག་ཆེན་མོ་ཟླ་བ་ནོར་བུའི་མེ་ལོང་ཞེས་བྱ་བ་བཞུགས་སོ། །ཀྲུང་གོའི་བོད་རིག་པ་དཔེ་སྐྲུན་ཁང་། 2006ལོ། ཤོག་ངོས་548

པ་སྟེ་དར་གྱི་རྣམ་གཞག་བཤད་སྐབས། རྒྱལ་པོ་སྲོང་བཙན་སྒམ་པོའི་རིང་ལ། མདོ་ཟ་མ་ཏོག་བཀོད་པ་དང་། དཔང་ཀོང་ཕྱག་རྒྱ་པ། མདོ་སྡེ་དཀོན་མཆོག་སྤྲིན་ལ་སོགས་པ་བསྒྱུར་རོ[1]ཞེས་བྱུང་བ་ལྟར་རོ། །རྒྱ་ནག་གི་འགྱུར་ལ་གསུམ་མཆིས་ཏེ། དུས་ཀྱི་བྱུང་རིམ་ལྟར་བྱས་ན་ཐོག་མ་བམ་པོ་བདུན་པ་ལེང་རྒྱལ་རབས་སྐབས་སུ་བྱོན་པའི་ལོ་ཙཱ་བ་མན་ཏྲ་རཀྵའི་(曼陀罗仙)འགྱུར་དང་། བར་མ་བམ་པོ་བརྒྱད་པ་སུ་པོ་དྷི་(陈须菩提)ཡི་འགྱུར། ཐ་མ་བམ་པོ་བཅུ་པ་ཐང་གུར་གྱི་ལོ་ཙཱ་བ་ཏྲ་རྨ་ཏུ་ཙིའམ་ཆོས་ཀྱི་སྙིང་པའི་འགྱུར་ཏེ། དེ་དག་ལས་འགྱུར་བར་མ་དེ་མ་གཏོགས་དེང་སང་བཞུགས། འགྱུར་བར་མ་དེ་དང་བོད་འགྱུར་གཉིས་བམ་པོའི་མང་ཉུང་ཤལ་ཆེར་འདྲའོ། །

མ་ཧཱ་མེ་གྷ་སྤྲིན་ཆེན་པོ་ནི་བུ་སྟོན་ཆོས་འབྱུང་དུ་མདོ་སྡེ་སྤྲིན་ཆེན་པོའི་བོད་མ་བམ་པོ་བཅུ[2]ཞེས་འབྱུང་བ་དང་། སི་ཏུའི་བཀའ་འགྱུར་དཀར་ཆག་ཏུ། འཕགས་པ་སྤྲིན་ཆེན་པོའི་མདོ་བམ་པོ་བཅུ་དང་ལེའུ་སོ་བདུན་པ། རྒྱ་གར་གྱི་མཁན་པོ་སུ་རེནྡྲ་བོ་དྷི་དང་། ལོ་ཙཱ་བ་བན་དེ་ཡེ་ཤེས་སྡེའི་འགྱུར[3]ཞེས་འབྱུང་བ་ལྟར། དེ་ཉིད་ལས་ཆར་དབབ་པའི་ལེའུ་ཤོ་ལོ་ཀ་དྲུག་ཅུ་རྩ་བཞི་པའང་ཞང་ཡེ་ཤེས་སྡེ་སོགས་ཀྱི་འགྱུར་ཡིན་པ་དཀར་ཆག་དེ་དག་ཏུ་གསལ། བོད་མའི་ཆར་དབབ་པའི་ལེའུ་དང་མཚུངས་པར་རྒྱ་ནག་གི་འགྱུར་ལ་ཡང་སྤྲིན་ཆེན་པོ་ལས་ཆར་དབབ་པའི་ལེའུ་བམ་པོ་གཅིག་པ་ཞིག་བྱུང་ཡོད་དེ། གྲིག་བྱང་མའི་སྐབས་སུ་བྱོན་པའི་ལོ་ཙཱ་བ་ཛྙཱ་ན་ཡཤའི་(北周闍那耶舍)འགྱུར་ཟབ་མོ་སྟུགས་ཀྱི་ཁོངས་སུ་བཅུག་ཡོད། དེ་ལས་ཡེ་ཤེས་སྡེའི་འགྱུར་དང་འདི་གཉིས་མདོ་གཅིག་ཡིན་པར་ར་འཕྲོད་ཅིང་། གཞན་ཡང་གྲིག་བྱང་མའི་གོང་མ་ཨུ་ཏིའི་(北周武帝)སྐབས་སུ་བྱོན་པའི་ལོ་ཙཱ་བ་ཡཤ་གར་བྷའི་(耶舍掘多)འགྱུར་བམ་པོ་གཅིག་པ་ཞིག་མཆིས་པ་དེ་གཉིས་མདོ་གཅིག་ཏུ་ངེས་ཀྱང་སྐབས་བབ་ཀྱི་ཡིག་ཆ་ལས་བྱུང་བའི་ཡོངས་སུ་རྒྱས་པ་སྤྲིན་ཆེན་པོའི་མདོ་ཞེས་པ་མིན་ཏེ། རྒྱ་མཚན་གོང་མ་སུའི་ཝུན་ཏིའི་(隋文帝)སྐུ་རིང་གི་ལོ་ཙཱ་བ་ཏྲ་རྨ་གེ་ཏུའམ་ཏྲཱྀ་གར་བྷའི་འགྱུར་བམ་པོ་གཅིག་པ་དེ་དང་། ཡིག་ཆ་ལས་བྱུང་བ་གཉིས་མཚན་བྱང་ལ་ཁྱད་པར་གང་ཡང་མ་མཆིས་པས་སོ། །

འཁོར་ལོ་བཅུ་བའི་མདོའམ་སའི་སྙིང་པོ་འཁོར་ལོ་བཅུ་བའི་བོད་མ་བམ་པོ་བཅུ་གསུམ་པ་ལོ་ཙཱ་

① བུ་སྟོན་རིན་ཆེན་གྲུབ། བུ་སྟོན་ཆོས་འབྱུང་། ཀྲུང་གོའི་བོད་ཀྱི་ཤེས་རིག་དཔེ་སྐྲུན་ཁང་། 1988ལོ། ཤོག་ངོས་182

② བུ་སྟོན་རིན་ཆེན་གྲུབ། བུ་སྟོན་ཆོས་འབྱུང་། ཀྲུང་གོའི་བོད་ཀྱི་ཤེས་རིག་དཔེ་སྐྲུན་ཁང་། 1988ལོ། ཤོག་ངོས་223

③ སི་ཏུ་ཆོས་ཀྱི་འབྱུང་གནས། སྡེ་དགེ་བཀའ་འགྱུར་དཀར་ཆག སི་ཁྲོན་མི་རིགས་དཔེ་སྐྲུན་ཁང་། 1987ལོ། ཤོག་ངོས་453

བ་རྣམ་པར་མི་རྟོག་པའི་འགྱུར་ཡིན་ཏེ། རྣམ་པར་མི་རྟོག་པ་འདི་ཉིད་བཙན་པོ་ཁྲི་སྲོང་ལྡེ་བཙན་གྱི་རིང་ལ་བྱོན་པ་རྒྱ་གར་ནག་སྐད་ལ་བྱང་ཆུབ་ཅིང་། ལོ་ཙཱ་བྱེད་པ་ལ་ཐོགས་པ་མི་མངའ་བ་ལ་གོང་གི་འགྱུར་དེ་ཉིད་ལས་གཞན། འཕགས་པ་ཏིང་ངེ་འཛིན་གྱི་འཁོར་ལོ་ཞེས་བྱ་བ་བམ་གྲངས་མི་གསལ་བ་དང་། ཡོངས་སུ་བསྔོ་བའི་འཁོར་ལོ་ཞེས་བྱ་བ་བམ་པོ་གཉིས་པ་རྒྱ་ནག་ལས་བསྒྱུར་བ་སོགས་བཞུགས་པ་མ་ཟད། འཕགས་པ་བཟང་པོ་སྤྱོད་པའི་སྨོན་ལམ་གྱི་རྒྱལ་པོ་རྒྱ་ནག་གི་སྐད་དུ་བསྒྱུར་བར་མཛད་པ[1]སོགས་བཀའ་དྲིན་མི་དམན། དེ་ཡང་སི་ཏུའི་བཀའ་འགྱུར་དཀར་ཆག་ཏུ། འདུས་པ་ཆེན་པོ་ལས། སའི་སྙིང་པོ་འཁོར་ལོ་བཅུ་པ་ཞེས་བྱ་བའི་མདོ་བམ་པོ་བཅུ་དང་ལེའུ་བརྒྱད་པ། རྒྱའི་མཁན་པོ་ཧྭ་ཤང་ཟབ་མོ་ལ་སོགས་པ་དང་། ལོ་ཙཱ་བ་བནྡེ་རྣམ་པར་མི་རྟོག་པའི་འགྱུར[2]ཞེས་འབྱུང་བས། མདོ་དེ་ལོ་ཙཱ་བ་རྣམ་པར་མི་རྟོག་པ་སོགས་ཀྱིས་རྒྱ་ནག་ནས་བསྒྱུར་བ་ཤིན་ཏུ་གསལ། འདི་ལས་དཔགས་ན་ཡིག་ཆར་ཡོངསུ་རྒྱས་པ་འདུས་པ་ཆེན་པོ་ཞེས་འབྱུང་བའི་མདོ་འདི་སྐབས་དེར་བོད་དུ་ནི་རྫོགས་པར་བསྒྱུར་མི་འདུག་པ་རྟོགས་ནུས། འཁོར་ལོ་བཅུ་པའི་མདོ་དེའི་རྒྱ་ནག་གི་འགྱུར་ལ་གཉིས་ཏེ། བམ་པོ་བརྒྱད་པ་ལེང་བྱང་མའི་སྐབས་བསྒྱུར་ཞེས་པ་ཙམ་ལས་མི་གསལ་བ་ན་ཡང་། ལེང་བྱང་མའི་ལོ་ཙཱ་བ་ཆོས་བདེས་ཡོངས་སུ་འདུས་པ་ཆེན་པོ་བམ་པོ་སུམ་ཅུ་པ་ཞིག་བསྒྱུར་ཚུལ་སློབ་དཔོན་ཆེན་པོའི་རྣམ་ཐར་ཞེས་པར་བྱུང་བས་ལོ་ཙཱ་བ་འདི་ཉིད་ཀྱི་འགྱུར་ཡིན་པར་མངོན། དེ་ལ་བམ་པོ་བཅུ་བཞུགས་པ་ཐེག་པ་ཆེན་པོའི་མདོ་འདུས་པ་ཆེན་པོའི་སྡེ་ཚན་0061པ་དང་། ཅིག་ཤོས་ནི་བམ་པོ་བཅུ་པ་ཐང་གུར་གྱི་ལོ་ཙཱ་བ་ཞོན་ཙང་གིས་སྤྱི་ལོ་651ལོར་ཡོངས་སུ་བསྒྱུར་བ་དེ་ཉིད་ཡིན་ལ། ཡིག་ཆའི་སྐབས་འདིར་ནི་རྒྱ་འགྱུར་གྱི་མཚན་བྱང་སྔ་མ་དང་མཐུན་པར་བྱུང་བས་དེར་ངེས་སོ། །

སངས་རྒྱས་ཀྱི་ས་ཞེས་བྱ་བའི་བོད་མ་ཤོ་ལོ་ཀ་ཉིས་བརྒྱ་བན་དེ་ཡེ་ཤེས་སྡེས་ཊཱི་ཀ་བཞི་དང་སྦྱར་ཏེ་གསར་དུ་བསྒྱུར་བ[3]ཞེས་བུ་སྟོན་ཆོས་འབྱུང་དུ་གསལ་ལ། དེའི་ཡར་སྟོན་ལ་འགྱུར་ཞིག་མཆིས་པ་དཀར་ཆག་རྣམ་གསུམ་གྱི་གྲས་སུ་མི་བཞུགས་ཏེ། བུ་སྟོན་རིན་པོ་ཆེས་སྔོན་གྱི་དཀར་ཆག་ཉིང་པ་སྦྲ་བྱེ་

① 陆离：敦煌文书P.T.3568《普贤菩萨行愿王经》译者吐蕃沙门无分别考[J]，《敦煌研究》，2008年第2期。

② སི་ཏུ་ཆོས་ཀྱི་འབྱུང་གནས། སྡེ་དགེ་བཀའ་འགྱུར་དཀར་ཆག སི་ཁྲོན་མི་རིགས་དཔེ་སྐྲུན་ཁང་། 1987ལོ། ཤོག་ངོས་454

③ བུ་སྟོན་རིན་ཆེན་གྲུབ། བུ་སྟོན་ཆོས་འབྱུང་། ཀྲུང་གོའི་བོད་ཀྱི་ཤེས་རིག་དཔེ་སྐྲུན་ཁང་། 1988ལོ། ཤོག་ངོས་225

བྲག་རྫོགས་བྱེད་ཆེན་མོའམ་ཕྱིས་ལྷུན་དཀར་མར་ཡོངས་སུ་གྲགས་པ་དེ་དང་། དཀར་ཆག་འཕང་ཐང་མ་སོགས་ལ་ཁུངས་བཙལ་ཏེ་ཆོས་འབྱུང་གསུང་རབ་རིན་པོ་ཆེའི་མཛོད་མཛད་པ་ལགས་ཕྱིར། སྐབས་འདིར་བུ་སྟོན་གྱི་བཞེད་ཚུལ་དེ་ཡང་དཀར་ཆག་འཕང་ཐང་མ་ལས་བྱུང་བ་དང་གཅིག་ཏུ་སྣང་། དེའི་རྒྱ་ནག་གི་འགྱུར་བམ་པོ་གཅིག་པ་ཐང་ཞོན་ཙང་གིས་རྒྱ་གར་ནས་ཕྱིར་ལོག་པའི་ཕྱི་ལོ་སྤྱི་ལོ་645ལོར་བསྒྱུར། བཀྲ་ཤིས་བརྒྱད་ཀྱི་གཟུངས་སམ་བཀྲ་ཤིས་བརྒྱད་པ་ཞེས་བྱ་བའི་བོད་མ་ཤོ་ལོ་ཀ་ལྔ་བཅུ་རྩ་གཅིག་བན་དེ་ཡེ་ཤེས་སྡེའི་འགྱུར་དང་། རྒྱ་ནག་གི་འགྱུར་གུང་མགོན་པོ་སྐྱབས་ཀྱིས་མཛད་པའི་རྒྱ་ནག་ཆོས་འབྱུང་དུ་འགོད་པ་ནི། བཀྲ་ཤིས་བརྒྱད་པའི་མདོ་བཞི་ཞེས་བམ་པོའི་གྲངས་ཚད་ལ་བྱེད་དམ་འགྱུར་ལ་བྱེད་པ་ངེས་དཀའ་བར་མ་ཟད་ལོ་ཙཱ་བའི་འགྱུར་བྱང་ཡང་མི་གསལ་མོད། མདོ་འདིའི་འགྱུར་རྒྱ་ནག་གི་བཀའ་འགྱུར་ན་ད་ལྟར་བཞུགས་པ་བམ་པོ་གཅིག་པ་ནི། རྒྱལ་ཁབ་གསུམ་ལས་ལྷུ་རྒྱལ་ཁབ་ཀྱི་ལོ་ཙཱ་བ་དགེ་བསྙེན་ཏེ་ཁྲིའན་(吴月氏优婆塞支谦)གྱི་འགྱུར་ཙུང་སྤུ་བར་བྱུང་བ་དེ་ཉིད་ཡིན་ཕྱིར། རྒྱ་ནག་ཆོས་འབྱུང་དུ་འགོད་པའང་མདོ་དེའི་པར་སྣ་མི་འདྲ་བ་བཞི་ལ་གོ་དགོས་སྙམ།

སྨན་གྱི་བླ་ཞེས་འབྱུང་བ་འཕྲོ་མི་གསལ་བ་དེ་ཡི་བོད་མ། དེ་བཞིན་གཤེགས་པ་བདུན་གྱི་སྔོན་གྱི་སྨོན་ལམ་གྱི་ཁྱད་པར་རྒྱས་པ་ཤོ་ལོ་ཀ་བརྒྱད་བརྒྱ་པ་ཡེ་ཤེས་སྡེའི་འགྱུར་དེ་ཉིད་ཡིན་ལ། ཡིག་ཆའི་སྐབས་འདིར་བྱུང་བའི་རྒྱ་ནག་གི་མཚན་བྱང་ལ་བསྟུན་ན། མཚན་ཡོངས་ལ་དེ་བཞིན་གཤེགས་པ་སྨན་གྱི་བླ་བཻཌཱུརྱའི་འོད་ཀྱི་རྒྱལ་པོ་བདུན་གྱི་སྔོན་གྱི་སྨོན་ལམ་གྱི་ཁྱད་པར་རྒྱས་པ་བསྟན་པའི་མདོ་ཞེས་ཟེར་བ་དང་། རྒྱ་ནག་གི་འགྱུར་ཐང་གུར་གྱི་ལོ་ཙཱ་བ་ཨི་ཀྲིང་(大唐三藏沙门义净)གིས་བསྒྱུར་བ་བམ་པོ་གཉིས་ཤིག་མཆིས་པ་དེའོ། །བླ་བ་སྒྲོན་མ་ཏིང་ངེ་འཛིན་གྱི་རྒྱལ་པོའམ་ཡོངས་གྲགས་ཏིང་ངེ་འཛིན་གྱི་རྒྱལ་པོའི་བོད་མ་བམ་པོ་བཅོ་ལྔ་ཡན་ཆད་མཆིས་པ་ལོ་ཙཱ་བ་ཆོས་ཉིད་ཚུལ་ཁྲིམས་ཀྱི་འགྱུར་དང་། དེའི་རྒྱ་ནག་གི་འགྱུར་ལ་སྔ་ཕྱི་གཉིས་ལས། སུའི་རྒྱལ་རབས་སྐབས་ཀྱི་གའོ་ཆིའི་ལོ་ཙཱ་བ་ཆེན་མོ་ན་ལེནྡྲ་ཡ་ཤཱ་(高齐那连提耶舍)ཡིས་བསྒྱུར་བ་བམ་པོ་བཅུ་ཅན་དང་། ལིའུ་སུང་གི་ལོ་ཙཱ་བ་ཤའན་ཀོང་(刘宋释先公)གིས་བསྒྱུར་བ་བམ་པོ་གཅིག་ཅན་གཉིས་ལས། སྔ་མ་བམ་པོའི་གྲངས་ཚང་བ་གྲགས་ཆེ་ཞིང་། ཕྱི་མ་དེ་ལྟ་མ་ཡིན་པར་མངོན་ཏེ་གཉིས་ཀའང་དེང་སང་བཞུགས། དེ་ལྟ་ནའང་། སྐབས་དེར་ཏུན་ཧོང་ཡུལ་དུ་འགྱུར་ཕྱི་མ་དེ་ཉིད་ཀྱི་ཤོག་དྲིལ་སྣ་གསུམ་ཙམ་ཞིག་བྱུང་ཡོད་པ་སྙེ། ཡིག་ཆ་ཨང་རྟགསP.3063 S.4737གཉིས་དང་། པེ་

ཅིང་དཔེ་མཛོད་ཁང་དུ་བཞུགས་པའི་ཨང་རྟགས་ཞེ་བདུན་པ[1]བཅས་ཡིན་པར་བཤད་པས། སྐབས་འདིར་དཔལ་དབྱངས་ཀྱིས་དཔེ་བལྟ་སའི་རྒྱ་ནག་གི་འགྱུར་ཡང་ཕྱི་མ་དེ་རང་མིན་ནམ་སྙམ་མོ། །

གསུམ་པ། རྒྱ་འགྱུར་ལ་མདོ་སྡེ་སྣ་ཚོགས་ཀྱི་གྲས་སུ་བཞུགས་པའི་སྐོར།

རབ་ཏུ་བྱུང་བ་བསྔགས་པའི་མདོ་ཞེས་པའི་བོད་མ་དཀར་ཆག་དག་གི་ཁྲོད་ན་མི་བཞུགས་པས་གང་ཡིན་རེ་ཞིག་ཞུ་མི་སྤོབས་ལ། དེའི་རྒྱ་ནག་གི་འགྱུར་ཡང་བཀའ་འགྱུར་རྒྱ་ནག་མར་བམ་པོ་གཅིག་མཆིས་པ་ཅིན་ཤར་མའི་དུས་ཀྱི་འགྱུར་ཞེས་པ་ལས་མི་གསལ། དེ་ལྟ་མོད་ཀྱང་མདོ་དེའི་དབུར། ཐེག་པ་ཆུང་ངུའི་མདོ་སྡེ་ལས་ཕྱུང་བ[2]ཞེས་སྣང་བ་དེས། བཀའ་བསྡུ་བ་དང་པོའི་མདོ་ལ་གཏོགས་པ་ཤེས་ཐུབ་ཅིང་། ཏུན་ཧོང་རྒྱ་ཡིག་གི་ཡིག་ཚང་ཁྲོད་མདོ་དེའི་ཡིག་སྣ་ལྔ་ཙམ་བྱུང་བ་ལས། མདོ་དེའི་སྦྱར་བྱང་དུ། "词辩菩萨译"[3]ཞེས་འཁོད་འདུག་ཕྱིར། སྐབས་འདིའི་ཚི་བེན་ཞེས་པ་འདི་ཉིད་ཅིན་ཤར་མའི་དུས་སུ་བྱོན་པའི་ལོ་ཙཱ་བ་ཞིག་ཡིན་པར་སྙམ། གནོད་པ་ཐམས་ཅད་རབ་ཏུ་ཞི་བ་ཞེས་བྱ་བའི་བོད་མ་ཡོད་ངེས་ཀྱང་གང་ཡིན་གྱི་གསལ་ཁ་མ་རྙེད། རྒྱ་ནག་གི་འགྱུར་ལ་གཉིས་ལས། བམ་པོ་གཅིག་པ་ཆིན་ནུབ་མའི་དུས་ཀྱི་ཤྲཱ་ཀྱའི་དགེ་སློང་འཕགས་བརྟན་(西秦圣坚)གྱིས་བསྒྱུར་བ་དང་། ཧན་ཤར་མའི་གོང་མ་ཞན་ཏེ་(汉献帝)ཡི་དུས་སྐབས་སུ་རྒྱ་ནག་ཏུ་བྱོན་ཅིང་། ཡེ་རྒྱལ་རབས་ཚུགས་རྗེས་ལའོ་དབྱང་པའི་སྣ་སིར་བཞུགས་མྱོང་བའི་ལོ་ཙཱ་བ་རྡྷརྨ་སུ་ཏྲའམ་ཆོས་ཉིད་བདེན་པ་(昙无谛)གྱི་བའི་འགྱུར་བམ་པོ་གཅིག་ཅན་ཞིག་ཀྱང་མཆིས་ཏེ། སྐབས་འདིར་འགྱུར་ཐོ་མར་མཛོན་ནོ། །[4]

མ་ཧཱ་མ་ཡས་ཀུན་དྲིས་པའི་མདོའི་བོད་མ་བཀའ་འགྱུར་གྱི་དཀར་ཆག་རྣམས་སུ་བཀོད་པ་མ་

---

① ཏུན་ཧོང་ཡིག་རྙིང་དུ་བཞུགས་པའི་ལོ་ཙཱ་བ་ཤའན་ཀོང་གི་འགྱུར་ཚན་བམ་པོ་གཅིག་ལས་མི་སྣང་སྟེ། ཤོག་ལྷེབ་གཅིག་ཐིག་ཕྲེང་ཉེར་དྲུག་ལས་མ་མཆིས་ཤིང་། སྐུ་ཞབས་ཕྲང་ཀྲང་ཁྲང་ལས་ཀྱིས་བརྟུར་བ་ལས། འགྱུར་ཚན་བམ་པོ་གཅིག་པ་དེ་ནི། ལོ་ཙཱ་བ་ན་ལེན་དྲ་ཡཤཱ་ཡི་འགྱུར་དེའི་བམ་པོ་དྲུག་པ་བའི་སྟོད་ཆ་དང་མཚུངས་པར་བཤད། 季羡林，敦煌学大辞典，上海：上海辞书出版社，1989年，第664页。

② 大正藏经—古逸部·疑似部2911经085卷[0L]，中华佛教在线：http：//chatzfjnet.com

③ 季羡林，敦煌学大辞典，第740页《赞僧功德经》条：赞僧功德经佛教经典，著译者不详，卷首题名为："词辩菩萨译。"一卷。

④ ཏུན་ཧོང་ཡིག་རྙིང་ལས་དགེ་སློང་འཕགས་བརྟན་གྱི་འགྱུར་བམ་པོ་གཅིག་པ་མགོ་ཟ་ཆད་པ་ཐིག་ཕྲེང་སུམ་བརྒྱ་དགུ་བཅུ་གོ་བརྒྱད་ཅན་ཞིག་བཞུགས།

མཐོང་། གསང་སྔགས་རྣལ་འབྱོར་བླ་མེད་རྒྱུད་ཀྱི་སྐབས་ན། སྤྱི་ལོའི་དུས་རབས་བཅུ་གཅིག་པའི་ནང་དུ་འབྱུངས་པའི་ལོ་ཙཱ་བ་འགོས་ཁུག་པ་ལྷས་བཙས་ཀྱི་འགྱུར་མ་ཏ་མ་ཡའི་རྒྱུད་ཅིག་འབྱུང་ཡང་། འདི་ཉིད་ཕལ་ཆེར་བསྟན་པ་སྔ་དར་གྱི་རིང་ལ་གསང་བ་སྔགས་ཀྱི་སྐོར་འགའ་ཞིག་བསྒྱུར་མི་ཆོག་པར་བཙན་པོའི་བཀས་བཅད་པའི་རྒྱུད་ཀྱི་ཆོས་སྐོར་དེ་རིགས་སུ་ངེས་གཤིས། དེ་དང་ཡིག་ཆ་འདིར་བྱུང་བ་གཉིས་མི་གཅིག་སྟེ། མདོ་འདི་ཡི་ནང་དོན་གཙོ་བོ་ལ་གཉིས་ལས། ཁག་དང་པོས་སྟོན་པ་བཅོམ་ལྡན་འདས་ལྷ་ཡུལ་དུ་ཕེབས་ནས་ཡུམ་སྒྱུ་འཕྲུལ་ཆེན་མོར་ཆོས་གསུངས་པ་དང་། ཁག་ཅིག་ཤོས་ལས་ནི་སྟོན་པ་བཅོམ་ལྡན་འདས་སྐུ་མྱ་ངན་ལས་འདའ་སྐབས། ཡུམ་ལྷའི་གནས་ནས་སྟོན་པ་བཅོམ་ལྡན་འདས་དང་ཞལ་གྲིས་པར་ལྷགས་པའི་སྐོར་ཡིན། གཞན་ཡང་སྟོན་པའི་གཏད་རབས་ཀྱི་སྐོར་ཡང་མདོ་འདིའི་བསྟན་བྱར་གྱུར་ཡོད། མདོ་འདིའི་རྒྱ་ནག་གི་འགྱུར་ལ་གཉིས་ཏེ། གཅིག་ནི་ཧན་ཤར་མའི་གོང་མ་ལིན་ཏིའི་(东汉灵帝)རིང་ལ་རྒྱ་གར་ཕྱོགས་ནས་ཕྱིན་པའི་ལོ་ཙཱ་བ་ཀྲེ་ཡའོ་(支曜)ཡི་འགྱུར་བམ་པོ་གཅིག་པ་དང་། ཅིག་ཤོས་བམ་པོ་གཉིས་པ་ཕེ་ཅིན་ལྕོ་བྱང་སྐབས་ཀྱི་ཞའོ་ཆིའི་ཤི་སྟོད་གསུམ་པ་ཐའན་ཀེང་(萧齐释昙景)གྱི་འགྱུར་འཕགས་པ་མྱ་ངན་ལས་འདས་པའི་མདོའི་སྐོར་ན་བཞུགས་པ་དེ་ཡིན། ཡིག་ཆའི་སྐབས་འདིར་འགྱུར་ཕྱི་མ་ལ་གཞིར་མཛད་པར་མངོན།①

ལྷས་བྲིས་པའི་མདོ་འདི་ལ་བོད་མ་ཐེག་པ་ཆུང་ངུའི་མདོ་སྡེའི་སྐོར་ན་ལྷའི་མདོ་ཤོ་ལོ་ཀ་སུམ་ཅུ་ཙ་བདུན་དང་། ལྷའི་མདོ་ཞུང་ངུ་ཤོ་ལོ་ཀ་བརྒྱ་བཅུ་བདུན་པ་ཡེ་ཤེས་སྡེས་བསྒྱུར་བ་དེ་ཡིན་མིན་བརྟག རྒྱ་ནག་གི་འགྱུར་བམ་པོ་གཅིག་པ་ཐང་གུར་གྱི་ལོ་ཙཱ་བ་ཞོན་ཙང་གིས་སྤྱི་ལོ648ལོར་ཐང་གུར་གྱི་རྒྱལ་པོའི་ཁབ་ཁྲང་ཨན་ཧྲང་རྫོ་ཐྲེ་ཡི་གཙུག་ལག་ཁང་(弘福寺)དུ་བསྒྱུར། ཡིག་ཆ་ལས་བོད་འགྱུར་གྱི་མཚན་མ་མཆིས་པར《菩萨璎珞经》ཞེས་རྒྱ་ནག་གི་མཚན་བྱང་ཁོ་ན་འཁོད་པའི་མདོ་ཞིག་འབྱུང་བ་དེའི་བོད་མ་ནི་མི་བཞུགས་པར་སྣང་ཡང་། རྒྱ་འགྱུར་ལ་ཆིན་ཕྱི་མའི་སྐབས་ལེང་ཙུ་སྟེ་ད་ལྟའི་ཕྲུ་ཕེ་ཕྱོགས་སུ་འབྱུངས་པའི་ལོ་ཙཱ་བ་སངས་རྒྱས་དྲན་(后秦竺佛念)གྱིས་བསྒྱུར་བ་བམ་པོ་བཅུ་བཞི་པ་ཞིག་བཞུགས་ཏེ། གུང་མགོན་པོ་སྐབས་ཀྱི་རྒྱ་ནག་ཆོས་འབྱུང་དུ། བྱང་ཆུབ་སེམས་དཔའི་རྒྱན་ཞེས་བྱ་བའི་

---

① ཏུན་ཧོང་ཡིག་རྙིང་གི་ཡིག་ཆ་ཨང་རྟགསP.2160པ་དང་པེ་ཅིན་དཔེ་མཛོད་ཁང་དུ་ཉར་བའི་ཡིག་ཆ་ཨང་རྟགས་རེ་ལྔ་བ་གཉིས་མདོ་འདིའི་ཆོས་ཚན་ཏེ། ཡིག་ཆ་གཉིས་ཕན་ཚུན་སྦྱར་ན་དབུར་ཅུང་ཟད་ཆད་འདུག་པ་ཙམ་ལས་སྟོད་སྨད་ཀྱི་ཚུལ་དུ་མཆིས།

ཐེག་པ་ཆེན་པོའི་མདོ་བམ་པོ་བཅུ་གཉིས་པ་པཱྀ་ཏ་སངས་རྒྱས་ཅན་གྱི་འགྱུར[1]ཞེས་འབྱུང་བ་དེ་ཡིན་པར་ངེས་ཏེ། བམ་པོ་བཅུ་གཉིས་ཞེས་བྱུང་བ་ཕལ་ཆེར་གུང་ལོ་རྔ་བས་ཐུགས་མཉམ་མ་མཛད་པ་ཡིན་ཤས་ཆེ། རྒྱ་མཚན་ནི་རྒྱ་ནག་གི་བཀའ་འགྱུར་ཁྲོད་ཀྱི་འདུས་པ་ཆེན་པོའི་སྡེ་ཚན་དུ་སངས་རྒྱས་ཅན་གྱི་འགྱུར་བམ་པོ་བཅུ་བཞི་པ་ལས་བཅུ་གཉིས་ཅན་ཞིག་མི་བཞུགས་པས་སོ། །

མ་སྐྱེས་དགྲའི་ཐེ་ཚོམ་བསལ་བའི་མདོ་འདིའི་བོད་མ་ཕལ་ཆེར་མི་སྣང་ལ། རྒྱ་ནག་གི་འགྱུར་བམ་པོ་གཅིག་པ་ཅིན་ནུབ་མའི་སྐབས་སུ་བྱོན་པའི་ལོ་ཙཱ་བ་ཆོས་སྒྲོན་(西晋法炬)བྱ་བའི་འགྱུར་བཞུགས་ཏེ། གུང་མགོན་པོ་སྐྱབས་ཀྱི་རྒྱ་ནག་ཆོས་འབྱུང་དུ་མདོ་འདི་ལ་འགྱུར་མི་འདྲ་བ་གསུམ[2]ཞེས་འབྱུང་ཡང་། ཅིན་ཤར་མའི་དུས་ཀྱི་ལོ་ཙཱ་བ་ཐའན་ཞུ་རན་(昙无兰)གྱིས་བསྒྱུར་བ་དང་དེ་གཉིས་རྒྱ་ནག་གི་བཀའ་བསྟན་ཁྲོད་བཞུགས་པ་ལས་ཅིག་ཤོས་དེ་ཕལ་ཆེར་མི་སྣང་། སྦྱངས་པ་བཅུ་གཉིས་ཀྱི་མདོ་ཞེས་པའི་བོད་མ་མི་བཞུགས། དེའི་རྒྱ་ནག་གི་འགྱུར་བམ་པོ་གཅིག་པ་ཧྥོ་བྱང་རྒྱལ་རབས་སྐབས་སུ་བྱོན་པའི་ལི་ཡུལ་གྱི་སྡེ་སྣོད་གསུམ་པ་གུ་ན་བྷ་དྲའམ་ཡོན་ཏན་བཟང་པོས་བསྒྱུར་བ་དིང་སང་བཞུགས་སོ། །

བཞི་པ། གསང་བ་སྔགས་ཀྱི་ཆོས་སྐོར།

དོན་ཡོད་པའི་ཞགས་པ་ཞེས་བྱ་བ་བོད་མ་དཀར་ཆག་འཕང་ཐང་མའི་གཟུངས་སྔགས་ཀྱི་སྙིང་པོ་ཉི་ཚེ་གུད་དུ་ཕྱུང་བ་ཞེས་པའི་སྐབས་ན། འཕགས་པ་དོན་ཡོད་ཞགས་པའི་སྙིང་པོ། ཤུ་ལོག་བཞི་བཅུ་རྩ་བཞི། ཞེས་པ་ཞིག་བཞུགས་པ་དེ་མིན་ནམ་སྙམ་ཞིང་། ཏྲ་རན་སིར་ཞར་བའི་ཏུན་ཧོང་བོད་ཀྱི་ཡིག་ཆའི་ཁྲོད་དུ། ཨང་རྟགསP.T.0049པ་འཕགས་པ་དོན་ཡོད་ཡོད་པའི་ཞགས་པ་ཚོ་ག་དང་བཅས་པའི་གཟུངས་དེ་ནི། བོད་མ་འདིའི་ཕྱི་མོ་ལྟ་བུ་ཞིག་ཡིན་ངེས་པར་ཡང་སེམས། དཔེ་འདིའི་རྒྱ་ནག་གི་འགྱུར་ལ་ཟབ་མོ་སྔགས་ཀྱི་ཆོས་སྐོར་ན། འདི་དང་འབྲེལ་བ་ཅན་གྱི་གཟུངས་དིང་སང་གི་རྒྱ་ནག་གི་བཀའ་འགྱུར་ལྟར་ན་བཞི་ཞིག་མཆིས་ཏེ། དོན་ཡོད་ཞགས་པའི་གཟུངས་བམ་པོ་གཅིག་པ་སོས་རྒྱལ་རབས་དུས་སུ་བྱོན་པའི་

① ཡིག་ཆར་རྒྱ་ཡིག་གི་མཚན་བྱང“月灯三昧经” “菩萨璎珞经”ཞེས་འབྱུང་བ་གཉི་གའི་འོག་ཏུ་ཟླ་བ་སྒྲོན་མ་ཏིང་ངེ་འཛིན་གྱི་རྒྱལ་པོའ་ཞེས་འཁོད་འདུག་པ་ལས། མདོ་གཉིས་གཅིག་མིན་ནམ་སྙམ་མོད་ཁུངས་འཚོལ་བར་བྱའོ། །གུང་མགོན་པོ་སྐྱབས་ཀྱིས་བྱང་ཆུབ་སེམས་དཔའི་རྒྱན་ཞེས་བྱ་བ་བོད་འགྱུར་མ་མེད་གསུངས་འདུག 　རྒྱ་ནག་ཆོས་འབྱུང་། སི་ཁྲོན་མི་རིགས་དཔེ་སྐྲུན་ཁང་། 1983ལོ། ཤོག་ངོས་145

② གུང་མགོན་པོ་སྐྱབས། རྒྱ་ནག་ཆོས་འབྱུང་། སི་ཁྲོན་མི་རིགས་དཔེ་སྐྲུན་ཁང་། 1983ལོ། ཤོག་ངོས་142

ལོ་ཙྪ་བ་ཛྙཱ་ན་གར་བྷའི་འགྱུར་དང་། དོན་ཡོད་ཞགས་པའི་སྙིང་པོའི་གཟུངས་བམ་པོ་གཅིག་པ་ཐང་གུར་གྱི་ལོ་ཙྪ་བ་རྣ་རྨ་རུ་ཙིའི་འགྱུར། དོན་ཡོད་ཞགས་པའི་སྙིང་པོའི་གཟུངས་བམ་པོ་གཅིག་པ་ཐང་ཞོན་ཙྪང་གི་འགྱུར། དོན་ཡོད་ཞགས་པའི་སྒོ་མཐའ་ཡས་པའི་གཟུངས་བམ་པོ་གང་བ་ཐང་གུར་དུས་ཀྱི་ལོ་ཙྪ་བ་བྲམ་ཟེའི་སློབ་དཔོན་ལི་ཨུ་ཐན་(婆罗门大首领李无谄)གྱི་འགྱུར་བཅས་སོ། །[1]འཕགས་པ་དོན་ཡོད་ཞགས་པའི་ཚོ་ག་ཞིབ་མོ་བམ་པོ་སུམ་ཅུ་པ་རྣ་རྨ་རུ་ཙིའི་འགྱུར་ཞེས་གཟུངས་ཚོ་ག་དང་བཅས་པ་རྒྱས་པ་ཞིག་ཀྱང་བཞུགས་པ། ཕལ་ཆེར་གོང་མ་ཚན་ལུང་རིང་བསྒྲིགས་པའི་བཀའ་འགྱུར་ཁྲོད་དུ་ཚུད་ཡོད་པར་གདའ། ཏུན་ཧོང་རྒྱ་ཡིག་ཡིག་ཆའི་ཁོངས་སུ་ཞོན་ཙྪང་གི་གཟུངས་འདིའི་ཕྱི་མོ་ཁ་ཤས་བཞུགས་པར་དཔགས་ན། ཡིག་ཆ་འདིར་འཁོད་པ་ནི་ཞོན་ཙྪང་གི་འགྱུར་དེ་ཡིན་པར་ངེས། རྨ་བྱ་ཆེན་མོ་ཞེས་བྱ་བའི་གཟུངས་བོད་མ་ཤོ་ལོ་ཀ་བདུན་བརྒྱ་ཞང་ཡེ་ཤེས་སྡེའི་འགྱུར་དང་། རྒྱ་ནག་གི་འགྱུར་ལ། ཀུ་མཱ་ར་ཤྲིའི་འགྱུར་བམ་པོ་གཅིག་པ་དང་། སངྒ་པཱ་ལའམ་དགེ་འདུན་སྐྱོང་(梁僧伽婆罗)གི་འགྱུར་བམ་པོ་གཉིས་པ་བཅས་གཉིས་བཞུགས་པ་ལས། སྐབས་འདིར་འགྱུར་གང་ཞིག་ལ་གཞི་མཛད་པ་རེ་ཞིག་དཔྱད་པར་དཀའ།

ལར་དཔལ་དབྱངས་ཀྱིས་ཐོར་བཀོད་པའི་ཆོས་ཀྱི་མཚན་བྱང་དག་ལས་གསང་བ་སྔགས་ཀྱི་ཆོས་སྐོར་ཤིན་ཏུ་མང་པོ་ཞིག་བྱུང་མི་འདུག་པ་ནི། སྒྲ་སྦྱོར་བམ་པོ་གཉིས་པ་ལས། སྔགས་ཀྱི་རྒྱུད་རྣམས་གཞུང་གིས་ཀྱང་གསང་བར་བྱ་བ་ཡིན་ཏེ། སྣོད་དུ་མ་གྱུར་པ་རྣམས་ལ་བཤད་ཅིང་བསྟན་པར་ཡང་མི་རུང་ལ། བར་དུ་བསྒྱུར་ཞིང་སྤྱོད་དུ་གནང་གིས་ཀྱང་། ལྡེམ་པོ་ངག་ཏུ་བཤད་པ་མ་ཁྲོལ་ནས་སྒྲ་ཇི་བཞིན་དུ་འཛིན་ཅིང་ལོག་པར་སྤྱོད་པ་དག་ཀྱང་བྱུང་། སྔགས་ཀྱི་རྒྱུད་ཀྱི་ནང་ནས་ཐུ་ཞིང་བོད་སྐད་དུ་བསྒྱུར་བ་དག་ཀྱང་བྱུང་ཞེས་གདགས་ཀྱིས། ཕྱིན་ཆད་གཟུངས་སྔགས་དང་ལྷ་ནས་བཀའ་བསྩལ་ཏེ་བསྒྱུར་དུ་བཅུག་པ་མ་གཏོགས་པ། སྔགས་ཀྱི་རྒྱུད་དང་། སྔགས་ཀྱི་ཚིག་ཐུ་ཞིང་བསྒྱུར་དུ་མི་གནང་ངོ་། །[2]ཞེས་བྱུང་བ་ལྟར། རྒྱུད་ཀྱི་ཆོས་སྐོར་མང་དུ་མ་བྱུང་བའི་རྒྱུ་མཚན་གང་ཡིན་གསལ་པོར་རྟོགས་ཐུབ་བོ། །

---

① གུང་མགོན་པོ་སྐྱབས། རྒྱ་ནག་ཆོས་འབྱུང་། སི་ཁྲོན་མི་རིགས་དཔེ་སྐྲུན་ཁང་། 1983ལོ། ཤོག་ངོས་152

② བོད་ལྗོངས་རྟེན་རྫས་བཤམས་མཛོད་ཁང་། སྒྲ་སྦྱོར་བམ་པོ་གཉིས་པ། མི་རིགས་དཔེ་སྐྲུན་ཁང་། 2003ལོ། ཤོག་ངོས་73

ལྔ་པ། དགོངས་འགྲེལ་བསྟན་བཅོས་ཀྱི་སྐོར།

དགོངས་འགྲེལ་བསྟན་བཅོས་ལ། བཀའ་བྱེ་བྲག་གི་དགོངས་པ་གསལ་བར་བྱེད་པ་དང་། སྤྱིའི་དགོངས་པ་གསལ་བར་བྱེད་པ་དང་། ལུགས་ཀྱི་བསྟན་བཅོས་ཐོར་བུ་དང་བཅས་རིགས་གསུམ་མཆིས་པ་བུ་སྟོན་རིན་པོ་ཆེའི་བཞེད་པ་བཞིན། ཡིག་ཆ་འདིར་བཞུགས་པའི་དགོངས་འགྲེལ་བསྟན་བཅོས་ཀྱི་མཚན་བྱང་དུ། བཀའ་དང་པོ་བདེན་པ་བཞིའི་ཆོས་ཀྱི་འཁོར་ལོའི་དགོངས་འགྲེལ་བསྟན་བཅོས་སྐོར་ནི་མི་སྣང་ལ། བཀའ་གཉིས་པ་མཚན་ཉིད་མེད་པའི་ཆོས་འཁོར་དང་ཐ་མ་ལེགས་པར་རྣམ་པར་ཕྱེད་པའི་ཆོས་འཁོར་གྱི་དགོངས་པ་བཀྲལ་བའི་བསྟན་བཅོས་མང་དུ་བྱུང་འདུག་པ་དེ་ཀུན་ཀྱང་། བཀའ་བྱེ་བྲག་གི་དགོངས་པ་གསལ་བར་བྱེད་པའི་བསྟན་བཅོས་ཤ་སྟག་གོ །

གཅིག བཀའ་བྱེ་བྲག་གི་དགོངས་འགྲེལ་ལས་འཁོར་ལོ་བར་བའི་སྐོར། ཤེས་རབ་འབུམ་པའི་འགྲེལ་པ་བོད་མ་བུ་སྟོན་ཆོས་འབྱུང་ལས། རྒྱལ་བའི་ཡུམ་སྟོང་ཕྲག་བརྒྱ་པའི་འགྲེལ་པ་བམ་པོ་བདུན་ཅུ་རྩ་བརྒྱད་ཅུང་ཟད་མ་འགྱུར་བ[1]ཞེས་དང་། དཀར་ཆག་འཕང་ཐང་མར་ཡང་། ཤེས་རབ་ཀྱི་ཕ་རོལ་ཏུ་ཕྱིན་པ་འབུམ་པ་དང་། ཉི་ཁྲི་ལྔ་སྟོང་པ་དང་། ཁྲི་བརྒྱད་སྟོང་པ་རྒྱ་ཆེར་བཤད་པ། བམ་པོ་ཉི་ཤུ་རྩ་བདུན།[2] ཞེས་འབྱུང་བ་ལ་བུ་སྟོན་གྱིས། རྒྱལ་བའི་ཡུམ་སྟོང་ཕྲག་བརྒྱ་པ་དང་། ཉི་ཁྲི་ལྔ་སྟོང་པ་དང་ཁྲི་བརྒྱད་སྟོང་པ་རྣམས་ཀྱི་གཞུང་འགྲེལ་བམ་པོ་ཉི་ཤུ་རྩ་བདུན་པ་བསྒྱུར་འཕྲོ། འདི་དཾཥྚ་སེ་ནས་བྱས་ཟེར་བ་མང་མོད་ཀྱི། འདི་ནི་དབྱིག་གཉེན་གྱི་གཞུང་འགྲེལ་ཡིན་ཏེ་ཐུབ་པ་དགོངས་རྒྱན་ལ་སོགས་པར་ཉི་ཁྲི་གཞུང་འགྲེལ་ལས་དྲངས་པའི་ཚིག་རྣམས་དེར་ཇི་ལྟ་བ་བཞིན་སྣང་བའི་ཕྱིར་དང་། དབུར་ཡང་། འདི་ཡི་གཞུང་འགྲེལ་གནོད་འཇོམས་བྱ་བར་འདོད། །ཅེས་འབྱུང་བའི་ཕྱིར་རོ། །[3]ཞེས་དེ་དག་སློབ་དཔོན་དབྱིག་གཉེན་གྱི་འགྲེལ་པ་ཡིན་པར་བཞེད། བོད་ལ་འགྱུར་འདི་ཁ་མི་ཚང་བ་ཞིག་མཆིས་སམ་སྙམ་ན། གུང་མགོན་པོ་སྐྱབས་ཀྱི་རྒྱ་ནག་ཆོས་འབྱུང་དུ། བོད་མ་མེད་ཀྱང་ཅུང་ཟད་དཔྱད་བྱར་

---

① བུ་སྟོན་རིན་ཆེན་གྲུབ། བུ་སྟོན་ཆོས་འབྱུང་། ཀྲུང་གོའི་བོད་ཀྱི་ཤེས་རིག་དཔེ་སྐྲུན་ཁང་། 1988ལོ། ཤོག་ངོས་230

② བོད་ལྗོངས་རྟེན་རྫས་བཤམས་མཛོད་ཁང་། ཕྲ་སྤྱོར་བམ་པོ་གཉིས་པ། མི་རིགས་དཔེ་སྐྲུན་ཁང་། 2003ལོ། ཤོག་ངོས་34

③ བུ་སྟོན་རིན་ཆེན་གྲུབ། བུ་སྟོན་ཆོས་འབྱུང་། ཀྲུང་གོའི་བོད་ཀྱི་ཤེས་རིག་དཔེ་སྐྲུན་ཁང་། 1988ལོ། ཤོག་ངོས་230

འདུག་གསུངས[1]ཞེས་མཚན་དུ་བཏབ་ཡོད་པས་བརྟག་གོ །ཡིག་ཆའི་སྐབས་འདིར་བྱུང་བའི་རྒྱ་ནག་གི་འགྱུར་ལ། སློབ་དཔོན་བླ་སྦྲུལ་མཆོག་གིས་མཛད་པ་ཀུ་མཱ་ར་ཛཱིའི་འགྱུར་བམ་པོ་བརྒྱ་པ་བཞུགས་པར་མ་ཟད། འགྱུར་དེ་ཉིད་གནའ་དེང་ཀུན་ཏུ་རྒྱུགས་ཆེ་ལ། ཏུན་ཧོང་ནས་ཐོན་པའི་རྒྱ་ཡིག་གི་ཡིག་ཆའི་ཁྲོད་དུའང་འགྱུར་འདི་མང་དུ་མཐོང་ཐུབ་བོ། །

དབུ་མ་པའི་བསྟན་བཅོས་སྐོར་ལ། དབུ་མ་ཆེན་པོའི་གཙུག་ལག་གམ་ཡོངས་གྲགས་དབུ་མ་རྩ་བའི་ཚིག་ལེའུར་བྱས་པ་སློབ་དཔོན་ཀླུ་སྒྲུབ་ཀྱིས་མཛད་པ་དེའི་བོད་མ་བམ་པོ་གཅིག་དང་ཤོ་ལོ་ཀ་བརྒྱ་བཞི་བཅུ་པ་ཙམ་རོ་ཀླུའི་རྒྱལ་མཚན་གྱི་འགྱུར་དང་། དེའི་འགྲེལ་པ་སློབ་དཔོན་ལེགས་ལྡན་འབྱེད་ཀྱིས་མཛད་པ་ཤེས་རབ་སྒྲོན་མའམ། དབུ་མ་རྩ་བའི་འགྲེལ་པ་ཤེས་རབ་སྒྲོན་མ་བམ་པོ་ཉི་ཤུ་པ་ཡང་དེའི་འགྱུར་དང་། བསྟན་པ་ཕྱི་དར་གྱི་མགོར་ལོ་ཙཱ་བ་རྒྱ་བརྩོན་འགྲུས་སེང་གེ་དང་ནག་ཚོ་ལོ་ཙཱ་བ་ཚུལ་ཁྲིམས་རྒྱལ་བའི་འགྱུར་ཡང་བཞུགས་ཏེ་སྐབས་འདིར་སྣ་མའོ། །དབུ་མ་རྩ་འགྲེལ་དེ་གཉིས་ཀྱི་རྒྱ་ནག་གི་འགྱུར་ལ། རྩ་བ་བམ་པོ་བཞི་པ་ཀུ་མཱ་ར་བའི་འགྱུར་དང་། འགྲེལ་པ་སྒྲོན་མ་བམ་པོ་བཅོ་ལྔ་པ་ཐང་གུར་གྱི་ལོ་ཙཱ་བ་པྲ་བྷཱ་ཀ་ར་མི་ཏྲའི་(唐波罗颇蜜多罗)འགྱུར་བཞུགས། བྱང་ཆུབ་ཀྱི་སའི་ཏེ་ཀའམ་ས་བཅུ་བའི་འགྲེལ་པ་འདི་བོད་མ་མེད་ཅེས་རྒྱ་ནག་ཆོས་འབྱུང་དུ་གསལ།[2] རྒྱ་ནག་གི་འགྱུར་བམ་པོ་བཞི་པ་ཀུ་མཱ་ར་ཛཱིའི་འགྱུར། སྟོང་བ་བཅོ་བརྒྱད་འགྲེལ་དང་པ་ཞེས་བྱ་བ་སློབ་དཔོན་ཀླུ་སྒྲུབ་མཆོག་གིས་མཛད་པར་གྲགས་པ་དེ་ཡང་བོད་མ་མི་སྣང་ཞེས་གུང་མགོན་པོ་སྐྱབས་ཀྱི་རྒྱ་ནག་ཆོས་འབྱུང་དུ་གསལ་ལ།[3] དེ་ཉིད་ཀྱི་རྒྱ་ནག་གི་འགྱུར་རྒྱ་གར་གྱི་སྡེ་སྣོད་གསུམ་པ་དོན་དམ་པའི་(陈天竺三藏真谛)འགྱུར་བཞུགས་ཤིང་། སྟོང་ཉིད་བཅུ་དྲུག་གམ་བཅོ་བརྒྱད་དམ་བཅུ་བཞིའམ་བཅུ་བདུན་ཞེས་སོགས་མཚན་གྱི་རྣམ་གྲངས་བཞི་བྱུང་ཡོད་དེ། བོད་འགྱུར་གྲུས་ནའང་སྟོང་བ་ཉིད་སྒོ་བཅུ་གཉིས་པ་རྩ་འགྲེལ་བམ་པོ་གཉིས་པ་ཞིག་མཆིས་པ་དེ་ཡིན་མིན་བརྟག་གོ།[4] བྱང་ཆུབ་ཀྱི་ཚོགས་འགྲེངས་པའམ་ཚོགས་གཉིས་བསྟན་པ་ཞེས་བྱ་བ་བམ་པོ་དྲུག་པ་འཕགས་པ་ཀླུ་སྒྲུབ་ཀྱིས་བསྟན་ཏེ་དགེ་སློང་དབང་ཕྱུག་གིས་འགྲེལ་པར་གྲགས་པའི་བོད་མ་ཡོད་པར་

① གུང་མགོན་པོ་སྐྱབས། རྒྱ་ནག་ཆོས་འབྱུང་། སི་ཁྲོན་མི་རིགས་དཔེ་སྐྲུན་ཁང་། 1983ལོ། ཤོག་ངོས་169

② གུང་མགོན་པོ་སྐྱབས། རྒྱ་ནག་ཆོས་འབྱུང་། སི་ཁྲོན་མི་རིགས་དཔེ་སྐྲུན་ཁང་། 1983ལོ། ཤོག་ངོས་171

③ གུང་མགོན་པོ་སྐྱབས། རྒྱ་ནག་ཆོས་འབྱུང་། སི་ཁྲོན་མི་རིགས་དཔེ་སྐྲུན་ཁང་། 1983ལོ། ཤོག་ངོས་171

④ བོད་ལྗོངས་རྟེན་རྫས་བཤམས་མཛོད་ཁང་། དཀར་ཆག་འཕང་ཐང་མ། སྒྲ་སྦྱོར་བམ་པོ་གཉིས་པ། མི་རིགས་དཔེ་སྐྲུན་ཁང་། 2003ལོ། ཤོག་ངོས་39

གསུངས་པ་དང་། བྱང་ཆུབ་ལམ་རིམ་ཆེ་བར་བྱང་ཆུབ་ཀྱི་ཚོགས[1]ཞེས་བྱུང་བ་དེ་ཡིན་མིན་དཔྱད་པར་བྱ་སྟེ། རྒྱ་ནག་གི་འགྱུར་སུའི་རྒྱལ་རབས་དུས་ཀྱི་ལོ་ཙཱ་བ་དྷ་རྨ་གུཔྟས(达磨笈多)བསྒྱུར་བ་བཞུགས་སོ། །

གཉིས། བཀའ་བྱེ་བྲག་གི་དགོངས་འགྲེལ་ལས་འཁོར་ལོ་ཐ་མའི་སྐོར། བཀའ་ཐ་མའི་དགོངས་འགྲེལ་གྱི་སྐོར་ལ། སངས་རྒྱས་ཀྱི་སའི་འགྲེལ་པ་སློབ་དཔོན་བཤེས་འོད(亲光菩萨)མཆོག་གིས་མཛད་པ་དེ་ཉིད་ཀྱི་བོད་མ་ཕལ་ཆེར་མི་སྣང་། སངས་རྒྱས་ཀྱི་སའི་བཤད་པ་བམ་པོ་གཉིས་ཅན་ཞིག་དཀར་ཆག་འཕང་ཐང་མར་འབྱུང་བ་དེ་ཉིད་དང་བུ་སྟོན་ཆོས་འབྱུང་དུ། སངས་རྒྱས་ཀྱི་སའི་འགྲེལ་པ་སློབ་དཔོན་དང་ཚུལ་བཟང་པོས[2]མཛད་པ་བམ་པོ་གཉིས་དང་ཤོ་ལོ་ཀ་བཞི་བཅུ་པ་ཞིག་མཆིས་པ་དེ་གཉིས་གཅིག་ཏུ་ངེས་ཕྱིར། སྐབས་དེར་བོད་རང་ལ་འགྲེལ་པ་དེ་ལས་མ་འགྱུར་བར་མངོན། དེའི་རྒྱ་ནག་གི་འགྱུར་ལ་བམ་པོ་བདུན་པ་ཤོན་ཙང་གི་འགྱུར་བཞུགས། བཤེས་འོད་ནི་ཕལ་ཆེར་སློབ་དཔོན་དང་ཚུལ་བཟང་པོའི་དངོས་ཀྱི་སློབ་མར་གྱུར་ཡོད་པ་ཞིག་སྟེ། བཙུན་པ་ཤོན་ཙང་དང་དུས་མཉམ་པར་ངེས་ཤིང་། རྒྱ་ནག་གི་ཆོས་འབྱུང་ལོ་རྒྱུས་ཁག་ཏུ་འཁོད་པ་ལྟར་ན། ཐོགས་མེད་སྐུ་མཆེད་གཉིས་ཀྱི་རྗེས་སུ་སེམས་ཙམ་པའི་ལུགས་ཀྱི་སློབ་དཔོན་མཁས་པ་མང་དུ་བྱུང་བའི་གྲས་ཤིག་ཡིན་ནོ། །

སེམས་ཙམ་པའི་བསྟན་བཅོས་སྐོར་ལ། མདོ་སྡེའི་རྒྱན་གྱི་བོད་མ་བམ་པོ་གསུམ་པ་སྐ་བ་དཔལ་བརྩེགས་ཀྱི་འགྱུར་དང་། རྒྱ་ནག་གི་འགྱུར་ལ་དེའི་རང་འགྲེལ་དང་བཅས་པ་བམ་པོ་བཅུ་གསུམ་པ་ཐང་གུར་དུས་ཀྱི་སྡེ་སྣོད་གསུམ་པ་པྲ་བྷཱ་ཀ་ར་མི་ཏྲས(波罗颇蜜多罗)བསྒྱུར་བ་བཞུགས་ཏེ། ཅུང་ཟད་མི་འདྲ་བ་ནི། རྒྱ་ནག་གི་བཤད་སྲོལ་ལ་གཞུང་འདི་འཕགས་པ་ཐོགས་མེད་མཆོག་གིས་རྗེ་བཙུན་བྱམས་པ་མགོན་པོ་ལས་ཆོས་འདི་རང་ཐོས་པར་བརྗོད་མོད། གཞུང་གི་བྱེད་པོ་ནི་འཕགས་པ་ཐོགས་མེད་

① རྗེ་ཙོང་ཁ་པ། རྗེ་ཙོང་ཁ་པ་ཆེན་མོའི་གསུང་འབུམ་པ་པོད། མཚོ་སྔོན་མི་རིགས་དཔེ་སྐྲུན་ཁང་། 2008ལོ། ཤོག་ངོས་598

② སློབ་དཔོན་དང་ཚུལ་བཟང་པོ་ནི། བཙུན་པ་ཤོན་ཙང་མཆོག་གིས་འཕགས་ཡུལ་ན་ལེན་དྲར་བཞུགས་པའི་བགྲང་བྱ་ལྔ་ཡི་རིང་ལ། ས་སྡེ་ལྔ་དང་ཆོས་མངོན་པའི་སྐོར། ཚད་པ་རིག་པའི་གཞུང་སོགས་ལ་ཐུགས་གཉེར་བསམ་གསན་གནང་སྐབས་ཀྱི་མཁན་པོ་དང་ཚུལ་བཟང་པོའམ། དུལ་བ་བཟང་པོ་ཞེས་བྱ་བ་སེམས་ཙམ་ལུགས་ཀྱི་མཁས་པ་ཆེན་པོ་དེ་ཉིད་ཡིན། བཙུན་པ་ཤོན་ཙང་མཇལ་སྐབས་སློབ་དཔོན་འདི་ཉིད་དགུང་གྲངས་བརྒྱ་དང་ལྔ་ལྷག་བཞེས་ཡོད་པ་དང་། སྔར་བཞིན་དཔལ་ན་ལེན་དྲའི་མཁན་པོ་ཡི་གོ་གནས་ལ་བཞུགས། རྒྱ་ནག་གི་བཙུན་པས་སློབ་དཔོན་འདི་ལས་ས་སྡེ་ལྔ་ཡི་ཁྲིད་ཡོངས་སུ་རྫོགས་པ་ལན་གསུམ་ཐོབ་མྱོང་། སློབ་དཔོན་ཆོས་སྐྱོང་དགུང་གྲངས་ཉེ་ཤུར་ཕེབས་སྐབས། དང་ཚུལ་བཟང་པོ་རྒྱལ་ཚབ་ཏུ་དབང་བསྐུར་ཏེ་ཁོང་ཉིད་སྒྲུབ་པ་ལ་གཤེགས་ཤིང་། སྐབས་དེར་སློབ་དཔོན་དང་ཚུལ་བཟང་པོ་དགུང་ལོ་སུམ་ཅུར་སླེབས་ཡོད།

ཡིན་པར་འདོད་པས། པྲ་ཛྙཱ་ཀ་ར་མི་ཏྲས་བསྒྱུར་བ་དེའི་འགྱུར་བྱང་དུའང་འཕགས་པ་ཐོགས་མེད་ཀྱིས་བརྩམས[1]ཞེས་འབྱུང་། དབུས་མཐའ་རྣམ་པར་འབྱེད་པའམ་དབུས་དང་མཐའ་རྣམ་པར་འབྱེད་པའི་ཚིག་ལེའུར་བྱས་པ་ཡི་བོད་མ་ཤོ་ལོ་ཀ་བདུན་བཅུ་པ་ཞང་ཡེ་ཤེས་སྡེ་ལ་སོགས་པའི་འགྱུར་དང་། དེའི་རྒྱ་ནག་གི་འགྱུར་ལ་ཞོན་ཙང་གིས་བསྒྱུར་བ་བམ་པོ་གཅིག་དང་། དེའི་འགྲེལ་པ་སློབ་དཔོན་དབྱིག་གཉེན་གྱིས་མཛད་པའང་བམ་པོ་གསུམ་སློབ་དཔོན་དེས་བསྒྱུར་བ་བཞུགས་སོ། །རྣལ་འབྱོར་སྤྱོད་པའི་སའམ་ས་སྡེ་ལྔ་ས་བཅུ་བདུན་ཞེས་ཀྱང་བྱ་བའི་བོད་མ། འཕགས་པ་ཐོགས་མེད་ཀྱིས་མཛད་པའི་ས་སྡེ་ལྔ་ཚང་བ་ལ་བམ་པོ་བརྒྱ་སུམ་ཅུ་ལས། སའི་དངོས་གཞིའི་ས་བཅོ་ལྔ་པའི་བར་ས་མང་པོ་བ་ཞེས་པ་བམ་པོ་ཉི་ཤུ་རྩ་དྲུག སའི་དངོས་གཞིའི་ཡ་གྱལ་ཉན་ཐོས་ཀྱི་ས་བམ་པོ་བཅོ་བརྒྱད། སའི་དངོས་གཞིའི་ཡ་གྱལ་བྱང་ཆུབ་སེམས་དཔའི་ས་བམ་པོ་ཉི་ཤུ་དང་ཤོ་ལོ་ཀ་བརྒྱ་ལྔ་བཅུ། སའི་གོ་རིམ་ཤོ་ལོ་ཀ་རྣམ་པར་གཏན་ལ་དབབ་པ་བསྡུ་བ་བམ་པོ་སུམ་ཅུ་རྩ་བརྒྱད་དང་ཤོ་ལོ་ཀ་བརྒྱ་ཉི་ཤུ་རྩ་ལྔ། གཞི་བསྡུ་བ་བམ་པོ་བཅུ་དགུ་དང་ཤོ་ལོ་ཀ་བཅུ་དགུ། རྣམ་གྲངས་བསྡུ་བ་བམ་པོ་གཉིས་དང་ཤོ་ལོ་ཀ་བརྒྱ་ཉི་ཤུ་རྩ་ལྔ། རྣམ་པར་བཤད་པའི་སྒོ་བསྡུ་བ་བམ་པོ་གཅིག་དང་ཤོ་ལོ་ཀ་ཉིས་བརྒྱ་ལྔ་བཅུ། དེ་རྣམས་ཡེ་ཤེས་སྡེ་ལ་སོགས་པའི་འགྱུར།[2] ཞེས་པ་ལྟར། བམ་པོའི་གྲངས་ཆེ་ཕྱིར་སྐབས་དེའི་ལོ་ཙཱ་བ་ཐུན་མོང་གིས་བསྒྱུར་པ་ཤེས་ནུས། དེའི་རྒྱ་ནག་གི་འགྱུར་ལ་བམ་པོ་བརྒྱ་ཐམ་པ་མཆིས་པ་ཐང་གུར་གྱི་སེམས་ཙམ་པའི་སློབ་དཔོན་ཆེན་མོ་ཞོན་ཙང་མཆོག་གི་འགྱུར་བཞུགས་ཤིང་། སློབ་དཔོན་འདི་བས་གཞུང་དེ་ལ་བརྟེན་ནས་རྒྱ་ནག་ཏུ་སེམས་ཙམ་པའི་ལུགས་ཀྱི་སྲོལ་ཕྱེ། ཆོས་མངོན་པ་ཀུན་བཏུས་དང་། ཐེག་པ་ཆེན་པོ་བསྡུས་པའི་གཙུག་ལག་གམ་ཐེག་བསྡུས། སེམས་ཙམ་པའི་ལུགས་ཀྱི་ཤིང་རྟའི་སྲོལ་འབྱེད་སློབ་དཔོན་ཐོགས་མེད་མཆོག་གིས་མཛད་པའི་སྡོམ་རྣམ་གཉིས་ཞེས་ཡོངས་སུ་གྲགས་པའི་བསྟན་བཅོས་དེ་གཉིས་ཀྱི་བོད་མ་ལ། ཐེག་པ་ཆེན་པོའི་སྡོམ་ཐེག་བསྡུས་ལ་བམ་པོ་གསུམ་དང་ཤོ་ལོ་ཀ་ཉིས་བརྒྱ་བདུན་བཅུ། ཐེག་པ་ཐུན་མོང་གི་སྡོམ་མངོན་པ་ཀུན་ལས་བཏུས་པ་བམ་པོ་ལྔ་པ་དེ་གཉིས་ཞང་ཡེ་ཤེས་སྡེའི་འགྱུར། དེ་གཉིས་ཀྱི་རྒྱ་ནག་གི་འགྱུར་ལ། ཐེག་བསྡུས་བམ་པོ་གསུམ་པ་དང་། མངོན་པ་ཀུན་བཏུས་བམ་པོ་བདུན་པ་གཉིས་ཀ་ཞོན་ཙང་གི་འགྱུར་བཞུགས་ལ། ཐེག་བསྡུས་ཀྱི་འགྱུར་དེའི་ཡར་སྔོན་ལ། ལོ་ཙཱ་བ་སངས་རྒྱས་ཞི་བའི་(佛陀扇多)འགྱུར་བམ་པོ་གཉིས་པ་དང་། ཕྱི་ལོ563ལོར་ལོ་ཙཱ་བ་དོན་དམ་པས་(真谛)བསྒྱུར་བ་བམ་པོ་

---

① 大正藏经・瑜伽部，1604经31卷[0L]，中华佛教在线：http：//chatzfjnet.com

② བུ་སྟོན་རིན་ཆེན་གྲུབ། བུ་སྟོན་ཆོས་འབྱུང་། ཀྲུང་གོའི་བོད་ཀྱི་ཤེས་རིག་དཔེ་སྐྲུན་ཁང་། 1988ལོ། ཤོག་གྲངས239

གསུམ་ཅན་ཞིག་བཅས་མཆིས་སོ། ཞོན་ཙོང་གི་འགྱུར་འདི་ཕྱིས་སུ་བྱུང་བས་དག་ལ། ཡིག་ཆའི་སྐབས་འདིར་དེ་ལ་གཞིར་མཛད་པ་ཡིན་ནོ། །རྣམ་པར་ཤེས་པ་ཙམ་དུ་གྲུབ་པ་ཞེས་པ་སློབ་དཔོན་ཆོས་སྐྱོང་སོགས་ཀྱིས་མཛད་པར་གྲགས་པའི་བསྟན་བཅོས་ཀྱི་བོད་མ་ཡོད་གསུངས་པ་ལས་ཇི་ལྟར་ཡོད་ཚུལ་གསལ་པོ་ཞིག་མི་སྣང་། དེའི་རྒྱ་ནག་གི་འགྱུར་བམ་པོ་བཅུ་པ་ཞོན་ཙོང་གི་འགྱུར་བཞུགས་ཤིང་། ལ་ལའི་བཤད་རྒྱུན་དུ་བསྟན་བཅོས་འདི་ཉིད་ཞོན་ཙོང་ཁོང་ཉིད་ནས་དཔལ་ལྡན་ཆོས་སྐྱོང་སོགས་ཀྱིས་མཛད་པའི་སེམས་ཙམ་པའི་བསྟན་བཅོས་གྲགས་ཆེན་དག་གི་དགོངས་དོན་གཙོ་བོ་ཕྱོགས་གཅིག་ཏུ་བསྡུས་ནས་སྒྲིག་བསྒྱུར་བྱས་པར་འདོད།① ཉི་ཤུ་པ་དང་སུམ་ཅུ་པའམ་ཉི་ཤུ་པའི་རབ་ཏུ་བྱེད་པ་དང་སུམ་ཅུ་པའི་རབ་ཏུ་བྱེད་པ་ཞེས་བྱ་བ། མངོན་པ་ཀུན་ལས་བཏུས་ཀྱི་འགྲེལ་པ་སློབ་དཔོན་དབྱིག་གཉེན་གྱིས་མཛད་ཅིང་། རྣམ་པར་རིག་པའི་གཞུང་གལ་ཆེན་ཏུ་བརྩི་བ་དེ་གཉིས་ཀྱི་བོད་མ་ནི་ཞང་ཡེ་ཤེས་སྡེའི་འགྱུར་ཏེ་བུ་སྟོན་ཆོས་འབྱུང་དུ། སློབ་དཔོན་དབྱིག་གཉེན་གྱིས་མཛད་པའི་ཉི་ཤུ་པའི་རབ་ཏུ་བྱེད་པ། དེའི་རང་འགྲེལ་ཤོ་ལོ་ཀ་བརྒྱ་སུམ་ཅུ། དེའི་འགྲེལ་བཤད་སློབ་དཔོན་དུལ་བ་ལྷས་མཛད་པ་བམ་པོ་ཕྱེད་དང་གསུམ། སློབ་དཔོན་དབྱིག་གཉེན་གྱིས་མཛད་པའི་སུམ་ཅུ་པའི་རབ་ཏུ་བྱེད་པ། དེའི་འགྲེལ་པ་སློབ་དཔོན་བློ་བརྟན་གྱིས་མཛད་པ་བམ་པོ་གཉིས་དང་ཤོ་ལོ་ཀ་བརྒྱ། དེའི་འགྲེལ་བཤད་སློབ་དཔོན་དུལ་བ་ལྷས་མཛད་པ་བམ་པོ་ལྔ་དང་ཤོ་ལོ་ཀ་བདུན་བཅུ་ཇོ་ལྕེ་སྐྱེ་བཅུ་ཡེ་ཤེས་སྡེའི་འགྱུར།② ཞེས་འབྱུང་ངོ་། །རྒྱ་ནག་ལ་སེམས་ཙམ་ཉི་ཤུ་པ་དང་སུམ་ཅུ་པ་སོ་སོར་བམ་པོ་གཅིག་པ་ཞོན་ཙོང་གི་འགྱུར་བཞུགས། ཏར་ཀའམ་ཚད་མའི་རིགས་པ་ལ་འཇུག་པའི་སྒོ་ཞེས་བྱ་བའི་བསྟན་བཅོས་རྒྱ་གར་གྱི་སློབ་དཔོན་ཕྱོགས་ཀྱི་གླང་པོས་(大域龙菩萨)མཛད་པ་དེ་ཉིད་ཀྱི་བོད་མ་ཚད་མའི་བསྟན་བཅོས་རིགས་པ་ལ་འཇུག་པའམ་རིགས་པའི་སྒོ་ཞེས་པ་དེ་ཉིད་ཡིན་སོད། དཀར་ཆག་འཕང་ཐང་མ་སོགས་དཀར་ཆག་རྙིང་པ་རྣམས་སུ་བསྟན་བཅོས་འདི་མི་གསལ། བུ་སྟོན་ཆོས་འབྱུང་དུ་བཀའ་སྤྱིའི་དགོངས་པ་འགྲེལ་པའི་བསྟན་བཅོས་སྐོར་འཆད་སྐབས། ཚད་མའི་བསྟན་བཅོས་རིགས་པ་ལ་འཇུག་པ་ལྷ་ཆོས་ཀྱི་རིན་ཆེན་གྱི་འགྱུར།③ ཞེས་འབྱུང་བ་འདི་ལས་དཔགས་ན། སློབ་དཔོན་ཕྱོགས་གླང་མཆོག་གི་བསྟན་བཅོས་འདི་སྤྱི་ལོ་དུས་རབས་བཅུ་གསུམ་པའི་མཇུག་ནས་བཅུ་བཞི་པའི་འགོ་ཙམ་ལ་བསྒྱུར་བར་ངེས། དེའི་རྒྱ་ནག་གི་

① 杜继文，《佛教史》，南京：江苏人民族出版社，2006年，第191页。

② བུ་སྟོན་རིན་ཆེན་གྲུབ། བུ་སྟོན་ཆོས་འབྱུང་། ཀྲུང་གོའི་བོད་ཀྱི་ཤེས་རིག་དཔེ་སྐྲུན་ཁང་། 1988ལོ། ཤོག་ངོས238

③ བུ་སྟོན་རིན་ཆེན་གྲུབ། བུ་སྟོན་ཆོས་འབྱུང་། ཀྲུང་གོའི་བོད་ཀྱི་ཤེས་རིག་དཔེ་སྐྲུན་ཁང་། 1988ལོ། ཤོག་ངོས242

འགྱུར་ལ་བམ་པོ་གཅིག་པ་ཆོན་ཚུང་གིས་བསྒྱུར་བ་དང་། ཡང་བམ་པོ་གཅིག་པ་བཙུན་པ་ཨི་གྱིང་(义净)གིས་བསྒྱུར་བ་གཉིས་མཆིས་ཏེ། སྐབས་འདིར་ནི་སྔ་མར་གཞི་མཛད་པ་ཡིན་ལས་ཆེ། གཞན་ཡང་དུས་རབས་བདུན་པའི་ནང་དུ་ཡོན་པའི་རྒྱ་གར་གྱི་ཕྱི་རོལ་རྒྱལ་བ་བའི་སློབ་དཔོན་དེ་ཡྙ་ག་རས་མཛད་པའི་ཚད་མ་ལ་འཇུག་པ་ཞེས་བྱ་བ་ཞིག་ཀྱང་མཆིས་ཤིང་། བསྟན་བཅོས་འདི་ནི་ཕྱོགས་སྔང་དང་ཆོས་ཀྱི་གྲགས་པའི་གཞུང་གི་ལེགས་ཆ་རྣམས་བཏུས་ནས་བརྩམས་པ་ཡིན་པས་ལུགས་གཞན་གྱི་ཕོངས་སུའང་ཤིན་ཏུ་གྲགས་ཆེ་བར་བཤད་དེ།[1] འདིའི་བོད་མ་ཡང་རྒྱ་བོད་གཉིས་ཀའི་བསྟན་འགྱུར་ཁྲོད་དུ་བཞུགས།

མཇུག་བསྡུ་བའི་གཏམ།

ཡིག་ཆ་ཨང་རྟགསP.T.1257ལས་སྔ་མ་དཔལ་དབྱངས་བྲིས་སྙེ་ཞུས་ཞེས་པར་འཁོད་པའི་ཐེག་པ་ཆེ་ཆུང་གི་མདོ་སྡེ་དང་དགོངས་འགྲེལ་བསྟན་བཅོས་ཀྱི་རིགས་ཕལ་ཆེ་བ་ཞིག་ཏུན་ཧོང་ཡིག་རྙིང་དུ་བྱུང་ཡོད་པ་དང་། དེ་དག་གི་འགྱུར་ལ་མི་འདྲ་བ་ཁ་ཤས་མཆིས་པའི་རིགས་ལས། ད་ལྟ་ཕྱི་མོ་མཐོང་དུ་ཡོད་པ་རྣམས། ཕལ་ཆེར་ཞིག་དུས་སྐབས་དེ་དག་ཏུ་ཏུན་ཧོང་གི་ཡུལ་ཁམས་སུ་རྒྱུགས་ཆེ་བའི་སྐོར་ཤ་སྟག་ཏུ་སྣང་། ཚུལ་དེ་ད་ལྟར་ཧྥ་རན་སི་དང་དབྱིན་ཇི། ཉི་ཧོང་དང་ཨུ་རུ་སི། པེ་ཅིང་དཔེ་མཛོད་ཁང་དང་། ཏུན་ཧོང་ཞིབ་འཇུག་གླིང་སོགས་རྒྱལ་ཁབ་ཕྱི་ནང་གི་སྡེ་ཚན་སོ་སོར་ཉར་ཚགས་བྱས་ཡོད་པ་རྣམས་ལས་ར་འཕྲོད་ཐུབ། དཔལ་དབྱངས་ཀྱིས་བྲིས་པའི་བཀའ་དང་བསྟན་བཅོས་ཀྱི་མཚན་བྱང86ལས། མདོ་སྔགས་ཀྱི་བཀའ་ལ་གཏོགས་པ44དང་། བསྟན་བཅོས་ཀྱི་རིགས10ཡས་མས་བསྡོམས་ན་ཆོས་ཚན54ཙམ་ཞིག་ཇོགས་པར་བསྒྱུར་བའམ་འགའ་ཞིག་བསྒྱུར་འཕྲོར་ལུས་པ་སོགས་ཅི་རིགས་དཀར་ཆག་འཕང་ཐང་མར་བྱུང་ཡོད་མོད། འོན་ཀྱང་དེ་དག་ལས་ཆོས་ཚན་32ཡས་མས་ནི་མཚན་བྱང་ཙམ་ལས་བསྟན་པ་སྔ་དར་གྱི་རིང་དེར་བསྒྱུར་མི་འདུག་ལ། སྦྱངས་པ་བཅུ་གཉིས་ཀྱི་མདོ་ཞེས་པ་དང་། དགེ་འདུན་གྱི་ལེགས་པ་ཞེས་པའི་མདོ་རེ་ཟུང་། རྣམ་པར་ཤེས་པ་ཙམ་དུ་གྲུབ་པ་དང་། བྱང་ཆུབ་ཀྱི་ཚོགས་འགྲེངས་པ་ཞེས་པ་སོགས་དགོངས་འགྲེལ་བསྟན་བཅོས་ཁ་ཤས་ཤིག་རྒྱ་ནག་གི་སྐད་ཀྱི་མཚན་བྱང་བསྡུས་པ་ཙམ་ལས་ཕྱིས་སུའང་བོད་དུ་མ་འགྱུར་བར་མངོན་ནོ། །མཚན་བྱང་དེ་ཉིད་དུ་འཁོད་པའི་

[1] ཁང་དཀར་ཚུལ་ཁྲིམས་སྐལ་བཟང་གི་གསུང་རྩོམ་ཕྱོགས་བསྒྲིགས། ཀྲུང་གོའི་བོད་རིག་པ་དཔེ་སྐྲུན་ཁང་། 1999ལོ། ཤོག་ངོས་662

བཀའ་བསྟན་གྱི་གཞུང་དེ་དག་ནི་གཙོ་ཆེར་ལྟ་བ་གཙོ་བོར་སྟོན་པ་དང་སྤྱོད་པ་གཙོ་བོར་སྟོན་པ། ལྟ་སྤྱོད་ཟུང་འབྲེལ་དུ་སྟོན་པའི་རིགས་རྣམས་ལས། སྤྱོད་པ་གཙོ་བོར་སྟོན་པའི་ཕྱོགས་སུ་དགོངས་པ་གཅིག་ཏུ་བབས་འདུག ཐེག་པ་ཆེན་པོའི་སྤྱོད་པ་སྟོན་པའི་སྐོར་གྱི་མདོ་སྡེ་དང་བསྟན་བཅོས་གཙོ་བོའམ། ཡང་ན་རྣལ་འབྱོར་སྤྱོད་པ་བའི་གཞུང་ཁུངས་སུ་བྱེད་པའི་བཀའ་དང་བསྟན་བཅོས་ཀྱི་རིགས་དགོངས་པ་ངེས་པར་འགྲེལ་པ་དང་། རོལ་པས་ཆུབ་པ་སྟེ་བྱང་ཆུབ་སེམས་དཔའི་སྤྱོད་པ་རྣམ་པར་དག་པ་བསྟན་པའི་མདོ། སངས་རྒྱས་ཀྱི་ས། བྱང་ཆུབ་ཀྱི་སའམ་ས་བཅུ་བའི་མདོ་སོགས་མདོ་སྡེའི་སྐོར་དང་། མདོ་སྡེ་རྒྱན། དབུས་མཐའ་རྣམ་འབྱེད། རྣལ་འབྱོར་སྤྱོད་པའི་ས། ཐེག་པ་ཆེན་པོ་བསྡུས་པའི་གཙུག་ལག་སྙེ་ཐེག་བསྡུས། སངས་རྒྱས་ཀྱི་སའི་འགྲེལ་པ། བྱང་ཆུབ་ཀྱི་ཚོགས་འགྲེངས་པ། རྣམ་པར་ཤེས་པ་ཙམ་དུ་གྲུབ་པ། བྱང་ཆུབ་ཀྱི་སའི་ཊཱི་ཀ སེམས་ཙམ་ཉི་ཤུ་པ་དང་སུམ་ཅུ་པ་སོགས་བསྟན་བཅོས་ཀྱི་སྐོར་མང་དུ་འབྱུང་བ་རྣམས། སྤྱིར་ཆོས་ལ་བསླབ་ཚུལ་སྟོན་པའི་བཀའ་དང་བསྟན་བཅོས་ཀྱི་རིགས་ཡིན་པ་དང་། སྒོས་སུ་ཐེག་པ་ཆེན་པོའི་ཆོས་ཀྱི་སྤྱོད་པ་སྟོན་པའི་གསུང་གི་སྐོར་ལས་རྣལ་འབྱོར་སྤྱོད་པའི་གཞུང་དུ་ཤས་ཆེ་བར་འདུག ཡིག་ཆ་ཨང་རྟགས P.T.1257ཁྱི་མ་ནི་མདོ་སྡེ་དགོངས་པ་ངེས་འགྲེལ་དང་། དེའི་དགོངས་པ་གསལ་བར་བྱེད་པའི་བསྟན་བཅོས་ཐེག་པ་ཆེན་པོའི་དོན་བསྡུས་དང་ཆོས་མངོན་པ་ཐམས་ཅད་ཀྱི་སྙིང་པོ་མངོན་པ་ཀུན་བཏུས་སོགས་ལས་ཁོལ་ཏུ་བྱུང་བའི་རིགས་སུ་ངེས། ཡིག་ཆ་སྔ་ཕྱི་དེ་གཉིས་ཀྱང་གཞུང་གི་སྤྱི་ཁོག་རྣལ་འབྱོར་བའི་ལུགས་ཀྱིའམ། ཡང་ན་མཁན་ཆེན་ཞི་བ་འཚོ་སོགས་ལ་རིམ་པར་བརྒྱུད་པའི་རྣལ་འབྱོར་སྤྱོད་པ་བའི་གཞུང་དུ་འགྲོ་བ་སོགས་ལས། བོད་བཙན་པོས་ཏ་སེ་ཕྱོགས་འདིར་དབང་མཛད་སྐབས་ཀྱི་ཐུབ་པའི་བསྟན་པ་ཡི་གནས་སྟངས་སྤྱི་དང་། སྒོས་སུ་སེམས་ཙམ་པའི་ལུགས་དེའང་བོད་བཙན་པོའི་དུས་སུ་དར་ཡོད་པའི་ལོ་རྒྱུས་ལ་ངེས་པ་རྙེད་ཐུབ་ཅིང་། སེམས་ཙམ་པའི་ལུགས་དེའི་གཞུང་དག་གཙོས་སྤྱོད་ཕྱོགས་ཀྱི་བསྟན་བཅོས་ཁག་ཏུ་ཕར་ཕྱིན་དྲུག་སོགས་བྱང་ཆུབ་སེམས་དཔའི་སྤྱོད་པའི་ཆོས་ཇི་ལྟར་བསྟན་པ་བཞིན་དུ། སྤྱོད་པ་དེ་དག་ལ་གནས་པའི་སྐྱེས་བུ་དམ་པ་ཡང་དཔལ་དབྱངས་དང་འགོས་ཆོས་གྲུབ་ལྟ་བུ་མང་དུ་བྱོན་ནས། ཐུབ་པའི་བསྟན་པ་ཕྱོགས་མཐར་སྤེལ་བ་ལ་མཛད་རྗེས་བླ་མེད་བཞག་ཡོད་པའི་ཚུལ་ལ་ངེས་ཤེས་འདྲོངས་ནུས་པ་བཅས། མདོར་ན། བོད་ཀྱི་ལོ་པཎ་མང་པོ་ཞིག་ཏ་སེ་ཕྱོགས་འདིར་བཞུགས་ནས་བཅོམ་ལྡན་འདས་ཀྱི་ཆོས་ཀྱི་རིང་ལུགས་སྤེལ་བ་དང་། བཙན་པོའི་སྐུ་ཡོན་བསྒྲུབས་པའམ་བཀའ་ལུང་མནོས་པ་སོགས་ཀྱི་བཀའ་དྲིན་ལས། ཏ་སེ་ཕྱོགས་སུ་སྤྱི་ཚོགས་དཔལ་འབྱོར་དང་འབངས་མིའི་སོ་ཚིས། ཆོས་ཀྱི་ལས་སྒོ་སོགས་གང་ཅིའི་ཐད་ལ་ཡར་རྒྱས

གྱི་རྣམ་པ་ཞིག་ཀུན་ནས་མངོན་པ་དང་། ལྷག་པར་རྒྱ་ནག་གི་ཡུལ་དུ་བཞུགས་པའི་སངས་རྒྱས་ཀྱི་བཀའ་དང་བསྟན་བཅོས་སྐོར་གང་མང་ཞིག་བཞུགས་པའི་མཐུན་རྐྱེན་ལ་བརྟེན་ནས། སྐབས་དེར་བོད་འགྱུར་དང་རྒྱ་ནག་གི་འགྱུར་གཞུང་གཉིས་ལ་ཐོས་བསམ་དོན་གཉེར་བྱེད་མཁན་ཡང་མང་དུ་བྱུང་བས། རྒྱ་བོད་ཀྱི་གཞུང་གཉིས་ཀར་བྱང་ཆུབ་པའི་སློབ་དཔོན་མཁས་པ་མང་དུ་བྱོན་ནས་ཧ་སིའི་ཡུལ་གྲུ་འདིར་རྒྱ་བོད་གཉིས་ཀྱི་རིག་གནས་འབྲེལ་བ་མ་ཉམས་པར་རྒྱུན་རིང་ལ་གཏིང་ཟབ་ཏུ་འཕེལ་བའི་རྣམ་པ་ཞིག་བྱུང་བ་ཡིན་ནོ། །

《ནུབ་བྱང་མི་རིགས་སློབ་གྲྭ་ཆེན་མོའི་རིག་གཞུང་དུས་དེབ་》2019ལོའི་དེབ་དང་པོ་ལས་བདམས།

ཟུར་བཀོད་དང་པོ། ཏུན་ཧོང་བོད་ཡིག་ནང་བསྟན་གཙུག་ལག་གི་འབྲེལ་ཡོད་བོད་ཡིག་དཔྱད་རྩོམ་གྱི་དཀར་ཆག

附录一：敦煌古藏文佛典文献藏文研究论著

བསྐྲུན་གནས་དཔྱད་རྩོམ།						
རིམ་གྲངས།	དཔྱད་རྩོམ་གྱི་ཁ་བྱང་།	རྩོམ་པ་པོ།	སློབ་གྲྭ།	ཆེད་ལས།	བསྐྲུན་གནས།	དུས་ཚོད།
1	ཏུན་ཧོང་ཡིག་རྙིང་ལས་གདུགས་དཀར་མོའི་གཟུངས་ཀྱི་འགྱུར་ཡིག་ཁག་དང་དེའི་བརྡ་སྤྲོད་ཀྱི་ཁྱད་ཆོས་ལ་དཔྱད་པ།	ཕྱུགས་རྒྱལ་འབུམ།	ནུབ་བྱང་མི་རིགས་སློབ་གྲྭ་ཆེན་མོ།	ཀྲུང་གོའི་གྲངས་ཉུང་མི་རིགས་ཀྱི་སྐད་ཡིག་རྩོམ་རིག	ཞིས་རམས་པ།	2009.6
2	《མདོ་མཛངས་བླུན》གཞིར་བཟུང་ནས་ཏུན་ཧོང་བོད་ཀྱི་ཡིག་རྙིང་ལས་བྱུང་བའི་ནང་བསྟན་ལྷ་སྒྲུང་གི་མ་ཕྱིར་དཔྱད་པ།	བཀྲ་ཕུན།	ནུབ་བྱང་མི་རིགས་སློབ་གྲྭ་ཆེན་མོ།	ཀྲུང་གོའི་གྲངས་ཉུང་མི་རིགས་ཀྱི་སྐད་ཡིག་རྩོམ་རིག	ཞིས་རམས་པ།	2011.6
3	མདོ་མཛངས་བླུན་དཔེར་བཟུང་སྟེ་བོད་ཀྱི་གནའ་བོའི་གཙུག་ལག་གི་ཞུས་གཏན་རྣམ་བཞག་ལ་དཔྱད་པ།	ལྷ་ལུང་དཔལ་རྡོ།	ནུབ་བྱང་མི་རིགས་སློབ་གྲྭ་ཆེན་མོ།	ཀྲུང་གོའི་གྲངས་ཉུང་མི་རིགས་ཀྱི་སྐད་ཡིག་རྩོམ་རིག	ཞིས་རམས་པ།	2012.6
4	ཏུན་ཧོང་ནས་ཐོན་པའི་འཕགས་པ་ཤེས་རབ་ཀྱི་ཕ་རོལ་ཏུ་ཕྱིན་པ་རྡོ་རྗེ་གཅོད་པའི་བོད་ཡིག་ཤོག་དྲིལ་ཁག་གི་དཔྱད་བསྡུར།	སངས་རྒྱས་མཁར།	ནུབ་བྱང་མི་རིགས་སློབ་གྲྭ་ཆེན་མོ།	ཀྲུང་གོའི་གྲངས་ཉུང་མི་རིགས་ཀྱི་སྐད་ཡིག་རྩོམ་རིག	ཞིས་རམས་པ།	2012.6

5	ཧྭ་ཤང་མ་ཧཱ་ཡ་ནའི་ལྟ་སྒོམ་སྐོར་ལ་དཔྱད་པ། —ཏུན་ཧོང་གཏེར་ཡིགP.T.116ཞིབ་འཇུག	ཁྲུང་ཕྲུག་བློ་བཟང་དར་རྒྱས།	ནུབ་བྱང་མི་རིགས་སློབ་གྲྭ་ཆེན་མོ།	ཀྲུང་གོའི་གྲངས་ཉུང་མི་རིགས་ཀྱི་སྐད་ཡིག་རྩོམ་རིག	འབུམ་རམས་པ།	2013.6
6	ཏུན་ཧོང་གཏེར་ཡིག་ལས་བྱུང་བའི་བོད་ཡིག་གི་མདོ་མཛངས་བླུན་ལ་དཔྱད་པ།	གླུ་མོ་སྐྱིད།	མཚོ་སྔོན་དགེ་ཐོན་སློབ་གྲྭ་ཆེན་མོ།	ཀྲུང་གོའི་གྲངས་ཉུང་མི་རིགས་ཀྱི་སྐད་ཡིག་རྩོམ་རིག	ཞིབ་རམས་པ།	2014.6
7	ཏུན་ཧོང་ཆོས་གཞུང་ཨང་རྟགསP.T.1258པ་《འཕྲུལ་གྱི་སྣང་བརྒྱད་སྔགས་ཀྱི་ཡི་གེ་》སྒྲ་འགྱུར་མར་དཔྱད་པ།	འབྲུག་ཐར་ཚེ་རིང་།	ནུབ་བྱང་མི་རིགས་སློབ་གྲྭ་ཆེན་མོ།	ཀྲུང་གོའི་གྲངས་ཉུང་མི་རིགས་ཀྱི་སྐད་ཡིག་རྩོམ་རིག	ཞིབ་རམས་པ།	2014.6
8	འཕགས་པ་དགོངས་པ་ངེས་པར་འགྲེལ་བའི་མདོ་ཏུན་ཧོང་གཏེར་ཡིག་ལས་བྱུང་བའི་དཔེར་དཔྱད་པ།	མཆོག་ལྡན་ཚེ་རིང་།	ནུབ་བྱང་མི་རིགས་སློབ་གྲྭ་ཆེན་མོ།	ཀྲུང་གོའི་གྲངས་ཉུང་མི་རིགས་ཀྱི་སྐད་ཡིག་རྩོམ་རིག	འབུམ་རམས་པ།	2015.6
9	ཏུན་ཧོང་ནས་ཐོན་པའི་མར་མེ་འབུལ་བའི་སྨོན་ལམ་གྱི་ཤོག་དྲིལ་དང་བཀའ་བསྟན་ཁྲིད་ཀྱི་མར་མེ་འབུལ་བའི་མདོ་གཉིས་ཀྱི་དཔྱད་བསྡུར།	མགོན་པོ་འཚོ།	ནུབ་བྱང་མི་རིགས་སློབ་གྲྭ་ཆེན་མོ།	ཀྲུང་གོའི་ལོ་རྒྱུས་ཡིག་ཆ་རིག་པ།	ཞིབ་རམས་པ།	2016.6
10	ཏུན་ཧོང་ཡིག་རྙིང་ལས་ནུབ་ཕྱོགས་བདེ་བ་ཅན་གྱི་ཡིག་ཆའི་སྐོར་ལ་དཔྱད་པ།	སངས་རྒྱས་དོན་གྲུབ།	ནུབ་བྱང་མི་རིགས་སློབ་གྲྭ་ཆེན་མོ།	ཀྲུང་གོའི་གྲངས་ཉུང་མི་རིགས་ཀྱི་སྐད་ཡིག་རྩོམ་རིག	འབུམ་རམས་པ།	2017.5
11	ཏུན་ཧོང་ཡིག་རྙིང་ལས་བྱུང་བའི་《མདོ་མཛངས་བླུན》གྱི་ཤོག་དྲིལ་ཁག་ལ་དཔྱད་པ།	དཔལ་ལྡན་བསྟན་འཛིན།	ནུབ་བྱང་མི་རིགས་སློབ་གྲྭ་ཆེན་མོ།	ཀྲུང་གོའི་ལོ་རྒྱུས།	ཞིབ་རམས་པ།	2017.5
12	ཏུན་ཧོང་གཏེར་ཡིག་ཁྲིད་ཀྱི་《ཤེས་རབ་སྙིང་པོ་》བོད་འགྱུར་མར་དཔྱད་པ།	སྒྲོལ་དཀར་ཚེ་རིང་།	ནུབ་བྱང་མི་རིགས་སློབ་གྲྭ་ཆེན་མོ།	སྐད་བརྡ་རིག་པ།	ཞིབ་རམས་པ།	2017.5
13	ཏུན་ཧོང་ཡིག་ཚགསP.T.996པ་《མཁན་པོ་ནམ་མཁའི་སྙིང་པོ་དང་སྤུག་ཡེ་ཤེས་དབྱངས་གཉིས་ཀྱི་ལོ་རྒྱུས་》ལ་དཔྱད་པ།	གསང་བདག་ཚེ་རིང་།	ནུབ་བྱང་མི་རིགས་སློབ་གྲྭ་ཆེན་མོ།	ཀྲུང་གོའི་ལོ་རྒྱུས།	ཞིབ་རམས་པ།	2017.5
14	ཏུན་ཧོང་བོད་ཡིག་ཤོག་དྲིལP.T22-P.I.2《དཔང་སྐོང་ཕྱག་བརྒྱ་པ་》ལ་ཉུང་ཟད་དཔྱད་པ།	སྐལ་བཟང་དོན་གྲུབ།	བོད་ལྗོངས་སློབ་གྲྭ་ཆེན་མོ།	ཀྲུང་གོའི་གྲངས་ཉུང་མི་རིགས་ཀྱི་སྐད་ཡིག་རྩོམ་རིག	ཞིབ་རམས་པ།	2017.5

དུས་དེབ་དཔྱད་རྩོམ།				
རིམ་གྲངས།	དཔྱད་རྩོམ་གྱི་ཁ་བྱང་།	རྩོམ་པ་པོ།	དུས་དེབ།	དེབ་གྲངས།
1	ཧྥ་རན་སིར་ཉར་བའི་ཏུན་ཧོང་བོད་ཡིག་ཡིག་ཚགས་P.T.150སློབ་དཔོན་རྒྱན་བཟང་པོས་མཛད་པའི་བཟང་སྤྱོད་རྒྱ་ཆེར་འགྲེལ་བ་ཁ་ཐོར་ལ་དཔྱད་པ།	ཆ་རིས་སྐལ་བཟང་ཐོགས་མེད།	ཀྲུང་གོའི་བོད་རིག་པ།	2008ལོའི་དེབ་དང་པོ།
2	ཏུན་ཧོང་གཏེར་ཡིག་ཁྲིད་ཀྱི་《འདུལ་བ་བསྡུས་པའི་》སྐོར་རགས་ཙམ་གླེང་བ།	གཡང་འབུམ་རྒྱལ།	ནུབ་བྱང་མི་རིགས་སློབ་གྲྭ་ཆེན་མོའི་རིག་གཞུང་དུས་དེབ།	2008ལོའི་དེབ་གཉིས་པ།
3	ཧྥ་རན་སིའི་རྒྱལ་གཉེར་དཔེ་མཛོད་ཁང་དུ་ཉར་བའི་ཏུན་ཧོང་གི་བོད་ཡིག་ཡིག་ཚགས་ཨང་རྟགས་P.T.151《བཟང་སྤྱོད་འགྲེལ་པ་》ཁ་ཐོར་ལ་རོབ་ཙམ་དཔྱད་པ།	ཆ་རིས་སྐལ་བཟང་ཐོགས་མེད།	བོད་ལྗོངས་ཞིབ་འཇུག	2009ལོའི་དེབ་གཉིས་པ།
4	ཏུན་ཧོང་བོད་ཡིག་ཆོས་གཞུང་ཤོག་དྲིལ་བཟང་སྤྱོད་ཀྱི་བརྗོད་བྱད་ཆོས་སྐོར་མདོ་ཙམ་གླེང་བ།	ཆ་རིས་སྐལ་བཟང་ཐོགས་མེད།	བོད་ལྗོངས་སློབ་གྲྭ་ཆེན་མོའི་རིག་དེབ།	2011ལོའི་དེབ་དང་པོ།
5	ཏུན་ཧོང་བོད་ཡིག་ཆོས་གཞུངP.T.889གཞུང་ཐ་དད་པ་རིམ་པར་བསྒྱུག་པའི་འཁོར་ལོ་ལས་ སྡེ་པ་ཐ་དད་པ་བསྟན་པ་བསྡུས་པ་དང་འབྲེལ་བའི་དོན་གནད་འགར་རགས་ཙམ་དཔྱད་པ།	ཆ་རིས་སྐལ་བཟང་ཐོགས་མེད།	བོད་ལྗོངས་སློབ་གྲྭ་ཆེན་མོའི་རིག་དེབ།	2011ལོའི་དེབ་བཞི་པ།
6	ཏུན་ཧོང་རྒྱ་ཡིག་སྔོན་ལམ་བོད་སྐད་སྒྲ་འགྱུར་མP.T.111རྒྱའི་སྔོན་ལམ་དུ་གསོལ་པ་དངI.T.J.1772Vགཉིས་བསྡུར་ནས་རགས་ཙམ་དཔྱད་པ།	ཆ་རིས་སྐལ་བཟང་ཐོགས་མེད།	ནུབ་བྱང་མི་རིགས་སློབ་གྲྭ་ཆེན་མོའི་རིག་གཞུང་དུས་དེབ།	2015ལོའི་དེབ་གཉིས་པ།
7	ཡིག་ཚང་རིག་པའི་ངོས་ནས་ཏུན་ཧོང་ནས་ཐོན་པའི་《འཕགས་པ་ཆོས་བཞི་པ་ཞེས་བྱ་བ་ཐེག་པ་ཆེན་པོའི་མདོ་》ལ་དཔྱད་པ།	བསེ་ཚང་སངས་རྒྱས་དོན་གྲུབ།	བོད་ལྗོངས་ཞིབ་འཇུག	2015ལོའི་དེབ་གསུམ་པ།

8	ཏུན་ཧོང་བོད་ཡིག་རྒྱུད་གཞུང་ཡིག་ཆ་《ཚེ་དཔག་ཏུ་མེད་པ་ཞེས་བྱ་བ་ཐེག་པ་ཆེན་པོའི་མདོ་》ལ་དཔྱད་པ།	བསེ་ཚང་སངས་རྒྱས་དོན་གྲུབ།	མཚོ་སྔོན་མི་རིགས་སློབ་ཆེན་རིག་དེབ།	2016ལོའི་དེབ་དང་པོ།
9	ཏུན་ཧོང་བོད་ཡིག་《ཤེས་རབ་བརྒྱ་པ་》ཐྲིས་མར་དཔྱད་པ།	བསེ་ཚང་སངས་རྒྱས་དོན་གྲུབ།	བོད་ལྗོངས་ཞིབ་འཇུག	2016ལོའི་དེབ་གཉིས་པ།
10	ཧྥ་རན་སིར་ཉར་བའི་ཏུན་ཧོང་བོད་འགྱུར་ཆོས་གཞུང་མཛངས་བླུན་ཞེས་བྱ་བའི་མདོ་རགས་ཙམ་གླེང་བ།	ཆ་རིས་སྐལ་བཟང་ཐོགས་མེད།	མདོ་སྨད་ཞིབ་འཇུག	དེབ་ལྔ་པ།
11	དབྱིན་ཇིར་ཉར་བའི་ཏུན་ཧོང་བོད་ཡིག་གཙུག་ལག་ལས་སྦྱོད་འཇུག་བསྡུ་བའི་ལེའུའི་ཆོས་ཚན་གྱི་འཕྲོས་དཔྱད།	མདོ་དགེ་བསོད་ནམས་ལྷུན་གྲུབ།	མདོ་སྨད་ཞིབ་འཇུག	དེབ་བཅུ་གཅིག་པ།
12	ཏུན་ཧོང་གཙུག་ལག་ཨང་རྟགས P.T.1258པ་འཕྲུལ་གྱི་སྣང་བརྒྱད་ སྔགས་ཀྱི་ཡི་གེ་སྦྲ་འགྱུར་མར་རགས་ཙམ་དཔྱད་པ།	འབྲུག་ཐར་ཚེ་རིང་།	མདོ་སྨད་ཞིབ་འཇུག	དེབ་བཅུ་གཅིག་པ།
13	ཏུན་ཧོང་ནས་ཐོན་པའི་ཤོག་དྲིལ་འགྲོད་ཚངས་སྔོན་ལམ་གྱི P.T.ཨང་རྟགས་མི་འདྲ་བ་ཁག་ལ་དཔྱད་བསྡུར་རོབ་ཙམ་བྱས་པ།	མགོན་པོ་འཚོ།	མདོ་སྨད་ཞིབ་འཇུག	དེབ་བཅུ་གཅིག་པ།

ཟུར་བཀོད་གཉིས་པ། ཏུན་ཧོང་བོད་ཡིག་ནང་བསྟན་གཙུག་ལག་གི་འབྲེལ་ཡོད་རྒྱ་ཡིག་དཔྱད་རྩོམ་གྱི་དཀར་ཆག

附录二：敦煌古藏文佛典文献中文研究论著

序号	标题	作者	类型	刊物或出版社	时间
1	一种汉文佛教文献《金刚经》的藏文音译本	托玛斯，柯乐逊	论文	《英国皇家亚洲学会会刊》	1926 年
2	第二种汉文佛教文献《阿弥陀经》的藏文音译本	托玛斯，柯乐逊	论文	《英国皇家亚洲学会会刊》	1927 年
3	大乘中宗见解义理问答汉藏对音本	托玛斯，宫本正尊，柯乐逊	论文	《英国皇家亚洲学会会刊》	1929 年
4	有关禅宗发展的藏文文书	拉露	论文	《亚细亚学报》	1939 年
5	赤松德赞国王执政时代的佛教文献	拉露	论文	《亚细亚学报》	1953 年
6	藏译《无量寿宗要经》之敦煌写本	[日]藤枝晃，上山大峻	论文	《经典》	1962 年
7	敦煌出土西藏文译《般若心经》介绍	上山大峻	论文	《印度学佛教学研究》（第 241 卷）	1965 年
8	大蕃国大德三藏法师沙门法成的研究	上山大峻	论文	《东方学报》（第 39 期）	1968 年
9	“台北中央图书馆”藏敦煌藏文写卷考察	吴其	论文	《拉露纪念文集》	1971 年
10	敦煌出土藏文禅宗资料研究	上山大峻	论文	《佛教文献研究》（第 13 辑）	1974 年

11	敦煌出土伯希和藏文写卷 1116 号研究	木村隆德	论文	《印度学佛教学研究》（第 23 卷）	1975 年
12	台北中央图书馆藏敦煌蕃文写本佛经四卷考	吴其昱	论文	《敦煌学》	1975 年
13	有关吐蕃僧诤会的藏文文书	今枝由郎	论文	《亚细亚学报》	1975 年
14	年贝扬所著的大瑜伽文献 -- 伯希和敦煌藏文写本 P.T.837 号	上山大峻	论文	《佛教文化研究所纪要》	1977 年
15	敦煌藏文写本中的六字真言	[法]今枝由郎，耿昇译	论文	《敦煌学论文集》	1979 年
16	敦煌出土西藏文禅宗文献的研究	冲本克己	论文	《印度学佛教学研究》（第 27 卷）	1979 年
17	藏族翻译家管法成对民族文化交流的贡献	王尧	论文	《文物》	1980 年第 7 期
18	敦煌藏文禅文献目录初稿	木村隆德	论文	《文化交流研究施设研究纪要》	1980 年
19	敦煌出土藏文禅宗文献研究的性质	[日]木村隆德	论文	《讲座敦煌》	1981 年
20	藏译汉音的《般若波罗蜜多心经》校注	周季文	论文	《语言研究》	1982 年第 1 期
21	伯希和搜集的藏文〈无量寿宗要经〉的写经生、校勘者一览	[日]西冈祖秀	论文	《印度佛学研究》第 33 卷。	1984 年
22	有关吐蕃僧诤会的藏文文书	[法]今枝由郎著，一民译	译文	国外藏学研究译文集（第二辑）	1987 年
23	敦煌藏文文献与净土教关系课本	[日]赤松孝章	论文	《印度哲学佛教学》	1987 年
24	敦煌藏文写本综述	[法]石泰安著，耿昇译	译文	《国外藏学研究译文集》（第三辑）	1987 年

25	敦煌写本中的印—藏和汉—藏两种辞汇	[法]石泰安著；耿昇译	译文	《国外藏学研究译文集》（第三辑）	1987 年
26	敦煌出土藏文禅宗文献的内容	[日]冲本克已著，李德龙译	译文	《国外藏学研究译文集》（第三辑）	1987 年
27	敦煌资料和初期西藏佛教研究	[日]上山大峻著，刘永增译	论文	《西藏研究》	1987 年
28	敦煌写卷藏文《大乘无量寿经》校译记	李邦琴	论文	《边政研究所年报》(第 19 期)	1988 年
29	唐代藏汉文化交流的历史见正——敦煌古藏文佛经变文研究	罗秉芬	论文	《中国藏学》	1989 年第 2 期
30	敦煌藏文文献与净土教关系资料	[日]赤松孝章	论文	《印度哲学佛教学》	1988 年
31	藏汉佛典对勘释读之一《般若波罗蜜多心经》	王尧	论文	《西藏研究》	1989 年第 3 期
32	藏汉佛典对勘释读之三《大乘无量寿宗要经》	王尧	论文	《西藏研究》	1990 年 2 期
33	藏汉佛典对勘释读之四《佛说阿弥陀经》	王尧	论文	《西藏研究》	1990 年 4 期
34	敦煌古藏文《般若心经》研究—同藏文大藏经本、梵文本和汉文本的语词比较	褚俊杰	论文	《中国民族古文字研究》	1991 年
35	藏文文献中所见西域佛教之比较研究	尕藏加	论文	《敦煌学辑刊》	1993 年第 2 期
36	《根本中论无畏疏》解读（序品初品）—兼论藏译佛典的语言特点及其学术价值	褚俊杰	论文	《西藏研究》	1994 年第 2 期
37	敦煌藏文写卷《大乘无量寿宗要经》及其汉文本之研究	黄明信，东主才让	论文	《中国藏学》	1994 年第 2 期

37	沙洲的写经事业 -- 以藏文《无量寿宗要经》的写经为中心	[日] 西岡祖秀著，李德龙、朴明姬译	译文	《国外藏学研究译文集》（第十二辑）	1995 年
38	敦煌出土藏文禅宗文献的性质	[日] 木村隆德著，李德龙译	译文	《国外藏学研究译文集》（第十二辑）	1995 年
39	敦煌藏文早期写本传统	[苏联] 勒・斯・萨维茨基著；张云译	译文	《国外藏学研究译文集》（第十三辑）	1997 年
40	敦煌藏文禅宗文献目录初稿	[日] 木村隆德著，向红笳译	译文	《国外藏学研究译文集》（第十三辑）	1997 年
41	论日本学者对敦煌古藏文禅宗文献的研究	李德龙	论文	《中央民族大学学报》	2000 年第 6 期
42	从敦煌出土写本看敦煌佛教研究	[日] 上山大峻著，刘永增译	论文	《敦煌研究》	2001 年第 4 期
43	吐蕃时期的禅宗传承	张亚莎	论文	《西藏民族学院学报》	2004 年第 1 期
44	敦煌市博物馆藏古藏文《大乘无量寿经》目录（一）	傅立诚，杨俊	论文	《敦煌学辑刊》	2004 年第 2 期
45	敦煌市博物馆藏古藏文《大乘无量寿经》目录（一）	傅立诚，杨俊	论文	《敦煌学辑刊》	2004 年第 2 期
46	敦煌市博物馆藏古藏文《大乘无量寿经》目录（二）	傅立诚，杨俊	论文	《敦煌学辑刊》	2005 年第 3 期
47	张掖甘州区、高台县两博物馆藏敦煌藏文《大乘无量寿经》简介	孙宏武，寇克红	论文	《敦煌研究》	2006 年第 3 期
48	酒泉博物馆古藏文《大乘无量寿宗要经》叙录	张耀中	论文	《敦煌研究》	2006 年第 3 期
49	敦煌研究院藏敦煌古藏文写经叙录	张延清，梁旭澍，勘措吉，郭俊叶	论文	《敦煌研究》	2006 年第 3 期

50	8–9 世纪藏文发愿文研究：以敦煌藏文发愿文为中心	黄维忠	专著	民族出版社	2007 年 8 月
51	敦煌藏文、汉文禅宗文献对读—P.t.116 (191 –242) 与 P.ch.2799、S.ch.5533、P.ch.3922	牛宏	论文	《敦煌学辑刊》	2007 年第 4 期
52	敦煌藏文密宗经典《白伞盖经》初探	才让	论文	《敦煌学辑刊》	2008 年第 1 期
53	甘肃省图书馆藏敦煌梵夹装藏文写经考录（上）	曾雪梅，张延清	论文	《中国藏学》	2008 年第 3 期
54	甘肃省图书馆藏敦煌梵夹装藏文写经考录（下）	曾雪梅，张延清	论文	《中国藏学》	2008 年第 4 期
55	敦煌古藏文佛经中的报废经页	张延清	论文	《西藏研究》	2009 年第 1 期
56	法藏敦煌藏文佛典《百拜祈愿文》研究—兼论佛教初传吐蕃的传说	才让	论文	《西北民族大学学报》	2009 年第 2 期
57	法藏敦煌藏文本 P.T.99 号《正说圣妙吉祥名》相关问题研究	才让	论文	《西藏研究》	2009 年第 3 期
58	敦煌藏文佛教文献价值探析	才让	论文	《中国藏学》	2009 年第 2 期
59	藏文《佛说善恶因果经》研究	萨仁高娃，陈玉	论文	《中国藏学》	2009 年第 3 期
60	敦煌藏文本《金光明祈愿文》研究	才让	论文	《敦煌学辑刊》	2010 年第 1 期
61	浅议西藏卓卡寺藏经与敦煌《大般若经》的关系	张延清	论文	《西藏研究》	2010 年第 1 期
62	敦煌藏文文书 P.T.960 所记于阗佛寺的创立—《于阗教法史》译注之一	朱丽双	论文	《敦煌研究》	2011 年第 1 期
63	从法藏敦煌藏文文献中的观音经卷看吐蕃观音信仰	当增扎西	论文	《敦煌学辑刊》	2011 年第 2 期
64	敦煌藏文文书 P.T.960 所记于阗建国传说 --《于阗教法史》译注之二	朱丽双	论文	《敦煌研究》	2011 年第 2 期

65	敦煌藏文文书 P.T.960 所记守护于阗之神灵 --《于阗教法史》译注之三	朱丽双	论文	《敦煌研究》	2011 年第 4 期
66	敦煌藏文文书 P.T.960 所记佛法灭尽之情形 --《于阗教法史》译注之四	朱丽双	论文	《敦煌吐鲁番研究》12 卷	2011 年
67	敦煌藏文写卷《根本萨婆多部律摄》研究	杨本加	专著	民族出版社	2012 年 2 月
68	法藏敦煌藏文本 P.T.449 号《般若心经》研究	才让	论文	《敦煌学辑刊》	2012 年第 2 期
69	关于敦煌本古藏文《般若波罗蜜多心经》的解读	陈立华	论文	《西藏研究》	2012 年第 3 期
70	敦煌藏文 P.T.996 号《大乘无分别修习之道》解读	才让	论文	《中国藏学》	2013 年第 1 期
71	英藏敦煌藏文文献《普贤行愿王经》及相关问题研究	索南	论文	《西藏研究》	2013 年第 6 期
72	吐蕃统辖敦煌时期之藏文抄经活动考述	陈楠	论文	《中国藏学》	2013 年第 S2 期
73	敦煌藏译本《天地八阳神咒经》之翻译特色及其流变研究	才让		《汉藏佛学研究：文本、人物、图像和历史》	2013 年
74	论敦煌藏文禅宗文献中的 “吐蕃禅宗”	牛宏	论文	《宗教学研究》	2014 年第 1 期
75	英藏敦煌藏文密教文献编目状况述评	牛宏	论文	《西藏研究》	2014 年第 1 期
76	敦煌本藏文文献《大宝积经》研究 -- 以《文殊说佛刹功德庄严大乘经》为中心	尼玛	博士学位论文	西北民族大学；中国少数民族语言文学	2014 年 5 月
77	敦煌藏文写本《入菩萨行论》研究	索南	博士学位论文	西北民族大学；中国少数民族语言文学	2014 年 5 月

78	生死轮回史 -- 部来自敦煌的藏文叙事文献 (1–4)	［法］今枝由郎著，班玛更珠译	论文	《敦煌学辑刊》	2015 年第 2 期
79	菩提遗珠：敦煌藏文佛教文献的整理与解读	才让	专著	上海古籍出版社	2016 年
80	吐蕃时期藏译汉传佛典《善恶因果经》对勘与研究	任小波	专著	中国藏学出版社	2016 年
81	百余年煌藏文中与西方净土信仰相关文献之研究综述	桑吉东知	论文	《青藏高原论坛》	2016 年第 4 期
82	吐蕃时期藏译汉传佛典研究综述	任小波	论文	《西北宗教论丛》	2016 年
83	P.T.116 中有关禅师语录的文献译注	牛宏	论文	《中国藏学》	2017 年第 2 期
84	敦煌藏文文献 P.T.149 号《普贤行愿王经》序言解读	索南	论文	《中国藏学》	2018 年第 3 期